Direito Previdenciário

Coleção
Sinopses
para
Concursos
27

Frederico Amado

Direito Previdenciário

17ª
Edição
Revista, atualizada e ampliada

2024

EDITORA JusPODIVM
www.editorajuspodivm.com.br

EDITORA *Jus*PODIVM
www.editorajuspodivm.com.br

Rua Canuto Saraiva, 131 – Mooca – CEP: 03113-010 – São Paulo – São Paulo
Tel: (11) 3582.5757
• Contato: https://www.editorajuspodivm.com.br/central-de-relacionamento

Diagramação: Futura *(rogerio@futuraeditoracao.com)*

Capa: Ana Caquetti

A481s Amado, Frederico.
Sinopses para Concursos - v.27 - Direito Previdenciário / Frederico Amado / coordenação Leonardo Garcia. – 17.ed., rev., atual. e ampl. - São Paulo: Editora JusPodivm, 2024.
848 p.

Inclui Bibliografia
ISBN: 978-85-442-5400-4

1. Direito Previdenciário. 2. Seguridade Social. 3. Contribuições Previdenciárias. 4. Concursos Público. I. Amado, Frederico. II. Garcia, Leonardo. III. Título.

CDD 341.6

BIBLIOTECÁRIA RESPONSÁVEL

Ana Carolina Ribeiro Mois – CRB7 – RJ 007348/0

Coleção Sinopses para Concursos

A *Coleção Sinopses para Concursos* tem por finalidade a preparação para concursos públicos de modo prático, sistematizado e objetivo.

Foram separadas as principais matérias constantes nos editais e chamados professores especializados em preparação de concursos a fim de elaborarem, de forma didática, o material necessário para a aprovação em concursos.

Diferentemente de outras sinopses/resumos, nos preocupamos em apresentar ao leitor o entendimento do STF e do STJ sobre os principais pontos, além de abordar temas tratados em manuais e livros mais densos. Assim, ao mesmo tempo em que o leitor encontrará um livro sistematizado e objetivo, também terá acesso a temas atuais e entendimentos jurisprudenciais.

Dentro da metodologia que entendemos ser a mais apropriada para a preparação nas provas, demos destaques (em outra cor) às palavras-chaves, de modo a facilitar não somente a visualização, mas, sobretudo, a compreensão do que é mais importante dentro de cada matéria.

Quadros sinóticos, tabelas comparativas, esquemas e gráficos são uma constante da coleção, aumentando a compreensão e a memorização do leitor.

Contemplamos também questões das principais organizadoras de concursos do país, como forma de mostrar ao leitor como o assunto foi cobrado em provas. Atualmente, essa "casadinha" é fundamental: conhecimento sistematizado da matéria e como foi a sua abordagem nos concursos.

Esperamos que goste de mais esta inovação que a Editora Juspodivm apresenta.

Nosso objetivo é sempre o mesmo: otimizar o estudo para que você consiga a aprovação desejada.

Bons estudos!

Leonardo Garcia

leonardo@leonardogarcia.com.br

www.leonardogarcia.com.br

Guia de leitura da Coleção

A Coleção foi elaborada com a metodologia que entendemos ser a mais apropriada para a preparação de concursos.

Neste contexto, a Coleção contempla:

• DOUTRINA OTIMIZADA PARA CONCURSOS

Além de cada autor abordar, de maneira sistematizada, os assuntos triviais sobre cada matéria, são contemplados temas atuais, de suma importância para uma boa preparação para as provas.

> Contudo, no ano de 2010, no concurso para o provimento dos cargos de Perito-médico do INSS, o CESPE foi técnico e seguiu o regramento da autarquia previdenciária para calcular o período de graça, que, inclusive, é mais benéfico ao segurado.

• ENTENDIMENTOS DO STF, STJ E TNU SOBRE OS PRINCIPAIS PONTOS

> **▸ Qual o entendimento do STJ sobre o assunto?**
>
> Mesmo antes da revogação, o STJ já vinha afastando a referida solidariedade, sob o argumento de ser tema afeto à lei complementar, por força do artigo 146, III, "b", da CRFB, bem como da exigência de culpa para a responsabilização dos sócios de sociedade limitada, a teor do artigo 1.016, do Código Civil, a exemplo do julgamento do AGRESP 200700948767, de 20.09.2007.
>
> **▸ Qual o entendimento do STF sobre o assunto?**
>
> Em 03.11.2010, ao julgar o RE 562.276, o STF pronunciou a inconstitucionalidade incidental do artigo 13, da Lei 8.620/93, na parte em que estabeleceu que os sócios das empresas por cotas de responsabilidade limitada respondem solidariamente, com seus bens pessoais, pelos débitos junto à seguridade social, por ofensa ao art. 146, III, b, da Constituição Federal, por ser tema afeto à lei complementar.

• PALAVRAS-CHAVES EM OUTRA COR

As palavras mais importantes (palavras-chaves) são colocadas em outra cor para que o leitor consiga visualizá-las e memorizá-las mais facilmente.

> Logo, após o biênio, será possível que o deficiente aprendiz tenha a suspensão do amparo assistencial, pois a remuneração percebida como aprendiz será considerada no cálculo da renda *per capita* familiar. No que concerne ao deficiente, era assim considerada a pessoa incapacitada para a vida independente e para o trabalho, na forma do artigo 20, § 2º, da Lei 8.742/93, em sua redação original.

• QUADROS, TABELAS COMPARATIVAS, ESQUEMAS E DESENHOS

Com esta técnica, o leitor sintetiza e memoriza mais facilmente os principais assuntos tratados no livro.

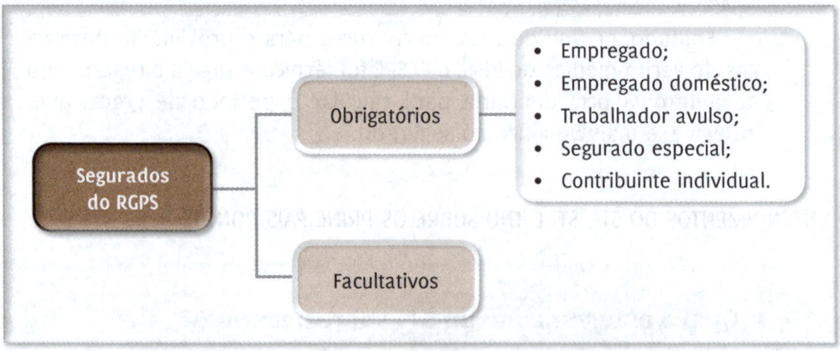

• QUESTÕES DE CONCURSOS NO DECORRER DO TEXTO

Por meio da seção "Como esse assunto foi cobrado em concurso?" é apresentado ao leitor como as principais organizadoras de concurso do país cobram o assunto nas provas.

> **▸ Como esse assunto foi cobrado em concurso?**
>
> No concurso do CESPE para Procurador do BACEN em 2009, foi considerado errado o seguinte enunciado: De acordo com norma constitucional, nenhum benefício ou serviço da seguridade social poderá ser criado, majorado ou estendido sem a correspondente fonte de custeio total. Tal regra aplica-se à previdência social e aos planos privados.

Nota do autor à 17ª edição

A *Sinopse* de Direito Previdenciário para concursos alcança a sua 17ª edição (2024). A popular "Amarelinha" obteve legitimamente o seu espaço no mercado de livros preparatórios para concursos públicos desde o seu lançamento em 2011, sendo, na atualidade, o meu livro mais vendido, não por acaso.

A proposta aqui é de um livro qualificado voltado para todos os concursos públicos, mesmo os mais difíceis. Além da parte da seguridade social na Constituição de 1988, passando pela regulamentação básica da saúde e da assistência social, são abordados todos os regimes previdenciários: Regime Geral, Regimes Próprios e previdência complementar (do servidor público e privada). Conta ainda com um apêndice que versa sobre os crimes previdenciários.

A estrutura organizacional é extremamente didática, pois, além do conteúdo doutrinário, conta com centenas de julgados do STF, STJ, TNU e TST espalhados na obra, assim como com centenas de questões de concursos, sempre buscando prestigiar o texto legal e dando dicas para a prova.

Nesta 17ª edição (2024) promovemos a atualização da obra conforme as inovações normativas a partir de dezembro de 2023 e da nova jurisprudência previdenciária dos Tribunais Superiores desde então.

Bons estudos!

FREDERICO AMADO

Sumário

Capítulo 1

A Seguridade Social no Brasil

1. EVOLUÇÃO HISTÓRICA E COMPOSIÇÃO

No Brasil, a seguridade social é um sistema instituído pela Constituição Federal de 1988 para a proteção do povo brasileiro (e estrangeiros em determinadas hipóteses) contra riscos sociais que podem gerar a miséria e a intranquilidade social, sendo uma conquista do Estado Social de Direito, que deverá intervir para realizar direitos fundamentais de 2ª dimensão.

Eventos como o desemprego, a prisão, a velhice, a infância, a doença, a maternidade, a invalidez ou mesmo a morte poderão impedir temporária ou definitivamente que as pessoas laborem para angariar recursos financeiros visando a atender às suas necessidades básicas e de seus dependentes, sendo dever do Estado Social de Direito intervir quando se fizer necessário na garantia de direitos sociais.

Mas nem sempre foi assim no Brasil e no mundo. No estado absolutista, ou mesmo no liberal, eram tímidas as medidas governamentais de providências positivas, porquanto, no primeiro, sequer exista um Estado de Direito, enquanto no segundo vigorava a doutrina da mínima intervenção estatal, sendo o Poder Público apenas garantidor das liberdades negativas (direitos civis e políticos), o que agravou a concentração de riquezas e a disseminação da miséria.

Nessa evolução natural entrou em crise o estado liberal, notadamente com as guerras mundiais, a Revolução Soviética de 1917 e a crise econômica mundial de 1929, ante a sua inércia em solucionar os dilemas básicos da população, como o trabalho, a saúde, a moradia e a educação, haja vista a inexistência de interesse regulatório da suposta mão livre do mercado, que de fato apenas visava agregar lucros cada vez maiores em suas operações mercantis.

Deveras, com o nascimento progressivo do Estado Social, o Poder Público se viu obrigado a sair da sua tradicional contumácia, passando a assumir gradativamente a responsabilidade pela efetivação das prestações positivas econômicas e sociais (direitos fundamentais de segunda dimensão), valendo destacar em nosso tema os direitos relativos à saúde, à assistência e à previdência social.

De efeito, a **Constituição Federal de 1988 foi a primeira a instituir no Brasil o** ***sistema da seguridade social***, que significa segurança social, englobando as ações na área da ***previdência social***, **da** ***assistência social*** **e da** ***saúde pública***, estando prevista no Capítulo II, do Título VIII, nos artigos 194 a 204, que contará com um orçamento específico na lei orçamentária anual.

> **▸ Como esse assunto foi cobrado em concurso?**
>
> No concurso do CESPE para Procurador do Município de Aracaju em 2007, foi considerado errado o seguinte enunciado: A positivação do modelo de seguridade social na ordem jurídica nacional ocorreu a partir da Constituição de 1937, seguindo o modelo do bem-estar social, em voga na Europa naquele momento. No caso brasileiro, as áreas representativas dessa forma de atuação são saúde, assistência e previdência social.

Esse conjunto de ações da seguridade social, abarcando as suas três áreas (previdência, assistência social e saúde) são tanto do setor público quanto do setor privado.

> **▸ Como esse assunto foi cobrado em concurso?**
>
> (2018/CESPE/EMAP/Analista Portuário/Área Jurídica) Com referência à organização e ao custeio da seguridade social, julgue o item subsequente. O sistema de seguridade social compreende um conjunto de ações de iniciativa exclusiva dos poderes públicos, que se destinam à garantia de saúde, previdência e assistência à sociedade.
>
> Questão falsa.

Entre os direitos sociais expressamente previstos no artigo 6º, da Lei Maior, encontram-se consignados a saúde, a previdência social, a proteção à maternidade e à infância, bem como a assistência aos desamparados, reafirmando a sua natureza de fundamentais.

Deveras, dentro da seguridade social coexistem dois subsistemas: de um lado o ***subsistema contributivo***, formado pela **previdência social**, que pressupõe o pagamento (real ou presumido) de contribuições previdenciárias dos segurados para a sua cobertura previdenciária e dos seus dependentes.

Do outro, o ***subsistema não contributivo***, integrado pela **saúde pública** e pela **assistência social**, pois ambas são custeadas pelos tributos em geral (especialmente as contribuições destinadas ao custeio da seguridade social) e disponíveis a todas as pessoas que delas necessitarem, inexistindo a exigência de pagamento de contribuições específicas dos usuários para o gozo dessas atividades públicas.

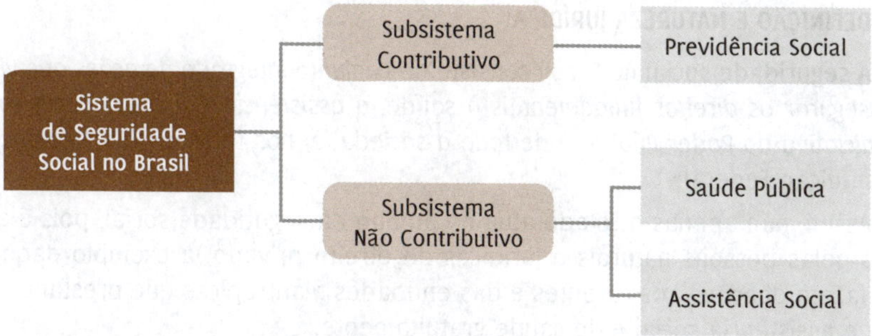

> **Importante:**
>
> **A previdência social é contributiva**, razão pela qual apenas terão direito aos benefícios e serviços previdenciários os segurados (aqueles que contribuem ao regime pagando as contribuições previdenciárias) e os seus dependentes. **Já a saúde pública e a assistência social são não contributivas**, pois para o pagamento dos seus benefícios e prestação de serviços não haverá o pagamento de contribuições específicas por parte das pessoas destinatárias.

> **Como esse assunto foi cobrado em concurso?**
>
> No concurso do CESPE para Procurador do Município de Natal em 2008, foi considerado errado o seguinte enunciado: A seguridade social compreende um conjunto integrado de ações de iniciativa dos poderes públicos e da sociedade destinadas a assegurar os direitos relativos à saúde, à previdência e à assistência social, sendo certo que o acesso a tais direitos ocorre mediante contribuição do beneficiário. Por seu turno, no concurso do CESPE para Técnico Judiciário do TRT RN em 2010, foi considerado errado o seguinte enunciado: A previdência social, por seu caráter necessariamente contributivo, não está inserida no sistema constitucional da seguridade social.

Assim, como a saúde pública e a assistência social não são contributivas, não se há de falar em arrecadação de contribuições específicas dos beneficiários, ao contrário da previdência social.

> **Como esse assunto foi cobrado em concurso?**
>
> No concurso do CESPE para Juiz Federal da 5ª Região em 2013, foi considerado errado o seguinte enunciado: De acordo com o princípio do equilíbrio financeiro e atuarial, o poder público, na execução das políticas relativas à saúde e à assistência social, assim como à previdência social, deve atentar sempre para a relação entre custo e pagamento de benefícios, a fim de manter o sistema em condições superavitárias.

2. DEFINIÇÃO E NATUREZA JURÍDICA

A seguridade social no Brasil consiste no *conjunto integrado de ações que visam a assegurar os direitos fundamentais à saúde, à assistência e à previdência social, de iniciativa do Poder Público e de toda a sociedade*, nos termos do artigo 194, da Constituição Federal.

Assim, não apenas o Estado atua no âmbito da seguridade social, pois é auxiliado pelas pessoas naturais e jurídicas de direito privado, a exemplo daqueles que fazem doações aos carentes e das entidades filantrópicas que prestam serviços de assistência social e de saúde gratuitamente.

Atualmente, ostenta simultaneamente a **natureza jurídica de direito fundamental de 2ª e 3ª dimensões**, vez que tem natureza prestacional positiva (direito social) e possui caráter universal (natureza coletiva).

3. COMPETÊNCIA LEGISLATIVA

Em regra, caberá privativamente à União legislar sobre seguridade social, na forma do artigo 22, inciso XXIII, da Constituição Federal:

> Art. 22. Compete privativamente à União legislar sobre:
>
> [...]
>
> XXIII – seguridade social.

Contudo, será competência concorrente entre as entidades políticas legislar sobre previdência social, proteção e defesa da saúde, dos portadores de deficiência, da infância e juventude, na forma do artigo 24, incisos XII, XIV e XV, da Lei Maior:

> Art. 24. Compete à União, aos Estados e ao Distrito Federal legislar concorrentemente sobre:
>
> [...]
>
> XII – previdência social, proteção e defesa da saúde;
>
> [...]
>
> XIV – proteção e integração social das pessoas portadoras de deficiência;
>
> XV – proteção à infância e à juventude.

Note-se que os municípios também entrarão na repartição dessas competências, pois aos mesmos caberá legislar sobre assuntos de interesse local, assim como suplementar a legislação estadual e federal no que couber, nos moldes do artigo 30, incisos I e II, da Constituição Federal.

Há uma aparente antinomia de dispositivos constitucionais, pois a seguridade social foi tema legiferante reservado à União pelo artigo 22, inciso XXIII, enquanto a previdência social, a saúde e temas assistenciais (todos inclusos na seguridade social) foram repartidos entre todas as pessoas políticas.

Essa aparente antinomia é solucionada da seguinte maneira: **apenas a União poderá legislar sobre previdência social, exceto no que concerne ao regime de**

previdência dos servidores públicos efetivos dos estados, do Distrito Federal e dos municípios, que poderão editar normas jurídicas para instituí-los e disciplina-los, observadas as normas gerais editadas pela União e as já postas pela própria Constituição.

Outrossim, **os estados, o Distrito Federal e os municípios também poderão editar normas jurídicas acerca da previdência complementar dos seus servidores públicos**, a teor do artigo 40, §14, da Constituição Federal. Contudo, entende-se que apenas a União possui competência para legislar sobre a previdência complementar privada, pois o tema deve ser regulado por lei complementar federal, conforme se interpreta do artigo 202, da Constituição Federal, tendo sido promulgada pela União as Leis Complementares 108 e 109/2001.

> **▸ Qual o entendimento do STF sobre o assunto?**
>
> De modo equivocado, o STF vem pronunciando a **competência privativa da União para legislar sobre assistência social** (ADI 6.559, de 08/10/2021): *"Insta salientar que o art. 24, II, da Constituição da República, prevê a hipótese de competência concorrente dos entes federativos para legislar apenas sobre "previdência social, proteção e defesa da saúde", não tratando, portanto, da assistência social. Quanto à competência privativa, Marcelo Novelino assinala que: "Inspirada no modelo germânico, a Constituição permitiu que a União, por lei complementar, autorize os Estados a legislar sobre questões específicas das matérias de sua competência privativa (CF, art. 22, parágrafo único). Nada obstante isso, caso inexista a lei complementar por parte da União autorizando os Estados-membros e o Distrito Federal a legislar sobre questões específicas, a Suprema Corte declara a inconstitucionalidade da norma estadual ou distrital, ao fundamento de usurpação de competência da União (inconstitucionalidade formal orgânica)." Portanto,* ***inexistindo lei complementar delegando a competência para o Estado de Goiás legislar sobre seguridade social - mais precisamente, sobre assistência social -, as normas estaduais vergastadas são inconstitucionais, por usurpar a competência privativa da União para legislar sobre o tema".***

A Constituição não pode ser interpretada em tiras. Evidente que, dentro da sua atribuição de membro do SUAS, a teor do artigo 204 da Constituição, os estados da federação possuirão competência para legislar sobre assistência social, sob pena de inconstitucionalidade formal das leis estaduais sobre o Direito Assistencial. **No entanto, no concurso público, o candidato deve seguir o STF, mesmo estado este órgão sem a razão.**

> **▸ Importante:**
>
> Por força da **Emenda 103/2019**, a competência para legislar sobre regras gerais de **inatividade remunerada** de policiais militares e bombeiros dos **estados e Distrito Federal** passou a ser **privativa da União**, tendo sido alterado o inciso XXI do artigo 22 da Constituição.

Dessa forma, analisando do ponto de vista previdenciário, busca-se uniformizar por lei federal as regras gerais da inativação remunerada e pensões por morte dos policiais militares e bombeiros dos estados da federação, a fim de que haja um único regramento a ser editado pelo ente central, deixando aos estados somente a suplementação de acordo com as peculiaridades locais.

Assim, caberá à União reger os requisitos gerais das inatividades remuneradas e pensões por morte das polícias militares e dos corpos de bombeiros militares, o que acarretará a ulterior suspensão das normas locais no que for contrário.

Entende-se que as regras locais permanecerão em vigor até a edição de lei geral por parte da União.

▸ Qual o entendimento do STF sobre o assunto?

Tema 1.177 em Repercussão Geral (publicado em 27/10/2021): "A competência privativa da União para a edição de normas gerais sobre inatividades e pensões das polícias militares e dos corpos de bombeiros militares (artigo 22, XXI, da Constituição, na redação da Emenda Constitucional 103/2019) **não exclui a competência legislativa dos Estados para a fixação das alíquotas da contribuição previdenciária incidente sobre os proventos de seus próprios militares inativos e pensionistas,** tendo a Lei Federal 13.954/2019, no ponto, incorrido em inconstitucionalidade."

No que concerne à **saúde** e à **assistência social**, a competência acaba sendo concorrente, cabendo à União editar normas gerais a serem complementadas pelos demais entes políticos, conforme as suas peculiaridades regionais e locais, tendo em conta que todas as pessoas políticas devem atuar para realizar os direitos fundamentais na área da saúde e da assistência social.

Nesse sentido, as normas gerais sobre a saúde foram editadas pela União através da Lei 8.080/90, que dispõe sobre as condições para a promoção, proteção e recuperação da saúde, a organização e o funcionamento dos serviços correspondentes, e da assistência social pela Lei 8.742/93, que dispõe sobre a organização da assistência social no Brasil.

▸ Importante:

Em provas objetivas orienta-se o avaliando a seguir a alternativa que expressar literalmente o texto da Constituição Federal neste tema, pois as bancas examinadoras têm seguido este padrão.

▸ Como esse assunto foi cobrado em concurso?

No concurso do CESPE para Advogado do Instituto de Previdência dos Servidores do Estado do Espírito Santo em 2010, foi considerado errado o seguinte enunciado: A competência concorrente dos estados, do DF e dos municípios alcança todas as áreas da seguridade social previstas no art. 194 da CF, inclusive assistência social e saúde.

4. PRINCÍPIOS INFORMADORES

Com o advento do constitucionalismo pós-positivista, os princípios passaram à categoria de normas jurídicas ao lado das regras, não tendo mais apenas a função de integrar o sistema quando ausentes as regras regulatórias, sendo agora dotados de coercibilidade e servindo de alicerce para o ordenamento jurídico, pois axiologicamente inspiram a elaboração das normas-regras.

É possível definir os princípios como espécie de normas jurídicas com maior carga de abstração, generalidade e indeterminação que as regras, haja vista não disciplinarem por via direta as condutas humanas, dependendo de uma intermediação valorativa do exegeta para a sua aplicação.

Com propriedade, é prevalente que no atual patamar do constitucionalismo o conflito entre princípios não se resolve com o sacrifício abstrato de um deles, devendo ser equacionada a tensão de acordo com o caso concreto, observadas as suas peculiaridades, manejando-se o Princípio da Proporcionalidade.

Outrossim, é preciso destacar que muitas vezes o próprio legislador já operou a ponderação entre princípios ao elaborar as regras, não cabendo ao intérprete (juiz, administrador público e particulares) contrariar a decisão legislativa, salvo quando atentar contra a Constituição Federal.

De sua vez, **a maioria dos princípios informadores da seguridade social encontra-se arrolada no artigo 194, da Constituição Federal**, sendo tratados como objetivos do sistema pelo constituinte, destacando-se que a sua interpretação e grau de aplicação variará dentro da seguridade social, a depender do campo de incidência, se no subsistema contributivo (previdência social) ou no subsistema não contributivo (assistência social e saúde pública).

Princípios da seguridade social	
	• Universalidade da cobertura e do atendimento
	• Uniformidade e equivalência dos benefícios e serviços às populações urbanas e rurais
	• Seletividade e distributividade
	• Irredutibilidade do valor dos benefícios
	• Equidade de participação no custeio
	• Diversidade da base de financiamento
	• Gestão quadripartite
	• Solidariedade
	• Precedência da fonte de custeio ou contrapartida
	• Orçamento diferenciado

4.1. Universalidade da cobertura e do atendimento

A seguridade social deverá atender a todos os necessitados, especialmente através da assistência social e da saúde pública, que são gratuitas, pois independem do pagamento de contribuições diretas dos usuários (*subsistema não contributivo da seguridade social*).

Ao revés, a previdência terá a sua universalidade limitada por sua necessária contributividade, vez que o gozo das prestações previdenciárias apenas será devido aos segurados (em regra, aqueles que exercem atividade laborativa remunerada) e aos seus dependentes, pois no Brasil o sistema previdenciário é contributivo direto.

Logo, a **universalidade previdenciária é mitigada**, haja vista limitar-se aos beneficiários do seguro, não atingindo toda a população.

Este princípio busca conferir a maior abrangência possível às ações da seguridade social no Brasil, de modo a englobar não apenas os nacionais, mas também os estrangeiros residentes, ou até mesmo os não residentes, a depender da situação concreta, a exemplo das ações indispensáveis de saúde, revelando a sua natureza de direito fundamental de efetivação coletiva.

Todavia, é preciso advertir que a universalidade de cobertura e do atendimento da seguridade social não têm condições de ser absoluta, vez que inexistem recursos financeiros disponíveis para o atendimento de todos os riscos sociais existentes, devendo se perpetrar a escolha dos mais relevantes, de acordo com o interesse público, observada a reserva do possível.

Segundo Marcelo Leonardo Tavares (2009, pg. 03), "a universalidade, além do aspecto subjetivo, também possui um viés objetivo e serve como princípio: a organização das prestações de seguridade deve procurar, na medida do possível, abranger ao máximo os riscos sociais".

Deveras, a **vertente subjetiva** deste princípio determina que a seguridade social alcance o maior número possível de pessoas que necessitem de cobertura, ao passo que a **objetiva** compele o legislador e o administrador a adotarem as medidas possíveis para cobrir o maior número de riscos sociais.

É exemplo de aplicação da acepção subjetiva do Princípio da Universalidade da Cobertura e do Atendimento no campo da Previdência Social, a progressiva celebração de tratados internacionais pelo Brasil, visando o reconhecimento do tempo de contribuição prestado por brasileiros no exterior para o pagamento de benefícios previdenciários por totalização, existindo tratados celebrados com países do MERCOSUL, Grécia, Itália, Portugal e Japão, dentre outras nações.

4.2. Uniformidade e equivalência dos benefícios e serviços às populações urbanas e rurais

Cuida-se de corolário do Princípio da Isonomia no sistema de seguridade social, que objetiva o tratamento isonômico entre povos urbanos e rurais na concessão das prestações da seguridade social.

Enquanto os benefícios são obrigações de pagar quantia certa, os serviços são obrigações de fazer prestados no âmbito do sistema securitário.

Com efeito, não é mais possível a discriminação negativa em desfavor das populações rurais como ocorreu no passado, pois agora os benefícios e serviços da seguridade social deverão tratar isonomicamente os povos urbanos e rurais.

Isso não quer dizer que não possa existir um tratamento diferenciado, desde que haja um fator de discrímen justificável diante de uma situação concreta, conforme ocorre em benefício das populações rurais por força do artigo 195, §8º, da CRFB, que prevê uma forma especial de contribuição previdenciária baseada na produção comercializada, porquanto são consabidas as dificuldades e oscilações que assolam especialmente a vida dos rurícolas que labutam em regime de economia familiar para a subsistência.

Logo, em regra, os eventos cobertos pela seguridade social em favor dos povos urbanos e rurais deverão ser os mesmos, salvo algum tratamento diferenciado razoável, sob pena de discriminação negativa injustificável e consequente inconstitucionalidade material da norma.

4.3. Seletividade e distributividade na prestação dos benefícios e serviços

A *seletividade* deverá lastrear a escolha feita pelo legislador dos benefícios e serviços integrantes da seguridade social, bem como os requisitos para a sua concessão, conforme as necessidades sociais e a disponibilidade de recursos orçamentários, funcionando como **limitadora da universalidade da seguridade social**.

Deveras, como não há possibilidade financeira de se cobrir todos os eventos desejados, deverão ser selecionados para a cobertura os riscos sociais mais relevantes, visando à melhor otimização administrativa dos recursos, conforme o interesse público.

Na medida em que se operar o desenvolvimento econômico do país, deverá o Poder Público expandir proporcionalmente a cobertura da seguridade social, observado o orçamento público, notadamente nas áreas da saúde e da assistência social.

Demais disso, como base no Princípio da Seletividade, o legislador ainda irá escolher as pessoas destinatárias das prestações da seguridade social, consoante o interesse público, sempre observando as necessidades sociais.

> **▸ Como esse assunto foi cobrado em concurso?**
>
> **(2018/CESPE/STJ/Analista Judiciário – Oficial de Justiça Avaliador Federal)** Com relação à organização e aos princípios do sistema de seguridade social brasileiro, julgue o item a seguir. O princípio da seletividade e distributividade na prestação de benefícios e serviços está relacionado à seleção dos riscos sociais e à extensão da proteção patrocinada pelo Estado a **todas** as pessoas.
>
> Questão falsa.

Dessarte, se determinada pessoa necessite de uma prótese para suprir a carência de um membro inferior, existindo disponíveis no mercado um produto nacional de boa qualidade que custe R$ 1.000,00, e uma importada de excelente qualidade no importe de R$ 10.000,00, o sistema de saúde pública apenas deverá custear a nacional, pois é certo que inexiste dinheiro público em excesso, sendo a melhor opção beneficiar dez pessoas com a prótese nacional do que apenas uma com a importada.

Outro exemplo de aplicação do Princípio da Seletividade ocorreu na Emenda 20/1998, que restringiu a concessão do salário-família e do auxílio-reclusão para os dependentes dos segurados de baixa renda, conforme a atual redação do artigo 201, inciso IV, da Constituição Federal.

Por seu turno, a *distributividade* coloca a seguridade social como sistema realizador da justiça social, consectário do Princípio da Isonomia, sendo instrumento de desconcentração de riquezas, pois devem ser agraciados com as prestações da seguridade social especialmente os mais necessitados.

Assim, como exemplo, apenas farão jus ao benefício do amparo assistencial as pessoas idosas e os deficientes físicos que demonstrem estar em condição de miserabilidade, não sendo uma prestação devida aos demais que não se encontrem em situação de penúria.

Como muito bem afirmado por Sergio Pinto Martins (2010, pg. 55), "seleciona para poder distribuir". Considerando que a assistência social apenas irá amparar aos necessitados, nos termos do artigo 203, da Constituição, entende-se que é neste campo que o Princípio da Distributividade ganha a sua dimensão máxima, e não na saúde e na previdência social, pois redistribui as riquezas da nação apenas em favor dos miseráveis.

É que a saúde pública é gratuita para todos, podendo uma pessoa abastada se valer de atendimento pelo sistema único de saúde. Já a previdência social apenas protegerá os segurados e seus dependentes, não bastando ter necessidade de proteção social para fazer jus às prestações previdenciárias.

▸ Como esse assunto foi cobrado em concurso?

No concurso do CESPE para Procurador do Estado do Espírito Santo em 2008, o examinador considerou errado o seguinte enunciado: A seletividade e a distributividade dos benefícios e dos serviços da seguridade social referem-se à capacidade individual contributiva dos possíveis beneficiários, que determina a aptidão para usufruírem prestações da seguridade social. Já no concurso para Auditor do MPTCM-RJ, em 2008, a FGV considerou correto o seguinte enunciado: O princípio da distributividade da Seguridade Social significa que, independente do montante arrecadado em determinada região, os benefícios serão concedidos e os serviços prestados, se devidos. Assim, ainda que uma região do país não arrecade receita suficiente para o pagamento de benefícios ali devidos, esses serão concedidos, na forma da lei.

4.4. Irredutibilidade do valor dos benefícios

Por este princípio, decorrente da segurança jurídica, não será possível a redução do *valor nominal* de benefício da seguridade social já concedidos ou com direito adquirido formado, vedando-se o retrocesso securitário.

Com propriedade, não é possível que o Poder Público reduza o valor das prestações concedidas mesmo durante períodos de crise econômica, como a enfrentada pelo mundo em 2008/2009, ao contrário do que poderia ocorrer com os salários dos trabalhadores, que excepcionalmente podem reduzidos se houver acordo coletivo permissivo, a teor do artigo 7º, inciso VI, da Constituição Federal.

No que concerne especificamente aos *benefícios previdenciários*, ainda é garantido constitucionalmente no artigo 201, §4º, o reajustamento para manter o seu *valor real*, conforme os índices definidos em lei, o que reflete uma *irredutibilidade material*.

Esta disposição é atualmente regulamentada pelo artigo 41-A, da Lei 8.213/91, que garante a manutenção do valor real dos benefícios pagos pelo INSS através da incidência anual de correção monetária pelo INPC, na mesma data de reajuste do salário mínimo.

Ou seja, os benefícios da saúde pública e da assistência social são apenas protegidos por uma irredutibilidade nominal, ao passo que os benefícios pagos pela previdência social gozam de uma irredutibilidade material, pois precisam ser reajustados anualmente pelo índice legal.

A justificativa da existência de determinação constitucional para o reajustamento anual apenas dos benefícios previdenciários para a manutenção do seu poder de compra é o caráter contributivo da previdência social, o que não ocorre nos demais campos da seguridade social.

Irredutibilidade pelo valor nominal	Saúde pública e assistência social
Irredutibilidade pelo valor nominal e real	Previdência social

▸ **Qual o entendimento do STJ sobre o assunto?**

Impende salientar que a jurisprudência do STJ não vinha admitindo a aplicação de índice negativo de correção monetária no período de deflação para os benefícios previdenciários. De acordo com a Corte Superior, "considerando a garantia constitucional de irredutibilidade do valor dos benefícios (art. 194, parágrafo único, IV da CF) e o fim social das normas previdenciárias, não há como se admitir a redução do valor nominal do benefício previdenciário pago em atraso, motivo pelo qual o índice negativo de correção para os períodos em que ocorre deflação deve ser substituído pelo fator de correção igual a zero, a fim de manter o valor do benefício da competência anterior (período mensal)" – Passagem do julgamento do REsp 1.144.656, de 26.10.2010.

Contudo, em **2012**, no julgamento do EDcl no AgRg no RECURSO ESPECIAL 1.142.014 – RS, a 3ª Seção do STJ aderiu ao posicionamento da Corte Especial ao admitir a incidência de índice negativo de inflação, desde que no final da atualização o valor nominal não sofra redução: "A Corte Especial deste Tribunal no julgamento do REsp nº 1.265.580/RS, Relator o Ministro Teori Albino Zavascki, DJe de 18/4/2012, modificou a compreensão então vigente, passando a adotar o entendimento segundo o qual desde que preservado o valor nominal do montante principal, é possível a aplicação de índice inflacionário negativo sobre a correção monetária de débitos previdenciários, porquanto os índices deflacionados acabam se compensando com supervenientes índices positivos de inflação", **sendo este o atual posicionamento da Corte Superior.**

▸ **Como esse assunto foi cobrado em concurso?**

No concurso do CESPE para Procurador do Estado do Piauí em 2014, foi considerado correto o seguinte enunciado: De acordo com entendimento do STJ, é possível a aplicação de índice inflacionário negativo sobre a correção monetária dos débitos previdenciários, desde que se preserve o valor nominal do montante principal.

4.5. Equidade na forma de participação no custeio

O custeio da seguridade social deverá ser o mais amplo possível, mas precisa ser isonômico, devendo contribuir de maneira mais acentuada para o sistema aqueles que dispuserem de mais recursos financeiros, bem como os que mais provocarem a cobertura da seguridade social.

Além de ser corolário do Princípio da Isonomia, é possível concluir que esta norma principiológica também decorre do Princípio da Capacidade Contributiva, pois a exigência do pagamento das contribuições para a seguridade social deverá ser proporcional à riqueza manifestada pelos contribuintes desses tributos.

▸ **Como esse assunto foi cobrado em concurso?**

(2018/CESPE/TCM-BA/Auditor Estadual de Controle Externo) O princípio da seguridade social que estabelece a proporcionalidade da contribuição social para o sistema conforme a condição financeira dos seus contribuintes denomina-se: a) universalidade da cobertura e do atendimento. b) seletividade e distributividade. c) equidade na forma de participação no custeio. d) diversidade da base de financiamento. e) uniformidade e equivalência de benefícios.

Letra C, certa.

Por conseguinte, a título de exemplo, algumas contribuições para a seguridade social devidas pelas instituições financeiras sofrerão um acréscimo de 2,5%, justamente porque a lucratividade e mecanização do setor é muito grande, que tem mais condições de contribuir para o sistema.

De seu turno, as empresas que desenvolvam atividade de risco contribuirão mais, pois haverá uma maior probabilidade de concessão de benefícios acidentários; já as pequenas e microempresas terão uma contribuição simplificada e de menor vulto.

Outrossim, realizando o Princípio da Equidade, é plenamente válida a progressividade das alíquotas das contribuições previdenciárias dos trabalhadores, proporcionalmente à sua remuneração.

As contribuições para a seguridade social a serem pagas pelas empresas também poderão ser progressivas em suas alíquotas, conforme autoriza o artigo 195, §9º, da Constituição Federal, em razão da atividade econômica, da utilização intensiva de mão de obra, do porte da empresa ou da condição estrutural do mercado de trabalho, sendo outro consectário do Princípio da Equidade no Custeio.

> **▸ Como esse assunto foi cobrado em concurso?**
>
> No concurso do CESPE para Analista Executivo da SEGER-ES em 2013, foi considerado correto o seguinte enunciado: Em virtude do princípio da equidade na forma de participação no custeio, é possível, no âmbito do regime geral de previdência social (RGPS), a estipulação de alíquotas de contribuição social diferenciadas, de acordo com as diferentes capacidades contributivas.

4.6. Diversidade da base de financiamento

O financiamento da seguridade social deverá ter múltiplas fontes, a fim de garantir a solvibilidade do sistema, para se evitar que a crise em determinados setores comprometa demasiadamente a arrecadação, com a participação de toda a sociedade, de forma direta e indireta.

Além do custeio da seguridade social com recursos da União, dos estados, do Distrito Federal e dos municípios, já há previsão das seguintes fontes no artigo 195, da Constituição Federal:

A) do empregador, da empresa e da entidade a ela equiparada na forma da lei;

B) do trabalhador e dos demais segurados da previdência social;

C) apostadores (receita de concursos de prognósticos);

D) importador de bens ou serviços do exterior, ou equiparados.

Em termos de previdência social, é tradicional no Brasil o **tríplice custeio** desde regimes constitucionais pretéritos (a partir da Constituição Federal de 1934), com a participação do Poder Público, das empresas e dos trabalhadores em geral.

Outrossim, é permitida a criação de novas fontes de custeio para a seguridade social, mas há exigência constitucional expressa de que seja feita por lei complementar, na forma do artigo 195, §4º, sob pena de inconstitucionalidade formal da lei ordinária.

> ▸ **Importante:**
>
> Por força da Emenda 103/2019, o artigo 194, parágrafo único, inciso VI da Constituição passou a prever a diversidade da base de financiamento, identificando-se, em rubricas contábeis específicas para cada área, as receitas e as despesas vinculadas a ações de saúde, previdência e assistência social, preservado o caráter contributivo da previdência social.

A inovação busca organizar o orçamento da seguridade social, pois agora há determinação constitucional para que as três áreas **identifiquem rubricas de despesas e receitas contábeis no orçamento,** lembrando que as contribuições previdenciárias são afetadas a esta área (artigo 167, XI, da Constituição).

4.7. Gestão quadripartite

A gestão da seguridade social será quadripartite, de índole democrática e descentralizada, envolvendo os trabalhadores, os empregadores, os aposentados e o Poder Público, seguindo a tendência da moderna administração pública na inserção de membros do corpo social nos seus órgãos colegiados, a teor do artigo 194, parágrafo único, inciso VII, da Constituição Federal.

Na verdade, este princípio é decorrência da determinação contida no artigo 10, da Constituição, que assegura a participação dos trabalhadores e empregadores nos colegiados dos órgãos públicos em que seus interesses profissionais ou previdenciários sejam objeto de discussão e deliberação.

Como exemplo, pode-se citar a composição do CNPS – Conselho Nacional de Previdência Social, do Conselho Nacional da Assistência Social e do Conselho Nacional da Saúde, pois em sua composição todos possuem representantes do Governo e das demais categoriais referidas.

Com o advento da Lei 13.341/2016, o Conselho Nacional de Previdência Social passou a se chamar Conselho Nacional de Previdência, o que se afigura em indício de retirada do caráter social da Previdência, lastimável retrocesso.

Entretanto, nota-se que a referência aos aposentados é específica para a previdência social, tanto que na composição do Conselho Nacional da Saúde e do Conselho Nacional da Assistência Social não há assentos específicos para os aposentados.

Até o advento da MP 2.166-37/2001, existia o Conselho Nacional da Seguridade Social, com composição democrática, vez que existiam representantes do governo, dos trabalhadores, dos aposentados e dos empresários, a quem competia estabelecer as diretrizes gerais e políticas de integração entre a previdência, a assistência social e a saúde pública.

Lamentavelmente o CNSS foi extinto, deixando uma lacuna na integração dos subsistemas componentes da seguridade social, vez que a atuação dos Conselhos Nacionais da Saúde, da Previdência e da Assistência Social precisa ser harmonizada.

> **Como esse assunto foi cobrado em concurso?**
>
> No concurso do CESPE para Procurador do Estado do Espírito Santo em 2008, foi considerado correto o seguinte enunciado: A administração da seguridade social possui caráter democrático mediante gestão quadripartite, com a participação dos trabalhadores, dos empregadores, dos aposentados e do governo nos órgãos colegiados. Por seu turno, no concurso do CESPE para Juiz Federal da 1ª Região em 2009, foi considerado errado o seguinte enunciado: Um dos objetivos fixados pela CF para a seguridade social é o caráter democrático e descentralizado da administração, mediante gestão quadripartite, com a participação exclusiva dos trabalhadores, dos empregadores, dos aposentados e dos pensionistas nos órgãos colegiados.

4.8. Solidariedade

É um princípio fundamental previsto no artigo 3º, inciso I, da Constituição Federal, que tem enorme aplicabilidade no âmbito da seguridade social, sendo objetivo da República Federativa do Brasil construir uma sociedade livre, justa e solidária.

Essencialmente a seguridade social é solidária, pois visa a agasalhar as pessoas em momentos de necessidade, seja pela concessão de um benefício previdenciário ao segurado impossibilitado de trabalhar (*previdência*), seja pela disponibilização de um medicamento a uma pessoa enferma (*saúde*) ou pela doação de alimentos a uma pessoa em estado famélico (*assistência*).

Há uma verdadeira socialização dos riscos com toda a sociedade, pois os recursos mantenedores do sistema provêm dos orçamentos públicos e das contribuições sociais, onde aqueles que pagam tributos que auxiliam no custeio da seguridade social, mas hoje ainda não gozam dos seus benefícios e serviços, poderão no amanhã ser mais um dos agraciados, o que traz uma enorme estabilidade jurídica no seio da sociedade.

Essa norma principiológica fundamenta a criação de um fundo único de previdência social, socializando-se os riscos, com contribuições compulsórias, mesmo daquele que já se aposentou, mas persiste trabalhando, embora este egoisticamente normalmente faça queixas da previdência por continuar pagando as contribuições.

> **Como esse assunto foi cobrado em concurso?**
>
> **(2018/CESPE/PGE-PE/Procurador do Estado)** Conforme a doutrina, o princípio previdenciário que representa o sistema de repartição da seguridade social e garante a prestação de benefícios e serviços independentemente do aporte individual das contribuições sociais é o princípio da: a) uniformidade da base de financiamento. b) seletividade e distributividade na prestação de benefícios e serviços. c) solidariedade. d) equidade na forma de participação no custeio. e) diversidade da base de financiamento.
>
> Letra C, certa.

A regra constante do artigo 12, §4º[1], da Lei 8.212/91 também tem como lastro o Princípio da Solidariedade, pois o aposentado que continua no mercado de trabalho recebendo conjuntamente aposentadoria com remuneração terá a incidência de contribuição previdenciária sobre a remuneração, mesmo sem poder gozar de uma segunda aposentadoria, conforme será estudado nesta obra, haja vista que na previdência pública a contribuição se destina à coletividade, e não apenas ao segurado.

Por outro lado, o Princípio da Solidariedade justifica o fato jurígeno de um segurado que começou a trabalhar poder se aposentar no mesmo dia, mesmo sem ter vertido ainda nenhuma contribuição ao sistema, desde que após a filiação seja acometido de infortúnio que o torne inválido de maneira definitiva para o trabalho em geral.

Outrossim, a garantia de saúde pública gratuita a todos e de medidas assistenciais a quem delas necessitar também decorre diretamente deste princípio.

No âmbito do Regime Próprio de Previdência Social (previdência dos servidores públicos efetivos e militares), há expressa previsão do Princípio da Solidariedade no *caput* do artigo 40, da Constituição, ao prever que "o regime próprio de previdência social dos servidores titulares de cargos efetivos terá caráter contributivo e **solidário**, mediante contribuição do respectivo ente federativo, de servidores ativos, de aposentados e de pensionistas, observados critérios que preservem o equilíbrio financeiro e atuarial".

> **Como esse assunto foi cobrado em concurso?**
>
> No concurso do CESPE para Juiz Federal da 1ª Região em 2009, foi considerado errado o seguinte enunciado, vez que sintetiza o Princípio da Seletividade, e não o da Solidariedade: Com base no princípio constitucional da solidariedade, o legislador poderá garantir prioridade a determinadas prestações a serem garantidas ao beneficiário do sistema de seguridade social.

---

1. § 4º O aposentado pelo Regime Geral de Previdência Social-RGPS que estiver exercendo ou que voltar a exercer atividade abrangida por este Regime é segurado obrigatório em relação a essa atividade, ficando sujeito às contribuições de que trata esta Lei, para fins de custeio da Seguridade Social.

4.9. Precedência da fonte de custeio ou contrapartida

Por esse princípio, **"nenhum benefício ou serviço da seguridade social poderá ser criado, majorado ou estendido sem a correspondente fonte de custeio total"**, na forma do artigo 195, §5º, da Constituição Federal. É também conhecido como Princípio da Preexistência, Contrapartida ou Antecedência da Fonte de Custeio.

> **▸ Como esse assunto foi cobrado em concurso?**
>
> No concurso da FCC para Analista do TRT de São Paulo em 2014, foi considerada correta a letra C: Segundo a chamada regra constitucional da contrapartida: a) nenhuma contribuição previdenciária é devida sem que tenha havido efetiva prestação de trabalho pelo segurado. b) nenhuma contribuição patronal é devida sem que o segurado tenha trazido regular prova de sua documentação pessoal ao empregador. c) nenhum benefício ou serviço da seguridade social pode ser criado, majorado ou estendido sem a correspondente fonte de custeio total. d) nenhuma contribuição de seguridade social pode ser exigida antes de 90 dias da data de publicação da lei que a houver instituído ou diminuído. e) nenhum benefício previdenciário ou assistencial pode ser deferido sem que tenha havido prova das contribuições previdenciárias exigidas a título de carência.
>
> **(2018/VUNESP/Câmara de Campo Limpo Paulista/Procurador Jurídico)** Sobre a seguridade social, assinale a alternativa correta: a) Compete à União, aos Estados e ao Distrito Federal legislar concorrentemente sobre seguridade social. b) As contribuições sociais são as únicas fontes de custeio da seguridade social, conforme disposto na Constituição Federal. c) A natureza jurídica das contribuições à seguridade social é de taxa. d) Compete ao Poder Público organizar a seguridade social, com base na irredutibilidade material do valor dos benefícios. e) Nenhum benefício ou serviço da seguridade social poderá ser criado, majorado ou estendido sem a correspondente fonte de custeio total, de acordo com a Constituição.
>
> Letra E, correta.

Este princípio surgiu no Brasil através da Emenda 11/1965, que alterou a Constituição de 1946, sendo aplicável naquela época aos benefícios da previdência e da assistência social.

De fato, o que essa norma busca é uma gestão responsável da seguridade social, pois a criação de prestações no âmbito da previdência, da assistência ou da saúde pressupõe a prévia existência de recursos públicos, sob pena de ser colocado em perigo todo o sistema com medidas irresponsáveis.

Por conseguinte, antes de criar um novo benefício da seguridade social ou majorar/estender os já existentes, deverá o ato de criação indicar expressamente a fonte de custeio respectiva, através da indicação da dotação orçamentária, a fim de se manter o equilíbrio entre as despesas e as receitas públicas. Este princípio não poderá ser excepcionado nem em hipóteses anormais, pois a Constituição é taxativa.

▶ **Como esse assunto foi cobrado em concurso?**

No concurso do CESPE para Juiz Federal da 2ª Região em 2009, foi considerado errado o seguinte enunciado: Ressalvadas as situações excepcionais de força maior devidamente comprovadas, nenhum benefício ou serviço pode ser instituído, majorado ou estendido a categorias de segurados sem a correspondente fonte de custeio.

O Princípio da Precedência da Fonte de Custeio foi um dos fundamentos utilizados pela Suprema Corte para impedir a majoração das pensões por morte concedidas anteriormente à edição da Lei 9.032/95.

▶ **Qual o entendimento do STF sobre o assunto?**

No julgamento do recurso extraordinário 415.454, de 08.02.2007, o STF decidiu que "a exigência constitucional de prévia estipulação da fonte de custeio total consiste em exigência operacional do sistema previdenciário que, dada a realidade atuarial disponível, não pode ser simplesmente ignorada", não sendo "possível dissociar as bases contributivas de arrecadação da prévia indicação legislativa da dotação orçamentária exigida".

Conquanto a previdência privada integre a previdência social, lhe sendo aplicável, no que couber, os princípios informadores da seguridade social, lamentavelmente o STF vem negando a incidência do Princípio da Precedência da Fonte de Custeio ao regime previdenciário privado.

▶ **Qual o entendimento do STF sobre o assunto?**

"Somente diz respeito à seguridade social financiada por toda a sociedade, sendo alheio às entidades de previdência privada" (RE 583687 AgR, de 29.03.2011, 2ª Turma).

▶ **Como esse assunto foi cobrado em concurso?**

No concurso do CESPE para Procurador do BACEN em 2009, foi considerado errado o seguinte enunciado: De acordo com norma constitucional, nenhum benefício ou serviço da seguridade social poderá ser criado, majorado ou estendido sem a correspondente fonte de custeio total. Tal regra aplica-se à previdência social e aos planos privados.

Vale frisar que quando o benefício da seguridade social for previsto na própria Constituição Federal, não terá aplicação o Princípio da Precedência da Fonte de Custeio.

▶ **Qual o entendimento do STF sobre o assunto?**

"Inexigibilidade, por outro lado, da observância do artigo 195, § 5º, da Constituição Federal, quando o benefício é criado diretamente pela Constituição" (RE 220.742, de 03.03.1998). "Considerada a redação do artigo 40 da Constituição Federal antes da EC 20/98, em vigor na data do falecimento da servidora, que não faz remissão ao regime geral da

> previdência social, **impossível a invocação tanto do texto do artigo 195, § 5º – exigência de fonte de custeio para a instituição de benefício –, quanto o do art. 201, V"** (RE 385.397 AgR, de 29.06.2007).

4.10. Orçamento diferenciado

Na 2ª edição desta obra optou-se pela inserção de mais um princípio informador da seguridade social no Brasil, com base no artigo 165, §5º, inciso III, da Constituição Federal de 1988.

De efeito, o Sistema Nacional de Seguridade Social é um instrumento tão importante de realização da justiça social que o legislador constitucional criou uma peça orçamentária exclusiva para fazer frente às despesas no pagamento de benefícios e na prestação de serviços.

É que a lei orçamentária anual da União compreende, além do orçamento fiscal e o de investimento nas empresas estatais federais, o orçamento da seguridade social, abrangendo todas as entidades e órgãos a ela vinculados, da administração direta ou indireta, bem como os fundos e fundações instituídos e mantidos pelo Poder Público.

Assim, os recursos do orçamento da seguridade social são afetados ao custeio do referido sistema, não podendo ser utilizados para outras despesas da União, em regra.

Contudo, de acordo com o artigo 167, inciso VIII, da Constituição Federal, em situações deveras excepcionais, para a utilização de recursos dos orçamentos fiscal e da seguridade social para suprir necessidade ou cobrir déficit de empresas, fundações e fundos, é necessária autorização legislativa específica.

4.11. Tabela dos princípios da seguridade social

Com o propósito de sintetizar o aprendizado mínimo dos princípios informadores da seguridade social, abaixo se colaciona tabela com o seu conteúdo jurídico básico:

PRINCÍPIOS DA SEGURIDADE SOCIAL	CONTEÚDO
Universalidade da Cobertura e do Atendimento	Este princípio busca conferir a maior abrangência possível às ações da seguridade social no Brasil, na medida dos recursos disponíveis. É possível cindi-lo a fim de ligar a Universalidade da Cobertura aos riscos sociais abarcados pelo Sistema Nacional de Seguridade Social (aspecto objetivo), enquanto a Universalidade do Atendimento se refere às pessoas destinatárias das prestações securitárias (aspecto subjetivo).

PRINCÍPIOS DA SEGURIDADE SOCIAL	CONTEÚDO
Uniformidade e equivalência dos benefícios e serviços às populações urbanas e rurais	Este princípio veda a discriminação negativa em desfavor das populações urbanas ou rurais, como ocorreu com os povos rurais no passado, pois agora os benefícios e serviços da seguridade social deverão tratar isonomicamente ambos os povos.
Seletividade	A seletividade deverá lastrear a escolha feita pelo legislador dos benefícios e serviços integrantes da seguridade social, bem como os requisitos para a sua concessão, conforme as necessidades sociais e a disponibilidade de recursos orçamentários, de acordo com o interesse público. Também deverá o legislador escolher os destinatários das prestações de acordo com as necessidades sociais.
Distributividade	A distributividade coloca a seguridade social como sistema realizador da justiça social, consectário do Princípio da Isonomia, sendo instrumento de desconcentração de riquezas.
Irredutibilidade do valor dos benefícios	Por este princípio, decorrente da segurança jurídica, não será possível a redução do valor nominal de benefício da seguridade social. No caso específico da previdência social, ainda é garantido constitucionalmente o reajustamento para manter o seu valor real.
Equidade no custeio	O custeio da seguridade social deverá ser o mais amplo possível, mas precisa ser isonômico, devendo contribuir de maneira mais acentuada aqueles que dispuserem de mais recursos financeiros, bem como os que mais provocarem a cobertura da seguridade social.
Diversidade da base de financiamento	O financiamento da seguridade social deverá ter múltiplas fontes, a fim de garantir a solvibilidade do sistema, para se evitar que a crise em determinados setores comprometa demasiadamente a arrecadação, com a participação de toda a sociedade, de forma direta e indireta.
Gestão quadripartite	A gestão da seguridade social será quadripartite, de índole democrática e descentralizada, envolvendo representantes dos trabalhadores, dos empregadores, dos aposentados e do Poder Público nos seus órgãos colegiados.
Solidariedade	Essencialmente a seguridade social é solidária, pois visa a agasalhar as pessoas em momentos de necessidade. Há uma verdadeira socialização dos riscos com toda a sociedade, pois os recursos mantenedores do sistema provêm dos orçamentos públicos e das contribuições sociais.
Precedência da fonte de custeio	Por esse princípio, nenhum benefício ou serviço da seguridade social poderá ser criado, majorado ou estendido sem a correspondente fonte de custeio total.
Orçamento diferenciado	Existe uma peça orçamentária exclusiva para a seguridade social.

5. ASSISTÊNCIA SOCIAL

5.1. Evolução e definição

No Brasil, assim como na maioria dos países, o assistencialismo é anterior à criação da previdência social, sendo esta consequência da transição do estado absolutista ao social, passando pelo liberal, até chegar à seguridade social, com o advento da Constituição Federal de 1988, sistema tripartite que engloba a assistência, a previdência social e a saúde pública.

Nos estados liberais, a proteção estatal se dava especialmente através de tímidas medidas assistencialistas aos pobres, que figuravam mais como liberalidades governamentais do que como direito subjetivo do povo, uma postura típica do absenteísmo da época (liberdades negativas – direitos fundamentais de primeira dimensão). A Lei dos Pobres, na Inglaterra, em 1601, trouxe a primeira disciplina jurídica da assistência social ao criar o dever estatal aos necessitados.

Mas com o advento do estado providência, de meras liberalidades estatais, as medidas de assistência social passaram à categoria de mais um dever governamental, pois o Poder Público passou a obrigar-se a prestá-las a quem delas necessitar.

Na Constituição Federal de 1988, a assistência social vem disciplinada nos artigos 203 e 204, destacando-se, em termos infraconstitucionais, a Lei 8.742/93 (LOAS – Lei Orgânica da Assistência Social).

De acordo com o artigo 203, da Constituição, a assistência social será prestada a quem dela necessitar, **independentemente de contribuição à seguridade social**.

> **▸ Como esse assunto foi cobrado em concurso?**
>
> No concurso do CESPE para Defensor Público do Tocantins em 2013, foi considerado correto o seguinte enunciado: A assistência social atende os hipossuficientes, por meio da concessão de benefícios, independentemente de contribuição.

Importante tentativa de incrementar as medidas assistencialistas foi dada pela Emenda 42/2003 (inseriu o parágrafo único, no artigo 204, da Constituição Federal), que facultou aos estados e ao Distrito Federal vincular a programa de apoio à inclusão e promoção social até 0,5% de sua receita tributária líquida, vedada a aplicação desses recursos no pagamento despesas com pessoal, serviço da dívida ou outra despesa corrente não vinculada diretamente aos investimentos ou ações apoiados, mas que depende da vontade política legiferante desses entes federados.

Vale advertir que as medidas assistenciais devem ser aplicadas na medida certa pelo Estado, de acordo com os recursos públicos disponíveis e as necessidades sociais de época, sob pena de prejuízo ao interesse público primário, na hipótese de exagero ou timidez na atuação do Poder Público.

Realmente, se os benefícios e serviços assistenciais não forem suficientes para suprir as necessidades básicas dos carentes, é sinal de que urgem reformas nas políticas públicas, pois a crescente legião de desamparados sem dignidade humana porá em risco a paz social.

Ao revés, o pagamento prolongado e excessivo de prestações assistenciais poderá gerar a acomodação dos beneficiários, pois receberão recursos sem qualquer contraprestação à sociedade, em que muitos não sentirão necessidade de se integrar ao mercado de trabalho.

Por tudo isso, é preciso bom senso dos Poderes da República na instituição, revisão e efetivação das políticas assistenciais, para não se pecar pelo excesso ou pela negligência governamental.

É possível **definir a assistência social** como *as medidas públicas (dever estatal) ou privadas a serem prestadas a quem delas precisar, para o atendimento das necessidades humanas essenciais, de índole não contributiva direta, normalmente funcionando como um complemento ao regime de previdência social, quando este não puder ser aplicado ou se mostrar insuficiente para a consecução da dignidade humana.*

De acordo com o artigo 1º, da Lei 8.742/93, "a assistência social, direito do cidadão e dever do Estado, é Política de Seguridade Social não contributiva, que provê os mínimos sociais, realizada através de um conjunto integrado de ações de iniciativa pública e da sociedade, para garantir o atendimento às necessidades básicas".

Com arrimo no artigo 3º, da Lei 8.742/93, "consideram-se **entidades e organizações de assistência social** aquelas sem fins lucrativos que, isolada ou cumulativamente, prestam *atendimento* e *assessoramento* aos beneficiários abrangidos por esta Lei, bem como as que atuam *na defesa e garantia de direitos*".

> ▸ **Importante:**
>
> Em nosso país, um dos traços característicos da assistência social é o seu caráter não contributivo, bem como a sua função de suprir as necessidades básicas das pessoas, como alimentação, moradia básica e vestuário.

> ▸ **Como esse assunto foi cobrado em concurso?**
>
> No concurso do CESPE para Procurador do Estado de Alagoas em 2008, foi considerado errado o seguinte enunciado: As ações de assistência social serão prestadas apenas aos segurados que estiverem em dia com as suas contribuições mensais à seguridade social.

Em regra, apenas as pessoas não cobertas por um regime previdenciário ou pela família farão jus às medidas assistencialistas, justamente porque já gozam de uma proteção que ensejará o pagamento de prestações previdenciárias ou alimentares, salvo se também preencherem os requisitos para as benesses assistenciais, a exemplo do Programa Bolsa-família, que beneficia vários segurados da previdência com baixa renda.

5.2. Objetivos, princípios e diretrizes

Os **objetivos da assistência social** brasileira estão consignados nos artigos 203, da Constituição Federal:

> I – a proteção à família, à maternidade, à infância, à adolescência e à velhice;
>
> II – o amparo às crianças e adolescentes carentes;
>
> III – a promoção da integração ao mercado de trabalho;
>
> IV – a habilitação e reabilitação das pessoas portadoras de deficiência e a promoção de sua integração à vida comunitária;
>
> V – a garantia de um salário mínimo de benefício mensal à pessoa portadora de deficiência e ao idoso que comprovem não possuir meios de prover à própria manutenção ou de tê-la provida por sua família, conforme dispuser a lei.

> ▸ **Como esse assunto foi cobrado em concurso?**
>
> No concurso do CESPE para Procurador Federal em 2007, foi considerado correto o seguinte enunciado: Assistência social é a política social que provê o atendimento das necessidades básicas, traduzidas em proteção à família, à maternidade, à infância, à adolescência, à velhice e à pessoa portadora de deficiência, independentemente de contribuição à seguridade social. Por sua vez, no concurso para Procurador do Município de Natal em 2008, o CESPE considerou correto o seguinte enunciado: Constitui um dos objetivos da assistência social a garantia de um salário mínimo de benefício mensal ao portador de deficiência e ao idoso que comprovem não possuir meios de prover a própria manutenção ou de tê-la provida por sua família, conforme dispuser a lei.

Vale registrar que, salvo expressa previsão constitucional, a exemplo do BPC/LOAS, não é válida lei de ente federativo que crie benefício assistencial com renda vinculada ao salário mínimo, pois este não pode ser utilizado com indexador, nos termos do artigo 7º, inciso IV, da Constituição, que veda a sua vinculação para qualquer fim.

> ▸ **Qual o entendimento do STF sobre o assunto?**
>
> Nesse sentido, de acordo com o STF, "com base nesse entendimento, o Plenário julgou parcialmente procedente o pedido para declarar a inconstitucionalidade formal dos artigos 3º, 10 a 13 e 16 do referido diploma legal, **bem como conferir interpretação conforme à Constituição aos artigos 5º, c, 9º, e, 14 e 17, assentando a necessidade de serem**

as alusões ao salário mínimo entendidas como reveladoras do valor vigente na data da publicação do diploma, afastada vinculação futura". ADI 4726/AP, rel. Min. Marco Aurélio, julgamento virtual finalizado em 10.11.2020. (ADI-4726).

Por seu turno, **os princípios informadores da assistência social** foram postos no artigo 4º, da Lei 8.742/93, que mais se parecem com objetivos:

> I – supremacia do atendimento às necessidades sociais sobre as exigências de rentabilidade econômica;
>
> II – universalização dos direitos sociais, a fim de tornar o destinatário da ação assistencial alcançável pelas demais políticas públicas;
>
> III – respeito à dignidade do cidadão, à sua autonomia e ao seu direito a benefícios e serviços de qualidade, bem como à convivência familiar e comunitária, vedando-se qualquer comprovação vexatória de necessidade;
>
> IV – igualdade de direitos no acesso ao atendimento, sem discriminação de qualquer natureza, garantindo-se equivalência às populações urbanas e rurais;
>
> V – divulgação ampla dos benefícios, serviços, programas e projetos assistenciais, bem como dos recursos oferecidos pelo Poder Público e dos critérios para sua concessão.

Já as **diretrizes da assistência social** constam do artigo 5º, da Lei 8.742/93:

> I – descentralização político-administrativa para os Estados, o Distrito Federal e os Municípios, e comando único das ações em cada esfera de governo;
>
> II – participação da população, por meio de organizações representativas, na formulação das políticas e no controle das ações em todos os níveis;
>
> III – primazia da responsabilidade do Estado na condução da política de assistência social em cada esfera de governo.

▸ Como esse assunto foi cobrado em concurso?

No concurso ESAF para Auditor Fiscal da RFB em 2009, foi considerado errado o seguinte enunciado: A Assistência Social, por meio de sistema único e centralizado no poder central federal, pode ser dada a todos os contribuintes individuais da Previdência Social. Por outro lado, no concurso do CESPE para Juiz Federal da 5ª Região em 2011, foi considerado correto o seguinte enunciado: As ações governamentais na área da assistência social caracterizam-se pela descentralização político-administrativa, cabendo a coordenação e a edição de normas gerais à esfera federal e a coordenação e a execução dos respectivos programas às esferas estadual e municipal bem como a entidades beneficentes e de assistência social.

5.3. O Sistema Único de Assistência Social (SUAS)

A coordenação da Política Nacional de Assistência Social competirá ao **Ministério da Cidadania** (após a reforma ministerial de 2019), cabendo ao **Conselho Nacional de Assistência Social (CNAS)** – órgão superior de deliberação colegiada, vinculado à estrutura do referido órgão da Administração Pública federal, composto por 18 membros, sendo nove representantes do Poder Público e outros nove da sociedade civil – aprovar a Política Nacional de Assistência Social.

O CNAS é presidido por um de seus integrantes, eleito dentre seus membros, para mandato de um ano, permitida uma única recondução por igual período, contando com a seguinte composição:

> I – 9 (nove) representantes governamentais, incluindo 1 (um) representante dos Estados e 1 (um) dos Municípios;
>
> II – 9 (nove) representantes da sociedade civil, dentre representantes dos usuários ou de organizações de usuários, das entidades e organizações de assistência social e dos trabalhadores do setor, escolhidos em foro próprio sob fiscalização do Ministério Público Federal.

> ▸ **Como esse assunto foi cobrado em concurso?**
>
> No concurso do CESPE para Técnico do INSS em 2016, foi considerado errado o seguinte enunciado: O CNAS, instância responsável pela coordenação da PNAS, é presidido alternadamente pelo(a) ministro(a) da previdência social e por um representante eleito da sociedade civil, sendo de dois anos o mandato do seu presidente, permitida a recondução. No mesmo certame, foi considerado verdadeiro o seguinte enunciado: O CNAS tem caráter paritário: metade dos seus membros são representantes governamentais e a outra metade é composta por representantes da sociedade civil.

Competirá ao CNAS, dentre outras competências previstas no artigo 18, da Lei 8.742/93, normatizar as ações e regular a prestação de serviços de natureza pública e privada no campo da assistência social, acompanhar e fiscalizar o processo de certificação das entidades e organizações de assistência social no Ministério da Cidadania e apreciar e aprovar a proposta orçamentária da Assistência Social a ser encaminhada pelo órgão da Administração Pública Federal responsável pela coordenação da Política Nacional de Assistência Social.

Também é da competência do CNAS apreciar relatório anual que conterá a relação de entidades e organizações de assistência social certificadas como beneficentes e encaminhá-lo para conhecimento dos Conselhos de Assistência Social dos Estados, Municípios e do Distrito Federal e aprovar critérios de transferência de recursos para os Estados, Municípios e Distrito Federal, considerando, para tanto, indicadores que informem sua regionalização mais equitativa, tais como: população, renda *per capita*, mortalidade infantil e concentração de renda, além de disciplinar os procedimentos de repasse de recursos para as entidades e organizações de assistência social, sem prejuízo das disposições da Lei de Diretrizes Orçamentárias.

> **Como esse assunto foi cobrado em concurso?**
>
> No concurso do CESPE para Técnico do INSS em 2016, foi considerado errado o seguinte enunciado: O CNAS, por decisão da maioria simples de seus membros, aprovou a proposição, ao Ministério do Planejamento, Orçamento e Gestão, de alteração dos limites de repasse mensal dos benefícios previstos em lei. Assertiva: Nessa situação, a aprovação da proposição ocorreu em conformidade com o que estabelece a Lei n.º 8.742/1993.

Ainda competirá ao CNAS, a partir da realização da II Conferência Nacional de Assistência Social em 1997, convocar ordinariamente a cada quatro anos a Conferência Nacional de Assistência Social, que terá a atribuição de avaliar a situação da assistência social e propor diretrizes para o aperfeiçoamento do sistema.

> **Como esse assunto foi cobrado em concurso?**
>
> No concurso do CESPE para Técnico do INSS em 2016, foi considerado certo o seguinte enunciado: Compete ao CNAS aprovar a PNAS, assim como convocar, ordinariamente, a cada quatro anos, a conferência nacional de assistência social, que terá a atribuição de avaliar a situação da assistência social e propor diretrizes para o aperfeiçoamento do sistema.

Um importante passo para a melhoria da assistência social no Brasil foi o nascimento do **Sistema Único de Assistência Social – SUAS**, que ocorreu com a edição da Resolução 130, de 15.07.2005, do Conselho Nacional de Assistência Social, que aprovou a Norma Operacional Básica do SUAS.

Com o advento da Lei 12.435/2011, que alterou vários artigos da Lei 8.742/93, o SUAS passou a ter previsão legal na Lei Orgânica da Assistência Social, tendo por objetivo a proteção à família, à maternidade, à infância, à adolescência e à velhice e, como base de organização, o território, integrado pelos entes federativos, pelos respectivos conselhos de assistência social e pelas entidades e organizações de assistência social.

Nos termos do artigo 6º, da Lei 8.742/93, com redação dada pela Lei 12.435/2011, são objetivos do SUAS:

> I – consolidar a gestão compartilhada, o cofinanciamento e a cooperação técnica entre os entes federativos que, de modo articulado, operam a proteção social não contributiva;
>
> II – integrar a rede pública e privada de serviços, programas, projetos e benefícios de assistência social, na forma do art. 6º-C;
>
> III – estabelecer as responsabilidades dos entes federativos na organização, regulação, manutenção e expansão das ações de assistência social;

IV - definir os níveis de gestão, respeitadas as diversidades regionais e municipais;

V - implementar a gestão do trabalho e a educação permanente na assistência social;

VI - estabelecer a gestão integrada de serviços e benefícios; e

VII - afiançar a vigilância socioassistencial e a garantia de direitos.

De acordo com o Ministério da Cidadania, o Sistema Único de Assistência Social (SUAS), cujo modelo de gestão é descentralizado e participativo, constitui-se na regulação e organização em todo território nacional dos serviços, programas, projetos e benefícios socioassistenciais, de caráter continuado ou eventual, executados e providos por pessoas jurídicas de direito público sob critério universal e lógica de ação em rede hierarquizada e em articulação com iniciativas da sociedade civil.

Além disso, o SUAS define e organiza os elementos essenciais e imprescindíveis à execução da política pública de assistência social, possibilitando a normatização dos padrões nos serviços, qualidade no atendimento aos usuários, indicadores de avaliação e resultado, nomenclatura dos serviços e da rede prestadora de serviços socioassistenciais.

O SUAS será composto pela **Proteção Social Especial**, destinada a famílias e indivíduos que se encontram em situação de risco pessoal e social, por ocorrência de abandono, maus tratos físicos e/ou psíquicos, abuso sexual, uso de substâncias psicoativas, cumprimento de medidas socioeducativas, situação de rua, situação de trabalho infantil, entre outras situações de violação dos direitos.

Ainda haverá a **Proteção Social Básica**, que se destina à população que vive em situação de vulnerabilidade social decorrente da pobreza, privação (ausência de renda, precário ou nulo acesso aos serviços públicos, dentre outros) e/ ou fragilização de vínculos afetivos - relacionais e de pertencimento social (discriminações etárias, étnicas, de gênero ou por deficiências, dentre outras).

▸ Como esse assunto foi cobrado em concurso?

No concurso do CESPE para Técnico do INSS em 2016, foi considerado errado o seguinte enunciado: A assistência social organiza-se por meio de um conjunto de serviços e programas que são estratificados em ações de proteção social básica, ações de proteção social secundária e ações de proteção social terciária, sendo essa última direcionada para pessoas em situação de violência.

A Proteção Social Especial e a Proteção Social Básica passaram a integrar o texto da Lei 8.742/93, com a inserção do artigo 6º-A, por intermédio da Lei 12.435/2011, sendo criados o Serviço de Proteção e Atendimento Integral à Família (PAIS) e o Serviço de Proteção e Atendimento Especializado a Famílias e Indivíduos (PAEFI).

As proteções sociais, básica e especial, serão ofertadas precipuamente no **Centro de Referência de Assistência Social (Cras)** e no **Centro de Referência Especializado de Assistência Social (Creas)**, respectivamente, e pelas entidades sem fins lucrativos de assistência social.

O **Cras** é a unidade pública municipal, de base territorial, localizada em áreas com maiores índices de vulnerabilidade e risco social, destinada à articulação dos serviços socioassistenciais no seu território de abrangência e à prestação de serviços, programas e projetos socioassistenciais de proteção social básica às famílias.

▸ **Como esse assunto foi cobrado em concurso?**

No concurso do CESPE para Técnico do INSS em 2016, foi considerado errado o seguinte enunciado: O centro de referência de assistência social (CRAS) é uma unidade de base estadual e tem por finalidade atender a população de baixa renda e as pessoas que estejam submetidas ao cumprimento de pena de reclusão.

Já o **Creas** é a unidade pública de abrangência e gestão municipal, estadual ou regional, destinada à prestação de serviços a indivíduos e famílias que se encontram em situação de risco pessoal ou social, por violação de direitos ou contingência, que demandam intervenções especializadas da proteção social especial.

▸ **Como esse assunto foi cobrado em concurso?**

No concurso do CESPE para Técnico do INSS em 2016, foi considerado correto o seguinte enunciado: O centro de referência especializado de assistência social (CREAS) constitui unidade que presta serviços a indivíduos e famílias que se encontrem em situação de risco pessoal ou social decorrente de violação de direitos.

Os Cras e os Creas são unidades públicas estatais instituídas no âmbito do Suas, que possuem interface com as demais políticas públicas e articulam, coordenam e ofertam os serviços, programas, projetos e benefícios da assistência social, devendo possuir instalações compatíveis com os serviços neles ofertados, com espaços para trabalhos em grupo e ambientes específicos para recepção e atendimento reservado das famílias e indivíduos, assegurada a acessibilidade às pessoas idosas e com deficiência.

Ainda foi criado pela Lei 12.345/2011 o Programa de Erradicação do Trabalho Infantil (PETI), de caráter intersetorial, integrante da Política Nacional de Assistência Social, que, no âmbito do SUAS, compreende transferências de renda, trabalho social com famílias e oferta de serviços socioeducativos para crianças e adolescentes que se encontrem em situação de trabalho.

Competirá à União, aos estados, ao Distrito Federal e aos municípios fixar as suas respectivas Políticas de Assistência Social, devendo ser observado o regramento geral traçado pela Lei 8.742/93.

As **instâncias deliberativas do SUAS**, de caráter permanente e composição paritária entre governo e sociedade civil, são:

I – o Conselho Nacional de Assistência Social;

II – os Conselhos Estaduais de Assistência Social;

III – o Conselho de Assistência Social do Distrito Federal;

IV – os Conselhos Municipais de Assistência Social.

> **Como esse assunto foi cobrado em concurso?**
>
> No concurso do CESPE para Técnico do INSS em 2016, foi considerado correto o seguinte enunciado: Os conselhos estaduais de assistência social e os conselhos municipais de assistência social, instâncias deliberativas do SUAS, têm caráter permanente e composição paritária entre governo e sociedade civil.

Os estados, o Distrito Federal e os municípios deverão instituir Conselhos de Assistência Social, que formarão as instâncias deliberativas do sistema descentralizado e participativo de assistência social juntamente com o Conselho Nacional de Assistência Social.

Os Conselhos de Assistência Social estão vinculados ao órgão gestor de assistência social, que deve prover a infraestrutura necessária ao seu funcionamento, garantindo recursos materiais, humanos e financeiros, inclusive com despesas referentes a passagens e diárias de conselheiros representantes do governo ou da sociedade civil, quando estiverem no exercício de suas atribuições.

Por seu turno, a fiscalização e o funcionamento das entidades e organizações de assistência social dependerá de prévia inscrição no respectivo Conselho Municipal de Assistência Social, ou no Conselho de Assistência Social do Distrito Federal, conforme o caso.

De acordo com o artigo 3º, da Lei 8.742/93, "consideram-se **entidades e organizações de assistência social** aquelas sem fins lucrativos que, isolada ou cumulativamente, prestam *atendimento* e *assessoramento* aos beneficiários abrangidos por esta Lei, bem como as que atuam *na defesa e garantia de direitos*".

Assim, as entidades e organizações assistenciais foram divididas em três categorias, definidas pela Lei 12.435/2011:

- **De atendimento** – São aquelas entidades que, de forma continuada, permanente e planejada, prestam serviços, executam programas ou projetos e concedem benefícios de prestação social básica ou especial, dirigidos às famílias e indivíduos em situações de vulnerabilidade ou risco social e pessoal, nos termos desta Lei, e respeitadas as deliberações do Conselho Nacional de Assistência Social (CNAS);

- **De assessoramento** - São aquelas que, de forma continuada, permanente e planejada, prestam serviços e executam programas ou projetos voltados prioritariamente para o fortalecimento dos movimentos sociais e das organizações de usuários, formação e capacitação de lideranças, dirigidos ao público da política de assistência social, nos termos desta Lei, e respeitadas as deliberações do CNAS;
- **De defesa e garantia de direitos** - São aquelas que, de forma continuada, permanente e planejada, prestam serviços e executam programas e projetos voltados prioritariamente para a defesa e efetivação dos direitos socioassistenciais, construção de novos direitos, promoção da cidadania, enfrentamento das desigualdades sociais, articulação com órgãos públicos de defesa de direitos, dirigidos ao público da política de assistência social, nos termos desta Lei, e respeitadas as deliberações do CNAS.

Para se vincularem ao SUAS, as entidades e organizações de assistência social precisarão ser reconhecidas pelo Ministério da Cidadania de que a entidade de assistência social integra a rede socioassistencial, devendo cumprir as exigências do artigo 6º-B, da Lei 8.742/93.

Para a efetivação da Política Nacional de Assistência Social, é competência da **União**:

> I - responder pela concessão e manutenção dos benefícios de prestação continuada definidos no art. 203 da Constituição Federal;
>
> II - cofinanciar, por meio de transferência automática, o aprimoramento da gestão, os serviços, os programas e os projetos de assistência social em âmbito nacional;
>
> III - atender, em conjunto com os Estados, o Distrito Federal e os Municípios, às ações assistenciais de caráter de emergência;
>
> IV - realizar o monitoramento e a avaliação da política de assistência social e assessorar Estados, Distrito Federal e Municípios para seu desenvolvimento.

Competirá aos **estados**:

> I - destinar recursos financeiros aos Municípios, a título de participação no custeio do pagamento dos benefícios eventuais, mediante critérios estabelecidos pelos Conselhos Estaduais de Assistência Social;
>
> II - cofinanciar, por meio de transferência automática, o aprimoramento da gestão, os serviços, os programas e os projetos de assistência social em âmbito regional ou local;
>
> III - atender, em conjunto com os Municípios, às ações assistenciais de caráter de emergência;
>
> IV - estimular e apoiar técnica e financeiramente as associações e consórcios municipais na prestação de serviços de assistência social;

V – prestar os serviços assistenciais cujos custos ou ausência de demanda municipal justifiquem uma rede regional de serviços, desconcentrada, no âmbito do respectivo Estado.

Competirá ao **Distrito Federal:**

I – destinar recursos financeiros para custeio do pagamento dos benefícios eventuais, mediante critérios estabelecidos pelos Conselhos de Assistência Social do Distrito Federal;

II – efetuar o pagamento dos auxílios natalidade e funeral;

III – executar os projetos de enfrentamento da pobreza, incluindo a parceria com organizações da sociedade civil;

IV – atender às ações assistenciais de caráter de emergência;

V – prestar os serviços assistenciais consistentes nas atividades continuadas que visem à melhoria de vida da população e cujas ações, voltadas para as necessidades básicas, observem os objetivos, princípios e diretrizes estabelecidas nesta lei;

VI – cofinanciar o aprimoramento da gestão, os serviços, os programas e os projetos de assistência social em âmbito local;

VII – realizar o monitoramento e a avaliação da política de assistência social em seu âmbito.

Competirá aos **municípios**:

I – destinar recursos financeiros para custeio do pagamento dos benefícios eventuais, mediante critérios estabelecidos pelos Conselhos Municipais de Assistência Social;

II – efetuar o pagamento dos auxílios natalidade e funeral;

III – executar os projetos de enfrentamento da pobreza, incluindo a parceria com organizações da sociedade civil;

IV – atender às ações assistenciais de caráter de emergência;

V – prestar os serviços assistenciais consistentes nas atividades continuadas que visem à melhoria de vida da população e cujas ações, voltadas para as necessidades básicas, observem os objetivos, princípios e diretrizes estabelecidas nesta lei;

VI – cofinanciar o aprimoramento da gestão, os serviços, os programas e os projetos de assistência social em âmbito local;

VII – realizar o monitoramento e a avaliação da política de assistência social em seu âmbito.

A Lei 8.742/93 ainda prevê os **projetos de enfrentamento da pobreza,** que compreendem a instituição de investimento econômico-social nos grupos populares, buscando subsidiar, financeira e tecnicamente, iniciativas que lhes garantam meios, capacidade produtiva e de gestão para melhoria das condições gerais de subsistência, elevação do padrão da qualidade de vida, a preservação do meio-ambiente e sua organização social.

Foi instituído pela Lei 8.742/93 o **Fundo Nacional de Assistência Social**, mediante transformação do Fundo Nacional de Ação Comunitária, sendo administrado pelo Ministério da Cidadania, sob orientação e controle do Conselho Nacional de Assistência Social.

O referido Fundo tem por objetivo proporcionar recursos e meios para financiar o benefício de prestação continuada e apoiar os serviços, programas e projetos de assistência social, sendo composto por recursos da União destinados à assistência social.

Para que os estados, o Distrito Federal e os municípios recebam repasses da União destinados aos benefícios e serviços assistenciais, é indispensável à prévia criação de um Conselho de Assistência Social, de composição paritária entre governo e sociedade civil; de um Fundo de Assistência Social, com orientação e controle dos respectivos Conselhos de Assistência Social e de um Plano de Assistência Social.

5.4. Benefício do amparo assistencial à pessoa idosa ou pessoa com deficiência carente (BPC/LOAS)

Conforme acima visto, é objetivo da assistência social brasileira a garantia de um **salário mínimo** de benefício mensal à **pessoa portadora de deficiência e ao idoso** que comprovem não possuir meios de prover à própria manutenção ou de tê-la provida por sua família, conforme dispuser a lei, nos termos do artigo 203, inciso V, da Constituição Federal.

É conhecido como o benefício de prestação continuada da Lei Orgânica de Assistência Social (BPC/LOAS). A regulamentação deste benefício assistencial foi promovida pelos artigos 20 e 21, da Lei 8.742/93, pelo artigo 34, da Lei 10.741/2003 (Estatuto da Pessoa Idosa) e pelo Decreto 6.214/2007, tendo o Estatuto da Pessoa Idosa reduzido a idade mínima de concessão para os **65 anos de idade** (no caso das pessoas idosas).

O Benefício de Prestação Continuada integra a proteção social básica no âmbito do Sistema Único de Assistência Social, instituído pelo Ministério da Cidadania, em consonância com o estabelecido pela Política Nacional de Assistência Social.

Competirá ao Ministério da Cidadania a implementação, a coordenação-geral, a regulação, o financiamento, o monitoramento e a avaliação da prestação deste benefício, sem prejuízo das iniciativas compartilhadas com Estados, Distrito Federal e Municípios, em consonância com as diretrizes do SUAS e da descentralização político-administrativa, cabendo ao INSS a processamento e concessão administrativa.

A redução da idade mínima para a concessão deste benefício assistencial (de 70 para 67 anos e agora para 65 anos) decorre de concretização do Princípio da Universalidade da Cobertura e do Atendimento, pois apesar do crescimento da expectativa de vida dos brasileiros, houve uma extensão da proteção social em favor dos necessitados, na medida em que surgiram mais recursos públicos disponíveis.

Por força do Decreto 8.805/2016, são requisitos para a concessão, a manutenção e a revisão do benefício as inscrições no **Cadastro de Pessoas Físicas – CPF** e no **Cadastro Único para Programas Sociais do Governo Federal – CadÚnico**, sendo que o beneficiário que não realizar a inscrição ou a atualização no CadÚnico, no prazo estabelecido em convocação a ser realizada pelo Ministério da Cidadania, terá o seu benefício suspenso.

Posteriormente, para respeitar o Princípio da Legalidade, coube à Lei 13.846/2019 inserir essa regra no artigo 20 da Lei 8.742/93: "§ 12. São requisitos para a concessão, a manutenção e a revisão do benefício as inscrições no Cadastro de Pessoas Físicas – CPF e no Cadastro Único para Programas Sociais do Governo Federal – Cadastro Único, conforme previsto em regulamento".

Para fazer jus ao amparo de um salário mínimo, a pessoa idosa ou deficiente deverão comprovar o seu estado de miserabilidade. Pelo critério legal, considera-se incapaz de prover a sua própria manutenção a pessoa portadora de deficiência ou idosa, em que a **renda mensal *per capita* familiar seja de até 1/4 (um quarto) de salário mínimo.**

Logo, a norma instituiu um critério objetivo para a aferição do estado de carência da pessoa idosa ou do deficiente: renda *per capita* familiar de até 1/4 de salário mínimo, ressaltando-se que se entendia como família o conjunto de pessoas elencadas no artigo 16, da Lei nº 8.213/91, desde que vivessem sob o mesmo teto:

> I – o cônjuge, a companheira, o companheiro e o filho não emancipado, de qualquer condição, menor de 21 (vinte e um) anos ou inválido;
>
> II – os pais;
>
> III – o irmão não emancipado, de qualquer condição, menor de 21 (vinte e um) anos ou inválido.

Todavia, com o advento da Lei 12.435/2011, foi alterado o artigo 20, §1º, da Lei 8.742/93, considerando-se que a família é composta pelo requerente, o cônjuge ou companheiro, os pais e, na ausência de um deles, a madrasta ou o padrasto, os irmãos solteiros, os filhos e enteados solteiros e os menores tutelados, desde que vivam sob o mesmo teto.

Assim, **como inovação, foram coerentemente inseridos a madrasta ou o padrasto (na falta dos pais) na composição da família. Da mesma forma, os**

irmãos solteiros e os filhos de qualquer idade passaram a entrar na formação do grupo familiar, não existindo mais a idade limite de 21 anos, desde que vivam sob o mesmo teto.

Entende-se que a Lei 12.435/2011 poderia ter ido mais longe, a fim de inserir todos os parentes do requerente, desde que vivam sob o mesmo teto, pois nem mesmo o Código Civil teve a ousadia de definir a família, não podendo o legislador desconsiderar a realidade brasileira dos mais pobres.

A grande polêmica que persistiu durante anos foi saber se o critério da renda individual dos membros da família poderia ser flexibilizado em situações concretas, com o manejo de outros critérios a serem considerados mais adequados pelo julgador, a exemplo do abatimento da renda familiar das despesas com medicamentos não disponibilizados pelo SUS.

▸ **Qual o entendimento do STF sobre o assunto?**

A questão foi parcialmente levada ao STF através da ADI 1.232, julgada em 27.08.1998, **tendo o STF validado abstratamente o critério de ¼ de salário mínimo,** pois a Constituição Federal delegou ao legislador infraconstitucional a competência para fixar os critérios de concessão do benefício. Conquanto a Suprema Corte tenha pronunciado a constitucionalidade do referido critério objetivo, não houve manifestação expressa sobre a possibilidade da utilização de outros critérios, sendo um tema ainda pendente de julgamento final no STF.

A questão foi finalmente decidida pela Suprema Corte no julgamento dos Recursos Extraordinários 567.985 e 580.963, julgados conjuntamente em 17 e 18 de abril de 2013. Por maioria de votos, o STF pronunciou a inconstitucionalidade material incidental do §3º, do artigo 20, da Lei 8.742/93, que prevê o critério legal da renda *per capita* familiar inferior a ¼ do salário mínimo para a caracterização da miserabilidade.

De acordo com o STF, verificou-se um **processo de inconstitucionalização** do critério legal da renda *per capita* menor que um ¼ do salário mínimo, que havia sido fixado há 20 anos (1993), especialmente pela adoção superveniente de outros critérios mais favoráveis aos necessitados em leis assistenciais posteriores, como no Programa Bolsa-Família.

Assim, caberia ao Poder Legislativo da União deliberar acerca de um novo critério legal aferidor da miserabilidade da pessoa idosa ou deficiente considerando a realidade atual, tendo em conta as mutações sociais dos últimos vinte anos, mormente as melhorias econômicas do país.

Conquanto a pronúncia de nulidade do §3º do artigo 20, da Lei 8.742/93 tenha se dado incidentalmente, e não abstratamente, buscou-se no STF a modulação da sua eficácia para 31/12/2015, a fim de conferir prazo razoável ao Congresso Nacional para aprovar nova regra sem o afastamento imediato da anterior. No entanto, não restou alcançado o quórum de 2/3 (oito votos) para aprovar a referida modulação.

Vale registrar que a decisão do STF não é vinculante, vez que não tomada em controle abstrato de constitucionalidade, razão pela qual o INSS continua a adotar na via administrativa o critério da renda *per capita* familiar inferior a ¼ do salário mínimo.

Aliás, se o INSS afastasse o critério legal invalidado pelo STF, não haveria outro critério legal a adotar, haja vista a sua não aprovação pelo Congresso Nacional, sendo válida a postura da autarquia previdenciária até que haja novidade legislativa sobre o tema.

Para conferir um mínimo de segurança jurídica ao INSS ou ao Poder Judiciário na aferição concreta da miserabilidade, é necessário que o Congresso Nacional atue rapidamente na votação de um novo critério para substituir o §3º, do artigo 20, da lei 8.742/93, observados os limites orçamentários da União à luz do Princípio da Precedência da Fonte de Custeio.

▸ **Importante:**

Por força da Lei 13.146, publicada em 7 de julho de 2015, que aprovou o Estatuto da Pessoa com Deficiência e entrou **em vigor em 180 dias após a sua publicação (início de janeiro de 2016 - DIA 3)**, a Lei 8.742/93 passará a prever expressamente que para concessão deste benefício poderão ser utilizados outros elementos probatórios da condição de miserabilidade do grupo familiar e da situação de vulnerabilidade, sendo uma flexibilização feita pelo próprio legislador do critério da renda mensal familiar inferior a ¼ do salário mínimo.

▸ **Qual o entendimento da TNU sobre o assunto?**

Súmula 79 - Nas ações em que se postula benefício assistencial, é necessária a comprovação das condições socioeconômicas do autor por laudo de assistente social, por auto de constatação lavrado por oficial de justiça ou, sendo inviabilizados os referidos meios, por prova testemunhal.

▸ **Como esse assunto foi cobrado em concurso?**

No concurso do CESPE para Procurador Federal em 2010, **apesar de o STF não ter pacificado o seu entendimento na época da aplicação da prova**, foi considerado correto o seguinte enunciado: Para fins de concessão do benefício de prestação continuada, considera-se incapaz de prover a manutenção da pessoa portadora de deficiência ou idosa a família cuja renda mensal *per capita* seja inferior a um quarto do salário mínimo. Esse critério, de acordo com entendimento do STF, apesar de ser constitucional, pode ser conjugado com outros fatores indicativos do estado de miserabilidade do indivíduo e de sua família. **Na atualidade, ante a decisão dos Recursos Extraordinários 567.985 e 580.963, julgados conjuntamente em 17 e 18 de abril de 2013, a questão deve ser considerada falsa.**

Qual o entendimento do STJ sobre o assunto?

O STJ vem decidindo pela possibilidade da utilização de outros critérios para a aferição do estado de miserabilidade da pessoa idosa ou deficiente.

No julgamento do AgRg no REsp 94.6253, de 16.10.2008, decidiu a Corte Superior que "o preceito contido no art. 20, § 3º, da Lei nº 8.742/93 não é o único critério válido para comprovar a condição de miserabilidade. A renda familiar *per capita* inferior a 1/4 do salário-mínimo deve ser considerada como um limite mínimo, um quantum objetivamente considerado insuficiente à subsistência do portador de deficiência e do idoso, o que não impede que o julgador faça uso de outros fatores que tenham o condão de comprovar a condição de miserabilidade do autor". O mesmo entendimento foi adotado pela Corte Superior no julgamento do AGA 1.164.582, de 26.10.2010 e no AgRg no AREsp 379927, de 15/10/2013.

Como esse assunto foi cobrado em concurso?

No concurso do CESPE para Promotor de Justiça do Espírito Santo em 2010, foi considerado errado o seguinte enunciado: Consoante a jurisprudência do STJ, o requisito da renda familiar per capita inferior a um quarto do salário mínimo, previsto na Lei n.º 8.742/1993 para concessão do benefício de prestação continuada, de caráter assistencial, consubstancia um critério legal absoluto, impediente de que o julgador faça uso de outros elementos probatórios para comprovar a condição de miserabilidade da família.

Qual o entendimento da TNU sobre o assunto?

De acordo com a TNU, em incidente de uniformização representativo de controvérsia julgado em 14 de abril de 2016, "a renda mensal familiar per capta inferior a ¼ do salário mínimo não exclui a utilização de outros elementos de prova para aferição da condição socioeconômica, em face da inexistência de presunção absoluta de miserabilidade para fins de concessão de benefício assistencial" (processo 5000493-92.2014.4.04.7002), razão pela qual é possível o indeferimento judicial do benefício mesmo que a renda per capita seja abaixo de ¼ do salário mínimo, mas outros elementos de prova produzidos no processo atestem a inexistência de miserabilidade no caso concreto, conquanto o INSS sempre defira na seara administrativa por ainda utilizar como absoluto o critério da renda per capita familiar abaixo de um salário mínimo.

O Enunciado 168, do FONAJEF, aduz que "a produção de auto de constatação por oficial de justiça, determinada pelo Juízo, não requer prévia intimação das partes, sob pena de frustrar a eficácia do ato, caso em que haverá o contraditório diferido" (aprovado no XIII FONAJEF), pois justamente se busca a surpresa para evitar fraudes na apresentação do núcleo familiar.

Nos termos do Enunciado 167, do FONAJEF, "nas ações de benefício assistencial, não há nulidade na dispensa de perícia socioeconômica quando não identificado indício de deficiência, a partir de seu conceito multidisciplinar" (aprovado no XIII FONAJEF).

Por força do artigo 34, parágrafo único, do Estatuto da Pessoa Idosa, *"o benefício já concedido a qualquer membro da família nos termos do caput* não será computado para os fins do cálculo da renda familiar *per capita a que se refere a LOAS".*

Logo, se um casal de pessoas idosas carentes reside sozinho, o benefício assistencial percebido por um deles será desconsiderado como renda familiar, o que permite a concessão de dois amparos, ante a expressa determinação legal. Caso contrário, a renda *per capita* seria de ½ salário mínimo, o que impediria a concessão da segunda prestação.

▸ **Como esse assunto foi cobrado em concurso?**

No concurso do CESPE para Defensor Público do Estado da Bahia em 2010, foi considerado errado o seguinte enunciado: Considere a seguinte situação hipotética. João e Maria, maiores de setenta anos de idade, carentes, moram juntos e não possuem meios para prover sua subsistência nem podem tê-la provida por sua família. A Maria foi assegurado o benefício mensal de um salário-mínimo, nos termos da Lei Orgânica da Assistência Social. Nessa situação, João fica impedido de receber o mesmo benefício, dado o não atendimento, pelo casal, do requisito da renda familiar *per capita.*

Por Isonomia, existem precedentes jurisprudenciais estendendo analogicamente a excepcional disposição do Estatuto da Pessoa Idosa a qualquer benefício previdenciário no valor de um salário mínimo percebido por pessoa do grupo familiar, conquanto não haja qualquer prévia fonte de custeio.

▸ **Qual o entendimento do STJ sobre o assunto?**

No dia 10 de agosto de 2011, no julgamento da petição 7.203, a 3ª Seção do STJ firmou entendimento no sentido de admitir que também o benefício previdenciário no valor de um salário mínimo recebido por maior de 65 anos deve ser afastado para fins de apuração da renda mensal *per capita* objetivando a concessão de benefício de prestação continuada. Outrossim, em 25 de fevereiro de 2015, no julgamento do REsp 1.355.052, decidiu em repetitivo a 1ª Seção do STJ que aplica-se o parágrafo único do art. 34 do Estatuto da Pessoa Idosa (Lei 10.741/2003), por analogia, a pedido de benefício assistencial feito por pessoa com deficiência a fim de que benefício previdenciário recebido por pessoa idosa, no valor de um salário mínimo, não seja computado no cálculo da renda *per capita* prevista no art. 20, § 3º, da Lei 8.742/1993.

> ▸ **Qual o entendimento do STF sobre o assunto?**
>
> **No entanto, no julgamento do Recurso Extraordinário 580.963, de 17 de 18/04/2013, o parágrafo único do artigo 34 do Estatuto da Pessoa Idosa foi declarado incidentalmente inconstitucional pelo STF por violação ao Princípio da Isonomia:** "4. A inconstitucionalidade por omissão parcial do art. 34, parágrafo único, da Lei 10.741/2003. O Estatuto do Idoso dispõe, no art. 34, parágrafo único, que o benefício assistencial já concedido a qualquer membro da família não será computado para fins do cálculo da renda familiar per capita a que se refere a LOAS. Não exclusão dos benefícios assistenciais recebidos por deficientes e de previdenciários, no valor de até um salário mínimo, percebido por idosos. Inexistência de justificativa plausível para discriminação dos portadores de deficiência em relação aos idosos, bem como dos idosos beneficiários da assistência social em relação aos idosos titulares de benefícios previdenciários no valor de até um salário mínimo. Omissão parcial inconstitucional. 5. Declaração de inconstitucionalidade parcial, sem pronúncia de nulidade, do art. 34, parágrafo único, da Lei 10.741/2003".

A pronúncia de inconstitucionalidade teve por objetivo estender o artigo 34, parágrafo único, do Estatuto da Pessoa Idosa por isonomia. Logo, para o STF, a mesma regra deve ser aplicada aos benefícios assistenciais recebidos por deficientes e de previdenciários, no valor de até um salário mínimo, percebido por pessoas idosas.

> ▸ **Importante:**
>
> O tema voltou a ser alvo de alterações normativas no ano de 2020 dentro do artigo 20 da Lei 8.742/93:
>
> § 3º Considera-se incapaz de prover a manutenção da pessoa com deficiência ou idosa a família cuja renda mensal **per capita** seja: (Redação dada pela Lei nº 13.982, de 2020)
>
> **I - igual** ou inferior a 1/4 (um quarto) do salário-mínimo, até 31 de dezembro de 2020; (Incluído pela Lei nº 13.982, de 2020)

Inicialmente, a Lei 13.981/2020 alterou o critério de miserabilidade para a renda per capita familiar inferior a 1/2 do salário mínimo.

No entanto, esse novo critério foi preliminarmente suspenso pelo STF na ADPF 662 através de liminar deferida pelo Ministro Gilmar Mendes:

> "Concedo, em parte, a medida cautelar postulada, ad referendum do Plenário, apenas para suspender a eficácia do art. 20, § 3º, da Lei 8.742, na redação dada pela Lei 13.981, de 24 de março de 2020, enquanto não sobrevier a implementação de todas as condições previstas no art. 195, §5°, da CF, art. 113 do ADCT, bem como nos arts. 17 e 24 da LRF e ainda do art. 114 da LDO".

Em seguida, coube à Lei 13.982/2020 alterar novamente o dispositivo para estabelecer até 31/12/2020 o critério da renda per capita familiar igual ou inferior a ¼ do salário mínimo.

O inciso II foi vetado:

> **"MENSAGEM Nº 141, DE 2 DE ABRIL DE 2020**
>
> **Inciso II do art. 20, da Lei nº 8.742, de 7 de dezembro de 1993, alterado pelo art. 1º do projeto de lei**
>
> "II - igual ou inferior a 1/2 (meio) salário-mínimo, a partir de 1º de janeiro de 2021."
>
> **Razões do veto**
>
> A propositura legislativa, ao manter de forma objetiva o valor do critério para a percepção do Benefício de Prestação Continuada (BPC) no valor de 1/2 salário mínimo, a partir de 1º de janeiro de 2021, viola as regras do art. 113 do ADCT, bem como do arts. 16 e 17 da Lei de Responsabilidade Fiscal e ainda do art. 116 da Lei de Diretrizes Orçamentárias para 2020 (Lei nº 13.898, de 2019). Ademais, o dispositivo contraria o interesse público ao não se permitir a determinação de critérios para a adequada focalização do benefício."

Dessa forma, o atual critério legal até 31/12/2020 passou a ser a renda per capita familiar de até 1/4 do salário mínimo, e não mais inferior a 1/4 do salário mínimo.

A Lei 13.982/2020 limitou a vigência do critério da renda per capita familiar de ATÉ ¼ do salário mínimo até 31/12/2020. Daí adviria uma lacuna normativa a contar de 01/01/2021, diante do veto presidencial ao inciso II, pois inexistiria critério objetivo a contar de 2021.

> ▸ **Importante!**
>
> Nesse sentido, foi publicada em **31/12/2020** a **MP 1.023**, fixando como critério permanente de miserabilidade a contar de 2021 a renda *per capita* familiar **INFERIOR** a 1/4 do salário mínimo, impedindo a concretização da citada lacuna normativa.

Houve um injustificável retrocesso em comparação ao critério anterior, pois a MP 1.023/2020 deveria ter conservado por segurança jurídica o mesmo critério anterior (**até** 1/4 do salário mínimo) e não retrocedido (**inferior** a 1/4 do salário mínimo), mesmo porque este último parâmetro objetivo de aferição de miserabilidade já havia sido pronunciado inconstitucional pelo STF em controle difuso de constitucionalidade.

> ▸ **Importante!**
>
> Com o advento da **Lei 14.176, em vigor desde 23 de junho de 2021**, o legislador restabeleceu o critério de miserabilidade para o BPC/LOAS que voltou a ser a renda familiar mensal *per capita* **<u>igual</u>** ou inferior a **1/4 (um quarto) do salário-mínimo**.

A grande inovação foi a previsão legal de que o Regulamento (decreto presidencial, em cuja edição deverá ser comprovado o atendimento aos requisitos fiscais) **poderá** ampliar o limite de renda mensal familiar *per capita* **para até 1/2 (meio) salário-mínimo**, para fins de regulamentação da regra do §11 do artigo 20 da Lei 8.742/93, introduzido pelo Estatuto da Pessoa com Deficiência, que previu que poderão ser utilizados **outros elementos probatórios** da condição de miserabilidade do grupo familiar e da situação de vulnerabilidade. Mas esta regra somente tem **vigência para 1/1/2022.**

Dessa forma, conquanto a citada ampliação seja uma faculdade do Presidente da República, é possível que seja ampliado o acesso social ao BPC/LOAS, a exemplo da adoção do critério de 1/3 ou de ½ do salário mínimo para a renda mensal familiar *per capita*. Até hoje o decreto nunca foi editado.

Nesse sentido, serão considerados os seguintes aspectos para ampliação do critério de aferição da renda familiar mensal *per capita*, que, se realizada deverá ser progressiva (por causa dos cursos bilionários):

> I – o grau da deficiência; (pessoas com deficiência e pessoas idosas)
>
> II – a dependência de terceiros para o desempenho de atividades básicas da vida diária; e (pessoas idosas)
>
> III – o comprometimento do orçamento do núcleo familiar exclusivamente com gastos médicos, com tratamentos de saúde, com fraldas, com alimentos especiais e com medicamentos do idoso ou da pessoa com deficiência não disponibilizados gratuitamente pelo SUS, ou com serviços não prestados pelo SUAS, desde que comprovadamente necessários à preservação da saúde e da vida. (pessoas com deficiência e pessoas idosas).

O valor do **auxílio-inclusão** percebido por um membro da família não será considerado no cálculo da renda familiar mensal *per capita* para aferição de miserabilidade do BPC/LOAS, para fins de concessão e de manutenção de outro auxílio-inclusão no âmbito do mesmo grupo familiar.

Por força de regra expressa na **Lei 14.176/2021**, o beneficiário em gozo de benefício de prestação continuada concedido judicial ou administrativamente poderá ser convocado para avaliação das condições que ensejaram sua concessão ou manutenção, sendo-lhe exigida a presença dos requisitos previstos na legislação.

Outrossim, o artigo 20 da Lei 8.742/93 ganhou um novo parágrafo com redação dada pela Lei 13.982/2020:

> **"§ 14. O benefício de prestação continuada ou o benefício previdenciário no valor de até 1 (um) salário-mínimo concedido a idoso acima de 65 (sessenta e cinco) anos de idade ou pessoa com deficiência não será computado, para fins de concessão do benefício de prestação continuada a outro idoso ou pessoa com deficiência da mesma família, no cálculo da renda a que se refere o § 3º deste artigo. (Incluído pela Lei nº 13.982, de 2020)".**

§ 15. O benefício de prestação continuada será devido a mais de um membro da mesma família enquanto atendidos os requisitos exigidos nesta Lei. (Incluído pela Lei nº 13.982, de 2020)"

Dessa forma, restou legalmente excluída da renda *per capita* familiar qualquer benefício previdenciário recebido por idoso maior de 65 anos ou pessoa com deficiência desde que com renda de 1 salário mínimo.

> **Importante!**
>
> Por sua vez, com o advento da Lei 12.470, de 31.08.2011, foi inserido o §9º, no artigo 20, da Lei 8.742/93, que prevê que a remuneração da pessoa com deficiência na condição de aprendiz não será considerada para fins do cálculo da renda *per capita* familiar. Por força da Lei 13.146, publicada em 7 de julho de 2015, que aprovou o Estatuto da Pessoa com Deficiência e entrou em vigor em 180 dias após a sua publicação (início de janeiro de 2016 – DIA 3), os rendimentos decorrentes de estágio supervisionado também serão desconsiderados.

Por força da **Lei 14.809**, em vigor desde 15/01/2024, restou modificado o §9º do artigo 20 da Lei 8.742/1993:

> ~~*"§ 9º Os rendimentos decorrentes de estágio supervisionado e de aprendizagem não serão computados para os fins de cálculo da renda familiar* ***per capita*** *a que se refere o § 3º deste artigo.*~~ *(Redação dada pela Lei nº 13.146, de 2015)*
>
> *§ 9º Os valores recebidos a título de* ***auxílio financeiro temporário ou de indenização por danos sofridos em decorrência de rompimento e colapso de barragens****, bem como os rendimentos decorrentes de estágio supervisionado e de aprendizagem, não serão computados para fins de cálculo da renda familiar* ***per capita*** *a que se refere o § 3º deste artigo. (Redação dada pela Lei nº 14.809, de 2024)"*

Logo, para fins de aferição da renda familiar, serão **excluídos** os valores recebidos a título de **auxílio financeiro temporário ou de indenização por danos sofridos em decorrência de rompimento e colapso de barragens**, considerando que se trata de regra sazonal.

Ademais, nos termos do **artigo 1º da Lei 14.809/2024**, *"os valores recebidos a título de indenização por danos sofridos em decorrência de rompimento e colapso de barragens* ***não serão considerados renda para fins de permanência no Cadastro Único para Programas Sociais do Governo Federal (CadÚnico)****, ou em instrumento de identificação e caracterização socioeconômica de famílias de baixa renda que venha a sucedê-lo, nem serão computados no cálculo da renda para fins de recebimento do benefício de prestação continuada"*, regramento também aplicável ao **Auxílio Emergencial Pecuniário de que tratou a Medida Provisória nº 875, de 12 de março de 2019.**

Note-se que o artigo 1º da Lei 14.809/2024 teve **efeitos retroativos** à MP 875/2019, de **modo que também a alteração no §9º do artigo 20 da Lei 8.742/1993**

deverá retroceder por ser a intenção do legislador, mesmo porque, desde a Lei 13.146/2015, a Lei 8.742/93 prevê que "poderão ser utilizados outros elementos probatórios da condição de miserabilidade do grupo familiar e da situação de vulnerabilidade".

Outrossim, a contratação de pessoa com deficiência como aprendiz não acarretará a suspensão do benefício de prestação continuada, **limitado a 2 (dois) anos o recebimento concomitante da remuneração e do benefício**.

Logo, após o biênio, será possível que o deficiente aprendiz tenha a suspensão do amparo assistencial, pois a remuneração percebida como aprendiz será considerada no cálculo da renda *per capita* familiar. No que concerne ao **deficiente**, era assim considerada a **pessoa incapacitada para a vida independente e para o trabalho**, na forma do art. 20, § 2º, da Lei 8.742/93, em sua redação original.

> **▸ Qual o entendimento da TNU sobre o assunto?**
>
> A Turma Nacional de Uniformização de Jurisprudência dos Juizados Especiais Federais entende que "para os efeitos do art. 20, § 2º, da Lei n. 8.742, de 1993, incapacidade para a vida independente não é só aquela que impede as atividades mais elementares da pessoa, mas também a impossibilita de prover ao próprio sustento" **(Súmula 29)**.

Entretanto, com o advento da Convenção sobre os Direitos das Pessoas com Deficiência, ratificada pelo Brasil pelo Decreto-legislativo 186/2008, tendo sido promulgada pelo Decreto presidencial 6.949/2009, o INSS vem trabalhando administrativamente com a definição de deficiência desse tratado, que considerada que as "pessoas com deficiência são aquelas que têm impedimentos de natureza física, intelectual ou sensorial, os quais, em interação com diversas barreiras, podem obstruir sua participação plena e efetiva na sociedade com as demais pessoas".

Frise-se que a citada Convenção foi inspirada na nova classificação internacional da Organização Mundial da Saúde: CIF – Classificação Internacional de Incapacidade, Funcionalidade e Saúde. Ademais, esse tratado tem força de norma constitucional, pois ratificado nos termos do artigo 5º, § 3º, da CF, pois seguiu o rito de aprovação das emendas constitucionais.

Nesse caminho, já observando a nova classificação, dispõe o artigo 16, do Decreto 6.214/2007, que a concessão do benefício à pessoa com deficiência ficará sujeita à avaliação da deficiência e do grau de incapacidade, com base nos princípios da Classificação Internacional de Funcionalidades, Incapacidade e Saúde – CIF, estabelecida pela Resolução da Organização Mundial da Saúde nº 54.21, aprovada pela 54ª Assembleia Mundial da Saúde, em 22 de maio de 2001.

Ademais, a avaliação médica da deficiência e do grau de incapacidade considerará as deficiências nas funções e nas estruturas do corpo, e a avaliação social considerará os fatores ambientais, sociais e pessoais, e ambas considerarão a limitação do desempenho de atividades e a restrição da participação social, segundo suas especificidades.

Logo, houve uma mudança de paradigma dentro do INSS para a concessão do amparo assistencial ao deficiente, pois apreciadas as deficiências corporais, os fatores ambientais, sociais e corporais, bem como a limitação no desenvolvimento de atividades e o patamar de restrição social, o que levou à Advocacia-Geral da União a revogar a sua Súmula 30, em 31.01.2011.

A Lei 14.441/2022 previu que o INSS poderá celebrar **parcerias para a realização da avaliação social**, sob a supervisão do serviço social da autarquia.

Com o advento da **Lei 14.724, de 14.11.2023, a avaliação médica da pessoa com deficiência** poderá ser realizada com o uso de tecnologia de **telemedicina** ou por **análise documental** conforme situações e requisitos definidos em regulamento.

De acordo com a Lei 8.742/93, fundamentado na Convenção Internacional dos Direitos das Pessoas com Deficiência e seu Protocolo Facultativo, apenas será concedido o benefício no caso de **impedimento de longo prazo**, assim considerado aquele que incapacita a pessoa com deficiência para a vida independente e para o trabalho pelo **prazo mínimo de dois anos.**

Logo, o benefício será indeferido sempre que os impedimentos incapacitantes forem classificados como de curto ou médio prazo, independentemente do grau de incapacidade existente no momento da avaliação, reconhecido nas conclusões técnicas das avaliações social e médico-pericial.

> **Importante:**
>
> Finalmente, no dia 07/07/2011, foi publicada a Lei 12.435, que alterou a redação do artigo 20, da Lei 8.742/93, que sofreu leves modificações pela Lei 12.470, de 31/08/2011, passando a considerar a *pessoa com deficiência* como aquela que tem impedimentos de longo prazo de natureza física, mental, intelectual ou sensorial, os quais, em interação com diversas barreiras, podem obstruir sua participação plena e efetiva na sociedade em igualdade de condições com as demais pessoas, assim como *impedimentos de longo prazo* como aqueles que aqueles que produzam os efeitos referidos pelo prazo mínimo de 02 anos.
>
> Por força da Lei 13.146, publicada em 7 de julho de 2015, que aprovou o Estatuto da Pessoa com Deficiência e entrou em vigor em 180 dias após a sua publicação (início de janeiro de 2016), a definição de deficiente foi sutilmente alterada, considerando-se a partir de janeiro de 2016 "pessoa com deficiência aquela que tem impedimento de longo prazo de natureza física, mental, intelectual ou sensorial, o qual, em interação com uma ou mais barreiras, pode obstruir sua participação plena e efetiva na sociedade em igualdade de condições com as demais pessoas", bastando a partir da sua vigência uma barreira para obstruir a participação social, e não apenas diversas barreiras.

Vale ressaltar que o desenvolvimento das capacidades cognitivas, motoras ou educacionais e a realização de atividades não remuneradas de habilitação e reabilitação, entre outras, não constituem motivo de suspensão ou cessação do benefício da pessoa com deficiência.

▸ **Qual o entendimento da TNU sobre o assunto?**

Súmula 48 - Para fins de concessão do benefício assistencial de prestação continuada, o conceito de pessoa com deficiência, que não se confunde necessariamente com situação de incapacidade laborativa, exige a configuração de impedimento de longo prazo com duração mínima de 2 (dois) anos, a ser aferido no caso concreto, desde o início do impedimento até a data prevista para a sua cessação.

Lamentavelmente, entende-se que essa súmula analisou o tema com base na legislação revogada, ou seja, antes das inovações das Leis 12.453 e 12.470/2011, que alteraram a definição de deficiente, agora não mais considerado o incapaz para o trabalho e a vida independente, e sim como aquele que tem impedimentos de longo prazo de natureza física, mental, intelectual ou sensorial, os quais, em interação com diversas barreiras, podem obstruir sua participação plena e efetiva na sociedade em igualdade de condições com as demais pessoas, assim como *impedimentos de longo prazo* como aqueles que produzam os efeitos referidos pelo prazo mínimo de 02 anos.

▸ **Qual o entendimento da TNU sobre o assunto?**

Súmula 80 - Nos pedidos de benefício de prestação continuada (LOAS), tendo em vista o advento da Lei 12.470/11, para adequada valoração dos fatores ambientais, sociais, econômicos e pessoais que impactam na participação da pessoa com deficiência na sociedade, é necessária a realização de avaliação social por assistente social ou outras providências aptas a revelar a efetiva condição vivida no meio social pelo requerente.

Ademais, a condição de acolhimento em instituições de longa permanência não prejudica o direito da pessoa idosa ou da pessoa com deficiência ao benefício de prestação continuada.

Questão tormentosa e que vem gerando celeuma nos tribunais é saber se a mera *incapacidade laborativa parcial ou mesmo temporária* fazia nascer ou não o direito ao amparo assistencial. Isso porque, antes da Lei 12.470/2011, o deficiente era considerado na Lei 8.742/93 como o incapaz para o trabalho e a vida independente.

▸ **Qual o entendimento do STJ sobre o assunto?**

A Constituição Federal prevê em seu art. 203, *caput* e inciso V a garantia de um salário mínimo de benefício mensal, independentemente de contribuição à Seguridade Social, à pessoa portadora de deficiência e ao idoso que comprovem não possuir meios de prover à própria manutenção ou de tê-la provida por sua família, conforme dispuser a lei. Regulamentando o comando constitucional, a Lei n. 8.742/93 (Lei Orgânica da Seguridade Social), em seu art. 20, § 2º, assim dispunha: "*Para efeito de concessão deste benefício, a pessoa portadora de deficiência é aquela incapacitada para a vida independente e para o trabalho."* A partir da edição das Leis n. 12.435/2011 e 12.470/2011, que trouxeram alterações à Lei n. 8.742/93, passou-se a exigir que a deficiência tivesse caráter mais duradouro, mas o diploma legal em comento não fixou o grau de incapacidade. Assim, com o objetivo de que esse dispositivo legal guarde perfeita sintonia com o espírito da norma magna, sem encurtar o seu alcance, deve ser ele interpretado, no que diz respeito à incapacidade, no sentido de considerar a deficiência física, para fins de reconhecimento do direito à Assistência Social, conjuntamente com outros aspectos relevantes, tais como, a condição profissional e cultural do beneficiário.

Na hipótese, observa-se que o benefício foi negado ao fundamento de que o beneficiário deveria apresentar incapacidade absoluta, de sorte que não se permita ao requerente do benefício o desempenho de qualquer atividade da vida diária e para o exercício de atividade laborativa. **Ocorre que tal exigência não está prevista em lei, pois esta não elenca o grau de incapacidade, não cabendo ao intérprete a imposição de requisitos mais rígidos do que aqueles previstos na legislação para a concessão do benefício. REsp 1.404.019-SP, Rel. Min. Napoleão Nunes Maia Filho, por unanimidade, julgado em 27/6/2017, DJe 3/8/2017.**

Para a concessão do amparo aos menores de 16 anos, deverá ser avaliada a existência da deficiência e o seu impacto na limitação do desempenho de atividade e restrição da participação social, compatível com a idade, sendo dispensável proceder à avaliação da incapacidade para o trabalho, haja vista a vedação constitucional que proíbe o trabalho aos menores de 16 anos, salvo na condição de aprendiz, a partir dos 14 anos.

▸ **Qual o entendimento da TNU sobre o assunto?**

De acordo com acertado entendimento da TNU, no julgamento do PEDILEF no processo 2005.80.13.506128-6, de 11.10.2010, "a partir do julgamento proferido no Processo nº 2007.83.03.50.1412-5, julgamento este

proferido após o voto anterior deste Relator neste feito, ora retificado acolhendo as razões do voto-vista do juiz federal José Antônio Savaris, firmou a tese de que, em se tratando de benefício decorrente da Lei Orgânica da Assistência Social (LOAS), a incapacitação, para efeito de concessão do benefício a menor de 16 (dezesseis) anos, deve observar, além da deficiência, que implique limitação ao desempenho de atividades ou restrição na participação social, compatíveis com a idade do menor, **bem como o impacto na economia do grupo familiar do menor, seja por exigir a dedicação de um dos membros do grupo para seus cuidados, prejudicando a capacidade daquele grupo familiar de gerar renda".**

Portanto, para que o menor de 16 anos receba o amparo assistencial, tendo em vista que o infante não poderá trabalhar em razão de sua tenra idade (salvo a partir de 14 anos na condição de aprendiz), é imprescindível que algum membro do grupo familiar deixe de laborar para cuidar dele, ou então que seja curial a contratação de terceiro para isso. Aliás, quando o pedido for proposto por menor de idade, será obrigatória a intervenção do Ministério Público na condição de fiscal da lei, ante a presença de interesse de incapaz, conforme jurisprudência remansosa.

Outrossim, o amparo assistencial não poderá ser acumulado pelo beneficiário com qualquer outro no âmbito da seguridade social ou de outro regime, salvo o da assistência médica ou pensão especial de natureza indenizatória (artigo 5º do Decreto 6.214/07, com redação dada pelo Decreto 6.564/08).

Ademais, a concessão do benefício de prestação continuada independerá da interdição judicial da pessoa idosa ou da pessoa com deficiência, ao passo que a interdição, por si só, não vinculará o INSS, haja vista as suas causas não serem exatamente idênticas aos pressupostos do benefício, não tendo o condão de vincular a autarquia federal previdenciária, que não foi parte no processo gracioso de interdição.

Esse benefício **não gerará gratificação natalina nem instituirá pensão por morte**, tendo índole personalíssima, devendo ser revisto, pelo menos, a cada dois anos, para ser verificada se as condições de concessão persistem, podendo ser cassado a qualquer momento, desde que não mais satisfeitas às condições legais (caráter precário).

▸ Qual o entendimento da TNU sobre o assunto?

De acordo com a TNU, "nada obstante se trate de benefício de natureza personalíssima, o óbito daquele que postula benefício assistencial de prestação continuada não gera a automática extinção do feito sem a resolução de seu mérito, devendo ser analisado o direito dos herdeiros ou sucessores ao recebimento dos valores residuais, compreendidos no período que vai da data do requerimento do benefício até o óbito do postulante" (informativo 9 - processo 0003238-80.2011.4.03.6318, de 14/9/2016).

▸ Qual o entendimento do STJ sobre o assunto?

1. No caso de benefício assistencial de prestação continuada, previsto na Lei 8.742/1993, não obstante o seu caráter personalíssimo, eventuais créditos existentes em nome do beneficiário no momento de seu falecimento, devem ser pagos aos seus herdeiros, porquanto, já integravam o patrimônio jurídico do de cujus. Precedentes. 2. O caráter personalíssimo do benefício impede a realização de pagamentos posteriores ao óbito, mas não retira do patrimônio jurídico do seu titular as parcelas que lhe eram devidas antes de seu falecimento, e que, por questões de ordem

administrativa e processual, não lhe foram pagas em momento oportuno. 3. No âmbito regulamentar, o artigo 23 do Decreto nº 6.214/2007, garante expressamente aos herdeiros ou sucessores o valor residual não recebido em vida pelo beneficiário, 4. Portanto, no caso de falecimento do beneficiário no curso do processo em que ficou reconhecido o direito ao benefício assistencial, é possível a habilitação de herdeiros do beneficiário da assistencial social, para o recebimento dos valores não recebidos em vida pelo titular (REsp 1568117, 2ª Turma, de 21/3/2017).

Com a conversão da MP 1.164 na Lei 14.601, de 16/06/2023, foi restabelecida a previsão legal para a consignação no BPC/LOAS de empréstimos com desconto no benefício, **mas com limite de 35%**.

Entretanto, a cessação do benefício de prestação continuada concedido à pessoa com deficiência não impede nova concessão do benefício, desde que atendidos os requisitos definidos em regulamento. De seu turno, conforme previsto no artigo 21-A, da Lei 8.742/93, inserido pela Lei 12.470/2011, o benefício de prestação continuada será suspenso pelo órgão concedente quando a pessoa com deficiência exercer atividade remunerada, inclusive na condição de microempreendedor individual.

Contudo, uma vez extinta a relação trabalhista ou a atividade empreendedora referida e, quando for o caso, encerrado o prazo de pagamento do seguro-desemprego e não tendo o beneficiário adquirido direito a qualquer benefício previdenciário, poderá ser requerida a continuidade do pagamento do benefício suspenso, sem necessidade de realização de perícia médica ou reavaliação da deficiência e do grau de incapacidade para esse fim, desde que respeitado o prazo da revisão bienal.

De acordo com o Decreto 8.805/2016, "o Benefício de Prestação Continuada é devido ao brasileiro, nato ou naturalizado, e às pessoas de nacionalidade portuguesa, em consonância com o disposto no Decreto nº 7.999, de 8 de maio de 2013, desde que comprovem, em qualquer dos casos, residência no Brasil e atendam a todos os demais critérios estabelecidos neste Regulamento". Esta previsão decorre de Tratado de Seguridade Social Brasil/Portugal.

A Lei 8.742/93 não trata da concessão do BPC/LOAS aos estrangeiros, que têm o benefício negado pelo INSS, salvo o português equiparado em razão de tratado. Mas a posição do INSS foi rejeitada no STF, que estendeu o benefício aos estrangeiros residentes.

▸ Qual o entendimento do STF sobre o assunto?

Informativo 861 – Os estrangeiros residentes no País são beneficiários da assistência social prevista no art. 203, V, da Constituição Federal (CF), uma vez atendidos os requisitos constitucionais e legais. Asseverou que a óptica veiculada na regra infralegal (Lei 8.742/1993), ao silenciar quanto aos estrangeiros residentes no País, não se sobrepõe à revelada na CF, que estabeleceu, sem restringir os beneficiários somente aos brasileiros natos ou naturalizados, que "a assistência social será prestada a quem dela necessitar". A Corte afirmou que, ao delegar ao legislador ordinário a regulamentação do benefício, a CF o fez apenas quanto à forma de comprovação da renda e das condições específicas de idoso ou portador de necessidades especiais hipossuficiente. Dessa forma, não houve delegação relativamente à definição dos beneficiários, já estabelecida. No confronto de visões, deve, portanto, prevalecer aquela que melhor concretiza o princípio constitucional da dignidade humana, cuja observância surge prioritária no ordenamento jurídico. **RE 587970/SP, rel. Min. Marco Aurélio, julgamento em 19 e 20.4.2017.**

Apesar de ser um benefício assistencial, é gerido pelo Instituto Nacional do Seguro Social – INSS, por questões de conveniência administrativa, competindo à União arcar com o seu pagamento, conforme previsto no artigo 29, parágrafo único, da Lei 8.742/93.

No caso das lides judiciais, o STJ vem reconhecendo a legitimidade passiva exclusiva do INSS, não devendo a União ser ré no processo, a exemplo do julgamento do AgRg no REsp 735.447, de 29.08.2005.

▸ **Como esse assunto foi cobrado em concurso?**

No concurso para Juiz Federal da 3ª Região em 2013, foi cobrada a seguinte questão dissertativa: A assistência aos desamparados vem expressamente prevista na vigente Carta Constitucional, formando, juntamente com outros direitos sociais, os denominados direitos fundamentais de segunda geração. Para efetivação desse direito social estabeleceu-se que a assistência social deve ser prestada a quem comprove dela necessitar, com o pagamento de um salário-mínimo de benefício mensal à pessoa idosa maior de 65 anos, bem como à pessoa deficiente, observados certos critérios e a necessidade econômica. Em função de tal proposição, responda: (i) Quais as principais diferenças entre os direitos fundamentais de primeira e os de segunda geração e qual a relevância de tal distinção para a aplicação dos direitos sociais, sob o ponto de vista do princípio da legalidade? (ii) Comprovada a necessidade econômica, a pessoa portadora de deficiência terá direito ao denominado benefício assistencial de prestação continuada, ainda que o laudo médico aponte pela capacidade laborativa para o exercício pleno de diversas atividades? (iii) O que se entende por necessidade econômica e qual será a consequência para um portador de deficiência, que esteja recebendo benefício assistencial de prestação continuada, caso venha a exercer atividade formal remunerada?

▸ Importante:

A MP 894, de 4/9/2019, criou a **pensão especial** destinada a **crianças com microcefalia decorrente do Zika Vírus**, nascidas entre 1º de janeiro de 2015 e 31 de dezembro de 2018, beneficiárias do Benefício de Prestação Continuada, de natureza vitalícia, intransferível e no valor de um salário mínimo, não gerando abono anual ou pensão por morte por ser benefício assistencial e não previdenciário.

Por sua vez, a MP 894/2019 foi convertida na Lei 13.985/2020 com alterações. A pensão especial agora se destina à Síndrome Congênita do Zika Vírus, expressão mais ampla que a microcefalia, pois existem outras síndromes oriundas do Zika Vírus que geram o direito ao benefício.

Este benefício veio substituir o BPC/LOAS que havia sido concedido de modo temporário pelo artigo 18 da Lei 13.301/2016, sendo instituída em favor das crianças com Síndrome Congênita do Zika Vírus, nascidas entre 1º de janeiro de 2015 e 31 de dezembro de 2019, beneficiárias do Benefício de Prestação Continuada (BPC) de que trata o art. 20 da Lei nº 8.742, de 7 de dezembro de 1993.

Dessa forma, a lei de regência exige a prévia percepção do BPC/LOAS como pressuposto de sua concessão. A pensão especial será **mensal, vitalícia** e **intransferível** e terá o valor de **um salário mínimo**, não podendo ser acumulada com indenizações pagas pela União em razão de decisão judicial sobre os mesmos fatos ou com o BPC de que trata o art. 20 da Lei nº 8.742, de 7 de dezembro de 1993.

A pensão especial não poderá ser acumulada com indenizações pagas pela União em razão de decisão judicial sobre os mesmos fatos ou com o Benefício de Prestação Continuada de que trata o art. 20 da Lei nº 8.742, de 7 de dezembro de 1993, ficando o deferimento condicionado à desistência de ação judicial que tenha por objeto pedido idêntico sobre o qual versa o processo administrativo.

▸ Antecipação do BPC/LOAS – Covid 19

Em 2 de abril de 2020 restou publicada a **Lei 13.982**, que previu em seu artigo 3º:

"**Art. 3º** *Fica o INSS autorizado a antecipar o valor mencionado no art. 2º desta Lei para os requerentes do benefício de prestação continuada para as pessoas de que trata o art. 20 da Lei nº 8.742, de 7 de dezembro de 1993, durante o período de 3 (três) meses, a contar da publicação desta Lei, ou até a aplicação pelo INSS do instrumento de avaliação da pessoa com deficiência, o que ocorrer primeiro.*

Parágrafo único. Reconhecido o direito da pessoa com deficiência ou idoso ao benefício de prestação continuada, seu valor será devido a partir da data do requerimento, deduzindo-se os pagamentos efetuados na forma do **caput**".

Esse novel dispositivo, que se justificou em razão das filas no atendimento do INSS no que concerne aos pedidos do BPC/LOAS idoso e deficiente mesmo antes da pandemia da COVID-19, assim como pelo fechamento temporário do atendimento presencial nas unidades de atendimento do INSS, previu uma antecipação mensal de R$ 600,00 para os requerentes do BPC/LOAS.

A citada antecipação durará (durou) por até 3 meses inicialmente, podendo se encerrar em prazo menor se antes dessa data estiver ativo o instrumento de avaliação da deficiência.

Em seguida, feita a análise administrativa e uma vez concedido o benefício, será concedido o BPC desde a DER, devendo ser abatidos os valores antecipados em cada parcela mensal.

Em regulamentação foi editada a **Portaria Conjunta INSS/MC 3, de 05/05/2020**:

Art. 1º Esta Portaria Conjunta disciplina a antecipação, pelo Instituto Nacional do Seguro Social - INSS, do valor mencionado no art. 2º da Lei nº 13.982, de 2 de abril de 2020, para os requerentes do Benefício de Prestação Continuada - BPC de que trata o art. 20 da Lei nº 8.742, de 7 de dezembro de 1993.

Art. 2º O INSS poderá antecipar o valor de R$ 600,00 (seiscentos reais), a contar de 2 de abril de 2020, aos requerentes do BPC pelo período de até três meses.

§ 1º A antecipação de que trata o caput considerará:

I - a inscrição no Cadastro Único para Programas Sociais do Governo Federal - CadÚnico e no Cadastro de Pessoas Físicas - CPF;

II - o cumprimento do critério de renda de que trata o art. 20 da Lei nº 8.742, de 1993, observado o grupo familiar informado no CadÚnico, com cruzamento dos dados existentes no Cadastro Nacional de Informações Sociais - CNIS; e

III - a informação no CadÚnico de que se trata de pessoa com deficiência, quando for o caso.

§ 2º A antecipação se encerrará com a avaliação definitiva do requerimento de BPC, observado o prazo limite previsto no caput.

§ 3º Reconhecido o direito da pessoa com deficiência ou idoso ao BPC, seu valor será devido a partir da data do requerimento, deduzindo-se os valores pagos a título da antecipação prevista no caput.

§ 4º Não sendo reconhecido o direito do requerente ao BPC, fica dispensada a devolução ao erário dos valores recebidos na forma do caput, salvo comprovada má-fé.

Art. 3º A antecipação do BPC observará o calendário de pagamentos dos benefícios operacionalizados pelo INSS, admitido o pagamento antecipado da primeira parcela.

Parágrafo único. O período de validade da parcela da antecipação será de 90 (noventa) dias, contado conforme calendário de pagamentos.

Art. 4º O auxílio emergencial e a antecipação de que tratam os arts. 2º e 3º da Lei nº 13.982, de 2020, não serão computados para a composição da renda mensal bruta familiar na forma do inciso I do § 2º do art. 4º do Anexo do Decreto nº 6.214, de 26 de setembro de 2007.

Já o artigo 6º da Lei 13.982/2020 previu a possibilidade de prorrogação por até 3 meses:

"Art. 6º O período de 3 (três) meses de que trata o ***caput*** *dos arts. 2º, 3º, 4º e 5º poderá ser prorrogado por ato do Poder Executivo durante o período de enfrentamento da emergência de saúde pública de importância internacional da Covid-19, definida pela Lei nº 13.979, de 6 de fevereiro de 2020."*

De sua vez, em 2 de julho de 2020 foi publicado o Decreto 10.403/2020:

"Art. 1º Fica o Instituto Nacional do Seguro Social - INSS autorizado a conceder as antecipações de que tratam os art. 3º e art. 4º da Lei nº 13.982, de 2 de abril de 2020, até 31 de outubro de 2020.

Parágrafo único. Os efeitos orçamentários e financeiros das antecipações concedidas nos termos do disposto no caput deverão ficar limitados ao exercício de 2020.

Art. 2º A operacionalização das antecipações de que trata o art. 1º será disciplinada em ato conjunto:

I - do Ministério da Cidadania e do INSS, em relação à antecipação de que trata o art. 3º da Lei nº 13.982, de 2020; e

II - da Secretaria Especial de Previdência e Trabalho do Ministério da Economia e do INSS, em relação à antecipação de que trata o art. 4º da Lei nº 13.982, de 2020".

5.5. Outros benefícios assistenciais

De acordo com o artigo 7º, inciso II, da Constituição Federal de 1988, é direito social do trabalhador o seguro-desemprego, em caso de desemprego involuntário, sendo ainda previsto no artigo 201, inciso III, da Constituição Federal, a proteção ao trabalhador em situação de desemprego involuntário como risco social a ser coberto pelo Regime Geral de Previdência Social.

Entrementes, **o legislador ordinário trilhou outro caminho ao excluir expressamente a cobertura do desemprego involuntário do RGPS**, a teor do artigo 9º, §1º, da Lei 8.213/91.

Como esse assunto foi cobrado em concurso?

No concurso do CESPE para Juiz Federal da 5ª Região em 2006, foi considerado errado o seguinte enunciado: Marcelo trabalha para a pessoa jurídica Alfa, exercendo o cargo de auxiliar administrativo. Em 10/2/2006, Marcelo teve seu contrato individual de trabalho com a empresa Alfa rescindido. Nessa situação, por sua condição de segurado obrigatório da previdência social, Marcelo terá direito ao benefício previdenciário denominado seguro desemprego.

Deveras, o seguro-desemprego deveria ser, mas não é benefício previdenciário, pois não previsto no Plano de Benefícios da Previdência Social, sendo pago pela pasta trabalhista, com recursos do Fundo de Amparo ao Trabalhador – FAT.

Conquanto se trate de tema polêmico, entende-se que o seguro-desemprego deve ser enquadrado como benefício assistencial, tendo em conta inexistir contribuição direta dos seus beneficiários.

Ademais, não poderá ser enquadrado como benefício previdenciário por não ter previsão na Lei 8.213/91, bem como não ser custado pelas contribuições previdenciárias, tendo em conta o caráter contributivo que marca a previdência social no Brasil.

Com propriedade, a Lei 7.998/90 aprovou o *Programa do Seguro-Desemprego*, alterada pela Medida Provisória 2.164-41/01 e pela Lei 10.608/02, que objetiva prover assistência financeira temporária ao trabalhador desempregado em virtude de dispensa sem justa causa, inclusive a indireta, e ao trabalhador comprovadamente resgatado de regime de trabalho forçado ou da condição análoga à de escravo, assim como auxiliar os trabalhadores na busca ou preservação do emprego, promovendo, para tanto, ações integradas de orientação, recolocação e qualificação profissional.

Ainda estão previstos no artigo 22, da Lei 8.742/93, regulamentada pelo Decreto 6.307/2007, os *benefícios eventuais*, a cargo dos demais entes políticos, pois a União se responsabilizou pelo pagamento do amparo assistencial ao idoso ou deficiente carente. Antes do advento da Lei 12.435/2011, eram arrolados o **auxílio-funeral** e o **auxílio-natalidade**, cuja concessão e valor deveriam ser definidos pelos Conselhos de Assistência Social dos Estados, do Distrito Federal e dos Municípios, que eram pagos às famílias cuja renda mensal *per capita* era inferior a 1/4 (um quarto) do salário mínimo.

Com a atual redação do artigo 22, da Lei 8.742/93, entendem-se por benefícios eventuais as provisões suplementares e provisórias que integram organicamente as garantias do SUAS e são prestadas aos cidadãos e às famílias em virtude de nascimento, morte, situações de vulnerabilidade temporária e de calamidade pública, não podendo ser acumulados com o auxílio Emergencial Financeiro para atendimento à população atingida por desastres e os benefícios do Programa Bolsa-Renda para atendimento a agricultores familiares atingidos pelos efeitos da estiagem nos Municípios em estado de calamidade pública ou situação de emergência.

▸ **Como esse assunto foi cobrado em concurso?**

No concurso do CESPE para Procurador do Município de Roraima em 2010, foi considerado correto o seguinte enunciado: No que tange à organização da assistência social, compete aos municípios atender às ações assistenciais de caráter emergencial e efetuar o pagamento do auxílio-natalidade e do auxílio-funeral.

Certamente os benefícios assistenciais mais importantes hoje no Brasil são os pagos pelo **Programa Auxílio Brasil,** que substituiu o Programa Bolsa Família, através da **Lei 14.284/2021.**

Constituem benefícios financeiros do Programa Auxílio Brasil, destinados a ações de transferência de renda com condicionalidades:

> **I – Benefício Primeira Infância:** no valor de R$ 130,00 (cento e trinta reais) mensais, destinado às famílias em situação de pobreza ou de extrema pobreza que possuam em sua composição crianças com idade entre 0 (zero) e 36 (trinta e seis) meses incompletos, pago por integrante que se enquadre em tal situação;
>
> **II – Benefício Composição Familiar:** no valor de R$ 65,00 (sessenta e cinco reais) mensais, destinado às famílias em situação de pobreza ou de extrema pobreza que possuam em sua composição gestantes, nutrizes ou pessoas com idade entre 3 (três) e 21 (vinte e um) anos incompletos, pago por integrante que se enquadre em tais situações;
>
> **III – Benefício de Superação da Extrema Pobreza:** destinado às famílias em situação de extrema pobreza, cuja renda familiar *per capita* mensal, mesmo somada aos benefícios financeiros previstos acima eventualmente recebidos, seja igual ou inferior ao valor da linha de extrema pobreza;
>
> **IV – Benefício Compensatório de Transição:** concedido às famílias beneficiárias do Programa Bolsa Família que tiverem redução no valor financeiro total dos benefícios recebidos, em decorrência do enquadramento na nova estrutura de benefícios financeiros previstos na Lei 14.284/2021.

Há ainda outras prestações assistenciais importantes, como a disponibilização de medicamentos a preço de custo pela Fundação Oswaldo Cruz – FIOCRUZ, na forma da Lei 10.857/04.

A habilitação e a reabilitação profissional, tradicionais serviços previdenciários prestados aos segurados e dependentes pelo INSS e conveniados, também se caracterizam como serviços assistencialistas em favor das pessoas portadoras de deficiência física, que têm direito subjetivo à sua prestação, na forma do artigo 89, da Lei 8.213/91.

Consistem na disponibilização dos meios para a (re)educação e de (re)adaptação profissional e social indicados para participar do mercado de trabalho e do contexto em que vive.

Ademais, o artigo 73, da Lei 12.815/2013, assegurou, na forma do regulamento, um benefício assistencial mensal, de **até 1 (um) salário mínimo,** aos trabalhadores portuários avulsos, com mais de **60 (sessenta) anos**, que não cumprirem os requisitos para a aquisição das modalidades de aposentadoria previstas nos arts. 42 (invalidez), 48 (idade), 52 (tempo de contribuição) e 57 (especial) da Lei 8.213, de 24 de julho de 1991, e que não possuam meios para prover a sua subsistência, não podendo ser acumulado pelo beneficiário com qualquer outro no âmbito da seguridade social ou de outro regime, salvo os da assistência médica e da pensão especial de natureza indenizatória.

> ▸ **Importante:**
>
> Com o advento da **Lei 14.601, de 19 de junho de 2023**, que alterou o §4º do artigo 20 da Lei 8.742/93, **passou a ser possível a acumulação do BPC/LOAS com os benefícios do Programa Bolsa Família e da renda básica da cidadania:**
>
> "§ 4º O benefício de que trata este artigo não pode ser acumulado pelo beneficiário com qualquer outro no âmbito da seguridade social ou de outro regime, salvo os da assistência médica e da pensão especial de natureza indenizatória, ***bem como as transferências de renda de que tratam o parágrafo único do art. 6º e o inciso VI do caput do art. 203 da Constituição Federal e o caput e o § 1º do art. 1º da Lei nº 10.835, de 8 de janeiro de 2004".***

5.6. Auxílio-inclusão

O Estatuto da Pessoa com Deficiência (Lei 13.146/2019), previu (art. 94) a criação de um benefício denominado **AUXÍLIO-INCLUSÃO** em favor das pessoas com **deficiência moderada ou grave** que:

> I – recebam o BPC/LOAS e que passem a exercer atividade remunerada que as enquadre como segurados obrigatórios do RGPS;
>
> II – tenham recebido, nos últimos 5 (cinco) anos, o BPC/LOAS e que exerçam atividade remunerada que as enquadre como segurados obrigatórios do RGPS.

Dessa forma, talvez pela primeira vez no ordenamento jurídico brasileiro, foi criado um **benefício híbrido**, que ao mesmo tempo que detém **natureza previdenciária e assistencial**.

Isso porque requer a qualidade de segurado da previdência e a percepção do BPC/LOAS ao menos dos últimos 5 anos, sendo que a sua regulamentação de deu dentro da LOAS, através da **Lei 14.176/2021**, com vigência para o benefício em questão em **outubro de 2021**.

Compete ao **Ministério da Cidadania** a gestão do auxílio-inclusão, e ao **INSS** a sua operacionalização e pagamento. As despesas decorrentes do pagamento do auxílio-inclusão correrão à conta do orçamento do Ministério da Cidadania.

Nos termos da Lei 14.176/2021, terá direito à concessão do auxílio-inclusão a pessoa com deficiência moderada ou grave que, cumulativamente:

> I – receba o BPC/LOAS e passe a exercer atividade:
>
> a) que tenha remuneração limitada a 2 (dois) salários-mínimos; e

b) que enquadre o beneficiário como segurado obrigatório do Regime Geral de Previdência Social ou como filiado a regime próprio de previdência social da União, dos Estados, do Distrito Federal ou dos Municípios;

II – tenha inscrição atualizada no CadÚnico no momento do requerimento do auxílio-inclusão;

III – tenha inscrição regular no CPF; e

IV – atenda aos critérios de manutenção do BPC/LOAS, incluídos os critérios relativos à renda familiar mensal *per capita* exigida para o acesso ao benefício (serão desconsideradas as remunerações obtidas pelo requerente em decorrência de exercício de atividade laboral, desde que o total recebido no mês seja igual ou inferior a 2 (dois) salários-mínimos e a as rendas oriundas dos rendimentos decorrentes de estágio supervisionado e de aprendizagem).

Dessa forma, a Lei 14.176/2021 ampliou o benefício para os segurados do RPPS das entidades federativas e passou a exigir que a pessoa com deficiência moderada ou grave estivesse com o BPC/LOAS ativo.

Não haverá direito ao auxílio-inclusão quando a remuneração da atividade laboral superar a 2 salários mínimos ou quando a renda *per capita* familiar não indicar miserabilidade.

Ademais, o auxílio-inclusão poderá ainda ser concedido, mediante requerimento e sem retroatividade no pagamento, **ao beneficiário que tenha recebido o benefício de prestação continuada nos 5 (cinco) anos imediatamente anteriores** ao exercício da atividade remunerada ou ainda na situação de suspensão quando a pessoa com deficiência exercer atividade remunerada, inclusive na condição de microempreendedor individual.

O valor do auxílio-inclusão percebido por um membro da família não será considerado no cálculo da renda familiar mensal *per capita* para aferição de miserabilidade do BPC/LOAS, para fins de concessão e de manutenção de outro auxílio-inclusão no âmbito do mesmo grupo familiar.

Outrossim, o valor do auxílio-inclusão e o da remuneração do beneficiário do auxílio-inclusão percebidos por um membro da família não serão considerados no cálculo da renda familiar mensal *per capita* para fins de manutenção de BPC/LOAS concedido anteriormente a outra pessoa do mesmo grupo familiar.

O auxílio-inclusão **será devido a partir da data do requerimento** (DER), e o seu valor corresponderá a 50% (cinquenta por cento) do valor do benefício de prestação continuada em vigor (**renda de metade do salário mínimo**), caracterizando autorização para a suspensão do BPC/LOAS, nos termos do art. 21-A da Lei 8.742/93.

O pagamento do auxílio-inclusão não será acumulado com o pagamento do BPC/LOAS, prestações a título de aposentadoria, de pensões ou de benefícios por incapacidade pagos por qualquer regime de previdência social, bem como com o seguro-desemprego.

O auxílio-inclusão não está sujeito a desconto de qualquer contribuição e não gera direito a pagamento de abono anual.

A Lei 14.441/2022 previu que o auxílio-inclusão será concedido **automaticamente** pelo INSS, observado o preenchimento dos demais requisitos, mediante constatação, pela própria autarquia ou pelo Ministério da Cidadania, de acumulação do benefício de prestação continuada com o exercício de atividade remunerada, sendo devido a partir do primeiro dia da competência em que se identificou a ocorrência de acumulação do benefício de prestação continuada com o exercício de atividade remunerada, e o titular deverá ser notificado quanto à alteração do benefício e suas consequências administrativas.

5.7. Seguro-defeso

O pescador profissional que exerça sua atividade exclusiva e ininterruptamente, de forma artesanal, individualmente ou em regime de economia familiar, fará jus ao benefício de seguro-desemprego custeado com recursos do Fundo de Amparo ao Trabalhador (FAT), no valor de **um salário-mínimo mensal**, durante o período de defeso de atividade pesqueira para a preservação da espécie, **não podendo exceder a 05 meses**.

O período de defeso de atividade pesqueira é o fixado pelo Instituto Brasileiro do Meio Ambiente e dos Recursos Naturais Renováveis – IBAMA, em relação à espécie marinha, fluvial ou lacustre a cuja captura o pescador se dedique.

Considera-se **ininterrupta a atividade** exercida durante o período compreendido entre o defeso anterior e o em curso, ou nos doze meses imediatamente anteriores ao do defeso em curso, o que for menor.

O pescador profissional artesanal não fará jus a mais de um benefício de seguro-desemprego no mesmo ano decorrente de defesos relativos a espécies distintas, sendo o benefício do seguro-desemprego pessoal e intransferível.

Somente terá direito ao seguro-desemprego o segurado especial pescador artesanal que não disponha de outra fonte de renda diversa da decorrente da atividade pesqueira.

A concessão do benefício não será extensível às atividades de apoio à pesca e nem aos familiares do pescador profissional que não satisfaçam os requisitos e as condições estabelecidas na Lei 10.779/2003.

Para fazer jus ao benefício, o pescador não poderá estar em gozo de nenhum benefício decorrente de benefício previdenciário ou assistencial de natureza continuada, exceto pensão por morte e auxílio-acidente.

A competência administrativa para processar e deferir o seguro-defeso passou a ser do INSS com o advento da Lei 13.134/2015, devendo o pescador deverá apresentar à autarquia previdenciária os seguintes documentos:

> I – registro como Pescador Profissional, categoria artesanal, devidamente atualizado no Registro Geral da Atividade Pesqueira – RGP, emitido pelo Ministério da Pesca e Aquicultura, **com antecedência mínima de um ano,** contados da data do requerimento do benefício;
>
> II – cópia do documento fiscal de venda do pescado a empresa adquirente, consumidora ou consignatária da produção, em que conste, além do registro da operação realizada, **o valor da respectiva contribuição previdenciária,** de que trata o § 7º do art. 30 da Lei nº 8.212, de 24 de julho de 1991, **ou comprovante do recolhimento da contribuição previdenciária, caso tenha comercializado sua produção a pessoa física**; e
>
> III – outros estabelecidos em ato do Ministério Previdência Social (atualmente existe uma Secretaria de Previdência, e não mais ministério) que comprovem:
>
> a) o exercício da profissão;
>
> b) que se dedicou à pesca, em caráter ininterrupto, assim considerada a atividade exercida durante o período compreendido entre o defeso anterior e o em curso, ou nos doze meses imediatamente anteriores ao do defeso em curso, o que for menor;
>
> c) que não dispõe de outra fonte de renda diversa da decorrente da atividade pesqueira.

A Lei 13.134/2015 determina que o INSS, no ato da habilitação ao benefício, deverá verificar a condição de segurado pescador artesanal **e o pagamento da contribuição previdenciária, nos termos da Lei nº 8.212, de 1991, nos últimos doze meses imediatamente anteriores ao requerimento do benefício ou desde o último período de defeso até o requerimento do benefício**, o que for menor.

Desde que atendidos os demais requisitos previstos neste artigo, o benefício de seguro-desemprego será concedido ao pescador profissional artesanal cuja família seja beneficiária de programa de transferência de renda com condicionalidades, e caberá ao órgão ou à entidade da administração pública federal responsável pela manutenção do programa a suspensão do pagamento pelo mesmo período da percepção do benefício de seguro-desemprego.

O seguro-defeso será cancelado nas seguintes hipóteses:

> I – início de atividade remunerada;
>
> II – início de percepção de outra renda;
>
> III – morte do beneficiário;
>
> IV – desrespeito ao período de defeso; ou
>
> V – comprovação de falsidade nas informações prestadas para a obtenção do benefício.

Por força da Lei Complementar 155/2016, o registro como Microempreendedor Individual não comprovará renda própria suficiente à manutenção da família, exceto se demonstrado na declaração anual simplificada da microempresa individual.

> ▸ **Importante:**
>
> Com o advento da **Lei 14.601, de 19 de junho de 2023**, que alterou o artigo 2º da Lei 10.779/2003, com vigência neste ponto a contar de 01.01.2024, **passou a ser possível a acumulação do SDPA com os benefícios do Programa Bolsa Família e da renda básica da cidadania:**
>
> "§ 1º Para fazer jus ao benefício, o pescador não poderá estar em gozo de nenhum benefício decorrente de benefício previdenciário ou assistencial de natureza continuada, exceto pensão por morte, auxílio-acidente ***e transferências de renda de que tratam o parágrafo único do art. 6º e o inciso VI do caput do art. 203 da Constituição Federal e o caput e o § 1º do art. 1º da Lei nº 10.835, de 8 de janeiro de 2004".***

6. SAÚDE

6.1. Introdução, definição e natureza jurídica

A saúde é certamente um dos direitos fundamentais mais difíceis de ser implementado com qualidade, justamente em razão dos seus altos custos de operacionalização. É tratada na Constituição de 1988, especialmente pelos artigos 196 a 200, com regulamentação dada pela Lei 8.080/90, sendo dever do Poder Público em todas as suas esferas prestá-la a todos os brasileiros, estrangeiros residentes e mesmo aos não residentes, havendo uma **solidariedade entre todos os entes políticos.**

> ▸ **Qual o entendimento do STJ sobre o assunto?**
>
> "O funcionamento do Sistema Único de Saúde – SUS é de responsabilidade solidária da União, Estados-membros e Municípios, de modo que qualquer dessas entidades tem legitimidade *ad causam* para figurar no pólo passivo de demanda que objetiva a garantia do acesso à medicação para pessoas desprovidas de recursos financeiros" (2ª Turma, AgRg no Ag 1.107.605, de 03.08.2010).

> ▸ **Qual o entendimento do STF sobre o assunto?**
>
> **Tema 793** – Os entes da Federação, em decorrência da competência comum, são solidariamente responsáveis nas demandas prestacionais na área da saúde e, diante dos critérios constitucionais de descentralização e hierarquização, compete à autoridade judicial direcionar o cumprimento conforme as regras de repartição de competências e determinar o ressarcimento a quem suportou o ônus financeiro. RE 855178 ED/SE, rel. orig. Min. Luiz Fux, red. p/ o ac. Min. Edson Fachin, julgamento em 23.5.2019.

Qual o entendimento do STF sobre o assunto?

De acordo com o **Tema 1.033 em Repercussão Geral** (STF), "o ressarcimento de serviços de saúde prestados por unidade privada em favor de paciente do Sistema Único de Saúde, em cumprimento de ordem judicial, deve utilizar como critério o mesmo que é adotado para o ressarcimento do Sistema Único de Saúde por serviços prestados a beneficiários de planos de saúde." Neste caso, a tabela da Agência Nacional de Saúde Suplementar (ANS) deve servir de parâmetro para o pagamento dos serviços de saúde prestados por hospital particular, em cumprimento de ordem judicial, em favor de paciente do SUS.

Com o advento da Lei 8.689/93, foi extinto o INAMPS - Instituto Nacional de Assistência Médica da Previdência Social, autarquia federal vinculada ao Ministério da Saúde, que teve as funções, competências, atividades e atribuições absorvidas pelas instâncias federal, estadual e municipal gestoras do Sistema Único de Saúde.

De efeito, **a saúde é direito de todos e dever do Estado**, garantida mediante políticas sociais e econômicas que visem à redução do risco de doença e de outros agravos e ao acesso universal e igualitário às ações e serviços para sua promoção, proteção e recuperação, sendo atividade aberta à iniciativa privada.

Um exemplo de benefício pago no âmbito da saúde pública é o *auxílio-reabilitação psicossocial*, previsto na Lei 10.708/2003, integrante do Programa "De Volta para a Casa", para assistência, acompanhamento e integração social, fora de unidade hospitalar, de pacientes acometidos de transtornos mentais, internados em hospitais ou unidades psiquiátricas, consistindo em pagamento mensal de auxílio pecuniário no importe de R$ 240,00, com duração de um ano, podendo ser renovado quando necessário aos propósitos da reintegração social do paciente, sendo plenamente possível a sua acumulação com o amparo assistencial da pessoa idosa ou deficiente carente.

Na prestação de serviços privados de assistência à saúde, serão observados os princípios éticos e as normas expedidas pelo órgão de direção do Sistema Único de Saúde quanto às condições para seu funcionamento, cabendo à Agência Nacional de Saúde Suplementar exercer o poder normativo e fiscalizador do setor, através da promoção da defesa do interesse público na assistência suplementar à saúde, da regulação das operadoras setoriais - inclusive quanto às suas relações com prestadores e consumidores - e da contribuição para o desenvolvimento das ações de saúde no país.

Contudo, por se tratar de uma atividade possível de ser explorada pela iniciativa privada, desde que observados os pressupostos legais - exceto para as empresas estrangeiras, que apenas poderão participar da saúde brasileira nas hipóteses autorizadas pela Lei 13.097/2015.

Excepcionalmente, foi permitida a participação direta ou indireta, inclusive controle, de empresas ou de capital estrangeiro na assistência à saúde nos seguintes casos:

> I - doações de organismos internacionais vinculados à Organização das Nações Unidas, de entidades de cooperação técnica e de financiamento e empréstimos;
>
> II - pessoas jurídicas destinadas a instalar, operacionalizar ou explorar:
>
> a) hospital geral, inclusive filantrópico, hospital especializado, policlínica, clínica geral e clínica especializada; e
>
> b) ações e pesquisas de planejamento familiar.
>
> III - serviços de saúde mantidos, sem finalidade lucrativa, por empresas, para atendimento de seus empregados e dependentes, sem qualquer ônus para a seguridade social.

É plenamente possível o eventual controle judicial das políticas públicas na área da saúde, *mormente para garantir as medidas básicas e urgentes para a prosperidade da vida*, vez que se cuida de direito fundamental ligado ao mínimo existencial.

▸ Qual o entendimento do STF sobre o assunto?

No âmbito do STF, vale transcrever algumas palavras do Ministro CELSO DE MELLO sobre o tema: "O direito público subjetivo à saúde representa prerrogativa jurídica indisponível assegurada à generalidade das pessoas pela própria Constituição da República (art. 196). Traduz bem jurídico constitucionalmente tutelado, por cuja integridade deve velar, de maneira responsável, o Poder Público, a quem incumbe formular - e implementar - políticas sociais e econômicas idôneas que visem a garantir, aos cidadãos, o acesso universal e igualitário à assistência farmacêutica e médico-hospitalar. - O direito à saúde - além de qualificar-se como direito fundamental que assiste a todas as pessoas - representa conseqüência constitucional indissociável do direito à vida. O Poder Público, qualquer que seja a esfera institucional de sua atuação no plano da organização federativa brasileira, não pode mostrar-se indiferente ao problema da saúde da população, sob pena de incidir, ainda que por censurável omissão, em grave comportamento inconstitucional" (RE 393.175 AgR, de 12.12.2006).

▸ Como esse assunto foi cobrado em concurso?

No concurso do CESPE para Juiz Federal da 5ª Região em 2011, foi considerado errado o seguinte enunciado: Em razão da essencialidade do direito à saúde, o Estado não pode afastar-se do mandato, juridicamente vinculante, que lhe foi outorgado pela CF, embora as opções do poder público, tratando-se de proteção à saúde, possam ser exercidas com apoio em juízo de conveniência ou de oportunidade, razão pela qual é indevida a intromissão do Poder Judiciário quando atue positivamente para garantir direito dessa natureza.

▸ **Qual o entendimento do STJ sobre o assunto?**

A concessão dos medicamentos não incorporados em atos normativos do SUS exige a presença cumulativa dos seguintes requisitos: (I) comprovação, por meio de laudo médico fundamentado e circunstanciado expedido por médico que assiste o paciente, da imprescindibilidade ou necessidade do medicamento, assim como da ineficácia, para o tratamento da moléstia, dos fármacos fornecidos pelo SUS; (II) incapacidade financeira de arcar com o custo do medicamento prescrito; e (III) existência de registro na ANVISA do medicamento. REsp 1.657.156-RJ, Rel. Min. Benedito Gonçalves, Primeira Seção, por unanimidade, julgado em 25/04/2018, DJe 04/05/2018 **(Tema 106).**

▸ **Qual o entendimento do STF sobre o assunto?**

Tema 500 – 1. O Estado não pode ser obrigado a fornecer medicamentos experimentais. 2. A ausência de registro na Agência Nacional de Vigilância Sanitária (Anvisa) impede, como regra geral, o fornecimento de medicamento por decisão judicial. 3. É possível, excepcionalmente, a concessão judicial de medicamento sem registro sanitário, em caso de mora irrazoável da Anvisa em apreciar o pedido (prazo superior ao previsto na Lei 13.411/2016), quando preenchidos três requisitos: (i) a existência de pedido de registro do medicamento no Brasil (salvo no caso de medicamentos órfãos para doenças raras e ultrarraras);(ii) a existência de registro do medicamento em renomadas agências de regulação no exterior; e (iii) a inexistência de substituto terapêutico com registro no Brasil. 4. As ações que demandem fornecimento de medicamentos sem registro na Anvisa deverão necessariamente ser propostas em face da União. RE 657718/MG, rel. orig. Min. Marco Aurélio, red. p/ o ac. Min. Roberto Barroso, julgamento em 22.5.2019.

Mas é certo que inexistem recursos públicos disponíveis para a adoção de todos os procedimentos desejados na área da saúde, devendo a Administração Pública mirar nas ações mais importantes, dentro da *reserva do possível*, razão pela qual, em regra, deverá ser denegado o tratamento público de saúde no exterior, salvo se inexistente o procedimento no Brasil, havendo comprovação científica da eficácia clínica fora do país.

Nesse sentido, o STJ referendou ato regulamentar que veda o financiamento de tratamento médico no exterior, considerando legítima a Portaria n. 763/1994, do Ministério da Saúde, que vedou o financiamento de tratamento médico no exterior pelo SUS, no julgamento do REsp 2003.022.9211-1, de 21.03.2005.

De efeito, a **saúde pública** *consiste no direito fundamental às medidas preventivas ou curativas de enfermidades, sendo dever estatal prestá-la adequadamente a todos, tendo a natureza jurídica de serviço público gratuito*, pois prestada diretamente pelo Poder Público ou por delegatários habilitados por contrato ou convênio, de maneira complementar, quando o setor público não tiver estrutura para dar cobertura a toda população.

Conforme previsão constitucional, as **instituições privadas** poderão participar de forma **complementar** do sistema único de saúde, segundo diretrizes deste, mediante contrato de direito público ou convênio, tendo preferência as entidades filantrópicas e as sem fins lucrativos, **vedada a destinação de recursos públicos para auxílios ou subvenções às instituições privadas com fins lucrativo,** razão pela qual é plenamente possível que as entidades filantrópicas sejam destinatárias de recursos públicos.

> **Como esse assunto foi cobrado em concurso?**
>
> No concurso do CESPE para Procurador do Estado do Ceará em 2007, foi considerado errado o seguinte enunciado: As instituições privadas têm livre acesso à prestação de serviços de assistência na área de saúde, e participam de forma complementar ao sistema único, sendo vedada, entretanto, a destinação de recursos públicos para auxílios ou subvenções para essas instituições.

De acordo com o preâmbulo da Constituição da Organização Mundial da Saúde – OMS, que adota um conceito extensivo, a saúde é um estado de completo bem-estar físico, mental e social, e não apenas a ausência de doenças, definição recepcionada pelo ordenamento jurídico brasileiro, através do artigo 3º da Lei 8.080/90.

6.2. O Sistema Único de Saúde

Para a efetivação das ações da saúde pública, o artigo 198, da Lei Maior, instituiu um Sistema Único de Saúde – SUS, com atendimento integral, regionalizado, descentralizado e hierarquizado, no âmbito das três esferas de governo, que *prioriza a prevenção de doenças* e garante a participação da comunidade.

Na forma do artigo 200, da Constituição Federal, compete ao SUS:

> I – controlar e fiscalizar procedimentos, produtos e substâncias de interesse para a saúde e participar da produção de medicamentos, equipamentos, imunobiológicos, hemoderivados e outros insumos;
>
> II – executar as ações de vigilância sanitária e epidemiológica, bem como as de saúde do trabalhador;
>
> III – ordenar a formação de recursos humanos na área de saúde;
>
> IV – participar da formulação da política e da execução das ações de saneamento básico;
>
> V – incrementar em sua área de atuação o desenvolvimento científico e tecnológico;
>
> VI – fiscalizar e inspecionar alimentos, compreendido o controle de seu teor nutricional, bem como bebidas e águas para consumo humano;
>
> VII – participar do controle e fiscalização da produção, transporte, guarda e utilização de substâncias e produtos psicoativos, tóxicos e radioativos;
>
> VIII – colaborar na proteção do meio ambiente, nele compreendido o do trabalho.

Por força da Lei 14.141/2021, a União poderá executar ações de vigilância epidemiológica e sanitária em circunstâncias especiais, como na ocorrência de agravos inusitados à saúde, que possam escapar do controle da direção estadual do Sistema Único de Saúde (SUS) ou que representem risco de disseminação nacional.

A União deverá aplicar na saúde os recursos mínimos fixados em lei complementar, que ainda não havia sido editada, razão pela qual o tema era regulado pelo artigo 77, do ADCT, da Constituição. Já nos casos dos demais entes políticos, a CRFB já prevê diretamente os recursos a serem aplicados, no artigo 198, §2º, incisos II e III[2].

A formulação e controle da execução da Política Nacional da Saúde é atribuição do **Conselho Nacional da Saúde – CNS**, órgão de caráter permanente e deliberativo, integrante da estrutura regimental do Ministério da Saúde e composto por representantes do governo, dos prestadores de serviços, dos profissionais de saúde e dos usuários.

Ainda prevê a Constituição que a lei disporá sobre as condições e os requisitos que facilitem a remoção de órgãos, tecidos e substâncias humanas para fins de transplante, pesquisa e tratamento, bem como a coleta, processamento e transfusão de sangue e seus derivados, sendo **vedado todo tipo de comercialização**.

> **Como esse assunto foi cobrado em concurso?**
> No concurso do CESPE para Procurador do Estado de Alagoas em 2008, foi considerado errado o seguinte enunciado: As condições e os requisitos que facilitem a remoção de órgãos, tecidos e substâncias humanas para fins de transplante devem estar previstas em lei, sendo permitida a comercialização desses itens apenas mediante autorização judicial. Outrossim, no concurso para Procurador do Município de Natal em 2008, o CESPE considerou errado o seguinte enunciado: A lei deve dispor sobre as condições e os requisitos que facilitem a remoção de órgãos, tecidos e substâncias humanas para fins de transplante, pesquisa e tratamento, bem como a coleta, o processamento e a transfusão de sangue e seus derivados, permitindo-se a comercialização para o exterior.

6.3. Princípios

De acordo com o artigo 7º, da Lei 8.080/90, as ações e serviços de saúde do SUS deverão observar os seguintes princípios:

2. § 2º A União, os Estados, o Distrito Federal e os Municípios aplicarão, anualmente, em ações e serviços públicos de saúde recursos mínimos derivados da aplicação de percentuais calculados sobre: I – no caso da União, na forma definida nos termos da lei complementar prevista no § 3º; II – no caso dos Estados e do Distrito Federal, o produto da arrecadação dos impostos a que se refere o art. 155 e dos recursos de que tratam os arts. 157 e 159, inciso I, alínea a, e inciso II, deduzidas as parcelas que forem transferidas aos respectivos Municípios; III – no caso dos Municípios e do Distrito Federal, o produto da arrecadação dos impostos a que se refere o art. 156 e dos recursos de que tratam os arts. 158 e 159, inciso I, alínea *b* e § 3º.

I - universalidade de acesso aos serviços de saúde em todos os níveis de assistência;

II - integralidade de assistência, entendida como conjunto articulado e contínuo das ações e serviços preventivos e curativos, individuais e coletivos, exigidos para cada caso em todos os níveis de complexidade do sistema;

III - preservação da autonomia das pessoas na defesa de sua integridade física e moral;

IV - igualdade da assistência à saúde, sem preconceitos ou privilégios de qualquer espécie;

V - direito à informação, às pessoas assistidas, sobre sua saúde;

VI - divulgação de informações quanto ao potencial dos serviços de saúde e a sua utilização pelo usuário;

VII - utilização da epidemiologia para o estabelecimento de prioridades, a alocação de recursos e a orientação programática;

VIII - participação da comunidade;

IX - descentralização político-administrativa, com direção única em cada esfera de governo:

a) ênfase na descentralização dos serviços para os municípios;

b) regionalização e hierarquização da rede de serviços de saúde.

X - integração em nível executivo das ações de saúde, meio ambiente e saneamento básico;

XI - conjugação dos recursos financeiros, tecnológicos, materiais e humanos da União, dos Estados, do Distrito Federal e dos Municípios na prestação de serviços de assistência à saúde da população;

XII - capacidade de resolução dos serviços em todos os níveis de assistência;

XIII - organização dos serviços públicos de modo a evitar duplicidade de meios para fins idênticos; e

XIV - organização de atendimento público específico e especializado para mulheres e vítimas de violência doméstica em geral, que garanta, entre outros, atendimento, acompanhamento psicológico e cirurgias plásticas reparadoras, em conformidade com a Lei nº 12.845, de 1º de agosto de 2013.

7. PREVIDÊNCIA SOCIAL

7.1. Noções gerais

No Brasil, um dos grandes traços que diferenciam a previdência social da assistência social e da saúde pública é o seu ***caráter contributivo***, pois apenas terão cobertura previdenciária às pessoas que vertam contribuições ao regime que se filiaram, de maneira efetiva ou nas hipóteses presumidas por lei, sendo pressuposto para a concessão de benefícios e serviços aos segurados e seus dependentes.

> **Como esse assunto foi cobrado em concurso?**
>
> No concurso ESAF para Auditor Fiscal da RFB em 2009, foi considerado errado o seguinte enunciado: a Previdência Social pode ser dada gratuitamente à população rural carente.

Em termos objetivos, em sua acepção ampla, a "previdência social" abarca todos os regimes previdenciários existentes no Brasil (básicos e complementares, públicos e privados).

Entretanto, a expressão "Previdência Social" também é utilizada no sentido subjetivo, com iniciais maiúsculas, como sinônima dos órgãos e entidades responsáveis pela gestão previdenciária, a exemplo do extinto Ministério da Previdência Social e do INSS, bastando lembrar que as agências da referida autarquia federal estampam essa nomenclatura.

Com efeito, a sua disciplina constitucional é ditada em especial pelos seguintes artigos da Constituição Federal de 1988:

- **Artigo 40** (previdência dos servidores públicos efetivos – Regime Próprio de Previdência Social);
- **Artigo 201** (previdência dos trabalhadores em geral – Regime Geral de Previdência Social);
- **Artigo 202** (previdência complementar privada).

7.2. Evolução histórica mundial e brasileira

O nascimento da previdência social deve ser analisado à luz da evolução lenta e gradual dos direitos fundamentais sociais, pois inserta nesse rol de prestações positivas a serem adimplidas pelo Estado.

> **Importante:**
>
> Aponta-se majoritariamente como o marco inicial mundial da previdência social no mundo a edição da Lei dos Seguros Sociais, na Alemanha, em 1883, perpetrada pelo chanceler Otto Von Bismarck, que criou o *seguro-doença*, seguida por outras normas que instituíram o seguro de acidente de trabalho (1884), o de invalidez (1889) e o de velhice (1889), em decorrência de grandes pressões sociais de época.

Consoante as excelentes lições de Sergio Pinto Martins (2010, pg. 04) a respeito do tema, "as leis instituídas por Bismarck tornaram obrigatória a filiação às sociedades seguradoras ou entidades de socorros mútuos por parte de todos os trabalhadores que recebessem até 2.000 marcos anuais. A reforma tinha objetivo político: impedir movimentos socialistas fortalecidos com a crise industrial. Visava obter apoio popular, evitando tensões sociais".

Era um sistema equilibrado, de capitalização, compulsório e bastante restrito, pois se tratava de um seguro celebrado entre patrões e empregados por imposição do Estado, com contribuição de ambos, mas limitado a estes trabalhadores.

Ficou conhecido como *sistema de capitalização* ou *bismarckiano*, pois era custeado apenas com as contribuições dos trabalhadores e dos empregadores, exigindo-se cotizações durante certo prazo para que os beneficiários fizessem jus aos benefícios.

Por sua vez, em termos constitucionais, destacam-se as Constituições do México (1917) e da Alemanha (1919) como as primeiras no mundo a preverem a proteção previdenciária dos trabalhadores.

> **Como esse assunto foi cobrado em concurso?**
>
> No concurso do CESPE para Procurador do Estado do Amazonas em 20116, foi considerado correto o seguinte enunciado: A respeito do surgimento e da evolução da seguridade social, julgue o item a seguir. A Constituição Mexicana de 1917 e a Constituição de Weimar de 1919, ao constitucionalizar um conjunto de direitos sociais, colocando-os no mesmo plano dos direitos civis, marcaram o início da fase de consolidação da seguridade social.

Já em 1942, a Inglaterra chamou a atenção do mundo ao adotar um sistema previdenciário diverso do germânico, através da aprovação do *Plano Beveridge*, idealizado pelo economista Sir William Henry Beveridge, em que a previdência social era custeada primordialmente com recursos dos tributos em geral, inexistindo apenas contribuições específicas para a sua manutenção, a serem pagas pelas empresas e trabalhadores, efetivamente implantado em 1946.

Esse formato de previdência social tem a vantagem de ser verdadeiramente universal e solidário, pois inclui todo o povo, mas é de difícil equilíbrio financeiro e atuarial, ficando conhecido como *sistema inglês* ou *beveridgiano*.

Outros países têm planos previdenciários públicos e privados, a exemplo do Brasil, ao passo que o Chile adotou uma posição extremada de apenas oferecer ao seu povo a previdência privada, em adoção à política neoliberal sob o incentivo do Banco Mundial, para criar um *sistema previdenciário substitutivo*.

No Brasil, registre-se, inicialmente, que a **Constituição de 1891 foi a primeira brasileira a prever diretamente um benefício previdenciário, pois o seu artigo 75 garantia a aposentadoria por invalidez aos funcionários públicos que se tornaram inválidos a serviço na nação**, mesmo sem existir o pagamento de contribuições previdenciárias.

Deveras, a Constituição Imperial (1824) apenas garantiu formalmente os "socorros públicos" (artigo 179, inciso XXXI), de pouca regulamentação em razão da doutrina liberal de época.

Em *1821*, o Decreto de 1º de outubro concedeu aposentadoria aos mestres e professores após 30 anos de serviço. Já em *1888*, criou-se a Caixa de Socorros para os trabalhadores das estradas de ferro de propriedade do Estado (Lei 3.397) e o Decreto 9.912-A previu a aposentadoria dos empregados dos Correios, após 30 anos de serviço e 60 anos de idade.

> **Como esse assunto foi cobrado em concurso?**
>
> No concurso do CESPE para Promotor de Justiça do Espírito Santo em 2010, foi considerado errado o seguinte enunciado: Antes do Decreto Legislativo n. 4.682, de 24/1/1923, conhecido como Lei Eloy Chaves, não existia nenhuma legislação em matéria previdenciária no Brasil. Por esse motivo, o dia 24 de janeiro é considerado oficialmente o dia da previdência social.
>
> No concurso do CESPE para Procurador do Estado do Amazonas em 20116, foi considerado errado o seguinte enunciado: A respeito do surgimento e da evolução da seguridade social, julgue o item a seguir. No Brasil, iniciou-se o **regime próprio de previdência dos servidores públicos** com o advento da Lei Eloy Chaves, em 1923, que determinou a criação das caixas de aposentadorias e pensões para os ferroviários.

Em *1919* foi editada a Lei de Acidentes de Trabalho (Lei 3.724), que criou o seguro de acidente de trabalho para todas as categorias, a cargo das empresas, introduzindo a noção do risco profissional.

> **Importante:**
>
> No Brasil, prevalece doutrinariamente que a previdência social nasceu com o advento da Lei Eloy Chaves, em 24 de janeiro de 1923 (Decreto-lei 4.682), que determinou a *criação das caixas de aposentadorias e pensões para os ferroviários*, mantidas pelas empresas, e não pelo Poder Público, tanto que o dia 24 de janeiro é considerado oficialmente como o dia da previdência social no Brasil.

Crê-se tratar-se de uma meia verdade. A Lei Eloy Chaves pode sim ser considerada como o marco inicial da previdência brasileira, mas do sistema privado, pois *as caixas dos ferroviários eram administradas pelas próprias empresas privadas e não pelo Poder Público, que apenas regulamentava e supervisionava a atividade*.

> **Como esse assunto foi cobrado em concurso?**
>
> No concurso do CESPE para Defensor Público da União em 2010, foi considerado errado o seguinte enunciado: A Lei Eloy Chaves (Decreto Legislativo n.º 4.682/1923), considerada o marco da Previdência Social no Brasil, criou as caixas de aposentadoria e pensões das empresas de estradas de ferro, sendo esse sistema mantido e administrado pelo Estado. Por

sua vez, no concurso de Procurador do Estado de Alagoas em 2008, o CESPE considerou correto o seguinte enunciado: O Brasil só veio a conhecer verdadeiras regras de caráter geral em matéria de previdência social no século XX. Antes, apesar de haver previsão constitucional a respeito do tema, apenas em diplomas isolados aparecia alguma forma de proteção contra infortúnios.

A Lei Eloy Chaves determinou a criação de uma Caixa de Aposentadoria e Pensões em cada uma das empresas ferroviárias, visando tutelar os seus empregados, assim considerados não só os que prestavam os seus serviços mediante ordenado mensal, como também os operários diaristas, de qualquer natureza, que executavam serviço de caráter permanente, desde que tivessem mais de seis meses de serviços contínuos em uma mesma empresa.

As principais receitas das CAP's dos ferroviários vinham de uma contribuição mensal dos empregados, correspondente a 3% dos respectivos vencimentos; de uma contribuição anual da empresa, correspondente a 1% de sua renda bruta e da soma que produzir um aumento de 1 1/2 % sobre as tarifas da estrada do ferro.

Os recursos arrecadados eram depositados mensalmente em banco escolhido pela gestão da CAP dos ferroviários, sendo de sua propriedade e afetados às finalidades da Caixa, sendo previstas as seguintes prestações:

A) Socorros médicos em casos de doença em sua pessoa ou pessoa de sua família, que habite sob o mesmo teto e sob a mesma economia;

B) Medicamentos obtidos por preço especial determinado pelo Conselho de Administração;

C) Aposentadoria (ordinária ou por invalidez);

D) Pensão para seus herdeiros em caso de morte.

Na realidade, a previdência pública brasileira apenas iniciou-se em 1933, através do Decreto 22.872, que criou o Instituto de Previdência dos Marítimos – IAPM, pois gerida pela Administração Pública, surgindo posteriormente os seguintes Institutos: dos comerciários e bancários (1934); dos industriários (1936); dos servidores do estado e dos empregados de transportes e cargas (1938).

▸ **Como esse assunto foi cobrado em concurso?**

(2018/CESPE/STJ/Analista Judiciário- Oficial de Justiça Avaliador Federal) Com relação à organização e aos princípios do sistema de seguridade social brasileiro, julgue o item a seguir. Após a edição da Lei Eloy Chaves, diversas categorias de trabalhadores buscaram a proteção social que aquela legislação garantiu, o que provocou a expansão dos direitos protetivos pelo país.

Questão certa.

De efeito, os Institutos, ao contrário das Caixas de Aposentadorias e Pensões, tinham maior abrangência, pois abarcavam categorias profissionais inteiras, e não apenas os empregados de determina empresa, além de estarem sujeitos ao controle e administração estatal.

> ▸ **Como esse assunto foi cobrado em concurso?**
>
> No concurso do CESPE para Analista Judiciário do TRT do RN em 2010, foi considerado correto o seguinte enunciado: Até a década de 50 do século XX, a previdência social brasileira caracterizava-se pela existência de institutos previdenciários distintos que atendiam a diferentes setores da economia.

A *Constituição de 1934* deu a sua contribuição ao prever o *tríplice custeio da previdência social*, mediante recursos do Poder Público, dos trabalhadores e das empresas, passando, em termos constitucionais, do plano apenas da assistência social para o seguro social, lançando mão da expressão "Previdência".

> ▸ **Como esse assunto foi cobrado em concurso?**
>
> No concurso do CESPE para Procurador do Estado de Alagoas em 2008, foi considerado correto o seguinte enunciado: A Constituição de 1934 foi a primeira a estabelecer, em texto constitucional, a forma tripartite de custeio: contribuição dos trabalhadores, dos empregadores e do poder público.

Por sua vez, a Constituição de 1946 contemplou pela primeira vez no país a expressão "Previdência Social", tratando da sua cobertura no artigo 157.

Em *1960*, foi promulgada a *Lei Orgânica da Previdência Social – LOPS* (Lei 3.807), que unificou o plano de benefícios dos Institutos.

Já em *1965*, a Emenda 11 alterou a Constituição de 1946 para criar o *Princípio da Precedência de Fonte de Custeio* para a instituição ou majoração dos benefícios previdenciários e assistenciais, existente até hoje e aplicável a toda a seguridade social.

Em *1967*, ocorreu à *unificação da previdência urbana brasileira*, vez que os Institutos foram fundidos, nascendo o INPS – Instituto Nacional de Previdência Social, através do Decreto-lei 72/1966, que também trouxe o seguro de acidente do trabalho para o âmbito da Previdência Pública.

Mais adiante, em *1971*, ocorreu a *inclusão previdenciária dos trabalhadores rurais*, que passaram a ser segurados previdenciários com regência pela Lei Complementar 11, que instituiu o Pró-Rural (Programa de Assistência ao Trabalhador Rural), mantido pelos recursos do Fundo de Assistência ao Trabalhador Rural – FUNRURAL, que ganhou natureza jurídica de autarquia federal.

Na previdência rural foram previstos os seguintes benefícios: I – aposentadoria por velhice; II – aposentadoria por invalidez; III – pensão; IV – auxílio-funeral, V – serviço de saúde; VI – serviço social.

As aposentadorias correspondiam à metade do salário mínimo vigente, ao passo que a pensão por morte a 30% do salário mínimo. Já o auxílio-funeral era no valor de um salário mínimo.

Ou seja, naquela época coexistiam dois regimes previdenciários em paralelo: o Programa de Assistência ao Trabalhador Rural (Lei Complementar 11/1971) e a Previdência Social Urbana (Lei 3.807/1960).Os *empregados domésticos* tiveram a sua vez em *1972*, passando a ser segurados da previdência por força da Lei 5.859.

Em *1977*, foi permitida a criação da *previdência complementar privada*, através das entidades abertas e fechadas, por intermédio da Lei 6.435, começando a nascer os grandes fundos de pensão das empresas estatais, a exemplo da PREVI (Banco do Brasil) e da PETROS (Petrobras).

Ainda em *1977* foi instituído o *SINPAS – Sistema Nacional de Previdência e Assistência Social*, que abarcava as seguintes entidades:

A) **IAPAS** (Instituto de Administração Financeira da Previdência e Assistência Social – arrecadação e fiscalização das contribuições);

B) **INAMPS** (Instituto Nacional de Assistência Médica da Previdência Social);

C) **INPS** (Instituto Nacional de Previdência Social – responsável pela gestão dos benefícios previdenciários);

D) **LBA** (Fundação Legião Brasileira de Assistência – cuidava dos idosos e gestantes carentes);

E) **FUNABEM** (Fundação Nacional do Bem-Estar do Menor – responsável pelos menores carentes);

F) **CEME** (Central de Medicamentos – fabricação de medicamentos de baixo custo);

G) **DATAPREV** (Empresa de Tecnologia e Informações da Previdência Social – controle de dados).

Finalmente, **em 1988, a Constituição Cidadã evoluiu para a seguridade social**, que no Brasil engloba a assistência, a previdência social e a saúde pública (Título VIII, Capítulo II, artigos 194/204), contemplando as regras e princípios basilares que regulam a previdência brasileira.

É possível enumerar as principais conquistas sociais com o advento do atual ordenamento constitucional:

- A saúde pública passou a ser gratuita a todos os brasileiros, pois não mais depende do pagamento de contribuições específicas;

- Garantia de um salário mínimo ao idoso ou deficiente carente no campo da assistência social;
- Os benefícios previdenciários que substituem a remuneração dos trabalhadores passaram a ser de, pelo menos, um salário mínimo, o que beneficiou os povos rurais;
- Os trabalhadores rurais, os garimpeiros e o pescador artesanal passaram a ter direito a uma redução de 05 anos na idade para gozar do benefício da aposentadoria por idade;
- O homem passou a ter direito à pensão por morte, pois anteriormente apenas tinham direito os maridos inválidos.

Posteriormente, houve a necessidade política de alterar e inserir várias regras constitucionais na previdência social, tendo a 1ª **reforma** sido aprovada pela **Emenda 20**, publicada em **16.12.1998**.

Dentre outras, podem ser destacadas as seguintes inovações:

- Exigência de idade mínima para a aposentadoria voluntária integral no serviço público (60 anos para os homens e 55 anos para as mulheres);
- Desconstitucionalização do cálculo da renda mensal inicial das aposentadorias, que passou a ser regido pela Lei 9.876/99;
- Concessão do salário-família e do auxílio-reclusão apenas aos beneficiários de baixa renda;
- Elevação do teto do Regime Geral de Previdência Social para R$ 1.200,00;
- Vedação de percepção de duas aposentadorias pelo regime previdenciário dos servidores públicos, salvo na hipótese de acumulação de cargos autorizada constitucionalmente;
- Extinção do tempo de serviço e criação do tempo de contribuição;
- Proibição de contagem de tempo de contribuição fictício;
- Extinção da aposentadoria por tempo de contribuição proporcional no RGPS para os novos segurados;
- Instituição de novas fontes de custeio para a seguridade social;
- Previsão de competência da Justiça do Trabalho para executar, de ofício, as contribuições previdenciárias decorrentes das sentenças que proferir;
- Proibição de trabalho noturno, perigoso ou insalubre a menores de dezoito e de qualquer trabalho a menores de dezesseis anos, salvo na condição de aprendiz, a partir de quatorze anos;
- Vedação de filiação ao Regime Geral de Previdência Social, na qualidade de segurado facultativo, de pessoa participante de regime próprio de previdência.

O Brasil não adotou uma reforma estrutural em seu regime previdenciário, ao contrário de vários países da América do Sul nas décadas de 1980 e 1990, que eliminaram o sistema público ou colocaram o sistema privado como regra geral.

De efeito, pela Emenda 20/98, inúmeras alterações foram perpetradas em nosso regime previdenciário, mas a sua essência foi mantida, pois os planos básicos brasileiros continuaram a ser públicos e com o regime de repartição (fundo único).

Já a **Emenda 41**, publicada em **31.12.2003**, aprovou a **2ª reforma** da previdência social, com foco no regime previdenciário dos servidores públicos efetivos e militares, destacando-se as seguintes previsões:

- Fim da paridade remuneratória entre ativos e inativos, prevendo regra de transição para os antigos servidores;
- Autorizou a cobrança de contribuições previdenciárias sobre aposentadorias e pensões pagas no serviço público, desde que em valor acima do teto dos benefícios pagos pelo INSS;
- Previsão de redutor da pensão por morte no serviço público equivalente a 30% sobre a quantia que exceder o valor máximo dos benefícios pagos pelo INSS;
- Criação do abono de permanência no serviço público para os servidores que preencheram os requisitos para a aposentadoria voluntária com proventos integrais, mas optaram em permanecer na ativa, equivalente ao valor da sua contribuição previdenciária;
- Vedação de existência de mais de um regime próprio de previdência social para os servidores titulares de cargos efetivos, e de mais de uma unidade gestora do respectivo regime em cada ente estatal.

Com o advento da **Emenda 103/2019**, restou inaugurada a maior reforma constitucional dentro do atual sistema previdenciário brasileiro, especialmente do Regime Geral e o Regime Próprio de Previdência Social, refletindo em alguns pontos no Regime de Previdência Complementar, conforme será estudado ao longo desta obra.

7.3. Definição e abrangência

Em sentido amplo e objetivo, especialmente visando abarcar todos os planos de previdência básicos e complementares disponíveis no Brasil, *a previdência social pode ser definida como um seguro com regime jurídico especial, pois regida por normas de Direito Público, sendo necessariamente contributiva, que disponibiliza benefícios e serviços aos segurados e seus dependentes, que variarão a depender do plano de cobertura.*

A relação previdenciária tem duas vertentes:

- **O custeio** (que envolve a obrigação de pagar as contribuições previdenciárias pelos segurados e pelas empresas, empregadores e equiparados, tendo natureza tributária);

- **O plano de benefícios e serviços** (pagamento de prestações pela Previdência Social aos segurados e seus dependentes, uma vez realizadas as hipóteses legais de concessão).

Vale salientar que a definição da previdência é jurídico-positiva, pois sofrerá modificações de acordo com a análise da legislação de cada nação, sendo necessariamente contributiva no Brasil.

7.4. Classificação dos sistemas previdenciários

Quanto à **contributividade**, os sistemas previdenciários serão classificados em:

A) **Não contributivos:** custeados com os tributos em geral, inexistindo contribuições específicas, como ocorre no primeiro pilar da previdência da Dinamarca;

B) **Contributivos:** custeados por contribuições previdenciárias:

- *Capitalização* – Exige a cotização durante certo prazo para fazer jus aos benefícios, em fundo individual ou coletivo, sendo os valores investidos pelos administradores (Previdência Privada no Brasil);

- *Repartição* – Em regra, a ausência de contribuição durante determinado tempo não retira o direito ao benefício, salvo os casos de carência, existindo um fundo único (Previdência Pública do Brasil).

Quanto ao **responsável pela gestão**, adota-se a seguinte classificação:

A) **Pública:** O Poder Público assume a responsabilidade da administração do regime previdenciário;

B) **Privada:** O gerenciamento é feito pela iniciativa privada, como no Chile, desde a reforma de 1981;

C) **Mista:** Adota-se uma gestão pública e privada, a depender do plano, como ocorre no Brasil, onde há planos públicos e privados.

7.5. Planos previdenciários brasileiros

Os planos de previdência no Brasil podem ser divididos em *básicos* e *complementares*, sendo os primeiros compulsórios para as pessoas que exerçam atividade laboral remunerada, ao contrário dos últimos, que visam apenas ofertar prestações complementares para a manutenção do padrão de vida do segurado e de seus dependentes.

De efeito, em regra, a adesão aos **planos básicos** independe da vontade do trabalhador, que é obrigado a filiar-se enquanto perceber remuneração decorrente do seu labor, razão pela qual ostenta a **natureza jurídica de seguro obrigatório legal**, não incidindo as regras do Código de Defesa do Consumidor, por não se tratar de contrato que veicule relação de consumo.

> **Qual o entendimento do STJ sobre o assunto?**
>
> No julgamento do AgRg no REsp 610.683, de 28.09.2004, dentre outros precedentes, o STJ vem entendendo que "as relações jurídicas existentes entre a autarquia previdenciária e os segurados do regime de Previdência Social não caracterizam relações de consumo, sendo inaplicável, *in casu*, o disposto no art. 81, III, do Código de Proteção e Defesa do Consumidor não se aplica do CDC".

Ao revés, o ingresso em um dos **planos de previdência complementar** será sempre facultativo, razão pela qual há plena autonomia da vontade na filiação a esse sistema, conquanto haja normas jurídicas que limitem as regras do jogo após a avença, caracterizando-se como um **seguro contratual *sui generis***, incidindo o regramento do CDC na previdência privada aberta que possui fins lucrativos e não incidindo na previdência privada fechada que não possui fins lucrativos.

> **Qual o entendimento do STJ sobre o assunto?**
>
> **Súmula 563** – O Código de Defesa do Consumidor é aplicável às entidades abertas de previdência complementar, não incidindo nos contratos previdenciários celebrados com entidades fechadas.

Entende-se que a expressão "previdência social" tanto engloba os planos básicos quanto os complementares, pois o Regime Geral de Previdência Social e a previdência complementar privada são regidos na Seção III – Da Previdência Social, artigos 201 e 202, dentro do Capítulo da Seguridade Social na Constituição Federal de 1988.

Aliás, a legislação previdenciária é expressa nesse sentido, ao prever que a previdência social, além do Regime Geral, engloba o regime facultativo complementar, nos moldes do artigo 9º, da Lei 8.213/91.

O fato de ser facultativa a adesão a um plano de previdência privada não retira em nada o seu caráter social, pois os contratos deverão primar por sua função social, sendo cada vez mais crescente a adesão dos brasileiros a esses programas que visam a manter o seu padrão de vida na inatividade.

Contudo, registre-se que há respeitáveis posições doutrinárias que limitam a previdência social aos planos básicos, a exemplo dos colegas procuradores federais Eduardo Rocha Dias e José Leandro Monteiro de Macêdo (2008, pg. 44), justamente pelo seu caráter não contratual.

Já Sergio Pinto Martins (2010, pg. 286) tem uma posição diversa, seguindo a literalidade da norma, pois para ele "a Previdência Social compreende: 1- o Regime Geral de Previdência Social; 2- o Regime Facultativo Complementar de Previdência Social (art. 9º da Lei 8.212)", sendo que a aparente opinião desse autor exclui o Regime Próprio de Previdência Social (previdência dos servidores públicos efetivos e militares).

7.5.1. *Planos básicos*

A) **Regime Geral de Previdência Social – RGPS**, obrigatório para os trabalhadores em geral, exceto para os titulares de cargos públicos efetivos e militares filiados a Regime Próprio de Previdência Social, de competência da União e administrado pelo Ministério do Trabalho e Previdência.

Já ao INSS – Instituto Nacional do Seguro Social, autarquia federal criada pela Lei 8.029/90, fruto da fusão do IAPAS – Instituto de Administração Financeira da Previdência e Assistência Social com o INPS – Instituto Nacional de Previdência Social, competirá a administração do plano de benefícios e serviços do RGPS. **Com a recriação do Ministério do Trabalho e Previdência no ano de 2021, o INSS passou a ser vinculado a esta pasta.**

Com o advento da Lei 11.457/2007, a principal função administrativa do INSS se reduziu a gerir o plano de benefícios e serviços do RGPS, pois a autarquia federal não mais detém a Dívida Ativa das contribuições previdenciárias, que atualmente é da União, através da Secretaria de Receita Federal do Brasil.

Trata-se do maior plano previdenciário brasileiro, pois engloba cerca de 50 milhões de segurados, visando cobrir vários riscos sociais, tais como velhice, invalidez, doença, maternidade, prisão, acidente e morte.

O RGPS não visa manter o *status* social dos beneficiários, e sim conceder a cobertura necessária para a manutenção de uma vida digna, pois há um teto para o pagamento dos benefícios no valor de R$ 7.786,02 (valor atualizado para 2024), que só poderá ser ultrapassado em hipóteses excepcionais a serem vistas.

Em regra, a filiação ao Regime Geral é obrigatória para todas as pessoas que desenvolvam atividade remunerada no Brasil, exceto para os servidores públicos efetivos e militares cobertos por regime previdenciário próprio, podendo as pessoas que não trabalhem se filiar como segurados facultativos, permissivo que atende ao Princípio da Universalidade de Cobertura e do Atendimento.

É preciso advertir que muitas vezes a expressão "previdência social" é empregada pela legislação ou mesmo pela doutrina em sentido estrito, ou seja, como sinônimo de Regime Geral de Previdência Social, devendo o leitor estar atento para saber interpretar adequadamente a sua utilização no contexto da oração.

As suas regras gerais encontram-se insculpidas no artigo 201, da Constituição Federal, com as alterações promovidas especialmente pela Emenda 20/1998 (primeira reforma previdenciária), tendo o seu Plano de Custeio sido aprovado pela Lei 8.212/91 e o Plano de Benefícios e Serviços pela Lei 8.213/91, atualmente regulamentados pelo Decreto 3.048/99 (Regulamento da Previdência Social – RPS), já alterado em inúmeras oportunidades.

No exercício legítimo do seu poder regulamentar, o INSS editou a Instrução Normativa PRES 128/2022, que dispõe sobre a administração de informações dos segurados, o reconhecimento, a manutenção e a revisão de direitos dos beneficiários da Previdência Social e disciplina o processo administrativo previdenciário no âmbito da autarquia previdenciária.

B) **Regimes Próprios de Previdência Social – RPPS's**, obrigatórios para os servidores públicos efetivos da União, estados, Distrito Federal e municípios, bem como os militares, caso tenham sido criados pelas respectivas entidades políticas.

Ressalte-se que os servidores que são apenas titulares de cargo em comissão, temporários ou empregados públicos serão segurados obrigatórios do RGPS, na condição de segurados empregados, nos termos do artigo 40, §13, da Constituição Federal, bem como os titulares de mandato eletivo sem vínculo efetivo, pois o RPPS só abarca os servidores efetivos em todas as esferas de governo, desde a Emenda 20/98.

O regramento geral dos regimes previdenciários dos servidores públicos efetivos e militares está posto no artigo 40, da Constituição Federal, com as alterações das Emendas 20/1998, 41/2003 e 47/2005 e 88/2015, bem como nas Leis 9.717/98 e 10.887/04, cabendo a cada entidade política aprovar as suas leis criando e regulamentado os seus RPPS's, observada a regulação genérica federal.

A União, todos os estados e o Distrito Federal possuem os seus RPPS's instituídos, mas a esmagadora maioria dos municípios brasileiros ainda não os instituiu, justamente em razão da pequena estrutura administrativa que não comporta mais essa função administrativa, haja vista muitos entes políticos locais mal disponibilizarem os serviços públicos básicos.

Nestes casos, os servidores efetivos estarão automaticamente vinculados ao RGPS na condição de empregados, sendo o município considerado empresa para fins previdenciários, conforme interpretação do artigo 12, da Lei 8.213/91.

No que concerne aos militares, é curial lembrar que estes foram excluídos do rol dos servidores públicos pela Emenda Constitucional nº 18/1998, constituindo agora uma categoria autônoma, razão pela qual os militares dos estados e do Distrito Federal não poderão ser regidos pelo mesmo regime previdenciário dos servidores públicos, devendo ter regras próprias.

Nesse sentido, a Lei 9.717/98 consignou expressamente que as suas regras também serão aplicáveis aos regimes previdenciários dos militares dos estados e do Distrito Federal, o que evidencia a necessidade da regulação diferenciada, conforme se depreende da análise da sua introdução: "Dispõe sobre regras gerais para a organização e o funcionamento dos regimes próprios de previdência social dos servidores públicos da União, dos Estados, do Distrito Federal e dos Municípios, dos militares dos Estados e do Distrito Federal e dá outras providências".

O tratamento diferenciado se impõe pelo diverso regime jurídico dos militares em comparação aos servidores públicos, pois aqueles não se aposentam, e sim permanecem na reserva remunerada ou reforma, conquanto possam ser instituidores de pensão por morte aos seus dependentes.

No que concerne aos militares das Formas Armadas, o tema é regulado pela Lei 6.880/80, que aprovou o Estatuto dos Militares.

C) **Plano de Seguridade Social dos Congressistas – PSSC**, instituído pela Lei 9.506/97, de filiação facultativa dos Deputados Federais, Senadores e suplentes não vinculados a RPPS por não serem servidores efetivos ou militares, que assim o requerer, no prazo de trinta dias do início do exercício do mandato.

Com o advento da Lei 9.506/97, foi extinto o Instituto de Previdência dos Congressistas e criado o Plano de Seguridade Social dos Congressistas, entendendo-se ser mais um plano básico da previdência social brasileira criado para privilegiar os parlamentares federais, gerido pelo Poder Legislativo da União, conquanto não seja de filiação obrigatória, pois a adesão ao PSSC afasta a filiação ao RGPS do congressista.

Na verdade, cuida-se de um "RPPS disfarçado", mas que não recebeu esta nomenclatura, especialmente porque com o advento da Emenda 20/1998 apenas os titulares de cargo público efetivo e os militares permaneceram como filiados ao RPPS.

A filiação ao PSSC é de índole facultativa, sendo previstas no artigo 2º, da Lei 9.506/97, aposentadorias com proventos integrais e proporcionais. Também foi prevista pensão por morte em favor dos dependentes correspondente ao valor dos proventos de aposentadoria que o segurado recebia ou a que teria direito, com valor mínimo de treze por cento da remuneração fixada para os membros do Congresso Nacional.

O Plano de Seguridade Social dos Congressistas será custeado com o produto de contribuições mensais:

I. dos segurados, incidentes sobre a remuneração mensal fixada para os membros do Congresso Nacional e calculadas mediante aplicação de alíquota igual à exigida dos servidores públicos civis federais para o custeio de suas aposentadorias e pensões;

II. da Câmara dos Deputados e do Senado Federal, de valor idêntico à contribuição de cada segurado, fixada no inciso anterior;

III. dos beneficiários das aposentadorias e pensões incidentes sobre o valor das mesmas que exceda o limite máximo estabelecido para os benefícios do regime geral de previdência social de que trata a Lei nº 8.213, de 24 de julho de 1991, e calculadas mediante a aplicação da mesma alíquota a que se refere o inciso I.

Com o advento da EC 103/2019, restou vedada a adesão de novos segurados e a instituição de novos regimes dessa natureza, os atuais segurados de regime de previdência aplicável a titulares de mandato eletivo da União, dos Estados, do Distrito Federal e dos Municípios poderão, por meio de opção expressa formalizada no prazo de 180 (cento e oitenta) dias, contado da data de entrada em vigor desta Emenda Constitucional, retirar-se dos regimes previdenciários aos quais se encontrem vinculados.

7.5.2. *Planos complementares*

A) **Regime Complementar dos Servidores Públicos Efetivos,** a ser implementado pelas entidades políticas, de índole facultativo e de contribuição definida, previsto nos §§14, 15 e 16, do artigo 40, da Constituição Federal.

Ainda não se tinha notícia que alguma entidade política o tenha instituído, mas a partir da sua criação será possível fixar um limite máximo para as aposentadorias e pensões no serviço público, no valor máximo do RGPS, para os servidores que ingressarem após a sua criação.

A previdência pública complementar deverá ser regulamentada por lei de iniciativa do Chefe do Poder Executivo, através da criação de uma entidade de previdência complementar, disponibilizando benefícios na modalidade contribuição definida, ou seja, o seu valor dependerá do rendimento dos valores aplicados, não sendo previamente fixado.

No âmbito da União, o regime de previdência complementar dos servidores federais efetivos foi criado por intermédio da Lei 12.618/2012, sendo estudado no Capítulo 12 desta obra.

B) **Regime Complementar Privado Aberto,** explorado por sociedades anônimas com autorização estatal, de índole facultativo e que tem por objetivo instituir e operar planos de benefícios de caráter previdenciário, concedidos em forma de renda continuada ou pagamento único, acessíveis a quaisquer pessoas físicas, regulamentado pelo artigo 202, da Constituição Federal e pelas Leis Complementares 108 e 109/2001.

C) **Regime Complementar Privado Fechado,** mantido por entidades fechadas de Previdência Complementar (associações ou fundações), facultativo, que oferece planos de benefícios a todos os empregados dos patrocinadores ou associados dos instituidores, também regulado pelas normas acima referidas.

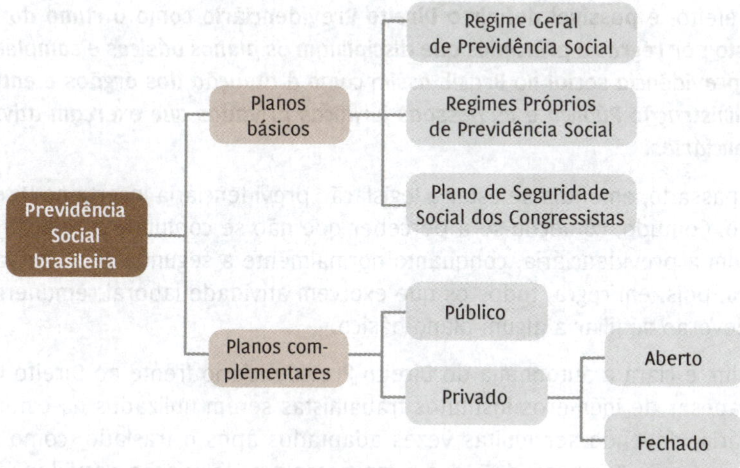

7.6. Fontes, autonomia, interpretação e aplicação do Direito Previdenciário e sua relação com os demais ramos jurídicos

É certo que uma análise mais aprofundada e técnica do Direito ao longo dos anos na vida jurídica levará a conclusão que, no final das contas, a divisão da ciência jurídica em disciplinas é meramente para fins de estudo, pois todos os temas estão entrelaçados e não há como cindir o que é necessariamente uno.

Outrossim, entende-se também que a secular divisão do Direito em Público e Privado também carece de base científica, haja vista que as teses doutrinárias que buscaram diferenciar esses dois grandes campos sempre se depararam com questões que não conseguiram solucionar, a exemplo da Teoria do Interesse, da Qualidade dos Sujeitos e da Posição dos Sujeitos.

Logo, fala-se em autonomia de um ramo jurídico apenas para fins didáticos, sendo certo que toda a base do nosso ordenamento jurídico se encontra positivada na Constituição Federal de 1988, fundamento de validade e lastro de interpretação da legislação infraconstitucional.

Nesse sentido, o *Direito Constitucional Previdenciário* é composto pelas disposições constitucionais que regulam a previdência social, especialmente pelos artigos 40 (previdência dos servidores públicos efetivos), 201 (Regime Geral de Previdência Social) e 202 (previdência complementar).

O critério mais adotado doutrinariamente para a pronúncia da autonomia de uma disciplina jurídica é a existência de princípios peculiares que lhe informe, razão pela qual se crê na natureza autárquica do Direito Previdenciário, tendo em vista a presença de inúmeros princípios informadores que serão oportunamente estudados.

De efeito, **é possível definir o Direito Previdenciário como o *ramo do Direito composto por regras e princípios que disciplinam os planos básicos e complementares de previdência social no Brasil, assim como a atuação dos órgãos e entidades da Administração Pública e as pessoas jurídicas privadas que exerçam atividades previdenciárias.***

No passado, entendia-se estar a legislação previdenciária inserta no Direito do Trabalho. Contudo, começou-se a perceber que não se confunde a relação trabalhista com a previdenciária, conquanto normalmente a segunda seja derivada da primeira, pois, em regra, todos os que exercem atividade laboral remunerada no Brasil deverão se filiar a algum plano básico.

Assim, é clara a autonomia do Direito Previdenciário frente ao Direito do Trabalho, apesar de inúmeros institutos trabalhistas serem utilizados na esfera previdenciária, devendo ser muitas vezes adaptados após o traslado, como ocorre com a expressão "empregado", que é mais ampla na legislação previdenciária do que na trabalhista, que se refere apenas ao trabalhador com vínculo de emprego.

Outrossim, outro exemplo é o conceito de empresa trazido pela legislação previdenciária (art. 15, I, da Lei 8.212/91), que chega a englobar até entidades da Administração Pública Direta e outras equiparadas, mais extensivo que o trabalhista.

Há também uma proximidade muito grande do Direito Previdenciário com o **Tributário**, decorrente da natureza fiscal das contribuições previdenciárias, de modo que são plenamente aplicáveis a esses tributos as disposições do Código Tributário Nacional, observadas as peculiaridades da legislação previdenciária.

Com o **Direito Penal** o Direito Previdenciário também mantém estritas relações, vez que inúmeras fraudes contra a Previdência Social foram criminalizadas, a exemplo dos delitos de sonegação e de apropriação indébita de contribuição previdenciária.

Toda a base da legislação previdenciária se encontra esculpida na Constituição Federal de 1988, notadamente nos artigos 40, 201 e 202, o que demonstra a íntima relação com o **Direito Constitucional**.

Os órgãos e entes públicos previdenciários integram a Administração Pública, estando sujeitos ao regime jurídico administrativo e consequentemente à legislação respectiva, o que atesta a conexão direta do Direito Previdenciário com o **Direito Administrativo**, a exemplo da aplicação da Lei 9.784/99 (processo administrativo federal) aos processos previdenciários, no que for compatível.

Várias disposições do **Direito Civil** também poderão ser aplicáveis ao campo previdenciário, se compatíveis, notadamente o Livro das Obrigações, pois a relação entre a Previdência Social e os beneficiários no adimplemento das prestações previdenciárias é de natureza obrigacional, normalmente de trato sucessivo.

Comprovando essa conexão, o artigo 103, parágrafo único, da Lei 8.213/91, prevê que prescreve em cinco anos, a contar da data em que deveriam ter sido pagas, toda e qualquer ação para haver prestações vencidas ou quaisquer restituições ou diferenças devidas pela Previdência Social, salvo o direito dos menores, incapazes e ausentes, **na forma do Código Civil.**

As normas insertas no Código de Processo Civil também poderão ser aplicadas ao processo administrativo previdenciário, se compatíveis, o que denota a direta relação do Direito Previdenciário com o **Direito Processual Civil**.

Ademais, quando os pedidos dos segurados e dependentes não são atendidos na esfera administrativa, a questão algumas vezes é judicializada pelos beneficiários da Previdência Social, sendo que as disposições processuais civis regerão os processos judiciais.

Até com o **Direito Ambiental** o Direito Previdenciário mantém alguma relação imediata, pois o conceito de pesca e de extrativismo é fornecido pela legislação ambiental, para fins de identificação do segurado especial do RGPS.

Com o **Direito Internacional Público** o Direito Previdenciário vem se relacionando cada vez mais no Brasil, pois progressivamente o nosso país vem celebrando tratados internacionais para o reconhecimento do tempo de contribuição dos brasileiros residentes no exterior.

Ademais, através do Decreto Legislativo 269, de 19.09.2008, o Brasil aprovou o texto da Convenção nº 102 da Organização Internacional do Trabalho – OIT, relativa à fixação de normas mínimas de seguridade social, adotada em Genebra, em 28 de junho de 1952, sendo outro bom exemplo de relação entre os ramos jurídicos.

De logo, convém ressaltar que, com o advento do *pós-positivismo* – designação provisória e genérica de um ideário difuso, no qual se incluem a definição das relações entre valores, princípios e regras, aspectos da chamada *nova hermenêutica* e a teoria dos direitos fundamentais – os princípios passaram de meras fontes de integração a espécie de normas jurídicas, dotados, portanto, de conteúdo normativo.

Os princípios são normas jurídicas que fundamentam o sistema jurídico, com maior carga de abstração, generalidade e indeterminação que as regras, não regulando situações fáticas diretamente, carecendo de intermediação para a aplicação concreta. Devem ser pesados com outros princípios em cada caso concreto, à luz da ponderação casual (Princípio da Proporcionalidade). Ou seja, inexiste princípio absoluto.

Eles se diferenciam das regras por ter maior grau de abstração, de indeterminabilidade, pela condição de *standart* e função morfogenética.

Em que pese inexistir hierarquia jurídica entre princípios e regras, os primeiros são axiologicamente superiores, tendo as funções dimensional ou morfogenética (os princípios são fundamentos das regras), interpretativa, limitadora e integrativa.

O conflito entre regras se resolve com os critérios da hierarquia, especialidade e revogação, ao contrário dos princípios. Enquanto as regras valem ou não (tudo ou nada), os princípios pesam ou não.

Portanto, parte-se da premissa de que existem duas espécies de normas jurídicas: as principiológicas e as regras.

De seu turno, interpretar significa extrair o sentido e o alcance do ato normativo, existindo vários métodos tradicionais que o exegeta poderá se valer, que podem ser assim classificados:

A. Quanto à origem:

1. *Interpretação legislativa ou autêntica* – É efetuada pelo Poder Legislativo, quando aplica o processo legislativo para elaborar normas jurídicas;
2. *Interpretação judicial* – É efetivada pelos órgãos do Poder Judiciário no exercício da jurisdição;
3. *Interpretação administrativa* – É exteriorizada pelo Poder Executivo, quando exerce a função administrativa;
4. *Interpretação doutrinária* é exercitada pelos escritores jurídicos.

B. Quanto ao meio:

1. *Interpretação gramatical ou filológica, literal, semântica, textual ou verbal* – É um método que observa o sentido literal dos vocábulos;
2. *Interpretação histórica* – Leva em consideração os antecedentes históricos;
3. *Interpretação sistemática* – Estabelece relações de coordenação e subordinação no ordenamento jurídico;
4. *Interpretação lógica* – Leva em conta a compatibilidade ou concordância por meio de raciocínios lógicos;
5. *Interpretação teleológica* – Contempla a finalidade da norma, por meio dos valores tutelados por ela.

C. Quanto à finalidade:

1. *Interpretação declarativa ou estrita* – Há concordância entre o signo de linguagem e o significado a ela atribuído;
2. *Interpretação restritiva* – Na hipótese que não há essa concordância, sendo necessária uma redução do aparente significado do texto, pois o legislador escreveu mais do que pretendia;
3. *Interpretação extensiva* – Não há consonância entre o signo e o significado, sendo necessária uma extensão do significado do texto, pois o legislador escreveu menos do que pretendia.

Vale ressaltar que o enunciado normativo não se confunde com a norma jurídica. O enunciado é o texto "seco" esculpido na legislação previdenciária, dissociado dos fatos sociais. São meras palavras reunidas.

Já a norma jurídica é o texto legal interpretado à luz dos fatos sociais do momento, dotada de carga criativa do intérprete, ante o caráter geral e abstrato que marca o enunciado normativo.

A maior prova de que a interpretação tem dose criativa é que existem inúmeros textos legais plurissignificativos, muitas vezes com mais de duas interpretações distintas. Ademais, é comum que o enunciado normativo permaneça inalterado, intacto, mas a sua interpretação evolua (ou involua) ao longo do tempo, o que em termos constitucionais é denominado de mutação, um processo informal de reforma constitucional.

Deveras, muitas vezes não mudou o enunciado normativo, e sim a sua interpretação, tomando como parâmetro a evolução dos fatos sociais que exigem um novo sentido e alcance do texto legal, mais consentâneo com as novas necessidades jurídicas, políticas, econômicas e sociais.

Hoje prevalece no constitucionalismo contemporâneo que a interpretação não é mais um processo mecânico, uma mera subsunção, vez que não pode ser perpetrada de maneira dissociada da realidade, sendo constitutiva, e não meramente declaratória, máxime quando se tratam de princípios jurídicos.

Insta frisar que a interpretação não se confunde com a hermenêutica, sendo esta o precedente lógico da interpretação. Com base nas lições do saudoso Carlos Maximiliano, enquanto a hermenêutica jurídica tem por objeto o estudo dos processos e métodos de interpretação, fixando-os e sistematizando-os, a interpretação é a aplicação dos métodos buscando o sentido e o alcance da lei[3].

A interpretação da legislação previdenciária deverá seguir a hierarquia da pirâmide kelseniana, que pode ser assim sintetizada:

1º) **Normas previdenciárias constitucionais** – Por estarem no ápice do ordenamento jurídico, as normas previdenciárias constantes da Constituição Federal de 1988 constituem-se em fundamento de validade e lastro de interpretação das demais normas previdenciárias, que são hierarquicamente inferiores.

De acordo com o *Princípio da Supremacia da Constituição*, esta tem uma posição hierárquica superior a das demais normas jurídica do ordenamento. Logo, as leis e demais atos jurídicos normativos não poderão existir validamente se incompatíveis com alguma norma constitucional.

3. Hermenêutica e Aplicação do Direito. Rio de Janeiro: Forense, 2003.

Assim, a infringência das normas constitucionais, quer formal ou materialmente, culminará na invalidação do enunciado normativo inferior, exceto se este puder ser interpretado conforme a Constituição.

Logo, se o Estado da Bahia editar uma norma jurídica sobre o Regime Geral de Previdência Social, a lei estadual será pronunciada formalmente inconstitucional, pois apenas a União tem competência para normatizar esse regime previdenciário, cuja gestão é de sua competência.

Outrossim, uma lei federal que admita contagem de tempo de contribuição fictício será materialmente inconstitucional, por violação ao artigo 40, §10, da Constituição Federal, combinado com o artigo 4º, da Emenda 20/1998.

2º) **Leis complementares, leis ordinárias, leis delegadas e medidas provisórias** – Estes atos normativos estão na mesma hierarquia e abaixo da Constituição Federal, que devem necessariamente respeitar, sob pena de invalidade.

Destarte, uma vez respeitada a Norma Suprema, em regra, esses atos normativos poderão disciplinar todas as relações jurídicas previdenciárias, quer no campo do custeio, quer no plano das prestações previdenciárias, sendo consideradas como *fontes primárias*.

Vale salientar que a lei complementar está no mesmo patamar da lei ordinária[4], conquanto tenha um quórum qualificado de aprovação (maioria absoluta dos congressistas), sendo necessária a sua aprovação apenas nos casos exigidos pela Constituição Federal.

São exemplos de temas previdenciários que deverão ser tratados por lei complementar previstos na Constituição de 1988: aposentadoria especial no RGPS (artigo 201, §1º), aposentadoria especial no RPPS (artigo 40, §4º), previdência complementar privada (artigo 202), prescrição e decadência das contribuições previdenciárias (artigo 146, III, "b") e criação de novas fontes de custeio para o pagamento das contribuições para a seguridade social (artigo 195, §4º).

Se um tema reservado à lei complementar for regulado por uma lei ordinária (esta é aprovada com quórum de maioria simples), medida provisória ou lei delegada, haverá a sua pronúncia de inconstitucionalidade formal.

Por sua vez, as medidas provisórias poderão veicular todos os temas previdenciários, exceto os reservados às leis complementares e sobre matéria já disciplinada em projeto de lei aprovado pelo Congresso Nacional e pendente de sanção ou veto do Presidente da República.

4. Este é o entendimento do STF, a exemplo do julgamento do **RE 592148 ED / MG em 25.08.2009.**

Entretanto, por força da Emenda 32/2001, que alterou o artigo 246, da Constituição Federal, "é vedada a adoção de medida provisória na regulamentação de artigo da Constituição cuja redação tenha sido alterada por meio de emenda promulgada entre 1º de janeiro de 1995 até a promulgação desta emenda, inclusive".

Já as leis delegadas serão elaboradas pelo Presidente da República, que deverá solicitar a delegação ao Congresso Nacional, não podendo versar sobre os temas afetos às leis complementares.

Quando inexistir uma regra jurídica para determinado caso, o aplicador da lei deverá promover a sua integração. Nesse sentido, de acordo com o artigo 4º, da Lei de Introdução às Normas do Direito Brasileiro, "quando a lei for omissa, o juiz decidirá o caso de acordo com a analogia, os costumes e os princípios gerais de direito".

> **▸ Como esse assunto foi cobrado em concurso?**
> No concurso da FCC para Técnico do INSS em 2012, foi considerada correta a letra D: A interpretação da legislação previdenciária deve observar: (A) o costume, quando mais favorável ao segurado. (B) a Jurisprudência do Juizado Especial Federal. (C) a analogia, quando mais favorável ao segurado. (D) os princípios gerais de direito, na omissão legislativa. (E) o princípio do *in dúbio pro societate* em qualquer situação.

Nesse sentido, no âmbito da previdência privada, assim como nos planos previdenciários públicos, o Superior Tribunal de Justiça invocou a **analogia** e a **equidade** como forma de integração de lacuna normativa, estendendo aos parceiros homoafetivos a condição de dependentes previdenciários conferida à união estável entre homem e mulher.

> **▸ Qual o entendimento do STJ sobre o assunto?**
> **"Direito civil. Previdência privada. Benefícios. Complementação. Pensão post mortem. União entre pessoas do mesmo sexo. Princípios fundamentais. Emprego de analogia para suprir lacuna legislativa. Necessidade de demonstração inequívoca da presença dos elementos essenciais à caracterização da união estável, com a evidente exceção da diversidade de sexos. Igualdade de condições entre beneficiários. (STJ, REsp 1.026.981, de 04/02/2010). O art. 4º da LICC permite a equidade na busca da Justiça. O manejo da analogia frente à lacuna da lei é perfeitamente aceitável para alavancar, como entidades familiares, as uniões de afeto entre pessoas do mesmo sexo. Para ensejar o reconhecimento, como entidades familiares, de referidas uniões patenteadas pela vida social entre parceiros homossexuais, é de rigor a demonstração inequívoca da presença dos elementos essenciais à caracterização de entidade familiar diversa e que serve, na hipótese, como parâmetro diante do vazio legal – a de união estável – com a evidente exceção da diversidade de sexos.** 6. Recurso especial provido" (REsp 930460, de 19/05/2011).

3º) **Atos regulamentares secundários (decretos, instruções normativas, memorandos, resoluções, portarias e orientações internas)** – É tradicional o entendimento de que os atos regulamentares secundários não poderão inovar no mundo jurídico, salvo nas hipóteses expressamente autorizadas pela Constituição Federal. São as *fontes secundárias* do direito.

> **Como esse assunto foi cobrado em concurso?**
>
> No concurso da FCC para Técnico do INSS em 2012, foi considerada correta a letra C: Em relação às fontes do direito previdenciário: (A) o memorando é fonte primária. (B) a orientação normativa é fonte primária. (C) a instrução normativa é fonte secundária. (D) a lei delegada é fonte secundária. (E) a medida provisória é fonte secundária.

Dentre os atos regulamentares, o decreto será exclusivamente expedido pelo Chefe do Poder Executivo, sendo, portanto, hierarquicamente superior aos atos das demais autoridades administrativas.

Assim, no âmbito do RGPS, se houver um conflito inconciliável entre o Decreto 3.048/99 (Regulamento da Previdência Social) e a Instrução Normativa INSS PRES 128/2022, deverá prevalecer o Decreto, pois o Presidente da República é hierarquicamente superior ao Presidente do INSS.

Por sua vez, se o Decreto 3.048/99 conflitar com as Leis 8.212/91 e 8.213/91, estas deverão prevalecer, pois são de hierarquia superior.

Os regulamentos deverão se destinar à fiel execução das leis, pormenorizando-as, não podendo criar direitos e obrigações, em regra, vez que são meros atos secundários. Entretanto, cada situação deverá ser ponderada casuisticamente.

É possível sustentar que em determinadas situações um mero ato regulamentar possa instituir deveres e obrigações, se ele regulamentar diretamente a Constituição Federal, conquanto o recomendável fosse que a lei regulamentasse diretamente a Norma Maior e o ato secundário o fizesse apenas com base na lei.

Nesse sentido, no julgamento da ADPF 101, em 24.06.2009, o STF validou vedação de importação de pneus usados de países que não integram o MERCOSUL, feita através de atos regulamentares do CONAMA e da Secretaria do Comércio Exterior, aplicando diretamente o direito fundamental ao meio ambiente ecologicamente equilibrado e à saúde.

Ou seja, mesmo sem a promulgação de uma lei que proibisse a referida importação, a Suprema Corte validou os referidos atos secundários.

Ademais disso, na prática previdenciária vem se admitindo a instituição de direitos por intermédio de meros atos regulamentares, como ocorre no artigo 103, Decreto 3.048/99, que deu o direito à segurada aposentada que voltar a trabalhar de perceber o salário-maternidade juntamente com a sua aposentadoria, conquanto o artigo 18, §2º, da Lei 8.213/91, diga expressamente que "o aposentado pelo Regime Geral de Previdência Social – RGPS que permanecer em atividade sujeita a este Regime, ou a ele retornar, não fará jus a prestação alguma da Previdência Social em decorrência do exercício dessa atividade, exceto ao salário-família e à reabilitação profissional, quando empregado".

De arremate, curial afirmar que diante da complexidade das atividades estatais, cada vez mais o legislador delega o complemento de leis ao Poder Executivo, o que não atenta contra o Princípio da Estrita Legalidade, desde que o ato delegatório fixe os parâmetros gerais para o exercício do legítimo poder regulamentar.

Exemplo desta delegação é o artigo 58, da Lei 8.213/91, que regula a aposentadoria especial, ao prever que "a relação dos agentes nocivos químicos, físicos e biológicos ou associação de agentes prejudiciais à saúde ou à integridade física considerados para fins de concessão da aposentadoria especial de que trata o artigo anterior será definida pelo Poder Executivo".

Capítulo 2

Contribuições para o custeio da seguridade social

1. NOTAS INTRODUTÓRIAS

Além dos recursos provenientes dos orçamentos da União, dos estados, do Distrito Federal e dos municípios, a manutenção da seguridade social contará com as receitas decorrentes das **contribuições para a seguridade social**, que têm **aplicação vinculada ao sistema securitário**, por serem tributos afetados ao sistema.

Com propriedade, toda a sociedade deverá financiar a seguridade social brasileira, de maneira direta ou indireta, ante o seu caráter universal que objetiva a proteção do povo contra os riscos sociais selecionados pelo legislador, consoante o interesse público, através de prestações na área da saúde pública, assistência e previdência social.

> **Como esse assunto foi cobrado em concurso?**
>
> No concurso do CESPE para Técnico Judiciário do TRT RN em 2010, foi considerado correto o seguinte enunciado: A seguridade social é financiada por toda a sociedade, de forma direta e indireta, mediante recursos provenientes dos orçamentos da União, dos estados, do Distrito Federal (DF) e dos municípios e de contribuições sociais.

Contudo, há uma exceção "temporária" no artigo 76, do ADCT, da Constituição, que criou a DRU – Desvinculação de Receitas da União, prorrogada até 31 de dezembro de 2015 pela Emenda Constitucional nº 68/2011, que permitiu que até 20% do montante arrecadado com as contribuições sociais tenham destinação diversa.

Coube à Emenda Constitucional 93/2016 prorrogar e ampliar a DRU, que agora abarca 30% da arrecadação da União relativa às contribuições sociais, sem prejuízo do pagamento das despesas do Regime Geral da Previdência Social, às contribuições de intervenção no domínio econômico e às taxas, já instituídas ou que vierem a ser criadas até a referida data até 31 de dezembro de 2023.

Ademais, foram inseridos os artigos 76-A e 76-B que instituíram a DRU em favor dos estados, Distrito Federal e municípios até 31 de dezembro de 2023 e no mesmo importe de 30% das receitas relativas a impostos, taxas e multas, já instituídos ou que vierem a ser criados até a referida data, seus adicionais e respectivos acréscimos legais, e outras receitas correntes, salvo recursos destinados ao financiamento das ações e serviços públicos de saúde e à manutenção e desenvolvimento do ensino (incisos II e III do § 2º do art. 198 e o art. 212 da Constituição Federal) e receitas de contribuições previdenciárias e de assistência à saúde dos servidores.

> **Importante:**
>
> Com o advento da **Emenda 103/2019** (art. 2º), **a DRU não mais se aplica às contribuições para a seguridade social**, tendo havido perda de interesse governamental na sua manutenção nesta área, pois desde o ano de 2016 as despesas da seguridade social passaram a superar as receitas, limitando-se o superávit ao ano de 2015.

Mesmo após a **Emenda 126/2022** a DRU de 30% foi afastada da seguridade social, conforme o artigo 76, §4º, do ADCT:

> "Art. 76. *São **desvinculados** de órgão, fundo ou despesa, **até 31 de dezembro de 2024, 30% (trinta por cento)** da arrecadação da União relativa às **contribuições sociais**, sem prejuízo do pagamento das despesas do Regime Geral de Previdência Social, às contribuições de intervenção no domínio econômico e às taxas, já instituídas ou que vierem a ser criadas até a referida data.*
>
> ***§ 4º A desvinculação de que trata o caput não se aplica às receitas das contribuições sociais destinadas ao custeio da seguridade social.*** (Incluído pela Emenda Constitucional nº 103, de 2019)"

Existe um **orçamento específico para a seguridade social**, ao lado do orçamento fiscal e do de investimentos nas empresas estatais, para onde são destinadas as contribuições, competindo à União cobrir a eventual falta de recursos financeiros para o pagamento dos benefícios previdenciários.

Apenas poderão os recursos do orçamento da seguridade social ser utilizados para suprir necessidade ou cobrir déficit de empresas, fundações e fundos, se aprovada autorização legislativa específica, nos termos da excepcional previsão do artigo 167, inciso VIII, da Constituição Federal.

Insta destacar que dentro da categoria tributária "contribuições sociais", existem duas espécies: *contribuições para a seguridade social* e *contribuições sociais gerais*, conforme já se pronunciou o STF no julgamento da ADI 2.556, de 09.10.2002, sendo que somente as primeiras se submetem ao regime jurídico do artigo 195, da Constituição.

Deveras, em regra, **apenas a União tem competência para instituir as contribuições para a seguridade social**, *salvo* no que concerne ao regime de previdência social dos servidores públicos efetivos dos estados, do Distrito Federal e dos municípios, pois há permissivo para que essas pessoas políticas criem contribuições para o custeio dos respectivos regimes previdenciários, a teor do artigo 149, §1º, da CRFB.

▸ Qual o entendimento do STF sobre o assunto?

Com base nesse regime, o STF pronunciou a inconstitucionalidade de lei do Estado de Minas Gerais que criou contribuição compulsória para o custeio da assistência à saúde, benefícios fomentados pelo Regime Próprio de Previdência dos Servidores daquele Estado, no julgamento da ADI 3.106, de 14.04.2010.

▸ Como esse assunto foi cobrado em concurso?

No concurso do CESPE para Auditor Fiscal de Controle Externo – Direito do TCE SC em 2016, foi considerado errado o seguinte enunciado: Conforme o entendimento dos tribunais superiores, será inconstitucional lei complementar estadual que institua contribuições previdenciárias compulsórias para o custeio de serviços de assistência à saúde dos servidores públicos do respectivo estado, **cabendo restituição proporcional** do valor referente ao custeio dos serviços de assistência à saúde caso o servidor tenha deles usufruído (erro na parte final do enunciado).

Conquanto exista no Brasil corrente doutrinária minoritária que sustente a natureza não fiscal dessas contribuições, especificamente as previdenciárias, é certo que é amplamente prevalente a sua natureza fiscal.

▸ Qual o entendimento do STF sobre o assunto?

O STF já se pronunciou repetidas vezes que as contribuições para a seguridade social possuem natureza tributária (vide RE 556.664, de 12.06.2008; RE 342.336, de 20.03.2007, dentre outros julgados).

Ao contrário dos impostos, taxas e contribuições de melhoria, tributos tradicionais previstos expressamente no CTN, que são diferenciados pela natureza jurídica específica do seu fato gerador da respectiva obrigação, não se identifica a natureza jurídica de uma contribuição para a seguridade social através da delimitação da sua hipótese de incidência.

Deveras, é plenamente possível que uma contribuição securitária tenha o mesmo fato gerador de um imposto, como ocorre na tributação sobre o lucro das pessoas jurídicas, considerado fato imponível tanto do imposto de renda quanto da contribuição social sobre o lucro líquido.

Dentre as espécies tributárias, o que define uma contribuição para a seguridade social é a sua finalidade de custeio do sistema securitário, independentemente da natureza do fato gerador, pois são **tributos finalísticos**.

No mais, o artigo 27, da Lei 8.212/91, ainda aponta outras receitas para o custeio da seguridade social, tais como as multas, a atualização monetária e os juros moratórios; a remuneração recebida por serviços de arrecadação, fiscalização e cobrança prestados a terceiros; as doações, legados, subvenções e outras receitas eventuais; 50% dos valores obtidos e aplicados na forma do parágrafo único do art. 243 da Constituição Federal e 40% do resultado dos leilões dos bens apreendidos pelo Departamento da Receita Federal do Brasil.

Por sua vez, nos termos da LC 207/2024, o agente operador do Seguro Obrigatório para Proteção de Vítimas de Acidentes de Trânsito (SPVAT) poderá repassar à Seguridade Social percentual, a ser estabelecido em decreto do Presidente da República, de até 40% (quarenta por cento) do valor total do prêmio recolhido e destinado ao Sistema Único de Saúde (SUS), para custeio da assistência médico-hospitalar dos segurados vitimados em acidentes de trânsito.

▸ Como esse assunto foi cobrado em concurso?

No concurso do CESPE para Procurador do Estado em Alagoas em 2008, foi considerado errado o seguinte enunciado: Constitui receita da seguridade social 50% do resultado dos leilões dos bens apreendidos pelo departamento da Receita Federal. De seu turno, do concurso para Auditor Fiscal da RFB em 2009, a ESAF apresentou o seguinte enunciado: Além das contribuições sociais, a seguridade social conta com outras receitas. Não constituem outras receitas da seguridade social: a) as multas; b) receitas patrimoniais; c) doações; d) juros moratórios; e) sessenta por cento do resultado dos leilões dos bens apreendidos pela Secretaria da Receita Federal do Brasil. Gabarito letra E.

▸ Como esse assunto foi cobrado em concurso?

No concurso da FCC para Procurador da Prefeitura de Recife em 2014, foi considerada correta a letra D: Constituem outras receitas da Seguridade Social, EXCETO: a) as receitas provenientes de prestação de outros serviços e de fornecimento ou arrendamento de bens. b) as multas, a atualização monetária e os juros moratórios. c) a remuneração recebida por serviços de arrecadação, fiscalização e cobrança prestados a terceiros. d) 50% do resultado dos leilões dos bens apreendidos pelo Departamento da Receita Federal. e) as doações, legados, subvenções e outras receitas eventuais.

▸ Importante:

A arrecadação desses tributos é tão importante que há vedação no artigo 195, §3º, da Constituição Federal, para que o Poder Público contrate com as pessoas jurídicas em débito com a seguridade social, bem como lhes conceda incentivos fiscais ou creditícios.

2. A RELAÇÃO JURÍDICA DE CUSTEIO DA SEGURIDADE SOCIAL

A relação de custeio da seguridade social é nitidamente de índole tributária, porquanto as contribuições sociais são modalidade de tributos, uma vez superada a divisão tripartite do CTN, com o advento do atual ordenamento constitucional.

É possível *defini-la* como um **vínculo jurídico obrigacional público, em que o sujeito ativo (Estado) é credor do sujeito passivo (responsável ou contribuinte), que deverá promover o recolhimento de contribuição destinada ao custeio da seguridade social, acrescida de eventuais consectários legais (multas, juros de mora e correção monetária), uma vez realizada em concreto a hipótese de incidência prevista em lei *stricto sensu*, observada a base de cálculo, a alíquota e os prazos legais.**

De acordo com o artigo 121, parágrafo único, do CTN, *contribuinte* é a pessoa que tem relação pessoal e direta com a situação que constitua o respectivo fato gerador, enquanto o *responsável*, apesar de não revestir a condição de contribuinte, tem obrigação decorrente de expressa previsão legal.

A responsabilidade, por seu turno, poderá ser por *substituição* ou por *transferência*, a depender do momento em que ocorra. Conforme lições de Ricardo Alexandre (2008, pg. 209), "na responsabilidade por substituição, a sujeição passiva do responsável surge contemporaneamente à ocorrência do fato gerador. Já na responsabilidade por transferência, no momento do surgimento da obrigação, determinada pessoa figura como sujeito passivo, contudo, num momento posterior, um evento definido em lei causa a modificação da pessoa que ocupa o pólo passivo da obrigação, surgindo, assim, a figura do responsável, conforme definida em lei".

3. CONTRIBUIÇÕES PARA A SEGURIDADE SOCIAL EM ESPÉCIE

As contribuições para a seguridade social estão previstas no artigo 195, da Constituição Federal, a cargo de diversas fontes de custeio, cujo texto foi reformado pela Emenda 20/1998, **exigindo-se lei complementar para a criação de novas fontes não previstas no texto constitucional.**

> ▸ **Como esse assunto foi cobrado em concurso?**
>
> No concurso do CESPE para Procurador do Estado em Alagoas em 2008, foi considerado correto o seguinte enunciado: É possível a instituição de outras fontes destinadas a garantir a manutenção ou expansão da seguridade social além daquelas previstas na CF, desde que por lei complementar.

Contudo, a despeito da exigência de lei complementar para a criação de novas contribuições para a seguridade social, a teor do artigo 195, §4º, da Constituição Federal, não lhes é aplicável o disposto no artigo 154, I, da CRFB, ou seja, é plenamente válida a instituição de novas contribuições sociais cumulativas e com mesmo fato gerador ou base de cálculo dos impostos, mas não de outras contribuições sociais.

▸ **Qual o entendimento do STF sobre o assunto?**

No julgamento do RE 258.470, de 21.03.2000, o STF reafirmou a sua jurisprudência no sentido de que "não se aplica às contribuições sociais novas a segunda parte do inciso I do artigo 154 da Carta Magna, ou seja, que elas não devam ter fato gerador ou base de cálculos próprios dos impostos discriminados na Constituição".

▸ **Como esse assunto foi cobrado em concurso?**

No concurso do CESPE para Promotor de Justiça do ES em 2010, foi considerado correto o seguinte enunciado: De acordo com a jurisprudência do STF, a contribuição nova para o financiamento da seguridade social, criada por lei complementar, pode ter a mesma base de cálculo de imposto já existente.

De efeito, com base no artigo 195, incisos I/IV, serão analisadas as contribuições para a seguridade social pagas pelas empresas, empregadores e equiparados (contribuição previdenciária patronal, COFINS e CSLL), pelos trabalhadores e demais segurados do RGPS (contribuição previdenciária) e pelo importador de bens ou serviços do exterior (COFINS).

A receita dos concursos de prognósticos oriunda dos apostadores de jogos e loterias oficiais também será analisada, conquanto não goze de natureza tributária em razão da sua facultatividade.

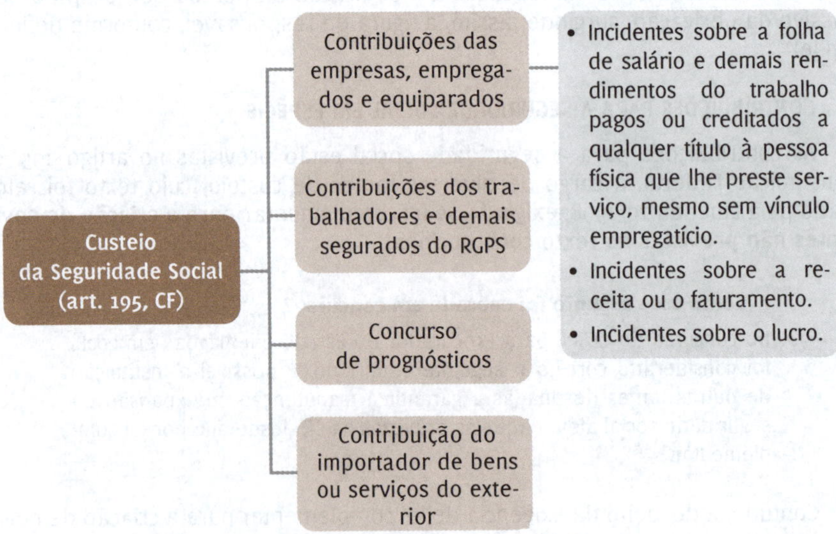

> ▸ **Como esse assunto foi cobrado em concurso?**
>
> No concurso do CESPE para Juiz Federal da 2ª Região em 2013, foi considerada correta a letra E: Conforme a CF, a seguridade social será financiada por toda a sociedade, de forma direta e indireta, nos termos da lei, mediante recursos provenientes dos orçamentos da União, dos estados, do Distrito Federal e dos municípios, e de determinadas contribuições. Nesse sentido, as contribuições sociais constitucionalmente previstas incluem a contribuição: a) sobre o domínio econômico incidente sobre a venda de petróleo e derivados. b) do exportador de serviços para o exterior. c) do aposentado pelo RGPS. d) da pensionista de trabalhador falecido que se tenha aposentado pelo RGPS. e) da entidade equiparada a empresa, na forma da lei, incidente sobre o faturamento.

3.1. Contribuições do empregador, da empresa e da entidade a ela equiparada na forma da lei

A) *Incidentes sobre a folha de salários e demais rendimentos do trabalho pagos ou creditados, a qualquer título, à pessoa física que lhe preste serviço, mesmo sem vínculo empregatício;*

Trata-se da *contribuição previdenciária patronal* para o custeio do Regime Geral de Previdência Social, prevista no artigo 195, inciso I, "a", da Constituição Federal e regulamentada pelos artigos 22/24, da Lei 8.212/91, que instituiu o Plano de Custeio da Seguridade Social, bem como pelo artigo 1º da Lei 10.666/2003.

Essa contribuição incidirá sobre o total da remuneração paga ou creditada pelas pessoas jurídicas aos trabalhadores que lhe prestam serviços, com ou sem vínculo empregatício, sendo a sua arrecadação afetada ao pagamento dos benefícios do RGPS, na forma do artigo 167, inciso XI, da Constituição Federal.

> ▸ **Como esse assunto foi cobrado em concurso?**
>
> No concurso do CESPE para Procurador do Estado em Alagoas em 2008, foi considerado correto o seguinte enunciado: A CF veda a utilização de recursos provenientes das contribuições sociais incidentes sobre a folha de salários para a realização de despesas outras que não as decorrentes do pagamento de benefícios do RGPS. Por sua vez, no concurso para Auditor do MPTCM-RJ em 2008, a FGV considerou correta a letra B: a) receita; b) folha de salário; c) faturamento; d) concurso de prognóstico; e) lucro, em resposta ao seguinte enunciado: Os recursos provenientes para a realização de despesas distintas do pagamento de benefícios do regime geral de previdência social não pode ter como fonte as contribuições sobre.

Por sua vez, estas contribuições destinar-se-ão diretamente ao Fundo do RGPS, previsto no artigo 250, da Constituição Federal e criado pela Lei Complementar 101/2000, cabendo ao INSS geri-lo.

Por se tratar de uma contribuição previdenciária, o seu estudo será aprofundado no *Capítulo 06 - Das Contribuições Previdenciárias.*

B) *Incidentes sobre a receita ou o faturamento;*

Trata-se da *contribuição para financiamento da seguridade social - COFINS*, incidente sobre a receita ou o faturamento das pessoas jurídicas, na forma do artigo 195, inciso I, "b", da Constituição, cuja alíquota é de 7,6%, incidente sobre os valores faturados mensalmente, assim considerados como a receita bruta das pessoas jurídicas, a teor do artigo 3º, da Lei 9.178/98.

> **▸ Como esse assunto foi cobrado em concurso?**
>
> **(2018/CESPE/EMAP/Analista Portuário/Área Jurídica)** Com referência à organização e ao custeio da seguridade social, julgue o item subsequente. As contribuições sociais constituem receitas da seguridade social, a exemplo daquelas incidentes sobre o faturamento e o lucro das empresas.
>
> Questão certa.

Frise-se que, antes da Emenda 20/98, a redação original do artigo 195, I, da Constituição, apenas se referia ao faturamento, assim concebido como o produto da venda de mercadorias e prestações de serviço, e não à receita bruta, que é uma expressão mais ampla, pois abarca toda a arrecadação da pessoa jurídica.

Com o advento da Emenda 20/1998, a COFINS passou a incidir não só sobre o faturamento, e sim sobre as receitas da pessoa jurídica, expressão mais ampla que engloba todas as receitas brutas das pessoas jurídicas.

Por seu turno, é prevista na Constituição (artigo 195, §12) que **a lei defina os setores da atividade econômica onde a incidência da COFINS não será cumulativa**, sendo o tema regulamentado pelo Capítulo I, da Lei 10.833/2003.

Outrossim, era possível que houvesse **a substituição gradativa da contribuição previdenciária patronal pela COFINS**, total ou parcialmente, observada a não cumulatividade, conforme previsão constitucional não regulamentada (artigo 195, §13, **revogado pela Emenda 103/2019**), com o propósito de desonerar as folhas de salários das empresas.

Agora com a revogação da autorização constitucional não há mais base constitucional para a substituição da folha de remuneração das empresas em **legislação futura**.

Mas existe a **regra de transição** do **artigo 30 da Emenda 103/2019** que aduz que "a vedação de diferenciação ou substituição de base de cálculo decorrente do disposto no § 9º do art. 195 da Constituição Federal não se aplica a contribuições que substituam a contribuição de que trata a alínea "a" do inciso I do *caput* do art. 195 da Constituição Federal instituídas **antes da data de entrada em vigor desta Emenda Constitucional**".

> ▸ **Qual o entendimento do STF sobre o assunto?**
>
> A Suprema Corte decidiu que é legítima a cobrança da COFINS (e também do PIS e do FINSOCIAL) sobre as operações de energia elétrica, serviços de telecomunicações, derivados do petróleo, combustíveis e minerais do país, inclusive editando a **Súmula 659** com esse conteúdo, pois o artigo 155, §3º, da CRFB, prevê apenas que outros impostos não incidirão nessas operações além do ICMS, do imposto de importação e exportação, não englobando as contribuições para a seguridade social.

Logo, também incidirá a COFINS sobre a receita que as empresas aufiram em decorrência das operações de energia elétrica, serviços de telecomunicações, derivados do petróleo, combustíveis e minerais do país.

> ▸ **Como esse assunto foi cobrado em concurso?**
>
> No concurso do CESPE para Procurador do TCU em 2015, foi considerado CORRETO o seguinte enunciado: De acordo com o STF, é legítima a cobrança da COFINS, do PIS e do FINSOCIAL sobre as operações relativas a energia elétrica, serviços de telecomunicações, derivados de petróleo, combustíveis e minerais do país.

Ademais, é plenamente válida a postura das concessionárias de energia elétrica ao destacarem na fatura o valor pago a título de PIS e COFINS, pois inexiste relação tributária entre a concessionária e consumidor, a fim de permitir a fiscalização deste último.

> ▸ **Qual o entendimento do STJ sobre o assunto?**
>
> No julgamento do REsp 1.185.070, em 22.09.2010, o STJ decidiu que "é legítimo o repasse às tarifas de energia elétrica do valor correspondente ao pagamento da Contribuição de Integração Social - PIS e da Contribuição para financiamento da Seguridade Social - COFINS devido pela concessionária".

Vale ressaltar que **a COFINS incide sobre as receitas provenientes das operações de locação de bens móveis**, por integrarem esses valores o faturamento da empresa, compreendido como o resultado econômico da atividade empresarial exercida

> ▸ **Qual o entendimento do STJ sobre o assunto?**
>
> A Corte Superior editou a Súmula 423:"A Contribuição para Financiamento da Seguridade Social - COFINS incide sobre as receitas provenientes das operações de locação de bens móveis".

Outra questão controversa que chegou ao STF sobre a COFINS foi a validade ou não da revogação de isenção desse tributo conferida em favor das sociedades civis de prestação de serviços de profissão legalmente regulamentada.

Em síntese, a controvérsia foi a seguinte: uma isenção instituída por lei complementar (artigo 6º, II, da LC 70/91) poderia ter sido revogada por uma lei ordinária (artigo 56, da Lei 9.430/96)?

▸ Qual o entendimento do STF sobre o assunto?

O STF entendeu que sim, ante a inexistência de hierarquia entre lei complementar e ordinária, bem como em face da inexigibilidade de lei complementar para a disciplina dos elementos próprios à hipótese de incidência das contribuições desde logo previstas no texto constitucional (RE 377.457, de 17.09.2008, Informativo 520) o que levou o STJ a cancelar a Súmula 276, em 17.11.2008.

▸ Qual o entendimento do STJ sobre o assunto?

Posteriormente, em 26 de março de 2014, a 1ª Seção do STJ aprovou a Súmula 508: "A isenção da Cofins concedida pelo artigo 6º, II, da LC 70/91 às sociedades civis de prestação de serviços profissionais foi revogada pelo artigo 56 da lei 9.430/96".

▸ Como esse assunto foi cobrado em concurso?

No concurso para PFN em 2012, a ESAF considerou correta a alternativa A: A respeito do enunciado – "As sociedades civis de prestação de serviços profissionais são isentas da COFINS, irrelevante o regime tributário adotado" –, é correto afirmar que: a) o enunciado de súmula foi cancelado e não está mais em vigor. b) o enunciado referido é do Supremo Tribunal Federal. c) o enunciado continua em vigor após a vigência da Lei n. 9.430/96. d) o STF entende que a posição jurisprudencial do STJ sobre a matéria era correta. e) a posição do STF e do STJ sempre foi convergente nesta matéria.

Ademais, é plenamente possível que uma lei ordinária majore a alíquota da COFINS, não sendo necessária lei complementar, por se tratar de uma fonte de custeio com previsão constitucional.

▸ Qual o entendimento do STF sobre o assunto?

O Pretório Excelso entendeu ser válida a majoração da alíquota da COFINS de 2% para 3% por lei ordinária (artigo 8º, da Lei 9.718/98) e não complementar, vez que essa contribuição está alcançada pelo preceito do art. 195, I, da Constituição, o que torna dispensável cogitar-se de lei complementar para o aumento da alíquota (RE 527.602, de 05.08.2009).

> **Como esse assunto foi cobrado em concurso?**
>
> No concurso do CESPE para Procurador Federal em 2010, foi considerado correto o seguinte enunciado: É desnecessária a edição de lei complementar para a majoração de alíquota da contribuição para q financiamento da seguridade social. O conceito de receita bruta sujeita à incidência dessa contribuição envolve não só aquela decorrente da venda de mercadorias e da prestação de serviços, como também a soma das receitas oriundas do exercício de outras atividades empresariais.

C) *Incidentes sobre o lucro;*

Cuida- se da *CSLL – contribuição social sobre o lucro líquido*, prevista no artigo 195, inciso I, "c", da Constituição Federal e criada pela Lei 7.689/88, cuja base de cálculo é o valor do resultado do exercício das empresas, antes da provisão para o imposto de renda.

Em regra, a alíquota dessa exação será de 9%. Para as pessoas jurídicas de seguros privados, de capitalização e para determinadas instituições financeiras, a alíquota será de 15%, tendo sido elevada para 20% até 31 de dezembro de 2018 pela Lei 13.169/2015 e para 17% no caso das cooperativas de crédito.

Com o advento do artigo 32 da EC 103/2019, houve a elevação de alíquota para 20% para as **instituições financeiras.**

> **Como esse assunto foi cobrado em concurso?**
>
> No concurso CEBRASPE - 2023 - TCE-RJ - Procurador do Ministério Público, foi considerado FALSO o seguinte enunciado: São fontes de custeio da seguridade social as contribuições sociais provenientes da folha salarial, do faturamento e do lucro das empresas, das contribuições de empregados e contribuintes individuais, e da receita de concursos de prognósticos e percentuais decorrentes de transações bancárias e do mercado imobiliário.

3.2. Contribuições do trabalhador e dos demais segurados do RGPS

Esta é a *contribuição previdenciária* devida pelos trabalhadores e demais segurados do Regime Geral previdenciário, prevista no artigo 195, inciso II, da Constituição Federal, inclusive pelo aposentado que continua a desenvolver atividade laborativa e pela mulher que percebe o salário-maternidade.

> ▸ **Importante:**
>
> Em sede de Repercussão Geral, em 4 de agosto de 2020, no RE 576.967, **o STF declarou inconstitucional a incidência de contribuição previdenciária sobre o salário-maternidade**, não tendo havido modulação da eficácia da pronúncia de inconstitucionalidade, sendo possível a apresentação de embargos de declaração pela União.
>
> Restou fixada a seguinte tese: **"É inconstitucional a incidência da contribuição previdenciária a cargo do empregador sobre o salário-maternidade"**:
>
> "69. Diante do exposto, considerando os argumentos formal e material, dou provimento ao recurso extraordinário, para declarar, incidentalmente, a **inconstitucionalidade da incidência de contribuição previdenciária sobre o salário maternidade, prevista no art. 28, §2º, da Lei nº 8.212/91, e a parte final do seu §9º, alínea a**, em que se lê" salvo o salário-maternidade", e proponho a fixação da seguinte tese: "É inconstitucional a incidência da contribuição previdenciária a cargo do empregador sobre o salário maternidade".
>
> A tese de aplica tanto à parte da empresa quanto à parte do segurado, conforme se depreende do voto vencedor acima transcrito, em que pese o fechamento tenha sido restritivo. A decisão é *inter* partes, pois não foi tomada em sede de ação abstrata, não tem efeitos *erga omnes*.
>
> **No entanto, na interpretação da União a pronúncia de inconstitucionalidade se limitou à contribuição previdenciária patronal, nos termos do Parecer SEI 18.361/2020/ME.**

O certo é que o RE 576.967 (Tema 72) transitou em julgado em 02/06/2021 e essa parte não foi esclarecida pelo STF, pois o julgamento dos Embargos de Declaração não a abordou. **Desse modo, conquanto os argumentos firmados possam ser utilizados para afastar a incidência da contribuição previdenciária sobre o benefício salário-maternidade, a tese firmada no Tema 72 apenas afastou a incidência do tributo da parte patronal.**

Este inciso foi incluído pela Emenda 20/98, **não incidindo contribuição sobre aposentadoria e pensão concedidas pelo Regime Geral de Previdência Social**.

> ▸ **Importante:**
>
> Criou-se uma **imunidade** para excluir o poder de tributar sobre as aposentadorias e pensões do RGPS, ao contrário do que ocorre com o regime de previdência dos servidores públicos, em que os inativos e pensionistas passaram a poder contribuir ante a polêmica permissão imposta pela Emenda 41/2003.

> ▸ **Como esse assunto foi cobrado em concurso?**
>
> No concurso do CESPE para Juiz Federal da 2ª Região em 2009, foi considerado errado o seguinte enunciado: As contribuições sociais incidem sobre as aposentadorias e pensões concedidas no RGPS.

Com o advento da **Emenda 103/2019**, o texto do inciso II do artigo 195 da Constituição passou a prever expressamente a **progressividade de alíquotas das contribuições dos segurados**, que decorre do Princípio da Equidade no Custeio, que é corolário da Isonomia Fiscal e Capacidade Contributiva, pois quem possui maior remuneração tem maiores condições de contribuir com a previdência social com alíquotas mais elevadas.

Foi interessante positivar a progressividade para segurados no texto constitucional, embora implicitamente a Constituição já a permitisse.

A regulamentação da contribuição previdenciária dos trabalhadores foi promovida pelos artigos 20 e 21, da Lei 8.212/91, sendo também a sua arrecadação afetada ao pagamento dos benefícios do Regime Geral de Previdência Social – RGPS.

Por se tratar de uma contribuição previdenciária, o seu estudo será aprofundado no *Capítulo 06 – Das Contribuições Previdenciárias.*

3.3. Concurso de prognósticos

Apesar de a Constituição tratá-la como contribuição para a seguridade social, pois prevista no artigo 195, inciso III, não se trata tecnicamente de um tributo, e sim de repasses de recursos financeiros arrecadados pelo Poder Público em decorrência das apostas oficiais.

O tema vem regulamentado pelos artigos 26 e 27, da Lei 8.212/91, sendo definidos os *concursos de prognósticos* como todos os concursos de sorteios de números, loterias, apostas, inclusive aquelas realizadas em reuniões hípicas, no âmbito federal, estadual, distrital e municipal.

▸ Qual o entendimento do STF sobre o assunto?

As alterações normativas no artigo 26 da Lei 8.212/91 pela Lei 13.756, de 12/12/2018, implicaram nas seguintes modificações:

A) Deixou de ser repassada à seguridade social a receita líquida dos concursos de prognósticos;

B) Agora a legislação prevê que será destinada à seguridade social uma alíquota da contribuição corresponde ao percentual em cada modalidade lotérica;

C) A alíquota será definida em outra lei;

D) A base de cálculo da contribuição equivale à receita auferida nos concursos de prognósticos, sorteios e loterias.

De resto, frise-se que apenas a União poderá criar loterias, por se tratar de tema legiferante privativo do ente central, consoante previsto no artigo 22, inciso XX, da Constituição Federal.

▸ Qual o entendimento do STF sobre o assunto?

A Suprema Corte editou a Súmula vinculante 02: "É inconstitucional a lei ou ato normativo estadual ou distrital que disponha sobre sistemas de consórcios e sorteios, inclusive bingos e loterias".

3.4. Contribuição do importador de bens ou serviços do exterior, ou de quem a lei a ele equiparar

Essa novel fonte de custeio da seguridade social foi fruto da Emenda 42/2003, tendo sido publicada logo em seguida a Medida Provisória 164/2004, convertida na Lei 10.865/2004, que instituiu a COFINS importação, cuja hipótese de incidência é a entrada no Brasil de bens e serviços do exterior.

No caso de bens importados, a base de cálculo será o valor aduaneiro e, no caso de prestação de serviços por pessoas residentes no exterior, a quantia paga pela prestação.

Em regra, a alíquota da COFINS será de 7,6%, salvo as inúmeras exceções elencadas no artigo 8º, da Lei 10.865/2004, havendo autorização legal para a redução da alíquota para zero, em relação a vários produtos, por decreto presidencial, ante a natureza regulatória que também marca este tributo.

Há determinação constitucional ainda não regulamentada para que a lei defina os setores da atividade econômica onde a incidência da contribuição do importador não será cumulativa (artigo 195, §12), evitando-se a cobrança em cascata.

▸ IMPACTOS DA REFORMA TRIBUTÁRIA NA SEGURIDADE SOCIAL – EMENDA CONSTITUCIONAL 132, DE 20 DE DEZEMBRO DE 2023:

Restou inserido no artigo 195 da Constituição (inciso V) a previsão de uma nova fonte de custeio para a seguridade social: **A contribuição sobre bens e serviços, nos termos de lei complementar, mas que poderá ter sua alíquota fixada em lei ordinária.**

Esta contribuição **não integrará sua própria base de cálculo** nem a dos impostos previstos nos artigos. 153, VIII e 156-A, assim como do artigo 195, I, "b", e IV, e da contribuição para o Programa de Integração Social de que trata o art. 239, todos da Constituição.

Esta lei complementar poderá prever os regimes diferenciados de tributação, desde que sejam uniformes em todo o território nacional e sejam realizados os respectivos ajustes nas alíquotas de referência com vistas a reequilibrar a arrecadação da esfera federativa, definindo as operações beneficiadas com redução de 60% (sessenta por cento) das alíquotas entre as relativas aos seguintes bens e serviços:

I – serviços de educação;

II – serviços de saúde;

III – dispositivos médicos;

IV – dispositivos de acessibilidade para pessoas com deficiência;

V – medicamentos;

VI – produtos de cuidados básicos à saúde menstrual;

VII – serviços de transporte público coletivo de passageiros rodoviário e metroviário de caráter urbano, semiurbano e metropolitano;

VIII - alimentos destinados ao consumo humano;

IX – produtos de higiene pessoal e limpeza majoritariamente consumidos por famílias de baixa renda;

X – produtos agropecuários, aquícolas, pesqueiros, florestais e extrativistas vegetais **in natura**;

XI – insumos agropecuários e aquícolas;

XII – produções artísticas, culturais, de eventos, jornalísticas e audiovisuais nacionais, atividades desportivas e comunicação institucional;

XIII – bens e serviços relacionados a soberania e segurança nacional, segurança da informação e segurança cibernética.

Para a criação desta nova contribuição para a seguridade social, foi previsto um **regime de transição** pelo novel artigo 124 do ADCT da Constituição:

A) Em **2026** a contribuição prevista no art. 195, V, da Constituição Federal, será cobrada à alíquota de 0,9% (nove décimos por cento), sendo o montante recolhido compensado com o valor devido das contribuições previstas no art. 195, I, "b", e IV, e da contribuição para o Programa de Integração Social a que se refere o art. 239, ambos da Constituição Federal;

B) A partir de **2027** serão cobrados a contribuição prevista no art. 195, V, da Constituição Federal bem como serão **extintas** as contribuições previstas no art. 195, I, "b", e IV, e a contribuição para o Programa de Integração Social de que trata o art. 239, todos da Constituição Federal, desde que instituída a contribuição referida na alínea "a" do inciso I;

C) Em **2027 e 2028**, a alíquota da contribuição prevista no art. 195, V, da Constituição Federal, será reduzida em 0,1 (um décimo) ponto percentual;

D) De **2027 a 2033** a receita da União com a contribuição prevista no art. 195, Vs da Constituição Federal seja equivalente à redução da receita das contribuições previstas no art. 195, I, "b", e IV, e da contribuição para o Programa de Integração Social de que trata o art. 239, todos da Constituição Federal;

E) A alíquota de referência da contribuição a que se refere o art. 195, V, da Constituição Federal será reduzida em 2030 caso a média da Receita-Base da Uniã1 o em 2027 e 2028 exceda o Teto de Referência da União2.

F) As alíquotas de referência da contribuição a que se refere o art. 195, V da Constituição Federal, serão reduzidas em 2035 caso a média da Receita-Base Total3 entre 2029 e 2033 exceda o Teto de Referência Total4.

---

1. **Receita-Base da União:** a receita da União com a contribuição prevista no art. 195, V, e com o imposto previsto no art. 153, VIII, ambos da Constituição Federal, apurada como proporção do PIB.
2. **Teto de Referência da União:** a média da receita no período de 2012 a 2021, apurada como proporção do PIB, do imposto previsto no art. 153, IV, das contribuições previstas no art. 195, I, "b", e IV, da contribuição para o Programa de Integração Social de que trata o art. 239 e do imposto previsto no art. 153, V, sobre operações de seguro, todos da Constituição Federal.
3. **Receita-Base Total:** a soma da Receita-Base da União com a Receita-Base dos Entes Subnacionais, sendo essa última: a) multiplicada por 10 (dez) em 2029; b) multiplicada por 5 (cinco) em 2030; c) multiplicada por 10 (dez) e dividida por 3 (três) em 2031; d) multiplicada por 10 (dez) e dividida por 4 (quatro) em 2032; e) multiplicada por 1 (um) em 2033.
4. **Teto de Referência Total:** a média da receita no período de 2012 a 2021, apurada como proporção do PIB, dos impostos previstos nos arts. 153, IV, 155, II e 156, III, das contribuições previstas no art.

Ademais, os tributos de que tratam os artigos 153, IV, 155, II, 156, III, e 195, I, "b", e IV, e a contribuição para o Programa de Integração Social a que se refere o art. 239 **não integrarão a base de cálculo** da contribuição de que trata o art. 195, V, todos da Constituição Federal.

Lei complementar disciplinará a forma de utilização dos créditos, inclusive presumidos das contribuições de que tratam o art. 195, I, "b", e IV, e da contribuição para o Programa de Integração Social a que se refere o art. 239, todos da Constituição Federal, não apropriados ou não utilizados até a extinção, mantendo-se, apenas para os créditos que cumpram os requisitos estabelecidos na legislação vigente na data da extinção de tais tributos, a permissão para compensação com outros tributos federais, inclusive com a contribuição prevista no inciso V do *caput* do art. 195 da Constituição Federal, ou ressarcimento em dinheiro.

Outrossim, uma lei estabelecerá as hipóteses de devolução da contribuição prevista no inciso V do artigo 195 da Constituição em favor das pessoas físicas, inclusive em relação a limites e beneficiários, com o objetivo de reduzir as desigualdades de renda.

Em 2027 entrará em vigor a revogação do artigo art. 195, I, "b" (contribuição sobre a receita e o faturamento), e IV (contribuição do importador), e § 12, todos da Constituição Federal (não cumulatividade dessas duas contribuições).

No entanto, esta futura revogação não produzirá efeitos sobre as contribuições incidentes sobre a receita ou o faturamento vigentes na data de publicação desta Emenda Constitucional que substituam a contribuição de que trata o art. 195, I, "a", ambos da Constituição Federal, e sejam cobradas com base naquele dispositivo, observado o disposto no art. 30 da Emenda Constitucional nº 103, de 12 de novembro de 2019.

4. ARRECADAÇÃO

Nos termos do artigo 2º, da Lei 11.457/2007, compete à **Secretaria da Receita Federal do Brasil** planejar, executar, acompanhar e avaliar as atividades relativas à tributação, fiscalização, arrecadação, cobrança e recolhimento das **contribuições para a seguridade social**, tendo em conta a *revogação da capacidade tributária ativa delegada ao Instituto Nacional do Seguro Social – INSS para a fiscalização e cobrança das contribuições previdenciárias*, cabendo agora à autarquia federal apenas administrar o plano de benefícios do RGPS.

Na verdade, com o advento da Medida Provisória 222/2004, convertida na Lei 11.098/05, competia ao Ministério da Previdência Social, através da Secretaria de Receita Previdenciária, arrecadar, fiscalizar, lançar e normatizar o recolhimento, em nome do Instituto Nacional do Seguro Social – INSS, das contribuições previdenciárias.

195, I, "b", e IV, da contribuição para o Programa de Integração Social de que trata o art. 239 e do imposto previsto no art. 153, V, sobre operações de seguro, todos da Constituição Federal.

Ou seja, após a Lei 11.457/2007, **o credor das contribuições previdenciárias não é mais o INSS, sendo agora a Dívida Ativa da União**, pois revogada a para fiscalidade, tendo a Lei 11.941/2009 alterado a redação do artigo 33 da Lei 8.212/91.

Deveras, compete à Secretaria da Receita Federal do Brasil planejar, executar, acompanhar e avaliar as atividades relativas à tributação, à fiscalização, à arrecadação, à cobrança e ao recolhimento das contribuições previdenciárias patronais e dos trabalhadores, das contribuições incidentes a título de substituição e das devidas a outras entidades e fundos.

Frise-se que a União tentou criar a Secretaria de Receita Federal do Brasil já no ano de 2005, através da MP 258, que acabou caducando no Senado da República por não ter sido apreciada em tempo hábil.

É prerrogativa dos Auditores Fiscais da Receita examinar a contabilidade das empresas, ficando obrigados a prestar todos os esclarecimentos e informações solicitados o segurado e os terceiros responsáveis pelo recolhimento das contribuições previdenciárias e das contribuições devidas a outras entidades e fundos, sendo que a omissão ou sonegação dos documentos ou informações autoriza o fiscal a lançar as contribuições sociais de ofício e por arbitramento, sem prejuízo das penalidades pecuniárias.

Destarte, as execuções judiciais dessas contribuições passaram a ser propostas pela União, através da Procuradoria-Geral da Fazenda Nacional, e não mais pelo INSS, por intermédio da Procuradoria-Geral Federal, que consequentemente não mais possui legitimidade passiva para figurar no polo passivo das ações de repetição do indébito previdenciário, observada a regra de transição da referida norma.

> **▸ Qual o entendimento do STJ sobre o assunto?**
>
> Nesse sentido, o posicionamento do STJ expresso em passagem do julgamento do Recurso Especial 1.325.977 – SC, publicado em 24.09.2012: " O recolhimento dessas contribuições previdenciárias foi transferido à Secretaria da Receita Federal do Brasil pelo art. 2º. da Lei 11.457/07, que previu, por outro lado, em seus arts. 16 e 23, a transferência da responsabilidade pela sua cobrança judicial para a Fazenda Nacional, de modo que à Procuradoria-Geral Federal compete apenas a representação judicial e extrajudicial do INSS. Em outras palavras, da mesma forma que se atribui à Fazenda Nacional a legitimidade ativa para a cobrança judicial da dívida ativa da União Federal, atribui-se-lhe também a legitimidade, no caso, passiva, para a sua defesa em processos como o presente, em que se pleiteia a inexigibilidade de multa e juros de mora incidentes sobre o montante relativo ao recolhimento, em atraso, das contribuições previdenciárias mencionadas no art. 2º. da Lei 11.457/07".

Com isso, o Brasil adotou um novo modelo de arrecadação centralizador, tendo sido extinta a Secretaria de Receita Previdenciária, órgão do Ministério da Previdência Social, que arrecadava as contribuições previdenciárias em nome do INSS, esperando-se agora uma melhor eficiência e otimização administrativa.

Além das contribuições para a seguridade social, a Secretaria de Receita Federal do Brasil também arrecada as contribuições sociais gerais em favor de várias entidades, a exemplo do SESI, SESC e SENAC, cobrando um percentual de 3,5% como retribuição.

Com o advento da Emenda 45/2004, a Justiça do Trabalho teve ratificada a sua competência para executar, de ofício, as contribuições previdenciárias do empregador, empresa ou equiparada, assim como do trabalhador, decorrentes das sentenças que proferir, na forma do artigo 114, inciso VIII, da CRFB.

Vale frisar que esta competência da Justiça do Trabalho surgiu originalmente com o advento da Lei 8.620/93, que alterou a redação do artigo 43, da Lei 8.212/91, tendo sido incluída da Constituição Federal pela Emenda 20/1998, vez que as competências da Justiça do Trabalho devem ter previsão constitucional.

5. IMUNIDADE

As entidades beneficentes de assistência social são **imunes** ao pagamento das **contribuições para a seguridade social**, desde que **atendidos os requisitos legais**, conforme estabelece o §7º, do artigo 195, da Constituição Federal, que atecnicamente se referiu a isenção, mas que de fato cuida de imunidade, ante a sua previsão constitucional.

> **▸ Como esse assunto foi cobrado em concurso?**
>
> No concurso para Auditor Fiscal da RFB em 2009, a ESAF considerou errado o seguinte enunciado: São isentas de contribuição para a seguridade social todas entidades beneficentes de utilidade pública distrital e municipal.

As condições para o gozo da imunidade vinham estipuladas no artigo 55, da Lei 8.212/91, alterado pela Lei 9.732/98, que exigia que a entidade promovesse gratuitamente e em caráter exclusivo a assistência social beneficente a pessoas carentes e, se atuante na área da saúde, prestasse serviços ao Sistema Único de Saúde equivalente a, pelo menos, 60% de sua capacidade, definindo assistência social beneficente como a prestação gratuita de benefícios e serviços a quem dela necessitar.

Sucede que esses requisitos para o enquadramento de uma entidade como assistencialista foram insertos pela Lei 9.732/98, tendo sido sua validade questionada no STF por intermédio da ADI-MC 2.028, sob o argumento de ter restringido demasiadamente o enquadramento das pessoas jurídicas como entidades assistencialistas, além de ser uma limitação ao poder de tributar, razão pela qual deveria ser regulamentada por lei complementar, conforme exigido pelo artigo 146, inciso II, da CRFB.

O STF, por sua vez, acatou os argumentos da ADI e deferiu medida cautelar, suspendendo a eficácia das alterações perpetradas pela Lei 9.732/98, sendo que o processo ainda aguarda desfecho final.

▸ **Qual o entendimento do STF sobre o assunto?**

Em 2 de março de 2017 o STF definiu que os requisitos para o gozo de imunidade hão de estar previstos em lei complementar. Com base nesse entendimento, o Plenário, por maioria, deu provimento ao recurso extraordinário para declarar a inconstitucionalidade formal do art. 55 da Lei 8.212/1991, que dispõe sobre as exigências para a concessão de imunidade tributária às entidades beneficentes de assistência social (v. Informativos 749 e 844).

Prevaleceu o voto do ministro Marco Aurélio (relator). Ele explicou que as normas de imunidade tributária constantes da Constituição Federal (CF) objetivam proteger valores políticos, morais, culturais e sociais essenciais e não permitem que os entes tributem certas pessoas, bens, serviços ou situações ligadas a esses valores. **Além disso, lembrou que o § 7º do art. 195 da CF traz dois requisitos para o gozo da imunidade: ser pessoa jurídica a desempenhar atividades beneficentes de assistência social e atender a parâmetros legais.**

No entanto, aspectos meramente procedimentais referentes à certificação, à fiscalização e ao controle administrativo continuam passíveis de definição em lei ordinária. A lei complementar é forma somente exigível para a definição do modo beneficente de atuação das entidades de assistência social contempladas pelo art. 195, § 7º, da CF, especialmente quanto às contrapartidas a serem observadas por elas **(Informativo 855 – ADI 2.028 e outras).**

Posteriormente, ao julgar o RE 566622 ED/RS, rel. orig. Min. Marco Aurélio, red. p/ o ac. Min. Rosa Weber, julgamento em 18.12.2019, foi declarada a CONSTITUCIONALIDADE do inciso II do artigo 55 da Lei 8.212/91 e fixada a seguinte tese reformulada: Tema 32 em Repercussão Geral – **"A lei complementar é forma exigível para a definição do modo beneficente de atuação das entidades de assistência social contempladas pelo art. 195, § 7º, da CF (1), especialmente no que se refere à instituição de contrapartidas a serem por elas observadas".**

Contudo, todo o artigo 55 da Lei 8.212/91 restou revogado pela Lei 12.101, de 27.11.2009, posteriormente alterada pela Lei 12.868/2013, norma esta que ainda não havia sido apreciada pelo STF.

▸ **Qual o entendimento do STF sobre o assunto?**

Posteriormente, ao julgar o RE 566622 ED/RS, rel. orig. Min. Marco Aurélio, red. p/ o ac. Min. Rosa Weber, julgamento em 18.12.2019, **foi declarada a CONSTITUCIONALIDADE do inciso II do artigo 55 da Lei 8.212/91 e fixada a seguinte tese reformulada: Tema 32 em Repercussão Geral – "A lei complementar é forma exigível para a definição do modo beneficente de atuação das entidades de assistência social contempladas pelo art. 195, § 7º, da CF (1), especialmente no que se refere à instituição de contrapartidas a serem por elas observadas".**

Finalmente, foi publicada em 17.12.2021 a **Lei Complementar 187,** que regulamentou a certificação das entidades beneficentes e regula os procedimentos referentes à imunidade de contribuições à seguridade social de que trata o § 7º do art. 195 da Constituição Federal, **revogando por expresso a Lei 12.101/2009.**

Entidade beneficente, para os fins de cumprimento da LC 187, foi definida como a pessoa jurídica de direito privado, sem fins lucrativos, que presta serviço nas áreas de assistência social, de saúde e de educação, assim certificada.

Foram contempladas com a imunidade constitucional das contribuições para a seguridade social as entidades beneficentes que atuem nas **áreas da saúde, da educação** e **da assistência social**, certificadas nos termos da LC 1878, e que atendam, **cumulativamente**, aos seguintes requisitos:

> I - não percebam seus dirigentes estatutários, conselheiros, associados, instituidores ou benfeitores remuneração, vantagens ou benefícios, direta ou indiretamente, por qualquer forma ou título, em razão das competências, das funções ou das atividades que lhes sejam atribuídas pelos respectivos atos constitutivos[5];
>
> II - apliquem suas rendas, seus recursos e eventual superávit integralmente no território nacional, na manutenção e no desenvolvimento de seus objetivos institucionais;
>
> III - apresentem certidão negativa ou certidão positiva com efeito de negativa de débitos relativos aos tributos administrados pela Secretaria Especial da Receita Federal do Brasil e pela Procuradoria-Geral da Fazenda Nacional, bem como comprovação de regularidade do Fundo de Garantia do Tempo de Serviço (FGTS);
>
> IV - mantenham escrituração contábil regular que registre as receitas e as despesas, bem como o registro em gratuidade, de forma segregada, em consonância com as normas do Conselho Federal de Contabilidade e com a legislação fiscal em vigor;
>
> V - não distribuam a seus conselheiros, associados, instituidores ou benfeitores seus resultados, dividendos, bonificações, participações ou parcelas do seu patrimônio, sob qualquer forma ou pretexto, e, na hipótese de prestação de serviços a terceiros, públicos ou privados, com ou sem cessão de mão de obra, não transfiram a esses terceiros os benefícios relativos à imunidade prevista no § 7º do art. 195 da Constituição Federal;

5. A exigência a que se refere o inciso I do *caput* deste artigo não impede: I - a remuneração aos dirigentes não estatutários; e II - a remuneração aos dirigentes estatutários, desde que recebam remuneração inferior, em seu valor bruto, a 70% (setenta por cento) do limite estabelecido para a remuneração de servidores do Poder Executivo federal, obedecidas as seguintes condições: a) nenhum dirigente remunerado poderá ser cônjuge ou parente até o terceiro grau, inclusive afim, de instituidores, de associados, de dirigentes, de conselheiros, de benfeitores ou equivalentes da entidade de que trata o caput deste artigo; e b) o total pago a título de remuneração para dirigentes pelo exercício das atribuições estatutárias deverá ser inferior a 5 (cinco) vezes o valor correspondente ao limite individual estabelecido para a remuneração dos servidores do Poder Executivo federal.

> VI – conservem, pelo prazo de 10 (dez) anos, contado da data de emissão, os documentos que comprovem a origem e o registro de seus recursos e os relativos a atos ou a operações realizadas que impliquem modificação da situação patrimonial;
>
> VII – apresentem as demonstrações contábeis e financeiras devidamente auditadas por auditor independente legalmente habilitado nos Conselhos Regionais de Contabilidade, quando a receita bruta anual auferida for superior ao limite fixado pelo inciso II do *caput* do art. 3º da Lei Complementar nº 123, de 14 de dezembro de 2006; e
>
> VIII – prevejam, em seus atos constitutivos, em caso de dissolução ou extinção, a destinação do eventual patrimônio remanescente a entidades beneficentes certificadas ou a entidades públicas.

Os dirigentes, estatutários ou não, **não responderão**, direta ou subsidiariamente, pelas obrigações fiscais da entidade, **salvo se comprovada a ocorrência de dolo, fraude ou simulação.**

A imunidade abrange as contribuições sociais previstas nos incisos I, III e IV do *caput* do art. 195 e no art. 239 da Constituição Federal, relativas a entidade beneficente, a todas as suas atividades e aos empregados e demais segurados da previdência social, **mas não se estende a outra pessoa jurídica**, ainda que constituída e mantida pela entidade à qual a certificação foi concedida.

Ademais, as entidades beneficentes deverão obedecer ao princípio da universalidade do atendimento, **vedado dirigir suas atividades exclusivamente a seus associados ou categoria profissional.**

A certificação será concedida à entidade beneficente que demonstre, no exercício fiscal anterior ao do requerimento a que se refere o art. 34[6] da LC 187, observado o **período mínimo de 12 (doze) meses de constituição da entidade**, o cumprimento da regras legais, de acordo com as respectivas áreas de atuação.

Excepcionalmente, o período mínimo de cumprimento dos requisitos de 12 meses poderá ser reduzido se a entidade for prestadora de serviços por meio de contrato, de convênio ou de instrumento congênere com o Sistema Único de Saúde (SUS), com o Sistema Único de Assistência Social (Suas) ou com o Sistema Nacional de Políticas Públicas sobre Drogas (Sisnad), em caso de necessidade local atestada pelo gestor do respectivo sistema.

Os **requerimentos de certificação** serão apreciados:

> I – pela autoridade executiva federal responsável pela área da saúde, para as entidades atuantes na área da saúde;

---

6. Art. 34. A entidade interessada na concessão ou na renovação da certificação deverá apresentar requerimento com os documentos necessários à comprovação dos requisitos de que trata esta Lei Complementar, na forma estabelecida em regulamento.

> II – pela autoridade executiva federal responsável pela área da educação, para as entidades atuantes na área da educação;
>
> III – pela autoridade executiva federal responsável pela área da assistência social, para:
>
> a) as entidades atuantes na área da assistência social;
>
> b) as comunidades terapêuticas e entidades de prevenção, de apoio, de mútua ajuda, de atendimento psicossocial e de ressocialização de dependentes do álcool e de outras drogas e seus familiares.

O **prazo de validade** da concessão da certificação será de **3 (três) anos**, contado da data da publicação da decisão de deferimento no Diário Oficial da União, e seus efeitos retroagirão à data de protocolo do requerimento para fins tributários.

Na hipótese de **renovação de certificação**, o efeito da decisão de deferimento será contado do término da validade da certificação anterior, **com validade de 3 (três) ou 5 (cinco) anos**, na forma de regulamento.

Será considerado **tempestivo** o requerimento de renovação da certificação protocolado no decorrer dos **360 (trezentos e sessenta) dias que antecedem a data final de validade** da certificação, permanecendo válida a certificação até a data da decisão administrativa definitiva sobre o requerimento de renovação tempestivamente apresentado.

A validade da certificação como entidade beneficente condiciona-se à manutenção do cumprimento das condições que a ensejaram, cabendo às autoridades executivas certificadoras supervisionar esse atendimento, as quais poderão, a qualquer tempo, determinar a apresentação de documentos, a realização de auditorias ou o cumprimento de diligências.

Para fazer jus à certificação, a **entidade de saúde** deverá, alternativamente:

> I – prestar serviços ao SUS;
>
> II – prestar serviços gratuitos;
>
> III – atuar na promoção à saúde;
>
> IV – ser de reconhecida excelência e realizar projetos de apoio ao desenvolvimento institucional do SUS; ou

Ademais, para ser certificada pela prestação de serviços ao SUS, a **entidade de saúde** deverá, nos termos de regulamento:

> I – celebrar contrato, convênio ou instrumento congênere com o gestor do SUS; e
>
> II – comprovar, anualmente, a prestação de seus serviços ao SUS no percentual mínimo de 60% (sessenta por cento), com base nas internações e nos atendimentos ambulatoriais realizados.

Para ser certificada pela aplicação de percentual de sua **receita em gratuidade** na área da saúde, a entidade deverá comprovar essa aplicação da seguinte forma:

> I – 20% (vinte por cento), quando não houver interesse de contratação pelo gestor local do SUS ou se o percentual de prestação de serviços ao SUS for inferior a 30% (trinta por cento);
>
> II – 10% (dez por cento), se o percentual de prestação de serviços ao SUS for igual ou superior a 30% (trinta por cento) e inferior a 50% (cinquenta por cento); ou
>
> III – 5% (cinco por cento), se o percentual de prestação de serviços ao SUS for igual ou superior a 50% (cinquenta por cento).

Será admitida a certificação de entidades que atuem exclusivamente na promoção da saúde sem exigência de contraprestação do usuário pelas ações e pelos serviços de saúde realizados e pactuados com o gestor do SUS, na forma prevista em regulamento, a exemplo das seguintes atividades:

> I – nutrição e alimentação saudável;
>
> II – prática corporal ou atividade física;
>
> III – prevenção e controle do tabagismo;
>
> IV – prevenção ao câncer;
>
> V – prevenção ao vírus da imunodeficiência humana (HIV) e às hepatites virais;
>
> VI – prevenção e controle da dengue;
>
> VII – prevenção à malária;
>
> VIII – ações de promoção à saúde relacionadas à tuberculose e à hanseníase;
>
> IX – redução da morbimortalidade em decorrência do uso abusivo de álcool e de outras drogas;
>
> X – redução da morbimortalidade por acidentes de trânsito;
>
> XI – redução da morbimortalidade nos diversos ciclos de vida;
>
> XII – prevenção da violência.

A entidade de saúde com reconhecida excelência poderá ser certificada como entidade beneficente pelo desenvolvimento de projetos no âmbito do Programa de Apoio ao Desenvolvimento Institucional do Sistema Único de Saúde (Proadi-SUS), nas seguintes áreas de atuação:

> I – estudos de avaliação e incorporação de tecnologias;
>
> II – capacitação de recursos humanos;
>
> III – pesquisas de interesse público em saúde; ou
>
> IV – desenvolvimento de técnicas e operação de gestão em serviços de saúde.

As entidades de saúde de reconhecida excelência que desenvolvam projetos no âmbito do Proadi-SUS poderão, após autorização da autoridade executiva federal competente, firmar pacto com o gestor local do SUS para a prestação de serviços ambulatoriais e hospitalares ao SUS não remunerados, observadas as seguintes condições:

> I – o gasto com a prestação de serviços ambulatoriais e hospitalares ao SUS não remunerados não poderá ultrapassar 30% (trinta por cento) do valor usufruído com imunidade das contribuições sociais;
>
> II – a entidade de saúde deverá apresentar a relação de serviços ambulatoriais e hospitalares a serem ofertados, com o respectivo demonstrativo da projeção das despesas e do referencial utilizado, os quais não poderão exceder o valor por ela efetivamente despendido;
>
> III – a comprovação dos custos a que se refere o inciso II deste caput poderá ser exigida a qualquer tempo, mediante apresentação dos documentos necessários;
>
> IV – a entidade de saúde deverá informar a produção na forma estabelecida em regulamento, com observação de não geração de créditos.

As entidades da área de saúde certificadas até o dia imediatamente anterior ao da publicação da Lei nº 12.101, de 27 de novembro de 2009, que prestem serviços assistenciais de saúde não remunerados pelo SUS a trabalhadores ativos e inativos e aos respectivos dependentes econômicos, decorrentes do estabelecido em lei ou Norma Coletiva de Trabalho, e desde que, simultaneamente, destinem no mínimo 20% (vinte por cento) do valor total das imunidades de suas contribuições sociais em serviços, com universalidade de atendimento, a beneficiários do SUS, mediante pacto do gestor do local, terão concedida ou renovada a certificação, na forma de regulamento.

Para fazer jus à imunidade, **a entidade com atuação na área da educação** cujas atividades sejam de oferta de educação básica, de educação superior ou de ambas deverá:

> I – obter autorização de funcionamento expedida pela autoridade executiva competente;
>
> II – informar anualmente os dados referentes à instituição ao Instituto Nacional de Estudos e Pesquisas Educacionais Anísio Teixeira (Inep); e
>
> III – atender a padrões mínimos de qualidade aferidos pelos processos de avaliação conduzidos pela autoridade executiva federal competente.

O atendimento ao princípio da universalidade na área da educação pressupõe a seleção de bolsistas segundo o perfil socioeconômico, sem qualquer forma de discriminação, segregação ou diferenciação, vedada a utilização de critérios étnicos, religiosos, corporativos, políticos ou quaisquer outros que afrontem esse perfil, ressalvados os estabelecidos na legislação vigente, em especial na Lei nº 12.711, de 29 de agosto de 2012.

As instituições que prestam serviços totalmente gratuitos e as que prestam serviços mediante convênio com órgãos ou entidades dos poderes públicos devem assegurar que os alunos a serem contabilizados no atendimento da proporcionalidade de bolsas sejam selecionados segundo o perfil socioeconômico definido na LC 187/2021.

As entidades que atuam na área da educação devem **comprovar a oferta de gratuidade na forma de bolsas de estudo e de benefícios** nos seguintes termos:

> I – bolsa de estudo integral a aluno cuja renda familiar bruta mensal per capita não exceda o valor de 1,5 (um inteiro e cinco décimos) salário mínimo;
>
> II – bolsa de estudo parcial com 50% (cinquenta por cento) de gratuidade a aluno cuja renda familiar bruta mensal per capita não exceda o valor de 3 (três) salários mínimos.

Consideram-se **benefícios** aqueles providos pela entidade a beneficiários cuja renda familiar bruta mensal per capita esteja enquadrada nos limites acima postos deste artigo, que tenham por objetivo promover ao estudante o acesso, a permanência, a aprendizagem e a conclusão do curso na instituição de ensino e estejam explicitamente orientados para o alcance das metas e estratégias do Plano Nacional de Educação (PNE).

Os benefícios são tipificados em:

> **I – tipo 1:** benefícios destinados exclusivamente ao aluno bolsista, tais como transporte escolar, uniforme, material didático, moradia e alimentação;
>
> **II – tipo 2:** ações e serviços destinados a alunos e a seu grupo familiar, com vistas a favorecer ao estudante o acesso, a permanência, a aprendizagem e a conclusão do curso na instituição de ensino; e
>
> **III – tipo 3:** projetos e atividades de educação em tempo integral destinados à ampliação da jornada escolar dos alunos da educação básica matriculados em escolas públicas que apresentem índice de nível socioeconômico baixo estabelecido nos termos da legislação.

A entidade que atua na educação básica deverá conceder, anualmente, bolsas de estudo na proporção de 1 (uma) bolsa de estudo integral para cada 5 (cinco) alunos pagantes.

A certificação ou sua renovação será concedida às **entidades beneficentes com atuação na área de assistência social** abrangidas pela Lei nº 8.742, de 7 de dezembro de 1993, que executem:

> I – serviços, programas ou projetos socioassistenciais de atendimento ou de assessoramento ou que atuem na defesa e na garantia dos direitos dos beneficiários da Lei nº 8.742, de 7 de dezembro de 1993;

II - serviços, programas ou projetos socioassistenciais com o objetivo de habilitação e de reabilitação da pessoa com deficiência e de promoção da sua inclusão à vida comunitária, no enfrentamento dos limites existentes para as pessoas com deficiência, de forma articulada ou não com ações educacionais ou de saúde;

III - programas de aprendizagem de adolescentes, de jovens ou de pessoas com deficiência, prestados com a finalidade de promover a sua integração ao mundo do trabalho nos termos da Lei nº 8.742, de 7 de dezembro de 1993, e do inciso II do caput do art. 430 da Consolidação das Leis do Trabalho (CLT), aprovada pelo Decreto-Lei nº 5.452, de 1º de maio de 1943, ou da legislação que lhe for superveniente, observadas as ações protetivas previstas na Lei nº 8.069, de 13 de julho de 1990 (Estatuto da Criança e do Adolescente);

IV - serviço de acolhimento institucional provisório de pessoas e de seus acompanhantes que estejam em trânsito e sem condições de autossustento durante o tratamento de doenças graves fora da localidade de residência.

As entidades beneficentes de assistência social poderão desenvolver atividades que gerem recursos, inclusive por meio de filiais, com ou sem cessão de mão de obra, de modo a contribuir com as finalidades da LC 187, registradas segregadamente em sua contabilidade e destacadas em suas Notas Explicativas.

Constituem **requisitos para a certificação de entidade de assistência social**:

I - ser constituída como pessoa jurídica de natureza privada e ter objetivos e públicos-alvo compatíveis com a Lei nº 8.742, de 7 de dezembro de 1993;

II - comprovar inscrição no conselho municipal ou distrital de assistência social, nos termos do art. 9º da Lei nº 8.742, de 7 de dezembro de 1993;

III - prestar e manter atualizado o cadastro de entidades e organizações de assistência social de que trata o inciso XI do caput do art. 19 da Lei nº 8.742, de 7 de dezembro de 1993;

IV - manter escrituração contábil regular que registre os custos e as despesas em atendimento às Normas Brasileiras de Contabilidade;

V - comprovar, cumulativamente, que, no ano anterior ao requerimento:

a) destinou a maior parte de seus custos e despesas a serviços, a programas ou a projetos no âmbito da assistência social e a atividades certificáveis nas áreas de educação, de saúde ou em ambas, caso a entidade também atue nessas áreas;

b) remunerou seus dirigentes de modo compatível com o seu resultado financeiro do exercício, na forma a ser definida em regulamento, observados os limites referidos nos §§ 1º e 2º do art. 3º da LC 187.

As **entidades de atendimento ao idoso de longa permanência, ou casas-lares**, poderão gozar da imunidade de que trata a LC 187/2021, desde que seja firmado contrato de prestação de serviços com a pessoa idosa abrigada e de que eventual cobrança de participação do idoso no custeio da entidade seja realizada no limite de 70% (setenta por cento) de qualquer benefício previdenciário ou de assistência social percebido pelo idoso.

A certificação de entidade beneficente será concedida ou renovada às instituições que atuem na **redução da demanda de drogas**, assim consideradas as comunidades terapêuticas e as entidades de cuidado, de prevenção, de apoio, de mútua ajuda, de atendimento psicossocial e de ressocialização de dependentes do álcool e de outras drogas e seus familiares.

Considera-se **comunidade terapêutica** o modelo terapêutico de atenção em regime residencial e transitório, mediante adesão e permanência voluntárias, a pessoas com problemas associados ao uso, ao abuso ou à dependência do álcool e de outras drogas acolhidas em ambiente protegido e técnica e eticamente orientado, que tem como objetivo promover o desenvolvimento pessoal e social, por meio da promoção da abstinência, bem como a reinserção social, buscando a melhora geral na qualidade de vida do indivíduo.

Considera-se entidade de cuidado, de prevenção, de apoio, de mútua ajuda, de atendimento psicossocial e de ressocialização de dependentes do álcool e de outras drogas e seus familiares a entidade que presta serviços intersetoriais, interdisciplinares, transversais e complementares da área do uso e da dependência do álcool e de outras drogas.

Para serem consideradas beneficentes e fazerem jus à certificação, as entidades que atuem na redução da demanda de drogas deverão:

> I – apresentar declaração emitida por autoridade federal, estadual, distrital ou municipal competente que ateste atuação na área de controle do uso de drogas ou atividade similar;
>
> II – manter cadastro atualizado na unidade responsável pela política sobre drogas da autoridade executiva federal responsável pela área da assistência social;
>
> III – comprovar, anualmente, nos termos do regulamento, a prestação dos serviços referidos;
>
> IV – cadastrar todos os acolhidos em sistema de informação específico desenvolvido, nos termos do regulamento, no caso das comunidades terapêuticas;
>
> V – comprovar o registro de, no mínimo, 20% (vinte por cento) de sua capacidade em atendimentos gratuitos.

Por fim, insta destacar que **inexiste direito adquirido à imunidade**, devendo as entidades assistenciais cumprir novos requisitos instituídos em lei para o seu gozo.

> **▸ Qual o entendimento do STJ sobre o assunto?**
>
> A Corte Superior editou a Súmula 352: "A obtenção ou a renovação do Certificado de Entidade Beneficente de Assistência Social (CEBAS) não exime a entidade do cumprimento dos requisitos legais supervenientes".

Ademais, a concessão do CEBAS não constitui uma entidade como beneficente, ostentando natureza declaratória, o que permite a concessão da imunidade com efeitos retroativos.

> ▶ **Qual o entendimento do STJ sobre o assunto?**
>
> **SÚMULA N. 612**
>
> O certificado de entidade beneficente de assistência social (CEBAS), no prazo de sua validade, possui natureza declaratória para fins tributários, retroagindo seus efeitos à data em que demonstrado o cumprimento dos requisitos estabelecidos por lei complementar para a fruição da imunidade. **Primeira Seção, aprovada em 09/05/2018, DJe 14/05/2018.**

Outra regra de imunidade é a existente no inciso I do § 2º do artigo 149 da Constituição Federal, alterado pela Emenda Constitucional nº 33, de 11 de dezembro de 2001, ao prever que **as contribuições sociais não incidirão sobre as receitas decorrentes de exportação**, o que obviamente inclui as contribuições para a seguridade social especialmente as contribuições previdenciárias incidentes sobre a produção rural comercializada de produtor rural pessoa física e pessoa jurídica.

6. PRINCÍPIO DA ANTERIORIDADE NONAGESIMAL OU NOVENTENA

Essa norma constitucional tributária decorre do Princípio da Segurança Jurídica, a fim de evitar a cobrança imediata de uma nova contribuição para a seguridade social ou a majoração de uma já existente, pois não se admite a tributação de surpresa ou inopino.

Pelo *Princípio da Anterioridade Nonagesimal*, também conhecido como *Noventena* ou *Anterioridade Mitigada*, previsto no artigo 195, §6º, da Constituição Federal, as contribuições para a seguridade social só poderão ser **exigidas** depois de **decorridos noventa dias** da data da publicação da lei que as houver **instituído ou modificado**.

> ▶ **Como esse assunto foi cobrado em concurso?**
>
> No concurso do CESPE para Juiz Federal da 2ª Região em 2009, foi considerado correto o seguinte enunciado: As contribuições sociais apenas são exigíveis depois de transcorridos noventa dias da vigência da lei que as tenha instituído ou majorado.

De efeito, no caso de instituição ou majoração de alíquota de contribuição para a seguridade social por medida provisória, o prazo terá como termo inicial a data de publicação do referido ato, e não a da lei de conversão.

▸ **Qual o entendimento do STF sobre o assunto?**

Este entendimento foi adotado pela Suprema Corte no julgamento do AI 376.627 AGR, de 03.09.2002.

No entanto, se o texto da medida provisória não contemplar aumento da contribuição, mas a lei de conversão alterá-lo para majorar o tributo, neste caso a noventena será contada a partir da publicação da lei de conversão.

▸ **Qual o entendimento do STF sobre o assunto?**

A contribuição social para o PIS submete-se ao princípio da anterioridade nonagesimal (CF, art. 195, § 6º), e, nos casos em que a majoração de alíquota tenha sido estabelecida somente na lei de conversão, o termo inicial da contagem é a data da conversão da medida provisória em lei. RE 568503/RS, rel. Min. Cármen Lúcia, 12.2.2014.

▸ **Importante:**

Por outro lado, não é aplicável às contribuições para a seguridade social o Princípio da Anterioridade Anual, que proíbe a cobrança de tributos no mesmo exercício financeiro em que tenha sido publicada a lei que os instituiu ou majorou, razão pela qual uma contribuição para a seguridade social poderá ser cobrada no mesmo ano da sua instituição ou majoração, desde que respeitada a noventena.

▸ **Como esse assunto foi cobrado em concurso?**

No concurso do CESPE para Procurador do Estado do Ceará em 2007, foi considerado errado o seguinte enunciado: As leis que criam as contribuições que financiam a seguridade social devem observar o chamado princípio da anterioridade nonagesimal, isto é, somente podem ser exigidas após decorridos noventa dias da data da publicação da lei que as houver instituído ou modificado. Além disso, tais normas não podem ser cobradas no mesmo exercício financeiro em que forem publicadas.

Vale registrar que uma norma que apenas altera o prazo de recolhimento de uma contribuição para a seguridade social não estará sujeita ao Princípio da Noventena, haja vista não existir majoração do tributo.

▸ **Qual o entendimento do STF sobre o assunto?**

"O Supremo Tribunal Federal fixou entendimento no sentido de que a alteração do prazo para recolhimento das contribuições sociais, por não gerar criação ou majoração de tributo, não ofende o Princípio da Anterioridade Tributária [artigo 195, § 6º, CB/88]" (RE 295.992 AgR, de 10/06/2008).

STF, Súmula 669 – Norma legal que altera o prazo de recolhimento da obrigação tributária não se sujeita ao princípio da anterioridade.

> **Como esse assunto foi cobrado em concurso?**
>
> No concurso do CESPE para Procurador do TC do Distrito Federal em 2012, foi considerado correto o seguinte enunciado: Uma norma legal que apenas altere o prazo de recolhimento das contribuições sociais destinadas à previdência social não se sujeitará ao princípio da anterioridade.

7. CONSTITUIÇÃO DO CRÉDITO DA SEGURIDADE SOCIAL

Por gozar de natureza tributária, o crédito da seguridade social será constituído pelo **lançamento**, assim considerado como o procedimento administrativo tendente a verificar a ocorrência do fato gerador da obrigação correspondente, determinar a matéria tributável, calcular o montante do tributo devido, identificar o sujeito passivo e, sendo caso, propor a aplicação da penalidade cabível, na forma do artigo 142, do CTN, sendo vinculado e obrigatório, regido pela lei vigente no momento da ocorrência do fato gerador.

Em regra, **o lançamento das contribuições para a seguridade social se dará por homologação** (ou autolançamento), vez que normalmente é fixado por lei o dever de o sujeito passivo calcular e recolher por iniciativa própria as exações devidas, sem a prévia verificação da Secretaria de Receita Federal do Brasil, funcionando o pagamento como causa de extinção do crédito securitário, pois ocorrerá a aquiescência tácita do Tesouro se este não se pronunciar em até cinco anos após a ocorrência do fato gerador, salvo se verificado dolo, fraude ou simulação.

Excepcionalmente, caso não haja o regular recolhimento das contribuições para a seguridade social, caberá ao Fisco promover o lançamento de ofício, conforme determina o artigo 149 do CTN.

O lançamento de ofício poderá se dar por **aferição indireta**, assim considerado o procedimento de que dispõe a Secretaria de Receita Federal do Brasil para apuração indireta da base de cálculo das contribuições sociais.

De efeito, de acordo com o artigo 33, §5º, da Lei 8.212/91, se, no exame da escrituração contábil e de qualquer outro documento da empresa, a fiscalização constatar que a contabilidade não registra o movimento real de remuneração dos segurados a seu serviço, do faturamento e do lucro, serão apuradas, por aferição indireta, as contribuições efetivamente devidas, **cabendo à empresa o ônus da prova em contrário**.

▸ Como esse assunto foi cobrado em concurso?

No concurso do CESPE para Procurador Federal em 2010, foi considerado errado o seguinte enunciado: Se, no exame da escrituração contábil e de qualquer outro documento da empresa, a fiscalização constatar que a contabilidade não registra o movimento real de remuneração dos segurados a seu serviço, do faturamento e do lucro, serão apuradas, por aferição indireta, as contribuições efetivamente devidas, cabendo, no entanto, ao Instituto Nacional do Seguro Social a prova da irregularidade, sob pena de violação do postulado do devido processo legal.

De seu turno, a mera confissão de débito das contribuições para a seguridade social equivale ao lançamento por homologação, a exemplo do preenchimento da GFIP – Guia de Recolhimento do Fundo de Garantia por Tempo de Serviço e Informações à Previdência Social, prevista no artigo 32, IV, da Lei 8.212/91, podendo o Fisco proceder imediatamente à inscrição do seu crédito em Dívida Ativa.

▸ Qual o entendimento do STJ sobre o assunto?

De acordo com o entendimento pacificado da Corte Superior, a exemplo da decisão tomada no REsp 774.291, de 20.09.2007, "declarado e não pago (ou pago a menor) o débito no vencimento, a confissão do débito pelo contribuinte equivale à constituição do crédito tributário, podendo ser imediatamente inscrito em dívida ativa, independentemente de qualquer procedimento por parte do Fisco".

Aliás, não é outra a previsão do §7º, do artigo 33, da Lei 8.212/91, alterado pela Lei 11.941/2009, onde resta consignado que "o crédito da seguridade social é constituído por meio de notificação de lançamento, de auto de infração e de confissão de valores devidos e não recolhidos pelo contribuinte".

Com o advento do regramento do artigo 25, da Lei 11.457/2007, o processo administrativo fiscal previdenciário também passou a ser regido pelo Decreto 70.235/72, que dispõe sobre o processo administrativo fiscal federal.

Importa ressaltar que a garantia prévia como condição de admissão do recurso administrativo não é mais admitida pelo STF, para quem é inconstitucional a exigência de depósito ou arrolamento prévios de dinheiro ou bens para a admissibilidade de recursos administrativos (Súmula vinculante 21).

Em regulamentação ao artigo 38, parágrafo único, da Lei 6.830/80, prevê o artigo 307, do RPS, que a propositura pelo beneficiário de ação judicial que tenha por objeto idêntico pedido sobre o qual versa o processo administrativo importa renúncia ao direito de recorrer na esfera administrativa e desistência do recurso interposto, pois resta demonstrado o desinteresse no curso do processo administrativo.

8. PROGRESSIVIDADE DAS CONTRIBUIÇÕES DAS EMPRESAS

As contribuições para a seguridade social devidas pelo empregador, empresa ou equiparado (*contribuições previdenciárias, COFINS e CSLL*) podiam ser **progressivas**, ou seja, **ter alíquotas e bases de cálculo diferenciadas**, em razão da atividade econômica, da utilização intensiva da mão de obra, do porte da empresa ou da condição estrutural do mercado de trabalho, na forma do artigo 195, §9º, da Constituição Federal.

Mas o dispositivo foi sutilmente alterado pela Emenda 103/2019. A modificação é que no caso das **contribuições previdenciárias das empresas** (incidentes sobre a folha de salários e demais rendimentos do trabalho pagos ou creditados, a qualquer título, à pessoa física que lhe preste serviço, mesmo sem vínculo empregatício), a progressividade fiscal somente poderá abarcar as alíquotas, **não mais englobando a base de cálculo do tributo.**

Mas há **regra de transição**. Nos termos do **artigo 30 da Emenda 103/2019**, a vedação de diferenciação ou substituição de base de cálculo decorrente do disposto no § 9º do artigo 195 da Constituição Federal **não se aplica** a contribuições que substituam a contribuição de que trata a alínea "a" do inciso I do caput do artigo 195 da Constituição Federal instituídas antes da data de entrada em vigor da Emenda Constitucional.

Cuida-se de disposição constitucional que realiza o Princípio da Isonomia, da Capacidade Contributiva e da Equidade na Forma de Participação no Custeio, que visa a beneficiar as micro e pequenas empresas e as geradoras de muitos postos de trabalho, podendo a tributação pesar para os setores da economia que aufiram grandes lucros, a exemplo dos bancos.

Com efeito, trata-se de norma constitucional que também tem natureza extrafiscal, pois autoriza um tratamento diferenciado para as empresas que desenvolvam atividades econômicas cujo fomento atenda ao interesse público, a exemplo de atividades poluidoras com baixo impacto ambiental.

> **▸ Como esse assunto foi cobrado em concurso?**
>
> No concurso do CESPE para Procurador do Estado de Alagoas em 2008, foi considerado errado o seguinte enunciado: A CF veda a instituição de alíquotas e bases de cálculo diferenciadas para as contribuições devidas à seguridade social pelas empresas em razão do porte de cada uma delas. Por sua vez, no concurso para Juiz do Trabalho da 5ª Região em 2006, o CESPE considerou correto o seguinte enunciado: De acordo com as características de determinado setor da economia, inclusive em

relação à maior necessidade de utilização de mão de obra, as contribuições sociais incidentes sobre folha de salários e demais rendimentos do trabalho pagos ou creditados, a qualquer título, à pessoa física que lhe preste serviço, mesmo sem vínculo empregatício, poderão ter alíquotas ou bases de cálculo diferenciadas.

9. MORATÓRIA, PARCELAMENTO, ANISTIA E REMISSÃO

A *anistia* é uma hipótese de exclusão do crédito tributário decorrente do cometimento de infrações administrativas, ocorrendo no lapso temporal entre a realização do fato gerador e o lançamento do crédito tributário. Já a *remissão* é umas das causas de extinção do crédito tributário como um todo, ocorrendo após a sua constituição.

O CTN exige lei para a ocorrência da anistia e da remissão, enquanto a Constituição Federal foi mais longe determinando que se operem apenas por *lei específica*, na forma do artigo 150, §6º. No que concerne a algumas contribuições para a seguridade social, a concessão de anistia ou remissão é ainda mais difícil, pois há previsão constitucional de um teto para a sua concessão, a ser fixado por lei complementar.

De efeito, a teor do artigo 195, §11 (redação antiga), da Constituição Federal, para as **contribuições previdenciárias patronais e dos trabalhadores, era vedada** a concessão de **anistia ou remissão** para débitos em montante superior fixado em lei complementar, justamente porque são tributos afetados ao pagamento dos benefícios previdenciários do RGPS.

▸ **Como esse assunto foi cobrado em concurso?**

No concurso para Juiz do Trabalho da 23ª Região em 2008, foi considerado errado o seguinte enunciado: É vedada a concessão de **isenção** ou anistia da contribuição social destinada à seguridade social, incidente sobre a receita de concursos de prognósticos, para débitos em montante superior ao fixado em lei complementar.

No entanto, o dispositivo restou alterado pela reforma constitucional previdenciária. A remissão e a anistia das contribuições previdenciárias patronais e dos trabalhadores **será vedada apenas se houver lei complementar nesse sentido, não sendo mais imposta fixação de um valor limite**.

Ademais, restou inserido regramento com vigência imediata, **vedando moratória e o parcelamento em prazo superior a 60 meses.**

Contudo, há **regra de transição** no artigo **31 da Emenda 103/2019**, ao prever que o disposto no § 11 do artigo 195 da Constituição Federal **não se aplica** aos parcelamentos previstos na legislação vigente até a data de entrada em vigor da Emenda Constitucional, sendo vedadas a reabertura ou a prorrogação de prazo para adesão.

Ressalte-se que ainda não foi promulgada a referida lei complementar, o que teoricamente impediria a anistia e a remissão das citadas contribuições para a seguridade social, mas, na prática, a União vem concedendo remissões irrestritamente em relação a todos os seus créditos tributários, a exemplo da promovida pela Lei 11.941/2009.

10. DECADÊNCIA E PRESCRIÇÃO

A decadência e a prescrição são também causas de extinção do crédito tributário previstas no artigo 156, do CTN, decorrentes da inércia do Poder Público em constituí-lo mediante o procedimento de lançamento *(decadência)* e de cobrá-lo após a sua constituição definitiva *(prescrição)*, ambas operando-se em **cinco anos**.

O lustro decadencial inicia-se na data da ocorrência do fato gerador, no caso dos tributos sujeitos ao lançamento por homologação. Nos demais casos, o termo inicial do quinquênio da decadência será o primeiro dia do exercício seguinte àquele em que o lançamento poderia ter sido efetuado ou da data em que se tornar definitiva a decisão que houver anulado, por vício formal, o lançamento anteriormente efetuado.

Já o prazo prescricional de cinco anos começará a correr da constituição definitiva do crédito tributário, que se operará com o término do processo administrativo de lançamento, quando esgotados ou não mais cabíveis recursos administrativos, *ex vi* do artigo 174, do CTN.

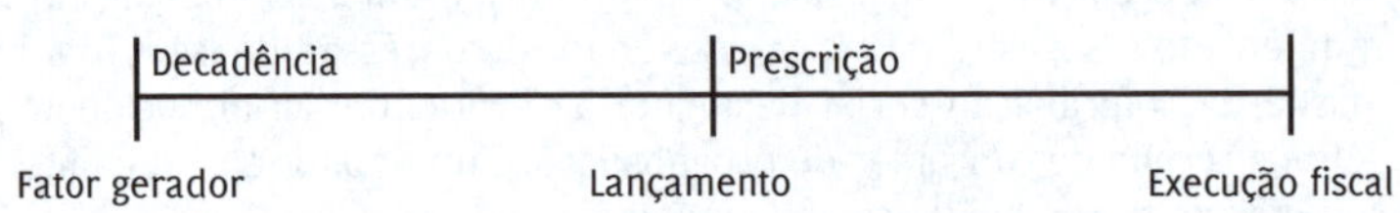

Durante muitos anos a decadência e a prescrição das contribuições para a seguridade social sofreram regulamentação específica nos artigos 45 e 46, da Lei 8.212/91, que previam o lapso temporal de *dez anos* para a ocorrência de ambos.

Sucede que a tese da inconstitucionalidade formal desses dispositivos foi muito bem construída ao longo dos anos e encontrou acolhida dos principais tributaristas do Brasil, pois obrigação, crédito, lançamento, prescrição e decadência tributários são temas afetos à lei complementar, e não ordinária, na forma do quanto consignado expressamente no artigo 146, III, "b", da CRFB.

▸ Qual o entendimento do STF sobre o assunto?

Nesse sentido, o STF pronunciou a inconstitucionalidade formal dos artigos 45 e 46, da Lei 8.212/91, no julgamento do RE 560.626, de 12.06.2008, que previam o prazo de 10 anos para o lançamento e a cobrança das contribuições para a seguridade social. Contudo, provavelmente com receio do impacto financeiro em razão da restituição das contribuições securitárias já pagas, mas já fulminadas pela decadência ou prescrição, a Suprema Corte se valeu do instituto da **modulação da eficácia da declaração de inconstitucionalidade**, previsto no artigo 27, da Lei 9.868/99, **validando as arrecadações feitas até o dia 11.06.2008 e não impugnadas administrativa ou judicialmente até essa data (dia do julgamento).** Posteriormente, o STF editou a Súmula vinculante 08: "São inconstitucionais o parágrafo único do artigo 5º do Decreto-Lei nº 1.569/1977 e os artigos 45 e 46 da Lei nº 8.212/1991, que tratam de prescrição e decadência de crédito tributário".

▸ Como esse assunto foi cobrado em concurso?

No concurso do CESPE para Procurador do Município de Natal em 2008, foi considerado correto o seguinte enunciado: A prescrição e decadência de crédito tributário são matérias que deverão ser regulamentadas por LC. Por outro lado, no concurso da ESAF para Auditor Fiscal da RFB em 2009, foi considerado errado o seguinte enunciado: Valores recolhidos pelo fisco antes do julgamento de recursos extraordinários que discutiam o prazo de prescrição deverão ser devolvidos se forem superiores ao prazo de 5 anos do lançamento.

Em 19.12.2008, a União promulgou a Lei Complementar 128, que revogou expressamente os artigos 45 e 46 da Lei 8.212/91.

▸ Importante:

Assim sendo, as regras sobre a prescrição e decadência das contribuições para a seguridade social serão as ditadas pelo CTN, especialmente observando o prazo de **cinco anos** para a sua ocorrência.

Nesse sentido, de acordo com o Decreto 3.048/99 (arts. 348 e 349), atualizado pelo Decreto 10.410/2020, o direito da seguridade social de apurar e constituir seus créditos extingue-se no prazo de cinco anos, contado:

> I – do primeiro dia do exercício seguinte àquele em que o crédito poderia ter sido constituído; ou
>
> II – da data em que se tornar definitiva a decisão que houver anulado, por vício formal, a constituição de crédito anteriormente efetuado.

Ademais, o direito da seguridade social de cobrar os seus créditos constituídos prescreverá no prazo de cinco anos, contado da data de sua constituição definitiva.

Como esse assunto foi cobrado em concurso?

No concurso do CESPE para Advogado da Caixa Econômica em 2010, foi considerado errado o seguinte enunciado: A seguridade social, em procedimento administrativo específico, apurou a existência de créditos em desfavor de Beta Ltda. relativos aos exercícios de 2000, 2001 e 2002, mas que foram constituídos em 2003. Nessa situação, a seguridade social podia cobrar os aludidos créditos tributários, pois o prazo prescricional ainda não havia transcorrido.

Nesse sentido, o RPS:

> *"Art. 348. O direito da seguridade social de apurar e constituir seus créditos extingue-se no prazo de* ***cinco anos****, contado: (Redação dada pelo Decreto nº 10.410, de 2020)*
>
> *I - do primeiro dia do exercício seguinte àquele em que o crédito poderia ter sido constituído; ou*
>
> *II - da data em que se tornar definitiva a decisão que houver anulado, por vício formal, a constituição de crédito anteriormente efetuado".*

Capítulo 3

Disposições Gerais e Princípios Informadores do Regime Geral de Previdência Social

1. COBERTURA E ADMINISTRAÇÃO

O Regime Geral de Previdência Social – RGPS é o grande regime previdenciário brasileiro, pois abarca a grande maioria dos trabalhadores, exceto os servidores públicos efetivos e militares vinculados a Regime Próprio de Previdência Social instituído por entidade política, tanto que muitas vezes a legislação, a doutrina, a Administração Pública e a jurisprudência tomam a expressão "previdência social" como sinônima de Regime Geral de Previdência Social.

No Brasil, quem exerce atividade laborativa remunerada será obrigado a se filiar ao RGPS e verter contribuições previdenciárias ao sistema, dever este justificado na solidariedade social e na miopia que assola muitas pessoas, que certamente não se vinculariam ao regime previdenciário se fosse apenas uma faculdade, o que traria enormes transtornos sociais em decorrência da velhice, doença, morte, invalidez e outros riscos sociais a serem cobertos.

Mas não só quem trabalha poderá se filiar ao RGPS. As pessoas que não trabalham poderão ingressar no regime na condição de segurados facultativos, a exemplo do estagiário (este recebe apenas ajuda de custo, e não remuneração) e do dono de casa, em atendimento ao Princípio da Universalidade de Cobertura e do Atendimento.

Os benefícios pagos pelo INSS constituem grande parte da economia dos municípios brasileiros mais pobres e menores, onde se têm verificado que as aposentadorias muitas vezes são as principais fontes de recursos dos lares, muitas vezes gerando um maior impacto positivo do que os recursos repassados através do Fundo de Participação dos Municípios.

Com o advento da Emenda 103/2019, o caput do artigo 201 da Constituição passou a consignar por expresso o nome do RGPS: "A previdência social será organizada sob a forma do **Regime Geral de Previdência Social**, de caráter contributivo e de filiação obrigatória, observados critérios que preservem o equilíbrio financeiro e atuarial".

De efeito, os eventos a serem cobertos pelo RGPS consignados no artigo 201, da Lei Maior são os seguintes:

a) Incapacidade temporária ou permanente para o trabalho (Emenda 103/2019) e idade avançada;

b) Proteção à maternidade, especialmente à gestante;

c) Proteção ao trabalhador em situação de desemprego involuntário;

d) Salário-família e auxílio-reclusão para os dependentes dos segurados de baixa renda;

e) Pensão por morte do segurado, homem ou mulher, ao cônjuge ou companheiro e dependentes.

Contudo, em desrespeito ao legislador constitucional, o desemprego involuntário não está coberto pelo RGPS, na forma do artigo 9º, §1º, da Lei 8.213/91, **não sendo o seguro-desemprego um benefício previdenciário**, que é regido pela Lei 7.998/90 e pago pela área trabalhista com recursos do Fundo de Amparo ao Trabalhador.

Mas frise-se que a natureza jurídica do seguro-desemprego é um tema polêmico na doutrina previdenciária brasileira, existindo abalizadas vozes que sustentam se tratar de um benefício previdenciário, como a posição do colega Procurador Federal Miguel Horvath Júnior[1].

A própria Advocacia-Geral da União, no Parecer CONJUR/MTE/Nº 256/2010, admitiu expressamente que o seguro-desemprego é um benefício previdenciário, justamente em razão de o artigo 201, III, da Constituição, elencar o desemprego involuntário como risco social a ser coberto pela Previdência Social.

Como se trata de um plano básico, o RGPS não objetiva pagar benefícios com valores altos aos seus beneficiários, tendo como teto atualmente o valor de R$ 7.786,02 (valor atualizado para 2024), cabendo aos segurados que quiserem obter uma renda maior na inatividade contratar um plano complementar privado.

A administração do RGPS foi atribuída originalmente ao Ministério da Previdência Social, órgão que era integrante da União, sendo exercida pelos demais órgãos e entidades a ele vinculados, tendo sido criado pela Lei 8.029/90 o Instituto Nacional do Seguro Social – INSS, autarquia federal, fruto da fusão do IAPAS – Instituto de Administração Financeira da Previdência e Assistência Social com o INPS – Instituto Nacional de Previdência Social, com principal função administrativa na atualidade gerir o plano de benefícios e serviços do RGPS.

> **Como esse assunto foi cobrado em concurso?**
>
> No concurso do CESPE para Juiz Federal da 5ª Região em 2007, foi considerado errado o seguinte enunciado: O Instituto Nacional do Seguro Social (INSS) é a autarquia previdenciária cuja principal atribuição é a administração do regime geral de previdência social.

1. Direito Previdenciário, 8ª ed., Quartier Latin, pg. 350.

No entanto, com o advento da Lei 13.341/2016, a pasta previdenciária restou transferida para o Ministério da Fazenda, tendo sido o Ministério do Trabalho e Previdência Social redesignado para Ministério do Trabalho. Posteriormente, em 2019, a pasta previdenciária fez parte do Ministério da Economia, tendo sido criado em seu âmbito uma Secretaria Especial de Previdência e Trabalho.

Logo, a competência sobre Previdência e Previdência Complementar passou a ser exercida, de imediato, pelo Ministério da Economia, com apoio das estruturas que atualmente dão suporte a elas.

Atualmente, após a reforma ministerial de 2021, o Instituto Nacional do Seguro Social – INSS passou a ser vinculado ao **Ministério do Trabalho e Previdência**, assim como os seguintes órgãos previdenciários:

- o Conselho Nacional de Previdência Complementar;
- a Câmara de Recursos da Previdência Complementar;
- o Conselho Nacional de Previdência;
- o Conselho de Recursos da Previdência Social.

2. LEGISLAÇÃO DE REGÊNCIA, SISTEMÁTICA E CARACTERÍSTICAS

As regras gerais do RGPS estão positivadas no artigo 201, da Constituição Federal de 1988, tendo o seu plano de custeio sido aprovado pela Lei 8.212/91 e o plano de benefícios e serviços pela Lei 8.213/91, atualmente regulamentados pelo Decreto 3.048/99 (RPS – Regulamento da Previdência Social).

Ademais, algumas regras importantes se encontram em normas esparsas, especialmente nas Leis 9.876/99 (criou o fator previdenciário e alterou as regras de cálculo do salário de benefício) e 10.666/03 (trouxe inovações sobre aposentadorias, auxílio-reclusão e custeio).

Por sua vez, os tratados, convenções e outros acordos internacionais de que Estado estrangeiro ou organismo internacional e o Brasil sejam partes, e que versem sobre matéria previdenciária, serão interpretados como **lei especial**, a teor do artigo 85-A da Lei 8.212/91.

> **Como esse assunto foi cobrado em concurso?**
>
> No concurso do CESPE para Juiz Federal da 5ª Região em 2013, foi considerado errado o seguinte enunciado: Os tratados, convenções e outros acordos internacionais de que Estado estrangeiro ou organismo internacional e o Brasil sejam partes e que versem sobre matéria previdenciária são interpretadas como leis ordinárias gerais.

O RGPS é um sistema previdenciário parcialmente inspirado no modelo bismarckiano, vez que pressupõe contribuições específicas dos filiados e das empresas para que haja a cobertura securitária, ao contrário do modelo beveridgiano, que abarcava toda a população e era mantido pelos tributos em geral.

Contudo, trata-se de um **sistema contributivo de repartição** e não de capitalização, pois restou instituído um *fundo único para o pagamento dos benefícios previdenciários*, sendo possível que determinados benefícios sejam concedidos mesmo que ainda não haja uma contribuição sequer ao sistema, no interstício entre a filiação e o primeiro pagamento, a exemplo do salário-família e do auxílio-acidente, prestações que dispensam a carência.

O Fundo do RGPS está previsto no artigo 250, da Constituição Federal, sendo criado pelo artigo 68, da Lei Complementar 101/2000, vinculado ao Ministério do Trabalho e Previdência e gerido pelo INSS, cuja arrecadação está afetada exclusivamente ao pagamento dos benefícios, na forma do artigo 167, inciso XI, da Constituição Federal, cabendo a União complementar os recursos faltantes.

Caso fosse adotado um sistema de capitalização no RGPS, seria necessariamente exigido um número mínimo de contribuições para o gozo de todos os benefícios previdenciários, provavelmente em contas individuais, mas esta sistemática em nada atenderia ao Princípio da Solidariedade, razão pela qual não foi adotado nesse plano básico brasileiro.

Outrossim, o artigo 201 da Constituição Federal determina que o Regime Geral observe *critérios que preservem o seu equilíbrio financeiro e atuarial*, prestando o Estado cada vez mais serviços com melhor qualidade e eficiência aos segurados e seus dependentes.

> **▸ Como esse assunto foi cobrado em concurso?**
>
> No concurso do CESPE para Analista Executivo da SEGER-ES em 2013, foi considerado errado o seguinte enunciado: A CF estabelece o caráter contributivo e a filiação obrigatória da **seguridade social** e determina a observância de critérios que preservem o equilíbrio financeiro e atuarial do sistema.

O *equilíbrio financeiro* se refere às reservas monetárias que devem existir para o pagamento de benefícios e também por precaução, enquanto o *atuarial* são os cenários futuros que devem ser traçados para a manutenção ou alcance do equilíbrio financeiro, com o auxílio da matemática estatística, através do desenho dos prováveis cenários que advirão.

Hoje o RGPS funciona como o 1º pilar do Sistema de Proteção Social no Brasil, tendo as seguintes **características gerais**: *público, contributivo, prima pelo equilíbrio financeiro e atuarial, de filiação obrigatória para os trabalhadores em geral, de repartição* (fundo único), *solidário, de gestão quadripartite* (Poder Público, empregadores, trabalhadores e aposentados) e *de custeio tripartite* (Poder Público, trabalhadores e empresas/empregadores/equiparados).

O RGPS é um pacto político e social intra e intergeracional, haja vista que os inativos são sustentados pelos ativos na atualidade que, no futuro, serão mantidos pelas próximas gerações de trabalhadores.

3. ENTIDADES E ÓRGÃOS PREVIDENCIÁRIOS

3.1. Conselho Nacional da Previdência

O Conselho Nacional da Previdência Social – CNPS, integrante da estrutura do extinto Ministério da Previdência Social, constitui-se em órgão superior de deliberação colegiada, contando com composição que atende ao Princípio da Gestão Quadripartite da Seguridade Social, nos moldes do artigo 3º, da Lei 8.213/91: I- seis representantes do Governo Federal; II – nove representantes da sociedade civil (três representantes dos aposentados e pensionistas; três representantes dos trabalhadores em atividade; três representantes dos empregadores).

Com o advento da Lei 13.341/2016, o Conselho Nacional de Previdência Social passou a se chamar **Conselho Nacional de Previdência.** Após a reforma ministerial de 2019, o CNP passou a compor a estrutura do Ministério da Economia. Em 2021, passou a ser vinculado ao **Ministério do Trabalho e Previdência.**

Ou seja, o Poder Público não possui a maioria da composição do CNP, pois apenas seis dos quinze representantes serão indicados pela União, sendo nomeados pelo Presidente da República. É necessário destacar que a Lei 8.213/91, de maneira salutar, inovou em relação à Constituição de 1998. Isso porque, na gestão da seguridade social, o artigo 194, parágrafo único, da Lei Maior, não previu os pensionistas como integrantes dos órgãos colegiados da seguridade social, a exemplo do CNP.

Os representantes titulares da sociedade civil terão mandato de dois anos, podendo ser reconduzidos, de imediato, uma única vez, ao passo que serão indicados pelas centrais sindicais e confederações nacionais.

> **▸ Como esse assunto foi cobrado em concurso?**
>
> No concurso da FCC para Analista do TRF da 3ª Região em 2014, foi considerada correta a letra E: O Conselho Nacional de Previdência Social-CNPS possui como membros, dentre outros, nove representantes da sociedade civil. Os membros do CNPS e seus respectivos suplentes serão nomeados pelo: (A) Ministro da Saúde, tendo os representantes titulares da sociedade civil mandato de 2 anos, podendo ser reconduzidos, de imediato, uma única vez. (B) Presidente da República, tendo os representantes titulares da sociedade civil mandato de 2 anos, vedada a recondução. (C) Presidente da República, tendo os representantes titulares da sociedade civil mandato de 1 ano, vedada a recondução. (D) Ministro da Saúde, tendo os representantes titulares da sociedade civil mandato de 1 ano, vedada a recondução. (E) Presidente da República, tendo os representantes titulares da sociedade civil mandato de 2 anos, podendo ser reconduzidos, de imediato, uma única vez.

Os membros do CNP em atividade gozarão de estabilidade no emprego, da nomeação até um ano após o término do mandato de representação, somente podendo ser demitidos por motivo de falta grave, regularmente comprovada através de processo judicial.

Em regra, ocorrerá uma reunião ordinária mensal, podendo ser designada reunião extraordinária por decisão do Presidente do CNP ou por deliberação de 1/3 dos seus membros.

> **▸ Como esse assunto foi cobrado em concurso?**
>
> No concurso da FCC para Analista do TRF da 4ª Região em 2010, foi considerada correta a letra E: Sobre o Conselho Nacional de Previdência Social–CNPS, considere: I. O CNPS terá, dentre os seus membros, seis representantes do Governo Federal. II. Os membros do CNPS e seus respectivos suplentes serão nomeados pelo Presidente da República. III. Os membros do CNPS representantes titulares da sociedade civil terão mandato de 2 (dois) anos, vedada a recondução. IV. O CNPS reunir-se-á, ordinariamente, duas vezes por mês, por convocação de seu Presidente. Está correto o que consta apenas em: a) I e III. b) I, II e III. c) I, II e IV. d) II, III e IV. e) I e II.

Compete ao CNP:

I. estabelecer diretrizes gerais e apreciar as decisões de políticas aplicáveis à Previdência Social;

II. participar, acompanhar e avaliar sistematicamente a gestão previdenciária;

III. apreciar e aprovar os planos e programas da Previdência Social;

IV. apreciar e aprovar as propostas orçamentárias da Previdência Social, antes de sua consolidação na proposta orçamentária da Seguridade Social;

V. acompanhar e apreciar, através de relatórios gerenciais por ele definidos, a execução dos planos, programas e orçamentos no âmbito da Previdência Social;

VI. acompanhar a aplicação da legislação pertinente à Previdência Social;

VII. apreciar a prestação de contas anual a ser remetida ao Tribunal de Contas da União, podendo, se for necessário, contratar auditoria externa;

VIII. estabelecer os valores mínimos em litígio, acima dos quais será exigida a anuência prévia do Procurador-Geral ou do Presidente do INSS para formalização de desistência ou transigência judiciais;

IX. elaborar e aprovar seu regimento interno.

> **▸ Como esse assunto foi cobrado em concurso?**
>
> No concurso do CESPE para Oficial Técnico de Inteligência com formação em Direito da ABIN em 2010, foi considerado correto o seguinte enunciado:
>
> Compete ao Conselho Nacional de Previdência Social, órgão superior de deliberação colegiada, apreciar e aprovar as propostas orçamentárias da previdência social, antes de sua consolidação na proposta orçamentária da seguridade social.

3.2. Instituto Nacional do Seguro Social

O INSS teve autorização de criação dada pela Lei 8.029/90, sendo uma autarquia federal inicialmente vinculada ao Ministério da Previdência Social, fruto da fusão do IAPAS – Instituto de Administração Financeira da Previdência e Assistência Social com o INPS – Instituto Nacional de Previdência Social.

> **Como esse assunto foi cobrado em concurso?**
>
> No concurso da FCC para Técnico do INSS em 2012, foi considerada correta a letra B – O INSS, autarquia federal, resultou da fusão das seguintes autarquias: (A) INAMPS e SINPAS. (B) IAPAS e INPS. (C) FUNABEM e CEME. (D) DATAPREV e LBA. (E) IAPAS e INAMPS.

No entanto, o INSS foi transferido do Ministério do Trabalho e Previdência Social para o Ministério do Desenvolvimento Social, que passou a exercer a supervisão ministerial. Em 2019, após a reforma ministerial, a supervisão do INSS passou a ser do Ministério da Economia. Em 2021, passou a ser vinculado ao **Ministério do Trabalho e Previdência.**

Atualmente, tendo em vista que não mais compete ao INSS arrecadar, fiscalizar e cobrar as contribuições previdenciárias, pois essa Dívida Ativa passou a ser da União com o advento da Lei 11.457/07 (criou a Secretaria de Receita Federal do Brasil), a sua principal função administrativa é gerir o plano de benefícios e serviços do RGPS.

O INSS hoje gerencia o Plano de Benefícios e Serviços do Regime Geral de Previdência Social; concede o BPC/LOAS, o auxílio-inclusão e o seguro-desemprego do pescador artesanal.

Além destas funções principais, caberá ao INSS, ainda, nos termos do artigo 5º, da Lei 11.457/2007, emitir certidão relativa a tempo de contribuição, gerir o Fundo do Regime Geral de Previdência Social e calcular o montante das contribuições previdenciárias e emitir o correspondente documento de arrecadação, com vistas no atendimento conclusivo para concessão ou revisão de benefício requerido.

3.3. Conselho de Recursos da Previdência Social

O Conselho de Recursos da Previdência Social – CRPS, colegiado integrante da estrutura do Ministério da Previdência Social, é um órgão de controle "jurisdicional" das decisões do INSS, nos processos referentes a benefícios a cargo da autarquia previdenciária.

O CRPS é o órgão revisor das decisões administrativas do INSS, dispondo o artigo 126, da Lei 8.213/91, a quem compte julgar recursos das decisões do INSS nos processos de interesse dos beneficiários. Eis as competências do CRPS, ampliadas no ano de 2019:

> "Art. 126. Compete ao Conselho de Recursos da Previdência Social julgar, entre outras demandas, na forma do regulamento: (Redação dada pela Lei nº 13.876, de 2019)
>
> I - recursos das decisões do INSS nos processos de interesse dos beneficiários; (Incluído pela Lei nº 13.846, de 2019)
>
> I – recursos das decisões do INSS nos processos de interesse dos beneficiários, exceto os recursos a que se refere o art. 126-A; (Redação dada pela Medida Provisória nº 1.113, de 2022)
>
> II – contestações e recursos relativos à atribuição, pelo Ministério da Economia, do Fator Acidentário de Prevenção aos estabelecimentos das empresas; (Incluído pela Lei nº 13.846, de 2019)
>
> III – recursos das decisões do INSS relacionados à comprovação de atividade rural de segurado especial de que tratam os arts. 38-A e 38-B, ou demais informações relacionadas ao CNIS de que trata o art. 29-A desta Lei. (Incluído pela Lei nº 13.846, de 2019)
>
> IV – recursos de processos relacionados à compensação financeira de que trata a Lei nº 9.796, de 5 de maio de 1999, e à supervisão e à fiscalização dos regimes próprios de previdência social de que trata a Lei nº 9.717, de 27 de novembro de 1998. (Incluído pela Lei nº 13.876, de 2019)"

Vale ressaltar que é vedado ao INSS escusar-se de cumprir as diligências solicitadas pelo CRPS, bem como deixar de dar cumprimento às decisões definitivas daquele colegiado, reduzir ou ampliar o seu alcance ou executá-las de modo que contrarie ou prejudique seu evidente sentido.

O CRPS é formado pelos seguintes órgãos:

I – Juntas de Recursos, com a competência para julgar: a) os recursos das decisões proferidas pelo INSS nos processos de interesse de seus beneficiários; b) os recursos das decisões proferidas pelo INSS relacionados à comprovação de atividade rural de segurado especial de que trata o art. art. 38-B da Lei nº 8.213, de 1991, ou às demais informações relacionadas ao CNIS de que trata o art. 29-A da referida Lei; c) os recursos de decisões relacionadas à compensação financeira de que trata a Lei nº 9.796, de 5 de maio de 1999; d) as contestações relativas à atribuição do FAP aos estabelecimentos da empresa; e) os recursos relacionados aos processos sobre irregularidades verificadas em procedimento de supervisão e de fiscalização nos regimes próprios de previdência social e aos processos sobre apuração de responsabilidade por infração às disposições da Lei nº 9.717, de 1998;

II – Câmaras de Julgamento, com sede em Brasília, Distrito Federal, com a competência para julgar os recursos interpostos contra as decisões proferidas pelas Juntas de Recursos;

III – Conselho Pleno, com a competência para uniformizar a jurisprudência previdenciária mediante enunciados, podendo ter outras competências definidas no Regimento Interno do Conselho de Recursos da Previdência Social.

4. PRINCÍPIOS INFORMADORES

No Capítulo I foram estudados os princípios informadores do sistema de seguridade social, aplicáveis tanto ao subsistema não contributivo (assistência social e saúde), quanto ao subsistema contributivo (previdência social).

Nesta oportunidade serão analisados os princípios específicos da previdência social, aplicáveis diretamente ao Regime Geral de Previdência Social e, no que couber, aos Regimes Próprios de Previdência Social e aos planos privados, ressaltando que tecnicamente alguns são verdadeiros objetivos previdenciários e não princípios propriamente ditos.

Deveras, uma parte destes princípios já se encontra positivada no artigo 2º, da Lei 8.213/91, bem como no artigo 3º, da Lei 8.212/91, enquanto outros têm berço constitucional ou decorrem implicitamente da legislação previdenciária.

PRINCÍPIOS INFORMADORES DA PREVIDÊNCIA SOCIAL
1. Contributividade;
2. Obrigatoriedade da Filiação;
3. Equilíbrio Financeiro e Atuarial;
4. Universalidade de Participação nos Planos Previdenciários;
5. Uniformidade e Equivalência dos Benefícios e Serviços às Populações Urbanas e Rurais;
6. Seletividade e Distributividade;
7. Salários de Contribuição Corrigidos Monetariamente;
8. Irredutibilidade do Valor dos Benefícios;
9. Garantia do Benefício não inferior ao salário mínimo;
10. Previdência Complementar Facultativa;
11. Gestão Quadripartite de Previdência Social;
12. *Tempus Regit Actum;*
13. Automaticidade das prestações.

▸ Como esse assunto foi cobrado em concurso?

No concurso para Juiz do Trabalho da 1ª Região em 2008, foi considerado errado o seguinte enunciado: A previdência social observará como princípios e diretrizes, dentre outros, o acesso universal e igualitário, valor da renda mensal dos benefícios, substitutos do salário-de-contribuição ou do rendimento do trabalho do segurado, não inferior ao salário mínimo; preservação do valor real dos benefícios; e participação da iniciativa privada, obedecidos os preceitos constitucionais.

> Por sua vez, no concurso do CESPE para Promotor de Justiça do ES em 2010, foi considerado errado o seguinte enunciado: Entre os princípios da previdência social enumerados na CF incluem-se a universalidade da cobertura e do atendimento; a uniformidade e equivalência dos benefícios e serviços às populações urbanas e rurais; e a descentralização, com direção única em cada esfera de governo.

4.1. Princípio da Contributividade

Pelo Princípio da Contributividade, a previdência social apenas concederá os seus benefícios e serviços aos segurados (e seus dependentes) que se filiarem previamente ao regime previdenciário, sendo exigido o pagamento de tributos classificados como contribuições previdenciárias, haja vista se tratar do único subsistema da seguridade social com natureza contributiva direta.

De efeito, determina a cabeça do artigo 201, da Constituição Federal de 1988, que a previdência social será organizada sob a forma de regime geral, **de caráter contributivo**, o que comprova a natureza constitucional deste princípio.

No Brasil, a previdência será necessariamente contributiva, ao contrário do ocorre em alguns países que adotam regimes previdenciários em que inexistem contribuições específicas para o seu custeio, que é realizado com os recursos dos tributos em geral, adotando-se nessas pontuais nações o modelo beveridgiano.

Vale frisar que a contributividade que marca a previdência social poderá ser real ou presumida. É que em muitas hipóteses a legislação previdenciária presume de maneira absoluta o recolhimento das contribuições previdenciárias em prol de determinados segurados, normalmente quando a responsabilidade tributária é transferida às empresas.

4.2. Princípio da Obrigatoriedade da Filiação

O RGPS é de caráter compulsório para os trabalhadores em geral, na forma do quanto determinado pelo *caput* do artigo 201, da Constituição, exceto no que concerne aos servidores públicos efetivos e militares vinculados a algum RPPS.

Esta imposição constitucional se justifica pelo Princípio da Solidariedade, pois lamentavelmente grande parte das pessoas não programaria espontaneamente o seu futuro, de modo que, se a adesão ao regime fosse facultativa, certamente poucos trabalhadores se filiariam.

Dessa forma, na idade avançada, incapacidade temporária ou permanente, maternidade, morte, acidente, desemprego ou na ocorrência de outros eventos programados ou não, as pessoas imprevidentes provavelmente iriam onerar o Estado com o pagamento de benefícios assistenciais e ainda aumentariam bastante a miséria brasileira.

Logo, como uma medida positiva e salutar de um Estado Social que deve intervir para a garantia de direitos sociais e econômicos, andou bem o legislador constitucional ao prever a obrigatoriedade de filiação ao RGPS dos trabalhadores em geral.

Este princípio é excepcionado para os segurados facultativos do RGPS, pois apenas se filiarão se manifestarem a sua vontade e recolherem as contribuições respectivas, haja vista não exercerem atividade laboral remunerada.

4.3. Princípio do Equilíbrio Financeiro e Atuarial

Este princípio está previsto na cabeça do artigo 201, da CRFB, sendo fruto da EC 20/1998, *determinando que a previdência social observe critérios que preservem o seu equilíbrio financeiro e atuarial*, a fim de assegurar a incolumidade das contas previdenciárias para as presentes e futuras gerações.

É certo que é preciso haver um equilíbrio entre as receitas que ingressam no fundo previdenciário e as despesas com o pagamento dos benefícios, que restou prejudicado com a utilização pretérita dos recursos da previdência para o custeio de outras diversas despesas da União, especialmente a construção de Brasília.

Todo regime previdenciário, quando começa, tende a arrecadar muito mais com as contribuições do que gastar com o pagamento de benefícios e a promoção de serviços, pois apenas as prestações não programadas serão devidas no início, o que permitirá a reunião de uma grande soma de recursos para o futuro, formando um *equilíbrio financeiro*.

Ao menos, a arrecadação deverá cobrir o pagamento dos benefícios previdenciários, sob pena de inexistência de equilíbrio financeiro, o que ocorre atualmente no RGPS, quando, somados os números urbanos e rurais, as receitas não fazem frente às despesas, conquanto o déficit tenha sido reduzido nos últimos anos.

Todavia, ante a dinâmica social, não basta a existência de boas reservas no presente para a garantia de uma previdência solvente no futuro, devendo ser monitoradas as novas tendências que possam afetar as contas da previdência, a exemplo da maior expectativa de vida das pessoas, a menor taxa de natalidade, o "efeito viagra" (os aposentados se casam com pessoas cada vez mais novas e instituem pensões por morte a serem pagas por décadas), o número de acidentes de trabalho e a aplicação aos benefícios no valor de um salário mínimo índices de reajuste anual acima da inflação.

Logo, uma previdência poderá estar equilibrada financeiramente no presente, mas com perspectivas de não estar no amanhã, sendo também imprescindível o seu *equilíbrio atuarial*, onde serão traçados cenários futuros para a manutenção ou alcance do equilíbrio financeiro, com o manejo da matemática estatística.

De resto, veja-se que o *Princípio da Precedência da Fonte de Custeio*, ao vedar a instituição, majoração ou extensão de benefício da seguridade social sem a prévia indicação da respectiva dotação orçamentária que bancará os gastos, busca também a concretização do Princípio do Equilíbrio Financeiro e Atuarial da previdência social.

▸ **Como esse assunto foi cobrado em concurso?**

(2018/VUNESP/IPSM/Procurador) Sobre os princípios específicos da Previdência Social, assinale a alternativa correta: a) Segundo o princípio da filiação obrigatória, nem todo trabalhador que se enquadre na condição de segurado é considerado pelo regime geral como tal, ainda que não esteja amparado por outro regime próprio. b) De acordo com o princípio do caráter contributivo, há a possibilidade jurídica de que o ordenamento jurídico brasileiro estabeleça benefício previdenciário sem que tenha havido a participação do segurado no custeio. c) Como exceção ao princípio da indisponibilidade dos benefícios previdenciários, admite-se que o benefício seja sujeito a penhora ou sequestro, sendo apenas anulável a venda dos direitos do beneficiário ou a constituição de ônus sobre o benefício. d) Como decorrência do caráter compulsório e universal do regime previdenciário estatal, não se admite a participação da iniciativa privada na atividade securitária, ainda que com a particularidade de ser facultativo para os segurados. e) A Emenda Constitucional 20/98 erigiu o equilíbrio financeiro e atuarial à condição de princípio básico do sistema previdenciário, devendo o Poder Público se atentar sempre para a relação entre custeio e pagamento de benefícios, a fim de manter o sistema em condições superavitárias.

Letra E, certa.

4.4. Princípio da Universalidade de Participação nos Planos Previdenciários

Esta norma previdenciária está consignada expressamente no artigo 2º, inciso I, da Lei 8.213/91, sendo corolário do Princípio Universalidade da Cobertura e do Atendimento da seguridade social.

Com propriedade, deverá o RGPS buscar sempre a sua expansão a fim de filiar cada vez mais segurados, inclusive facultando a adesão ao plano das pessoas que não exercem atividade laboral remunerada, na condição de segurados facultativos.

É preciso advertir que a universalidade na previdência social, no Brasil, é mais restrita do que na saúde e na assistência social, pois se limita aos segurados e seus dependentes, por ser necessariamente contributiva, ao passo que a saúde pública é direito de todos e dever do Estado e as medidas assistencialistas serão prestadas a quem delas necessitar, independentemente de contribuição específica ao Poder Público.

Com esse espírito, a Emenda 47/2005 alterou a redação do §12 e inseriu o §13 no artigo 201, da CRFB, determinando que a lei disponha sobre o **sistema especial**

de inclusão previdenciária dos trabalhadores de baixa renda e domésticos, com a garantia de benefícios no valor de um salário mínimo, com alíquotas e carência inferiores aos demais segurados, tendo sido regulamentada pela Lei Complementar 123/2006 e pela Lei 12.470/2011, que alterou a redação do artigo 21, da Lei 8212/91, instituindo alíquotas inferiores aos segurados contribuintes individuais e facultativos de baixa renda, conforme ainda será estudado oportunamente.

A **redução do período de carência** nunca sofreu regulamentação, tendo sido **excluída do texto constitucional pela Emenda 103/2019.**

Realmente, cada vez mais o Poder Público busca a inclusão previdenciária dos trabalhadores informais, estimulando-os a verter contribuições ao RGPS, mesmo porque os autônomos que conseguem acumular um salário mínimo mensal com o seu trabalho estão em uma situação de clandestinidade previdenciária.

Em nada interessa ao Estado brasileiro e consequentemente ao interesse público que essas pessoas persistam na informalidade, pois futuramente acabarão engrossando as fileiras da assistência social, que não goza de contribuição direta dos beneficiários, sendo mantida com recursos de toda a coletividade.

4.5. Princípio da Uniformidade e Equivalência dos Benefícios e Serviços às Populações Urbanas e Rurais

Trata-se de princípio constitucional da seguridade social que foi repetido pelo artigo 2º, inciso II, da Lei 8.213/91.

Conforme visto, o espírito da norma foi vedar a discriminação negativa dos povos rurais já ocorrida no passado, mas é possível o tratamento diferenciado em favor das populações urbanas ou campesinas se houver base constitucional para tanto, em aplicação ao Princípio da Igualdade Material.

Nesse sentido, os trabalhadores rurais que laboram em regime de economia familiar para a subsistência terão uma redução de cinco anos para se aposentarem por idade, na forma do artigo 201, §7º, II, da Constituição, justificável em razão do desgaste físico que a atividade campesina traz aos povos do campo.

Ressalte-se que antes do advento do atual ordenamento constitucional, o rurícola poderia se aposentar com um benefício equivalente a meio salário mínimo, o que não é mais possível na atualidade, porquanto as aposentadorias urbanas ou rurais não poderão ser inferiores a um salário mínimo, valor presumido como o mínimo para um benefício previdenciário que venha a substituir a remuneração do trabalhador.

Assim, não será válida a distinção de tratamento previdenciário entre pessoas que moram no campo ou nas cidades pelo simples critério geográfico, sendo necessário um fator de discrímen com berço constitucional para justificar eventual distinção.

> **▶ Como esse assunto foi cobrado em concurso?**
>
> No concurso do CESPE para Técnico do INSS em 2016 foi considerado correto o seguinte enunciado: Os princípios que regem a previdência social incluem a uniformidade e a equivalência dos benefícios e serviços prestados às populações urbanas e rurais.

4.6. Princípio da Seletividade e Distributividade na Prestação dos Benefícios

Trata-se de reprodução parcial do Princípio Constitucional da Seletividade e Distributividade na Prestação dos Benefícios e Serviços promovida pelo artigo 2º, inciso III, da Lei 8.213/91.

Desconhece-se a motivação que levou o legislador ordinário a suprimir a expressão "serviços" prevista no texto constitucional, mas certamente foi um descuido do Poder Legislativo, pois não se vislumbra fundamento técnico-jurídico para a referida omissão.

Deveras, a *seletividade* obriga o legislador a escolher os riscos sociais a serem cobertos pelo RGPS, respeitado o conteúdo mínimo constitucional, que determina a cobertura de inúmeros eventos nos cinco incisos do artigo 201.

Da mesma forma, entre o universo de segurados e de dependentes, serão selecionados pelo legislador os que apresentem maior necessidade social da prestação previdenciária, de acordo com o interesse público.

Considerando as limitações orçamentárias, os eventos mais importantes para os segurados e seus dependentes deverão gerar os benefícios e serviços da previdência social, que deverão ser progressivamente alvo de expansão na proporção permitida pelo orçamento previdenciário.

> **▶ Como esse assunto foi cobrado em concurso?**
>
> **(2018/CESGRANRIO/LIQUIGÁS/Profissional Júnior/Auditoria)** Nos termos da legislação de regência, a Previdência Social rege-se por diversos princípios, dentre os quais o pertinente à prestação dos benefícios que é o da: a) uniformidade. b) democracia. c) participação. d) seletividade. e) facultatividade.
>
> Letra D, certa.

Um caso que se insere no campo de incidência do Princípio da Seletividade foi à restrição promovida pela Emenda Constitucional 20/1998 para o benefício do auxílio-reclusão, que desde então passou a se destinar "para os dependentes dos segurados de baixa renda", na forma do artigo 201, inciso IV, da Lei Maior. Isso porque, à luz do interesse coletivo, o poder constituinte derivado resolveu apenas conceder os referidos benefícios aos dependentes dos segurados de baixa renda.

> **Qual o entendimento do STF sobre o assunto?**
>
> I – Segundo decorre do art. 201, IV, da Constituição, a renda do segurado preso é que a deve ser utilizada como parâmetro para a concessão do benefício e não a de seus dependentes. II – Tal compreensão se extrai da redação dada ao referido dispositivo pela EC 20/1998, que restringiu o universo daqueles alcançados pelo auxílio-reclusão, a qual adotou o critério da seletividade para apurar a efetiva necessidade dos beneficiários (RE 587.365, de 25.03.2009).

De sua vez, a *distributividade* torna a previdência social relevante instrumento de repartição de riquezas no Brasil, sendo responsável pela retirada de mais de 22 milhões de pessoas da pobreza, conforme noticiado por publicação do extinto Ministério da Previdência Social do ano de 2008.

> **Como esse assunto foi cobrado em concurso?**
>
> No concurso para Juiz do Trabalho da 6ª Região em 2010, foi considerado correto o seguinte enunciado: A seletividade e distributividade das prestações é princípio que se reporta precipuamente ao legislador, impondo-lhe que, na conformação legal dos planos de benefícios e serviços, sejam priorizadas as maiores necessidades sociais. Já no concurso para Juiz do Trabalho da 8ª Região em 2007, foi considerado correto o seguinte enunciado: Pelo princípio da seletividade, alguns benefícios só podem ser deferidos aos segurados e outros só podem ser concedidos aos dependentes.

4.7. Princípio dos Salários de Contribuição Corrigidos Monetariamente

Determina o artigo 2º, inciso IV, da Lei 8.213/91, que o cálculo dos benefícios previdenciários deverá considerar os salários de contribuição corrigidos monetariamente, direito dos segurados reconhecido no §3º, do artigo 201, da CRFB.

Ainda não é o momento adequado para o estudo aprofundado do salário de contribuição. Por ora, para que o leitor entenda o conteúdo deste princípio, insta asseverar que se trata de instituto exclusivo do Direito Previdenciário, cujo valor é utilizado para o cálculo de quase todos os benefícios, sendo formado normalmente por parcelas remuneratórias decorrente do labor, observado o piso e o teto.

Assim, para que um segurado possa se aposentar com base na legislação atual, para o cálculo da renda mensal do seu benefício, todos os salários de contribuição deverão ser atualizados pelo índice legal (atualmente é o INPC), a fim de não defasar o valor da prestação previdenciária a ser recebida.

Parece óbvio, mas não era assim no passado. Na legislação previdenciária vigente no regime constitucional pretérito, nem todos os salários de contribuição eram corrigidos monetariamente (os dozes últimos salários se contribuição não sofriam correção monetária, nos termos do artigo 37, §1º, do Decreto 83.080/79), o que levava a uma acentuada defasagem da sua renda mensal inicial, especialmente em tempos de inflação galopante.

> **Como esse assunto foi cobrado em concurso?**
>
> No concurso do CESPE para Defensor Público da União em 2007, foi considerado errado o seguinte enunciado: O valor mensal dos benefícios que, eventualmente, substituam o salário de contribuição ou o rendimento do trabalho não poderá ser inferior a um salário mínimo. Esse princípio da seguridade social brasileira tem aplicação tanto na assistência quanto na previdência social, sendo excepcionado apenas na área de saúde, pois esta não possui prestações continuadas pagas em espécie.

4.8. Princípio da Irredutibilidade do Valor dos Benefícios

Na forma do artigo 2º, inciso V, da Lei 8.213/91, é direito dos segurados e dependentes que o valor do seu benefício previdenciário não seja reduzido nominalmente, bem como sofra os reajustes anuais a fim de preservar o seu poder aquisitivo.

Isso para os benefícios concedidos ou com direito adquirido, pois a legislação pode reduzir o valor para futuras concessões, como ocorreu em algumas situações na Emenda 103/2019.

Logo, não se cuida apenas de uma **irredutibilidade** nominal ou formal, e sim **material**, sendo direito subjetivo dos beneficiários do RGPS o reajuste pelo índice legal para a manutenção do seu **valor real**, conforme determinação do artigo 201, §4º, da Constituição Federal.

Desde o advento das Leis 8.212/91 e 8.213/91 os benefícios previdenciários passaram a ter reajustes desvinculados do salário mínimo, ocorrendo anualmente de acordo com o índice legal, razão pela qual é possível que uma pessoa que se aposentou com o equivalente a cinco salários mínimos perceba uma proporção menor hoje, haja vista que as políticas públicas de reajuste do salário mínimo vêm aplicando percentuais acima da inflação.

É comum que muitos segurados e dependentes ingressem com ações judiciais visando à aplicação do mesmo percentual do salário mínimo ou de outros índices de correção monetária mais vantajosos, mas a atual sistemática já foi validada inúmeras vezes pelo STF (a exemplo do AI 540956/AgR, de 14.03.2006).

Atualmente, em regra, os benefícios deverão ser reajustados na mesma data do reajuste do salário mínimo e de acordo com o INPC – Índice Nacional de Preços do Consumidor, nos termos do artigo 41-A, da Lei 8.213/91, inserto pela Lei 11.430/2006, elaborado pela Fundação IBGE, com base nos Índices de Preços ao Consumidor Regionais.

▸ **Como esse assunto foi cobrado em concurso?**

No concurso do CESPE para Juiz Federal da 2ª Região em 2013, foi considerada correta a letra B:A previdência social é regida por princípios que foram consolidados na Lei n.º 8.212/1991. Entre esses princípios, encontra-se o princípio: a) do cálculo dos benefícios considerando-se os salários-de- contribuição nominais. b) da preservação do valor real dos benefícios. c) da previdência complementar facultativa, custeada por parcela das contribuições sociais previdenciárias. d) da universalidade de participação nos planos previdenciários, independentemente de contribuição. e) do valor da renda mensal dos benefícios, substitutos do salário- de-contribuição ou do rendimento do trabalho do segurado, superior ao valor do salário mínimo.

▸ **Qual o entendimento do STJ sobre o assunto?**

Vale ressaltar que, por força deste princípio, a jurisprudência do STJ não vinha admitindo redução do valor nominal do benefício previdenciário pago em atraso em razão de índices negativos de deflação, a exemplo de passagem do julgamento do agravo regimental no recurso especial 1.242.584, de 19.05.2011. **Contudo, no ano de 2012, a jurisprudência do STJ se firmou em sentido contrário.** Com base em precedente da Corte Especial, a 3ª Seção passou a admitir a aplicação de índices negativos de inflação na atualização dos benefícios previdenciários, desde que respeitada à irredutibilidade do valor total a ser pago a título de parcelas atrasadas (EDcl no AgRg no RECURSO ESPECIAL Nº 1.142.014 - RS - Publicado em 11/10/2012).

▸ **Como esse assunto foi cobrado em concurso?**

No concurso do CESPE para Juiz Federal da 5ª Região em 2011, foi considerado errado o seguinte enunciado: Com base no princípio constitucional de irredutibilidade do valor dos benefícios, não se admite redução do valor nominal do benefício previdenciário pago em atraso, exceto na hipótese de índice negativo de correção para os períodos em que ocorra deflação.

4.9. Princípio da Garantia do Benefício não Inferior ao Salário Mínimo

É assegurado constitucionalmente (artigo 201, §2º) que nenhum benefício do RGPS que substitua o rendimento do trabalho tenha valor inferior a um salário mínimo, avanço que dobrou muitas aposentadorias rurais que tinham a renda equivalente a ½ salário mínimo no anterior regime.

Nessa trilha, o artigo 2º, inciso VI, da Lei 8.213/91, elevou esta norma à categoria de princípio da previdência social, fazendo com que apenas os benefícios que não venham a substituir a remuneração do trabalhador possam ser inferiores a um salário mínimo, como ocorre com o auxílio-acidente e o salário-família, conforme será visto no momento oportuno.

> **Como esse assunto foi cobrado em concurso?**
> No concurso do CESPE para Juiz Federal da 5ª Região em 2013, foi considerado errado o seguinte enunciado: De acordo com a CF, **nenhum** benefício pago pela previdência social pode ter valor inferior a um salário mínimo.

Todavia, essa garantia vem gerando uma situação inusitada e não isonômica para muitos segurados e dependentes do RGPS, porquanto ao longo dos anos os benefícios mínimos vêm sofrendo um reajuste maior que os demais, em decorrência dos maiores reajustes do salário mínimo ao longo das duas últimas décadas.

Mesmo após a EC 103/2019, no RGPS, a pensão por morte não poderá ser inferior a um salário mínimo, nos termos do artigo 201, §2º, da Constituição:

> "§ 2º Nenhum benefício **que substitua o salário de contribuição ou o rendimento do trabalho do segurado** terá valor mensal inferior ao salário mínimo. (Redação dada pela Emenda Constitucional nº 20, de 1998)"

> **Como esse assunto foi cobrado em concurso?**
> No concurso CEBRASPE – 2023 – TCE-RJ – Procurador do Ministério Público, foi considerado ERRADO o seguinte enunciado: O princípio do mínimo existencial assegura que nenhum benefício concedido sob o RGPS poderá ser inferior a um salário mínimo.

No entanto, no RPPS, poderá, desde que o dependente seja titular de renda formal, como emprego ou benefício previdenciário. São dois pesos, com duas medidas, em regra manifestamente não isonômica e desproporcional ao dependente do servidor público efetivo falecido, nos termos do artigo 40 da Constituição:

> "§ 7º Observado o disposto no § 2º do art. 201, **quando se tratar da única fonte de renda formal auferida pelo dependente**, o benefício de pensão por morte será concedido nos termos de lei do respectivo ente federativo, a qual tratará de forma diferenciada a hipótese de morte dos servidores de que trata o § 4º-B decorrente de agressão sofrida no exercício ou em razão da função. (Redação dada pela Emenda Constitucional nº 103, de 2019)".

4.10. Princípio da Previdência Complementar Facultativa

Além dos tradicionais planos básicos públicos (RGPS para os trabalhadores em geral e RPPS's para os servidores públicos efetivos e militares), a previdência social brasileira ainda contempla os planos complementares na área pública (ainda pendentes de instituição pelas entidades políticas interessadas) e na área privada, estes repartidos em abertos e fechados.

Em todos os planos complementares, ao contrário dos planos básicos, a adesão será sempre facultativa, ante a natureza contratual que rege essa relação jurídica e a previsão expressa na cabeça do artigo 202, da Constituição de 1988 e no artigo 2º, inciso VII, da Lei 8.213/91.

4.11. Princípio da Gestão Quadripartite da Previdência Social

Este princípio é decorrência natural do Princípio da Gestão Quadripartite da Seguridade Social, na forma do artigo 2º, VIII, da Lei 8.213/91, pois a previdência social deverá contar com uma gestão democrática e descentralizada, com a participação de representantes do Poder Público, empregadores, trabalhadores e aposentados nos órgãos colegiados.

Nesse sentido, a composição do CNPS – Conselho Nacional de Previdência Social, órgão superior de deliberação colegiada, possui seis representantes do Governo federal e nove das demais categoriais referidas, o que demonstra que o Poder Público não detém a maioria dos membros, ainda inovando ao prever representantes dos pensionistas juntamente com os aposentados.

> **▸ Como esse assunto foi cobrado em concurso?**
>
> No concurso da FCC para Procurador da Prefeitura de Recife em 2014, foi considerada correta a letra C: A Previdência Social rege-se pelos seguintes princípios e objetivos: I. Uniformidade e equivalência dos benefícios e serviços às populações urbanas e rurais. II. Caráter democrático e descentralizado da gestão administrativa, com a participação do governo e da comunidade, em especial de trabalhadores em atividade, empregadores e aposentados. III. Cálculo dos benefícios considerando-se os salários- de-contribuição corrigidos monetariamente. IV. Irredutibilidade do valor dos benefícios de forma a preservar-lhes o poder real. Está correto o que consta APENAS em: a) III. b) II e III. c) I, II e III. d) II e IV. e) I e IV.

4.12. Princípio do *Tempus Regit Actum*

Trata-se de um princípio geral do Direito que pontifica que os atos jurídicos deverão ser regulados pela lei vigente no momento da sua realização (a lei do tempo rege o ato), normalmente não se aplicando os novos regramentos que lhe são posteriores, salvo previsão expressa em sentido contrário.

É possível afirmar que tem berço constitucional por derivar do direito fundamental que proíbe a nova lei de prejudicar o direito adquirido, o ato jurídico perfeito e a coisa julgada, conforme previsão do artigo 5º, inciso XXXVI, da CRFB.

Conquanto não esteja explicitamente previsto na legislação da previdência social como seu princípio informador, entende-se que ele integra o rol, sendo muitas vezes usado para definir o regime jurídico dos benefícios previdenciários, pois deverá ser aplicada a lei vigente na data do nascimento do direito à prestação previdenciária.

É que o ato administrativo de concessão de um benefício pela Previdência Social classifica-se como ato jurídico perfeito, conquanto surta efeitos por dias, meses, anos ou décadas, pois a obrigação de pagamento das parcelas do benefício é mensal, configurando-se uma relação jurídica continuada ou de trato sucessivo.

O ato jurídico de concessão de um benefício se aperfeiçoa sob a vigência de uma lei, mas comumente continua gerando efeitos jurídicos sob a vigência de um ou mais regimes jurídicos instituídos por leis novas, o que não raro gera um conflito aparente intertemporal, especialmente quando o novel regime é mais benefício aos segurados e seus dependentes.

Assim, a rigor, a lei nova não se aplicará ao benefício concedido anteriormente, mesmo se melhor para o segurado, salvo previsão expressa em sentido contrário para favorecer os beneficiários.

▸ **Qual o entendimento do STF sobre o assunto?**

De acordo com a Suprema Corte "os benefícios previdenciários devem regular-se pela lei vigente ao tempo em que preenchidos os requisitos necessários à sua concessão. Incidência, nesse domínio, da regra "tempus regit actum", que indica o estatuto de regência ordinariamente aplicável em matéria de instituição e/ou de majoração de benefícios de caráter previdenciário" (AI 625.446 AgR, de 12.08.2008).

Note-se que inexiste direito adquirido a novo regime jurídico criado por lei, devendo ser identificada a lei em vigor no momento em que o beneficiário faz jus ao benefício, pois antes do preenchimento de todos os requisitos legais há mera expectativa de direito.

Assim, se determinada pessoa busca a revisão judicial de uma aposentadoria concedida no ano de 1980, as normas vigentes à época é que deverão nortear a decisão do julgador (ultra atividade de normas já revogadas), e não as atuais, mesmo que mais favoráveis ao aposentado, salvo se houver expressa permissão legal em sentido contrário.

▸ **Qual o entendimento do STF sobre o assunto?**

No julgamento do AI 732.564 AgR, em 25.08.2009, afirmou o STF que "a pensão por morte rege-se pela legislação em vigor na data do falecimento do segurado. Princípio da lei do tempo rege o ato (*tempus regit actum*)".

Registre-se que esse caráter intertemporal dificulta bastante a análise de processos que tratam de benefícios antigos, pois toda a apreciação deverá ser promovida à luz da legislação de época.

4.13. Automaticidade das Prestações

Há, ainda, o Princípio da Automaticidade das Prestações, que estatui serem devidas as prestações previdenciárias mesmo na hipótese de não pagamento das contribuições previdenciárias, quando a responsabilidade tributária pelo recolhimento for das empresas tomadoras dos serviços, o que ocorre no Brasil com os segurados empregados, trabalhadores avulsos e contribuintes individuais prestadores de serviços à pessoa jurídica.

Assim, se uma empresa não recolhe as contribuições previdenciárias do seu empregado, o INSS deverá deferir o benefício, não podendo alegar a mora da empresa, devendo a Secretaria de Receita Federal do Brasil proceder a cobrança das contribuições em atraso, caso ainda não decaídas.

Este princípio não possui previsão expressa no ordenamento jurídico previdenciário do Brasil, mas é possível afirmar que implicitamente ele está consagrado. Na Itália, por exemplo, goza de previsão literal no artigo 67.°, do Decreto n.° 1.124, conforme aplicado pelo **Tribunale di Vicenza no processo C-218/00, de 22.01.2002, no caso Cisal di Battistello Venanzio & C. Sas contra Istituto nazionale per l'assicurazione contro gli infortuni sul lavoro.**

Vale frisar que o Princípio da Automaticidade das Prestações não se aplica às hipóteses em que o próprio segurado é responsável direto pelo pagamento das contribuições previdenciárias, conforme será visto.

No entanto, conforme será em breve estudado, a Reforma Constitucional de 2019 inseriu o §14 no artigo 195 da Constituição, que passou a prever que "o segurado somente terá reconhecida como tempo de contribuição ao Regime Geral de Previdência Social a **competência cuja contribuição seja igual ou superior à contribuição mínima mensal exigida para sua categoria**, assegurado o **agrupamento de contribuições**", o que acaba restringindo este princípio.

> **Como esse assunto foi cobrado em concurso?**
>
> No concurso da FCC para Juiz do Trabalho do TRT da 18ª Região em 2014, foi considerada correta a letra C: A concessão de benefício, ainda que não conste prova do pagamento de contribuições previdenciárias, é possível no Regime Geral de Previdência Social, em relação a segurados empregados e contribuintes individuais prestadores de serviço a pessoas jurídicas, baseado no princípio da: a) equidade na forma de participação no custeio. b) alteridade de custeio. c) automaticidade das prestações. d) contrapartida. e) diversidade na base de custeio.

Capítulo 4

Segurados obrigatórios e facultativos, filiação e inscrição no Regime Geral de Previdência Social

1. INTRODUÇÃO

No âmbito do RGPS, estão cobertos pelo sistema os segurados obrigatórios e os facultativos, formando dois grandes grupos de filiados, bem como as pessoas que se enquadrem como os seus dependentes.

De efeito, no grupo dos **segurados obrigatórios**, em regra, se enquadram as pessoas que exercem atividade laboral remunerada no Brasil, exceto os servidores públicos efetivos e militares já vinculados a Regime Próprio de Previdência Social, instituído pela entidade política que se encontrem vinculados.

Caso o servidor ou o militar venham a exercer, concomitantemente, uma ou mais atividades abrangidas pelo Regime Geral de Previdência Social, tornar-se-ão segurados obrigatórios em relação a essas atividades.

Logo, é possível que o servidor público efetivo que desenvolva uma atividade laborativa remunerada paralela ao serviço público seja abarcado simultaneamente pelo RPPS e RGPS, podendo receber nesta hipótese duas aposentadorias, observado o teto do funcionalismo público federal, a teor do artigo 40, §11, da Constituição Federal.

> **Como esse assunto foi cobrado em concurso?**
>
> No concurso da FCC para Analista do TRF da 3ª Região em 2014, foi considerada correta a letra D: Matias é militar da União e sua mulher, Catarina, é militar do Estado de São Paulo. Nestes casos, em regra, de acordo com a Lei nº 8.212/91: a) apenas Matias é excluído do Regime Geral de Previdência Social consubstanciado na referida lei, independentemente do amparo por regime próprio de previdência social. b) Matias e Catarina são, obrigatoriamente, excluídos do Regime Geral de Previdência Social consubstanciado na referida lei. c) apenas Catarina é excluída do Regime Geral de Previdência Social consubstanciado na referida lei, independentemente do amparo por regime próprio de previdência social. d) Matias e Catarina são excluídos do Regime Geral de Previdência Social consubstanciado na referida lei, desde que

amparados por regime próprio de previdência social. e) Matias e Catarina são segurados obrigatórios do Regime Geral de Previdência Social consubstanciado na referida lei.

Esse grupo engloba cinco categorias de segurados que obrigatoriamente terão que se filiar ao sistema: ***empregado, empregado doméstico, trabalhador avulso, segurado especial*** e ***contribuinte individual***.

É plenamente possível que uma pessoa seja filiada em mais de uma categoria na hipótese de desenvolvimento de atividades laborais concomitantes, a exemplo do segurado que mantém um vínculo empregatício (será filiado na condição de segurado empregado) e que nos fins de semana vende sorvete por conta própria em estádios de futebol (será filiado na condição de contribuinte individual).

De acordo com o artigo 12, §4º, da Lei 8.212/91, "o aposentado pelo Regime Geral de Previdência Social – RGPS que estiver exercendo ou que voltar a exercer atividade abrangida por este Regime é segurado obrigatório em relação a essa atividade, ficando sujeito às contribuições de que trata esta Lei, para fins de custeio da Seguridade Social".

▸ **Qual o entendimento do STF sobre o assunto?**

Tese em repercussão geral: É constitucional a contribuição previdenciária devida por aposentado pelo Regime Geral de Previdência Social (RGPS) que permaneça em atividade ou a essa retorne (ARE) 1224327/2019.

Logo, o aposentado que continua trabalhando será segurado obrigatório do RGPS, devendo pagar as contribuições previdenciárias, mesmo sem poder gozar de nova aposentadoria no Regime Geral.

▸ **Como esse assunto foi cobrado em concurso?**

No concurso do CESPE para Juiz Federal da 2ª Região em 2009, foi considerado correto o seguinte enunciado: O aposentado pelo RGPS que voltar a exercer atividade alcançada por esse regime será segurado obrigatório em relação a essa atividade e ficará sujeito às contribuições legais para custeio da seguridade social.

Destaque-se que o *dirigente sindical* manterá, durante o exercício do mandato eletivo, o mesmo enquadramento no Regime Geral de Previdência Social de antes da sua investidura.

Por sua vez, as pessoas que não desenvolvam atividade laborativa no Brasil poderão se filiar na condição de **segurados facultativos** da previdência social, em atendimento ao Princípio da Universalidade de Cobertura, a exemplo do estagiário e da dona de casa.

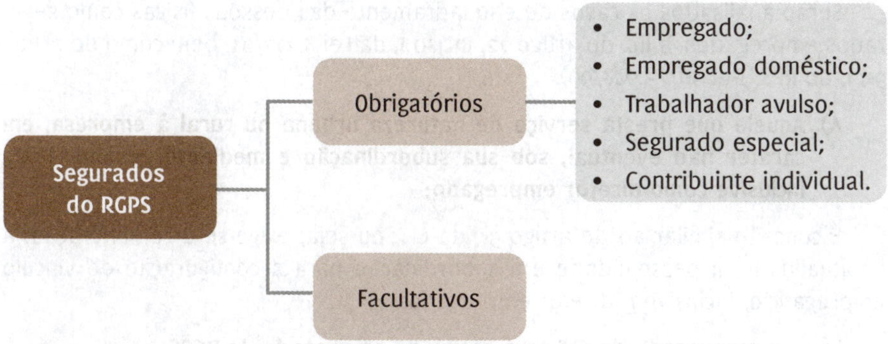

2. SEGURADOS OBRIGATÓRIOS

Os segurados obrigatórios do RGPS estão listados no artigo 12, da Lei 8.212/91, sendo repetidos no artigo 11, da Lei 8.213/91, com regulamentação no artigo 9º, do Decreto 3.048/99 (Regulamento da Previdência Social).

Por óbvio, apenas poderão se filiar como segurados obrigatórios as pessoas naturais, inexistindo possibilidade jurígena de uma pessoa jurídica ser segurada do Regime Geral de Previdência Social.

Vale salientar que a regra é a adoção do ***Princípio da Territorialidade da Filiação***, ou seja, quem exercer atividade laborativa remunerada no território do Brasil e não for servidor público efetivo ou militar vinculado a RPPS, será segurado obrigatório do RGPS.

Contudo, há hipóteses legais excepcionais que serão vistas em que pessoas que trabalham no Brasil não serão seguradas do RGPS, bem como existirão segurados obrigatórios do RGPS trabalhando fora do país.

2.1. Segurado empregado

A legislação previdenciária enumera as hipóteses de enquadramento de um trabalhador como segurado empregado da previdência social, ressaltando que é uma categoria de segurados mais extensa do que os abarcados pela definição de relação de emprego fornecida pela legislação trabalhista, que exige remuneração, pessoalidade, subordinação e habitualidade para a configuração do vínculo de emprego.

> **▸ Importante:**
>
> Vale ressaltar que o titular de cargo efetivo de ente político que não tenha regime próprio (ocorre com muitos municípios) estará vinculado automaticamente ao RGPS, a teor do artigo 12, da Lei 8.212/91 e do artigo 10, §1º, do Regulamento da Previdência Social, na condição de segurado empregado.

Serão analisados os casos de enquadramento das pessoas físicas como segurados empregados, à luz do artigo 12, inciso I, da Lei 8.212/91, bem como do artigo 9º, I, do RPS (Decreto 3.048/99):

A) Aquele que presta serviço de natureza urbana ou rural à empresa, em caráter não eventual, sob sua subordinação e mediante remuneração, inclusive como diretor empregado;

É conceito similar ao do artigo 3º, da CLT, ou seja, exige-se a remuneração, a habitualidade, a pessoalidade e a subordinação para a configuração do vínculo empregatício, inclusive o diretor empregado.

Logo, **o empregado da CLT será segurado empregado do RGPS.**

Com o veto parcial na Lei 11.457/2007, o vínculo empregatício continua podendo ser considerado pela fiscalização da Secretaria de Receita Federal do Brasil, independentemente de reconhecimento da Justiça do Trabalho.

O **jovem aprendiz** é enquadrado como segurado empregado, sendo definido o *contrato de aprendizagem* como o contrato de trabalho especial, ajustado por escrito e por prazo determinado, em que o empregador se compromete a assegurar ao *maior de quatorze e menor de vinte e quatro anos*, inscrito em programa de aprendizagem, formação técnico-profissional metódica, compatível com o seu desenvolvimento físico, moral e psicológico, e o aprendiz, a executar, com zelo e diligência, as tarefas necessárias a essa formação, pelo prazo máximo de dois anos, exceto quando se tratar de aprendiz portador de deficiência, ao qual não se aplica o limite máximo de idade.

> **▸ Como esse assunto foi cobrado em concurso?**
>
> No concurso do CESPE para Procurador do TCU em 2015, foi considerado ERRADO o seguinte enunciado: O menor aprendiz é enquadrado na categoria de segurado facultativo.

Registre-se que, em regra, o guarda-mirim não é segurado empregado, recebendo uma bolsa indenizatória pela atividade desemprenhada, exceto quando houver um desvirtuamento do caráter socioeducativo da atividade de guarda-mirim em qualquer caso, sob pena de se gerar um desestímulo à própria existência das instituições interessadas em preparar jovens para o mercado de trabalho.

> **▸ Qual o entendimento do STJ sobre o assunto?**
>
> É possível o reconhecimento do tempo de serviço na atividade de **guarda-mirim**, para fins previdenciários, nos casos em que o caráter socioeducativo da atividade é **desvirtuado**, por meio da comprovação da existência de **vínculo semelhante ao de natureza empregatícia.** AREsp 1.921.941-SP, Rel. Min. Manoel Erhardt, Primeira Turma, por unanimidade, julgado em 15/02/2022, DJe 17/02/2022.

Também será segurado empregado, nos termos do Decreto 10.410/2020, aquele contratado como **trabalhador intermitente** para a prestação de serviços, com subordinação, de forma não contínua, com alternância de períodos de prestação de serviços e de inatividade, em conformidade com o disposto no § 3º do art. 443 da Consolidação das Leis do Trabalho, aprovada pelo Decreto-Lei nº 5.452, de 1º de maio de 1943, embora não haja continuidade na prestação do labor.

Da mesma forma, a jurisprudência dominante entende que o *aluno-aprendiz* será considerado como segurado empregado, desde que perceba remuneração, mesmo que indireta (valores recebidos a título de alimentação, fardamento, material escolar e parcela de renda auferida com a execução de encomendas para terceiros, entre outros).

Qual o entendimento da TNU sobre o assunto?

Súmula 18 - "Para fins previdenciários, o cômputo do tempo de serviço prestado como aluno-aprendiz exige a comprovação de que, durante o período de aprendizado, houve simultaneamente: (i) retribuição consubstanciada em prestação pecuniária ou em auxílios materiais; (ii) à conta do Orçamento; (iii) a título de contraprestação por labor; (iv) na execução de bens e serviços destinados a terceiros". ALTERADA NA SESSÃO DE 14/02/2020.

Note-se que a Turma Nacional passou a exigir - para que o período de aluno aprendiz seja reconhecido como tempo de contribuição do empregado - que a atividade tenha sido desempenhada na execução de bens ou serviços destinados a terceiros (novidade), além da remuneração em pecúnia ou utilidade à conta do orçamento público à título de contraprestação do labor.

B) Aquele que, contratado por empresa de trabalho temporário, definida em legislação específica, presta serviço para atender a necessidade transitória de substituição de pessoal regular e permanente ou a acréscimo extraordinário de serviços de outras empresas;

Trata-se do **trabalhador temporário** regido pela Lei 6.019/74, modificada pela Lei 13.429/2017, sendo o trabalho temporário definido como aquele prestado por pessoa física contratada por uma empresa de trabalho temporário que a coloca à disposição de uma empresa tomadora de serviços, para atender à necessidade de substituição transitória de pessoal permanente ou à demanda complementar de serviços.

O contrato de trabalho temporário, com relação ao mesmo empregador, não poderá exceder ao prazo de cento e oitenta dias, consecutivos ou não, podendo ser prorrogado por até noventa dias, consecutivos ou não, quando comprovada a manutenção das condições que o ensejaram.

Entende-se por **empresa de trabalho temporário** a pessoa jurídica, devidamente registrada no Ministério do Trabalho, responsável pela colocação de trabalhadores à disposição de outras empresas temporariamente.

C) o brasileiro ou estrangeiro domiciliado e contratado no Brasil para trabalhar como empregado em sucursal ou agência de empresa nacional no exterior;

Enquadra-se como segurado empregado o nacional ou o estrangeiro contratado e domiciliado no Brasil por empresa brasileira para trabalhar no exterior em sua filial, a fim de conferir cobertura previdenciária a essas pessoas.

Frise-se que o conceito de empresa brasileira foi alterado pela Emenda 06/95, que revogou o artigo 171, da Constituição, pois agora basta que a pessoa jurídica seja constituída sob a égide da legislação brasileira e conte com sede e administração no Brasil, na forma do artigo 176, §1º, da Lei Maior.

Trata-se de uma exceção ao Princípio da Territorialidade da Filiação, pois neste caso um trabalhador laborará no exterior e será segurado obrigatório do RGPS.

A justificativa política desta hipótese de filiação obrigatória ao RGPS certamente foi o fato da empresa tomadora do serviço ser brasileira, sendo natural o retorno do empregado ao Brasil ao final da prestação do serviço ou mesmo antes, garantido o tempo de contribuição no regime previdenciário brasileiro, independentemente da existência de tratado internacional.

D) aquele que presta serviço no Brasil a missão diplomática ou a repartição consular de carreira estrangeira e a órgãos a ela subordinados, ou a membros dessas missões e repartições, excluídos o não brasileiro sem residência permanente no Brasil e o brasileiro amparado pela legislação previdenciária do país da respectiva missão diplomática ou repartição consular;

Trata-se de norma supletiva do RGPS, que visa conferir cobertura à pessoa que presta serviços no Brasil à missão diplomática ou a consulado estrangeiro, que apenas incidirá se o brasileiro não estiver coberto pela previdência estrangeira ou se cuidar de estrangeiro com residência permanente no Brasil.

Caso o estrangeiro não tenha residência permanente no Brasil e o brasileiro tenha a cobertura previdenciária do país estrangeiro, não incidirá esta hipótese de filiação obrigatória ao RGPS na condição de empregado, o que se revela como uma exceção ao Princípio da Territorialidade da Filiação.

> ▸ **Como esse assunto foi cobrado em concurso?**
>
> No concurso do CESPE para Juiz Federal da 5ª Região em 2011, foi considerado errado o seguinte enunciado: É segurado obrigatório da previdência social na qualidade de empregado aquele que presta serviço no Brasil a missão diplomática ou a repartição consular de carreira estrangeira e a órgãos a ela subordinados ou a membros dessas missões e repartições, ainda que o prestador desse tipo de serviço seja estrangeiro sem residência permanente no Brasil.

E) o brasileiro civil que trabalha para a União, no exterior, em organismos oficiais brasileiros ou internacionais dos quais o Brasil seja membro efetivo, ainda que lá domiciliado e contratado, salvo se segurado na forma da legislação vigente do país do domicílio;

Cuida-se de outra norma subsidiária do RGPS, sendo apenas aplicável caso o brasileiro que trabalhe para a União no exterior em organismos oficiais não esteja amparado pela legislação estrangeira.

Outrossim, obviamente esta norma não será aplicável se essa pessoa for segurada do RPPS da União, por se tratar de servidor público efetivo ou militar federal.

Aqui se tem mais uma exceção ao Princípio da Territorialidade da Filiação.

F) o brasileiro ou estrangeiro domiciliado e contratado no Brasil para trabalhar como empregado em empresa domiciliada no exterior, cuja maioria do capital votante pertença a empresa brasileira de capital nacional;

Neste caso, a pessoa que seja empregada de empresa com sede no exterior será considerada como segurada empregada do RGPS, desde que a maioria do capital votante seja pertencente à empresa brasileira, assim considerada a constituída sob a égide da legislação brasileira e que conte com sede e administração no Brasil.

Logo, cuida-se de outra exceção ao Princípio da Territorialidade da Filiação.

G) o servidor público ocupante de cargo em comissão, sem vínculo efetivo com a União, Autarquias, inclusive em regime especial, e Fundações Públicas Federais;

Este dispositivo está em consonância com o artigo 40, §13, da Constituição Federal, inserido pela EC 20/1998, que enquadrou os servidores titulares de cargos em comissão, empregos públicos ou outros vínculos temporários como segurados obrigatórios do RGPS.

Nesse rol estão insertos os ministros e secretários sem vínculo efetivo com a Administração Pública, na forma do artigo 12, §6º, da Lei 8.212/91.

Note-se que este dispositivo, posto pela Lei 8.647/93, só se refere aos titulares de cargos em comissão federais, razão pela qual os estaduais, distritais e municipais somente restaram vinculados ao RGPS com o advento da EC 20/1998, mesmo que suas respectivas entidades políticas tenham instituído RPPS.

> **▸ Como esse assunto foi cobrado em concurso?**
>
> No concurso do CESPE para Promotor de Justiça do ES 2010, foi considerado errado o seguinte enunciado: É vedada a filiação ao RGPS, na qualidade de segurado obrigatório, de pessoa participante de regime próprio de previdência, ainda que servidor ocupante exclusivamente de cargo em comissão declarado em lei de livre nomeação e exoneração.

Após a EC 20/1998, o mesmo posicionamento que já aplicado aos servidores comissionados federais desde a Lei 8.647/93 foi estendido aos exclusivamente comissionados dos estados, Distrito Federal e municípios.

H) o exercente de mandato eletivo federal, estadual ou municipal, desde que não vinculado a regime próprio de previdência social (Suspenso pela Resolução 26/2005 do Senado da República);

Este inciso foi inserto pela Lei 9.506/97, que acabou com o Instituto de Previdência dos Congressistas, que não tinha equilíbrio financeiro e atuarial. Entretanto, a Lei 9.506/97 criou o Plano de Seguridade Social dos Congressistas, a cargo da União, de filiação facultativa dos Deputados Federais e Senadores.

O objetivo do legislador foi vincular o titular de mandato eletivo sem vínculo efetivo com a Administração Pública ao RGPS, na condição de segurado empregado. Todavia, com base na redação do artigo 195 da Constituição Federal em 1997, não poderia o titular de mandato eletivo ter sido inserido como segurado do RGPS por lei ordinária, vez que inexistia essa fonte de custeio para o pagamento das contribuições previdenciárias.

É que a criação de novas fontes de custeio para o pagamento de contribuições para a seguridade social não previstas na Constituição Federal demanda a edição de lei complementar, nos moldes do artigo 195, §4º, da Lei Maior.

▸ Qual o entendimento do STF sobre o assunto?

O STF, no RE 351.717, de 08.10.2003, julgou incidentalmente inconstitucional esta alínea "h", pois restou instituída uma nova fonte de custeio para a seguridade social não prevista no artigo 195, da Constituição Federal, que exige lei complementar para tanto, conforme determina o seu §4º, pois a sua inserção foi operada antes do advento da Emenda 20/1998.

De acordo com o STF, a "instituição dessa nova contribuição, que não estaria incidindo sobre "a folha de salários, o faturamento e os lucros" (C.F., art. 195, I, sem a EC 20/98), exigiria a técnica da competência residual da União, art. 154, I, ex vi do disposto no art. 195, § 4º, ambos da C.F. É dizer, somente por lei complementar poderia ser instituída citada contribuição".

Note-se que a apreciação do STF tomou como parâmetro o texto do artigo 195, da Constituição, anteriormente à reforma da previdência social perpetrada pela Emenda 20/1998.

De seu turno, em razão do referido julgamento pela Suprema Corte, o Senado da República suspendeu a eficácia *erga omnes* lesta alínea "h" através da Resolução 26/2005.

Posteriormente, a questão foi constitucionalmente regularizada, vez que estão consignados como fonte de custeio da seguridade social o trabalhador e os demais segurados do RGPS, na forma da nova redação do inciso II, do artigo 195, da Lei Maior, pois antes apenas havia a previsão dos trabalhadores, categoria que a Suprema Corte entendeu não se enquadrarem os agentes políticos titulares de mandato eletivo.

Ademais, com a atual redação do artigo 195, I, "a", da Constituição Federal, dada pela EC 20/1998, a contribuição previdenciária das empresas e equiparados não incidirá apenas sobre a folha de salários, mas também sobre os demais rendimentos do trabalho pagos ou creditados, a qualquer título, à pessoa física que lhe preste serviço, mesmo sem vínculo empregatício, previsão genérica que poderá abarcar os titulares de mandato eletivo.

Como será visto no estudo da alínea "j", a questão se resolveu com a edição da Lei 10.887/2004, com redação idêntica a esta alínea "h".

I) o empregado de organismo oficial internacional ou estrangeiro em funcionamento no Brasil, salvo quando coberto por regime próprio de previdência social;

Trata-se de norma supletiva do RGPS, que busca a cobertura previdenciária do empregado de organismo oficial internacional ou estrangeiro, que apenas incidirá caso inexista a proteção previdenciária desse trabalhador.

Caso incida esta norma subsidiária, haverá mais uma exceção ao Princípio da Territorialidade da Filiação.

J) o exercente de mandato eletivo federal, estadual ou municipal, desde que não vinculado a regime próprio de previdência social;

Através da promulgação da Lei 10.887/2004, foi repetida a redação da alínea "h", pois, com o advento da Emenda 20/98, que alterou a redação do artigo 195, inciso I e II, da Constituição Federal.

Agora, o texto constitucional se refere ao trabalhador e demais segurados da Previdência Social, bem como à contribuição previdenciária patronal sobre os rendimentos do trabalho pagos ou creditados, a qualquer título, à pessoa física que lhe preste serviço, mesmo sem vínculo empregatício, não cabendo mais se falar em inconstitucionalidade formal desta previsão por ser tema afeto à lei complementar para a criação de nova fonte de custeio.

▸ Qual o entendimento do STF sobre o assunto?

Incide contribuição previdenciária sobre os rendimentos pagos aos exercentes de mandato eletivo, decorrentes da prestação de serviços à União, aos Estados e ao Distrito Federal ou aos Municípios, após o advento da Lei 10.887/2004, desde que não vinculados a regime próprio de previdência. Com base nessa orientação, o Supremo Tribunal Federal, ao apreciar o Tema 691 da repercussão geral, por unanimidade, negou provimento a recurso extraordinário em que se discutiu a submissão dos entes federativos ao pagamento de contribuição previdenciária patronal incidente sobre a remuneração dos agentes políticos não vinculados a regime próprio de previdência social, após o advento da Lei 10.887/2004, na forma do art. 22, I, da Lei 8.212/1991. A Corte entendeu que a Emenda Constitucional 20/1998 passou a determinar a incidência da contribuição sobre qualquer segurado obrigatório da previdência social, art. 195, I, "a" e II (2) e no art. 40, §13 (3), ambos da Constituição Federal, que submeteu todos os ocupantes de cargos temporários ao regime geral de previdência, o que alcança os exercentes de mandato eletivo. **RE 626837/GO, rel. Min. Dias Toffoli, julgamento em 25.5.2017.**

Esse posicionamento foi confirmado pela **Emenda 103/2019**, que alterou a redação do §13 do artigo 40 da Constituição: "aplica-se ao **agente público** ocupante, exclusivamente, de cargo em comissão declarado em lei de livre nomeação e exoneração, de outro cargo temporário, inclusive aos detentores de **mandato eletivo**, ou de emprego público, o Regime Geral de Previdência Social".

▸ **Importante:**

Frise-se que apenas será filiado ao RGPS, na condição de empregado, o titular de mandato eletivo não vinculado a RPPS.

▸ **Como esse assunto foi cobrado em concurso?**

No concurso do CESPE para Procurador da PGM RR em 2010, foi considerado errado o seguinte enunciado: O exercente de mandato eletivo federal, estadual ou municipal é segurado obrigatório da previdência social como empregado, ainda que seja vinculado a regime próprio de previdência social. Por sua vez, também em 2010, no concurso do CESPE para Defensor Público da Bahia, foi considerado correto o seguinte enunciado: É segurado obrigatório da previdência social, na qualidade de empregado, o exercente de mandato eletivo federal, estadual ou municipal, desde que não vinculado a regime próprio de previdência social. No concurso do CESPE para Auditor do TCE PA em 2016, foi considerado correto o seguinte enunciado: O prefeito municipal que não esteja vinculado a regime próprio de previdência social é segurado obrigatório do regime geral de previdência social.

Insta ressaltar também que não será filiado ao RGPS o congressista federal que optar em se filiar ao Plano de Seguridade Social dos Congressistas, nos moldes dos artigos 2º e 16, da Lei 9.506/97.

2.2. Segurado empregado doméstico

Enquadra-se como segurado empregado doméstico *aquele que presta serviço de natureza contínua a pessoa ou família, no âmbito da residência desta, em atividades sem fins lucrativos*, a teor do artigo 12, II, da Lei 8.212/91, a partir da competência de abril de 1973, por força do Decreto 71.785/73.

Deveras, o empregado doméstico é regido pela Lei Complementar 150/2015, sendo possível que haja atividades externas, desde que direcionadas à família e sem finalidades lucrativas, a exemplo do trabalho do caseiro, do motorista e do piloto particular.

É possível sintetizar as características do empregado doméstico:

I. Existência de vínculo empregatício;

II. Atividades desenvolvidas na residência ou em razão desta;

III. Atuação em atividades sem fins lucrativos.

A Lei Complementar 150/2015 previu expressamente que a formação de vínculo de emprego doméstico exige a prestação de serviços de forma contínua, subordinada, onerosa e pessoal e de finalidade não lucrativa à pessoa ou à família, no âmbito residencial destas, **por mais de 2 (dois) dias por semana.**

O Decreto 10.410/2020 atualizou o Regulamento da Previdência Social para definir o empregado doméstico como aquele que presta serviço de forma contínua, subordinada, onerosa e pessoal a pessoa ou família, no âmbito residencial desta, em atividade sem fins lucrativos, por mais de dois dias por semana.

> ▸ **Importante:**
>
> Com o advento da Lei 12.470/2011, que inseriu o parágrafo único no artigo 24, da Lei 8.212/91, o empregador doméstico não poderá contratar microempreendedor individual como empregado doméstico, sob pena de ficar sujeito a todas as obrigações dela decorrentes, inclusive trabalhistas, tributárias e previdenciárias.

Por sua vez, com o advento da Emenda 72/2013, a idade mínima constitucional para a admissão de um empregado doméstico passou a ser de **18 anos de idade**, conforme já previsto no Decreto 6.481/2008, que regulamentou a Convenção 182 da Organização Internacional do Trabalho (OIT), que trata da proibição das piores formas de trabalho infantil e ação imediata para sua eliminação.

Por fim, é preciso esclarecer que os **empregados dos condomínios residenciais não são empregados domésticos**, a exemplo dos porteiros e zeladores, conforme o próprio entendimento do extinto Ministério do Trabalho (Cartilha do Trabalho Doméstico), pois a atividade não é prestada especificamente a uma pessoa ou família, não sendo o condomínio um empregador doméstico.

2.3. Segurado trabalhador avulso

É aquele que *presta serviços a diversas empresas, sem vínculo empregatício, de natureza urbana ou rural*, definidos no regulamento, conforme previsão do artigo 12, VI, da Lei 8.212/91.

De acordo com o artigo 9º, VI, do Decreto 3.048/99, é o trabalhador sindicalizado ou não, que presta serviço por intermédio de órgão gestor de mão de obra ou do sindicato da categoria.

Logo, a filiação do trabalhador avulso terá as seguintes características:

A) Prestação de serviços de natureza urbana ou rural a empresas sem vínculo empregatício;

B) **Intermediação do trabalho por órgão gestor de mão de obra ou sindicato da categoria;**

C) Não há necessidade de sindicalização.

Os trabalhadores avulsos podem ser repartidos em duas categorias: **não portuários e portuários.**

O *trabalhador avulso não portuário* é aquele que presta serviços de carga e descarga de mercadorias de qualquer natureza, inclusive carvão e minério, o trabalhador em alvarenga (embarcação para carga e descarga de navios), o amarrador de embarcação, o ensacador de café, cacau, sal e similares, aquele que trabalha na indústria de extração de sal, o carregador de bagagem em porto, o prático de barra em porto, o guindasteiro, o classificador, o movimentador e o empacotador de mercadorias em portos.

O *trabalhador avulso portuário* é aquele que presta serviços de capatazia, estiva, conferência de carga, conserto de carga, bloco e vigilância de embarcações na área dos portos organizados e de instalações portuárias de uso privativo, com intermediação obrigatória do OGMO, assim conceituados na alínea "a" do inciso VI do art. 9º do RPS, podendo ser segurado trabalhador avulso quando, sem vínculo empregatício, registrado ou cadastrado no OGMO, em conformidade com a Lei nº 8.630, de 1993, presta serviços a diversos operadores portuários ou segurado empregado quando, registrado no OGMO, contratado com vínculo empregatício e a prazo indeterminado, na forma do parágrafo único do art. 26 da Lei nº 8.630, de 1993, é cedido a operador portuário.

> **Importante:**
>
> De efeito, o trabalhador avulso não tem vínculo empregatício, diferenciando-se do contribuinte individual pela intermediação feita pelo órgão gestor de mão de obra ou sindicato da categoria, não se exigindo a sua inscrição sindical.

Outrossim, nos termos do Decreto 10.410/2020, é trabalhador avulso o segurado que exerça atividade de movimentação de mercadorias em geral, nos termos do disposto na Lei nº 12.023, de 27 de agosto de 2009, em áreas urbanas ou rurais, sem vínculo empregatício, com intermediação obrigatória do sindicato da categoria, por meio de acordo ou convenção coletiva de trabalho, nas atividades de:

1. cargas e descargas de mercadorias a granel e ensacados, costura, pesagem, embalagem, enlonamento, ensaque, arrasto, posicionamento, acomodação, reordenamento, reparação de carga, amostragem, arrumação, remoção, classificação, empilhamento, transporte com empilhadeiras, paletização, ova e desova de vagões, carga e descarga em feiras livres e abastecimento de lenha em secadores e caldeiras;

2. operação de equipamentos de carga e descarga; e

3. pré-limpeza e limpeza em locais necessários às operações ou à sua continuidade.

2.4. Segurado especial

O segurado especial do RGPS está previsto no artigo 12, inciso VII, da Lei 8.212/91, dispositivo que sofreu inúmeras alterações e inserções com o advento da *Lei 11.718/2008*, sendo a aplicação retroativa do novo regramento apenas possível se houver benefício em prol dos segurados e dependentes.

Outrossim, as regras do segurado especial também foram alteradas pela Lei 12.873, de 24 de outubro de 2013, fruto da conversão da Medida Provisória 619, de 06 de junho de 2013.

É considerado **segurado especial** a pessoa física residente no imóvel rural ou em aglomerado urbano ou rural próximo a ele que, individualmente ou em regime de economia familiar, ainda que com o auxílio eventual de terceiros a título de mútua colaboração, na condição de:

A) produtor, seja proprietário, usufrutuário, possuidor, assentado, parceiro ou meeiro outorgados, comodatário ou arrendatário rurais, que explore atividade:

- *agropecuária* em área de até 4 (quatro) módulos fiscais; ou
- *de seringueiro ou extrativista vegetal* que exerça suas atividades nos termos do inciso XII do *caput* do art. 2º da Lei 9.985, de 18 de julho de 2000, e faça dessas atividades o principal meio de vida;

B) pescador artesanal ou a este assemelhado, que faça da pesca profissão habitual ou principal meio de vida; e

C) cônjuge ou companheiro, bem como filho maior de 16 (dezesseis) anos de idade ou a este equiparado, do segurado de que tratam as alíneas a e b deste inciso, que, comprovadamente, trabalhem com o grupo familiar respectivo.

Em síntese, cuida-se do pequeno produtor rural ou pescador artesanal, que trabalham individualmente ou em família para fins de subsistência, **sem a utilização de empregados permanentes.**

De acordo com o § 5º, do artigo 9º, do RPS, entende-se como **regime de economia familiar** a atividade em que o trabalho dos membros da família é indispensável à própria *subsistência* e ao desenvolvimento socioeconômico do núcleo familiar e é exercido em condições de mútua dependência e colaboração, *sem a utilização de empregados permanentes*.

> **Como esse assunto foi cobrado em concurso?**
>
> No concurso do CESPE para Juiz Federal da 5ª Região em 2011, foi considerado correto o seguinte enunciado: Para a caracterização de segurado especial, considera-se regime de economia familiar a atividade laboral dos membros de uma família e, ainda, que a referida atividade seja indispensável à subsistência e ao desenvolvimento socioeconômico do núcleo familiar e exercida em condições de mútua dependência e colaboração, sem a utilização de empregados permanentes. O exercício de atividade remunerada por um membro da família, ainda que urbana, não descaracteriza a condição de segurado especial.

No caso do **produtor rural que explore atividade agrícola ou pecuária**, apenas será considerado como segurado especial aquele cujo **prédio rústico** tenha área equivalente a **até 04 módulos fiscais**, pois a exploração em terra com dimensão maior afasta a caracterização da atividade familiar de subsistência.

Contudo, esta limitação de área apenas se aplica para o tempo rurícola após 23.06.2008, data da vigência da Lei 11.718/2008, nos termos da Instrução Normativa INSS 128/2022, pois a lei nova material não poderá reger relações pretéritas em prejuízo do segurado, ante a inexistência de limites no regramento pretérito.

O módulo fiscal variará de acordo com a região do Brasil, conforme as instruções normativas especiais editadas pelo INCRA, sendo também utilizado para o cálculo do Imposto Territorial Rural.

> **Qual o entendimento da TNU sobre o assunto?**
>
> Antes da Lei 11.718/08, inexistia uma dimensão máxima do imóvel rural, tendo sido editada a **Súmula 30, da TNU**, que dispõe que "tratando-se de demanda previdenciária, o fato de o imóvel ser superior ao módulo rural não afasta, por si só, a qualificação de seu proprietário como segurado especial, desde que comprovada, nos autos, a sua exploração em regime de economia familiar".

Conquanto a referida Súmula ainda não tenha sido cancelada, entende-se que ela não mais subsiste com o advento do novo regramento, pois o legislador fixou a área máxima de 04 módulos fiscais para que haja o enquadramento do trabalhador rural que explore atividade agropecuária como segurado especial.

> **Como esse assunto foi cobrado em concurso?**
>
> No concurso do CESPE para Juiz Federal da 5ª Região em 2009, foi considerado errado o seguinte enunciado: Em respeito ao critério objetivo, o simples fato de um imóvel ser superior a um módulo rural afasta a

qualificação do proprietário desse imóvel como segurado especial, ainda que ele o explore em regime de economia familiar. Da mesma forma, no concurso do CESPE para Juiz Federal da 5ª Região em 2011, foi considerado errado o seguinte enunciado: Tratando-se de demanda previdenciária, o fato de o imóvel ser superior ao módulo rural afasta, por si só, a qualificação de seu proprietário como segurado especial, ainda que comprovada, nos autos, a exploração em regime de economia familiar.

▸ Qual o entendimento do STJ sobre o assunto?

No julgamento do **Tema Repetitivo 1115**, a decisão do STJ se limitou a reafirmar a antiga jurisprudência anterior à vigência da Lei 11.718/2008, não adentrando aos detalhes técnicos que deveria ter enfrentado inaugurados pela novel legislação, em especial se deve ser considerada a área total do imóvel rural ou apenas a área efetivamente explorada para fins de enquadramento do limite objetivo de quatro módulos fiscais: **8. Tese jurídica firmada: "O tamanho da propriedade não descaracteriza, por si só, o regime de economia familiar, caso estejam comprovados os demais requisitos legais para a concessão da aposentadoria por idade rural".**

Por seu turno, caso se trate de **atividade rural agroextrativista**, o enquadramento da pessoa natural como segurado especial **independerá da dimensão da área**, a exemplo da coleta da castanha do Pará.

Outrossim, será considerado como segurado especial o **pescador artesanal** que, de acordo com o artigo 9º, §14, do RPS, aquele que, individualmente ou em regime de economia familiar, faz da pesca sua profissão habitual ou meio principal de vida, desde que: I – não utilize embarcação; ou utilize embarcação de pequeno porte, nos termos da Lei nº 11.959, de 29 de junho de 2009, a teor do Decreto 8.424/2015.

▸ Importante:

Logo, tivemos uma modificação no enquadramento do segurado especial que utiliza embarcação. Até então, o limite de peso do barco era de 6 toneladas de arqueação bruta (barco próprio) ou 10 toneladas (barco de parceiro outorgado exclusivamente). **Agora a dimensão da embarcação foi elevada para até 20 AB pelo Decreto 8.424/2015, que se refere à embarcação de pequeno porte, definida pela Lei de Pesca e Aquicultura (Lei 11.959/2009). Se a embarcação for de médio (acima de 20 AB) ou grande porte (igual ou superior a 100 AB), o pescador será contribuinte individual, e não segurado especial.**

Por força do Decreto 8.499, de 12 de agosto de 2015, passou a ser considerado **assemelhado "ao pescador artesanal** aquele que realiza atividade de apoio à pesca artesanal, exercendo trabalhos de confecção e de reparos de artes e petrechos de pesca e de reparos em embarcações de pequeno porte ou atuando no processamento do produto da pesca artesanal", tendo havido uma ampliação de enquadramento do segurado especial.

Para que sejam caracterizados como segurados especiais, o cônjuge, o companheiro ou o filho maior de 16 anos de idade deverão trabalhar comprovadamente nas atividades laborais do grupo familiar, conforme determinação inserta pela Lei 11.718/2008, pois o anterior regime era omisso a esse respeito.

▸ Qual o entendimento da TNU sobre o assunto?

Na forma da **Súmula 41**, "a circunstância de um dos integrantes do núcleo familiar desempenhar atividade urbana não implica, por si só, a descaracterização do trabalhador rural como segurado especial, condição que deve ser analisada no caso concreto".

▸ Importante

Caberá à FUNAI expedir a respectiva certidão de que o **índio** se enquadra como segurado especial, na forma do artigo 19-D, §§ 13 e 14 do RPS, conforme reconhecido administrativamente pelo INSS.

Até o advento a Lei 11.718/2008, a idade mínima para a filiação do segurado especial era de 14 anos, passando agora para 16 anos de idade. Antes do advento da Lei 8.213/91, a idade mínima do trabalhador rural era de 12 anos de idade.

▸ Qual o entendimento da TNU sobre o assunto?

De acordo com a **Súmula 05**, "a prestação de serviço rural por menor de 12 a 14 anos, até o advento da Lei 8.213, de 24 de julho de 1991, devidamente comprovada, pode ser reconhecida para fins previdenciários".

No entanto, considerando que a idade mínima para o exercício do trabalho objetiva proteger o menor, e não o prejudicar, entende-se que o trabalhador rural que laborou em regime de economia familiar (segurado especial) poderá ter considerado o seu tempo de serviço, mesmo que com idade inferior aos 14 anos de idade.

▸ Qual o entendimento do STJ sobre o assunto?

"DIREITO PREVIDENCIÁRIO. TEMPO DE SERVIÇO PRESTADO POR TRABALHADOR COM IDADE INFERIOR A 14 ANOS EM REGIME DE ECONOMIA FAMILIAR. O tempo de serviço em atividade rural realizada por trabalhador com idade inferior a 14 anos, ainda que não vinculado ao Regime de Previdência Social, pode ser averbado e utilizado para o fim de obtenção de benefício previdenciário. Comprovada a atividade rural do trabalhador com idade inferior a 14 anos e realizada em regime de economia familiar, esse tempo deve ser computado para fins previdenciários. A proibição do trabalho às pessoas com menos de 14 anos de idade foi estabelecida em benefício dos menores e não deve ser arguida para prejudicá-los. Precedentes citados: AR 3.629-RS, DJe 9/9/2008, e EDcl no REsp 408.478-RS, DJ 5/2/2007. **AR 3.877-SP, Rel. Min. Marco Aurélio Bellizze, julgada em 28/11/2012" (Informativo 510).**

Será possível que o segurado especial contrate temporariamente terceiros para auxiliarem no trabalho, desde que não ultrapasse 120 pessoas/dia ano civil, de maneira contínua ou intercalada, ou por tempo equivalente em horas de trabalho.

Assim, é possível que um segurado especial contrate uma pessoa/ano por até 120 dias, duas pessoas/ano por até 60 dias, três por até 40 dias, e assim sucessivamente. Por outro lado, por força da Lei 12.873/2013, não será computado nesse prazo o eventual período de afastamento em decorrência da percepção de auxílio-doença.

▸ **Importante:**

Desde o advento da Medida Provisória 619/2013, convertida na Lei 12.872/2013, por força do artigo 12, §14, da Lei 8.212/91, a participação do segurado especial em sociedade empresária, em sociedade simples, como empresário individual ou como titular de empresa individual de responsabilidade limitada de objeto ou âmbito agrícola, agroindustrial ou agroturístico, considerada microempresa nos termos da Lei Complementar no 123, de 14 de dezembro de 2006, **não o exclui de tal categoria previdenciária**, desde que, mantido o exercício da sua atividade rural em regime de subsistência, a pessoa jurídica componha-se apenas de segurados de igual natureza e sedie-se no mesmo Município ou em Município limítrofe àquele em que eles desenvolvam suas atividades.

Neste caso, embora conserve a qualidade de segurado especial por ficção jurídica durante o período em que desenvolver a citada atividade empresarial, as contribuições previdenciárias deverão ser recolhidas como se não se tratasse de segurado especial, na forma do §13 do artigo 12 da Lei 8.212/91.

Ademais, o artigo 12, §9º, da Lei 8.212/91, contempla uma série de hipóteses que não descaracterização a condição de segurado especial, a saber:

I. **a outorga**, por meio de contrato escrito de parceria, meação ou comodato, **de até 50% (cinqüenta por cento) de imóvel rural** cuja área total não seja superior a 04 (quatro) módulos fiscais, desde que outorgante e outorgado continuem a exercer a respectiva atividade, individualmente ou em regime de economia familiar;

II. a exploração da **atividade turística** da propriedade rural, inclusive com hospedagem, **por não mais de 120 (cento e vinte) dias ao ano;**

> **Como esse assunto foi cobrado em concurso?**
>
> No concurso do CESPE para Defensor Público da União em 2010, foi considerado correto o seguinte enunciado: Considere que Pedro explore, individualmente, em sua propriedade rural, atividade de produtor agropecuário em área contínua equivalente a 3 módulos fiscais, em região do Pantanal matogrossense, e que, durante os meses de dezembro, janeiro e fevereiro de cada ano, explore atividade turística na mesma propriedade, fornecendo hospedagem rústica. Nessa situação, Pedro é considerado segurado especial.

III. a participação em **plano de previdência complementar instituído por entidade classista a que seja associado**, em razão da condição de trabalhador rural ou de produtor rural em regime de economia familiar;

IV. ser beneficiário ou fazer parte de grupo familiar que tem algum componente que seja **beneficiário de programa assistencial oficial de governo;**

V. a utilização pelo próprio grupo familiar, na exploração da atividade, **de processo de beneficiamento ou industrialização artesanal,** na forma do § 11 do art. 25 desta Lei;

VI. a associação em cooperativa agropecuária ou de crédito rural (*parte final inserida pela Lei 13.183/2015*);

VII. a incidência do Imposto Sobre Produtos Industrializados – IPI sobre o produto das atividades desenvolvidas nos termos do § 14;

VIII. a participação em programas e ações de pagamento por serviços ambientais. (Lei nº 14.119, de 2021).

Assim, poderá o segurado especial outorgar até a metade do seu prédio rústico de até 04 módulos fiscais sem perder a sua condição, desde que ele persista em sua atividade campesina para a subsistência, devendo também o outorgado exercer a mesma atividade rurícola.

É possível se interpretar a *contrario sensu* o dispositivo, concluindo-se que se a outorga ultrapassar a metade do imóvel rural ou o outorgado não se enquadrar como segurado especial, o outorgante perderá a sua filiação como segurado especial.

Ademais, passou a ser possível que o segurado especial desenvolva paralelamente atividade turística em sua propriedade, inclusive com hospedagem, desde que não ultrapasse a 120 dias por ano, pois um período maior passa a caracterizar o turismo como atividade principal do rurícola, fazendo com que cesse a sua filiação como segurado especial.

Por sua vez, foi legalmente autorizado que o segurado especial seja participante de plano previdenciário privado de sua categoria, a exemplo do instituído por sindicato rural, ou se associe em uma cooperativa agropecuária ou de crédito rural, bem como receba benefícios assistenciais (a exemplo do Programa Bolsa Família), tudo isso sem perder o seu enquadramento.

Também é possível que o segurado especial mantenha em sua terra processo de beneficiamento ou industrialização artesanal (não sujeito ao IPI), a exemplo de casa de farinha, sem perder a sua filiação.

Com o advento da MP 619/2013, convertida na Lei 12.873/2013, no caso de o segurado especial participar em sociedade empresária, em sociedade simples, como empresário individual ou como titular de empresa individual de responsabilidade limitada de objeto ou âmbito agrícola, agroindustrial ou agroturístico, desde que, mantido o exercício da sua atividade rural em regime de subsistência, a pessoa jurídica componha-se apenas de segurados de igual natureza e sedie-se no mesmo Município ou em Município limítrofe àquele em que eles desenvolvam suas atividades, poderá haver incidência de IPI sobre o produto das atividades sem a perda da qualidade de segurado especial.

Por força da Lei 14.119/2020, que aprovou a Política Nacional de Pagamento do Serviços Ambientais, **não descaracteriza** a condição de segurado especial **a participação em programas e ações de pagamento por serviços ambientais.**

Os ***serviços ambientais*** foram definidos como as atividades individuais ou coletivas que favorecem a manutenção, a recuperação ou a melhoria dos serviços ecossistêmicos.

O **pagamento por serviços ambientais** é definido como a transação de natureza voluntária, mediante a qual um pagador de serviços ambientais transfere a um provedor desses serviços recursos financeiros ou outra forma de remuneração, nas condições acertadas, respeitadas as disposições legais e regulamentares pertinentes.

Um exemplo de **pagamento direto monetário** foi a edição do Decreto 45.113/2009, do Estado de Minas Gerais, que criou o Programa Bolsa-Verde, em que o Poder Público estadual paga um incentivo financeiro aos proprietários que prestam serviços ambientais, consistente em uma bolsa que variará entre R$ 110,00 e R$ 300,00 por hectare preservado de reserva legal ou área de preservação permanente, sendo um emblemático caso de incidência do Princípio do Protetor-Recebedor.

Outro excelente exemplo de aplicabilidade do Princípio do Protetor-recebedor e de pagamento por serviços ambientais vem do Estado do Amazonas, com a criação do Programa Bolsa Floresta, pela Lei Estadual 3.135/2007, que instituiu a Política Estadual sobre Mudanças dos Climas.

Conforme noticiado pelo sítio da associação O Direito por um Planeta Verde, "é o primeiro programa brasileiro de remuneração pela prestação de serviços ambientais feito diretamente para as comunidades que residem nas florestas. O objetivo é prover uma alternativa econômica ao desmatamento, de modo a reduzir as emissões de gases de efeito estufa. O Bolsa Floresta transfere recursos diretamente para famílias residentes em algumas UC estaduais no Amazonas, faz pagamentos para associações comunitárias presentes nessas unidades e promove capacitação para atividades econômicas sustentáveis, como o extrativismo vegetal manejado e o artesanato. Em troca, essas famílias firmam o compromisso de não desmatar além da área que já desmataram, ressalvadas algumas exceções, o que é acompanhado por monitoramento via satélite".[1]

Desse modo, a percepção pelo segurado especial de renda oriunda de pagamento por serviços que protegem o ambiente, por si só, não terá o condão de desqualificá-lo como segurado especial, pois o objetivo estatal é fomentar a proteção ambiental.

De seu turno, em regra, é defeso o enquadramento como segurado especial de membro do grupo familiar que possua outra fonte de rendimento, exceto as decorrentes:

I. benefício de **pensão por morte, auxílio-acidente ou auxílio-reclusão**, cujo valor **não supere o do menor benefício de prestação continuada da Previdência Social (01 salário mínimo);**

II. benefício previdenciário pela participação em plano de previdência complementar instituído por entidade classista a que seja associado, em razão da condição de trabalhador rural ou de produtor rural em regime de economia familiar;

III. **exercício de atividade remunerada em período, não superior a 120 (cento e vinte) dias, corridos ou intercalados, no ano civil;**

IV. exercício de **mandato eletivo de dirigente sindical de organização da categoria de trabalhadores rurais;**

V. exercício de **mandato de vereador** do município onde desenvolve a atividade rural, ou de dirigente de cooperativa rural constituída exclusivamente por segurados especiais, observado o disposto no § 13 deste artigo;

VI. parceria ou meação outorgada na forma e condições estabelecidas anteriormente;

VII. **atividade artesanal** desenvolvida com matéria-prima produzida pelo respectivo grupo familiar, podendo ser utilizada matéria-prima de outra origem, desde que a renda mensal obtida na atividade não exceda ao menor benefício de prestação continuada da Previdência Social; e

---

1. Disponível em: <http://www.planetaverde.org/index.php?pag=2&sub=1&cod=190>.

VIII. atividade artística, desde que em valor mensal inferior ao menor benefício de prestação continuada da Previdência Social (01 salário mínimo).

> ▸ **Como esse assunto foi cobrado em concurso?**
> No concurso da FCC para Analista do TRF da 3ª Região em 2014, foi considerada correta a letra E: De acordo com a Lei nº 8.213/91, não é segurado especial o membro de grupo familiar que possuir outra fonte de rendimento, EXCETO se decorrente de: (A) exercício de mandato eletivo de dirigente sindical de organização da categoria de trabalhadores urbanos. (B) benefício de aposentadoria em decorrência da idade, cujo valor não supere o do menor benefício de prestação continuada da Previdência Social. (C) exercício de atividade remunerada em período não superior a 90 dias, corridos ou intercalados, no ano civil. (D) atividade artística, independentemente do valor. (E) benefício de pensão por morte, auxílio-acidente ou auxílio-reclusão, cujo valor não supere o do menor benefício de prestação continuada da Previdência Social.

A regra geral diz que o segurado especial não poderá ter outra fonte de rendimento a não ser a atividade campesina ou pesqueira para a subsistência, salvo nos casos previstos na norma previdenciária.

Assim sendo, não será considerado segurado especial aquele que receber qualquer benefício previdenciário, exceto pensão por morte, auxílio-acidente ou auxílio-reclusão, desde que não ultrapassem a um salário mínimo mensal.

Por óbvio, o segurado especial que estiver recebendo aposentadoria por invalidez, auxílio-doença ou auxílio-acidente também não perderá a sua condição durante o pagamento das referidas prestações previdenciárias, que foram concedidas justamente pela incapacidade laboral ou sequela acidentária do segurado especial.

Da mesma forma, poderá o segurado especial, mantendo a sua condição, ser titular de benefício oriundo de previdência privada de sua categoria, sem que esta renda exclua a sua condição.

Também passou a ser possível que o segurado especial desenvolva atividade urbana por até 120 dias por ano sem perder o seu enquadramento.

Exigia-se que essa atividade urbana se desse no período de entressafra ou defeso, mas esta exigência foi suprimida pela MP 619/2013, convertida na Lei 12.873/2013, não sendo mais necessário investigar o motivo do desenvolvimento da atividade urbana por até 120 dias durante o ano.

Neste caso, embora conserve a qualidade de segurado especial por ficção jurídica durante o período em que desenvolver a atividade urbana, as contribuições previdenciárias deverão ser recolhidas como se não se tratasse de segurado especial, o mesmo ocorrendo durante o período em que exercício exercer mandato de vereador do município onde desenvolve a atividade rural, ou de dirigente de cooperativa rural constituída exclusivamente por segurados especiais, na forma do §13 do artigo 12 da Lei de Custeio.

Se a atividade urbana do segurado especial ultrapassar a 120 dias no ano, este perderá a sua filiação originária, devendo se enquadrar na categoria pertinente de segurado obrigatório.

▸ **Qual o entendimento da TNU sobre o assunto?**

Súmula 46 – "O exercício de atividade urbana intercalada não impede a concessão de benefício previdenciário de trabalhador rural, condição que deve ser analisada no caso concreto".

Outra inovação da reforma perpetrada pela Lei 11.718/08 foi permitir expressamente que o segurado especial titularize o mandato de vereador ou de dirigente de cooperativa rural sem perder o seu enquadramento, caracterizando uma ficção legal.

A atividade artesanal do segurado especial também foi autorizada, desde que não se configure como labor principal, pois o segurado especial não poderá auferir mais de um salário mínimo por mês, sob pena de perder a sua filiação.

Da mesma forma, a atividade artística poderá ser exercida pelo segurado especial, mas este terá que receber menos de um salário mínimo mensal, senão deixará de ser filiado na condição especial.

Por fim, vale ressaltar que nada obsta que o índio se enquadre como segurado especial, desde que preencha os pressupostos legais, a teor do artigo 14, do Estatuto do Índio, sendo, inclusive, admitido administrativamente pelo INSS.

2.5. Segurado contribuinte individual

As hipóteses de enquadramento da pessoa física como segurado contribuinte individual do RGPS estão previstas no artigo 12, inciso V, da Lei 8.212/91, sendo uma classe de segurados composta por trabalhadores não enquadrados nas anteriores, **tendo nítido caráter residual em muitos casos.**

Ou seja, se estivermos analisando o enquadramento de um trabalhador filiado ao RGPS e que não se enquadre nas categorias anteriores, certamente ele será considerado contribuinte individual, ante a generalidade que marca as alíneas "g" e "h" a serem estudadas.

Este rol de segurados é fruto da Lei 9.876/99, que unificou as categorias de empresário, trabalhador autônomo e equiparado, transformando-os em contribuintes individuais, conforme se segue:

A) a pessoa física, proprietária ou não, que explora atividade agropecuária, a qualquer título, em caráter permanente ou temporário, em área superior a 4 (quatro) módulos fiscais; ou, quando em área igual ou inferior a 4 (quatro) módulos fiscais ou atividade pesqueira, com auxílio de empregados ou por intermédio de prepostos; ou ainda nas hipóteses dos §§ 10 e 11 deste artigo;

Trata-se de **previsão residual ao segurado especial**, pois o produtor rural se filiará como contribuinte individual quando a área de exploração da atividade agropecuária for superior a 04 módulos fiscais, ou, quando inferior, houver a contratação de empregados por mais de 120 pessoas/dia por ano, conforme nova redação dada pela Lei 11.718/2008.

No caso do pescador, ele será enquadrado como contribuinte individual quando a contração de empregados se der por mais de 120 pessoas/dia por ano, bem como quando a arqueação bruta do barco extrapolar 20 toneladas.

A pessoa natural ainda será considerada como contribuinte individual, e não como segurado especial, nas hipóteses do §10 (ter outras fontes de rendimento, salvo as permitidas) e §11 (se enquadrar em outra categoria ou se filiar a outro regime), do artigo 12, da Lei 8.212/91.

B) a pessoa física, proprietária ou não, que explora atividade de extração mineral – garimpo, em caráter permanente ou temporário, diretamente ou por intermédio de prepostos, com ou sem o auxílio de empregados, utilizados a qualquer título, ainda que de forma não contínua;

O garimpeiro não é mais segurado especial desde o advento da Lei 8.398/92, sendo considerado contribuinte individual mesmo que não contrate empregados.

▸ **Como esse assunto foi cobrado em concurso?**

No concurso do CESPE para Advogado do BRB em 2009, foi considerado errado o seguinte enunciado: João explora diretamente atividade de extração mineral – garimpo – em caráter temporário e de forma não contínua. Nessa situação, considerando a legislação previdenciária em vigor, João é considerado segurado especial da Previdência Social.

Com efeito, de acordo com o artigo 70 do Código de Mineração, a *garimpagem* é o trabalho individual de quem utilize instrumentos rudimentares, aparelhos manuais ou máquinas simples e portáveis, na extração de pedras preciosas, semipreciosas e minerais metálicos ou não metálicos, valiosos, em depósitos de eluvião ou aluvião, nos álveos de cursos d'água ou nas margens reservadas, bem como nos depósitos secundários ou chapadas (grupiaras), vertentes e altos de morros; depósitos esses genericamente denominados garimpos.

Por outro lado, se houver relação de emprego, o garimpeiro será considerado segurado empregado, pois a filiação do contribuinte individual é subsidiária com relação aos demais segurados.

É preciso a permissão de lavra garimpeira para o desenvolvimento lícito da atividade, conforme disposição constitucional regulamentada pela Lei 7.805/89, sob pena de a atividade ser considerada clandestina, o que, em tese, não impede a filiação, pois a contribuição previdenciária é um tributo e, portanto, não tem cheiro (*pecunia non olet*).

c) o ministro de confissão religiosa e o membro de instituto de vida consagrada, de congregação ou de ordem religiosa;

São os padres, pastores e assemelhados. Inclusive, os valores por eles recebidos são excluídos do conceito de remuneração, na forma do artigo 22, §13, da Lei 8.212/91, desde que fornecidos em condições que independam da natureza e da quantidade do trabalho executado.

Eles são enquadrados como contribuintes individuais por força da Lei 9.876/99, sendo anteriormente considerados como equiparados a trabalhadores autônomos, a teor da Lei 6.696/79. Antes, na vigência da Lei 5.890/73, eram considerados segurados facultativos, já sendo assim considerados desde o Decreto-lei 66, de 21.11.1966.

Os *ministros de confissão religiosa* **são aqueles que consagram sua vida a serviço de Deus e do próximo, com ou sem ordenação, dedicando-se ao anúncio de suas respectivas doutrinas e crenças, à celebração dos cultos próprios, à organização das comunidades e à promoção de observância das normas estabelecidas, desde que devidamente aprovados para o exercício de suas funções pela autoridade religiosa competente.**

Por sua vez, os *membros do instituto de vida religiosa* **são os que emitem voto determinado ou seu equivalente, devidamente aprovado pela autoridade religiosa competente.** Já os *membros de ordem ou congregação religiosa* **são aqueles que emitem ou nelas professam os votos adotados.**

> ▸ **Como esse assunto foi cobrado em concurso?**
>
> No concurso do CESPE para Defensor Público da Bahia 2010, foi considerado errado o seguinte enunciado: São segurados obrigatórios da previdência social, na qualidade de trabalhadores avulsos, o ministro de confissão religiosa e o membro de instituto de vida consagrada, de congregação ou de ordem religiosa.
>
> Outrossim, na prova para Juiz Federal da 2ª Região em 2009, o CESPE considerou errado o seguinte enunciado: O ministro de confissão religiosa e o membro de instituto de vida consagrada, de congregação ou de ordem religiosa são segurados obrigatórios da previdência social, na qualidade de empregados.
>
> No concurso do INSS em 2016 aplicado pelo CESPE para Técnico do INSS, foi considerado errado o seguinte enunciado: Pastor evangélico que atue exclusivamente em sua atividade religiosa é considerado segurado facultativo do RGPS.

Inclusive, o tempo prestado como aspirante à vida religiosa (noviço, juvenista etc.) é considerado pela jurisprudência para fins previdenciários.

> **Qual o entendimento do STJ sobre o assunto?**
>
> No julgamento do REsp 1.103.120, de 04.08.2009, decidiu o STJ que o período laborado na condição de aspirante à vida religiosa, para custeio de sua formação, deve ser computado como tempo de serviço.

D) o brasileiro civil que trabalha no exterior para organismo oficial internacional do qual o Brasil é membro efetivo, ainda que lá domiciliado e contratado, salvo quando coberto por regime próprio de previdência social;

O brasileiro civil que trabalha no exterior que trabalha diretamente em organismo oficial internacional do qual o Brasil é membro efetivo se filiará ao RGPS como contribuinte individual, em regra, salvo se coberto por RPPS.

> **Importante:**
>
> Se for contratado pela União para trabalhar no organismo oficial internacional, será considerado como empregado (artigo 12, I, 'e', da Lei 8.212/91), conforme visto anteriormente.

> **Como esse assunto foi cobrado em concurso?**
>
> No concurso do CESPE para Juiz Federal da 2ª Região em 2009, foi considerado errado o seguinte enunciado: Na qualidade de empregado, é segurado obrigatório da previdência social o brasileiro civil que trabalhe no exterior para organismo oficial internacional do qual o Brasil seja membro efetivo, ainda que lá domiciliado e contratado, salvo quando coberto por regime próprio de previdência social.

A justificativa deste dispositivo é que se a lei brasileira o colocasse como empregado, não teria força para exigir as contribuições do empregador estrangeiro, pois competirá ao próprio contribuinte individual a responsabilidade tributária de verter as suas contribuições previdenciárias ao sistema.

E) o titular de firma individual urbana ou rural, o diretor não empregado e o membro de conselho de administração de sociedade anônima, o sócio solidário, o sócio de indústria, o sócio gerente e o sócio cotista que recebam remuneração decorrente de seu trabalho em empresa urbana ou rural, e o associado eleito para cargo de direção em cooperativa, associação ou entidade de qualquer natureza ou finalidade, bem como o síndico ou administrador eleito para exercer atividade de direção condominial, desde que recebam remuneração;

Eram os **antigos segurados empresários**. Para este enquadramento, será preciso que o sócio exerça função de direção e receba remuneração por sua atividade, ressaltando que os **sócios não gestores que recebem participação no lucro não integram este rol**, pois não se trata de remuneração.

No caso do sócio-gerente de sociedade limitada, de firma individual, de diretor não empregado de sociedade por ações, de sócio solidário e de sócio de indústria já se presumem como contribuintes individuais, pois são responsáveis pela administração, não sendo curial se demonstrar a remuneração.

Frise-se que o diretor empregado da pessoa jurídica será segurado empregado, e não contribuinte individual.

O síndico ou gestor de condomínios edilícios estão incluídos neste rol, mesmo os que recebam remuneração indireta, ao não pagar as despesas condominiais.

> **▸ Qual o entendimento do STJ sobre o assunto?**
>
> No julgamento do REsp 1.064.455, de 19.08.2008, decidiu o STJ que é devida a contribuição social sobre o pagamento do pró-labore aos síndicos de condomínios imobiliários, assim como sobre a isenção da taxa condominial devida a eles.

> **▸ Como esse assunto foi cobrado em concurso?**
>
> No concurso do CESPE para Advogado da União em 2015, foi considerado ERRADO o seguinte enunciado: Conforme entendimento do STJ, síndico de condomínio que receber remuneração pelo exercício dessa atividade será enquadrado como contribuinte individual do RGPS, ao passo que o síndico isento da taxa condominial, por não ser remunerado diretamente, não será considerado contribuinte do RGPS.

F) quem presta serviço de natureza urbana ou rural, em caráter eventual, a uma ou mais empresas, sem relação de emprego;

Trata-se do trabalhador que presta serviços à pessoa jurídica sem relação de emprego, ou seja, sem pessoalidade, subordinação ou habitualidade, sendo muito comum que as empresas contratem as pessoas naturais como meros prestadores de serviços com a finalidade de sonegar tributos e direitos trabalhistas, havendo uma relação de emprego disfarçada.

Logo, para a previdência social, assim como na seara trabalhista, pouco importa o *nomen iuris* que intitula o contrato, devendo prevalecer a realidade fática.

Ademais, caso se trate de prestação de serviços portuários ou não portuários com a intermediação de órgão gestor de mão de obra ou sindicato, não haverá o enquadramento como contribuinte individual, e sim como trabalhador avulso, conforme visto anteriormente.

G) a pessoa física que exerce, por conta própria, atividade econômica de natureza urbana, com fins lucrativos ou não;

São os antigos trabalhadores autônomos, listados exemplificativamente no artigo 9º, §15, do RPS, que auferem remuneração ao trabalhar por conta própria, mesmo sem finalidade lucrativa, **sendo a hipótese de enquadramento mais aberta de todos os trabalhadores do RGPS.**

Além destas hipóteses genéricas de segurados contribuintes individuais, outras são contempladas especificamente no artigo 9º, inciso V e §15, ambos do RPS, a exemplo:

- do aposentado de qualquer regime previdenciário nomeado magistrado classista temporário da Justiça do Trabalho, na forma dos incisos II do §1º do art. 111 ou III do art. 115 ou do parágrafo único do art. 116 da Constituição Federal, ou nomeado magistrado da Justiça Eleitoral, na forma dos incisos II do art. 119 ou III do §1º do art. 120 da Constituição Federal;
- do cooperado de cooperativa de produção que, nesta condição, presta serviço à sociedade cooperativa mediante remuneração ajustada ao trabalho executado;
- do **Micro Empreendedor Individual – MEI** de que tratam os arts. 18-A e 18-C da Lei Complementar nº 123, de 14 de dezembro de 2006, que opte pelo recolhimento dos impostos e contribuições abrangidos pelo Simples Nacional em valores fixos mensais;

> **Curiosidade!**
>
> De acordo com o Decreto 9.792/2019, a inscrição como segurado contribuinte individual será feita diretamente pelo motorista de transporte remunerado privado individual de passageiros, preferencialmente pelos canais eletrônicos de atendimento do Instituto Nacional do Seguro Social – INSS, podendo o motorista optar pela inscrição como microempreendedor individual, desde que atenda aos requisitos de que trata o art. 18-A da Lei Complementar nº 123, de 14 de dezembro de 2006 (**motorista de UBER pode ser MEI**).

- do notário ou tabelião e o oficial de registros ou registrador, titular de cartório, que detêm a delegação do exercício da atividade notarial e de registro, não remunerados pelos cofres públicos, admitidos à partir de 21 de novembro de 1994;

> **Como esse assunto foi cobrado em concurso?**
>
> No concurso do CESPE para Advogado da União em 2015, foi considerado CORRETO o seguinte enunciado: De acordo com jurisprudência do STF, devido ao fato de os serviços de registros públicos, cartorários ou notariais serem exercidos em caráter privado, os oficiais de registro de imóveis, para os fins do RGPS, devem ser classificados na categoria de contribuinte individual.

- do **médico residente** de que trata a Lei nº 6.932, de 7 de julho de 1981.

> **Como esse assunto foi cobrado em concurso?**
>
> No concurso do CESPE para Procurador do Estado do Ceará em 2007, foi considerado errado o seguinte enunciado: Célio concluiu o curso de medicina e agora está fazendo residência médica em hospital particular. Nessa situação, caso tenha sido contratado de acordo com a legislação regente, para a previdência social, Célio é segurado empregado.

Nos termos do artigo 18-A, da Lei Complementar 123/2006, alterado pela LC 155/2016, será contribuinte individual o **Microempreendedor Individual – MEI**, assim considerado o empresário individual a que se refere o artigo 966 do Código Civil, ou o empreendedor que exerça as atividades de industrialização, comercialização e prestação de serviços no âmbito rural, que tenha auferido receita bruta, no ano-calendário anterior, de até **R$ 81.000,00**, que seja optante pelo Simples Nacional e que não esteja impedido de optar pelo Simples Nacional.

Da mesma forma, nos termos do artigo 20, da Lei 12.871/2013, que instituiu o "Programa Mais Médicos", em regra, o médico participante enquadra-se como segurado obrigatório do Regime Geral de Previdência Social, na condição de contribuinte individual.

No entanto, são ressalvados da obrigatoriedade de filiação como contribuinte individual os médicos intercambistas:

> I – selecionados por meio de instrumentos de cooperação com organismos internacionais que prevejam cobertura securitária específica; ou
>
> II – filiados a regime de seguridade social em seu país de origem, o qual mantenha acordo internacional de seguridade social com a República Federativa do Brasil.

Logo, nestes dois casos excepcionais, ter-se-á mais uma exceção ao Princípio da Territorialidade de Filiação, pois os citados médicos intercambistas não serão segurados obrigatórios da Previdência Social, nem como contribuintes individuais, nem em outra categoria.

Considera-se médico intercambista aquele formado em instituição de educação superior estrangeira com habilitação para exercício da Medicina no exterior.

- do **bolsista da Fundação Nacional do Exército** contratado na forma da Lei 6.855/80;
- do árbitro e seus auxiliares que atuam em conformidade com a Lei nº 9.615, de 24 de março de 1998;

Como esse assunto foi cobrado em concurso?

No concurso do CESPE para Defensor Público da União em 2007, foi considerado errado o seguinte enunciado: Considere que João e Fernanda sejam árbitros de futebol e atuem, de acordo com a Lei n.º 9.615/1998, sem vínculo empregatício com as entidades desportivas diretivas em que atuam. Nessa situação hipotética, João e Fernanda podem ser inscritos na previdência social na qualidade de segurados facultativos, tendo em vista inexistir qualquer disposição legal que os obrigue a serem filiados ao regime geral.

- do **membro de conselho tutelar** de que trata o art. 132 da Lei nº 8.069, de 13 de julho de 1990, quando remunerado;
- o pescador que trabalha em regime de parceria, meação ou arrendamento, em embarcação de médio ou grande porte, nos termos da Lei nº 11.959, de 2009;
- o incorporador de imóveis de que trata o art. 29 da Lei nº 4.591, de 16 de dezembro de 1964;
- o interventor, o liquidante, o administrador especial e o diretor fiscal de instituição financeira;
- o transportador autônomo de cargas e o transportador autônomo de cargas auxiliar, nos termos do disposto na Lei nº 11.442, de 5 de janeiro de 2007;
- o repentista de que trata a Lei nº 12.198, de 14 de janeiro de 2010, desde que não se enquadre na condição de empregado, prevista no inciso I do *caput*, em relação à referida atividade; e
- o artesão de que trata a Lei nº 13.180, de 22 de outubro de 2015, desde que não se enquadre em outras categorias de segurado obrigatório do RGPS em relação à referida atividade.

Empregado	• aquele que presta serviço de natureza urbana ou rural à empresa, em caráter não eventual, sob sua subordinação e mediante remuneração, inclusive como diretor empregado; • aquele que, contratado por empresa de trabalho temporário, definida em legislação específica, presta serviço para atender a necessidade transitória de substituição de pessoal regular e permanente ou a acréscimo extraordinário de serviços de outras empresas;

Empregado	• o brasileiro ou o estrangeiro domiciliado e contratado no Brasil para trabalhar como empregado em sucursal ou agência de empresa nacional no exterior; • aquele que presta serviço no Brasil a missão diplomática ou a repartição consular de carreira estrangeira e a órgãos a elas subordinados, ou a membros dessas missões e repartições, excluídos o não brasileiro sem residência permanente no Brasil e o brasileiro amparado pela legislação previdenciária do país da respectiva missão diplomática ou repartição consular; • o brasileiro civil que trabalha para a União, no exterior, em organismos oficiais brasileiros ou internacionais dos quais o Brasil seja membro efetivo, ainda que lá domiciliado e contratado, salvo se segurado na forma da legislação vigente do país do domicílio; • o brasileiro ou estrangeiro domiciliado e contratado no Brasil para trabalhar como empregado em empresa domiciliada no exterior, cuja maioria do capital votante pertença a empresa brasileira de capital nacional; • o servidor público ocupante de cargo em comissão, sem vínculo efetivo com a União, Autarquias, inclusive em regime especial, e Fundações Públicas Federais; • o empregado de organismo oficial internacional ou estrangeiro em funcionamento no Brasil, salvo quando coberto por regime próprio de previdência social; • o exercente de mandato eletivo federal, estadual ou municipal, desde que não vinculado a regime próprio de previdência social.
Empregado doméstico	• aquele que presta serviço de natureza contínua a pessoa ou família, no âmbito residencial desta, em atividades sem fins lucrativos.
Trabalhador avulso	• aquele que presta serviços a diversas empresas, sem vínculo empregatício, de natureza urbana ou rural, sindicalizado ou não, por intermédio de órgão gestor de mão de obra ou do sindicato da categoria.
Segurado especial	• a pessoa física residente no imóvel rural ou em aglomerado urbano ou rural próximo a ele que, individualmente ou em regime de economia familiar, ainda que com o auxílio eventual de terceiros, na condição de produtor rural, que explore atividade agropecuária em área de até 4 módulos fiscais ou de seringueiro ou extrativista vegetal como principal meio de vida; • pescador artesanal ou a este assemelhado que faça da pesca profissão habitual ou principal meio de vida; • cônjuge ou companheiro, bem como filho maior de 16 anos de idade ou a este equiparado, que, comprovadamente, trabalhem com o grupo familiar respectivo.
Contribuinte individual	• a pessoa física, proprietária ou não, que explora atividade agropecuária, a qualquer título, em caráter permanente ou temporário, em área superior a 4 (quatro) módulos fiscais; ou, quando em área igual ou inferior a 4 (quatro) módulos fiscais ou atividade pesqueira, com auxílio de empregados ou por intermédio de prepostos;

Contribuinte individual	• a pessoa física, proprietária ou não, que explora atividade de extração mineral; • garimpo, em caráter permanente ou temporário, diretamente ou por intermédio de prepostos, com ou sem o auxílio de empregados, utilizados a qualquer título, ainda que de forma não contínua; • o ministro de confissão religiosa e o membro de instituto de vida consagrada, de congregação ou de ordem religiosa; • o brasileiro civil que trabalha no exterior para organismo oficial internacional do qual o Brasil é membro efetivo, ainda que lá domiciliado e contratado, salvo quando coberto por regime próprio de previdência social; • o titular de firma individual urbana ou rural, o diretor não empregado e o membro de conselho de administração de sociedade anônima, o sócio solidário, o sócio de indústria, o sócio gerente e o sócio cotista que recebam remuneração decorrente de seu trabalho em empresa urbana ou rural, e o associado eleito para cargo de direção em cooperativa, associação ou entidade de qualquer natureza ou finalidade, bem como o síndico ou administrador eleito para exercer atividade de direção condominial, desde que recebam remuneração; • quem presta serviço de natureza urbana ou rural, em caráter eventual, a uma ou mais empresas, sem relação de emprego; • a pessoa física que exerce, por conta própria, atividade econômica de natureza urbana, com fins lucrativos ou não.

3. SEGURADOS FACULTATIVOS

Objetivando conferir a maior cobertura possível, especificamente em favor das pessoas que não estão exercendo atividade laborativa remunerada, o artigo 14, da Lei 8.212/91, faculta aos maiores de 14 anos de idade a filiação ao RGPS na condição de segurados facultativos. No mesmo sentido o artigo 13, da Lei 8.213/91, que possui a mesma redação.

> **Como esse assunto foi cobrado em concurso?**
>
> No concurso do CESPE para Juiz Federal da 2ª Região em 2013, foi considerada correta a letra A: A Lei n.º 8.212/1991 prevê que tem a faculdade, e não a obrigatoriedade, de ser segurado da previdência social: a) o maior de quatorze anos de idade que se filiar ao RGPS mediante contribuição desde que não incluído em uma das hipóteses de segurado obrigatório. b) o estrangeiro domiciliado e contratado no Brasil para trabalhar como empregado em sucursal ou agência de empresa nacional no exterior. c) o estrangeiro que, com residência permanente no Brasil, preste serviço no Brasil a missão diplomática estrangeira. d) o brasileiro civil domiciliado e contratado no exterior que trabalhe para a União, em organismos oficiais brasileiros localizados no exterior, e que não seja segurado na forma da legislação vigente do país do domicílio. e) o empregado doméstico.

Entretanto, de acordo com o artigo 11, do RPS, a idade mínima para a filiação do segurado facultativo é de **16 anos de idade**, sendo este o posicionamento administrativo do INSS e **dominante da doutrina previdenciária**.

> **Como esse assunto foi cobrado em concurso?**
>
> No concurso do CESPE para Defensor Público da Bahia em 2010, foi considerado errado o seguinte enunciado: É segurado facultativo o maior de doze anos que se filiar ao regime geral de previdência social, mediante contribuição.

Eis um rol exemplificativo atualizado pelo Decreto 10.410/2020:

I – aquele que se dedique exclusivamente ao trabalho doméstico no âmbito de sua residência;

II – **o síndico de condomínio, quando não remunerado**;

III – **o estudante**;

IV – o brasileiro que acompanha cônjuge que presta serviço no exterior;

V – aquele que deixou de ser segurado obrigatório da previdência social;

VI – o membro de conselho tutelar de que trata o art. 132 da Lei nº 8.069, de 13 de julho de 1990, quando não esteja vinculado a qualquer regime de previdência social;

VII – o estagiário que preste serviços a empresa nos termos do disposto na Lei nº 11.788, de 2008;

VIII – o bolsista que se dedique em tempo integral a pesquisa, curso de especialização, pós-graduação, mestrado ou doutorado, no Brasil ou no exterior, desde que não esteja vinculado a qualquer regime de previdência social;

IX – o presidiário que não exerce atividade remunerada nem esteja vinculado a qualquer regime de previdência social;

X – o brasileiro residente ou domiciliado no exterior;

XI – **o segurado recolhido à prisão sob regime fechado ou semiaberto, que, nesta condição, preste serviço, dentro ou fora da unidade penal, a uma ou mais empresas, com ou sem intermediação da organização carcerária ou entidade afim, ou que exerce atividade artesanal por conta própria (inserido pelo Decreto 7.054/2009)**;

XII – o atleta beneficiário da Bolsa-Atleta não filiado a regime próprio de previdência social ou não enquadrado em uma das hipóteses previstas no art. 9º.

A alteração do inciso X pelo Decreto 10.410/2020 permitiu que todos os brasileiros que residam no exterior possam recolher como segurados facultativos, mesmo os que morem em países que possuam acordo de previdência com o Brasil.

O Decreto 10.410/2020 ainda previu que o segurado poderá contribuir facultativamente durante os **períodos de afastamento ou de inatividade**, desde que não receba remuneração nesses períodos e não exerça outra atividade que o vincule ao RGPS ou a regime próprio de previdência social.

Dessa forma, por exemplo, um segurado em gozo de auxílio por incapacidade temporária poderá recolher contribuição facultativa ao RGPS se não estiver recebendo remuneração por atividade laborativa.

> **Importante:**
> Destaque-se que o servidor público participante de RPPS não poderá se filiar como segurado facultativo do RGPS, ante a vedação contida no §5º, do artigo 201, da CRFB, inserida pela Emenda 20/98, pois já existe uma proteção previdenciária.

> **Como esse assunto foi cobrado em concurso?**
> No concurso do CESPE para Procurador do Município de Natal em 2008, foi considerado correto o seguinte enunciado: É vedada a filiação ao RGPS, na qualidade de segurado facultativo, de pessoa participante de regime próprio de previdência. Por sua vez, no concurso do CESPE para Juiz Federal da 5ª Região em 2007, foi considerado errado o seguinte enunciado: Amador ocupa cargo efetivo no serviço público de um estado da Federação e é vinculado ao regime próprio de previdência social. Nessa situação, se o referido estado ainda não tiver instituído regime de previdência complementar, Amador poderá filiar-se ao regime geral de previdência social na qualidade de segurado facultativo a fim de obter para si, mediante modestas contribuições, uma fonte a mais de receita para sua futura aposentadoria.

Por exceção do Regulamento, se o servidor efetivo estiver afastado sem vencimentos do cargo e a lei do RPPS não permitida, nessa condição, a contribuição ao respectivo regime próprio, neste único caso poderá recolher como segurado facultativo do RGPS.

Por fim, com o advento do discutível Decreto 7.054/2009, o segurado preso passou a ser segurado facultativo em qualquer hipótese, independentemente de exercer ou não atividade laboral remunerada.

4. FILIAÇÃO AO REGIME GERAL DE PREVIDÊNCIA SOCIAL

A *filiação* é a relação jurídica que liga uma pessoa natural à União, através da Previdência Social, bem como ao Instituto Nacional do Seguro Social, que tem o condão de incluí-la no Regime Geral de Previdência Social na condição de segurada, tendo a eficácia de gerar obrigações (a exemplo do pagamento das contribuições previdenciárias) e direitos (como a percepção dos benefícios e serviços).

O artigo 20, do RPS, a define sinteticamente como o vínculo que se estabelece entre pessoas que contribuem para a previdência social e esta, do qual decorrem direitos e obrigações. Normalmente, a nacionalidade do trabalhador não tem relevância para fins de filiação, salvo as expressas exceções legais.

> **▸ Como esse assunto foi cobrado em concurso?**
>
> No concurso para Juiz do Trabalho da 23ª Região em 2007, o examinador considerou errado o seguinte enunciado: A filiação é o ato pelo qual o segurado é cadastrado no Regime Geral de Previdência Social, mediante comprovação dos dados pessoais e de outros elementos necessários e úteis a sua caracterização.

Trata-se de instituto de enorme importância no RGPS, pois é com a filiação que uma pessoa natural passará à condição de segurado e terá proteção previdenciária para si e seus dependentes.

O reconhecimento de filiação é o direito do segurado de ter reconhecido, em qualquer época, o tempo de exercício de atividade anteriormente abrangida pela Previdência Social, na forma do artigo 121, do Regulamento da Previdência Social.

> **▸ Importante:**
>
> Em regra, para os *segurados obrigatórios*, **a filiação será automática e decorrerá do exercício de atividade laborativa remunerada, na forma do artigo 20, do Regulamento da Previdência Social,** realizando-se com o início do exercício do labor.

> **▸ Como esse assunto foi cobrado em concurso?**
>
> No concurso para Auditor do MPTCM-RJ em 2008, a FGV considerou correto o seguinte enunciado: A filiação dos segurados obrigatórios decorre do exercício de atividade vinculada ao Regime Geral de Previdência Social e independe de contribuição. Quanto ao segurado facultativo, sua filiação é ato volitivo e depende de inscrição e do pagamento da primeira contribuição.

Entretanto, por exceção, para os *contribuintes individuais que trabalhem por conta própria*, não bastará o simples exercício de atividade laborativa remunerada para que ocorra a filiação, que é condicionada ao efetivo recolhimento das contribuições previdenciárias, pois inexiste empresa ou empregador para ser o responsável pela arrecadação, competindo aos próprios contribuintes individuais fazê-lo.

Nesse sentido, é o entendimento amplamente dominante da jurisprudência e do próprio INSS. No julgamento da AC 2006.02.01.014859-9, de 11.12.2007, já decidiu o TRF da 2ª Região que "enquadrando-se o falecido na condição de contribuinte individual, necessário se faz a comprovação de sua filiação à Previdência com o efetivo recolhimento das respectivas contribuições, por iniciativa própria, para que se considere a sua qualidade de segurado, o que não ocorreu, na espécie, concluindo-se que o *de cujus* não ostentava a qualidade de segurado da Previdência quando do óbito e, portanto, inexiste o direito ao recebimento de pensão por morte a seus dependentes".

É que no caso do segurado empregado, do empregado doméstico, do trabalhador avulso e do contribuinte individual que presta serviço à pessoa jurídica a responsabilidade tributária pelo recolhimento das suas contribuições previdenciárias não é dos referidos segurados, e sim da empresa, do empregador ou equiparado na forma da lei, razão pela qual a sua filiação será automática e ocorrerá imediatamente com o exercício de atividade laboral remunerada.

▸ **Importante:**

Por sua vez, a **idade mínima para a filiação dos segurados obrigatórios será de 16 anos de idade,** salvo atividades insalubres, perigosas ou noturnas, **ou excepcionalmente de 14 anos de idade, na condição de aprendiz**, a teor do artigo 7º, XXXIII, da Constituição Federal, com redação dada pela EC 20/1998, lembrando que a idade mínima para o empregado doméstico trabalhar é de 18 anos de idade.

▸ **Como esse assunto foi cobrado em concurso?**

No concurso para Técnico Judiciário do TRT RN em 2010, o CESPE considerou errado o seguinte enunciado, em razão da possibilidade de filiação do aprendiz já aos 14 anos de idade: A despeito do princípio constitucional da universalidade da cobertura e do atendimento, os menores de dezesseis anos não podem ser segurados do RGPS.

A idade mínima para o exercício do trabalho e, consequentemente, para a filiação ao RGPS, visa a proteger a criança e o adolescente. Assim, caso o empregador viole essa idade mínima, o trabalhador não poderá ser novamente prejudicado, devendo esse período ser computado para fins previdenciários.

▸ **Qual o entendimento do STJ sobre o assunto?**

No julgamento do AgRg no REsp 504.745, de 01.03.2005, a Corte Superior decidiu que "ainda que mereça todo o repúdio o trabalho exercido por crianças menores de 14 anos de idade, ignorar tal realidade, ou entender que esse período não deverá ser averbado por falta de previsão legal, esbarra no alcance pretendido pela lei. Ao estabelecer o limite mínimo de 14 anos, o legislador o fez em benefício do menor, visando a sua proteção, não em seu prejuízo, razão pela qual o período de trabalho prestado antes dos 14 anos deverá ser computado como tempo de serviço para fins previdenciários".

REsp 1650697 – de 27/4/2017: "As regras de proteção das crianças e adolescentes não podem ser utilizadas com o escopo de restringir direitos. Nos casos em que ocorreu, ainda que de forma indevida, a prestação do trabalho pela menor de 16 (dezesseis) anos, é preciso assegurar a essa criança ou adolescente, ainda que indígena, a proteção do sistema previdenciário, desde que preenchidos os requisitos exigidos na lei, devendo ser afastado o óbice etário".

▸ Qual o entendimento do STJ sobre o assunto?

Nesse sentido, a **Súmula 657 do STJ**: *Atendidos os requisitos de segurada especial no RGPS e do período de carência, a indígena menor de 16 anos faz jus ao salário-maternidade".*

▸ Qual o entendimento do STF sobre o assunto?

21/12/2020 SEGUNDA TURMA A G. REG. NO RECURSO EXTRAORDINÁRIO 1.225.475 RIO GRANDE DO SUL

"Ementa: AGRAVO REGIMENTAL NO RECURSO EXTRAORDINÁRIO. PREVIDENCIÁRIO. EXERCÍCIO DE ATIVIDADE LABORAL POR CRIANÇA OU ADOLESCENTE. ART. 7º, XXXIII, DA CONSTITUIÇÃO FEDERAL. NORMA PROTETIVA QUE NÃO PODE PRIVAR DIREITOS. AGRAVO A QUE SE NEGA PROVIMENTO, COM APLICAÇÃO DE MULTA. **I - O art. 7°, XXXIII, da Constituição Federal não pode ser interpretado em prejuízo da criança ou adolescente que exerce atividade laboral. Regra constitucional que busca a proteção e defesa dos trabalhadores não pode ser utilizada para privá-los dos seus direitos, inclusive, previdenciários.** Precedentes. II - Agravo regimental a que se nega provimento, com aplicação de multa (art. 1.021, § 4°, do CPC)".

▸ Como esse assunto foi cobrado em concurso?

No concurso do CESPE para Promotor de Justiça do Espírito Santo em 2010, foi considerado errado o seguinte enunciado: O trabalho infantil é repudiado pelo ordenamento jurídico brasileiro, de acordo com a CF, de modo que é inadmissível a contagem do trabalho rural em regime de economia familiar antes dos quatorze anos de idade, para efeito de aposentadoria.

▸ Importante:

Por sua vez, para o **segurado facultativo, a filiação apenas ocorrerá com a inscrição formalizada** (mero cadastro de dados na Previdência Social) **e o efetivo pagamento da primeira contribuição previdenciária,** nos moldes do artigo 20, do RPS, decorrendo necessariamente da sua manifestação de vontade, pois não é compulsória.

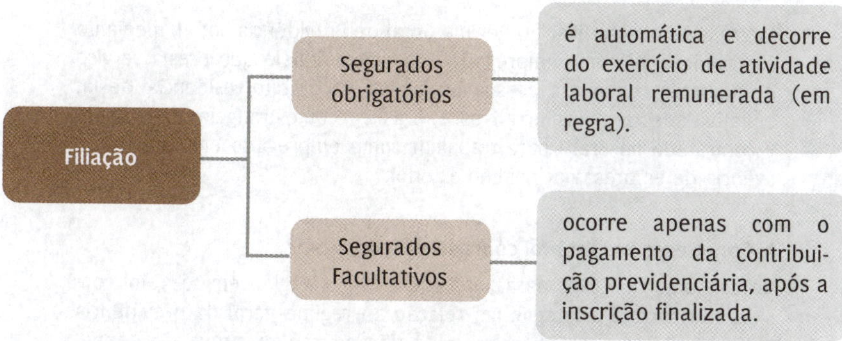

A filiação na qualidade de segurado facultativo representa ato volitivo, gerando efeito somente a partir da inscrição e do primeiro recolhimento, não podendo retroagir e não permitindo o pagamento de contribuições relativas a competências anteriores à data da inscrição.

Ademais, após a inscrição, o segurado facultativo somente poderá recolher contribuições em atraso quando não tiver ocorrido perda da qualidade de segurado.

De acordo com o artigo 14, da Lei 8.212/91, a idade mínima para a filiação como segurado facultativo será de 14 anos de idade.

Contudo, o artigo 11 do RPS prevê a idade mínima de 16 anos de idade para a filiação como segurado facultativo, disposição regulamentar aparentemente desprovida de fundamento legal, vez que a Constituição Federal veda o trabalho do menor de 16 anos, em regra, dispositivo que não alcança o segurado facultativo, pois este não trabalha.

> **▸ Importante:**
>
> Vale ressaltar que a doutrina majoritária e o próprio INSS entendem que a idade mínima para a filiação do segurado facultativo é de 16 anos de idade. Mas se tem observado que se a questão de prova exigir literalmente o texto da Lei 8.213 (artigo 13) ou da Lei 8.212 (artigo 14) as bancas consideram correta a alternativa que traz 14 anos de idade.

> **▸ Como esse assunto foi cobrado em concurso?**
>
> No concurso da FUNRIO para Analista do INSS em 2013, foi considerada correta a letra C: Na forma como determinado pela Lei 8213/91, considera-se segurado facultativo do Regime Geral de Previdência Social: A) empregado de organismo oficial internacional ou estrangeiro em funcionamento no Brasil, salvo quando coberto por regime próprio de previdência social. B) exercente de mandato eletivo federal, estadual ou municipal, desde que não vinculado a regime próprio de previdência social. C) maior de 14 (qua-

torze) anos que se filiar ao Regime Geral de Previdência Social, mediante contribuição. D) como empregado doméstico: aquele que presta serviço de natureza contínua a pessoa ou família, no âmbito residencial desta, em atividades sem fins lucrativos. E) brasileiro ou estrangeiro domiciliado e contratado no Brasil para trabalhar como empregado em sucursal ou agência de empresa nacional no exterior.

▸ **Como esse assunto foi cobrado em concurso?**

No concurso do CESPE para Juiz Federal da 5ª Região em 2013, foi considerada correta a letra B: Em relação ao regime geral da previdência social, assinale a opção correta. A) Não se requer prova de dependência econômica para que cônjuge, companheira, companheiro, filho não emancipado com menos de vinte e um anos de idade ou pais do segurado façam jus aos benefícios previdenciários na condição de seu dependente. B) O menor de quatorze anos de idade pode ser segurado facultativo do regime geral da previdência social, desde que não esteja exercendo atividade remunerada que o enquadre como segurado obrigatório. C) É permitida a filiação ao regime geral da previdência social, na qualidade de segurado facultativo, de pessoa participante de regime próprio previdenciário. D) O segurado que deixa de exercer atividade remunerada abrangida pela previdência social mantém a qualidade de segurado até doze meses após a cessação das contribuições, independentemente do pagamento de novas contribuições. E) O servidor público ocupante de cargo em comissão, sem vínculo efetivo com a União, suas autarquias ou fundações públicas, é considerado segurado facultativo da previdência social.

O servidor público de qualquer RPPS não poderá se vincular como facultativo, consoante determinação do artigo 201, §5º, da Constituição Federal, salvo se afastado sem vencimentos e desde que não permitida, nessa condição, contribuição ao respectivo regime próprio, a teor do artigo 11, §2º, do RPS.

Questão interessante é saber se o desenvolvimento de atividade clandestina enseja a filiação como segurado obrigatório do RGPS, a exemplo da pessoa que se sustenta do produto dos roubos que pratica habitualmente.

Para Fábio Zambitte Ibrahim (2010, pg. 185), "a atividade exercida deve ser lícita, isto é, o trabalho em atividades ilegais, como o tráfico de drogas, evidentemente não gera qualquer vínculo com a previdência social".

▸ **Como esse assunto foi cobrado em concurso?**

No concurso do CESPE para Juiz Federal da 5ª Região em 2011, foi considerado errado o seguinte enunciado: Entre os requisitos da condição de segurado obrigatório do RGPS, incluem-se o de ser o segurado pessoa física – sendo legalmente inaceitável a existência de segurado pessoa jurídica – e o de ele exercer atividade laboral, lícita ou ilícita, pois as contribuições ao sistema previdenciário são, de acordo com a jurisprudência do STF, espécies do gênero tributo.

Logo, embora seja um posicionamento em tema controverso, o CESPE somente vem admitindo a filiação ao RGPS por atividades laborais lícitas

Entretanto, entende-se que mesmo na hipótese de trabalho clandestino, deverá a pessoa ser obrigada a pagar as respectivas contribuições previdenciárias, que têm natureza tributária, incidindo o Princípio da *Pecunia Non Olet* (o dinheiro não tem cheiro).

Sobre o tema, conforme a esquematizada doutrina de Ricardo Alexandre (2008, pg. 264), "para o direito tributário não existe relevância se a situação que teve como consequência a ocorrência fato gerador configure ilícito, mesmo que criminal".

A admissão de apenas atividades laborais lícitas como hipótese de filiação do segurado obrigatório ao RGPS pode conduzir a conclusões irrazoáveis ou mesmo absurdas. Sabe-se que, especialmente em grandes centros urbanos, milhões de pessoas sobrevivem da venda de bens importados irregularmente, inclusive com a consumação do delito de descaminho, ante a não tributação desses produtos na entrada do país. Ademais, ainda existem os produtos falsificados que são vendidos irregularmente pelo Brasil.

Ora, uma pessoa que trabalha vendendo bens ilegalmente importados ou falsificados não está desenvolvendo uma atividade laboral lícita, tanto que são comuns as apreensões desses produtos pela Polícia Federal.

Caso se sustente que apenas o trabalho lícito deverá gerar a filiação ao RGPS, esses trabalhadores autônomos não poderão se filiar à Previdência Social, o que seria indesejável e inaceitável.

Por fim, de acordo com a atual legislação previdenciária, inexiste idade máxima para a filiação ao RGPS.

5. INSCRIÇÃO NO REGIME GERAL DE PREVIDÊNCIA SOCIAL

A inscrição é apenas o cadastro do segurado ou do seu dependente no banco de dados da previdência social, não sendo um instituto tão importante quanto à filiação.

Considera-se **inscrição do segurado** para os efeitos da previdência social o *ato pelo qual o segurado é cadastrado no Regime Geral de Previdência Social, mediante comprovação dos dados pessoais e de outros elementos necessários e úteis a sua caracterização*, na forma do artigo 18 do RPS.

Atualmente a inscrição é feita no Cadastro Nacional de Informações Sociais – CNIS, um sistema responsável pelo controle das informações de todos os segurados e contribuintes da Previdência Social, criado em 1989.

A inscrição dos segurados é regulada pelo artigo 18 do Decreto 3048/99, atualizado pelo Decreto 10.410/2020:

> "Art. 18. **Considera-se inscrição de segurado para os efeitos da previdência social o ato pelo qual o segurado é cadastrado no RGPS**, por meio da comprovação dos dados pessoais, da seguinte forma: (Redação dada pelo Decreto nº 10.410, de 2020).
>
> **I – empregado** – pelo empregador, por meio da formalização do contrato de trabalho e, a partir da obrigatoriedade do uso do Sistema de Escrituração Digital das Obrigações Fiscais, Previdenciárias e Trabalhistas – eSocial, instituído pelo Decreto nº 8.373, de 11 de dezembro de 2014, ou do sistema que venha a substituí-lo, por meio do registro contratual eletrônico realizado nesse Sistema; (Redação dada pelo Decreto nº 10.410, de 2020).
>
> **II – trabalhador avulso** – pelo cadastramento e pelo registro no órgão gestor de mão de obra, no caso de trabalhador portuário, ou no sindicato, no caso de trabalhador não portuário, e a partir da obrigatoriedade do uso do eSocial, ou do sistema que venha a substituí-lo, por meio do cadastramento e do registro eletrônico realizado nesse Sistema; (Redação dada pelo Decreto nº 10.410, de 2020).
>
> **III – empregado doméstico** – pelo empregador, por meio do registro contratual eletrônico realizado no eSocial; (Redação dada pelo Decreto nº 10.410, de 2020).
>
> **IV - contribuinte individual**: (Redação dada pelo Decreto nº 10.410, de 2020).
>
> a) por ato próprio, por meio do cadastramento de informações para identificação e reconhecimento da atividade, hipótese em que o Instituto Nacional do Seguro Social – INSS poderá solicitar a apresentação de documento que comprove o exercício da atividade declarada; (Incluído pelo Decreto nº 10.410, de 2020)
>
> b) pela cooperativa de trabalho ou pela pessoa jurídica a quem preste serviço, no caso de cooperados ou contratados, respectivamente, se ainda não inscritos no RGPS; e (Incluído pelo Decreto nº 10.410, de 2020)
>
> c) pelo MEI, por meio do sítio eletrônico do Portal do Empreendedor; (Incluído pelo Decreto nº 10.410, de 2020)
>
> **V – segurado especial** – preferencialmente, pelo titular do grupo familiar que se enquadre em uma das condições previstas no inciso VII do caput do art. 9º, hipótese em que o INSS poderá solicitar a apresentação de documento que comprove o exercício da atividade declarada, observado o disposto no art. 19-D; e (Redação dada pelo Decreto nº 10.410, de 2020).
>
> **VI – segurado facultativo** – por ato próprio, por meio do cadastramento de informações pessoais que permitam a sua identificação, desde que não exerça atividade que o enquadre na categoria de segurado obrigatório. (Redação dada pelo Decreto nº 10.410, de 2020)".

▸ Importante:

Em regra, a inscrição ocorrerá após a filiação, exceto para o segurado facultativo, cuja filiação pressupõe a inscrição e o pagamento da primeira contribuição previdenciária.

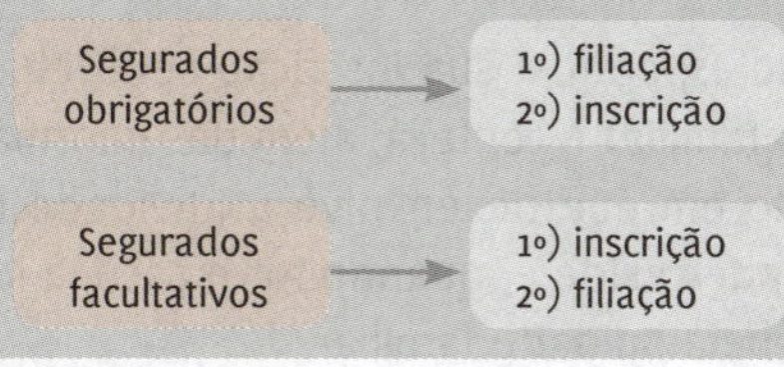

Logo, para o **segurado obrigatório**, primeiro ocorrerá à filiação com o exercício da atividade laborativa remunerada para, em um segundo momento, ocorrer a sua inscrição. Já para o **segurado facultativo**, primeiro ocorrerá a sua inscrição para, depois, se efetivar a sua filiação com o recolhimento da contribuição previdenciária.

De efeito, no caso dos segurados obrigatórios, não há previsão na legislação previdenciária para que a inscrição ocorra concomitantemente à filiação, nos moldes do artigo 18, do RPS, pois a inscrição pressupõe a comprovação do exercício de trabalho remunerado.

Deveras, para a formalização da inscrição, é preciso que seja apresentado documento que comprove o exercício de trabalho remunerado, ocorrendo inicialmente a filiação e posteriormente a inscrição do segurado obrigatório.

Apenas no caso do segurado facultativo há inicialmente a inscrição, para, em seguida, ocorrer à sua filiação com o recolhimento da contribuição previdenciária.

O artigo 18, § 2º, do RPS, restringe indevidamente a inscrição dos menores de 16 anos, apesar de o aprendiz poder ter 14 anos de idade, conforme previsão constitucional, sendo considerado segurado empregado.

No caso do empregado, trabalhador avulso e contribuinte individual que trabalha para a pessoa jurídica, caberá à empresa promover a inscrição do segurado a seu serviço. Já no caso do contribuinte individual que trabalha por conta própria e o segurado facultativo, o próprio segurado deverá requerer a sua inscrição do INSS.

Por sua vez, caberá ao empregador doméstico promover a inscrição do empregado doméstico a seu serviço no e-social, nos termos do artigo 32 da Lei Complementar 150/2015.

Para o facultativo, a inscrição representa ato de vontade e é formalizada após o primeiro recolhimento no código específico, da seguinte forma:

> I – quando não possui cadastro no CNIS, mediante apresentação de documentos pessoais e de outros elementos necessários e úteis a sua caracterização, bem como a inclusão da ocupação;

II - quando possui cadastro no CNIS, se não houver contribuição, poderá ser efetuada a inclusão da ocupação e havendo contribuições já recolhidas, deverá ser observado o primeiro pagamento em dia, não podendo retroagir e não permitindo o pagamento de contribuições relativas às competências anteriores ao início da opção de filiação de facultativo.

No caso do *segurado especial*, a sua inscrição será feita de forma a vinculá-lo ao seu respectivo grupo familiar e conterá, além das informações pessoais, a identificação da propriedade em que desenvolve a atividade e a que título, se nela reside ou o município onde reside e, quando for o caso, a identificação e inscrição da pessoa responsável pela unidade familiar.

Vale frisar que **não serão consideradas a inscrição *post mortem* e as contribuições vertidas após a extemporânea inscrição para efeito de manutenção da qualidade de segurado.**

Esta vedação se destina ao segurado contribuinte individual que trabalha por conta própria, pois a sua filiação é condicionada ao pagamento tempestivo da contribuição previdenciária.

Logo, se um contribuinte individual que trabalha por conta própria não recolhe as contribuições previdenciárias, não se filiará ao RGPS. Ao falecer, como não era segurado, os seus dependentes não terão direito à pensão por morte, pois não será possível o recolhimento das contribuições em atraso e a inscrição após a morte do segurado.

▸ Qual o entendimento do STJ sobre o assunto?

'Em relação ao recolhimento *post mortem* das contribuições previdenciária, esta Corte vem firmando orientação no sentido de que "é imprescindível o recolhimento das contribuições respectivas pelo próprio segurado quando em vida para que seus dependentes possam receber o benefício de pensão por morte. Desta forma, não há base legal para uma inscrição post mortem ou para que sejam regularizadas as contribuições pretéritas, não recolhidas em vida pelo de cujus." (REsp 1.328.298/PR, Rel. Ministro Castro Meira, DJe de 28.9.2012)'. REsp 1551720, de 23/8/2017.

▸ Importante:

Entretanto, será permitida a inscrição *post mortem* do segurado especial, desde que presentes os pressupostos da filiação, na forma do quanto expresso no artigo 18, §5º, do RPS, vez que a filiação dos segurados especiais ocorrerá com o exercício de atividade campesina ou pesqueira artesanal individualmente ou em regime de economia familiar para fins de subsistência, pois normalmente não há atividade laborativa com percepção de remuneração.

Para fins de **pensão por morte**, na hipótese de falecimento do segurado, os ajustes citados poderão ser solicitados por seus dependentes para fins de reconhecimento de direito para benefício a eles devidos até o dia quinze do mês de janeiro subsequente ao do ano civil correspondente.

Dessa forma, o Decreto 10.410/2020 permitiu **a complementação de contribuição após a morte**, desde que seja feita pelo dependente até o dia 15 de janeiro do ano seguinte.

Veja-se, nesse sentido, o §7º do artigo 19-E do Regulamento:

> "§ 7º Na hipótese de **falecimento do segurado**, os ajustes previstos no § 1º poderão ser solicitados por seus dependentes para fins de reconhecimento de direito para benefício a eles devidos **até o dia quinze do mês de janeiro subsequente ao do ano civil correspondente**, observado o disposto no § 4º. (Incluído pelo Decreto nº 10.410, de 2020)"

Note-se que a permissão regulamentar é apenas para o complemento de contribuição abaixo do mínimo legal, e não para filiação após a morte.

É muito comum a existência de segurados especiais na zona rural sem a inscrição no INSS, o que não irá gerar nenhum prejuízo, pois já se filiaram com a sua atividade laboral, apenas tomando a Previdência Social ciência da sua existência no momento da entrada do requerimento administrativo de aposentadoria, auxílio-doença ou pensão por morte normalmente.

Logo, se os dependentes comprovarem que o falecido era filiado ao RGPS como segurado especial, o INSS deverá promover a sua inscrição após a morte e pagar a pensão aos seus dependentes.

> **▸ Como esse assunto foi cobrado em concurso?**
>
> No concurso para Defensor Público da União em 2010, o CESPE considerou correto o seguinte enunciado: Considere que Lucas tenha exercido, individualmente, de modo sustentável, durante toda a vida, a atividade de seringueiro na região amazônica, tendo os frutos dessa atividade sido sua única fonte de renda. Após o falecimento dele, os herdeiros — demonstrados os pressupostos de filiação — poderão requerer a inscrição de Lucas, como segurado especial, no RGPS. Por sua vez, no concurso para Juiz do Trabalho da 6ª Região realizado em 2010, o examinador considerou correto o seguinte enunciado: É vedada a inscrição de segurado após sua morte (*post mortem*), exceto em caso de segurado especial.

No caso do **dependente**, apenas ocorrerá a sua **inscrição quando houver requerimento administrativo de benefício previdenciário**, a teor do artigo 17, §1º, da Lei 8.213/91 e do artigo 22, do RPS, mediante a apresentação dos documentos comprobatórios, a exemplo da certidão de casamento para demonstrar o matrimônio, não cabendo mais ao segurado inscrever previamente o dependente desde o advento do Decreto 4.079, de 10.01.2002.

> **Importante:**
>
> Mas existe uma **exceção** criada pela **Emenda 103/2019** (art. 23) que passou a admitir a inscrição prévia de dependente. Isso porque, "para o dependente inválido ou com deficiência intelectual, mental ou grave, **a condição de deficiente pode ser reconhecida previamente ao óbito do segurado,** por meio de avaliação biopsicossocial realizada por equipe multiprofissional e interdisciplinar, observada revisão periódica na forma da legislação".

Evidente que tal condição deverá ser reavaliada de modo periódico pela Previdência Social, de modo a mensurar a persistência da invalidez ou deficiência.

Capítulo 5

Salário de contribuição

1. INTRODUÇÃO E DEFINIÇÃO

O salário de contribuição é um instituto exclusivo do Direito Previdenciário, regulado pelo artigo 28, da Lei 8.212/91, sendo utilizado para a fixação do salário de benefício e, por conseguinte, para o cálculo de todos os benefícios do RGPS, exceto o salário-família e o salário-maternidade, conforme será estudado no momento oportuno.

Outrossim, em algumas hipóteses previstas no artigo 73, da Lei 8.213/91, o salário-maternidade será calculado diretamente com base no salário de contribuição.

É um instituto imprescindível tanto para o Plano de Custeio quanto para o Plano de Benefícios do Regime Geral de Previdência Social, sendo estratégico para o bom estudo dominá-lo.

É uma parcela normalmente composta por **verbas remuneratórias do trabalho**, podendo também ser excepcionalmente formada por verbas teoricamente indenizatórias, apenas nos casos expressos previstos pela norma previdenciária, em que o legislador entendeu se tratar de remuneração disfarçada.

Logo, se um trabalhador filiado ao RGPS recebe mensalmente um salário de R$ 2.000,00, este valor será considerado como o salário de contribuição do segurado e será a base de cálculo para a incidência da sua contribuição previdenciária, mediante a aplicação da alíquota legal.

Entretanto, como o segurado facultativo não exerce trabalho remunerado, o seu salário de contribuição será o valor que ele declarar, observados os limites legais.

Deveras, todos os segurados da previdência social contribuirão com fundamento no salário de contribuição, **exceto o segurado especial**, pois neste caso o cálculo do tributo incidirá obrigatoriamente sobre a receita bruta proveniente da comercialização dos seus produtos, em regra, nos termos do artigo 25, da Lei 8.212/91.

> **Importante:**
> O salário-maternidade é o único benefício previdenciário considerado como salário de contribuição, pois sobre ele incidirá a contribuição previdenciária, o que não ocorrerá com os demais, previsão legal que não é tecnicamente justificável e decorre da herança trabalhista do benefício.

▸ **Qual o entendimento do STF sobre o assunto?**

Em sede de Repercussão Geral, em 4 de agosto de 2020, no RE 576.967, **o STF declarou inconstitucional a incidência de contribuição previdenciária sobre o salário-maternidade**, não tendo havido modulação da eficácia da pronúncia de inconstitucionalidade, sendo possível a apresentação de embargos de declaração pela União.

Restou fixada a seguinte tese: **"É inconstitucional a incidência da contribuição previdenciária a cargo do empregador sobre o salário-maternidade"**:

"69. Diante do exposto, considerando os argumentos formal e material, dou provimento ao recurso extraordinário, para declarar, incidentalmente, a **inconstitucionalidade da incidência de contribuição previdenciária sobre o salário maternidade, prevista no art. 28, §2º, da Lei nº 8.212/91, e a parte final do seu § 9º, alínea a,** em que se lê 'salvo o salário-maternidade', e proponho a fixação da seguinte tese: 'É inconstitucional a incidência da contribuição previdenciária a cargo do empregador sobre o salário maternidade'".

A nosso ver, a tese de aplica tanto à parte da empresa quanto à parte do segurado, conforme se depreende do voto vencedor acima transcrito, em que pese o fechamento tenha sido restritivo. **Mas o Poder Executivo da União a limitou à contribuição patronal**.

A decisão é *inter partes*, pois não foi tomada em sede de ação abstrata, não tem efeitos *erga omnes*.

O certo é que o RE 576.967 (Tema 72) transitou em julgado em 02/06/2021 e essa parte não foi esclarecida pelo STF, pois o julgamento dos Embargos de Declaração não a abordou. **Desse modo, conquanto os argumentos firmados possam ser utilizados para afastar a incidência da contribuição previdenciária sobre o benefício salário-maternidade, a tese firmada no Tema 72 apenas afastou a incidência do tributo da parte patronal.**

Outrossim, a contribuição previdenciária devida pelo empregador doméstico também tomará por base o salário de contribuição do empregado.

Dito isto, é possível definir o salário de contribuição como a base de cálculo sobre a qual incidirá a contribuição previdenciária do segurado empregado, empregado doméstico, trabalhador avulso, contribuinte individual e segurado facultativo, assim como da cota patronal do empregador doméstico e do microempreendedor individual, normalmente formado por parcelas remuneratórias do labor, ou, no caso do segurado facultativo, o valor por ele declarado, observados os limites mínimos e máximos legais.

Embora já fosse adotado pela Lei 8.212/91, a **Emenda 103/2019** passou a admitir expressamente a progressividade de alíquotas nas contribuições previdenciárias dos segurados do RGPS, ao modificar a redação do inciso II do artigo que passou a prever a contribuição "do trabalhador e dos demais segurados da previdência social, podendo ser adotadas **alíquotas progressivas** de acordo com o valor do salário de contribuição, não incidindo contribuição sobre aposentadoria e pensão concedidas pelo Regime Geral de Previdência Social".

2. LIMITE MÍNIMO E MÁXIMO

O **limite mínimo** do salário de contribuição corresponde ao *piso salarial, legal ou normativo, da categoria* ***ou, inexistindo este, ao salário mínimo***, tomado no seu valor mensal, diário ou horário, conforme o ajustado e o tempo de trabalho efetivo durante o mês.

Deveras, se determinada categoria de trabalhadores teve a sua remuneração mensal mínima fixada mensalmente em R$ 1.500,00 por acordo coletivo, o menor salário de contribuição corresponderá a esse valor, e não ao salário mínimo vigente.

Outrossim, de acordo com o artigo 1º, da Lei Complementar 103/2000, os estados e o Distrito Federal ficam autorizados a instituir, mediante lei de iniciativa do Poder Executivo, o piso salarial de que trata o inciso V, do artigo 7º, da Constituição Federal, para os empregados que não tenham piso salarial definido em lei federal, convenção ou acordo coletivo de trabalho, podendo abarcar os empregados domésticos.

Note-se que o salário mínimo se refere à jornada integral, podendo **(até o advento da Emenda 103/2019)** a remuneração mensal ser inferior a um salário mínimo para o segurado empregado e o avulso, a exemplo do pagamento referente a meio expediente ou parcela do mês.

> ▸ **Importante:**
>
> Sucede que a Reforma Constitucional inseriu o §14 no artigo 195 da Constituição, que passou a prever que "o segurado somente terá reconhecida como tempo de contribuição ao Regime Geral de Previdência Social a **competência cuja contribuição seja igual ou superior à contribuição mínima mensal exigida para sua categoria**, assegurado o **agrupamento de contribuições"**.

Evidente que esta nova regra demanda regulamentação para surtir efeitos, pois não há elementos para a sua aplicação antes da regulamentação por lei federal.

Por certo, a ideia é não gerar efeitos previdenciários para todos os segurados quando o salário de contribuição mensal for inferior a um salário mínimo (não se aplica ao segurado especial, que recolhe sem piso sobre produção rural), devendo ocorrer complementação para tanto.

Até lá será aplicada a **regra de transição** contida no **artigo 29 da Emenda 103/2019:**

> Art. 29. Até que entre em vigor lei que disponha sobre o § 14 do art. 195 da Constituição Federal, o segurado que, no somatório de remunerações auferidas no período de um mês receber remuneração **inferior ao limite mínimo mensal do salário de contribuição**, PODERÁ:
>
> I – complementar a sua contribuição, de forma a alcançar o limite mínimo exigido;
>
> II – utilizar o valor da contribuição que exceder o limite mínimo de contribuição de uma competência em outra; ou

> III – agrupar contribuições inferiores ao limite mínimo de diferentes competências, para aproveitamento em contribuições mínimas mensais.
>
> Parágrafo único. Os ajustes de complementação ou agrupamento de contribuições previstos nos incisos I, II e III do caput somente poderão ser feitos ao **longo do mesmo ano civil.**

A regra de transição não restringe, de modo que vai se aplicar a todos os segurados que contribuem sobre o salário de contribuição (inclusive empregados, trabalhadores avulsos e empregados domésticos) a partir da vigência da reforma constitucional.

Interessante notar que, além da **complementação da contribuição** sobre o valor mínimo, passou a ser permitido o agrupamento de contribuições de competências distintas para se atingir o limite mínimo, desde que no mesmo ano civil dos recolhimentos.

Assim, agrupamento ou complementação de contribuições referentes ao ano de 2020 não poderão ser efetuadas a partir de 2021, mas apenas até 31/12/2020.

Um pecado da regra de transição é que não trata dos benefícios não programados (auxílio-doença, aposentadoria por invalidez, pensão por morte e auxílio-reclusão) e do salário-maternidade.

Dessa forma, o texto abre brecha para complementações após a incapacidade, óbito, prisão em regime fechado ou parto/adoção, desde que feitos dentro do mesmo ano civil, o que atenta contra a razão de ser do seguro social, podendo ser corrigido por norma infraconstitucional.

Para o segurado contribuinte individual e o segurado facultativo o piso do salário de contribuição equivalerá ao salário mínimo.

> **▸ Como esse assunto foi cobrado em concurso?**
>
> No concurso do CESPE para Procurador do Estado do Piauí em 2014, foi considerado errado o seguinte enunciado: O salário de contribuição de empregado que, vinculado ao RGPS, integre categoria cuja remuneração mensal mínima seja fixada em R$ 800,00 por acordo coletivo é o salário mínimo.

Sobre o **limite mínimo** do salário de contribuição o tema pode ser assim sintetizado:

Segurados empregado e trabalhador avulso	ao piso salarial legal ou normativo da categoria ou ao piso estadual conforme definido na Lei Complementar nº 103, de 14 de julho de 2000, ou, inexistindo estes, ao salário mínimo, tomado no seu valor mensal, diário ou horário, conforme o ajustado, e o tempo de trabalho efetivo durante o mês, observado o limite mínimo de 1 salário mínimo após a Emenda 103/2019;

Empregado doméstico	ao piso estadual conforme definido na Lei Complementar nº 103, de 2000, ou, inexistindo este, ao salário mínimo, tomados nos seus valores mensal, diário ou horário, conforme o ajustado, e o tempo de trabalho efetivo durante o mês, observado o limite mínimo de 1 salário mínimo após a Emenda 103/2019;
Segurados contribuinte individual e facultativo	ao salário mínimo.

Registre-se, ainda, que determinadas categorias profissionais poderão ter um piso legal salarial fixado pela União. Como exemplo, com base na **Lei 14.434/2022**, o piso salarial nacional dos **Enfermeiros** contratados sob o regime da Consolidação das Leis do Trabalho (CLT), aprovada pelo Decreto-Lei nº 5.452, de 1º de maio de 1943, será de R$ 4.750,00 (quatro mil setecentos e cinquenta reais) mensais. Outro exemplo é o piso salarial profissional nacional dos **Agentes Comunitários de Saúde e dos Agentes de Combate às Endemias** fixado no valor de R$ 1.550,00 (mil quinhentos e cinquenta reais) mensais desde 2021 por força da **Lei 13.708/2018**.

Originalmente, o artigo 28, § 5º, da Lei 8.212/91, previu a quantia de Cr$ 170.000,00 (cento e setenta mil cruzeiros) como o limite máximo do salário de contribuição, reajustado na mesma época e com os mesmos índices que os do reajustamento dos benefícios de prestação continuada da Previdência Social.

De acordo com o artigo 5º, da Lei 10.666/03, o contribuinte individual que prestar serviços à pessoa jurídica é **obrigado** a complementar, diretamente, a contribuição até o valor mínimo mensal do salário de contribuição, quando as remunerações recebidas no mês, por serviços prestados a pessoas jurídicas, forem inferiores a este, tendo em vista que o salário de contribuição desse segurado não poderá ser inferior a um salário mínimo. **Com a Emenda 103/2019, esse complemento passa a ser facultativo.**

O **limite máximo** fixado para o salário de contribuição pela Emenda 20/1998 foi de R$ 1.200,00, posteriormente majorado pela Emenda 41/2003 para R$ 2.400,00. Após alguns reajustes, para o ano de 2010, foi fixado em R$ 3.467,40 pela Lei 12.254, de 15.06.2010, a partir de 1º de janeiro de 2010.

▸ Como esse assunto foi cobrado em concurso?

No concurso do CESPE para Advogado da Caixa Econômica em 2010, foi considerado errado o seguinte enunciado: Considere que Roberto seja titular de firma individual que atua na área de desenvolvimento de websites corporativos e que, nessa condição, preste serviços a diversas pessoas jurídicas, recebendo, por cada trabalho, o valor de R$ 1.500,00. Considere, ainda, que, no mês de janeiro de 2010, Roberto tenha prestado serviços a 4 empresas e que tenha recebido à vista por tais serviços. Nessa situação hipotética, será considerado salário-de-contribuição a totalidade dos rendimentos auferidos por Roberto durante o mês de janeiro.

Para o ano de 2024, o limite máximo do salário de contribuição foi reajustado para R$ 7.786,02 pela portaria anual conjunta MF/MTP.

Assim, se um segurado empregado receber em um mês uma remuneração de R$ 20.000,00, o valor mensal do salário de contribuição não será desse valor, pois será limitado ao teto acima citado.

> **Como esse assunto foi cobrado em concurso?**
>
> **(2018/CESPE/STJ/Analista Judiciário)** Acerca do custeio da seguridade social, julgue o próximo item. O salário-de-contribuição de segurado empregado deverá corresponder à integralidade de uma remuneração auferida durante o mês de trabalho.
>
> Questão errada.

3. COMPLEMENTAÇÃO, AGRUPAMENTO E TRANSFERÊNCIA DO EXCEDENTE DOS SALÁRIOS DE CONTRIBUIÇÃO

Inicialmente, cumpre fazer uma distinção diante de enorme confusão que se verifica na prática profissional previdenciária. Existem duas espécies de complementações no que tange à contribuição previdenciária do segurado:

a) Complementação da base de cálculo do salário de contribuição para atingir ao mínimo legal, que pode ser o piso legal ou convencional da categoria ou ao salário mínimo;

b) Complementação da alíquota, a exemplo do contribuinte individual que recolheu à razão de 5% do salário mínimo e pretende complementar a alíquota para 11 ou mesmo para 20%.

Neste item trataremos da complementação da base de cálculo do salário de contribuição para atingir ao mínimo legal, que pode ser o piso legal ou convencional da categoria ou ao salário mínimo, consoante regulado pelo artigo 29 da EC 103/2019 e Decreto 10.410/2020.

Em decorrência do artigo 29[1] da EC 103/2019, a partir da competência 11/2019, o segurado empregado, trabalhador avulso e empregado doméstico que receber remuneração inferior ao limite mínimo mensal do salário de contribuição, somente

1. Art. 29. Até que entre em vigor lei que disponha sobre o § 14 do art. 195 da Constituição Federal, o segurado que, no somatório de remunerações auferidas no período de 1 (um) mês, receber remuneração inferior ao limite mínimo mensal do salário de contribuição poderá:

I - complementar a sua contribuição, de forma a alcançar o limite mínimo exigido;

II - utilizar o valor da contribuição que exceder o limite mínimo de contribuição de uma competência em outra; ou

III - agrupar contribuições inferiores ao limite mínimo de diferentes competências, para aproveitamento em contribuições mínimas mensais.

manterá a qualidade de segurado se efetuar os ajustes de complementação, utilização e agrupamento de contribuições, nos termos do Decreto 10.410/2020, que regulamentou o artigo 29 da Emenda 103/2019, nos termos do § 1º do artigo 19-E e o § 27-A do artigo 216, ambos do Regulamento da Previdência Social.

A regulamentação sobre agrupamento de excedente ainda não foi editada pelo INSS, sendo que o citado ato também não regula a complementação de que trata o artigo 21, § 3º,[2] da Lei 8.212/91 (recolhimento simplificado de 5% e 11% sobre um salário mínimo), pois é feita por outra sistemática por se tratar de complementação de alíquota (para 20%), e não de base de cálculo (salário de contribuição).

Posteriormente, nos termos do artigo 19-E do RPS, introduzido pelo Decreto 10.410/2020, a partir de 13 de novembro de 2019, para fins de aquisição e manutenção da qualidade de segurado, de carência, de tempo de contribuição e de cálculo do salário de benefício exigidos para o reconhecimento do direito aos benefícios do RGPS e para fins de contagem recíproca, somente serão consideradas as competências cujo salário de contribuição seja igual ou superior ao limite mínimo mensal do salário de contribuição.

Nesse sentido, a contar da competência 11/2019, ao segurado que, no somatório de remunerações auferidas no período de um mês, receber remuneração inferior ao limite mínimo mensal do salário de contribuição será assegurado:

I - complementar a contribuição das competências, de forma a alcançar o limite mínimo do salário de contribuição exigido (**COMPLEMENTAÇÃO**);

II - utilizar o excedente do salário de contribuição superior ao limite mínimo de uma competência para completar o salário de contribuição de outra competência até atingir o limite mínimo (**EXCEDENTE TRANSFERÍVEL**); ou

III - agrupar os salários de contribuição inferiores ao limite mínimo de diferentes competências para aproveitamento em uma ou mais competências até que estas atinjam o limite mínimo (**AGRUPAMENTO**).

Os ajustes de complementação, excedente transferível e agrupamento poderão ser efetivados, a qualquer tempo, por iniciativa do segurado, hipótese em que se tornarão **irreversíveis e irrenunciáveis após processados.**

Parágrafo único. Os ajustes de complementação ou agrupamento de contribuições previstos nos incisos I, II e III do caput somente poderão ser feitos ao longo do mesmo ano civil.

2. § 3º O segurado que tenha contribuído na forma do § 2º deste artigo e pretenda contar o tempo de contribuição correspondente para fins de obtenção da aposentadoria por tempo de contribuição ou da contagem recíproca do tempo de contribuição a que se refere o art. 94 da Lei nº 8.213, de 24 de julho de 1991, deverá complementar a contribuição mensal mediante recolhimento, sobre o valor correspondente ao limite mínimo mensal do salário-de-contribuição em vigor na competência a ser complementada, da diferença entre o percentual pago e o de 20% (vinte por cento), acrescido dos juros moratórios de que trata o § 3º do art. 5º da Lei nº 9.430, de 27 de dezembro de 1996. (Redação dada pela Lei nº 12.470, de 2011)

A complementação citada poderá ser recolhida até o dia quinze do mês subsequente ao da prestação do serviço e, a partir dessa data, com os acréscimos de juros e multa previstos no artigo 35[3] da Lei nº 8.212, de 1991.

Os ajustes para o excedente transferível e o agrupamento de contribuições serão efetuados na forma indicada ou autorizada pelo segurado, **desde que utilizadas as competências do mesmo ano civil**, assim considerado o período de doze meses contados de 1º de janeiro a 31 de dezembro do respectivo ano.

A efetivação do agrupamento não impede o recolhimento da contribuição referente à competência que tenha o salário de contribuição transferido, em todo ou em parte, para agrupamento com outra competência a fim de atingir o limite mínimo mensal do salário de contribuição.

Para complementação ou recolhimento da competência que tenha o salário de contribuição transferido, em todo ou em parte será observado o prazo de até o dia quinze do mês subsequente ao da prestação do serviço e, a partir dessa data, com os acréscimos previstos no art. 35 da Lei nº 8.212, de 1991.

Para fins de **pensão por morte**, na hipótese de falecimento do segurado, os ajustes citados poderão ser solicitados por seus dependentes para fins de reconhecimento de direito para benefício a eles devidos até o dia quinze do mês de janeiro subsequente ao do ano civil correspondente.

Dessa forma, o Decreto 10.410/2020 permitiu a **complementação de contribuição após a morte**, desde que seja feita pelo dependente até o dia 15 de janeiro do ano seguinte.

Veja-se, nesse sentido, o §7º do artigo 19-E do Regulamento:

> "§ 7º Na hipótese de **falecimento do segurado**, os ajustes previstos no § 1º poderão ser solicitados por seus dependentes para fins de reconhecimento de direito para benefício a eles devidos **até o dia quinze do mês de janeiro subsequente ao do ano civil correspondente**, observado o disposto no § 4º. (Incluído pelo Decreto nº 10.410, de 2020)"

Suponha-se que um segurado faleceu em setembro de 2020 e que possua salário de contribuição referente à competência abril de 2020 no valor de R$ 500,00, pois se tratou de contrato de emprego intermitente.

Suponha-se, ainda, que essa competência abril é necessária para a manutenção da qualidade de segurado na data do óbito. Nesta situação, o dependente

3. Art. 35. Os débitos com a União decorrentes das contribuições sociais previstas nas alíneas a, b e c do parágrafo único do art. 11 desta Lei, das contribuições instituídas a título de substituição e das contribuições devidas a terceiros, assim entendidas outras entidades e fundos, não pagos nos prazos previstos em legislação, serão acrescidos de multa de mora e juros de mora, nos termos do art. 61 da Lei nº 9.430, de 27 de dezembro de 1996. (Redação dada pela Lei nº 11.941, de 2009).

poderá complementar a competência abril de 2020 até 15/01/2021 para fins de concessão da pensão por morte.

Curioso notar que para os demais benefícios não programados, a exemplo da aposentadoria por incapacidade permanente e do auxílio por incapacidade temporária, o Decreto 10.410/2020 parece permitir o pagamento do complemento após a ocorrência do risco social, pois prevê que o recolhimento da complementação deverá ser efetuado pelo próprio segurado até o dia quinze do mês seguinte ao da competência de referência e, após essa data, com incidência dos acréscimos legais de que tratam os arts. 238 e 239 (juros e multa).

Por sua vez, eis o dispositivo do artigo 216 do RPS:

> "§ 27-A. O segurado que, no somatório de remunerações auferidas no período de um mês, receber remuneração inferior ao limite mínimo mensal do salário de contribuição poderá solicitar o ajuste das competências pertencentes ao mesmo ano civil, na forma por ele indicada, ou autorizar que os ajustes sejam feitos automaticamente, para que o limite mínimo mensal do salário de contribuição seja alcançado, por meio da opção por:
>
> **I - complementar a sua contribuição, observado que:**
>
> a) o recolhimento da complementação deverá ser efetuado pelo próprio segurado até o dia quinze do mês seguinte ao da competência de referência e, após essa data, com incidência dos acréscimos legais de que tratam os art. 238 e art. 239;
>
> b) para o empregado, o empregado doméstico e o trabalhador avulso, a complementação será efetuada por meio da aplicação da alíquota de sete inteiros e cinco décimos por cento, inclusive para o mês em que exista contribuição concomitante na condição de contribuinte individual; e
>
> c) para o contribuinte individual que preste serviço a empresa, de que trata o § 26, e que contribua exclusivamente nessa condição, a complementação será efetuada por meio da aplicação da alíquota de vinte por cento;
>
> **II - utilizar o valor da contribuição que exceder o limite mínimo de uma competência em outra, observado que:**
>
> a) para efeito de utilização da contribuição, serão considerados os salários de contribuição apurados por categoria, consolidados na competência de origem;
>
> b) o salário de contribuição poderá ser utilizado para complementar uma ou mais competências com valor inferior ao limite mínimo, mesmo que em categoria distinta;
>
> c) poderão ser utilizados valores excedentes ao limite mínimo do salário de contribuição de mais de uma competência para compor o salário de contribuição de apenas uma competência; e
>
> d) utilizado o valor excedente, caso o salário de contribuição da competência favorecida ainda permaneça inferior ao limite mínimo, esse valor poderá ser complementado nos termos do disposto no inciso I; ou

> **III - agrupar contribuições inferiores ao limite mínimo de diferentes competências, para aproveitamento em contribuições mínimas mensais, observado que:**
>
> a) as competências que não atingirem o valor mínimo do salário de contribuição poderão ser agrupadas desde que o resultado do agrupamento não ultrapasse o valor mínimo do salário de contribuição;
>
> b) na hipótese de o resultado do agrupamento ser inferior ao limite mínimo do salário de contribuição, o segurado poderá complementar na forma prevista no inciso I ou utilizar valores excedentes na forma prevista no inciso II; e
>
> c) as competências em que tenha havido exercício de atividade e tenham sido zeradas em decorrência do agrupamento poderão ser objeto de recolhimento pelo segurado, respeitado o limite mínimo".

Registre-se que para o contribuinte individual e o segurado facultativo, mesmo antes da EC 103/2019, o valor nominal do salário de contribuição não poderia ser inferior a um salário mínimo e que já existia o instituto da complementação.

Nesse sentido, o artigo 5º da Lei 10.66/2003:

> "Art. 50 O contribuinte individual a que se refere o art. 40 é **obrigado a complementar**, diretamente, a contribuição até o valor mínimo mensal do salário-de-contribuição, quando as remunerações recebidas no mês, por serviços prestados a pessoas jurídicas, forem inferiores a este".

Mas note-se que de obrigatória a complementação passa a ser facultativa com o advento do artigo 29 da EC 103/2019, pois ninguém pode ser compelido a recolher contribuição sobre salário de contribuição que não auferiu remuneração por labor, sob pena de confisco e violação ao Princípio da Capacidade Contributiva.

No entanto, se não o fizer, a competência não terá efeitos previdenciários para todos os segurados desde 13/11/2019, sendo que já não o tinha para contribuintes individuais e segurados facultativos antes da Reforma Constitucional de 2019.

4. COMPOSIÇÃO

Conforme afirmado, em regra o salário de contribuição será composto por parcelas remuneratórias decorrentes do labor, *observados os limites mínimos e máximos acima expostos*, da seguinte forma:

A) Para o segurado empregado e o trabalhador avulso – a remuneração auferida em uma ou mais empresas, assim entendida a totalidade dos rendimentos **pagos, devidos ou creditados** a qualquer título, durante o mês, destinados a retribuir o trabalho, qualquer que seja a sua forma, **inclusive as gorjetas, os ganhos habituais sob a forma de utilidades** e os adiantamentos decorrentes de reajuste salarial, quer pelos serviços efetivamente prestados, quer pelo tempo à disposição do empregador ou tomador de serviços nos termos da lei ou do contrato ou, ainda, de convenção ou acordo coletivo de trabalho ou sentença normativa.

Em regra, as utilidades habituais comporão o salário de contribuição, exceto se houver regra de isenção, como nas situações elencadas no §9º do artigo 28 da Lei 8.212/91. Como a moradia não se situa na regra de isenção, esta comporá o salário de contribuição.

▸ **Qual o entendimento do STJ sobre o assunto?**

"PROCESSUAL CIVIL E TRIBUTÁRIO. PROGRAMA DE RESIDÊNCIA DE GERENTES DE AGÊNCIAS. **AUXÍLIO-MORADIA. HABITUALIDADE. CONTRIBUIÇÃO PREVIDENCIÁRIA. INCIDÊNCIA. NATUREZA REMUNERATÓRIA.** SÚMULA 7/STJ. 1. O Tribunal regional, com base na análise acurada do "Programa de Residência de Gerentes de Agências" e das provas dos autos, consignou que a parcela paga a título de auxílio-moradia na espécie tem notadamente natureza remuneratória. Rever tal premissa esbarra no óbice da Súmula 7/STJ. 2. Incide contribuição previdenciária sobre o "total da remuneração" paga ou creditada aos trabalhadores, a qualquer título, exceto as verbas listadas no art. 28, § 9º, da Lei 8.212/1991. Precedentes: AgRg nos EDcl no REsp 1.098.218/SP, Rel. Min. Herman Benjamin, Segunda Turma, DJe 09/11/2009; REsp 486.697/PR, Rel. Min. Denise Arruda, DJ 17/12/2004. **3. A hipótese em apreço – pagamento de auxílio-moradia -, não está arrolada dentre as exceções legais.** 4. Agravo regimental não provido" **(STJ, AgRg no AREsp 42673, de 14/2/2012).**

Para o empregado e o avulso, o salário de contribuição será formado pela remuneração mensal total, devida ou creditada, pela empresa que preste serviço, incluindo-se na definição de remuneração as gorjetas, tal qual o faz o artigo 457, da CLT, bem como as utilidades habituais pagas ao trabalhador.

Na forma do artigo 458, da CLT, além do pagamento em dinheiro, compreende-se no salário, para todos os efeitos legais, a alimentação, habitação, vestuário ou outras prestações "in natura" que a empresa, por força do contrato ou do costume, fornecer habitualmente ao empregado (utilidades), não sendo permitido em caso algum o pagamento com bebidas alcoólicas ou drogas nocivas.

▸ **Como esse assunto foi cobrado em concurso?**

No concurso do CESPE para Juiz Federal da 5ª Região em 2011, foi considerado errado o seguinte enunciado: O contrato de locação de automóveis firmado entre empregador e seus empregados configura salário-utilidade, não integrando, por conseguinte, para fins de incidência de contribuição tributária, o conceito de salário-de-contribuição, ainda que não caracterizada a gratuidade do benefício aos empregados.

De efeito, mesmo que a pessoa jurídica não pague a remuneração no mês, a quantia devida será considerada como salário de contribuição e deverá ser paga a respectiva contribuição previdenciária.

Da mesma forma, o adiantamento de remuneração referente aos meses subsequentes também integrará o salário de contribuição, se creditado antecipadamente (popularmente conhecido como "vale").

> **Importante:**
>
> Por força da Medida Provisória 680, publicada em 7 de julho de 2015, posteriormente convertida na Lei 13.189/2015, **irá incidir contribuição previdenciária sobre o valor da compensação pecuniária a ser paga no âmbito do Programa de Proteção ao Emprego (PPE), INTEGRANDO O SALÁRIO DE CONTRIBUIÇÃO.** Trata-se de compensação pecuniária equivalente a 50% do valor da redução salarial e limitada a 65% do valor máximo da parcela do seguro-desemprego, enquanto perdurar o período de redução temporária da jornada de trabalho, para as empresas que aderiram ao Programa de Proteção ao Emprego, que será custeada pelo Fundo de Amparo ao Trabalhador (FAP). Por força do Princípio da Noventena, esta disposição entrou em vigor a partir de 1º de novembro de 2015.

Vale registrar que o **adicional noturno**, o **adicional de insalubridade** e de **periculosidade** pagos pela empresa são verbas que possuem natureza remuneratória em decorrência do trabalho à noite, nocivo à saúde e periculoso, devendo, destarte, incidir contribuição previdenciária.

> **Qual o entendimento do STJ sobre o assunto?**
>
> "Integram o conceito de remuneração, sujeitando-se, portanto, à contribuição previdenciária o adicional de horas-extras, adicional noturno, salário-maternidade, adicionais de insalubridade e de periculosidade. Precedentes" (AgRg no AREsp 69958, de 12/06/2012).

> **Qual o entendimento do STF sobre o assunto?**
>
> Em sede de Repercussão Geral, em 4 de agosto de 2020, no RE 576.967, **o STF declarou inconstitucional a incidência de contribuição previdenciária sobre o salário-maternidade**, não tendo havido modulação da eficácia da pronúncia de inconstitucionalidade, sendo possível a apresentação de embargos de declaração pela União.
>
> Restou fixada a seguinte tese: **"É inconstitucional a incidência da contribuição previdenciária a cargo do empregador sobre o salário-maternidade":**
>
> "69. Diante do exposto, considerando os argumentos formal e material, dou provimento ao recurso extraordinário, para declarar, incidentalmente, a **inconstitucionalidade da incidência de contribuição previdenciária sobre o salário maternidade, prevista no art. 28, §2º, da Lei nº 8.212/91, e a parte final do seu §9º, alínea a,** em que se lê 'salvo o salário-maternidade', e proponho a fixação da seguinte tese: 'É inconsti-

tucional a incidência da contribuição previdenciária a cargo do empregador sobre o salário maternidade'".

A tese de aplica tanto à parte da empresa quanto à parte do segurado, conforme se depreende do voto vencedor acima transcrito, em que pese o fechamento tenha sido restritivo. A decisão é *inter partes*, pois não foi tomada em sede de ação abstrata, não tem efeitos *erga omnes*. Mas o Poder Executivo da União limitou a decisão à contribuição da empresa.

O certo é que o RE 576.967 (Tema 72) transitou em julgado em 02/06/2021 e essa parte não foi esclarecida pelo STF, pois o julgamento dos Embargos de Declaração não a abordou. **Desse modo, conquanto os argumentos firmados possam ser utilizados para afastar a incidência da contribuição previdenciária sobre o benefício salário-maternidade, a tese firmada no Tema 72 apenas afastou a incidência do tributo da parte patronal.**

A verba, conhecida como **Hora Repouso Alimentação (HRA)**, integrava a composição do salário de contribuição do segurado empregado pelo tempo que ficasse à disposição da empresa.

Ao que parece, a HRA é indenizatória por força da Lei 13.467/2017 (reforma trabalhista), que modificou o §4º do artigo 71 da CLT: "A não concessão ou a concessão parcial do intervalo intrajornada mínimo, para repouso e alimentação, a empregados urbanos e rurais, **implica o pagamento, de natureza indenizatória**, apenas do período suprimido, com acréscimo de 50% (cinquenta por cento) sobre o valor da remuneração da hora normal de trabalho".

▸ Qual o entendimento do STJ sobre o assunto?

Por isso, em 27/11/2019, a 1º Seção do STJ fixou tese de que a HRA é remuneratória até o advento da Lei 13.467/2017 e, após essa norma, alterou a natureza jurídica para parcela indenizatória no EREsp 1619117/BA.

A verba denominada **"quebra de caixa"** possui natureza remuneratória, compondo o salário de contribuição. Cuida-se de quantia em análise servir para "compensar" eventuais diferenças de caixas, nos termos do artigo 462, *caput*, e § 1º, da CLT.

▸ Qual o entendimento do STJ sobre o assunto?

Registre-se, por oportuno, que a verba "quebra de caixa" não consta do rol do § 9º do art. 28 da Lei n. 8.212/1991, ou de qualquer outra norma apta a lhe excluir do conceito de salário de contribuição. Por fim, registre-se que a Justiça Trabalhista, cuja competência jurisdicional compreende também a execução, de ofício, das contribuições previdenciárias patronais (CF, art. 114, VIII), firmou, nos termos da Súmula 247 do TST, a seguinte compreensão: "A parcela paga aos bancários sob a denominação 'quebra de caixa' possui natureza salarial, integrando o salário do prestador de serviços, para todos os efeitos legais". 1ª Seção do STJ, EREsp 1.467.095-PR, **Rel. Min. Mauro Campbell Marques, Rel. para acórdão Min. Og Fernandes, por maioria, julgado em 10/5/2017, DJe 6/9/2017.**

No que concerne à verba trabalhista popularmente conhecida como "salário-paternidade", que não ostenta a natureza jurídica de benefício previdenciário, sendo na verdade o salário pago ao empregado pela empresa durante cinco dias após o nascimento de seu filho (artigo 10, §1º, do ADCT da Constituição de 1988), esta integra o salário de contribuição, devendo incidir contribuição previdenciária.

> ▸ **Qual o entendimento do STJ sobre o assunto?**
>
> Recurso Especial 1.230.957, de 26/02/2014 - "O salário paternidade refere-se ao valor recebido pelo empregado durante os cinco dias de afastamento em razão do nascimento de filho (art. 7º, XIX, da CF/88, c/c o art. 473, III, da CLT e o art. 10, § 1º, do ADCT). Ao contrário do que ocorre com o salário maternidade, o salário paternidade constitui ônus da empresa, ou seja, não se trata de benefício previdenciário. Desse modo, em se tratando de verba de natureza salarial, é legítima a incidência de contribuição previdenciária sobre o salário paternidade. Ressalte-se que "o salário-paternidade deve ser tributado, por se tratar de licença remunerada prevista constitucionalmente, não se incluindo no rol dos benefícios previdenciários" (AgRg nos EDcl no REsp 1.098.218/SP, 2ª Turma, Rel. Min. Herman Benjamin, DJe de 9.11.2009).

Incide contribuição previdenciária a cargo da empresa sobre os valores pagos a título de licença casamento (art. 473, II, da CLT) e de licença para prestação de serviço eleitoral (art. 98 da Lei 9.504/1997) por possuírem caráter salarial.

> ▸ **Qual o entendimento do STJ sobre o assunto?**
>
> **Incide contribuição previdenciária a cargo da empresa sobre os valores pagos a título de licença casamento (art. 473, II, da CLT) e de licença para prestação de serviço eleitoral (art. 98 da Lei 9.504/1997).** Consoante a jurisprudência do STJ, o parâmetro para incidência da contribuição previdenciária é o caráter salarial da verba, já a não incidência ocorre nas verbas de natureza indenizatória. Posto isso, cumpre esclarecer que a licença para prestação do serviço eleitoral e a licença casamento não ostentam caráter indenizatório. Sua natureza estrutural remete ao inafastável caráter remuneratório, integrando parcela salarial cujo ônus é do empregador, sendo irrelevante a inexistência da efetiva prestação laboral no período, porquanto mantido o vínculo de trabalho, o que atrai a incidência tributária sobre as indigitadas verbas. (REsp 1.455.089-RS, **Rel. Min. Humberto Martins, julgado em 16/9/2014).**

Para o empregado e o avulso, quando no mandato de dirigente sindical, o seu salário de contribuição será a remuneração paga pela entidade sindical ou empresa de origem.

B) **Para o empregado doméstico** - a remuneração registrada na Carteira de Trabalho e Previdência Social.

> **Como esse assunto foi cobrado em concurso?**
>
> No concurso do CESPE para Procurador do Estado do Ceará em 2007, foi considerado errado o seguinte enunciado: Telma é empregada doméstica e segurada da previdência social. Nessa situação, o salário de contribuição de Telma é o valor total recebido, incluindo os ganhos habituais na forma de utilidade, tais como alimentação e moradia.

Conquanto haja esta previsão legal expressa, entende-se que no caso de a anotação feita pelo empregador doméstico constar um valor inferior ao realmente pago ao segurado, deverá prevalecer a importância real, apesar de normalmente ser exigida a literalidade do texto legal.

> **Como esse assunto foi cobrado em concurso?**
>
> No concurso do CESPE para Procurador do Estado de Alagoas em 2008, foi considerado errado o seguinte enunciado: O salário-de-contribuição do empregado doméstico é o valor correspondente a um salário mínimo, ainda que ele receba mensalmente de seu empregador quantia superior.

C) **Para o contribuinte individual** – a remuneração auferida em uma ou mais empresas ou pelo exercício de sua atividade por conta própria, durante o mês.

Antes da vigência da Lei 9.876/99, o contribuinte individual (na época eram chamados de empresários, autônomos e equiparados) recolhia a sua contribuição previdenciária sobre o antigo *salário-base*, ficção legal desvinculada da remuneração real, dividido em 10 classes, partindo de um salário mínimo, onde o segurado progredia com o transcorrer do tempo, se estivesse em dia com as suas contribuições, até chegar à última classe, no período estimado em 27 anos.

A Lei 9.876/99 ainda manteve o salário-base para os antigos segurados como regra de transição, tendo sido definitivamente extinto com o advento da Lei 10.666/2003, pois hoje os contribuintes individuais também recolherão sobre a sua remuneração real, sem a ficção legal do salário-base.

Por força do §11 do artigo 28 da Lei 8.212/91, inserido pela Lei 13.202, de 8/12/2015, considera-se remuneração do contribuinte individual que trabalha como condutor autônomo de veículo rodoviário, como auxiliar de condutor autônomo de veículo rodoviário, em automóvel cedido em regime de colaboração, nos termos da Lei 6.094, de 30 de agosto de 1974, como operador de trator, máquina de terraplenagem, colheitadeira e assemelhados, o montante correspondente a 20% (vinte por cento) do valor bruto do frete, carreto, transporte de passageiros ou do serviço prestado, observado o limite máximo do salário de contribuição (esta disposição já era prevista na IN RFB 971/2009, artigo 55, § 2º).

No caso do contribuinte individual, é necessário que o valor nominal do salário de contribuição seja, ao menos, de um salário mínimo, sob pena de não consideração.

Nesse sentido, nos termos do artigo 5º da Lei 10.666/2003, o contribuinte individual prestador de serviços à pessoa jurídica, é obrigado a complementar, diretamente, a contribuição até o valor mínimo mensal do salário-de-contribuição, quando as remunerações recebidas no mês, por serviços prestados a pessoas jurídicas, forem inferiores a este. Com o advento da EC 103/2019, essa complementação que era obrigatória passou a ser facultativa.

D) **Para o segurado facultativo** – o valor por ele declarado, tendo também sido adotado o salário-base antes da Lei 9.876/99, que se encontra **extinto, observado o limite mínimo e o limite máximo do salário de contribuição.**

> **Como esse assunto foi cobrado em concurso?**
>
> No concurso do CESPE para Procurador do Estado do Ceará em 2007, foi considerado errado o seguinte enunciado: Gilmar, em 2007, inscreveu-se facultativamente no RGPS. Nessa situação, o salário de contribuição de Gilmar deve seguir as faixas de salário-base, a exemplo do que ocorre com os contribuintes individuais.

5. PARCELAS INTEGRANTES E NÃO INTEGRANTES

Em regra, o salário de contribuição será composto pelas parcelas remuneratórias decorrentes do labor, inclusive **abarcando a gratificação natalina** (13º salário), por se tratar de verba remuneratória do empregado e doméstico, que apenas não será considerada para o cálculo do benefício.

> **Como esse assunto foi cobrado em concurso?**
>
> No concurso para Juiz do Trabalho da 9ª Região em 2009, foi considerado correto o seguinte enunciado: O 13º salário integra o salário-de-contribuição, exceto para o cálculo de benefício.

> **Qual o entendimento do STF sobre o assunto?**
>
> "Súmula 688 – É legítima a incidência da contribuição previdenciária sobre o 13º salário".

> **Como esse assunto foi cobrado em concurso?**
>
> No concurso do CESPE para Advogado da Caixa Econômica em 2010, foi considerado correto o seguinte enunciado: Se um trabalhador segurado tiver recebido, no mês de dezembro de 2009, o valor de R$ 1.220,00 a título de décimo terceiro salário (gratificação natalina), então esse valor integrará o salário-de-contribuição desse segurado, em seu valor bruto, sem compensação de eventuais adiantamentos pagos.

Inclusive, após a Lei 8.620/93, é válida a incidência da contribuição previdenciária em separado sobre a gratificação natalina, pois passou a existir autorização legal:

▸ **Qual o entendimento do STJ sobre o assunto?**

De acordo com o STJ, "a Lei n.º 8.620/93, em seu art. 7.º, § 2.º autorizou expressamente a incidência da contribuição previdenciária sobre o valor bruto do 13.º salário, cuja base de cálculo deve ser calculada em **separado** do salário-de-remuneração do respectivo mês de dezembro" (REsp 1.066.682, de 09.12.2009).

De acordo com o atual posicionamento do STJ, as férias gozadas também irão integrar a composição do salário de contribuição.

▸ **Qual o entendimento do STJ sobre o assunto?**

O pagamento de férias gozadas possui natureza remuneratória e salarial, nos termos do art. 148 da CLT, e integra o salário de contribuição" (STJ, AgRg nos EDcl no REsp 1205592, de 12/08/2014).

Vale ressaltar que deverá ser cobrada das empresas de seguro privado a contribuição previdenciária incidente sobre o valor da comissão que a seguradora paga aos corretores por prestarem serviços de intermediação no contrato de seguro, independentemente da inexistência de contrato de trabalho vinculando o corretor à Seguradora, pois essa quantia integra o salário de contribuição por ser remuneratória.

▸ **Qual o entendimento do STJ sobre o assunto?**

De acordo com a Súmula 458, do STJ, "a contribuição previdenciária incide sobre a comissão paga ao corretor de seguros".

Tradicionalmente entendia-se que o terço de férias gozadas fazia parte do salário de contribuição, pois se pregava a sua natureza remuneratória. Entretanto, começou a se difundir tese contrária, pois o aposentado não recebe terço de férias na inatividade, sendo este o posicionamento dos tribunais superiores.

▸ **Qual o entendimento do STJ sobre o assunto?**

Uniformizando o seu posicionamento, "após o julgamento da Pet 7.296/DF, o STJ realinhou sua jurisprudência para acompanhar o STF pela não-incidência de contribuição previdenciária sobre o terço constitucional de férias" (AgRg no REsp 1.210.517, de 02.12.2010). "As Turmas que compõem a Primeira Seção do STJ consolidaram o entendimento no sentido de afastar a contribuição previdenciária do terço de férias também de empregados celetistas" (EDcl no AgRg no AREsp 85.096, de 26.06.2012). Em 26 de fevereiro de 2014 este entendimento do STJ se consolidou na 1ª Seção no julgamento do Recurso Especial 1.230.957 com o rito dos recursos repetitivos.

▸ **Como esse assunto foi cobrado em concurso?**

No concurso do CESPE para Procurador do BACEN em 2009, foi considerado errado o seguinte enunciado: De acordo com a jurisprudência dos tribunais superiores, é legítima a incidência da contribuição previdenciária sobre o 13.º salário e sobre o adicional de férias.

Da mesma forma, no concurso do CESPE para Juiz Federal da 5ª Região em 2011, foi considerado errado o seguinte enunciado: Com fundamento no princípio do equilíbrio financeiro-atuarial, a jurisprudência do STJ firmou-se no sentido de que incide contribuição previdenciária sobre o terço constitucional de férias, a despeito de tal verba não se incorporar à remuneração para fins de aposentadoria.

No concurso do CESPE para Analista da SEGER/ES em 2013, foi considerado correto o seguinte enunciado: Conforme jurisprudência do STJ, incide contribuição previdenciária sobre o valor relativo às férias gozadas durante a vigência do contrato de trabalho, com exceção do terço constitucional de férias, dada a sua natureza indenizatória.

O STF chegou a afastar a incidência de contribuição previdenciária do terço de férias gozadas no RGPS, mas reverteu a sua posição em 2020.

▸ **Qual o entendimento do STF sobre o assunto?**

O tema ganhou uma reviravolta no STF em agosto de 2020 no julgamento do RE 1.072.485 (**Tema 985 em repercussão geral), posto que a Suprema Corte pronunciou a constitucionalidade da incidência de contribuição previdenciária sobre o terço de férias gozadas no RGPS**: "O Tribunal, por maioria, apreciando o tema 985 da repercussão geral, deu parcial provimento ao recurso extraordinário interposto pela União, assentando a incidência de contribuição previdenciária sobre valores pagos pelo empregador a título de terço constitucional de férias gozadas, nos termos do voto do Relator. Foi fixada a seguinte tese: "É legítima a incidência de contribuição social sobre o valor satisfeito a título de terço constitucional de férias", nos termos do voto do Relator, vencido o Ministro Edson Fachin, que conhecia do recurso da União apenas em relação ao capítulo do acórdão referente ao terço constitucional de férias, para negar provimento e fixava tese diversa. Falaram: pela recorrente, a Dra. Flávia Palmeira de Moura Coelho, Procuradora Geral da Fazenda Nacional; e, pela interessada, o Dr. Halley Henares Neto e Dr. Nelson Mannrich. Não participou deste julgamento, por motivo de licença médica, o Ministro Celso de Mello. Plenário, Sessão Virtual de **21.8.2020 a 28.8.2020**".

No entanto, o Plenário, por maioria, deu parcial provimento aos embargos de declaração, com atribuição de **efeitos** *ex nunc* **à decisão de mérito que apreciou o "Tema 985 da repercussão geral**, a contar da data da publicação da ata de julgamento (**15.09.2020**), ressalvadas as contribuições já pagas e não impugnadas judicialmente até esse dia, que não serão devolvidas pela União. Dessa forma, a mudança da jurisprudência é motivo ensejador para a excepcional modulação dos efeitos da decisão que fixou a tese referente ao Tema 985 da repercussão geral (*"É legítima a incidência de contribuição social sobre o valor satisfeito a título de terço constitucional de férias"*), de modo que, anteriormente à data de seu julgamento, no ano de 2020, devem ser mantidos apenas os pagamentos já efetuados pelas empresas e não questionados judicialmente.

As **horas extras** pagas aos empregados e domésticos que ultrapassam a jornada diária de trabalho possuem natureza remuneratória, razão pela qual integram o salário de contribuição.

▸ Qual o entendimento do STJ sobre o assunto?

Informativo 514: "Incide contribuição previdenciária sobre os valores pagos a título de horas extras. A incidência decorre do fato de que o adicional de horas extras integra o conceito de remuneração. Precedentes citados: AgRg no REsp 1.311.474-PE, DJe 17/9/2012, e AgRg no AREsp 69.958-DF, DJe 20/6/2012. AgRg no REsp 1.222.246-SC, Rel. Min. Humberto Martins, julgado em 6/12/2012".

PARCELAS INCLUÍDAS NA COMPOSIÇÃO DO SALÁRIO DE CONTRIBUIÇÃO TEXTO LEGAL E JURISPRUDÊNCIA DO STJ
• Parcelas remuneratórias do labor, a exemplo dos salários, do décimo terceiro salário e da comissão paga ao corretor de seguros.
• Férias gozadas.
• Salário-paternidade.
• Horas extras.
• Adicional noturno.
• Adicional de insalubridade.
• Adicional de periculosidade.
• Aviso prévio gozado.

Por sua vez, com base no artigo 28, §9º, da Lei 8.212/91, que presume a natureza indenizatória de inúmeras parcelas, ***não integram o salário de contribuição***:

A) Os benefícios da previdência social, exceto o salário maternidade;

Assim, não haverá desconto de contribuição previdenciária sobre nenhum benefício pago no âmbito do RGPS, **exceto o salário-maternidade**, único benefício considerado como salário de contribuição em razão de herança do tempo em que era uma prestação trabalhista.

▸ Qual o entendimento do STJ sobre o assunto?

Revendo posicionamento de 2013, em 26 de fevereiro de 2014 a 1ª Seção do STJ no julgamento em Recurso Especial 1.230.957 restaurou a sua tradicional jurisprudência no sentido de que **o salário-maternidade integra o salário de contribuição.**

▸ **Qual o entendimento do STJ sobre o assunto?**

Em sede de Repercussão Geral, em 4 de agosto de 2020, no RE 576.967, **o STF declarou inconstitucional a incidência de contribuição previdenciária sobre o salário-maternidade**, não tendo havido modulação da eficácia da pronúncia de inconstitucionalidade, sendo possível a apresentação de embargos de declaração pela União.

Restou fixada a seguinte tese: **"É inconstitucional a incidência da contribuição previdenciária a cargo do empregador sobre o salário-maternidade"**:

"69. Diante do exposto, considerando os argumentos formal e material, dou provimento ao recurso extraordinário, para declarar, incidentalmente, a **inconstitucionalidade da incidência de contribuição previdenciária sobre o salário maternidade, prevista no art. 28, § 2º, da Lei nº 8.212/91, e a parte final do seu § 9º, alínea a**, em que se lê 'salvo o salário-maternidade', e proponho a fixação da seguinte tese: 'É inconstitucional a incidência da contribuição previdenciária a cargo do empregador sobre o salário maternidade'".

A tese de aplica tanto à parte da empresa quanto à parte do segurado, conforme se depreende do voto vencedor acima transcrito, em que pese o fechamento tenha sido restritivo. A decisão é *inter partes*, pois não foi tomada em sede de ação abstrata, não tem efeitos *erga omnes*. **Mas o Poder Executivo da União a limitou à contribuição da empresa**.

O certo é que o RE 576.967 (Tema 72) transitou em julgado em 02/06/2021 e essa parte não foi esclarecida pelo STF, pois o julgamento dos Embargos de Declaração não a abordou. **Desse modo, conquanto os argumentos firmados possam ser utilizados para afastar a incidência da contribuição previdenciária sobre o benefício salário-maternidade, a tese firmada no Tema 72 apenas afastou a incidência do tributo da parte patronal.**

A) **os benefícios da previdência social, nos termos e limites legais, salvo o salário-maternidade;**

AA) **os valores recebidos a título de bolsa-atleta, em conformidade com a Lei 10.891, de 9 de julho de 2004.**

Inclusive, o artigo 195, inciso II, da Constituição Federal, instituiu uma imunidade, ao prever que as contribuições previdenciárias não incidirão sobre as aposentadorias e pensões pagas no Regime Geral de Previdência Social.

Insta salientar que **o auxílio-acidente não compõe o salário de contribuição para efeito de custeio da Previdência Social**, pois inexiste desconto de contribuição previdenciária sobre o seu valor.

Apenas para efeito do cálculo da aposentadoria é que o valor do auxílio-acidente é considerado como salário de contribuição, nos termos do artigo 31, da Lei 8.213/91, pois a partir da Lei 9.528/97 o auxílio-acidente não mais pôde ser acumulado com qualquer espécie de aposentadoria.

B) As ajudas de custo e o adicional mensal recebidos pelo aeronauta nos termos da Lei nº 5.929, de 30 de outubro de 1973 (hipóteses de transferência provisória ou permanente);

C) **A parcela "in natura"** recebida de acordo com os **programas de alimentação** aprovados pelo Ministério do Trabalho (com a extinção do Ministério do Trabalho, desde 2019 o Ministério da Economia assumiu a área trabalhista, tendo sido criada uma Secretaria Especial de Previdência e Trabalho), nos termos da Lei nº 6.321, de 14 de abril de 1976;

O Programa de Alimentação ao Trabalhador (PAT) é aquele aprovado e gerido pela área trabalhista, nos termos da Lei nº 6.321/1976. Não integra a remuneração, a parcela *in natura*, sob forma de utilidade alimentação, fornecida pela empresa regularmente inscrita no PAT aos trabalhadores por ela diretamente contratados, de conformidade com os requisitos estabelecidos pelo órgão gestor competente.

▸ Qual o entendimento do STJ sobre o assunto?

Revendo jurisprudência anterior, em 2016 as Turmas da 1ª Seção do STJ unificaram o seu entendimento no sentido de que a alimentação paga habitualmente em dinheiro integra o salário de contribuição (AgRg no REsp 1572191, de 3/3/2016; AgRg no REsp 1571009, de 1/3/2016). No entanto, se pago disponibilizado *in natura*, mesmo que fora do PAT, não integrará o salário de contribuição.

▸ Qual o entendimento da TNU sobre o assunto?

Súmula 67 – "O auxílio-alimentação recebido em pecúnia por segurado filiado ao Regime Geral da Previdência Social integra o salário de contribuição e sujeita-se à incidência de contribuição previdenciária".

Vale registrar, inclusive, que a CLT veda que a empresa pague a verba de alimentação em dinheiro (art. 457, §2º, modificado pela Lei 13.467/2017).

D) As importâncias recebidas à guisa de **aviso prévio indenizado, férias e terço indenizados, licença-prêmio indenizada, incentivo à demissão e multa de 40% sobre o FGTS**, pois ostentam natureza indenizatória;

▸ Como esse assunto foi cobrado em concurso?

No concurso do CESPE para Advogado da Caixa Econômica em 2010, foi considerado errado o seguinte enunciado: A indenização compensatória, correspondente a 40% do montante depositado em sua conta vinculada do FGTS, recebida por trabalhador demitido sem justa causa integra o salário-de-contribuição desse trabalhador, observado o limite máximo legalmente previsto.

A Lei 8.212/91 é silente no que concerne ao **aviso prévio indenizado** integrar ou não o salário de contribuição. Até o advento do Decreto 6.727/2009, o Regulamento previa que o aviso prévio indenizado não compunha o salário de contribuição. No entanto, o citado dispositivo foi revogado (artigo 214, §9º, inciso V, **letra F**), passando o Regulamento a também silenciar a respeito, em uma tentativa frustrada de o Poder Executivo da União de fazer incidir contribuição previdenciária sobre o aviso prévio indenizado.

Vale frisar que o aviso prévio indenizado possui natureza não remuneratória, razão pela qual não comporá o salário de contribuição, não podendo o Regulamento da Previdência Social, por ser ato legal secundário, dispor em sentido contrário.

> **▸ Qual o entendimento do STJ sobre o assunto?**
>
> De acordo com a Corte Superior, "a indenização decorrente da falta de aviso prévio visa reparar o dano causado ao trabalhador que não fora alertado sobre a futura rescisão contratual com a antecedência mínima estipulada na CLT, bem como não pôde usufruir da redução da jornada a que fazia jus (arts. 487 e segs. da CLT). **Não incide contribuição previdenciária sobre os valores pagos a título de aviso prévio indenizado, por não se tratar de verba salarial**" (REsp 1.198.964/PR, Rel. Min. Mauro Campbell Marques, DJe 04.10.10).
>
> **"O valor pago ao trabalhador a título de aviso prévio indenizado, por não se destinar a retribuir o trabalho e possuir cunho indenizatório, não está sujeito à incidência da contribuição previdenciária sobre a folha de salários.** Precedentes do STJ" (AgRg nos EDcl no AREsp 135682, 2ª Turma, de 29/05/2012). Em 26 de fevereiro de 2014, a 1ª Seção do STJ no julgamento em Recurso Especial 1.230.957 confirmou o entendimento de que o aviso prévio indenizado não integra o salário de contribuição.

Finalmente, a Receita Federal passou a adotar a posição do STJ, no sentido da não incidência de contribuição previdenciária sobre o aviso prévio indenizado (Instrução Normativa RFB 1.730/2017 combinada com a Consulta COSIT 362/2017):

> SOLUÇÃO DE CONSULTA COSIT Nº 362, DE 10 DE AGOSTO DE 2017 CONSULTA N.º 137 – COSIT, DE 2 DE JUNHO DE 2014. CONTRIBUIÇÕES SOCIAIS PREVIDENCIÁRIAS. AVISO PRÉVIO INDENIZADO. Nos termos da NOTA PGFN/CRJ/Nº 485/2016, de 30 de maio de 2016 (aprovada em 2 de junho de 2016), e com esteio no artigo 19, inciso V, parágrafos 4º, 5º e 7º da Lei n.º 10.522, de 2002, e no artigo 3º, parágrafo 3º da Portaria Conjunta PGFN/RFB n.º 1, de 2014, o aviso prévio indenizado, **exceto seu reflexo no 13º salário,** não integra a base de cálculo para fins de incidência das contribuições sociais previdenciárias incidentes sobre a folha de salários.

Curiosamente, apenas a RFB irá cobrar a contribuição sobre o aviso prévio indenizado no que concerne ao seu reflexo no décimo terceiro salário, o que passou a ser admitida pelo STJ.

> **▸ Qual o entendimento do STJ sobre o assunto?**
>
> "É pacífico no STJ o entendimento quanto à incidência da contribuição previdenciária sobre o décimo terceiro salário proporcional ao aviso prévio indenizado" (REsp 1810236/CE, de 25/6/2019).

E) As importâncias referentes aos ganhos eventuais e os abonos expressamente desvinculados do salário; indenização por tempo de serviço, anterior a 05 de outubro de 1988, do empregado não optante pelo Fundo de Garantia do Tempo de Serviço – FGTS;

▸ **Qual o entendimento do STJ sobre o assunto?**

De efeito, "é firme no Superior Tribunal de Justiça o entendimento de que não incide **Contribuição Previdenciária** sobre abono-assiduidade e **licença-prêmio** não gozada convertida em pecúnia." (AgRg no AREsp464.314/SC, Rel. Ministro HERMAN BENJAMIN, SEGUNDA TURMA, julgado em 6/5/2014, DJe 18/6/2014.)

F) A parcela recebida a título de **vale-transporte**, na forma da **legislação própria;**

▸ **Importante:**

O STJ entendia que se o vale-transporte fosse pago em dinheiro comporia o salário de contribuição, pois não observou a legislação própria. Todavia, mudou o seu posicionamento para se alinhar à jurisprudência da Suprema Corte, razão pela qual pago ou não em dinheiro o valor do vale-transporte não irá compor o salário de contribuição.

▸ **Qual o entendimento do STF sobre o assunto?**

De acordo como STF, "a cobrança de contribuição previdenciária sobre o valor pago, em dinheiro, a título de vales-transporte, pelo recorrente aos seus empregados afronta a Constituição, sim, em sua totalidade normativa". Entendeu que "pago o benefício de que se cuida neste recurso extraordinário em vale-transporte ou em moeda, isso não afeta o caráter não salarial do benefício" (RE 478.410, de 10.03.2010).

▸ **Qual o entendimento do STJ sobre o assunto?**

"Em razão do pronunciamento do Plenário do STF, declarando a inconstitucionalidade da incidência da contribuição previdenciária sobre as verbas referentes a auxílio-transporte, mesmo que pagas em pecúnia, faz-se necessária a revisão da jurisprudência do STJ para alinhar-se à posição do Pretório Excelso" (REsp 1.194.788, de 19.08.2010).

▸ **Como esse assunto foi cobrado em concurso?**

No concurso do CESPE para Procurador do Estado do Piauí em 2014, foi considerado correto o seguinte enunciado: Segundo entendimento do STF, a indenização de transporte paga em dinheiro não integra o salário de contribuição.

Por sua vez, a **Advocacia-Geral da União**, cujo entendimento vincula a Administração Pública federal no Poder Executivo, aderiu ao STF e fez publicar a **Súmula 60**: "Não há incidência de contribuição previdenciária sobre o vale transporte pago em pecúnia, considerando o caráter indenizatório da verba".

G) A ajuda de custo, **(após a Lei 13.467/2017, a CLT não exige que seja em parcela única para não incidir contribuição previdenciária)**, recebida exclusivamente em decorrência de mudança de local de trabalho do empregado, na forma do art. 470 da CLT;

> **Como esse assunto foi cobrado em concurso?**
>
> No concurso do CESPE para Juiz Federal da 5ª Região em 2007, foi considerado correto o seguinte enunciado: Sobre a ajuda de custo paga pelo empregador em cinco parcelas e recebida exclusivamente em decorrência de mudança de local de trabalho do empregado incide contribuição previdenciária.

> **Importante:**
>
> As importâncias, ainda que habituais, pagas a título de ajuda de custo, auxílio-alimentação, vedado seu pagamento em dinheiro, diárias para viagem, prêmios e abonos não integram a remuneração do empregado, não se incorporam ao contrato de trabalho e não constituem base de incidência de qualquer encargo trabalhista e previdenciário. (Redação dada pela Lei nº 13.467, de 2017)

H) As **diárias para viagens, no seu valor integral;**

Até o advento da Lei 13.467/2017, que alterou o artigo 457, §2º, da CLT, as diárias acima de 50% da remuneração mensal do empregado incidiam contribuição previdenciária. Com a mudança normativa, independentemente do valor, as diárias para a viagem não sofrem a incidência da contribuição previdenciária.

I) A importância recebida a título de bolsa de complementação educacional de estagiário, quando paga nos termos da Lei nº 6.494, de 07 de dezembro de 1977 (esta norma foi substituída pela Lei 11.788/08);

J) A **participação nos lucros** ou resultados da empresa, quando paga ou creditada de acordo com lei específica;

> **Como esse assunto foi cobrado em concurso?**
>
> No concurso do CESPE para Advogado da Caixa Econômica em 2010, foi considerado errado o seguinte enunciado: A parcela paga, anualmente, aos empregados de pessoa jurídica a título de participação nos lucros e resultados da empresa integra o salário-de-contribuição dos empregados, se for paga ou creditada em consonância com lei específica.

Vale ressaltar que o artigo 2º, da Lei 10.101/2000, exige que a participação nos lucros ou resultados seja objeto de negociação entre a empresa e seus empregados, através de comissão ou acordo/convenção coletiva.

Outrossim, é vedado o pagamento de qualquer antecipação ou distribuição de valores a título de participação nos lucros ou resultados da empresa em mais de 2 (duas) vezes no mesmo ano civil e em periodicidade inferior a 1 (um) trimestre civil (Lei 12.832/2013).

Ou seja, se os ditames da Lei 10.101/2000 forem desrespeitados, a quantia paga a título de participação nos lucros da empresa comporá o salário de contribuição.

> **Qual o entendimento do STJ sobre o assunto?**
>
> De acordo com o entendimento do STJ, a ausência da intervenção do sindicato ou mesmo do registro do acordo não tem o condão de alterar a natureza da participação dos lucros da empresa, que não deverá compor o salário de contribuição, desde que comprovada à participação dos empregados na fixação da participação dos lucros (REsp 865489, de 26.10.2010).

L) O **abono** do Programa de Integração Social – **PIS** e do Programa de Assistência ao Servidor Público – **PASEP**;

M) Os valores correspondentes a transporte, alimentação e habitação fornecidos pela empresa ao empregado contratado para trabalhar em localidade distante de sua residência, em canteiro de obras ou local que, por força da atividade, exija deslocamento e estada, observadas as normas de proteção estabelecidas pelo antigo Ministério do Trabalho;

> **Importante:**
>
> **Dica** – Em vários casos abaixo, o legislador valeu-se da seguinte premissa: se a parcela paga é extensível a todos os empregados e dirigentes da empresa, não irá compor o salário de contribuição. Caso limitada a alguns, a *contrario sensu*, irá integrar o salário de contribuição, pois será uma remuneração disfarçada.

N) A importância paga ao empregado a título de **complementação ao valor do auxílio-doença**, desde que este direito seja extensivo à **totalidade dos empregados da empresa**;

É que, de acordo com o artigo 63, parágrafo único, da Lei 8.213/91, a empresa que garantir ao segurado licença remunerada ficará obrigada a pagar-lhe durante o período de auxílio-doença a eventual diferença entre o valor deste e a importância garantida pela licença.

> **Como esse assunto foi cobrado em concurso?**
>
> No concurso do CESPE para Juiz do Trabalho da 5ª Região em 2006, foi considerado errado o seguinte enunciado: De acordo com a normatização previdenciária, não integra a base de cálculo de contribuição a complementação ao valor do auxílio-doença paga apenas aos empregados expostos a agentes nocivos.

O) As parcelas destinadas à assistência ao trabalhador da agroindústria canavieira, de que trata o art. 36 da Lei nº 4.870, de 1º de dezembro de 1965;

No entanto, essa parcela foi extinta desde o advento da Lei 12.865/2013, que expressamente revogou o artigo 36 da Lei 4.870/65 (mas pode cair em prova por eventual desconhecimento do examinador).

P) O valor das **contribuições efetivamente pago pela pessoa jurídica relativo a programa de previdência complementar**, aberto ou fechado, desde que **disponível à totalidade de seus empregados e dirigentes**, observados, no que couber, os arts. 9º e 468 da CLT;

> ▸ **Como esse assunto foi cobrado em concurso?**
>
> No concurso do CESPE para Procurador do Estado do Ceará em 2007, foi considerado errado o seguinte enunciado: Marcos trabalha em uma empresa que, entre outras vantagens, oferece programa de previdência complementar aberta, disponível a todos os empregados e dirigentes. Nessa situação, pelo fato de esses valores serem dedutíveis do imposto de renda da pessoa física beneficiária, a legislação previdenciária considera tais rubricas como salário de contribuição.

Trata-se do patrocínio promovido voluntariamente pela empresa em favor dos seus empregados e dirigentes para entidade de previdência privada. De acordo com a Lei Complementar 109/2001 (art. 16), a normatização atual determina que esse direito seja oferecido pela empresa em favor de todos os seus empregados e dirigentes, sem restrições.

Q) O valor relativo à assistência prestada por serviço médico ou odontológico, próprio da empresa ou por ela conveniado, inclusive o reembolso de despesas com medicamentos, óculos, aparelhos ortopédicos, próteses, órteses, despesas médico-hospitalares e outras similares;

Com o advento da Lei 13.467/2017, foram inseridos no texto as próteses e órteses, assim como foi retirada a necessidade de que a cobertura abranja a totalidade dos empregados e dirigentes da empresa para a exclusão do salário de contribuição.

R) O valor correspondente a vestuários, equipamentos e outros acessórios fornecidos ao empregado e utilizados no local do trabalho para prestação dos respectivos serviços;

S) O ressarcimento de despesas pelo uso de veículo do empregado e o **reembolso creche** pago em conformidade com a legislação trabalhista, observado o limite máximo de seis anos de idade, quando devidamente comprovadas as despesas realizadas;

▸ **Qual o entendimento do STJ sobre o assunto?**

"**Súmula 310:** O auxílio-creche não integra o salário de contribuição".

▸ **Como esse assunto foi cobrado em concurso?**

No concurso do CESPE para Procurador do Município de Natal em 2008, foi considerado correto o seguinte enunciado: O auxílio-creche não integra o salário-de-contribuição.

T) O valor relativo a **plano educacional, ou bolsa de estudo,** que vise à educação básica de **empregados e seus dependentes** e, desde que vinculada às atividades desenvolvidas pela empresa, à educação profissional e tecnológica de empregados, nos termos da Lei 9.394, de 20 de dezembro de 1996, desde que não seja utilizado em substituição de parcela salarial;

Este dispositivo da Lei 8.212/91 (artigo 28, §9º, letra T) teve a sua redação alterada pela Lei 12.513/2011, pois, para ser excluído da composição do salário de contribuição, o valor mensal do plano educacional ou bolsa de estudo, considerado individualmente, não poderá agora ultrapassar a 5% da remuneração do segurado a que se destina ou o valor correspondente a uma vez e meia o valor do limite mínimo mensal do salário de contribuição, **valendo o que for maior**.

Antes da Lei 12.513/2011, não existia um valor máximo das despesas com o plano educacional para a sua exclusão do cômputo do salário de contribuição, bastando que não fosse utilizado como substituição de parcela salarial e acessível a todos os empregados e dirigentes da empresa.

Logo, atualmente não mais se exige que o plano educacional ou a bolsa de estudo seja acessível a todos os empregados e dirigentes da empresa para a exclusão dos seus valores do salário de contribuição.

Ademais, com o novo regramento, passou a ser previsto expressamente que as referidas despesas educacionais também podem aproveitar os dependentes dos segurados. Outrossim, também as despesas com as **bolsas de estudo** passaram a ser excluídas da composição do salário de contribuição, observadas as exigências acima referidas, vez que anteriormente eram previstos apenas os gastos com o plano educacional.

U) A importância recebida a título de **bolsa de aprendizagem** garantida ao adolescente até quatorze anos de idade, de acordo com o disposto no art. 64 da Lei nº 8.069, de 13 de julho de 1990;

Esta disposição que consta no artigo 28, §9º, letra U, da Lei 8.212/91, está em desacordo com a Emenda 20/1998, pois a idade mínima do menor aprendiz passou dos 12 para os 14 anos de idade, de acordo com a atual redação do artigo 7º, XXXIII, da Constituição. É que, antigamente, era assegurada bolsa de aprendizagem ao adolescente até quatorze anos de idade.

V) Os valores recebidos em decorrência da cessão de **direitos autorais**;

X) O valor da multa prevista no § 8º do art. 477 da CLT (inobservância do prazo legal para o pagamento das verbas rescisórias);

Y) o valor correspondente ao vale-cultura;

W) os prêmios e os abonos;

AA) os valores recebidos a título de bolsa-atleta, em conformidade com a Lei nº 10.891, de 9 de julho de 2004.

Outrossim, também não incide contribuição sobre os valores recebidos a título de bolsa-atleta, em conformidade com a Lei 10.891, de 9 de julho de 2004, por força da Lei 13.756/2018.

Trata-se de verba INDENIZATÓRIA destinada prioritariamente aos atletas praticantes do esporte de alto rendimento em modalidades olímpicas e paraolímpicas.

Por força da Lei 13.467/2017, os prêmios não sofrerão a incidência da contribuição previdenciária, o que não constitui nenhuma novidade.

Outrossim, não haverá a incidência de contribuição previdenciária sobre abonos. Os eventuais já não havia a incidência de contribuição previdenciária, sendo a novidade a não incidência de contribuição mesmo em abono habituais percebidos pelo empregado.

Isso porque, com a mudança do artigo 457 da CLT pela reforma trabalhista, os abonos mesmo que habituais não mais integram o salário do empregado, que a partir de agora é formado apenas pela importância fixa estipulada, as gratificações legais e de função e as comissões pagas pelo empregador.

O rol acima referenciado é meramente **exemplificativo**, podendo ser composto por outras parcelas indenizatórias não previstas no artigo 28, §9º, da Lei 8.212/91, pois a legislação não teria como prever todas as parcelas de cunho indenizatório percebidas pelos segurados.

Por fim, de acordo com o STJ, a parcela prevista no artigo 60, §3º, da Lei 8.213/91, que determina que a empresa arque com os 15 (quinze) primeiros dias de "salário" do empregado incapaz para o exercício do seu trabalho habitual possui natureza indenizatória, não devendo incidir contribuição previdenciária.

▸ Qual o entendimento do STJ sobre o assunto?

Recurso Especial 1.230.957, de 26/02/2014 – No que se refere ao segurado empregado, durante os primeiros quinze dias consecutivos ao do afastamento da atividade por motivo de doença, incumbe ao empregador efetuar o pagamento do seu salário integral (art. 60, § 3º, da Lei 8.213/91 com redação dada pela Lei 9.876/99). Não obstante nesse período haja o pagamento efetuado pelo empregador, a importância paga não é destinada a retribuir o trabalho, sobretudo porque no intervalo dos quinze dias consecutivos ocorre a interrupção do contrato de trabalho, ou seja, nenhum serviço é prestado pelo empregado. Nesse contexto, a orientação das Turmas que integram a Primeira Seção/STJ firmou-se no sentido de que sobre a importância paga pelo empregador ao empregado durante os primeiros quinze dias de afastamento por motivo de doença não incide a contribuição previdenciária, por não se enquadrar na hipótese de incidência da exação, que exige verba de natureza remuneratória.

PARCELAS EXCLUÍDAS DA COMPOSIÇÃO DO SALÁRIO DE CONTRIBUIÇÃO PRESUMIDAS POR LEI COMO INDENIZATÓRIAS
• Os benefícios da previdência social, nos termos e limites legais.
• As ajudas de custo e o adicional mensal recebidos pelo aeronauta nos termos da Lei nº 5.929, de 30 de outubro de 1973 (hipóteses de transferência provisória ou permanente).
• A parcela "in natura" recebida de acordo com os programas de alimentação aprovados pela pasta trabalhista (Programa de Alimentação do Trabalhador).
• As importâncias recebidas à guisa de aviso prévio indenizado, férias e terço indenizados, licença-prêmio indenizada, incentivo à demissão e multa de 40% sobre o FGTS.
• As importâncias referentes aos ganhos eventuais e os abonos expressamente desvinculados do salário; indenização por tempo de serviço, anterior a 05 de outubro de 1988, do empregado não optante pelo Fundo de Garantia do Tempo de Serviço.
• A parcela recebida a título de vale-transporte, na forma da legislação própria.
• A ajuda de custo, recebida exclusivamente em decorrência de mudança de local de trabalho do empregado, na forma do art. 470 da CLT.
• As diárias para viagens por seu valor total.
• A importância recebida a título de bolsa de complementação educacional de estagiário para de acordo com a Lei 11.788/2008.
• A participação nos lucros ou resultados da empresa, quando paga ou creditada de acordo com lei específica (Lei 10.101/2000).
• O abono do Programa de Integração Social – PIS e do Programa de Assistência ao Servidor Público – PASEP.
• Os valores correspondentes a transporte, alimentação e habitação fornecidos pela empresa ao empregado contratado para trabalhar em localidade distante da de sua residência, em canteiro de obras ou local que, por força da atividade, exija deslocamento e estada, observadas as normas de proteção estabelecidas pela pasta trabalhista.
• A importância paga ao empregado a título de complementação ao valor do auxílio-doença, desde que este direito seja extensivo à totalidade dos empregados da empresa.

PARCELAS EXCLUÍDAS DA COMPOSIÇÃO DO SALÁRIO DE CONTRIBUIÇÃO PRESUMIDAS POR LEI COMO INDENIZATÓRIAS
• O valor das contribuições efetivamente pago pela pessoa jurídica relativo a programa de previdência complementar, aberto ou fechado, desde que disponível à totalidade de seus empregados e dirigentes.
• O valor relativo à assistência prestada por serviço médico ou odontológico, próprio da empresa ou por ela conveniado, inclusive o reembolso de despesas com medicamentos, óculos, aparelhos ortopédicos, próteses, órteses, despesas médico-hospitalares e outras similares.
• O valor correspondente a vestuários, equipamentos e outros acessórios fornecidos ao empregado e utilizados no local do trabalho para prestação dos respectivos serviços.
• O ressarcimento de despesas pelo uso de veículo do empregado e o reembolso creche pago em conformidade com a legislação trabalhista, observado o limite máximo de seis anos de idade, quando devidamente comprovadas as despesas realizadas.
• o valor relativo a plano educacional, ou bolsa de estudo, que vise à educação básica de empregados e seus dependentes e, desde que vinculada às atividades desenvolvidas pela empresa, à educação profissional e tecnológica de empregados, nos termos da Lei nº 9.394, de 20 de dezembro de 1996, desde que não seja utilizado em substituição de parcela salarial e que o valor mensal do plano educacional ou bolsa de estudo, considerado individualmente, não ultrapasse 5% (cinco por cento) da remuneração do segurado a que se destina ou o valor correspondente a uma vez e meia o valor do limite mínimo mensal do salário-de-contribuição, o que for maior.
• Os valores recebidos em decorrência da cessão de direitos autorais.
• O valor da multa prevista no § 8º do art. 477 da CLT (inobservância do prazo legal para o pagamento das verbas rescisórias).
• O vale-cultura.
• Abonos e prêmios.

PARCELAS EXCLUÍDAS DA COMPOSIÇÃO DO SALÁRIO DE CONTRIBUIÇÃO PELA JURISPRUDÊNCIA DO SUPERIOR TRIBUNAL DE JUSTIÇA OU DO STF
• Aviso prévio indenizado;
• Transporte pago em dinheiro;
• "Salário" pago pela empresa pelos primeiros 15 (quinze) dias de afastamento do empregado incapaz para o trabalho.

Capítulo 6

Contribuições previdenciárias no Regime Geral de Previdência Social

1. DESTINAÇÃO E ESPÉCIES

As contribuições previdenciárias constituem modalidade de contribuição para o custeio da seguridade social, afetadas ao pagamento dos benefícios do Regime Geral de Previdência Social, pois não poderão ter outra finalidade, conforme determina o artigo 167, inciso XI, da Constituição Federal.

De efeito, o pagamento das *contribuições previdenciárias* provém de duas fontes constitucionais:

1) **do trabalhador e demais segurados da previdência social**, podendo ser adotadas alíquotas progressivas de acordo com o valor do salário de contribuição, não incidindo contribuição sobre as aposentadorias e pensões do RGPS (imunidade tributária), na forma do artigo 195, inciso II, da CRFB;

2) **do empregador, da empresa e da entidade equiparada na forma da lei**, incidente sobre a folha de salários, e demais rendimentos do trabalho pagos ou creditados, a qualquer título, à pessoa física que lhe preste serviço, mesmo sem vínculo empregatício, consoante previsão do artigo 195, inciso I, "a", da CRFB.

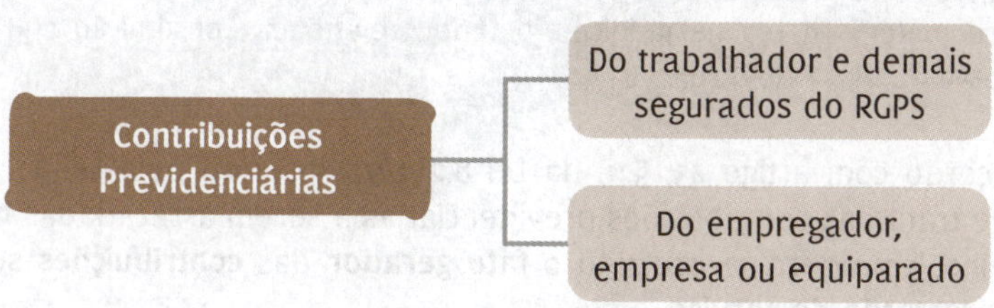

Esses recursos ingressarão no fundo previsto no artigo 250, da Constituição, instituído pelo artigo 68, da Lei Complementar 101/2000, sendo denominado de **Fundo do Regime Geral de Previdência Social**, vinculado ao Ministério da Economia e gerido pelo INSS, com a finalidade de prover recursos para o pagamento dos benefícios desse regime previdenciário.

Ressalte-se que a União é a responsável pelo complemento dos recursos financeiros para o pagamento dos benefícios previdenciários do RGPS, na hipótese de insuficiência de fundos, na forma do artigo 16, parágrafo único, da Lei 8.212/91.

Por força da **MP 1.093, de 31 de dezembro de 2021, convertida na Lei 14.360/2022**, restou revogada a necessidade de compensação pela União ao Fundo do Regime Geral de Previdência Social (FRGPS), pela desoneração da folha de pagamentos, de que tratam os arts. 7º a 9º da Lei nº 12.546/2011.

Ademais, restou pontificado que o Ministério do Trabalho e Previdência divulgará, mensalmente, o resultado financeiro do Regime Geral de Previdência Social, no qual considerará:

> I – para fins de aferição do equilíbrio financeiro do regime, as renúncias previdenciárias em adição às receitas realizadas; e
>
> II – para os demais fins, apenas as receitas efetivamente arrecadadas e as despesas orçamentárias e financeiras efetivamente liquidadas e pagas.

2. NATUREZA JURÍDICA E FATO GERADOR

É amplamente prevalente na doutrina a natureza tributária das contribuições para a seguridade social, inclusive as previdenciárias, sendo esta a posição adotada neste trabalho, pois se amolda perfeitamente à definição de tributo prevista no artigo 3º, do CTN, sendo toda prestação pecuniária compulsória, em moeda ou cujo valor nela se possa exprimir, que não constitua sanção de ato ilícito, instituída em lei e cobrada mediante atividade administrativa plenamente vinculada.

> **▸ Qual o entendimento do STF sobre o assunto?**
>
> De acordo com o entendimento remansoso da Suprema Corte, "as contribuições, inclusive as previdenciárias, têm natureza tributária e se submetem ao regime jurídico-tributário previsto na Constituição" (RE 556.664, de 12.06.2008).

De acordo com artigo 43, §2º, da Lei 8.212/91, inserido pela Lei 11.941/2009, artigo que trata das contribuições previdenciárias a serem arrecadadas na Justiça do Trabalho, considera-se ocorrido o **fato gerador** das **contribuições sociais** na **data da prestação do serviço.**

Assim sendo, se ainda havia qualquer dúvida acerca do momento da ocorrência do fato gerador em concreto das contribuições previdenciárias patronais e dos trabalhadores em geral, agora é indene de dúvida que a hipótese de incidência tributária se realiza na data da prestação do serviço, e não do seu pagamento ou de outro marco qualquer.

O que ocorre é que a legislação previdenciária concede um prazo para o pagamento da contribuição previdenciária, após o nascimento da obrigação tributária verificado na data da prestação do serviço, normalmente no mês subsequente ao da respectiva competência.

▸ **Qual o entendimento do STJ sobre o assunto?**

"A jurisprudência do STJ é firme no sentido de que as contribuições previdenciárias incidentes sobre remuneração dos empregados, em razão dos serviços prestados, devem ser recolhidas pelas empresas no mês seguinte ao efetivamente trabalhado, e não no mês subseqüente ao pagamento" (REsp 712.185, de 01.09.2009).

▸ **Qual o entendimento do STF sobre o assunto?**

"Aplica-se à tributação da pessoa jurídica, para as contribuições destinadas ao custeio da seguridade social, calculadas com base na remuneração, o regime de competência. Assim, o tributo incide no momento em que surge a obrigação legal de pagamento, independentemente se este irá ocorrer em oportunidade posterior." (RE 419.612-AgR, Rel. Min. Joaquim Barbosa, julgamento em 1º-3-2011, Segunda Turma, *DJE* de 6-4-2011).

▸ **Importante:**

Assim sendo, o ***aspecto material*** da hipótese de incidência das contribuições previdenciárias é a prestação do serviço remunerado pelos trabalhadores (exceto para os segurados facultativos), enquanto o ***aspecto temporal*** se realiza na data da prestação da atividade, apuradas mês a mês, concedendo-se um prazo para pagamento.

3. CONTRIBUIÇÕES PREVIDENCIÁRIAS DOS TRABALHADORES E DEMAIS SEGURADOS

A contribuição previdenciária dos trabalhadores incidirá sobre o salário de contribuição, este considerado como a base de cálculo para o recolhimento do tributo, *exceto para o segurado especial*, pois neste caso a sua contribuição incidirá sobre a receita decorrente da comercialização dos seus produtos, sendo descabido se falar em salário de contribuição nesta hipótese, em regra.

Insta lembrar que o salário de contribuição terá como limite mínimo o piso salarial, legal ou normativo da categoria ou, inexistindo este, o salário mínimo, e como teto a quantia de R$ 7.786,02 (valor atualizado para 2024).

Vale frisar que, por força do Princípio da Solidariedade e da regra do artigo 12, §4º, da Lei 8.212/91, o aposentado pelo Regime Geral de Previdência Social que estiver exercendo ou que voltar a exercer atividade abrangida por este Regime é segurado obrigatório em relação a essa atividade, ficando sujeito às contribuições de que trata esta Lei, para fins de custeio da Seguridade Social, mesmo sem poder gozar de nova aposentadoria neste regime previdenciário.

> **▸ Como esse assunto foi cobrado em concurso?**
>
> No concurso do CESPE para Procurador do BACEN em 2009, foi considerado errado o seguinte enunciado: O segurado aposentado pela previdência social, maior de 60 anos de idade, que retorne ao mercado formal de trabalho não necessita contribuir para o custeio do sistema, uma vez que tal contribuição teria efeito confiscatório.

3.1. Segurado empregado, trabalhador avulso e empregado doméstico

Na forma do quanto previsto no artigo 20, da Lei 8.212/91, a contribuição previdenciária desses segurados tinha *alíquotas progressivas*, que variavam em faixas de acordo com o salário de contribuição, *de forma não cumulativa*, conforme a seguinte tabela com valores atualizados para o ano de 2019:

~~SALÁRIO-DE-CONTRIBUIÇÃO (R$)~~	~~ALÍQUOTA PARA FINS DE RECOLHIMENTO~~
~~até 1.751,81~~	~~8%~~
~~de 1.751,82 até 2.919,72~~	~~9%~~
~~de 2.919,73 até 5.839,45~~	~~11%~~

Sucede que o artigo 28 da Emenda 103/2019 modificou a sistemática de contribuição previdenciária dos segurados empregados, trabalhadores avulsos e empregados domésticos, de modo que **o artigo 20 da Lei 8.212/91 não foi recebido pela Reforma Constitucional**.

Dessa forma, respeitado o Princípio da Anterioridade Nonagesimal nas situações em que houver elevação da carga tributária (para os maiores salários de contribuição), restaram abandonadas as alíquotas lineares de 8%, 9% e 11% do salário de contribuição, limitadas ao teto do RGPS.

O cálculo do valor das contribuições previdenciárias desses segurados deverá ser feito em faixas:

SALÁRIO-DE-CONTRIBUIÇÃO (R$)	ALÍQUOTA PROGRESSIVA PARA FINS DE RECOLHIMENTO AO INSS
até 1.045,00	7,5%
de 1.045,01 até 2.089,60	9%
de 2.089,61 até 3.134,40	12%
de 3.134,41 até 6.101,06	14%

Dessa forma, o segurado empregado, trabalhador avulso ou empregado doméstico que possui salário de contribuição de **1 salário mínimo terá redução de 0,5% na alíquota**, caindo de 8% para 7,5%.

Já o segurado que recolhe sobre teto do salário de contribuição terá aumento de contribuição previdenciária comparando o cenário anterior com o atual (VALORES DE 2019):

SISTEMÁTICA ANTERIOR – VALORES DO ANO DE 2019 NA SIMULAÇÃO

~~Salário~~	~~Alíquota~~	~~Contribuição~~
~~R$ 5.839,45~~	~~11%~~	~~R$ 642,33~~

SISTEMÁTICA ATUAL – VALORES DO ANO DE 2019 NA SIMULAÇÃO

Salário	Alíquota Progressiva	Contribuição
R$ 5.839,45	**11,68%**	R$ 682,54
R$ 2.839,44	14%	R$ 397,52
R$ 999,99	12%	R$ 119,99
R$ 1.001,99	9%	R$ 90,17
R$ 998,00	7,5%	R$ 74,85

Dessa forma, o segurado que recolhe sobre o teto do salário de contribuição pagava o valor de R$ 642,33 e agora terá o desconto de R$ 682,54 pelo tomador dos serviços, **respeita a Noventena**.

Os valores das faixas serão reajustados anualmente pelo INPC, nos termos do artigo 41-A da Lei 8.213/91, respeitada a faixa mínima de um salário mínimo.

Eia a tabela atualizada para o ano de 2023:

TABELA DE CONTRIBUIÇÃO DOS SEGURADOS EMPREGADO, EMPREGADO DOMÉSTICO E TRABALHADOR AVULSO, PARA PAGAMENTO DE REMUNERAÇÃO A PARTIR DE 1º DE JANEIRO DE 2024

SALÁRIO-DE-CONTRIBUIÇÃO (R$)	ALÍQUOTA PROGRESSIVA PARA FINS DE RECOLHIMENTO AO INSS
até 1.412,00	7,5%
de 1.412,01 até 2.666,68	9%
de 2.666,69 até 4.000,03	12%
de 4.000,04 até 7.786,02	14%

Nestes casos (segurado empregado, trabalhador avulso e empregado doméstico), a responsabilidade tributária pelo recolhimento da contribuição previdenciária não será dos segurados e sim das empresas, empregadores e equiparados, que deverão perpetrar os descontos e repassar à Secretaria de Receita Federal do Brasil as respectivas quantias, sendo uma hipótese de *substituição tributária originária*, na forma do artigo 30, incisos I e V, da Lei 8.212/91.

Excepcionalmente, durante o período de licença-maternidade da segurada empregada e da empregada doméstica, caberá ao empregador apenas recolher a parcela da contribuição a seu cargo, pois será a segurada a responsável pelo recolhimento de sua cota.

No entanto, no que concerne à segurada empregada, este dispositivo perdeu parcialmente a sua aplicabilidade desde o advento da Lei 10.710/2003, pois desde então a empresa passou a ser responsável pelo pagamento do salário-maternidade da sua empregada gestante, sendo a responsável tributária pelo desconto da contribuição previdenciária sobre o salário-maternidade e repassá-lo à Previdência Social, a exceção dos casos em que o INSS deverá pagar diretamente o benefício à empregada (empregada de microempreendedor individual, adoção de criança e salário-maternidade derivado).

> **▸ Qual a posição do STF sobre o assunto?**
>
> Em sede de Repercussão Geral, em 4 de agosto de 2020, no RE 576.967, **o STF declarou inconstitucional a incidência de contribuição previdenciária sobre o salário-maternidade**, não tendo havido modulação da eficácia da pronúncia de inconstitucionalidade, sendo possível a apresentação de embargos de declaração pela União.
>
> Restou fixada a seguinte tese: **"É inconstitucional a incidência da contribuição previdenciária a cargo do empregador sobre o salário-maternidade"**:
>
> "69. Diante do exposto, considerando os argumentos formal e material, dou provimento ao recurso extraordinário, para declarar, incidentalmente, **a inconstitucionalidade da incidência de contribuição previdenciária sobre o salário maternidade, prevista no art. 28, §2º, da Lei nº 8.212/91, e a parte final do seu §9º, alínea a**, em que se lê 'salvo o salário-maternidade', e proponho a fixação da seguinte tese: 'É inconstitucional a incidência da contribuição previdenciária a cargo do empregador sobre o salário maternidade'".
>
> A tese de aplica tanto à parte da empresa quanto à parte do segurado, conforme se depreende do voto vencedor acima transcrito, em que pese o fechamento tenha sido restritivo. **No entanto, o Poder Executivo da União limitou a decisão à contribuição patronal**.

Com relação ao **segurado empregado e ao trabalhador avulso**, haverá *presunção absoluta de desconto* das suas contribuições previdenciárias pelo empregador, empresa ou equiparado, que deverá responder exclusivamente pelo pagamento, caso não tenha retido os valores ou não os repassado à União.

Deveras, prevê o artigo 33, §5º, da Lei 8.212/91, que "o **desconto de contribuição e de consignação legalmente autorizadas sempre se presume feito oportuna e regularmente pela empresa a isso obrigada**, não lhe sendo lícito alegar omissão para se eximir do recolhimento, ficando diretamente responsável pela importância que deixou de receber ou arrecadou em desacordo com o disposto nesta Lei".

Destarte, os segurados empregados e os trabalhadores avulsos não sofrerão prejuízo na concessão dos benefícios previdenciários nem poderão ser posteriormente cobrados pela União, caso a empresa não repasse ao Fisco as contribuições previdenciárias dos referidos trabalhadores, mesmo que não tenham sido descontadas, bastando aos segurados comprovar o vínculo laboral e o valor da remuneração percebida.

> **Como esse assunto foi cobrado em concurso?**
>
> No concurso do CESPE para Juiz Federal da 5ª Região em 2007, foi considerado correto o seguinte enunciado: O fato de o empregador deixar de repassar à previdência social as contribuições recolhidas dos contribuintes, no prazo e forma legal ou convencional, constitui crime; entretanto, mesmo que o empregador não tenha promovido o recolhimento, a administração não pode, sob o fundamento de que o empregador nada recolheu, indeferir requerimento de segurado empregado que apresente pedido de benefício.

Por força da Lei 13.189/2015, **irá incidir contribuição previdenciária sobre o valor da compensação pecuniária a ser paga no âmbito do Programa de Proteção ao Emprego (PPE).** Trata-se de compensação pecuniária equivalente a 50% do valor da redução salarial e limitada a 65% do valor máximo da parcela do seguro-desemprego, enquanto perdurar o período de redução temporária da jornada de trabalho, para as empresas que aderiram ao Programa de Proteção ao Emprego, que será custeada pelo Fundo de Amparo ao Trabalhador (FAP).

Nos termos do artigo 35, da Lei 8.213/91 (antiga redação), ao segurado empregado e ao trabalhador avulso que tenham cumprido todas as condições para a concessão do benefício pleiteado, mas não possam comprovar o valor dos seus salários de contribuição no período básico de cálculo, será concedido o benefício de valor mínimo, devendo esta renda ser recalculada, quando da apresentação de prova dos salários-de-contribuição.

O mesmo não ocorria com os empregados domésticos, que eram discriminados pela legislação previdenciária, pois não gozavam da mencionada presunção absoluta de recolhimento das suas contribuições previdenciárias, apesar de ser de responsabilidade dos empregadores domésticos.

Para compensar essa situação, por força do artigo 36, da Lei 8.213/91, se satisfeitas as condições para a concessão do benefício, caso não comprovado o recolhimento das contribuições previdenciárias pelo empregador doméstico, será concedido o benefício previdenciário no valor mínimo, o que poderá prejudicar os empregados domésticos que poderiam fazer jus a um benefício acima desse valor.

No entanto, com o advento da Lei Complementar 150/2015, entende-se que os empregados domésticos passaram a gozar de presunção de recolhimento da sua contribuição previdenciária, mesmo nos casos de salário de contribuição acima de um salário mínimo. Daí a desatualização do artigo 36 da Lei 8.213/91, tacitamente revogado.

Isso porque o artigo 35, da Lei 8.213/91, foi modificado, passando a prever que "o segurado empregado, **inclusive o doméstico**, e ao trabalhador avulso que tenham cumprido todas as condições para a concessão do benefício pleiteado, mas não possam comprovar o valor de seus salários de contribuição no período básico de cálculo, será concedido o benefício de valor mínimo, **devendo esta renda ser recalculada quando da apresentação de prova dos salários de contribuição**".

Ademais, o artigo 34, inciso I, da Lei 8.213/91, com a alteração da LC 150/2015, dispõe que para o "segurado empregado, **inclusive o doméstico**, e o trabalhador avulso, os salários de contribuição referentes aos meses de contribuições devidas, **ainda que não recolhidas** pela empresa ou **pelo empregador doméstico**, sem prejuízo da respectiva cobrança e da aplicação das penalidades cabíveis".

Logo, se o empregado doméstico demonstrar que possuía salários de contribuição de R$ 1.500,00, mas o seu empregador nunca recolheu a contribuição, após a LC 150/2015 deverá o INSS considerar os salários de contribuição de R$ 1.500,00 no cálculo do salário de benefício, e não mais conceder o benefício mínimo, tendo havido revogação tácita do artigo 36 da Lei 8.213/91.

No caso dos *empregados e avulsos*, as empresas deverão fazer os recolhimentos até o *dia 20* ao do mês subsequente ao da competência ou, se não for dia útil bancário, no imediatamente anterior, conforme inovação da Lei 11.933/2009, ao passo que o *empregador doméstico* terá até o ***dia 7*** **(mudança da LC 150/2015)** do mês seguinte ao da competência para recolher a contribuição descontada do empregado doméstico, **ou o dia útil imediatamente anterior se no dia 7 não houver expediente bancário**, nos termos da Lei 13.202/2015. **Com o advento da MP 1.110/2022, o prazo de recolhimento foi alterado do dia 7 para o dia 20, devendo ser antecipado para o primeiro dia útil anterior, se no dia 20 não for expediente bancário.** A regra foi preservada com o advento da Lei 14.438/2022.

3.2. Segurado contribuinte individual e facultativo

No caso destes segurados, **em regra**, a alíquota da contribuição previdenciária foi fixada em **20% sobre o salário de contribuição**, cabendo ao **próprio segurado** promover diretamente o **recolhimento** tempestivo do tributo, sob pena de não se filiar ao RGPS, até o **dia 15** ao do mês seguinte ao da competência, ou no dia útil imediatamente posterior.

Excepcionalmente, caso o salário de contribuição seja de um **salário mínimo**, será possível o recolhimento **trimestral** das contribuições previdenciárias, com vencimento no dia 15 do mês seguinte ao de cada trimestre civil.

O artigo 30, §4º, da Lei 8.212/91, incluído pela Lei 9.876/99, prevê que o contribuinte individual prestador de serviços à(s) empresa(s) poderá deduzir de sua contribuição mensal 45% da contribuição paga pela empresa, a fim de reduzir a contribuição do segurado para 11% do salário de contribuição, pois neste caso ainda existirá a contribuição previdenciária da pessoa jurídica.

> **▸ Importante:**
>
> Posteriormente, por força do artigo 4º, da Medida Provisória 83/2002, convertida na Lei 10.666/03, a partir da *competência de abril de 2003*, o **contribuinte individual prestador de serviços à pessoa jurídica deixou de ser o responsável tributário pelo recolhimento da sua contribuição previdenciária**, que passou a ser de responsabilidade da pessoa jurídica tomadora do serviço, à razão de **11% sobre o salário de contribuição**, e não mais de 20%, conforme explicitado no artigo 216, §26, do RPS, dispositivo também aplicável às cooperativas de trabalho. Apenas nestes casos o contribuinte individual também gozará da presunção absoluta de recolhimento, tal qual o segurado empregado e o trabalhador avulso, devendo a pessoa jurídica responder exclusivamente pelo pagamento, caso não tenha retido os valores ou não os repassado à União, na forma do artigo 33, §5º, da Lei 8.212/91.

Estas disposições do **artigo 4º, da Lei 10.666/03, não se aplicam** *ao contribuinte individual, quando contratado por outro contribuinte individual equiparado a empresa*, por *produtor rural pessoa física*, ou ainda por *missão diplomática* e *repartição consular* de carreira estrangeiras, e nem ao brasileiro civil que trabalha no exterior para organismo oficial internacional do qual o Brasil é membro efetivo.

> **▸ Como esse assunto foi cobrado em concurso?**
>
> No concurso do CESPE para Juiz do Trabalho da 1ª Região em 2010, foi considerado correto o seguinte enunciado: A missão diplomática está excluída da obrigação de arrecadar a contribuição do contribuinte individual, cabendo ao contribuinte recolher a própria contribuição.

Logo, nestes casos, deverá o contribuinte individual continuar a se valer da autorização do artigo 30, §4º, da Lei 8.212/91, deduzindo de sua contribuição mensal 45% da contribuição paga pelo equiparado a empresa.

Com base no discutível artigo 5º, da Lei 10.666/03, caso o contribuinte individual contratado por pessoa jurídica obrigada a proceder à arrecadação e ao recolhimento da contribuição por ele devida, cuja remuneração recebida ou creditada no mês, por serviços prestados a ela, for inferior ao limite mínimo do salário de contribuição, é obrigado a complementar sua contribuição mensal, diretamente, à razão de 20% sobre o valor resultante da subtração do valor das remunerações recebidas das pessoas jurídicas do valor mínimo do salário de contribuição mensal. Com a EC 103/2019, essa complementação passou a ser facultativa (art. 29).

Se o contribuinte individual prestar serviços a entidade beneficente de assistência social, a alíquota de retenção será de 20%, e não de 11%, ante a inexistência de cota patronal pela incidência da imunidade, na esteia do previsto no artigo 216, §26, do RPS, incluído pelo Decreto 4.729/03, dispositivo de duvidosa validade, pois um mero ato regulamentar acabou transferindo o ônus da imunidade ao contribuinte individual.

Na hipótese de o contribuinte individual prestar serviços a mais de uma pessoa jurídica e, uma vez somadas, as remunerações extrapolarem o teto do salário de contribuição, poderá o segurado escolher uma empresa para que esta faça a retenção e se responsabilize pessoalmente pelo recolhimento da quantia faltante, na forma do artigo 216, §29, do RPS, conquanto inexista previsão legal em sentido estrito.

Uma importante inovação foi promovida pela **Lei Complementar 123/2006**, em regulamentação aos §§12 e 13, do artigo 201, da Constituição Federal, insertos pela Emenda 47/2005, que tratam da *inclusão previdenciária dos trabalhadores de baixa renda*.

> ▸ **Importante:**
>
> A contribuição previdenciária do **contribuinte individual que trabalhe por conta própria sem relação de trabalho com empresa e equiparado**, bem como do **segurado facultativo**, poderá ser de **11% sobre o salário mínimo**, ao invés do tradicional desconto de 20%, mas esses segurados **não terão direito à ANTIGA aposentadoria por tempo de contribuição**, só podendo se aposentar por idade ou invalidez (art. 21, §2º, da Lei 8.212/91), sendo as atuais aposentadoria programada e por incapacidade permanente.

Nesta hipótese, caso queira se aposentar por tempo de contribuição (benefício extinto pela EC 103/2019) posteriormente, ou levar o tempo de contribuição para algum Regime Próprio de Previdência Social (contagem recíproca), o contribuinte individual e o segurado facultativo deverão fazer o recolhimento retroativo dos 9% faltantes para integralizar os 20% sobre o salário de contribuição, com a incidência dos juros legais, sendo exigível o complemento a qualquer tempo (imprescritível), sob pena de indeferimento do benefício.

> ▸ **Importante:**
>
> No entanto, o artigo 21, da Lei 8.212/91, foi alterado pela Lei 12.470/2011, que veio facilitar a inclusão previdenciária do microempreendedor individual, pois a sua contribuição previdenciária simplificada passou a ser de apenas 5% sobre o salário mínimo, e não mais de 11%, sem direito à aposentadoria por tempo de contribuição.

Nos termos do artigo 18-A, da Lei Complementar 123/2006, alterado pela LC 155/2016, será contribuinte individual o **Microempreendedor Individual - MEI**, assim considerado o empresário individual a que se refere o artigo 966 do Código Civil[1], ou o empreendedor que exerça as atividades de industrialização, comercialização e prestação de serviços no âmbito rural, que tenha auferido receita bruta, no ano-calendário anterior, de até **R$ 81.000,00**, que seja optante pelo Simples Nacional e que não esteja impedido de optar pelo Simples Nacional.

Vale salientar que o MEI apenas poderá ter um único empregado que receba exclusivamente um salário mínimo ou o piso salarial da categoria profissional.

No caso do **MEI**, o prazo para o recolhimento da sua contribuição previdenciária será o **dia 20** do mês seguinte à respectiva competência, ou o primeiro dia útil **posterior**, se no dia 20 não houver expediente bancário.

É que o artigo 18-C, §3º, inciso II, da Lei Complementar 123/2006, prevê que o CGSN – Comitê Gestor do Simples Nacional poderá determinar, com relação ao MEI, a forma, a periodicidade e o prazo do recolhimento da sua contribuição previdenciária na condição de contribuinte individual.

Nesse sentido, de acordo com o artigo 18, da Resolução CGSN 51/2008, alterada pela Resolução CGSN 56/2009, o prazo para o recolhimento da contribuição previdenciária do MEI passou para o dia 20, sendo prorrogado para o primeiro dia útil seguinte se não for dia útil. **No mesmo sentido, o artigo 38, da Resolução CGSN 94/2011.**

> **▸ Importante:**
>
> Com a conversão da MP 529/2011 na Lei 12.470, de 31/08/2011, o segurado facultativo sem renda própria que se dedique exclusivamente ao trabalho doméstico no âmbito de sua residência, desde que pertencente à família de baixa renda, também passou a ser beneficiário do regime "simplificadíssimo" de arrecadação de apenas 5% sobre o salário de contribuição no valor de um salário mínimo.

É considerada como baixa renda, neste caso, a família inscrita no Cadastro Único para Programas Sociais do Governo Federal (CadÚnico), cuja renda mensal seja de até 02 salários mínimos.

3.3. Segurado especial

A contribuição do segurado especial é diferenciada por força do artigo 195, §8º, da Constituição Federal, que determina que "o produtor, o parceiro, o meeiro e o

---

1. Art. 966. Considera-se empresário quem exerce profissionalmente atividade econômica organizada para a produção ou a circulação de bens ou de serviços.

arrendatário rurais e o pescador artesanal, bem como os respectivos cônjuges, que exerçam suas atividades em regime de economia familiar, sem empregados permanentes, **contribuirão para a seguridade social mediante a aplicação de uma alíquota sobre o resultado da comercialização da produção** e farão jus aos benefícios nos termos da lei".

▸ Como esse assunto foi cobrado em concurso?

No concurso do CESPE para Juiz do Trabalho da 5ª Região em 2006, foi considerado correto o seguinte enunciado: A contribuição do segurado especial, beneficiando, inclusive, os respectivos cônjuges, é feita mediante a aplicação de uma alíquota sobre o resultado da comercialização da produção, e seus beneficiários farão jus aos benefícios que a lei determinar.

De efeito, a matéria foi regulamentada pelo artigo 25, da Lei 8.212/91, que **determinava** que a contribuição previdenciária do segurado especial terá a alíquota total de **2,1%** sobre a **receita proveniente da comercialização de sua produção**, sendo 2,0% de contribuição básica e 0,1% para o custeio dos benefícios decorrentes dos acidentes de trabalho.

No entanto, coube à **Lei 13.606/2018** reduzir a alíquota da contribuição previdenciária do **segurado especial**, inserindo a seguinte redação ao artigo 25 da Lei 8.212/91:

> **I – 1,2% (um inteiro e dois décimos por cento) da receita bruta proveniente da comercialização da sua produção (redação dada pela Lei 13.606/2018);**
>
> II – 0,1% da receita bruta proveniente da comercialização da sua produção para financiamento das prestações por acidente do trabalho.

Assim, a alíquota total da contribuição previdenciária do segurado especial (básica + SAT) foi reduzida de 2,1% para **1,3%** da produção rural comercializada.

Ou seja, em regra, os segurados especiais **não contribuem com base no salário de contribuição** e sim sobre a receita proveniente da comercialização de sua produção.

Em regra, não caberá ao segurado especial a responsabilidade pelo recolhimento da sua contribuição previdenciária, e sim ao adquirente da produção, salvo se comercializada no exterior, diretamente no varejo a pessoa física, a produtor rural pessoa física ou a outro segurado especial, até o dia 20 do mês subsequente ao da competência ou no dia útil imediatamente anterior se não houver expediente bancário.

Outrossim, será o segurado especial responsável pelo recolhimento da contribuição previdenciária incidente sobre a receita bruta da comercialização dos artigos de artesanato elaborados com matéria-prima produzida pelo respectivo grupo familiar, de atividade artística, bem como de serviços prestados, de equipamentos utilizados e de produtos comercializados no imóvel rural, desde que em atividades turística e de entretenimento desenvolvidas no próprio imóvel, inclusive hospedagem, alimentação, recepção, recreação e atividades pedagógicas, bem como taxa de visitação e serviços especiais.

> **Importante:**
>
> Além da contribuição acima referida, **o segurado especial terá a faculdade de contribuir na forma do *caput* do artigo 21 da Lei 8.212/91 (20% sobre o salário de contribuição) sem perder o seu enquadramento,** na forma do artigo 25, §1º, da Lei 8.212/91, caso queira usufruir de um benefício com valor acima de um salário mínimo ou ter direito à aposentadoria por tempo de contribuição.

Conforme facultado pela Lei 11.718/2008, se o segurado especial contratar trabalhadores até 120 dias pessoas/dia no ano civil, será obrigado a recolher as contribuições previdenciárias dessas pessoas até o dia 20 do mês subsequente ao da competência. Após a Lei 12.873/2013 (art. 32-C, §3º, da Lei 8.212/91), o prazo passou para o dia 7. Com o advento da MP 1.110/2022, o prazo de recolhimento foi alterado do dia 7 para o dia 20, devendo ser antecipado para o primeiro dia útil anterior, se no dia 20 não for expediente bancário. **Essa citada MP caducou, mas seu conteúdo foi inserido na Lei 14.438/2022, restaurando-se a alteração de prazo para o dia 20.**

No mais, se o segurado especial laborar por até 120 dias por ano, conforme facultado pela Lei 11.718/2008, ou exercer mandato de vereador, esta atividade não provocará a alteração da sua qualidade de segurado especial, mas deverão ser vertidas as contribuições como se estivesse enquadrado em outra categoria, na forma do §13, do artigo 12, da Lei 8.212/91.

Tabela simplificada das contribuições previdenciárias dos trabalhadores:

SEGURADO	ALÍQUOTA	BASE DE CÁLCULO	RESPONSABILIDADE PELO RECOLHIMENTO	PRESUNÇÃO DE RECOLHIMENTO	PRAZO
Empregado e avulso	7,5%, 9%, 12% e 14% por faixas	Salário de contribuição	Empresa, empregador ou equiparado	Sim	Até o dia 20 do mês seguinte
Empregado doméstico	7,5%, 9%, 12% e 14% por faixas	Salário de contribuição	Empregador doméstico	Sim	Até o dia 20 do mês seguinte
Contribuinte individual (regra)	20%	Salário de contribuição	O próprio	Não	Até o dia 15 do mês seguinte
Contribuinte individual que presta serviços à pessoa jurídica não imune e nem isenta	11%	Salário de contribuição	Empresa	Sim	Até o dia 20 do mês seguinte

SEGURADO	ALÍQUOTA	BASE DE CÁLCULO	RESPONSABILIDADE PELO RECOLHIMENTO	PRESUNÇÃO DE RECOLHIMENTO	PRAZO
Contribuinte individual que presta serviços à pessoa jurídica imune ou isenta	20%	Salário de contribuição	Empresa	Sim	Até o dia 20 do mês seguinte
Contribuinte individual que trabalhe por conta própria e segurado facultativo	11%	Salário de contribuição no valor de um salário mínimo	O próprio	Não. OBS- Não terá direito à aposentadoria por tempo de contribuição	Até o dia 15 do mês seguinte
Contribuinte individual enquadrado como MEI ou segurado facultativo de baixa renda que se dedique ao trabalho doméstico em sua residência	5%	Salário de contribuição no valor de um salário mínimo	O próprio	Não. OBS- Não terá direito à aposentadoria por tempo de contribuição	Até o dia 20 (MEI) e 15 (facultativo) do mês seguinte
Segurado especial	1,3%	Receita do produto da comercialização da produção	Em regra, dos adquirentes	Sim	Até o dia 20 do mês seguinte ao da operação
Segurado facultativo *(regra)*	20%	Salário de contribuição	O próprio	Não	Até o dia 15 do mês seguinte

4. CONTRIBUIÇÕES PREVIDENCIÁRIAS DAS EMPRESAS E EQUIPARADOS A EMPRESA

Inicialmente, deverão ser analisados os conceitos legais de empresa e de equiparado a empresa para fins previdenciários, contemplados no artigo 15, da Lei 8.212/91.

Considera-se **empresa** a firma individual ou sociedade que assume o risco de atividade econômica urbana ou rural, com fins lucrativos ou não, bem como os órgãos e entidades da administração pública direta, indireta e fundacional.

Com propriedade, se cuida de definição bastante abrangente, pois abarca as pessoas jurídicas com ou sem finalidades lucrativas, a firma individual ou mesmo os entes da Administração Pública Direta e Indireta, a exemplo dos municípios que não instituíram RPPS em favor dos seus servidores públicos efetivos e das empresas estatais.

Ademais, **equipara-se a empresa** o contribuinte individual em relação a segurado que lhe presta serviço, bem como a cooperativa, *a associação ou entidade de* *qualquer natureza ou finalidade*, a missão diplomática e a repartição consular de carreira estrangeiras.

Outrossim, equipara-se a empresa para fins previdenciários a pessoa física na condição de proprietário ou dono de obra de construção civil, em relação a segurado que lhe presta serviço. Esta previsão já constava do Decreto 3.048/99 (art. 12, parágrafo único, IV) e foi inserida no artigo 15, parágrafo único, da Lei 8.212/91 pela Lei 13.202, de 8/12/2015.

Ou seja, mesmo os contribuintes individuais, se contratarem a prestação de serviços de outro segurado, serão tratados pela legislação previdenciária como equiparados à empresa, a exemplo do dentista que trabalha por conta própria e emprega uma atendente.

Sequer escaparam as missões diplomáticas e as repartições consulares, que deverão arcar com o pagamento das contribuições previdenciárias que forem devidas, não gozando de qualquer imunidade ou isenção.

Essa contribuição previdenciária, em regra, é *incidente sobre a folha de salários, e demais rendimentos do trabalho* ***pagos ou creditados****, a qualquer título, à pessoa física que lhe preste serviço, mesmo sem vínculo empregatício*, na forma da previsão do artigo 195, I, "a", da Constituição Federal.

O *aspecto material do fato gerador* é realizado pelo *crédito jurídico* decorrente do labor dos prestadores de serviço, com ou sem vínculo empregatício, e *não o crédito contábil*, pois independe do efetivo pagamento das verbas.

Incluem-se na base de cálculo da contribuição previdenciária da empresa e equiparada as parcelas remuneratórias do trabalho, excluindo-se as de cunho indenizatório, a exemplo das listadas no §9º, do artigo 28, da Lei 8.212/91.

Ao contrário da contribuição dos segurados, com base de cálculo limitada ao teto do salário de contribuição, a contribuição previdenciária das empresas não possui um limitador, pois incidente sobre o total das remunerações das pessoas físicas que lhe prestam serviços.

> **▸ Como esse assunto foi cobrado em concurso?**
>
> No concurso do CESPE para Analista da SEGER/ES em 2013, foi considerado errado o seguinte enunciado: Aplica-se o limite máximo do salário de contribuição às contribuições do empregado e do empregador.

Por sua vez, não se considera como remuneração direta ou indireta, os valores despendidos pelas entidades religiosas e instituições de ensino vocacional com ministro de confissão religiosa, membros de instituto de vida consagrada, de congregação ou de ordem religiosa em face do seu mister religioso ou para sua subsistência *desde que fornecidos em condições que independam da natureza* e *da quantidade do trabalho executado*.

Assim, por exemplo, a quantia paga por uma entidade religiosa a um pastor não será considerada remuneração e, por conseguinte, não incidirá a contribuição previdenciária patronal sobre essa quantia.

Contudo, se a quantia puder sofrer variação de acordo com a natureza e quantidade de trabalho, é possível que seja considerada como remuneração, a exemplo da igreja que vincule essa quantia proporcionalmente ao montante total dos dízimos arrecadados no mês.

Por força da Lei 13.137/2015, os critérios informadores dos valores despendidos pelas entidades religiosas e instituições de ensino vocacional aos ministros de confissão religiosa, membros de vida consagrada, de congregação ou de ordem religiosa não são taxativos e sim exemplificativos. Por sua vez, os valores despendidos, ainda que pagos de forma e montante diferenciados, em pecúnia ou a título de ajuda de custo de moradia, transporte, formação educacional, vinculados exclusivamente à atividade religiosa não configuram remuneração direta ou indireta.

Em seguida, ainda adveio um novo parágrafo introduzido pela Lei 14.057/2020 para beneficiar as igrejas retroagindo a aplicação do §14: "§ 16. Conforme previsto nos arts. 106 e 110 da Lei nº 5.172, de 25 de outubro de 1966 (Código Tributário Nacional), o disposto no § 14 deste artigo aplica-se aos fatos geradores anteriores à data de vigência da Lei nº 13.137, de 19 de junho de 2015, consideradas nulas as autuações emitidas em desrespeito ao previsto no respectivo diploma legal".

> ▸ **Qual o entendimento do STF sobre o assunto?**
>
> O Supremo Tribunal Federal, em sede de repercussão geral, fixou, por maioria de votos, tese vinculante no sentido de que **"é constitucional a inclusão do Imposto Sobre Circulação de Mercadorias e Serviços - ICMS na base de cálculo da Contribuição Previdenciária sobre a Receita Bruta - CPRB"** (Tema 1.048/STF. Tribunal Pleno. RE 1.187.264/SP, Rel. Min. Marco Aurélio, Rel. p/ acórdão Min. Alexandre de Moraes, j. 24.02.2021, DJe 20.05.2021).

4.1. Incidentes sobre as remunerações dos empregados e avulsos

Conforme previsto no artigo 22, I, da Lei 8.212/91, será de **20%** sobre o **total** das **remunerações *pagas* mensalmente**, inclusive as gorjetas (remuneração variável) e as utilidades na forma de ganhos habituais, assim como sobre as ***devidas*** (dívidas) **ou *creditadas*** (adiantamentos) aos segurados **empregados** e **trabalhadores avulsos** pelos serviços prestados durante o mês.

Note-se que a Lei 8.212/91 foi mais longe do que o artigo 195, I, "a", da CRFB, ao prever não apenas a incidência da contribuição previdenciária patronal sobre as remunerações pagas ou creditadas pelas empresas, mas também as *devidas*.

Ou seja, se a empresa não pagar as remunerações mensais ou adiantá-las, mesmo assim incidirá a contribuição previdenciária patronal, pois se realiza a sua hipótese de incidência não só com as parcelas pagas, mas também com as devidas ou creditadas.

▸ **Importante:**

Por força da Medida Provisória 680, publicada em 7 de julho de 2015, convertida na Lei 13.189/2015, **irá incidir contribuição previdenciária sobre o valor da compensação pecuniária a ser paga no âmbito do Programa de Proteção ao Emprego (PPE).** Trata-se de compensação pecuniária equivalente a 50% do valor da redução salarial e limitada a 65% do valor máximo da parcela do seguro-desemprego, enquanto perdurar o período de redução temporária da jornada de trabalho, para as empresas que aderiram ao Programa de Proteção ao Emprego, que será custeada pelo Fundo de Amparo ao Trabalhador (FAP). Por força do Princípio da Noventena, esta disposição entra em vigor a partir de 1º de novembro de 2015.

De seu turno, ao contrário do que ocorre com o salário de contribuição, que limita o valor das contribuições previdenciárias dos segurados do RGPS, **inexiste teto** para o pagamento das contribuições previdenciárias devidas pelas empresas e equiparadas.

As *instituições financeiras* deverão ainda pagar um *adicional de* 2,5%, perfazendo um total de 22,5%, em razão do maior lucro e automação do setor, na forma do artigo 22, §1º, da Lei 8.212/91, discrímen que realiza o Princípio da Equidade na Forma de Participação no Custeio da Seguridade Social.

▸ **Qual o entendimento do STF sobre o assunto?**

A Suprema Corte, no julgamento da medida cautelar na ação cível 1.109, de 31.05.2007, com fulcro no artigo 195, §9º, da CRFB, que admite a progressividade das alíquotas das contribuições para a seguridade social das empresas, validou o acréscimo de 2,5% na contribuição previdenciária patronal das instituições financeiras. O mesmo posicionamento foi confirmado pelo STF em março de 2016: Informativo 819 – "É constitucional a previsão legal de diferenciação de alíquotas em relação às contribuições previdenciárias incidentes sobre a folha de salários de instituições financeiras ou de entidades a elas legalmente equiparáveis, após a edição da EC 20/1998. RE 598572/SP, rel. Min. Edson Fachin, 30.3.2016. (RE-598572)".

Deverá a empresa promover o recolhimento **até o dia 20** do mês subsequente ao da competência respectiva, conforme inovação da Lei 11.933/2009, ou no **dia útil imediatamente anterior**, se não houver expediente bancário, pois antes o prazo era até o dia 10 (Lei 11.488/2007) ou o dia 02 (Lei 9.063/95) no regime mais antigo.

▸ **Como esse assunto foi cobrado em concurso?**

No concurso para Juiz do Trabalho da 1ª Região em 2008, foi considerado errado o seguinte enunciado: A empresa é obrigada a arrecadar as contribuições dos segurados empregados, mas não as dos trabalhadores avulsos que lhe prestam serviços, porque a estes a lei impõe aquela obrigação.

(2018/IBFC/Câmara de Feira de Santana – BA/Procurador Jurídico Adjunto) Assinale a alternativa correta, sobre o prazo normal a ser observado por empresa ou equiparada para o pagamento da contribuição previdenciária sem a incidência de juros ou multa: a) O recolhimento da contribuição normal deve ocorrer até o dia 15 (quinze) do mês seguinte àquele a que se refere a contribuição e a do 13º salário até o dia 20 (vinte) de dezembro. b) O recolhimento da contribuição normal deve ocorrer até o dia 20 (vinte) do mês seguinte àquele a que se refere a contribuição e a do 13º salário até o dia 20 (vinte) de dezembro. c) O recolhimento da contribuição normal deve ocorrer até o dia 20 (vinte) do mês seguinte àquele a que se refere a contribuição e a do 13º salário até o dia 15 (quinze) de dezembro. d) O recolhimento da contribuição normal deve ocorrer até o dia 15 (quinze) do mês seguinte àquele a que se refere a contribuição e a do 13º salário até o dia 15 (quinze) de dezembro.

Letra B, certa.

Por força do artigo 60, §3º, da Lei 8.213/91, que regula o benefício do auxílio-doença (atual auxílio por incapacidade temporária), durante os primeiros quinze dias consecutivos ao do afastamento da atividade por motivo de doença, incumbirá à empresa pagar ao segurado empregado o seu salário integral.

Entretanto, pelo fato de inexistir efetivo trabalho nesses 15 dias, a jurisprudência vem reconhecendo a natureza indenizatória do pagamento, razão pela qual não deverá a empresa pagar contribuição previdenciária sobre a quantia.

▸ Qual o entendimento do STJ sobre o assunto?

O STJ entende que não incidirá contribuição previdenciária sobre essa parcela, a exemplo do julgamento do AGREsp 1.039.260, de 04.12.2008, pois não houve a efetiva prestação de serviço, sendo a verba de natureza indenizatória.

▸ Como esse assunto foi cobrado em concurso?

No concurso do CESPE para Promotor de Justiça do Espírito Santo em 2010, foi considerado errado o seguinte enunciado: Consoante a jurisprudência do STJ, é devida a incidência da contribuição previdenciária sobre os valores pagos pela empresa ao segurado empregado durante os quinze primeiros dias que antecedem a concessão de auxílio-doença.

Frise-se que as contribuições previdenciárias descontadas pela massa falida, dos salários dos empregados, e não repassadas aos cofres previdenciários, devem ser restituídas antes do pagamento de qualquer crédito, ainda que trabalhista, porque se trata de bens que não integram o patrimônio do falido, e sim da Previdência Social.

▸ **Qual o entendimento do STJ sobre o assunto?**

Esse é o entendimento consolidado do Superior Tribunal de Justiça, pois as contribuições previdenciárias descontadas pela massa falida, dos salários dos empregados, são do patrimônio da previdência social, a exemplo da decisão tomada no julgamento do REsp 1183383, de 05.10.2010.

▸ **Como esse assunto foi cobrado em concurso?**

No concurso do CESPE para Promotor de Justiça do Espírito Santo em 2010, foi considerado correto o seguinte enunciado: Consoante jurisprudência do STJ, as contribuições previdenciárias descontadas dos salários dos empregados, pelo falido, e não repassadas aos cofres previdenciários devem ser restituídas antes do pagamento de qualquer crédito, ainda que trabalhista.

▸ **Qual o entendimento do STJ sobre o assunto?**

De acordo com o STJ, ***"o valor correspondente à participação do trabalhador no auxílio alimentação ou auxílio transporte, descontado do salário do trabalhador, deve integrar a base de cálculo da contribuição previdenciária patronal"***. "REsp 1.928.591-RS, Rel. Min. Herman Benjamin, Segunda Turma, por unanimidade, julgado em 05/10/2021. Isso porque "os valores descontados aos empregados correspondentes à participação deles no custeio do vale-transporte, auxílio-alimentação e auxílio-saúde/odontológico não constam no rol das verbas que não integram o conceito de salário-de-contribuição, listadas no § 9° do art. 28 da Lei n. 8.212/1991. Por consequência, e por possuir natureza remuneratória, devem constituir a base de cálculo da contribuição previdenciária e da RAT a cargo da empresa". Ademais, a *"pretensão de exclusão da cota do empregado da base de cálculo da contribuição do empregador levaria, necessariamente, à exclusão do imposto de renda retido na fonte e, posteriormente, à degeneração do conceito de remuneração bruta em remuneração líquida, ao arrepio da legislação de regência"*.

Com base no inciso II, do artigo 22, da Lei 8.212/91, sobre o total das remunerações pagas, devidas ou creditadas aos segurados empregados e trabalhadores avulsos, ainda incidirá um **adicional de 1%, 2% ou 3% para o custeio da aposentadoria especial e dos benefícios decorrentes de acidente de trabalho.**

Deveras, esses percentuais variarão a depender do nível de risco de acidentes de trabalho cuja atividade da empresa se enquadrar, sendo classificado em leve (1%), médio (2%) ou grave (3%), o que atende ao Princípio na Equidade na Forma de Participação no Custeio, pois o percentual é proporcional à probabilidade de acidentes de trabalho.

Conquanto atualmente não se destine apenas ao custeio do seguro de acidentes de trabalho (SAT), esta exação previdenciária adicional é tradicionalmente conhecida na doutrina e jurisprudência como **contribuição SAT.**

▸ **Como esse assunto foi cobrado em concurso?**

No concurso do CESPE para Procurador do Estado de Alagoas em 2008, foi considerado errado o seguinte enunciado: As empresas deverão contribuir para o custeio do seguro de acidente do trabalho com uma alíquota fixa de 3%, incidente sobre o total da remuneração paga ou creditada a qualquer título, no decorrer do mês, aos segurados empregados e trabalhadores avulsos.

Ressalte-se que a Constituição assegura aos trabalhadores um seguro contra acidentes de trabalho, a cargo do empregador (artigo 7º, inciso XXXVIII), atividade que foi aberta à iniciativa privada pela Emenda 20/1998, que inseriu o §10, no artigo 201, da Constituição Federal, ainda pendente de regulamentação.

Posteriormente, adveio a EC 103/2019 prevendo que "Lei complementar poderá disciplinar a cobertura de benefícios não programados, inclusive os decorrentes de acidente do trabalho, a ser atendida concorrentemente pelo Regime Geral de Previdência Social e pelo setor privado", não tendo havido ainda a sua regulamentação.

▸ **Importante:**

O enquadramento do risco será de acordo com a *atividade preponderante da empresa*, assim considerada a que ocupa na empresa o maior número de segurados empregados e trabalhadores avulsos, devendo-se verificar os graus de risco constantes do anexo V, do RPS, delegação ao Poder Executivo que não viola a Constituição Federal de 1998, pois não foi incondicionada.

▸ **Qual o entendimento do STF sobre o assunto?**

O STF, ao julgar o RE 343.446, de 20.03.2003, entendeu que "o fato de a lei deixar para o regulamento a complementação dos conceitos de 'atividade preponderante' e 'grau de risco leve, médio e grave', não implica ofensa ao princípio da legalidade genérica".

▸ **Qual o entendimento do STJ sobre o assunto?**

O STJ vem decidindo que não deve se adotar o critério da atividade preponderante da empresa como um todo, devendo ser calculada a contribuição SAT em cada estabelecimento da pessoa jurídica (por cada CNPJ), caso possua mais de uma unidade. Nesse sentido, em 11.06.2008, o STJ aprovou a **Súmula 351**, que determina que **"a alíquota de contribuição para o Seguro de Acidente do Trabalho – SAT é aferida pelo grau de risco desenvolvido em cada empresa, individualizada pelo seu CNPJ, ou pelo grau de risco a atividade preponderante quando houver apenas um registro"**, utilizando a expressão "empresa" como sinônimo de estabelecimento.

Assim, suponha-se que uma pessoa jurídica possua dois estabelecimentos (cada um terá o seu CNPJ). O primeiro gera o enquadramento da contribuição SAT em 2%. Já o segundo, por desenvolver outra atividade, tem o enquadramento de 3%. De acordo com o STJ, não haverá a soma dos empregados e avulsos dos dois estabelecimentos, para se enquadrar a pessoa jurídica em 2% ou 3%, devendo ser feito o enquadramento em separado, em cada estabelecimento da empresa.

Entretanto, frise-se que a Secretaria de Receita Federal do Brasil matinha posicionamento contrário ao do Superior Tribunal de Justiça, pois pontificava que "a empresa com mais de 1 (um) estabelecimento e diversas atividades econômicas deverá somar o número de segurados alocados na mesma atividade em todos os estabelecimentos, prevalecendo como preponderante a atividade que ocupa o maior número de segurados empregados e trabalhadores avulsos, considerados todos os estabelecimentos". Mas, por força da Instrução Normativa RFB nº 1.453, de 24 de fevereiro de 2014, a Receita Federal aderiu ao posicionamento do STJ, aduzindo que "a empresa com mais de 1 (um) estabelecimento e com mais de 1 (uma) atividade econômica deverá apurar a atividade preponderante em cada estabelecimento".

▸ Como esse assunto foi cobrado em concurso?

No concurso do CESPE para Procurador Federal em 2010, foi considerado errado o seguinte enunciado: O STF decidiu que a cobrança da contribuição ao Seguro Acidente de Trabalho (SAT) incidente sobre o total das remunerações pagas tanto aos empregados quanto aos trabalhadores avulsos é ilegítima. Neste mesmo certame, foi considerado correto o seguinte enunciado: A alíquota da contribuição para o SAT deve corresponder ao grau de risco da atividade desenvolvida em cada estabelecimento da empresa, individualizado por seu CNPJ. Possuindo esta um único CNPJ, a alíquota da referida exação deve corresponder à atividade preponderante por ela desempenhada.

▸ Importante:

Posteriormente, por força do artigo 10, da Lei 10.666/2003, tornou-se possível que a **alíquota de 1%, 2% ou 3% da contribuição SAT sofra redução de até 50% ou majoração de até 100%**, em razão do desempenho da empresa em relação à respectiva atividade econômica, apurado em conformidade com os resultados obtidos a partir dos índices de frequência, gravidade e custo, calculados segundo metodologia aprovada pelo Conselho Nacional de Previdência Social.

A matéria vem regulada pelo *artigo 202-A, do RPS*, com redação alterada pelo Decreto 6.957/2009 e pelo Decreto 10.410/2020, que criou o **FAP – Fator Acidentário de Prevenção,** consistente em multiplicador variável (entre 0,5000 e 2,0000) que procederá à discriminação do desempenho da empresa, dentro da respectiva atividade econômica, a partir da criação de um índice composto pelos índices de gravidade, de frequência e de custo dos valores dos benefícios acidentários.

Na realidade, o que se busca é estimular as empresas a investirem em prevenção a acidentes de trabalho, através da extrafiscalidade, pois as que apresentarem um maior número de eventos dessa natureza pagarão um acréscimo à contribuição SAT, sendo também considerada a gravidade do acidente e o custo do pagamento dos benefícios previdenciários.

O Ministério da Economia publicará anualmente, sempre no mesmo mês, no Diário Oficial da União, a lista dos percentuais de frequência, gravidade e custo por Subclasse da Classificação Nacional de Atividades Econômicas – CNAE **e divulgará na rede mundial de computadores o FAP de cada empresa**, com as respectivas ordens de frequência, gravidade, custo e demais elementos que possibilitem a esta verificar o respectivo desempenho dentro da sua CNAE – Subclasse.

> ▸ **Qual o entendimento do STJ sobre o assunto?**
>
> Registre-se que, em 22.11.2021, no julgamento do Tema 554 e da ADI 4397, definiu o STF que é constitucional a regulamentação do FAP por decreto presidencial: **"O Fator Acidentário de Prevenção (FAP), previsto no art. 10 da Lei nº 10.666/2003, nos moldes do regulamento promovido pelo Decreto 3.048/99 (RPS), atende ao princípio da legalidade tributária (art. 150, I, CRFB/88)."**

> ▸ **Importante:**
>
> A teor do artigo 57, §6º, da Lei 8.213/91, **as alíquotas da contribuição SAT ainda poderão ser acrescidas de 6%, 9% ou 12% (adicional SAT), se o segurado empregado ou trabalhador avulso desenvolver atividade enquadrada como *especial*, que leva a uma aposentadoria diferenciada com apenas 25, 20 ou 15 anos de contribuição, respectivamente.**

Logo, se o empregado ou avulso se encontra exposto a agentes físicos, químicos, biológicos ou outros prejudiciais à sua saúde ou integridade física, ele fará jus ao benefício denominado de aposentadoria especial, que exige um menor tempo de contribuição para a aposentação, a depender do enquadramento regulamentar.

A justificativa para o adicional SAT é que o segurado empregado e o trabalhador avulso se aposentarão mais cedo e naturalmente permanecerão recebendo aposentadoria por mais tempo que os demais segurados, o que gerará um maior ônus à previdência social.

Excepcionalmente, **caso o empregador seja um microempreendedor individual**, que é equiparado à empresa para fins previdenciários, a sua cota previdenciária patronal será de apenas **3% (três por cento) sobre o salário de contribuição** do seu empregado, a teor do artigo 18-C, §1º, III, da Lei Complementar 123/2006, inserido pela Lei Complementar 139/2011. Vale salientar que o MEI apenas poderá ter um único empregado que receba exclusivamente um salário mínimo ou o piso salarial da categoria profissional.

4.2. Incidentes sobre as remunerações dos contribuintes individuais

Esta contribuição previdenciária das empresas será de **20%** sobre o **total** das **remunerações pagas ou creditadas** a qualquer título, no decorrer do mês, **aos segurados contribuintes individuais** que lhe prestem serviços, na forma do artigo 22, inciso III, da Lei 8.212/91, inserido pela Lei 9.876/99, até o **dia 20** do mês subsequente ao da competência, ou, se não for dia útil, no imediatamente anterior.

Atualmente, esta previsão legal é válida, pois a Emenda 20/1998 alterou a redação do artigo 195, I, "a", da CRFB, que agora prevê a incidência da contribuição previdenciária patronal sobre todas as remunerações pagas pelas empresas, não mais se limitando aos pagamentos dos trabalhadores com vínculo empregatício.

Por esse motivo, no passado, o STF chegou a pronunciar a inconstitucionalidade do artigo 3º, I, da Lei 7.787/89, que estendeu a contribuição previdenciária das empresas sobre as remunerações pagas aos antigos autônomos, cuja fonte de custeio não contava com previsão constitucional, o que demandaria lei complementar (RE 177.296, de 15.09.1994), vício que posteriormente foi solucionado com a promulgação da Lei Complementar 84/1996.

Também neste caso as instituições financeiras deverão ainda pagar um adicional de 2,5%, em razão do maior lucro e automação, com base no artigo 22, §1º, da Lei 8.212/91.

> ▸ **Importante:**
>
> No caso das **cooperativas de produção**, estas deverão recolher uma **contribuição adicional de 6%, 9%, ou 12% (adicional SAT)** para o custeio da aposentadoria especial de **25, 20 ou 15** anos, respectivamente, caso se trate de atividade enquadrada como especial desenvolvida pelo cooperado (contribuinte individual) e que gere a citada aposentadoria com menos anos de contribuição, como prevê o artigo 1º, §2º, da Lei 10.666/2003.

Vale salientar que a bolsa de estudos paga ou creditada ao médico-residente participante do programa de residência médica de que trata o **artigo 4º, da Lei nº 6.932/81**, é considerada remuneração, incidindo a contribuição previdenciária, haja vista o enquadramento do residente como contribuinte individual.

> ▸ **Importante:**
>
> Por força do artigo 22, §15, da Lei 8.212/91, inserido pela Lei 13.202, de 8/11/2015, na contratação de serviços de transporte rodoviário de carga ou de passageiro, de serviços prestados com a utilização de trator, máquina de terraplenagem, colheitadeira e assemelhados, **a base de cálculo da contribuição da empresa corresponde a 20% (vinte por cento) do valor da nota fiscal, fatura ou recibo,** quando esses serviços forem prestados por condutor autônomo de veículo rodoviário, auxiliar de condutor autônomo de veículo rodoviário, bem como por operador de máquinas (esta disposição já era prevista na IN RFB 971/2009, artigo 55, §2º).

4.3. Incidentes sobre o valor bruto da nota fiscal ou fatura da prestação de serviços das cooperativas de trabalho (estudo histórico)

No caso das empresas que contratavam **trabalhadores cooperados** por **intermédio de cooperativa de trabalho**, a contribuição previdenciária patronal era de 15% sobre o **valor bruto da nota fiscal ou fatura** de prestação de serviços, na forma do extinto artigo 22, IV, da Lei 8.212/91, disposição que afasta a regra geral dos 20% sobre o total das remunerações pagas ou creditadas, na forma do artigo 201, §19, do RPS.

Entende-se como *cooperativa de trabalho*, espécie de cooperativa também denominada cooperativa de mão de obra, a sociedade formada por operários, artífices, ou pessoas da mesma profissão ou ofício ou de vários ofícios de uma mesma classe, que, na qualidade de associados, prestam serviços a terceiros por seu intermédio.

A empresa tomadora dos serviços era contribuinte e responsável tributária pelo seu recolhimento até o **dia 20** do mês subsequente ao da competência, ou até o dia útil imediatamente anterior, se não houvesse expediente bancário naquele dia.

Note-se que a base de cálculo desta contribuição previdenciária das empresas era o valor bruto da nota fiscal ou fatura de prestação de serviços, mas decorre da remuneração paga aos trabalhadores cooperados, e não às cooperativas, sendo fonte de custeio prevista no artigo 195, I, "a", da CRFB, razão pela qual a jurisprudência vinha, no passado, validando esta previsão que não demanda lei complementar.

▸ **Qual o entendimento do STF sobre o assunto?**

No entanto, a posição se inverteu em 2014. **É que o Supremo Tribunal Federal, em 23 de abril, pronunciou a inconstitucionalidade do inciso IV do artigo 22 da Lei 8.212/91**, com base em quatro fundamentos: desconsideração inconstitucional da personalidade jurídica das cooperativas de trabalho, que deveriam ser as responsáveis tributárias pelo recolhimento da contribuição, e não o terceiro (tomador de serviços); ausência de lei complementar, pois a base de cálculo desta contribuição não é prevista no artigo 195, da Constituição Federal; afronta ao Princípio da Capacidade Contributiva, vez que os pagamentos efetuados por terceiros às cooperativas de trabalho, em face de serviços prestados por seus associados, não se confundiriam com os valores efetivamente pagos ou creditados aos cooperados; ocorrência de *bis in idem* na tributação do faturamento da cooperativa de trabalho (RE 595.838).

▸ **Importante:**

Esta contribuição poderá ainda sofria um acréscimo de 5, 7 ou 9% para o custeio da aposentadoria especial de 25, 20 ou 15 anos, respectivamente, no caso de cooperado exposto a agentes nocivos à sua saúde, cuja atividade se enquadrasse como especial, a cargo da empresa tomadora de serviços, a teor do artigo 1º, §1º, da Lei 10.666/2003. Este dispositivo não foi apreciado expressamente pelo STF no julgamento do RE 595.838, mas contém os mesmos vícios apontados pela Suprema Corte constantes do inciso IV do artigo 22 da Lei 8.212/91.

Neste caso, era emitida nota fiscal ou fatura de prestação de serviços específica para a atividade exercida pelo cooperado que permita a concessão de aposentadoria especial, exceto se todos os cooperados desenvolvessem atividade especial com mesmo período para a aposentação.

Por sua vez, a cooperativa de trabalho era obrigada a descontar 11% do valor da quota distribuída ao cooperado por serviços por ele prestados, por seu intermédio, a empresas, assim como 20% em relação aos serviços prestados por outras pessoas físicas, na forma do artigo 216, §31, do RPS.

No entanto, em razão da decisão tomada pelo STF no RE 595.838, que afastou a contribuição de 15% da cooperativa de trabalho sobre o valor bruto da nota fiscal ou fatura de prestação de serviços, a Secretaria da Receita Federal do Brasil editou o Ato Declaratório Interpretativo 5, de 25 de maio de 2015, **elevando a contribuição do cooperado do trabalho para 20% do salário de contribuição a ser descontada e repassada pela cooperativa**, haja vista a inexistência de contribuição da cooperativa, pronunciada inconstitucional.

Ademais, a Receita Federal deixou de cobrar a contribuição da empresa contratante, ficando o custeio somente a cargo do **cooperado do trabalho com alíquota de 20% do salário de contribuição**, cabendo à cooperativa promover os descontos.

▸ **Importante:**

Posteriormente, o Senado suspendeu a execução do inciso IV do artigo 22, da Lei 8.212/91, dando eficácia *erga omnes* à decisão do STF: "RESOLUÇÃO Nº 10, DE 2016 – Art. 1º. É suspensa, nos termos do art. 52, inciso X, da Constituição Federal, a execução do inciso IV do art. 22 da Lei nº 8.212, de 24 de julho de 1991, declarado inconstitucional por decisão definitiva proferida pelo Supremo Tribunal Federal nos autos do Recurso Extraordinário nº 595.838. Senado Federal, em 30 de março de 2016".

5. CONTRIBUIÇÃO PREVIDENCIÁRIA DO EMPREGADOR DOMÉSTICO

Será enquadrado como **empregador doméstico** *a pessoa ou família que admite a seu serviço, sem finalidade lucrativa, empregado doméstico*, na forma do artigo 15, inciso II, da Lei 8.212/91.

A legislação acerca dos empregados domésticos foi renovada. Em 2 de junho de 2015 foi publicada a Lei Complementar 150, sendo previsto expressamente que a configuração do vínculo de emprego doméstico é configurado quando se presta serviços de forma contínua, subordinada, onerosa e pessoal e de finalidade não lucrativa à pessoa ou à família, no âmbito residencial destas, **por mais dois dias por semana.**

Ademais, houve redução da contribuição previdenciária do empregador doméstico e do dia do recolhimento por força dos artigos 35 e 36 da LC 150/2015. Antes, a contribuição era de 12% do salário de contribuição do empregado doméstico e o dia para recolhimento era 15.

> ▸ **Importante:**
> Agora, a contribuição previdenciária patronal do empregador doméstico será no total de **8,8% do salário de contribuição**, sendo 8% de contribuição patronal previdenciária para a seguridade social, a cargo do empregador doméstico, nos termos do art. 24 da Lei nº 8.212, de 24 de julho de 1991 e 0,8% de contribuição social para financiamento do seguro contra acidentes do trabalho (contribuição SAT).

Isso porque pontifica o artigo 34 da LC 150/2015 que o Simples Doméstico assegurará o recolhimento mensal, mediante documento único de arrecadação, dos seguintes valores:

> **I - 8% (oito por cento) a 11% (onze por cento) de contribuição previdenciária, a cargo do segurado empregado doméstico, nos termos do art. 20 da Lei nº 8.212, de 24 de julho de 1991;**
>
> **II - 8% (oito por cento) de contribuição patronal previdenciária para a seguridade social, a cargo do empregador doméstico, nos termos do art. 24 da Lei nº 8.212, de 24 de julho de 1991;**
>
> **III - 0,8% (oito décimos por cento) de contribuição social para financiamento do seguro contra acidentes do trabalho;**
>
> IV - 8% (oito por cento) de recolhimento para o FGTS;
>
> V - 3,2% (três inteiros e dois décimos por cento), na forma do art. 22 desta Lei; e
>
> VI - imposto sobre a renda retido na fonte de que trata o inciso I do art. 7º da Lei nº 7.713, de 22 de dezembro de 1988, se incidente.

A aplicabilidade do Simples Doméstico se deu a partir da competência Outubro de 2015, com recolhimento até 7 de novembro (POR PROBLEMA DO E-SOCIAL PRORROGOU ATÉ 30/11/2015, EXCEPCIONALMENTE, NESTE MÊS). Acaso o dia 7 não seja dia útil, **será antecipado para o primeiro dia útil anterior, e não posterior**. Com o advento da MP 1.110/2022, o prazo de recolhimento foi alterado do dia 7 para o dia 20, devendo ser antecipado para o primeiro dia útil anterior, se no **dia 20** não for expediente bancário. **Essa citada MP caducou, mas seu conteúdo foi inserido na Lei 14.438/2022, restaurando-se a alteração de prazo para o dia 20.**

A inscrição do empregador e a entrada única de dados cadastrais e de informações trabalhistas, previdenciárias e fiscais no âmbito do Simples Doméstico dar-se-á mediante registro no Sistema de Escrituração Digital das Obrigações Fiscais, Previdenciárias e Trabalhistas - eSocial, instituído pelo Decreto 8.373, de 11 de dezembro de 2014.

Esta contribuição de 8,8% sobre o **salário de contribuição** do empregado doméstico, que agora deverá ser recolhida até o **dia** 7 do mês subsequente ao da competência, ou, se não for dia útil, **no primeiro imediatamente anterior** (Portaria Interministerial 822, de 30 de setembro de 2015 e Lei 13.202/2015 nesse sentido), juntamente com a contribuição descontada do salário do empregado, valendo ressaltar que se cuida da única contribuição patronal que incidirá sobre o salário de contribuição, tendo, destarte, um **teto**, assim como ocorre com a empresa enquadrada como MEI. **Com o advento da MP 1.110/2022, o prazo de recolhimento foi alterado do dia 7 para o dia 20, devendo ser antecipado para o primeiro dia útil anterior, se no dia 20 não for expediente bancário. Essa citada MP caducou, mas seu conteúdo foi inserido na Lei 14.438/2022, restaurando-se a alteração de prazo para o dia 20.**

Foi criado o regime unificado de pagamento de tributos, de contribuições e dos demais encargos do empregador doméstico (Simples Doméstico), com inscrição do empregador e entrada única de dados cadastrais e de informações trabalhistas, previdenciárias e fiscais no âmbito do Simples Doméstico dando-se mediante registro em sistema eletrônico a ser disponibilizado em portal na internet, conforme regulamento.

Para espancar qualquer dúvida, a Lei 13.202, de 8/12/2015 ainda alterou o artigo 24 da Lei 8.212/91 que passou a sem compatibilizar com a LC 150/2015, passando a prever que "A contribuição do empregador doméstico incidente sobre o **salário de contribuição** do empregado doméstico a seu serviço é de: I – **8%** (oito por cento); e II – **0,8%** (oito décimos por cento) para o financiamento do seguro contra acidentes de trabalho".

> **▸ Como esse assunto foi cobrado em concurso?**
>
> No concurso para Juiz do Trabalho da 1ª Região em 2008, foi considerado errado o seguinte enunciado: O empregado doméstico está obrigado a recolher apenas a parcela de contribuição a seu cargo, cabendo ao empregador doméstico recolher a parcela que lhe diz respeito.

Era possível o **recolhimento trimestral** das contribuições previdenciárias pelo empregador doméstico, caso o salário de contribuição seja de um salário mínimo (art. 216, §16, do Decreto 3.048/99), disposição que parece ter sido revogada, antes a não reprodução na LC 150/2015. Vale frisar que a Portaria Interministerial 822, de 30 de setembro de 2015, que disciplina o Simples Doméstico, não prevê o recolhimento trimestral.

De acordo com o artigo 216, §1º, do RPS, o desconto da contribuição do segurado incidente sobre o valor bruto da gratificação natalina – décimo terceiro salário – é devido quando do pagamento **ou crédito da última parcela** e deverá ser calculado em separado.

> **▸ Como esse assunto foi cobrado em concurso?**
>
> No concurso para Juiz do Trabalho da 1ª Região em 2008, foi considerado errado o seguinte enunciado: O desconto da contribuição do segurado incidente sobre o valor bruto da gratificação natalina é devido quando do pagamento ou do crédito de cada parcela e deverá ser calculado em separado.

Vale frisar que a **Emenda Constitucional 72/2013** previu o pagamento da contribuição SAT pelos **empregadores domésticos**, sendo exigível somente com a regulamentação legal dada pela LC 150, o que permitiu a percepção de benefícios por acidente de trabalho pelos empregados domésticos. Esta regulamentação somente se operou em junho de 2015 com a publicação da LC 150.

TABELA SIMPLIFICADA DAS CONTRIBUIÇÕES PREVIDENCIÁRIAS PATRONAIS

CONTRIBUINTES	ALÍQUOTA	BASE DE CÁLCULO	PRAZO
Empresas ou equiparados	20% + 1, 2 ou 3% de contribuição SAT, que poderá ser acrescida de 6, 9 ou 12%, no caso de atividade especial	Sobre o total das remunerações pagas mensalmente, inclusive as gorjetas e as utilidades na forma de ganhos habituais, assim como sobre as devidas ou creditadas aos *segurados empregados* e *trabalhadores avulsos*	Até o dia 20 do mês subsequente ao da competência, ou, se não for dia útil, no imediatamente anterior
Empresas ou equiparados	20% que poderá ser acrescida de 6, 9 ou 12%, apenas no caso da cooperativa de produção, para o custeio da aposentadoria especial	Sobre o total das remunerações pagas ou creditadas a qualquer título, no decorrer do mês, aos segurados *contribuintes individuais* que lhe prestem serviços	Até o dia 20 do mês subsequente ao da competência, ou, se não for dia útil, no imediatamente anterior
Empresas que contratem trabalhadores cooperados por intermédio de cooperativa	Era de 15%, que poderá ser acrescida de 5, 7 ou 9%, para o custeio da aposentadoria especial. **Mas foi declarada inconstitucional e suspensa pelo Senado**	Sobre o valor bruto da nota fiscal ou fatura de prestação de serviços	Até o dia 20 do mês subsequente ao da competência, ou, se não for dia útil, no imediatamente anterior
Empregador doméstico	8,8% (8,0% básico + 0,8% de SAT)	Salário de contribuição	Até o dia 20 do mês subsequente ao da competência, ou, se não for dia útil, no imediatamente anterior
MEI	3%	Salário de contribuição	Até o dia 20 do mês subsequente ao da competência, ou, se não for dia útil, no imediatamente posterior

6. CONTRIBUIÇÕES SUBSTITUTIVAS DA COTA PATRONAL

6.1. Associações desportivas que mantêm equipe de futebol profissional

Em substituição à contribuição previdenciária de 20% incidente sobre o total das remunerações pagas, devidas ou creditadas aos **segurados empregados** e **avulsos** que lhe prestam serviços, bem como à contribuição SAT de 1, 2 ou 3%, a legislação instituiu em favor das associações desportivas que mantém times de futebol profissional uma contribuição substitutiva para beneficiá-las.

Com efeito, essa contribuição corresponderá a **5% da receita bruta decorrente dos espetáculos desportivos** de que participem em todo *território nacional* em qualquer modalidade desportiva, inclusive jogos internacionais, e de qualquer forma de **patrocínio, licenciamento** de uso de marcas e símbolos, **publicidade, propaganda e de transmissão de espetáculos desportivos.**

Contudo, *esta forma diferenciada de contribuição previdenciária apenas será aplicada às atividades diretamente relacionadas com a manutenção e administração de equipe profissional de futebol,* não se estendendo às outras atividades econômicas exercidas pelas referidas pessoas jurídicas.

Frise-se que esta contribuição não substituirá a incidente sobre as remunerações dos contribuintes individuais prestadores de serviços à associação desportiva, mas apenas no que concerne aos empregados e avulsos.

Por sua vez, caberá a entidade promotora do espetáculo a responsabilidade tributária de efetuar os descontos e repassar à União os recursos até 02 dias úteis após a realização do evento esportivo.

No caso de a associação desportiva receber recursos a título de patrocínio, licenciamento de uso de marcas e símbolos, publicidade, propaganda e transmissão de espetáculos, caberá à empresa pagadora a responsabilidade de reter e recolher o percentual de 5% da receita bruta decorrente do evento, inadmitida qualquer dedução, até o dia 20 do mês subsequente ao da competência.

De acordo com o atual regramento, esta contribuição substitutiva beneficiará as associações desportivas que mantenham equipe de futebol profissional e atividade econômica organizada para a produção e circulação de bens e serviços e que se organize regularmente, segundo um dos tipos disciplinados nos artigos 1.039 a 1.092, do Código Civil.

Antes, por força da Medida Provisória 358/2007, que alterou a redação do §11, do artigo 22, da Lei 8.212/91, era preciso que se tratasse de sociedade empresarial para gozar desta contribuição substitutiva, mas este dispositivo foi excluído da Lei de conversão (11.505/2007).

6.2. Produtor rural pessoa física

Em favor dos produtores rurais pessoas físicas, que são equiparados a empresa para fins previdenciários, para substituir a contribuição previdenciária sobre as remunerações dos seus empregados e avulsos e a respectiva contribuição SAT, a legislação previdência instituiu uma forma substitutiva de custeio.

Considera-se *produtor rural pessoa física* o **segurado especial** que contrate empregados ou avulsos de maneira não permanente (até 120 pessoas/dias/ano civil) e o **contribuinte individual rural.**

Com propriedade, a alíquota da contribuição era de 2,0% sobre a receita bruta proveniente da comercialização da sua produção, sofrendo um acréscimo de 0,1% para financiamento das prestações por acidente do trabalho (contribuição SAT), **o que perfazia um total de 2,1%.**

No entanto, coube à **Lei 13.606/2018** reduzir a alíquota da contribuição previdenciária do empregador rural pessoa física, inserindo a seguinte redação ao artigo 25 da Lei 8.212/91:

> **I – 1,2% (um inteiro e dois décimos por cento) da receita bruta proveniente da comercialização da sua produção (redação dada pela Lei 13.606/2018);**
>
> II – 0,1% da receita bruta proveniente da comercialização da sua produção para financiamento das prestações por acidente do trabalho.

Assim, a alíquota total da contribuição previdenciária do produtor rural pessoa física (básica + SAT) foi reduzida de 2,1% para **1,3%** da produção rural comercializada.

Vale registrar que, com o advento da Lei 13.606/2018, o **empregador rural pessoa física** poderá escolher a forma de contribuição previdenciária patronal, podendo optar entre o recolhimento sobre produção (art. 25, Lei 8.212/91) ou seguinte a contribuição sobre a folha de remuneração (art. 22, I e II, da Lei 8.212/91), considerando o novel §13[2] inserido ao artigo 25 da Lei 8.212/91 **(esta regra iniciou a vigência em 1/1/2019).**

A opção será manifestada mediante o pagamento da contribuição incidente sobre a folha de salários relativa a janeiro de cada ano, ou à primeira competência subsequente ao início da atividade rural, e será irretratável para todo o ano-calendário.

Por força da Lei 13.606/2018, não integra a base de cálculo da contribuição a produção rural destinada ao plantio ou reflorestamento, nem o produto animal destinado à reprodução ou criação pecuária ou granjeira e à utilização como cobaia para fins de pesquisas científicas, quando vendido pelo próprio produtor e por quem a utilize diretamente com essas finalidades e, no caso de produto vegetal, por pessoa ou entidade registrada no Ministério da Agricultura, Pecuária e Abastecimento que se dedique ao comércio de sementes e mudas no País.

Em regra, a responsabilidade tributária pelo recolhimento desta contribuição será do adquirente da produção, e não do produtor rural pessoa física, exceto nas

---

2. § 13. O produtor rural pessoa física poderá optar por contribuir na forma prevista no caput deste artigo ou na forma dos incisos I e II do caput do art. 22 desta Lei, manifestando sua opção mediante o pagamento da contribuição incidente sobre a folha de salários relativa a janeiro de cada ano, ou à primeira competência subsequente ao início da atividade rural, e será irretratável para todo o ano-calendário.

hipóteses do artigo 30, incisos X e XII, da Lei 8.212/91, até o dia 20 do mês subsequente ao da operação ou consignação, ou, se não for dia útil bancário, no imediatamente anterior.

No entanto, quando o segurado especial contratar trabalhadores temporários na condição de produtor rural pessoa física, por força do artigo 32-C, §3º, da Lei 8.212/91, inserido pela Lei 12.873/2013, está obrigado a arrecadar as contribuições previstas nos incisos X, XII e XIII do caput do artigo 30 da Lei 8.212/91, os valores referentes ao FGTS e os encargos trabalhistas sob sua responsabilidade, **até o dia 7 (sete) do mês seguinte ao da competência**, ou no dia útil imediatamente anterior, se no dia 07 não houver expediente bancário, sendo uma regra especial que afasta o recolhimento até o dia 20 enquanto contribuição na condição de segurado. **Com o advento da MP 1.110/2022, o prazo de recolhimento foi alterado do dia 7 para o dia 20, devendo ser antecipado para o primeiro dia útil anterior, se no dia 20 não for expediente bancário. Essa citada MP caducou, mas seu conteúdo foi inserido na Lei 14.438/2022, restaurando-se a alteração de prazo para o dia 20.**

Na hipótese do produtor rural pessoa física **contribuinte individual**, além da sua contribuição patronal substitutiva, ainda será preciso que pague mensalmente a sua contribuição previdenciária como segurado obrigatório do RGPS, no valor de 20% sobre o salário de contribuição.

Outrossim, o **segurado especial** também se enquadra como produtor rural pessoa física, mas neste caso a contribuição será única (como segurado e como patrão), diferentemente do que ocorre com o contribuinte individual também enquadrado como produtor rural, sendo de 1,3% sobre a receita decorrente da comercialização da sua produção.

Esta contribuição substitutiva está prevista no artigo 25, da Lei 8.212/91, com redação dada pelo artigo 1º, da Lei 8.540/92. Ou seja, foi editada antes da reforma constitucional promovida pela Emenda 20/98, que apenas previa o faturamento como fonte de custeio, e não a receita bruta (expressão mais ampla), a teor do artigo 195, I, da CRFB, em sua redação originária.

▸ Qual o entendimento ANTIGO do STF sobre o assunto?

Em **03.02.2010**, no julgamento do **RE 363.852**, o Plenário do STF, por unanimidade, pronunciou a inconstitucionalidade incidental da contribuição substitutiva do produtor rural pessoa física, em razão de se caracterizar como nova fonte de custeio, o que demandaria a edição de lei complementar, pois não prevista no artigo 195, inciso I, da Constituição Federal.

▸ Qual o entendimento NOVO do STF sobre o assunto?

Com o falecimento do Ministro Teori e a entrada do Ministro Alexandre de Moraes, a Suprema Corte reviu o seu posicionamento, adotando a tese por 6 x 5 da constitucionalidade do artigo 25 da Lei 8212/91: (RE 718874/RS, rel. orig. Min. Edson Fachin, red. p/ o ac. Min. Alexandre de Moraes, julgamento em 29 e 30.3.2017:

"TRIBUTÁRIO. EC 20/98. NOVA REDAÇÃO AO ARTIGO 195, I DA CF. POSSIBILIDADE DE EDIÇÃO DE LEI ORDINÁRIA PARA INSTITUIÇÃO DE CONTRIBUIÇÃO DE EMPRE GADORES RURAIS PESSOAS FÍSICAS INCIDENTE SOBRE A COMERCIALIZAÇÃO DA PRODUÇÃO RURAL. CONSTITUCIONALIDADE DA LEI 10.256/2001. 1.A declaração incidental de inconstitucionalidade no julgamento do RE 596.177 aplica-se, por força do regime de repercussão geral, a todos os casos idênticos para aquela determinada situação, não retirando do ordenamento jurídico, entretanto, o texto legal do artigo 25, que, manteve vigência e eficácia para as demais hipóteses. 2.A Lei 10.256, de 9 de julho de 2001 alterou o artigo 25 da Lei 8.212/91, reintroduziu o empregador rural como sujeito passivo da contribuição, com a alíquota de 2% da receita bruta proveniente da comercialização da sua produção; espécie da base de cálculo receita, autorizada pelo novo texto da EC 20/98. 3. **Recurso extraordinário provido, com afirmação de tese segundo a qual É constitucional formal e materialmente a contribuição social do empregador rural pessoa física, instituída pela Lei 10.256/01, incidente sobre a receita bruta obtida com a comercialização de sua produção".**

No mais, **equipara-se ao empregador rural pessoa física o consórcio simplificado de produtores rurais**, formado pela união de produtores rurais pessoas físicas, que outorgar a um deles poderes para contratar, gerir e demitir trabalhadores para prestação de serviços, exclusivamente, aos seus integrantes, mediante documento registrado em cartório de títulos e documentos.

6.3. Produtor rural pessoa jurídica

De acordo com o artigo 25, da Lei 8.870/94, o empregador rural pessoa jurídica terá também uma contribuição previdenciária patronal substitutiva à incidente sobre as remunerações dos empregados e avulsos que contrate e a respectiva contribuição SAT.

A alíquota da contribuição era **2,5%** sobre a receita bruta proveniente da comercialização da sua produção, sofrendo um acréscimo de 0,1% para financiamento das prestações por acidente do trabalho (contribuição SAT), **o que perfazia um total de 2,6%**, sendo do próprio produtor rural pessoa jurídica a responsabilidade pelo seu recolhimento.

No entanto, a Lei 13.606/2018 alterou o artigo 25, da Lei 8.870/94. Após veto presidencial à alteração, o Congresso Nacional derrubou o veto e reduziu a contribuição do empregador rural pessoa jurídica de 2,6% para 1,8% no total:

> Art. 25. A contribuição devida à seguridade social pelo empregador, pessoa jurídica, que se dedique à produção rural, em substituição à prevista nos incisos I e II do art. 22 da Lei nº 8.212, de 24 de julho de 1991, passa a ser a seguinte: (Redação dada pela Lei nº 10.256, de 9.7.2001)

I - 1,7% (um inteiro e sete décimos por cento) da receita bruta proveniente da comercialização da sua produção; (Redação dada pela Lei nº 13.606, de 2018)

II - um décimo por cento da receita bruta proveniente da comercialização de sua produção, para o financiamento da complementação das prestações por acidente de trabalho.

> **Qual o entendimento do STF sobre o assunto:**
>
> **Tema 651:** É constitucional a contribuição à seguridade social, a cargo do empregador rural pessoa jurídica, incidente sobre a receita bruta proveniente da comercialização da sua produção, prevista no art. 25, incisos I e II, da Lei 8.870/1994, na redação dada pela Lei nº 10.256/2001.

Ademais, não integra a base de cálculo da contribuição citada a produção rural destinada ao plantio ou reflorestamento, nem o produto animal destinado à reprodução ou criação pecuária ou granjeira e à utilização como cobaia para fins de pesquisas científicas, quando vendido pelo próprio produtor e por quem a utilize diretamente com essas finalidades e, no caso de produto vegetal, por pessoa ou entidade registrada no Ministério da Agricultura, Pecuária e Abastecimento que se dedique ao comércio de sementes e mudas no País.

Tal qual o produtor rural pessoa física, o empregador rural pessoa jurídica enquadra-se como **contribuinte individual**, devendo também verter as suas contribuições previdenciárias como segurado obrigatório do RGPS.

Vale registrar que, com o advento da Lei 13.606/2018, o **empregador rural pessoa jurídica** poderá escolher a forma de contribuição previdenciária patronal, podendo optar entre o recolhimento sobre produção (art. 25, Lei 8.212/91) ou seguinte a contribuição sobre a folha de remuneração (art. 22, I e II, da Lei 8.212/91), considerando o novel §7º[3] inserido ao artigo 15 da Lei 8.870/94 **(esta regra iniciou a vigência em 1/1/2019).**

A opção será manifestada mediante o pagamento da contribuição incidente sobre a folha de salários relativa a janeiro de cada ano, ou à primeira competência subsequente ao início da atividade rural, e será irretratável para todo o ano-calendário.

Por sua vez, por força do artigo 22-A, da Lei 8.212/91, essa contribuição de 2,6% também beneficiará a **agroindústria**, considerada como o produtor rural pessoa jurídica cuja atividade econômica seja a industrialização de produção própria ou de produção própria e adquirida de terceiros, *não se aplicando às operações relativas à prestação de serviços a terceiros, bem como às sociedades cooperativas e às agroindústrias de piscicultura, carcinicultura, suinocultura e avicultura.*

---

3. § 7º O empregador pessoa jurídica poderá optar por contribuir na forma prevista no caput deste artigo ou na forma dos incisos I e II do caput do art. 22 da Lei no 8.212, de 24 de julho de 1991, manifestando sua opção mediante o pagamento da contribuição incidente sobre a folha de salários relativa a janeiro de cada ano, ou à primeira competência subsequente ao início da atividade rural, e será irretratável para todo o ano-calendário.

▸ **Qual o entendimento do STF sobre o assunto?**

De acordo com o **Tema 281 em Repercussão Geral**, *"é constitucional o art. 22A da Lei 8.212/1991, com a redação da Lei 10.256/2001, no que instituiu contribuição previdenciária incidente sobre a receita bruta proveniente da comercialização da produção, em substituição ao regime anterior da contribuição incidente sobre a folha de salários."* RE 611.601/RS, relator Ministro Dias Toffoli, julgamento virtual finalizado em 16.12.2022 (sexta-feira), às 23:59.

Este dispositivo não foi atualizado pela Lei 13.606/2018, mas está tacitamente modificado para 1,8%, podendo dar problema no concurso por desconhecimento do examinador (anulação da questão).

Outrossim, este regime substitutivo não se aplica à pessoa jurídica que, relativamente à atividade rural, se dedique apenas ao florestamento e reflorestamento como fonte de matéria-prima para industrialização própria, mediante a utilização de processo industrial que modifique a natureza química da madeira ou a transforme em pasta celulósica.

TABELA SIMPLIFICADA DAS CONTRIBUIÇÕES SUBSTITUTIVAS DA PARTE PATRONAL INCIDENTES SOBRE AS REMUNERAÇÕES DOS EMPREGADOS E AVULSOS

BENEFICIÁRIOS	ALÍQUOTA	BASE DE CÁLCULO	RESPONSABILIDADE PELO RECOLHIMENTO	PRAZO
Associações desportivas que mantêm times de futebol profissional	5%	Receita bruta decorrente dos espetáculos desportivos de que participem em todo território nacional; qualquer forma de patrocínio, licenciamento de uso de marcas e símbolos, publicidade, propaganda e de transmissão de espetáculos desportivos	Entidade promotora do espetáculo; empresa pagadora	Até 02 dias úteis após a realização do evento esportivo; até o dia 20 do mês subsequente ao da competência
Produtor rural pessoa física	1,3%	Receita bruta proveniente da comercialização da sua produção	Em regra, a responsabilidade tributária pelo recolhimento será do adquirente da produção	Até o dia 20 do mês subsequente ao da operação ou consignação
Produtor rural pessoa jurídica	1,8%	Receita bruta proveniente da comercialização da sua produção	Será do próprio produtor rural	Até o dia 20 do mês subsequente ao da operação ou consignação

7. A RETENÇÃO FEITA PELO CONTRATANTE DE SERVIÇOS DE CESSÃO DE MÃO DE OBRA

Com o intuito de otimizar a arrecadação das contribuições previdenciárias, inibindo a sonegação fiscal, o artigo 31, da Lei 8.212/91, prevê que a **empresa que contrate outra para a prestação de serviços de cessão de mão de obra**, mesmo que em regime de trabalho temporário, terá a responsabilidade tributária de **reter** a quantia equivalente a **11%** do valor bruto da nota fiscal ou fatura de prestação de serviços em nome da pessoa jurídica cedente de mão de obra ("RETENÇÃO PARA A PREVIDÊNCIA SOCIAL"), até o dia 20 do mês subsequente ao da emissão da nota ou fatura, ou no dia útil imediatamente anterior, se não houver expediente bancário, a partir da competência 02.1999.

Não se trata diretamente de pagamento das contribuições previdenciárias patronais, e sim da técnica legal da **antecipação compensável**, pois posteriormente a quantia retida será utilizada para o pagamento das contribuições previdenciárias devidas pela prestadora de serviços de mão de obra.

> **Como esse assunto foi cobrado em concurso?**
>
> No concurso da ESAF para Analista Tributário da RFB em 2009, foi considerada correta a letra E: A empresa contratante de serviços executados mediante cessão ou empreitada de mão de obra, inclusive em regime de trabalho temporário, deverá reter determinado valor e recolher a importância retida. Assinale a assertiva correta com relação a qual o valor a ser retido e em nome de quem será recolhido. a) Onze por cento do valor líquido da nota fiscal ou fatura de prestação de serviço; em nome da empresa cedente da mão de obra; b) Onze por cento do valor bruto dos salários pagos aos autônomos ou fatura de prestação de serviço; em nome do INSS; c) Onze por cento do valor líquido da nota fiscal ou fatura de prestação de serviço; em nome da empresa contratada; d) Onze por cento do valor bruto dos salários pagos aos autônomos ou fatura de prestação de serviço; em nome da empresa contratante; e) Onze por cento do valor bruto da nota fiscal ou fatura de prestação de serviço em nome da empresa cedente da mão de obra.

> **Qual o entendimento do STF sobre o assunto?**
>
> Ao julgar o RE 393.946, de 03.11.2004, a Suprema Corte validou este dispositivo, por não vislumbrar ofenda aos artigos 150, § 7º;150, IV; 195, § 4º; 154, I e 148, todos da Constituição Federal. No dia 1º de agosto de 2011, a Suprema Corte corroborou a validade do artigo 31, da Lei 8.212/91, no julgamento do recurso extraordinário 603.191.

Posteriormente, será feito um confronto entre o valor retido e o devido pela empresa prestadora de serviços de mão de obra à guisa de contribuição previdenciária patronal, operando-se uma **compensação**, que poderá gerar o direito à restituição do que eventualmente sobre ou o pagamento do remanescente pela pessoa jurídica.

> **▸ Como esse assunto foi cobrado em concurso?**
>
> No concurso da ESAF para Auditor Fiscal da RFB em 2009, foi considerado correto o seguinte enunciado: A empresa contratante de serviços executados mediante cessão ou empreitada de mão de obra deverá reter onze por cento do valor bruto da nota fiscal, fatura ou recibo de prestação de serviços e recolher a importância retida em nome da empresa contratada.

O **desconto se presume feito** pela empresa tomadora dos serviços de cessão de mão de obra, de modo que, se esta for omissa e não promover o desconto destacado na nota fiscal, será responsabilizada exclusivamente pelo pagamento.

> **▸ Qual o entendimento do STJ sobre o assunto?**
>
> Ao julgar o REsp 1131047, de 24.11.2010, a 1ª Seção do STJ decidiu que, "a partir da vigência do art. 31 da Lei 8.212/91, com a redação dada pela Lei 9.711/98, a empresa contratante é responsável, com exclusividade, pelo recolhimento da contribuição previdenciária por ela retida do valor bruto da nota fiscal ou fatura de prestação de serviços, afastada, em relação ao montante retido, a responsabilidade supletiva da empresa prestadora, cedente de mão de obra".

As hipóteses de aplicação desta regra constam em um rol enunciado no artigo 219, §2º, do RPS, sendo também prevista a retenção nas hipóteses dos incisos I ao V, quando a prestação se der sob o regime de empreitada.

Será considerada como **cessão de mão de obra** a colocação à disposição do contratante, **em suas dependências ou nas de terceiros,** de segurados que realizem serviços contínuos, relacionados ou não com a atividade-fim da empresa, quaisquer que sejam a natureza e a forma de contratação.

Entrementes, **no contrato de empreitada de mão de obra**, após a Lei 9.711/98, mesmo não havendo tecnicamente cessão de mão de obra, aplica-se a retenção do artigo 31, da Lei 8.212/91, por força de expressa previsão do inciso III, do §4º, do referido artigo.

Ou seja, em regra, para a caracterização da cessão de mão de obra, **a legislação previdenciária exige efetivo deslocamento dos trabalhadores que prestam serviços,** seja para as instalações do tomador, seja para a de terceiros, a exemplo dos serviços de telemarketing.

Vale ressaltar que a retenção em comento não se aplica às empresas de pequeno porte prestadoras de serviços de cessão de mão de obra, pois há uma incompatibilidade lógica com o seu regime simplificado tributário.

> **▸ Qual o entendimento do STJ sobre o assunto?**
>
> **Súmula: 425** – A retenção da contribuição para a seguridade social pelo tomador do serviço não se aplica às empresas optantes pelo Simples.

Por força do artigo 224-A, do RPS, esta antecipação compensável não se aplica à contratação de serviços por intermédio de cooperativa de trabalho, justamente porque neste caso já existe uma contribuição previdenciária patronal diferenciada, consistente em 15% sobre o valor bruto da nota fiscal ou fatura de prestação de serviços.

O RPS ainda prevê que a retenção de 11% será acrescida de quatro, três ou dois pontos percentuais, relativamente aos serviços prestados pelos segurados empregado, cuja atividade permita a concessão de aposentadoria especial, após quinze, vinte ou vinte e cinco anos de contribuição, respectivamente, na forma do seu §12, do artigo 219, em regulamentação ao artigo 6º, da Lei 10.666/2003.

8. HIPÓTESES DE RESPONSABILIZAÇÃO SOLIDÁRIA

Com o desiderato de aumentar as possibilidades de arrecadação das contribuições previdenciárias, alguns casos de responsabilidade solidária por seu adimplemento foram instituídos pela legislação.

De efeito, a solidariedade tributária não comporta benefício de ordem, respondendo cada devedor pela totalidade do débito perante a Secretaria de Receita Federal do Brasil.

Vale salientar que o artigo 13, da Lei 8.620/93, **previa a solidariedade** do *titular de firma individual* e dos *sócios das empresas com cotas de responsabilidade limitada* pelos débitos à seguridade social da pessoa jurídica, tendo sido **revogado** pela Lei 11.941/2009.

▸ Qual o entendimento do STJ sobre o assunto?

Mesmo antes da revogação, o STJ já vinha afastando a referida solidariedade, sob o argumento de ser tema afeto à lei complementar, por força do artigo 146, III, "b", da CRFB, bem como da exigência de culpa para a responsabilização dos sócios de sociedade limitada, a teor do artigo 1.016, do Código Civil, a exemplo do julgamento do AGRESP 200700948767, de 20.09.2007.

▸ Qual o entendimento do STF sobre o assunto?

Em 03.11.2010, ao julgar o RE 562.276, o STF pronunciou a inconstitucionalidade incidental do artigo 13, da Lei 8.620/93, na parte em que estabeleceu que os sócios das empresas por cotas de responsabilidade limitada respondem solidariamente, com seus bens pessoais, pelos débitos junto à seguridade social, por ofensa ao art. 146, III, *b*, da Constituição Federal, por ser tema afeto à lei complementar.

> **Como esse assunto foi cobrado em concurso?**
>
> No concurso do CESPE para Juiz Federal da 5ª Região em 2011, foi considerado errado o seguinte enunciado: Não há inconstitucionalidade formal ou material em lei ordinária que vincule a simples condição de sócio à obrigação de responder solidariamente pelos débitos da sociedade limitada perante a seguridade social, visto que tal matéria não se inclui entre as normas gerais de direito tributário; além disso, unificar os patrimônios das pessoas jurídica e física, nesse caso, não compromete a garantia constitucional da livre iniciativa.

8.1. Construção civil

No ramo da **construção civil**, o artigo 30, inciso VI, da Lei 8.212/91 coloca o *proprietário*, o *incorporador*, o *dono da obra* ou *condômino da unidade imobiliária*, qualquer que seja a forma de contratação da construção, reforma ou acréscimo que *não envolva cessão de mão de obra*, como **responsáveis solidários com o construtor, e estes com a subempreiteira**, pelo cumprimento das obrigações para com a seguridade social.

> **Como esse assunto foi cobrado em concurso?**
>
> No concurso da ESAF para Auditor Fiscal da RFB em 2009, foi considerado correto o seguinte enunciado: O proprietário, o incorporador definido na Lei n. 4.591, de 1964, o dono da obra ou condômino da unidade imobiliária cuja contratação da construção, reforma ou acréscimo não envolva cessão de mão de obra, são solidários com o construtor.

Posteriormente, restou ressalvado o seu *direito regressivo* contra o executor ou contratante da obra e *admitida à retenção* de importância a este devida para garantia do cumprimento dessas obrigações, não se aplicando, em qualquer hipótese, o benefício de ordem.

Esta hipótese de responsabilidade solidária apenas terá aplicabilidade quando não ocorrer cessão ou empreitada de mão de obra, conforme previsto no artigo 220, do RPS, pois nestes casos incidirá a retenção de 11% sobre o valor bruto da nota fiscal ou fatura de prestação de serviços em nome da pessoa jurídica cedente de mão de obra, na forma do artigo 31, da Lei 8.212/91.

> **Importante:**
>
> Restou excluído da responsabilidade solidária perante a seguridade social o adquirente de prédio ou unidade imobiliária que realizar a operação com empresa de comercialização ou incorporador de imóveis, ficando estes solidariamente responsáveis com o construtor.

> ▸ **Como esse assunto foi cobrado em concurso?**
>
> No concurso da ESAF para Auditor Fiscal da RFB em 2009, foi considerado correto o seguinte enunciado: Exclui-se da responsabilidade solidária perante a seguridade social o adquirente de prédio ou unidade imobiliária que realize a operação com empresa de comercialização.

Por fim, frise-se que a legislação previdenciária instituiu uma hipótese de não incidência das contribuições para a seguridade social, no caso de **construção residencial unifamiliar**, desde que destinada ao uso próprio, do tipo econômico, se executada sem mão de obra assalariada, se a área total não superar 70 metros quadrados.

> ▸ **Como esse assunto foi cobrado em concurso?**
>
> No concurso da ESAF para Analista Tributário da RFB em 2009, foi considerada correta a letra C: Na busca da efetiva arrecadação da contribuição social, a legislação previdenciária de custeio dispõe sobre a responsabilidade solidária. Sabendo que a solidariedade nunca é presumida, resultando da lei ou da vontade das partes, assinale a assertiva **incorreta** com relação às pessoas solidárias pelo cumprimento das obrigações para com a Seguridade Social decorrentes de obra. a) O proprietário; b) O incorporador; c) O fiscal de obras da prefeitura; d) A empresa de comercialização de imóveis; e) O construtor.

8.2. Empresas do mesmo grupo econômico

As empresas que integram o mesmo grupo econômico são solidariamente responsáveis pelo pagamento das contribuições para a seguridade social, a teor do artigo 30, inciso IX, da Lei 8.212/91.

Na forma do artigo 2º, §2º, da CLT, "sempre que uma ou mais empresas, tendo, embora, cada uma delas, personalidade jurídica própria, estiverem sob a direção, controle ou administração de outra, constituindo grupo industrial, comercial ou de qualquer outra atividade econômica, serão, para os efeitos da relação de emprego, solidariamente responsáveis a empresa principal e cada uma das subordinadas", sendo essa definição compatível com o Direito Previdenciário.

> ▸ **Como esse assunto foi cobrado em concurso?**
>
> No concurso da ESAF para Auditor Fiscal da RFB em 2009, foi considerado errado o seguinte enunciado: As empresas que integram grupo econômico **cuja matriz tem sede em Brasília** respondem entre si, solidariamente, pelas obrigações decorrentes do disposto no Regulamento da Previdência Social.

8.3. Gestores dos entes da Administração Pública Indireta

Na forma do artigo 42, da Lei 8.212/91, os administradores das autarquias, fundações públicas, empresas públicas e sociedades de economia mista de todas as esferas poderão ser responsabilizados solidariamente pelo pagamento das contribuições para a seguridade social, caso se encontrem em mora por mais de 30 dias no seu recolhimento, limitado ao período em que já tinham poder de gestão, pois se cuida de responsabilidade pessoal.

Ante a ausência de previsão legal, esse dispositivo não poderá ser aplicado aos gestores públicos dos entes políticos, pois limitado à Administração Pública Indireta.

8.4. Administração Pública

De acordo com o artigo 71, §2º, da revogada Lei 8.666/93, com redação dada pela Lei 9.032/95, **a Administração Pública responde solidariamente com o contratado pelos encargos previdenciários resultantes da execução do contrato**, nos termos do artigo 31 da revogada Lei nº 8.212, de 24 de julho de 1991.

Logo, a responsabilidade solidária do Poder Público será elidida se ele efetuou a retenção de 11% sobre o valor bruto da nota ou fatura de prestação de serviços, conforme determina o artigo 31 da revogada Lei 8.212/91.

Vale destacar que o artigo 71, §2º, da Lei 8.666/93, apenas atribui responsabilidade solidária ao Poder Público para o pagamento das contribuições previdenciárias juntamente com o contratado no caso de cessão de mão de obra, pois o dispositivo faz remissão ao artigo 31 da revogada Lei 8.212/91.

> ▸ **Qual o entendimento do STJ sobre o assunto?**
>
> Para a Corte Superior, "seja do ponto de vista da literalidade do disposto no art. 71, § 2º, na redação dada pela Lei 9.032/95, que faz expressa remissão ao art. 31, da revogada Lei 8.212/91, seja do ponto de vista da interpretação histórica e teleológica deste dispositivo, combinado com o disposto no art. 30, inciso VI, da mesma lei, **a única conclusão possível é aquela segundo a qual a atribuição da responsabilidade por débitos previdenciários ao Poder Público restringiu-se aos contratos de prestação de serviços mediante cessão de mão de obra, de sorte que é incabível a responsabilização da Administração Pública nas hipóteses de contratos que tiverem por objeto a realização de obra pública**, cuja previsão encontra-se no art. 30, inciso VI, da revogada Lei 8.212/91" (passagem do julgamento da medida cautelar 15.410, de 03/09/2009.

Por outro lado, após o advento da Nova Lei de Licitações (art. 121, *caput*), **somente o contratado** será responsável pelos encargos trabalhistas, **previdenciários**, fiscais e comerciais resultantes da execução do contrato.

Excepcionalmente, (art. 121, §2º e §5º), **exclusivamente nas contratações de serviços contínuos com regime de dedicação exclusiva de mão de obra**, a Administração responderá **solidariamente pelos encargos previdenciários** e subsidiariamente pelos encargos trabalhistas se comprovada falha na fiscalização do cumprimento das obrigações do contratado, observada a regra do artigo 321 da revogada Lei 8.212/91.

8.5. Operador portuário e órgão gestor de mão de obra

O artigo 2º, §4º, da Lei 9.719/98, determina que o *operador portuário* e o órgão gestor de mão de obra são **responsáveis solidários pelo pagamento das contribuições para a seguridade social**, relativas à requisição de mão de obra dos trabalhadores avulsos, vedada a invocação do benefício de ordem.

Contudo, na hipótese do órgão gestor de mão de obra não elaborar a escalação dos trabalhadores avulsos, o operador portuário restará excluído da responsabilização solidária, devendo o OGMO responder sozinho pelo cumprimento das obrigações previdenciárias, pois inviabilizou a fiscalização a ser exercida pelo operador portuário.

> ▸ **Qual o entendimento do STJ sobre o assunto?**
>
> No REsp 413168, de 18.08.2009, decidiu o STJ que "a interpretação conjunta dos arts. 5º e 6º da Lei 9.719/1998 determina que: a) o Órgão Gestor de Mão de obra é o responsável pela escalação dos trabalhadores portuários; b) nos casos em que essa escala é feita, há responsabilidade solidária do OGMO e do operador portuário pela fiscalização do seu cumprimento; c) caso inexistente o rodízio, o OGMO é o único responsável pelo não-cumprimento da obrigação, rompendo-se a responsabilidade solidária pela fiscalização, uma vez que o operador portuário só pode fiscalizar o que foi previamente estabelecido".

8.6. Produtores rurais integrantes de consórcios simplificados

O artigo 25-A, da Lei 8.212/91, prevê o consórcio simplificado de produtores rurais, que é equiparado ao produtor rural pessoa física, formado pela união de produtores rurais pessoas físicas, que outorgar a um deles poderes para contratar, gerir e demitir trabalhadores para prestação de serviços, exclusivamente, aos seus integrantes, mediante documento registrado em cartório de títulos e documentos.

De efeito, os produtores rurais integrantes do referido consórcio serão responsáveis solidários em relação às obrigações previdenciárias.

8.7. Trabalho temporário

Nos termos da Lei 6.019/74, trabalho temporário é aquele prestado por pessoa física contratada por uma empresa de trabalho temporário que a coloca à disposição de uma empresa tomadora de serviços, para atender à necessidade de substituição transitória de pessoal permanente ou à demanda complementar de serviços.

O contrato de trabalho temporário, com relação ao mesmo empregador, não poderá exceder ao prazo de cento e oitenta dias, consecutivos ou não, podendo ser prorrogado por até noventa dias, consecutivos ou não, quando comprovada a manutenção das condições que o ensejaram.

Por força do artigo 16, da Lei 6.019/74, no caso de **falência da empresa de trabalho temporário**, a empresa tomadora ou cliente é **solidariamente responsável** pelo recolhimento das contribuições previdenciárias, no tocante ao tempo em que o trabalhador esteve sob suas ordens.

8.8. Oficial de Cartório e contratantes

Caso o Oficial de Cartório lavrar ou registrar instrumento para o qual se exige Certidão Negativa de Débito da Seguridade Social em descumprimento ao artigo 47, da Lei 8.212/91, o ato é nulo para todos os efeitos, acarretando a **responsabilidade solidária dos contratantes e do oficial**, nos termos do artigo 48 da Lei 8.212/91.

9. ARRECADAÇÃO

Desde o advento da Lei 11.457/2007, a tributação, a fiscalização, a arrecadação, a cobrança e o recolhimento de todas as contribuições para a seguridade social passaram a ser da competência da Secretaria da Receita Federal do Brasil, órgão da União, integrante da estrutura do Ministério da Economia, nova denominação dada à antiga Secretaria da Receita Federal, após a extinção da Secretaria de Receita Previdenciária, que integrava o Ministério da Previdência Social (atualmente extinto), na forma do artigo 39, da Lei 8.212/91, na antiga redação dada pela Lei 11.098/2005.

Vale frisar que a Secretaria de Receita Federal do Brasil ainda tem competência para arrecadar, tributar, cobrar e fiscalizar contribuições sociais gerais em favor de terceiros, a exemplo de entidades privadas de serviço social e de formação profissional a que se refere o artigo 240 da Constituição Federal de 1988, criadas por lei federal e vinculadas ao sistema sindical; do Fundo Aeroviário; do Fundo de Desenvolvimento do Ensino Profissional Marítimo; do INCRA e do Fundo Nacional de Desenvolvimento da Educação.

Antes, as contribuições previdenciárias eram arrecadadas pela Secretaria de Receita Previdenciária em nome do INSS, integrando a Dívida Ativa da autarquia previdenciária. Com o advento do novo regramento, observada a regra de transição do artigo 16, da Lei 11.457/2007, **a Dívida Ativa passou a ser da União**, pois revogada a capacidade tributária ativa delegada ao INSS, encerrando a para fiscalidade, cabendo à Procuradoria-Geral da Fazenda Nacional a representação judicial da União na cobrança desses créditos.

Felizmente, em razão do veto presidencial do texto que buscava inserir o §4º, no artigo 6º, da Lei no 10.593/02, acrescentado pelo artigo 9º, do projeto de lei que ensejou a promulgação da Lei 11.457/2007, **a fiscalização tributária continua podendo desconsiderar pessoa, ato ou negócio jurídico que implique reconhecimento de relação de trabalho, com ou sem vínculo empregatício, independentemente de decisão judicial.**

Logo, se o Auditor Fiscal da Receita Federal do Brasil constatar que o segurado contratado como contribuinte individual, trabalhador avulso, ou sob qualquer outra denominação, de fato tem relação de emprego ou outra prevista no artigo 9º, inciso I, do RPS, deverá desconsiderar o vínculo pactuado e efetuar o enquadramento como segurado empregado.

De seu turno, é facultado à União, antes de ajuizar a cobrança dos débitos previdenciários inscritos em Dívida Ativa, promover o **protesto do título dado em garantia**, que será recebido *pro solvendo*.

Ademais, com a promulgação da Emenda 20/98 e posteriormente da Emenda 45/2004, que incluiu o inciso VIII, no artigo 114, da CRFB, **a Justiça do Trabalho passou a ter competência para executar, de ofício, as contribuições previdenciárias patronais e dos trabalhadores**, inclusive os respectivos acréscimos legais, **decorrentes das sentenças que proferir.**

> **▸ Qual o entendimento do STF sobre o assunto?**
>
> De acordo com o STF, a mencionada competência da Justiça do Trabalho restringe-se às **decisões condenatórias de verbas trabalhistas**, não devendo haver arrecadação das contribuições previdenciárias caso a sentença seja meramente declaratória do vínculo de emprego (AI 760.826 AgR, de 15.12.2009).
>
> **Súmula Vinculante 53:** A competência da Justiça do Trabalho prevista no art. 114, VIII, da Constituição Federal alcança a execução de ofício das contribuições previdenciárias relativas ao objeto da condenação constante das sentenças que proferir e acordos por ela homologados.

Evidentemente, a competência da Justiça do Trabalho também abarca a contribuição SAT (artigo 22, inciso II, da Lei 8.212/91) em razão da sua nítida natureza previdenciária.

> **▸ Qual o entendimento do TST sobre o assunto?**
>
> Nesse sentido, a Súmula 454 do TST:
>
> **Súmula 454/TST - 11/07/2017. Competência. Justiça do Trabalho. Execução de ofício. Contribuição social referente ao Seguro de Acidente de Trabalho - SAT. CF/88, arts. 114, VIII, e 195, I, «a». Lei 8.212/1991, arts. 11 e 22.**
>
> "Compete à Justiça do Trabalho a execução, de ofício, da contribuição referente ao Seguro de Acidente de Trabalho - SAT, que tem natureza de contribuição para a seguridade social (CF/88, arts. 114, VIII e 195, I, «a»), pois se destina ao financiamento de benefícios relativos à incapacidade do empregado decorrente de infortúnio no trabalho (Lei 8.212/1991, arts. 11 e 22)".

Entretanto, desde o advento da Lei 8.620/93, que alterou a redação dos artigos 43 e 44, da Lei 8.212/91, já existia a previsão legal da execução das contribuições previdenciárias pela Justiça do Trabalho, embora de duvidosa validade, pois não prevista constitucionalmente na época.

▸ Como esse assunto foi cobrado em concurso?

No concurso do CESPE para Procurador do Estado da Paraíba em 2008, foi considerado correto o seguinte enunciado: A justiça do trabalho detém competência para executar, de ofício, as contribuições previdenciárias decorrentes das sentenças que proferir, inclusive, quanto aos salários pagos sobre o período de vínculo reconhecido judicialmente por sentença ou por homologação de acordo.

O tema vem regulamentado pelo artigo 43, da Lei 8.212/91, que determina a atuação do juiz trabalhista de ofício visando o recolhimento das contribuições previdenciárias, que deverão obrigatoriamente ter o seu valor fixado na sentença, sob pena de responsabilidade funcional do magistrado, *regramento também aplicável às Comissões de Conciliação Prévia.*

Caso a sentença trabalhista seja omissa e não discrimine as parcelas devidas à guisa de contribuição previdenciária, mesmo assim deverão ser perpetrados os descontos em favor da União.

▸ Qual o entendimento do TST sobre o assunto?

De acordo com o **enunciado de súmula 401, do TST**, "os descontos previdenciários e fiscais devem ser efetuados pelo juízo executório, ainda que a sentença exequenda tenha sido omissa sobre a questão, dado o caráter de ordem pública ostentado pela norma que os disciplina. A ofensa à coisa julgada somente poderá ser caracterizada na hipótese de o título exequendo, expressamente, afastar a dedução dos valores a título de imposto de renda e de contribuição previdenciária".

No caso de condenação de empresa ao pagamento de verbas trabalhistas devidas ao prestador de serviços sem vínculo de emprego (contribuinte individual), a condenação deverá ser de 20% referente à cota da empresa e de 11% da parte do segurado.

▸ Qual o entendimento do TST sobre o assunto?

Nesse sentido, a Orientação Jurisprudencial 398, da Seção de Dissídios Individuais 1 do TST: "OJ-SDI1-398. CONTRIBUIÇÃO PREVIDENCIÁRIA. ACORDO HOMOLOGADO EM JUÍZO SEM RECONHECIMENTO DE VÍNCULO DE EM--PREGO. CONTRIBUINTE INDIVIDUAL. RECOLHIMENTO DA ALÍQUOTA DE 20% A CARGO DO TOMADOR E 11% A CARGO DO PRESTADOR DE SERVIÇOS. (DEJT divulgado em 02, 03 e 04.08.2010) – Nos acordos homologados em juízo em que não haja o reconhecimento de vínculo empregatício, é devido o recolhimento da contribuição previdenciária, mediante a alíquota de 20% a cargo do tomador de serviços e de 11% por parte do prestador de serviços, na qualidade de contribuinte individual, sobre o valor total do acordo, respeitado o teto de contribuição. Inteligência do § 4º do art. 30 e do inciso III do art. 22, todos da Lei n.º 8.212, de 24.07.1991".

As parcelas a título de contribuição previdenciária do trabalhador e do empregador, empresa ou equiparado, deverão ser **discriminadas na sentença ou no acordo a ser homologado, sob pena de incidência sobre o valor total apurado na liquidação ou da avença**, devendo o recolhimento ser efetuado no mesmo prazo em que devam ser pagos os créditos encontrados em liquidação de sentença ou em acordo homologado, sendo que neste último caso o recolhimento será feito em tantas parcelas quantas as previstas no acordo, nas mesmas datas em que sejam exigíveis e proporcionalmente a cada uma delas.

> ▸ **Importante:**
>
> Por força da **Lei 13.876/2019**, que inseriu o §3º-A no artigo 832 da CLT, a parcela referente às verbas de natureza remuneratória nas decisões trabalhistas não poderá ter como base de cálculo valor inferior: I - **ao salário-mínimo**, para as competências que integram o vínculo empregatício reconhecido na decisão cognitiva ou homologatória; ou II - à diferença entre a remuneração reconhecida como devida na decisão cognitiva ou homologatória e a efetivamente paga pelo empregador, cujo valor total referente a cada competência **não será inferior ao salário-mínimo**.

Dessa forma, desde 23 de setembro de 2019, o menor valor do salário de contribuição para fins de arrecadação de contribuição previdência no âmbito da Justiça do Trabalho é de 1 salário mínimo, inclusive no caso do segurado empregado.

O valor calculado deverá ainda ter a incidência de correção monetária e juros, sendo devidos desde o inadimplemento após a Lei 11.941/2009 (observada a noventena), que tornou clara a adoção do regime de competência, pois o fato gerador da contribuição previdenciária dar-se-á como o exercício do labor remunerado, e não com o pagamento da remuneração.

> ▸ **Qual o entendimento do TST sobre o assunto?**
>
> Este posicionamento foi firmado pelo TST no julgamento do E-RR nº 1125-36.2010.5.06.0171 em outubro de 2015.

> ▸ **Importante:**
>
> Na hipótese de o acordo ter sido celebrado depois de proferida a decisão de mérito, a contribuição será calculada com base no **valor do acordo**, a teor do artigo 43, §5º, da Lei 8.212/91, incluído pela Lei 11.941/2009.

> ▸ **Qual o entendimento do TST sobre o assunto?**
>
> De acordo com entendimento do TST, este §5º abarca, inclusive, os **acordos homologados após o trânsito em julgado de sentença condenatória trabalhista**, pois a conciliação é objetivo a ser buscado pelo Poder Judiciário (CPC, art. 125, IV, e 448; CLT, art. 846), cabendo, no processo traba-

lhista, a qualquer momento (PROCESSO Nº TST-AIRR-9741-66.2007.5.03.0016, 3ª Turma, de 28/04/2010). No entanto, **o acordo deverá respeitar a proporcionalidade entre as parcelas remuneratórias e as indenizatórias fixadas na decisão condenatória**, nos termos da **Orientação Jurisprudencial 376 do TST**, publicada em 19/04/2010: "OJ 376. CONTRIBUIÇÃO PREVIDENCIÁRIA. ACORDO HOMOLOGADO EM JUÍZO APÓS O TRÂNSITO EM JULGADO DA SENTENÇA CONDENATÓRIA. INCIDÊNCIA SOBRE O VALOR HOMOLOGADO. É devida a contribuição previdenciária sobre o valor do acordo celebrado e homologado após o trânsito em julgado de decisão judicial, respeitada a proporcionalidade de valores entre as parcelas de natureza salarial e indenizatória deferidas na decisão condenatória e as parcelas objeto do acordo".

Suponha-se que a sentença trabalhista condenou a empresa a pagar R$ 200.000,00 ao empregado, sendo R$ 100.000,00 de parcelas remuneratórias (sobre as quais incidem as contribuições previdenciárias) e R$ 100.000,00 de parcelas indenizatórias (que não integram o salário de contribuição). Neste caso, a proporcionalidade foi de 50% de verbas remuneratórias e de 50% de indenizatórias.

Posteriormente, na execução, as partes entram em acordo para acelerar o processo e obtém homologação judicial da avença. O valor foi reduzido de R$ 200.000,00 para R$ 150.000,00. Neste caso, deverá ser mantida a proporção da sentença condenatória, incidindo a contribuição previdenciária sobre 50% do valor do acordo ulterior (R$ 75.000,00).

Contudo, neste caso, o termo que for lavrado não valerá como decisão irrecorrível para a Previdência Social quanto às contribuições que lhe forem devidas, na forma do artigo 831, parágrafo único, da CLT, pois os créditos tributários não poderão ser transacionados livremente por particulares à margem da primazia do interesse público.

A União será intimada pessoalmente (mediante a entrega dos autos com vista) das decisões homologatórias de acordos que contenham **parcela indenizatória**, facultada a interposição de recurso relativo aos tributos que lhe forem devidos, sendo representada pela Procuradoria-Geral Federal, órgão vinculado à Advocacia-Geral da União, que será intimado dos cálculos para concordância, impugnação ou recurso no prazo de 10 dias, sob pena de preclusão, a teor do artigo 879, §3º, da CLT, **não sendo necessária a inscrição do crédito em Dívida Ativa.**

▸ Como esse assunto foi cobrado em concurso?

No concurso do CESPE para Procurador do Estado da Paraíba em 2008, foi considerado correto o seguinte enunciado: Cabe à Procuradoria-Geral Federal representar judicialmente a União nos processos em curso perante a justiça do trabalho relacionados com a cobrança de contribuições previdenciárias e de imposto de renda retido na fonte em decorrência de condenação imposta por sentença ou resultante de acordo homologado por juiz ou tribunal do trabalho.

Entende-se que a responsabilidade pelo pagamento das contribuições previdenciárias do trabalhador é do empregador, ante a presunção de recolhimento que milita em favor dos empregados, avulsos e contribuintes individuais prestadores de serviços.

▸ **Qual o entendimento do TST sobre o assunto?**

Todavia, a orientação jurisprudencial do **TST**, cristalizada na Súmula 368 dispõe diversamente:

Súmula nº 368 do TST

DESCONTOS PREVIDENCIÁRIOS. IMPOSTO DE RENDA. COMPETÊNCIA. RESPONSABILIDADE PELO RECOLHIMENTO. FORMA DE CÁLCULO. FATO GERADOR (aglutinada a parte final da Orientação Jurisprudencial nº 363 da SBDI-I à redação do item II e incluídos os itens IV, V e VI em sessão do Tribunal Pleno realizada em 26.06.2017) – Res. 219/2017, republicada em razão de erro material – DEJT divulgado em 12, 13 e 14.07.2017

I – A Justiça do Trabalho é competente para determinar o recolhimento das contribuições fiscais. A competência da Justiça do Trabalho, quanto à execução das contribuições previdenciárias, limita-se às sentenças condenatórias em pecúnia que proferir e aos valores, objeto de acordo homologado, que integrem o salário de contribuição. (ex-OJ nº 141 da SBDI-1 – inserida em 27.11.1998).

II – É do empregador a responsabilidade pelo recolhimento das contribuições previdenciárias e fiscais, resultantes de crédito do empregado oriundo de condenação judicial. A culpa do empregador pelo inadimplemento das verbas remuneratórias, contudo, não exime a responsabilidade do empregado pelos pagamentos do imposto de renda devido e da contribuição previdenciária que recaia sobre sua quota-parte. (ex-OJ nº 363 da SBDI-1, parte final)

III – Os descontos previdenciários relativos à contribuição do empregado, no caso de ações trabalhistas, devem ser calculados mês a mês, de conformidade com o art. 276, § 4º, do Decreto n º 3.048/1999 que regulamentou a Lei nº 8.212/1991, aplicando-se as alíquotas previstas no art. 198, observado o limite máximo do salário de contribuição (ex-OJs nºs 32 e 228 da SBDI-1 – inseridas, respectivamente, em 14.03.1994 e 20.06.2001).

IV – Considera-se fato gerador das contribuições previdenciárias decorrentes de créditos trabalhistas reconhecidos ou homologados em juízo, para os serviços prestados até 4.3.2009, inclusive, o efetivo pagamento das verbas, configurando-se a mora a partir do dia dois do mês seguinte ao da liquidação (art. 276, "caput", do Decreto nº 3.048/1999). Eficácia não retroativa da alteração legislativa promovida pela Medida Provisória nº 449/2008, posteriormente convertida na Lei nº 11.941/2009, que deu nova redação ao art. 43 da Lei nº 8.212/91.

V – Para o labor realizado a partir de 5.3.2009, considera-se fato gerador das contribuições previdenciárias decorrentes de créditos trabalhistas reconhecidos ou homologados em juízo a data da efetiva prestação dos serviços. Sobre as contribuições previdenciárias não recolhidas a partir da prestação dos serviços incidem juros de mora e, uma vez apurados os créditos previdenciários, aplica-se multa a partir do exaurimento do prazo de citação para pagamento, se descumprida a obrigação, observado o limite legal de 20% (art. 61, § 2º, da Lei nº 9.430/96).

VI - O imposto de renda decorrente de crédito do empregado recebido acumuladamente deve ser calculado sobre o montante dos rendimentos pagos, mediante a utilização de tabela progressiva resultante da multiplicação da quantidade de meses a que se refiram os rendimentos pelos valores constantes da tabela progressiva mensal correspondente ao mês do recebimento ou crédito, nos termos do art. 12-A da Lei nº 7.713, de 22/12/1988, com a redação conferida pela Lei nº 13.149/2015, observado o procedimento previsto nas Instruções Normativas da Receita Federal do Brasil.

Caso a sentença trabalhista tenha discriminado o recolhimento de contribuições previdenciárias indevidas ou além do valor correto, a Justiça Laboral não detém competência para julgar a ação de repetição do indébito tributário, e sim a Justiça Federal.

▸ **Qual o entendimento do TST sobre o assunto?**

Processo: RR - 558-97.2010.5.18.0000. Data de Julgamento: 10/08/2010, Relatora Juíza Convocada: Maria Doralice Novaes, 7ª Turma, Data de Publicação: DEJT 13/08/2010 - "Consoante o disposto no art. 109, I, da Constituição Federal, verifica-se que esta Justiça Especializada não tem competência para atuar como instância julgadora sobre a contribuição previdenciária, não podendo processar, muito menos julgar, ação de repetição do indébito movida contra a autarquia previdenciária, cuja competência jurisdicional é da Justiça Federal".

Apesar da omissão legal, é possível que a sentença trabalhista fixe o pagamento de contribuições previdenciárias já objeto de cobrança pela Secretaria de Receita Federal no Brasil em sede administrativa, ou mesmo em executivo fiscal ajuizado pela União na Justiça Federal, devendo naturalmente se operar o respectivo abatimento das parcelas pagas na Justiça do Trabalho.

Frise-se que a arrecadação trabalhista das contribuições previdenciárias, por si só, não vinculará o INSS a reconhecer o tempo de contribuição respectivo, pois algumas vezes trata-se de acordo fruto de lide simulada homologado em Juízo, com o propósito de gerar a concessão de benefícios previdenciários irregulares.

Ademais, a coisa julgada é ineficaz perante o INSS, que não foi parte no processo, sendo necessário o início de prova material não suprível com meros testemunhos, razão pela qual a sentença trabalhista apenas valerá como começo de prova para o INSS quando fundamentada em documentos, conforme determina o artigo 55, §3º, da Lei 8.213/91.

▸ Qual o entendimento da TNU sobre o assunto?

Em razão do julgamento do PUIL 293 pelo STJ, a TNU deliberou pelo cancelamento da Súmula 31 em novembro de 2023: ~~"A anotação na CTPS decorrente de sentença trabalhista homologatória constitui início de prova material para fins previdenciários.~~ **(REVOGAÇÃO: A Turma Nacional de Uniformização, na Nova Sessão Ordinária de Julgamento, de 22 de novembro de 2023, decidiu, por maioria, pela revogação do Enunciado da Súmula n. 31, por incompatibilidade com o PUIL STJ n. 293)".**

▸ Qual o entendimento do STJ sobre o assunto?

Mas se verificou, a partir do ano de 2016, que o STJ vem promovendo uma distinção nas decisões trabalhistas, passando a acatar como prova material para subsidiar as revisionais previdenciárias as sentenças fruto de instrução probatória: "1. É firme a orientação desta Corte de que a sentença trabalhista será admitida como início de prova material, caso ela tenha sido fundada em outros elementos de prova que evidenciem o labor exercido na função e período alegado pelo segurado. Precedentes: AgRg no AREsp. 789.620/PE, Rel. Min. DIVA MALERBI, DJe 26.2.2016; AgRg no AREsp. 359.425/PE, Rel. Min. REGINA HELENA COSTA, DJe 5.8.2015; AgRg no REsp. 1.427.277/PR, Rel. Min. HERMAN BENJAMIN, DJe 15.4.2014; REsp. 1.427.988/PR, Rel. Min. SÉRGIO KUKINA, DJe 9.4.2014. 2. Como visto, no caso dos autos, o tempo de trabalho reconhecido na Justiça do Trabalho, foi confirmado pela prova testemunhal colhida em juízo, o direito ao benefício na maneira como requerido; neste caso, impende frisar que, na instância Trabalhista o tempo de trabalho averbado ao Trabalhador foi apoiado em prova judicial (AgRg no AREsp 833569, 1ª Turma, de 22/9/2016).

Por outro lado, meras sentenças trabalhistas homologatórias de acordo em que inexiste prova material contemporânea no processo trabalhista não vêm sendo aceitas: "1. 'A jurisprudência desta Corte é firme no sentido de que a sentença trabalhista homologatória de acordo só pode ser considerada como início de prova material se fundada em elementos que demonstrem o labor exercido na função e os períodos alegados pelo trabalhador, sendo, dessa forma, apta a comprovar o tempo de serviço enunciado no art. 55, § 3º, da Lei n. 8.213/91. Na hipótese dos autos, contudo, segundo consta no acórdão recorrido, não houve instrução probatória, nem exame de mérito da demanda trabalhista que demonstre o efetivo exercício da atividade laboral". (STJ, AgRg no REsp 1.402.671/PE, Rel. Ministro Humberto Martins, Segunda Turma, DJe de 25.10.2013). 2. O Tribunal a quo decidiu de acordo com jurisprudência do STJ, de modo que se aplica à espécie o enunciado da Súmula 83/STJ. 3. Agravo Regimental não provido (AgRg no AREsp 817763, 2ª Turma, de 1/3/2016). No julgamento do **PUIL 293, em 14/12/2022**, a 1ª Seção do STJ consolidou posição no sentido de que a sentença trabalhista meramente homologatória de acordo, por si só, não configura prova material contemporânea para fins do artigo 55, §3º, da Lei 8.213/91 com o objetivo de reconhecimento de vínculo de emprego, quando desacompanhada de documento produzindo durante a relação de emprego: "*A sentença trabalhista homologatória de acordo somente será considerada início válido de prova material, para os fins do art. 55, § 3º, da Lei 8.213/91, quando fundada em elementos probatórios contemporâneos dos fatos alegados, aptos a evidenciar o exercício da atividade laboral, o trabalho desempenhado e o respectivo período que se pretende ter reconhecido, em ação previdenciária.*"

▸ **Como esse assunto foi cobrado em concurso?**

No concurso do CESPE para Defensor Público da União em 2007, foi considerado correto o seguinte enunciado: Francisco ajuizou reclamação trabalhista em face de seu ex-empregador, pleiteando o reconhecimento do vínculo laboral. Em decorrência de acordo homologado pela sentença, foi registrado o contrato de trabalho em sua CTPS. Assim, esse documento constituirá início de prova material para fins de comprovação de tempo de contribuição para a previdência social.

Vale salientar que inexiste competência para a Justiça do Trabalho determinar que o INSS averbe tempo de serviço ou de contribuição, ante a atual redação do artigo 114, da Constituição Federal.

▸ **Qual o entendimento do TST sobre o assunto?**

"É da competência da Justiça Federal, nos termos do artigo 109, I e § 3º, da CF, a averbação do tempo de serviço relativo a vínculo empregatício reconhecido em juízo, para fins previdenciários, visto que tal competência não se encontra taxativamente prevista no artigo 114 da CF, tampouco existe legislação em vigor que fixe a competência desta Justiça Especializada para determinar tal averbação. Recurso de revista conhecido e provido". (Processo: RR – 138700-43.2007.5.15.0009 Data de Julgamento: 24/11/2010, Relatora Ministra: Dora Maria da Costa, 8ª Turma, Data de Publicação: DEJT 26/11/2010)."

10. ENCARGOS DECORRENTES DO ATRASO E REGRAS DE PARCELAMENTO

O tema era tratado pelo artigo 34, da Lei 8.212/91, que foi revogado pela Lei 11.941/2009, sendo disciplinado atualmente pelo artigo 30 da Lei 10.522/02.

Com efeito, sobre os débitos vencidos e não pagos incidirão juros de mora equivalentes à **taxa** referencial do Sistema Especial de Liquidação e de Custódia - **SELIC** para títulos federais, acumulada mensalmente, até o último dia do mês anterior ao do pagamento, e de **1% no mês de pagamento.**

Na hipótese de restituição judicial mediante uma ação de repetição do indébito tributário, o termo inicial dos juros de mora será a coisa julgada.

> ▸ **Qual o entendimento do STF sobre o assunto?**
> "Contribuição previdenciária - Natureza tributária - Incidência de juros de mora a partir do trânsito em julgado de decisão que determina a devolução de valores indevidamente recolhidos (CTN, art. 167, parágrafo único)." (AI 650.107, Rel. Min. Celso de Mello, julgamento em 26-8-2008, Segunda Turma, *DJE* de 3-10-2008).

Anteriormente, havia a incidência de 1% de juros no mês do vencimento e de 1% no mês do pagamento do débito, ao passo que agora somente será cobrado no mês do pagamento.

Por sua vez, as multas decorrentes do inadimplemento eram fixadas pelo artigo 35, da Lei 8.212/91, também revogado pela Lei 11.941/2009, sendo aplicável agora o artigo 61, da Lei 9.430/96, que fixa a **multa de mora à razão de 0,33% por dia de atraso, limitada a 20% ao mês.**

Entretanto, nas hipóteses de lançamento de ofício, as multas serão mais pesadas, devendo ser observado o regramento do artigo 44, da Lei 9.430/96.

Vale advertir que o artigo 41, da Lei 8.212/91, previa a responsabilidade pessoal dos gestores públicos pelo pagamento de multa aplicada por infrações aos dispositivos da Lei de Custeio, inclusive prevendo a obrigatoriedade do desconto na folha de pagamento, tendo sido revogado pela Lei 11.941/2009.

De seu turno, as regras de parcelamento das contribuições previdenciárias (e das contribuições para a seguridade social como um todo) constavam do artigo 38, da Lei 8.212/91, que foi revogado pela Lei 11.941/2009.

Agora, incidirão as regras gerais para os tributos da União trazidas pelos artigos 10 a 16, da Lei 10.522/2002, sendo possível o parcelamento em **até 60 parcelas mensais**, condicionado *ao pagamento da primeira parcela*, com previsão de garantia real ou fidejussória, caso o débito esteja inscrito em Dívida Ativa, sendo admitida a fiança bancária.

O pedido de parcelamento deferido constitui **confissão de dívida** e instrumento hábil e suficiente para a exigência do crédito tributário, podendo a exatidão dos valores parcelados ser objeto de verificação, cabendo ao devedor, enquanto o pedido estiver pendente de deferimento, recolher, a cada mês, como antecipação, valor correspondente a uma parcela.

O valor de cada prestação mensal, por ocasião do pagamento, será acrescido de **juros** equivalentes à taxa referencial do Sistema Especial de Liquidação e de Custódia - **SELIC** para títulos federais, acumulada mensalmente, calculados a partir do mês subsequente ao da consolidação até o mês anterior ao do pagamento, e de **1%** relativamente ao mês em que o **pagamento** estiver sendo efetuado.

É **proibido o parcelamento** das contribuições previdenciárias passíveis de retenção na fonte, de desconto de terceiros ou de sub-rogação, assim como os valores recebidos pelos agentes arrecadadores não recolhidos aos cofres públicos.

Outrossim, a pessoa jurídica com **falência** ou com **insolvência civil decretada não poderá parcelar** o pagamento das contribuições previdenciárias devidas à União.

Será possível o reparcelamento dos débitos, condicionado ao pagamento da primeira parcela, no valor equivalente a 10% do total dos débitos consolidados ou de 20% do total dos débitos consolidados, caso haja débito com histórico de reparcelamentos anteriores.

> ▸ **Importante:**
>
> O que chama a atenção é que não mais subsiste a proibição de parcelamento para os condenados por crime contra a Previdência Social, como era previsto no revogado artigo 38, §3º, da Lei 8.212/91.

Da mesma forma, as contribuições dos segurados e das empresas passíveis de **retenção na fonte, se esta não for perpetrada, também não mais poderão ser parceladas**, pois a legislação revogada apenas vedava o parcelamento das contribuições retidas de terceiros e não repassadas ao Fisco, o que inclusive poderá configurar o delito de apropriação indébita previdenciária.

Por fim, permanece em vigor o artigo 7º, da Lei 10.666/03, que preceitua que **não poderão ser objeto de parcelamento** as contribuições descontadas dos empregados, inclusive dos domésticos, dos trabalhadores avulsos, dos contribuintes individuais, as decorrentes da sub-rogação e as demais importâncias descontadas na forma da legislação previdenciária.

11. RESTITUIÇÃO E COMPENSAÇÃO DAS CONTRIBUIÇÕES PREVIDENCIÁRIAS

De acordo com o artigo 89, da Lei 8.212/91, com redação dada pela Lei 11.941/2009, o pagamento **indevido ou a maior** das contribuições previdenciárias faz com que o sujeito passivo da obrigação tributária tenha o direito à restituição do indébito perante a União, através da Secretaria de Receita Federal do Brasil, sendo aplicáveis as disposições do Decreto 70.235/72.

> **▸ Como esse assunto foi cobrado em concurso?**
> No concurso da FGV para Auditor do TCM-PA em 2008, foi considerado correto o seguinte enunciado: Poderá ser compensada ou restituída contribuição à Seguridade Social, na hipótese de recolhimento ou pagamento indevido.

A quantia a ser restituída será acrescida de juros pela **taxa SELIC** acumulada mensalmente até o mês anterior à restituição, bem como de **1% no mês da sua efetivação**. Na hipótese de restituição judicial mediante uma ação de repetição do indébito tributário, o termo inicial dos juros de mora será a coisa julgada.

> **▸ Qual o entendimento do STJ sobre o assunto?**
> Julgando um caso de restituição de contribuição previdenciária, decidiu o STJ que "a jurisprudência deste Tribunal Superior assenta-se no sentido de que os juros moratórios em sede de repetição do indébito, conforme dispõe o artigo 161, parágrafo único, do CTN, combinado com o artigo 167 do CTN, devem incidir na razão de 1% ao mês, a partir do trânsito em julgado" (EDcl no AgRg no REsp 772.824, de 14.10.2008).

> **▸ Qual o entendimento do STF sobre o assunto?**
> "Contribuição previdenciária – Natureza tributária – Incidência de juros de mora a partir do trânsito em julgado de decisão que determina a devolução de valores indevidamente recolhidos (CTN, art. 167, parágrafo único)." (AI 650.107, Rel. Min. Celso de Mello, julgamento em 26-8-2008, Segunda Turma, *DJE* de 3-10-2008.)

> **▸ Como esse assunto foi cobrado em concurso?**
> No concurso do CESPE para Juiz Federal da 5ª Região em 2011, foi considerado errado o seguinte enunciado: De acordo com o entendimento do STJ, com fundamento no princípio da especialidade, os juros moratórios, na repetição do indébito tributário, são devidos a partir do trânsito em julgado da sentença, regime não aplicável à repetição de indébito de contribuições previdenciárias.

Outrossim, caso o titular do direito de restituição possua débitos exigíveis perante a União, o valor a ser restituído será compensado total ou parcialmente, a fim de extingui-lo.

De seu turno, o **prazo prescricional** para a postulação da restituição será **de cinco anos**, a contar do pagamento, ou então da data em que se tornar definitiva a decisão administrativa ou passar em julgado a sentença judicial que tenha reformado, anulado ou revogado a decisão condenatória, a teor do artigo 253, do RPS, que não correrá contra os absolutamente incapazes e ausentes elencados no Código Civil, na forma do artigo 103, parágrafo único, da Lei 8.213/91.

O artigo 248, do RPS, em consonância com o artigo 166, do CTN, pontifica que a restituição de contribuição ou de outra importância recolhida indevidamente, que comporte, por sua natureza, a transferência de encargo financeiro, somente será feita àquele que provar ter assumido esse encargo ou, no caso de tê-lo transferido a terceiro, estar por este expressamente autorizado a recebê-la.

> **▸ Importante:**
>
> Com o advento da Lei 11.941/2009, foi revogada a regra constante do §3º, do artigo 89, da Lei 8.212/91, que limitava a compensação das contribuições previdenciárias a 30% do valor a ser recolhido em cada competência.
>
> Outrossim, para a compensação de créditos decorrentes de pagamento a maior de contribuições previdenciárias, entende-se não ser mais obrigatório que se trate de contribuições da mesma espécie, ou seja, passou a ser possível compensar créditos de contribuições previdenciárias com débitos de outros tributos devidos à União. Ressalte-se que é um de tema polêmico!

Contudo, nesta hipótese, a União deverá repassar a quantia compensada ao Fundo do Regime Geral de Previdência Social, no máximo dois dias úteis após a data em que ela for promovida de ofício ou em que for deferido o respectivo requerimento, na forma do artigo 26, da Lei 11.457/2007.

Logo, **entende-se que não mais subsiste base legal para a referida vedação**, implicitamente autorizada pelo artigo 26, da Lei 11.457/2007, pois se este dispositivo busca restringir a compensação apenas entre contribuições previdenciárias, não haveria qualquer compensação ao fundo do RGPS, que não sofreria prejuízo.

Ressalte-se que parece que a Instrução Normativa 900/2008, da lavra da Secretaria de Receita Federal do Brasil, implicitamente autoriza a referida compensação, em que pese não ser suficientemente clara a respeito. No entanto, no entendimento da Secretaria da Receita Federal do Brasil esta compensação é indevida, tendo o STJ seguido este posicionamento ao interpretar o artigo 26 da Lei 11.457/2007.

> **▸ Qual o entendimento do STJ sobre o assunto?**
>
> 3. "É ilegítima a compensação de créditos tributários administrados pela antiga Receita Federal (PIS e COFINS decorrentes de exportação) com débitos de natureza previdenciária antes administrados pelo INSS (art. 11 da Lei n. 8.212/91), ante a vedação legal estabelecida no art. 26 da Lei n. 11.457/07. Precedentes." (REsp 1.243.162/PR, Rel. Ministro Castro Meira, Segunda Turma, DJe 28/03/2012). 4. Recurso especial a que se nega provimento (RECURSO ESPECIAL Nº 1.449.713 - SC (2014/0091542-2)".

O tema restou pacificado com o advento da revogação do parágrafo único do artigo 26 da Lei 11.457/2007 pela Lei 13.670/2018, passando a ser possível a aludida compensação tributária. Nesse sentido, a IN 1.810/2018 da Receita Federal passou a permitir a compensação de créditos tributários federais com débitos de contribuição previdenciária.

No mais, por força do artigo 170-A, do CTN, é vedada a compensação mediante o aproveitamento de tributo, objeto de contestação judicial pelo sujeito passivo, antes do trânsito em julgado da respectiva decisão judicial.

> **Importante:**
>
> A empresa será **reembolsada** pelo pagamento do valor bruto do **salário-maternidade**, até o valor do subsídio dos Ministros do STF, incluída a gratificação natalina proporcional ao período da correspondente licença e das cotas do **salário-família** pagas aos segurados a seu serviço, mediante dedução do respectivo valor, no ato do recolhimento das contribuições devidas.

> **Como esse assunto foi cobrado em concurso?**
>
> No concurso para Juiz do Trabalho da 1ª Região em 2008, foi considerado correto o seguinte enunciado: O salário-família será pago mensalmente pela empresa ao empregado, com o salário, efetivando-se a compensação quando do recolhimento das contribuições, conforme dispõe o Regulamento.

12. OBRIGAÇÕES ACESSÓRIAS DAS EMPRESAS

Além da previsão do cumprimento da obrigação tributária principal consistente na arrecadação das contribuições previdenciárias e respectivos consectários, a legislação previdenciária cominou às empresas obrigações acessórias, cujo objeto são prestações positivas e negativas em prol da arrecadação e fiscalização dos referidos tributos.

De acordo com o artigo 32, da Lei 8.212/91, a empresa é também obrigada a **preparar folhas de pagamento das remunerações pagas ou creditadas a todos os segurados a seu serviço**, de acordo com os padrões e normas estabelecidos pelo órgão competente da seguridade social.

Esta obrigação acessória visa quantificar todas as remunerações pagas pela empresa a fim de calcular a contribuição previdenciária patronal que incidirá à razão de 20% sobre o total pago aos empregados, avulsos e contribuintes individuais prestadores de serviços.

Da mesma forma, **caberá à empresa lançar mensalmente em títulos próprios de sua contabilidade**, de forma discriminada, os **fatos geradores** de todas as contribuições, o **montante** das quantias descontadas, as **contribuições da empresa e os totais recolhidos**, devendo prestar à Secretaria da Receita Federal do Brasil todas as informações cadastrais, financeiras e contábeis de seu interesse, na forma por ela estabelecida, bem como os esclarecimentos necessários à fiscalização.

Excepcionalmente, estão dispensados da apresentação de escrituração contábil o pequeno comerciante, a pessoa jurídica tributada com base no lucro presumido, bem como a pessoa jurídica optante do sistema simplificado de arrecadação de tributos, desde que mantenha a escrituração do Livro Caixa e do Livro de Registro de Inventário.

Ademais, a empresa é obrigada a declarar à Secretaria da Receita Federal do Brasil e ao Conselho Curador do Fundo de Garantia do Tempo de Serviço - FGTS, na forma, prazo e condições estabelecidos por esses órgãos, dados relacionados a fatos geradores, base de cálculo e valores devidos da contribuição previdenciária e outras informações de interesse do INSS ou do Conselho Curador do FGTS.

De efeito, essa declaração se realiza através da GFIP - **Guia de Recolhimento do Fundo de Garantia por Tempo de Serviço e Informações à Previdência Social**, introduzida no nosso ordenamento jurídico por intermédio da Lei 9.528/97, obrigatória para todas as pessoas físicas ou jurídicas sujeitas ao recolhimento do FGTS, bem como às contribuições e/ou informações à Previdência Social.

Mesmo que não tenha se concretizado a hipótese de incidência de contribuições previdenciárias em determinado mês, a empresa será obrigada a apresentar a GFIP, sendo denominada de "GFIP sem movimento".

A GFIP deverá ser entregue na rede bancária até o dia 7 do mês seguinte àquele em que a remuneração foi paga, creditada ou se tornou devida ao trabalhador e/ou tenha ocorrido outro fato gerador de contribuição previdenciária.

Por se tratar de uma confissão de débito, caso a empresa declare a ocorrência da obrigação tributária principal, **a GFIP equivale ao lançamento por homologação e constitui instrumento hábil e suficiente para a exigência do crédito tributário**.

Ademais, as suas informações comporão a base de dados para fins de cálculo e concessão dos benefícios previdenciários do RGPS.

Estão desobrigados da apresentação da GFIP: o contribuinte individual sem segurado que lhe preste serviço; o segurado especial; os órgãos públicos em relação aos servidores estatutários filiados a regime próprio de previdência social; o empregador doméstico e o segurado facultativo.

Vale salientar que a não apresentação da GFIP ou a declaração com incorreções sujeitará a empresa às penalidades pecuniárias previstas no artigo 32-A, da Lei 8.212/91.

Também se enquadra como acessória a obrigação de fornecimento, pelos **municípios**, à Secretaria de Receita Federal do Brasil, da **relação de alvarás para construção civil** e documentos de "habite-se" concedidos, visando auxiliar na fiscalização.

Por força da **Lei 13.846/2019**, que modificou o artigo 68 da Lei 8.212/91, o **Titular do Cartório de Registro Civil de Pessoas Naturais** remeterá ao **INSS, em até 1 dia útil**, pelo Sistema Nacional de Informações de Registro Civil (Sirc) ou por outro meio que venha a substituí-lo, a relação dos nascimentos, dos natimortos, dos casamentos, dos óbitos, das averbações, das anotações e das retificações registradas na serventia (para os Municípios que não dispõem de provedor de conexão à internet ou de qualquer meio de acesso à internet, fica autorizada a remessa da relação em até 5 dias úteis), sob pena de incidência da sanção penalidade prevista no artigo 92 (multa) e à ação regressiva proposta pelo INSS, em razão dos danos sofridos.

Ademais, por força da Lei 14.199/2021, que alterou o artigo 76 da Lei 8.212/91, na hipótese de pagamento indevido de benefício a pessoa não autorizada, ou após o óbito do titular do benefício, **a instituição financeira é responsável pela devolução dos valores ao INSS**, em razão do descumprimento das obrigações a ela impostas por lei ou por força contratual.

Uma nova obrigação acessória para as empresas restou instituída pela **Lei 12.692/2012**, que inseriu o inciso VI, no artigo 32, da Lei 8.212/91. **Passou a ser dever das empresas comunicar, mensalmente, aos empregados, por intermédio de documento a ser definido em regulamento, os valores recolhidos sobre o total de sua remuneração ao INSS.**

O objetivo desta nova obrigação acessória é facilitar a fiscalização do recolhimento das contribuições previdenciárias, pois os empregados terão acesso mensal aos valores recolhidos sobre as suas remunerações, que se inexistir ou for inferior ao devido certamente ensejará uma atuação do próprio segurado perante a Receita Federal do Brasil, além de inibir a sonegação das contribuições previdenciárias pelas empresas.

Por sua vez, a Medida Provisória 589, de 13 de novembro de 2012, convertida na Lei 12.810/2013, inseriu o artigo 32-B na Lei 8.212/91, passando a exigir que os órgãos da administração direta, autarquias, fundações e empresas públicas da União, dos Estados, do Distrito Federal e dos Municípios, na forma estabelecida pela Secretaria da Receita Federal do Brasil do Ministério da Economia, apresentem a folha de pagamento até o dia 30 de abril do ano seguinte ao encerramento do exercício.

Este dispositivo objetiva controlar o recolhimento das contribuições para a seguridade social devidas pelo Poder Público, sendo mais um instrumento de fiscalização que a Receita Federal irá dispor. Na prática previdenciária, infelizmente, é comum que principalmente os municípios não recolham as contribuições previdenciárias do RGPS.

Por força do artigo 125-A, da Lei 8.213/91, ao INSS caberá a fiscalização do cumprimento das obrigações previdenciárias não tributárias, possuindo os seus agentes o poder de multar pelo descumprimento. No exercício doa fiscalização, a empresa deverá apresentar a documentação exigida pelo fiscal do INSS.

O artigo 126, por sua vez, que prevê que caberá recurso para o Conselho de Recursos da Previdência Social das decisões do INSS aplicar-se-á a este artigo.

No entanto, frise-se que constituir, mediante lançamento, o crédito tributário e de contribuições previdenciária é ato privativo da União, através dos Auditores da Receita.

De acordo com a exposição de motivos da MP 449/2008, convertida na Lei 11.941/09, "o art. 25 acrescenta o art. 125-A à Lei nº 8.213, de 1991, para possibilitar ao INSS efetuar diligências a fim de verificar o atendimento das obrigações não-tributárias impostas pela legislação previdenciária e impor multa por seu eventual descumprimento. Essa medida visa dotar o INSS de instrumentos necessários ao regular reconhecimento, manutenção, revisão ou extinção de direitos previdenciários, a exemplo das diligências destinadas à comprovação de vínculo empregatício".

13. CERTIDÃO NEGATIVA DE DÉBITO

A Certidão Negativa de Débito – CND da seguridade social é um ato administrativo que comprova a inexistência de débitos perante a União, com prazo de validade de até 180 dias, tendo sido unificada para todos os tributos federais arrecadados pela Secretaria da Receita Federal do Brasil.

A CND era disciplinada pelo Decreto 3.048/99 (Regulamento da Previdência Social) até o advento do Decreto 8.302/2014, que revogou os dispositivos a respeito do tema. Desde então, coube à Portaria Conjunta RFB/PGFN nº 1.751, de 2 de outubro de 2014 disciplinar a Certidão Negativa de Débito.

De efeito, a prova de regularidade fiscal perante a Fazenda Nacional será efetuada mediante apresentação de certidão expedida conjuntamente pela Secretaria da Receita Federal do Brasil (RFB) e pela Procuradoria-Geral da Fazenda Nacional (PGFN), referente a todos os créditos tributários federais e à Dívida Ativa da União (DAU) por elas administrados, tendo prazo de validade de 180 dias, contado a partir da sua emissão.

Na forma do artigo 47, da Lei 8.212/91, a CND será exigível da empresa na contratação com o Poder Público e no recebimento de benefícios ou incentivo fiscal ou creditício concedido por ele; na alienação ou oneração, a qualquer título, de bem imóvel ou direito a ele relativo; na alienação ou oneração, a qualquer título, de bem móvel de valor superior a R$ 80.375,64 (valor atualizado para ao ano de 2024) incorporado ao ativo permanente da empresa; no registro ou arquivamento, no órgão próprio, de ato relativo a baixa ou redução de capital de firma individual, redução de capital social, cisão total ou parcial, transformação ou extinção de entidade ou sociedade comercial ou civil e transferência de controle de cotas de sociedades de responsabilidade limitada.

De acordo com a **Lei 14.128/2021**, o prazo de validade da certidão expedida conjuntamente pela Secretaria Especial da Receita Federal do Brasil e pela Procuradoria-Geral da Fazenda Nacional do Ministério da Economia, referente aos tributos federais e à dívida ativa da União por elas administrados, será de até

180 (cento e oitenta) dias, contado da data de emissão da certidão, prorrogável, excepcionalmente, pelo prazo determinado em ato conjunto dos referidos órgãos.

Por sua vez, o proprietário, pessoa física ou jurídica, deverá exibir a CND na hipótese de obra de construção civil, quando de sua averbação no registro de imóveis, salvo no caso de constrição de residência unifamiliar.

> **Importante:**
>
> Vale lembrar que a própria Constituição Federal proíbe o Poder Público de contratar ou conceder benefícios e incentivos fiscais ou creditícios à pessoa jurídica em débito com o sistema da seguridade social, a teor do seu artigo 195, §3º.

> **Como esse assunto foi cobrado em concurso?**
>
> No concurso do CESPE para Procurador do Estado do Ceará em 2007, foi considerado errado o seguinte enunciado: Com o objetivo de incentivar a criação de empregos, a Constituição Federal eliminou qualquer restrição de acesso a benefícios fiscais ou creditícios, inclusive para empresas que estejam em débito com a seguridade social.

Deverá ser expedida *CND positiva com efeitos de negativa* quando o débito não esteja constituído em decisão definitiva; haja garantia do depósito integral ou parcelamento; tenha sido operada penhora suficiente para a satisfação do débito ou ocorrido outra forma de suspensão da exigibilidade do crédito securitário.

Caso o negócio jurídico celebrado exija a prévia apresentação da certidão negativa de débito e seja violado o artigo 47, da Lei 8.212/91, o ato praticado ou o seu registro acarretará a **responsabilidade solidária** dos contratantes e do oficial que lavrar ou registrar o instrumento, sendo o **ato nulo para todos os efeitos**.

> **Qual o entendimento do STJ sobre o assunto?**
>
> "TRIBUTÁRIO. RECURSO ESPECIAL. EXECUÇÃO FISCAL. EMPRESA CONCESSIONÁRIA DE SERVIÇO DE TRANSPORTE COLETIVO URBANO. CONTRATO. REDIRECIONAMENTO CONTRA AUTARQUIA MUNICIPAL. OMISSÃO DE DEVER LEGAL DE EXIGÊNCIA DE CERTIDÃO NEGATIVA DE DÉBITOS. ARTS. 47 E 48 DA LEI N.º 8.212/91.1.
>
> **O contratante que não exige a CND do contratado torna-se solidariamente responsável para com o mesmo face o cumprimento das obrigações tributárias inerentes à seguridade social** (arts. 47 e 48 da Lei n.º 8.212/91).(Precedente: Resp 819.023/BA, Rel. Ministro Luiz Fux, DJ 01/10/2007).2. Incide, de fato, o disposto no art. 48 da Lei n.º 8.212/91, a saber: A prática de ato com inobservância do disposto no artigo anterior, ou o seu registro, acarretará a responsabilidade solidária dos contratantes e do oficial ou registrar o instrumento, **sendo o ato nulo para todos os efeitos."** (STJ, REsp 800685, de 15/10/2009).

No entanto, a Receita Federal do Brasil poderá autorizar a prática do ato, desde que o débito seja pago no ato ou o seu pagamento fique assegurado mediante confissão de dívida fiscal com o oferecimento de garantias reais suficientes.

Da mesma forma, o servidor, o serventuário da Justiça, o titular de serventia extrajudicial e a autoridade ou órgão que infringirem o disposto no artigo anterior incorrerão em multa calculada com base no artigo 92, da Lei 8.212/91.

A regularidade fiscal do Distrito Federal, dos estados e dos municípios é comprovada pela *CRP – Certificado de Regularidade Previdenciária*, regido pelo Decreto 3.788/2001, a ser emitido pelo Ministério da Economia, sendo exigível para a realização de transferências voluntárias de recursos da União e celebração de ajustes, empréstimos e financiamentos, conforme exigência do artigo 56, da Lei 8.212/91.

Por sua vez, ante a revogação parcial do artigo 52, da Lei 8.212/91, pela Lei 11.941/2009, aplica-se às contribuições para a seguridade social o disposto no artigo 32, da Lei 4.357/64, que determina que *as empresas em débito não garantido com a União por falta de recolhimento tempestivo de tributo, não poderão distribuir quaisquer bonificações a seus acionistas.*

Outrossim, não poderão dar ou atribuir participação de lucros a seus sócios ou quotistas, bem como a seus diretores e demais membros de órgãos dirigentes, fiscais ou consultivos, sob pena de multa.

▶ **Importante:**

Por fim, insta afirmar que **a não apresentação da** GFIP – Guia de Recolhimento do FGTS e de Informações Previdenciárias pelas **empresas impede a expedição da CND**, na forma do §10, do artigo 32, da Lei 8.212/91, inserto pela Lei 11.941/2009.

▶ **Qual o entendimento do STJ sobre o assunto?**

No julgamento do REsp 1.042.585, de 12.05.2010, o STJ entendeu que a recusa de fornecer certidão negativa de débito (CND) porque descumprida a obrigação acessória de entregar a guia de recolhimento do FGTS e informações à Previdência Social (GFIP) deriva do art. 32, IV e § 10, da Lei n. 8.212/1991 (na redação que lhe deu a Lei n. 9.528/1997).

Súmula 446 – Declarado e não pago o débito tributário pelo contribuinte, é legítima a recusa de expedição de certidão negativa ou positiva com efeito de negativa.

Por outro lado, nos termos do artigo 47, §6º, da Lei 8.212/91, **independe de prova de inexistência de débito perante a seguridade social** a prática dos seguintes atos jurídicos:

a) a lavratura ou assinatura de instrumento, ato ou contrato que constitua retificação, ratificação ou efetivação de outro anterior para o qual já foi feita a prova;

b) a constituição de garantia para concessão de crédito rural, em qualquer de suas modalidades, por instituição de crédito pública ou privada, desde que o contribuinte referido no art. 25 (segurado especial), não seja responsável direto pelo recolhimento de contribuições sobre a sua produção para a Seguridade Social;

c) a averbação do proprietário, pessoa física ou jurídica, de obra de construção civil, quando de sua averbação no registro de imóveis, relativa a imóvel cuja construção tenha sido concluída antes de 22 de novembro de 1966;

d) **o recebimento pelos Municípios de transferência de recursos destinados a ações de assistência social, educação, saúde e em caso de calamidade pública;**

e) **a averbação da construção civil localizada em área objeto de regularização fundiária de interesse social**, na forma da Lei nº 11.977, de 7 de julho de 2009.

Capítulo 7

Acidente de trabalho, moléstias ocupacionais e eventos equiparados

1. INTRODUÇÃO

Não é de hoje que a sociedade se preocupa em editar normas jurídicas que assegurem a incolumidade física e mental das pessoas no exercício do labor, sendo direito dos trabalhadores desenvolverem a sua atividade com segurança, pois a empresa é responsável pela adoção e uso das medidas coletivas e individuais de proteção e segurança da saúde do trabalhador, ante o reconhecimento constitucional da existência do meio ambiente do trabalho.

Já em 1919 foi aprovada a Lei 3.724, a primeira norma geral sobre acidentes de trabalho no Brasil, que apenas considerava como acidente de trabalho "o produzido por uma causa subita, violenta, externa e involuntaria no exercicio do trabalho, determinado lesões corporaes ou perturbações funccionaes, que constituam a causa unica da morte ou perda total, ou parcial, permanente ou temporaria, da capacidade para o trabalho ou a molestia contrahida exclusivamente pelo exercicio do trabalho, quando este fôr de natureza a só por si causal-a, e desde que determine a morte do operario, ou perda total, ou parcial, permanente ou temporaria, da capacidade para o trabalho".

O enquadramento do acidente de trabalho era bem restrito, pois a legislação de época exigia que o evento ou a moléstia decorressem do exercício do trabalho, este como a única causa da incapacidade laboral ou da morte.

Naquele tempo, uma vez ocorrido um acidente de trabalho, o patrão obrigava-se a pagar uma indenização tarifada ao trabalhador ou à sua família, excetuados apenas os casos de força maior, dolo da própria vítima ou de estranhos, sendo um direito trabalhista à época, adotando-se a responsabilidade objetiva pelo risco profissional.

Com o advento da **Lei 5.316/67, a proteção acidentária saiu da esfera trabalhista e adentrou a previdência social**, operando-se a estatização do seguro de acidentes de trabalho, onde se mantém até hoje, na forma no artigo 201, inciso I, da CRFB, que prevê a cobertura nos casos de incapacidade laboral temporária ou permanente e idade avançada,, sendo a responsabilidade estatal objetiva.

Destarte, passou a se adotar o seguro social para proteger o trabalhador contra acidentes de trabalho, passando o INPS (atual INSS) a pagar as prestações previdenciárias em decorrência de acidente de trabalho, cabendo às empresas o pagamento de contribuição denominada "seguro de acidente de trabalho" para fazer frente às despesas, saindo de cena as seguradoras privadas.

> **▸ Como esse assunto foi cobrado em concurso?**
>
> No concurso do CESPE para Procurador do Estado do Ceará em 2007, foi considerado correto o seguinte enunciado: A inclusão do acidente de trabalho entre os eventos protegidos pela previdência social revela que o legislador constituinte adotou a teoria do seguro social para esse risco, circunstância que determina a responsabilidade objetiva do Estado, que deverá indenizar o segurado, independentemente da demonstração de culpa.

Vale frisar que, com o advento da **Emenda 20/1998**, passou a existir **autorização constitucional** no §10, do artigo 201 (ainda não regulamentada), para a **cobertura do risco de acidente de trabalho** *concorrentemente* pelo Regime Geral de Previdência Social e pelo **setor privado**.

> **▸ Como esse assunto foi cobrado em concurso?**
>
> No concurso do CESPE para Procurador do Estado de Alagoas em 2008, foi considerado errado o seguinte enunciado: A cobertura do risco de acidente do trabalho é de responsabilidade do RGPS, sendo vedada a atribuição de responsabilidade à previdência privada. No entanto, é possível a propositura de ação regressiva pela previdência social contra a empresa que, de forma negligente, contribua para a ocorrência do acidente.

O parágrafo 10 do artigo 201 da Constituição havia sido inserido pela **Emenda 20/98**. Buscava abrir ao setor de seguros privados o risco do acidente de trabalho, a exemplo de benefícios por incapacidade, mas nunca chegou a ser regulamentado.

> **▸ Importante!**
>
> Com a **Emenda 103/2019**, teve a redação ampliada, pois a Constituição passou a permitir a cobertura concorrente entre RGPS e setor privado de **todos os benefícios não programados**, o que abarca, além dos benefícios por incapacidade laboral, a pensão por morte e o auxílio-reclusão.

Outra novidade é que a regulamentação deve ser feita por **lei complementar**, e não mais por lei ordinária.

De acordo com o artigo 19, §§ 1º e 2º, da Lei 8.213/91, a empresa é responsável pela adoção e uso das medidas coletivas e individuais de proteção e segurança da saúde do trabalhador, constituindo **contravenção penal**, punível com multa, deixar a empresa de cumprir as normas de segurança e higiene do trabalho, devendo o Ministério da Economia exercer a fiscalização.

2. DEFINIÇÃO DE ACIDENTE DE TRABALHO

A matéria atualmente é regulada pelos artigos 19 a 23 da Lei 8.213/91, tendo sido alvo de reforma pela Lei Complementar 150/2015, que passou a prever os benefícios previdenciários por acidente do trabalho em favor do empregado doméstico, pois foi criada a contribuição SAT a ser paga pelo empregador doméstico, no importe de 0,8% do salário de contribuição do empregado doméstico a seu serviço.

Por conseguinte, a LC 150/2015 modificou a redação dos artigos 19, 21-A e 22, todos da Lei 8.213/91, a fim de inserir a proteção acidentária em favor do empregado doméstico.

Desde então, passou a ser considerado legalmente como **acidente de trabalho** *o que ocorre pelo exercício do trabalho a serviço da empresa* ***ou de empregador doméstico*** *ou pelo exercício do trabalho dos segurados especiais, provocando lesão corporal ou perturbação funcional que cause a morte ou a perda ou redução, permanente ou temporária, da capacidade para o trabalho* (artigo 19).

De efeito, do referido conceito legal, agora ampliado para abarcar o empregado doméstico, é possível extrair os elementos caracterizadores do típico acidente de trabalho:

- Evento decorrente de trabalho a serviço da empresa ou do empregador doméstico, de atividade campesina ou pesqueira artesanal individualmente ou em regime de economia familiar para a subsistência, desenvolvida pelo segurado especial;
- Causação de lesão corporal ou funcional (psíquica);
- Ocorrência de morte do segurado, redução ou perda temporária ou definitiva da capacidade laboral.

Destarte, para a caracterização de um acidente de trabalho, é imprescindível que haja um nexo entre o exercício do trabalho e o evento que cause lesão física ou psicológica ao trabalhador.

A prevenção aos acidentes de trabalho é dever legal das empresas, que são responsáveis pela adoção e uso das medidas coletivas e individuais de proteção e segurança da saúde do trabalhador, sendo obrigatória a constituição de Comissão Interna de Prevenção de Acidentes (CIPA), de conformidade com instruções expedidas pelo Ministério do Trabalho (com a extinção do Ministério do Trabalho, desde 2019 o Ministério da Economia assumiu a área trabalhista, tendo sido criada uma

Secretaria Especial de Previdência e Trabalho), nos estabelecimentos ou locais de obra nelas especificadas, na forma do artigo 163, da CLT.

3. DOENÇAS OCUPACIONAIS (EQUIPARADAS)

As *doenças ocupacionais* também são **consideradas** pela legislação **como acidente de trabalho**, assim consideradas as que guardam nexo com o exercício da atividade laborativa.

As doenças ocupacionais se dividem em:

A) **Doença profissional ou tecnopatia** – a produzida ou desencadeada pelo exercício do trabalho peculiar a determinada atividade e constante da respectiva relação elaborada pelo Ministério da Previdência Social (competência atualmente exercida pelo Ministério da Economia ante a extinção do Ministério da Previdência Social);

B) **Doença do trabalho ou mesopatia** – a adquirida ou desencadeada em função de condições especiais em que o trabalho é realizado e com ele se relacione diretamente, constante da relação acima mencionada.

> **Como esse assunto foi cobrado em concurso?**
>
> No concurso do CESPE para Procurador do Estado do Piauí em 2014, foi considerada errada a seguinte alternativa: De acordo com a legislação acidentária, a doença profissional, também conhecida como doença do trabalho, é adquirida ou desencadeada em decorrência de condições especiais de trabalho, estando com elas diretamente relacionada.

As **doenças profissionais** (doenças ocupacionais típicas) são aquelas típicas do exercício de determinadas atividades laborativas (profissões), a exemplo da silicose, que normalmente assola os mineiros, que contraem esta espécie de pneumoconiose através da inalação da sílica nos túneis que trabalham, prejudicando o pulmão do trabalhador.

Por outro lado, as **doenças do trabalho** são compostas por enfermidades que também se fazem presentes em atividades que não guardam nexo com o trabalho, como a disacusia (surdez), que poderá decorrer ou não do exercício do trabalho (doenças ocupacionais atípicas).

De acordo com Hermes Arrais Alencar (2009, pg. 135), "nessa ordem de considerações, as moléstias típicas (tecnopatias) prescindem da demonstração do nexo de causalidade, porque se presume oriunda da atividade profissional (conforme visto supra, é o nexo causal um dos requisitos indispensáveis à configuração do acidente do trabalho). No que se reporta às mesopatias (doenças atípicas), não ocorre a mesma presunção, carecendo seja comprovado que a entidade mórbida adquirida é decorrência lógica do trabalho realizado pelo obreiro".

▸ **Como esse assunto foi cobrado em concurso?**

No concurso do CESPE para Procurador do Estado do Ceará em 2007, foi considerado errado o seguinte enunciado: Para os efeitos previstos na legislação acidentária e previdenciária, não há distinção entre doença do trabalho e doença profissional.

As *doenças ocupacionais* estão listadas no anexo II do RPS, que formam um **rol exemplificativo**, pois, excepcionalmente, se o INSS constatar que a enfermidade não listada resultou das condições especiais em que o trabalho é executado e com ele se relaciona diretamente, deverá considerá-la como acidente do trabalho.

▸ **Como esse assunto foi cobrado em concurso?**

No concurso do CESPE para Advogado do BRB em 2009, foi considerado correto o seguinte enunciado: Suponha que Marcos adquiriu enfermidade em função de condições especiais em que seu trabalho é executado e com ele se relaciona diretamente. Todavia, sua enfermidade não consta da relação elaborada pelo órgão competente. Nessa situação, considerando a legislação acidentária de regência, a Previdência Social deve considerar essa enfermidade um acidente de trabalho.

Atualmente, o anexo II do Regulamento da Previdência Social tem redação dada pelo Decreto 6.957/2009, onde consta um rol de agentes patogênicos que poderão causar doenças ocupacionais, assim como as Listas A, B e C.

É considerado como **dia do acidente, no caso de doença profissional ou do trabalho**, a data do início da incapacidade laborativa para o exercício da atividade habitual, o dia da segregação compulsória, ou o dia em que for realizado o diagnóstico, valendo para este efeito **o que ocorrer primeiro.**

▸ **Como esse assunto foi cobrado em concurso?**

No concurso do CESPE para Advogado da CEF em 2010, foi considerado errado o seguinte enunciado: Considere que César, em virtude de fortes dores no corpo, não tenha comparecido ao trabalho em 15/1/2010, e que, no dia 18/1/2010, por continuar sentido dor, tenha procurado um médico que diagnosticou enfermidade decorrente de intoxicação pelo uso de determinados produtos químicos, manipulados em seu ambiente de trabalho. Nessa situação hipotética, considera-se como dia do acidente o dia 18/1/2010, data em que foi realizado o diagnóstico.

▸ **Importante:**

De acordo com a legislação previdenciária, **não serão consideradas como doença do trabalho**: a) a doença degenerativa; b) a inerente a grupo etário; c) a que não produza incapacidade laborativa; d) a doença endêmica adquirida por segurado habitante de região em que ela se desenvolva, *salvo* comprovação de que é resultante de exposição ou contato direto determinado pela natureza do trabalho.

▸ **Como esse assunto foi cobrado em concurso?**

No concurso do CESPE para Advogado da CEF em 2010, foi considerado errado o seguinte enunciado: Se um engenheiro designado por pessoa jurídica que o emprega para trabalhar na construção de usina hidrelétrica na região amazônica for contaminado por malária enquanto acompanha e supervisiona a realização das obras da usina, exposto ao Sol e a insetos, não haverá que se falar, nesse caso, em moléstia profissional, já que a malária é considerada doença endêmica. Por sua vez, nesta mesma prova, foi considerado errado o seguinte enunciado: No caso de um empregado, em virtude de seu ambiente de trabalho estressante, adquirir doença degenerativa, configura-se doença laboral, haja vista a enfermidade ter sido desencadeada pelo exercício do trabalho.

Contudo, se ficar constatado pela perícia médica do INSS que a doença degenerativa guarda nexo com o trabalho, a exemplo da LER - Lesão por Esforço Repetitivo, deverá ser considerada como acidente de trabalho, podendo ser considerada concretamente como doença do trabalho.

Com o advento da LC 150/2015, o empregado doméstico passou a ser vítima das doenças ocupacionais, pois anteriormente não sofria acidente do trabalho.

4. ACIDENTE DE TRABALHO POR EQUIPARAÇÃO

Por sua vez, conforme listagem do artigo 21, da Lei 8.213/91, **determinados eventos são equiparados a acidente de trabalho**, pois o exercício da atividade laboral é considerado uma concausa para a sua ocorrência (causalidade indireta), concorrendo com outras alheias ao trabalho:

> Art. 21. **Equiparam-se também ao acidente do trabalho**, para efeitos desta Lei:
>
> I - **o acidente ligado ao trabalho que, embora não tenha sido a causa única, haja contribuído diretamente para a morte do segurado, para redução ou perda da sua capacidade para o trabalho, ou produzido lesão que exija atenção médica para a sua recuperação;**
>
> II - **o acidente sofrido pelo segurado no local e no horário do trabalho**, em conseqüência de:
>
> a) ato de agressão, sabotagem ou terrorismo praticado por terceiro ou companheiro de trabalho;
>
> b) ofensa física intencional, inclusive de terceiro, por motivo de disputa relacionada ao trabalho;
>
> c) ato de imprudência, de negligência ou de imperícia de terceiro ou de companheiro de trabalho;
>
> d) ato de pessoa privada do uso da razão;
>
> e) desabamento, inundação, incêndio e outros casos fortuitos ou decorrentes de força maior;

III – **a doença proveniente de contaminação acidental do empregado no exercício de sua atividade;**

IV – **o acidente sofrido pelo segurado ainda que fora do local e horário de trabalho:**

a) na **execução de ordem ou na realização de serviço** sob a autoridade da empresa;

b) na **prestação espontânea de qualquer serviço à empresa para lhe evitar prejuízo ou proporcionar proveito;**

c) **em viagem a serviço da empresa**, inclusive para estudo quando financiada por esta dentro de seus planos para melhor capacitação da mão de obra, independentemente do meio de locomoção utilizado, inclusive veículo de propriedade do segurado;

d) no **percurso da residência para o local de trabalho ou deste para aquela**, qualquer que seja o meio de locomoção, inclusive veículo de propriedade do segurado.

O artigo 21, inciso I, da Lei 8.213/91, constitui uma hipótese aberta, razão pela qual a listagem deste dispositivo é meramente exemplificativa, pois equiparou a acidente de trabalho o acidente ligado ao trabalho que, embora não tenha sido a causa única, haja contribuído diretamente para a morte do segurado, para redução ou perda da sua capacidade para o trabalho, ou produzido lesão que exija atenção médica para a sua recuperação.

Logo, se um empregado se acidenta no exercício do labor, potencializando a sua lesão pelo fato de ser hemofílico, enfermidade que somada ao acidente gera a incapacidade laboral, configurado está o acidente de trabalho por equiparação.

Por outro lado, conforme dispõe expressamente o artigo 21, §2º, da Lei 8.213/91, **não é considerada agravação ou complicação de acidente do trabalho a lesão que, resultante de acidente de outra origem, se associe ou se superponha às consequências do anterior.**

Destarte, suponha-se que um empregado sofre uma torção de tornozelo no exercício do trabalho e fica incapacitado, configurando um acidente de trabalho. Contudo, quando ele está em casa se recuperando, a televisão cai sobre o seu pé e quebra os ossos do seu tornozelo. Neste caso, a segunda lesão não se configura como agravação ou complicação do acidente de trabalho, pois se superpôs à torção, lesão bem mais leve.

Ressalva o artigo 337, §2º, do RPS, que será considerado agravamento do acidente aquele sofrido pelo acidentado quanto estiver sob a responsabilidade da reabilitação profissional, vez que o segurado está sob a proteção da Previdência Social.

Impende salientar que nos **períodos destinados a refeição ou descanso,** ou por ocasião da satisfação de outras necessidades fisiológicas, no local do trabalho ou durante este, **o empregado é considerado no exercício do trabalho.**

Também é considerado como acidente de trabalho o infortúnio sofrido pelo segurado no local e horário de trabalho, tais como agressão, ofensa intencional ligada ao trabalho e atos decorrentes de fortuito ou força maior que gerem a incapacidade laboral ou a morte do trabalhador.

Ademais, em algumas situações acidentes ocorridos fora do local e horário de trabalho são equiparados a acidente de trabalho, pois existe um nexo com a atividade laboral, tais como na prestação de serviço espontâneo que objetiva trazer benefício para a empresa ou em viagem de trabalho.

É ainda acidente equiparado ao de trabalho o ocorrido no percurso da residência para o local de trabalho ou deste para aquela, qualquer que seja o meio de locomoção, inclusive veículo de propriedade do segurado (acidente em trânsito). A tentativa de revogação desta hipótese pela MP 905/2019 foi revogada pela MP 955/2020.

Conquanto a LC 150/2015 não tenha modificado a redação do artigo 21, da Lei 8.213/91, entende-se pela sua aplicabilidade integral ao empregado doméstico, pois inexiste motivo para deixar desprotegido o empregado doméstico dos acidentes equiparados ao de trabalho.

Acidente de trabalho típico **Artigo 19, da Lei 8.213/91**	É o que ocorre pelo exercício do trabalho a serviço da empresa ou do empregador doméstico ou pelo exercício do trabalho dos segurados especiais, provocando lesão corporal ou perturbação funcional que cause a morte ou a perda ou redução, permanente ou temporária, da capacidade para o trabalho.
Moléstias ocupacionais **Artigo 20, da Lei 8.213/91**	I – doença profissional, assim entendida a produzida ou desencadeada pelo exercício do trabalho peculiar a determinada atividade e constante da respectiva relação elaborada pela Previdência Social; II – doença do trabalho, assim entendida a adquirida ou desencadeada em função de condições especiais em que o trabalho é realizado e com ele se relacione diretamente, constante da relação elaborada pela Previdência Social.
Acidente de trabalho por equiparação (atípico) **Artigo 21, da Lei 8.213/91**	O acidente ligado ao trabalho que, embora não tenha sido a causa única, haja contribuído diretamente para a morte do segurado, para redução ou perda da sua capacidade para o trabalho, ou produzido lesão que exija atenção médica para a sua recuperação. São exemplos os casos listados nos incisos II, III e IV.

▸ **Como esse assunto foi cobrado em concurso?**

No concurso do CESPE para Procurador do Estado de Roraima em 2010, foi considerado errado o seguinte enunciado: Se, durante seu intervalo para refeição, um empregado lesionar um dos seus joelhos enquanto joga futebol nas dependências da empresa, ficando impossibilitado de andar, tal evento, nos termos da legislação previdenciária, não poderá ser considerado como acidente de trabalho. Outrossim, no concurso para

Procurador do Estado de Alagoas em 2008, o CESPE considerou errado o seguinte enunciado: Considere a seguinte situação hipotética. João, ex-segurado obrigatório do RGPS na qualidade de trabalhador avulso, ao ser admitido pela última empresa em que trabalhou, já era portador de hemofilia. Em calorosa discussão a respeito de questões profissionais, João foi levemente atingido com um estilete por um colega de trabalho, vindo a falecer em consequência da lesão, que foi potencializada pela sua particular condição fisiológica preexistente. Nessa situação hipotética, é correto afirmar que não ocorreu acidente de trabalho.

5. RECONHECIMENTO

No que concerne ao *segurado empregado*, empregado doméstico (LC 150/2015) e ao *trabalhador avulso*, caberá à empresa e ao empregador doméstico expedir a CAT – Comunicação de Acidente de Trabalho ao INSS até o primeiro dia útil seguinte ao da ocorrência e, em caso de morte, de imediato, sob pena de multa administrativa.

▸ Como esse assunto foi cobrado em concurso?

No concurso do CESPE para Procurador do Estado do Ceará em 2007, foi considerado errado o seguinte enunciado: Considere-se que César, agente de segurança privado de uma empresa de vigilância que presta serviços a diversas empresas, em um assalto na agência bancária em que trabalhava, leve um tiro e venha a falecer. Nessa situação, a empresa de vigilância terá até 5 dias, após a emissão do atestado de óbito, para comunicar o acidente de trabalho à previdência social.

A multa será variável entre o limite mínimo e o limite máximo do salário de contribuição, sucessivamente aumentada nas reincidências, sendo atualmente de competência da Secretaria da Receita Federal do Brasil.

Em caso de omissão da empresa ou do empregador doméstico, poderão promover a comunicação o próprio acidentado, seus dependentes, a entidade sindical competente, o médico que o assistiu ou qualquer autoridade pública, o que não exclui a multa a ser importa à empresa negligente.

Na hipótese do *segurado especial*, o acidente deverá ser comunicado pelo próprio, seus dependentes, a entidade sindical competente, o médico que o assistiu ou qualquer autoridade pública.

Deverá a CAT ser preenchida em 04 vias: primeira via ao INSS; segunda via ao segurado ou dependente; terceira via ao sindicato dos trabalhadores; quarta via à empresa.

Contudo, é comum que as empresas não expeçam a CAT visando encobrir a ocorrência do acidente de trabalho, razão pela qual foi editada a Medida Provisória 306/2006, convertida na Lei 11.430/2006, que inseriu o artigo 21-A na Lei 8.213/91, criando o **NTEP – Nexo Técnico Epidemiológico**.

> **Importante:**
>
> Com propriedade, a **perícia médica do INSS considerará caracterizada a natureza acidentária da incapacidade quando constatar ocorrência de nexo técnico epidemiológico entre o trabalho e o agravo**, decorrente da relação entre a atividade da empresa e a entidade mórbida motivadora da incapacidade elencada na Classificação Internacional de Doenças – CID, conforme a lista C, do Decreto 3.048/99, alterado pelo Decreto 6.957/2009, sendo **dispensável a emissão da CAT.**

> **Como esse assunto foi cobrado em concurso?**
>
> No concurso do CESPE para Procurador Federal em 2007, foi considerado correto o seguinte enunciado: Considera-se estabelecido o nexo entre o trabalho e o agravo quando se verifica nexo técnico epidemiológico entre a atividade da empresa e a entidade mórbida motivadora da incapacidade, elencada na Classificação Internacional de Doenças (CID).

A empresa ou o segurado poderão requerer a não aplicação do nexo técnico epidemiológico, de cuja decisão caberá recurso com efeito suspensivo ao Conselho de Recursos da Previdência Social.

Para a identificação do nexo entre o trabalho e o agravo, que caracteriza o acidente do trabalho, a perícia médica do INSS, se necessário, poderá ouvir testemunhas, efetuar pesquisa ou realizar vistoria do local de trabalho ou solicitar o perfil profissiográfico previdenciário diretamente ao empregador para o esclarecimento dos fatos.

Com o advento da LC 150/2015, o artigo 21-A da Lei 8.213/91 também foi modificado, passando a prever que a perícia médica do Instituto Nacional do Seguro Social (INSS) considerará caracterizada a natureza acidentária da incapacidade quando constatar ocorrência de nexo técnico epidemiológico entre o trabalho e o agravo, decorrente da relação entre a atividade da empresa **ou do empregador doméstico** e a entidade mórbida motivadora da incapacidade elencada na Classificação Internacional de Doenças (CID), em conformidade com o que dispuser o regulamento.

6. SEGURADOS COM COBERTURA PREVIDENCIÁRIA

O médico-residente, que se enquadra como contribuinte individual, também tinha direito aos benefícios acidentários por determinação expressa da Lei 8.138/90, que restou revogada pela Lei 10.405/2002.

Assim, antes do advento da LC 150/2015, *de acordo com a doutrina prevalente*, **apenas o segurado empregado, o trabalhador avulso e o segurado especial fazem jus aos benefícios por acidente de trabalho,** pois nestes casos a empresa paga a contribuição SAT de 1, 2 ou 3% sobre as remunerações dos empregados e avulsos e o segurado especial é contribuinte de 0,1% sobre a receita decorrente da comercialização de sua produção.

Nesse sentido, conforme restringia o artigo 18, §1º, da Lei 8.213/91, apenas os segurados empregados, trabalhadores avulsos e segurados especiais farão jus ao auxílio-acidente, o mais típico benefício por acidente de trabalho, em que pese ter sido estendido aos acidentes em geral.

▸ **Importante:**

Com o advento da Emenda Constitucional 72/2013 passou a existir previsão na Lei Maior para que os empregadores domésticos pagassem contribuição SAT, o que foi regulamentado pela LC 150/2015 (0,8% do salário de contribuição), **razão pela qual os empregados domésticos passaram a ter direito aos benefícios previdenciários por acidente do trabalho, inclusive ao auxílio-acidente.**

Os benefícios pagos por acidente de trabalho ao empregado, empregado doméstico, ao trabalhador avulso e ao segurado especial, bem como aos dependentes, são os seguintes: pensão por morte por acidente de trabalho; auxílio-acidente por acidente de trabalho; auxílio-doença por acidente de trabalho e aposentadoria por invalidez por acidente de trabalho.

Vale frisar que o INSS somente concede benefícios com código de acidente do trabalho aos segurados que possuem o pagamento da contribuição SAT em seu favor: empregado, empregado doméstico (este após a LC 150/2015), trabalhador avulso e segurado especial.

▸ **Qual o entendimento do STJ sobre o assunto?**

Revendo a sua jurisprudência de modo técnico, o STJ vem pronunciando a competência da Justiça Federal nas demandas envolvendo contribuinte individual autônomo:

PROCESSUAL CIVIL E PREVIDENCIÁRIO. CONFLITO NEGATIVO DE COMPETÊNCIA. AÇÃO PREVIDENCIÁRIA. BENEFÍCIO POR INCAPACIDADE. SEGURADO CONTRIBUINTE INDIVIDUAL. LEGISLAÇÃO ACIDENTÁRIA EXCLUDENTE. NATUREZA PREVIDENCIÁRIA DO BENEFÍCIO. INTELIGÊNCIA DO ARTIGO 19 DA LEI 8.213/1991. COMPETÊNCIA DA JUSTIÇA FEDERAL. JUÍZO SUSCITADO. 1. No caso, tramita ação previdenciária em que ser requer a condenação do INSS ao pagamento de benefício previdenciário por incapacidade, em que o autor ostenta a qualidade de segurado contribuinte individual. 2. O segurado contribuinte individual integra o rol dos segurados obrigatórios do Regime Geral de Previdência Social. O artigo 12, V, da Lei 8.212/1991 e o artigo 9º, V, do Decreto 3.048/1999, com a redação dada pela Lei 9.876/1999, elencam quem são os segurados contribuintes individuais. São igualmente segurados contribuintes individuais, o médico-residente, por força da Lei 6.932/1981 com a redação dada pela Lei 12.514/2011; o cônjuge ou companheiro do produtor que participe da atividade rural por este explorada; o bolsista da Fundação Habitacional do Exército, contratado em conformidade com a Lei 6.855/1980 e o árbitro de competições desportivas e seus auxiliares que atuem em conformidade com a Lei 9.615/1998. 2. Consoante artigo 19 da Lei 8.213/1991, somente os segurados empregados, incluídos os temporários, os segurados trabalhadores avulsos e os segurados especiais fazem jus aos benefícios previdenciários por acidente do trabalho. O ordenamento jurídico fez incluir o segurado empregado doméstico no rol do artigo 19, em observância à Emenda Constitucional 72 e à Lei Complementar 150/2015. 3. O artigo 109, I, da Constituição Federal de 1988, ao excetuar da competência federal as causas de acidente do trabalho, abarcou tão somente as lides estritamente acidentárias, movidas pelo segurado contra o INSS. **4. O acidente sofrido por trabalhador classificado pela lei previdenciária como segurado contribuinte individual, por expressa determinação legal, não configura acidente do trabalho, não ensejando, portanto, a concessão de benefício acidentário, apenas previdenciário, sob a jurisdição da Justiça Federal.** 5. Conflito negativo de competência conhecido para declarar a competência da Justiça Federal **(CC 140943, 1ª Seção, 8/2/2017).**

7. PRESCRIÇÃO DOS BENEFÍCIOS ACIDENTÁRIOS

De acordo com o artigo 104, da Lei 8.213/91, as ações referentes à prestação por acidente do trabalho prescrevem em cinco anos, contados da data:

I. do acidente, quando dele resultar a morte ou a incapacidade temporária, verificada esta em perícia médica a cargo da Previdência Social; ou

II. em que for reconhecida pela Previdência Social, a incapacidade permanente ou o agravamento das seqüelas do acidente.

Note-se que, em se tratando de benefícios previdenciários, ocorre a prescrição progressiva e não a do fundo do direito, pois apenas as parcelas vencidas antes do quinquênio anterior ao ajuizamento da demanda ou do pedido administrativo restarão fulminadas pelo lustro prescricional.

▸ Qual o entendimento do STJ sobre o assunto?

Em se tratando de ação proposta com o fito de obter revisão de benefício previdenciário, relação de trato sucessivo e natureza alimentar, a prescrição que incide é aquela prevista na **Súmula 85/STJ**: "Nas relações jurídicas de trato sucessivo em que a Fazenda Pública figure como devedora, quando não tiver sido negado o próprio direito reclamado, a prescrição atinge apenas as prestações vencidas antes do quinquênio anterior à propositura da ação." **Inocorrência da chamada prescrição do fundo de direito** (REsp 251.696, de 11.03.2003).

"Nas ações ajuizadas com o objetivo de obter benefício previdenciário, relação de trato sucessivo e de natureza alimentar, a prescrição incide apenas sobre as prestações vencidas antes do quinquênio anterior à propositura da ação, não ocorrendo a chamada prescrição do fundo de direito, nos termos da Súmula 85/STJ" (REsp 1503292, de 3/3/2015).

8. PRINCIPAIS CONSECTÁRIOS DO RECONHECIMENTO DO ACIDENTE DE TRABALHO

O reconhecimento de um acidente de trabalho ou equiparado, e, por consequência, a concessão de benefício previdenciário acidentário, tem como principais consequências:

A) O evento entrará na estatística da empresa para majoração em até 100% da contribuição de 1, 2 ou 3% sobre as remunerações dos segurados empregados e avulsos (contribuição SAT), na forma do artigo 10, da Lei 10.666/03;

B) O empregado, após a cessação do auxílio-doença acidentário, tem garantida a estabilidade provisória no emprego por ao menos doze meses, na forma do artigo 118, da Lei 8.213/91, dispositivo legal validado pelo STF no julgamento da ADI 639, em 02/06/2005;

▸ Como esse assunto foi cobrado em concurso?

No concurso do CESPE para Procurador do Estado do Piauí em 2014, foi considerada correta a seguinte alternativa: De acordo com o entendimento do STF, é constitucional a norma que garante ao empregado, após a cessação do auxílio doença acidentário, a estabilidade provisória no emprego por, no mínimo, doze meses, independentemente da percepção de auxílio-acidente.

C) O empregador obriga-se a depositar a importância a título de FGTS, conforme previsto no artigo 15, §5º, da Lei 8.036/90;

D) Dispensa-se a carência para a concessão aposentadoria por incapacidade permanente e do auxílio por incapacidade temporária;

E) A renda da aposentadoria por incapacidade permanente e da pensão por morte não precedida de aposentadoria será de 100% do salário de benefício;

F) A ação judicial eventualmente proposta contra o INSS será da competência originária da Justiça Estadual, por força do artigo 109, I, parte final, da CRFB, e não da Justiça Federal, mesmo em se tratando de acidente por equiparação ou doença ocupacional, bem como as respectivas ações revisionais.

Ressalte-se que com o advento da Lei 9.032/95 o cálculo dos benefícios acidentários passou a ser o mesmo dos benefícios previdenciários comuns, inexistindo diferenciação para a definição da sua renda mensal inicial. No entanto isto foi modificado com a Emenda 103/2019 no caso da aposentadoria por incapacidade permanente (antiga invalidez) e da pensão por morte, conforme será estudado na parte dos benefícios previdenciários.

Já no caso de auxílio-acidente e auxílio por incapacidade temporária a renda do benefício comum (não oriundo de acidente de trabalho) e do decorrente do acidente de trabalho será a mesma.

9. RESPONSABILIDADE CIVIL DA EMPRESA PERANTE A JUSTIÇA DO TRABALHO

Nas hipóteses de dolo ou culpa, a teor do artigo 7º, XXVIII, da CRFB, o empregador responderá civilmente nas hipóteses de acidente de trabalho, em demanda a ser proposta pelo empregado na Justiça do Trabalho.

▸ Como esse assunto foi cobrado em concurso?

No concurso do CESPE para Procurador do Estado do Piauí em 2014, foi considerada errada a seguinte alternativa: Consoante a CF, o acidente de trabalho constitui risco social passível de proteção previdenciária, sendo o seguro de acidente de trabalho encargo exclusivo do empregador, dispensando-o do pagamento de indenização por dolo ou culpa.

▸ Qual o entendimento do STF sobre o assunto?

Súmula vinculante 22 – A Justiça do Trabalho é competente para processar e julgar as causas relativas a indenizações por danos morais e patrimoniais decorrentes de acidente de trabalho propostas por empregado contra empregador, alcançando-se, inclusive, as demandas que ainda não possuíam, quando da promulgação da EC nº 45/2004, sentença de mérito em primeiro grau.

▸ Como esse assunto foi cobrado em concurso?

No concurso do CESPE para Procurador Federal em 2010, foi considerado errado o seguinte enunciado: A competência para julgar ações de indenização por danos morais e materiais decorrentes de acidente de trabalho propostas pelo trabalhador, após a edição da Emenda Constitucional n.º 45/2004, é da justiça comum estadual.

Aliás, mesmo a ação proposta pela viúva contra o empregador por acidente de trabalho será de competência da Justiça do Trabalho, tendo o STJ revogado a Súmula 366, que dispunha em sentido contrário, no julgamento do conflito de competência 101.977, em 16.09.2009.

▸ Como esse assunto foi cobrado em concurso?

No concurso do CESPE para Procurador do Estado do Piauí em 2014, foi considerada errada a seguinte alternativa: Segundo o STJ, compete à justiça do trabalho julgar as causas relativas a indenizações por danos morais e materiais decorrentes de acidente de trabalho propostas pelo empregado contra o empregador, excetuadas as ações ajuizadas pelo cônjuge supérstite de empregado falecido em razão de acidente do trabalho.

Tema polêmico é saber se a responsabilidade do empregador poderá ser objetiva, se este desempenhar atividade naturalmente arriscada, consoante previsão do artigo 927, parágrafo único, do Código Civil.

Entende-se que sim, pois inexiste motivo para restringir o âmbito de aplicação da legislação civil, máxime para aumentar a proteção ao trabalhador, haja vista a natureza reparatória da ação a ser proposta contra o empregador na Justiça Laboral.

▸ **Qual o entendimento do TST sobre o assunto?**

Nesse sentido, no julgamento do RR 152400-71.2006.5.04.0771, de 15.12.2010, decidiu o TST que "esta Corte tem entendido que o artigo 7º, XXVIII, da Constituição Federal, ao assegurar, como direito indisponível do trabalhador, o *seguro contra acidente do trabalho, a cargo do empregador, sem excluir a indenização a que este está obrigado, quando incorrer em dolo ou culpa* -, **não obsta a aplicação da teoria da responsabilidade objetiva às lides trabalhistas, mormente quando a atividade desenvolvida pelo empregador pressupõe a existência de risco potencial à integridade física e psíquica do trabalhador** e o acidente tenha ocorrido após a entrada em vigência do novo Código Civil".

▸ **Qual o entendimento do STJ sobre o assunto?**

"Admitida a possibilidade de ampliação dos direitos contidos no art. 7º da CF, é possível estender o alcance do art. 927, parágrafo único, do CC/02 - que prevê a responsabilidade objetiva quando a atividade normalmente desenvolvida pelo autor do dano implicar, por sua natureza, risco para terceiros - aos acidentes de trabalho" (Recurso Especial 1.067.738, de 26.05.2009).

▸ **Qual o entendimento do STF sobre o assunto?**

O Plenário do Supremo Tribunal Federal (STF) decidiu, nesta quinta-feira (5), que o trabalhador que atua em atividade de risco tem direito à indenização em razão de danos decorrentes de acidente de trabalho, **independentemente da comprovação de culpa ou dolo do empregador.** Por maioria de votos, os ministros entenderam que **é constitucional a imputação da responsabilidade civil objetiva do empregador por danos decorrentes de acidentes de trabalho em atividades de risco.** RE 828040, de 5/9/2019.

10. AÇÃO REGRESSIVA DO INSS CONTRA A EMPRESA NEGLIGENTE

De acordo com o artigo 120, da Lei 8.213/91, nos casos de **negligência** quanto às normas padrão de segurança e higiene do trabalho indicados para a proteção individual e coletiva, **a Previdência Social proporá ação regressiva contra os responsáveis**, pois o pagamento das prestações previdenciárias por acidente do trabalho não exclui a responsabilidade civil da empresa ou de outrem, nos termos do artigo 121, da Lei 8.213/91.

> **▸ Como esse assunto foi cobrado em concurso?**
>
> No concurso do CESPE para Procurador do Estado de Alagoas em 2010, foi considerado errado o seguinte enunciado: Segundo entendimento jurisprudencial majoritário do STJ, o pagamento, pela previdência social, das prestações por acidente do trabalho exclui a responsabilidade civil da empresa empregadora, uma vez que o segurado já foi ressarcido integralmente pelo Estado.

Ou seja, os acidentes de trabalho e eventos equiparados ocorridos por **culpa do empregador** em não seguir as normas vigentes sobre proteção do trabalhador gerarão a responsabilidade deste em ressarcir a Previdência Social o valor que for gasto no pagamento dos benefícios acidentários, até que ocorra a sua cessação, devendo ser aferida casuisticamente a ocorrência da culpa, especialmente com a perícia a ser realizada pela pasta trabalhista.

> **▸ Importante:**
>
> Vale salientar que o pagamento da contribuição previdenciária para custeio dos acidentes de trabalho (contribuição SAT) não tem o condão de excluir a responsabilidade civil da empresa perante a Previdência Social, conforme entendimento jurisprudencial majoritário (TRF 1ª Região, AC 2000.01.00.069642-0, de 16.10.2006).

Outrossim, a ação regressiva será proposta na Justiça Federal, tendo em conta que o INSS tem a natureza jurídica de autarquia federal, com fulcro no artigo 109, inciso I, da Constituição Federal de 1988, vez que não envolve os seus segurados (TRF 4ª Região, AC 2004.72.07.006705-3, de 24.11.2009).

> **▸ Como esse assunto foi cobrado em concurso?**
>
> No concurso do CESPE para Promotor de Justiça do Espírito Santo em 2010, foi considerado errado o seguinte enunciado: As ações judiciais relativas a acidente do trabalho são de competência da justiça comum estadual, nos termos da Lei n. 8.213/1991. Desse modo, é correto afirmar que a ação regressiva, ajuizada pelo INSS contra o empregador, pleiteando ressarcimento dos gastos relativos a pagamento de benefício de aposentadoria por invalidez decorrente de acidente do trabalho, não é de competência da justiça federal.

> **▸ Como esse assunto foi cobrado em concurso?**
>
> No concurso do CESPE para Procurador do Estado do Piauí em 2014, foi considerada errada a seguinte alternativa: O pagamento do seguro de

acidente de trabalho pelo empregador não exclui a possibilidade de reconhecimento de responsabilidade civil da empresa perante a previdência social, em ação regressiva proposta na justiça estadual.

▸ **Como esse assunto foi cobrado em concurso?**

No concurso do CESPE para Procurador do Estado do Amazonas em 2016, foi considerada errada a seguinte alternativa: Nos casos de acidente de trabalho, competirá à justiça comum estadual a apreciação das ações regressivas propostas pelo INSS contra as empresas negligentes.

Apesar de inicialmente inexistir previsão expressa na Lei 8.213/91, as ações regressivas passaram a serem propostas também contra os causadores de acidentes de trânsito imprudentes e agentes que praticaram violência doméstica (a exemplo de maridos que agridem esposas), a fim de ressarcir os gastos com os benefícios previdenciários pagos pelo INSS.

▸ **Qual o entendimento do STJ sobre o assunto?**

Este posicionamento da AGU foi acatado pelo STJ, no julgamento do REsp 1.431.150/RS (2016), que manteve a condenação de marido que assassinou a esposa em indenizar a Previdência Social.

"É possível o ajuizamento de ação regressiva pela autarquia previdenciária com o objetivo de ressarcimento de valores pagos a título de pensão por morte aos filhos de segurada, vítima de homicídio praticado por seu ex-companheiro" REsp 1.431.150-RS, Rel. Min. Humberto Martins, por maioria, julgado em 23/8/2016, DJe 2/2/2017.

Os juros de mora e a correção monetária observarão a taxa SELIC, incidindo desde a ocorrência do acidente.

▸ **Importante:**

Esta decisão do STJ levou à alteração do artigo 120 da Lei 8.213/91 pela Lei 13.846/2019, que passou a prever expressamente a propositura da ação regressiva previdenciária na hipótese de violência doméstica e familiar contra a mulher, nos termos da Lei nº 11.340, de 7 de agosto de 2006.

▸ **Qual o entendimento do STJ sobre o assunto?**

1. O Tribunal de origem não se manifestou sobre os artigos 37-A da Lei 10.522/2002 e 61 da Lei 9.430/1996, bem como sobre a respectiva tese de que após dezembro de 2008 a aplicação da taxa Selic é obrigatória para a atualização dos créditos das autarquias e fundações públicas. Portanto, desatendido, no ponto, o requisito do prequestionamento, nos termos da Súmula 211/STJ. 2. A ação regressiva intentada pelo INSS visa

ressarcir os cofres públicos dos gastos com o pagamento de benefícios previdenciários oriundos de acidente de trabalho, causado pela negligência do empregador quanto à observância das normas de segurança e higiene do trabalho. Trata-se, em verdade, de responsabilidade extracontratual por ato ilícito, porquanto, o empregador, por culpa ou dolo, deixa de observar as normas de segurança do trabalho, conduta determinante para a ocorrência do acidente. 3. Tratando-se de responsabilidade extracontratual por ato ilícito, os juros de mora deverão fluir a partir do evento danoso, nos termos da Súmula 54 do STJ, *in verbis*: "Os juros moratórios fluem a partir do evento danoso, em caso de responsabilidade extracontratual" (REsp 1673513, de 28.11.2017).

Por fim, vale destacar que a pretensão de reparação de danos ao Erário é imprescritível, conforme previsão expressa do §5º, do artigo 37, da Constituição de 1988, bem como a eleição pela Advocacia-Geral da União do dia 28 de abril como Dia Nacional das Ações Regressivas por Acidente de Trabalho. Contudo, este tema é polêmico, existindo jurisprudência no sentido de que existe a prescrição trienal progressiva, com arrimo no artigo 206, §3º, inciso V, do Código Civil (TRF da 2ª Região - AC - APELAÇÃO CIVEL - 497.363, de 21.03.2011 e TRF da 3ª Região (AC - APELAÇÃO CÍVEL - 1.676.274, de 07.02.2012).

▸ **Qual o entendimento do STJ sobre o assunto?**

No entanto, no julgamento do EREsp 387.412, em 10 de setembro de 2013, julgado monocraticamente pelo Ministro Humberto Martins, **o STJ adotou a tese da prescrição quinquenal**, ao argumento de que a aplicação principiológica da isonomia, por si só, impõe a incidência recíproca do prazo do Decreto 20.910/32 nas pretensões deduzidas em face da Fazenda e desta em face do administrado. **Essa deve ser a posição do concurso público.**

Neste caso, entende-se que a prescrição quinquenal somente deverá começar a correr na data da concessão do benefício previdenciário, vez que é o momento em que o Erário da Previdência Social é lesado.

▸ **Qual o entendimento do STJ sobre o assunto?**

Nas demandas ajuizadas pelo INSS contra o empregador do segurado falecido em acidente laboral, visando ao ressarcimento dos valores decorrentes do pagamento da pensão por morte, o termo a quo da prescrição quinquenal é a data da concessão do referido benefício previdenciário... Ressalte-se que a referida demanda ajuizada pelo INSS, por ser de natureza ressarcitória, não possui qualquer pertinência com as normas previdenciárias. Não se aplicam, assim, os arts. 103 e 104 da Lei 8.213/1991, uma vez que a referida lei regula apenas as relações entre os segurados, seus dependentes e a Previdência Social, não atingindo terceiros que não integram esse específico regime jurídico. **Diante disso, o termo a quo da prescrição da pretensão deve ser a data da concessão do referido benefício previdenciário, revelando-se absolutamente incompatível a aplicação da tese de que o lapso prescricional não atinge o fundo de direito. REsp 1.457.646-PR, Rel. Min. Sérgio Kukina, julgado em 14/10/2014 (Informativo 550).**

Como esse assunto foi cobrado em concurso?

No concurso do CESPE para Procurador do Estado do Amazonas em 2016, foi considerada errada a seguinte alternativa: A respeito do acidente de trabalho e das ações judiciais em matéria previdenciária, julgue o item subsequente. Nos termos do entendimento do STJ, nas demandas ajuizadas pelo INSS contra o empregador do segurado falecido em acidente laboral nas quais se vise o ressarcimento dos valores decorrentes do pagamento da pensão por morte, o termo a quo da prescrição quinquenal será a data do acidente.

No entanto, para a **ação regressiva previdenciária**, o Superior Tribunal de Justiça tem pronunciado se tratar de **prescrição do fundo do direito**, e não de prescrição de trato sucessivo:

Qual o entendimento do STJ sobre o assunto?

A Primeira Seção do STJ, por ocasião do julgamento do REsp 1.251.993/PR, submetido à sistemática do art. 543-C do CPC, assentou a orientação de que o prazo prescricional nas ações indenizatórias contra a Fazenda Pública é quinquenal, conforme previsto no art. 1º do Decreto n. 20.910/1932. 3. Pelo princípio da isonomia, o prazo para o ingresso da ação regressiva pelo ente previdenciário deve observar aquele relativo à prescrição nas ações indenizatórias ajuizadas contra a Fazenda Pública. Precedentes. 4. O Tribunal a quo consignou que **o INSS concedeu o benefício acidentário ao segurado desde 13/2/2001 e que a propositura da ação de regresso ocorreu em 14/7/2009. Assim, está caracterizada a prescrição"** (REsp 1668967 / ES, de 8/8/2017).

Capítulo 8

Regras gerais do plano de benefícios e serviços do Regime Geral de Previdência Social

1. ESPÉCIES DE PRESTAÇÕES PREVIDENCIÁRIAS

As **prestações previdenciárias** abarcam os *benefícios* e os *serviços* devidos aos beneficiários do Regime Geral (segurados e seus dependentes), uma vez realizadas as hipóteses legais para a sua concessão.

> **▸ Como esse assunto foi cobrado em concurso?**
>
> No concurso Juiz do Trabalho da 1ª Região em 2008, foi considerado correto o seguinte enunciado: As prestações, como gênero, compreendem benefícios e serviços.

Enquanto os benefícios previdenciários constituem obrigações de pagar quantia certa, os serviços são obrigações de fazer devidas pela Previdência Social.

O plano de prestações do RGPS aprovado pela Lei 8.213/91 previa **oito benefícios** previdenciários em prol dos **segurados**: *aposentadoria por invalidez, aposentadoria por idade, aposentadoria por tempo de contribuição, aposentadoria especial, auxílio-doença, salário-família, salário-maternidade* e *auxílio-acidente*.

Mas tivemos a reforma previdenciária implementada pela **Emenda 103/2019**, que extinguiu a aposentadoria por tempo de contribuição sem idade mínima, assim como redesignou a aposentadoria por invalidez para aposentadoria por incapacidade permanente.

Isso porque o artigo 201, inciso I, da Constituição não mais se refere à invalidez e doença, e sim à incapacidade temporária ou permanente para o trabalho.

> **▸ Importante:**
>
> Dessa forma, o artigo 18 da Lei 8.213/91 deve ser interpretado conforme a **Emenda 103/2019** apresentando os seguintes benefícios dos segurados: *aposentadoria por incapacidade permanente, aposentadoria por idade e tempo de contribuição (programada urbana), aposentadoria por idade (trabalhadores rurais, garimpeiros e pescadores artesanais) aposentadoria especial (agentes nocivos), aposentadorias das pessoas com deficiência (LC 142/2013), auxílio por incapacidade temporária (antigo auxílio-doença), salário-família, salário-maternidade e auxílio-acidente.*

O artigo 25 do Decreto 3.048/99 foi atualizado pelo Decreto 10.410/2020:

> Art. 25. O Regime Geral de Previdência Social compreende as seguintes prestações, expressas em benefícios e serviços:
>
> **I - quanto ao segurado:**
>
> a) aposentadoria por incapacidade permanente; (Redação dada pelo Decreto nº 10.410, de 2020).
>
> b) aposentadoria programada; (Redação dada pelo Decreto nº 10.410, de 2020).
>
> c) aposentadoria por idade do trabalhador rural; (Redação dada pelo Decreto nº 10.410, de 2020).
>
> d) aposentadoria especial;
>
> e) auxílio por incapacidade temporária; (Redação dada pelo Decreto nº 10.410, de 2020).
>
> f) salário-família;
>
> g) salário-maternidade; e
>
> h) auxílio-acidente;
>
> **II - quanto ao dependente:**
>
> a) pensão por morte; e
>
> b) auxílio-reclusão; e
>
> **III - quanto ao segurado e dependente: reabilitação profissional.**

Por um lapso, faltou a inserção do serviço social, que voltou a ser um serviço previdenciário após a revogação da MP 905/2019.

A aposentadoria por tempo de contribuição sem idade mínima foi extinta pela EC 103/2019, respeitado o direito adquirido formado até 13/11/2019. Por sua vez, para quem era segurado do RGPS em 13/11/2019, a EC 103/2019 constituiu quatro regras de transição, nos termos da Portaria INSS 450/2020:

> "Subseção II Aposentadoria por tempo de contribuição
>
> Art. 10. A aposentadoria por tempo de contribuição, ressalvado o direito adquirido, poderá ser concedida aos segurados filiados ao RGPS até 13 de novembro de 2019, mediante os requisitos fixados em quatro regras distintas de transição:
>
> I - aposentadoria por tempo de contribuição com pontuação, conforme art. 15 da EC nº 103, de 2019;
>
> II - aposentadoria por tempo de contribuição com idade mínima, conforme art. 16 da EC nº 103, de 2019;
>
> III - aposentadoria por tempo de contribuição com período adicional de 50% (cinquenta por cento), conforme art. 17 da EC nº 103, de 2019; e
>
> IV - aposentadoria por tempo de contribuição com idade mínima e período adicional de 100% (cem por cento), conforme art. 20 da EC nº 103, de 2019".

A aposentadoria por idade, que apenas exigia idade mínima e período de carência, foi substituída pela aposentadoria programada, que exige idade mínima (65 anos para os homens e 62 anos para as mulheres em regra permanente, ressalvado o regramento de transição), tempo de contribuição e período de carência, que se subdivide em comum e do professor do ensino básico, esta com redutor etário em 5 anos.

Nesse sentido, a Portaria INSS 450/2020:

> "Seção I Da aposentadoria programada (art. 201 da Constituição Federal)
>
> Art. 6º A aposentadoria programada é devida aos segurados filiados ao RGPS a partir de 13 de novembro de 2019, ou, se mais vantajosa, aos demais.
>
> Art. 7º São requisitos para concessão da aposentadoria programada, cumulativamente:
>
> I - 62 (sessenta e dois) anos de idade, se mulher, e 65 (sessenta e cinco) anos, se homem;
>
> II - 15 (quinze) anos de tempo de contribuição, se mulher, e 20 (vinte) anos, se homem; e
>
> III - 180 (cento e oitenta) contribuições mensais de carência. (Redação do inciso dada pela Portaria INSS Nº 528 DE 22/04/2020).
>
> Seção II Das Regras de Transição da Aposentadoria por Idade e da aposentadoria por tempo de contribuição
>
> Subseção I Aposentadoria por idade (art. 18 da EC nº 103, de 2019)
>
> Art. 8º Para a concessão da aposentadoria por idade, conforme regra de transição fixada pela EC nº 103, de 2019, exige-se, cumulativamente:
>
> I - 60 (sessenta) anos de idade da mulher e 65 (sessenta e cinco) do homem;
>
> II - 15 (quinze) anos de tempo de contribuição; e
>
> III - 180 (cento e oitenta) meses de carência".

A aposentadoria por idade dos trabalhadores rurais, garimpeiros e pescadores artesanais foi preservada, pois o Congresso Nacional rejeitou a sua reforma constitucional, mantendo os requisitos de idade mínima (60 anos para os homens e 55 para as mulheres).

Uma outra crítica é a utilização da expressão "auxílio por incapacidade temporária" em substituição ao "auxílio-doença", pois a incapacidade permanente também é fato gerador do benefício, nos termos do artigo 62 da Lei 8.213/91, quando cabível a reabilitação profissional.

Por certo, teria sido mais adequada a expressão "auxílio temporário por incapacidade", pois demonstraria o caráter temporário do benefício e abarcaria tanto a incapacidade temporária quanto a permanente.

Registre-se, ainda, que existem as aposentadorias com regras especiais em favor das pessoas com deficiência previstas da LC 142/2013: Aposentadoria por Tempo de Contribuição e Aposentadoria por Idade, ambas recepcionadas pelo artigo 22 da Emenda Constitucional 103/2019.

Ao longo da obra, o benefício continuará sendo chamado de auxílio-doença em muitas situações, tanto por uma questão histórica em respeito ao *Tempus Regit Actum* quanto pelos atos normativos e decisões judiciais ainda citarem essa expressão.

De sua vez, **os dependentes** farão jus a **dois benefícios**: *pensão por morte* e *auxílio-reclusão*.

Demais disso, existiam **dois serviços** devidos tanto aos segurados quanto aos seus dependentes: *serviço social* e *reabilitação profissional*.

2. DEPENDENTES DOS SEGURADOS

Os beneficiários das prestações previdenciárias são os segurados e os seus dependentes. Como estudado anteriormente, são segurados obrigatórios do RGPS o empregado, o trabalhador avulso, o segurado especial, o empregado doméstico e o contribuinte individual, conforme o artigo 12, da Lei 8.212/91.

Ademais, existe ainda a classe dos segurados facultativos, formada por aquelas pessoas que não exercem atividade laborativa remunerada, mas optaram em se filiar mediante a sua inscrição formalizada e o pagamento das contribuições previdenciárias (art. 14, Lei 8.212/91).

Neste momento, serão vistos os dependentes dos segurados do Regime Geral, previstos no **artigo 16, da Lei 8.213/91**, que farão jus à pensão por morte, ao auxílio-reclusão e a reabilitação profissional.

Deveras, a *inscrição do dependente* ocorrerá no momento do requerimento da prestação previdenciária, mediante a apresentação dos documentos listados no artigo 22, do RPS.

Por óbvio, para que uma pessoa natural seja dependente no RGPS, é preciso que o falecido ou o preso seja segurado da Previdência Social para instituir a pensão por morte ou o auxílio-reclusão respectivamente, salvo na situação excepcional prevista na Súmula 416, do STJ (pensão por morte), que será estudada oportunamente. Isso porque a relação do dependente do segurado com a Previdência Social é derivada da relação jurídica entre o segurado e o Regime Geral de Previdência Social, não possuindo autonomia, em um primeiro momento.

> **▸ Como esse assunto foi cobrado em concurso?**
>
> No concurso do CESPE para Juiz Federal da 5ª Região em 2011, foi considerado errado o seguinte enunciado: No que se refere à concessão de benefícios previdenciários, a condição de dependente é autônoma

em relação à de segurado, de forma que, tendo o falecido, na data do óbito, perdido a condição de segurado e não tendo cumprido os requisitos necessários para a aposentadoria, seus dependentes farão jus à pensão por morte, em valor proporcional ao tempo de contribuição do instituidor do benefício.

De efeito, a legislação previdenciária instituiu **três classes** de dependentes de segurados que possuíam a seguinte redação:

I. o cônjuge, a companheira, o companheiro e o filho não emancipado, de qualquer condição, menor de 21 (vinte e um) anos ou inválido ou que tenha deficiência intelectual ou mental que o torne absoluta ou relativamente incapaz, assim declarado judicialmente;

II. os pais;

III. o irmão não emancipado, de qualquer condição, menor de 21 (vinte e um) anos ou inválido ou que tenha deficiência intelectual ou mental que o torne absoluta ou relativamente incapaz, assim declarado judicialmente.

No entanto, houve mais de uma modificação na classe III com o advento da Lei 13.135/2015, mas nem todas entraram em vigor no dia da sua publicação operada em 18/6/2015 (art. 6º, da Lei 13.135). Nota-se que foi retirada a emancipação como causa de antecipação da maioridade previdenciária **(vigência em 18/6/2015)**; foi retirada a exigência de incapacidade civil do irmão com deficiência mensal ou intelectual, e excluída a necessidade de interdição judicial **(vigência em 18/6/2017)**; foi inserido como dependente o irmão com deficiência grave, nos termos do regulamento **(vigência em 180 dias, a contar de 18/6/2015)**.

Tentou se fazer a mesma modificação com a classe I, mas houve veto presidencial às mencionadas alterações na classe preferencial, que permanece com a sua redação anterior.

▸ Importante:

Posteriormente, por incrível que pareça, nova modificação legal foi feita. Por força da Lei 13.146, publicada em 7 de julho de 2015, que aprovou o Estatuto da Pessoa com Deficiência e entrou em vigor em 180 dias após a sua publicação (início de janeiro de 2016 – em 3 de janeiro), houve a alteração do artigo 16, inciso III, da Lei 8.213/91, pois a classe III passou a ter a conseguinte redação: "o irmão **não emancipado**, de qualquer condição, menor de 21 (vinte e um) anos ou inválido ou que tenha deficiência intelectual ou mental ou deficiência grave". Logo, **em 3 de janeiro de 2016, a emancipação voltou a ser causa de antecipação da maioridade previdenciária do irmão do segurado.** O Estatuto do Deficiente ainda modificou o texto do inciso I do artigo 16 da Lei 8.213/91.

Logo, para os óbitos e prisões ocorridos a partir de 3 de janeiro de 2016, à luz do Princípio do *Tempus Regit Actum* (aplica-se a lei em vigor no dia da morte ou prisão do segurado para definir as regras da pensão por morte e do auxílio-reclusão), deve ser considerada a seguinte redação para o rol dos dependentes dos segurados de classe I e III, pois inexiste modificação na classe II:

> **I – o cônjuge, a companheira, o companheiro e o filho não emancipado, de qualquer condição, menor de 21 (vinte e um) anos ou inválido ou que tenha deficiência intelectual ou mental ou deficiência grave;**
>
> **III – o irmão não emancipado, de qualquer condição, menor de 21 (vinte e um) anos ou inválido ou que tenha deficiência intelectual ou mental ou deficiência grave.**

Existia uma quarta classe composta pelo menor de 21 anos de idade designado ou maior de 60 anos ou inválido, que foi revogada pela Lei 9.032/95.

▶ **Qual o entendimento da TNU sobre o assunto?**

Súmula 04 – Não há direito adquirido à condição de dependente de pessoa designada, quando o falecimento do segurado deu-se após o advento da Lei 9.032/95.

▶ **Como esse assunto foi cobrado em concurso?**

No concurso do CESPE para Procurador do Estado do Ceará em 2007, foi considerado errado o seguinte enunciado: Selma, segurada da previdência social na qualidade de empregada, é solteira, não tem filhos e seus pais já faleceram. Nessa situação, Selma poderá designar um menor impúbere, com quem tenha muita afinidade, para ser seu dependente, bastando, para isso, declarar, por escrito, sua intenção à agência da previdência social.

De acordo com o parágrafo sétimo do artigo 16 da Lei 8.213/91, introduzido pela Lei 13.846/2019, "será excluído definitivamente da condição de dependente quem tiver sido condenado criminalmente por sentença com **trânsito em julgado**, como autor, coautor ou partícipe de **homicídio doloso, ou de tentativa desse crime**, cometido contra a pessoa do segurado, ressalvados os absolutamente incapazes e os inimputáveis".

▶ **Como esse assunto foi cobrado em concurso?**

(CESPE/PGM/Campo Grande/2019) Perde o direito à pensão por morte o pretenso beneficiário que, após o trânsito em julgado, tenha sido condenado pela prática de crime de que tenha dolosamente ou mesmo **culposamente** resultado a morte do segurado. **Gabarito: errado.**

Dessa forma, o cônjuge poderá até perdoar o crime, caso sobreviva à tentativa de homicídio doloso. Mas a previdência social jamais perdoará (discutível essa opção do legislador), havendo definitiva exclusão da qualidade de pendente do segurado sobrevivente.

Evidente que o dispositivo não se aplica aos menores de 18 anos e pessoa sem discernimento mental, pois inimputáveis pela lei penal e por essa razão não cometem crimes.

2.1. Classe I

Os dependentes da classe I gozam de *presunção absoluta de dependência econômica*, ou seja, mesmo que o segurado instituidor da pensão por morte ou do auxílio-reclusão não provisse o seu sustento, mesmo assim farão jus a esses benefícios.

Deveras, o artigo 16, §4º, da Lei 8.213/91, fala apenas em presunção, sem especificar a sua natureza. Entretanto, é remansoso o entendimento de que se cuida de presunção absoluta, inclusive no âmbito do INSS.

> **▸ Como esse assunto foi cobrado em concurso?**
>
> No concurso do CESPE para Juiz Federal da 5ª Região em 2007, foi considerado correto o seguinte enunciado: Considere que Célia mantenha união estável com João, segurado da previdência social. Nessa situação, Célia é considerada, para fins previdenciários, dependente, sendo-lhe dispensada a comprovação da dependência econômica, mas exigida a comprovação da situação conjugal.

Ademais, os dependentes da classe I são *preferenciais*, afastando em caso de concurso os da classe II e III, não havendo posterior transferência de direito para as classes inferiores.

Além do cônjuge ou companheiro(a) do segurado, o *ex-cônjuge* e o *ex-companheiro(a)* também serão considerados como dependentes, desde que haja a *percepção de alimentos* por ocasião da separação judicial ou do divórcio.

> **▸ Qual o entendimento do STJ sobre o assunto?**
>
> De acordo com a Súmula 336, do STJ, "a mulher que renunciou aos alimentos na separação judicial tem direito à pensão previdenciária por morte do ex-marido, comprovada a necessidade econômica superveniente".

> **▸ Como esse assunto foi cobrado em concurso?**
>
> No concurso do CESPE para Procurador do Município de Natal em 2008, foi considerado correto o seguinte enunciado: A mulher que renunciou aos alimentos na separação judicial tem direito a pensão previdenciária por morte do ex-marido, desde que comprovada a necessidade econômica superveniente. Por sua vez, no concurso para Procurador do Estado de Alagoas em 2008, foi considerado errado o seguinte enunciado: A mulher que renunciou aos alimentos na separação judicial não tem direito à pensão por morte do ex-marido, ainda que comprove a necessidade econômica superveniente.

Com todo o respeito que merece a Corte Superior pelos relevantes serviços prestados ao país com a melhor interpretação e uniformização da legislação federal, não há como deixar de criticar a redação da Súmula 336.

Inicialmente, por isonomia, ao invés de se referir a "mulher", o enunciado deveria ter dito "pessoa", pois o mesmo entendimento é aplicável aos homens com o advento da Constituição de 1988 e da Lei 8.213/91. Ademais, esse entendimento não se limita à separação, sendo aplicável ao divórcio, como já decidiu o próprio STJ (REsp 472.742, DJ de 31.03.2003).

Demais disso, também na dissolução da união estável é possível a adoção dessa linha de pensamento, pois também é uma relação apta a instituir uma entidade familiar, sendo cada vez mais comum no Brasil, por sua praticidade e economicidade, conquanto ainda se tenha certa dificuldade probatória, que inexiste no casamento.

O mesmo entendimento também é extensível à parceria homoafetiva, pois, como será visto, a Corte Superior acertadamente coloca o parceiro como dependente preferencial do RGPS.

Vale destacar que a renúncia é um ato de disposição expresso dos alimentos, caso a mulher fizesse jus na separação judicial, bem como a necessidade econômica deverá ser comprovada no momento do óbito, pois é esta a ocasião em que se definem os dependentes, e não posteriormente.

Ainda se entende que os alimentos são prestações indisponíveis, não sendo tecnicamente adequado se falar em renúncia, com base no artigo 1.707, do Código Civil.

Insta argumentar que essa necessidade econômica superveniente deverá ser comprovada com a demonstração de que o segurado falecido prestava algum auxílio substancial ao ex-cônjuge, companheiro(a) ou parceiro homoafetivo supérstite, mesmo sem o pagamento formal de pensão alimentícia.

> ▸ **Importante:**
>
> Por tudo isso, crê-se que o enunciado deverá ser interpretado da seguinte forma: "A pessoa que não exerceu o direito à prestação alimentícia na separação judicial, no divórcio, na dissolução de união estável ou de relação homoafetiva, terá direito à pensão por morte em decorrência do falecimento do respectivo segurado, desde que demonstrada a necessidade econômica superveniente, até a data do óbito, através da prestação de alimentos *in natura* ou de qualquer outro auxílio substancial que conduzisse à dependência econômica".

Na hipótese de *separação de fato*, resta afastada a presunção de dependência econômica, devendo o cônjuge ou companheiro(a) que postular benefício comprová-la, na forma do artigo 76, §1º, da Lei 8.213/91.

▸ **Qual o entendimento do STJ sobre o assunto?**

O cônjuge supérstite goza de dependência presumida, contudo, estando separado de fato e não percebendo pensão alimentícia, essa dependência deverá ser comprovada (REsp 411.194, de 17.04.2007).

O conceito de união estável adotado no §3º, do artigo 16, da Lei 8.213/91, é mais restritivo do que a definição do Código Civil, pois "considera-se companheira ou companheiro a pessoa que, sem ser casada, mantém união estável com o segurado ou com a segurada, de acordo com o § 3º do art. 226 da Constituição Federal".

Deveras, para a legislação previdenciária, apenas estaria configurada a união estável na hipótese de as pessoas de sexos diversos não serem casadas, ao passo que o artigo 1.723 do Código Civil permite a união estável entre pessoas casadas, desde que separadas de fato.

Na prática, vem se adotando a definição do Código Civil, pois é irrazoável a restrição imposta pela legislação previdenciária, razão pela qual o artigo 16, §6º, do RPS, manda observar a definição civilista. O próprio INSS não mais adota a definição de união estável §3º, do artigo 16, da Lei 8.213/91, pois foi tacitamente revogada pelo Código Civil de 2002.

▸ **Como esse assunto foi cobrado em concurso?**

No concurso do CESPE para Juiz Federal da 5ª Região em 2007, foi considerado correto o seguinte enunciado: A inscrição de companheira ou companheiro na qualidade de dependente pode ser feita inclusive se o segurado for casado.

De acordo com a interpretação do Código Civil pelo INSS, não é possível o reconhecimento da união estável, bem como dos efeitos previdenciários correspondentes, quando um ou ambos os pretensos companheiros forem menores de dezesseis anos, sendo que, em se tratando de companheiro (a) maior de dezesseis e menor de dezoito anos, dada a incapacidade relativa, o reconhecimento da união estável está condicionado à apresentação de declaração expressa dos pais ou representantes legais, atestando que conheciam e autorizavam a convivência marital do menor (Instrução Normativa 85/2016).

A jurisprudência do STJ e TNU admitiam a prova da união estável apenas por prova testemunhal.

▸ **Qual o entendimento da TNU sobre o assunto?**

Súmula 63 – A comprovação de união estável para efeito de concessão de pensão por morte prescinde de início de prova material.

Isto foi modificado com o advento da **Lei 13.846/2019**, tornando a posição Regulamentar (Decreto 3.048/99) válida e **afastando a jurisprudência citada**. Isso porque restou inserido no artigo 16 da Lei 8.213/91 um quinto parágrafo com tarifação de prova com marca de temporariedade de 24 meses antes do fato gerador da pensão por morte ou do auxílio-reclusão.

> **Importante:**
>
> De efeito, dispõe o novel §5º do artigo 16 da Lei 8.213/91 que "as provas de **união estável** e de **dependência econômica** exigem **início de prova material contemporânea dos fatos, produzido em período não superior a 24 (vinte e quatro) meses anterior à data do óbito ou do recolhimento à prisão do segurado**, não admitida a prova exclusivamente testemunhal, exceto na ocorrência de motivo de força maior ou caso fortuito, conforme disposto no regulamento".

Dessa forma, se o segurado morreu em 8 de setembro de 2019, a sua companheira não poderá provar a união estável apenas com testemunhos, devendo apresentar ao menos um documento que indique a união estável produzido entre 8 de setembro de 2017 e 8 de setembro de 2019, exceto fortuito e força maior ainda não regulamentados.

Assim, resta afastando o Princípio do Livre Convencimento Motivado e adotada a tarifação de prova para dar mais segurança jurídica, considerando a existência de casos habituais de falsos testemunhos e para preservar o Erário contra algumas situações de fraude.

No entanto, acredito que a exigência temporal do documento foi excessiva nos últimos 24 meses antes do fato gerador do benefício, a exemplo da certidão de nascimento de dois filhos em comum de 3 e 4 anos de idade no dia da morte do segurado, pois a certidões foram emitidas há mais de 24 meses do dia do óbito.

No que concerne ao concubinato, assim considerada a relação que se desenvolve paralelamente ao casamento sem a separação dos cônjuges, quer de fato, quer judicialmente, tanto o STF quanto o STJ vêm afastando sumariamente a condição de dependente do(a) concubino(a).

> **Qual o entendimento do STF sobre o assunto?**
>
> "A titularidade da pensão decorrente do falecimento de servidor público pressupõe vínculo agasalhado pelo ordenamento jurídico, mostrando-se impróprio o implemento de divisão a beneficiar, em detrimento da família, a concubina"(STF, RE 590.779, de 10.02.2009), entendimento aplicável ao RGPS.
>
> Em 18/12/2020, ao julgar o RE 1.045.273 (tema 529) em **Repercussão Geral**, por 6 votos a 5, o STF reafirmou a sua tradicional jurisprudência no sentido de **negar a concessão de pensão por morte ao(a) concubino(a)**, fixando a seguinte tese:

> ***"A preexistência de casamento ou de união estável de um dos conviventes, ressalvada a exceção do artigo 1723, §1º do Código Civil, impede o reconhecimento de novo vínculo referente ao mesmo período, inclusive para fins previdenciários, em virtude da consagração do dever de fidelidade e da monogamia pelo ordenamento jurídico-constitucional brasileiro".***

O caso tratou em duas relações concomitantes mantidas pelo segurado falecido: uma união estável mais antiga com uma mulher e com reconhecimento judicial e uma relação homoafetiva com um homem, esta última sendo considerada como concubinato e negada a pensão por morte ao concubino.

No mesmo sentido o Tema 526 em Repercussão Geral, **de 03/08/2021:**

> **"É incompatível com a Constituição Federal o reconhecimento de direitos previdenciários (pensão por morte) à pessoa que manteve, durante longo período e com aparência familiar, união com outra casada, porquanto o concubinato não se equipara, para fins de proteção estatal, às uniões afetivas resultantes do casamento e da união estável."**

▸ **Qual o entendimento do STJ sobre o assunto?**

"1. A jurisprudência do STJ prestigia o entendimento de que uma Existência de impedimento para o matrimônio, por Parte de um dos Companheiros pretensos, embaraça uma constituição da união estável, inclusive para fins previdenciários. 2. Afigura-se inviável, desse modo, reconhecer à recorrida o Direito à percepção da Pensão por morte em concurso com uma viúva, Haja vista que o de cujus, à época do óbito, casado com uma permanecia recorrente" (STJ, REsp 1.114.490, 5ª Turma, de 19.11.2009).

▸ **Como esse assunto foi cobrado em concurso?**

No concurso do CESPE para Procurador do TCU em 2015, foi considerado ERRADO o seguinte enunciado: No que concerne ao concubinato, relação desenvolvida paralelamente ao casamento sem a separação dos cônjuges, o STJ admite a condição de dependente do concubino.

É oportuno afirmar que também é possível a instituição de concubinato paralelamente à união estável, sendo aplicável o mesmo regramento. Sucede que, neste caso, como normalmente não há um documento que comprove a união estável, ao contrário do que ocorre no casamento, será bastante difícil saber quem é convivente e quem é concubino(a).

> **Qual o entendimento do STJ sobre o assunto?**
>
> Sobre o tema, o STJ decidiu não ser possível a configuração simultânea de duas uniões estáveis, devendo um dos relacionamentos ser tratado como sociedade de fato, pois também existe o dever de lealdade entre os companheiros (REsp 1.157.273, de 18.05.2010).

Por questões de isonomia, **o parceiro homoafetivo também é considerado como dependente de segurado**, inclusive com **presunção de dependência econômica**, tendo em conta que essa relação afetiva entre pessoas do mesmo sexo também é apta a instituir uma entidade familiar.

Nesse sentido, o INSS passou a ser compelido a reconhecer o parceiro homoafetivo por força de liminar concedida na **ação civil pública 2000.71.00.009347-0**, proposta na Seção Judiciária de Porto Alegre – RS.

> **Qual o entendimento do STF sobre o assunto?**
>
> Esta liminar foi mantida pelo STF no julgamento da Pet 1.984, tendo o Ministro Marco Aurélio, então Presidente do STF, indeferido a suspensão em 10.02.2003.

> **Qual o entendimento do STJ sobre o assunto?**
>
> O mesmo caminho segue o STJ: "Diante do § 3º do art. 16 da Lei n. 8.213/91, verifica-se que o que o legislador pretendeu foi, em verdade, ali gizar o conceito de entidade familiar, a partir do modelo da união estável, com vista ao direito previdenciário, sem exclusão, porém, da relação homoafetiva" (passagem do REsp 395.904, de 13.12.2005).
>
> Ressalte-se que, em 04.02.2010, ao julgar o REsp 1.026.981-RJ, **o STJ estendeu o mesmo entendimento aos planos de previdência privada.**

> **Como esse assunto foi cobrado em concurso?**
>
> No concurso do CESPE para Procurador do BACEN em 2009, foi considerado errado o seguinte enunciado: A jurisprudência dos tribunais superiores pacificou-se no sentido da impossibilidade de cobertura previdenciária para ligações homoafetivas, ou seja, não considera possível, em matéria previdenciária, que o conceito de companheiro, previsto na CF inclua dependente do mesmo sexo.

Finalmente, em 01.06.2010, o Advogado-Geral da União homologou o Parecer 38/2009, da lavra do Departamento de Análise de Atos Normativos, órgão da Consultoria-Geral da União, que reconheceu o parceiro homoafetivo como dependente previdenciário, em razão da instituição de entidade familiar por essa união.

Vale ressaltar que o entendimento do Advogado-Geral da União vincula a interpretação de toda a Administração Pública federal, de modo que no âmbito do

Regime Geral de Previdência Social, do Regime Próprio de Previdência Social dos servidores da União e do regime previdenciário dos militares federais deverá ser reconhecida a parceria homoafetiva, interpretando-se extensivamente os dispositivos que se referem à união estável para abarcá-la.

São também dependentes os menores de **21 anos de idade, exceto se emancipados pelas causas previstas no artigo 5º, do Código Civil**, que contemplam hipóteses de emancipação voluntária e *ex lege*, quando a dependência cessará anteriormente aos 21 anos de idade (entre 16 e 18 anos de idade).

Por falta de previsão legal, ao contrário do que ocorre com o casamento, frise-se que a união estável não é causa de emancipação, sendo este, inclusive, o entendimento administrativo do INSS.

Antes da edição do Decreto 6.939/2009, o artigo 17, III, do RPS, mantinha a qualidade de dependente em uma hipótese de emancipação legal, consistente na colação de grau de curso superior antes dos 21 anos, ressalva que não mais é prevista genericamente no referido ato regulamentar.

Todavia, apenas para a percepção da pensão por morte, o dependente menor de 21 anos mantém a sua qualidade na improvável hipótese de colar grau em curso superior anteriormente, na forma do artigo 114, II, do RPS.

De acordo com uma interpretação apenas literal do texto regulamentar, apenas o dependente inválido que colar grau em curso superior antes de completar 21 anos de idade conservará a qualidade de dependente.

Portanto, entende-se que deve ser mantida a pensão por morte ao emancipado inválido para o trabalho, pois a capacidade civil difere da capacidade laboral.

> **▸ Importante:**
>
> O artigo 77, §2º, da Lei 8.213/91, com redação dada pela Lei 13.183/2015 e 13.135/2015 (incisos II e III, respectivamente), é claro ao afirmar que a parte individual da pensão extingue-se para o filho, a pessoa a ele equiparada ou o irmão, de ambos os sexos, ao completar vinte e um anos de idade, salvo se for inválido ou tiver deficiência intelectual ou mental ou deficiência grave; para filho ou irmão inválido, pela cessação da invalidez; para filho ou irmão que tenha deficiência intelectual ou mental ou deficiência grave, pelo afastamento da deficiência, nos termos do regulamento.

Com o advento do Decreto 10.410/2020, não existe mais a ressalva da colação de grau em curso superior antes dos 21 anos de idade no artigo 114 do Decreto 3.048/99. No entanto, o artigo 17 não arrolou essa hipótese de emancipação para antecipar a maioridade previdenciária:

"Art. 17. A perda da qualidade de dependente ocorre:

III - ao completar vinte e um anos de idade, para o filho, o irmão, o enteado ou o menor tutelado, ou nas seguintes hipóteses, se ocorridas anteriormente a essa idade: (Redação dada pelo Decreto nº 10.410, de 2020).

a) casamento; (Redação dada pelo Decreto nº 10.410, de 2020).

b) início do exercício de emprego público efetivo; (Redação dada pelo Decreto nº 10.410, de 2020).

c) constituição de estabelecimento civil ou comercial ou pela existência de relação de emprego, desde que, em função deles, o menor com dezesseis anos completos tenha economia própria; ou (Redação dada pelo Decreto nº 10.410, de 2020).

d) concessão de emancipação, pelos pais, ou por um deles na falta do outro, por meio de instrumento público, independentemente de homologação judicial, ou por sentença judicial, ouvido o tutor, se o menor tiver dezesseis anos completos; e (Redação dada pelo Decreto nº 10.410, de 2020)".

▸ **Importante:**

Logo, de acordo com a atual redação do artigo 17, do RPS, dada pelo Decreto 6.939/09, para se enquadrar como dependente do segurado, é indispensável que a invalidez tenha ocorrido antes dos 21 anos de idade ou, se houver, antes das causas de emancipação, sendo este o posicionamento adotado majoritariamente pelas bancas examinadoras até o momento, a exemplo do CESPE.

Essa sistemática foi mantida pelo Decreto 10.410/2020 no artigo 17 do Regulamento:

"§ 1º O filho, o irmão, o enteado e o menor tutelado, desde que comprovada a dependência econômica dos três últimos, se inválidos ou se tiverem deficiência intelectual, mental ou grave, não perderão a qualidade de dependentes **desde que a invalidez ou a deficiência intelectual, mental ou grave tenha ocorrido antes de uma das hipóteses previstas no inciso III do caput.** (Incluído pelo Decreto nº 10.410, de 2020)".

▸ **Como esse assunto foi cobrado em concurso?**

No concurso do CESPE para Procurador do Estado do Ceará em 2007, foi considerado **errado** o seguinte enunciado: Albano, quando tinha 16 anos de idade, perdeu seu pai, segurado do (RGPS), e passou a receber a pensão por morte, benefício que cessou quando completou 21 anos.

Depois, perdeu sua mãe. Atualmente, Albano trabalha no mercado informal, tem 23 anos de idade, está na faculdade, mas não promoveu sua inscrição na previdência social. Nessa situação, caso Albano venha a ser acometido por doença que o torne inválido e, portanto, incapaz para a atividade laboral, poderá requerer ao INSS a restauração da pensão que recebia, tendo em vista sua atual condição de invalidez.

▶ **Qual o entendimento da TNU sobre o assunto?**

Entretanto, em 11 de outubro de 2010, em reunião em Recife, ao julgar incidente de uniformização no processo 2005.71.95.001467-0, a TNU decidiu que o maior de 21 anos inválido continua como dependente do segurado, mesmo sendo a invalidez posterior à maioridade previdenciária, mas com presunção relativa de dependência econômica, cabendo ao INSS desconstituí-la, como foi feito no processo em questão.

▶ **Qual o entendimento do STJ sobre o assunto?**

2. É irrelevante o fato de a invalidez ter sido após a maioridade do postulante, uma vez que, nos termos do artigo 16, III c/c parágrafo 4º, da Lei 8.213/91, é devida a pensão por morte, comprovada a dependência econômica, ao irmão inválido ou que tenha deficiência intelectual ou mental que o torne absoluta ou relativamente incapaz, assim declarado judicialmente. 3. Alinhado a esse entendimento, há precedentes do STJ no sentido de que, em se tratando de dependente maior inválido, basta a comprovação de que a invalidez é anterior ao óbito do segurado. Nesse sentido: AgRg no AREsp 551.951/SP, Rel. Ministra Assusete Magalhães, Segunda Turma, DJe 24/4/2015, e AgRg no Ag 1.427.186/PE, Rel. Ministro Napoleão Nunes Maia Filho, Primeira Turma, DJe 14/9/2012 (REsp 1618157, de 18.8.2016).

A condição do dependente inválido independe de qualquer ato judicial de interdição, bastando a manifestação positiva da perícia do INSS. Por outro lado, a interdição judicial não dispensa o exame médico a cargo da Previdência Social, pois o INSS sequer foi parte no processo que tramitou na Justiça Estadual, sendo-lhe ineficaz a coisa julgada.

Ademais, nem sempre as causas de interdição previstas no artigo 1.767 do Código Civil configuram hipóteses de invalidez, a exemplo do pródigo e do ébrio habitual, este a depender do grau de sua dependência.

Por outro lado, há forte **jurisprudência majoritária** que sustenta que a sentença de interdição prolatada pela Justiça Estadual vincula o INSS a reconhecer a invalidez do dependente.

Por força de inovação inaugurada pela Lei 12.470/2011, havia sido inserido como dependente do segurado o filho do segurado que tenha deficiência intelectual ou mental que o torne absoluta ou relativamente incapaz, assim declarado judicialmente, também manterá a sua qualidade mesmo após completar os 21 anos de idade.

Com propriedade, nos moldes dos artigos 3º e 4º, do Código Civil, modificados pela Lei 13.146/2015, são **absolutamente incapazes** para prática dos atos da vida civil os menores de 16 (dezesseis) anos de idade.

De sua vez, após a alteração perpetrada pela Lei 13.146/2045, são incapazes, **relativamente** a certos atos, ou à maneira de os exercer:

> I – os maiores de dezesseis e menores de dezoito anos;
>
> II – os ébrios habituais, os viciados em tóxicos, e os que, por deficiência mental, tenham o discernimento reduzido;
>
> III – os excepcionais, sem desenvolvimento mental completo;
>
> IV – os pródigos.

Assim, com a Lei 12.470/2011, perpetrou-se uma elevação da proteção previdenciária aos filhos dos segurados, pois os que possuam mais de 21 anos de idade e que não sejam inválidos para o trabalho, irão manter a condição de dependentes em razão de ostentar incapacidade civil relativa ou absoluta em decorrência de deficiência intelectual ou mental.

> ▸ **Importante:**
>
> No entanto, com o advento da Lei 13.146/2015, a redação foi alterada, passando a ser dependente do segurado "o filho não emancipado, de qualquer condição, menor de 21 (vinte e um) anos ou inválido ou que tenha deficiência intelectual ou mental ou deficiência grave". **Foram perpetradas três alterações: 1- não se exige mais que a deficiência intelectual ou mental do filho gere incapacidade para a prática de atos da vida civil; 2- não se exige mais a sentença de interdição e 3- foi inserido o deficiente grave como dependente.**

Caberá ao Regulamento definir quais as situações de deficiência intelectual ou mental que gerarão a proteção previdenciária do filho maior de 21 do segurado, assim como qual o critério para enquadramento do deficiente grave, pois o texto tornou-se genérico e impreciso.

Sucede que, com o advento do **Decreto 10.410/2020,** tivemos uma **novidade normativa** a respeito do tema:

> "Art. 4º Para fins de acesso a benefícios da pessoa com deficiência, até que seja aprovado o instrumento específico para a avaliação biopsicossocial da pessoa com deficiência, realizada por equipe multiprofissional e interdisciplinar, será utilizado o instrumento aprovado pela Portaria Interministerial AGU/MPS/MF/SRDH/MP nº 1, de 27 de janeiro de 2014".

Assim, diante na inexistência até o momento de regulamentação do instrumento de aferição da pessoa com deficiência para fins dos incisos I e III do artigo 16 da Lei 8.213/91 e em razão da enorme mora administrativa que vem prejudicando essas pessoas em razão do sobrestamento dos pedidos, o generalista artigo 4º do Decreto 10.410/2020 determinou o uso provisório da Portaria Interministerial AGU/MPS/MF/SRDH/MP nº 1, de 27 de janeiro de 2014 aos benefícios da pessoa com deficiência até a aprovação instrumento específico para a avaliação biopsicossocial da pessoa com deficiência, o que obviamente abarca as situações dos dependentes dos segurados com deficiência diante da abertura do texto regulamentar.

Ademais, o artigo 110-A da Lei 8.213/91, inserido pela Lei 13.146/2016, passou a prever que, no ato de requerimento de benefícios operacionalizados pelo INSS, não será exigida apresentação de termo de curatela de titular ou de beneficiário com deficiência, observados os procedimentos a serem estabelecidos em regulamento.

▸ **Importante:**

Ainda são **equiparados a filhos** pelo §2º, do artigo 16, da Lei 8.213/91, **o *enteado* e o *menor tutelado*, mas não milita em seu favor a presunção de dependência econômica, que deverá ser comprovada.** Neste caso, é preciso a comprovação da inexistência de bens suficientes para o próprio sustento e educação, na forma do artigo 16, §3º, do RPS.

▸ **Importante:**

Até o advento da Medida Provisória 1.523, de 11.10.1996, convertida na Lei 9.528/97, **o *menor sob guarda* também era considerado dependente, tendo sido excluído desse rol no texto da Lei 8.213/91** em razão do elevado número de avós que colocavam os seus netos sob guarda apenas para instituir eventual pensão por morte previdenciária.

Muito ainda se discute sobre a prevalência do Estatuto da Criança e do Adolescente sobre a legislação previdenciária, pois o seu artigo 33, §3º, prevê que a guarda confere à criança ou adolescente a condição de dependente, para todos os fins e efeitos de direito, inclusive previdenciários.

▸ **Qual o entendimento do STJ sobre o assunto?**

Após divergência interna, o STJ referendou a exclusão do menor sob guarda da lista dos dependentes do RGPS: **"Pensão por morte. Regime Geral de Previdência Social. Menor sob guarda. Incidência da lei previdenciária vigente ao tempo do óbito do instituidor do benefício. Inaplicabilidade do Estatuto da Criança e do Adolescente. Precedentes da Terceira Seção. Embargos de divergência conhecidos e recebidos"** (3ª Seção, EREsp 801.214, de 28.05.2008).

Após certa divergência, a Corte Especial do STJ EXCLUIU O MENOR SOB GUARDA no rol de equiparados a filho no julgamento do AgRg na SLS 1988, de 4/3/2015: "II – Hipótese em que a decisão cujos efeitos foram aqui suspensos discrepa da jurisprudência do Superior Tribunal de Justiça "no sentido de ser indevida pensão por morte a menor sob guarda se o óbito do segurado tiver ocorrido sob a vigência da MP nº 1.523/96, posteriormente convertida a na Lei nº 9.528/97" (AgRg nos EDcl no REsp n. 1.104.494/RS, Relator o Ministro Nefi Cordeiro, DJ de 16/12/2014). III – Efeito multiplicador reconhecido, tendo em conta a probabilidade de que a decisão impugnada estimule o ajuizamento de novas ações com o mesmo objeto, e lesão à economia pública demonstrada pela irrepetibilidade dos proventos eventualmente pagos, considerando a natureza alimentícia do benefício de **pensão** por **morte"**.

O TEMA TEVE MAIS UMA REVORAVOLTA EM **7 DE DEZEMBRO DE 2016**. É QUE A CORTE ESPECIAL DO STJ DEU PREVALÊNCIA AO ESTATUTO DA CRIANÇA E DO ADOLESCENTE, GARANTINDO A MANUTENÇÃO DO MENOR SOB GUARDA NO ROL DE EQUIPARADOS A FILHOS MESMO APÓS A LEI 9.528/97:

PREVIDENCIÁRIO. PENSÃO POR MORTE. MENOR SOB GUARDA. ALTERAÇÕES LEGISLATIVAS. ART. 16 DA LEI N. 8.213/90. MODIFICAÇÃO PELA MP N. 1.523/96, CONVERTIDA NA LEI N. 9.528/97. CONFRONTO COM O ART. 33, § 3º, DO ECA. ART. 227 DA CONSTITUIÇÃO. INTERPRETAÇÃO CONFORME. PRINCÍPIO DA PROTEÇÃO INTEGRAL E PREFERENCIAL DA CRIANÇA E DO ADOLESCENTE. 1. Ao menor sob guarda deve ser assegurado o direito ao benefício da pensão por morte mesmo se o falecimento se deu após a modificação legislativa promovida pela Lei n. 9.528/97 na Lei n. 8.213/90. 2. O art. 33, § 3º da Lei n. 8.069/90 deve prevalecer sobre a modificação legislativa promovida na lei geral da previdência social porquanto, nos termos do art. 227 da Constituição, é norma fundamental o princípio da proteção integral e preferência da criança e do adolescente (EMBARGOS DE DIVERGÊNCIA EM RESP Nº 1.141.788 – RS, julgado em 7/12/2016).

Embora a Corte Especial não tenha tratado do tema, é necessário que o menor sob guarda demonstre a dependência econômica e que haja a concessão de guarda jurídica. E isto foi dito posteriormente pela 1ª Seção em tese repetitiva:

▸ **Qual o entendimento do STJ sobre o assunto?**

O menor sob guarda tem direito à concessão do benefício de pensão por morte do seu mantenedor, **comprovada sua dependência econômica**, nos termos do art. 33, § 3º do Estatuto da Criança e do Adolescente, ainda que o óbito do instituidor da pensão seja posterior à vigência da Medida Provisória 1.523/96, reeditada e convertida na Lei n. 9.528/97. Funda-se essa conclusão na qualidade de lei especial do Estatuto da Criança e do Adolescente (8.069/90), frente à legislação previdenciária. REsp 1.411.258-RS, Rel. Min. Napoleão Nunes Maia Filho, Primeira Seção, por unanimidade, julgado em 11/10/2017, DJe 21/02/2018. **(Tema 732).**

▸ **Importante:**

De acordo com o artigo 23, §6º, da **Emenda 103/2019**, equiparam-se a filho, para fins de recebimento da pensão por morte, **exclusivamente** o enteado e o menor tutelado, desde que comprovada a dependência econômica.

O objetivo da reforma constitucional foi afastar a jurisprudência que amplia o rol legal dos equiparados a filho. Em tese, a Emenda 103 derruba toda a jurisprudência do STJ para óbitos após a sua vigência (*Tempus Regit Actum*).

▸ **Qual o entendimento do STF sobre o assunto?**

Em 8 de junho de 2021, por 6 x 5, no julgamento das **ADI's 4.878 e 5.083** o Tribunal, por maioria, julgou procedente a ação, de modo a **conferir interpretação conforme ao § 2º do art. 16 da Lei nº 8.213/1991, para**

contemplar, em seu âmbito de proteção, o "menor sob guarda", nos termos do voto do Ministro Edson Fachin, Redator para o acórdão, vencidos os Ministros Gilmar Mendes (Relator), Alexandre de Moraes, Marco Aurélio, Nunes Marques e Luiz Fux (Presidente), que julgavam improcedente a ação. Falaram: pelo interessado Presidente da República, a Dra. Izabel Vinchon Nogueira de Andrade, Secretária-Geral de Contencioso da Advocacia-Geral da União; pelo amicus curiae Associação Nacional de Entidades de Previdência dos Estados e Municípios – ANEPREM, o Dr. Bruno Sá Freire Martins; pelo amicus curiae Defensoria Pública da União – DPU, o Dr. Antonio Ezequiel Inácio Barbosa, Defensor Público Federal; e, pelo amicus curiae Instituto Nacional do Seguro Social – INSS, a Dra. Bruna Maria Palhano Medeiros, Procuradora Federal. Plenário, Sessão Virtual de 28.5.2021 a 7.6.2021.

Dessa forma, **para os óbitos até a vigência da Emenda 103 (13/11/2019)** a decisão do STF vincula o INSS (controle abstrato de constitucionalidade com eficácia vinculante perante a Administração Pública), garantindo a inserção do menor sob guarda como equiparado a filho, desde que provada a dependência econômica, prevalecendo o ECA sobre a exclusão perpetrada pela Lei 9.528/97.

Por outro lado, considerando que o STF rejeitou a aferição de constitucionalidade do artigo 23, §6º, da EC 103/2019, conquanto em *obiter dictum* o Ministro Fachin aduziu que os mesmos argumentos seriam válidos para a extensão da tese, **a decisão não vincula o INSS para os óbitos a contar de 14/11/2019**.

Considerando a amplitude da regra do artigo 33, §3º, do ECA, a decisão da Suprema Corte também se aplica aos Regimes Próprios de Previdência Social, sendo que no RPPS federal se limita às mortes até 13/11/2019, considerando que o artigo 23 da EC 103/2019 não se aplica ao RPPS dos estados, Distrito Federal e municípios, sendo que nestes regimes locais a aplicação da decisão do STF é temporalmente irrestrita.

Demais disso, inexiste previsão legal para incluir o curatelado na condição de dependente do segurado, sendo incabível interpretação extensiva para inseri-lo, conforme pronunciamento do TRF da 3ª Região (AC 719.556, de 27.03.2007).

É comum que filhos dependentes de segurado que completem 21 anos e ainda cursem universidade ingressem com ação judicial contra o INSS para manter normalmente a pensão por morte até completarem os 24 anos de idade.

A legislação previdenciária é taxativa a respeito, apenas sendo manutenida a condição de dependente de filho de segurado após os 21 anos de idade na hipótese de invalidez preexistente, sendo o tema pacífico na jurisprudência.

▸ Qual o entendimento da TNU sobre o assunto?

Súmula 37- A pensão por morte, devida ao filho até os 21 anos de idade, não se prorroga pela pendência do curso universitário.

▸ **Qual o entendimento do STJ sobre o assunto?**

A pensão pela morte do pai será devida até o limite de vinte e um anos de idade, salvo se inválido, não se podendo estender até os 24 anos para os estudantes universitários, pois não há amparo legal para tanto. Recurso provido (REsp 639.487, de 11.10.2005). Esta posição foi firmada em tese repetitiva pelo STJ no ano de 2013 (REsp 1.369.832-SP, Rel. Min. Arnaldo Esteves Lima, julgado em 12/6/2013).

▸ **Como esse assunto foi cobrado em concurso?**

No concurso do CESPE para Juiz Federal da 5ª Região em 2007, foi considerado correto o seguinte enunciado: Cláudio, segurado da previdência social, morreu, e seu filho Sérgio, com 16 anos, passou a receber pensão por morte. Nessa situação, Sérgio terá direito ao recebimento da pensão somente até os 21 anos, improrrogável, independentemente de ainda estar cursando algum curso universitário.

▸ **Importante:**

Por fim, por força da Lei 13.146, publicada em 7 de julho de 2015, que aprovou o Estatuto da Pessoa com Deficiência e **entrou em vigor em 180 dias após a sua publicação (3 de janeiro de 2016),** houve a alteração do artigo 16, inciso I, da Lei 8.213/91, pois a classe I passou a ter a conseguinte redação: o cônjuge, a companheira, o companheiro e o filho não emancipado, de qualquer condição, menor de 21 (vinte e um) anos ou inválido ou que tenha deficiência intelectual ou mental ou deficiência grave. Logo, **em janeiro de 2016, o filho do segurado com deficiência grave passou a integrar a classe preferencial, cabendo ao Regulamento da Previdência Social definir futuramente o que é deficiência grave.**

Logo, desde 3 de janeiro de 2016, o filho do segurado com deficiência grave passou a integrar a classe preferencial, cabendo ao Regulamento da Previdência Social definir futuramente o que é deficiência grave, assim como foi excluída a necessidade de incapacidade civil da deficiência intelectual ou mental e consequente sentença de interdição.

2.2. Classe II

Na segunda classe se encontram os pais do segurado, que **apenas farão jus aos benefícios previdenciários caso inexista algum dependente preferencial.** Vale salientar que um benefício percebido por um dependente preferencial, uma vez cessado, não será transferido aos dependentes das classes inferiores (II e III).

Além disso, é preciso que **os pais demonstrem que dependiam economicamente do filho falecido ou preso,** sendo seu o ônus da prova.

> ▸ **Como esse assunto foi cobrado em concurso?**
>
> No concurso do CESPE para Juiz Federal da 5ª Região em 2013, foi considerado errado o seguinte enunciado: Não se requer prova de dependência econômica para que cônjuge, companheira, companheiro, filho não emancipado com menos de vinte e um anos de idade ou **pais** do segurado façam jus aos benefícios previdenciários na condição de seu dependente.

A dependência econômica não é definida pela legislação previdenciária, mas certamente é mais do que um simples auxílio financeiro, pois é comum que os filhos que convivam com os genitores os auxiliem no pagamento das despesas domésticas.

É preciso mais do que mera colaboração financeira para a configuração da dependência econômica. De acordo com o Enunciado 4, item 1, do Conselho de Recursos da Previdência Social, a dependência econômica pode ser parcial, devendo, no entanto, representar um auxílio substancial, permanente e necessário, cuja falta acarretaria desequilíbrio dos meios de subsistência do dependente.

> ▸ **Como esse assunto foi cobrado em concurso?**
>
> **(2018/CESPE/STJ/Analista Judiciário)** A respeito do regime geral da previdência social (RGPS), julgue o item que se segue, considerando a jurisprudência dos tribunais superiores. Os genitores de segurado do RGPS serão seus dependentes independentemente de comprovação da dependência econômica.
>
> Questão falsa.

Na apelação cível no processo 2001.38.00.042.826-7, o TRF da 1ª Região a definiu como a "necessidade de auxílio, proteção, amparo, etc., por parte do segurado da previdência. Razão que justifica a necessidade da preservação desta proteção após a morte do mantenedor e deve ser comprovada através de elementos próprios a cada situação contextual".

> ▸ **Qual o entendimento da TNU sobre o assunto?**
>
> Nesse sentido, de acordo com a TNU, em julgamento de incidente representativo de controvérsia, a dependência econômica dos genitores em relação aos filhos não necessita ser exclusiva, porém a contribuição financeira destes deve ser substancial o bastante para a subsistência do núcleo familiar, e devidamente comprovada, não sendo mero auxílio financeiro o suficiente para caracterizar tal dependência (processo 5044944-05.2014.4.04.7100, de 17/8/2016).

De acordo com o artigo 143, do RPS, a justificação administrativa ou judicial, no caso de dependência econômica, identidade e de relação de parentesco, somente produzirá efeito quando baseada em início de prova material, não sendo admitida prova exclusivamente testemunhal, salvo as hipóteses de caso fortuito ou força maior.

Contudo, ao que parecia, essa exigência regulamentar se afigurava ilegal, pois o artigo 55, §3º, da Lei 8.213/91, apenas exigia início de prova material para a comprovação de tempo de serviço, e não de dependência econômica ou parentesco.

> ▸ **Qual o entendimento do STJ sobre o assunto?**
>
> "A Terceira Seção deste Superior Tribunal, no âmbito da Quinta e da Sexta Turma, já consolidou entendimento no sentido de que não se exige início de prova material para comprovação da dependência econômica de mãe para com o filho, para fins de obtenção do benefício de pensão por morte" (AGREsp 886,069, de 25.09.2008).

> ▸ **Qual o entendimento da TNU sobre o assunto?**
>
> **Súmula 63** – A comprovação de união estável para efeito de concessão de pensão por morte prescinde de início de prova material.

Isto foi modificado com o advento da **Lei 13.846/2019**, tornando a posição Regulamentar válida e **afastando a jurisprudência citada**. Isso porque restou inserido no artigo 16 da Lei 8.213/91 um quinto parágrafo com tarifação de prova com marca de temporariedade de 24 meses antes do fato gerador da pensão por morte ou do auxílio-reclusão.

De efeito, dispõe o novel §5º do artigo 16 da Lei 8.213/91 que "as provas de **união estável e de dependência econômica** exigem **início de prova material contemporânea dos fatos, produzido em período não superior a 24 (vinte e quatro) meses anterior à data do óbito ou do recolhimento à prisão do segurado**, não admitida a prova exclusivamente testemunhal, exceto na ocorrência de motivo de força maior ou caso fortuito, conforme disposto no regulamento".

Assim, resta afastando o Princípio do Livre Convencimento Motivado e adotada a tarifação de prova para dar mais segurança jurídica, considerando a existência de casos habituais de falsos testemunhos e para preservar o Erário contra algumas situações de fraude.

Vale registrar que se cuida de regra processual inerente à prova da condição de dependente, de modo que possui aplicação imediata a todos os processos pendentes de decisão para óbitos anteriores à vigência da alteração normativa, pois somente regras de direito material não possuem retroação.

A percepção pelos pais do segurado falecido de remuneração ou de benefício previdenciário anterior já constituem indícios contrários à comprovação de dependência econômica, máxime quando os valores são superiores a um salário mínimo.

Desta forma, para que o pai do segurado, a mãe ou ambos percebam uma pensão por morte ou auxílio-reclusão de filho segurado morto ou preso, são necessários que dois requisitos sejam preenchidos simultaneamente: 1- ausência de dependente de classe preferencial e 2- prova de dependência econômica.

Mesmo que haja dependência econômica, o benefício será negado acaso exista ao menos um dependente de classe 1, que é preferencial.

Os avós não são previstos no artigo 16 da Lei 8.213/91 como dependentes. No entanto, existe precedente do STJ bastante excepcional que concedeu pensão por morte aos avós que possuíam a posição de pais do segurado que ficou órfão desde cedo.

> ▸ **Qual o entendimento do STJ sobre o assunto?**
>
> Pensão por morte. Óbito do neto. Avós na condição de pais. Rol taxativo do art. 16 da Lei 8.213/1991. Adequação legal da relação jurídica familiar: Deve ser reconhecido aos avós de segurado falecido o direito ao recebimento de pensão por morte em razão de terem sido os responsáveis pela criação do neto, ocupando verdadeiro papel de genitores. **REsp 1.574.859-SP, Rel. Min. Mauro Campbell Marques, por unanimidade, julgado em 8/11/2016.**

2.3. Classe III

Nesta terceira e última classe se encontra o irmão do segurado. Para receber o benefício, é curial que **inexistam dependentes nas classes superiores, assim como se demonstre a concreta dependência econômica.**

Mas, conforme visto, as **provas de dependência econômica** exigem **início de prova material contemporânea dos fatos, produzido em período não superior a 24 (vinte e quatro) meses anterior à data do óbito ou do recolhimento à prisão do segurado,** não admitida a prova exclusivamente testemunhal, exceto na ocorrência de motivo de força maior ou caso fortuito, conforme disposto no regulamento.

Desta forma, para que o irmão do segurado perceba uma pensão por morte ou auxílio-reclusão, são necessários que dois requisitos sejam preenchidos simultaneamente: 1- ausência de dependente de classe um ou dois e 2- prova de dependência econômica.

Este inciso III do artigo 16, da Lei 8.213/91, sofreu mais de uma modificação com o advento da Lei 13.135/2015, mas nem todas entraram em vigor no dia da sua publicação operada em 18/6/2015 (art. 6º, da Lei 13.135), que passará a ter a seguinte redação no futuro:

> **III – o irmão de qualquer condição menor de 21 (vinte e um) anos ou inválido ou que tenha deficiência intelectual ou mental ou deficiência grave, nos termos do regulamento.**

Nota-se que foi retirada a emancipação como causa de antecipação da maioridade previdenciária **(vigência em 18/6/2015)**; foi retirada a exigência de incapacidade civil do irmão com deficiência mensal ou intelectual, e excluída a necessidade de interdição judicial **(vigência em 18/6/2017)**; foi inserido como dependente o irmão com deficiência grave, nos termos do regulamento **(vigência em 180 dias, a contar de 18/6/2015)**.

Posteriormente, nova modificação legal foi feita. Por força da Lei 13.146, publicada em 7 de julho de 2015, que aprovou o Estatuto da Pessoa com Deficiência e entrou em vigor em 180 dias após a sua publicação (3 de janeiro de 2016), houve a alteração do artigo 16, inciso III, da Lei 8.213/91, pois a classe III passará a ter a conseguinte redação: "o irmão **não emancipado**, de qualquer condição, menor de 21 (vinte e um) anos ou inválido ou que tenha deficiência intelectual ou mental ou deficiência grave". Logo, desde 3 de **janeiro de 2016, a emancipação voltou a ser causa de antecipação da maioridade previdenciária do irmão do segurado.**

À luz do Princípio do *Tempus Regit Actum* deve-se aplicar a regra em vigor no dia do óbito ou da prisão do segurado, a seguir simplificada:

Texto em vigor de 18/6/2015 até 14/12/2015 (Lei 13.135/2015)	irmão, de qualquer condição, menor de 21 anos ou inválido ou que tenha deficiência intelectual ou mental que o torne absoluta ou relativamente incapaz, assim declarado judicialmente
Texto em vigor de 15/12/2015 até 2 de janeiro de 2016 (Lei 13.135/2015)	irmão, de qualquer condição, menor de 21 anos ou inválido ou que tenha deficiência intelectual ou mental que o torne absoluta ou relativamente incapaz, assim declarado judicialmente, ou deficiência grave, nos termos do regulamento
Texto em vigor a partir de 3 de janeiro de 2016 (Lei 13.146/2015)	**irmão não emancipado, de qualquer condição, menor de 21 (vinte e um) anos ou inválido ou que tenha deficiência intelectual ou mental ou deficiência grave (TEXTO ATUAL)**

DEPENDENTES DOS SEGURADOS – ARTIGO 16, DA LEI 8.213/91	
Classe I – Preferencial e com presunção de dependência econômica	O cônjuge, a companheira, o companheiro e o filho não emancipado, de qualquer condição, menor de 21 (vinte e um) anos ou inválido ou que tenha deficiência intelectual ou mental ou deficiência grave
Classe II – Sem presunção de dependência econômica	Os pais do segurado
Classe III – Sem presunção de dependência econômica	O irmão não emancipado, de qualquer condição, menor de 21 (vinte e um) anos ou inválido ou que tenha deficiência intelectual ou mental ou deficiência grave

▸ **Como esse assunto foi cobrado em concurso?**

(Ano: 2020 Banca: FCC Órgão: AL-AP Prova: FCC - 2020 - AL-AP - Advogado Legislativo – Procurador)

No que tange aos beneficiários, enquanto dependentes do segurado do Regime Geral de Previdência Social, considere:

I. São beneficiários dependentes, entre outros, o cônjuge, a companheira, o companheiro e o filho não emancipado, de qualquer condição, menor de 21 anos ou inválido ou que tenha deficiência intelectual ou mental ou deficiência grave.

II. A existência de dependente de qualquer das classes previstas em lei não exclui do direito às prestações os das classes seguintes.

III. O enteado e o menor tutelado equiparam-se a filho mediante declaração do segurado, independentemente de comprovação de dependência econômica. IV. As provas de união estável e de dependência econômica exigem início de prova material contemporânea dos fatos, produzido em período não superior a 24 meses anterior à data do óbito ou do recolhimento à prisão do segurado, não admitida a prova exclusivamente testemunhal, exceto na ocorrência de motivo de força maior ou caso fortuito, conforme disposto no regulamento.

Está correto o que se afirma APENAS em

A) III e IV.

B) I, II e IV.

C) I e IV.

D) II e III.

E) I, II e III.

Gabarito: Letra C

3. TEMPO DE SERVIÇO E DE CONTRIBUIÇÃO, CONTAGEM RECÍPROCA E INDENIZAÇÃO AO INSS

Até o advento da Emenda 20/98, a legislação previdenciária se referia a tempo de serviço, assim considerado o período de exercício de atividade laborativa remunerada considerado para a concessão dos benefícios previdenciários, em especial das aposentadorias.

Entrementes, após a primeira reforma da previdência social, foi **extinto** o **tempo de serviço** e **criado** o **tempo de contribuição**, pois não mais basta o mero exercício do trabalho, e sim a existência de contribuições previdenciárias efetivamente pagas, ou, ao menos, com presunção de pagamento nas hipóteses de responsabilização tributária das empresas.

> **Importante:**
>
> Frise-se que, por força do *artigo 4º, da Emenda 20*, **exceto no que concerne às contagens fictícias** (a exemplo do cômputo em dobro), o tempo de serviço considerado pela legislação vigente para efeito de aposentadoria, cumprido até que a lei discipline a matéria, será contado como tempo de contribuição, não tendo sido editada até hoje a referida norma jurídica.

Para reforçar este entendimento, a **Emenda 103/2019** inseriu o §14 no artigo 201 da Constituição prevendo que "é vedada a contagem de tempo de contribuição fictício para efeito de concessão dos benefícios previdenciários e de contagem recíproca".

Entende-se como **tempo fictício** aquele considerado em lei como tempo de contribuição para fins de concessão de aposentadoria sem que tenha havido, por parte do servidor, a prestação de serviço ou a correspondente contribuição[1].

De acordo com o artigo 25 da Emenda 103/2019, "será assegurada a contagem de tempo de contribuição fictício no Regime Geral de Previdência Social decorrente de hipóteses descritas na legislação vigente até a data de entrada em vigor desta Emenda Constitucional, para fins de concessão de aposentadoria, observado, a partir da sua entrada em vigor, o disposto no § 14 do art. 201 da Constituição Federal".

Certamente quem escreveu esse dispositivo não tinha conhecimento de que a Emenda 20/1998 já havia vedado o cômputo do tempo de contribuição fictício. Trata-se de um dos maiores erros técnicos da Reforma Constitucional.

Esse artigo constitucional simplesmente permite em sua literalidade que cerca de 21 anos de tempo de contribuição fictícios prestados entre 16/12/1998 e a data da publicação da Emenda 103/2019 sejam considerados no RGPS, inclusive vindos do RPPS via contagem recíproca com a emissão de CTC (Certidão de Tempo de Contribuição).

De acordo com o revogado artigo 59, do RPS, considerava-se **tempo de contribuição o tempo**, contado de data a data, desde o início até a data do requerimento ou do desligamento de atividade abrangida pela previdência social, descontados os períodos legalmente estabelecidos como de suspensão de contrato de trabalho, de interrupção de exercício e de desligamento da atividade.

Essa definição persiste para o tempo de contribuição prestado até 13/11/2019. Após essa data, poderá ser em dias ou por competência mensal, a depender do valor da remuneração mensal percebida atingir ou não o piso legal do salário de contribuição.

---

1. Artigo 11, §1º, da Portaria MPS 154/2008.

> **Importante:**
>
> Uma mudança evidente foi o modo de cômputo do tempo de contribuição após a EC 103/2019, que não mais será computado de data a data, e sim por competência mensal, tal qual o período de carência, desde que o valor mensal da remuneração percebida atinja o piso legal ou convencional da categoria ou, se inexistente, ao salário mínimo nacional.

Dessa forma, eis a nova fórmula de cômputo do tempo de contribuição:

Até 13/11/2019	Sempre em dias
A partir de 14/11/2019	Por competência, se o valor mensal do salário de contribuição atingiu ao mínimo mensal

Suponha-se que um segurado empregado com salário mensal de R$ 4.500,00 tenha laborado apenas 10 dias no mês de junho de 2020, tendo faltas injustificadas nos demais dias.

Nessa situação, embora possua apenas 10 dias laborados, todos os 30 dias do mês de junho/2020 serão considerados como tempo de contribuição, pois a sua remuneração mensal pro rata foi de R$ 1.500,00 equivalentes a 10 dias de laborar, atingindo ao piso do salário de contribuição.

Logo, o segurado terá um extra de 20 dias de tempo de contribuição, sendo um caso clássico de tempo de contribuição ficto criado pelo Decreto 10.410/2020, em clara inconstitucionalidade chapada.

> **Importante:**
>
> Em decorrência do artigo 29 da EC 103/2019, a partir da competência 11/2019, o segurado empregado, trabalhador avulso e empregado doméstico que receber remuneração inferior ao limite mínimo mensal do salário de contribuição, somente considerará o período para fins previdenciários se efetuar os ajustes de complementação, utilização e agrupamento de contribuições, nos termos do Decreto 10.410/2020, que regulamentou o artigo 29 da Emenda 103/2019, nos termos do § 1º do artigo 19-E e o § 27-A do artigo 216, ambos do Regulamento da Previdência Social.

Em termos de contagem recíproca, eis o §4º do artigo 125 do RPS, introduzido pelo Decreto 10.410/2020:

> "§ 4º-A Para efeito de contagem recíproca, **a partir de 14 de novembro de 2019**, somente serão consideradas as competências cujos salários de contribuição tenham valor igual ou superior ao limite mínimo mensal do salário de contribuição para o RGPS, observado o disposto no art. 19-E. (Incluído pelo Decreto nº 10.410, de 2020)".

Por óbvio, essa regra se volta aos empregados, trabalhadores avulsos e empregados domésticos, cujo salário de contribuição tem validade previdenciária antes da EC 103/2019 para todos os fins, mesmo que inferior ao piso legal, convencional ou salário mínimo, se se referir a período até 13/11/2019.

Isso porque, para os demais segurados (contribuinte individual, segurado facultativo e segurado especial), o valor nominal do salário de contribuição antes da Emenda 103/2019 já não poderia ser inferior a um salário mínimo, não se prestando para fins de contagem recíproca mesmo antes da Reforma Constitucional, salvo se feito o devido complemento.

Por sua vez, o direito à contagem recíproca do tempo de serviço já era previsto na Lei 6.226/75, sendo estampado expressamente na Constituição Federal de 1988 no seu artigo 201, §9º, ao dispor que, *"para efeito de aposentadoria, é assegurada a contagem recíproca do tempo de contribuição na administração pública e na atividade privada, rural e urbana, hipótese em que os diversos regimes de previdência social se compensarão financeiramente, segundo critérios estabelecidos em lei"*.

Posteriormente, com o advento da Emenda 103/2019, o §9º foi levemente modificado e restou inserido o §9º-A no artigo 201 da Constituição:

> **§ 9º** Para fins de aposentadoria, será assegurada a contagem recíproca do tempo de contribuição entre o Regime Geral de Previdência Social e os regimes próprios de previdência social, e destes entre si, observada a compensação financeira, de acordo com os critérios estabelecidos em lei.
>
> **§ 9º-A** O tempo de serviço militar exercido nas atividades de que tratam os arts. 42, 142 e 143 e o tempo de contribuição ao Regime Geral de Previdência Social ou a regime próprio de previdência social terão contagem recíproca para fins de inativação militar ou aposentadoria e a compensação financeira será devida entre as receitas de contribuição referentes aos militares e as receitas de contribuição aos demais regimes.

O parágrafo nono foi ajustado para citar o *nomen iuris* do RGPS e do RPPS na contagem recíproca do tempo de contribuição, observada a compensação financeira, para fins de aposentadoria.

Não destaco nenhuma inovação jurídica. Na verdade, perdeu a chance de ampliar o texto para a contagem recíproca para outros benefícios, como já prevê o artigo 94, *caput*[2], da Lei 8.213/91, o que ocorre na pensão por morte do RGPS (Lei 8.213/91, art. 77, §5º[3]) e RPPS federal (art. 222, §4º[4], da Lei 8.112/90.

---

2. Art. 94. Para **efeito dos benefícios** previstos no Regime Geral de Previdência Social ou no serviço público é assegurada a contagem recíproca do tempo de contribuição na atividade privada, rural e urbana, e do tempo de contribuição ou de serviço na administração pública, hipótese em que os diferentes sistemas de previdência social se compensarão financeiramente. (Redação dada pela Lei nº 9.711, de 20.11.98)

3. § 5 O tempo de contribuição a Regime Próprio de Previdência Social (RPPS) será considerado na contagem das 18 (dezoito) contribuições mensais de que tratam as alíneas "b" e "c" do inciso V do § 2o. (Incluído pela Lei nº 13.135, de 2015)

4. § 4º O tempo de contribuição a Regime Próprio de Previdência Social (RPPS) ou ao Regime Geral de Previdência Social (RGPS) será considerado na contagem das 18 (dezoito) contribuições mensais referidas nas alíneas "a" e "b" do inciso VII do **caput**. (Incluído pela Lei nº 13.135, de 2015)

Por sua vez, restou inserido o parágrafo 9º-A para deixar claro que o tempo de serviço militar também se presta para a aposentadoria em RPPS e RGPS via contagem recíproca.

Por conseguinte, a **contagem recíproca** é o direito de os segurados computarem esse tempo de contribuição do RGPS, se houver migração para o RPPS, caso o trabalhador seja investido em cargo público efetivo de ente político que tenha criado um regime previdenciário para os seus servidores públicos permanentes, e vice-versa, inclusive regime militar.

Poderá ainda haver contagem recíproca entre Regimes Próprios de Previdência Social de entes políticos diversos, ou mesmo com regimes previdenciários estrangeiros, se houver tratado internacional autorizando.

A regulamentação é promovida pelo artigo 94, da Lei 8.213/91, que autoriza a contagem recíproca do tempo de serviço (antes da Emenda 20/98) ou de contribuição, assim considerada como o direito do segurado de computar o período de filiação ao RGPS se houver migração para RPPS da União, estados, Distrito Federal ou municípios, e vice-versa, **para fins de obtenção de benefício previdenciário**, vedada a contagem de qualquer período fictício.

Vale salientar que a legislação previdenciária foi além da Constituição Federal, pois garante a contagem recíproca não apenas para a aposentadoria, mas para todos os benefícios previdenciários, observadas as suas exigências.

Logo, na hipótese de uma pessoa que tenha contribuído por 10 anos ao RGPS na condição de segurado obrigatório, caso logre êxito em concurso público e seja empossado em cargo público efetivo de ente político que tenha instituído RPPS, esse período será aproveitado no serviço público, sendo a recíproca também verdadeira.

Nas hipóteses de contagem recíproca, caberá aos diferentes regimes previdenciários se *compensarem financeiramente*, sendo feita ao sistema a que o interessado estiver vinculado ao requerer o benefício, consoante critérios aprovados pela Lei 9.796/99 e pelo Decreto 10.188/2019, **não sendo essa compensação condição para a contagem recíproca.**

A compensação financeira funciona como um acerto de contas, sendo paga pelo regime de origem ao regime instituidor e calculada proporcionalmente ao período de serviço/contribuição objeto da contagem recíproca.

Para fins de contagem recíproca, deverá ser fornecida ao segurado uma *certidão de tempo de contribuição – CTC*, a ser emitida pelo INSS (RGPS) ou pelo órgão gestor do respectivo RPPS.

> ▸ **Importante:**
>
> Contudo, excepcionalmente, **não será admitida a contagem recíproca do tempo de contribuição do segurado facultativo e do contribuinte individual que optem por recolher 11% sobre o salário de contribui-**

ção de um salário mínimo, ou 5% sobre um salário mínimo no caso do contribuinte individual enquadrado como MEI que fizer o recolhimento simplificado ou o segurado facultativo de baixa renda com atividades domésticas em sua residência, conforme faculta § 2º, do artigo 21, da Lei no 8.212/91,*exceto se recolhida retroativamente a qualquer tempo a complementação de 9% ou de 15%, com os respectivos encargos legais.*

▸ **Importante:**

Já **no âmbito do RGPS**, o tempo de serviço do segurado **trabalhador rural** prestado antes da vigência da Lei 8.213/91 **será computado independentemente do recolhimento das contribuições a ele correspondentes**, *exceto para efeito de carência*, nos termos do artigo 55, §2º, da Lei 8.213/91.

▸ **Como esse assunto foi cobrado em concurso?**

No concurso do CESPE para Promotor de Justiça do Espírito Santo em 2010, foi considerado errado o seguinte enunciado: O tempo de serviço rural anterior à vigência da Lei 8.213/1991 não será considerado para efeito de carência, mas poderá ser computado como tempo de contribuição, para efeito de aposentadoria, **mediante o recolhimento das respectivas contribuições**. De seu turno, no concurso do CESPE para Procurador Federal em 2010, no curso de formação, foi considerado errado o seguinte enunciado: No regime geral de previdência social, é permitido o cômputo do tempo de serviço rural exercido anteriormente à edição da Lei n.º 8.213/1991, **inclusive para efeito de carência.**

▸ **Qual o entendimento da TNU sobre o assunto?**

Súmula 05 – A prestação de serviço rural por menor de 12 a 14 anos, até o advento da Lei 8.213, de 24 de julho de 1991, devidamente comprovada, pode ser reconhecida para fins previdenciários, pois respeitado o regramento vigente à época.

Ademais, em termos de contagem recíproca, com base no artigo 96, da Lei 8.213/91 e no artigo 127, do RPS:

A) **é vedada a contagem de tempo de contribuição no serviço público com o de contribuição na atividade privada, quando concomitantes;**

▸ **Como esse assunto foi cobrado em concurso?**

No concurso do CESPE para Promotor de Justiça do Espírito Santo em 2010, foi considerado correto o seguinte enunciado: Para efeito de aposentadoria, é assegurada a contagem recíproca do tempo de contribuição na administração pública e na atividade privada, rural e urbana, hipótese na qual os diversos regimes de previdência social se compensarão financeiramente; entretanto, é vedada a contagem de tempo de serviço público com o de atividade privada, quando concomitantes.

B) não será contado por um regime o tempo de contribuição utilizado para concessão de aposentadoria por outro regime;

C) não será admitida a contagem em dobro ou em outras condições especiais (as atividades que conduzem à aposentadoria especial em 15, 20 ou 25 anos).

▸ Qual o entendimento do STJ sobre o assunto?

1. Conforme orientação consolidada no julgamento do EREsp 524.267/PB, não se admite, por expressa proibição legal (artigo 96, I, da Lei 8.213/1991), a conversão de tempo especial em comum, para fins contagem recíproca. AgRg no REsp 1555436, de 18/2/2016.

▸ Qual o entendimento do STF e do STJ sobre o assunto?

Todavia, ***antes da instituição do regime jurídico único*, que ocorreu na esfera federal com a Lei 8.112/90, entende o STF que o tempo celetista prestado em condições especiais pelo servidor público** (federal, estadual, distrital ou municipal) **será contado com a respectiva conversão prevista na legislação previdenciária** (RE 255.827, de 25.10.2005). Este também é o posicionamento do STJ: "Os servidores públicos federais que trabalhavam em condições consideradas insalubres antes da edição da Lei 8.112/90 têm direito à contagem especial de tempo de serviço prestado nessa situação, nos termos da legislação vigente à época" (AGREsp 963.475, de 06.05.2008).

▸ Como esse assunto foi cobrado em concurso?

No concurso do CESPE para Procurador do BACEN em 2009, foi considerado errado o seguinte enunciado: Considerando que um servidor do BACEN tenha trabalhado, na qualidade de celetista, sob condições especiais em atividade considerada insalubre, o tempo de serviço como celetista não se incluirá na contagem especial de tempo de serviço, uma vez que a CF veda a contagem de tempo fictício para fins previdenciários.

A posição do STF no que tange à vedação do tempo especial em comum contagem recíproca (exceto a situação anterior ao RJU) não restou modificada pelo Tema 942, que se limitou em permitir a conversão do tempo especial em comum dentro do RPPS até o advento da Emenda 103/2019.

Em nenhuma passagem do Tema 942 a Suprema Corte afastou as vedações do artigo 96, I e IX da Lei 8.213/91, muito menor permitiu a conversão do tempo especial em comum entre regimes previdenciários distintos.

De efeito, dentro do RPPS (não em contagem recíproca), o Supremo Tribunal Federal passou a admitir a conversão do tempo especial em comum até o advento da EC 103/2019, ao julgar o RE 1.014.286, em 31/08/2020, Tema 942 em Repercussão Geral.

> ▸ **Qual o entendimento do STF sobre o assunto?**
>
> *Tese firmada: "Até a edição da Emenda Constitucional nº 103/2019, o direito à conversão, em tempo comum, do prestado sob condições especiais que prejudiquem a saúde ou a integridade física de servidor público decorre da previsão de adoção de requisitos e critérios diferenciados para a jubilação daquele enquadrado na hipótese prevista no então vigente inciso III do § 4º do art. 40 da Constituição da República, devendo ser aplicadas as normas do regime geral de previdência social relativas à aposentadoria especial contidas na Lei 8.213/1991 para viabilizar sua concretização enquanto não sobrevier lei complementar disciplinadora da matéria. Após a vigência da EC n.º 103/2019, o direito à conversão em tempo comum, do prestado sob condições especiais pelos servidores obedecerá à legislação complementar dos entes federados, nos termos da competência conferida pelo art. 40, § 4º-C, da Constituição da República".*

No âmbito do RPPS dos servidores federais, a Emenda 103/2019 veda a conversão do tempo especial em comum no seu artigo 10 após 13/11/2019:

> "Art. 10. *Até que entre em vigor lei federal que discipline os benefícios do regime próprio de previdência social dos servidores da União, aplica-se o disposto neste artigo.*
>
> *§ 3º A aposentadoria a que se refere o* <u>*§ 4º-C do art. 40 da Constituição Federal*</u> *observará adicionalmente as condições e os requisitos estabelecidos para o Regime Geral de Previdência Social, naquilo em que não conflitarem com as regras específicas aplicáveis ao regime próprio de previdência social da União, vedada a conversão de tempo especial em comum".*

Logo, o tema 942 autoriza a conversão do tempo especial em comum apenas internamente no RPPS, e não entre regimes de previdência, utilizando os critérios de especialidade e conversão do RGPS até 13/11/2019.

O caso julgado é sobre uma questão interna do RPPS do Estado de São Paulo, em que servidores públicos do cargo de assistentes agropecuários (José Carlos Ribeiro Meirelles e outros) buscavam o reconhecimento no RPPS de tempo especial para conversão em tempo comum à luz da aplicação analógica da Lei 8.213/91.

Após ler as 59 páginas do Acórdão do Tema STF 942, com voto vencedor do Ministro Fachin, percebe-se que em nenhum momento foi sequer discutida a conversão do tempo especial em comum para fins de contagem recíproca.

Apenas o STF estendeu a regra do artigo 57, §5º, da Lei 8.213/91 para o RPPS para o tempo especial prestado neste regime até 13/11/2019.

Vale registrar que a Secretaria de Previdência incorporou na via administrativa a posição firmada pelo STF no Tema 942, admitindo a conversão de tempo especial em comum no RPPS na via administrativa dentro do RPPS, assim como pela emissão de CTC com indicação de especialidade para que o regime receptor faça a conversão até 13/11/2019.

Trata-se do DESPACHO Nº 846/2021/SPREV/SEPRT-ME, que trata da interpretação do Tema STF 942 em Repercussão Geral, o Secretário de Previdência, ao aprovar a Nota Técnica SEI nº 792/2021/SRPPS/SPREV/SEPRT/ME, de 21/01/2021, da Subsecretaria dos Regimes Próprios de Previdência Social – SRPPS/SPREV e a Nota Técnica SEI nº 6178/2021/SRGPS/SPREV/SEPRT/ME, de 10/02/2021, da Subsecretaria do Regime Geral de Previdência Social – SRPGS/SPREV.

Esse foi o posicionamento adotado pela **TNU** no julgamento do **Tema 278**, que acolheu memorial do próprio INSS subscrito pelo autor desta obra em favor do segurado diante da nova posição da Secretaria de Previdência após o Tema 942 do STF:

Tema	**278**	**Situação do tema**	**Julgado**	**Ramo do direito**	**DIREITO ADMINISTRATIVO/PREVIDENCIÁRIO**
Questão submetida a julgamento		Saber se o(a) segurado(a) que trabalhava sob condições especiais e passou, sob qualquer condição, para regime previdenciário diverso, tem direito à conversão do tempo de atividade especial em tempo comum, para efeito de contagem recíproca, à luz do disposto no art. 96, I, da Lei n. 8.213/1991.			
Tese firmada		I – O(A) segurado(a) que trabalhava sob condições especiais e passou, sob qualquer condição, para regime previdenciário diverso, tem direito à expedição de certidão desse tempo identificado como especial, discriminado de data a data, ficando a conversão em comum e a contagem recíproca à critério do regime de destino, nos termos do art. 96, IX, da Lei n.º 8.213/1991; II - Na contagem recíproca entre o Regime Geral da Previdência Social - RGPS e o Regime Próprio da União, é possível a conversão de tempo especial em comum, cumprido até o advento da EC n.º 103/2019.			
Processo	Decisão de afetação	Relator (a)	Julgado em	Acórdão publicado em	Trânsito em julgado
PEDILEF 5005679-21.2018.4.04.7111/RS	16/10/2020	Juiz Federal Gustavo Melo Barbosa	23/09/2021	27/09/2021	-

Logo, **a CTC vai indicar o tempo especial sem conversão.** Já **o regime de previdência que receber a CTC fará a conversão, limitada a 13/11/2019.** Trata-se de um **NOVO POSCIONAMENTO SOBRE O ASSUNTO.**

A contagem recíproca do tempo de contribuição pressupõe o cômputo de um período contributivo de um regime previdenciário básico em outro regime previdenciário básico (RGPS em RPPS ou vice-versa) **prestado em épocas diversas.**

Em regra, se uma pessoa é segurada do RGPS e do RPPS na mesma época, exercendo atividade laboral no serviço público efetivo e na iniciativa privada simultaneamente, é evidente que descabe a contagem recíproca do tempo de contribuição.

Demais disso, se um segurado do RGPS utilizou o tempo de contribuição para se aposentar no RGPS, esse mesmo período contributivo não poderá ser levado ao RPPS, porquanto já considerado.

Também não se admite para fins contagem recíproca a contagem em dobro ou em outras condições especiais, razão pela qual mesmo que o segurado exerça atividades nocivas à saúde este período contributivo não será computado de maneira diferenciada em outro regime previdenciário básico.

▸ **Importante:**

Com o advento da Lei 13.846/2019, o artigo 96 da Lei 8.213/91 foi ampliado com as seguintes regras:

a) é vedada a emissão de Certidão de Tempo de Contribuição (CTC) com o registro exclusivo de tempo de serviço, sem a comprovação de contribuição efetiva, exceto para o segurado empregado, empregado doméstico, trabalhador avulso e, a partir de 1º de abril de 2003, para o contribuinte individual que presta serviço a empresa obrigada a arrecadar a contribuição a seu cargo, observado o disposto no § 5º do art. 4º da Lei nº 10.666, de 8 de maio de 2003;

b) a CTC somente poderá ser emitida por regime próprio de previdência social para ex-servidor;

c) é vedada a contagem recíproca de tempo de contribuição do RGPS por regime próprio de previdência social sem a emissão da CTC correspondente, ainda que o tempo de contribuição RGPS tenha sido prestado pelo servidor público ao próprio ente instituidor;

d) é vedada a desaverbação de tempo em regime próprio de previdência social quando o tempo averbado tenha gerado a concessão de vantagens remuneratórias ao servidor público em atividade;

e) para fins de elegibilidade às aposentadorias especiais referidas no § 4º do art. 40 e no § 1º do art. 201 da Constituição Federal, os períodos reconhecidos pelo regime previdenciário de origem como de tempo especial, sem conversão em tempo comum, deverão estar incluídos nos períodos de contribuição compreendidos na CTC e discriminados de data a data.

▸ **Como esse assunto foi cobrado em concurso?**

(Ano: 2020 Banca: VUNESP Órgão: AVAREPREV-SP Prova: VUNESP - 2020 - AVAREPREV-SP - Procurador Jurídico) A respeito da contagem recíproca de tempo de serviço e da emissão de Certidão de Tempo de Contribuição (CTC), com base na Lei nº 8.213/91, assinale a alternativa correta.

A) É vedada, em qualquer situação, a emissão de CTC com o registro exclusivo de tempo de serviço, sem a comprovação de contribuição efetiva.

B) É admitida, a qualquer tempo, a desaverbação de tempo em regime próprio de previdência social da contagem do tempo necessário para a concessão de benefício no regime geral de previdência.

C) É admitida a contagem de tempo de serviço público com o de atividade privada, quando concomitantes.

D) É permitida a contagem recíproca de tempo de contribuição do RGPS por regime próprio de previdência social mediante a apresentação da carteira de trabalho com a respectiva anotação.

E) A CTC somente poderá ser emitida por regime próprio de previdência social para ex-servidor.

Gabarito: Letra E

As hipóteses inseridas no artigo 96 da Lei 8.213/91 já constavam da extinta Portaria MPS 154/2008 (arts. 2º, 11, 12 e 15), tendo sido inseridas na Lei 8.213/91 para respeitar o Princípio da Legalidade, afastando o argumento de inovação regulamentar indevida.

A vedação da letra A atinge apenas aos segurados que precisam efetivamente recolher sobre salário de contribuição para ter direito à contagem recíproca (contribuinte individual autônomo, segurado facultativo e segurado especial), não atingindo aos demais segurados que possuem presunção de recolhimento da contribuição previdenciária, pois o responsável tributário é o tomador do serviço.

Não se emite CTC em RPPS para o servidor ativo, pois este precisa estar ocupando o cargo para ter aposentadoria deferida em RPPS, sendo curial a vacância do cargo para a sua emissão.

O cancelamento da averbação (desaverbação) de tempo de contribuição do RGPS no RPPS é possível antes da concessão da aposentadoria pela autoridade administrativa, exceto se o servidor obtiver alguma vantagem remuneratória decorrente da aludida averbação.

Somente é possível a contagem recíproca com a emissão da CTC, pois é necessário um largo controle para prevenir fraudes (uso em duplicidade) e para calcular a compensação financeira de um regime ao outro.

A vedação da letra E apenas reforça o inciso I do artigo 96 da Lei 8.213/91, no sentido de que, para fins de contagem recíproca, inexiste conversão de tempo especial em comum.

Por força da Lei 13.135/2015, conforme será visto no próximo Capítulo, em regra, a pensão por morte vitalícia ou temporária para ser deferida ao cônjuge, companheiro ou companheira pressupõe o recolhimento de 18 contribuições mensais. Acaso inexistam 18 contribuições mensais vertidas pelo falecido segurado, a pensão por morte será paga por apenas 4 meses.

> **Importante:**
>
> Nesse sentido, de acordo com o novel artigo 77, §5º, da Lei 8.213/91, inserido pela Lei 13.135/2015, o tempo de contribuição a Regime Próprio de Previdência Social (RPPS) será considerado na contagem das 18 (dezoito) contribuições mensais.

Não cabe à legislação estadual e municipal de RPPS criar inovações normativas sobre a contagem recíproca do tempo de contribuição, pois haveria quebra de unidade normativa nacional, sendo tema enquadrado como normatização geral da disciplina, de competência apenas da União.

> **Qual o entendimento do STF sobre o assunto?**
>
> **O Plenário julgou procedente pedido formulado em ação direta para declarar a inconstitucionalidade do art. 119, VI, da Lei 6.677/1994, do Estado da Bahia ["Art. 119. Contar-se-á para efeito de aposentadoria e disponibilidade: ... VI – até 10 (dez) anos do tempo de serviço em atividade privada vinculada à previdência social, desde que um decênio, pelo menos, no serviço público estadual, ressalvada a legislação federal regulamentadora da matéria"].** O Tribunal confirmou a liminar deferida e consignou que, na sua redação original, o § 2º do art. 202 da CF seria autoaplicável ("Art. 202. É assegurada aposentadoria, nos termos da lei, calculando-se o benefício sobre a média dos trinta e seis últimos salários de contribuição, corrigidos monetariamente mês a mês, e comprovada a regularidade dos reajustes dos salários de contribuição de modo a preservar seus valores reais e obedecidas as seguintes condições: ... § 2º – Para efeito de aposentadoria, é assegurada a contagem recíproca do tempo de contribuição na administração pública e na atividade privada, rural e urbana, hipótese em que os diversos sistemas de previdência social se compensarão financeiramente, segundo critérios estabelecidos em lei"). ADI 1798/BA, rel. Min. Gilmar Mendes, 27.8.2014.

De sua vez, pontifica o artigo 98, da Lei 8.213/91, que quando a soma dos tempos de contribuição ultrapassar a 30 trinta anos, se do sexo feminino, e a 35 anos, se do sexo masculino, o excesso não será considerado para qualquer efeito.

> **Qual o entendimento do STJ sobre o assunto?**
>
> Para a Corte Superior, no julgamento do recurso especial 200401363047, de 26.04.2005, "o art. 98 da Lei n.º 8.213/91 deve ser interpretado restri

tivamente, dentro da sua objetividade jurídica. A vedação contida em referido dispositivo surge com vistas à reafirmar a revogação da norma inserida na Lei n.º 5.890/73, que permitia o acréscimo de percentual a quem ultrapassasse o tempo de serviço máximo, bem como para impedir a utilização do tempo excedente para qualquer efeito no âmbito da aposentadoria concedida".

Entende-se que o artigo 98, da Lei 8.213/91, carece de fundamento constitucional de validade, pois afronta de maneira irrazoável o artigo 201, §9º, da Lei Maior, limitando indevidamente a contagem recíproca do tempo de contribuição, pois não permite que o período contributivo excedente seja computado em outro regime previdenciário.

É plenamente possível que um segurado obtenha mais de uma aposentadoria por *regimes diversos*, desde que preencha os requisitos de cada uma e sem a utilização simultânea de tempo de serviço ou de contribuição da mesma atividade, observado o teto do subsídio dos Ministros do STF, por força do artigo 40, §11, da CRFB.

▸ **Qual o entendimento do STJ sobre o assunto?**

"De acordo com o entendimento de ambas as Turmas que compõem a Terceira Seção do Superior Tribunal de Justiça, a concessão de aposentadoria pelo Regime Geral da Previdência Social a segurado aposentado em regime próprio não ofende o disposto nos arts. 96 e 98 da Lei nº 8.213/1991, se o autor permaneceu vinculado ao RGPS e cumpriu os requisitos para nova aposentadoria, excluído o tempo de serviço utilizado para a primeira jubilação". (AGREsp 924.423, de 15.04.2008).

Na hipótese de filiado do RPPS migrar para o RGPS será possível a contagem recíproca do tempo de contribuição sem a necessidade de integralização de carência dentro do RGPS, pois o artigo 95, da Lei 8.213/91, foi revogado pela Medida Provisória 2.187-13/2001.

Logo, as contribuições pagas ainda no RPPS valem para efeito de carência do RGPS, pois inexiste proibição legal nesse sentido, que precisa ser urgentemente editada.

Vale ressaltar que os períodos de trabalho prestados no exterior e que geraram a filiação aos regimes previdenciários estrangeiros apenas serão considerados pelo RGPS na hipótese de celebração de tratado internacional com previsão de reciprocidade.

Ademais, é comum que os segurados do RGPS, para cômputo do tempo de serviço (antes da Emenda 20/98) ou de contribuição, queiram considerar períodos nos quais exerceram atividade laborativa remunerada, mas encontram obstáculo em razão da inexistência do pagamento das contribuições previdenciárias, **nas hipóteses em que a responsabilidade tributária pelo recolhimento lhes é atribuída**.

Esse fato poderá ocorrer por diversas hipóteses, a exemplo do contribuinte individual que desenvolvia atividade laborativa remunerada e não honrou com o pagamento das respectivas contribuições previdenciárias em razão da sua falta de cautela com o futuro ou por carência de recursos disponíveis.

Outrossim, é possível que determinada categoria, conquanto desenvolvesse trabalho remunerado no período a ser reconhecido, não era enquadrada como segurada obrigatória da Previdência Social, sendo a adesão apenas facultativa na época, a exemplo dos empregados domésticos antes da edição do Decreto 71.785/73.

Entende-se como **reconhecimento de filiação** o direito de o segurado ter reconhecido, em qualquer época, o tempo de exercício de atividade anteriormente abrangida pela previdência social, na forma do artigo 121, do RPS.

> ▸ **Importante:**
> O tema vem disciplinado genericamente pelo artigo 96, inciso IV, da Lei 8.213/91, ao dispor que o tempo de serviço anterior ou posterior à obrigatoriedade de filiação à Previdência Social *só será contado mediante indenização da contribuição correspondente ao período respectivo*, com acréscimo de juros moratórios de 0,5% ao mês, capitalizados anualmente, e multa de 10%.

Vale destacar que a indenização ao INSS é uma espécie de ressarcimento pelo não pagamento da contribuição previdenciária, tendo necessariamente **caráter subsidiário**, ou seja, se ainda for juridicamente possível o adimplemento da contribuição previdenciária, não se admitirá a indenização previdenciária.

A filiação ao RGPS de contribuinte individual que trabalhe por conta própria é condicionada ao recolhimento tempestivo das contribuições previdenciárias, que se forem sonegadas pelo trabalhador forçarão a Secretaria da Receita Federal do Brasil a lançá-las de ofício, aplicando as penalidades respectivas e os juros de mora.

Caso o segurado contribuinte individual manifeste interesse em recolher contribuições relativas a período anterior à sua inscrição, a retroação da data do início das contribuições será autorizada, desde que comprovado o exercício de atividade remunerada no respectivo período.

Todavia, é comum que não haja essa atuação do órgão de arrecadação, em razão das dificuldades de fiscalização desses segurados, operando-se a decadência quinquenal para o lançamento das contribuições previdenciárias.

Logo, **uma vez consumada a decadência**, o contribuinte individual apenas contará esse tempo de serviço ou de contribuição para a percepção de benefício previdenciário se indenizar o INSS (retroação da data de início das contribuições), **exceto para fins de carência**, pois esta pressupõe o recolhimento tempestivo do tributo, conforme previsto no artigo 45-A, da Lei 8.212/91, inserido pela Lei Complementar 128/2008.

Essa indenização, que poderá ter pagamento facilitado em até 60 parcelas, observado o disposto no artigo 244, do RPS, também será necessária para a contagem recíproca do tempo de contribuição, ou seja, quando o segurado quiser aproveitar o período de filiação do RGPS no RPPS, e vice-versa.

Outrossim, há hipóteses de pessoas que hoje estão enquadradas como contribuintes individuais ou outras categorias, mas, no passado, não eram consideradas como segurados obrigatórios do RGPS, a exemplo dos ministros de confissão religiosa (antes da Lei 6.696/79), devendo indenizar o INSS para o cômputo desse período, na forma do artigo 96, inciso IV, da Lei 8.213/91.

O valor dessa indenização corresponderá a **20%** (por mês a ser reconhecido):

I. da média aritmética simples dos maiores salários-de-contribuição, reajustados, correspondentes a 80% (oitenta por cento) de todo o período contributivo decorrido desde a competência julho de 1994; ou

II. da remuneração sobre a qual incidem as contribuições para o regime próprio de previdência social a que estiver filiado o interessado, no caso de indenização para fins da contagem recíproca de que tratam os arts. 94 a 99 da Lei nº 8.213, de 24 de julho de 1991, observados o limite máximo previsto no art. 28 e o disposto em regulamento.

Destarte, quando cabível, a indenização ao INSS é condição inafastável ao reconhecimento do tempo de serviço ou de contribuição. De acordo com o TRF da 3ª Região, "a ocorrência de decadência do prazo para o INSS apurar e constituir o crédito tributário, ou de prescrição, não liberam o segurado do ônus de recolher contribuições caso queira ver reconhecida a contagem recíproca do tempo de serviço. – O INSS não é obrigado a reconhecer tempo de serviço àqueles que não contribuíram. – Indenização necessária de modo a repor o patrimônio da autarquia, na exata dimensão do que deixou de receber na época própria" (AMS 283.954, de 18.02.2008).

Sobre a indenização ainda incidirão **juros moratórios de 0,5% ao mês, capitalizados anualmente, limitados ao percentual máximo de 50%, e multa de 10%**, não sendo exigíveis esses encargos nos períodos anteriores a 11.10.1996, ante a inexistência de previsão legal.

> **▸ Qual o entendimento do STJ sobre o assunto?**
>
> De acordo com a Corte Superior, "para se apurar os valores da indenização, devem ser considerados os critérios legais existentes ao momento sobre o qual se refere a contribuição" (AgRg no REsp. 760.592 – RS, DJU de 02.05.2006), em decorrência do Princípio do *Tempus Regit Actum*.

Com o advento do Decreto 10.410/2020, finalmente a jurisprudência do STJ pela vedação da aplicação de encargos antes da MP 1.523/1996 (que os criou) restou inserida no Regulamento da Previdência Social no artigo 239:

> "§ 8º Sobre as contribuições devidas e apuradas com fundamento no inciso IV do **caput** do art. 127 e no § 1º do art. 348 incidirão juros moratórios de cinco décimos por cento ao mês, capitalizados anualmente, limitados ao percentual máximo de cinquenta por cento, e multa de dez por cento. (Redação dada pelo Decreto nº 10.410, de 2020)
>
> **§ 8º-A A incidência de juros moratórios e multa de que trata o § 8º será estabelecida para fatos geradores ocorridos a partir de 14 de outubro de 1996.** (Incluído pelo Decreto nº 10.410, de 2020)"

> **▸ Qual o entendimento do STJ sobre o assunto?**
>
> **Tese jurídica firmada/Tema 1.113:** "As contribuições previdenciárias não recolhidas no momento oportuno sofrerão o acréscimo de multa e de juros apenas quando o período a ser indenizado for posterior à edição da Medida Provisória n.º 1.523/1996 (convertida na Lei n.º 9.528/1997).

Nesse sentido, para fins de concessão dos benefícios do RGPS, **o tempo de serviço prestado pelo trabalhador rural anteriormente à competência novembro de 1991 será reconhecido, desde que devidamente comprovado, independentemente de indenização**, pois é respeitado o regramento da época, **salvo para fins de carência**, a teor do §2º, do artigo 55, da Lei 8.213/91:

> "2º O tempo de serviço do segurado trabalhador rural, anterior à data de início de vigência desta Lei, será computado independentemente do recolhimento das contribuições a ele correspondentes, **exceto para efeito de carência**, conforme dispuser o Regulamento".

> **▸ Qual o entendimento da TNU sobre o assunto?**
>
> **Súmula 24** – O tempo de serviço do segurado trabalhador rural anterior ao advento da Lei nº 8.213/91, sem o recolhimento de contribuições previdenciárias, pode ser considerado para a concessão de benefício previdenciário do Regime Geral de Previdência Social (RGPS), exceto para efeito de carência, conforme a regra do art. 55, §2º, da Lei nº 8.213/91.

Isto porque se trata do tempo de serviço prestado à Previdência Social Rural, regulada pela revogada Lei Complementar 11/1971, em que não era necessário o efetivo recolhimento da contribuição ao FUNRURAL, optando o legislador em considerar esse período como tempo de serviço para fins de concessão da aposentadoria por tempo de contribuição, ressalvada a sua não contagem no período de carência.

> **▸ Importante:**
>
> Entretanto, na forma do artigo 123, parágrafo único, combinado com o artigo 127, V, ambos do RPS, para fins de *contagem recíproca*, ou seja, de consideração em RPPS, **o tempo de serviço prestado pelo trabalhador rural anteriormente à competência novembro de 1991 será reconhecido apenas se houver indenização ao INSS.**

▶ **Qual o entendimento do STJ e do STF sobre o assunto?**

O STJ vem validando essa exigência: "A jurisprudência da Terceira Seção do Superior Tribunal de Justiça é firme no sentido de que ser imperiosa a indenização ao Regime Geral de Previdência Social do período exercido na atividade rural, anterior à filiação obrigatória, para cômputo em regime próprio de servidor público". Este também é posicionamento do STF, a exemplo do julgamento do MS 26872/DF, rel. Min. Marco Aurélio, 19.5.2010.

▶ **Informativo STJ 624 - RECURSOS REPETITIVOS**

PROCESSO	REsp 1.682.678-SP, Rel. Min. Og Fernandes, Primeira Seção, por unanimidade, julgado em 25/04/2018, DJe 30/04/2018 (Tema 609)
RAMO DO DIREITO	DIREITO PREVIDENCIÁRIO
TEMA	Tempo de serviço. Servidor público. Contagem recíproca. Trabalho rurícola prestado em período anterior à vigência da Lei n. 8.213/1991. Direito à expedição de certidão. Cômputo do tempo. Exigência de recolhimento das contribuições previdenciárias. Indenização na forma prevista pelo art. 96, IV, da Lei n. 8.213/1991. Tema 609.

DESTAQUE
O segurado que tenha provado o desempenho de serviço rurícola em período anterior à vigência da Lei n. 8.213/1991, embora faça jus à expedição de certidão nesse sentido para mera averbação nos seus assentamentos, somente tem direito ao cômputo do aludido tempo rural, no respectivo órgão público empregador, para contagem recíproca no regime estatutário se, com a certidão de tempo de serviço rural, acostar o comprovante de pagamento das respectivas contribuições previdenciárias, na forma da indenização calculada conforme o dispositivo do art. 96, IV, da Lei n. 8.213/1991.

▶ **Como esse assunto foi cobrado em concurso?**

No concurso do CESPE para Procurador Federal em 2010, no curso de formação, foi considerado correto o seguinte enunciado: O tempo de trabalho rural do servidor público, para ser averbado pelo INSS e utilizado na contagem recíproca de tempo de serviço para o regime próprio de previdência social, depende de prévia indenização a essa autarquia previdenciária. Por sua vez, no concurso para Procurador do Estado de Pernambuco em 2009, foi considerado errado o seguinte enunciado: O STJ firmou a compreensão de que não é exigível a indenização, ao regime geral de previdência social, do período exercido na atividade rural, anterior à filiação obrigatória, para cômputo em regime estatutário.

É importante ressaltar que a indenização era tratada nos §§3º, 4º e 5º, do artigo 45, da Lei 8.212/91, que foi declarado inconstitucional pelo STF juntamente com o artigo 46, por preverem a decadência e a prescrição em 10 anos, tema afeto apenas à lei complementar (súmula vinculante 08).

Ao que parece, ele foi reputado inconstitucional por indevido arrastamento, pois não se exige que a indenização seja tema tratado por lei complementar, vez que a Suprema Corte não apreciou expressamente a sua incompatibilidade vertical, mas apenas dos prazos decenais de prescrição para cobrança e de decadência para o lançamento das contribuições para a seguridade social.

Por isso, plenamente válido é o novel artigo 45-A, da Lei 8.212/91, trazido, por cautela, pela Lei Complementar 128/2008, que grosso modo manteve as mesmas regras de antes.

De arremate, impende aduzir que a indenização não será devida pelo contribuinte individual que preste serviço à pessoa jurídica a partir da competência 04/2003, pois desde então a responsabilidade pelo recolhimento da sua contribuição previdenciária passou a ser exclusivamente da empresa tomadora, por força do artigo 4º da Lei 10.666/2003.

> **▸ Importante:**
>
> Pelo exposto, fica fácil definir a *indenização de tempo de serviço ou contribuição* como a quantia devida ao INSS como condição inafastável para o cômputo de período de exercício de atividade laborativa remunerada, exceto para fins de carência, visando à concessão de benefício do RGPS ou consideração em outro regime previdenciário (contagem recíproca), quer pelo não pagamento de contribuições previdenciárias já decaídas, quer pela atividade na época não se enquadrar como de filiação obrigatória.

Em síntese, eis um rol exemplificativo de situações em que é cabível o pagamento de indenização previdenciária para a consideração do período como tempo de contribuição:

- Contribuinte individual autônomo com dívida de contribuições antigas (mais de 5 anos);
- Contribuinte individual que trabalha para pessoa jurídica até a competência março de 2003;
- Titular de mandato eletivo antes da Lei 9.506/97;
- Trabalhador rural antes de novembro de 1991 para emissão de CTC;
- Empregado doméstico antes da sua inclusão previdenciária (STJ em sentido contrário, conforme visto);
- Segurado especial para emissão de CTC , salvo se contribuiu facultativamente sobre 20% do salário de contribuição, a teor do artigo 25, §1º, da Lei 8.212/91.

4. MANUTENÇÃO DA QUALIDADE DE SEGURADO NO PERÍODO DE GRAÇA

É certo que a previdência social brasileira é contributiva, exigindo o pagamento das contribuições previdenciárias para a ocorrência e manutenção da filiação. Contudo, em observância ao Princípio da Solidariedade, pedra fundamental do nosso regime previdenciário, não seria justo que após a cessação das contribuições a pessoa perdesse imediatamente a condição de segurada, deixando de estar coberta pelo seguro social, justamente no momento em que enfrenta grandes dificuldades, em especial por não mais desenvolver atividade laborativa remunerada.

Por isso, o artigo 15, da Lei 8.213/91, prevê **lapsos temporais** *em que a pessoa mantém a qualidade de segurada, mesmo sem verter contribuições ao fundo previdenciário*, sendo esse período intitulado doutrinariamente de **período de graça**.

Para o **segurado obrigatório** do RGPS, o **período de graça básico** será de até **12 meses** após a cessação das contribuições previdenciárias. Neste caso, será possível uma prorrogação de 12 meses, caso o segurado tenha pagado mais de 120 contribuições mensais sem interrupção que acarrete a perda da qualidade de segurado.

> ▸ **Como esse assunto foi cobrado em concurso?**
>
> No concurso do CESPE para Juiz Federal da 5ª Região em 2013, foi considerado correto o seguinte enunciado: O segurado que deixa de exercer atividade remunerada abrangida pela previdência social mantém a qualidade de segurado até doze meses após a cessação das contribuições, independentemente do pagamento de novas contribuições.

Outrossim, poderá ocorrer mais uma **prorrogação de 12 meses** para o segurado **desempregado**, desde que comprovada essa situação por **registro no órgão próprio do Ministério do Trabalho e Previdência,** a exemplo da percepção do seguro-desemprego, que o pressupõe, independentemente da prorrogação referida anteriormente.

Questão tormentosa é saber se o desemprego poderá ser comprovado por outros meios de prova que não o registro no Ministério do Trabalho e Previdência. O INSS não vem aceitando outra comprovação na esfera administrativa.

> ▸ **Qual o entendimento da TNU sobre o assunto?**
>
> A **TNU** editou o enunciado de **Súmula 27**, aduzindo que "a ausência de registro em órgão do Ministério do Trabalho não impede a comprovação do desemprego por outros meios admitidos em Direito".

> **▸ Qual o entendimento do STJ sobre o assunto?**
>
> Em 10.03.2010, a divergência interna que existia foi uniformizada pela 3ª Seção do STJ, no julgamento da Pet 7.115, aderindo o STJ ao posicionamento da TNU: "Esse registro não deve ser tido como o único meio de prova da condição de desempregado do segurado, especialmente considerando que, em âmbito judicial, prevalece o livre convencimento motivado do Juiz e não o sistema de tarifação legal de provas. Assim, o registro perante o Ministério do Trabalho e da Previdência Social poderá ser suprido quando for comprovada tal situação por outras provas constantes dos autos, inclusive a testemunhal".

Ou seja, a 3ª Seção do STJ aderiu ao entendimento da TNU ao admitir que a comprovação do desemprego seja feita por outros meios de prova além do registro em órgão do extinto Ministério do Trabalho, para fins de prorrogação do período de graça do segurado obrigatório em 12 meses.

Por outro lado, a 3ª Seção entendeu que a ausência de anotação laboral na CTPS do segurado não é suficiente para comprovar a sua situação de desemprego, já que não afasta a possibilidade do exercício de atividade remunerada na informalidade.

> **▸ Como esse assunto foi cobrado em concurso?**
>
> No concurso do CESPE para Procurador do TCU em 2015, foi considerado CERTO o seguinte enunciado: Para fins de prorrogação do período gratuito para o segurado desempregado, entende o STJ que a ausência de anotação laboral na CTPS do segurado não é suficiente para comprovar a sua situação de desemprego.

> **▸ Qual o entendimento da TNU sobre o assunto?**
>
> Posteriormente ao posicionamento tomado pelo STJ, a TNU resolveu interpretar a Súmula 27 de acordo com o entendimento uniformizado pela Corte Superior, no sentido de que "a falta de registro de vínculo empregatício em CTPS ou no CNIS não é suficiente à comprovação do desemprego, que pode ser demonstrado por outros meios de prova admitidos em Direito" (PEDILEF 2007.71.95.016880-3, de 14.06.2011).

> **▸ Como esse assunto foi cobrado em concurso?**
>
> No concurso do CESPE para Oficial Técnico de Inteligência da ABIN em 2010, foi considerado correto o seguinte enunciado: Considerando a jurisprudência do STJ e a legislação acerca do RGPS, julgue o item seguinte. Para efeito de ampliação do período de graça, a ausência de registro em órgão do Ministério do Trabalho e Emprego não impede a comprovação do desemprego por outros meios admitidos em direito.

▸ Como esse assunto foi cobrado em concurso?

No concurso do CESPE para Juiz Federal da 5ª Região em 2011, foi considerado errado o seguinte enunciado: De acordo com a jurisprudência do STJ, no que se refere à tarifação legal de provas, o registro no Ministério do Trabalho e Emprego deve servir como o único meio de prova da condição de desempregado do segurado, o que representa exceção à prevalência do livre convencimento motivado do juiz.

▸ Importante:

Assim, **com as duas prorrogações de 12 meses,** é possível que o período de graça do segurado obrigatório chegue a **36 meses.**

Vale frisar que o artigo 15, §2º, da Lei 8.213/91, se refere apenas a "segurado desempregado", não exigindo que o desemprego seja involuntário para fins de prorrogação em 12 meses do período de graça.

▸ Qual o entendimento da TNU sobre o assunto?

No entanto, existe precedente da TNU que estendeu a mencionada prorrogação ao contribuinte individual, embora este, a rigor, não seja um desempregado (processo nº 0500946-65.2014.4.05.8400). Ademais, no julgamento do processo 0008710-71.2011.4.03.6315, de 20/10/2016, decidiu a TNU que "a prorrogação do período de graça prevista no §2º do art. 15 da Lei 8.213/91 somente se aplica às hipóteses de desemprego involuntário, o qual não se comprova pela simples ausência de anotação na CTPS, registros no CNIS ou exibição do Termo de Rescisão de Contrato de Trabalho, devendo ser oportunizada a dilação probatória para afastar o exercício de atividade remunerada na informalidade" (Informativo 10).

Por outro lado, para o **segurado facultativo**, o **período de graça** será de até **06 meses,** *sem direito a qualquer prorrogação* no texto do artigo 15 da Lei 8.213/91.

▸ Como esse assunto foi cobrado em concurso?

No concurso do CESPE para Juiz do Trabalho da 5ª Região em 2006, foi considerado correto o seguinte enunciado: Considere que Gilmar, síndico de um condomínio residencial, sem remuneração, tenha promovido sua inscrição na previdência social. Nessa situação, caso venha a deixar de contribuir por 6 meses consecutivos, perderá a qualidade de segurado da previdência.

Ainda são previstos prazos e termos iniciais específicos para o cômputo do período de graça em hipóteses especiais:

A) até 12 (doze) meses após cessar a segregação, o segurado acometido por doença de segregação compulsória;

B) até 12 (doze) meses após o livramento, o segurado detido ou recluso;

> **Como esse assunto foi cobrado em concurso?**
>
> No concurso do CESPE para Juiz do Trabalho da 5ª Região em 2006, foi considerado correto o seguinte enunciado: Gerson, empregado de uma grande empresa de energia, foi processado, julgado por prática de infração criminal e condenado a cumprir 6 anos de reclusão. Após sujeitar-se a mais de 36 meses da pena, obteve livramento condicional. Nessa situação, sua qualidade de beneficiário será mantida durante os 12 meses seguintes ao livramento.

C) até 3 (três) meses após o licenciamento, o segurado incorporado às Forças Armadas para prestar serviço militar.

> **Como esse assunto foi cobrado em concurso?**
>
> No concurso do CESPE para Juiz Federal da 1ª Região em 2009, foi considerado errado o seguinte enunciado: O segurado incorporado às Forças Armadas para prestar serviço militar mantém a qualidade de segurado, independentemente de contribuições, até 6 meses após o licenciamento.

> **Como esse assunto foi cobrado em concurso?**
>
> **(Ano: 2019 Banca: FCC Órgão: RIOPRETOPREV Prova: FCC - 2019 - RIOPRETO-PREV - Analista Previdenciário - Assistente Social)**
>
> Péricles, Zeus e Poseidon são empregados da Empresa Céu Azul Embalagens Ltda. Péricles afastou-se da empresa, pois foi incorporado às Forças Armadas para prestar serviço militar a partir de 01 de janeiro de 2019. Por sua vez Zeus, envolvido com más companhias, acabou por ser preso, afastando-se da empresa de 10 de setembro de 2018 a 01 de janeiro de 2019, quando foi libertado definitivamente do cárcere. Poseidon, acometido de doença grave, encontra-se afastado em gozo de benefício previdenciário desde 01 de janeiro de 2019. Considerando a legislação vigente,
>
> A) Péricles e Zeus deixaram de ser segurados da Previdência Social em 01 de abril de 2019.
>
> B) Péricles e Zeus manterão sua condição de segurados da Previdência Social até 01 de janeiro de 2020 mesmo sem contribuírem.
>
> C) Apenas Poseidon terá mantida a condição de segurado independente de contribuição.
>
> D) Poseidon e Péricles ficam mantidos como segurados da Previdência Social até 01 de janeiro de 2020 mesmo sem contribuírem.

E) Zeus manterá sua condição de segurado independente de contribuição pelo prazo de 12 meses do seu livramento.

Gabarito: Letra E

Insta salientar que **não correrá o período de graça para os segurados em gozo de benefício previdenciário (exceto o auxílio-acidente)** ou, caso tenha se iniciado a sua contagem, haverá a suspensão do prazo, que voltará a correr após a cessação do benefício.

Por isso, na forma da Súmula 26, da Advocacia-Geral da União, "para a concessão de benefício por incapacidade, não será considerada a perda da qualidade de segurado decorrente da própria moléstia incapacitante".

Logo, o importante é fixar a data de início da incapacidade (DII), para ver se nessa data a pessoa ainda era ou não segurada da Previdência Social.

▸ Como esse assunto foi cobrado em concurso?

No concurso do CESPE para Promotor de Justiça do Espírito Santo em 2010, foi considerado errado o seguinte enunciado: Considere que Pedro, que exercia atividade remunerada abrangida pela previdência social, tenha sofrido um acidente e, em decorrência disso, recebido auxílio-doença por 24 meses. Nessa situação hipotética, é correto afirmar que ele manteve a qualidade de segurado durante todo o período em que recebeu o auxílio-doença, **desde que ele tenha comprovado a situação de desempregado pelo registro no órgão próprio do Ministério do Trabalho e Emprego.** Outrossim, no concurso do CESPE para Juiz Federal da 5ª Região em 2011, foi considerado errado o seguinte enunciado: O trabalhador que, em razão de estar incapacitado para o trabalho, deixar de contribuir para a previdência social por mais de doze meses consecutivos perderá a qualidade de segurado, pois incapacidade não é hipótese legalmente prevista para a manutenção da qualidade de segurado do trabalhador que deixe de exercer atividade remunerada.

No entanto, bondosamente, o INSS possui uma posição administrativa muito favorável ao segurado em gozo de benefício por incapacidade laboral ou salário-maternidade, havendo a interrupção do período de graça, e não a sua suspensão, caso já transcorrido algum período. No mesmo sentido o artigo 13 do Decreto 3.048/99.

Isso porque manterá a qualidade de segurado, independentemente de contribuição, até doze meses após a cessação de benefícios por incapacidade, salário maternidade ou após a cessação das contribuições, o segurado que deixar de exercer atividade remunerada abrangida pela Previdência Social ou estiver suspenso ou licenciado sem remuneração, observado que o salário maternidade deve ser considerado como período de contribuição.

Assim, se o segurado estiver no fim do período de graça sem ter contribuído, mas obtiver o direito ao benefício por incapacidade ainda com a qualidade de segurado, será reaberto novo período de graça de 12 meses após a cessação do auxílio-doença ou aposentadoria por invalidez.

Excepcionalmente, por força da Lei 13.846/2019, que modificou a redação do artigo 15, inciso I, da Lei 8.213/91, desde 18/6/2019, a percepção do **auxílio-acidente** por si só **não mais conservará a qualidade de segurado da Previdência Social**, tendo em vista se tratar de benefício de natureza indenizatória que não impede o exercício de labor remunerado com o respectivo recolhimento de contribuição como segurado obrigatório ou facultativo do RGPS.

No caso de fuga do recolhido à prisão, será descontado do prazo de manutenção da qualidade de segurado a partir da data da fuga, o período de graça já usufruído anteriormente ao recolhimento.

Insta salientar que se houver exercício de atividade dentro do período de fuga, o mesmo será considerado para a verificação da perda ou não da qualidade de segurado, nos termos do artigo 117, §3º, do Regulamento da Previdência Social.

O início do prazo para definir o momento da perda da qualidade ocorrerá no dia seguinte ao término do prazo do recolhimento da competência do mês anterior. O RPS, no seu artigo 14, fixou uma data única para todos os segurados, que é o dia seguinte à data final de recolhimento do contribuinte individual, que se operará até o dia 15 do mês seguinte ao da competência, ou, se não houver expediente bancário, no dia útil posterior, na forma do artigo 30, inciso II, da Lei 8.212/91.

> **▸ Como esse assunto foi cobrado em concurso?**
>
> **(CESPE/PGM/Campo Grande/2019)** O reconhecimento da perda da qualidade de segurado de Jorge ocorrerá no dia seguinte ao do vencimento da contribuição de contribuinte individual relativa ao mês imediatamente posterior ao término do prazo de doze meses após o livramento. **Gabarito: certo.**

> **▸ Importante:**
>
> Logo, **o termo inicial do período de graça não será a data de cessação do exercício de atividade laborativa remunerada**, e sim o dia seguinte à data máxima de recolhimento de contribuição previdenciária não promovida, entendimento mais favorável aos segurados, inclusive.
>
> Contudo, as questões de prova até o momento não vêm sendo técnicas neste ponto, pois realmente é um tema ligado à prática previdenciária e constante em normas internas do INSS. Por exemplo, a questão do CESPE abaixo colacionada considerou que o período de graça começará a ser contado a partir do dia em que o segurado deixa de exercer atividade laboral remunerada.

▸ **Como esse assunto foi cobrado em concurso?**

No concurso do CESPE para Advogado do BRB em 2009, foi considerado correto o seguinte enunciado: Pedro trabalhou para uma pessoa jurídica desde 1995, ininterruptamente, tendo contribuído mensalmente para o custeio da seguridade social, durante todo este período, na condição de segurado obrigatório. Em 11/1/2010, Pedro foi demitido sem justa causa. Nessa circunstância e considerando a legislação previdenciária em vigor, Pedro manterá sua qualidade de segurado, independentemente de contribuições, até 11/1/ 2012.

Como exemplo, suponha-se o caso de um segurado contribuinte individual que tenha deixado de trabalhar em 31.03.2007. Nesta hipótese, partindo da premissa que a competência de março foi recolhida até o dia 15 de abril, conforme determina a legislação previdenciária, o *dies a quo* do período de graça será 16 de maio, pois a competência de abril não foi recolhida até o dia 15 de maio.

Abaixo se colaciona parte da tabela de cálculo do período de graça, que reflete o posicionamento administrativo do INSS, que referenda o nosso entendimento:

SITUAÇÃO	A PARTIR DE 6/3/1997 (DECRETO Nº 2.172, DE 5 DE MARÇO DE 1997)
Até 120 contribuições	Dia 16 do 14º mês.
Mais de 120 contribuições	Dia 16 do 26º mês.
Em gozo de benefício	Dia 16 do 14º ou 26º mês.
Recluso	Dia 16 do 14º mês.
Facultativo (a partir da Lei nº 8.213/91)	Dia 16 do 8º mês.
Segurado Especial	Dia 16 do 14º mês.
Serviço Militar	Dia 16 do 5º mês.

No ano de 2010, no concurso para o provimento dos cargos de Perito-médico do INSS, o CESPE foi técnico e seguiu o regramento da autarquia previdenciária para calcular o período de graça, que, inclusive, é mais benéfico ao segurado.

▸ **Como esse assunto foi cobrado em concurso?**

No concurso para Perito do INSS elaborado pelo CESPE em 2010, foi considerado errado o seguinte enunciado: Denise requereu exoneração do cargo que ocupava na administração pública federal, fato que se consumou em 16/11/2009. A partir dessa data, ela passou a viajar pelo Brasil, sem exercer qualquer atividade econômica, e não se filiou ao RGPS na qualidade que lhe seria legalmente permitida então. Nessa situação, se sofrer um acidente em 27/12/2010, Denise não poderá pleitear, perante o INSS, nenhum benefício por incapacidade, pois não possuirá a qualidade de segurado.

Na questão de prova referida, Denise era segura empregada do RGPS, pois titular de cargo em comissão, sendo a responsabilidade tributária pelo recolhimento da contribuição previdenciária da empresa. A cessação do vínculo deu-se em 16/11/2009. Logo, a competência 11/2009 foi paga no mês de dezembro de 2009 pela empresa. Já a competência de dezembro de 2009 não foi paga para Denise em janeiro de 2010, pois em dezembro ela não mais trabalhava. Logo, considerando que o RPS fixou o dia 15 como prazo final para o recolhimento, a partir de 16/01/2010 começou a correr o período de graça de Denise por 12 meses.

Por tudo isso, tecnicamente o enunciado foi considerado errado pelo CEPSE, pois até o dia 15/01/2011 Denise estava dentro do período de graça, tendo direito ao benefício, pois o acidente ocorreu antes (em 27/12/2010).

Durante o **período de graça** o segurado **conservará todos os direitos perante a Previdência Social**, na forma do artigo 15, §3º, da Lei 8.213/91 e, por consequência, também os seus dependentes.

Assim sendo, qualquer previsão do Regulamento que restrinja ou retire a concessão de benefícios previdenciários no período de graça será ilegal, como aconteceu no passado com o auxílio-acidente e o salário-maternidade, corrigidos, respectivamente, com a publicação dos Decretos 6.722/2008 e 6.122/2007.

Porém, o artigo 88, inciso IV, do RPS, ainda prevê que o salário-família cessará pelo desemprego do segurado, carecendo, portanto, de fundamento de validade, enquanto o segurado desempregado estiver dentro do período de graça.

> ▸ **Importante:**
>
> Excepcionalmente, a concessão da aposentadoria por idade, especial ou por tempo de contribuição (e programada) não mais exige a manutenção da qualidade de segurado, desde que o segurado preencha todos os requisitos legais, mesmo que não simultaneamente, a teor do artigo 3º, da Lei 10.666/2003.

> ▸ **Como esse assunto foi cobrado em concurso?**
>
> No concurso do CESPE para Procurador Federal em 2007, foi considerado correto o seguinte enunciado: A perda da qualidade de segurado não prejudica o direito à aposentadoria se todos os requisitos para a sua concessão já tiverem sido preenchidos e estiverem de acordo com a legislação em vigor à época em que esses requisitos foram atendidos.

> ▸ **Importante:**
>
> **A partir da competência 11/2019, o segurado empregado, trabalhador avulso e empregado doméstico** que receber remuneração inferior ao limite mínimo mensal do salário de contribuição, **somente manterá a qualidade de segurado** se efetuar os ajustes de complementação, utilização

e agrupamento de contribuições, nos termos do Decreto 10.410/2020, que regulamentou o artigo 29 da Emenda 103/2019, nos termos do § 1º do artigo 19-E e o § 27-A do artigo 216, ambos do Regulamento da Previdência Social. **Registre-se que para o contribuinte individual e o segurado facultativo, mesmo antes da EC 103/2019, o valor nominal do salário de contribuição não poderia ser inferior a um salário mínimo.**

<table>
<tr><th colspan="3">PERÍODO DE GRAÇA</th></tr>
<tr><td rowspan="3">Regra geral</td><td rowspan="2">12 meses: Segurados obrigatórios</td><td>+12 meses: Segurado desempregado com registro no órgão trabalhista . (Ver Súmula 27 da TNU.)</td></tr>
<tr><td>+ 12 meses: Segurado com mais de 120 contribuições mensais. (É preciso que não tenha havido perda da qualidade de segurado.)</td></tr>
<tr><td colspan="2">6 meses: Segurados facultativos</td></tr>
<tr><td rowspan="3">Casos específicos</td><td colspan="2">12 meses: Após cessar a segregação compulsória por doença</td></tr>
<tr><td colspan="2">12 meses: Após o livramento do preso</td></tr>
<tr><td colspan="2">3 meses: Após o licenciamento do incorporado às forças armadas</td></tr>
</table>

▸ **Como esse assunto foi cobrado em concurso?**

(2018/CESPE/PGE-PE/Procurador do Estado) Hélio, filiado ao RGPS há mais de dez anos, foi demitido do emprego em fevereiro de 2018, interrompendo o recolhimento das contribuições sociais. Nesse caso, Hélio

a) manterá a qualidade de segurado até a readmissão em novo emprego, desde que esta ocorra no prazo de quarenta e oito meses.

b) perderá a qualidade de segurado se não voltar a contribuir para o regime geral de previdência social, ainda que como facultativo, em até sessenta dias após a demissão.

c) manterá a qualidade de segurado, sem limite de prazo, se estiver em gozo de benefício previdenciário.

d) perdeu a qualidade de segurado, automaticamente, na data da demissão, se esta ocorreu por justa causa.

e) manterá a qualidade de segurado por cento e vinte dias, a partir da homologação da demissão.

Letra C, certa.

5. PERÍODO DE CARÊNCIA

Com o intuito de resguardar o equilíbrio financeiro e atuarial do sistema, bem como prevenir a ocorrência de fraudes, a concessão de alguns benefícios previdenciários depende do prévio pagamento de um número mínimo contribuições previdenciárias em dia, o que se intitula de carência.

▶ **Como esse assunto foi cobrado em concurso?**

No concurso da FCC para Juiz do Trabalho do TRT da 18ª Região em 2014, foi considerada correta a letra B: A carência no sistema previdenciário: a) visa verificar o grau de sinistralidade do segurado. b) tem como fundamento a busca do equilíbrio financeiro atuarial. c) é exigida para todos os benefícios não acidentários. d) é exigida para todos os benefícios acidentários. e) é de 120 contribuições mensais, para o benefício aposentadoria por idade.

A definição legal de carência, conforme capitulado no artigo 24, da Lei 8.213/91, é posta como *o número mínimo de contribuições mensais indispensáveis para que o beneficiário faça jus ao benefício, consideradas a partir do transcurso do primeiro dia dos meses de suas competências.*

Todavia, esse conceito legal é incompleto, pois ainda será preciso que as contribuições previdenciárias sejam pagas tempestivamente para fins de carência, sendo imprestáveis as recolhidas com atraso. **Ou seja, a carência se realizará não apenas como o pagamento das contribuições previdenciárias, mas também com o seu recolhimento em dia.**

Nos termos do artigo 26 do RPS, atualizado pelo Decreto 10.410/2020, o período de carência é o tempo correspondente ao número mínimo de contribuições mensais indispensáveis para que o beneficiário faça jus ao benefício, consideradas as competências cujo salário de contribuição seja igual ou superior ao seu limite mínimo mensal.

Isso porque, a partir da competência 11/2019, o segurado empregado, trabalhador avulso e empregado doméstico que receber remuneração inferior ao limite mínimo mensal do salário de contribuição, somente considerará o período para fins de carência se efetuar os ajustes de complementação, utilização e agrupamento de contribuições, nos termos do Decreto 10.410/2020, que regulamentou o artigo 29 da Emenda 103/2019, na forma do § 1º do artigo 19-E e o § 27-A do artigo 216, ambos do Regulamento da Previdência Social.

Por outro lado, para fins de carência, as contribuições anteriores à data de publicação da Emenda à Constituição nº 103, de 12 de novembro de 2019, serão consideradas em conformidade com a legislação vigente à época.

Outrossim, registre-se que para o contribuinte individual e o segurado facultativo, mesmo antes da EC 103/2019, o valor nominal do salário de contribuição não poderia ser inferior a um salário mínimo.

Para os segurados que possuem presunção de recolhimento da contribuição previdenciária não se há de falar de recolhimento em atraso, devendo a carência ser computada a contar do mês da filiação, independentemente do recolhimento, a saber: empregado, empregado doméstico, trabalhador avulso e contribuinte individual que presta serviços à empresa.

A inserção do empregado doméstico neste rol se deu apenas por força da Lei Complementar 150/2015, que modificou o artigo 27 da Lei 8.213/91.

Já o contribuinte individual que trabalha por conta própria e o segurado facultativo, por serem os responsáveis tributários pelo recolhimento da sua contribuição não possuem presunção de recolhimento, de modo que o período de carência será contado apenas da data de efetivo pagamento da primeira contribuição sem atraso, não sendo consideradas para este fim as contribuições recolhidas com atraso referentes a competências anteriores.

Nesse sentido, de acordo com o artigo 18-A, §15, da Lei Complementar 123/2006, inserido pela Lei Complementar 139/2011, no caso do contribuinte individual filiado como microempreendedor individual, a inadimplência do recolhimento do valor da sua contribuição previdenciária tem como consequência a não contagem da competência em atraso para fins de carência para obtenção dos benefícios previdenciários respectivos.

Logo, o pagamento de contribuições previdenciárias em atraso pelo contribuinte individual e pelo segurado facultativo não servirá para fins de carência, mas apenas serão computadas como tempo de contribuição.

> **Como esse assunto foi cobrado em concurso?**
>
> No concurso do CESPE para Promotor de Justiça do Espírito Santo em 2010, foi considerado errado o seguinte enunciado: As contribuições que o segurado contribuinte individual pagar em atraso não serão consideradas para efeito de carência **nem serão computadas como tempo de contribuição para efeito de aposentadoria**, ainda que comprovado o exercício de atividade abrangida pela previdência social.

No entanto, é certo que o artigo 27, II, da Lei 8.213/91 possui uma redação dúbia, ao estatuir que para cômputo do período de carência, **serão consideradas as contribuições realizadas a contar da data do efetivo pagamento da primeira contribuição sem atraso, não sendo consideradas para este fim as contribuições recolhidas com atraso referentes a competências anteriores**, no caso dos segurados contribuinte individual, especial (que recolhe sobre o salário de contribuição) e facultativo.

Assim, surgiu uma corrente doutrinária e jurisprudencial no sentido de que o recolhimento das contribuições atrasadas antes da inscrição não se presta para fins de carência, mas, por outro lado, se forem contribuições recolhidas em atraso após a inscrição e a primeira paga em dia, estas são consideradas para integralização do período de carência, sendo necessário não ter havido a perda da qualidade de segurado.

Nesse sentido, em interpretação do artigo 27, da Lei 8.213/91, a TNU vem entendendo que a partir da 1ª contribuição paga sem atraso, às demais poderão ser pagas com atraso para fins de carência.

▸ Qual o entendimento da TNU sobre o assunto?

"EMENTA PREVIDENCIÁRIO. CARÊNCIA. CONTRIBUINTE INDIVIDUAL. RECOLHIMENTO COM ATRASO DAS CONTRIBUIÇÕES POSTERIORES À PRIMEIRA. AUSÊNCIA DE PERDA DA QUALIDADE DE SEGURADO. POSSIBILIDADE DE CÔMPUTO DAS CONTRIBUIÇÕES ATRASADAS. 1. **Devem ser consideradas, para efeito de carência quanto à obtenção do benefício de auxílio-doença, as contribuições previdenciárias recolhidas com atraso, desde que posteriores à primeira paga sem atraso.** 2. A possibilidade do cômputo, para efeito de carência, dessas contribuições recolhidas em atraso decorre diretamente da interpretação do disposto no art. 27, II, da Lei nº 8.213/91. Importa, para que esse pagamento seja considerado, que não haja perda da qualidade de segurado. Precedente do STJ (REsp 642243/PR, Rel. Ministro Nilson Naves, Sexta Turma, julgado em 21/03/2006, DJ 05/06/2006 p. 324). Incidente 200772500000920, de 21.11.2008.

No entanto, a própria TNU entende que as contribuições atrasadas após a primeira paga em dia somente se prestam para fins de carência se ainda recolhidas dentro do período de graça, vez que se na data do recolhimento já tiver se dado a perda da qualidade de segurado serão imprestáveis para fins de carência.

▸ Qual o entendimento da TNU sobre o assunto?

"As contribuições previdenciárias recolhidas com atraso devem ser consideradas para efeito de carência desde que posteriores à primeira paga sem atraso e que o atraso não importe nova perda da condição de segurado (PEDILEF n.º 200670950114708 PR, Rel. Juiz Fed. Élio Wanderley de Siqueira Filho, DJ 14 abr. 2008).- Hipótese na qual o recorrente alega que o acórdão da Turma Recursal de origem, mantendo a sentença de procedência do pedido de aposentadoria por idade, divergiria da jurisprudência dominante da TNU, segundo a qual é possível o recolhimento de contribuições em atraso, desde que haja a manutenção da qualidade de segurado.- **A TNU já firmou o entendimento quanto à possibilidade de cômputo das contribuições previdenciárias recolhidas a posteriori pelo contribuinte individual para efeitos de carência, se não houver perda da qualidade de segurado.** No caso, o acórdão recorrido afirmou expressamente não haver mais obrigatoriedade do requisito qualidade de segurado, de forma que, pagas as contribuições, mesmo a destempo, seria possível o seu cômputo para fins de carência e, consequentemente, para obtenção da aposentadoria por idade, o que diverge da jurisprudência desta TNU.

Como a recorrida não mais detinha a qualidade de segurada quando do pagamento das contribuições em atraso, referentes às competências de janeiro de 2002 até setembro de 2009, uma vez que passou mais de quatro anos sem contribuir, e tendo pago todo o período a partir do dia que completou a idade exigida para a concessão da aposentadoria por idade, tais contribuições recolhidas em atraso, após perda da qualidade de segurado, não podem ser computadas como carência, mas apenas como tempo de contribuição.- Incidente de Uniformização conhecido e provido para reformar a sentença e o acórdão impugnados, julgando improcedente o pedido da autora" (PEDILEF 50389377420124047000, de 08/03/2013).

▸ **Qual o entendimento do STJ sobre o assunto?**

1. É da data do efetivo pagamento da primeira contribuição sem atraso que se inicia a contagem do período de carência quando se tratar de contribuinte individual. **2. As contribuições previdenciárias recolhidas em atraso, em período anterior ao primeiro pagamento sem atraso, não podem ser consideradas para o cômputo do período de carência, nos termos do art. 27, II, da Lei n. 8.213/1991.** Precedentes. 3.Recurso especial" (STJ, 2ª Turma, REsp 1376961, de 28/05/2013).

▸ **Como esse assunto foi cobrado em concurso?**

No concurso do CESPE para Defensor Público do Tocantins em 2013, foi considerado correto o seguinte enunciado: Considere que, ao contratar um empregado doméstico, o empregador tenha recolhido sem atraso a primeira contribuição.

Nessa situação, as contribuições referentes às competências posteriores serão sempre consideradas para efeito de carência, ainda que pagas com atraso.

Com o advento do Decreto 10.410/2020, esse posicionamento passou a constar expressamente do texto do artigo 28, §4º, do RPS: *Para os segurados a que se refere o inciso II do caput* **(contribuintes individuais autônomos)**, *na hipótese de perda da qualidade de segurado, somente serão consideradas, para fins de carência, as contribuições efetivadas após novo recolhimento sem atraso, observado o disposto no art. 19-E.*

Para o **segurado especial**, considera-se período de carência, para fins de concessão dos benefícios a que faz jus pela contribuição sobre produção rural, o **tempo mínimo de efetivo exercício de atividade rural, ainda que de forma descontínua**, igual à quantidade de meses necessária à concessão do benefício requerido, nos termos do artigo 26, §1º, do RPS, atualizado pelo Decreto 10.410/2020.

Deveras, note-se que **o termo inicial** da carência será o **primeiro dia** da competência recolhida. Logo, se um contribuinte individual recolhe a competência de fevereiro até o dia 15 de março, será considerado o dia 1º de fevereiro como o *dies a quo* do cálculo da carência, mesmo que o exercício do trabalho tenha se operado no fim do mês.

> **Importante:**
>
> Não será computado para efeito de carência o tempo de atividade do trabalhador rural anterior à competência novembro de 1991, por expressa exclusão do artigo 26, §3º, do RPS.

O período de carência será computado:

I. **para o segurado empregado, o empregado doméstico, o trabalhador avulso e o contribuinte individual que presta serviços a pessoa jurídica (este a partir da competência 04/2003),** da data de filiação ao Regime Geral de Previdência Social, ou seja, a partir do exercício de atividade laborativa remunerada;

II. **para o segurado contribuinte individual que não presta serviços à pessoa jurídica, o facultativo e o segurado especial que contribui facultativamente (20% salário de contribuição),** da data do efetivo recolhimento da primeira contribuição sem atraso, não sendo consideradas para esse fim as contribuições recolhidas com atraso referentes a competências anteriores;

III. **para o segurado especial,** a partir do efetivo exercício da atividade rural ou pesqueira artesanal para fins de subsistência sem o auxílio de empregados permanentes, ainda que de forma descontínua.

Ou seja, para o segurado empregado, o empregado doméstico (LC 150/2015), o trabalhador avulso e o contribuinte individual prestador de serviços à pessoa jurídica (este a partir da competência de 04.2003), basta o exercício da atividade remunerada para se iniciar o cômputo da carência, vez que a responsabilidade tributária pelo pagamento das contribuições previdenciárias é exclusiva da empresa, a teor do artigo 33, §5º, da Lei 8.212/91 combinado com o artigo 34 da Lei 8.213/91, presumindo-se de maneira absoluta o pagamento.

Por outro lado, o contribuinte individual que trabalha por conta própria (autônomo) e o segurado facultativo deverão comprovar o recolhimento tempestivo das contribuições previdenciárias para integralização da carência.

No caso do segurado facultativo e do contribuinte individual que trabalha por conta própria a justificativa dessa regra é que é deles a responsabilidade tributária pelo pagamento, pois inexiste empresa a ser responsabilizada.

Já para o segurado especial, para a realização da carência, bastará a demonstração do efetivo exercício da atividade rural ou pesqueira artesanal para fins de subsistência sem o auxílio de empregados permanentes.

▸ Importante:

Depende de carência nos termos do artigo 25 da Lei 8.213/91 a concessão dos seguintes benefícios previdenciários:

I. 10 contribuições mensais – salário-maternidade, para as seguradas contribuinte individual, especial e facultativa; **(CARÊNCIA DISPENSADA PELO STF: ADI 2.110).**

II. 12 contribuições mensais – auxílio-doença (auxílio por incapacidade temporária) e aposentadoria por incapacidade permanente (aposentadoria por invalidez) (em regra);

III. 24 contribuições mensais – auxílio-reclusão (Lei 13.846/2019);

IV. 180 contribuições mensais – aposentadoria por idade, tempo de contribuição e especial.

▸ Como esse assunto foi cobrado em concurso?

No concurso do CESPE para Juiz Federal da 5ª Região em 2009, foi considerado errado o seguinte enunciado: **Em regra**, independe de carência a concessão das seguintes prestações: pensão por morte, auxílio-reclusão, **aposentadoria por invalidez** e auxílio-acidente.

▸ Importante!

No âmbito do julgamento das ADI's 2.110 e 2.111, por **afronta à Isonomia** de dispensa de carência do salário-maternidade em favor da empregada, trabalhadora avulsa e empregada doméstica, **o STF pronunciou a inconstitucionalidade material da Lei 9.876/99 na parte em que exigia a carência de 10 contribuições mensais para a concessão do salário-maternidade em favor da segurada contribuinte individual, especial e facultativa:**

Decisão: "O Tribunal, por maioria, conheceu parcialmente das ADIs 2.110 e 2.111 e, na parte *conhecida, (a) julgou parcialmente procedente o pedido constante da ADI 2.110, para* ***declarar a inconstitucionalidade da exigência de carência para a fruição de salário-maternidade, prevista no art. 25, inc. III, da Lei nº 8.213/1991, na redação dada pelo art. 2º da Lei nº 9.876/1999****, vencidos, nesse ponto, os Ministros Nunes Marques (Relator), Alexandre de Moraes, André Mendonça, Cristiano Zanin e Gilmar Mendes; e (b) julgou improcedentes os demais pedidos constantes das ADIs 2.110 e 2.111, explicitando que o art. 3º da Lei nº 9.876/1999 tem natureza cogente, não tendo o segurado o direito de opção por critério diverso, vencidos, nesse ponto, os Ministros Alexandre de Moraes, André Mendonça, Edson Fachin e Cármen Lúcia. Foi fixada a seguinte tese de julgamento: "A declaração de constitucionalidade do art. 3º da Lei 9.876/1999 impõe que o dispositivo legal seja observado de forma cogente pelos demais órgãos do Poder Judiciário e pela administração pública, em sua interpretação textual, que não permite exceção. O segurado do INSS que se enquadre no dispositivo não pode optar pela regra definitiva prevista no artigo 29, incisos I e II, da Lei nº 8.213/91, independentemente de lhe ser mais favorável". Redigirá o acórdão o Ministro Nunes Marques (Relator). Presidência do Ministro Luís Roberto Barroso.* ***Plenário, 21.3.2024".***

Dessa forma, **a concessão do salário-maternidade para todas as seguradas passa a exigir, apenas, a qualidade de segurada na data do seu fato gerador** (parto, adoção ou guarda para fins de adoção).

Mas tivemos a reforma previdenciária implementada pela **Emenda 103/2019**, que extinguiu a aposentadoria por tempo de contribuição sem idade mínima, assim como redesignou a aposentadoria por invalidez para aposentadoria por incapacidade permanente.

Dessa forma, o regramento do artigo 25 da Lei 8.213/91 deve ser interpretado à luz da Reforma Previdenciária Constitucional de 2019. Logo, **depende de carência** a concessão dos seguintes benefícios previdenciários:

> ~~**I. 10 contribuições mensais** – salário-maternidade, para as seguradas contribuinte individual, especial e facultativa;~~ (CARÊNCIA DISPENSADA PELO STF: ADI 2.110).
>
> **II. 12 contribuições mensais** – auxílio-doença (auxílio-incapacidade temporária) e aposentadoria por incapacidade permanente (em regra);
>
> III. 24 contribuições mensais – auxílio-reclusão (Lei 13.846/2019);
>
> **IV. 180 contribuições mensais** – aposentadoria programada, aposentadorias especiais e aposentadoria por idade rural.

Essa aposentadoria por idade e tempo de contribuição, que também exige período de carência de 180 contribuições mensais, passou a ser chamar de aposentadoria programada, nos termos do artigo 26 do RPS, atualizado pelo Decreto 10.410/2020:

> "Art. 29. A concessão das prestações pecuniárias do Regime Geral de Previdência Social, ressalvado o disposto no art. 30, depende dos seguintes períodos de carência:
>
> I - doze contribuições mensais, nos casos de auxílio por incapacidade temporária e aposentadoria por incapacidade permanente; e (Redação dada pelo Decreto nº 10.410, de 2020).
>
> **II - cento e oitenta contribuições mensais, nos casos de aposentadoria programada, por idade do trabalhador rural e especial; (Redação dada pelo Decreto nº 10.410, de 2020).**
>
> ~~III - dez contribuições mensais, no caso de salário-maternidade, para as seguradas contribuinte individual, especial e facultativa, respeitado o disposto no § 2º do art. 93 e no inciso II do art. 101. (Redação dada pelo Decreto nº 3.452, de 2000)~~ (CARÊNCIA DISPENSADA PELO STF: ADI 2.110).
>
> IV - vinte e quatro contribuições mensais, no caso de auxílio-reclusão. (Incluído pelo Decreto nº 10.410, de 2020)".

A inserção de período de carência de 24 contribuições mensais para o auxílio-reclusão é fruto da MP 871/2019 (essa tentativa já foi feita pela MP 664/2014 e foi derrubada no Congresso Nacional no ano de 2015 na lei de conversão 13.135),

mantida na Lei 13.846/19, operando-se somente para prisões a contar de 18/1/2019 (lei do tempo rege o ato jurídico).

Assim, em regra, a concessão dos benefícios por incapacidade laborativa (auxílio-doença e aposentadoria por incapacidade permanente) dependerá da integralização de 12 contribuições mensais a título de período de carência, salvo nas três exceções que serão vistas.

Em caso de parto antecipado, o período de carência para o salário-maternidade será reduzido em número de contribuições equivalente ao número de meses em que o parto foi antecipado.

Portanto, se uma segurada especial, contribuinte individual ou facultativa tiver bebê com apenas 07 meses de gestação, a carência será de 08 contribuições mensais, e não de 10 recolhimentos.

Contudo, nas hipóteses das aposentadorias por idade, tempo de contribuição e especial, para os filiados ao RGPS até 24.07.1991, existe uma regra de transição para a integralização da carência, pois no regime anterior exigia-se apenas 60 contribuições mensais.

Assim, levando-se em conta o ano em que o segurado implementar todas as condições necessárias à obtenção do benefício, será obedecida a seguinte tabela, inserta no artigo 142 da Lei 8.213/91:

ANO DE IMPLEMENTAÇÃO DAS CONDIÇÕES	MESES DE CONTRIBUIÇÃO EXIGIDOS
1991	60 meses
1992	60 meses
1993	66 meses
1994	72 meses
1995	78 meses
1996	90 meses
1997	96 meses
1998	102 meses
1999	108 meses
2000	114 meses
2001	120 meses
2002	126 meses
2003	132 meses

ANO DE IMPLEMENTAÇÃO DAS CONDIÇÕES	MESES DE CONTRIBUIÇÃO EXIGIDOS
2004	138 meses
2005	144 meses
2006	150 meses
2007	156 meses
2008	162 meses
2009	168 meses
2010	174 meses
2011	180 meses

Note-se que a regra de transição incidiu até o ano de 2010, pois os segurados antigos que preencheram os requisitos em 2011 em diante terão que realizar a carência de 180 contribuições mensais.

A atual jurisprudência dominante do STJ passou a adotar um posicionamento mais favorável ao segurado, no sentido de que, para os inscritos na mudança do regime, mesmo que tenha havido a perda e a reaquisição da qualidade de segurado após o advento da Lei 8.213/91, há de se aplicar a tabela do artigo 142 da Lei 8.213/91.

▸ **Qual o entendimento do STJ sobre o assunto?**

Informativo 539 – "O inscrito no RGPS até 24/7/1991, mesmo que nessa data não mais apresente condição de segurado, caso restabeleça relação jurídica com o INSS e volte a ostentar a condição de segurado após a Lei 8.213/1991, tem direito à aplicação da regra de transição prevista no art. 142 do mencionado diploma, devendo o requisito da carência, para a concessão de aposentadoria urbana por idade, ser definido de acordo com o ano em que o segurado implementou apenas o requisito etário – e não conforme o ano em que ele tenha preenchido, simultaneamente, tanto o requisito da carência quanto o requisito etário". **REsp 1.412.566-RS, Rel. Min. Mauro Campbell Marques, 2ª Turma, julgado em 27/3/2014".**

Para a concessão da aposentadoria por idade, vale ressaltar que o entendimento da Previdência Social para a incidência da transcrita tabela tem sido mais favorável aos segurados, pois está sendo considerado o ano em que o segurado completou a idade mínima para o deferimento do benefício, mesmo que a carência tenha sido integralizada posteriormente **("congelamento" da carência)**, conforme explicitado na questão 21, do Parecer CONJUR/MPS 616/2010.

Logo, como a aposentadoria por idade para os homens será concedida aos 65 anos de idade (idade mantida pela Emenda 103/2019), em regra, se um segurado completou essa idade em 1993 terá que realizar a carência de 66 contribuições mensais, mesmo que apenas em 1995 integralize a carência, não sendo necessário atingir 78 contribuições mensais.

▸ **Qual o entendimento da TNU sobre o assunto?**

Súmula 44 – "Para efeito de aposentadoria por idade urbana, a tabela progressiva de carência prevista no art. 142 da Lei nº 8.213/91 deve ser aplicada em função do ano em que o segurado completa a idade mínima para concessão do benefício, ainda que o período de carência só seja preenchido posteriormente" (precedente: PEDILEF 0022551-92208.4.01.3600, de 24.11.2011).

▸ **Qual o entendimento do STJ sobre o assunto?**

"PREVIDENCIÁRIO. APOSENTADORIA POR IDADE. TRABALHADORA URBANA. SEGURADA INSCRITA NO RGPS ANTES DA EDIÇÃO DA LEI 8.213/91. APLICAÇÃO DA REGRA DE TRANSIÇÃO PREVISTA NO ART. 142 DA LEI DE BENEFÍCIOS. CARÊNCIA MÍNIMA CUMPRIDA. AGRAVO REGIMENTAL A QUE SE NEGA PROVIMENTO.

1. Para a concessão da aposentadoria por idade, de acordo com o artigo 48 da Lei 8.213/91, o segurado urbano deve preencher dois requisitos: a) idade mínima de 65 (sessenta e cinco) anos, se homem e 60 (sessenta) anos, se mulher; b) cumprimento da carência mínima exigida por lei.

2. Aplica-se aos segurados urbanos inscritos no RGPS antes de 24 de julho de 1991, data da publicação da Lei 8.213, a regra de transição prevista no artigo 142 da citada Lei.

3. De acordo com a regra de transição do artigo 142 da Lei 8.213/91, o segurado que, no ano de 2001, implementar todas as condições necessárias à obtenção do benefício precisará comprovar 120 (cento e vinte) meses de contribuição.

4. A agravada se filiou ao RGPS em 1986 e em 2001, quando completou 60 (sessenta) anos de idade, apresentava carência de 121 (cento e vinte e um) meses de contribuição.

5. Tendo a agravada contribuído por período superior ao exigido pela Lei 8.213/91, possui direito à concessão do benefício de aposentadoria por idade.6. Agravo Regimental a que se nega provimento" (STJ, AgRg no REsp 699452, de 05/02/2013).

> ▸ **Importante:**
>
> **Independe de carência** a concessão das seguintes prestações:
>
> I – pensão por morte, salário-família e auxílio-acidente;
>
> II – salário-maternidade, para as seguradas empregada, empregada doméstica e trabalhadora avulsa;
>
> III – auxílio-doença e aposentadoria por incapacidade permanente nos casos de acidente de qualquer natureza ou causa, doença profissional ou do trabalho, bem como nas hipóteses de doenças ou afecções graves especificadas em lista elaborada pelos Ministérios da Saúde e da Previdência Social, atualizada a cada 3 (três) anos, de acordo com os critérios de estigma, deformação, mutilação, deficiência ou outro fator que lhe confira especificidade e gravidade que mereçam tratamento particularizado;
>
> IV – serviço social e reabilitação profissional.

A aposentadoria por incapacidade permanente e o auxílio-doença terão, em regra, carência de 12 contribuições mensais, salvo as exceções legais.

Dessarte, excepcionalmente, o deferimento da aposentadoria por incapacidade permanente e do auxílio-doença dispensarão a carência quando decorrente de acidente de qualquer natureza ou causa, de acidente de trabalho (típico, por equiparação e nos casos das doenças profissionais e do trabalho) ou oriundo de doença grave listada em Portaria do Ministério da Saúde.

A Portaria Ministerial MPAS/MS nº 2.998, de 23-08-2001, listava as doenças graves que dispensam a carência para a concessão da aposentadoria por invalidez e do auxílio-doença:

> "Art. 1º As doenças ou afecções abaixo indicadas excluem a exigência de carência para a concessão de auxílio-doença ou de aposentadoria por invalidez aos segurados do Regime Geral de Previdência Social – RGPS:
>
> I – tuberculose ativa;
>
> II – hanseníase;
>
> III – alienação mental;
>
> IV – neoplasia maligna;
>
> V – cegueira
>
> VI – paralisia irreversível e incapacitante;
>
> VII – cardiopatia grave;
>
> VIII – doença de Parkinson;
>
> IX – espondiloartrose anquilosante;
>
> X – nefropatia grave;
>
> XI – estado avançado da doença de Paget (osteíte deformante);
>
> XII – síndrome da deficiência imunológica adquirida – Aids;

> XIII – contaminação por radiação, com base em conclusão da medicina especializada; e
>
> XIV – hepatopatia grave.
>
> Art. 2º O disposto no artigo 1º só é aplicável ao segurado que for acometido da doença ou afecção após a sua filiação ao RGPS".

No entanto, com a Lei 13.135/2015, o artigo 151 da Lei 8.213/91 foi restaurado, passando a inserir uma nova doença grave para dispensar a carência dos benefícios por incapacidade, qual seja, a **esclerose múltipla**:

> Art. 151. Até que seja elaborada a lista de doenças mencionada no inciso II do art. 26, independe de carência a concessão de auxílio-doença e de aposentadoria por invalidez ao segurado que, após filiar-se ao RGPS, for acometido das seguintes doenças: tuberculose ativa, hanseníase, alienação mental, **esclerose múltipla**, hepatopatia grave, neoplasia maligna, cegueira, paralisia irreversível e incapacitante, cardiopatia grave, doença de Parkinson, espondiloartrose anquilosante, nefropatia grave, estado avançado da doença de Paget (osteíte deformante), síndrome da deficiência imunológica adquirida (aids) ou contaminação por radiação, com base em conclusão da medicina especializada.

Registre-se que desde a vigência da Portaria Interministerial MTP/MS 22, em vigor desde 03/10/2022, o rol de doenças graves que dispensam a carência foi ampliado com a inserção do **acidente vascular encefálico agudo e do abdome agudo cirúrgico**:

> "Art. 1º A concessão dos benefícios auxílio por incapacidade temporária e aposentadoria por incapacidade permanente aos segurados do Regime Geral de Previdência Social - RGPS será isenta de carência quando a incapacidade laborativa for determinada pelas doenças e afecções listadas nesta Portaria.
>
> § 1º Para fins de aplicação desta Portaria, considera-se:
>
> I - quadro clínico de evolução aguda: doença ou afecção de instalação súbita, excluindo-se os episódios agudos de doenças crônicas; e
>
> II - critério de gravidade: risco iminente de morte ou de perda da função de órgão ou sistema que requer cuidado de natureza clínica ou cirúrgica, podendo apresentar instabilidade das funções vitais e necessidade de substituição artificial de funções.
>
> § 2º As doenças e afecções listadas nesta Portaria isentam o segurado do cumprimento da carência, se iniciadas após a filiação ao RGPS.
>
> Art. 2º As doenças ou afecções listadas a seguir excluem a exigência de carência para a concessão dos benefícios auxílio por incapacidade temporária e aposentadoria por incapacidade permanente aos segurados do RGPS:
>
> I - tuberculose ativa;
>
> II - hanseníase;
>
> **III - transtorno mental grave, desde que esteja cursando com alienação mental;**

> IV - neoplasia maligna;
>
> V - cegueira;
>
> VI - paralisia irreversível e incapacitante;
>
> VII - cardiopatia grave;
>
> VIII - doença de Parkinson;
>
> IX - espondilite anquilosante;
>
> X - nefropatia grave;
>
> XI - estado avançado da doença de Paget (osteíte deformante);
>
> XII - síndrome da deficiência imunológica adquirida (Aids);
>
> XIII - contaminação por radiação, com base em conclusão da medicina especializada;
>
> XIV - hepatopatia grave;
>
> XV - esclerose múltipla;
>
> **XVI - acidente vascular encefálico (agudo); e**
>
> **XVII - abdome agudo cirúrgico.**
>
> Parágrafo único. As doenças e afecções listadas nos incisos XVI e XVII do caput serão enquadradas como isentas de carência quando apresentarem quadro de evolução aguda e atenderem a critérios de gravidade.
>
> Art. 3º Os procedimentos técnicos a serem considerados para comprovação das doenças e afecções listadas no art. 2º como isentas de carência serão dispostos e atualizados em manual específico a ser publicado pela Subsecretaria da Perícia Médica Federal da Secretaria de Previdência do Ministério do Trabalho e Previdência, no prazo de 90 (noventa) dias a contar da data de publicação desta Portaria.
>
> Art. 4º Fica revogada a Portaria Interministerial MPAS/MS nº 2.998, de 23 de agosto de 2001.
>
> Art. 5º Esta Portaria entra em vigor no dia 3 de outubro de 2022".

É **controvertido se esse rol é taxativo ou exemplificativo**. Vale registrar que este tema não foi apreciado ou mesmo admitido na 1ª Seção do STJ. No entanto, existe um precedente do Colegiado da 1ª Turma apontando que o rol de doenças graves do artigo 151 da Lei 8.213/91 é taxativo e uma decisão repetitiva da TNU dizendo ser exemplificativo.

> **▸ Qual o entendimento do STJ sobre o assunto?**
>
> **2. A tese de que a doença que acomete o Segurado está elencada no art. 151 da Lei 8.213/1991, o que dispensaria a comprovação da carência, não foi analisada pela instância de origem, nem mesmo a parte autora buscou opor Embargos de Declaração, a fim de provocar a discussão do tema, carecendo, portanto, de prequestionamento, requisito indispensável à análise da matéria em sede de Recurso Especial.**
>
> **3. Ainda que assim não fosse, o autor relata sofrer de transtorno de ansiedade, moléstia não elencada no art. 151 da Lei 8.213/1991.** (AgInt no AREsp 664855, de 12/08/2019).

Conquanto inexista previsão legal ou regulamentar expressa, de acordo com a **jurisprudência dominante, o período em que o segurado percebeu benefício por incapacidade será considerado para fins de carência**, em que pese inexistir o pagamento de contribuição previdenciária, pois o filiado esteve impedido de desenvolver atividade laboral, conforme entendimento do TRF da 2ª Região (AMS 37037, de 21.09.2004), 3ª Região (AMS 272378, de 12.08.2008) e da 4ª Região (AC 2001.04.01.075498-6, de 29.07.2008).

> **▸ Qual o entendimento da TNU sobre o assunto?**
>
> Para a TNU, o período em que o segurado percebeu benefício por incapacidade será considerado para fins de carência, a exemplo da decisão tomada no PEDILEF 200763060010162, de 23.06.2008.

Entretanto, para a Previdência Social, esse período não deverá ser computado para fins de carência, que pressupõe efetivo recolhimento das contribuições previdenciárias, não se confundindo percepção de benefício com o pagamento das contribuições previdenciárias (nesse sentido, o Parecer/CONJUR/MPS 616/2010, aprovado pelo Ministro da Previdência Social em 23.12.2010).

> **▸ Qual o entendimento do STJ sobre o assunto?**
>
> **Na atualidade, a jurisprudência do STJ se firmou no sentido de que é possível a consideração dos períodos em que o segurado esteve em gozo de auxílio-doença ou de aposentadoria por invalidez como carência para a concessão de aposentadoria por idade, se intercalados com períodos contributivos** (2ª Turma, REsp 1422081, de 24/04/2014 - 6ª Turma, AgRg no REsp 1271928, de 16/10/2014).

▸ **Qual o entendimento do STF sobre o assunto?**

"Nesse sentido: ARE 802.877, Rel. Min. Teori Zavascki, DJe 1º.4.2014 e ARE 746.835-AgR, Rel. Min. Dias Toffoli, 1ª Turma, DJe 07.10.2014, com a seguinte ementa: "Agravo regimental no recurso extraordinário com agravo. Previdenciário. Aposentadoria por invalidez. Cômputo do tempo de gozo de auxílio-doença para fins de carência. Possibilidade. Precedentes. 1. **O Supremo Tribunal Federal decidiu nos autos do RE nº 583.834/PR-RG, com repercussão geral reconhecida, que devem ser computados, para fins de concessão de aposentadoria por invalidez, os períodos em que o segurado tenha usufruído do benefício de auxílio-doença, desde que intercalados com atividade laborativa. 2. A Suprema Corte vem-se pronunciando no sentido de que o referido entendimento se aplica, inclusive, para fins de cômputo da carência, e não apenas para cálculo do tempo de contribuição.** Precedentes: ARE 802.877/RS, Min. Teori Zavascki, DJe de 1/4/14; ARE 771.133/RS, Min. Luiz Fux, DJe de 21/2/2014; ARE 824.328/SC, Min. Gilmar Mendes, DJe de 8/8/14; e ARE 822.483/RS, Min. Cármem Lúcia, DJe de 8/8/14. 3. Agravo regimental não provido."

▸ **Como esse assunto foi cobrado em concurso?**

No concurso do CESPE para Advogado da União em 2015, foi considerado CORRETO o seguinte enunciado: Desde que tenha sido intercalado com o exercício de atividade laborativa, o período em que o segurado se beneficiar de auxílio-doença deverá ser considerado para fins de cômputo de carência e para o cálculo do tempo de contribuição na concessão de aposentadoria por invalidez, conforme entendimento do STF.

▸ **Qual o entendimento da TNU sobre o assunto?**

Súmula 73- "O tempo de gozo de auxílio-doença ou de aposentadoria por invalidez não decorrentes de acidente de trabalho só pode ser computado como tempo de contribuição ou para fins de carência quando intercalado entre períodos nos quais houve recolhimento de contribuições para a previdência social".

Vale registrar que a TNU vem diferenciando os benefícios por incapacidade por acidente de trabalho dos não acidentários. Nessa linha de raciocínio, para a aposentadoria por invalidez e o auxílio-doença por acidente de trabalho serem computados para fins de carência, é desnecessário que sejam intercalados por períodos contributivos.

Isso porque a TNU vem estendendo o artigo 60, inciso IX, do Decreto 3.048/99, para fins de carência. Esse dispositivo prevê que será contado como tempo de contribuição o período em que o segurado esteve recebendo benefício por incapacidade por acidente do trabalho, intercalado ou não.

No entanto, o artigo 60 do Decreto 3.048/99 foi revogado pelo Decreto 10.410/2020, sendo o tema regulado pelo novel artigo 19-C:

> "§ 1º Será computado o **tempo intercalado** de recebimento de benefício por incapacidade, na forma do disposto no inciso II do caput do art. 55 da Lei nº 8.213, de 24 de julho de 1991, **exceto para efeito de carência**. (Incluído pelo Decreto nº 10.410, de 2020)"

Note-se que o ato presidencial manteve a posição anterior em não considerar o gozo de benefício por incapacidade para fins de período de carência, mas apenas como tempo de contribuição.

Outrossim, a ilegalidade regulamentar que afrontava o artigo 55, inciso II, da Lei 8.213/91 foi corrigida, sendo exigido desde 1/7/2020 que mesmo o benefício por incapacidade por acidente de trabalho seja intercalado por contribuições para ser considerado como tempo de contribuição.

Evidente que a nova regulamentação não poderá ter efeitos retroativos, devendo ser aplicada à percepção de benefícios por incapacidade a contar de 1º de julho de 2020, de modo que os benefícios acidentários cessados até 30/06/2020 não precisarão ser intercalados para serem computados como tempo de contribuição.

Aliás, mesmo com a EC 103/2019 reforçando a vedação ao tempo de contribuição ficto, o novo Regulamento optou por conservar o cômputo dos benefícios por incapacidade como tempo de contribuição, embora não haja o recolhimento real ou presumido de contribuição previdenciária, haja vista não comporem o salário de contribuição, o que indica que a regra constitucional continuará sendo retórica.

No **Tema em Repercussão Geral 1.125**, publicado em 25/02/2021, o STF reafirmou a sua própria jurisprudência ao admitir que o período de percepção de benefício por incapacidade laborativa também deva ser computado para fins de carência, desde que intercalado por atividades laborais.

> **▸ Qual o entendimento do STF sobre o assunto?**
>
> Tema 1.125: ***"É constitucional o cômputo, para fins de carência, do período no qual o segurado esteve em gozo do benefício de auxílio-doença, desde que intercalado com atividade laborativa."***

Desse modo, o STF acabou estendendo a regra do artigo 55, inciso II, da Lei 8.213/91, que trata do cômputo do benefício por incapacidade laboral como tempo de contribuição, para fins do período de carência.

▸ **Importante:**

Na forma do **REVOGADO** parágrafo único, do artigo 24, da Lei 8.213/91, havendo **perda da qualidade de segurado**, as **contribuições anteriores** a essa perda **somente serão computadas** para efeito de **carência** depois que o segurado contar, a partir da nova filiação ao Regime Geral de Previdência Social, com, no mínimo, **um terço** do número de contribuições exigidas para o cumprimento da carência definida para o benefício a ser requerido. No entanto, este dispositivo foi expressamente revogado pela Lei 13.457/2017, fruto da conversão da MP 767, de 6 de janeiro de 2017, gerando a extinção da regra de 1/3, após uma tentativa frustrada de revogação pela MP 739/2016, que havia caducado sem votação no Congresso Nacional.

Pelo regramento extinto, suponha-se que um trabalhador tenha 100 contribuições previdenciárias pagas tempestivamente e que, posteriormente, tenha perdido a qualidade de segurado, pois não mais contribuiu e deixou transcorrer em aberto o período de graça.

Neste caso, considerando que a carência do auxílio-doença é de 12 contribuições mensais, em regra, seria preciso o recolhimento tempestivo de 04 novas contribuições previdenciárias (valor equivalente a 1/3 de 12) para que as anteriores sejam consideradas e se integralize a carência.

Entende-se que esta regra de 1/3 acabou se tornando parcialmente inócua para as aposentadorias por idade, tempo de contribuição e especial, pois, excepcionalmente, o artigo 3º, da Lei 10.666/2003, dispensa a qualidade de segurado para a concessão desses benefícios, bastando a realização dos demais pressupostos legais, que não precisará ser simultânea.

Logo, a aplicabilidade da "regra de 1/3" dava-se somente para a aposentadoria por invalidez (4 contribuições), o auxílio-doença (4 contribuições) e o salário-maternidade (3 contribuições – aproximação feita pelo INSS para baixo), restrita aos casos de exigência de carência, por óbvio, sendo afastada para as demais aposentadorias, que dispensam a manutenção da qualidade de segurado para o seu deferimento pelo INSS.

▸ **Qual o entendimento do STJ sobre o assunto?**

Nesse sentido, analisando os requisitos para a concessão de aposentadoria por idade, afirmou o STJ que "o parágrafo único do artigo 24 da Lei 8.213/91 aplica-se aos casos em que o segurado não consegue comprovar, de forma alguma, a totalidade da carência exigida, ao benefício que se pretende, tendo que complementar o período comprovado com mais 1/3 (um terço), pelo menos, de novas contribuições, mesmo que já possua o requisito idade" (ERESP 200200227813, de 09.03.2005).

▸ **Importante**

Mas apesar de ter extinto a regra de 1/3 da carência, a Lei 13.457/2017 instituiu na Lei 8.213/91 **a regra de ½ da carência** para compensar, adotando uma posição intermediária entre a disputa do Governo com os segurados: "art. 27-A. No caso de perda da qualidade de segurado, para efeito de carência para a concessão dos benefícios de que trata esta Lei, o segurado deverá contar, a partir da nova filiação à Previdência Social, com metade dos períodos previstos nos incisos I e III do caput do art. 25 desta Lei".

Assim sendo, na hipótese de concessão de auxílio-doença e de aposentadoria por invalidez que recaiam na regra da carência de 12 recolhimentos mensais, caso haja perda da qualidade de segurado com posterior refiliação previdenciária, será necessário que ao menos ½ do período de carência (6 contribuições) se realize na segunda filiação para que as contribuições vertidas na primeira filiação sejam consideradas para fins de carência.

No caso de concessão de salário-maternidade que recaia na regra da carência de 10 recolhimentos mensais (contribuinte individual, segurado especial e segurado facultativo), caso haja perda da qualidade de segurado com posterior refiliação previdenciária, será necessário que ao menos ½ do período de carência (5 contribuições) se realize na segunda filiação para que as contribuições vertidas na primeira filiação sejam consideradas para fins de carência.

▸ **Importante**

Com o advento da **MP 871/2019**, operou-se a **revogação da regra de ½ da carência**. Isso porque restou modificado o artigo 27-A da Lei 8.213/91, que passou a contar com a seguinte redação: "Na hipótese de perda da qualidade de segurado, para fins da concessão dos benefícios de **auxílio-doença, de aposentadoria por invalidez, de salário-maternidade e de auxílio-reclusão**, o segurado deverá contar, a partir da data da nova filiação à Previdência Social, com os períodos integrais de carência previstos nos incisos I, III e IV do caput do art. 25".

NO ENTANTO, ISSO DUROU POUCO, POIS A LEI 13.846/2019 RESTAUROU A REGRA DE ½ DE CARÊNCIA: "ART. 27-A. Na hipótese de perda da qualidade de segurado, para fins da concessão dos benefícios de auxílio-doença, de aposentadoria por invalidez, de salário-maternidade e de auxílio-reclusão, o segurado deverá contar, a partir da data da nova filiação à Previdência Social, **com metade** dos períodos previstos nos incisos I, III e IV do **caput** do art. 25 desta Lei".

Logo, a regra de ½ se aplica aos seguintes benefícios:

A) Aposentadoria por invalidez (1/2 de 12 = 6);

B) Auxílio-doença (1/2 de 12 = 6);

C) Salário-maternidade da segurada especial, contribuinte individual e segurada facultativa (1/2 de 10 = 5);

D) Auxílio-reclusão (1/2 de 24 = 12).

TABELA DA CARÊNCIA

COM CARÊNCIA	PRESTAÇÃO
180 contribuições	Aposentadoria por idade e tempo de contribuição (programada, comum e professor), aposentadoria por idade rural e aposentadorias especiais.
24 contribuições	Auxílio-reclusão.
12 contribuições	Aposentadoria por incapacidade permanente e auxílio-doença (auxílio por incapacidade temporária), em regra.
SEM CARÊNCIA	Salário-família; auxílio-acidente; pensão por morte; serviço social; reabilitação profissional; salário-maternidade da empregada, trabalhadora avulsa e empregada doméstica; aposentadoria por incapacidade permanente e auxílio-doença decorrentes de acidentes de qualquer natureza, moléstia ocupacional ou doença grave listada pelo artigo 151 da Lei 8.213/91 que acometeu o segurado após a filiação previdenciária.

▶ **Como esse assunto foi cobrado em concurso?**

No concurso do CESPE para Juiz Federal da 5ª Região em 2013, foi considerado errado o seguinte enunciado: Independe de carência a concessão de salário-maternidade para mulher que presta serviço de natureza urbana ou rural, em caráter eventual, a uma ou mais empresas, sem relação de emprego.

▶ **Importante:**

É muito comum no meio previdenciário que se confundam os institutos do período de carência e do tempo de contribuição que, embora possuam similitudes, podem ser claramente diferenciados a partir de uma análise técnica.

O principal traço comum é que o recolhimento da contribuição previdenciária tempestivamente realiza tanto o tempo de contribuição quanto o período de carência.

No entanto, é possível apontar as seguintes diferenças:

A) No caso dos segurados que são responsáveis pelo recolhimento da sua contribuição previdenciária (segurado facultativo e contribuinte individual que trabalha por conta própria), o recolhimento em atraso é computado como tempo de contribuição, mas não será considerado para efeitos de carência, referentes às competências anteriores à primeira paga em dia e as posteriores se houver perda da qualidade de segurado (art. 27, inciso II, da Lei 8.213/91);

B) O período de carência sempre será contado a partir do dia 1º da respetiva competência. Já o tempo de contribuição inicia o seu cômputo somente a contar do dia da filiação, não retroagindo ao dia primeiro (até 13/11/2019);

C) Existem benefícios previdenciários que exigem a carência, mas não o tempo de contribuição, a exemplo do auxílio-reclusão. Já outros exigem simultaneamente a carência e um tempo mínimo de contribuição, como a aposentadoria por idade e tempo de contribuição. Há também os benefícios que dispensam a carência, como o auxílio-acidente e o salário-família;

D) A conversão de tempo especial em comum somente é prevista normativamente para o tempo de contribuição (até o advento da Emenda 103/2019)[5], e não para o período de carência, conforme será visto (art. 57, §5º, da Lei 8.213/91);

E) O período rural anterior à Lei 8.213/91 é computado para fins de tempo de contribuição, mas não é considerado para fins de período de carência (art. 55, §2º, da Lei 8.213/91);

F) A regra de ½ se aplica à carência, mas não tem previsão legal para aplicação ao tempo de contribuição;

G) A indenização previdenciária é considerada como tempo de contribuição, mas não será computada para fins de período de carência.

Suponha-se que Odorico seja um contribuinte individual que trabalhe por conta própria e que tenha recolhido 35 anos de contribuições previdenciárias. No entanto, por ser uma pessoa relapsa, todos os recolhimentos foram intempestivos, pois efetuados fora do prazo legal (até o dia 15 do mês seguinte de cada competência ou dia útil posterior se no dia 15 não houver expediente bancário).

Nesta situação hipotética, na visão do INSS, Odorico não fará jus à aposentadoria por tempo de contribuição (regramento anterior à EC 103/2019), pois conquanto possua o equivalente a 35 anos de contribuição, não terá realizado a carência, haja vista que nenhuma contribuição foi arrecadada no prazo.

Outro caso para ilustrar. Larissa é contribuinte individual que trabalha por conta própria e há um ano não recolhe nenhuma contribuição previdenciária. Se ela recolher de vez as 12 contribuições em atraso, estas serão consideradas como um ano de contribuição, mas não servirão para a integralização do período de carência.

6. FATOR PREVIDENCIÁRIO

Ao contrário do que ocorreu nos Regimes Próprios de Previdência Social com o advento da promulgação da Emenda 20/98, no RGPS continuou sendo possível

---

5. De acordo com o Decreto 10.410/2020, uma mudança evidente foi o modo de cômputo do tempo de contribuição após a EC 103/2019, que não mais será computado de data a data, e sim por competência mensal, tal qual o período de carência, desde que o valor mensal da remuneração percebida atinja o piso legal ou convencional da categoria ou, se inexistente, ao salário mínimo nacional.

à concessão de aposentadoria sem a exigência de idade mínima do segurado, a exemplo da aposentadoria por tempo de contribuição, vez que não restou aprovada a reforma constitucional integral pretendida no final dos anos 90. Isto só foi modificado com a Emenda 103/2019, que extinguiu a aposentadoria apenas por tempo de contribuição sem idade mínima.

Até a EC 103/2019, a aposentadoria por tempo de contribuição que, em regra, era deferida ao homem com 35 anos de contribuição e à mulher com 30 anos de contribuição, observada a carência de 180 contribuições mensais, era um benefício que ameaça o equilíbrio financeiro e atuarial do sistema previdenciário, haja vista a possibilidade de os segurados se aposentarem muito cedo, inclusive abaixo dos cinquenta anos de idade.

Inclusive, nessas aposentações precoces, pregava-se que inexistia risco social a ser coberto, pois antes dos sessenta anos de idade o segurado ainda não é sequer considerado pessoa idosa, havendo casos em que se percebia a aposentadoria por mais anos do que se verteu contribuições previdenciárias.

Esse fato é agravado com a maior expectativa de vida que progressivamente vem sendo alcançada diante das melhores condições sociais, que chegou à média de 73 anos de idade em 2008, girando em torno de 69 anos de idade para os homens e de 77 para as mulheres, sendo atualmente bem maior.

Diante desse preocupante quadro previdenciário, a Lei 9.876/99, publicada em 29.11.1999, instituiu o fator previdenciário, agora previsto no artigo 29, da Lei 8.213/91, que objetivava inibir aposentadorias precoces, sendo **obrigatório no cálculo da aposentadoria por tempo de contribuição** e **facultativo** para a definição da renda mensal inicial da **aposentadoria por idade no regime anterior à EC 103/2019.**

> ▸ **Importante:**
>
> Ou seja, fora a aposentadoria por tempo de contribuição (obrigatório) e por idade (facultativo), o fator previdenciário não era utilizado diretamente no cálculo da renda de nenhum outro benefício previdenciário. Contudo, indiretamente, a pensão por morte poderia ter a sua renda mensal calculada com base no fator previdenciário, se na apuração da renda da aposentadoria do instituidor da pensão o fator tivesse sido aplicado.

> ▸ **Como esse assunto foi cobrado em concurso?**
>
> No concurso do CESPE para Procurador Federal em 2010, no curso de formação, foi considerado correto o seguinte enunciado: Em razão da imprevisibilidade que caracteriza os benefícios por incapacidade, não se aplica, em seu cálculo, o fator previdenciário.

> **Importante:**
>
> Pelas regras anteriores à EC 103/2019 , existia apenas um caso em que o fator previdenciário era facultativo no cálculo do salário de benefício da aposentadoria por tempo de contribuição. Tratava-se da "regra 85/95" (86/96 desde 31/12/2018) para mulheres e homens, respectivamente, atualmente disciplinada pela Lei 13.183, de 4/11/2015.

> **Como esse assunto foi cobrado em concurso?**
>
> No concurso do CESPE para Procurador do Estado do Amazonas em 2016, foi considerado correto o seguinte enunciado: O segurado que preencher as condições para a percepção da aposentadoria por tempo de contribuição integral poderá optar pela não incidência do fator previdenciário no cálculo da renda mensal inicial se o total resultante da soma de sua idade e de seu tempo de contribuição alcançar os limites mínimos indicados em lei.

Vale registrar que, por força da LC 142/2013, que aprovou as regras para a aposentadoria do segurado deficiente, para este benefício será possível a incidência do fator previdenciário, desde que seja favorável ao segurado.

Veja-se o **mapa do fator previdenciário NA SISTEMÁTICA VIGENTE ATÉ A EMENDA 103/2019** nos benefícios do RGPS:

A) Obrigatório na aposentadoria por tempo de contribuição comum e de professor, salvo regra 85/95 (86/96);

B) Facultativo na aposentadoria por tempo de contribuição do deficiente;

C) Facultativo na aposentadoria por idade;

D) Jamais incidirá na aposentadoria especial (agentes nocivos);

E) Jamais incidirá na aposentadoria por invalidez;

F) Poderá incidir de modo reflexo na pensão por morte, quando o segurado morre em gozo de aposentadoria que incidiu o fator previdenciário, haja vista que, nesta hipótese, a pensão por morte terá a mesma renda da aposentadoria;

G) Jamais incidirá no auxílio-doença, auxílio-acidente, salário-família e salário-maternidade;

H) Jamais incidirá no auxílio-reclusão, cuja renda mensal é calculada da mesma maneira que a aposentadoria por invalidez.

O fator previdenciário se trata de coeficiente que considera a **idade da pessoa, o seu tempo de serviço/contribuição e a sua expectativa de vida**, de acordo com a tábua completa de mortalidade do IBGE, considerando-se a média nacional para ambos os sexos, a fim de ser utilizado no cálculo da renda mensal inicial da aposentadoria por tempo de contribuição e por idade.

> **Como esse assunto foi cobrado em concurso?**
>
> No concurso do CESPE para Juiz Federal da 2ª Região em 2009, foi considerado errado o seguinte enunciado: O fator previdenciário consiste em uma fórmula aritmética que considera os fatores idade e expectativa de sobrevida do segurado, exclusivamente por ocasião do pedido de aposentadoria, **e se destina a fixar o tempo de contribuição remanescente para o segurado poder aposentar-se por tempo de serviço.**

Ou seja, mesmo as mulheres tendo uma maior expectativa de vida, não haverá nenhum prejuízo para elas, porquanto será considerada a média entre homens e mulheres.

Compete ao IBGE publicar, anualmente, até o dia primeiro de dezembro, no Diário Oficial da União, a tábua completa de mortalidade para o total da população brasileira referente ao ano anterior. Uma vez publicada a tábua de mortalidade, os benefícios previdenciários requeridos a partir dessa data considerarão a nova expectativa de sobrevida.

Deveras, com a incidência do fator previdenciário, é comum que os segurados que se aposentem por tempo de contribuição muito jovens possam perder por volta de metade do benefício previdenciário, pois certamente ele será bem inferior a 1,0.

Apenas as pessoas com idade mais avançada e com grande tempo de contribuição se favorecerão do fator previdenciário, pois neste caso ele tende a ser superior a 1,0.

Eis a fórmula para o cálculo do fator previdenciário:

$$f = \frac{Tc \times a}{Es} \times 1 + \frac{(Id + Tc \times a)}{100}$$

onde:

f = fator previdenciário;

Es = expectativa de sobrevida no momento da aposentadoria;

Tc = tempo de contribuição até o momento da aposentadoria;

Id = idade no momento da aposentadoria; e

a = alíquota de contribuição correspondente a 0,31.

Para efeito da aplicação do fator previdenciário ao tempo de contribuição do segurado serão adicionados:

I. cinco anos, quando se tratar de mulher; ou

II. cinco ou dez anos, quando se tratar, respectivamente, de professor ou professora, que comprovem exclusivamente tempo de efetivo exercício das funções de magistério na educação infantil e no ensino fundamental e médio.

> **Como esse assunto foi cobrado em concurso?**
>
> No concurso do CESPE para Juiz Federal da 5ª Região em 2013, foi considerado correto o seguinte enunciado: Tratando-se de mulher, para aplicação do fator previdenciário, cujo cálculo baseia-se na idade, na expectativa de sobrevida e no tempo de contribuição do segurado ao se aposentar, adicionam-se ao tempo de contribuição cinco anos.

Quanto maior o fator previdenciário melhor para o segurado. O fator superior a 1,0 irá aumentar o salário de benefício, ao passo que o fator inferior a 1,0 irá reduzi-lo. Ademais, quanto maior a idade e o tempo de contribuição maior será o fator previdenciário.

> **Como esse assunto foi cobrado em concurso?**
>
> No concurso do CESPE para Defensor Público do Tocantins em 2013, foi considerado errado o seguinte enunciado: Para efeito do cálculo do salário de benefício na aposentadoria por tempo de contribuição, o valor do fator previdenciário será **inversamente** proporcional ao tempo de contribuição.

Tomando por base a tabela de 2011 do fator previdenciário, um homem que conte com 35 anos de contribuição e 53 anos de idade terá um fator previdenciário de 0,668, ou seja, o seu salário de benefício sofrerá uma redução de 33,2%.

Já outro segurado com 65 anos de idade e 35 anos de contribuição terá um fator previdenciário de 1,072, tendo um acréscimo de 7,2% no cálculo do seu salário de benefício.

Por força do artigo 5º, da Lei 9.876/99, observando o Princípio da Segurança Jurídica, a aplicação do fator previdenciário foi progressiva ao longo de cinco anos, incidindo sobre um sessenta avos por mês que se seguir à sua publicação, expirando-se para os benefícios com data de início a partir de 01.12.2004.

Foi assegurado o **direito adquirido** de todos os segurados que preencheram os requisitos para a aposentadoria por tempo de contribuição até 28.11.1999, dia anterior ao da publicação da Lei 9.876/99, ao cálculo da sua aposentadoria por tempo de contribuição sem a incidência do fator previdenciário.

> **Como esse assunto foi cobrado em concurso?**
>
> No concurso do CESPE para Procurador Federal em 2010, no curso de formação, foi considerado errado o seguinte enunciado: O fator previdenciário se aplica a todas as aposentadorias por tempo de contribuição concedidas a partir da lei que o instituiu, ainda que os requisitos para a concessão da aposentadoria tenham sido preenchidos antes da vigência da referida lei.

> **▸ Qual o entendimento do STF sobre o assunto?**
>
> O fator previdenciário teve a sua validade constitucional questionada no STF por intermédio das ADI's 2.110 e 2.111, por suposta inserção indevida de mais um requisito no cálculo da aposentadoria não previsto no artigo 201, da CRFB, tendo a medida cautelar sido indeferida. Exceto no que tange ao pedido de pronúncia de inconstitucionalidade da criação de período de carência para o salário-maternidade da contribuinte individual, segurada especial e segurada facultativa, **todos os demais pedidos formulados na ADI 2.110 e 2.111 (julgadas em conjunto) foram julgados improcedentes pelo STF em 21/03/2024, sendo validadas as regras introduzidas pela Lei 9.876/99.**

Cuida-se de instituto que é concretização do Princípio do Equilíbrio Financeiro e Atuarial da Previdência Social, na medida em que inibe aposentadorias precoces, pois inexistente risco social a ser coberto.

> **▸ Qual o entendimento do STF sobre o assunto?**
>
> Em 4 de junho de 2020, ao julgar o tema 1.091 (RE 1.221.630), o Plenário do STF reafirmou a constitucionalidade do fator previdenciário, inclusive no salário de benefício da aposentadoria do professor de ensino básico:

> **▸ Qual o entendimento do STJ sobre o assunto?**
>
> **Tema 1011:** *"Incide o fator previdenciário no cálculo da renda mensal inicial de aposentadoria por tempo de contribuição de professor vinculado ao Regime Geral de Previdência Social, independente da data de sua concessão, quando a implementação dos requisitos necessários à obtenção do benefício* ***se der após o início da vigência da Lei 9.876/1999, ou seja, a partir de 29/11/1999"*** (26/03/2021).

> **▸ Importante!**
>
> Vale registrar que **a Emenda 103/2019 não extinguiu o fator previdenciário.** Ao revés, o **constitucionalizou** na regra de transição do artigo 17, parágrafo único[6].

---

6. Parágrafo único. O benefício concedido nos termos deste artigo terá seu valor apurado de acordo com a média aritmética simples dos salários de contribuição e das remunerações calculada na forma da lei, **multiplicada pelo fator previdenciário,** calculado na forma do disposto nos **§§ 7º a 9º do art.** 29 **da Lei nº 8.213, de 24 de julho de 1991.**

O que ocorre é que a aposentadoria por idade e tempo de contribuição (estudada no próximo capítulo), bem como a aposentadoria por incapacidade permanente terão outra fórmula de cálculo (art. 26 da Emenda) que não utilizará o artigo 29 da Lei 8.213/91, que somente será aplicado com o fator previdenciário na regra de transição do artigo 17, parágrafo único da Emenda 103/2019 e na aposentadoria por tempo de contribuição da pessoa com deficiência, neste caso se benéfico ao segurado.

Isso porque o artigo 22 da Emenda 103/2019 previu que, "até que lei discipline o § 4º-A do art. 40 e o inciso I do § 1º do art. 201 da Constituição Federal, a aposentadoria da **pessoa com deficiência segurada do Regime Geral de Previdência Social** ou do servidor público federal com deficiência vinculado a regime próprio de previdência social, desde que cumpridos, no caso do servidor, o tempo mínimo de dez anos de efetivo exercício no serviço público e de cinco anos no cargo efetivo em que for concedida a aposentadoria, será concedida na forma da **Lei Complementar nº 142, de 8 de maio de 2013, inclusive quanto aos critérios de cálculo dos benefícios".**

Dessa forma, as regras de fator previdenciário continuam em vigor após a EC 103/2019, mas agora com aplicação restrita às duas situações acima apontadas (regras de transição dos artigos 17 e 22 da Emenda 103/2019).

7. SALÁRIO DE BENEFÍCIO E CADASTRO NACIONAL DE INFORMAÇÕES SOCIAIS

O salário de benefício é um instituto exclusivo do Direito Previdenciário, regulado pelos artigos 28 a 32 da Lei 8.213/91, sendo utilizado para o cálculo da maioria dos benefícios do RGPS. Mesmo após a EC 103/2019, ele continuará em vigor, pois existem benefícios previstos na Lei 8.213/91 que não foram modificados pela Emenda 103/2019, a exemplo do auxílio-doença e do auxílio-acidente.

No entanto, veremos no item seguinte que essa não é a posição do Governo federal, que estendeu a regra do artigo 26 da Emenda 103/2019 para todo o Plano de Benefícios.

> ▸ **Importante:**
>
> De efeito, na forma do artigo 28, da Lei 8.213/91, o valor do benefício de prestação continuada, *inclusive o regido por norma especial e o decorrente de acidente do trabalho*, **exceto o salário-família e o salário-maternidade**, será calculado com base no salário de benefício.
>
> No entanto, essa regra não mais se aplica aos benefícios de aposentadorias e pensão por morte calculados pelo artigo 26 da Emenda 103/2019, conforme será estudado no próximo capítulo.

▸ Como esse assunto foi cobrado em concurso?

No concurso do CESPE para Juiz Federal da 2ª Região em 2009, foi considerado errado o seguinte enunciado, pois não previstas as exceções (salário-família e salário-maternidade): O valor mensal dos benefícios de prestação continuada, incluindo o regido por norma especial e o decorrente de acidente do trabalho, é calculado com base no salário-de benefício. Da mesma forma, no concurso do CESPE para Juiz Federal da 5ª Região em 2011, foi considerado errado o seguinte enunciado: O valor do benefício de prestação continuada, exceto o regido por norma especial e o decorrente de acidente do trabalho, deve ser calculado com base no salário de benefício.

Conforme dito, esses dois benefícios serão calculados sem o manejo do salário de benefício, haja vista o **salário-família** possuir dois valores fixos (artigo 66, da Lei 8.213/91), bem como o **salário-maternidade** tomar como base de cálculo o salário de contribuição, a remuneração ou a receita proveniente da comercialização da produção, a depender do enquadramento da segurada (artigos 72 e 73, da Lei 8.213/91).

Ademais, as aposentadorias e pensão por morte calculadas pelo artigo 26 da Emenda 103/2019 terão outra sistemática de renda mensal.

Equivocadamente, aduz o artigo 31, do RPS, que a pensão por morte não é calculada com o manejo do salário de benefício. Conforme será visto mais adiante, a renda mensal inicial da pensão por morte será de cem por cento do valor da aposentadoria que o segurado recebia ou daquela a que teria direito se estivesse aposentado por invalidez na data de seu falecimento.

Assim, **indiretamente, a renda da pensão por morte também era calculada com a utilização do salário de benefício,** pois este instituto será utilizado para o cálculo da aposentadoria, até o advento da EC 103/2019.

Outrossim, o artigo 31 do RPS pontifica que os benefícios regidos por norma especial não serão calculados com base no salário de benefício, afrontando o artigo 28, da Lei 8.213/91, em que pese a lei especial poder dispor de maneira diversa sem qualquer invalidade.

Mas fiquem atentos. Se a questão de prova pedir a resposta com base no RPS deve ser considerado este artigo: *"Art. 31. Salário de benefício é o valor básico utilizado para o cálculo da renda mensal dos benefícios de prestação continuada, inclusive aqueles regidos por normas especiais, exceto: I – o salário-família; II – a pensão por morte; III – o salário-maternidade; IV – o auxílio-reclusão; e V – os demais benefícios previstos em legislação especial".*

> **▶ Importante:**
>
> De acordo com o artigo 29, da Lei 8.213/91, com redação dada pela Lei 9.876/99, em regra, **o salário de benefício corresponderá à média aritmética simples dos maiores salários de contribuição correspondentes a 80% de todo o período contributivo.**
>
> No caso da **extinta (EC 103/2019) aposentadoria por tempo de contribuição**, para o cálculo do salário de benefício, essa média aritmética dos 80% maiores salários de contribuição do PBC (período básico de cálculo) ainda era **obrigatoriamente multiplicada pelo fator previdenciário (salvo no caso da regra 85/95) ou 86/96 a contar de 31/12/2018, que era facultativo** para o cálculo do salário de benefício da **aposentadoria por idade**, pois neste caso só incidiria se benéfico ao segurado a se aposentar por idade, na forma do artigo 7º, da Lei 9.876/99. O mesmo ocorre com a **aposentadoria do deficiente**, por força da Lei Complementar 142/2013, sendo facultativa a incidência do fator previdenciário, sendo esta regra recepcionada pelo artigo 22 da EC 103/2019.

Logo, no cálculo da extinta aposentadoria por tempo de contribuição necessariamente era manejado o fator previdenciário salvo no caso da regra 85/95 (vide próximo Capítulo), que tinha aplicação facultativa na aposentadoria por idade e do deficiente, pois só incidiria se fosse mais vantajoso para o segurado.

> **▶ Como esse assunto foi cobrado em concurso?**
>
> **(2018/CESPE/PGE-PE/Procurador do Estado)** Em se tratando de prestações de aposentadorias do RGPS, o salário de benefício será:
>
> a) dividido pelo fator previdenciário nas aposentadorias por idade e por tempo de contribuição.
>
> b) multiplicado pelo fator previdenciário, obrigatoriamente, nas aposentadorias por tempo de contribuição e especial.
>
> c) multiplicado pelo fator previdenciário, facultativamente, apenas na aposentadoria por tempo de contribuição.
>
> d) dividido pelo fator previdenciário nas aposentadorias por idade e especial.
>
> e) multiplicado pelo fator previdenciário, facultativamente, na aposentadoria por idade.
>
> Letra E, correta.

> **▶ Importante:**
>
> Por conseguinte, o fator previdenciário apenas era utilizado no cálculo da renda mensal da aposentadoria por tempo de contribuição (incidência obrigatória, salvo regra 85/95 – 86/96) e da aposentadoria por idade e do deficiente (incidência facultativa).

Ademais, indiretamente, até a EC 103/2019, o fator previdenciário também tinha influência na renda da pensão por morte, se o segurado instituidor estivesse aposentado por tempo de contribuição ou por idade, pois o valor da pensão era de cem por cento do valor da aposentadoria que o segurado recebia ou daquela a que teria direito se estivesse aposentado por invalidez na data de seu falecimento.

Toda essa nova sistemática de cálculo dos benefícios previdenciários de aposentadorias e pensão por morte inaugura pela Emenda 103/2019 será estudada em detalhes no capítulo seguinte.

Conforme regra de transição contida artigo 3º, da Lei 9.876/99, para os segurados com filiação anterior a 29.11.1999, apenas serão utilizados os salários de contribuição a partir da competência de **julho de 1994**, ou seja, após a criação da atual moeda, sistemática conservada pela EC 103/2019.

*No entanto, **ao julgar o Tema Repetitivo 999, o STJ admitiu a "revisão da vida toda"**, permitindo que seja utilizados os salários de contribuição anteriores ao Plano Real (Julho/1994) na regra de transição da Lei 9.876/99, se **for mais favorável ao segurado no caso concreto**.* **Em 01/12/2022, por 6 x 5, o Recurso Extraordinário do INSS foi desprovido, tendo sido fixada a seguinte tese de repercussão geral no Tema 1102 para acolher a revisão da "vida toda".**

> **Importante!**
>
> No âmbito do julgamento das **ADI's 2.110 e 2.111**, o STF reviu a posição adotada no julgamento do tema 1.102, **REJEITANDO a tese da REVISÃO DA VIDA TODA por 7 x 4:**
>
> **Decisão:** "O Tribunal, por maioria, conheceu parcialmente das ADIs 2.110 e 2.111 e, *na parte conhecida, (a) julgou parcialmente procedente o pedido constante da ADI 2.110, para declarar a inconstitucionalidade da exigência de carência para a fruição de salário-maternidade, prevista no art. 25, inc. III, da Lei nº 8.213/1991, na redação dada pelo art. 2º da Lei nº 9.876/1999, vencidos, nesse ponto, os Ministros Nunes Marques (Relator), Alexandre de Moraes, André Mendonça, Cristiano Zanin e Gilmar Mendes;* **e (b) julgou improcedentes os demais pedidos constantes das ADIs 2.110 e 2.111, explicitando que o art. 3º da Lei nº 9.876/1999 tem natureza cogente, não tendo o segurado o direito de opção por critério diverso, vencidos, nesse ponto, os Ministros Alexandre de Moraes, André Mendonça, Edson Fachin e Cármen Lúcia. *Foi fixada a seguinte tese de julgamento: "A declaração de constitucionalidade do art. 3º da Lei 9.876/1999 impõe que o dispositivo legal seja observado de forma cogente pelos demais órgãos do Poder Judiciário e pela administração pública, em sua interpretação textual, que não permite exceção. O segurado do INSS que se enquadre no dispositivo não pode optar pela regra definitiva prevista no artigo 29, incisos I e II, da Lei nº 8.213/91, independentemente de lhe ser mais favorável".*** *Redigirá o acórdão o Ministro Nunes Marques (Relator). Presidência do Ministro Luís Roberto Barroso.* **Plenário, 21.3.2024".**
>
> Dessa forma, **o segurado que possuir salários de contribuição anteriores à Julho de 1994, não mais poderá considera-los no cálculo do salário de benefício.**

O artigo 26 da Emenda 103/2019 trouxe regra transitória para regular o cálculo da renda mensal dos benefícios que regulou, até a ulterior edição de lei federal para reger o tema:

> "Art. 26. **Até que lei discipline o cálculo dos benefícios do** regime próprio de previdência social da União e do Regime Geral de Previdência Social, será utilizada a média aritmética simples dos salários de contribuição e das remunerações adotados como base para contribuições a regime próprio de previdência social e ao Regime Geral de Previdência Social, ou como base para contribuições decorrentes das atividades militares de que tratam os arts. 42 e 142 da Constituição Federal, atualizados monetariamente, **correspondentes a 100% (cem por cento) do período contributivo desde a competência julho de 1994 ou desde o início da contribuição, se posterior àquela competência.**
>
> § 1º A média a que se refere o **caput** será limitada ao valor máximo do salário de contribuição do Regime Geral de Previdência Social para os segurados desse regime e para o servidor que ingressou no serviço público em cargo efetivo após a implantação do regime de previdência complementar ou que tenha exercido a opção correspondente, nos termos do disposto nos §§ 14 a 16 do art. 40 da Constituição Federal.
>
> § 2º O valor do benefício de aposentadoria corresponderá a **60% (sessenta por cento)** da média aritmética definida na forma prevista no **caput** e no § 1º, **com acréscimo de 2 (dois) pontos percentuais para cada ano de contribuição que exceder o tempo de 20 (vinte) anos de contribuição nos casos:**
>
> I - do inciso II do § 6º do art. 4º, do § 4º do art. 15, do § 3º do art. 16 e do § 2º do art. 18;
>
> II - do § 4º do art. 10, ressalvado o disposto no inciso II do § 3º e no § 4º deste artigo;
>
> III - de aposentadoria por incapacidade permanente aos segurados do Regime Geral de Previdência Social, ressalvado o disposto no inciso II do § 3º deste artigo; e
>
> IV - do § 2º do art. 19 e do § 2º do art. 21, ressalvado o disposto no § 5º deste artigo.
>
> § 3º O valor do benefício de aposentadoria corresponderá a **100% (cem por cento) da média aritmética** definida na forma prevista no **caput** e no § 1º:
>
> I - no caso do inciso II do § 2º do art. 20;
>
> II - no caso de aposentadoria por incapacidade permanente, quando decorrer de acidente de trabalho, de doença profissional e de doença do trabalho.
>
> § 4º O valor do benefício da aposentadoria de que trata o inciso III do § 1º do art. 10 corresponderá ao resultado do tempo de contribuição dividido por 20 (vinte) anos, limitado a um inteiro, multiplicado pelo valor apurado na forma do **caput** do § 2º deste artigo, ressalvado o caso de cumprimento de critérios de acesso para aposentadoria voluntária que resulte em situação mais favorável.

> § 5º O acréscimo a que se refere o **caput** do § 2º será aplicado para cada ano **que exceder 15 (quinze) anos de tempo de contribuição** para os segurados de que tratam a alínea "a" do inciso I do § 1º do art. 19 e o inciso I do art. 21 e para as **mulheres** filiadas ao Regime Geral de Previdência Social.
>
> § 6º **Poderão ser excluídas da média as contribuições que resultem em redução do valor do benefício, desde que mantido o tempo mínimo de contribuição exigido**, vedada a utilização do tempo excluído para qualquer finalidade, inclusive para o acréscimo a que se referem os §§ 2º e 5º, para a averbação em outro regime previdenciário ou para a obtenção dos proventos de inatividade das atividades de que tratam os arts. 42 e 142 da Constituição Federal.
>
> § 7º Os benefícios calculados nos termos do disposto neste artigo serão reajustados nos termos estabelecidos para o Regime Geral de Previdência Social".

A nosso ver, esse dispositivo apenas deveria regular a renda mensal dos benefícios trazidos pela EC 103/2019, não podendo ser ampliado para todos os benefícios previdenciários com renda calculada com arrimo no salário de benefício.

Contudo, o INSS, através da Portaria 450/2020, com o nosso "voto vencido" registrado, aplicou a fórmula do artigo 26 da Emenda 103 para todos os salários de benefício, mesmo situações não reguladas pela Reforma Constitucional, como auxílio por incapacidade temporária, benefícios rurais e auxílio-acidente.

No mesmo sentido o Decreto 3.048/99, atualizado pelo Decreto 10.410/2020:

> "Art. 32. O salário de benefício a ser utilizado para o cálculo dos benefícios de que trata este Regulamento, inclusive aqueles previstos em acordo internacional, consiste no resultado da média aritmética simples dos salários de contribuição e das remunerações adotadas como base para contribuições a regime próprio de previdência social ou como base para contribuições decorrentes das atividades militares de que tratam os art. 42 e art. 142 da Constituição, considerados para a concessão do benefício, atualizados monetariamente, correspondentes a cem por cento do período contributivo desde a competência julho de 1994 ou desde o início da contribuição, se posterior a essa competência". (Redação dada pelo Decreto nº 10.410, de 2020).

Dessa forma, na visão do Poder Executivo da União, posição que deve ser seguida nos concursos públicos, para direitos formados a partir de 14/11/2019, o salário de benefício de todos (100% deles a contar de 7/1994) os benefícios do RGPS deverá ser apurado pelo média de todos os salários de contribuição a contar do Plano Real, com a incidência de correção monetária pelo INPC.

Ademais, apontamos as seguintes inovações:

a) **Não incidência do fator previdenciária no cálculo de artigo com o artigo 26 da EC 103/2019;**

b) **Inexistência de divisor mínimo no período básico de cálculo;**

c) **Possibilidade de descarte de salários de contribuição para benefícios programados, acaso seja favorável ao segurado e haja tempo de contribuição excedente ao mínimo legal.**

Por outro lado, para direito adquirido formado até 13/11/2019, garante-se a aplicação da antiga fórmula do salário de benefício, desde que seja mais favorável ao segurado.

Por uma falha inescusável do artigo 26 da Emenda 103/2019, não restou inserido um divisor mínimo no período básico de cálculo, não sendo compatível a aplicação do divisor de 60% de que trata o artigo 3º, §2º, da Lei 9.876/99, pois é vinculado à fórmula de 80%.

Coube à **Lei 14.331/2022** inserir o artigo 135-A na Lei 8.213/91, suprindo omissão do artigo 26 da Emenda 103/2019 que se esqueceu de constituir divisor mínimo no cálculo do salário de benefício, o que oportunizou a concretização de brecha constitucional que permitiu o "milagre da contribuição única" até 03 de maio de 2022, véspera da sua publicação:

> *"Art. 135-A. Para o segurado filiado à Previdência Social até julho de 1994, no cálculo do salário de benefício das aposentadorias, exceto a aposentadoria por incapacidade permanente, o divisor considerado no cálculo da média dos salários de contribuição não poderá ser inferior a* ***108 (cento e oito) meses.****"*

Dessa forma, para os segurados que possuam salários de contribuição antes do Plano Real (Julho/1994), o divisor mínimo no cálculo do salário de benefício calculado com lastro no artigo 26 da EC 103/2019 será de 108 salários de contribuição.

Suponha-se que um segurado possua apenas 80 salários de contribuição a contar de 7/1994. Neste caso, teremos a soma dos 80 salários divididos por 108, o que reduzirá o valor do salário de benefício.

Com efeito, 108 salários de contribuição correspondem a 9 anos. Desse modo, todos os segurados que não possuam ao menos 9 anos de salários de contribuição registrados a partir da competência Julho/1994 terão uma redução no salário de benefício.

Por outro lado, se cabível e proveitoso ao segurado, **segue em vigor a regra de descarte** contemplada no §6º do artigo 26 da Emenda 103/2019, não afetada pela criação do divisor mínimo inaugurado pela Lei 14.331/2022.

Para as situações de direito adquirido formado até 03 de maio de 2022, o cálculo do salário de benefício à luz do artigo 26 da Emenda 103/2019 deverá ser feito sem a incidência de divisor mínimo, em respeito ao *Tempus Regit Actum*.

Na hipótese de segurado em gozo do auxílio-acidente, desde o advento da Lei 9.528/97, o valor do referido benefício integrará o salário de contribuição para o cálculo do salário de benefício da aposentadoria. No regime anterior, era possível a percepção conjunta da aposentadoria com o auxílio-acidente, restando apenas resguardados os direitos adquiridos.

Os **salários de contribuição** considerados no cálculo do valor do benefício serão **corrigidos** mês a mês de acordo com a variação integral do Índice Nacional de Preços ao Consumidor – INPC, calculado pela Fundação Instituto Brasileiro de Geografia e Estatística – IBGE, **até o mês anterior ao do início do benefício.**

Trata-se de conquista do atual ordenamento constitucional, na forma do previsto no artigo 201, §3º, pois anteriormente nem todos os salários de contribuição eram atualizados, o que gerava uma defasagem na renda mensal inicial em tempos de altíssima inflação.

Com fulcro no artigo 29-A, da Lei 8.213/91, o INSS utilizará as informações constantes no Cadastro Nacional de Informações Sociais – CNIS sobre os vínculos e as remunerações dos segurados, para fins de cálculo do salário de benefício, comprovação de filiação ao Regime Geral de Previdência Social, tempo de contribuição e relação de emprego.

O CNIS é um banco de dados previdenciários mantidos pela DATAPREV, sendo abastecido pela GFIP – Guia de Recolhimento do FGTS e de Informações Previdenciárias e pelo RAIS – Relatório Anual de Informações Sociais, dentre outras fontes. É uma ferramenta indispensável para boa representação judicial do INSS promovida pelos Procuradores Federais, pois traz subsídios para a defesa.

Havendo dúvida sobre a regularidade do vínculo incluído no CNIS e inexistência de informações sobre remunerações e contribuições, o INSS exigirá a apresentação dos documentos que serviram de base à anotação, sob pena de exclusão do período.

> ▸ **Importante:**
> O salário de benefício possui **limites mínimos e máximos, não podendo ser inferior a um salário mínimo** nem superior ao teto do salário de contribuição da data de início do benefício, atualizado para **R$ 7.786,02,** desde 01.01.2024.

> ▸ **Importante:**
> No entanto, caso o salário de benefício seja limitado em um caso concreto ao teto legal, na hipótese de a média aritmética dos salários de contribuição superar o limite máximo, deverá ser promovida a sua readequação no primeiro reajuste pelo INSS, observado o novo valor máximo, como ocorreu com os novos tetos inaugurados pelas Emendas 20/1998 (R$ 1.200,00) e 41/2003 (R$ 2.400,00).

▸ **Qual o entendimento do STF sobre o assunto?**

De acordo com a Suprema Corte, no julgamento do recurso extraordinário 564.354, de 08.09.2010, "não ofende o ato jurídico perfeito a aplicação imediata do art. 14 da Emenda Constitucional n. 20/1998 e do art. 5º da Emenda Constitucional n. 41/2003 aos benefícios previdenciários limitados a teto do regime geral de previdência estabelecido antes da vigência dessas normas, de modo a que passem a observar o novo teto constitucional".

▸ **Como esse assunto foi cobrado em concurso?**

No concurso do CESPE para Juiz Federal da 5ª Região em 2011, foi considerado correto o seguinte enunciado: É possível a aplicação imediata de novo teto previdenciário fixado por emenda constitucional aos benefícios pagos com base em limitador anterior, considerados os salários de contribuição utilizados para os cálculos iniciais, pois não se trata de majoração do valor do benefício sem a correspondente fonte de custeio, mas apenas da declaração do direito de o segurado ter a sua renda mensal de benefício calculada com base em limitador mais alto.

A Lei 13.846/2019 previu que o Ministério da Economia manterá sistema de cadastro dos segurados especiais no Cadastro Nacional de Informações Sociais - CNIS e poderá firmar acordo de cooperação com o Ministério da Agricultura, Pecuária e Abastecimento e com outros órgãos da administração pública federal, estadual, distrital e municipal para a manutenção e a gestão do sistema de cadastro (inserção dos arts. 38-A e 38-B na Lei 8.213/91).

▸ **Importante:**

A novidade é que o sistema preverá a manutenção e a atualização **anual** do cadastro do **segurado especial** e conterá as informações necessárias à caracterização da condição de segurado especial, devendo ser feita **até 30 de junho do ano subsequente, vedada a atualização após 5 anos, exceto se** o segurado especial demonstrar em época própria a comercialização da produção e o recolhimento da contribuição efetivo da contribuição prevista no art. 25 da Lei 8.212/91.

No entanto, essa sistemática de atualização anual cadastral do segurado especial no CNIS só será aplicada a partir de 1/1/2033.

▸ **Importante:**

Mas existe uma novidade inaugurada pela Emenda 103/2019. É que, para **fins de comprovação de atividade rural** exercida até a data de entrada em vigor da Emenda Constitucional, o prazo de que tratam os §§ 1º e 2º do art. 38-B da Lei nº 8.213, de 24 de julho de 1991, será **prorrogado** até a data em que o Cadastro Nacional de Informações Sociais – **CNIS atingir a cobertura mínima de 50% dos trabalhadores** de que trata o § 8º do art. 195 da Constituição Federal, apurada conforme quantitativo da **Pesquisa Nacional por Amostra de Domicílios Contínua – PNAD.**

Para o período anterior a 1º de janeiro de 2023, o segurado especial comprovará o tempo de exercício da atividade rural por meio de **autodeclaração** ratificada por entidades públicas credenciadas, nos termos do art. 13 da Lei nº 12.188, de 11 de janeiro de 2010, e por outros órgãos públicos, na forma prevista no regulamento.

São entidades públicas credenciadas para ratificar a autodeclaração do segurado especial as **Entidades Executoras do Pronater ou órgãos públicos, inclusive o INSS**. Na hipótese de haver divergência de informações, para fins de reconhecimento de direito com vistas à concessão de benefício, o INSS poderá exigir a apresentação dos documentos que atestem o exercício da atividade rural ou pesqueira.

No caso do **segurado especial**, desde a vigência da Lei 11.718/2008, **o salário de benefício é fixado em um salário mínimo**, exceto se ele adotou o regime de recolhimento do contribuinte individual, consoante facultado pelo artigo 25, §1º, da Lei 8.212/91, ou ainda se recolheu durante o prazo de até 120 dias por ano que pôde trabalhar durante a entressafra ou o defeso, ou sobre a remuneração que auferiu com o artesanato ou atividade artística, rendimentos permitidos pelo artigo 11, §9º, da Lei 8.213/91.

Ademais, lembrando das parcelas integrantes do salário de contribuição, serão considerados para cálculo do salário de benefício os ganhos habituais do segurado empregado, a qualquer título, sob forma de moeda corrente ou de utilidades, sobre os quais tenha incidido contribuições previdenciárias, **exceto o décimo terceiro salário (gratificação natalina)**.

▸ **Importante:**

Ou seja, apesar de incidir contribuição previdenciária em separado sobre a parcela paga a título de décimo terceiro salário, a legislação previdenciária (desde a Lei 8.870/1994) excluiu essa verba do cálculo do salário de benefício.

▸ **Como esse assunto foi cobrado em concurso?**

No concurso do CESPE para Analista da SEGER/ES em 2013, foi considerado errado o seguinte enunciado: O décimo terceiro salário integra o salário de contribuição, inclusive para o cálculo de benefício.

▸ **Qual o entendimento da TNU sobre o assunto?**

Súmula 83 – A partir da entrada em vigor da Lei n. 8.870/94, o décimo terceiro salário não integra o salário de contribuição para fins de cálculo do salário de benefício.

> **▸ Como esse assunto foi cobrado em concurso?**
>
> No concurso do CESPE para Juiz Federal da 2ª Região em 2009, foi considerado errado o seguinte enunciado: Para cálculo do valor do salário-de-benefício do segurado empregado, são considerados todos os ganhos habituais deste, incluídas as utilidades concedidas pelo empregador, sobre os quais tenha havido contribuições previdenciárias, **aí inserida a gratificação natalina.**

Na hipótese do segurado que contribui em razão de **atividades concomitantes**, o salário de benefício era calculado com base na soma dos salários de contribuição das atividades exercidas até a data do requerimento ou do óbito ou no período básico de cálculo.

De efeito, quando o segurado satisfizesse, em relação a cada atividade, as condições para obtenção do benefício requerido, o salário de benefício era calculado com base na soma dos respectivos salários de contribuição.

Ao revés, quando não se verificava a hipótese anterior, o salário de benefício correspondia à soma das seguintes parcelas:

A) o salário de benefício calculado com base nos salários de contribuição das atividades em relação às quais são atendidas as condições do benefício requerido; e

B) um percentual da média do salário de contribuição de cada uma das demais atividades, equivalente à relação entre o número de meses completos de contribuição e os do período da carência do benefício requerido; e, quando se tratar de benefício por tempo de contribuição, este percentual será o resultante da relação entre os anos completos de atividade e o número de anos de contribuição considerado para a concessão do benefício.

Neste caso, o segurado possui atividades concomitantes, mas apenas em uma delas preencheu os requisitos legais para o gozo de benefício previdenciário. Aqui o cálculo do salário de benefício não será alcançado com a soma dos salários de contribuição de ambas as atividades, porque em apenas uma delas o segurado preencheu os pressupostos para o gozo do benefício.

Essa regra era obsoleta porque desde a Lei 9.876/99 o salário de benefício equivale à média dos 80% maiores salários de contribuição do segurado desde Julho de 1994, e não mais pela média dos últimos 36 salários de contribuição em até 48 meses antes do requerimento.

> **▸ Importante:**
>
> **Por isso o artigo 32 da Lei 8.213 foi modificado pela Lei 13.846/2019, que agora prevê sempre a soma dos salários de contribuição de atividades concomitantes, mesmo quando o segurado só tenha preenchido os requisitos do benefício em apenas uma atividade.**

Por isso o artigo 32 da Lei 8.213 foi modificado pela Lei 13.846/2019, que agora prevê sempre a soma dos salários de contribuição de atividades concomitantes, mesmo quando o segurado só tenha preenchido os requisitos do benefício em apenas uma atividade.

De efeito, o salário de benefício do segurado que contribuir em razão de atividades concomitantes será calculado com base na soma dos salários de contribuição das atividades exercidas na data do requerimento ou do óbito, ou no período básico de cálculo, observado o disposto no artigo 29 da Lei 8.213/91, **exceto se o segurado contribuiu apenas por uma das atividades concomitantes em razão do teto do salário de contribuição.**

Demais disso, não serão perpetradas as somas acima referidas quando o segurado, em obediência ao limite máximo do salário de contribuição, contribuiu apenas para uma das atividades concomitantes.

> **▸ Qual o entendimento do STJ sobre o assunto?**
>
> Ao julgar o **Tema 1.070**, o STJ aderiu ao posicionamento da TNU, no sentido que a alteração do artigo 32 da Lei 8.213/91 ocorreu tacitamente com o advento da Lei 9.876/99, sendo a alteração da Lei 13.846/2019 meramente declaratória:
>
> **"Após o advento da Lei 9.876/99, e para fins de cálculo do benefício de aposentadoria, no caso do exercício de atividades concomitantes pelo segurado, o salário-de-contribuição deverá ser composto da soma de todas as contribuições previdenciárias por ele vertidas ao sistema, respeitado o teto previdenciário".**

Em todas as hipóteses, deverá ser observado o **teto** de **R$ 7.786,02** (valor atualizado para 2024), pois a soma não poderá ultrapassar esta quantia.

8. RENDA MENSAL INICIAL DOS BENEFÍCIOS PREVIDENCIÁRIOS

Exceto o salário-família e *o salário-maternidade*, que têm outras fórmulas de cálculo, **todos os benefícios do RGPS são calculados através da aplicação de um percentual sobre o salário de benefício.**

Apenas para ilustrar, pois os benefícios previdenciários em espécie serão estudados no próximo Capítulo, eis o valor das rendas mensais iniciais que ainda conservam o salário de benefício no seu cálculo:

A) **Aposentadoria por tempo de contribuição da pessoa com deficiência**: 100% do salário de benefício;

B) **Auxílio-doença (auxilio por incapacidade temporária)**: 91% do salário de benefício, limitada à média dos 12 últimos salários de contribuição.

▸ **Como esse assunto foi cobrado em concurso?**

No concurso do CESPE para Juiz Federal da 5ª Região em 2011, foi considerado errado o seguinte enunciado: O salário de benefício da aposentadoria por invalidez será igual a 91% do valor do salário de benefício do auxílio-doença anteriormente recebido, reajustado pelos índices de correção dos benefícios previdenciários.

▸ **Importante:**

A **renda mensal** do benefício de prestação continuada que **substituir o salário de contribuição ou o rendimento do trabalho** do segurado **não terá valor inferior ao do salário mínimo,** consoante determinação do artigo 201, §2º, da Constituição de 1988, que contempla um enorme avanço de proteção social no Brasil.

Assim sendo, apenas o **auxílio-acidente e o salário-família**, que não se destinam a substituir o rendimento do trabalho, **poderão ter valor inferior a um salário mínimo**.

Excepcionalmente, o auxílio-doença poderá ser inferior a um salário mínimo, mas apenas na hipótese de segurado com atividades concomitantes. Nesse sentido, dispõe o artigo 73, §4º, do Decreto 3.048/99, que no caso de incapacidade para apenas uma atividade, o valor do auxílio-doença poderá ser inferior ao salário mínimo desde que somado às demais remunerações recebidas resultar valor superior a este.

Da mesma forma, **a renda mensal dos benefícios por totalização**, concedidos com base em acordos internacionais celebrados pelo Brasil no âmbito do RGPS, **poderá ter valor inferior ao do salário mínimo**, na forma do artigo 35, §1º, do RPS.

▸ **Importante:**

Por outro lado, **em regra, os benefícios do RGPS não poderão ter valor superior ao teto do salário de contribuição,** fixado originariamente em R$ 2.400,00 pelo artigo 5º, da Emenda 41/2003, que desde 01.01.2024 foi atualizado para R$ 7.786,02.

Contudo, *esta regra comporta exceções.* A primeira se refere à **aposentadoria por incapacidade permanente (antiga invalidez),** vez que, se o aposentado necessitar de assistência permanente de outra pessoa, ele terá direito a um **acréscimo fixo de 25%** sobre a renda mensal inicial do benefício, podendo esse *plus* superar o teto, a teor do artigo 45, da Lei 8.213/91.

Também poderá superar o teto do salário de contribuição o **salário-maternidade pago às seguradas empregadas e trabalhadoras avulsas**, desde que não ultrapasse o teto do funcionalismo público, a teor do artigo 248, da CRFB, que é o subsídio dos Ministros do STF.

> **▸ Qual o entendimento do STF sobre o assunto?**
>
> Este entendimento decorre do julgamento da ADI/MC 1.946, de 29.04.99, confirmado em 03.04.2003, em aplicação ao Princípio da Isonomia, haja vista que a limitação ao teto do RGPS geraria a discriminação negativa das mulheres no mercado de trabalho, porquanto os empregadores não iriam admitir trabalhadoras que ganhassem acima do teto do salário de contribuição, pois ficariam responsáveis pelo pagamento da diferença entre o limite máximo e a sua remuneração.

Também poderão ultrapassar o teto do RGPS **benefícios previstos em legislação especial**, como os pagos aos anistiados e ex-combatentes da 2ª Guerra Mundial.

Vale salientar que o segurado empregado, o trabalhador avulso e o contribuinte individual que preste serviço à pessoa jurídica (este a partir da competência 04.2003) têm a seu favor a presunção absoluta de recolhimento das suas contribuições previdenciárias pela empresa, que é a responsável tributária originária. O mesmo se aplica ao empregado doméstico após a LC 150/2015.

Neste caso, em não havendo recolhimento, basta que esses segurados comprovem o vínculo e o valor da sua remuneração para serem considerados no cálculo da renda mensal inicial dos benefícios.

> **▸ Como esse assunto foi cobrado em concurso?**
>
> No concurso do CESPE para Juiz Federal da 5ª Região em 2006, foi considerado correto o seguinte enunciado: Henrique tem 68 anos de idade e trabalha para a pessoa jurídica Delta, desde janeiro de 1968. Verificando ter implementado todas as condições necessárias, Henrique requereu no INSS a concessão de benefício previdenciário denominado aposentadoria por tempo de contribuição. O INSS, ao analisar o requerimento formulado por Henrique, constatou que, apesar de comprovada a sua condição de segurado empregado, não houve, por parte do empregador de Henrique, o recolhimento das contribuições devidas, no período entre dezembro de 1989 e março de 1997. Nessa situação, com base na legislação vigente, os salários-de-contribuição correspondentes aos períodos em que não houve o recolhimento da contribuição previdenciária deverão ser computados para o cálculo do valor da renda mensal do benefício de Henrique.

Todavia, se não puderem comprovar o valor dos seus salários de contribuição no período básico de cálculo, será concedido o benefício de valor mínimo, devendo esta renda ser recalculada, quando da apresentação de prova dos salários de contribuição, com base no artigo 35 da Lei 8.213/91.

▸ Como esse assunto foi cobrado em concurso?

No concurso do CESPE para Promotor de Justiça do Espírito Santo em 2010, foi considerado correto o seguinte enunciado: Ao indivíduo que tenha sofrido acidente de trabalho e implementado todos os requisitos necessários à concessão de aposentadoria por invalidez, mas não possua salários-de-contribuição no período básico de cálculo, será concedida aposentadoria por invalidez com renda mensal no valor de um salário mínimo.

Por fim, para a definição das regras de cálculo da renda mensal inicial dos benefícios incidirá o Princípio do *Tempus Regit Actum*, sendo aplicáveis as normas em vigor na data do preenchimento de todos os requisitos.

▸ Qual o entendimento do STF sobre o assunto?

De acordo com o entendimento do STF, "os benefícios previdenciários devem regular-se pela lei vigente ao tempo em que preenchidos os requisitos necessários à sua concessão. Incidência, nesse domínio, da regra "tempus regit actum", que indica o estatuto de regência ordinariamente aplicável em matéria de instituição e/ou de majoração de benefícios de caráter previdenciário" (AI 625.446 AgR, de 12.08.2008).

▸ Como esse assunto foi cobrado em concurso?

No concurso do CESPE para Procurador Federal em 2010, no curso de formação, foi considerado errado o seguinte enunciado: Conforme a jurisprudência pacificada no âmbito do STF, julgue o item abaixo. O cálculo da renda mensal inicial do benefício previdenciário pode ser revisto para aplicação de lei superveniente à sua concessão, desde que mais benéfica ao segurado.

Com base no Princípio do *Tempus Regit Actum* e da Precedência da Fonte de Custeio, novos critérios de cálculo dos benefícios não se aplicam aos concedidos anteriormente, mesmo que sejam mais benéficos.

▸ Qual o entendimento do STF sobre o assunto?

"Em matéria previdenciária, a jurisprudência do Supremo Tribunal Federal firmou-se no sentido de que a lei de regência é a vigente no tempo de concessão do benefício (*tempus regit actum*). 2. Lei nova (Lei n. 9.032/95 para os beneficiados antes do seu advento e Lei n. 8.213 para aqueles que obtiveram a concessão em data anterior a 1991), que não tenha fixado a retroatividade de seus efeitos para os casos anteriormente aperfeiçoados, submete-se à exigência normativa estabelecida no art. 195, § 5º, da Constituição: "Nenhum benefício ou serviço da seguridade social poderá ser criado, majorado ou estendido sem a correspondente fonte de custeio total." (RE 320.179, de 09.02.2007).

▸ Como esse assunto foi cobrado em concurso?

No concurso do CESPE para Advogado da União em 2012, no curso de formação, foi considerado errado o seguinte enunciado: Em face do princípio constitucional da irredutibilidade do valor dos benefícios previdenciários, a aplicação de novos critérios de cálculo mais benéficos estabelecidos em lei deve ser automaticamente estendida a todos os benefícios cuja concessão tenha corrido sob regime legal anterior.

Capítulo 9

Benefícios e serviços do Regime Geral de Previdência Social

1. INTRODUÇÃO

Neste Capítulo serão estudadas as **prestações previdenciárias**, formadas pelos ***benefícios*** (obrigações de pagar quantia certa) e pelos ***serviços*** (obrigações de fazer) do RGPS devidos aos segurados e aos seus dependentes.

Com relação aos segurados, são previstos oito *benefícios previdenciários*:

BENEFÍCIOS DOS SEGURADOS
Aposentadoria por incapacidade permanente
Aposentadoria por idade e tempo de contribuição (programada – EC 103/2019): comum e professor do ensino básico
Aposentadoria por idade dos trabalhadores rurais, garimpeiros e pescadores artesanais
Aposentadorias especiais (agentes nocivos e pessoas com deficiência)
Auxílio-doença (auxílio por incapacidade temporária)
Salário-família
Salário-maternidade
Auxílio-acidente

Já para os dependentes dos segurados são previstos apenas dois benefícios:

BENEFÍCIOS DOS DEPENDENTES
Pensão por morte
Auxílio-reclusão

Vale ressaltar que **o seguro-desemprego não é um benefício previdenciário**, pois foi excluído expressamente pelo artigo 9º, §1º, da Lei 8.213/91, sendo gerenciado no âmbito da área trabalhista, e não da Previdência Social, conquanto o risco social "desemprego involuntário" esteja previsto no artigo 201, inciso III, da

Constituição Federal, como tutelável pelo RGPS. **Contudo, frise-se se tratar de tema deveras polêmico e que ultimamente não vem sendo cobrado em prova.**

> **▶ Como esse assunto foi cobrado em concurso?**
>
> No concurso do CESPE para Juiz Federal da 5ª Região em 2006, foi considerado errado o seguinte enunciado: Marcelo trabalha para a pessoa jurídica Alfa, exercendo o cargo de auxiliar administrativo. Em 10/2/2006, Marcelo teve seu contrato individual de trabalho com a empresa Alfa rescindido. Nessa situação, por sua condição de segurado obrigatório da previdência social, Marcelo terá direito ao benefício previdenciário denominado seguro desemprego.

De seu turno, vários benefícios previstos na Lei 8.213/91 foram posteriormente **extintos**, como o auxílio-natalidade, o auxílio-funeral, o pecúlio, do abono de permanência em serviço e as aposentadorias especiais do jornalista profissional, do jogador de futebol profissional, do telefonista, do juiz classista e do aeronauta. Mais recentemente, a EC 103/2019 extinguiu a regra permanente da **aposentadoria por tempo de contribuição**.

> **▶ Como esse assunto foi cobrado em concurso?**
>
> No concurso do CESPE para Procurador do Tribunal de Contas da Bahia em 2010, foi considerado errado o seguinte enunciado: Se um empregado de uma fábrica tivesse cumprido todos os requisitos para a aposentadoria por tempo de contribuição em setembro de 2009, ele teria direito ao abono de permanência em serviço a contar da data do requerimento.

Ademais, existem benefícios pagos no RGPS que serão previstos em normas especiais **(benefícios especiais)**, a exemplo da aposentadoria do ex-combatente da 2ª Guerra Mundial, da aposentadoria ou pensão excepcional do anistiado político, da pensão especial vitalícia para as vítimas da Talidomida, da pensão mensal vitalícia dos seringueiros, da pensão mensal das vítimas da hemodiálise de Caruaru e da pensão mensal das vítimas da Hanseníase.

No que tange aos *serviços previdenciários*, eram listados **apenas dois**, que poderiam ser prestados tanto aos segurados quanto aos seus dependentes.

SERVIÇOS PREVIDENCIÁRIOS
Serviço social
Reabilitação profissional

2. APOSENTADORIA E CONTRATO DE TRABALHO

De logo, vale registrar que a concessão de aposentadoria espontânea não tem o condão de extinguir o contrato de trabalho, não mais prevalecendo a redação do artigo 453, da CLT, pois seria uma hipótese de despedida arbitrária, o que atenta contra o artigo 7º, inciso I, da Constituição Federal.

> ▸ **Qual o entendimento do STF sobre o assunto?**
>
> Este é o entendimento pacificado pela Suprema Corte, desde o julgamento da ADI/MC 1.721, em 19.12.1997, que se mantém até a atualidade.

> ▸ **Como esse assunto foi cobrado em concurso?**
>
> No concurso do CESPE para Procurador do BACEN em 2009, foi considerado errado o seguinte enunciado: A mera concessão da aposentadoria voluntária ao trabalhador tem por efeito extinguir, instantânea e automaticamente, o seu vínculo de emprego.

> ▸ **Como esse assunto foi cobrado em concurso?**
>
> No concurso para Procurador do Estado do Acre em 2012, foi cobrada a seguinte questão dissertativa: Discorra sobre os efeitos da aposentadoria por invalidez e aposentadoria espontânea no contrato de trabalho, e, em relação à última, esclareça qual tem sido o entendimento que prevalece no Supremo Tribunal Federal, inclusive em relação ao empregado público.

No entanto, **há uma exceção inaugurada pela EC 103/2019**. É que restou inserido no artigo 201 da Constituição o novel §14, ao dispor que "a aposentadoria concedida com a utilização de tempo de contribuição decorrente de cargo, emprego ou função pública, inclusive do **Regime Geral** de Previdência Social, acarretará o **rompimento do vínculo** que gerou o referido tempo de contribuição".

A concessão de aposentadoria no RPPS já gerava o rompimento da relação jurídica estatutária antes da reforma constitucional com a vacância do cargo efetivo.

A novidade agora é que a concessão de aposentadoria no RGPS passa a gerar a **extinção da relação de trabalho com a Administração Pública**, quer celetista ou mesmo estatutária, o que atinge servidores efetivos de municípios que não criaram RPPS.

Dessa forma, mesmo os **empregados públicos das estatais** que se aposentarem pelo RGPS terão a **extinção do contrato de trabalho com a Administração Pública**.

Pela abertura do texto, embora seja até absurdo, tal regra chega a atingir os servidores que apenas ocupem cargo em comissão e que se aposentem pelo RGPS, embora neste caso nada impede nova nomeação após a exoneração decorrente da concessão da aposentadoria.

Para a aplicabilidade do dispositivo, será necessário criar um canal de comunicação entre o INSS e as entidades da Administração Pública para estas tomarem conhecimento da concessão de aposentadoria pelo RGPS.

O dispositivo também se aplica ao notário, ou tabelião, e oficial de registro, ou registrador, pois exercem função pública, reforçando a regra do artigo 39[1], incisos II e III da Lei 8.935/94, que prevê a aposentadoria do RGPS como causa de extinção da delegação:

Entende-se que os agentes públicos que adquiriram direito a se aposentar no RGPS antes da alteração constitucional possuem direito adquirido a permanecer com o vínculo ativo com a Administração Pública, embora a Emenda Constitucional 103/2019 silencie a respeito e a regra de transição trate de modo diverso.

Há, no entanto, fórmula de transição esdrúxula do artigo 6º da Emenda:

> *"Art. 6º O disposto no § 14 do art. 37 da Constituição Federal não se aplica a **aposentadorias concedidas** pelo Regime Geral de Previdência Social até a data de entrada em vigor desta Emenda Constitucional".*

Trata-se de regra infeliz, que utilizou como recorte intertemporal a data da concessão da aposentadoria pelo RGPS, e não a data do implemento dos requisitos da aposentadoria.

Daí que, se aplicável na literalidade, os segurados que requereram o benefício antes da promulgação da reforma constitucional serão prejudicados, acaso o INSS demore na concessão administrativa e só o faça após vigente o novo regime jurídico.

Entende-se que o dispositivo deve ser interpretado conforme a Constituição, que deve ser uma unidade normativa, de modo que o direito adquirido se forma pela implementação dos requisitos a uma aposentadoria, e não no momento da concessão administrativa.

Ao menos deve ser considerada a data do requerimento administrativo como divisor do regime jurídico, e não a data da concessão da aposentadoria.

O posicionamento esposado nessa obra foi seguido pelo Decreto 10.410/2020, que inseriu o artigo 153-A no Decreto 3.048/99:

> "Art. 153-A. A concessão de aposentadoria **requerida a partir de 14 de novembro de 2019** com utilização de tempo de contribuição decorrente de cargo, emprego ou função pública acarretará o rompimento do vínculo que

---

1. Art. 39. Extinguir-se-á a delegação a notário ou a oficial de registro por:

I – morte;

II – aposentadoria facultativa;

III – invalidez.

> gerou o referido tempo de contribuição. (Incluído pelo Decreto nº 10.410, de 2020)
>
> Parágrafo único. Para fins do disposto no **caput**, após a consolidação da aposentadoria, nos termos do disposto no art. 181-B, o INSS **notificará a empresa responsável sobre a aposentadoria do segurado e constarão da notificação as datas de concessão e de início do benefício.** (Incluído pelo Decreto nº 10.410, de 2020)".

Logo, somente os empregados de estatais que requereram ao INSS aposentadoria voluntária a partir de 14/11/2019 terão o rompimento do vínculo de emprego, devendo a autarquia notificar o ente empresarial quando conceder o benefício previdenciário.

> **▸ Qual o entendimento do STF sobre o assunto?**
>
> *"Decisão: Em continuidade de julgamento, o Tribunal, por maioria, fixou a seguinte tese (tema 606 da repercussão geral): "A natureza do ato de demissão de empregado público é constitucional-administrativa e não trabalhista, o que atrai a competência da Justiça comum para julgar a questão.* ***A concessão de aposentadoria aos empregados públicos inviabiliza a permanência no emprego, nos termos do art. 37, § 14, da CRFB, salvo para as aposentadorias concedidas pelo Regime Geral de Previdência Social até a data de entrada em vigor da Emenda Constitucional nº 103/19, nos termos do que dispõe seu art. 6º',*** *nos termos do voto do Ministro Dias Toffoli, Redator para o acórdão, vencidos o Ministro Marco Aurélio (Relator) e, em parte, a Ministra Rosa Weber. Afirmou suspeição o Ministro Luiz Fux (Presidente). Presidiu o julgamento a Ministra Rosa Weber (Vice-Presidente). Plenário, 16.06.2021 (Sessão realizada por videoconferência - Resolução 672/2020/STF)"* – **Tema 606 em Repercussão Geral, de 16/06/2021.**

> **▸ Importante:**
>
> Uma **dica** para o estudo das prestações previdenciárias é a similitude de direitos entre o segurado empregado e o trabalhador avulso, que normalmente são os mesmos. Na verdade, a Lei 8.213/91 nada mais fez do que concretizar a Constituição Federal, que prevê no artigo 7º, inciso XXXIV, a igualdade de direitos entre o trabalhador com vínculo empregatício permanente e o trabalhador avulso.

3. APOSENTADORIA POR INCAPACIDADE PERMANENTE

Regulamentação básica: artigos 42/47, da Lei 8.213/91; artigos 43/50, do RPS (Decreto 3.048/99).

Códigos de concessão: 92 – Aposentadoria por incapacidade permanente por acidente do trabalho e 32 – Aposentadoria por incapacidade permanente previdenciária (não decorrente de acidente de trabalho).

Este benefício passou a se chamar **aposentadoria por incapacidade permanente**, nos termos da Emenda 103/2019, a exemplo da citação feita no seu artigo 26 "aposentadoria por incapacidade permanente aos segurados do Regime Geral de Previdência Social".

Outrossim, a modificação no **inciso I** no artigo 201 da Constituição perpetrada pela EC 103/2019 é para se alinhar ao *nomen iuris* da **aposentadoria por incapacidade permanente,** antiga aposentadoria por invalidez.

Dessa forma, a Lei 8.213/91 deve ser reinterpretada à luz da novel terminologia constitucional para este benefício.

Outro ponto alterado foi a sua **renda mensal**, tendo em vista que **o artigo 44 da Lei 8.213/91 não restou recebido pela Emenda 103/2019.**

REGRA GERAL – Para os **homens**, a teor do artigo 26 da Emenda 103/2019, o valor do benefício de aposentadoria por incapacidade permanente corresponderá a **sessenta por cento da média aritmética das 100% das remunerações/salários de contribuição, com acréscimo de 2% para cada ano que ultrapassar os 20 anos de contribuição:**

HOMENS TEMPO DE CONTRIBUIÇÃO	COEFICIENTE
Até 20 Anos	60%
21 Anos	62%
22 Anos	64%
23 Anos	66%
24 Anos	68%
25 Anos	70%
26 Anos	72%
27 Anos	74%
28 Anos	76%
29 Anos	78%
30 Anos	80%
31 Anos	82%
32 Anos	84%
33 Anos	86%
34 Anos	88%
35 Anos	90%

HOMENS TEMPO DE CONTRIBUIÇÃO	COEFICIENTE
36 Anos	92%
37 Anos	94%
38 Anos	96%
39 Anos	98%
40 Anos	100%

Assim, se um segurado (homem) do RGPS ficar incapacitado de modo permanente com até 20 anos de tempo de contribuição, o valor da aposentadoria por incapacidade permanente será de 60% da média de todas as remunerações desde Julho de 1994, observada a renda mínima de um salário mínimo.

Curioso notar que, **intencionalmente**, o artigo 26 da Emenda 103/2019 não limita a média de todos os salários de contribuição do segurado a 100%, de modo que o segurado incapacitado de modo permanente que possuir mais de 40 anos de tempo de contribuição poderá fazer jus a uma aposentadoria por incapacidade que ultrapasse a 100% da média de salários de contribuição desde o Plano Real (competência 7/1994), a exemplo:

HOMENS TEMPO DE CONTRIBUIÇÃO	COEFICIENTE
41 Anos	102%
42 Anos	104%
43 Anos	106%
44 Anos	108%
45 Anos	110%
E assim sucessivamente	**E assim sucessivamente**

Para **a aposentadoria por incapacidade da mulher** existe uma regra especial de cálculo da renda mensal no artigo 26, §5º, da Emenda 103/2019, que prevê a **progressão a contar de 15 anos,** e não de 20 anos de contribuição:

MULHERES TEMPO DE CONTRIBUIÇÃO	COEFICIENTE
15 Anos	60%
16 Anos	62%

MULHERES TEMPO DE CONTRIBUIÇÃO	COEFICIENTE
17 Anos	64%
18 Anos	66%
19 Anos	68%
20 Anos	70%
21 Anos	72%
22 Anos	74%
23 Anos	76%
24 Anos	78%
25 Anos	80%
26 Anos	82%
27 Anos	84%
28 Anos	86%
29 Anos	88%
30 Anos	90%
31 Anos	92%
32 Anos	94%
33 Anos	96%
34 Anos	98%
35 Anos	100%
E assim sucessivamente	**E assim sucessivamente**

Suponha-se que uma mulher segurada no RGPS ficou incapacitada com 21 anos de tempo de contribuição. Neste caso, a renda do benefício será de 72% da média de todos os salários de contribuição desde o Plano Real, somente chegando a 100% se a segurada tiver 35 anos de tempo de contribuição.

Dessa forma, o coeficiente mínimo será de 60% e o máximo não está limitado pela legislação constitucional transitória.

Como se trata de benefício não programado e que exige carência (salvo casos de dispensa), não se aplica a regra de destarte de que trata o artigo 26 da EC 103/2019, que se limita às aposentadorias programadas.

Assim, NÃO poderão ser **excluídas da média as contribuições que resultem em redução do valor do benefício**, desde que mantido o tempo mínimo de contribuição exigido, vedada a utilização do tempo excluído para qualquer finalidade, para a averbação em outro regime previdenciário ou para a obtenção dos proventos de inatividade dos militares.

No mesmo sentido o artigo 32, §24, do Regulamento: "§ 24. Para fins do cálculo das **aposentadorias programadas** para as quais seja exigido tempo mínimo de contribuição, poderão ser excluídas do cálculo da média dos salários de contribuição e das remunerações adotadas como base para contribuições a regime próprio de previdência social ou como base para contribuições decorrentes das atividades militares de que tratam os art. 42 e art. 142 da Constituição, utilizado para definição do salário de benefício, as contribuições que resultem em redução do valor do benefício, observado o disposto nos § 25 e § 26. (Redação dada pelo Decreto nº 10.410, de 2020)".

Forçoso concluir que o artigo 44 da Lei 8.213/91 não foi recebido pela Emenda para as novas incapacidades:

> *"~~Art. 44. A aposentadoria por invalidez, inclusive a decorrente de acidente do trabalho, consistirá numa renda mensal correspondente a 100% (cem por cento) do salário-de-benefício, observado o disposto na Seção III, especialmente no art. 33 desta Lei.~~ (Redação dada pela Lei nº 9.032, de 1995)"*

Achei ruim esta alteração, pois se trata de um benefício não programado, podendo ter uma perda de até 40% de coeficiente (era sempre de 100% e pode cair para até 60%) em uma situação de infortúnio. Ninguém em sã consciência pretende ficar inválido (agora chamada de incapacidade permanente).

Ademais, há também perda de valor na base de cálculo, pois não mais teremos a exclusão dos 20% menores salários de contribuição quando for feita a média aritmética simples desde o Plano Real.

Uma situação esdrúxula é que a **Emenda 103/2019 não alterou a renda do auxílio-doença**, que continua sendo de 91% do salário de benefício, limitado à média dos 12 últimos salários de contribuição, nos termos dos artigos 61 e 29, §10, da Lei 8.213/91.

Isso porque o artigo 26, *caput*, da Emenda 103/2019 somente se aplica aos benefícios com regulação constitucional de requisitos enquanto não há lei de regulamentação ("até que lei discipline o cálculo dos benefícios do Regime Geral de Previdência Social"), o que não ocorre com o auxílio-doença, não regulado pela reforma constitucional.

Ademais, o parágrafo segundo do artigo 26 da Emenda 103/2019 somente se refere às aposentadorias ("o valor do benefício de aposentadoria corresponderá a sessenta por cento da média aritmética"), não abarcando o auxílio-doença.

Dessa forma, será comum ver a renda do auxílio-doença superior à renda da aposentadoria por invalidez dos segurados que não possuírem largo tempo de contribuição, o que é um contrassenso, até que haja uma possível alteração na Lei 8.213/91.

REGRA ESPECIAL - Ao menos no caso de aposentadoria por incapacidade permanente quando decorrer de **acidente de trabalho**, de doença profissional e de doença do trabalho (artigos 19, 20 e 21 da Lei 8.213/91), os proventos da aposentadoria por incapacidade permanente serão integrais, correspondendo a **100% da média de todos os salários de contribuição do segurado desde o Plano Real**, independentemente do tempo de contribuição vertido ao RGPS.

Nesse sentido o artigo 44 do Regulamento da Previdência Social:

> "Art. 44. A aposentadoria por incapacidade permanente será devida a partir do dia imediato ao da cessação do auxílio por incapacidade temporária, ressalvado o disposto no § 1º, e consistirá em renda mensal decorrente da aplicação dos seguintes percentuais incidentes sobre o salário de benefício, definido na forma do disposto no art. 32: (Redação dada pelo Decreto nº 10.410, de 2020).
>
> I - sessenta por cento, com acréscimo de dois pontos percentuais para cada ano de contribuição que exceder o tempo de vinte anos de contribuição, para os homens, ou quinze anos de contribuição, para as mulheres; ou (Incluído pelo Decreto nº 10.410, de 2020)
>
> II - cem por cento, quando a aposentadoria decorrer de: (Incluído pelo Decreto nº 10.410, de 2020)
>
> a) acidente de trabalho; (Incluído pelo Decreto nº 10.410, de 2020)
>
> b) doença profissional; ou (Incluído pelo Decreto nº 10.410, de 2020)
>
> c) doença do trabalho. (Incluído pelo Decreto nº 10.410, de 2020)"

Desta forma, de modo lastimável se volta a uma sistemática anterior à Lei 9.032/95, em que os benefícios por incapacidade laboral por acidente do trabalho possuíam uma sistemática de cálculo mais favorável.

Há previsão de concessão da aposentadoria por incapacidade permanente a **todas as classes de segurados** do RGPS, uma vez realizados os requisitos legais.

> **Importante:**
>
> A aposentadoria por incapacidade permanente será devida **ao segurado incapaz e insusceptível de reabilitação para o exercício de atividade que lhe garanta a subsistência**, e ser-lhe-á paga enquanto permanecer nesta condição.

Deveras, o pagamento da aposentadoria incapacidade permanente é condicionada ao afastamento de todas as atividades laborativas do segurado.

Em regra, para a concessão deste benefício, será imprescindível que o segurado esteja incapacitado de maneira total e permanente para o exercício do trabalho, bem como não haja possibilidade plausível de ser reabilitado para outra atividade laborativa, compatível com as suas restrições físicas ou psíquicas decorrentes do acidente ou enfermidade.

Essa análise normalmente é bastante difícil e casuística. Além das condições clínicas do segurado, será preciso analisar a sua idade e condições sociais, pois em alguns casos a baixa escolaridade e a idade avançada tornam inviável a reabilitação profissional, sendo necessário se conceder a aposentadoria por invalidez ao segurado.

▸ Qual o entendimento do STJ sobre o assunto?

"Segundo a jurisprudência deste Colegiado, é possível a verificação do contexto socioeconômico do segurado com a finalidade de concessão da aposentadoria por invalidez sem ofensa à norma do art. 42 da Lei de Benefícios" (passagem do julgamento do AgRg no Ag 1270388, de 24/04/2010).

A incapacidade permanente pode ser definida como a incapacidade laborativa total, indefinida e multiprofissional, insuscetível de recuperação ou reabilitação profissional, que corresponde à incapacidade geral de ganho, em consequência de doença ou acidente.

Contudo, excepcionalmente, especialmente no caso de condições sociais desfavoráveis, a exemplo da elevada idade, baixa escolaridade e precárias condições financeiras, a jurisprudência tem admitido a concessão da aposentadoria por incapacidade permanente no caso de incapacidade permanente e **parcial** para o trabalho.

▸ Qual o entendimento da TNU sobre o assunto?

Súmula 47 – Uma vez reconhecida a incapacidade parcial para o trabalho, o juiz deve analisar as condições pessoais e sociais do segurado para a concessão de aposentadoria por invalidez.

Assim sendo, a apreciação das condições pessoais e sociais do segurado somente será cabível quando houver o prévio reconhecimento de incapacidade laborativa para avaliar qual o benefício por incapacidade cabível (aposentadoria por incapacidade permanente ou auxílio-doença) na situação concreta. Destarte, caso a perícia médica aponte a capacidade laboral para o trabalho habitual será impertinente que o julgador avalie as condições pessoais e sociais do segurado, pois, de todo modo, o benefício por incapacidade será negado.

▸ **Qual o entendimento da TNU sobre o assunto?**

Súmula 77 - "O julgador não é obrigado a analisar as condições pessoais e sociais quando não reconhecer a incapacidade do requerente para a sua atividade habitual".

No entanto, a TNU vem afastando a aplicação da Súmula 77 na hipótese de o segurado ser portador de doença com estigma social. É que, neste caso, é possível que a doença não gere incapacidade laboral do ponto de vista clínico, mas o mercado de trabalho se feche em discriminação aos segurados.

Este entendimento vem sendo aplicado em doenças como a AIDS, a hanseníase, a obesidade mórbida e as doenças de pele graves, sendo necessário nestes casos excepcionais verificar as condições pessoais, sociais, econômicas e culturais, de forma a analisar a incapacidade em sentido amplo, em face da elevada estigmatização social das referidas doenças.

▸ **Qual o entendimento da TNU sobre o assunto?**

"Súmula 78- Comprovado que o requerente de benefício é portador do vírus HIV, cabe ao julgador verificar as condições pessoais, sociais, econômicas e culturais, de forma a analisar a incapacidade em sentido amplo, em face da elevada estigmatização social da doença".

▸ **Como esse assunto foi cobrado em concurso?**

(2018/TRF - 3ª REGIÃO/TRF - 3ª REGIÃO/Juiz Federal Substituto) Assinale a alternativa que contém tese jurídica NÃO APRECIADA pelos Tribunais Superiores na sistemática dos recursos excepcionais repetitivos:

a) O estigma social a que submetido o portador do vírus HIV é suficiente à demonstração da incapacidade temporária ou permanente do segurado na análise e concessão do auxílio-doença e da aposentadoria por invalidez.

b) Necessidade de fixação da data de início do benefício por incapacidade no momento do requerimento administrativo ou, na falta deste, na citação.

c) Renúncia ao benefício previdenciário já implantado, com a consequente concessão de outro mais vantajoso, calculado com base também nas remunerações recebidas pelo segurado aposentado pelo exercício de atividade laborativa após a inatividade.

d) O desemprego do segurado é suficiente a lhe atribuir a condição de baixa renda e, portanto, suficiente ao preenchimento do requisito necessário à concessão do auxílio-reclusão.

Letra A, certa (tema não julgado pelos repetitivos de STJ e STF).

▸ **Importante:**

Em regra, a concessão da aposentadoria por incapacidade permanente pressupõe a realização de **carência de 12 contribuições mensais**, que será *excepcionalmente dispensada* nas hipóteses de invalidez decorrente de acidente de qualquer natureza, doença profissional, do trabalho ou das moléstias graves listadas em ato regulamentar.

▸ **Como esse assunto foi cobrado em concurso?**

No concurso do CESPE para Procurador do BACEN em 2009, foi considerado errado o seguinte enunciado: A aposentadoria por invalidez é benefício de pagamento continuado, de risco imprevisível, razão pela qual, conforme a legislação, não se exige período de carência para concedê-la.

De acordo com o artigo 151, da Lei 8.213/91, com redação dada pela Lei 13.135/2015, "até que seja elaborada a lista de doenças mencionada no inciso II do art. 26, independe de carência a concessão de auxílio-doença e de aposentadoria por invalidez ao segurado que, após filiar-se ao RGPS, for acometido das seguintes doenças: tuberculose ativa, hanseníase, alienação mental, **esclerose múltipla**, hepatopatia grave, neoplasia maligna, cegueira, paralisia irreversível e incapacitante, cardiopatia grave, doença de Parkinson, espondiloartrose anquilosante, nefropatia grave, estado avançado da doença de Paget (osteíte deformante), síndrome da deficiência imunológica adquirida (aids) ou contaminação por radiação, com base em conclusão da medicina especializada", **tendo a novidade sido a inserção de esclerose múltipla.**

No entanto, para que haja a dispensa de carência, é necessário que o segurado seja acometido da doença ou afecção após a sua filiação ao Regime Geral de Previdência Social.

Insta lembrar que para o **segurado especial** a carência será integralizada com a comprovação do exercício da atividade campesina ou pesqueira artesanal para fins de subsistência, sem a utilização de empregados permanentes, no período imediatamente anterior ao infortúnio que o tornou inválido.

A condição de inválido dependerá de apreciação da perícia médica do INSS, sendo **obrigado** o segurado a se submeter a **exames médicos periódicos** (a cada dois anos), **reabilitação profissional e tratamento dispensado gratuitamente**, na forma do artigo 101 da Lei 8.213/91.

Neste ponto a Lei 8.213/91 é aparentemente contraditória. O artigo 42 coloca a impossibilidade de reabilitação profissional como condição para a concessão da aposentadoria por incapacidade permanente, ao passo que o artigo 101 determina que o aposentado por incapacidade permanente se submeta a processo de reabilitação profissional, sob pena de suspensão do benefício.

Com o advento da Lei 13.063, de 30 de dezembro de 2014, que modificou o artigo 101 da Lei 8.213/91, **o aposentado por incapacidade permanente estará isento do exame pericial a cargo do INSS após completar 60 anos de idade**, salvo nas seguintes hipóteses:

> I - verificar a necessidade de assistência permanente de outra pessoa para a concessão do acréscimo de 25% (vinte e cinco por cento) sobre o valor do benefício, conforme dispõe o art. 45 da Lei 8.213/91;
>
> II - verificar a recuperação da capacidade de trabalho, mediante solicitação do aposentado que se julgar apto;
>
> III - subsidiar autoridade judiciária na concessão de curatela.

Logo, com a acertada alteração normativa, pois era irrazoável o cancelamento de uma aposentadoria por incapacidade permanente de um idoso, **o benefício deixou de ser precário após o segurado completar 60 anos de idade**, somente podendo ser cancelado se o aposentado por incapacidade permanente requerer expressamente por se julgar apto ao trabalho.

Por outro lado, a perícia poderá ser feita no aposentado maior de 60 anos para fins de prova no processo judicial de curatela ou para avaliação do auxílio-acompanhante de 25% sobre a renda da aposentadoria, se o segurado necessitar da assistência permanente de terceira pessoa, podendo este acréscimo ser cancelado se cessado o pressuposto legal mesmo após o segurado ter atingido 60 anos de idade.

No entanto, a isenção de perícia do aposentado por incapacidade permanente após este ter completado 60 anos de idade presume o não retorno ao trabalho, pois a percepção deste benefício com remuneração é incompatível.

Embora seja óbvio, coube à Lei 13.457/2017 expressar isso ao modificar o §1º do artigo 101 da Lei 8.213/1991, passando a gozar de previsão normativa expressa que a mencionada isenção de perícia do sexagenário aposentado por invalidez é condicionada ao não retorno ao trabalho.

Outrossim, a Lei 13.457/2017 criou outra situação de isenção de perícia para os aposentados por invalidez, após estes completarem **cinquenta e cinco anos ou mais de idade** e quando decorridos **quinze anos** da data da concessão da **aposentadoria por incapacidade permanente ou do auxílio-doença** que a precedeu.

Logo, unificou-se a idade de 60 anos para a isenção perícia do aposentado por incapacidade permanente que não retornou ao labor ou 55 anos de idade com 15 anos de percepção do benefício, exceto nas seguintes hipóteses:

I - verificar a necessidade de assistência permanente de outra pessoa para a concessão do acréscimo de 25% (vinte e cinco por cento) sobre o valor do benefício, conforme dispõe o art. 45 da Lei 8.213/91;

II - verificar a recuperação da capacidade de trabalho, mediante solicitação do aposentado ou pensionista que se julgar apto;

III - subsidiar autoridade judiciária na concessão de curatela.

Ademais, coube à Lei 13.847/2019 isentar de perícia médica de revisão o **aposentado por invalidez com HIV/aids**, desde que obviamente não haja o retorno ao labor remunerado, independentemente da sua idade.

A perícia referida terá acesso aos prontuários médicos do periciado no Sistema Único de Saúde (SUS), desde que haja a prévia anuência do periciado e seja garantido o sigilo sobre os dados dele.

Ademais, é assegurado o atendimento domiciliar e hospitalar pela perícia médica e social do INSS ao segurado com dificuldades de locomoção, quando seu deslocamento, em razão de sua limitação funcional e de condições de acessibilidade, imponha-lhe ônus desproporcional e indevido, nos termos do regulamento.

Constatada a capacidade para o trabalho, o segurado ou seu representante legal deverá ser notificado por escrito para, se não concordar com a decisão, requerer novo exame médico-pericial no prazo de trinta dias, que será realizado por profissional diferente daquele que efetuou o último exame.

Todavia, **a realização de cirurgia e de transfusão de sangue é facultativa**, sendo defeso que o INSS condicione o pagamento do benefício à sujeição a esses procedimentos.

Com o advento da **Lei 14.724, de 14.11.2023**, a possibilidade de concessão de benefício por telemedicina ou por análise do documental foi estendida à **aposentadoria por incapacidade permanente** em razão da alteração do artigo 43 da Lei 8.213/91:

> *"§ 1º-A. O exame médico-pericial previsto no § 1º deste artigo poderá ser realizado com o uso de tecnologia de telemedicina ou por análise documental conforme situações e requisitos definidos em regulamento".*

▸ **Importante:**

Vale ressaltar que **a aposentadoria por incapacidade permanente não é definitiva (salvo para os maiores de 60 anos de idade e demais isentos de perícia , desde que não voltem a exercer atividade remunerada)**, devendo cessar a qualquer tempo caso o segurado recupere a sua capacidade laborativa, a exemplo de cura após tratamento cirúrgico que se submeteu espontaneamente.

▸ **Como esse assunto foi cobrado em concurso?**

No concurso do CESPE para Procurador do Município de Aracaju em 2007, foi considerado errado o seguinte enunciado: Considere que Carlos, segurado do RGPS, após sofrer acidente de trabalho, tenha sido, naquele momento, considerado incapaz e insuscetível de reabilitação para o exercício de atividade profissional que lhe garanta a subsistência. Nessa situação, Carlos não terá seu benefício revertido ou suspenso, dada a natureza permanente de sua incapacidade.

Caberá a cessação do benefício pela mera recuperação da capacidade laboral do segurado, constada por perícia médica do INSS, não sendo nem necessário que ele volte a trabalhar.

Ademais, dispõe o artigo 46 da Lei 8.213/91 que o aposentado por incapacidade permanente que retornar voluntariamente à atividade terá sua aposentadoria automaticamente cancelada, a partir da data do retorno.

> **▸ Como esse assunto foi cobrado em concurso?**
>
> No concurso da FCC para Juiz do Trabalho do TRT da 18ª Região em 2014, foi considerada correta a letra A: A aposentadoria por invalidez NÃO é benefício: a) de caráter definitivo. b) de caráter permanente. c) devido a segurados facultativos. d) cuja alíquota corresponda ordinariamente a 100% do salário de benefício. e) cujo valor tenha de ser superior ao salário mínimo.

> **▸ Como esse assunto foi cobrado em concurso?**
>
> **(CESPE/PGM/Campo Grande/2019)** Será automaticamente cessada, a partir da data do retorno, a aposentadoria do aposentado por invalidez que retornar voluntariamente à atividade. **Gabarito: certo.**

Isso porque a concessão deste benefício pressupõe a incapacidade laborativa total e permanente para o exercício do trabalho. Se há exercício de atividade laboral pelo segurado, significa que a manutenção da aposentadoria por incapacidade permanente é indevida.

Crê-se que o exercício de mandato eletivo deve gerar o cancelamento da aposentadoria por incapacidade permanente, pois se trata de exercício de atividade laboral remunerada. Isso porque as atividades políticas exigem uma capacidade de trabalho bastante similar a uma série de profissões.

Ao menos, em situações extremas, durante o exercício do mandato eletivo deveria ser suspenso o pagamento do benefício, sob pena de se consumar uma anomalia jurídica, pois haveria o recolhimento de contribuições previdenciárias como segurado obrigatório empregado e, ao mesmo tempo, o pagamento da aposentadoria por incapacidade permanente.

> **▸ Qual o entendimento do STJ sobre o assunto?**
>
> No âmbito do STJ, o tema é polêmico: "PREVIDENCIÁRIO. RECURSO ESPECIAL. APOSENTADORIA POR INVALIDEZ. CUMULAÇÃO COM SUBSÍDIO DECORRENTE DO EXERCÍCIO DE MANDATO ELETIVO. POSSIBILIDADE. 1. É possível a percepção conjunta do subsídio decorrente do exercício de mandato eletivo (vereador), por tempo determinado, com o provento de aposentadoria por invalidez, por se tratarem de vínculos de natureza diversa, uma vez que a incapacidade para o trabalho não significa, necessariamente,

invalidez para os atos da vida política" (1ª **Turma**, REsp 1377728, de 18/06/2013)."PREVIDENCIÁRIO. RECURSO ESPECIAL. APOSENTADORIA POR INVALIDEZ. CANCELAMENTO. RETORNO DO SEGURADO AO TRABALHO. EXERCÍCIO DE MANDATO ELETIVO (PREFEITO).1. De acordo com o art. 46 da Lei 8.213/91, o retorno do segurado ao trabalho é causa de cessação da aposentadoria por invalidez, devendo ser respeitado, entretanto, o devido processo legal, com a garantia da ampla defesa e do contraditório. 2. Na hipótese de o segurado voltar ao trabalho para desempenhar atividade diversa da que exercia, a aposentadoria será gradualmente mantida, até o cancelamento definitivo, nos termos descritos no inciso II do art. 47 da Lei 8.213/91 .3. A aposentadoria por invalidez é uma garantia de amparo ao Trabalhador Segurado da Previdência Social que, em virtude de incapacidade laborativa total e definitiva, não possa prover suas necessidades vitais básicas. No caso, não mais subsistem as causas que ampararam a concessão do benefício, já que o recorrente possui condições de manter sua subsistência por meio de atividade remunerada, exercendo, inclusive, o cargo de Prefeito Municipal. 4. Recurso Especial do particular improvido" (5ª **Turma**, REsp 966736, de 23/08/2007).

Entende-se que mesmo que a concessão da aposentadoria por incapacidade permanente seja judicial, poderá a Previdência Social revê-la na via administrativa, caso se constate a recuperação da capacidade laboral por perícia médica, pois a decisão judicial está sujeita à cláusula *rebus sic stantibus* (enquanto as coisas estão assim).

▸ **Qual o entendimento do STJ sobre o assunto?**

No entanto, existem precedentes do STJ que exigem autorização judicial: "PREVIDENCIÁRIO. APOSENTADORIA POR INVALIDEZ. CONCESSÃO POR ATO JUDICIAL. CANCELAMENTO ADMINISTRATIVO. IMPOSSIBILIDADE. NECESSIDADE DE AÇÃO JUDICIAL PARA REVISÃO DE BENEFÍCIO CONCEDIDO JUDICIALMENTE. ANÁLISE DE VIOLAÇÃO DE MATÉRIA CONSTITUCIONAL. COMPETÊNCIA DO STF. AGRAVO REGIMENTAL A QUE SE NEGA PROVIMENTO. 1. Deferida a aposentadoria por invalidez judicialmente, pode a autarquia previdenciária rever a concessão do benefício, uma vez tratar-se de relação jurídica continuativa, desde que por meio de ação judicial, nos termos do art. 471, inciso I, do Código de Processo Civil, e em respeito ao princípio do paralelismo das formas. (REsp 1201503 / RS, Relatora Ministra MARIA THEREZA DE ASSIS MOURA, SEXTA TURMA, Data do Julgamento 19/11/2012, DJe 26/11/2012)". AgRg no REsp 1267699, de 16/05/2013.

▸ **Importante:**

Com o advento da **Lei 13.457/2017**, foi inserida regra no artigo 43 da Lei 8.213/1991 prevendo que o segurado aposentado por incapacidade permanente poderá ser convocado a qualquer momento para avaliação das condições que ensejaram o afastamento ou a aposentadoria, concedida **judicial** ou administrativamente, observado o disposto no artigo 101 da Lei 8.213/1991.

Registre-se que mesmo após a vigência da Lei 13.457/2017, o STJ insiste em manter a sua arcaica jurisprudência no sentido de que a cessação do benefício pelo INSS depende da propositura de ação judicial, silenciando sobre a alteração legal.

▸ **Qual o entendimento do STJ sobre o assunto?**

PROCESSUAL CIVIL E PREVIDENCIÁRIO. AGRAVO INTERNO NO AGRAVO EM RECURSO ESPECIAL. **APOSENTADORIA POR INVALIDEZ. CONCESSÃO JUDICIAL. TRÂNSITO EM JULGADO. CANCELAMENTO ADMINISTRATIVO.** IMPOSSIBILIDADE. NECESSIDADE DE AÇÃO REVISIONAL. ALEGADA NECESSIDADE DE SOBRESTAMENTO DO FEITO. MATÉRIA DIVERSA DO TEMA EM REPERCUSSÃO GERAL 1.196/STF. AGRAVO INTERNO DESPROVIDO. 1. A matéria retratada nos autos é diversa da questão que será apreciada sob a sistemática da repercussão geral nos autos do RE 1.347.526, Tema 1.196/STF, a saber: a definição da constitucionalidade da Medida Provisória 739/2016, substituída pela Medida Provisória 767/2017 e convertida na Lei 13.457/2017, as quais alteraram a Lei 8.213/1991, inserindo preceito sobre prazo estimado para a duração do benefício de auxílio-doença. 2. O caso dos autos versa sobre **aposentadoria** por **invalidez**, não havendo, pela própria natureza do benefício, fixação automática da data de cessação do benefício (DCB) pela Corte de origem, embora o acórdão tenha ressaltado a possibilidade de submissão do segurado a revisões periódicas para avaliação da persistência da incapacidade laborativa, nos termos do art. 101 da Lei 8.213/1991.

Desta forma, o cancelamento administrativo de aposentadoria por incapacidade permanente concedida judicialmente passou a ser previsto na Lei 8.213/1991, após a submissão ao procedimento de perícia médica, ressalvadas as situações de isenção de perícia aos maiores de 60 anos de idade, com 55 anos (com percepção do benefício por 15 anos ao menos) e ao portador do HIV, nos termos do artigo 101 e 43, §5º, da Lei 8.213/91, acima estudado.

Outrossim, a anterior percepção de auxílio-doença não é condição para a concessão da aposentadoria por incapacidade permanente, pois poderá este benefício ser concedido diretamente, quando o INSS constatar que a enfermidade ou o acidente é tão grave que já tornou o segurado inválido, sem possibilidade de reabilitação profissional.

Na hipótese de o segurado ter se filiado ao RGPS já inválido não haverá cobertura securitária, inexistindo direito à percepção da aposentadoria por incapacidade permanente, pois a lesão ou enfermidade preexistiam à cobertura securitária.

Todavia, caso a lesão ou enfermidade preexistiam à filiação, mas não ao ponto de tornar o segurado incapaz para o trabalho, tendo a invalidez se realizado após a filiação e em decorrência da progressão da doença ou lesão, fará jus o segurado à percepção da aposentadoria por invalidez, uma vez realizada a carência de 12 contribuições mensais, exceto nas hipóteses em que esta é dispensada.

▸ Como esse assunto foi cobrado em concurso?

(Ano: 2021 Banca: FGV Órgão: TJ-PR Prova: FGV – 2021 – TJ-PR – Juiz Substituto) Jorge, segurado obrigatório do Regime Geral de Previdência Social RGPS), ingressa em juízo frente à autarquia previdenciária em busca de aposentadoria por invalidez, nos termos da Lei nº 8.213/1991. Em tal cenário, uma conduta correta do magistrado do Tribunal de Justiça do Estado do Paraná seria:

A) reconhecer a incompetência da Justiça Estadual para a demanda, sendo irrelevante a origem e natureza da invalidez, assim como a espécie de segurado obrigatório a qual pertence Jorge;

B) admitir que Jorge poderá ter seu pleito atendido, mesmo quando demonstrada a existência da doença profissional em data anterior ao ingresso no atual emprego, a depender da data de início da incapacidade a ser fixada por perícia;

C) admitir que o benefício requerido e eventuais consectários nunca poderão superar o valor máximo de benefícios do RGPS, uma vez concedidos;

D) afirmar que, uma vez demonstrada a incapacidade total e permanente para a atividade habitual de Jorge, devidamente comprovada em perícia judicial, o benefício previdenciário deverá ser concedido, independentemente de outros requisitos; concluir que a aposentadoria por invalidez acidentária, uma vez concedida por sentença judicial transitada em julgado, é imodificável.

Gabarito: Letra B.

Diz o texto legal que a doença ou lesão de que o segurado já era portador ao filiar-se ao Regime Geral de Previdência Social não lhe conferirá direito à aposentadoria por incapacidade permanente, **salvo** quando a incapacidade sobrevier por motivo de progressão ou agravamento dessa doença ou lesão.

▸ Como esse assunto foi cobrado em concurso?

No concurso do CESPE para Analista da SEGER/ES em 2013, foi considerado errado o seguinte enunciado: A aposentadoria por invalidez, uma vez cumprida, quando for o caso, a carência exigida, será devida, sem ressalvas, ao segurado que, estando ou não em gozo de auxílio-doença, for considerado incapaz e insuscetível de reabilitação para o exercício de atividade que lhe garanta a subsistência, ainda que a incapacidade decorra de doença ou lesão anterior à sua filiação ao RGPS.

▸ Qual o entendimento da TNU sobre o assunto?

Súmula 53 – Não há direito a auxílio-doença ou a aposentadoria por invalidez quando a incapacidade para o trabalho é preexistente ao reingresso do segurado no Regime Geral de Previdência Social.

> ▸ **Como esse assunto foi cobrado em concurso?**
>
> No concurso do CESPE para Procurador Federal em 2010 (curso de formação), foi considerado correto o seguinte enunciado: Quando o segurado, ao se filiar ao sistema previdenciário, já for portador de doença ou lesão, fará jus à aposentadoria por invalidez apenas se a incapacidade decorrer de agravamento ou progressão dessa doença ou de lesão posterior à filiação. Por sua vez, no concurso para Procurador do BACEN em 2009, foi considerado errado o seguinte enunciado: A doença ou lesão de que o segurado já era portador ao filiar-se ao RGPS não lhe conferirá direito à aposentadoria por invalidez, ainda quando a incapacidade sobrevier por motivo de progressão ou agravamento dessa doença ou lesão.

Em regra, a data de início do benefício (DIB) será a data da incapacidade, marco inicial do pagamento a ser promovido pelo INSS. Contudo, se entre a data da incapacidade e a data de entrada do requerimento (DER) se passar mais de 30 dias, a data de início do benefício será a data de entrada do requerimento na Previdência Social.

> ▸ **Importante:**
>
> Apenas no caso do segurado empregado a regra será diferente, tendo em vista a obrigação legal da empresa de pagar ao segurado o seu salário durante os 15 primeiros dias do afastamento.

Logo, para o segurado empregado, a data de início do benefício não será a data da incapacidade, e sim o 16º dia seguinte. Excepcionalmente, se entre a data da incapacidade e a data de entrada do requerimento se passar mais de 30 dias, a data de início do benefício também será a data de entrada do requerimento na Previdência Social.

No caso de concessão judicial, em decorrência do INSS ter negado o benefício na esfera administrativa, se por questões clínicas a perícia judicial não conseguir definir a data de início da incapacidade, a data de início do benefício será a data de juntada do laudo pericial aos autos.

> ▸ **Qual o entendimento do STJ sobre o assunto?**
>
> **De acordo com o atual posicionamento do STJ, "na ausência de prévio requerimento administrativo, o termo inicial para a implantação da aposentadoria por idade rural deve ser a data da citação válida do INSS – e não a data do ajuizamento da ação.** No julgamento do REsp 1.369.165-SP, submetido ao rito do artigo 543-C do CPC, a Primeira Seção do STJ firmou compreensão segundo a qual, na ausência de prévio requerimento administrativo, o termo inicial para a implantação da aposentadoria por invalidez deve ser a data da citação da autarquia previdenciária fede

ral, ao invés da data da juntada do laudo médico-pericial que atestou a invalidez do segurado". REsp 1.450.119-SP, Rel. originário Min. Mauro Campbell Marques, Rel. para acórdão Min. Benedito Gonçalves, julgado em 08/10/2014, DJe 1º/7/2015 (Informativo 565).

Nesse sentido, o STJ publicou em 22 de julho de 2016 a Súmula 576 em decorrência do julgamento do Recurso Especial representativo de controvérsia 1.369.165, de 26/2/2014: **Súmula 576 – "Ausente requerimento administrativo no INSS, o termo inicial para a implantação da aposentadoria por invalidez concedida judicialmente será a data da citação válida".**

▸ **Como esse assunto foi cobrado em concurso?**

No concurso do CESPE para Auditor do TCE PR em 2016, foi considerado errado o seguinte enunciado: Em abril de 2013, Jeane sofreu um acidente de trabalho, e o médico da empresa na qual ela trabalhava considerou-a incapaz para retornar a suas atividades e aconselhou-a a solicitar sua aposentadoria por invalidez. Representada por um advogado, Jeane ingressou diretamente em juízo com ação previdenciária, pleiteando a aposentadoria por invalidez. Nessa situação hipotética, a data de início do benefício da aposentadoria por invalidez será a data da juntada aos autos do laudo pericial em juízo.

Entende-se que o STJ cometeu um grave equívoco ao aprovar esta súmula com a redação que foi posta, pois anteriormente o STF já havia firmado no julgamento do Recurso Extraordinário 631.240, de 27 de abril de 2014, que é necessário o prévio requerimento administrativo como condição de propositura de ação judicial contra o INSS, sob pena de extinção do processo sem o julgamento do mérito.

Ao analisar o conteúdo do REsp 1.369.165 verificou-se que o prévio requerimento sequer foi debatido pelos Ministros, que simplesmente ignoraram o entendimento do STF, que, aliás, é seguido pelo STJ em outros precedentes.

Desta forma, **a Súmula 576 terá apenas uma aplicação residual**, ou seja, quando for desnecessária a decisão administrativa de indeferimento da aposentadoria por incapacidade permanente , a exemplo da omissão do INSS em dar uma resposta dentro do prazo normativo ou a recusa de protocolo do requerimento administrativo.

▸ **Importante:**

O valor da aposentadoria por incapacidade permanente do segurado que necessitar da assistência permanente de outra pessoa será **acrescido de 25% (auxílio-acompanhante)**, se assim comprovado em perícia médica do INSS. Entende-se que esse acréscimo é compatível com a Emenda 103/2019.

▸ **Qual o entendimento da TNU sobre o assunto?**

Embora a Lei 8.213/91 apenas preveja o acréscimo de 25% para a aposentadoria por invalidez, no caso de o aposentado necessitar constantemente da assistência de terceira pessoa, a TNU estendeu o auxílio-acompanhante para a aposentadoria por idade no julgamento do processo 0501066-93.2014.4.05.8502, de 22 de março de 2015.

▸ **Qual o entendimento do STJ sobre o assunto?**

Inicialmente, o STJ rejeitava a extensão do auxílio-acompanhante à aposentadoria por idade e tempo de contribuição (REsp 1.533.402-SC, Rel. Min. Sérgio Kukina, julgado em 1º/9/2015, DJe 14/9/2015 e REsp 1475512, de 15/12/2015) em ambas as Turmas da 1ª Seção.

No entanto, o tema obteve uma enorme reviravolta na 1ª Seção do STJ que acolheu a tese em sede de recurso repetitivo (tema 982): Comprovadas a invalidez e a necessidade de assistência permanente de terceiro, é devido o acréscimo de 25% (vinte e cinco por cento), previsto no art. 45 da Lei n. 8.213/1991, a todos os aposentados pelo RGPS, independentemente da modalidade de aposentadoria. REsp 1.648.305-RS, Rel. Min. Assusete Magalhães, Rel. Acd. Min. Regina Helena Costa, Primeira Seção, por maioria, julgado em 22/08/2018, DJe 26/09/2018 (Tema 982).

▸ **Qual o entendimento do STF sobre o assunto?**

Ao julgar o **Tema 1.095 em Repercussão Geral em 19/06/2021**, por maioria de 9 x 2, definiu o STF que não tem base legal a extensão da regra do artigo 45 da Lei 8.213/91 para as aposentadorias voluntárias.

Isso porque na previdência pública a extensão por isonomia esbarra na regra de contrapartida e na seletividade, sendo tarefa legislativa a ampliação de direitos, que geraria uma despesa anual extra de cerca de 6 bilhões de Reais, conforme dados apresentados pela Previdência Social no processo.

Eis os três pontos fixados na tese:

> *a) declarar a impossibilidade de concessão e extensão do "auxílio-acompanhante" para todas as espécies de aposentadoria, sugerindo a fixação da seguinte tese:* ***"No âmbito do Regime Geral de Previdência Social (RGPS), somente lei pode criar ou ampliar benefícios e vantagens previdenciárias, não havendo, por ora, previsão de extensão do auxílio da grande invalidez a todas às espécies de aposentadoria";***
>
> *b) modular os efeitos da tese de repercussão geral, de forma a se preservarem os direitos dos segurados cujo reconhecimento judicial tenha se dado por decisão transitada em julgado até a data deste julgamento;*

c) declarar a irrepetibilidade dos valores alimentares recebidos de boa-fé por força de decisão judicial ou administrativa até a proclamação do resultado deste julgamento.

Registre-se que nas situações passadas em julgado até 19/06/2021 o STF vedou o manejo de ação rescisória pelo INSS, assim como declarou a não repetição de parcelas recebidas por tutela provisória até a citada data.

Vale lembrar que esse acréscimo poderá extrapolar o teto de pagamento dos benefícios do RGPS, sendo um valor fixo recalculado juntamente com o reajuste da aposentadoria por incapacidade permanente, tendo índole personalíssima, vez que o seu valor não será incorporado na pensão por morte eventualmente instituída pelo aposentado.

▸ Como esse assunto foi cobrado em concurso?

No concurso do CESPE para Juiz Federal da 5ª Região em 2009, foi considerado errado o seguinte enunciado: O valor da aposentadoria por invalidez de segurado que necessitar da assistência permanente de outra pessoa será acrescido de valor específico pago em parcela fixa, que não será recalculada quando o benefício que lhe deu origem for reajustado. Outrossim, no concurso para Juiz Federal da 2ª Região em 2009, o CESPE considerou errado o seguinte enunciado: Nos casos de aposentadoria por invalidez em que o segurado necessite de assistência permanente de outra pessoa, o valor do benefício previdenciário não pode ser superior ao limite máximo do salário-de-contribuição na data inicial do benefício.

Esse acréscimo deverá ser pago desde a data de início do benefício, caso o aposentado por incapacidade permanente já necessitasse do auxílio permanente de outra pessoa naquele momento ou, sendo superveniente, a partir da data de entrada do requerimento administrativo, não gerando efeitos financeiros antes da provação administrativa.

▸ Qual o entendimento do STJ sobre o assunto?

Informativo 483: "A jurisprudência do STJ é pacífica no sentido de que, quanto ao *dies a quo* da aposentadoria por invalidez, os efeitos financeiros do reconhecimento da moléstia devem retroagir à data do requerimento administrativo. Do mesmo modo, a percepção do acréscimo previsto no art. 45 da lei supradita pressupõe a demonstração da necessidade de assistência permanente, aferível somente com a postulação administrativa do próprio interessado e o consequente exame médico-pericial do INSS" (REsp 897.824-RS, Rel. Min. Sebastião Reis Júnior, julgado em 20/9/2011).

O anexo I, do RPS, traz um rol das situações que ensejam o acréscimo:

1. Cegueira total.
2. Perda de nove dedos das mãos ou superior a esta.
3. Paralisia dos dois membros superiores ou inferiores.
4. Perda dos membros inferiores, acima dos pés, quando a prótese for impossível.
5. Perda de uma das mãos e de dois pés, ainda que a prótese seja possível.
6. Perda de um membro superior e outro inferior, quando a prótese for impossível.
7. Alteração das faculdades mentais com grave perturbação da vida orgânica e social.
8. Doença que exija permanência contínua no leito.
9. Incapacidade permanente para as atividades da vida diária.

Impende ressaltar que o auxílio-acompanhante poderá ser cancelado mesmo após o aposentado por incapacidade permanente atingir os 60 anos de idade ou 55 anos com 15 anos de percepção do benefício, sendo possível a realização de perícia médica para esse fim por força do artigo 103, §2º, inciso I, da Lei 8.213/91, alterada pela Lei 13.063/2014.

Considerando que o artigo 45, da Lei 8.213/91, não lista as hipóteses em que o aposentado por incapacidade permanente fará jus ao acréscimo, entende-se que o referido rol é exemplificativo, pois não poderá o Regulamento prever todas as hipóteses que ensejem a necessidade de assistência permanente de outra pessoa.

A recuperação da capacidade laborativa pelo aposentado por incapacidade permanente poderá gerar o pagamento de um "prêmio" por seu esforço, pois o segurado ainda receberá algumas parcelas do benefício por alguns meses, sendo intitulado pela doutrina de **mensalidades de recuperação**.

De efeito, **quando a recuperação ocorrer dentro de 05 anos**, contado da data do início da aposentadoria por incapacidade permanente ou do auxílio-doença que a antecedeu sem interrupção, o benefício cessará após tantos meses quantos forem os anos de duração do auxílio-doença ou da aposentadoria por incapacidade permanente, para segurado empregado doméstico, trabalhador avulso, segurado especial, contribuinte individual e segurado facultativo.

No caso do segurado empregado, a cessação do pagamento será imediata, caso ele tenha direito a retornar à função que desempenhava na empresa quando se aposentou, na forma da legislação trabalhista.

▸ Como esse assunto foi cobrado em concurso?

No concurso do CESPE para Procurador do Estado do Ceará em 2007, foi considerado correto o seguinte enunciado: Considere que José, segurado empregado, aposentado por invalidez há quatro anos, após reabilitação, obteve êxito e recuperou integralmente sua capacidade para o exercício de atividade laboral, recebendo alta da perícia médica do INSS. Nessa situação, considerando a existência do direito de retornar ao trabalho na empresa em que desempenhava sua função antes da aposentadoria, cessará, de imediato, o benefício de José por invalidez.

Por outro lado, quando a recuperação ocorrer após os referidos 05 anos, ou, mesmo antes, se for parcial ou se o segurado for declarado apto para o exercício de trabalho diverso do qual habitualmente exercia, a aposentadoria será mantida, sem prejuízo da volta à atividade, da seguinte forma:

A) no seu valor integral, durante 06 meses contados da data em que for verificada a recuperação da capacidade;

B) com redução de 50%, no período seguinte de 06 meses;

C) com redução de 75%, também por igual período de 06 meses, ao término do qual cessará definitivamente.

Saliente-se que o empregado que for aposentado por incapacidade permanente terá suspenso o seu contrato de trabalho durante o prazo fixado pelas leis de previdência social para a efetivação do benefício, assegurado o direito à função que ocupava ao tempo da aposentadoria, facultado, porém, ao empregador, o direito de indenizá-lo por rescisão do contrato de trabalho, a teor do artigo 475, da CLT.

O artigo 55, do RPS, admitia a transformação da aposentadoria por incapacidade permanente em aposentadoria por idade, a pedido do segurado, desde que contasse com a carência e idade mínima, mas este dispositivo foi estranhamente revogado pelo Decreto 6.722/2008, não se vislumbrando base legal para tanto.

Inclusive, o entendimento administrativo expresso do INSS é pela vedação da transformação de aposentadoria por incapacidade permanente ou auxílio-doença em aposentadoria por idade para requerimentos efetivados a partir de 31 de dezembro de 2008, data da publicação do Decreto nº 6.722, de 2008, haja vista a revogação do art. 55 do RPS.

Certamente o que motivou a autarquia previdenciária a editar essa vedação é o fato de não aceitar o período de gozo de auxílio-doença ou aposentadoria por incapacidade permanente para o cômputo da carência da aposentadoria por idade, ante a ausência do pagamento das contribuições previdenciárias, existindo jurisprudência dominante em sentido contrário, conforme explicitado no estudo da carência.

▸ **Qual o entendimento do STJ sobre o assunto?**

Vale destacar **que a jurisprudência do STJ é firme no sentido da impossibilidade da conversão da aposentadoria por invalidez em aposentadoria por idade sob a vigência da Lei 8.213/91**, que não previu expressamente esta possibilidade: 5ª Turma, REsp 493.470, de 23.09.2003; 6ª Turma, AgRg no REsp 441.779, de 31.08.2005; 2ª REsp 1422081, de 24/4/2014.

▸ **Como esse assunto foi cobrado em concurso?**

No concurso do CESPE para Procurador do TCU em 2015, foi considerado ERRADO o seguinte enunciado: Conforme a legislação previdenciária atual, a conversão da aposentadoria por invalidez em aposentadoria por idade ocorre de modo automático e sem quaisquer requisitos.

▸ **Qual o entendimento da TNU sobre o assunto?**

Já a TNU somente admite a citada conversão "acaso implementados os requisitos autorizadores durante a vigência do art. 55 do Decreto n.° 3.048/99 - revogado pelo Decreto n.° 6.722/08" (PEDILEF 200972540044001, de 29.03.2012).

QUADRO SINTÉTICO – APOSENTADORIA POR INCAPACIDADE PERMANENTE	
Cabimento	segurado incapaz e insusceptível de reabilitação para o exercício de atividade que lhe garanta a subsistência.
Beneficiários	todos os segurados.
Carência	12 contribuições mensais (segurado especial 12 meses de atividade rurícola ou pesqueira em regime de economia familiar para a subsistência), salvo acidente de qualquer natureza, doença profissional ou do trabalho e doenças graves listadas em ato regulamentar que acometeram o segurado após a filiação.
Valor	A partir de 60% da média de todos os salários de contribuição a contar de 7/1994 (art. 26, Emenda 103/2019). Por acidente de trabalho, fixa em 100% do salário de benefício.
Outras informações	A) não é definitiva, salvo para os maiores de 60 anos de idade, maiores de 55 anos com 15 anos do benefício ou portadores do HIV, se não voltarem a exercer atividade laboral; B) é possível um acréscimo de 25%, inclusive extrapolando o teto, se o segurado necessitar de assistência permanente de outra pessoa; C) o segurado é obrigado a se submeter a exames médicos periódicos (a cada 02 anos), salvo regra de isenção e reabilitação profissional, mas não a cirurgia e transfusão de sangue; D) será devida desde a incapacidade (salvo empregado), se requerida até 30 dias. Se após, a data de início será a data do requerimento; no caso do segurado empregado, o empregador deve arcar com os salários por quinze dias antes da concessão da aposentadoria.

4. APOSENTADORIAS VOLUNTÁRIAS

Até o advento da Emenda 103/2019, o artigo 201, §7º da Constituição previa duas aposentadorias distintas:

a) Por tempo de contribuição (inciso I);

b) Por idade (inciso II).

Na época da votação da Emenda 20/1998, por apenas um voto, não restou aprovada a extinção de aposentadoria comum sem idade mínima do RGPS, conquanto tenha sido aprovada no RPPS.

Trata-se de modificação necessária, pois não existe risco social a ser tutelado com o tempo de contribuição sem a inserção de uma idade mínima, devendo ser compensado o largo tempo de contribuição com a majoração da renda mensal, e não com a dispensa da idade mínima.

Ademais, a expectativa média de sobrevida no Brasil cresce a cada ano, fazendo com que as aposentadorias fiquem ativas por mais tempo, o que eleva os gastos previdenciários.

Esta é a regra permanente que deverá ser aplicada aos novos segurados do RGPS, filiados após a publicação da Emenda 103/2019. Extinguiu-se a aposentadoria sem idade mínima, vinculando-se idade e tempo de contribuição mínimos:

> *§ 7º ....*
>
> *I – 65 (sessenta e cinco) anos de idade, se homem, e 62 (sessenta e dois) anos de idade, se mulher, observado tempo mínimo de contribuição;*
>
> *II – 60 (sessenta) anos de idade, se homem, e 55 (cinquenta e cinco) anos de idade, se mulher, para os trabalhadores rurais e para os que exerçam suas atividades em regime de economia familiar, nestes incluídos o produtor rural, o garimpeiro e o pescador artesanal.*
>
> *§ 8º O requisito de idade a que se refere o inciso I do § 7º será reduzido em 5 (cinco) anos, para o professor que comprove tempo de efetivo exercício das funções de magistério na educação infantil e no ensino fundamental e médio fixado em lei complementar.*

Há previsão de concessão da aposentadoria por idade e tempo de contribuição (chamada pelo Decreto 10.410/2020 de **aposentadoria programada**) a todas as classes de segurados do RGPS, uma vez realizados os requisitos legais.

O Congresso Nacional não aceitou as alterações propostas pelo Governo para a aposentadoria voluntária dos trabalhadores rurais, pescadores artesanais e garimpeiros.

Daí acabou gerando duas aposentadorias voluntárias:

a) Aposentadoria programada por idade, tempo de contribuição e período de carência para trabalhadores urbanos, se subdividindo em comum e professor do ensino básico;

b) Aposentadoria por idade com período de carência para trabalhadores rurais, pescadores artesanais e garimpeiros, sem a exigência de tempo de contribuição.

Buscou-se a elevação da idade mínima para a aposentadoria e a inserção de um modelo contributivo efetivo com redução de alíquota, que o Congresso Nacional se negou em aprovar forçando a retirada destes pontos em negociação com o Governo.

Desta forma, o único ponto em que a Emenda 103/2019 abordou a aposentadoria voluntária dos trabalhadores rurais e similares foi para a manutenção da idade mínima de 60 anos para os homens e 55 anos para as mulheres (art. 201, §7º, inciso II, da Constituição).

O dispositivo não cita período de carência, que pode ser inserido pela legislação infraconstitucional com a aplicação do artigo 25 da Lei 8.213/91 (180 meses), se referindo apenas a "tempo mínimo de contribuição".

Vale registrar que para período de carência não são consideradas contribuições em atraso antes da primeira paga em dia ou após perda da qualidade de segurado, nos termos do artigo 27, inciso II , da Lei 8.213/91, para os segurados sem presunção de recolhimento de contribuição previdenciária, vedação que inexiste atualmente para cômputo do tempo de contribuição.

Acredita-se que as regras de carência de 180 contribuições mensais do artigo 25 da lei 8.213/91 foram recebidas pela Emenda 103/2019, o que foi confirmado pelo Decreto 10.410/2020.

Conforme determinação constitucional mantida na EC 103/2019, haverá redução de idade em 05 anos para os trabalhadores rurais de ambos os sexos e para os que exerçam suas atividades em regime de economia familiar, nestes incluídos o produtor rural, o garimpeiro e o pescador artesanal.

A regulamentação é dada pelo artigo 48, §1º, da Lei 8.213/91, com redação dada pela Lei 9.876/99:

> "§ 1º Os limites fixados no caput são reduzidos para sessenta e cinqüenta e cinco anos no caso de trabalhadores rurais, respectivamente homens e mulheres, referidos na alínea a do inciso I, na alínea g do inciso V e nos incisos VI e VII do art. 11".

Assim, pelo texto legal, são agraciados pela redução os seguintes segurados:

A) **(art. 11, I, letra A – empregado rural):** a) aquele que presta serviço de natureza urbana ou rural à empresa, em caráter não eventual, sob sua subordinação e mediante remuneração, inclusive como diretor empregado;

B) **(art. 11, V, letra G – contribuinte individual rural):** g) quem presta serviço de natureza urbana ou rural, em caráter eventual, a uma ou mais empresas, sem relação de emprego;

C) **(art. 11, VI – trabalhador avulso rural):** VI – como trabalhador avulso: quem presta, a diversas empresas, sem vínculo empregatício, serviço de natureza urbana ou rural definidos no Regulamento (intermediação do sindicato rural);

D) **(art. 11, VII – segurado especial):** VII – como segurado especial: a pessoa física residente no imóvel rural ou em aglomerado urbano ou rural próximo a ele que, individualmente ou em regime de economia familiar, ainda que com o auxílio eventual de terceiros, na condição de: a) produtor, seja proprietário, usufrutuário, possuidor, assentado, parceiro ou meeiro outorgados, comodatário ou arrendatário rurais, que explore atividade: 1. agropecuária em área de até 4 (quatro) módulos fiscais; 2. de seringueiro ou extrativista vegetal que exerça suas atividades nos termos do inciso XII do caput do art. 2º da Lei nº 9.985, de 18 de julho de 2000, e faça dessas atividades o principal meio de vida; b) pescador artesanal ou a este assemelhado que faça da pesca profissão habitual ou principal meio de vida; e c) cônjuge ou companheiro, bem como filho maior de 16 (dezesseis) anos de idade ou a este equiparado, do segurado de que tratam as alíneas a e b deste inciso, que, comprovadamente, trabalhem com o grupo familiar respectivo.

Curioso notar que a regulamentação dada pelo artigo 48 da Lei 8.213/91 não contemplou o produtor rural contribuinte individual para a redução em cinco anos na redução da idade para o benefício da aposentadoria por idade, pois não há referência ao artigo 11, V, letra A, da Lei 8.213/91:

a) a pessoa física, proprietária ou não, que explora atividade agropecuária, a qualquer título, em caráter permanente ou temporário, em área superior a 4 (quatro) módulos fiscais; ou, quando em área igual ou inferior a 4 (quatro) módulos fiscais ou atividade pesqueira, com auxílio de empregados ou por intermédio de prepostos; ou ainda nas hipóteses dos §§ 9º e 10 deste artigo.

> **▸ Importante:**
>
> Vale registrar que na aposentadoria por idade dos trabalhadores rurais, garimpeiros e pescadores artesanais, somente será exigida a idade mínima e o período de carência, não havendo exigência de tempo de contribuição, sendo uma espécie de aposentadoria programada *lato sensu.*

Nesse sentido o RPS:

> **"Subseção II**
>
> **Da aposentadoria programada**
>
> (Redação dada pelo Decreto nº 10.410, de 2020).

Art. 51. A aposentadoria programada, **uma vez cumprido o período de carência exigido**, será devida ao segurado que cumprir, cumulativamente, os seguintes requisitos: (Redação dada pelo Decreto nº 10.410, de 2020).

I - sessenta e dois anos de idade, se mulher, e sessenta e cinco anos de idade, se homem; e (Incluído pelo Decreto nº 10.410, de 2020)

II - quinze anos de tempo de contribuição, se mulher, e vinte anos de tempo de contribuição, se homem. (Incluído pelo Decreto nº 10.410, de 2020)

Subseção III

Da aposentadoria por idade do trabalhador rural

(Redação dada pelo Decreto nº 10.410, de 2020).

Art. 56. A aposentadoria por idade do trabalhador rural, **uma vez cumprido o período de carência exigido**, será devida aos segurados a que se referem a alínea "a" do inciso I, a alínea "j" do inciso V e os incisos VI e VII do caput do art. 9º e aos segurados garimpeiros que trabalhem, comprovadamente, em regime de economia familiar, conforme definido no § 5º do art. 9º, quando completarem cinquenta e cinco anos de idade, se mulher, e sessenta anos de idade, se homem. (Redação dada pelo Decreto nº 10.410, de 2020)."

▶ **Importante:**

Trabalhadores rurais, garimpeiros e pescadores artesanais: idade mínima e período de carência;

Segurados urbanos (em regra): idade mínima, tempo de contribuição e período de carência.

Embora não seja um tema pacificado, a 1ª Turma do STJ admite o cômputo como período de carência da aposentadoria por idade período em que o segurado percebeu auxílio-acidente:

▶ **Qual o entendimento do STJ sobre o assunto?**

"1. O auxílio-acidente – e não apenas o auxílio-doença e a aposentadoria por invalidez – pode ser considerado como espécie de "benefício por incapacidade", apto a compor a carência necessária à concessão da aposentadoria por idade. 2. *In casu*, é de ser observada a vetusta regra de hermenêutica, segundo a qual "onde a lei não restringe, não cabe ao intérprete restringir" e, portanto, não havendo, nas normas que regem a matéria, a restrição imposta pelo Tribunal a quo, não subsiste o óbice imposto ao direito à pensão por morte" (REsp 1.243.760, de 02/04/2013).

A decisão tem um erro técnico, pois o auxílio-acidente não é benefício por incapacidade laboral, não cabendo a aplicação da regra do artigo 55, II, Lei 8.213/91, pois se trata de benefício indenizatório percebido juntamente com remuneração, não se exigindo afastamento do labor para o seu adimplemento.

▸ **Qual o entendimento da TNU e do STJ sobre o assunto?**

Justamente por isso a TNU e a 2ª Turma do STJ vêm rejeitando a tese:

"PEDILEF. PREVIDENCIÁRIO. REGIME GERAL. CÔMPUTO, PARA EFEITO DE CARÊNCIA, DO PERÍODO DE RECEBIMENTO DO BENEFÍCIO DE AUXÍLIOACIDENTE. JURIS PRUDÊNCIA FIRMADA NA TURMA NACIONAL DE UNIFORMIZAÇÃO COM BASE EM JULGADO DO SUPREMO TRIBUNAL FEDERAL EM REPERCUSSÃO GERAL. APLICAÇÃO DA QUESTÃO DE ORDEM Nº 20. IMPOSSIBILIDADE DE COMPUTAR PARA EFEITO DE CARÊNCIA O RECEBIMENTO DO REFERIDO BENEFÍCIO, SEM O RECOLHIMENTO DE CONTRIBUIÇÕES. INCIDENTE DE UNIFORMIZAÇÃO CONHECIDO E PROVIDO". (Pedido de Uniformização de Interpretação de Lei (Turma) 0504317-35.2017.4.05.8302, Rel. Juiz Federal GUILHERME BOLLORINI PEREIRA - TURMA NACIONAL DE UNIFORMIZAÇÃO, julgado em 27/6/2019)

"PREVIDENCIÁRIO. AUXÍLIO-ACIDENTE. NATUREZA INDENIZATÓRIA. CONTAGEM COMO TEMPO DE CONTRIBUIÇÃO E PARA FINS DE CARÊNCIA. IMPOSSIBILIDADE.

I - A apresentação genérica de ofensa ao art. 1.022 do CPC/2015 atrai o comando do Enunciado Sumular n. 284/STF, inviabilizando o conhecimento dessa parcela recursal.

II - O auxílio-acidente possui natureza indenizatória, por este motivo, o tempo em que o segurado esteve em gozo, exclusivamente, de auxílio-acidente, não vertendo contribuições ao sistema previdenciário, não deve ser considerado como tempo de contribuição ou para fins de carência, na forma do art. 55, inciso II, da Lei n. 8.213/91.

III - A indicação de dispositivo legal em torno do qual teria ocorrido interpretação divergente é requisito de admissibilidade do recurso especial previsto pelo art. 105, III, c, da CF, sob pena de incidência do óbice da Súmula n. 284/STF.

IV - Recurso especial parcialmente conhecido e, nesta extensão, improvido". (REsp 1752121/SC, Rel. Ministro FRANCISCO FALCÃO, SEGUNDA TURMA, julgado em 11/06/2019, DJe 14/06/2019).

4.1. Aposentadoria programada urbana: comum e professor do ensino básico

Em regra, restou fixada pela Emenda 103/2019 a seguinte idade mínima para a aposentadoria por idade e tempo de contribuição (aposentadoria programada):

a) **Homens: 65 anos;**

b) **Mulheres: 62 anos.**

Embora as mulheres vivam cerca de 7 anos a mais que os homens, a discriminação positiva se justifica pela discriminação negativa no mercado de trabalho, especialmente por receberem menos que os homens para exercer a mesma função e terem em média maior escolaridade.

Outro motivo que justifica a redução para as meninas é a dupla jornada e a maternidade. Mas note-se que essa redução caiu de 5 para apenas 3 anos.

Vale registrar que os contribuintes individuais e segurados facultativos que recolheram contribuições simplificadas com alíquota de 11% ou de 5% sobre salário mínimo, na forma do artigo 21, §2º, da Lei 8.212/91, fazem jus à aposentadoria programada por idade, tempo de contribuição e carência.

Isso porque o impedimento normativo infraconstitucional se refere à aposentadoria por tempo de contribuição sem idade mínima que existiu no regime anterior à EC 103/2019, não havendo restrição no texto constitucional ou mesmo no Decreto 10.410/2020 para a novel aposentadoria programada.

Aliás, jamais poderia se pensar em vedar o acesso a este benefício, por se tratar da única aposentadoria programada que eles têm acesso após a Emenda 103/2019.

De seu turno, para o **professor do ensino básico**, garantiu-se apenas a **redução em 5 anos na idade**:

a) Homens: 60 anos;

b) Mulheres: 57 anos.

Não há garantia constitucional na regra permanente de redução do tempo de contribuição, sendo os requisitos afetados a uma lei complementar que deve ser futuramente editada.

O tempo de serviço ou de contribuição não poderá ser livremente comprovado através do meio de prova testemunhal, por força do artigo 55, § 3º, da Lei 8.213/91, salvo configuração concreta de força maior, sendo uma exceção ao Princípio do Livre Convencimento Motivado, se constituindo em resquício do sistema da tarifação da prova, diante do elevado número de testemunhos falsos que lamentavelmente ocorrem na prática administrativa e judicial previdenciária.

Tendo em vista que o regime jurídico anterior previa a carência de apenas 60 contribuições mensais, há uma regra de transição esculpida no artigo 142, da Lei 8.213/91, para o segurado "inscrito" na Previdência Social Urbana até 24 de julho de 1991, bem como para o trabalhador e o empregador rural cobertos pela Previdência Social Rural, pontificando que a carência da aposentadoria por idade obedecerá à seguinte tabela, levando-se em conta o ano em que o segurado implementou todas as condições necessárias à obtenção do benefício:

Ano de implementação das condições	Meses de contribuição exigidos
1991	60 meses
1992	60 meses
1993	66 meses
1994	72 meses

Ano de implementação das condições	Meses de contribuição exigidos
1995	78 meses
1996	90 meses
1997	96 meses
1998	102 meses
1999	108 meses
2000	114 meses
2001	120 meses
2002	126 meses
2003	132 meses
2004	138 meses
2005	144 meses
2006	150 meses
2007	156 meses
2008	162 meses
2009	168 meses
2010	174 meses
2011	180 meses

O artigo 19 da Emenda 103/2019 trouxe uma regra de transição ao regramento permanente a que se refere o inciso I do § 7º do art. 201 da Constituição Federal, enquanto não editada lei de regulação do tempo de contribuição mínimo para a aposentadoria no RGPS, sendo aplicável a todos os novos segurados:

> Art. 19. Até que lei disponha sobre o tempo de contribuição a que se refere o inciso I do § 7º do art. 201 da Constituição Federal, o segurado filiado ao Regime Geral de Previdência Social **após a data de entrada em vigor desta Emenda Constitucional** será aposentado aos 62 (sessenta e dois) anos de idade, se **mulher**, 65 (sessenta e cinco) anos de idade, se **homem**, 15 (quinze) anos de tempo de contribuição, se **mulher**, e 20 (vinte) anos de tempo de contribuição, se **homem**.
>
> § 1º Até que lei complementar disponha sobre a redução de idade mínima ou tempo de contribuição prevista nos §§ 1º e 8º do art. 201 da Constituição Federal, será concedida aposentadoria:

> (...)
>
> II - ao **professor** que comprove 25 (vinte e cinco) anos de contribuição exclusivamente em efetivo exercício das funções de magistério na educação infantil e no ensino fundamental e médio e possua 57 (cinquenta e sete) anos de idade, se **mulher**, e 60 (sessenta) anos de idade, se **homem**.
>
> § 2º O valor das aposentadorias de que trata este artigo corresponderá ao valor apurado na forma da lei.

Para os segurados filiados ao RGPS após a reforma constitucional em comento, devem ser observados os seguintes requisitos:

a) **HOMENS: 65 anos de idade e tempo mínimo de contribuição de 20 anos;**

b) **MULHERES: 62 anos de idade e tempo mínimo de contribuição de 15 anos.**

O dispositivo não cita período de carência, se referindo apenas a "tempo de contribuição". Mas o Decreto 10.410/2020 exige expressamente a carência de 180 contribuições mensais.

Vale registrar que para período de carência não são consideradas contribuições em atraso antes da primeira paga em dia ou após perda da qualidade de segurado, nos termos do artigo 27, inciso II[2], da Lei 8.213/91, para os segurados sem presunção de recolhimento de contribuição previdenciária, vedação que inexiste atualmente para cômputo do tempo de contribuição.

Ademais, não será computado como tempo de contribuição o já considerado para concessão de qualquer aposentadoria prevista no RGPS ou por outro regime de previdência social.

Com o advento da EC 103/2019, agregou-se ao tempo de contribuição a exigência de idade mínima para a concessão. Desde a Emenda 20/1998, veda-se o cômputo de tempo de contribuição fictício. Por outro lado, em respeito ao direito adquirido, o tempo de serviço considerado pela legislação vigente para efeito de aposentadoria, cumprido até que a lei discipline a matéria, será contado como tempo de contribuição, exceto as contagens de tempo fictícias, a exemplo daquelas em dobro perpetradas no passado[3].

---

2. Art. 27. Para cômputo do período de carência, serão consideradas as contribuições: (Redação dada pela Lei Complementar nº 150, de 2015) II – realizadas a contar da data de efetivo pagamento da primeira contribuição sem atraso, não sendo consideradas para este fim as contribuições recolhidas com atraso referentes a competências anteriores, no caso dos segurados contribuinte individual, especial e facultativo, referidos, respectivamente, nos incisos V e VII do art. 11 e no art. 13. (Redação dada pela Lei Complementar nº 150, de 2015)
3. Artigo 4º, da Emenda 20/1998.

Apesar da ressalva feita pelo revogado artigo 4º, da Emenda 20, a jurisprudência do STJ e o próprio INSS admitem o direito adquirido às contagens de tempo de serviço fictícias até o seu advento, a exemplo da decisão tomada no ROMS 20.855, de 14/06/2007.

De sua vez, a EC 103/2019 novamente vedou o tempo de contribuição fictício ao inserir dispositivo no artigo 201 da Constituição:

> § 14. É vedada a contagem de tempo de contribuição fictício para efeito de concessão dos benefícios previdenciários e de contagem recíproca.

Não se trata de novidade constitucional. A vedação ao tempo de contribuição fictício foi introduzida no RGPS e RPPS pela Emenda 20/1998 (16/12/1998):

> "Art. 4º da EC 20/98 – Observado o disposto no art. 40, § 10, da Constituição Federal, o tempo de serviço considerado pela legislação vigente para efeito de aposentadoria, cumprido até que a lei discipline a matéria, será contado como tempo de contribuição".
>
> "Art. 40, CF: § 10 – A lei não poderá estabelecer qualquer forma de contagem de tempo de contribuição fictício. (Incluído pela Emenda Constitucional nº 20, de 15/12/98)"

A inovação foi a inserção da proibição dentro do texto permanente do artigo 201 da Constituição, seguindo o que já havia no artigo 40 da Constituição.

Aliás, a própria extinta Portaria MPS 154/2008 (artigo 11, inciso III) admitia a expedição de certidão de tempo de contribuição com tempo de serviço fictício prestado até o advento da Emenda 20/1998.

Entende-se como tempo fictício aquele considerado em lei como tempo de contribuição para fins de concessão de aposentadoria sem que tenha havido, por parte do servidor, a prestação de serviço ou a correspondente contribuição.

O primeiro problema jurídico é que esta é uma zona cinzenta no Direito Previdenciário, pois nenhuma lei até hoje foi editada para enunciar o que se caracteriza como tempo de contribuição fictício, especialmente no RGPS.

Por certo, o artigo 55, II, da Lei 8.213/91 consagra uma ficção de cômputo de tempo de contribuição, pois permite contar como tempo de contribuição o período de gozo de auxílio-doença e aposentadoria por invalidez, mesmo não havendo recolhimento efetivo ou presumido da contribuição previdenciária, se intercalados por recolhimentos.

É no RPPS que se concentram os exemplos de ficção, como a vedação do cômputo e dobro de licença prêmio não gozada adquirida após 16/12/1998.

Outrossim, é forçoso reconhecer que o artigo 103, §2º, da Lei 8.112/90, ao dispor que "será contado em dobro o tempo de serviço prestado às Forças Armadas em operações de guerra" não foi recepcionado pela EC 20/1998, não podendo ser aplicado para a contagem de tempo de contribuição em dobro em razão da participação do militar da União em potenciais, futuras e indesejáveis guerras.

O segundo problema (e bem maior) é o texto do artigo 25 da Emenda 103/2019:

> Art. 25. Será assegurada a contagem de tempo de contribuição fictício no Regime Geral de Previdência Social decorrente de hipóteses descritas na legislação vigente até a data de entrada em vigor desta Emenda Constitucional, para fins de concessão de aposentadoria, observado, a partir da sua entrada em vigor, o disposto no § 14 do art. 201 da Constituição Federal".

Certamente quem escreveu esse dispositivo não tinha conhecimento de que a Emenda 20/1998 já havia vedado o cômputo do tempo de contribuição fictício.

Esse artigo constitucional simplesmente permite em sua literalidade que cerca de 21 anos de tempo de contribuição fictícios prestados entre 16/12/1998 e a data da publicação da Emenda 103/2019 sejam considerados no RGPS, inclusive vindos do RPPS via contagem recíproca com a emissão de CTC (Certidão de Tempo de Contribuição).

Dentre outros períodos previstos no artigo 55, da Lei 8.213/91, assim como no artigo 60, do RPS (este artigo vigorou até 30/06/2020, tendo sido revogado pelo Decreto 10.410/2020). Contudo, o artigo 60 do Decreto 3.048/99 foi expressamente revogado pelo Decreto 10.410/2020 que passou a reger o tema no artigo 19-C e 188-G:

> **"Art. 19-C. Considera-se tempo de contribuição o tempo correspondente aos períodos para os quais tenha havido contribuição obrigatória ou facultativa ao RGPS, dentre outros, o período:**
>
> I - de contribuição efetuada por segurado que tenha deixado de exercer atividade remunerada que o enquadrasse como segurado obrigatório da previdência social;
>
> II - em que a segurada tenha recebido salário-maternidade;
>
> III - de licença remunerada, desde que tenha havido desconto de contribuições;
>
> IV - em que o segurado tenha sido colocado em disponibilidade remunerada pela empresa, desde que tenha havido desconto de contribuições;
>
> V - de atividade patronal ou autônoma, exercida anteriormente à vigência da Lei nº 3.807, de 26 de agosto de 1960, desde que tenha sido indenizado conforme o disposto no art. 122;

VI – de atividade na condição de empregador rural, desde que tenha havido contribuição na forma prevista na Lei nº 6.260, de 6 de novembro de 1975, e indenização do período anterior, conforme o disposto no art. 122;

VII – de exercício de mandato eletivo federal, estadual, distrital ou municipal, desde que tenha havido contribuição na época apropriada e este não tenha sido contado para fins de aposentadoria por outro regime de previdência social;

VIII – de licença, afastamento ou inatividade sem remuneração do segurado empregado, inclusive o doméstico e o intermitente, desde que tenha havido contribuição na forma prevista no § 5º do art. 11; e

IX – em que o segurado contribuinte individual e o segurado facultativo tenham contribuído na forma prevista no art. 199-A, observado o disposto em seu § 2º.

§ 1º Será computado o tempo intercalado de recebimento de benefício por incapacidade, na forma do disposto no inciso II do caput do art. 55 da Lei nº 8.213, de 24 de julho de 1991, exceto para efeito de carência.

§ 2º As competências em que o salário de contribuição mensal tenha sido igual ou superior ao limite mínimo serão computadas integralmente como tempo de contribuição, independentemente da quantidade de dias trabalhados.

§ 3º Na hipótese de o débito ser objeto de parcelamento, o período correspondente ao parcelamento somente será computado para fins de concessão de benefício no RGPS e de emissão de certidão de tempo de contribuição para fins de contagem recíproca após a comprovação da quitação dos valores devidos.

Art. 188-G. O tempo de contribuição até 13 de novembro de 2019 será contado de data a data, desde o início da atividade até a data do desligamento, considerados, além daqueles referidos no art. 19-C, os seguintes períodos:

I – o tempo de serviço militar, exceto se já contado para inatividade remunerada nas Forças Armadas ou auxiliares ou para aposentadoria no serviço público federal, estadual, distrital ou municipal, ainda que anterior à filiação ao RGPS, obrigatório, voluntário ou alternativo, assim considerado o tempo atribuído pelas Forças Armadas àqueles que, após o alistamento, alegaram imperativo de consciência, entendido como tal aquele decorrente de crença religiosa ou de convicção filosófica ou política, para se eximirem de atividades de caráter militar;

II – o tempo em que o anistiado político esteve compelido ao afastamento de suas atividades profissionais, em decorrência de punição ou de fundada ameaça de punição, por motivo exclusivamente político, situação que será comprovada nos termos do disposto na Lei nº 10.559, de 13 de novembro de 2002;

III – o tempo de serviço público federal, estadual, distrital ou municipal, inclusive aquele prestado a autarquia, sociedade de economia mista ou fundação instituída pelo Poder Público, regularmente certificado na forma prevista na Lei nº 3.841, de 15 de dezembro de 1960, desde que a certidão tenha sido requerida na entidade para a qual o serviço tenha sido prestado até 30 de

> setembro de 1975, data imediatamente anterior ao início da vigência da Lei nº 6.226, de 14 de junho de 1975;
>
> IV – o tempo de serviço do segurado trabalhador rural anterior à competência novembro de 1991;
>
> V – o tempo de exercício de mandato classista junto a órgão de deliberação coletiva em que, nessa qualidade, tenha havido contribuição para a previdência social;
>
> VI – o tempo de serviço prestado à Justiça dos Estados, às serventias extrajudiciais e às escrivanias judiciais, desde que não tenha havido remuneração pelo erário e que a atividade não estivesse, à época, vinculada a regime próprio de previdência social;
>
> VII – o tempo de atividade dos auxiliares locais de nacionalidade brasileira no exterior amparados pela Lei nº 8.745, de 9 de dezembro de 1993, anteriormente a 1º de janeiro de 1994, desde que a sua situação previdenciária esteja regularizada no INSS;
>
> VIII – o tempo de contribuição efetuado pelo servidor público de que tratam as alíneas "i", "j" e "l" do inciso I do caput do art. 9º e o § 2º do art. 26, com fundamento do disposto nos art. 8º e art. 9º da Lei nº 8.162, de 8 de janeiro de 1991, e no art. 2º da Lei nº 8.688, de 21 de julho de 1993; e
>
> IX – o tempo exercido na condição de aluno-aprendiz referente ao período de aprendizado profissional realizado em escola técnica, desde que comprovados a remuneração pelo erário, mesmo que indireta, e o vínculo empregatício.
>
> Parágrafo único. O tempo de contribuição de que trata este artigo será considerado para fins de cálculo do valor da renda mensal de qualquer benefício."

Trata-se na verdade de uma reorganização do tema, pois somente a lei pode regular o tema de modo a criar direitos e obrigações.

> **▸ Qual o entendimento do STF sobre o assunto?**
>
> Em sede de Repercussão Geral, em 4 de agosto de 2020, no RE 576.967, **o STF declarou inconstitucional a incidência de contribuição previdenciária patronal sobre o salário-maternidade**, não tendo havido modulação da eficácia da pronúncia de inconstitucionalidade, sendo possível a apresentação de embargos de declaração pela União.
>
> Restou fixada a seguinte tese: **"É inconstitucional a incidência da contribuição previdenciária a cargo do empregador sobre o salário-maternidade"**:
>
> "69. Diante do exposto, considerando os argumentos formal e material, dou provimento ao recurso extraordinário, para declarar, incidentalmente, a inconstitucionalidade da incidência de contribuição previdenciária sobre o salário maternidade, prevista no art. 28, §2º, da Lei nº 8.212/91, e a parte final do seu §9º, alínea a, em que se lê 'salvo o salário-maternidade', e proponho a fixação da seguinte tese: 'É inconstitucional a incidência da contribuição previdenciária a cargo do empregador sobre o salário maternidade'".

De fato, desde que passou a ser benefício previdenciário desde a Lei 6.136/74, não havia sentido em apenas o salário-maternidade sofrer a incidência da contribuição previdenciária em detrimento dos demais benefícios previdenciários.

Aduziu ainda o Ministro Relator, Roberto Barroso, que haveria discriminação contra as mulheres e que seria necessária uma lei complementar para criar esta contribuição, não prevista no artigo 195 da Constituição Federal, se constituindo em nova fonte de custeio para a seguridade social.

Com isso, observada a prescrição quinquenal, é pertinente o pedido de restituição da contribuição pelos segurados e empresas a partir de agora e a busca por tutela judicial que impeça os descontos perante a União.

Expressamente, a tese do STF apenas afastou a incidência da contribuição previdenciária da empresa, e não da segurada, conquanto a fundamentação possa ser estendida.

No entanto, o STF determinou a consideração do salário-maternidade para fins previdenciários mesmo sem a incidência de contribuição previdenciária da parte patronal:

> "66. Afirmo, ainda, que o tempo de afastamento da mulher no período da licença maternidade não pode ser deduzido da contagem do seu tempo de serviço para fins de cômputo para a aposentadoria. Essa observação, mais que pertinente, serve para, de fato, efetivar o princípio da isonomia sobre o qual fundamento o presente voto. Ressalta-se que se trata de benefício previdenciário e, assim, o período de afastamento em que se recebe o benefício deve ser computado como tempo de serviço, do mesmo modo como ocorre no auxílio doença acidentário (art. 29, §5º, da Lei nº 8.213/91). Uma eventual dedução dos períodos de afastamento por licença maternidade, além de atingir frontalmente o núcleo do direito fundamental aqui debatido, de modo a, mais uma vez, colocar a mulher em situação de desvantagem por questões estritamente biológicas, consistiria em verdadeira intervenção inadequada do Estado na autonomia da vontade da mulher e na unidade familiar, sendo certo que serviria como desestímulo à opção pela gestação, posto que, a cada gravidez, a profissional teria que permanecer quatro meses a mais no mercado de trabalho para alcançar a aposentadoria".

▸ **IMPORTANTE:**

Note-se que o ato presidencial (Decreto 10.410/2020) manteve a posição anterior em não considerar o gozo de benefício por incapacidade para fins de período de carência, mas apenas como tempo de contribuição.

Outrossim, a ilegalidade regulamentar que afrontava o artigo 55, inciso II, da Lei 8.213/91 foi corrigida, **sendo exigido desde 1/7/2020 que mesmo o benefício por incapacidade por acidente de trabalho seja intercalado por contribuições para ser considerado como tempo de contribuição.**

Evidente que a nova regulamentação não poderá ter efeitos retroativos, devendo ser aplicada à percepção de benefícios por incapacidade a contar de 1º de julho de 2020, de modo que os benefícios acidentários cessados até 30/06/2020 não precisarão ser intercalados para serem computados como tempo de contribuição.

Aliás, mesmo com a EC 103/2019 reforçando a vedação ao tempo de contribuição ficto, o novo Regulamento optou por conservar o cômputo dos benefícios por incapacidade como tempo de contribuição, embora não haja o recolhimento real ou presumido de contribuição previdenciária, haja vista não comporem o salário de contribuição, o que indica que a regra constitucional continuará sendo retórica.

> **IMPORTANTE:**
>
> Uma mudança evidente foi o modo de cômputo do tempo de contribuição após a EC 103/2019, que não mais será computado de data a data, e sim por competência mensal, tal qual o período de carência, desde que o valor mensal da remuneração percebida atinja o piso legal ou convencional da categoria ou, se inexistente, ao salário mínimo nacional.

Dessa forma, eis a nova fórmula de computo do tempo de contribuição:

Até 13/11/2019	Sempre em dias
A partir de 14/11/2019	Por competência, se o valor mensal do salário de contribuição atingiu ao mínimo mensal

Suponha-se que um segurado empregado com salário mensal de R$ 4.500,00 tenha laborado apenas 10 dias no mês de junho de 2020, tendo faltas injustificadas nos demais dias.

Nessa situação, embora possua apenas 10 dias laborados, todos os 30 dias do mês de junho/2020 serão considerados como tempo de contribuição, pois a sua remuneração mensal pro rata foi de R$ 1.500,00 equivalentes a 10 dias de laborar, atingindo ao piso do salário de contribuição.

Logo, o segurado terá um extra de 20 dias de tempo de contribuição, sendo um caso clássico de tempo de contribuição ficto criado pelo Decreto 10.410/2020, em clara inconstitucionalidade chapada.

> **IMPORTANTE:**
>
> **Em decorrência do artigo 29[4] da EC 103/2019, a partir da competência 11/2019, o segurado empregado, trabalhador avulso e empregado**

4. Art. 29. Até que entre em vigor lei que disponha sobre o § 14 do art. 195 da Constituição Federal, o segurado que, no somatório de remunerações auferidas no período de 1 (um) mês, receber remuneração inferior ao limite mínimo mensal do salário de contribuição poderá:

doméstico que receber remuneração inferior ao limite mínimo mensal do salário de contribuição, somente terá o período considerado para fins previdenciários se efetuar os ajustes de complementação, utilização e agrupamento de contribuições, nos termos do Decreto 10.410/2020, que regulamentou o artigo 29 da Emenda 103/2019, nos termos do § 1º do artigo 19-E e o § 27-A do artigo 216, ambos do Regulamento da Previdência Social.

De efeito, nos termos do artigo 19-E do RPS, introduzido pelo Decreto 10.410/2020, a partir de 13 de novembro de 2019, para fins de aquisição e manutenção da qualidade de segurado, de carência, de tempo de contribuição e de cálculo do salário de benefício exigidos para o reconhecimento do direito aos benefícios do RGPS e para fins de contagem recíproca, somente serão consideradas as competências cujo salário de contribuição seja igual ou superior ao limite mínimo mensal do salário de contribuição.

Nesse sentido, a contar da competência 11/2019, ao segurado que, no somatório de remunerações auferidas no período de um mês, receber remuneração inferior ao limite mínimo mensal do salário de contribuição será assegurado:

> I – complementar a contribuição das competências, de forma a alcançar o limite mínimo do salário de contribuição exigido (COMPLEMENTAÇÃO);
>
> II – utilizar o excedente do salário de contribuição superior ao limite mínimo de uma competência para completar o salário de contribuição de outra competência até atingir o limite mínimo (EXCEDENTE TRANSFERÍVEL); ou
>
> III – agrupar os salários de contribuição inferiores ao limite mínimo de diferentes competências para aproveitamento em uma ou mais competências até que estas atinjam o limite mínimo (AGRUPAMENTO).

Os ajustes de complementação, excedente transferível e agrupamento poderão ser efetivados, a qualquer tempo, por iniciativa do segurado, hipótese em que se tornarão irreversíveis e irrenunciáveis após processados.

A complementação citada poderá ser recolhida até o dia quinze do mês subsequente ao da prestação do serviço e, a partir dessa data, com os acréscimos de juros e multa previstos no artigo 35[5] da Lei nº 8.212, de 1991.

I – complementar a sua contribuição, de forma a alcançar o limite mínimo exigido;

II – utilizar o valor da contribuição que exceder o limite mínimo de contribuição de uma competência em outra; ou

III – agrupar contribuições inferiores ao limite mínimo de diferentes competências, para aproveitamento em contribuições mínimas mensais.

Parágrafo único. Os ajustes de complementação ou agrupamento de contribuições previstos nos incisos I, II e III do caput somente poderão ser feitos ao longo do mesmo ano civil.

5. Art. 35. Os débitos com a União decorrentes das contribuições sociais previstas nas alíneas a, b e c do parágrafo único do art. 11 desta Lei, das contribuições instituídas a título de substituição e

Os ajustes para o excedente transferível e o agrupamento de contribuições serão efetuados na forma indicada ou autorizada pelo segurado, desde que utilizadas as competências do mesmo ano civil, assim considerado o período de doze meses contados de 1º de janeiro a 31 de dezembro do respectivo ano.

A efetivação do agrupamento não impede o recolhimento da contribuição referente à competência que tenha o salário de contribuição transferido, em todo ou em parte, para agrupamento com outra competência a fim de atingir o limite mínimo mensal do salário de contribuição.

Para complementação ou recolhimento da competência que tenha o salário de contribuição transferido, em todo ou em parte será observado o prazo de até o dia quinze do mês subsequente ao da prestação do serviço e, a partir dessa data, com os acréscimos previstos no art. 35 da Lei nº 8.212, de 1991.

Para fins de pensão por morte, na hipótese de falecimento do segurado, os ajustes citados poderão ser solicitados por seus dependentes para fins de reconhecimento de direito para benefício a eles devidos até o dia quinze do mês de janeiro subsequente ao do ano civil correspondente.

Dessa forma, o Decreto 10.410/2020 permitiu a complementação de contribuição após a morte, desde que seja feita pelo dependente até o dia 15 de janeiro do ano seguinte.

Veja-se, nesse sentido, o §7º do artigo 19-E do Regulamento:

> "§ 7º Na hipótese de falecimento do segurado, os ajustes previstos no § 1º poderão ser solicitados por seus dependentes para fins de reconhecimento de direito para benefício a eles devidos até o dia quinze do mês de janeiro subsequente ao do ano civil correspondente, observado o disposto no § 4º. (Incluído pelo Decreto nº 10.410, de 2020)"

Suponha-se que um segurado faleceu em setembro de 2020 e que possua salário de contribuição referente à competência abril de 2020 no valor de R$ 500,00, pois se tratou de contrato de emprego intermitente.

Suponha-se, ainda, que essa competência abril é necessária para a manutenção da qualidade de segurado na data do óbito. Nesta situação, o dependente poderá complementar a competência abril de 2020 até 15/01/2021 para fins de concessão da pensão por morte.

Curioso notar que para os demais benefícios não programados, a exemplo da aposentadoria por incapacidade permanente e do auxílio por incapacidade temporária, o Decreto 10.410/2020 parece permitir o pagamento do complemento após

---

das contribuições devidas a terceiros, assim entendidas outras entidades e fundos, não pagos nos prazos previstos em legislação, serão acrescidos de multa de mora e juros de mora, nos termos do art. 61 da Lei nº 9.430, de 27 de dezembro de 1996. (Redação dada pela Lei nº 11.941, de 2009).

a ocorrência do risco social, pois prevê que o recolhimento da complementação deverá ser efetuado pelo próprio segurado até o dia quinze do mês seguinte ao da competência de referência e, após essa data, com incidência dos acréscimos legais de que tratam os arts. 238 e 239 (juros e multa).

Por sua vez, eis o dispositivo do artigo 216 do RPS:

> "§ 27-A. O segurado que, no somatório de remunerações auferidas no período de um mês, receber remuneração inferior ao limite mínimo mensal do salário de contribuição poderá solicitar o ajuste das competências pertencentes ao mesmo ano civil, na forma por ele indicada, ou autorizar que os ajustes sejam feitos automaticamente, para que o limite mínimo mensal do salário de contribuição seja alcançado, por meio da opção por:
>
> I – complementar a sua contribuição, observado que:
>
> a) o recolhimento da complementação deverá ser efetuado pelo próprio segurado até o dia quinze do mês seguinte ao da competência de referência e, após essa data, com incidência dos acréscimos legais de que tratam os art. 238 e art. 239;
>
> b) para o empregado, o empregado doméstico e o trabalhador avulso, a complementação será efetuada por meio da aplicação da alíquota de sete inteiros e cinco décimos por cento, inclusive para o mês em que exista contribuição concomitante na condição de contribuinte individual; e
>
> c) para o contribuinte individual que preste serviço a empresa, de que trata o § 26, e que contribua exclusivamente nessa condição, a complementação será efetuada por meio da aplicação da alíquota de vinte por cento;
>
> II – utilizar o valor da contribuição que exceder o limite mínimo de uma competência em outra, observado que:
>
> a) para efeito de utilização da contribuição, serão considerados os salários de contribuição apurados por categoria, consolidados na competência de origem;
>
> b) o salário de contribuição poderá ser utilizado para complementar uma ou mais competências com valor inferior ao limite mínimo, mesmo que em categoria distinta;
>
> c) poderão ser utilizados valores excedentes ao limite mínimo do salário de contribuição de mais de uma competência para compor o salário de contribuição de apenas uma competência; e
>
> d) utilizado o valor excedente, caso o salário de contribuição da competência favorecida ainda permaneça inferior ao limite mínimo, esse valor poderá ser complementado nos termos do disposto no inciso I; ou
>
> III – agrupar contribuições inferiores ao limite mínimo de diferentes competências, para aproveitamento em contribuições mínimas mensais, observado que:

a) as competências que não atingirem o valor mínimo do salário de contribuição poderão ser agrupadas desde que o resultado do agrupamento não ultrapasse o valor mínimo do salário de contribuição;

b) na hipótese de o resultado do agrupamento ser inferior ao limite mínimo do salário de contribuição, o segurado poderá complementar na forma prevista no inciso I ou utilizar valores excedentes na forma prevista no inciso II; e

c) as competências em que tenha havido exercício de atividade e tenham sido zeradas em decorrência do agrupamento poderão ser objeto de recolhimento pelo segurado, respeitado o limite mínimo".

Registre-se que para o contribuinte individual e o segurado facultativo, mesmo antes da EC 103/2019, o valor nominal do salário de contribuição não poderia ser inferior a um salário mínimo e que já existia o instituto da complementação.

Nesse sentido, o artigo 5º da Lei 10.66/2003:

> "Art. 5º O contribuinte individual a que se refere o art. 40 é obrigado a complementar, diretamente, a contribuição até o valor mínimo mensal do salário-de-contribuição, quando as remunerações recebidas no mês, por serviços prestados a pessoas jurídicas, forem inferiores a este".

Mas note-se que de obrigatória a complementação passa a ser facultativa com o advento do artigo 29 da EC 103/2019, pois ninguém pode ser compelido a recolher contribuição sobre salário de contribuição que não auferiu remuneração por labor, sob pena de confisco e violação ao Princípio da Capacidade Contributiva.

No entanto, se não o fizer, a competência não terá efeitos previdenciários para todos os segurados desde 13/11/2019, sendo que já não o tinha para contribuintes individuais e segurados facultativos antes da Reforma Constitucional de 2019.

De acordo com o artigo 55, II, da Lei 8.213/91, será considerado como tempo de serviço o tempo intercalado em que o segurado esteve em gozo de auxílio-doença ou de aposentadoria por incapacidade permanente, razão pela qual o período de percepção de benefício previdenciário por incapacidade apenas será considerado como tempo de contribuição se intercalado como períodos contributivos.

Nesse sentido, a Súmula 73, da TNU:

> Súmula 73- "O tempo de gozo de auxílio-doença ou de aposentadoria por invalidez não decorrentes de acidente de trabalho só pode ser computado como tempo de contribuição ou para fins de carência quando intercalado entre períodos nos quais houve recolhimento de contribuições para a previdência social".

▸ **Qual o entendimento do STJ sobre o assunto?**

1. Ação civil pública que tem como objetivo obrigar o INSS a computar, como período de carência, o tempo em que os segurados estão no gozo de benefício por incapacidade (auxílio-doença ou aposentadoria por invalidez). 2. É possível considerar o período em que o segurado esteve no gozo de benefício por incapacidade (auxílio-doença ou aposentadoria por invalidez) para fins de carência, desde que intercalados com períodos contributivos. 3. Se o período em que o segurado esteve no gozo de benefício por incapacidade é excepcionalmente considerado como tempo ficto de contribuição, não se justifica interpretar a norma de maneira distinta para fins de carência, desde que intercalado com atividade laborativa (AgRg no REsp 1271928, de 16/10/2014).

Vale registrar, como de costume, que a lei do tempo deve reger o ato jurídico. Desse modo, as regras insertas no artigo 55 da Lei 8.213/91 devem lastrear o enquadramento do tempo de contribuição prestado sob a sua vigência, não possuindo efeitos retroativos.

▸ **IMPORTANTE**

A comprovação do tempo de serviço ou de contribuição, inclusive mediante justificação administrativa ou judicial, só produzirá efeito quando baseada em início de prova material, não sendo admitida prova exclusivamente testemunhal, salvo na ocorrência de motivo de força maior ou caso fortuito, conforme previsão do artigo 55, §3º, da Lei 8.213/91.

Embora já se entendesse que a prova material precisava ser contemporânea ao período probando, a **Lei 13.846/19** inseriu a expressão em negrito: "§ 3º A comprovação do tempo de serviço para fins do disposto nesta Lei, inclusive mediante justificativa administrativa ou judicial, observado o disposto no art. 108, só produzirá efeito quando for baseada em início de prova material contemporânea dos fatos, não admitida a prova exclusivamente testemunhal, exceto na ocorrência de motivo de força maior ou caso fortuito, na forma prevista no Regulamento".

▸ **Qual o entendimento do STF sobre o assunto?**

"A teor do disposto no § 3º do artigo 55 da Lei nº 8.213/91, o tempo de serviço há de ser revelado mediante início de prova documental, não sendo admitida, exceto ante motivo de força maior ou caso fortuito, a exclusivamente testemunhal. Decisão em tal sentido não vulnera os preceitos dos artigos 5º, incisos LV e LVI, 6º e 7º, inciso XXIV, da Constituição Federal" (RE 226.588, de 15.08.2000).

Caracteriza *motivo de força maior ou caso fortuito* a verificação de ocorrência notória, tais como incêndio, inundação ou desmoronamento, que tenha atingido a empresa na qual o segurado alegue ter trabalhado, devendo ser comprovada mediante registro da ocorrência policial feito em época própria ou apresentação de documentos contemporâneos dos fatos, e verificada a correlação entre a atividade da empresa e a profissão do segurado, na forma do artigo 143, §2º, do RPS.

> **Qual o entendimento do STJ sobre o assunto?**
>
> Frise-se que, de acordo com a Súmula 242, "cabe ação declaratória para reconhecimento de tempo de serviço para fins previdenciários".

É possível a comprovação do tempo de serviço ou de contribuição do segurado empregado com a apresentação da Carteira de Trabalho assinada na época do vínculo e sem rasuras, pois a prova documental precisa ser contemporânea.

Entretanto, o registro na CTPS não gera presunção absoluta de veracidade do registro, mas sim relativa, podendo ser desconstituída pela Previdência Social na hipótese de erro de preenchimento, fraude ou anotação extemporânea.

> **Qual o entendimento do TST sobre o assunto?**
>
> Sobre o tema, pontifica a Súmula 12, do TST, que "as anotações apostas pelo empregador na Carteira Profissional do empregado não geram presunção *jure et de jure*, mas apenas *juris tantum*".

> **Qual o entendimento do STF sobre o assunto?**
>
> Outrossim, diz a *Súmula 225, do STF*, que "não é absoluto o valor probatório das anotações da carteira profissional".

> **Qual o entendimento da TNU sobre o assunto?**
>
> Súmula 75 – "A Carteira de Trabalho e Previdência Social (CTPS) em relação à qual não se aponta defeito formal que lhe comprometa a fidedignidade goza de presunção relativa de veracidade, formando prova suficiente de tempo de serviço para fins previdenciários, ainda que a anotação de vínculo de emprego não conste no Cadastro Nacional de Informações Sociais (CNIS)".

Nos termos do artigo 19 da Emenda 103/2019, para os professores do ensino básico que possuam tempo de contribuição exclusivo nesta condição, deve ser observado o seguinte regramento:

a) **HOMENS: 60 anos de idade e tempo mínimo de contribuição de 25 anos como professor do ensino básico;**

b) **MULHERES: 57 anos de idade e tempo mínimo de contribuição de 25 anos como professora do ensino básico.**

Também serão beneficiados os professores do ensino infantil, fundamental e médio que estejam exercendo atividades de direção de unidade escolar, coordenação e assessoramento pedagógico, a teor do artigo 1º da Lei 11.301/2006.

Contra a Lei 11.301/2006 foi proposta a ADI 3.772 pelo Procurador-Geral da República, sob o argumento de violação ao artigo 201, §8º, da Constituição Federal.

> **Qual o entendimento do STF sobre o assunto?**
>
> Por sua vez, em 29.10.2008, o STF declarou a validade da referida norma, mas determinou a sua interpretação conforme a Constituição: "I – A função de magistério não se circunscreve apenas ao trabalho em sala de aula, abrangendo também a preparação de aulas, a correção de provas, o atendimento aos pais e alunos, a coordenação e o assessoramento pedagógico e, ainda, a direção de unidade escolar. II – As funções de direção, coordenação e assessoramento pedagógico integram a carreira do magistério, desde que exercidos, em estabelecimentos de ensino básico, por professores de carreira, excluídos os especialistas em educação, fazendo jus aqueles que as desempenham ao regime especial de aposentadoria estabelecido nos arts. 40, § 5º, e 201, § 8º, da Constituição Federal. III – Ação direta julgada parcialmente procedente, com interpretação conforme, nos termos supra" (g.n.)

Logo, para as atividades de direção de unidade escolar, coordenação e assessoramento pedagógico desenvolvidas por professor de carreira não têm mais aplicabilidade a Súmula 726 do STF:

> "Súmula 726 – Para efeito de aposentadoria especial de professores, não se computa o tempo de serviço prestado fora da sala de aula".

Registre-se que o STF excluiu os especialistas em educação do direito à redução, pois não se tratam de professores, pois não habilitados a ministrar aulas, sendo uma espécie de carreira de apoio ao magistério ou mesmo gestores da atuação dos professore caracterizando-se como profissionais de educação para administração, planejamento, inspeção, supervisão e orientação para a educação básica.

O Supremo Tribunal Federal possui o mesmo entendimento do INSS pela vedação da referida conversão por não mais se tratar de atividade especial desde a EC 18/1981.

> **Qual o entendimento do STF sobre o assunto?**
>
> "AGRAVO REGIMENTAL NO RECURSO EXTRAORDINÁRIO. ADMINISTRATIVO. CONTAGEM PROPORCIONAL DE TEMPO DE SERVIÇO EXERCIDO NO MAGISTÉRIO PARA FINS DE APOSENTADORIA COMUM. IMPOSSIBILIDADE. AGRAVO REGIMENTAL IMPROVIDO.
>
> I – Consoante a jurisprudência do STF, é vedada a contagem proporcional de tempo de serviço no magistério para fins de aposentadoria comum. II – Agravo regimental improvido" (RE nº 486.155/MG-AgR, Primeira Turma, Relator o Ministro Ricardo Lewandowski, DJe de 1º/2/2011).

"AGRAVO REGIMENTAL. APOSENTADORIA COMUM. REGIME PRÓPRIO. APROVEITAMENTO DE TEMPO DE SERVIÇO PRESTADO NO MAGISTÉRIO, MEDIANTE FATOR DE CONVERSÃO. IMPOSSIBILIDADE. PRECEDENTES. É pacífica a jurisprudência desta Corte no sentido de que não é possível "fundir normas que regem a contagem do tempo de serviço para as aposentadorias normal e especial, contando proporcionalmente o tempo de serviço exercido em funções diversas", pois "a aposentadoria especial é a exceção, e, como tal, sua interpretação só pode ser restritiva" (ADI 178, rel. min. Maurício Corrêa, Tribunal Pleno, DJ 26.04.1996). Agravo regimental a que se nega provimento" (RE 288640 AgR, 1ª Turma, de 06.12.2011).

"Agravo regimental no recurso extraordinário. Previdenciário. Magistério. Reconhecimento da aposentadoria de professor como especial após a EC nº 18/81. Impossibilidade. Fator previdenciário. Constitucionalidade. Incidência do fator previdenciário no cálculo da renda mensal inicial de aposentadoria por tempo de contribuição de professor. Legislação infraconstitucional. Ofensa reflexa. Ausência de repercussão geral. Precedentes. 1. A jurisprudência da Corte é assente em que, a partir da Emenda Constitucional nº 18/81, a aposentadoria de professor passou a ser espécie de benefício por tempo de contribuição, com o requisito etário reduzido, e não mais uma aposentadoria especial. 2. O Supremo Tribunal Federal, no julgamento da ADI nº 2.111/DF-MC, Relator o Ministro Sydney Sanches, concluiu pela constitucionalidade do fator previdenciário. 3. A Corte assentou a ausência de repercussão geral do tema relativo à incidência do fator previdenciário no cálculo da renda mensal inicial de aposentadoria por tempo de contribuição de professor quando reunidos os requisitos após a edição da Lei nº 9.876/1999, dado o caráter infraconstitucional da matéria. (RE nº 1.029.608/RS, Relator o Ministro Edson Fachin, DJe de 31/8/17 – Tema 960). 4. Agravo regimental não provido. 5. Majoração da verba honorária em valor equivalente a 10% (dez por cento) do total daquela já fixada (art. 85, §§ 2º, 3º e 11, do CPC), observada a eventual concessão do benefício da gratuidade da justiça" (RE 1038116 AgR/RS – RIO GRANDE DO SUL, de 29/9/2017).

▶ Qual o entendimento do STJ sobre o assunto?

"3. O Supremo Tribunal Federal, em julgado que se realizou sob o regime da repercussão geral, assentou a inexistência do direito à conversão do tempo de serviço especial em comum, prestado por professor, após a Emenda 18/1981: "Recurso extraordinário com agravo. Repercussão geral da questão constitucional reconhecida. Reafirmação de jurisprudência. 2. Direito Previdenciário. Magistério. Conversão do tempo de serviço especial em comum. 3. Impossibilidade da conversão após a EC 18/81. Recurso extraordinário provido." (ARE 703.550 RG, Relator: Min. Gilmar Mendes, julgado em 2/10/2014, Repercussão Geral – Mérito, p. 21-10-2014") – (STJ, AR 4712 / RN, 1ª Seção, de 12/9/2018).

De acordo com o entendimento do INSS, até a EC 103/2019, a aposentadoria do professor era uma espécie de aposentadoria por tempo de contribuição com redução em 05 anos no tempo de contribuição, não sendo uma espécie de aposentadoria especial, pois não se trata de exposição a agentes nocivos à saúde e nem de segurado deficiente (artigo 201, §1º, da Constituição Federal).

Logo, por força do artigo 29, inciso I, da Lei 8.213/91, com redação dada pela Lei 9.876/99, a Previdência Social faz incidir obrigatoriamente o fator previdenciário no cálculo do salário de benefício da aposentadoria do professor (sistemática antes da EC 103/2019).

▸ **Qual o entendimento do STJ sobre o assunto?**

Posteriormente, as Turmas da 1ª Seção do STJ pacificaram o entendimento pela aplicação do fator previdenciário na aposentadoria do professor:

"A jurisprudência desta Corte firmou-se no sentido da incidência do fator previdenciário no cálculo do salário de benefício da aposentadoria por tempo de contribuição de professor nas situações em que o docente não completar o tempo suficiente para a concessão do benefício anteriormente à edição da Lei n. 9.876/1999 (1ª Turma, AgInt no REsp 1743040 / PR, de 4/10/2018).

"1. O STJ firmou entendimento pela aplicação do fator previdenciário no cálculo do salário de benefício da aposentadoria por tempo de serviço/ contribuição de professor, quando o segurado não tiver tempo suficiente para a concessão do benefício anteriormente à edição da Lei 9.876, de 1999, como no presente caso (2ª Turma, RE 1038116 AgR/RS - RIO GRANDE DO SUL, de 29/9/2017).

Em 4 de junho de 2020, ao julgar o tema 1.091 (RE 1221630), o Plenário do STF reafirmou a constitucionalidade do fator previdenciário, inclusive no salário de benefício da aposentadoria do professor de ensino básico:

▸ **Qual o entendimento do STF sobre o assunto?**

1091 - Constitucionalidade do fator previdenciário, previsto no art. 29, caput, incisos e parágrafos, da Lei nº 8.213/91, com a redação dada pelo art. 2º da Lei nº 9.876/99.

Relator: MINISTRO PRESIDENTE

Leading Case: RE 1221630

Há Repercussão?

Sim

Ver descrição [+]

Recurso extraordinário em que se discute, à luz dos arts. 5º, caput; 6º; 102, § 2º; 195, § 5º; e 201, §§ 1º, 7º e 8º, da Constituição Federal, a constitu cionalidade do fator previdenciário, previsto no art. 29, caput, incisos e

parágrafos, da Lei nº 8.213/91, com a redação dada pelo art. 2º da Lei nº 9.876/99, bem como se é devida sua incidência no cálculo dos proventos de aposentadoria de professor. [-]
Ver tese [+]
É constitucional o fator previdenciário previsto no art. 29, caput, incisos e parágrafos, da Lei nº 8.213/91, com a redação dada pelo art. 2º da Lei nº 9.876/99.[-]

No que concerne à renda mensal, enquanto não editada a lei de regulamentação, deve ser aplicado o regramento do artigo 26 da Emenda 103/2019.

Para os HOMENS, o valor do benefício de aposentadoria corresponderá a sessenta por cento da média aritmética das 100% das remunerações/salários de contribuição, com acréscimo de 2% para cada ano que ultrapassar os 20 anos de contribuição:

HOMENS	
TEMPO DE CONTRIBUIÇÃO	COEFICIENTE
20 anos	60%
21 anos	62%
22 anos	64%
23 anos	66%
24 anos	68%
25 anos	70%
26 anos	72%
27 anos	74%
28 anos	76%
29 anos	78%
30 anos	80%
31 anos	82%
32 anos	84%
33 anos	86%
34 anos	88%
35 anos	90%

HOMENS	
TEMPO DE CONTRIBUIÇÃO	COEFICIENTE
36 anos	92%
37 anos	94%
38 anos	96%
39 anos	98%
40 anos	100%

Assim, se um segurado (homem) do RGPS tiver apenas 25 anos de tempo de contribuição, a renda do benefício será de 70% da média de todos os salários de contribuição desde o Plano Real (7/1994), respeitada a idade mínima referida e a renda não inferior a um salário mínimo.

Curioso notar que, intencionalmente, o artigo 26 da Emenda 103/2019 não limita a média de todos os salários de contribuição do segurado a 100%, de modo que o segurado que possuir mais de 40 anos de tempo de contribuição poderá fazer jus a uma aposentadoria por idade e tempo de contribuição que ultrapasse a 100% da média de salários de contribuição desde o Plano Real (competência 7/1994), a exemplo:

HOMENS	
TEMPO DE CONTRIBUIÇÃO	COEFICIENTE
41 anos	102%
42 anos	104%
43 anos	106%
44 anos	108%
45 anos	110%
E assim sucessivamente	E assim sucessivamente

Para a aposentadoria da MULHER existe uma regra diferenciada de cálculo da renda mensal no artigo 26, §5º[6], da Emenda 103/2019, que prevê a progressão a contar de 15 anos, e não de 20 anos de contribuição em todos os casos:

---

6. § 5º O acréscimo a que se refere o caput do § 2º será aplicado para cada ano que **exceder quinze anos** de tempo de contribuição para os segurados de que tratam a alínea "a" do inciso I do art. 19 e do inciso I do art. 21 e **para as mulheres filiadas ao Regime Geral de Previdência Social.**

MULHERES	
TEMPO DE CONTRIBUIÇÃO	**COEFICIENTE**
15 anos	60%
16 anos	62%
17 anos	64%
18 anos	66%
19 anos	68%
20 anos	70%
21 anos	72%
22 anos	74%
23 anos	76%
24 anos	78%
25 anos	80%
26 anos	82%
27 anos	84%
28 anos	86%
29 anos	88%
30 anos	90%
31 anos	92%
32 anos	94%
33 anos	96%
34 anos	98%
35 anos	100%
E assim sucessivamente	E assim sucessivamente

Dessa forma, o coeficiente mínimo será de 60% e o máximo não está limitado pela legislação constitucional transitória.

Poderão ser excluídas da média as contribuições que resultem em redução do valor do benefício, desde que mantido o tempo mínimo de contribuição exigido, vedada a utilização do tempo excluído para qualquer finalidade, para a averbação em outro regime previdenciário ou para a obtenção dos proventos de inatividade dos militares.

Por uma falha inescusável do artigo 26 da Emenda 103/2019, não restou inserido um divisor mínimo no período básico de cálculo, não sendo compatível a aplicação do divisor de 60% de que trata o artigo 3º, §2º, da Lei 9.876/99, pois é vinculado à fórmula de 80%.

Coube à **Lei 14.331/2022** inserir o artigo 135-A na Lei 8.213/91, suprindo omissão do artigo 26 da Emenda 103/2019 que se esqueceu de constituir divisor mínimo no cálculo do salário de benefício, o que oportunizou a concretização de brecha constitucional que permitiu o "milagre da contribuição única" até 03 de maio de 2022, véspera da sua publicação:

> *"Art. 135-A. Para o segurado filiado à Previdência Social até julho de 1994, no cálculo do salário de benefício das aposentadorias, exceto a aposentadoria por incapacidade permanente, o divisor considerado no cálculo da média dos salários de contribuição não poderá ser inferior a* ***108 (cento e oito)*** *meses."*

Dessa forma, para os segurados que possuam salários de contribuição antes do Plano Real (Julho/1994), o **divisor mínimo** no cálculo do salário de benefício calculado com lastro no artigo 26 da EC 103/2019 será de **108 salários de contribuição**.

Suponha-se que um segurado possua apenas 80 salários de contribuição a contar de 7/1994. Neste caso, teremos a soma dos 80 salários divididos por 108, o que reduzirá o valor do salário de benefício.

Com efeito, 108 salários de contribuição correspondem a 9 anos. Desse modo, todos os segurados que não possuam ao menos 9 anos de salários de contribuição registrados a partir da competência Julho/1994 terão uma redução no salário de benefício.

Por outro lado, se cabível e proveitoso ao segurado, **segue em vigor a regra de descarte** contemplada no §6º do artigo 26 da Emenda 103/2019, não afetada pela criação do divisor mínimo inaugurado pela Lei 14.331/2022.

Para as situações de direito adquirido formado até 03 de maio de 2022, o cálculo do salário de benefício à luz do artigo 26 da Emenda 103/2019 deverá ser feito sem a incidência de divisor mínimo, em respeito ao *Tempus Regit Actum*.

Até o advento da Lei 13.183/2015, o fator previdenciário era sempre compulsório no cálculo do salário de benefício da aposentadoria por tempo de contribuição.

Após essa regra, foi criada uma exceção consistente no sistema de pontuação 85/95 (mulheres/homens), que progrediu na pontuação 86/96 em 31.12.2018.

No entanto, com a extinção da aposentadoria por tempo de contribuição sem idade mínima pela Emenda 103/2019, regra de pontuação 86/96, que consta(va) do artigo 29-C da Lei 8.213/91, tornando flexível o fator previdenciário no cálculo da aposentadoria por tempo de contribuição, não foi recebida pela reforma constitucional, que extinguiu a regra permanente da aposentadoria por tempo de contribuição sem idade mínima que consta(va) da Lei 8.213/91, ressalvada a formação do direito adquirido à mencionada pontuação até o dia da publicação da Emenda.

Daí que para os antigos segurados que no dia da publicação da Emenda 103/2019 não tinham ainda adquirido o direito à pontuação do artigo 29-C da Lei 8.213/91, resta o enquadramento nas regras de transição constitucionais.

> ▸ **Importante:**
> No que concerne ao segurado especial, o valor da aposentadoria por idade é fixado em um salário mínimo pela Lei 8.213/91, exceto se ele fez os recolhimentos facultativos como se fosse contribuinte individual, conforme faculdade do artigo 25, §1º, da Lei 8.212/91, quando haverá o cálculo de acordo com o artigo 29 da Lei 8.213/91, pois acreditamos que o artigo 26 da Emenda 103/2019 não se aplica aos trabalhadores rurais.

Uma questão controversa é saber se a averbação de tempo de serviço rural sem o recolhimento das contribuições previdenciárias prestado anteriormente à Lei 8.213/91 com base no artigo 55, §2º[7], da citada norma, será considerado para fins de elevação da renda da aposentadoria por idade, à razão de 1% por ano de serviço rural prestado.

A despeito da controvérsia, entende-se que não, pois esse período é considerado apenas para fins de cômputo de tempo de serviço, inexistindo autorização legal para considerá-lo no cálculo da renda mensal da aposentadoria por idade, máxime porquanto não contributivo.

Isso no caso de incidência do artigo 48, §3º, da Lei 8.213/91, que permite o cômputo de carência rural na concessão de aposentadoria por idade urbana, mas sem o redutor na idade do segurado.

> ▸ **Qual o entendimento da TNU sobre o assunto?**
> Após divergência interna, este foi o posicionamento sumulado pela TNU: Súmula 76- "A averbação de tempo de serviço rural não contributivo não permite majorar o coeficiente de cálculo da renda mensal inicial de aposentadoria por idade previsto no art. 50 da Lei nº 8.213/91".

> ▸ **Qual o entendimento do STJ sobre o assunto?**
> "PREVIDENCIÁRIO. APOSENTADORIA URBANA POR IDADE. REVISÃO QUE OBJETIVA A MAJORAÇÃO DA RENDA MENSAL MEDIANTE O CÔMPUTO DE TEMPO DE SERVIÇO RURAL. ARTIGO 50 DA LEI N. 8.213/1991. EXIGÊNCIA DE EFETIVA CONTRIBUIÇÃO.

7. § 2º O tempo de serviço do segurado trabalhador rural, anterior à data de início de vigência desta Lei, será computado independentemente do recolhimento das contribuições a ele correspondentes, exceto para efeito de carência, conforme dispuser o Regulamento.

1. A aposentadoria por tempo de serviço difere da aposentadoria por idade. Aquela consistirá, para a mulher, numa renda mensal de setenta por cento do salário-de-benefício aos vinte e cinco anos de serviço, acrescidos de seis por cento deste para cada novo ano completo de atividade, até o máximo de cem por cento do salário-de-benefício aos trinta anos de serviço.

2. De acordo com a Lei n. 8.213/91, essa modalidade de aposentadoria aceita o cômputo do trabalho rural desempenhado antes de 1991 sem o recolhimento de contribuições, desde que não seja para efeito de carência (art. 55, § 2º).

3. A aposentadoria por idade urbana exige a efetiva contribuição para o aumento do coeficiente da renda mensal. Nos termos do art. 50 da Lei de Benefícios, a cada "grupos de 12 contribuições" vertidas à Previdência, o beneficiário da aposentadoria por idade urbana faz jus a um por cento do salário-de-benefício, além do percentual básico (70%).

4. A par da inexistência de contribuições correspondentes aos mencionados períodos de atividade rural, a pleiteada averbação desse tempo de serviço não trará reflexos financeiros capaz de propiciar a revisão almejada pois refere-se a interregnos que não compõem o Período Básico de Cálculo – PBC do benefício em manutenção, iniciado em maio de 1992" (REsp 1063112, de 16/06/2009).

▸ **Importante:**

Por força do artigo 3º, §1º, da Lei 10.666/2003, a perda da qualidade de segurado não será considerada para a concessão da aposentadoria por idade, desde que o segurado conte com, no mínimo, o tempo de contribuição correspondente ao exigido para efeito de carência na data do requerimento do benefício. Essa regra é plenamente compatível com a EC 103/2019.

Logo, não é preciso que uma pessoa mantenha a qualidade de segurada para se aposentar por idade e tempo de contribuição (atual aposentadoria programada), desde que preencha os demais requisitos legais.

Uma vez realizada a idade mínima, tempo de contribuição e a carência, o benefício será devido desde a data de entrada do requerimento no INSS. No caso do segurado empregado, a data de início do benefício será a do desligamento do emprego, se requerida até 90 dias.

Caso não haja desligamento do emprego ou se requerida depois de transcorridos 90 dias da extinção do vínculo empregatício, o benefício será devido desde o requerimento administrativo.

A Emenda 103/2019 passou a prever a aposentadoria compulsória por idade dos empregados públicos. É que o artigo 201 da Constituição Federal passou a contar com o §16, que previu que "os empregados dos consórcios públicos, das empresas públicas, das sociedades de economia mista e das suas subsidiárias serão aposentados compulsoriamente, observado o cumprimento do tempo mínimo de contribuição, ao atingir a idade máxima de que trata o inciso II do § 1º do art. 40, na forma estabelecida em lei".

Após prever que a aposentadoria no RGPS é causa de extinção do contrato de trabalho para o ocupante de emprego ou função pública, nos termos do artigo 37, §14[8], da Constituição, a Emenda 103/2019 ainda instituiu a aposentadoria compulsória dos empregados públicos dos entes da Administração Pública, na forma estabelecida em lei.

É feita remissão ao inciso II do § 1º do art. 40, que prevê aposentadoria por idade compulsória no RPPS "aos 70 (setenta) anos de idade, ou aos 75 (setenta e cinco) anos de idade, na forma de lei complementar".

Entende-se que esta regra não possui aplicação imediata, pois não possui todos os elementos de aplicação para a vigência imediata, não sendo bastante em si mesma (eficácia limitada).

Tanto que o dispositivo aduz "na forma estabelecida em lei", que deve fixar a idade em 70 ou 75 anos, bem como o tempo mínimo de contribuição que deverá ser cumprido para o deferimento da aposentadoria compulsória por idade, além dos demais requisitos para a concessão do benefício pelo INSS no RGPS.

A tese desta obra foi adotada pelo Decreto 10.410/2020, que atualizou o Regulamento da Previdência Social (Decreto 3.048/99), que não regulamentou a aposentadoria por idade compulsória das estatais, visto que é necessário que seja editada lei de regulamentação.

O Regulamento da Previdência Social foi atualizado pelo Decreto 10.410/2020, apresentando uma síntese de todos os requisitos acimas expostos a respeitos das aposentadorias programadas:

> **Subseção II**
>
> **Da aposentadoria programada (COMUM)**
>
> (Redação dada pelo Decreto nº 10.410, de 2020).
>
> Art. 51. A aposentadoria programada, uma vez cumprido o período de carência exigido, será devida ao segurado que cumprir, cumulativamente, os seguintes requisitos: (Redação dada pelo Decreto nº 10.410, de 2020).
>
> I – sessenta e dois anos de idade, se mulher, e sessenta e cinco anos de idade, se homem; e (Incluído pelo Decreto nº 10.410, de 2020)

8. § 14. A aposentadoria concedida com a utilização de tempo de contribuição decorrente de cargo, emprego ou função pública, inclusive do Regime Geral de Previdência Social, acarretará o rompimento do vínculo que gerou o referido tempo de contribuição.

II – quinze anos de tempo de contribuição, se mulher, e vinte anos de tempo de contribuição, se homem. (Incluído pelo Decreto nº 10.410, de 2020)

§ 1º Para fins de apuração do tempo de contribuição a que se refere o inciso II do caput, é vedada a inclusão de tempo fictício. (Redação dada pelo Decreto nº 10.410, de 2020).

§ 2º O período pelo qual os segurados contribuinte individual e facultativo tiverem contribuído na forma prevista no art. 199-A será considerado como tempo de contribuição, observada a restrição estabelecida em seu § 2º. (Redação dada pelo Decreto nº 10.410, de 2020).

Subseção II-A

Da aposentadoria programada do professor

(Redação dada pelo Decreto nº 10.410, de 2020).

Art. 54. Para o professor que comprove, exclusivamente, tempo de efetivo exercício em função de magistério na educação infantil, no ensino fundamental ou no ensino médio, desde que cumprido o período de carência exigido, será concedida a aposentadoria de que trata esta Subseção quando cumprir, cumulativamente, os seguintes requisitos: (Redação dada pelo Decreto nº 10.410, de 2020).

I – cinquenta e sete anos de idade, se mulher, e sessenta anos de idade, se homem; e (Incluído pelo Decreto nº 10.410, de 2020)

II – vinte e cinco anos de contribuição, para ambos os sexos, em efetivo exercício na função a que se refere o caput. (Incluído pelo Decreto nº 10.410, de 2020)

Subseção III

Da aposentadoria por idade do trabalhador rural

(Redação dada pelo Decreto nº 10.410, de 2020).

Art. 56. A aposentadoria por idade do trabalhador rural, uma vez cumprido o período de carência exigido, será devida aos segurados a que se referem a alínea "a" do inciso I, a alínea "j" do inciso V e os incisos VI e VII do caput do art. 9º e aos segurados garimpeiros que trabalhem, comprovadamente, em regime de economia familiar, conforme definido no § 5º do art. 9º, quando completarem cinquenta e cinco anos de idade, se mulher, e sessenta anos de idade, se homem. (Redação dada pelo Decreto nº 10.410, de 2020).

§ 1º Para fins do disposto no caput, o segurado a que se refere o inciso VII do caput do art. 9º comprovará o efetivo exercício de atividade rural, ainda que de forma descontínua, no período imediatamente anterior ao requerimento do benefício ou, conforme o caso, ao mês em que tiver cumprido o requisito etário, por tempo igual ao número de meses de contribuição correspondente à carência do benefício pretendido, computados os períodos pelos quais o segurado especial tenha recebido os rendimentos a que se referem os incisos III ao VIII do § 8º do art. 9º. (Redação dada pelo Decreto nº 10.410, de 2020).

§ 2º O valor da renda mensal da aposentadoria de que trata este artigo para os trabalhadores rurais a que se referem a alínea "a" do inciso I, a alínea "j" do inciso V e o inciso VI do caput do art. 9º, para o garimpeiro e para o segurado especial que contribua facultativamente corresponderá a setenta por cento do salário de benefício definido na forma prevista no art. 32, com acréscimo de um ponto percentual para cada ano de contribuição. (Redação dada pelo Decreto nº 10.410, de 2020).

§ 3º O valor da renda mensal do benefício de que trata este artigo para os trabalhadores rurais a que se refere o inciso VII do caput do art. 9º será de um salário-mínimo. (Redação dada pelo Decreto nº 10.410, de 2020).

§ 4º O segurado especial que contribui na forma prevista no § 2º do art. 200 somente fará jus à aposentadoria com valor apurado na forma prevista no § 2º deste artigo após o cumprimento do período de carência exigido, hipótese em que não será considerado como período de carência o tempo de atividade rural não contributivo (Redação dada pelo Decreto nº 10.410, de 2020).

§ 5º A aposentadoria de que trata este artigo será devida na forma prevista no art. 52. (Redação dada pelo Decreto nº 10.410, de 2020).

4.2. Aposentadoria por idade dos trabalhadores rurais

Para os trabalhadores rurais de ambos os sexos, garimpeiros e pescadores artesanais restou mantida a mesma idade anterior à reforma sem a exigência de tempo de contribuição:

a) Homens: 60 anos;

b) Mulheres: 55 anos.

Note-se que a diferença de idade mínima entre mulheres ficou ampla em 7 anos, comparando a regra geral com a regra especial (mulher urbana 62 anos e mulher rural 55 anos de idade).

Esta aposentadoria a regra do artigo 50 da Lei 8.213/91 foi recebida pela Emenda 103/2019, pois a reforma constitucional não tratou com inovação a aposentadoria rural:

> "Art. 50. A aposentadoria por idade, observado o disposto na Seção III deste Capítulo, especialmente no art. 33, consistirá numa renda mensal de 70% (setenta por cento) do salário-de-benefício, mais 1% (um por cento) deste, por grupo de 12 (doze) contribuições, não podendo ultrapassar 100% (cem por cento) do salário-de-benefício".

Nesse sentido o artigo 56, §2º, do RPS:

> "§ 2º O valor da renda mensal da aposentadoria de que trata este artigo para os trabalhadores rurais a que se referem a alínea "a" do inciso I, a

> alínea "j" do inciso V e o inciso VI do caput do art. 9º, para o garimpeiro e para o segurado especial que contribua facultativamente corresponderá a setenta por cento do salário de benefício definido na forma prevista no art. 32, com acréscimo de um ponto percentual para cada ano de contribuição. (Redação dada pelo Decreto nº 10.410, de 2020)".

Logo, o valor base é de 70% do salário de benefício, limitado a 100% na hipótese de 30 anos ou mais de recolhimentos.

Para o segurado especial será automaticamente de 1 salário mínimo, na situação de contribuição sobre produção rural, pois o artigo 29 da Lei 8.213/91 fixa em 1 salário mínimo o salário de benefício.

A carência para os trabalhadores rurais de 180 contribuições mensais, mormente para os enquadrados como segurados especiais, será demonstrada pelo exercício da atividade campesina em regime de economia familiar para a subsistência, observada a tabela de transição.

De efeito, essa atividade deverá ser comprovada através do início de prova material (documentos) produzido contemporaneamente ao período probando, mesmo que de maneira descontínua, no período de 180 meses imediatamente anterior ao requerimento do benefício ou à data do implemento da idade mínima.

▸ Qual o entendimento da TNU sobre o assunto?

De acordo com a Súmula 34, "para fins de comprovação do tempo de labor rural, o início de prova material deve ser contemporâneo à época dos fatos a provar". Súmula 54 – "Para a concessão de aposentadoria por idade de trabalhador rural, o tempo de exercício de atividade equivalente à carência deve ser aferido no período imediatamente anterior ao requerimento administrativo ou à data do implemento da idade mínima."

De acordo com a TNU, "não se admite como início de prova material acerca da qualidade de segurado especial documento produzido em momento posterior ao período de trabalho rural a ser provado, em atenção ao enunciado n. 34 da súmula de jurisprudência da TNU" (Processo n. 2008.38.00.732548-4/MG – Boletim em 24.11.2016).

Por outro lado, não se exige que o trabalhador rural tenha documentos correspondentes a todo o período de carência.

▸ Qual o entendimento da TNU sobre o assunto?

Na forma da Súmula 14, "para a concessão de aposentadoria rural por idade, não se exige que o início de prova material, corresponda a todo o período equivalente à carência do benefício".

Outrossim, prevê a Súmula 06 que "a certidão de casamento ou outro documento idôneo que evidencie a condição de trabalhador rural do cônjuge constitui início razoável de prova material da atividade rurícola".

Vale registrar que a jurisprudência dominante vem admitindo o reconhecimento de tempo rural anterior ao início de prova material mais remoto, desde que complementado por testemunhas idôneas.

> **▸ Qual o entendimento do STJ sobre o assunto?**
>
> No julgamento do REsp 1.348.633/SP, sob o rito do art. 543-C do CPC (recursos repetitivos), a 1ª Seção do STJ em 28/08/2013 reconheceu o tempo de serviço rural mediante apresentação de um início de prova material sem delimitar o documento mais remoto como termo inicial do período a ser computado, contanto que corroborado por testemunhos idôneos. No caso julgado, Arnaldo Esteves Lima, Ministro Relator, concluiu que as provas testemunhais juntadas para complementar o início de prova material, tanto do período anterior ao mais antigo, quanto posterior ao mais recente, eram válidas. Para ele, mesmo que não haja nenhum documento que comprove a atividade rural anterior à certidão de casamento do segurado, ocorrido em 1974, os testemunhos colhidos em juízo sustentam a alegação de que ele trabalha no campo desde 1967.
>
> Posteriormente, o STJ editou em 22 de junho de 2016 a Súmula 577:
>
> Súmula 577 – "É possível reconhecer o tempo de serviço rural anterior ao documento mais antigo apresentando, desde que amparado em convincente prova testemunhal colhida sob o contraditório".

No caso do segurado especial trabalhador rural, o exercício de curtos períodos de trabalho urbano intercalados com o serviço campesino não irá descaracterizar a sua condição, especialmente porque desde a Lei 11.718/2008 a *lex* previdenciária passou a permitir literalmente que durante a entressafra o segurado especial pode trabalhar em outra atividade por até 120 dia no ano, sem perder a sua filiação.

> **▸ Qual o entendimento da TNU sobre o assunto?**
>
> Súmula 46 – O exercício de atividade urbana intercalada não impede a concessão de benefício previdenciário de trabalhador rural, condição que deve ser analisada no caso concreto.

É que o tempo de serviço ou de contribuição não poderá ser livremente comprovado através do meio de prova testemunhal, por força do artigo 55, § 3º, da Lei 8.213/91, salvo configuração concreta de força maior, sendo uma exceção ao Princípio do Livre Convencimento Motivado, se constituindo em resquício do sistema da tarifação da prova, diante do elevado número de testemunhos falsos que lamentavelmente ocorrem na prática administrativa e judicial previdenciária.

> **▸ Qual o entendimento do STJ sobre o assunto?**
>
> De acordo com a Súmula 149, "a prova exclusivamente testemunhal não basta à comprovação da atividade rurícola, para efeito da obtenção de

benefício previdenciário". Por sua vez, em termos de aposentadoria por idade do trabalhador rural, "é prescindível que o início de prova material se refira a todo período de carência legalmente exigido, se prova testemunhal for capaz de ampliar sua eficácia probatória"(AGREsp 1.117.709, de 25.05.2010). Ademais, a jurisprudência do STJ vem admitindo documentos em nome de terceiros para a comprovação da carência para a concessão da aposentadoria por idade do segurado especial: "É sedimentado o entendimento das Turmas que integram a Egrégia Terceira Seção no sentido de que as atividades desenvolvidas em regime de economia familiar, podem ser comprovadas através de documentos em nome do pai de família, que conta com a colaboração efetiva da esposa e filhos no trabalho rural." (REsp 386.538/RS, Quinta Turma, DJ de 07/04/2003).

Com propriedade, de acordo com o artigo 106, da Lei 8.213/91, a comprovação do exercício de atividade rural será feita, alternativamente, por meio de:

> I – contrato individual de trabalho ou Carteira de Trabalho e Previdência Social;
>
> II – contrato de arrendamento, parceria ou comodato rural;
>
> III – declaração fundamentada de sindicato que represente o trabalhador rural ou, quando for o caso, de sindicato ou colônia de pescadores, desde que homologada pelo Instituto Nacional do Seguro Social – INSS (revogado pela Lei 13.846/2019);
>
> IV – Declaração de Aptidão ao Programa Nacional de Fortalecimento da Agricultura Familiar, de que trata o inciso II do caput do art. 2º da Lei nº 12.188, de 11 de janeiro de 2010, ou por documento que a substitua, emitidas apenas por instituições ou organizações públicas (redação dada pela Lei 13.846/2019);
>
> V – bloco de notas do produtor rural;
>
> VI – notas fiscais de entrada de mercadorias, de que trata o § 7º do art. 30 da Lei no 8.212, de 24 de julho de 1991, emitidas pela empresa adquirente da produção, com indicação do nome do segurado como vendedor;
>
> VII – documentos fiscais relativos a entrega de produção rural à cooperativa agrícola, entreposto de pescado ou outros, com indicação do segurado como vendedor ou consignante;
>
> VIII – comprovantes de recolhimento de contribuição à Previdência Social decorrentes da comercialização da produção;
>
> IX – cópia da declaração de imposto de renda, com indicação de renda proveniente da comercialização de produção rural; ou
>
> X – licença de ocupação ou permissão outorgada pelo Incra.

Considera-se início de prova material, para fins de comprovação da atividade rural, documentos que contêm a profissão ou qualquer outro dado que evidencie o exercício da atividade rurícola e seja contemporâneo ao fato nele declarado.

Na prática previdenciária, o mais comum é a certidão de casamento em que conste a profissão de lavrador; atestado de frequência escolar em que conste a profissão e o endereço rural; declaração do Tribunal Regional Eleitoral; declaração de ITR; contrato de comodato etc.

Não é necessária a plena prova documental da condição de rurícola, mas apenas o início de prova material em boa parte do período de carência, que poderá ser complementada pelo meio de prova testemunhal.

A certidão de óbito é um documento extemporâneo emitido já após a concretização do risco social (morte do suposto segurado especial) para fins de início de prova material da condição de segurado especial, podendo a declaração ser viciada com o fim de produzir documento com declaração falsa para efeitos de prova perante o INSS.

Nos termos do Enunciado 188, do FONAJEF, o benefício concedido ao segurado especial, administrativamente ou judicialmente, configura início de prova material válida para posterior concessão aos demais integrantes do núcleo familiar, assim como ao próprio beneficiário.

Conforme transcrito no artigo 106, inciso III (atualmente revogado pela Lei 13.846/2019), da Lei 8.213/91, a declaração sindical de atividade rural homologada pelo INSS era utilizada para a comprovação da condição de rurícola. Todavia, essa declaração, por si só, não dispensava o início de prova material por documentos contemporâneos à carência, máxime quando a declaração sindical havia sido produzida ao final da carência do benefício.

O objetivo normativo foi retirar a atribuição dos sindicatos rurais de declarar a condição de segurado especial, passando a tarefa a ser desempenhada pelas instituições do PRONATER, mediante declaração de aptidão ao Programa Nacional de Fortalecimento da Agricultura Familiar.

A Declaração de Aptidão ao Programa Nacional de Fortalecimento da Agricultura Familiar (DAP) é o documento que identifica os beneficiários do Programa Nacional de Fortalecimento da Agricultura Familiar (PRONAF).

O INSS também fazia uma entrevista para verificar a condição de rurícola, sendo elemento indispensável à comprovação do exercício da atividade rural e da forma como ela foi exercida, inclusive para confirmação dos dados contidos em declarações sindicais e de autoridades, com vistas ao reconhecimento ou não do direito ao benefício pleiteado, sendo obrigatória a sua realização, independente dos documentos apresentados.

> Chama a atenção a revogação do inciso III do artigo 106 da Lei 8.213/91 pela Lei 13.846/2019, dando a entender que o INSS não aceitará mais a declaração sindical para a prova de atividade rural (e não aceita mesmo), e sim a declaração de aptidão ao PRONAF.

Na prática previdenciária, o mais comum é a certidão de casamento em que conste a profissão de lavrador; atestado de frequência escolar em que conste a profissão e o endereço rural; declaração do Tribunal Regional Eleitoral; declaração de ITR; contrato de comodato etc.

> **Qual o entendimento do STJ sobre o assunto?**
>
> "Para fins previdenciários, embora seja admissível a comprovação de atividade rural mediante a qualificação de lavrador do marido na certidão de casamento, é inaceitável a utilização desse documento como início de prova material quando se constata, como no caso em apreço, que o cônjuge, apontado como rurícola, vem a exercer posteriormente atividade urbana aposentando-se, inclusive, nessa condição" (AgRg no REsp 947.379/SP, STJ, Min. LAURITA VAZ, Quinta Turma, DJ 26.11.2007).

> **Qual o entendimento da TNU sobre o assunto?**
>
> "A certidão de cadastro de imóvel rural perante o INCRA expedida em nome do pai do requerente serve como início de prova material da atividade rural em regime de economia familiar" (PEDILEF 200771640000720, de 29.02.2012).

> **Qual o entendimento da TNU sobre o assunto?**
>
> De acordo com a Súmula 05, da TNU, em aplicação ao Princípio do *Tempus Regit Actum*, "a prestação de serviço rural por menor de 12 a 14 anos, até o advento da Lei 8.213, de 24 de julho de 1991, devidamente comprovada, pode ser reconhecida para fins previdenciários".
>
> A novidade é que o sistema preverá a manutenção e a atualização **anual** do cadastro do **segurado especial** e conterá as informações necessárias à caracterização da condição de segurado especial, devendo ser feita **até 30 de junho do ano subsequente, vedada a atualização após 5 anos, exceto se** o segurado especial demonstrar em época própria a comercialização da produção e o recolhimento da contribuição efetivo da contribuição prevista no art. 25 da Lei 8.212/91.

No entanto, essa sistemática de atualização anual cadastral do segurado especial no CNIS só será aplicada a partir de 1/1/2033.

> **Importante:**
>
> Mas existe uma novidade inaugurada pela **Emenda 103/2019.** É que, **para fins de comprovação de atividade rural** exercida até a data de entrada em vigor da Emenda Constitucional, o prazo de que tratam os §§ 1º e 2º do art. 38-B da Lei nº 8.213, de 24 de julho de 1991, será **prorrogado** até a data em que o Cadastro Nacional de Informações Sociais – **CNIS atingir a cobertura mínima de 50% dos trabalhadores** de que trata o § 8º do art. 195 da Constituição Federal, apurada conforme quantitativo da **Pesquisa Nacional por Amostra de Domicílios Contínua – PNAD.**

Para o período anterior a 1º de janeiro de 2023, o segurado especial comprovará o tempo de exercício da atividade rural por meio de autodeclaração ratificada por entidades públicas credenciadas, nos termos do art. 13 da Lei nº 12.188, de 11 de janeiro de 2010, e por outros órgãos públicos, na forma prevista no regulamento.

São entidades públicas credenciadas para ratificar a autodeclaração do segurado especial as Entidades Executoras do Pronater ou órgãos públicos, inclusive o INSS. Na hipótese de haver divergência de informações, para fins de reconhecimento de direito com vistas à concessão de benefício, o INSS poderá exigir a apresentação dos documentos que atestem o exercício da atividade rural ou pesqueira.

> Contudo, para a integralização da carência, caso o trabalhador rural tenha que computar período no qual se enquadrava em outra categoria, não será aplicada a redução de idade em 05 anos, na forma do artigo 48, §3º, da Lei 8.213/91. Trata-se da popular aposentadoria por idade híbrida, em que se permite a soma da carência rural com urbana.
>
> **Esta regra tem plena compatibilidade com a Emenda 103/2019, que não as regras de aposentadorias dos trabalhadores rurais, observada a elevação da idade mínima da mulher de 60 para 62 anos, ressalvada regra de transição a ser estudada.**

Após o advento da LC 142/2013, acaso se aposente por idade, o deficiente também fará jus à redução etária deste benefício.

Contudo, para a integralização da carência, caso o trabalhador rural tenha que computar período no qual se enquadrava em outra categoria, não será aplicada a redução de idade em 05 anos, na forma do artigo 48, §3º[9], da Lei 8.213/91.

Trata-se da chamada aposentadoria por idade híbrida, que passou a ser prevista com o advento da Lei 11.718/2008, com a soma de carência urbana e rural, mas sem o redutor etário, aplicando a idade de 65 anos para os homens e 62 para as mulheres, nos termos do artigo 57 do RPS atualizado pelo Decreto 10.410/2020.

Neste caso, para calcular a renda mensal inicial do benefício, o período de carência como segurado especial irá considerar o salário de contribuição no valor de um salário mínimo.

---

9. "§ 3º Os trabalhadores rurais de que trata o § 1º deste artigo que não atendam ao disposto no § 2º deste artigo, mas que satisfaçam essa condição, se forem considerados períodos de contribuição sob outras categorias do segurado, farão jus ao benefício ao completarem 65 (sessenta e cinco) anos de idade, se homem, e 60 (sessenta) anos, se mulher" (para a mulher, 62 anos após a EC 103/2019.

▸ **Qual o entendimento do STJ sobre o assunto?**

Em 14/8/2019 (**tema 1.007**), o STJ firmou tese repetitiva admitindo o direito à aposentadoria por idade híbrida **também em favor do segurado urbano na data do requerimento**, inclusive com cômputo de período rural remoto e descontínuo anterior à vigência da Lei 8.213/91: **Tese firmada** – O tempo de serviço rural, ainda que remoto e descontínuo, anterior ao advento da Lei 8.213/1991, pode ser computado para fins da carência necessária à obtenção da aposentadoria híbrida por idade, ainda que não tenha sido efetivado o recolhimento das contribuições, nos termos do art. 48, § 3º. da Lei 8.213/1991, seja qual for a predominância do labor misto exercido no período de carência ou o tipo de trabalho exercido no momento do implemento do requisito etário ou do requerimento administrativo.

Registre-se que o INSS interpôs recurso extraordinário no tema 1.007, admitido pelo STJ com determinação de suspensão de todos os processos em grau de recurso. Eis a determinação da Ministra Maria Thereza Moura, Vice-presidente do STJ:

> "Assim, presentes os pressupostos de admissibilidade, nos termos do artigo 1.036, § 1º, do Código de Processo Civil, admito o recurso extraordinário como representativo de controvérsia, determinando a manutenção da suspensão de todos os processos que versem sobre a mesma controvérsia somente em grau recursal, em trâmite no âmbito dos Tribunais e das Turmas Recursais dos Juizados Especiais Federais".

No entanto, por maioria, o Recurso Extraordinário do INSS não foi admitido pelo STF por ausência de tema constitucional, **confirmando o Tema 1.007 STJ.**

Tendo em vista que o regime jurídico anterior previa a carência de apenas 60 contribuições mensais, há uma regra de transição esculpida no artigo 142, da Lei 8.213/91, para o segurado "inscrito" na Previdência Social Urbana até 24 de julho de 1991, bem como para o trabalhador e o empregador rural cobertos pela Previdência Social Rural, pontificando que a carência da aposentadoria por idade obedecerá à seguinte tabela, levando-se em conta o ano em que o segurado implementou todas as condições necessárias à obtenção do benefício:

Ano de implementação das condições	Meses de contribuição exigidos
1991	60 meses
1992	60 meses
1993	66 meses
1994	72 meses

Ano de implementação das condições	Meses de contribuição exigidos
1995	78 meses
1996	90 meses
1997	96 meses
1998	102 meses
1999	108 meses
2000	114 meses
2001	120 meses
2002	126 meses
2003	132 meses
2004	138 meses
2005	144 meses
2006	150 meses
2007	156 meses
2008	162 meses
2009	168 meses
2010	174 meses
2011	180 meses

A regra de transição do artigo 142, da Lei 8.213/91, é imperfeita. Ao se referir à inscrição, quis o legislador tratar da filiação, pois é com este instituto que a condição de segurado ocorrerá, vez que a inscrição é o mero ato de cadastro do segurado ou dependente no INSS.

Logo, para a incidência da tabela de transição, valerá a data da filiação, pois esse dispositivo deverá ser interpretado sistematicamente, consoante todo o ordenamento previdenciário.

Todavia, para a concessão da aposentadoria por idade, vale ressaltar que o entendimento da Previdência Social para a incidência da transcrita tabela tem sido mais favorável aos segurados, pois está sendo considerado o ano em que o segurado completou a idade mínima para o deferimento do benefício, mesmo que a carência tenha sido integralizada posteriormente ("congelamento" da carência), conforme explicitado na questão 21, do Parecer CONJUR/MPS 616/2010.

Logo, como a aposentadoria por idade para os homens será concedida aos 65 anos de idade, em regra, se um segurado completou essa idade em 1993 terá que realizar a carência de 66 contribuições mensais, mesmo que apenas em 1995 integralize a carência, não sendo necessário atingir 78 contribuições mensais.

Convém advertir que mesmo para os segurados filiados até o dia 24.07.1991, caso tenham perdido posteriormente a sua condição e se refiliado posteriormente, incidirá o novo regramento, que exige a carência de 180 contribuições mensais, vez que houve a extinção da relação jurídico-previdenciária, conforme já decidiu o próprio STJ[10].

A carência para os trabalhadores rurais de 180 contribuições mensais, mormente para os enquadrados como segurados especiais, será demonstrada pelo exercício da atividade campesina em regime de economia familiar para a subsistência, observada a tabela de transição.

Registre-se que a regra de transição do artigo 142 da Lei 8.213/91 é compatível com a Emenda 103/2019 e se aplica à aposentadoria programada, nos termos da Portaria INSS 450/2020:

> *"Art. 5º Fica mantida a carência disciplinada pela Lei nº 8.213, de 24 de julho de 1991, mantendo-se, assim, a exigência de 180 (cento e oitenta) contribuições mensais para as aposentadorias programáveis e de 12 (doze) contribuições para a aposentadoria por incapacidade permanente previdenciária, antiga aposentadoria por invalidez previdenciária, classificada como não-programável.*
>
> *Parágrafo único. Para definição da carência, deve ser verificado o direito à aplicação da tabela progressiva prevista no art. 142 da Lei nº 8.213, de 1991".*

Com propriedade, de acordo com o artigo 106, da Lei 8.213/91, a comprovação do exercício de atividade rural será feita, alternativamente, por meio de diversos documentos, tendo sido alterado o inciso IV e revogado o inciso III:

> ~~"III – declaração fundamentada de sindicato que represente o trabalhador rural ou, quando for o caso, de sindicato ou colônia de pescadores, desde que homologada pelo Instituto Nacional do Seguro Social – INSS~~ (revogado pela Lei 13.846/19);
>
> IV – Declaração de Aptidão ao Programa Nacional de Fortalecimento da Agricultura Familiar, de que trata o inciso II do caput do art. 2º da Lei nº 12.188, de 11 de janeiro de 2010, ou por documento que a substitua, emitidas apenas por instituições ou organizações públicas (redação dada pela Lei 13.846/19)";

O objetivo normativo foi retirar a atribuição dos sindicatos rurais de declarar a condição de segurado especial, passando a tarefa a ser desempenhada pelas instituições do PRONATER, mediante declaração de aptidão ao Programa Nacional de Fortalecimento da Agricultura Familiar.

Enquanto não editada a lei de regulamentação, deve ser aplicado o regramento para os novos segurados do RGPS do artigo 19 da Emenda 103/2019.

---

10. AGREsp 794.128, de 21.03.2006.

Vale registrar que ainda permanece válida a regra de redução da aposentadoria por idade da pessoa com deficiência (LC 142/2013, art. 3º), por força da manutenção deste regramento pelo artigo 22[11] da Emenda 103/2019 até a edição de nova lei complementar para regular o tema:

> Art. 3º É assegurada a concessão de aposentadoria pelo RGPS ao segurado com deficiência, observadas as seguintes condições:
>
> (...)
>
> IV – aos 60 (sessenta) anos de idade, se homem, e 55 (cinquenta e cinco) anos de idade, se mulher, independentemente do grau de deficiência, desde que cumprido tempo mínimo de contribuição de 15 (quinze) anos e comprovada a existência de deficiência durante igual período.

▸ Importante:

Por força do artigo 3º, §1º, da Lei 10.666/2003, a perda da qualidade de segurado não será considerada para a concessão da aposentadoria por idade, desde que o segurado conte com, no mínimo, o tempo de contribuição correspondente ao exigido para efeito de carência na data do requerimento do benefício. Essa regra é plenamente compatível com a EC 103/2019.

Logo, não é preciso que uma pessoa mantenha a qualidade de segurada para se aposentar por idade, desde que preencha os demais requisitos legais.

No caso do segurado especial é diferente, pois a regra do artigo 3º, §1º, da Lei 10.666/2003 é incompatível com o seu regime jurídico, sendo necessária a manutenção da qualidade de segurado especial quando do implemento do requisito etário (60 e 55 anos de idade, homem e mulher, respectivamente) juntamente com a carência de 15 anos para a formação do direito à aposentadoria por idade.

Esse entendimento foi referendado pela 3ª Seção do STJ no dia 13.12.2010, no julgamento da PET 7.476. Esta jurisprudência foi confirmada em outubro de 2015 pelo STJ, em sede de Recurso Especial Repetitivo (REsp 1354908), julgado pela 1ª Seção do STJ. Salvo direito adquirido (preenchimento anterior e simultâneo da idade e da carência), é necessária a manutenção da qualidade de segurado especial quando do implemento da idade de 60 anos para os homens e 55 anos para as mulheres, sob pena de indeferimento da aposentadoria por idade do segurado especial:

---

11. **Art. 22.** Até que lei discipline o § 4º-A do art. 40 e o inciso I do § 1º do art. 201 da Constituição Federal, a aposentadoria da **pessoa com deficiência segurada do Regime Geral de Previdência Social** ou do servidor público federal com deficiência vinculado a regime próprio de previdência social, desde que cumpridos, no caso do servidor, o tempo mínimo de dez anos de efetivo exercício no serviço público e de cinco anos no cargo efetivo em que for concedida a aposentadoria, será concedida na forma da **Lei Complementar nº 142, de 8 de maio de 2013**, inclusive quanto aos critérios de cálculo dos benefícios.

▸ Qual a posição do STJ sobre o assunto?

Eis a tese repetitiva firmada pelo STJ através da 1ª Seção: "tese delimitada em sede de representativo da controvérsia, sob a exegese do artigo 55, § 3º combinado com o artigo 143 da Lei 8.213/1991, no sentido de que o segurado especial tem que estar laborando no campo, quando completar a idade mínima para se aposentar por idade rural, momento em que poderá requerer seu benefício. Se, ao alcançar a faixa etária exigida no artigo 48, § 1º, da Lei 8.213/1991, o segurado especial deixar de exercer atividade rural, sem ter atendido a regra transitória da carência, não fará jus à aposentadoria por idade rural pelo descumprimento de um dos dois únicos critérios legalmente previstos para a aquisição do direito. **Ressalvada a hipótese do direito adquirido em que o segurado especial preencheu ambos os requisitos de forma concomitante, mas não requereu o benefício".**

Por sua vez, para fins de concessão dos benefícios do RGPS, o tempo de serviço prestado pelo trabalhador rural anteriormente à competência novembro de 1991 será reconhecido, desde que devidamente comprovado[12], independentemente de indenização, pois é respeitado o regramento da época, salvo para fins de carência, a teor do §2º, do artigo 55, da Lei 8.213/91:

> "2º O tempo de serviço do segurado trabalhador rural, anterior à data de início de vigência desta Lei, será computado independentemente do recolhimento das contribuições a ele correspondentes, exceto para efeito de carência, conforme dispuser o Regulamento".

▸ Qual a posição do STJ e da TNU sobre o assunto?

Esse é o entendimento uniforme do STJ[13] e da Súmula 24 da TNU: "Súmula 24 - O tempo de serviço do segurado trabalhador rural anterior ao advento da Lei nº 8.213/91, sem o recolhimento de contribuições previdenciárias, pode ser considerado para a concessão de benefício previdenciário do Regime Geral de Previdência Social (RGPS), exceto para efeito de carência, conforme a regra do art. 55, §2º, da Lei nº 8.213/91".

De acordo com a regra de transição do artigo 143, da Lei 8.213/91, o trabalhador rural enquadrado como segurado especial, empregado rural ou contribuinte individual rural (antigo autônomo) terá direito à aposentadoria por idade, no valor de um salário mínimo, durante quinze anos, contados a partir da data de vigência desta Lei, desde que comprove o exercício de atividade rural, ainda que descontínua, no período imediatamente anterior ao requerimento do benefício, em número de meses idêntico à carência do referido benefício.

---

12. Artigo 123, do RPS.
13. AR 3.629, de 23.06.2008.

Trata-se de regra de transição que veio beneficiar os trabalhadores rurais em geral enquadrados nas referidas classes, vez que a aposentadoria por velhice rural independia de contribuição efetiva, na forma da Lei Complementar 11/1971, que instituiu no Programa de Assistência ao Trabalhador Rural (PRO-RURAL), sendo similar ao atual regime de custeio do segurado especial.

Esse prazo foi prorrogado por mais 02 anos pela Medida Provisória 312/2006, convertida na Lei 11.368/2006 e, posteriormente, até o dia 31.12.2010, pelo artigo 2º, da Lei 11.718/2008.

Demais disso, não será considerada a perda da qualidade de segurado os intervalos entre as atividades rurícolas, devendo, entretanto, estar o segurado exercendo a atividade rural ou em período de graça na data de entrada do requerimento ou na data em que implementou todas as condições exigidas para o benefício[14].

A partir de 2011, o empregado rural e o contribuinte individual rural deverão observar a seguinte regra de transição, contida no artigo 3º, da Lei 11.718/2008:

> "II - de janeiro de 2011 a dezembro de 2015, cada mês comprovado de emprego, multiplicado por 3 (três), limitado a 12 (doze) meses, dentro do respectivo ano civil; e
>
> III - de janeiro de 2016 a dezembro de 2020, cada mês comprovado de emprego, multiplicado por 2 (dois), limitado a 12 (doze) meses dentro do respectivo ano civil".
>
> Ou seja, a partir de 2011, serão adotadas as seguintes regras para a aposentadoria por idade do empregado rural e contribuinte individual rural: de 2011 até 2015, terão que recolher 04 contribuições por ano; de 2016 até 2020, terão que comprovar o recolhimento de 06 contribuições por ano; a contar de 2021, segue-se a regra geral de 12 contribuições por ano.

QUADRO SINTÉTICO – APOSENTADORIA VOLUNTÁRIA	
Cabimento	**Regra geral:** Homem 65 anos de idade e 20 anos de tempo de contribuição; mulheres 62 anos de idade e 15 anos de tempo de contribuição. **Regra especial 1 (professores):** 60 anos de idade para os homens e 57 anos de idade para as mulheres, com 25 anos de tempo de contribuição exclusivo no magistério do ensino básico para ambos. **Regra especial 2 (rurais/afins):** 60 anos de idade para os homens e 55 para as mulheres se forem trabalhadores rurais, garimpeiros, pescadores artesanais e pessoas com deficiência pelo período mínimo de carência.
Beneficiários	Todos os segurados.
Carência	180 contribuições mensais.
Valor	**Urbana:** A partir de 60% da média de todos os salários de contribuição a partir de 7/1994 (Plano Real). **Rural:** 70% do salário de benefício com acréscimo de um ponto percentual para cada ano de contribuição até o máximo de 100%.

14. Artigo 231, da Instrução Normativa INSS 77/2015.

5. APOSENTADORIAS ESPECIAIS

De acordo com o §1º, do artigo 201, da CRFB, com redação dada pela Emenda 20/98 e posteriormente alterada pela Emenda 47/05, "é vedada a adoção de requisitos e critérios diferenciados para a concessão de aposentadoria aos beneficiários do regime geral de previdência social, **ressalvados** os casos de **atividades exercidas sob condições especiais que prejudiquem a saúde ou a integridade física** e quando se tratar de **segurados portadores de deficiência**, nos termos definidos em **lei complementar**".

> **Como esse assunto foi cobrado em concurso?**
>
> No concurso do CESPE para Defensor Público da Bahia em 2010, foi considerado correto o seguinte enunciado: É vedada a adoção de requisitos e critérios diferenciados para a concessão de aposentadoria aos beneficiários do regime geral de previdência social, ressalvados os casos de atividades que, exercidas sob condições especiais, prejudiquem a saúde ou a integridade física, e quando se tratar de segurados portadores de deficiência, nos termos definidos em lei complementar.

Assim, em regra, o legislador constituinte reformador proibiu a adoção de requisitos diferenciados para a aposentadoria, salvo as atividades especiais prejudiciais à saúde ou integridade física do segurado, bem como no caso do trabalho prestado pelos portadores de deficiência física, em aplicação ao Princípio da Isonomia, pois se cuidam de situações diferenciadas que merecem um tratamento privilegiado.

Mas esse dispositivo foi reformado pela **EC 103/2019**, que passou a contar com a seguinte redação:

> § 1º É **vedada** a adoção de requisitos ou critérios diferenciados para concessão de benefícios, ressalvado, nos termos de **lei complementar**, a possibilidade de previsão de idade e tempo de contribuição distintos da regra geral para concessão de aposentadoria exclusivamente em favor dos segurados:
>
> I – com **deficiência**, previamente submetidos à avaliação biopsicossocial realizada por equipe multiprofissional e interdisciplinar;
>
> II – cujas atividades sejam exercidas com efetiva exposição a agentes químicos, físicos e biológicos prejudiciais à saúde, ou associação desses agentes, vedada a caracterização por categoria profissional ou ocupação.

Este parágrafo foi modificado para restringir as situações de concessão da aposentadoria especial por agentes nocivos à saúde, mantida a regulamentação por lei complementar.

Agora há **vedação constitucional** expressa à caracterização por **categoria profissional** ou ocupação.

O enquadramento por categoria profissional já não era mais possível desde 28/4/1995, por força da Lei 9.032/95, que alterou o artigo 57[15] da Lei 8.213/91, passando a exigir exposição permanente a agentes nocivos para a concessão da aposentadoria especial, sendo novidade a constitucionalização da vedação.

Um ponto a destacar é a restrição do novo texto constitucional:

Após um acordo no Senado na votação em segundo turno, a vedação de enquadramento de tempo especial por periculosidade foi retirada do texto da Emenda 103/2019, o que, em tese, conserva a jurisprudência do STJ pelo enquadramento.

Ficou acordado que haverá uma lei complementar para regulamentar o tema, a fim de beneficiar os vigilantes que laboram com o uso de arma de fogo. Não se sabe, por hora, se outras categorias que laboram com atividades de risco serão inseridas no texto final da citada lei complementar, a exemplo dos eletricitários com labor em altas tensões.

A) **Texto anterior:** "atividades exercidas sob condições especiais que prejudiquem a saúde ou a integridade física".

B) **Texto atual:** "cujas atividades sejam exercidas com efetiva exposição a agentes nocivos químicos, físicos e biológicos prejudiciais à saúde, ou associação destes agentes".

O texto da Emenda 103/2019 é mais restritivo, pois fecha a aposentadoria especial somente para a efetiva exposição a agentes nocivos químicos, físicos e biológicos.

Já o texto anterior tinha grande amplitude, não se restringindo a agentes nocivos, pois citada atividades especiais que prejudicassem a saúde ou integridade física, o que ultrapassa as situações de nocividade por exposição a agentes físicos, químicos ou biológicos, abarcando qualquer atividade laboral com possibilidade de prejudicar a saúde ou a integridade física, a exemplo de trabalhos periculosos.

> **▸ Qual o entendimento do STJ sobre o assunto?**
> Tema 1.031: **"É admissível o reconhecimento da atividade especial de vigilante, com ou sem arma de fogo, em data posterior à edição da Lei 9.032/95 e do Decreto 2.172/97, desde que haja comprovação da efetiva nocividade da atividade por qualquer meio de prova até 05.03.1997 e, após essa data, mediante apresentação de laudo técnico ou elemento material equivalente, para a comprovar a permanente, não ocasional, nem intermitente, exposição a agente nocivo que coloque em risco a integridade física do segurado".**

15. § 3º A concessão da aposentadoria especial dependerá de comprovação pelo segurado, perante o Instituto Nacional do Seguro Social–INSS, do tempo de trabalho **permanente, não ocasional nem intermitente**, em condições especiais que prejudiquem a saúde ou a integridade física, durante o período mínimo fixado. (Redação dada pela Lei nº 9.032, de 1995)

Confirmando os precedentes anteriores, o STJ reconheceu o tempo especial do labor do vigilante, inclusive sem o uso de arma de fogo, de acordo com a atual legislação previdenciária, ao julgar o **Tema Repetitivo 1.031** em 09/12/2020.

Trata-se na verdade de concessão de aposentadoria especial por **atividade de risco**, vez que não há exposição a agente nocivo físico, químico ou biológico, decorrendo a especialidade reconhecida pela Corte Superior do **risco da profissão** com aptidão a gerar danos à saúde do segurado.

No entanto, o STJ não utilizou essa verdadeira argumentação para o deferimento judicial do benefício, pois, a despeito de não apontar exposição a agente nocivo agressivo a saúde pela atividade (que na verdade inexiste), fixou na tese a exposição a agente nocivo.

> ▸ **Qual o entendimento do STF sobre o assunto?**
>
> Contra a decisão do STJ no tema 1031, o INSS interpôs recurso extraordinário admitido pelo STF em sede de Repercussão Geral sob o número 1.209, com determinação nacional de suspensão dos processos em todos os graus, individuais ou coletivos, afetando a seguinte questão a ser apreciada:
>
> *Tema 1209 STF: "Reconhecimento da atividade de vigilante como especial, com fundamento na exposição ao perigo, seja em período anterior ou posterior à promulgação da Emenda Constitucional 103/2019".*

Restou mantida a previsão de aposentadoria especial para a **pessoa com deficiência**, previamente submetidos à avaliação biopsicossocial realizada por equipe multiprofissional e interdisciplinar, modelo pericial que já era previsto na LC 142/2013, mas que agora foi constitucionalizado.

O texto da Emenda traz uma sutileza: "a possibilidade de previsão de idade e tempo de contribuição distintos da regra geral para concessão de aposentadoria exclusivamente em favor dos segurados..."

Logo, tal qual foi feito no RPPS, **a regra permanente da aposentadoria especial não gera direito a regras diferenciadas**, deixando de modo discricionário ao legislador a aprovação de uma lei complementar de regulamentação para redução de idade e tempo de contribuição em favor.

Logo, de um direito subjetivo dos segurados que laboram expostos a agentes nocivos e pessoas com deficiência, passou a natureza jurídica de ato discricionário do legislador, o que é lastimável.

5.1. Aposentadoria especial por exposição aos agentes nocivos

Regulamentação básica: artigos 57/58, da Lei 8.213/91; artigos 64/70, do RPS (Decreto 3.048/99).

Código de concessão: 46 – Aposentadoria especial.

> **Art. 19...**
>
> § 1º Até que lei complementar disponha sobre a redução de idade mínima ou tempo de contribuição prevista nos §§ 1º e 8º do art. 201 da Constituição Federal, será concedida aposentadoria:
>
> I – aos segurados que comprovem o exercício de atividades com efetiva exposição a agentes químicos, físicos e biológicos prejudiciais à saúde, ou associação desses agentes, vedada a caracterização por categoria profissional ou ocupação, durante, no mínimo, 15 (quinze), 20 (vinte) ou 25 (vinte e cinco) anos, nos termos do disposto nos arts. 57 e 58 da Lei nº 8.213, de 24 de julho de 1991, quando cumpridos:
>
> **a) 55 (cinquenta e cinco) anos de idade, quando se tratar de atividade especial de 15 (quinze) anos de contribuição;**
>
> **b) 58 (cinquenta e oito) anos de idade, quando se tratar de atividade especial de 20 (vinte) anos de contribuição; ou**
>
> **c) 60 (sessenta) anos de idade, quando se tratar de atividade especial de 25 (vinte e cinco) anos de contribuição;**
>
> ...
>
> § 2º O valor das aposentadorias de que trata este artigo corresponderá ao valor apurado na forma da lei.

Esta é uma **regra de transição ao regramento permanente**, enquanto não editada a lei complementar de que trata do artigo 201, §1º, da Constituição, sendo aplicável aos antigos e aos novos segurados.

Restou provisoriamente inserida uma idade mínima, conforme a espécie de aposentadoria especial:

ESPÉCIE DE APOSENTADORIA ESPECIAL	IDADE MÍNIMA
15 anos	55 anos
20 anos	58 anos
25 anos	60 anos

Assim como na regra permanente, vedou-se o enquadramento por categoria profissional.

A preocupação é para os casos em que há efetivamente um dano à saúde, a exemplo do mineiro, em que o segurado deverá deixar o emprego antes de se aposentar em razão das idades elevadas postas, ou então entrar em gozo de benefício por incapacidade para complementar o tempo especial.

Dessa forma, exceto direito adquirido formado até o dia da publicação da Emenda 103/2019, forçoso concluir que o artigo 57, *caput*, da Lei 8.213/91 perdeu a vigência ao menos neste ponto, diante da necessidade de cumprimento de idade mínima:

> ~~*" Art. 57. A aposentadoria especial será devida, uma vez cumprida a carência exigida nesta Lei, ao segurado que tiver trabalhado sujeito a condições especiais que prejudiquem a saúde ou a integridade física, durante 15 (quinze), 20 (vinte) ou 25 (vinte e cinco) anos, conforme dispuser a lei. (Redação dada pela Lei nº 9.032, de 1995)"*~~

A renda da aposentadoria especial deverá ser calculada com base no artigo 26 da Emenda 103/2019 até a edição de lei de regulamentação.

Para os **homens com aposentadoria especial de 20 ou 25 anos**, o valor do benefício de aposentadoria corresponderá a **sessenta por cento da média aritmética das 100% das remunerações/salários de contribuição, com acréscimo de 2% para cada ano que ultrapassar os 20 anos de contribuição:**

HOMENS TEMPO DE CONTRIBUIÇÃO APOSENTADORIA ESPECIAL DE 20 OU 25 ANOS	COEFICIENTE
Até 20 Anos	60%
21 Anos	62%
22 Anos	64%
23 Anos	66%
24 Anos	68%
25 Anos	70%
26 Anos	72%
27 Anos	74%
28 Anos	76%
29 Anos	78%
30 Anos	80%
31 Anos	82%
32 Anos	84%
33 Anos	86%
34 Anos	88%
35 Anos	90%
36 Anos	92%

HOMENS TEMPO DE CONTRIBUIÇÃO APOSENTADORIA ESPECIAL DE 20 OU 25 ANOS	COEFICIENTE
37 Anos	94%
38 Anos	96%
39 Anos	98%
40 Anos	100%

Assim, se um segurado (homem) do RGPS tiver apenas 25 anos de tempo especial, a renda do benefício será de 70% da média de todos os salários de contribuição desde o Plano Real (7/1994), respeitada a idade mínima referida e a renda não inferior a um salário mínimo.

Curioso notar que, **intencionalmente**, o artigo 26 da Emenda 103/2019 não limita a média de todos os salários de contribuição do segurado a 100%, de modo que o segurado incapacitado de modo permanente que possuir mais de 40 anos de tempo de contribuição poderá fazer jus a uma aposentadoria por incapacidade que ultrapasse a 100% da média de salários de contribuição desde o Plano Real (competência 7/1994), a exemplo:

HOMENS TEMPO DE CONTRIBUIÇÃO APOSENTADORIA ESPECIAL DE 20 OU 25 ANOS	COEFICIENTE
41 Anos	102%
42 Anos	104%
43 Anos	106%
44 Anos	108%
45 Anos	110%
E assim sucessivamente	**E assim sucessivamente**

No entanto, para **a aposentadoria especial que exige apenas 15 anos de nocividade**, existem uma regra especial de cálculo da renda mensal no artigo 26, §5º[16], da Emenda 103/2019, que prevê a **progressão a contar de 15 anos**, e não de 20

16. § 5º O acréscimo a que se refere o caput do § 2º será aplicado para cada ano que **exceder quinze anos** de tempo de contribuição para os segurados de que tratam a **alínea "a" do inciso I do art. 19** e do inciso I do art. 21 e para as mulheres filiadas ao Regime Geral de Previdência Social.

anos de contribuição, que vai melhorar a renda da pensão por morte em comparação aos homens:

TEMPO DE CONTRIBUIÇÃO APOSENTADORIA ESPECIAL DE 15 ANOS	COEFICIENTE
15 Anos	60%
16 Anos	62%
17 Anos	64%
18 Anos	66%
19 Anos	68%
20 Anos	70%
21 Anos	72%
22 Anos	74%
23 Anos	76%
24 Anos	78%
25 Anos	80%
26 Anos	82%
27 Anos	84%
28 Anos	86%
29 Anos	88%
30 Anos	90%
31 Anos	92%
32 Anos	94%
33 Anos	96%
34 Anos	98%
35 Anos	100%

Destarte, caso um segurado com aposentadoria especial de 15 anos (mineração dentro da mina) tenha apenas 15 anos de tempo especial, observada a idade mínima de 55 anos, a renda mensal será de 60% da média dos salários de contribuição.

Para **a aposentadoria especial da MULHER** existe uma regra diferenciada de cálculo da renda mensal no artigo 26, §5º, da Emenda 103/2019, que prevê a **progressão a contar de 15 anos**, e não de 20 anos de contribuição em todos os casos:

MULHERES TEMPO DE CONTRIBUIÇÃO APOSENTADORIA ESPECIAL DE 15, 20 OU 25 ANOS	COEFICIENTE
15 Anos	60%
16 Anos	62%
17 Anos	64%
18 Anos	66%
19 Anos	68%
20 Anos	70%
21 Anos	72%
22 Anos	74%
23 Anos	76%
24 Anos	78%
25 Anos	80%
26 Anos	82%
27 Anos	84%
28 Anos	86%
29 Anos	88%
30 Anos	90%
31 Anos	92%
32 Anos	94%
33 Anos	96%
34 Anos	98%
35 Anos	100%
E assim sucessivamente	**E assim sucessivamente**

Dessa forma, o coeficiente mínimo será de 60% e o máximo não está limitado pela legislação constitucional transitória.

Poderão ser **excluídas da média as contribuições que resultem em redução do valor do benefício**, desde que mantido o tempo mínimo de contribuição exigido, vedada a utilização do tempo excluído para qualquer finalidade, para a averbação em outro regime previdenciário ou para a obtenção dos proventos de inatividade dos militares.

Por uma falha inescusável do artigo 26 da Emenda 103/2019, não restou inserido um divisor mínimo no período básico de cálculo, não sendo compatível a aplicação do divisor de 60% de que trata o artigo 3º, §2º, da Lei 9.876/99, pois é vinculado à fórmula de 80%.

Coube à **Lei 14.331/2022** inserir o artigo 135-A na Lei 8.213/91, suprindo omissão do artigo 26 da Emenda 103/2019 que se esqueceu de constituir divisor mínimo no cálculo do salário de benefício, o que oportunizou a concretização de brecha constitucional que permitiu o "milagre da contribuição única" até 03 de maio de 2022, véspera da sua publicação:

> "Art. 135-A. Para o segurado filiado à Previdência Social até julho de 1994, no cálculo do salário de benefício das aposentadorias, exceto a aposentadoria por incapacidade permanente, o divisor considerado no cálculo da média dos salários de contribuição não poderá ser inferior a ***108 (cento e oito) meses***."

Dessa forma, para os segurados que possuam salários de contribuição antes do Plano Real (Julho/1994), o **divisor mínimo** no cálculo do salário de benefício calculado com lastro no artigo 26 da EC 103/2019 será de **108 salários de contribuição**.

Vale registrar que este novo regramento somente será aplicável para direitos formados após a data da publicação da Emenda 103/2019 (*tempus regit actum* e direito adquirido), devendo ser aplicado o artigo 57, §1º, da Lei 8.213/91 aos casos antigos.

Forçoso concluir que o artigo 57, §1º, da Lei 8.213/91 não foi recebido pela Emenda para o direito à aposentadoria especial formado após a data da publicação da Emenda 103/2019:

> ~~*"§ 1º A aposentadoria especial, observado o disposto no art. 33 desta Lei, consistirá numa renda mensal equivalente a 100% (cem por cento) do salário-de-benefício. (Redação dada pela Lei nº 9.032, de 1995)"*~~

O enquadramento das atividades especiais é feito pelo **anexo IV, do RPS**, que enumera os casos de aposentadoria especial com 15, 20 ou 25 anos de contribuição, conforme os agentes nocivos a que estão expostos os segurados.

O agente nocivo poderá ser *apenas qualitativo*, sendo a nocividade presumida e independente de mensuração, constatada pela simples presença do agente no ambiente de trabalho, conforme constante nos Anexos 6, 13, 13-A e 14 da Norma Regulamentadora nº 15 – NR-15 do MTE, e no Anexo IV do RPS, para os agentes iodo e níquel.

Poderá também o agente nocivo ser *quantitativo*, sendo a nocividade considerada pela ultrapassagem dos limites de tolerância ou doses, dispostos nos Anexos 1, 2, 3, 5, 8, 11 e 12 da NR-15 do MTE, por meio da mensuração da intensidade ou da concentração, consideradas no tempo efetivo da exposição no ambiente de trabalho.

Nesse sentido, o Decreto 8.123/2013 previu que se consideram condições especiais que prejudiquem a saúde e a integridade física aquelas nas quais a exposição ao agente nocivo ou associação de agentes presentes no ambiente de trabalho esteja acima dos limites de tolerância estabelecidos segundo critérios **quantitativos** ou esteja caracterizada segundo os critérios da avaliação **qualitativa**.

Ainda por força do Decreto 8.123/2013, a presença no ambiente de trabalho de agentes nocivos reconhecidamente **cancerígenos em humanos**, listados pela Secretaria Especial de Previdência e Trabalho, será suficiente para a comprovação de efetiva exposição do trabalhador.

Mas o tema sofreu uma reviravolta bem controvertida com o advento do Decreto 10.410/2020, que modificou a redação do artigo 60, §4º, do Regulamento da Previdência Social:

> "~~§ 4º A presença no ambiente de trabalho, com possibilidade de exposição a ser apurada na forma dos §§ 2o e 3o, de agentes nocivos reconhecidamente cancerígenos em humanos, listados pelo Ministério do Trabalho e Emprego, será suficiente para a comprovação de efetiva exposição do trabalhador. (Redação dada pelo Decreto nº 8.123, de 2013)~~
>
> § 4º Os agentes reconhecidamente **cancerígenos** para humanos, listados pela Secretaria Especial de Previdência e Trabalho do Ministério da Economia, serão avaliados em conformidade com o disposto nos § 2º e § 3º deste artigo e no **caput** do art. 64 e**, caso sejam adotadas as medidas de controle previstas na legislação trabalhista que eliminem a nocividade, será descaracterizada a efetiva exposição.** (Redação dada pelo Decreto nº 10.410, de 2020)".

Deste modo, o Regulamento da Previdência Social desde 1/7/2020 passou a admitir, em tese, a possibilidade de eficácia de EPI em agente cancerígeno, cabendo agora uma reapreciação da normatização ministerial e da autarquia, sempre como lastro a não retroação de nova posição administrativa desfavorável ao segurado, que ainda não ocorreu.

A esmagadora maioria das atividades especiais prevê a aposentadoria com 25 anos de contribuição. Apenas tem previsão de 20 anos o tempo especial de mineração subterrânea cujas atividades sejam exercidas afastadas das frentes de produção (item 4.0.1), assim como a exposição aos asbestos ou amianto (item 1.0.2), enquanto os trabalhos em atividades permanentes no subsolo de minerações subterrâneas em frentes de produção farão com que os segurados se aposentem com apenas 15 anos de contribuição, em razão da enorme lesividade à saúde (item 4.0.2).

Na hipótese de atividades concomitantes sob condições especiais, no mesmo ou em outro vínculo empregatício, será considerada aquela que exigir menor tempo para a aposentadoria especial.

Na forma do quanto previsto no próprio anexo IV, do Decreto 3.048/99, o que determina o direito ao benefício é a exposição do trabalhador ao agente nocivo presente no ambiente de trabalho e no processo produtivo, **em nível de concentração superior aos limites de tolerância estabelecidos.**

De acordo com o Decreto 10.410/2020, a Secretaria Especial de Previdência e Trabalho do Ministério da Economia promoverá a elaboração de estudos com base em critérios técnicos e científicos para atualização periódica do disposto no Anexo IV do Decreto 3.048/99.

▸ **Importante:**

O rol de agentes nocivos é exaustivo, enquanto que as atividades listadas, nas quais poderá haver a exposição, são exemplificativas, sendo este o entendimento da Previdência Social. Ao contrário do que acontecia antes da promulgação da Lei 9.032/95, **o enquadramento de uma atividade como especial não mais é feita presumidamente por categoria profissional**, exigindo-se a efetiva demonstração em concreto da exposição do segurado aos agentes nocivos à saúde.

Portanto, de acordo com o atual regramento, apenas a exposição permanente a um agente nocivo à saúde previsto no RPS dá direito à aposentadoria especial, cujo rol forma um *numerus clausus* (fechado).

▸ **Qual o entendimento do STJ sobre o assunto?**

No entanto, o atual posicionamento do STJ é contrário ao da Previdência Social, pois a Corte Superior considera como **exemplificativo** o rol de agentes nocivos listados pelo Anexo IV do Regulamento da Previdência Social:

O tema foi julgado como repetitivo pelo STJ (tema 534):

1. Trata-se de Recurso Especial interposto pela autarquia previdenciária com o escopo de prevalecer a tese de que a supressão do agente eletricidade do rol de agentes nocivos pelo Decreto 2.172/1997 (Anexo IV) culmina na impossibilidade de configuração como tempo especial (arts. 57 e 58 da Lei 8.213/1991) de tal hipótese a partir da vigência do citado ato normativo.

2. À luz da interpretação sistemática, as normas regulamentadoras que estabelecem os casos de agentes e atividades nocivos à saúde do trabalhador são exemplificativas, podendo ser tido como distinto o labor que a técnica médica e a legislação correlata considerarem como prejudiciais ao obreiro, desde que o trabalho seja permanente, não ocasional, nem intermitente, em condições especiais (art. 57, § 3º, da Lei 8.213/1991). Precedentes do STJ.

▸ Como esse assunto foi cobrado em concurso?

No concurso do CESPE para Procurador do TCU em 2015, foi considerado ERRADO o seguinte enunciado: De acordo com o STJ, para fins de aposentadoria especial, é taxativo o rol de agentes nocivos listados em regulamento.

▸ Qual o entendimento do STJ sobre o assunto?

De acordo com o tema 205 da TNU, de 12/03/2020, "a) para reconhecimento da natureza especial de tempo laborado em exposição a agentes biológicos não é necessário o desenvolvimento de uma das atividades arroladas nos Decretos de regência, sendo referido rol meramente exemplificativo; **b) entretanto, é necessária a comprovação em concreto do risco de exposição a microorganismos ou parasitas infectocontagiosos, ou ainda suas toxinas, em medida denotativa de que o risco de contaminação em seu ambiente de trabalho era superior ao risco em geral, devendo, ainda, ser avaliado, de acordo com a profissiografia, se tal exposição tem um caráter indissociável da produção do bem ou da prestação do serviço, independentemente de tempo mínimo de exposição durante a jornada** (Tema 211/TNU)".

Isso porque é tese firmada no tema 211 da TNU, de 17/12/2019, que "para aplicação do artigo 57, §3.º, da Lei n.º 8.213/91 a agentes biológicos, exige-se a **probabilidade da exposição ocupacional**, avaliando-se, de acordo com a **profissiografia**, o seu **caráter indissociável da produção do bem ou da prestação do serviço**, independente de tempo mínimo de exposição durante a jornada".

De acordo com a **Emenda Constitucional 120, de 5 de maio de 2022**, "*os agentes comunitários de saúde e os agentes de combate às endemias terão também, em razão dos riscos inerentes às funções desempenhadas,* ***aposentadoria especial*** *e, somado aos seus vencimentos, adicional de insalubridade*".

Trata-se de regra constitucional que **determina** a concessão de aposentadoria especial aos citados agentes de saúde por presunção de nocividade por exposição aos agentes biológicos, que diante da sua generalidade abarca o **RGPS** (empregados públicos) e **RPPS** (servidores com cargo efetivo).

Não possui aplicação imediata, pois não detém elementos mínimos de concretização sem a devida regulamentação por **lei complementar**, conforme exige o artigo 201, §4º, combinado com o artigo 40, §4º-C, ambos da Constituição, tais como tempo de contribuição e idade.

Registre-se que, no âmbito do RPPS dos estados, Distrito Federal e municípios, caberá aos respectivos entes políticos a sua regulamentação através de lei complementar.

Demais disso, **parece ser uma concessão excepcional de aposentadoria especial por categoria profissional**, posto que não exige exposição permanente aos agentes biológicos, trazendo uma presunção constitucional absoluta de especialidade por profissão, sistemática que havia sido extinta pela Lei 9.032/95 e reforçada pela Emenda 103/2019, sendo neste ponto um retrocesso no modelo de concessão do benefício, que desde 29/04/1995 havia abandonado a concessão por categoria profissional para focar na exposição permanente aos agentes nocivos, independentemente da profissão desempenhada.

Desse modo, somente após a sua regulamentação por intermédio de leis complementares teremos a efetiva aplicação desse novo dispositivo, sem prejuízo da concessão do benefício pelas regras anteriores por exposição permanente aos agentes biológicos com risco anormal de exposição em decorrência da natureza da atividade desempenhada, à luz dos artigos 19 e 21 da EC 103/2019 combinado com o artigo 57 da Lei 8.213/91.

No regime anterior, bastava para algumas categorias profissionais estarem listadas em regulamento (Decretos 53.831/64 e 83.080/79) para que o seu trabalho fosse considerado como especial, com presunção absoluta de exposição, a exemplo das telefonistas nas atividades prestadas até 28 de abril de 1995.

▸ Como esse assunto foi cobrado em concurso?

No concurso do CESPE para Procurador Federal (curso de formação) em 2010, foi considerado correto o seguinte enunciado: Pelo ordenamento jurídico atualmente vigente, a concessão de aposentadoria especial exige a comprovação da exposição efetiva, habitual e permanente do segurado aos agentes agressivos, não sendo suficiente apenas o seu enquadramento em determinada categoria profissional.

A jurisprudência costuma elastecer as categorias profissionais que possuíam direito à aposentadoria especial até a Lei 9.032/95. Tome-se como exemplo o código 1.3.2 do Decreto 53.831/64:

1.3.2	GERMES INFECCIOSOS OU PARASITÁRIOS HUMANOS – ANIMAIS Serviços de Assistência Médica, Odontológica e Hospitalar em que haja contato obrigatório com organismos doentes ou com materiais infecto-contagiantes.	Trabalhos permanentes expostos ao contato com doentes ou materiais infecto-contagiantes – assistência médico, odontológica, hospitalar e outras atividades afins.	Insalubre	25 anos	Jornada normal ou especial fixada em Lei. Lei nº 3.999, de 15-12-61. Art. 187 CLT. Portaria Ministerial 262, de 6-8-62.

Neste caso, além de beneficiar profissionais da área de saúde, existe forte jurisprudência para alcançar profissionais correlatos, que trabalhavam nos serviços gerais de hospitais.

▸ **Qual o entendimento da TNU sobre o assunto?**

Súmula 82 - O código 1.3.2 do quadro anexo ao Decreto n.º 53.831/64, além dos profissionais da área da saúde, contempla os trabalhadores que exercem atividades de serviços gerais em limpeza e higienização de ambientes hospitalares.

Por força do artigo 3º, da Lei 10.666/2003, a perda da qualidade de segurado não será considerada para a concessão da aposentadoria especial, bastando que a pessoa tenha o necessário tempo de contribuição enquadrado como especial e a carência de 180 contribuições pagas tempestivamente.

O aposentado especial que retornar a atividade especial terá o benefício suspenso, mas a lei não veda o retorno à atividade comum com perda da aposentadoria. Entretanto, a cessação do benefício deverá ser precedida de procedimento que garanta o contraditório e a ampla defesa do segurado.

▸ **Como esse assunto foi cobrado em concurso?**

No concurso do CESPE para Procurador do Estado de Alagoas em 2008, foi considerado errado o seguinte enunciado: O segurado que obteve o benefício de aposentadoria especial após 15 anos de serviço poderá retornar ao mercado de trabalho para o desempenho de atividade que o exponha a agentes nocivos, podendo cumular nova aposentadoria após o mesmo prazo.

▸ **Qual o entendimento do STF sobre o assunto?**

No início de junho de 2020, o STF acolheu a tese do INSS no tema 709:

"i) É constitucional a vedação de continuidade da percepção de aposentadoria especial se o beneficiário permanece laborando em atividade especial ou a ela retorna, seja essa atividade especial aquela que ensejou a aposentação precoce ou não.

ii) Nas hipóteses em que o segurado solicitar a aposentadoria e continuar a exercer o labor especial, a data de início do benefício será a data de entrada do requerimento, remontando a esse marco, inclusive, os efeitos financeiros. Efetivada, contudo, seja na via administrativa, seja na judicial a implantação do benefício, uma vez verificado o retorno ao labor nocivo ou sua continuidade, cessará o benefício previdenciário em questão".

Modulação da decisão no Tema 709:

Decisão: O Tribunal, por maioria, acolheu parcialmente os embargos de declaração, para:

a) esclarecer que não há falar em inconstitucionalidade do § 8º do art. 57 da Lei nº 8.213/91, em razão da alegada ausência dos requisitos autorizadores da edição da Medida Provisória que o originou, pois referida MP foi editada com a finalidade de se promoverem ajustes necessários na Previdência Social à época, cumprindo, portanto, as exigências devidas;

b) alterar a redação da tese de repercussão geral fixada, para evitar qualquer contradição entre os termos utilizados no acórdão ora embargado, devendo ficar assim redigida: "4. Foi fixada a seguinte tese de repercussão geral: '(i) [é] constitucional a vedação de continuidade da percepção de aposentadoria especial se o beneficiário permanece laborando em atividade especial ou a ela retorna, seja essa atividade especial aquela que ensejou a aposentação precoce ou não; (ii) nas hipóteses em que o segurado solicitar a aposentadoria e continuar a exercer o labor especial, a data de início do benefício será a data de entrada do requerimento, remontando a esse marco, inclusive, os efeitos financeiros; efetivada, contudo, seja na via administrativa, seja na judicial, a implantação do benefício, uma vez verificada a continuidade ou o retorno ao labor nocivo, cessará o pagamento do benefício previdenciário em questão'";

c) modular os efeitos do acórdão embargado e da tese de repercussão geral, de forma a preservar os segurados que tiveram o direito reconhecido por decisão judicial transitada em julgado até a data deste julgamento; e

d) declarar a irrepetibilidade dos valores alimentares recebidos de boa-fé, por força de decisão judicial ou administrativa, até a proclamação do resultado deste julgamento, nos termos do voto do Relator, vencido parcialmente o Ministro Marco Aurélio, que divergia apenas quanto à modulação. Plenário, Sessão Virtual de 12.2.2021 a 23.2.2021.

Posteriormente, **o PGR interpôs embargos de declaração** aduzindo que "referido acórdão padece de omissão, uma vez, que, "considerada a situação de grave emergência planetária em que nos inserimos hoje, há a necessidade de fazer a distinção e modulação dos efeitos em relação aos profissionais de saúde essenciais ao controle de doenças e à manutenção da ordem pública, listados no art. 3ºJ da Lei nº 13.979/2020, que estejam trabalhando diretamente no combate à epidemia do novo coronavírus ou colaborando com serviços de atendimento daqueles atingidos por ela em hospitais ou instituições congêneres, públicas ou particulares". Acrescentou que, em não ocorrendo essa modulação, podem advir inúmeros pedidos de demissão, em massa, desses profissionais, a acarretar sérios problemas à gestão da saúde pública, que já se encontra extremamente sobrecarregada, nestes tempos de pandemia. Postulou, assim, liminarmente, nos termos do art. 1.026, § 1º, do CPC, a suspensão dos efeitos do acórdão embargado, até o julgamento do recurso, ou o fim da declaração da situação de emergência, em relação aos profissionais de saúde listados no art. 3º-J, da Lei nº 13.979/2020, que estejam trabalhando diretamente no combate à epidemia do novo coronavírus ou colaborando com serviços de atendimento de pessoas atingidas pela doença em hospitais ou instituições congêneres, públicos ou particulares e, por fim, o acolhimento dos embargos, para modular os efeitos do acórdão recorrido, dessa mesma maneira".

O Ministro Dias Toffoli deferiu monocraticamente o pedido: "Previamente à análise dos novos embargos de declaração interpostos nos autos, dada a gravidade da situação aqui descrita e, ainda, em vista da expressa concordância do embargado, acolho o pedido apresentado pelo Procurador-Geral da República e, nos termos do art. 1.026, § 1º, do

CPC, **suspendo, liminarmente, e em relação aos profissionais de saúde constantes do rol do art. 3º-J, da Lei nº 13.979/2020, e que estejam trabalhando diretamente no combate à epidemia do COVID-19, ou prestando serviços de atendimento a pessoas atingidas pela doença em hospitais ou instituições congêneres, públicos ou privados, os efeitos do acórdão proferido nos autos,** que apreciou os anteriores recursos de embargos de declaração aqui opostos".

▸ **Importante:**

Prevê o artigo 64, do RPS, que apenas o *segurado empregado*, o *trabalhador avulso* e o *contribuinte individual cooperado filiado à cooperativa de trabalho ou de produção* fazem jus à aposentadoria especial, pois apenas nestes casos há prévia fonte de custeio específica, consistente nas contribuições previdenciárias pagas pelas empresas, na forma do artigo 57, §6º, da Lei 8.213/91 e do artigo 1º, da Lei 10.666/2003.

▸ **Como esse assunto foi cobrado em concurso?**

No concurso do CESPE para Advogado da CEF em 2010, foi considerado errado o seguinte enunciado: Segurado especial, na condição de trabalhador rural, faz jus à percepção de aposentadoria especial, uma vez cumprido o período de carência.

Porém, inexiste esta restrição na Lei 8.213/91, razão pela qual é discutível a validade da referida restrição regulamentar, já tendo sido pronunciada a sua ilegalidade pelo TRF da 2ª Região, ao afirmar que, "no que concerne ao fato de ser o proprietário do estabelecimento comercial, ressalte-se que o Plano de Benefícios não distinguiu espécies de segurado, para efeito da concessão de aposentadoria especial, pelo que se infere ser esta devida tanto ao trabalhador que ostenta a condição de empregado quanto àquele que se insere na categoria de contribuinte individual" (AC 309.759, de 04.02.2004).

▸ **Qual o entendimento da TNU sobre o assunto?**

A TNU acolheu a tese da ilegalidade do artigo 64, do RPS, ao admitir que contribuinte individual não cooperado possa ter direito à aposentadoria especial: **Súmula 62-** O segurado contribuinte individual pode obter reconhecimento de atividade especial para fins previdenciários, desde que consiga comprovar exposição a agentes nocivos à saúde ou à integridade física.

Favoravelmente ao artigo 64, do RPS, pode-se invocar o **Princípio da Precedência da Fonte de Custeio**, tendo em conta que apenas a aposentadoria especial do empregado, do avulso e do contribuinte individual filiado à cooperativa de trabalho ou de produção possui o prévio pagamento de contribuições previdenciárias específicas.

▸ **Qual o entendimento do STJ sobre o assunto?**

Em 17 de setembro de 2015, a 2ª Turma do STJ pronunciou a ilegalidade do artigo 64 do Decreto 3.048/99, no julgamento do Recurso Especial 1.436.794:"o artigo 64 do Decreto 3.048/1999, ao limitar a concessão do benefício aposentadoria especial ao segurado empregado, trabalhador avulso e contribuinte individual cooperado, extrapola os limites da Lei de Benefícios que se propôs regulamentar, razão pela qual deve ser reconhecida sua ilegalidade".

Uma vez realizado o tempo de contribuição especial, pontuação fixada na Emenda 103/2019 e a carência, o benefício será devido desde a data de entrada do requerimento no INSS. No caso do segurado empregado, a data de início do benefício será a do desligamento do emprego, se requerida até 90 dias.

Caso não haja desligamento do emprego ou se requerida depois de transcorridos 90 dias da extinção do vínculo empregatício, o benefício será devido desde o requerimento administrativo.

▸ **Importante:**

Para fazer jus ao benefício, a atividade deverá se enquadrar como especial, assim considerado o **tempo de trabalho permanente, não ocasional nem intermitente, em condições especiais que prejudiquem a saúde ou a integridade física do segurado**, a ser comprovado perante o INSS.

▸ **Como esse assunto foi cobrado em concurso?**

No concurso do CESPE para Juiz Federal da 5ª Região em 2009, foi considerado errado o seguinte enunciado: A concessão da aposentadoria especial dependerá de comprovação, pelo segurado, perante o INSS, do tempo de trabalho exigido pela lei, **ainda que de forma intermitente**, em condições especiais que prejudiquem a saúde ou a integridade física, durante o período mínimo fixado. Outrossim, no concurso para Procurador do Município de Natal em 2008, o CESPE considerou errado o seguinte enunciado: A concessão de aposentadoria especial depende de comprovação pelo segurado, perante o Instituto Nacional do Seguro Social (INSS), do tempo de trabalho permanente, **ocasional ou intermitente**, em condições especiais que prejudiquem a saúde ou a integridade física, durante o período mínimo fixado.

Vale registrar que a exposição permanente ao agente nocivo previsto no Regulamento surgiu com a Lei 9.032/95, não sendo aplicado ao tempo especial anterior.

▸ **Qual o entendimento da TNU sobre o assunto?**

"**Súmula 49** – Para reconhecimento de condição especial de trabalho antes de 29/4/1995, a exposição a agentes nocivos à saúde ou à integridade física não precisa ocorrer de forma permanente".

Mesmo sem nocividade em razão do afastamento, o artigo 65 do Decreto 3.048/1999 permitia que o auxílio-doença por acidente de trabalho fosse computado como tempo especial por agentes nocivos, existindo jurisprudência que estende esta regra ao auxílio-doença comum (sem acidente de trabalho).

> **▸ Qual o entendimento do STJ sobre o assunto?**
>
> **Tema 998 (26/6/2019)** - O Segurado que exerce atividades em condições especiais, quando em gozo de auxílio-doença, seja acidentário ou previdenciário, faz jus ao cômputo desse mesmo período como tempo de serviço especial.

No entanto, o Decreto 10.410/2020 modificou o artigo 65, parágrafo único, do Decreto 3.048/99:

> "Art. 65. Considera-se tempo de trabalho permanente aquele que é exercido de forma não ocasional nem intermitente, no qual a exposição do empregado, do trabalhador avulso ou do cooperado ao agente nocivo seja indissociável da produção do bem ou da prestação do serviço. (Redação dada pelo Decreto nº 8.123, de 2013)
>
> **Parágrafo único. Aplica-se o disposto no caput aos períodos de descanso determinados pela legislação trabalhista, inclusive ao período de férias, e aos de percepção de salário-maternidade, desde que, à data do afastamento, o segurado estivesse exposto aos fatores de risco de que trata o art. 68. (Redação dada pelo Decreto nº 10.410, de 2020)**".

Dessa forma, desde 1/7/2020, os benefícios previdenciários por acidente de trabalho não mais serão considerados como tempo especial por ausência de nocividade durante o afastamento do labor, restando apenas o cômputo do salário-maternidade como tempo especial, que se configura tecnicamente uma ilegalidade regulamentar não corrigida.

Por outro até, até 30/6/2020 devem os benefícios por incapacidade laboral acidentários serem considerados como tempo especial, pois é vedada a aplicação retroativa de novel interpretação governamental à luz do Princípio da Segurança Jurídica.

A atividade especial pressupõe a exposição aos agentes nocivos químicos, físicos, biológicos ou associação de agentes prejudiciais à saúde ou à integridade física, pelo período equivalente ao exigido para a concessão do benefício.

> **▸ Importante:**
>
> A comprovação da efetiva exposição do segurado aos agentes nocivos será feita mediante **formulário** emitido pela empresa ou seu preposto, com base em **laudo técnico de condições ambientais do trabalho,** expedido por médico do trabalho ou engenheiro de segurança do trabalho, nos termos da legislação trabalhista.

▸ **Qual o entendimento do STJ sobre o assunto?**

Exceto para o agente nocivo ruído que já o exigia, o laudo técnico de condições ambientais passou a ser pressuposto obrigatório para o preenchimento do formulário com o advento do Decreto 2.172/97 (para o tempo especial a partir de 06.03.97), que regulamentou a nova redação artigo 58, da Lei 8.213/91, dada pela Lei 9.528/97 (REsp 354. 737, de 18.11.2008).

▸ **Importante:**

Desde 01.01.2004, o formulário utilizado pela legislação previdenciária é o **PPP – Perfil Profissiográfico Previdenciário**, por força da IN INSS DC 95/2003,assim considerado o documento histórico-laboral do trabalhador, segundo modelo instituído pelo Instituto Nacional do Seguro Social, que, entre outras informações, deve conter registros ambientais, resultados de monitoração biológica e dados administrativos, que deverá sofrer atualização sempre que houver informações que impliquem na mudança do seu conteúdo, a ser feita pelo menos uma vez ao ano.

A legislação previdenciária não exige que o formulário e o laudo técnico de condições ambientais sejam produzidos contemporaneamente ao tempo de contribuição especial a ser comprovado.

▸ **Qual o entendimento da TNU sobre o assunto?**

Súmula 68 – O laudo pericial não contemporâneo ao período trabalhado é apto à comprovação da atividade especial do segurado.

Vale frisar que, a princípio, basta a apresentação do PPP, não sendo exigível o LTCAT, salvo se houver incorreção, contradição ou obscuridade no PPP, hipótese na qual deve ser o segurado instado a apresentar o laudo.

▸ **Qual o entendimento do STJ sobre o assunto?**

O STJ fixou tese repetitiva nesse mesmo sentido no julgamento da PETIÇÃO Nº 10.262 – RS (2013/0404814-0), de 8/2/2017: PEDIDO DE UNIFORMIZAÇÃO DE JURISPRUDÊNCIA. PREVIDENCIÁRIO. COMPROVAÇÃO DE TEMPO DE SERVIÇO ESPECIAL. RUÍDO. PERFIL PROFISSIOGRÁFICO PREVIDENCIÁRIO (PPP). APRESENTAÇÃO SIMULTÂNEA DO RESPECTIVO LAUDO TÉCNICO DE CONDIÇÕES AMBIENTAIS DE TRABALHO (LTCAT). DESNECESSIDADE QUANDO AUSENTE IDÔNEA IMPUGNAÇÃO AO CONTEÚDO DO PPP. 1. Em regra, trazido aos autos o Perfil Profissiográfico Previdenciário (PPP), dispensável se faz, para o reconhecimento e contagem do tempo de serviço especial do segurado, a juntada do respectivo Laudo Técnico de Condições Ambientais de Trabalho (LTCAT), na medida que o PPP já é elaborado com base nos dados existentes no LTCAT, ressalvando-se, entretanto, a necessidade da também apresenta ção desse laudo quando idoneamente impugnado o conteúdo do PPP. 2. No caso concreto, conforme destacado no escorreito acórdão da TNU, assim como no bem lançado pronunciamento do Parquet, não foi suscitada pelo órgão previdenciário nenhuma objeção específica às informações técnicas constantes do PPP anexado aos autos, não se podendo, por isso, recusar-lhe validade como meio de prova apto à comprovação da exposição do trabalhador ao agente nocivo "ruído". 3. Pedido de uniformização de jurisprudência improcedente.

O PPP deverá ser emitido pela empresa empregadora, no caso de empregado; pela cooperativa de trabalho ou de produção, no caso de cooperado filiado; pelo órgão gestor de mão de obra, no caso de trabalhador avulso portuário e pelo sindicato da categoria, no caso de trabalhador avulso não portuário.

Deverá ser impresso por ocasião da rescisão do contrato de trabalho ou da desfiliação da cooperativa, sindicato ou órgão gestor de mão de obra, em duas vias, com fornecimento de uma das vias para o trabalhador, mediante recibo.

Para as atividades exercidas até 31 de dezembro de 2003, serão aceitos os antigos formulários, desde que emitidos até essa data, observando as normas de regência vigentes nas respectivas datas de emissão.

Vale destacar que a empresa deverá elaborar e manter atualizado perfil profissiográfico previdenciário, abrangendo as atividades desenvolvidas pelo trabalhador e fornecer a este, quando da rescisão do contrato de trabalho ou do desligamento do cooperado, cópia autêntica deste documento, sob pena de multa.

Com propriedade, as **avaliações ambientais** deverão considerar a classificação dos agentes nocivos e os limites de tolerância estabelecidos pela legislação trabalhista, bem como a **metodologia** e os procedimentos de avaliação estabelecidos pela Fundação Jorge Duprat Figueiredo de Segurança e Medicina do Trabalho – **FUNDACENTRO** e os limites de tolerância estabelecidos pela NR-15, do MTE.

Frise-se que o PPP e o laudo técnico emitidos em data anterior ou posterior ao exercício da atividade do segurado poderão ser aceitos para garantir direito relativo ao enquadramento de tempo especial, após avaliação por parte do INSS.

Caso a empresa não forneça o PPP ou o apresente com incorreções, o segurado poderá ajuizar ação contra a empresa na Justiça do Trabalho cominatória de obrigação de fazer, a fim de disponibilizar o formulário que é imprescindível à concessão da aposentadoria especial.

▸ **Qual o entendimento do TST sobre o assunto?**

"**RECURSO DE REVISTA DO RECLAMANTE. ENTREGA DO PERFIL PSICOGRÁFICO PREVIDENCIÁRIO PELO EMPREGADOR**. O Perfil Profissiográfico é um documento que deve ser mantido pelo empregador e no qual são registradas as condições de trabalho, atividades e funções desenvolvidas pelo empregado. Tal documento deve ser devidamente atualizado durante o contrato de trabalho, na medida em que as circunstâncias operacionais relativas às atividades laborais sofrerem modificação. O documento, devidamente preenchido e atualizado, somente é disponibilizado ao trabalhador na data da sua rescisão contratual. Portanto, no termos do § 4.º do artigo 58 da Lei n.º 8.213/91, deve o Reclamado fornecer o Perfil Profissiográfico Previdenciário ao Reclamante. Recurso de Revista parcialmente conhecido e provido". (RR - 189700-06.2008.5.02.0043, Relatora Ministra: Maria de Assis Calsing, Data de Julgamento: 20/03/2013, 4ª Turma, Data de Publicação: 26/03/2013).

▸ **Qual o entendimento do STJ sobre o assunto?**

De acordo com o Corte Superior, "a prova pericial é o meio adequado e necessário para atestar a sujeição do trabalhador a agentes nocivos à saúde para seu enquadramento legal em atividade especial. Diante do caráter social da previdência, o trabalhador segurado não pode sofrer prejuízos decorrentes da impossibilidade de produção da prova técnica. 4. Quanto ao tema, a Segunda Turma já teve a oportunidade de se manifestar, reconhecendo nos autos do Recurso Especial1.397.415/RS, de Relatoria do Ministro Humberto Martins, a **possibilidade de o trabalhador se utilizar de perícia produzida de modo indireto, em empresa similar àquela em que trabalhou, quando não houver meio de reconstituir as condições físicas do local onde efetivamente prestou seus serviços**. 5. É exatamente na busca da verdade real/material que deve ser admitida a **prova técnica por similaridade**. A aferição indireta das circunstâncias de labor, quando impossível a realização de perícia no próprio ambiente de trabalho do segurado é medida que se impõe. 6. A perícia indireta ou por similaridade é um critério jurídico de aferição que se vale do argumento da primazia da realidade, em que o julgador faz uma opção entre os aspectos formais e fáticos da relação jurídica sub judice, para os fins da jurisdição. 7. O processo no Estado contemporâneo tem de ser estruturado não apenas consoante as necessidades do direito material, mas também dando ao juiz e à parte a oportunidade de se ajustarem às particularidades do caso concreto" (RESP 1.370.229, de 25/02/2014).

Destaque-se que o simples recebimento do adicional de insalubridade, verba trabalhista, não gera necessariamente a contagem do tempo especial, tendo em vista serem diversas as sistemáticas do direito trabalhista e previdenciário.

▸ **Qual o entendimento do STJ sobre o assunto?**

A Corte Superior adotou esse posicionamento no julgamento do EARESP 200702630250, de 17.02.2009.

Questão polêmica é saber se o fornecimento de equipamento de proteção individual pela empresa ao segurado exclui ou não o enquadramento da atividade especial.

▸ **Qual o entendimento do STJ sobre o assunto?**

O STJ já se pronunciou no sentido de que "o fato de a empresa fornecer ao empregado o Equipamento de Proteção Individual - EPI, ainda que tal equipamento seja devidamente utilizado, não afasta, de per se, o direito ao benefício da aposentadoria com a contagem de tempo especial, devendo cada caso ser apreciado em suas particularidades" (REsp 720.082, de 15.12.2005).

▸ **Qual o entendimento da TNU sobre o assunto?**

Súmula 09 - "O uso de Equipamento de Proteção Individual (EPI), ainda que elimine a insalubridade, no caso de exposição a ruído, não descaracteriza o tempo de serviço especial prestado".

▸ **Como esse assunto foi cobrado em concurso?**

No concurso do CESPE para Procurador Federal em 2010, foi considerado errado o seguinte enunciado: De acordo com entendimento da Turma Nacional de Uniformização da Jurisprudência dos Juizados Especiais Federais, para fins de aposentadoria especial, o uso de equipamento de proteção individual, no caso de exposição a ruído, apenas descaracterizará o tempo de serviço especial prestado se houver a eliminação da insalubridade.

Logo, nota-se que é preciso a análise de cada situação concreta a fim de verificar se a utilização do EPI reduziu ou não a exposição do segurado aos agentes nocivos para níveis abaixo dos padrões de tolerância, pois uma atividade apenas se enquadrará como especial se houver lesividade à saúde ou integridade física do trabalhador, a fim de justificar a concessão antecipada da proteção previdenciária.

O meu entendimento sobre essa polêmica é o seguinte: se o agente nocivo for *apenas qualitativo*, sendo a nocividade presumida e independente de mensuração, o uso de EPI não descaracteriza o tempo especial; se o agente nocivo for *quantitativo*, sendo a nocividade considerada pela ultrapassagem dos limites de tolerância ou doses, a concessão de EPI eficaz que reduza a exposição para aquém dos limites de tolerância, não haverá atividade especial a ser considerada.

▸ **Qual o entendimento do STF sobre o assunto?**

No julgamento do Recurso Extraordinário com Agravo (ARE) 664335 concluído em 04 de dezembro de 2014, decidiu a Suprema Corte que "o direito à aposentadoria especial pressupõe a efetiva exposição do trabalhador a agente nocivo a sua saúde, de modo que se o Equipamento de Proteção Individual (EPI) for realmente capaz de neutralizar a nocividade, não haverá respaldo à concessão constitucional de aposentadoria especial". Esta foi a primeira tese aprovada.

No entanto, no caso do agente nocivo ruído, "na hipótese de exposição do trabalhador a ruído acima dos limites legais de tolerância, a declaração do empregador no âmbito do Perfil Profissiográfico Previdenciário (PPP), no sentido da eficácia do Equipamento de Proteção Individual (EPI), não descaracteriza o tempo de serviço especial para a aposentadoria". Esta foi a segunda tese aprovada.

Assim sendo, o STF admitiu em abstrato a tese de que o EPI realmente eficaz afastará a concessão da aposentadoria especial. No entanto, no caso do ruído, por não admitir a eficácia real do EPI (tema cientificamente controverso), o seu uso não irá descaracterizar o tempo especial prestado, adotando-se o mesmo entendimento da Súmula 09 da TNU.

De acordo com o Manual da Aposentadoria Especial do INSS, no que concerne ao agente ruído, **deve-se observar se consta informação sobre EPC a partir de 14.10.1996** e sobre EPI a partir de 3.12.1998, não devendo ser considerada a informação sobre EPI para os períodos laborados anteriores a 3.12.1998 (data da publicação da MP nº 1.729/1998 convertida da Lei nº 9.732/1998).

▸ **Qual o entendimento da TNU sobre o assunto?**

Súmula 87 - A eficácia do EPI não obsta o reconhecimento de atividade especial exercida antes de 03/12/1998, data de início da vigência da MP 1.729/98, convertida na Lei n. 9.732/98.

▸ **Qual o entendimento da TNU sobre o assunto?**

TEMA 213 - I - A informação no Perfil Profissiográfico Previdenciário (PPP) sobre a existência de equipamento de proteção individual (EPI) eficaz pode ser fundamentadamente desafiada pelo segurado perante a Justiça Federal, desde que exista impugnação específica do formulário na causa de pedir, onde tenham sido motivadamente alegados: (i.) a ausência de adequação ao risco da atividade; (ii.) a inexistência ou irregularidade do certificado de conformidade; (iii.) o descumprimento das normas de manutenção, substituição e higienização; (iv.) a ausência ou insuficiência de orientação e treinamento sobre o uso o uso adequado, guarda e conservação; ou (v.) qualquer outro motivo capaz de conduzir à conclusão da ineficácia do EPI. II - Considerando que o Equipamento de Proteção Individual (EPI) apenas obsta a concessão do reconhecimento do trabalho em condições especiais quando for realmente capaz de neutralizar o agente nocivo, havendo divergência real ou dúvida razoável sobre a sua real eficácia, provocadas por impugnação fundamentada e consistente do segurado, o período trabalhado deverá ser reconhecido como especial.

Para o segurado que houver exercido sucessivamente duas ou mais atividades sujeitas a condições especiais prejudiciais à saúde ou à integridade física, sem completar em qualquer delas o prazo mínimo exigido para a aposentadoria especial, os respectivos períodos serão somados após conversão, conforme tabela abaixo, extraída do artigo 66, do RPS, considerada a atividade preponderante:

	MULTIPLICADORES		
Tempo a converter	Para 15	Para 20	Para 25
De 15 anos	–	1,33	1,67
De 20 anos	0,75	–	1,25
De 25 anos	0,60	0,80	–

Suponha-se que *Allan* tenha trabalho por 10 anos em uma atividade especial sujeita à aposentadoria especial com 20 anos de contribuição. Posteriormente, ele se desligou desse emprego e passou a trabalhar em atividade especial que conduz à aposentadoria com 25 anos de contribuição.

Neste caso, conforme a tabela acima, os 10 anos trabalhados serão multiplicados pelo fator 1,25, sendo transformados em 12,5 anos. Logo, Allan precisará trabalhar mais 12,5 anos na atividade especial sujeita à aposentadoria com 25 anos de contribuição, e não mais 15 anos.

Outrossim, **era possível até a EMENDA 103/2019 a conversão de tempo de atividade sob condições especiais em tempo de atividade comum**, conforme a seguinte tabela do artigo 70 do RPS:

	MULTIPLICADORES	
Tempo a converter	Mulher (para 30)	Homem (para 35)
De 15 anos	2,00	2,33
De 20 anos	1,50	1,75
De 25 anos	1,20	1,40

A conversão do tempo especial em comum era garantida pelo artigo 57, §6º, da Lei 8.213/91:

> ~~"§ 5º O tempo de trabalho exercido sob condições especiais que sejam ou venham a ser consideradas prejudiciais à saúde ou à integridade física será somado,~~ **~~após a respectiva conversão ao tempo de trabalho exercido em atividade comum~~**~~, segundo critérios estabelecidos pelo Ministério da Previdência e Assistência Social, para efeito de concessão de qualquer benefício. (Parágrafo acrescentado pela Lei nº 9.032, de 28.4.95)"~~.

Com a vedação do artigo 26, §2º, da Emenda 103/2019, apenas dar-se-á a **conversão do tempo especial em comum prestado até o dia da sua publicação,** não tendo o §5º do artigo 57 da Lei 8.213/91 sido recebido pela novel reforma constitucional.

Logo, é VEDADA A CONVERSÃO DO TEMPO ESPECIAL EM COMUM prestado após a data da publicação da reforma previdenciária, sendo um duro golpe nos segurados que REALMENTE exercem atividades nocivas, que não mais poderão ter cômputo diferenciado para uma aposentadoria comum acaso não preencham os requisitos para a aposentadoria especial.

De acordo com o artigo 70, §2º, do Regulamento, as regras de conversão de tempo de atividade sob condições especiais em tempo de atividade comum (tabela de conversão) aplicam-se ao trabalho prestado em qualquer período.

▸ **Qual o entendimento da TNU sobre o assunto?**

Súmula 55- A conversão do tempo de atividade especial em comum deve ocorrer com aplicação do fator multiplicativo em vigor na data da concessão da aposentadoria.

▸ **Qual o entendimento da TNU sobre o assunto?**

"**Súmula 50** – É possível a conversão do tempo de serviço especial em comum do trabalho prestado em qualquer período". ESTA SÚMULA FICOU PREJUDICADA PARA O TEMPO ESPECIAL PRESTADO APÓS A EMENDA 103/2019.

▸ **Importante:**

Vale salientar que não **há mais previsão legal para a conversão do tempo comum em especial**, que inclusive é proibida pelo artigo 249, da Instrução Normativa INSS PRES 77/2015.

Até o advento da Lei 9.032/95, era possível a conversão de tempo comum em especial, devendo ser respeitado este regramento para o tempo de serviço prestado até a sua vigência, em respeito ao Princípio do *Tempus Regit Actum*.

À luz do direito adquirido, somente se cogita em conversão de tempo comum em especial na atualidade em uma situação: se o segurado adquiriu o direito à aposentadoria antes da vigência da Lei 9.032/95.

▸ **Qual o entendimento da TNU sobre o assunto?**

"**Súmula 85** – É possível a conversão de tempo comum em especial de período(s) anterior(es) ao advento da Lei nº 9.032/95 (que alterou a redação do §3º do art. 57 da Lei nº 8.213/91), desde que todas as condições legais para a concessão do benefício pleiteado tenham sido atendidas antes da publicação da referida lei, independentemente da data de entrada do requerimento (DER).

Por sua vez, a partir da Emenda Constitucional nº 18, de 30 de junho de 1981, não é permitida a conversão do tempo de exercício de magistério para qualquer espécie de benefício, exceto se o segurado implementou todas as condições até 29 de junho de 1981.

Frise-se que para o reconhecimento do tempo de contribuição especial incidirá o Princípio do *Tempus Regit Actum*, de modo que será aplicada a legislação previdenciária vigente no momento da sua prestação.

▸ Qual o entendimento do STJ sobre o assunto?

De acordo com a Corte Superior, "o tempo de serviço é disciplinado pela lei vigente à época em que efetivamente prestado, por força do princípio *tempus regit actum*. Desta forma, integra, como direito autônomo, o patrimônio jurídico do trabalhador. A lei nova que venha a estabelecer restrição ao cômputo do tempo de serviço não pode ser aplicada retroativamente" (REsp 1.205.482, de 23.11.2010).

▸ Como esse assunto foi cobrado em concurso?

No concurso do CESPE para Promotor de Justiça do Espírito Santo em 2010, foi considerado correto o seguinte enunciado: O reconhecimento da atividade exercida como especial é disciplinado pela lei vigente à época da prestação do serviço, por força do princípio tempus regit actum, passando a integrar, como direito adquirido, o patrimônio jurídico do trabalhador, não se aplicando retroativamente legislação nova mais restritiva.

Por isso, deverá ser observada a seguinte tabela:

PERÍODO	ENQUADRAMENTO
Até 28/4/1995	Quadro Anexo ao Decreto nº 53.831, de 1964. Anexos I e II do RBPS, aprovado pelo Decreto nº 83.080, de 1979. Formulário; CP/CTPS; LTCAT, obrigatoriamente para o agente físico ruído.
De 29/4/1995 a 13/10/1996	Código 1.0.0 do Quadro Anexo ao Decreto nº 53.831, de 1964. Anexo I do RBPS, aprovado pelo Decreto nº 83.080, de 1979. Formulário; LTCAT ou demais Demonstrações Ambientais, obrigatoriamente para o agente físico ruído.
De 14/10/1996 a 5/3/1997	Código 1.0.0 do Quadro Anexo ao Decreto nº 53.831, de 1964. Anexo I do RBPS, aprovado pelo Decreto nº 83.080, de 1979. Formulário; LTCAT ou demais Demonstrações Ambientais, para todos os agentes nocivos.
De 6/3/1997 a 31/12/1998	Anexo IV do RBPS, aprovado pelo Decreto nº 2.172, de 1997. Formulário; LTCAT ou demais Demonstrações Ambientais, para todos os agentes nocivos.
De 1º/1/1999 a 6/5/1999	Anexo IV do RBPS, aprovado pelo Decreto nº 2.172, de 1997. Formulário; LTCAT ou demais Demonstrações Ambientais, para todos os agentes nocivos, que deverão ser confrontados com as informações relativas ao CNIS para homologação da contagem do tempo de serviço especial, nos termos do art. 19 e § 2º do art. 68 do RPS, com redação dada pelo Decreto nº 4.079, de 2002.
De 7/5/1999 a 31/12/2003	Anexo IV do RPS, aprovado pelo Decreto nº 3.048, de 1999. Formulário; LTCAT ou demais Demonstrações Ambientais, para todos os agentes nocivos, que deverão ser confrontados com as informações relativas ao CNIS para homologação da contagem do tempo de serviço especial, nos termos do art. 19 e § 2º do art. 68 do RPS, com redação dada pelo Decreto nº 4.079, de 2002.
A partir de 1º/1/2004	Anexo IV do RPS, aprovado pelo Decreto nº 3.048, de 1999. Formulário, que deverá ser confrontado com as informações relativas ao CNIS para homologação da contagem do tempo de serviço especial, nos termos do art. 19 e § 2º do art. 68 do RPS, com redação dada pelo Decreto nº 4.079, de 2002.

* **LTCAT** – Laudo Técnico das Condições Ambientais de Trabalho

No caso de exposição ao ruído, deverão ser observadas as seguintes regras para enquadramento da atividade como especial, conforme a regulamentação em vigor na época da sua prestação:

A) **Antes de 05/03/1997**, é considerada nociva a atividade sujeita a ruídos superiores a **80 dB**, conforme previsão do Decreto 53.831/64;

B) **A partir de 06/03/1997 até 18/11/2003**, por força do Decreto 2.172/97, deve ser considerado o nível de ruído acima de **90 dB**;

C) **A partir de 19/11/2003**, somente se considera nocivo o ruído superior a **85 dB**, conforme alteração perpetrada no Decreto 3.048/99, trazida pelo Decreto 4.882/2003.

> ▸ **Como esse assunto foi cobrado em concurso?**
>
> No concurso do CESPE para Procurador do Estado de Alagoas em 2008, foi considerado errado o seguinte enunciado: Não se considera como especial o tempo de trabalho laborado com exposição a ruídos, ainda que para simples conversão em tempo comum.

Nesse sentido, dispõe a Súmula 32 da Advocacia-Geral da União: "O tempo de trabalho laborado com exposição a ruído é considerado especial, para fins de conversão em comum, nos seguintes níveis: superior a 80 decibéis, na vigência do Decreto n. 53.831/64 (1.1.6); superior a 90 decibéis, a partir de 5 de março de 1997, na vigência do Decreto n. 2.172/97; superior a 85 decibéis, a partir da edição do Decreto n. 4.882, de 18 de novembro de 2003".

> ▸ **Qual o entendimento do STJ sobre o assunto?**
>
> O STJ possui o mesmo entendimento da AGU a respeito: É firme o entendimento da Terceira Seção desta Corte de Justiça no sentido de que é considerada especial a atividade exercida com exposição a ruídos superiores a 80 decibéis até a edição do Decreto nº 2.171/97, sendo considerado prejudicial, após essa data, o nível de ruído superior a 90 decibéis. A partir da entrada em vigor do Decreto nº 4.882, em 18.11.2003, o limite de tolerância ao agente físico ruído reduziu para 85 decibéis (EDcl nos EDcl no REsp 1100191 / SC, de 27.09.2011).

> ▸ **Qual o entendimento na TNU sobre o assunto?**
>
> Com o cancelamento da Súmula 32 da TNU na sessão de 09 de outubro de 2013, este Colegiado aderiu ao posicionamento do STJ.

Logo, o entendimento é que a partir de 06/03/1997 até 18/11/2003, por força do Decreto 2.172/97, deve ser considerado o nível de ruído acima de 90 dB. Após, será considerada como especial a exposição acima de 85 dB, com base no Decreto 4.882/2003.

No julgamento do **Tema 1083 em novembro de 2021**, o STJ decidiu afastar o critério da média aritmética simples para a aferição de nocividade do ruído, devendo ser aferido através do NEN. Excepcionalmente, em situações que não tiver NEN no LTCAT ou PPP, deverá adotar o **nível máximo de ruído**, desde que perícia judicial ateste ser esta a realidade do labor.

> **▸ Qual o entendimento do STJ sobre o assunto?**
>
> Para os fins do art. 1.039, CPC/2015, firma-se a seguinte tese: "O reconhecimento do exercício de atividade sob condições especiais pela exposição ao agente nocivo ruído, quando constatados diferentes níveis de efeitos sonoros, deve ser aferido por meio do Nível de Exposição Normalizado (NEN). **Ausente essa informação, deverá ser adotado como critério o nível máximo de ruído (pico de ruído), desde que perícia técnica judicial comprove a habitualidade e a permanência da exposição ao agente nocivo na produção do bem ou na prestação do serviço.**"

A questão é a adoção do "pico de ruído" (nível máximo sonoro) apenas seleciona o maior nível de exposição durante a jornada, podendo não ser compatível com a exposição permanente exigida após a vigência da Lei 9.032/95.

Suponha-se que um segurado na atualidade esteja sujeito a uma exposição entre 80 e 85 dB durante a sua jornada de trabalho. Excepcionalmente, por 3 minutos, foi exposto a 87 dB. Adotando a metodologia do nível máximo sonoro, teria direito a aposentadoria especial.

Embora seja uma posição favorável ao segurado, é tecnicamente considerada equivocada pelos especialistas, pois não reflete toda a jornada de trabalho, mas apenas o momento de exposição máxima.

A tese firmada pelo STJ no Tema 1083 exige uma perícia judicial para a aplicação do "pico de ruído", devendo o juiz do caso concreto atentar para a exigência de permanência para a sua adoção, que é supletiva ao NEN.

Seria mais perto da realidade ter adotado a média aritmética simples, pois o "pico" de ruído não parece ser compatível com a exigência de exposição permanente, posto que considera apenas a maior medição, e não toda a jornada de trabalho.

Impende salientar que a aposentadoria especial nasceu apenas com o advento da Lei Orgânica da Previdência Social (Lei 3.807/1960), não devendo ser reconhecido como especial o tempo de contribuição anterior à LOPS, em aplicação ao Princípio do *Tempus Regit Actum*, razão pela qual incabível também qualquer conversão em comum.

▸ **Qual o entendimento do STJ sobre o assunto?**

Tanto na 3ª Seção quanto na 1ª Seção, pacificou-se o entendimento de que é possível o reconhecimento do tempo especial mesmo antes da Lei 3.807/1960: "AGRAVO REGIMENTAL NOS EMBARGOS DE DIVERGÊNCIA EM RECURSO ESPECIAL. PREVIDENCIÁRIO. RECONHECIMENTO, PARA FINS DE APOSENTADORIA, DA NATUREZA ESPECIAL DE TEMPO DE SERVIÇO PRESTADO ANTES DA EDIÇÃO DA LEI Nº 3.807/1960. POSSIBILIDADE. DISSÍDIO JURISPRUDENCIAL SUPERADO. **1. Nos termos do art. 162 da Lei nº 3.807/1960, é possível o reconhecimento, para fins de aposentadoria, da natureza especial de tempo de serviço prestado antes da edição da referida lei. Entendimento consolidado no âmbito das Turmas que integram a Terceira Seção** (3ª Seção, AgRg nos EREsp 996196, de 24/04/2013). "RECURSO ESPECIAL. VIOLAÇÃO DO ART. 535 DO CPC NÃO CONFIGURADA. MATÉRIA REPETITIVA. ART. 543-C DO CPC E RESOLUÇÃO STJ 8/2008. RECURSO REPRESENTATIVO DE CONTROVÉRSIA. PREVIDENCIÁRIO. TEMPO ESPECIAL E COMUM. CONVERSÃO. POSSIBILIDADE. ART. 9º, § 4º, DA LEI 5.890/1973, INTRODUZIDO PELA LEI 6.887/1980. CRITÉRIO. LEI APLICÁVEL. LEGISLAÇÃO VIGENTE QUANDO PREENCHIDOS OS REQUISITOS DA APOSENTADORIA. 1. Trata-se de Recurso Especial interposto pela autarquia previdenciária com intuito de desconsiderar, para fins de conversão entre tempo especial e comum, o período trabalhado antes da Lei 6.887/1980, que introduziu o citado instituto da conversão no cômputo do tempo de serviço. 2. Como pressupostos para a solução da matéria de fundo, destaca-se que o STJ sedimentou o entendimento de que, em regra; a) a configuração do tempo especial é de acordo com a lei vigente no momento do labor, e b) a lei em vigor quando preenchidas as exigências da aposentadoria é a que define o fator de conversão entre as espécies de tempo de serviço. Nesse sentido: REsp1.151.363/MG, Rel. Ministro Jorge Mussi, Terceira Seção, DJe5.4.2011, julgado sob o rito do art. 543-C do CPC. **3. A lei vigente por ocasião da aposentadoria é a aplicável ao direito à conversão entre tempos de serviço especial e comum, independentemente do regime jurídico à época da prestação do serviço.** Na mesma linha: REsp 1.151.652/MG, Rel. Ministra Laurita Vaz, Quinta Turma, DJe 9.11.2009; REsp 270.551/SP, Rel. Ministro Gilson Dipp, Quinta Turma, DJ 18.03.2002; Resp 28.876/SP, Rel. Ministro Assis Toledo, Quinta Turma, DJ 11.09.1995; AgRg nos EDcl no Ag 1.354.799/PR, Rel. Ministra Maria Thereza de Assis Moura, Sexta Turma, DJe 5.10.2011. 4. No caso concreto, o benefício foi requerido em 24.1.2002, quando vigente a redação original do art. 57, § 3º, da Lei 8.213/1991, que previa a possibilidade de conversão de tempo comum em especial. 5. Recurso Especial não provido. Acórdão submetido ao regime do art.543-C do CPC e da Resolução 8/2008 do STJ" (1ª Seção, REsp1310034, de 24/10/2012).

▸ **Como esse assunto foi cobrado em concurso?**

No concurso do CESPE para Juiz Federal da 5ª Região em 2011, foi considerado errado o seguinte enunciado: No que se refere à concessão de benefícios, a legislação previdenciária deve ser interpretada de forma restrita, razão pela qual não é possível o reconhecimento do exercício de atividade especial em data anterior à legislação que a teria incluído no mundo jurídico, o que representaria a possibilidade de aplicação retroativa de lei nova, em violação ao princípio *tempus regit actum*.

QUADRO SINTÉTICO – APOSENTADORIA ESPECIAL POR AGENTES NOCIVOS	
Cabimento	a) 55 (cinquenta e cinco) anos de idade, quando se tratar de atividade especial de 15 (quinze) anos de contribuição; b) 58 (cinquenta e oito) anos de idade, quando se tratar de atividade especial de 20 (vinte) anos de contribuição; ou c) 60 (sessenta) anos de idade, quando se tratar de atividade especial de 25 (vinte e cinco) anos de contribuição;
Beneficiários	A Lei 8.213/91 não restringe os segurados beneficiários. Contudo, o artigo 64 do Regulamento da Previdência Social aduz que apenas o empregado, o avulso e o contribuinte individual cooperado (cooperativa de produção ou trabalho) farão jus ao benefício, pois nestes casos há contribuição previdenciária para o seu custeio (adicional SAT).
Carência	180 contribuições mensais, observada a tabela de transição do artigo 142, da Lei 8.213/91.
Valor	A partir de 60% da média de todos os salários de contribuição a contar da competência 7/1994.
Outras informações	**A)** a comprovação da efetiva exposição do segurado aos agentes nocivos será feita mediante formulário (perfil profissiográfico previdenciário), na forma estabelecida pelo Instituto Nacional do Seguro Social - INSS, emitido pela empresa ou seu preposto, com base em laudo técnico de condições ambientais do trabalho expedido por médico do trabalho ou engenheiro de segurança do trabalho, nos termos da legislação trabalhista; **B)** O aposentado especial que retornar a atividade especial terá o benefício suspenso, mas a lei não veda o retorno à atividade comum com perda da aposentadoria; **C)** De acordo com a Súmula 09, da TNU-JEF, "O uso de Equipamento de Proteção Individual (EPI), ainda que elimine a insalubridade, no caso de exposição a ruído, não descaracteriza o tempo de serviço especial prestado;" **D)** Antes da Lei 9.032/95 (24.09.95), o tempo especial era contado de acordo com a categoria profissional, independentemente de exposição aos agentes nocivos, havendo presunção absoluta (Decretos 53.831/64 e 83.080/79) das atividades listadas, ou então deveria haver efetiva comprovação, caso a atividade não fosse listada. No caso de ruído, era necessária perícia técnica para comprovar exposição acima de 80 DB; **E)** Caso o segurado tenha laborado em condições especiais e passe a trabalhar em atividade comum, é plenamente possível a conversão do tempo especial em comum, proporcionalmente, conforme tabela constante no Regulamento, até 13/11/2019; **F)** A emenda 103/2019 vedou a conversão do tempo especial em comum a partir e 14/11/2019.

5.2. Aposentadoria das pessoas com deficiência

Regulamentação básica: Artigo 22 da Emenda 103/2019, Lei Complementar 142/2013 e Decreto 3.048/99.

A aposentadoria com regras especiais em favor dos segurados deficientes passou a ter previsão na Constituição de 1988 somente com o advento da Emenda 47/2005. Coube à **Lei Complementar 142, de 08 de maio de 2013**, regulamentar a concessão de aposentadoria com critérios especiais aos referidos segurados, mas que apenas entrou em vigor após transcorridos seis meses da sua publicação, perpetrada no dia 09/05/2013.

De acordo com o **artigo 22 da Emenda 103/2019**, até que lei discipline o inciso I do § 1° do art. 201 da Constituição Federal, a aposentadoria da **pessoa com deficiência segurada do Regime Geral de Previdência Social** será concedida na forma da **Lei Complementar n° 142, de 8 de maio de 2013**, inclusive quanto aos critérios de cálculo dos benefícios.

Desta forma, conservamos as informações deste item da obra, pois as regras foram recebidas pela Emenda 103/2019.

O Decreto 8.145, de 03 de dezembro de 2013, publicado nesse mesmo dia, promoveu a sua regulamentação. Esta regra designou este benefício de aposentadoria por tempo de contribuição das pessoas com deficiência.

A aposentadoria especial do deficiente dependerá do **grau de deficiência** (grave, moderada ou leve), cabendo ao Regulamento da Previdência Social defini-las e ao INSS atestar o grau de deficiência por sua perícia médica, observada a seguinte tabela:

	DEFICIÊNCIA GRAVE	DEFICIÊNCIA MODERADA	DEFICIÊNCIA LEVE
HOMENS	25 anos de contribuição	29 anos de contribuição	33 anos de contribuição
MULHERES	20 anos de contribuição	24 anos de contribuição	28 anos de contribuição

▸ **Como esse assunto foi cobrado em concurso?**

(Ano: 2019 Banca: FCC Órgão: RIOPRETOPREV Prova: FCC - 2019 - RIOPRETOPREV - Analista Previdenciário - Assistente Social) Exames periciais, realizados por médico capacitado e conveniado para esta finalidade pelo INSS, atestaram que o segurado Sócrates é portador de deficiência leve e que a segurada Íris possui deficiência considerada grave. Para fazerem jus a benefício de aposentadoria pelo RGPS para portadores de deficiência, Sócrates e Íris devem contar, conforme legislação que rege a matéria, com tempo de contribuição, em anos, respectivamente de:

A) 33 e 20

B) 25 e 20

C) 28 e 24

D) 33 e 24

E) 30 e 25

Gabarito: Letra A

É possível que o grau de deficiência seja alterado ao longo do tempo. Uma deficiência leve pode progredir e se tornar moderada ou grave, ou vice-versa.

Neste caso, se o segurado, após a filiação ao RGPS, tornar-se pessoa com deficiência, ou tiver seu grau de deficiência alterado, os parâmetros serão proporcionalmente ajustados, considerando-se o número de anos em que o segurado exerceu atividade laboral sem deficiência e com deficiência, observado o grau de deficiência correspondente.

Certamente por um lapso do legislador, a norma não previu expressamente o período de carência da aposentadoria especial do deficiente, que deve ser considerada em 180 recolhimentos mensais por analogia às demais aposentadorias.

A existência de deficiência anterior à data da vigência da LC 142/2013 deverá ser certificada, inclusive quanto ao seu grau, por ocasião da **primeira avaliação no INSS**, sendo obrigatória a fixação da data provável do início da deficiência.

No entanto, a norma não fixa até quando terá efeitos retroativos. Uma primeira possibilidade seria reconhecer o tempo contributivo especial do segurado deficiente desde a Emenda 47/2005.

Mas certamente essa retroação não será limitada, fazendo jus o segurado deficiente ao reconhecimento do seu tempo de contribuição especial independentemente da época da prestação.

De seu turno, a comprovação de tempo de contribuição na condição de segurado com deficiência em período anterior à entrada em vigor da LC 142/2013 não será admitida por meio de prova exclusivamente testemunhal, sendo excepcionado o Princípio do Livre Convencimento Motivado.

Para efeito de concessão da aposentadoria da pessoa com deficiência, compete à perícia própria do INSS, nos termos de ato conjunto do Ministro de Estado Chefe da Secretaria de Direitos Humanos da Presidência da República, dos Ministros de Estado da Previdência Social, da Fazenda, do Planejamento, Orçamento e Gestão e do Advogado-Geral da União:

I. avaliar o segurado e fixar a data provável do início da deficiência e o seu grau; e

II. identificar a ocorrência de variação no grau de deficiência e indicar os respectivos períodos em cada grau.

> **▸ Importante:**
>
> Esta aposentadoria especial terá a renda de 100% do salário de benefício, apenas havendo a incidência do fator previdenciário se for benéfico ao segurado.

Logo, ao contrário do que ocorre na aposentadoria especial por agentes nocivos, em que não há a aplicação do fator previdenciário em nenhuma hipótese, na aposentadoria especial dos deficientes será possível a sua incidência, desde que superior a 1,0, pois somente assim haverá elevação no valor do salário de benefício.

Registre-se que o RPS alterado pelo Decreto 10.410/2020 aplica o salário de benefício pela média de todos os salários de contribuição a partir de Julho de 1994, embora o artigo 22 da EC 103/2019 determine a aplicação dos critérios de cálculo da Lei 8.213/91:

> "Art. 32. O ***salário de benefício a ser utilizado para o cálculo dos benefícios de que trata este Regulamento***, *inclusive aqueles previstos em acordo internacional, consiste no resultado da média aritmética simples dos salários de contribuição e das remunerações adotadas como base para contribuições a regime próprio de previdência social ou como base para contribuições decorrentes das atividades militares de que tratam os art. 42 e art. 142 da Constituição, considerados para a concessão do benefício, atualizados monetariamente, correspondentes a cem por cento do período contributivo desde a competência julho de 1994 ou desde o início da contribuição, se posterior a essa competência". (Redação dada pelo Decreto nº 10.410, de 2020).*

A aposentadoria especial do deficiente é devida ao **empregado, trabalhador avulso, empregado doméstico, contribuinte individual e segurado facultativo.** Por sua vez, o **segurado especial** apenas terá direito se fizer recolhimentos sobre o salário de contribuição, na forma do Decreto 8.145/2013, pois a contribuição de 1,3% sobre a receita da produção não dá direito a este benefício.

Considera-se como **pessoa com deficiência** aquela que tem impedimentos de longo prazo de natureza física, mental, intelectual ou sensorial, os quais, em interação com diversas barreiras, podem obstruir sua participação plena e efetiva na sociedade em igualdade de condições com as demais pessoas, sendo adotada a mesma definição da Lei 8.742/93, alterada pela Lei 12.470/2011.

> **▸ Importante:**
>
> Por sua vez, a Lei Complementar 142/2013 abriu outro regramento diferenciado para os segurados deficientes, consistente na **redução na idade para o deferimento do benefício de aposentadoria por idade.**

Logo, independentemente do grau de deficiência, observada a carência de 180 recolhimentos mensais, o homem deficiente se aposentará por idade aos 60 anos e a mulher aos 55 anos de idade, com renda de 70% do salário de benefício, mais 1%

por grupo de 12 contribuições mensais, até o máximo de 30%, sendo facultativa a incidência do fator previdenciário, que apenas será aplicado se benéfico ao segurado.

Vale registar que a LC 142/2013 não previu nenhuma contribuição previdenciária adicional para custear a aposentadoria especial dos deficientes, sendo forçoso concluir que foi violado o Princípio da Precedência da Fonte de Custeio.

Contudo, como se trata de norma negociada entre os Poderes Legislativo e Executivo da União, é certo que inexiste vontade política na sua pronúncia de inconstitucionalidade, pois teve uma excelente recepção social e veio a regulamentar uma determinação constitucional.

A Lei 8.213/91 terá aplicação à aposentadoria especial do segurado deficiente no que for compatível, sendo-lhe garantida a percepção de qualquer outra espécie de aposentadoria estabelecida na **Lei nº 8.213, de 24 de julho de 1991**, que lhe seja mais vantajosa do que as opções apresentadas na LC 142/2013.

> ▸ **Importante:**
> Não é possível ao segurado deficiente se valer, cumulativamente, das regras do artigo 57, da Lei 8.213/91 e da LC 142/2013.

É que determina o seu artigo 10 que "a redução do tempo de contribuição prevista nesta Lei Complementar não poderá ser acumulada, no tocante ao mesmo período contributivo, com a redução assegurada aos casos de atividades exercidas sob condições especiais que prejudiquem a saúde ou a integridade física".

Logo, caso o segurado deficiente possua período contributivo especial por exposição aos agentes nocivos à saúde previstos no Regulamento, deverá optar pela sistemática que lhe for mais favorável, não podendo acumular as regras especiais de ambos os diplomas referidos.

De acordo com o Decreto 8.145/2013, será observada a carência de 180 recolhimentos mensais para a aposentadoria especial por tempo de contribuição do segurado deficiente. Para o segurado que, após a filiação ao RGPS, tornar-se pessoa com deficiência, ou tiver seu grau alterado, os parâmetros serão proporcionalmente ajustados e os respectivos períodos serão somados após conversão, conforme as tabelas abaixo, considerando o grau de deficiência preponderante:

MULHER				
TEMPO A CONVERTER	MULTIPLICADORES			
	Para 20	Para 24	Para 28	Para 30
De 20 anos	1,00	1,20	1,40	1,50
De 24 anos	0,83	1,00	1,17	1,25
De 28 anos	0,71	0,86	1,00	1,07
De 30 anos	0,67	0,80	0,93	1,00

HOMEM				
TEMPO A CONVERTER	MULTIPLICADORES			
	Para 25	Para 29	Para 33	Para 35
De 25 anos	1,00	1,16	1,32	1,40
De 29 anos	0,86	1,00	1,14	1,21
De 33 anos	0,76	0,88	1,00	1,06
De 35 anos	0,71	0,83	0,94	1,00

Assim, suponha-se que um segurado **homem sem deficiência** conte com 10 anos de contribuição, considerando que a aposentadoria por tempo de contribuição do homem se dá aos 35 anos de contribuição.

Posteriormente, esse segurado teve um acidente e passa para a condição de deficiente grave, com aposentadoria especial com 25 anos. Neste caso, os 10 anos serão convertidos pelo fator 0,71, equivalendo a 17,75 anos de contribuição para uma aposentadoria especial de 25 anos.

É garantida a conversão do tempo de contribuição cumprido em condições especiais que prejudiquem a saúde ou a integridade física do segurado, inclusive da pessoa com deficiência, para fins da aposentadoria especial do deficiente, se resultar mais favorável ao segurado, conforme tabela abaixo:

MULHER					
TEMPO A CONVERTER	MULTIPLICADORES				
	Para 15	Para 20	Para 24	Para 25	Para 28
De 15 anos	1,00	1,33	1,60	1,67	1,87
De 20 anos	0,75	1,00	1,20	1,25	1,40
De 24 anos	0,63	0,83	1,00	1,04	1,17
De 25 anos	0,60	0,80	0,96	1,00	1,12
De 28 anos	0,54	0,71	0,86	0,89	1,00
HOMEM					
TEMPO A CONVERTER	MULTIPLICADORES				
	Para 15	Para 20	Para 25	Para 29	Para 33
De 15 anos	1,00	1,33	1,67	1,93	2,20
De 20 anos	0,75	1,00	1,25	1,45	1,65
De 25 anos	0,60	0,80	1,00	1,16	1,32
De 29 anos	0,52	0,69	0,86	1,00	1,14
De 33 anos	0,45	0,61	0,76	0,88	1,00

Essa regra foi manutenida pelo Decreto 10.410/2020 (art. 70-F, §1º, do RPS), mesmo após o advento da Emenda 103/2019, pois as regras das aposentadorias das pessoas com deficiência foram conservadas pela Reforma Constitucional Previdenciária.

No entanto, é vedada a conversão do tempo de contribuição da pessoa com deficiência para fins de concessão da aposentadoria especial por exposição aos agentes nocivos à saúde.

Assim sendo, tempo de contribuição especial por exposição a agentes nocivos à saúde converte-se em tempo de contribuição do deficiente. Todavia, a recíproca não é verdadeira.

Até 13/11/2019, é possível fins da aposentadoria por idade da pessoa com deficiência a conversão do período de exercício de atividade sujeita a condições especiais que prejudiquem a saúde ou a integridade física, cumprido na condição de pessoa com deficiência, **exclusivamente para efeito de cálculo do valor da renda mensal**, vedado o cômputo do tempo convertido para fins de carência.

No entanto, é vedada a conversão do tempo de contribuição da pessoa com deficiência para fins de concessão da aposentadoria especial por exposição aos agentes nocivos à saúde.

Assim sendo, tempo de contribuição especial por exposição a agentes nocivos à saúde converte-se em tempo de contribuição do deficiente. Todavia, a recíproca não é verdadeira.

> ▸ **Importante:**
>
> O Decreto 8.145/2013 instituiu uma espécie de regra de transição sem previsão na LC 142/2013. Isso porque o seu artigo 2º previu que a pessoa com deficiência poderá, a partir de 03 de dezembro de 2013 (data da publicação do citado decreto), solicitar o agendamento de avaliação médica e funcional, a ser realizada por perícia própria do INSS, para o reconhecimento do direito às aposentadorias por tempo de contribuição ou por idade.
>
> Até dois anos após a entrada em vigor do Decreto 8.145/2013 será realizada a avaliação pericial para o segurado que requerer o benefício de aposentadoria e contar com os seguintes requisitos: **no mínimo vinte anos de contribuição, se mulher, e vinte e cinco anos de contribuição, se homem.**
>
> Assim, para quem requerer o benefício até 03 de dezembro de 2015, independentemente do grau de deficiência, que não é exigido do artigo 2º, é assegurada a concessão da aposentadoria especial ao deficiente com o cumprimento de 20 anos de contribuição (mulheres) e 25 anos de contribuição (homens).

QUADRO SINTÉTICO – APOSENTADORIA ESPECIAL DOS DEFICIENTES	
Cabimento	Segurado deficiente do sexo masculino aos 25 (deficiência grave), 29 (moderada) ou 33 (leve) anos de contribuição. Seria devida à segurada do sexo feminino aos 20 (deficiência grave), 24 (moderada) ou 28 (leve) anos de contribuição. Segurado deficiente do sexo masculino aos 60 anos de idade ou mulher com 55 anos idade, com deficiência de qualquer grau por ao menos 15 anos de contribuição.
Beneficiários	Segurados com deficiência leve, moderada ou grave.
Carência	180 recolhimentos mensais.
Valor	Por tempo de contribuição: 100% do salário de benefício, apenas com a incidência do fator previdenciário se benéfico ao segurado. Por idade: 70% do salário de benefício, mais 1% por ano de contribuição, até o limite máximo de 100%, com fator previdenciário facultativo.

6. REGRAS DE TRANSIÇÃO DAS APOSENTADORIAS – EMENDA 103/2019

Neste item da obra vamos apresentar as regras de transição para os segurados filiados ao RGPS até da data da publicação da Emenda 103/2019.

Nos termos do artigo 10 da Portaria INSS 450/2020, a aposentadoria por tempo de contribuição, ressalvado o direito adquirido, poderá ser concedida aos segurados filiados ao RGPS até 13 de novembro de 2019, mediante os requisitos fixados em quatro regras distintas de transição:

> I - aposentadoria por tempo de contribuição com pontuação, conforme art. 15 da EC nº 103, de 2019;
>
> II - aposentadoria por tempo de contribuição com idade mínima, conforme art. 16 da EC nº 103, de 2019;
>
> III - aposentadoria por tempo de contribuição com período adicional de 50% (cinquenta por cento), conforme art. 17 da EC nº 103, de 2019; e
>
> IV - aposentadoria por tempo de contribuição com idade mínima e período adicional de 100% (cem por cento), conforme art. 20 da EC nº 103, de 2019.

Dessa forma, os artigos 15, 16, 17 e 20 da Emenda Constitucional 103/2019 veiculam regras de transição da aposentadoria por tempo de contribuição, não alcançando, portanto, os segurados que promoveram os recolhimentos simplificados de que trata o artigo 21, §2º, da Lei 8.212/91.

Por outro lado, o artigo 18 da EC 103/2019 traz regra de transição da aposentadoria por idade, beneficiando o contribuinte individual autônomo e segurado facultativo que promoveram recolhimentos simplificados à razão de 5% ou de 11% sobre um salário mínimo.

6.1. Artigo 15 - Aposentadorias - Regras de transição para os segurados que ingressaram até a data da publicação da reforma constitucional

> Art. 15. Ao segurado filiado ao **Regime Geral de Previdência Social** até a data de entrada em vigor desta Emenda Constitucional, fica assegurado o direito à aposentadoria, quando preencher, cumulativamente, os seguintes requisitos:
>
> **I - 30 (trinta anos) de contribuição, se mulher, e 35 (trinta e cinco) anos de contribuição, se homem; e**
>
> **II - somatório da idade e do tempo de contribuição, incluídas as frações, equivalente a 86 (oitenta e seis) pontos, se mulher, e 96 (noventa e seis) pontos, se homem**, observado o disposto no § 1º.
>
> § 1º A partir de 1º de janeiro de 2020, a pontuação a que se refere o inciso II do *caput* será acrescida de um ponto a cada ano para o homem e para a mulher, até atingir o limite de 100 (cem) pontos, se mulher, e de 105 (cento e cinco) pontos, se homem.
>
> § 2º A idade e o tempo de contribuição serão apurados em dias para o cálculo do somatório de pontos a que se referem o inciso II do *caput* e o § 1º.
>
> § 3º Para o **professor** que comprovar exclusivamente **25 (vinte e cinco) anos de contribuição, se mulher, e 30 (trinta) anos de contribuição, se homem**, em efetivo exercício das funções de magistério na educação infantil e no ensino fundamental e médio, o somatório da idade e do tempo de contribuição, incluídas as frações, será equivalente a **81 (oitenta e um) pontos, se mulher, e 91 (noventa e um) pontos, se homem**, aos quais serão acrescentados, a partir de 1º de janeiro de 2020, um ponto a cada ano para o homem e para a mulher, até atingir o limite de **92 (noventa e dois) pontos, se mulher, e 100 (cem) pontos, se homem**.
>
> § 4º O valor da aposentadoria concedida nos termos do disposto neste artigo será apurado na forma da lei.

Trata-se de regra de transição que somente beneficia aos segurados do RGPS filiados até o dia da publicação da Emenda 103/2019, considerando a extinção da aposentadoria por tempo de contribuição sem idade mínima.

Exigiu-se os seguintes requisitos para quem adquirir o direito até 31/12/2019:

a) HOMENS, 35 anos de tempo de contribuição e 96 pontos, considerando a soma da idade com o tempo de contribuição, inclusive com consideração de frações;

b) MULHERES, 30 anos de tempo de contribuição e 86 pontos, considerando a soma da idade com o tempo de contribuição, inclusive com consideração de frações.

A partir de 1/1/2020, haverá a seguinte progressão de pontuação até o homem atingir a 105 pontos e a mulher alcançar a 100 pontos:

ANO	HOMENS	MULHERES
Até 31/12/2019	**96**	**86**
1/1/2020	97	87
1/1/2021	98	88
1/1/2022	99	89
1/1/2023	100	90
1/1/2024	101	91
1/1/2025	102	92
1/1/2026	103	93
1/1/2027	104	94
1/1/2028	**105**	95
1/1/2029	105	96
1/1/2030	105	97
1/1/2031	105	98
1/1/2032	105	99
1/1/2033	105	**100**

Dessa forma, o ápice da pontuação das mulheres dar-se-á em 1/1/2033 ao passo que para os homens em 1/1/2028.

No que concerne ao professor do ensino básico com tempo exclusivo nesta condição, há uma regra especial para quem adquirir o direito até 31/12/2019:

a) HOMENS PROFESSORES, 30 anos de tempo de contribuição e 91 pontos, considerando a soma da idade com o tempo de contribuição, inclusive com consideração de frações.

b) MULHERES PROFESSORAS, 25 anos de tempo de contribuição e 81 pontos, considerando a soma da idade com o tempo de contribuição, inclusive com consideração de frações.

A partir de 1/1/2020, haverá a seguinte progressão de pontuação até o homem atingir a 100 pontos e a mulher alcançar 92 pontos:

ANO	HOMENS	MULHERES
Até 31/12/2019	**91**	**81**
1/1/2020	92	82
1/1/2021	93	83

ANO	HOMENS	MULHERES
1/1/2022	94	84
1/1/2023	95	85
1/1/2024	96	86
1/1/2025	97	87
1/1/2026	98	88
1/1/2027	99	89
1/1/2028	**100**	90
1/1/2029	100	91
1/1/2030	100	**92**

Dessa forma, o ápice da pontuação das mulheres dar-se-á em 1/1/2030 ao passo que para os homens em 1/1/2028.

Ao que parecia, havia um **erro material** na regra dos professores do ensino básico, o mesmo erro dos professores servidores federais outrora estudados.

Isso porque comparando com as idades da regra comum **o professor acaba não tendo nenhum benefício de redução de idade**, o que certamente não foi a intenção do legislador.

Veja-se que o escore do segurado homem não professor é de 96 pontos (35 anos de tempo de contribuição e 61 de idade, por exemplo).

Já para o segurado homem professor do ensino básico é de 91 pontos (30 anos de tempo de contribuição e os mesmos 61 anos de idade), sendo a mesma idade.

Mas a intenção foi realmente ter uma regra mais dura para os professores, tanto que foi preservado esse texto no Congresso Nacional.

No que concerne à renda mensal, enquanto não editada a lei de regulamentação, deve ser aplicado o regramento do **artigo 26 da Emenda 103/2019** já estudado.

6.2. Artigo 16 – Aposentadorias – Regras de transição para os segurados que ingressaram até a data da publicação da reforma constitucional

> **Art. 16.** Ao segurado filiado ao Regime Geral de Previdência Social até a data de entrada em vigor desta Emenda Constitucional fica assegurado o direito à aposentadoria quando preencher, cumulativamente, os seguintes requisitos:
>
> I – 30 (trinta) anos de contribuição, se mulher, e 35 (trinta e cinco) anos de contribuição, se homem; e
>
> II – idade de 56 (cinquenta e seis) anos, se mulher, e 61 (sessenta e um) anos, se homem.

§ 1º A partir de 1º de janeiro de 2020, a idade a que se refere o inciso II do caput será acrescida de seis meses a cada ano, até atingir 62 (sessenta e dois) anos de idade, se mulher, e 65 (sessenta e cinco) anos de idade, se homem.

§ 2º Para o **professor** que comprovar exclusivamente tempo de efetivo exercício das funções de magistério na educação infantil e no ensino fundamental e médio, o tempo de contribuição e a idade de que tratam os incisos I e II do *caput* deste artigo serão **reduzidos em cinco anos**, aos quais serão acrescentados, a partir de 1º de janeiro de 2020, 6 (seis) meses a cada ano nas idades de que trata o inciso II, até atingir 57 (cinquenta e sete) anos, se mulher, e 60 (sessenta) anos, se homem.

§ 3º O valor da aposentadoria concedida nos termos do disposto neste artigo corresponderá ao valor apurado na forma da lei.

Trata-se de regra de transição que somente beneficia aos segurados do RGPS filiados até o dia da publicação da Emenda 103/2019, considerando a extinção da aposentadoria por tempo de contribuição sem idade mínima.

Exigiu-se os seguintes requisitos para quem adquirir o direito até 31/12/2019:

a) HOMENS, 35 anos de tempo de contribuição e 61 anos de idade;

b) MULHERES, 30 anos de tempo de contribuição e 56 anos de idade.

A partir de 1/1/2020, as idades citadas serão acrescidas de 6 meses a cada ano, até atingir 62 anos de idade, se mulher, e 65 anos de idade, se homem:

	HOMENS	MULHERES
ATÉ 31/12/2019	**61**	**56**
1/1/2020	61,5	56,5
1/1/2021	62	57
1/1/2022	62,5	57,5
1/1/2023	63	58
1/1/2024	63,5	58,5
1/1/2025	64	59
1/1/2026	64,5	59,5
1/1/2027	**65**	60
1/1/2028	65	60,5
1/1/2029	65	61
1/1/2030	65	61,5
1/1/2031	65	**62**

Note-se que o ápice da idade para os homens dar-se-á em 1/1/2027 (65 anos) e para as mulheres em 1/1/2031 (62 anos).

No que concerne ao **professor do ensino básico** com tempo exclusivo nesta condição, há uma regra especial para quem adquirir o direito até 31/12/2019.

a) HOMENS PROFESSORES, 30 anos de tempo de contribuição e 56 anos de idade;

b) MULHERES PROFESSORAS, 25 anos de tempo de contribuição e 51 anos de idade.

A partir de 1/1/2020, as idades citadas serão acrescidas de 6 meses a cada ano, até atingir 57 anos de idade, se mulher, e 60 anos de idade, se homem:

	HOMENS	MULHERES
ATÉ 31/12/2019	**56**	**51**
1/1/2020	56,5	51,5
1/1/2021	57	52
1/1/2022	57,5	52,5
1/1/2023	58	53
1/1/2024	58,5	53,5
1/1/2025	59	54
1/1/2026	59,5	54,5
1/1/2027	**60**	55
1/1/2028	60	55,5
1/1/2029	60	56
1/1/2030	60	56,5
1/1/2031	60	**57**

Note-se que o ápice da idade para os homens dar-se-á em 1/1/2027 (60 anos) e para as mulheres em 1/1/2031 (57 anos).

No que concerne à renda mensal, enquanto não editada a lei de regulamentação, deve ser aplicado o regramento do **artigo 26 da Emenda 103/2019.**

6.3. Artigo 17 – Aposentadorias – Regras de transição para os segurados que ingressaram até a data da publicação da reforma constitucional

> Art. 17. Ao segurado filiado ao Regime Geral de Previdência Social até a data de entrada em vigor desta Emenda Constitucional e que na referida data **contar com** mais **de 28 (vinte e oito anos) de contribuição, se mulher, e 33**

> **(trinta e três) anos de contribuição, se homem**, fica assegurado o direito à aposentadoria quando preencher, cumulativamente, os seguintes requisitos:
>
> **I – 30 (trinta) anos de contribuição, se mulher, e 35 trinta e cinco anos de contribuição, se homem; e**
>
> II - cumprimento de **período adicional** correspondente a **50% (cinquenta por cento)** do tempo que, na data de entrada em vigor desta Emenda Constitucional, faltaria para atingir 30 (trinta) anos de contribuição, se mulher, e 35 (trinta e cinco) anos de contribuição, se homem.
>
> Parágrafo único. O benefício concedido nos termos deste artigo terá seu valor apurado de acordo com a média aritmética simples dos salários de contribuição e das remunerações calculada na forma da lei, **multiplicada pelo fator previdenciário**, calculado na forma do disposto nos **§§ 7º a 9º do art. 29 da Lei nº 8.213, de 24 de julho de 1991.**

Trata-se de regra de transição que somente beneficia aos segurados do RGPS filiados até o dia da publicação da Emenda 103/2019 e que faltavam pouco tempo para se aposentar por tempo de contribuição **(menos de dois anos)**, considerando a extinção da aposentadoria por tempo de contribuição sem idade mínima.

Esta regra **dispensa idade mínima** e somente beneficia o **homem** que possuía **mais de 33 anos** de tempo de contribuição no dia da publicação da Emenda, assim como a **mulher** que possuía **mais de 28 anos** de tempo de contribuição.

Eis os requisitos:

a) **HOMENS:** 35 anos de tempo de contribuição e "pedágio" de 50% do tempo em faltava para atingir a 35 anos de tempo de contribuição no dia da publicação da Emenda;

b) **MULHERES:** 30 anos de tempo de contribuição e "pedágio" de 50% do tempo em faltava para atingir a 30 anos de tempo de contribuição no dia da publicação da Emenda.

Vamos supor que no dia da publicação da Emenda 103/2019 um segurado do sexo masculino possuía exatos 34 anos de tempo de contribuição. Neste caso, ele terá que cumprir mais 1 anos de tempo de contribuição para chegar aos 35 anos, bem como um "pedágio" de 50% sobre 1 ano, o que perfaz 6 meses, devendo integralizar no total 35,5 anos de tempo de contribuição.

O prejuízo dessa regra para os segurados mais jovens é que o cálculo da renda mensal dar-se-á pelo artigo 28 da Lei 8.213/91, com **incidência obrigatória do fator previdenciário** no cálculo do salário de benefício, instituto que foi inclusive constitucionalizado.

Como é feita expressão remissão ao artigo 29 da Lei 8.213/91 e ao fator previdenciário, assim como pelo fato de o artigo 26 da Emenda 103/2019 não tratar da renda do benefício previsto neste artigo 17, deveria ser calculado o salário de benefício do segurado pela média aritmética simples dos 80% maiores salários de contribuição a partir de 7/1994, com multiplicação obrigatória pelo fator previdenciário, para, em seguida, fazer incidir o coeficiente de 100% sobre o salário de benefício.

No entanto, o RPS alterado pelo Decreto 10.410/2020 aplica o salário de benefício pela média de todos os salários de contribuição a partir de julho de 1994, embora o artigo 17 da EC 103/2019 determine a aplicação dos critérios de cálculo da Lei 8.213/91:

> *"Art. 32. O **salário de benefício a ser utilizado para o cálculo dos benefícios de que trata este Regulamento**, inclusive aqueles previstos em acordo internacional, consiste no resultado da média aritmética simples dos salários de contribuição e das remunerações adotadas como base para contribuições a regime próprio de previdência social ou como base para contribuições decorrentes das atividades militares de que tratam os art. 42 e art. 142 da Constituição, considerados para a concessão do benefício, atualizados monetariamente, correspondentes a cem por cento do período contributivo desde a competência julho de 1994 ou desde o início da contribuição, se posterior a essa competência". (Redação dada pelo Decreto nº 10.410, de 2020).*

Vale registrar que a **regra de pontuação 86/96, que consta(va) do artigo 29-C da Lei 8.213/91,** tornando flexível o fator previdenciário no cálculo da aposentadoria por tempo de contribuição, **não foi recebida pela Emenda 103/2019**, que extinguiu a regra permanente da aposentadoria por tempo de contribuição sem idade mínima que consta(va) da Lei 8.213/91, **ressalvada a formação do direito adquirido à mencionada pontuação até o dia da publicação da Emenda 103.**

6.4. Artigo 18 – Aposentadorias – Regras de transição para os segurados que ingressaram até a data da publicação da reforma constitucional

> Art. 18. O segurado de que trata o inciso I do § 7° do art. 201 da Constituição Federal filiado ao Regime Geral de Previdência Social até a data de entrada em vigor desta Emenda Constitucional poderá aposentar-se quando preencher, cumulativamente, os seguintes requisitos:
> I – 60 (sessenta) anos de idade, se mulher, e 65 (sessenta e cinco) anos de idade, se homem; e
>
> II – 15 (quinze) anos de contribuição, para ambos os sexos.
>
> § 1º A partir de 1º de janeiro de 2020, **a idade de sessenta anos da mulher**, prevista no inciso I do *caput*, será acrescida em seis meses a cada ano, até atingir **62 (sessenta e dois) anos de idade.**
>
> § 2º O valor da aposentadoria de que trata este artigo corresponderá ao valor apurado na forma da lei.

Trata-se de regra de transição para o benefício de aposentadoria por idade que somente beneficia aos segurados do RGPS filiados até o dia da publicação da Emenda 103/2019.

Vale registrar que a **regra permanente para a aposentadoria por idade** introduzida pela Emenda 103/2019 no artigo 201 da Constituição contempla a idade de 65 anos para os homens e 62 para as mulheres, observado tempo mínimo de contribuição, que não restou fixada pela regra permanente constitucional, devendo ser aplicada provisoriamente para os novos segurados a regra de transição ao regramento permanente estatuída pelo artigo 17[17] da Emenda, outrora estudada.

Em relação às regras permanentes da aposentadoria por idade que vigoravam antes da Emenda, a inovação é o aumento progressivo da idade da mulher até chegar a 62 anos.

Eis a regra de transição do artigo 18 da Emenda:

a) **HOMENS**, 65 anos de idade e quinze anos de contribuição.

b) **MULHERES**, 60 anos de idade e quinze anos de contribuição.

Para as mulheres que não integralizarem ambos os requisitos até 31/12/2019, a idade de 60 anos será acrescida em 6 meses a cada 1 ano, até atingir 62 anos de idade:

MULHERES	PONTUAÇÃO
ATÉ 31/12/2019	60
1/1/2020	60,5
1/1/2021	61
1/1/2022	61,5
1/1/2023	62

Desse modo, a partir de 1/1/2023 a idade mínima para a mulher chegará aos 62 anos de idade.

> **INTERESSANTE:**
>
> Note-se que nesta regra de transição exige-se ao menos um período contributivo de 15 anos para o homem. **Mas para o homem que se filiar ao RGPS após a publicação da Emenda 103/2019, o período mínimo contributivo do homem passa para 20 anos**, nos termos do seu artigo 19[18].

---

17. Art. 19. Até que lei disponha sobre o tempo de contribuição a que se refere o inciso I do § 7º do art. 201 da Constituição Federal, o segurado filiado ao Regime Geral de Previdência Social **após a data de entrada em vigor desta Emenda Constitucional** será aposentado aos sessenta e dois anos de idade, se **mulher**, sessenta e cinco anos de idade, se **homem**, quinze anos de tempo de contribuição, se **mulher**, e vinte anos de tempo de contribuição, se **homem**.

18. **Art. 19.** Até que lei disponha sobre o tempo de contribuição a que se refere o inciso I do § 7º do art. 201 da Constituição Federal, o segurado filiado ao Regime Geral de Previdência Social após a

O dispositivo não cita período de carência, se referindo apenas a "anos de contribuição". Mas a lógica impõe a regra de carência de 180 contribuições, presente em todos os benefícios de aposentadorias programadas, sendo este o posicionamento da Portaria INSS 450/2020 (no mesmo sentido o Decreto 10.410/2020):

> "Seção II
>
> Das Regras de Transição da aposentadoria por Idade e da aposentadoria por tempo de contribuição
>
> Subseção I
>
> Aposentadoria por idade (art. 18 da EC nº 103, de 2019)
>
> Art. 8º Para a concessão da aposentadoria por idade, conforme regra de transição fixada pela EC nº 103, de 2019, exige-se, cumulativamente:
>
> I - 60 (sessenta) anos de idade da mulher e 65 (sessenta e cinco) do homem;
>
> II - 15 (quinze) anos de tempo de contribuição; e
>
> **III - 180 (cento e oitenta) contribuições mensais de carência.**
>
> Parágrafo único. Para definição da carência, deve ser verificado o direito à aplicação da tabela progressiva prevista no art. 142 da Lei nº 8.213, de 1991".

Vale registrar que para período de carência não são consideradas contribuições em atraso antes da primeira paga em dia ou após perda da qualidade de segurado, nos termos do artigo 27, inciso II[19], da Lei 8.213/91, para os segurados sem presunção de recolhimento de contribuição previdenciária, vedação que inexiste atualmente para cômputo do tempo de contribuição.

No que concerne à renda mensal, enquanto não editada a lei de regulamentação, deve ser aplicado o regramento do **artigo 26 da Emenda 103/2019.**

6.5. Artigo 20 – Aposentadorias – Regras de transição para os segurados que ingressaram até a data da publicação da reforma constitucional

> Art. 20. O **segurado do Regime Geral de Previdência Social** e o servidor público federal que tenham se filiado ao Regime Geral de Previdência Social ou ingressado no serviço público em cargo efetivo até a data de entrada em vigor desta Emenda à Constituição poderão aposentar-se voluntariamente quando preencherem, cumulativamente, os seguintes requisitos:

---

data de entrada em vigor desta Emenda Constitucional será aposentado aos 62 (sessenta e dois) anos de idade, se mulher, 65 (sessenta e cinco) anos de idade, se homem, com 15 (quinze) anos de tempo de contribuição, se mulher, **e 20 (vinte) anos de tempo de contribuição, se homem.**

19. Art. 27. Para cômputo do período de carência, serão consideradas as contribuições: (Redação dada pela Lei Complementar nº 150, de 2015) II - realizadas a contar da data de efetivo pagamento da primeira contribuição sem atraso, **não sendo consideradas para este fim as contribuições recolhidas com atraso referentes a competências anteriores**, no caso dos segurados contribuinte individual, especial e facultativo, referidos, respectivamente, nos incisos V e VII do art. 11 e no art. 13. (Redação dada pela Lei Complementar nº 150, de 2015)

I – 57 (cinquenta e sete) anos de idade, se mulher, e 60 (sessenta) anos de idade, se homem;

II – 30 (trinta) anos de contribuição, se mulher, e 35 (trinta e cinco) anos de contribuição, se homem;

III – para os servidores públicos, 20 (vinte) anos de efetivo exercício no serviço público e 5 (cinco) anos no cargo efetivo em que se der a aposentadoria;

IV - **período adicional de contribuição correspondente ao tempo** que, na data de entrada em vigor desta Emenda Constitucional, faltaria para atingir o tempo mínimo de contribuição referido no inciso II.

§ 1º Para o **professor** que comprovar exclusivamente tempo de efetivo exercício das funções de magistério na educação infantil e no ensino fundamental e médio serão reduzidos, para ambos os sexos, **os requisitos de idade e de tempo de contribuição em cinco anos**, não se aplicando o disposto no § 5º do art. 40 e no § 8º do art. 201 da Constituição Federal.

§ 2º Os proventos das aposentadorias concedidas nos termos do disposto neste artigo corresponderão:

I – em relação ao servidor público que tenha ingressado no serviço público em cargo efetivo até 31 de dezembro de 2003 e que não tenha feito a opção de trata o § 16 do art. 40 da Constituição Federal, à totalidade da remuneração no cargo efetivo em que se der a aposentadoria, observado o disposto no § 8º do art. 4º; e **(NÃO SE APLICA AO RGPS);**

II – em relação aos demais servidores públicos e aos segurados do Regime Geral de Previdência Social, ao valor apurado na forma da lei.

§ 3º Os proventos das aposentadorias concedidas nos termos do disposto neste artigo não serão inferiores ao valor a que se refere o § 2º do art. 201 da Constituição Federal e serão reajustados:

I – de acordo com o disposto no art. 7º da Emenda Constitucional nº 41, de 19 de dezembro de 2003, se concedidas nos termos do disposto no inciso I do § 2º; **(NÃO SE APLICA AO RGPS);**

II – nos termos estabelecidos para o Regime Geral de Previdência Social, se concedidas na forma prevista no inciso II do § 2º.

§ 4º Aplicam-se às aposentadorias dos servidores dos Estados, do Distrito Federal e dos Municípios as normas constitucionais e infraconstitucionais anteriores à data de entrada em vigor desta Emenda Constitucional, enquanto não promovidas alterações na legislação interna relacionada ao respectivo regime próprio de previdência social.

Para o segurado que tenha **ingressado no RGPS até a data da publicação da Emenda 103/2019,** é assegurada a concessão de aposentadoria voluntária mediante o preenchimento dos seguintes requisitos cumulativos:

a) 60 anos de idade, se homem e 57 anos de idade, se mulher;

b) 35 anos de tempo de contribuição, se homem e 30 anos de contribuição, se mulher;

c) "Pedágio" (tempo de contribuição adicional) equivalente ao tempo em que faltava para atingir 35 anos de contribuição, se homem, e 30 anos se mulher, considerando o dia da promulgação da Emenda.

Assim, além da idade mínima, se no dia da promulgação da Emenda um homem possuía 34 anos de tempo de contribuição, terá que cumprir o 1 ano faltante mais um "pedágio" de 1 ano, totalizando 36 anos de tempo de contribuição.

No caso **professor do ensino básico**, devem ser observados os seguintes requisitos:

a) 55 anos de idade, se homem e 52 anos de idade, se mulher;

b) 30 anos de tempo de contribuição, se homem e 25 anos de contribuição, se mulher;

c) "Pedágio" (tempo de contribuição adicional) equivalente ao tempo em que faltava para atingir 30 anos de contribuição, se homem, e 25 anos se mulher, considerando o dia da promulgação da Emenda.

De efeito, os proventos de aposentadoria corresponderão **cem por cento da média** aritmética simples dos salários de contribuição e das remunerações adotados como base para contribuições a regime próprio de previdência social e ao Regime Geral de Previdência Social, ou como base para contribuições decorrentes das atividades militares de que tratam os arts. 42 e 142 da Constituição Federal, atualizados monetariamente, correspondentes a cem por cento do período contributivo **desde a competência julho de 1994** ou desde o início da contribuição, se posterior àquela competência, nos termos do artigo 26, §3º, inciso I da Emenda, com reajuste anual pelo INPC que é o índice do RGPS, nos termos do artigo 41-A da Lei 8.213/91.

Destarte, **será aplicado o coeficiente de 100% sobre a referida média de todas as remunerações/salários de contribuição** desde a competência Julho de 1994 (proventos integrais), conforme determina o artigo 26, §3º, inciso I[20] da Emenda 103/2019.

6.6. Artigo 21 – Aposentadorias especiais por agentes nocivos – Regras de transição para os segurados que ingressaram até a data da publicação da reforma constitucional

> Art. 21. O segurado ou o servidor público federal que se tenha filiado ao Regime Geral de Previdência Social ou ingressado no serviço público em cargo efetivo até a data de entrada em vigor desta Emenda

---

20. § 3º O valor do benefício de aposentadoria corresponderá a **cem por cento da média** aritmética definida na forma prevista no *caput* e no § 1º:

I – no caso do inciso II do § 2º do art. 20.

Constitucional cujas atividades tenham sido exercidas com efetiva exposição a agentes químicos, físicos e biológicos prejudiciais à saúde, ou associação desses agentes, vedada a caracterização por categoria profissional ou ocupação, desde que cumpridos, no caso do servidor, o tempo mínimo de 20 (vinte) anos de efetivo exercício no serviço público e de 5 (cinco) anos no cargo efetivo em que for concedida a aposentadoria, na forma dos arts. 57 e 58 da Lei nº 8.213, de 24 de julho de 1991, poderão aposentar-se quando o total da soma resultante da sua idade e do tempo de contribuição e o tempo de efetiva exposição forem, respectivamente, de:

I – 66 (sessenta e seis) pontos e 15 (quinze) anos de efetiva exposição;

II – 76 (setenta e seis) pontos e 20 (vinte) anos de efetiva exposição; e

III – 86 (oitenta e seis) pontos e 25 (vinte e cinco) anos de efetiva exposição.

§ 1º A idade e o tempo de contribuição serão apurados em dias para o cálculo do somatório de pontos a que se refere o *caput*.

§ 2º O valor da aposentadoria de que trata este artigo será apurado na forma da lei.

§ 3º Aplicam-se às aposentadorias dos servidores dos Estados, do Distrito Federal e dos Municípios cujas atividades sejam exercidas com efetiva exposição a agentes químicos, físicos e biológicos prejudiciais à saúde, ou associação desses agentes, vedada a caracterização por categoria profissional ou ocupação, na forma do § 4º-C do art. 40 da Constituição Federal, as normas constitucionais e infraconstitucionais anteriores à data de entrada em vigor desta Emenda Constitucional, enquanto não promovidas alterações na legislação interna relacionada ao respectivo regime próprio de previdência social.

Trata-se de regra de transição em favor do segurado filiado ao RGPS até a publicação da Emenda 103/2019 que labore exposto de modo permanente a agentes nocivos à saúde, físicos, químicos ou biológicos.

Esta regra de transição regula o tema, substituindo as regras da Lei 8.213/91, exceto na hipótese de enquadramento dos agentes nocivos, pois há fixação de idade mínima e pontuação.

A regra de transição possui dois pressupostos: 20 anos de efetivo exercício no serviço público e 5 anos no cargo efetivo em que for concedida a aposentadoria.

Ademais, é necessária uma pontuação mínima na soma da idade, tempo de contribuição e tempo de exposição:

a) **15 anos de efetiva exposição:** 66 pontos;

b) **20 anos de efetiva exposição:** 76 pontos;

c) **25 anos de efetiva exposição:** 86 pontos.

O texto constitucional contém uma má redação, pois afirma prevê **"o total da soma resultante da sua idade e do tempo de contribuição e o tempo de efetiva exposição"**.

O tempo de exposição também é tempo de contribuição, o que permitiria uma contagem em duplicidade, o que certamente não é a intenção da reforma, pois a pontuação seria extremamente elevada.

A ideia do legislador, na verdade, pois permitir a soma de tempo especial com tempo comum para fins de atingir a pontuação citada.

Imagine que Frederico é servidor federal e possui 25 anos de exposição permanente a agente nocivo à saúde previsto na legislação do RGPS. Neste caso, para atingir a pontuação 86, ele deve contar com 61 anos de idade, sendo uma idade elevada para quem labora com agentes nocivos à saúde, de modo que a pontuação constituída pela regra de transição foi bem dura.

A partir de **1/1/2020, as pontuações citadas seriam acrescidas de um ponto** a cada **ano** para o homem e para a mulher, até atingir, respectivamente, **81, 91 e 96 pontos**, respectivamente, para ambos os sexos. No entanto, o Senado barrou esta alteração que **não foi promulgada**.

Ademais, **há vedação expressa à caracterização por categoria profissional ou ocupação**.

Os proventos de aposentadoria especial serão calculados com base no artigo 26, §4º, inciso IV da Emenda.

Desta forma, para os **segurados do RGPS** que ingressaram até a data de publicação da Emenda 103/2019, será feita média aritmética simples de **100% do período contributivo** desde a competência julho de 1994 ou desde o início da contribuição, se posterior àquela competência, não se aplicando mais a média aritmética simples dos 80% maiores.

Para a aposentadoria especial que exige nocividade pelo período mínimo de **20 ou 25 anos**, o valor do benefício de aposentadoria corresponderá a **sessenta por cento da média aritmética das 100% das remunerações/salários de contribuição desde Julho de 1994, com acréscimo de 2% para cada ano que ultrapassar os 20 anos de contribuição:**

TEMPO DE CONTRIBUIÇÃO 20 ou 25 ANOS DE NOCIVIDADE	COEFICIENTE
20 Anos	60%
21 Anos	62%
22 Anos	64%

TEMPO DE CONTRIBUIÇÃO 20 ou 25 ANOS DE NOCIVIDADE	COEFICIENTE
23 Anos	66%
24 Anos	68%
25 Anos	70%
26 Anos	72%
27 Anos	74%
28 Anos	76%
29 Anos	78%
30 Anos	80%
31 Anos	82%
32 Anos	84%
33 Anos	86%
34 Anos	88%
35 Anos	90%
36 Anos	92%
37 Anos	94%
38 Anos	96%
39 Anos	98%
40 Anos	100%

Desta forma, conforme tabela supra, para esta regra de transição, a aposentadoria do servidor federal variará 60% a 100% da média de todas as remunerações desde 7/1994, somente atingindo a 100% da média quando o servidor federal possuir 40 anos de tempo de contribuição.

No entanto, para **a aposentadoria especial que exige apenas 15 anos de nocividade**, existem uma regra especial de cálculo da renda mensal no artigo 26, §5º[21], da Emenda 103/2019, que prevê a **progressão a contar de 15 anos**, e não de 20 anos de contribuição:

21. § 5º O acréscimo a que se refere o caput do § 2º será aplicado para cada ano que **exceder quinze anos** de tempo de contribuição para os segurados de que tratam a alínea "a" do inciso I do art. 19 **e do inciso I do art. 21** e para as mulheres filiadas ao Regime Geral de Previdência Social.

TEMPO DE CONTRIBUIÇÃO 15 ANOS DE NOCIVIDADE	COEFICIENTE
15 Anos	60%
16 Anos	62%
17 Anos	64%
18 Anos	66%
19 Anos	68%
20 Anos	70%
21 Anos	72%
22 Anos	74%
23 Anos	76%
24 Anos	78%
25 Anos	80%
26 Anos	82%
27 Anos	84%
28 Anos	86%
29 Anos	88%
30 Anos	90%
31 Anos	92%
32 Anos	94%
33 Anos	96%
34 Anos	98%
35 Anos	100%

Curioso notar que, **intencionalmente**, o artigo 26 da Emenda 103/2019 não limita a média de todas as remunerações do segurado a 100%, de modo que o segurado do RGPS que possuir mais de 40 anos de tempo de contribuição (nocividade de 20 ou 25anos) ou de 35 anos (nocividade de 15 anos) poderá ter proventos que ultrapassem a 100% (**proventos *ultra* integrais**).

Ademais, **poderão ser excluídas da média as contribuições que resultem em redução do valor do benefício**, desde que mantido o tempo mínimo de contribuição exigido, vedada a utilização do tempo excluído para qualquer finalidade, para a averbação em outro regime previdenciário ou para a obtenção dos proventos de inatividade dos militares.

7. AUXÍLIO-DOENÇA (AUXÍLIO POR INCAPACIDADE TEMPORÁRIA)

Regulamentação básica: artigos 59/63, da Lei 8.213/91; artigos 71/80, do RPS (Decreto 3.048/99).

Códigos de concessão: 91 – Auxílio-doença por acidente do trabalho e 31 – Auxílio-doença previdenciário (sem decorrer de acidente de trabalho).

Considerando que a **Emenda 103/2019** promoveu a exclusão da expressão "doença" do inciso I do artigo 201 da Constituição e inseriu a necessidade de incapacidade temporária ou permanente, posto que não basta estar doente para receber um benefício previdenciário por incapacidade laboral.

Uma crítica ao Decreto 10.410/2020 é a utilização da expressão "auxílio por incapacidade temporária" em substituição ao "auxílio-doença", pois a incapacidade permanente também é fato gerador do benefício, nos termos do artigo 62[22] da Lei 8.213/91, quando cabível a reabilitação profissional.

Por certo, teria sido mais adequada a expressão "auxílio temporário por incapacidade" ou simplesmente "auxílio-incapacidade", pois demonstraria o caráter temporário do benefício e abarcaria tanto a incapacidade temporária quanto a permanente.

Ao longo do texto manteremos a expressão auxílio-doença por questões históricas e em razão de a normatização (Lei 8.213/91 e Lei 8.212/91) e a jurisprudência citar essa nomenclatura, que progressivamente ao longo dos anos será substituída por auxílio por incapacidade temporária.

▸ Importante:

Trata-se de benefício não programado devido ao segurado que **ficar incapacitado para o seu trabalho ou para a sua atividade habitual por mais de 15 dias consecutivos.** O segurado em gozo de auxílio-doença, **insusceptível de recuperação para sua atividade habitual, se possível, deverá submeter-se a processo de reabilitação profissional para o exercício de outra atividade**, exceto o tratamento cirúrgico e a transfusão de sangue, que são facultativos.

▸ Como esse assunto foi cobrado em concurso?

No concurso do CESPE para Procurador Federal (curso de formação) em 2010, foi considerado errado o seguinte enunciado: Somente será devido o auxílio-doença se a incapacidade do segurado impedir que ele exerça atividade que lhe garanta subsistência. Assim, o impedimento ao exercício de atividade habitual não assegura o recebimento desse auxílio.

22. Art. 62. O segurado em gozo de auxílio-doença, insuscetível de recuperação para sua atividade habitual, deverá submeter-se a processo de reabilitação profissional para o exercício de outra atividade. (Redação dada pela Lei nº 13.457, de 2017)

Não cessará o benefício até que seja dado como habilitado para o desempenho de nova atividade que lhe garanta a subsistência ou, quando considerado não recuperável, for aposentado por invalidez.

> **Como esse assunto foi cobrado em concurso?**
>
> No concurso do CESPE para Juiz Federal da 5ª Região em 2009, foi considerado correto o seguinte enunciado: O segurado em gozo de auxílio-doença e insuscetível de recuperação para sua atividade habitual deverá submeter-se a processo de reabilitação profissional para o exercício de outra atividade. Não cessará esse benefício até que seja dado como habilitado para o desempenho de nova atividade que lhe garanta a subsistência ou, quando considerado não recuperável, for aposentado por invalidez. Outrossim, no concurso do CESPE para Analista da SEGER/ES em 2013, foi considerado correto o seguinte enunciado: O segurado em gozo de auxílio-doença e insuscetível de recuperação para sua atividade habitual deverá submeter-se a processo de reabilitação profissional para o exercício de outra atividade, e o auxílio-doença não cessará até que o segurado seja considerado habilitado para o desempenho de nova atividade que lhe garanta a subsistência ou, quando considerado não recuperável, for aposentado por invalidez.

Insta afirmar que mesmo a **incapacidade laborativa parcial** para o trabalho habitual enseja a concessão do auxílio-doença, ex vi da Súmula 25 da Advocacia-Geral da União: "Será concedido auxílio-doença ao segurado considerado **temporariamente** incapaz para o trabalho ou sua atividade habitual, de forma total **ou parcial**, atendidos os demais requisitos legais, **entendendo-se por incapacidade parcial aquela que permita sua reabilitação para outras atividades laborais**".

> **Qual o entendimento do STJ sobre o assunto?**
>
> "RECURSO ESPECIAL. PREVIDENCIÁRIO. LEI 8.213/91. CONCESSÃO. AUXÍLIO-DOENÇA. INCAPACIDADE. TOTAL. PARCIAL. **A Lei 8.213/91 não faz distinção quanto à incapacidade, se deve ser total ou parcial; assim, não é possível restringir o benefício ao segurado, deferindo-o, tão-somente, quando a desventurada incapacidade for parcial.** Recurso desprovido" (REsp 699920/SP, de 17/02/2005).

De acordo com o Manual de Perícia Médica da Previdência Social, "a **incapacidade laborativa** é a impossibilidade de desempenho das funções específicas de uma atividade ou ocupação, em consequência de alterações morfopsicofisiológicas provocadas por doença ou acidente".

De efeito, entende-se que **incapacidade parcial** é aquela que prejudica o desenvolvimento de algumas atividades laborativas habituais do segurado, mas não de todas, sem risco de vida do segurado ou agravamento maior.

Entretanto, a Súmula 25 da AGU a define como aquela que permita reabilitação para outras atividades laborais. Entende-se que a definição da referida Súmula é equivocada, pois é possível que haja incapacidade parcial e não seja necessária a reabilitação, caso possa o segurado se recuperar para o trabalho habitual.

Por tudo isto, crê-se que é possível a concessão do auxílio-doença em duas hipóteses:

A) ***Incapacidade temporária parcial ou total para o trabalho habitual por mais de 15 dias consecutivos***, sendo plenamente possível a recuperação do segurado para desenvolver a mesma atividade;

B) ***Incapacidade permanente parcial ou total do segurado para o trabalho habitual por mais de 15 dias consecutivos***, não sendo possível a recuperação do segurado para continuar desenvolvendo o trabalho habitual, mas plenamente viável a reabilitação profissional para outra atividade que lhe garanta a subsistência.

Na primeira hipótese, considere-se que um segurado do RGPS tenha contraído a gripe H1N1, ficando impossibilitado de exercer o seu trabalho habitual por 30 dias. Neste caso, é plenamente possível a sua recuperação clínica, não sendo cabível a reabilitação profissional.

No segundo caso, enquadra-se a situação de um estivador que apresenta problema em sua coluna, não sendo possível a sua recuperação para o trabalho habitual, que exige o levantamento de muito peso.

Logo, trata-se de incapacidade permanente para o trabalho habitual, devendo o segurado receber o auxílio-doença e ser encaminhado ao serviço de reabilitação profissional, caso seja possível desenvolver outra atividade laborativa que lhe garanta a subsistência, respeitadas as suas limitações clínicas.

Por tudo isso, é possível promover as seguintes classificações da incapacidade laborativa:

A) **Quanto ao grau**, poderá ser *total* ou *parcial;*

B) **Quanto à duração**, será *temporária* (prazo previsível para a recuperação) ou de *duração indefinida* (prazo imprevisível).

Ainda é possível realizar uma classificação da incapacidade laboral de acordo com a **profissão desenvolvida**:

A) **uniprofissional:** aquela em que o impedimento alcança apenas uma atividade específica;

B) **multiprofissional:** aquela em que o impedimento abrange diversas atividades profissionais;

c) **omniprofissional:** aquela que implica a impossibilidade do desempenho de toda e qualquer atividade laborativa, sendo conceito essencialmente teórico, salvo quando em caráter transitório.

▸ **Importante:**

De efeito, **a incapacidade laborativa por até 15 dias consecutivos não ensejará o pagamento do auxílio-doença**, pois se cuida de risco social não coberto pelo Plano de Benefícios do RGPS, em observância ao Princípio da Seletividade (art. 59, da Lei 8.213/91), restaurado pela Lei 13.135/2015.

▸ **Importante:**

Também não será devido o auxílio-doença ao segurado que se filiar ao Regime Geral de Previdência Social já portador da doença ou da lesão invocada como causa para o benefício, **salvo quando a incapacidade sobrevier por motivo de progressão ou agravamento dessa doença ou lesão.**

▸ **Como esse assunto foi cobrado em concurso?**

No concurso do CESPE para Juiz Federal da 5ª Região em 2013, foi considerado errado o seguinte enunciado: O auxílio-doença não será devido ao segurado que se filiar ao regime geral de previdência social com doença preexistente e a invocar para a concessão do benefício, mesmo que a incapacidade sobrevier por motivo de progressão da doença.

▸ **Qual o entendimento da TNU sobre o assunto?**

Súmula 53 – Não há direito a auxílio-doença ou a aposentadoria por invalidez quando a incapacidade para o trabalho é preexistente ao reingresso do segurado no Regime Geral de Previdência Social.

Suponha-se que Cornélio trabalhe por conta própria sem nunca ter recolhido contribuição previdenciária. Após se acidentar e se tornar incapaz para o trabalho temporariamente, Cornélio se filiou ao RGPS como contribuinte individual mediante o recolhimento de contribuição previdenciária.

Neste caso, deverá o INSS indeferir o benefício de auxílio-doença, vez que a incapacidade laboral é preexistente à filiação de Cornélio.

Por outro lado, suponha-se que Maria seja portadora de câncer no momento da sua filiação ao RGPS. Conquanto portadora da referida patologia, no momento em que se filiou ao regime previdenciário, Maria ainda gozava de plenas condições laborais.

Contudo, um ano após a filiação, o mal se agravou e Maria passou a ser incapaz para o trabalho de maneira parcial. Neste caso, o INSS deverá deferir o auxílio-doença, pois a incapacidade laboral decorreu de progressão da enfermidade verificada após a filiação.

Vale ressaltar que o período de graça não correrá ou, se já iniciado, será suspenso durante o período de incapacidade laboral do segurado, com base no artigo 15, I, da Lei 8.213/91.

Nesse sentido, em 09.06.2008, foi editada a Súmula 26 da AGU, que pontifica:

> "Súmula 26 – Para a concessão de benefício por incapacidade, não será considerada a perda da qualidade de segurado decorrente da própria moléstia incapacitante".

▸ **Qual o entendimento do STJ sobre o assunto?**

"**AGRAVO REGIMENTAL NO RECURSO ESPECIAL. APOSENTADORIA POR INVALIDEZ. PERDA DA QUALIDADE DE SEGURADO ANTES DA OCORRÊNCIA DA MOLÉSTIA INCAPACITANTE. BENEFICIO INDEVIDO. REEXAME FÁTICO-PROBATÓRIO. AGRAVO DESPROVIDO.** I- A aposentadoria por invalidez é devida ao segurado que, após cumprida a carência e conservando a qualidade de segurado, for considerado incapaz para o trabalho e insuscetível de reabilitação em atividade que lhe garanta subsistência. **II – A jurisprudência desta Corte Superior de Justiça é firme no sentido de que o segurado que deixa de contribuir para a Previdência Social, por estar incapacitado para o labor, não perde a qualidade de segurado.** III- Ocorre que, no caso sub examine, tendo restado consignado ser a incapacidade do autor muito posterior ao fim de seu vínculo previdenciário, o reconhecimento da perda da qualidade de segurado e, consequentemente, o indeferimento do pedido de acidentário é medida que se impõe" (AgRg no REsp 1245217/SP, de 12/06/2012).

▸ **Importante:**

Logo, é necessário avaliar se na data do início da incapacidade laborativa ainda havia a manutenção da qualidade de segurado. Se havia, o auxílio-doença será deferido. Caso contrário, será negado.

Isso porque nos casos em que o segurado deixa de recolher a contribuição por estar incapacitado, não haverá a perda da sua qualidade, pois a partir do momento em que houver a incapacidade para o trabalho habitual, já nascerá o direito ao auxílio-doença, mesmo que este só será requerido muito posteriormente.

Vamos supor que Rosângela é contribuinte individual que trabalha por conta própria. Ela possui 20 contribuições previdenciárias vertidas mensalmente em dia. A partir de janeiro de 2012, torna-se incapaz para o seu trabalho habitual por largo período, deixando de recolher as contribuições.

Por desconhecimento da legislação previdenciária, Rosângela apenas requereu o benefício em abril de 2013, quando ainda estava impossibilitada de exercer o seu trabalho habitual, época em que já não contribuía há mais de 12 meses.

Conquanto na data do requerimento administrativa ela aparentemente já tenha perdido a qualidade de segurada (se passou o período de graça de 12 meses sem novos recolhimentos), se a perícia médica do INSS apontar o início da incapacidade em janeiro de 2012, o benefício deverá ser concedido, pois naquele mês havia a manutenção da condição de segurada.

É que, de acordo com o STJ, o INSS e a AGU, o segurado que deixar de contribuir para a Previdência Social, por estar incapacitado para o labor, não perde a sua qualidade.

É curial que seja feito um elo entre a enfermidade ou lesão que acomete o segurado e o seu trabalho ou atividade habitual, pois o mesmo infortúnio poderá gerar o pagamento do benefício para um segurado, mas não para outro, desde que atue em atividade laborativa diversa.

Suponha-se que dois segurados da mesma idade possuam uma idêntica lesão lombar. O primeiro é trabalhador avulso, atuando na função de estivador, ao passo que o segundo é segurado empregado, exercendo a função de porteiro de edifício.

É plenamente possível que o primeiro perceba o auxílio-doença e o segundo não, caso este possa compatibilizar a sua enfermidade com o exercício do seu trabalho, desde que não haja vedação clínica de que o tratamento seja processado sem a interrupção do labor.

Apenas no caso do **segurado empregado**, durante os **primeiros 15 dias** consecutivos ao do afastamento da atividade por motivo de doença, **incumbirá à empresa pagar o seu salário integral.**

Logo, a DIB (data de início do benefício) do auxílio-doença para o **empregado** será o décimo sexto dia após o afastamento, se o benefício for requerido em até 30 dias. Para os demais segurados, a DIB será a data do afastamento, se requerido em até 30 dias deste.

Para todos os segurados, a DIB será a data do requerimento administrativo, se entre o afastamento e o requerimento se passaram mais de 30 dias.

Contudo, se concedido novo benefício decorrente da mesma doença dentro de 60 dias contados da cessação do benefício anterior, a empresa fica desobrigada do pagamento relativo aos quinze primeiros dias de afastamento, prorrogando-se o benefício anterior e descontando-se os dias trabalhados, se for o caso.

▸ Como esse assunto foi cobrado em concurso?

No concurso do CESPE para Advogado do BRB em 2009, foi considerado correto o seguinte enunciado: Fernando é empregado de pessoa jurídica e, em virtude de enfermidade, ficou incapacitado para o seu trabalho por mais de quinze dias, passando a perceber, a partir do décimo sexto dia, o benefício previdenciário denominado auxílio-doença. Após dois meses, a perícia do INSS constatou que Fernando já estava apto para retornar às suas atividades, e determinou a cessação de seu benefício. Um mês após a cessação do referido benefício, Fernando, acometido pela mesma doença, ficou novamente impossibilitado para o trabalho. Nessa circunstância, a pessoa jurídica fica desobrigada ao pagamento relativo aos quinze primeiros dias de afastamento, prorrogando-se o benefício anterior.

Se o segurado empregado, por motivo de doença, afastar-se do trabalho durante 15 dias, retornando à atividade no décimo sexto dia, e se dela voltar a se afastar dentro de 60 dias desse retorno, em decorrência da mesma doença, fará jus ao auxílio-doença a partir da data do novo afastamento.

▸ **Qual o entendimento do STJ sobre o assunto?**

Tendo em conta que nesses 15 dias o empregado não trabalhou, o STJ vem entendendo que a quantia paga pela empresa tem natureza indenizatória, e não remuneratória, não se realizando a hipótese de incidência das contribuições previdenciárias respectivas (AGREsp 1.107.898, de 09.03.2010).

▸ **Importante:**

O auxílio-doença é um benefício previsto para todos os segurados, tendo a renda mensal inicial de **91% do salário de benefício**, não podendo ser inferior a um salário mínimo (salvo atividades concomitantes), pois visa substituir a remuneração do beneficiário.

Em regra, o auxílio-doença pressupõe a realização de **carência de 12 contribuições mensais**, que será excepcionalmente dispensada nas hipóteses de invalidez decorrente de acidente de qualquer natureza, doença profissional, do trabalho ou das moléstias graves listadas em ato regulamentar.

No entanto, a Lei 13.135/2015 instituiu um novo teto para o valor do auxílio-doença, ao inserir o §10 no artigo 29 da Lei 8.213/91, que determina que **"o auxílio-doença não poderá exceder a média aritmética simples dos últimos doze salários-de-contribuição, inclusive no caso de remuneração variável, ou, se não alcançado o número de doze, a média aritmética simples dos salários-de-contribuição existentes"**.

Isto posto, o auxílio-doença não poderá superar a média aritmética simples dos 12 últimos salários de contribuição do segurado ou, se inexistentes 12 salários de contribuição no período básico de cálculo (a partir de julho de 1994), deverá ser feita a média aritmética simples de todos os salários de contribuição existentes, sempre com a óbvia incidência da correção monetária.

Certamente o motivo desta nova regra é aproximar o valor do auxílio-doença da remuneração percebida pelo segurado nos 12 últimos meses, a fim de evitar que o benefício fique com renda superior se o segurado possuir altos salários de contribuição no passado, o que poderá gerar a acomodação do segurado, se o auxílio-doença superar a sua remuneração mensal habitual.

Uma situação esdrúxula é que **a Emenda 103/2019 não alterou a renda do auxílio-doença,** que continua sendo de 91% do salário de benefício, limitado à média dos 12 últimos salários de contribuição, nos termos dos artigos 61[23] e 29, §10[24], da Lei 8.213/91.

Isso porque o artigo 26, *caput*, da Emenda 103/2019 somente se aplica aos benefícios com regulação constitucional de requisitos enquanto não há lei de regulamentação ("até que lei discipline o cálculo dos benefícios do Regime Geral de Previdência Social"), o que não ocorre com o auxílio-doença, não regulado pela reforma constitucional.

Ademais, o parágrafo segundo do artigo 26 da Emenda 103/2019 somente se refere às aposentadorias ("o valor do benefício de aposentadoria corresponderá a sessenta por cento da média aritmética"), não abarcando o auxílio-doença.

Dessa forma, será comum ver a renda do auxílio-doença superior à renda da aposentadoria por invalidez dos segurados que não possuírem largo tempo de contribuição, o que é um contrassenso, até que haja uma possível alteração na Lei 8.213/91.

Considerando que o auxílio por incapacidade temporária substitui o salário de contribuição, a sua renda mensal não poderá ser inferior a um salário mínimo, a teor do artigo 201, §2º, da Constituição, salvo na situação descrita no artigo 73 do Decreto 3.048/99.

Trata-se da situação em que o segurado exerce mais de uma atividade abrangida pela previdência social e foi concedido o benefício no caso de incapacidade apenas para o exercício de uma delas, situação na qual o valor do auxílio por incapacidade temporária poderá ser inferior ao salário-mínimo, desde que, se somado às demais remunerações recebidas, resulte em valor superior ao salário-mínimo.

A legislação previdenciária não fixa um prazo máximo para a manutenção do auxílio-doença, mas é certo que não deverá permanecer ativo por muito tempo, visto que é precário por natureza.

De efeito, o auxílio-doença cessará com o retorno do segurado ao trabalho ou, caso necessite, com a sua reabilitação profissional. Caso contrário, a depender do caso concreto, deverá ser convertido em auxílio-acidente ou aposentadoria por invalidez, podendo, ainda, ser transformado em outra aposentadoria, caso o segurado já tenha preenchido os requisitos para tanto.

---

23. Art. 61. O auxílio-doença, inclusive o decorrente de acidente do trabalho, consistirá numa renda mensal correspondente a 91% (noventa e um por cento) do salário-de-benefício, observado o disposto na Seção III, especialmente no art. 33 desta Lei. (Redação dada pela Lei nº 9.032, de 1995)

24. § 10. O auxílio-doença não poderá exceder a média aritmética simples dos últimos 12 (doze) salários-de-contribuição, inclusive em caso de remuneração variável, ou, se não alcançado o número de 12 (doze), a média aritmética simples dos salários-de-contribuição existentes. (Incluído pela Lei nº 13.135, de 2015)

A alteração das atribuições e responsabilidades do segurado compatíveis com a limitação que tenha sofrido em sua capacidade física ou mental **não configura desvio de cargo ou função** do segurado reabilitado ou que estiver em processo de reabilitação profissional a cargo do INSS, nos termos da Lei 13.846/19.

Vale salientar que ao segurado que exercer mais de uma atividade abrangida pela Previdência Social, e estando incapacitado para uma ou mais atividades, inclusive em decorrência de acidente do trabalho, **será concedido um único benefício.**

Em regra, a data de início do benefício (DIB) será a data da incapacidade, marco inicial do pagamento a ser promovido pelo INSS. Contudo, se entre a data da incapacidade e a data de entrada do requerimento (DER) se passar mais de 30 dias, a data de início do benefício será a data de entrada do requerimento na Previdência Social.

> **▸ Como esse assunto foi cobrado em concurso?**
>
> No concurso do CESPE para Procurador do Município de Aracaju em 2007, foi considerado correto o seguinte enunciado: O segurado contribuinte individual do RGPS que sofrer acidente que o impeça de trabalhar por vários dias tem direito ao benefício de auxílio-doença com início a partir do dia da incapacidade, desde que o auxílio tenha sido requerido até trinta dias após a ocorrência do infortúnio.

> **▸ Importante:**
>
> Apenas no caso do segurado empregado a regra será diferente, tendo em vista a obrigação legal da empresa de pagar ao segurado o seu salário durante os 15 primeiros dias do afastamento. Logo, para o segurado empregado, a data de início do benefício não será a data da incapacidade, e sim o 16º dia seguinte. Excepcionalmente, se entre a data da incapacidade e a data de entrada do requerimento se passar mais de 30 dias, a data de início do benefício será a data de entrada do requerimento na Previdência Social.

No caso de concessão judicial, em decorrência do INSS ter negado o benefício na esfera administrativa, se por questões clínicas a perícia judicial não conseguir definir a data de início da incapacidade, era a data de início do benefício será a data de juntada do laudo pericial.

> **▸ Como esse assunto foi cobrado em concurso?**
>
> No concurso do CESPE para Promotor de Justiça do Espírito Santo em 2010, foi considerado errado o seguinte enunciado: Suponha que Caio tenha requerido, administrativamente, em 10/8/2009, o benefício de auxílio-doença, que foi indeferido pelo INSS, motivo pelo qual ajuizou, em 14/11/2009, uma ação ordinária pleiteando o referido benefício, sendo que o laudo médico pericial, juntado aos autos em 20/2/2010, reconheceu a incapacidade de Caio. Nessa situação hipotética, o termo inicial do auxílio-doença a ser concedido judicialmente será o dia 14/11/2009.

> ▸ **Qual o entendimento do STJ sobre o assunto?**
>
> No entanto, observou-se uma mudança de posicionamento na jurisprudência da Corte Superior RECURSO ESPECIAL Nº 1.311.665 – SC, 1ª Turma, de 02/09/2014), dominando, na atualidade, o entendimento de que a data de início do benefício por incapacidade será a data da citação, e não a data da juntada do laudo pericial judicial, quando não possível retroagir ao requerimento administrativo.

Coube à **Lei 14.331/2022** inserir o artigo **129-A na Lei 8.213/91**, constituindo novos **requisitos da petição inicial** para a legítima propositura de ação contra o INSS que verse a respeito dos benefícios por incapacidade laboral, quer decorrentes ou não de acidente de trabalho.

De efeito, quando o fundamento da ação for a discussão de ato praticado pela perícia médica federal, a petição inicial deverá conter, em complemento aos requisitos previstos no art. 319 da Lei nº 13.105, de 16 de março de 2015 (Código de Processo Civil):

> **a) descrição clara da doença e das limitações que ela impõe;**
>
> **b) indicação da atividade para a qual o autor alega estar incapacitado;**
>
> **c) possíveis inconsistências da avaliação médico-pericial discutida; e**
>
> **d) declaração quanto à existência de ação judicial anterior com o objeto de que trata este artigo, esclarecendo os motivos pelos quais se entende não haver litispendência ou coisa julgada, quando for o caso;**

Outrossim, para atendimento do disposto no art. 320 da Lei nº 13.105, de 16 de março de 2015 (Código de Processo Civil), a petição inicial, qualquer que seja o rito ou procedimento adotado, deverá ser instruída pelo autor com os seguintes documentos:

> **a) comprovante de indeferimento do benefício ou de sua não prorrogação, quando for o caso, pela administração pública;**
>
> **b) comprovante da ocorrência do acidente de qualquer natureza ou do acidente do trabalho, sempre que houver um acidente apontado como causa da incapacidade;**
>
> **c) documentação médica de que dispuser relativa à doença alegada como a causa da incapacidade discutida na via administrativa.**

Determinada pelo juízo a realização de exame médico-pericial por perito do juízo, este deverá, no caso de divergência com as conclusões do laudo administrativo, indicar em seu laudo de forma fundamentada as razões técnicas e científicas que amparam o dissenso, especialmente no que se refere à comprovação da incapacidade, sua data de início e a sua correlação com a atividade laboral do periciando.

Quando a conclusão do exame médico pericial realizado por perito designado pelo juízo mantiver o resultado da decisão proferida pela perícia realizada na via administrativa, poderá o juízo, após a oitiva da parte autora, julgar improcedente o pedido. Se a controvérsia versar sobre outros pontos além do que exige exame médico-pericial, o juízo dará seguimento ao processo, com a citação do réu, **indicando a positivação do procedimento da perícia prévia (antes da citação), em regra**, que otimiza o procedimento e viabiliza acordos em situações de laudos favoráveis aos segurados.

A Previdência Social deverá **processar de ofício o benefício**, quando tiver ciência da incapacidade do segurado sem que este tenha requerido auxílio-doença, na forma do artigo 76, do RPS.

O segurado empregado em gozo de auxílio-doença será considerado pela empresa como licenciado, nos termos do artigo 476, da CLT. O mesmo entendimento foi estendido ao empregado doméstico por força da LC 150/2015.

Ademais, a empresa que garantir ao segurado licença remunerada ficará obrigada a pagar-lhe durante o período de auxílio-doença a eventual diferença entre o valor deste e a importância garantida pela licença (**complemento de auxílio-doença**).

> **Como esse assunto foi cobrado em concurso?**
>
> No concurso do CESPE para Advogado da CEF em 2010, foi considerado correto o seguinte enunciado: A pessoa jurídica Epta Ltda., em virtude de convenção coletiva de trabalho, paga aos seus empregados licença remunerada, pelo prazo de três meses, para tratamento de saúde do empregado, em casos de comprovada necessidade e quando autorizada pela empresa. Nessa situação, se algum empregado de Epta sofrer acidente de trabalho e passar a perceber auxílio-doença, a Epta deverá arcar com a diferença entre o valor do benefício e o salário efetivo do empregado, como se esse empregado estivesse licenciado.

O auxílio-doença poderá ser comum (código B 31) ou acidentário (B 91), se decorrer de acidente de trabalho, doença profissional, do trabalho ou evento equiparado, uma vez emitida a Comunicação de Acidente de Trabalho ou reconhecido o nexo técnico epidemiológico entre a enfermidade e o exercício do labor.

> **Importante:**
>
> Neste caso, após a cessação do benefício acidentário, o segurado **(empregado)** terá garantido, pelo prazo mínimo de doze meses, a manutenção do seu contrato de trabalho na empresa, independentemente de percepção de auxílio-acidente, na forma do artigo 118, da Lei 8.213/91. **Este direito não foi estendido expressamente ao empregado doméstico pela LC 150/2015.**

▸ **Qual o entendimento do TST sobre o assunto?**

"Súmula nº 378 do TST

ESTABILIDADE PROVISÓRIA. ACIDENTE DO TRABALHO. ART. 118 DA LEI Nº 8.213/1991. (inserido item III) – Res. 185/2012, DEJT divulgado em 25, 26 e 27.09.2012

I – É constitucional o artigo 118 da Lei nº 8.213/1991 que assegura o direito à estabilidade provisória por período de 12 meses após a cessação do auxílio-doença ao empregado acidentado. (ex-OJ nº 105 da SBDI-1 – inserida em 01.10.1997)

II – São pressupostos para a concessão da estabilidade o afastamento superior a 15 dias e a conseqüente percepção do auxílio-doença acidentário, salvo se constatada, após a despedida, doença profissional que guarde relação de causalidade com a execução do contrato de emprego. (primeira parte – ex-OJ nº 230 da SBDI-1 – inserida em 20.06.2001)

III – O empregado submetido a contrato de trabalho por tempo determinado goza da garantia provisória de emprego decorrente de acidente de trabalho prevista no art. 118 da Lei nº 8.213/91".

▸ **Como esse assunto foi cobrado em concurso?**

No concurso do CESPE para Procurador do Estado de Alagoas em 2008, foi considerado correto o seguinte enunciado: O segurado empregado, exceto o doméstico, que sofrer acidente de trabalho que o deixe incapacitado para a atividade laboral por prazo superior a quinze dias terá garantida, pelo prazo mínimo de doze meses, a manutenção do seu contrato de trabalho na empresa, após a cessação do auxílio-doença acidentário.

O auxílio-doença do segurado que exercer mais de uma atividade abrangida pela previdência social será devido mesmo no caso de incapacidade apenas para o exercício de uma delas, devendo a perícia médica ser conhecedora de todas as atividades que o mesmo estiver exercendo, podendo ser inferior a um salário mínimo, desde que somado às demais remunerações recebidas resultar valor superior a este.

Quando o segurado que **exercer mais de uma atividade** se incapacitar definitivamente para uma delas, **deverá o auxílio-doença ser mantido indefinidamente,** não cabendo sua transformação em aposentadoria por invalidez, enquanto essa incapacidade não se estender às demais atividades.

O artigo 78, do RPS, com redação dada pelo Decreto 5.844/06, prevê o polêmico instituto da **alta programada ou COPES – Cobertura Previdenciária Estimada**, em que o INSS poderá estabelecer, mediante avaliação médico-pericial, o prazo que entender suficiente para a recuperação da capacidade para o trabalho do segurado, **dispensada nessa hipótese a realização de nova perícia.**

Caso o prazo concedido para a recuperação se revele insuficiente, o segurado poderá solicitar a realização de nova perícia médica, perpetrando pedido de prorrogação (PP) do benefício, nos 15 dias anteriores a alta programada.

Vale frisar que a **Medida Provisória 739/2016** chegou a positivar a COPES administrativa no artigo 60 da Lei 8.213/91, assim como constituiu a COPES judicial, dispondo que, sempre que possível, o ato de concessão ou de reativação de auxílio-doença, judicial ou administrativo, deveria fixar o prazo estimado para a duração do benefício, sendo que, na ausência de fixação do prazo, o benefício cessaria após o prazo de cento e vinte dias, contado da data de concessão ou de reativação, exceto se o segurado requerer a sua prorrogação junto ao INSS, na forma do regulamento.

Mas a MP 739/2016 caducou por ausência de votação no Congresso Nacional no dia 4/11/2016, sendo conservados os seus efeitos jurídicos até esta data, salvo a edição de decreto legislativo dispondo em sendo contrário.

> **▸ Importante:**
>
> **Posteriormente, foi editada a Medida Provisória 767, de 6 de janeiro de 2017, restabelecendo parte do regramento da MP 739/2016, tendo positivado a COPES administrativa e constituído a COPES judicial. A Lei 13.457/2017 confirmou a MP 767.**

Desta forma, consta agora do texto do artigo 60 da Lei 8.213/91 que, sempre que possível, o ato de concessão ou de reativação de auxílio-doença, **judicial ou administrativo**, deverá fixar o prazo estimado para a duração do benefício.

Caso a decisão judicial não fixe a data de cessação automática do auxílio-doença, o benefício cessará após o prazo de **cento e vinte dias**, contado da data de concessão ou de reativação, exceto se o segurado requerer a sua prorrogação junto ao INSS, conforme regulamento da previdência social (pedido de prorrogação).

A COPES somente é compatível com a incapacidade laboral temporária, em que é possível estimar prazo de recuperação, sendo incompatível com a incapacidade laboral permanente, pois neste caso o auxílio-doença somente será cessado com a reabilitação profissional bem sucedida, nos termos do artigo 62 da Lei 8.213/91.

Também restou consignado pela Lei 13.457/2017 que o segurado em gozo de auxílio-doença, concedido judicial ou administrativamente, poderá ser convocado a qualquer momento para avaliação das condições que ensejaram a concessão ou a manutenção.

O segurado que não concordar com o resultado da avaliação que ensejar o cancelamento do auxílio-doença, poderá apresentar, no prazo máximo de trinta dias, recurso da decisão da administração perante o Conselho de Recursos da Previdência Social, cuja análise médica pericial, se necessária, será feita pelo assistente técnico médico da junta de recursos do seguro social, perito diverso daquele que indeferiu o benefício.

> **Qual o entendimento do STJ sobre o assunto?**
>
> O sistema de alta programada estabelecido pelo INSS apresenta como justificativa principal a desburocratização do procedimento de concessão de benefícios por incapacidade. Todavia, não é possível que um sistema previdenciário, cujo pressuposto é a proteção social, se abstenha de acompanhar a recuperação da capacidade laborativa dos segurados incapazes, atribuindo-lhes o ônus de um auto exame clínico, a pretexto da diminuição das filas de atendimento na autarquia. 6. Cabe ao INSS proporcionar um acompanhamento do segurado incapaz até a sua total capacidade, reabilitação profissional, auxílio-acidente ou aposentadoria por invalidez, não podendo a autarquia focar apenas no aspecto da contraprestação pecuniária.7. Na forma do art. 62 da Lei 8.213/1991, "o segurado em gozo de auxílio-doença, insusceptível de recuperação para sua atividade habitual, deverá submeter-se a processo de reabilitação profissional para o exercício de outra atividade", e "não cessará o benefício até que seja dado como habilitado para o desempenho de nova atividade que lhe garanta a subsistência ou, quando considerado não-recuperável, for aposentado por invalidez". Transferir essa avaliação ao próprio segurado fere gravemente o princípio da dignidade da pessoa humana. 8. Além disso, a jurisprudência que vem se firmando no âmbito do STJ é no sentido de que não se pode proceder ao cancelamento automático do benefício previdenciário, ainda que diante de desídia do segurado em proceder à nova perícia perante o INSS, sem que haja prévio procedimento administrativo, sob pena de ofensa aos princípios da ampla defesa e do contraditório. **(AgInt no AREsp 1049440/MT, Rel. Ministro HERMAN BENJAMIN, SEGUNDA TURMA, julgado em 27/06/2017, DJe 30/06/2017).**

Durante a percepção do auxílio-doença, o segurado deverá se afastar do exercício da atividade laboral para a qual se encontra incapacitado a fim de se recuperar, ou para ser reabilitado para outra profissão, se for o caso.

No entanto, no caso de indeferimento irregular do benefício pelo INSS, não raro muitos segurados persistem trabalhando mesmo não possuindo condições de fazê-lo, inclusive com prejuízo da sua saúde, a fim de manter o seu sustento e da família.

Excepcionalmente, nestes casos de erro administrativo da autarquia previdenciária, quando o segurado obtém a condenação judicial do benefício por incapacidade, é possível que durante um interstício haja a cumulação de percepção de remuneração com benefício por incapacidade.

> **Qual o entendimento da TNU sobre o assunto?**
>
> **Súmula 72** – "É possível o recebimento de benefício por incapacidade durante período em que houve exercício de atividade remunerada quando comprovado que o segurado estava incapaz para as atividades habituais na época em que trabalhou".

> **▸ Qual o entendimento do STJ sobre o assunto?**
>
> **Tema 1.013** – No período entre o indeferimento administrativo e a efetiva implantação de auxílio-doença ou de aposentadoria por invalidez, mediante decisão judicial, o segurado do RPGS tem direito ao recebimento conjunto das rendas do trabalho exercido, ainda que incompatível com sua incapacidade laboral, e do respectivo benefício previdenciário pago retroativamente.

Desta forma, na situação de erro administrativo da autarquia consistente no indeferimento indevido de benefício por incapacidade laboral quando o segurado estiver inapto ao labor, no interstício **"entre o indeferimento administrativo e a efetiva implantação de auxílio-doença ou de aposentadoria por invalidez, mediante decisão judicial, o segurado do RPGS tem direito ao recebimento conjunto das rendas do trabalho exercido, ainda que incompatível com sua incapacidade laboral, e do respectivo benefício previdenciário pago retroativamente"**.

A tese se afigura razoável, pois houve erro administrativo e o segurado laborou em estado de necessidade, podendo inclusive ter comprometido a sua recuperação.

Por outro lado, após a implantação do auxílio por incapacidade temporária, passa a ser indevida a acumulação, sendo dever do INSS suspender o benefício se após a implantação o segurado seguir desenvolvendo atividade laboral remunerada, haja vista já estar amparado pelo benefício por incapacidade laboral.

> **▸ Importante:**
>
> Com razoabilidade, a **Medida Provisória 871/2019** (regra mantida na Lei 13.846/2019) previu que **não será devido o auxílio-doença para o segurado recluso em regime FECHADO** (esta regra não engloba regime aberto ou semiaberto), tendo em vista que o preso estará sob a proteção do Estado, que deverá atender às suas necessidades básicas e tem custos que a sociedade já arca.
>
> Ademais, acaso o segurado esteja em gozo de auxílio-doença no momento da segregação prisional, o benefício deverá ser **suspenso por até sessenta dias**. Vencidos os sessenta dias, se o segurado ainda estiver preso, o auxílio-doença será cancelado.
>
> Em caso de prisão declarada ilegal, o segurado terá direito à percepção do benefício por todo o período devido.
>
> O segurado recluso em cumprimento de pena em regime aberto ou semiaberto terá direito ao auxílio-doença.

Por fim, **Lei 14.131/2021** autorizou o INSS a conceder o benefício de auxílio por incapacidade temporária mediante apresentação pelo requerente de **atestado médico e de documentos complementares** (foi dispensada a perícia médica no segurado) que comprovem a doença informada no atestado como causa da incapacidade **até 31/12/2021**, observado o seguinte regramento:

A) Concessão por até 90 dias;

B) Impossibilidade de prorrogação;

C) Renda do benefício pelo valor devido (não se confunde com a antecipação de um salário mínimo do ano de 2020).

> ▸ **Importante:**
>
> Com o advento da **Lei 14.441/2022**, restou inserido o §14 no artigo 60 da Lei 8.213/91:
>
> *"§ 14. Ato do Ministro de Estado do Trabalho e Previdência poderá estabelecer as condições de **dispensa da emissão de parecer conclusivo da perícia médica federal quanto à incapacidade laboral**, hipótese na qual a concessão do benefício de que trata este artigo será feita por meio de **análise documental**, incluídos atestados ou laudos médicos, **realizada pelo INSS.**"*
>
> Esse dispositivo, que depende de regulamentação, permite que os servidores do INSS (e não os peritos médicos federais) concedam o benefício por incapacidade temporária com lastro em análise documental, a exemplo de atestados médicos privados, dispensando a emissão de parecer médico da lavra da Perícia Médica Federal. Trata-se de dispositivo polêmico, posto que é sabido que analistas e técnicos do seguro social não possuem conhecimentos técnicos em medicina para avaliar enfermidades e atestar incapacidades laborais.

Registre-se, ainda, que com o advento da Lei 14.441/2022 passou a existir regra permanente para a realização do exame pericial de modo remoto, não sendo mais uma regra excepcional da Pandemia da Covid-19. Veja-se a atual redação do artigo 60 da Lei 8.213/91:

> *"§ 6º A **avaliação** de que trata o inciso I do caput deste artigo poderá ser realizada **de forma remota** ou por análise documental, observado o disposto no § 14 do art. 60 desta Lei e no § 7º deste artigo.*
>
> ~~*§ 7º Ato do Ministro de Estado do Trabalho e Previdência disporá sobre as hipóteses de **substituição de exame pericial presencial por exame remoto** e as condições e as limitações para sua realização."*~~

Ratificando previsão que já existia desde a Lei 14.441/2022, foi previsto pela Lei 14.724/2023 que **o exame médico-pericial para o auxílio por incapacidade temporária poderá ser realizado com o uso de tecnologia de telemedicina ou por análise documental conforme situações e requisitos definidos em regulamento.**

De sua vez, também restou consignado expressamente na Lei 14.274/2023 que as revisões periódicas do segurado em gozo de auxílio por incapacidade temporária, auxílio-acidente ou aposentadoria por incapacidade permanente e o pensionista inválido também poderão ser realizados com o uso de tecnologia de telemedicina ou por análise documental conforme situações e requisitos definidos em regulamento.

Ademais, em caso de cancelamento de agendamento para perícia presencial, o horário vago poderá ser preenchido por perícia com o uso de tecnologia de telemedicina, antecipando atendimento previsto para data futura, obedecida a ordem da fila, situação na qual observar-se-á a disponibilidade do periciando para se submeter à perícia remota no horário tornado disponível.

QUADRO SINTÉTICO – AUXÍLIO POR INCAPACIDADE TEMPORÁRIA	
Cabimento	segurado que ficar incapacitado para o seu trabalho ou para a sua atividade habitual por mais de 15 dias consecutivos.
Beneficiários	todos os segurados.
Carência	12 contribuições mensais (segurado especial 12 meses de atividade rurícola ou pesqueira em regime de economia familiar para a subsistência), salvo acidente de qualquer natureza, doença profissional ou do trabalho e doenças graves constantes de ato regulamentar que acometeram o segurado após a filiação.
Valor	91% do salário de benefício, limitada à média dos 12 últimos salários de contribuição.
Outras informações	**A)** O auxílio-doença será considerado como acidentário, independentemente da expedição da CAT – Comunicação de Acidente de Trabalho, quando ocorrer o nexo epidemiológico entre o trabalho e o evento, gerando uma presunção relativa, podendo ser impugnada pela empresa ou pelo empregador doméstico (artigo 21-A, da Lei 8.213/91). Isso influenciará na fixação do FAP – Fator Acidentário de Prevenção para majorar a contribuição SAT – Seguro de Acidente do Trabalho (art. 202-A, do RPS). **B)** Não será devido auxílio-doença ao segurado que se filiar ao Regime Geral de Previdência Social já portador da doença ou da lesão invocada como causa para o benefício, salvo quando a incapacidade sobrevier por motivo de progressão ou agravamento dessa doença ou lesão. **C)** Para o empregado, a empresa deverá arcar com os primeiros 15 (quinze) dias de incapacidade (o STJ entende que não incidirá contribuição previdenciária patronal nesse período – AGRESP 1039260, de 04.12.2008); para os demais, em regra, o benefício será devido desde a incapacidade, se requerido em até 30 dias.

8. SALÁRIO-FAMÍLIA

Regulamentação básica: artigos 65/70, da Lei 8.213/91; artigos 81/92, do RPS (Decreto 3.048/99).

> **Importante:**
>
> Cuida-se de benefício previdenciário que não visa substituir a remuneração dos segurados, mas apenas complementar as despesas domésticas com os **filhos menores de 14 anos de idade ou inválidos de qualquer idade.**

Ou seja, é benefício de segurado pago em razão da existência dos referidos dependentes, **na respectiva proporção.**

Também será devido o benefício se o segurado possuir como dependente um **enteado ou tutelado** menor de 14 anos ou inválido, pois equiparados a filho, sendo necessária a comprovação de dependência econômica que não é presumida, na forma do artigo 16, §2º, da Lei 8.213/91.

> **Importante:**
>
> Não serão todos os segurados que farão jus ao salário-família, mas apenas o empregado, o trabalhador avulso, o aposentado por invalidez ou por idade e os demais aposentados com 65 anos ou mais de idade, se do sexo masculino, ou com 60 anos ou mais, se do feminino. **Por força da Lei Complementar 150/2015, o empregado doméstico passou a ter direito ao salário-família, regulamentando a Emenda Constitucional 72/2013.**

> **Como esse assunto foi cobrado em concurso?**
>
> No concurso do CESPE para Procurador do Estado do Ceará em 2007, foi considerado correto o seguinte enunciado: Considere que Teresa, segurada da previdência social na qualidade de empregada doméstica, receba um salário mínimo mensal de seus empregadores. Nessa situação, apesar de ter dois filhos menores de 14 anos, Teresa não tem o direito de receber salário-família. **Após a LC 150, a questão passou a ser falsa.** Outrossim, no concurso para Juiz do Trabalho da 9ª Região em 2009, foi considerado correto o seguinte enunciado: O aposentado por invalidez ou por idade e os demais aposentados com 65 anos ou mais de idade, se do sexo masculino, ou 60 anos ou mais, se do feminino, terão direito ao salário-família, pago juntamente com a aposentadoria.

Impende esclarecer que a legislação previdenciária não deixa claro se apenas os aposentados que se filiaram como empregados e trabalhadores avulsos terão direito ao salário-família, ou se todas as categorias terão direito.

Contudo, a despeito da obscuridade do artigo 65, da Lei 8.213/91, é forçoso concluir que apenas os aposentados na condição de empregados, empregados domésticos (LC 150/2015) e trabalhadores avulsos recebem o salário-família, que, inclusive, é pago durante a percepção do auxílio-doença e do salário-maternidade.

Dessa forma, o segurado especial, o contribuinte individual e o segurado facultativo não foram selecionados pelo legislador para a percepção do salário--família.

Como esse assunto foi cobrado em concurso?

(CESPE/PGM/Campo Grande/2019) O salário-família será pago mensalmente ao segurado empregado, ao empregado doméstico e ao trabalhador avulso, por filho ou equiparado de qualquer condição até catorze anos de idade, ou inválido de qualquer idade. O segurado só fará jus ao benefício se tiver como salário de contribuição valor até certo teto, definido em portaria, periodicamente. **Gabarito: certo.**

Mas não basta ser segurado empregado, empregado doméstico, trabalhador avulso ou aposentado (observada à espécie de aposentadoria ou idade mínima) e ter filhos ou equiparados menores de 14 anos ou inválidos de qualquer idade para a percepção do salário-família.

Importante:

Por força da Emenda 20/1998, apenas os segurados enquadrados como baixa renda perceberão o salário-família, a teor da nova redação do inciso IV, do artigo 201, da Constituição Federal.

Como esse assunto foi cobrado em concurso?

No concurso para Juiz do Trabalho da 6ª Região em 2010, foi considerado errado o seguinte enunciado: A concessão do salário-família e a do auxílio-reclusão para os dependentes dos segurados que recebam remuneração até o teto de contribuição do Instituto Nacional do Seguro Social estão entre algumas das situações cobertas pela previdência social.

De maneira transitória, o artigo 13, da Emenda 20/98, fixou a caracterização de baixa renda com a percepção de até R$ 360,00 por mês de remuneração bruta, quantia que vem sendo atualizada anualmente, fixada em **R$ 1.819,26** a partir de 01.01.2024.

Deveras, **o benefício tinha dois valores fixos, pago por filho ou equiparado menor de 14 anos de idade ou inválido de qualquer idade**, de acordo com as referidas faixas de renda (tabela 2019):

FAIXA DE RENDA	VALOR DO BENEFÍCIO
Até R$ 907,77	R$ 46,54
De R$ 907,78 até 1.364,43	R$ 32,80

Com o advento do artigo 27 da **Emenda 103/2019**, a **cota menor** de **R$ 32,80** foi **extinta** ao menos até a edição de lei de regulação, **sendo unificada em R$ 46,54** por filho ou equiparado menor de 14 anos ou inválido de qualquer idade, sendo uma elevação de proteção previdenciária, mesmo que pequena. Com a atualização para o ano de 2023, a cota foi para R$ 59,82.

> **Como esse assunto foi cobrado em concurso?**
> No concurso para Juiz do Trabalho da 1ª Região em 2008, foi considerado errado o seguinte enunciado: Somente o filho ou equiparado de qualquer condição, até o limite de quatorze anos de idade, enseja o pagamento da cota do salário-família.

VALORES 2024	SALÁRIO-FAMÍLIA
Limite de baixa renda	R$ 1.819,26
Valor da cota	R$ 62,09

Logo, o cálculo da renda mensal inicial do salário-família não é feito com base no salário de benefício do segurado, ao tempo em que **inexiste carência**.

Vale salientar que é **possível a percepção de dois salários-família em razão do mesmo filho,** desde que ambos os pais sejam responsáveis pelo infante e se caracterizem separadamente como baixa renda.

> **Como esse assunto foi cobrado em concurso?**
> No concurso para Juiz do Trabalho da 1ª Região em 2008, foi considerado errado o seguinte enunciado: Quando o pai e a mãe são segurados empregados ou trabalhadores avulsos, somente um tem direito ao salário-família.

Da mesma forma, o terceiro responsável pelo menor poderá receber o salário-família, uma vez realizados os pressupostos legais, a exemplo do tutor.

O salário-família poderá ser pago diretamente pela empresa, na hipótese de beneficiar o segurado empregado, proporcionalmente ao número de dias trabalhados no mês, efetivando-se o reembolso mediante a compensação no recolhimento das contribuições previdenciárias patronais.

> **Como esse assunto foi cobrado em concurso?**
> No concurso para Juiz do Trabalho da 1ª Região em 2008, foi considerado correto o seguinte enunciado: O salário-família será pago mensalmente pela empresa ao empregado, com o salário, efetivando-se a compensação quando do recolhimento das contribuições, conforme dispõe o Regulamento.

Quando o pagamento do salário não for mensal, o salário-família será pago juntamente com o último pagamento relativo ao mês.

Por força da LC 150/2015, as cotas do salário-família serão pagas pelo empregador doméstico, mensalmente, junto com o salário, efetivando-se a compensação quando do recolhimento das contribuições, conforme dispuser o Regulamento.

No caso do trabalhador avulso, mediante convênio, poderá ser recebido pelo sindicato de classe respectivo, que se incumbirá de elaborar as folhas correspondentes e de distribuí-lo, independentemente do número de dias trabalhados no mês, devendo o seu pagamento corresponder ao valor integral da cota.

Deverá o segurado firmar termo de responsabilidade, no qual se comprometa a comunicar à empresa ou ao INSS qualquer fato ou circunstância que determine a perda do direito ao benefício, ficando sujeito, em caso do não cumprimento, às sanções penais e trabalhistas.

A **data de início do benefício** será a data da apresentação da certidão de nascimento à Previdência Social, empregador doméstico, empresa ou sindicato.

> ▸ **Importante:**
>
> O pagamento do benefício será condicionado à apresentação **anual de atestado de vacinação obrigatória**, no caso de crianças de até 06 anos de idade, e de **comprovação semestral de frequência à escola do filho ou equiparado**, a partir dos 04 (quatro) anos de idade, sob pena de suspensão, até que a documentação seja apresentada. No entanto, no caso do empregado doméstico a LC 150/2015 apenas exige a apresentação da certidão de nascimento ao seu empregador, não devendo ser exigidos os aludidos atestados.

A caderneta anual de vacinação deverá ser apresentada no mês de novembro, ao passo que o atestado de comprovação semestral de frequência escolar nos meses de maio e novembro.

Não será devido o pagamento do salário-família no período entre a suspensão do benefício motivada pela falta de comprovação da frequência escolar e o seu reativamento, salvo se provada a frequência escolar regular no período.

Se após a suspensão do pagamento do salário-família, o segurado comprovar a vacinação do filho, ainda que fora de prazo, caberá o pagamento das cotas relativas ao período suspenso.

De seu turno, tendo havido divórcio, separação judicial ou de fato dos pais, ou em caso de abandono legalmente caracterizado ou perda do poder familiar, o salário-família passará a ser pago diretamente àquele a cujo cargo ficar o sustento do menor, ou a outra pessoa, se houver determinação judicial nesse sentido, na forma do artigo 87 do RPS.

Deveria o RPS ter previsto expressamente que, no caso de separação ou divórcio com fixação de alimentos em favor do menor, o pai ou mãe devedor dos alimentos continuasse a perceber o salário-família, pois persistiria colaborando para o seu sustento.

A despeito da omissão legal, entende-se que na hipótese de rompimento da relação conjugal e sendo fixada a guarda compartilhada do infante, o salário-família deverá ser pago a ambos os pais, se preenchidos os pressupostos legais.

Deverá cessar automaticamente o benefício nas seguintes hipóteses:

I. por morte do filho ou equiparado, a contar do mês seguinte ao do óbito;

II. quando o filho ou equiparado completar quatorze anos de idade, salvo se inválido, a contar do mês seguinte ao da data do aniversário;

III. pela recuperação da capacidade do filho ou equiparado inválido, a contar do mês seguinte ao da cessação da incapacidade.

De acordo com o artigo 88, IV, do RPS, o desemprego involuntário é causa de cessação do salário-família. Contudo, considerando que durante o período de graça o segurado mantém todos os direitos perante a Previdência Social, à luz do artigo 15, §3º, da Lei 8.213/91, entende-se que essa previsão regulamentar carece de fundamento legal enquanto o empregado mantiver a sua condição de segurado.

Por fim, ressalte-se que as cotas do salário-família não serão incorporadas, para qualquer efeito, ao salário ou ao benefício. Este dispositivo reflete o caráter provisório do pagamento do salário-família. Como se trata de benefício previdenciário, não se confunde com a remuneração do segurado.

Ademais, o segurado não possuirá direito à percepção permanente do salário-família, devendo ser cancelado o benefício quando os pressupostos legais cessarem, a exemplo do segurado que não mais possuir filhos ou equiparados menores de 14 anos ou inválidos, ou então deixar de ser de baixa renda.

QUADRO SINTÉTICO – SALÁRIO-FAMÍLIA	
Cabimento	determinados segurados que tenham filhos/equiparados menores de 14 anos ou inválidos, condicionado à apresentação do atestado anual de vacinação (até 06 anos de idade) ou semestral de frequência escolar (maiores de 04 anos), salvo no caso do empregado doméstico, cujos atestados não serão exigidos.
Beneficiários	será devido apenas aos segurados baixa renda, especificamente ao segurado empregado, empregado doméstico, ao trabalhador avulso, ao aposentado por invalidez, ao aposentado por idade e aos demais aposentados com idade mínima de 65 anos (homem) ou 60 anos (mulher).
Carência	não há.
Valor	R$ 62,09 por filho ou equiparado menor de 14 anos ou inválido.

QUADRO SINTÉTICO – SALÁRIO-FAMÍLIA	
Outras informações	A) É possível a percepção de dois salários-família por um filho, desde que ambos os pais sejam responsáveis pelo infante. B) No caso de separação, divórcio ou abandono, o segurado não receberá o benefício se não ficar com a guarda. C) A DIB – Data de Início do Benefício será a data da apresentação da certidão de nascimento (art. 84, RPS).

9. SALÁRIO-MATERNIDADE

Regulamentação básica: artigos 71/73, da Lei 8.213/91; artigos 93/103, do RPS (Decreto 3.048/99).

Código de concessão: 80 – Salário-maternidade.

> **▸ Importante:**
>
> O salário-maternidade é um benefício previdenciário **devido a todas as seguradas do RGPS, sem exceção**, que visa a substituir a sua remuneração em razão do **nascimento do seu filho ou da adoção de uma criança**, pois nesse período é preciso que a mulher volte toda a sua atenção ao infante, sendo presumida legalmente a sua incapacidade temporária de trabalhar.

> **▸ Como esse assunto foi cobrado em concurso?**
>
> No concurso do CESPE para Juiz Federal da 5ª Região em 2011, foi considerado errado o seguinte enunciado: Havendo antinomia entre norma principiológica e norma infraconstitucional, a questão se resolve pela sobreposição da norma constitucional à legal, razão pela qual o STF declarou a inconstitucionalidade formal da Lei n.º 9.876/1999, na parte que estendeu o salário-maternidade às contribuintes individuais, sob o argumento de que a CF somente prevê o benefício expressamente às empregadas urbanas, rurais e domésticas e às trabalhadoras avulsas.

Por ausência de previsão legal, o INSS não pagava o salário-maternidade aos homens, mesmo no caso de falecimento das suas esposas por ocasião do parto. Nesses casos extremos, entendia-se que a legislação previdenciária deve ser alterada, a fim de conceder o benefício ao segurado do sexo masculino, pois a criança precisa ser amparada em tempo integral por seu genitor, o que somente foi feito com o advento da Lei 12.873/2013, conforme será visto.

De acordo com o artigo 103, do RPS, **a segurada aposentada que retornar à atividade fará jus ao pagamento do salário-maternidade**, o que é bem factível na hipótese de adoção. Ou seja, será possível a acumulação da aposentadoria com o salário-maternidade.

▸ **Como esse assunto foi cobrado em concurso?**

No concurso do CESPE para Juiz Federal da 5ª Região em 2007, foi considerado correto o seguinte enunciado: Célia é aposentada pelo regime geral de previdência social e retornou à atividade na qualidade de empregada, razão pela qual passou a sujeitar-se novamente às contribuições previdenciárias. Nessa situação, apesar de voltar a contribuir, Célia não terá direito a nova aposentadoria, mas terá direito ao salário-maternidade.

No caso de empregos concomitantes, a segurada fará jus ao salário-maternidade relativo a cada emprego.

▸ **Importante:**

Deveras, **em regra, o salário-maternidade será pago pelo período de 120 dias**, com data de início no 28º dia que anteceda o parto, até 91 dias após o referido evento.

Contudo, entende o INSS que o parto (e não o 28º dia anterior ao parto) é o fato gerador do salário maternidade, sendo a data de início do benefício.

Apesar disso, é preciso que a segurada demonstre a sua condição no 28º dia antes do parto, e não na data do parto, sendo irrelevante a perda posterior da qualidade de segurada, conforme reconhecido pelo extinto Ministério da Previdência Social (Parecer/CONJUR/MPS 616/2010).

Em casos excepcionais, é possível que o salário-maternidade seja pago por mais de 120 dias. Mediante atestado médico específico, os períodos de repouso anterior e posterior ao parto podem ser aumentados de **mais duas semanas**.

Insta salientar que a prorrogação dos períodos de repouso anterior e posterior ao parto consiste em excepcionalidade, compreendendo as situações em que exista algum risco para a vida do feto ou criança ou da mãe, devendo o atestado médico ser apreciado pela Perícia Médica do INSS, exceto nos casos de segurada empregada, que é pago diretamente pela empresa.

Logo, é possível que o período de pagamento do salário-maternidade alcance 148 dias, caso haja as suas prorrogações previstas no RPS.

▸ **Qual o entendimento do STF sobre o assunto?**

No dia 12 de março de 2020, no julgamento monocrático preliminar da ADI 6.327, o Ministro Fachin concedeu medida *"liminar a fim de conferir interpretação conforme à Constituição ao artigo 392, §1º, da CLT, assim como ao artigo 71 da Lei n.º 8.213/91 e, por arrastamento, ao artigo 93 do seu Regulamento (Decreto n.º 3.048/99),* ***e assim assentar (com fundamento no***

***bloco constitucional e convencional de normas protetivas constante das razões sistemáticas antes explicitadas) a necessidade de prorrogar o benefício, bem como considerar como termo inicial da licença-maternidade e do respectivo salário-maternidade a alta hospitalar do recém-nascido e/ou de sua mãe, o que ocorrer por último**, quando o período de internação exceder as duas semanas previstas no art. 392, §2º, da CLT, e no art. 93, §3º, do Decreto n.º 3.048/99".*

Essa decisão será aplicada aos requerimentos administrativos ocorridos a partir do dia da intimação da União, ou seja, 13 de março de 2020, dependendo obviamente de requerimento administrativo.

A liminar deferida se volta a tutelar situações de internações hospitalares mais longas da gestante, em especial no caso de bebês prematuros em que o período em que mãe e filho passam no hospital é acima de 2 semanas, extrapolando o período regulamentar de 2 semanas prevista no Decreto 3.048/99.

A preocupação do Ministro Fachin é assegurar o período de licença e salário-maternidade por 120 dias fora do hospital, de modo que a meu ver se trata de **ampliação do prazo do benefício previdenciário**, pois no período da internação é necessário que a gestante possua um amparo jurídico para estar afastada legitimamente do labor, inclusive com a percepção de renda sob o palio do **salário-maternidade antecipado**.

Dessa forma, **assegura-se a concessão do benefício previdenciário do salário-maternidade no interregno entre o parto e a alta hospital, assim como mais 120 dias de salário-maternidade após a segurada deixar o hospital como o bebê. Se forem datas diferentes, o termo inicial será a última alta hospitalar**.

Posteriormente, a liminar foi referendada pela maioria do Plenário do STF: "Decisão: O Tribunal, por maioria, preliminarmente, conheceu da presente Ação Direta de Inconstitucionalidade como Arguição de Descumprimento de Preceito Fundamental e, no mérito, presentes o *fumus boni iuris* e o *periculum in mora*, referendou a liminar deferida a fim de conferir interpretação conforme à Constituição ao artigo 392, § 1º, da CLT, assim como ao artigo 71 da Lei n.º 8.213/91 e, por arrastamento, ao artigo 93 do seu Regulamento (Decreto n.º 3.048/99), e assim assentar a necessidade de prorrogar o benefício, bem como considerar como termo inicial da licença-maternidade e do respectivo salário-maternidade a alta hospitalar do recém-nascido e/ou de sua mãe, o que ocorrer por último, quando o período de internação exceder as duas semanas previstas no art. 392, § 2º, da CLT, e no art. 93, § 3º, do Decreto n.º 3.048/99, nos termos do voto do Relator, vencido o Ministro Marco Aurélio, que indeferia a liminar. O Ministro Gilmar Mendes acompanhou o Relator com ressalvas. Não participou deste julgamento, por motivo de licença médica, o Ministro Celso de Mello. Plenário, Sessão Virtual de 27.3.2020 a 02.04.2020".

Referida liminar foi confirmada no julgamento de mérito em outubro de 2022.

Há uma regra especial no artigo 18, §§ 3º e 4º, da Lei 13.301/2016 para o salário-maternidade na gestação de crianças vítimas de microcefalia em decorrência de sequelas neurológicas decorrentes de doenças transmitidas pelo **Aedes aegypti**. Neste caso, **a duração do salário-maternidade será de 180 dias.**

Essa regra foi sucedida pelo artigo 5º da Lei 13.985/2020:

> "Art. 5º No caso de mães de crianças nascidas até 31 de dezembro de 2019 acometidas por sequelas neurológicas decorrentes da Síndrome Congênita do Zika Vírus, será observado o seguinte:
>
> I - a licença-maternidade de que trata o art. 392 da Consolidação das Leis do Trabalho (CLT), aprovada pelo Decreto-Lei nº 5.452, de 1º de maio de 1943, será de 180 (cento e oitenta) dias;
>
> **II - o salário-maternidade de que trata o art. 71 da Lei nº 8.213, de 24 de julho de 1991, será devido por 180 (cento e oitenta) dias."**

O salário-maternidade pode ser requerido no prazo de cinco anos, a contar da data do parto, haja vista **a ausência de fixação de prazo máximo para o seu requerimento**, pois após esse período começará a se operar a prescrição quinquenal progressiva das parcelas. O mesmo se aplica à adoção ou guarda para fins de adoção.

Outrossim, o salário-maternidade também será pago nas hipóteses de **adoção ou de guarda judicial para fins de adoção da criança.**

> ▸ **Importante:**
>
> Por força da Medida Provisória 619/2013, a redação do artigo 71-A foi alterada, sendo garantido o salário-maternidade na adoção ou na guarda judicial para fins de adoção por 120 dias, independentemente da idade da criança. **Em seguida, com a conversão da referida MP da Lei 12.873/2013, foi estendida a concessão do salário-maternidade aos homens segurados da Previdência Social.**

> ▸ **Como esse assunto foi cobrado em concurso?**
>
> **(CESPE/PGM/Campo Grande/2019)** Ao segurado ou à segurada da previdência social que adotar ou obtiver guarda judicial para fins de adoção de criança é devido salário-maternidade pelo período de cento e vinte dias. **Gabarito: certo.**

Logo, desde a Lei 12.873/2013, ao **segurado** ou segurada da Previdência Social que adotar ou obtiver guarda judicial para fins de adoção de **criança** (menor de 12 anos de idade) é devido salário-maternidade pelo período de 120 (cento e vinte) dias, benefício a ser pago diretamente pelo INSS, mesmo em se tratando de segurado(a) empregado(a).

▸ Como esse assunto foi cobrado em concurso?

No concurso do CESPE para Procurador do TCU em 2015, foi considerado CORRETO o seguinte enunciado: O salário-maternidade é um benefício previdenciário devido a toda segurada do RGPS, sem exceção, que, em razão do nascimento do seu filho ou da adoção de uma criança, visa substituir a sua remuneração.

A Lei 8.213/91 não prevê a concessão do salário-maternidade pela adoção ou guarda para fins de adoção de adolescente (a partir de 12 e abaixo de 18 anos de idade), o que é lastimável, pois dificulta ainda mais a adoção de adolescentes.

▸ Importante:

Embora a Lei 13.509/2017 (art. 392-A, CLT) tenha estendido a licença-maternidade para a adoção ou guarda para fins de adolescente em favor da empregada, o benefício previdenciário salário-maternidade ainda não foi estendido, ônus que certamente ficará a cargo da empresa.

▸ Qual o entendimento do STF sobre o assunto?

No julgamento do ARE 1435957, finalizado em 10.05.2024, a 1ª Turma do STF (placar 5x0) garantiu a extensão do salário-maternidade à adoção de adolescentes.

No entanto, ressalvado o pagamento do salário-maternidade à mãe biológica, não poderá ser concedido o benefício a mais de um segurado, decorrente do mesmo processo de adoção ou guarda, ainda que os cônjuges ou companheiros estejam submetidos a Regime Próprio de Previdência Social.

Portanto, será concedido apenas um salário-maternidade por adoção, cabendo ao casal a escolha de quem irá perceber o benefício, caso ambos os adotantes sejam segurados do RGPS.

Na hipótese de um adotante ser um segurado do RGPS e o outro do RPPS, somente poderá ser concedido um benefício de salário-maternidade.

Por sua vez, a Lei 12.873/2013 ainda inseriu os artigos 71-B e 71-C na Lei 8.213/91, com período de vacância de 90 dias após a sua publicação operada em 25/10/2013.

O artigo 71-B garante que, no caso de falecimento da segurada ou segurado que fizer jus ao recebimento do salário-maternidade, o benefício será pago, por todo o período ou pelo tempo restante a que teria direito, ao cônjuge ou companheiro sobrevivente que tenha a qualidade de segurado, exceto no caso do falecimento do filho ou de seu abandono, observadas as normas aplicáveis ao salário-maternidade.

Este disposto também se aplicação ao segurado que adotar ou obtiver guarda judicial para fins de adoção. Todavia, o pagamento do benefício deverá ser requerido até o último dia do prazo previsto para o término do salário-maternidade originário.

Assim sendo, podemos apontar os seguintes requisitos cumulativos para a concessão de **salário-maternidade derivado**:

A) Falecimento de um segurado ou uma segurada do RGPS que tenha direito ao salário-maternidade, estando ou não em gozo do mesmo;

B) Existência de cônjuge, companheiro ou companheira que tenha a qualidade de segurado no dia da morte;

C) Manutenção da vida do filho, que não foi abandonado pelo cônjuge, companheiro ou companheira;

D) Apresentação de requerimento ao INSS do salário-maternidade derivado até o último dia do prazo previsto para o término do salário-maternidade originário.

> **▸ Como esse assunto foi cobrado em concurso?**
>
> No concurso da FCC para Juiz do Trabalho do TRT da 18ª Região em 2014, foi considerada correta a letra B: No caso de falecimento da segurada que fizer jus ao recebimento do salário-maternidade, o benefício: a) cessará, uma vez que a prestação é devida exclusivamente à segurada. b) será pago, por todo o período ou pelo tempo restante a que teria direito, ao cônjuge ou companheiro sobrevivente que tenha a qualidade de segurado. c) será pago aos representantes legais da criança, caso tenham a qualidade de segurado. d) será transformado em pensão por morte. e) será transformado em pecúlio.

Vale registrar que o salário-maternidade derivado não será do mesmo valor do originário. Isso porque a Lei 12.873/2013 previu um novo cálculo, sendo pago diretamente pela Previdência Social durante o período entre a data do óbito e o último dia do término do salário-maternidade originário, que será da seguinte forma:

> I – a remuneração integral, para o empregado e trabalhador avulso;
>
> II – o último salário-de-contribuição, para o empregado doméstico;
>
> III – 1/12 (um doze avos) da soma dos 12 (doze) últimos salários de contribuição, apurados em um período não superior a 15 (quinze) meses, para o contribuinte individual, facultativo e desempregado; e
>
> IV – o valor do salário mínimo, para o segurado especial.

Ademais, o novel artigo 71-C da Lei 8.213/91 determina que a percepção do salário-maternidade, inclusive o derivado, **está condicionada ao afastamento do segurado do trabalho ou da atividade desempenhada**, sob pena de suspensão do benefício.

▸ **Importante:**

Vale ressaltar que a licença-maternidade é um instituto trabalhista e não se confunde com o salário-maternidade, benefício previdenciário, razão pela qual as suas eventuais alterações não afetarão o prazo de pagamento do salário-maternidade.

▸ **Importante:**

O salário-maternidade poderia ou não exigir carência, a depender do enquadramento da segurada. Para a *empregada, empregada doméstica* e *trabalhadora avulsa* não haverá carência. Ao revés, a *contribuinte individual*, a *segurada especial* e a *facultativa* **deveriam comprovar a carência de 10 contribuições mensais anteriormente ao parto**, que se for antecipado será reduzido em número de contribuições equivalente ao número de meses do nascimento prematuro.

▸ **Importante!**

No âmbito do julgamento das ADI's 2.110 e 2.111, por **afronta à Isonomia** de dispensa de carência do salário-maternidade em favor da empregada, trabalhadora avulsa e empregada doméstica, **o STF pronunciou a inconstitucionalidade material da Lei 9.876/99 na parte em que exigia a carência de 10 contribuições mensais para a concessão do salário-maternidade em favor da segurada contribuinte individual, especial e facultativa:**

Decisão: "O Tribunal, por maioria, conheceu parcialmente das ADIs 2.110 e 2.111 e, na parte *conhecida, (a) julgou parcialmente procedente o pedido constante da ADI 2.110, para* ***declarar a inconstitucionalidade da exigência de carência para a fruição de salário-maternidade, prevista no art. 25, inc. III, da Lei nº 8.213/1991, na redação dada pelo art. 2º da Lei nº 9.876/1999,*** *vencidos, nesse ponto, os Ministros Nunes Marques (Relator), Alexandre de Moraes, André Mendonça, Cristiano Zanin e Gilmar Mendes; e (b) julgou improcedentes os demais pedidos constantes das ADIs 2.110 e 2.111, explicitando que o art. 3º da Lei nº 9.876/1999 tem natureza cogente, não tendo o segurado o direito de opção por critério diverso, vencidos, nesse ponto, os Ministros Alexandre de Moraes, André Mendonça, Edson Fachin e Cármen Lúcia. Foi fixada a seguinte tese de julgamento: "A declaração de constitucionalidade do art. 3º da Lei 9.876/1999 impõe que o dispositivo legal seja observado de forma cogente pelos demais órgãos do Poder Judiciário e pela administração pública, em sua interpretação textual, que não permite exceção. O segurado do INSS que se enquadre no dispositivo não pode optar pela regra definitiva prevista no artigo 29, incisos I e II, da Lei nº 8.213/91, independentemente de lhe ser mais favorável". Redigirá o acórdão o Ministro Nunes Marques (Relator). Presidência do Ministro Luís Roberto Barroso.* ***Plenário, 21.3.2024".***

Dessa forma, **a concessão do salário-maternidade para todas as seguradas passa a exigir, apenas, a qualidade de segurada na data do seu fato gerador** (parto, adoção ou guarda para fins de adoção).

Considerando que o salário-maternidade é um benefício substitutivo da remuneração, não poderá ter valor inferior a um salário mínimo. É importante ressaltar que a renda mensal inicial do salário-maternidade, da mesma forma que o salário-família, **não é calculada com espeque no salário de benefício**.

> **▸ Como esse assunto foi cobrado em concurso?**
>
> No concurso do CESPE para Oficial Técnico de Inteligência da ABIN em 2010, foi considerado errado o seguinte enunciado: A renda mensal inicial do salário-maternidade é calculada com base no salário de benefício.

Com propriedade, o cálculo variará de acordo com o enquadramento da segurada:

SEGURADA	FÓRMULA DE CÁLCULO
Empregada e avulsa	O valor da sua remuneração mensal
Empregada intermitente	Média aritmética simples das remunerações apuradas no período referente aos doze meses que antecederem o parto, a adoção ou a obtenção da guarda para fins de adoção.
Empregada doméstica	O valor correspondente ao do seu último salário de contribuição
Segurada especial	Um doze avos do valor sobre o qual incidiu sua última contribuição anual, garantido, ao menos, um salário mínimo mensal
Contribuinte individual, segurada desempregada e segurada facultativa	Um doze avos da soma dos doze últimos salários de contribuição, apurados em um período não superior a quinze meses

> **▸ Qual o entendimento do STF sobre o assunto?**
>
> No caso da **segurada empregada** e da **trabalhadora avulsa, *o valor do salário-maternidade* poderá superar o teto do RGPS** para o pagamento dos demais benefícios previdenciários, por força de entendimento do STF, que aplicou o Princípio da Isonomia na época, a fim de excluir a referida prestação do teto de R$ 1.200,00, instituído pela Emenda 20/98, conforme trecho abaixo colacionado (ADI/MC 1.946, de 29.04.1999, com liminar confirmada em 03.04.2003).

> **▸ Como esse assunto foi cobrado em concurso?**
>
> No concurso do CESPE para Procurador do TCU em 2015, foi considerado ERRADO o seguinte enunciado: No caso de segurada empregada e da trabalhadora avulsa, o valor do salário-maternidade não poderá superar o teto do RGPS, conforme entendimento do STF.

Excepcionalmente, por força do Decreto 10.410/2020, no caso da **empregada com contrato de trabalho intermitente** o salário-maternidade consistirá na média aritmética simples das remunerações apuradas no período referente aos doze meses que antecederem o parto, a adoção ou a obtenção da guarda para fins de adoção, observada a renda mínima de um salário mínimo nacional.

Por outro lado, o salário-maternidade da segurada empregada e da trabalhadora avulsa não poderá superar o teto do funcionalismo público, que é o subsídio dos Ministros do STF, na forma do artigo 248, da Constituição Federal, cabendo à empresa arcar com a eventual diferença.

O salário-maternidade para a segurada empregada consiste numa renda mensal igual à sua remuneração integral e será pago pela empresa, efetivando-se a compensação, observado o disposto no art. 248 da Constituição, quando do recolhimento das contribuições incidentes sobre a folha de salários e demais rendimentos pagos ou creditados, a qualquer título, à pessoa física que lhe preste serviço.

Para a trabalhadora avulsa o salário-maternidade corresponderá ao valor de sua última remuneração integral equivalente a um mês de trabalho.

> **▸ Como esse assunto foi cobrado em concurso?**
>
> No concurso da FCC para Procurador de Recife em 2014, foi considerada correta a letra E: É correto afirmar que o salário-maternidade: A) em se tratando de empregada doméstica, é pago diretamente pelo empregador, sendo assegurado o valor de um salário-mínimo. B) é devido à segurada da Previdência Social, durante 150 dias, com início no período entre 28 dias antes do parto e a data de ocorrência deste, observadas as situações e condições previstas na legislação no que concerne à proteção à maternidade. C) é devido à segurada da Previdência Social que adotar ou obtiver guarda judicial para fins de adoção de criança pelo período de 4 meses. D) devido à trabalhadora avulsa e à empregada do microempreendedor individual será pago diretamente pelo empregador, que poderá compensar este valor quando do recolhimento das contribuições incidentes sobre a folha de salários e demais rendimentos pagos ou creditados, a qualquer título, à pessoa física que lhe preste serviço. E) à segurada empregada ou trabalhadora avulsa consistirá numa renda mensal igual à sua remuneração integral.

Considera-se **parto** na tradicional normatização do INSS (art. 421 da Portaria INSS/DIRBEN 991/2022) o evento ocorrido a partir da 23ª semana de gestação, **inclusive natimorto, salvo interrupção criminosa.** Em caso de **aborto não criminoso**, comprovado mediante atestado médico, a segurada terá direito ao salário-maternidade correspondente a **duas semanas.**

O salário-maternidade é devido à segurada independentemente de a mãe biológica ter recebido o mesmo benefício quando do nascimento da criança.

Vale lembrar que **o salário-maternidade é o único benefício previdenciário considerado como salário de contribuição**, incidindo sobre ele a contribuição previdenciária da segurada e da empresa.

▸ Como esse assunto foi cobrado em concurso?

No concurso do CESPE para Procurador Federal em 2007, foi considerado errado o seguinte enunciado: Considere que Maria receba salário maternidade. Nessa situação, não haverá desconto da contribuição previdenciária do valor desse benefício. De seu turno, no concurso do CESPE para Juiz Federal da 5ª Região em 2011, foi considerado correto o seguinte enunciado: O salário-maternidade tem natureza salarial, motivo pelo qual integra a base de cálculo da contribuição previdenciária; por outro lado, não tem natureza remuneratória a quantia paga a título de auxílio-doença e auxílio-acidente nos quinze primeiros dias do benefício.

▸ Qual o entendimento do STF sobre o assunto?

Em sede de Repercussão Geral, em 4 de agosto de 2020, no RE 576.967, **o STF declarou inconstitucional a incidência de contribuição previdenciária sobre o salário-maternidade.** Restou fixada a seguinte tese: **"É inconstitucional a incidência da contribuição previdenciária a cargo do empregador sobre o salário-maternidade"**:

"69. Diante do exposto, considerando os argumentos formal e material, dou provimento ao recurso extraordinário, para declarar, incidentalmente, a **inconstitucionalidade da incidência de contribuição previdenciária sobre o salário maternidade, prevista no art. 28, §2º, da Lei nº 8.212/91, e a parte final do seu §9º, alínea a,** em que se lê 'salvo o salário-maternidade', e proponho a fixação da seguinte tese: 'É inconstitucional a incidência da contribuição previdenciária a cargo do empregador sobre o salário maternidade'".

A tese de aplica tanto à parte da empresa quanto à parte do segurado, conforme se depreende do voto vencedor acima transcrito, em que pese o fechamento tenha sido restritivo. **No entanto, a posição do Executivo federal foi limitá-la à parte patronal.**

Caberá à empresa pagar diretamente o salário-maternidade da segurada empregada gestante, que posteriormente será reembolsada através da compensação da quantia no pagamento de suas contribuições previdenciárias à União.

Inclusive, essa obrigação da empresa subsiste mesmo se ocorrida à extinção do contrato de trabalho temporário durante o pagamento do salário-maternidade, salvo se o termo final do contrato for anterior à data de início do benefício, bem como no caso de demissão no curso da estabilidade gestacional, cabível neste caso a reintegração ao emprego ou indenização correspondente.

▸ **Qual o entendimento do STJ sobre o assunto?**

No entanto, com razoabilidade, para de logo amparar a segurada demitida sem justa causa durante a gestão, evitando-se um longo litígio contra a empresa, já decidiu a Corte Superior que **é do INSS – e não do empregador – a responsabilidade pelo pagamento do salário-maternidade à segurada demitida sem justa causa durante a gestação.** Isso porque, ainda que o pagamento de salário-maternidade, no caso de segurada empregada, constitua atribuição do empregador, essa circunstância não afasta a natureza de benefício previdenciário da referida prestação.

Com efeito, embora seja do empregador a responsabilidade, de forma direta, pelo pagamento dos valores correspondentes ao benefício, deve-se considerar que, nessa hipótese, o empregador tem direito a efetuar a compensação dos referidos valores com aqueles correspondentes às contribuições incidentes sobre a folha de salários e demais rendimentos (Informativo 524 - REsp 1.309.251-RS, Rel. Min. Mauro Campbell Marques, julgado em 21/5/2013).

O tema foi finalmente pacificado com o advento do Decreto 10.410/2020, que alterou o parágrafo único do artigo 97 do Decreto 3.048/99:

> "Art. 97. O salário-maternidade da segurada empregada será devido pela previdência social enquanto existir relação de emprego, observadas as regras quanto ao pagamento desse benefício pela empresa. (Redação dada pelo Decreto nº 6.122, de 2007)
>
> **Parágrafo único. Durante o período de graça a que se refere o art. 13, a segurada desempregada fará jus ao recebimento do salário-maternidade, situação em que o benefício será pago diretamente pela previdência social".** (Redação dada pelo Decreto nº 10.410, de 2020)

O texto do dispositivo foi alargado, passando a abarcar a obrigação de o INSS pagar o salário-maternidade da empregada gestante mesmo nas situações de despedida ilegal dentro do período da estabilidade gestacional.

▸ **Importante:**

Entretanto, por força da Lei 12.470/2011, com o objetivo de aliviar o MEI (equiparado a empresa), o salário-maternidade da segurada empregada gestante do microempreendedor individual passou a ser pago diretamente pelo INSS.

> ▸ **Como esse assunto foi cobrado em concurso?**
>
> No concurso do CESPE em 2017 para Defensor Público da União, foi considerada correta a seguinte questão: Jânio, microempreendedor individual, tem uma única empregada. Ela se encontra grávida e em tempo de receber o benefício do salário-maternidade. Nessa situação, o benefício será pago diretamente pela previdência social.

Embora se trate de matéria pertinente ao domínio legal, coube ao Decreto 10.410/2020 atribuir ao INSS o pagamento direto do salário-maternidade da empregada gestante com contrato de trabalho intermitente (art. 100-B do Decreto 3.048/99).

Em teoria, como se cuida de responsabilidade pelo pagamento de benefício previdenciário e regendo inclusive nova fórmula de renda mensal pela média das 12 últimas remunerações antes do fato gerador do benefício, observada a renda mínima de um salário mínimo, deveria ter sido veiculado por lei e não por decreto presidencial.

Outrossim, a empregada gestante com contrato de trabalho com jornada parcial cujo valor do salário de contribuição seja inferior ao limite mínimo mensal também passou a receber o salário-maternidade diretamente pago pelo INSS após o advento do Decreto 10.410/2020 (art. 100-C do Decreto 3.048/99).

Neste caso a renda será de um salário mínimo, pois se cuida de benefício previdenciário com a função de substituição de renda mensal, nos termos da garantia estabelecida pelo artigo 201, §2º, da Constituição.

De outro vértice, na hipótese de empregada gestante com contrato de trabalho com jornada parcial cujo valor do salário de contribuição atinja ao limite mínimo mensal, persiste a obrigação de a empresa tomadora do serviço pagar o benefício para ulterior reembolso via compensação tributária.

Tal qual o artigo 100-B, esse novel artigo 100-C do Decreto 3.048/99 deveria ter sido veiculado por lei e não por decreto presidencial, por se cuidar de manifesta inovação jurídica que excepciona o texto da Lei 8.213/91.

Em ambas as situações, as novas disposições regulamentares aplicar-se-ão aos partos e adoções ocorridos a contar de 1/7/2020, data da publicação do Decreto 10.410/2020.

No caso de adoção por segurada empregada, competirá ao INSS pagar diretamente o benefício, e não a empresa.

Com o advento da Lei 11.718/2008, a partir de 24.06.2008, a idade mínima para a realização da carência para a segurada especial perceber o salário-maternidade passou para 16 anos de idade, pois essa norma previu expressamente a referida idade mínima para a filiação.

> ▸ **Qual o entendimento do STJ sobre o assunto?**
>
> **O não preenchimento do requisito etário exigido para a filiação ao RGPS como segurado especial não constitui óbice à concessão de salário-maternidade a jovem menor de dezesseis anos impelida a exercer**

trabalho rural em regime de economia familiar (art. 11, VII, "c" e § 6º da Lei 8.213/1991). Realmente, a Lei 8.213/1991 fixou a idade mínima de dezesseis anos para que se ostente a condição de segurado especial a que se refere o art. 11, VII, "c" e § 6º, desse mesmo diploma legal. Além disso, a idade mínima de dezesseis anos constitui o limite constitucional para o trabalho (art. 7º, XXXIII, da CF) e o marco etário para filiação ao RGPS. Apesar disso, não se pode admitir, na hipótese, que o não preenchimento do requisito etário para filiação ao RGPS prejudique o acesso ao benefício previdenciário do salário-maternidade. REsp 1.440.024-RS, Rel. Min. Napoleão Nunes Maia Filho, julgado em 18/8/2015, DJe 28/8/2015" (Informativo 567).

O salário-maternidade não poderá ser acumulado com benefício por incapacidade, devendo este último ser suspenso, ou então ter a sua data de início protelada, devendo ser restabelecido no dia seguinte ao da cessação do salário-maternidade.

Em razão do artigo 15, §3º, da Lei 8.213/91, assegurar aos segurados todos os direitos previdenciários durante o período de graça, o artigo 97, do RPS, foi alterado pelo Decreto 6.122/2007, assegurando à segurada empregada o pagamento do salário-maternidade diretamente pelo INSS nas hipóteses de demissão antes da gravidez, ou, durante a gestação, nas hipóteses de dispensa por justa causa ou a pedido.

Lamentavelmente, o extinto Ministério da Previdência Social (Parecer/CONJUR/MPS 616/2010) não reconhece a incidência retroativa do Decreto 6.122/07, conquanto tenha sido editado para sanar ilegalidade do RPS, pois durante o período de graça é devido o salário-maternidade à desempregada.

Mesmo o salário-maternidade pago com atraso em razão da demora da segurada requerer o benefício, deverá o INSS fazer incidir a correção monetária, a fim de manter o seu poder aquisitivo.

A Lei 14.151/2021 previu que durante a emergência de saúde pública de importância nacional decorrente do novo coronavírus, **a empregada gestante deverá permanecer afastada das atividades de trabalho presencial, sem prejuízo de sua remuneração.**

▸ Qual o entendimento da TNU sobre o assunto?

Súmula 45, aprovada em 24.11.2011: "o salário-maternidade deve receber correção monetária desde a época do parto, independentemente da data do requerimento administrativo".

▸ Posição do STJ

Em demanda tributária, o STJ decidiu que não há amparo para a concessão do salário-maternidade com lastro na Lei 14.151/2021: "3. Lei 14.151/2021 determina o afastamento das empregadas gestantes das atividades presenciais, assegurando teletrabalho ou trabalho remoto durante a emergência de saúde pública, sem prejuízo da remuneração, permitindo a realocação em funções executáveis remotamente, sem prejuízo da remuneração.

4. Não enquadramento como licença-maternidade. A situação tratada não configura benefício previdenciário disciplinado pelos artigos 71 a 73 da Lei n. 8.213/1991. A concessão do benefício sem previsão legal e sem indicação da fonte de custeio viola o equilíbrio financeiro e atuarial (art. 201, CF).

5. A mencionada lei foi promulgada em resposta a uma situação excepcional, emergencial e temporária, e não trata de licença de trabalho ou percepção de salário-maternidade". (AgInt no REsp 2099021 / PR de 18/16/2024).

QUADRO SINTÉTICO – SALÁRIO-MATERNIDADE	
Cabimento	será devido à segurada da Previdência Social, durante 120 dias, com início de vigência no 28º dia antes do parto, assim como ao segurado ou segurada no caso de adoção de criança.
Beneficiárias	Todos os segurados.
Carência	Dispensada sempre (STF, ADI 2.110 e 2.110).
Valor	para a empregada e a avulsa, o valor equivalerá a uma remuneração mensal, não se sujeitando ao teto do RGPS (STF, ADI-MC 1.946), mas deve observar o teto federal (artigo 248, da CRFB), cabendo a empresa arcar com a eventual diferença; para a empregada doméstica, será o último salário de contribuição; no caso da segurada especial, equivalerá em um doze avos do valor sobre o qual incidiu sua última contribuição anual, ou 01 salário mínimo, ao menos; para a contribuinte individual, desempregada e a facultativa, consistirá na média aritmética dos 12 últimos salários de contribuição, apurados em período não superior a 15 meses.
Outras informações	**A)** Para o segurado ou a segurada da Previdência Social que adotar ou obtiver guarda judicial para fins de adoção de criança é devido salário-maternidade pelo período de 120 (cento e vinte) dias. No caso de falecimento da segurada ou segurado que fizer jus ao recebimento do salário-maternidade, o benefício será pago, por todo o período ou pelo tempo restante a que teria direito, ao cônjuge ou companheiro sobrevivente que tenha a qualidade de segurado, exceto no caso do falecimento do filho ou de seu abandono, observadas as normas aplicáveis ao salário-maternidade. No entanto, o pagamento do benefício deverá ser requerido até o último dia do prazo previsto para o término do salário-maternidade originário. **B)** Em caso de aborto não criminoso, comprovado mediante atestado médico, a segurada terá direito ao salário-maternidade correspondente a duas semanas (RPS, 93, §5º).
Outras informações	**C)** Em casos excepcionais, os períodos de repouso anterior e posterior ao parto podem ser aumentados de mais duas semanas, mediante atestado médico específico (RPS, 93, §3º). **D)** O salário-maternidade não pode ser acumulado com benefício por incapacidade (art. 102, RPS). **E)** A segurada aposentada que retornar à atividade fará jus ao pagamento do salário-maternidade (art. 103, RPS).

10. AUXÍLIO-ACIDENTE

Regulamentação básica: artigo 86, da Lei 8.213/91; artigo 104, do RPS (Decreto 3.048/99).

Códigos de concessão: 94 - Auxílio-acidente por acidente do trabalho e 36 - Auxílio-acidente previdenciário.

> ▸ **Importante:**
>
> Por força do artigo 18, §1º, da Lei 8.213/91, apenas terão direito à percepção do auxílio-acidente o segurado **empregado, o trabalhador avulso e o segurado especial. Por força da LC 150/2015, o empregado doméstico passou a ter direito ao auxílio-acidente.**

> ▸ **Como esse assunto foi cobrado em concurso?**
>
> No concurso do CESPE para Procurador Federal em 2010, foi considerado correto o seguinte enunciado: Somente poderão beneficiar-se do auxílio--acidente os seguintes segurados: o empregado, o trabalhador avulso e o especial. Da mesma forma, na prova de 2007 do mesmo concurso, foi considerado correto o seguinte enunciado: O contribuinte individual e o empregado doméstico não fazem jus ao benefício de auxílio-acidente.

Diante de uma controvérsia interna do STJ, muito embora o INSS conceda na via administrativa, surgiu uma dúvida sobre o direito de percepção do auxílio--acidente pelo segurado especial, pois o artigo 39, I, da Lei 8.213/91, não o previa. No entanto, para espancar qualquer dúvida, a Lei 12.873/2013 alterou o referido dispositivo, que desde então passou a prever expressamente a concessão do auxílio-acidente ao segurado especial.

> ▸ **Como esse assunto foi cobrado em concurso?**
>
> No concurso do CESPE para Procurador do TCU em 2015, foi considerado ERRADO o seguinte enunciado: O segurado especial só terá direito a perceber o auxílio-acidente se efetuar recolhimentos sobre o salário de contribuição.

Essa restrição legal justifica-se na medida em que apenas para esses três segurados é prevista a contribuição para o custeio dos benefícios por incapacidade (chamada por parte da doutrina de contribuição SAT), a teor do artigo 22, II e 25, II, ambos da Lei 8.212/91. Para o doméstico, a LC 150 criou o SAT de 0,8%.

Assim, em razão de não possuírem o pagamento da contribuição SAT, o contribuinte individual e o segurado facultativo não farão jus ao auxílio-acidente.

> ▸ **Qual o entendimento do STJ sobre o assunto?**
>
> "1. Nos termos do art. 18, I, § 1º, da Lei n. 8.213/91, com a redação dada pela LC n. 150/2015, "somente poderão beneficiar-se do auxílio-acidente os segurados incluídos nos incisos I, II, VI e VII do art. 11 desta lei", ou seja, o segurado empregado, o empregado doméstico, o trabalhador

avulso e o segurado especial, não figurando nesse rol o trabalhador autônomo, atualmente classificado como contribuinte individual pela Lei n. 9.876/1999. 2. Os trabalhadores autônomos assumem os riscos de sua atividade e, como não recolhem contribuições para custear o acidente de trabalho, não fazem jus ao auxílio-acidente. Precedente da Terceira Seção" **(AgRg no REsp 1171779, de 10/11/2015).**

Vale frisar que o médico-residente, que é filiado como contribuinte individual, apenas fará jus ao auxílio-acidente quando o acidente tiver ocorrido até 26 de novembro de 2001, data da publicação do Decreto nº 4.032, de 26 de novembro de 2001.

▸ **Importante:**

O auxílio-acidente é o único benefício previdenciário com **natureza exclusivamente indenizatória**, não se destinando a substituir a remuneração do segurado, e sim servir de acréscimo aos seus rendimentos, em decorrência de um infortúnio que reduziu a sua capacidade laborativa.

▸ **Como esse assunto foi cobrado em concurso?**

No concurso do CESPE para Procurador Federal em 2010 (curso de formação), foi considerado correto o seguinte enunciado: O auxílio-acidente tem caráter indenizatório, ao contrário do auxílio-doença e da aposentadoria por invalidez, que têm caráter substitutivo do salário do segurado.

▸ **Importante:**

Com efeito, será concedido ao segurado quando, após **consolidação das lesões** decorrentes de **acidente de qualquer natureza**, resultarem **sequelas** que impliquem **redução da capacidade para o trabalho que habitualmente exercia ou mesmo impossibilidade de desempenho dessa atividade**, uma vez possível a reabilitação profissional para outra que garanta a subsistência do segurado.

Assim, para o pagamento do auxílio-acidente, será preciso que:

A) Ocorra um acidente de qualquer natureza, independentemente de ser decorrente do trabalho;

B) Haja sequela;

C) Ocorra perda funcional para o trabalho que o segurado habitualmente desenvolvia **ou** impossibilidade de desempenho da atividade que exercia a época do acidente, porém permita o desempenho de outra, após processo de reabilitação profissional, nos casos indicados pela perícia médica do INSS.

▸ **Como esse assunto foi cobrado em concurso?**

No concurso do CESPE para Procurador Federal em 2010 (curso de formação), foi considerado errado o seguinte enunciado: Será devido o auxílio-acidente ao segurado se este sofrer perda total e definitiva da capacidade para o trabalho.

Ocorre que com o advento do Decreto 10.410/2020 os incisos do artigo 104 do RPS foram revogados:

> "Art. 104. O auxílio-acidente será concedido, como indenização, ao segurado empregado, inclusive o doméstico, ao trabalhador avulso e ao segurado especial quando, após a consolidação das lesões decorrentes de acidente de qualquer natureza, resultar sequela definitiva que, a exemplo das situações discriminadas no Anexo III, implique redução da capacidade para o trabalho que habitualmente exercia. (Redação dada pelo Decreto nº 10.410, de 2020)
>
> I - (Revogado pelo Decreto nº 10.410, de 2020)
>
> II - (Revogado pelo Decreto nº 10.410, de 2020)
>
> III - (Revogado pelo Decreto nº 10.410, de 2020)"

Creio que a revogação regulamentar não teve o objetivo de eliminar esta segunda hipótese concessora de auxílio-acidente, pois muito mais gravosa (impedimento do labor habitual) que a situação descrita no artigo 86 da Lei 8.213/91 (redução da capacidade para o labor habitual), sendo razoável a proporcional a sua manutenção com lastro em ampliação interpretativa do artigo 86 da Lei 8.213/91.

No entanto, **para a prova de concurso**, vale o texto do artigo 104 do RPS, que apenas prevê o benefício na situação de consolidação das lesões decorrentes de acidente de qualquer natureza, resultar sequela definitiva que, a exemplo das situações discriminadas no Anexo III, implique redução da capacidade para o trabalho que habitualmente exercia.

Uma questão tormentosa é a delimitação do conceito de acidente de qualquer natureza, cuja caracterização é um pressuposto para a concessão do auxílio-acidente. Teremos que construir uma definição à luz do bom senso e do artigo 30 do Decreto 3.048/99:

> "§ 1º Entende-se como acidente de qualquer natureza ou causa aquele de origem traumática e por exposição a agentes exógenos, físicos, químicos ou biológicos, que acarrete lesão corporal ou perturbação funcional que cause a morte ou a perda ou a redução permanente ou temporária da capacidade laborativa". (Incluído pelo Decreto nº 10.410, de 2020)

Logo, a definição considera dois elementos cumulativos à configuração do acidente de qualquer natureza:

a) acidente com origem traumática;

b) Acidente decorrente de fatores externos (exógenos).

Evidente que o acidente é um acontecimento inesperado ou fortuito, que é danoso ao segurado da previdência social, pois poderá causar lesões com incapacitação ou mesmo a morte em casos mais graves.

Mesmo que a lesão seja mínima, é devido o benefício mesmo que haja redução da capacidade funcional para o labor habitual em decorrência de acidente.

▸ **Qual o entendimento do STJ sobre o assunto?**

RECURSO REPETITIVO

Pesquisa de Temas Repetitivos: Tema 416

Pesquisa de Repetitivos por Assunto

Processo REsp 1109591 / SC, de 25/8/2010

1. Conforme o disposto no art. 86, caput, da Lei 8.213/91, exige-se, para concessão do auxílio-acidente, a existência de lesão, decorrente de acidente do trabalho, que implique redução da capacidade para o labor habitualmente exercido. 2. O nível do dano e, em consequência, o grau do maior esforço, não interferem na concessão do benefício, o qual será devido ainda que mínima a lesão.

Na forma do artigo 30, parágrafo único, do RPS, entende-se como **acidente de qualquer natureza ou causa** aquele de origem traumática e por exposição a agentes exógenos (físicos, químicos e biológicos), que acarrete lesão corporal ou perturbação funcional que cause a morte, a perda, ou a redução permanente ou temporária da capacidade laborativa.

Até o advento da Lei 9.032/95, o auxílio-acidente só era devido em razão de acidente de trabalho ou eventos equiparados, sendo estendido aos acidentes de qualquer natureza.

▸ **Como esse assunto foi cobrado em concurso?**

No concurso do CESPE para Procurador Federal em 2010 (curso de formação), foi considerado correto o seguinte enunciado: É devido o auxílio-acidente ao segurado mesmo que o acidente causador da sua incapacidade para o trabalho não se relacione com sua atividade laboral, bastando que do acidente resultem sequelas que impliquem redução da habitual capacidade para o trabalho.

▸ **Qual o entendimento do STJ sobre o assunto?**

Conforme já se posicionou a Corte Superior (AGA 585.768, de 16.09.2004), também será devido o auxílio-acidente se a sequela que acometer o segurado empregado, avulso ou especial decorrer de **moléstia ocupacional** (doença do trabalho ou profissional), pois equiparada legalmente ao acidente de trabalho, haja vista a existência de nexo causal entre a enfermidade e o labor.

De acordo com o Dicionário Aurélio da Língua Portuguesa, **sequela** é qualquer lesão anatômica ou funcional que permaneça depois de encerrada a evolução clínica de uma doença, inclusive de um traumatismo. Logo, a sequela pressupõe lesão permanente, a exemplo da perda de um dedo.

▸ Qual o entendimento do STJ sobre o assunto?

Entretanto, o STJ tem se posicionado pelo pagamento do auxílio-acidente mesmo que seja reversível a lesão acidentária, a exemplo do julgamento do AGA 1.108.738, de 16.04.2009, pois entende a Corte Superior que a irreversibilidade da moléstia não constitui requisito legal para a concessão de auxílio-acidente. Este posicionamento do STJ foi consolidado em julgamento de Recurso Especial repetitivo (tese 156 – REsp 1112886, de 25/11/2009), firmando a tese que "será devido o auxílio-acidente quando demonstrado o nexo de causalidade entre a redução de natureza permanente da capacidade laborativa e a atividade profissional desenvolvida, sendo irrelevante a possibilidade de reversibilidade da doença".

▸ Como esse assunto foi cobrado em concurso?

No concurso do CESPE para Procurador do TCU em 2015, foi considerado ERRADO o seguinte enunciado: Para a concessão do auxílio-acidente, é imprescindível que a moléstia seja irreversível, de acordo com entendimento do STJ.

▸ IMPORTANTE!

Com o advento da **Lei 14.441/2022**, restou alterado o artigo 101 da Lei 8.213/91 que conta agora com a seguinte redação:

"Art. 101. O segurado em gozo de auxílio por incapacidade temporária, ***auxílio-acidente*** *ou aposentadoria por incapacidade permanente e o pensionista inválido, cujos benefícios tenham sido concedidos judicial ou administrativamente, estão obrigados, sob pena de suspensão do benefício, a submeter-se a:*

I – exame médico a cargo da Previdência Social para avaliação das condições que ensejaram sua concessão ou manutenção;

II – processo de reabilitação profissional por ela prescrito e custeado; e

III – tratamento dispensado gratuitamente, exceto o cirúrgico e a transfusão de sangue, que são facultativos".

A inovação foi a previsão de **revisão periódica das concessões de auxílio-acidente**, quer por decisão administrativa ou judicial, pois antes a Lei 8.213/91 era omissa a respeito, embora eu já sustentasse o cabimento nas situações comprovadas e excepcionais de reversão total da sequela decorrente de acidente.

É preciso que, em decorrência do acidente, haja perda funcional para o trabalho habitual ou mesmo impossibilidade total de desempenhar a mesma função, desde que possível a reabilitação profissional para outra atividade.

Destarte, o segurado empregado que desempenhe a função de digitador de textos, se for acidentado e perder um dos dedos da mão, certamente receberá o auxílio-acidente, vez que perdeu parte de sua capacidade funcional para o trabalho habitual.

Ao revés, se esse mesmo segurado acidentou-se e perdeu um dedo do pé, é provável que o benefício seja negado pelo INSS, pois não se afigura redução de capacidade funcional para o trabalho de digitador.

De acordo com o artigo 104, §4º, inciso II, do RPS, o auxílio-acidente não será devido na hipótese de mudança de função, mediante readaptação profissional promovida pela empresa, como medida preventiva, em decorrência de inadequação do local de trabalho.

Entende-se que essa previsão regulamentar é desprovida de base legal, pois em nenhum momento o artigo 86, da Lei 8.213/91, autorizou a exclusão do pagamento do auxílio-acidente nesta hipótese.

> ▸ **Importante:**
>
> Em caráter excepcional, na hipótese de **perda de audição**, a legislação previdenciária foi bem mais rígida para o pagamento do auxílio-acidente. Neste caso, em qualquer grau de deficiência auditiva, só será devido o benefício quando a redução ou perda da capacidade para o trabalho que o segurado habitualmente exercia tenha **nexo causal entre o trabalho e a doença.**

Logo, **não será qualquer acidente que ensejará o pagamento do auxílio-acidente em razão da perda de audição, mas apenas os decorrentes de acidente de trabalho e equipados**, como as doenças ocupacionais (profissionais e do trabalho).

> ▸ **Qual o entendimento do STJ sobre o assunto?**
>
> No julgamento do REsp 1.108.298, de 15.02.2010, decidiu a Corte Superior que "para a concessão de auxílio-acidente fundamentado na perda de audição, é necessário que a sequela seja ocasionada por acidente de trabalho e que haja uma diminuição efetiva e permanente da capacidade para a atividade que o segurado habitualmente exercia, conforme dispõe o art. 86, *caput* e § 4º, da Lei n. 8.213/1991", conforme narrado no Informativo 434.

> ▸ **Qual o entendimento do STJ sobre o assunto?**
>
> De acordo com a Súmula 44, do STJ, editada em 1992, "a definição, em ato regulamentar, de grau mínimo de disacusia, não exclui, por si só, a concessão do benefício previdenciário". Vale frisar que este entendimento continua sendo aplicado pela Corte Superior na atualidade, a exemplo do julgamento do recurso especial 1.095.523, de 26.08.2009.

> ▸ **Importante:**
>
> Trata-se de benefício que **independe de carência**, tendo renda mensal inicial fixada em **50% do salário de benefício** pela Lei 9.032/95, **podendo ter valor inferior a um salário mínimo**, pois não objetiva substituir a remuneração do empregado, empregado doméstico, trabalhador avulso ou segurado especial.

▸ Como esse assunto foi cobrado em concurso?

No concurso do CESPE para Procurador do Estado do Espírito Santo em 2008, foi considerado errado o seguinte enunciado: O empregado incapacitado temporariamente para o trabalho em razão de acidente do trabalho faz jus ao auxílio-acidente, a partir do 16.º dia do afastamento das atividades, no percentual correspondente a 91% do salário-de-benefício, nunca inferior ao valor do salário mínimo.

A legislação previdenciária pressupõe o pagamento do auxílio-doença antes do auxílio-acidente, sendo este devido no dia seguinte ao da cessação do auxílio-doença, uma vez consolidada a lesão que acarretou perda funcional para o trabalho habitual, sendo benefícios que não poderão ser acumulados pela mesma causa.

▸ Qual o entendimento do STJ sobre o assunto?

Tema Repetitivo 862 - O termo inicial do auxílio-acidente deve recair no dia seguinte ao da cessação do auxílio-doença que lhe deu origem, conforme determina o art. 86, § 2º, da Lei 8.213/91, observando-se a prescrição quinquenal da Súmula 85/STJ.

Contudo, caso o segurado não tenha requerido o auxílio-doença, e ingressado com ação judicial para postular o auxílio-acidente, este será devido a partir da citação do INSS.

▸ Qual o entendimento do STJ sobre o assunto?

"A Terceira Seção desta Corte, no julgamento do EREsp nº 735.329/RJ, Relator o Ministro Jorge Mussi, DJ de 6/5/2011, pacificou o entendimento de que, não havendo concessão de auxílio-doença, bem como ausente o prévio requerimento administrativo para a percepção do auxílio-acidente, como no caso, o termo a quo para o recebimento desse benefício é a data da citação" (AgRg no AgRg no Ag 1.239.697, de 09.08.2011).

No caso de reabertura de auxílio-doença por acidente de qualquer natureza que tenha dado origem a auxílio-acidente, este será suspenso até a cessação do auxílio-doença reaberto, quando será reativado.

A renda mensal do auxílio-acidente é de 50% do salário de benefício, podendo ser inferior a um salário mínimo por não se tratar de benefício que substitui o salário de contribuição ou o rendimento do labor.

O artigo 124, inciso V, da Lei 8.213/91, **veda o recebimento conjunto de mais de um auxílio-acidente**. Assim, quando o segurado em gozo de auxílio-acidente fizer jus a um novo auxílio-acidente, em decorrência de outro acidente ou de doença, serão comparadas as rendas mensais dos dois benefícios e mantido o benefício mais vantajoso.

Originariamente, o artigo 86 da Lei 8.213/91 previa o valor do auxílio-acidente em 30%, 40% ou 60% do salário de contribuição do dia do acidente de trabalho, a ser fixado proporcionalmente ao grau da sequela.

Sucede que, com o advento da lei 9.032/95, a sua renda mensal inicial restou fixada em 50% do salário de benefício, razão pela qual os segurados que o percebiam em 30% ou 40% (do salário de contribuição do dia do acidente de trabalho, conforme regramento anterior) começaram a postular judicialmente a sua revisão para 50% do salário de benefício, pois o INSS passou a indeferir o pleito na via administrativa.

Vale salientar que a alteração perpetrada pela Lei 9.032/95 não foi apenas no percentual do auxílio-acidente, mas também na base de cálculo, que passou a ser o salário de benefício, e não o salário de contribuição do dia do acidente.

Entende-se que não é devida a referida revisão à luz do Princípio do *Tempus Regit Actum* e do Princípio da Precedência de Fonte de Custeio.

▶ **Qual o entendimento do STF sobre o assunto?**

Inclusive, esse é o entendimento manifestado pelo STF, acolhendo a tese da Advocacia-Geral da União, em representação ao INSS, quando reconheceu repercussão geral no **RE 597.389, em 22.04.2009** e praticamente já definiu o seu julgamento.

▶ **Qual o entendimento do STJ sobre o assunto?**

Entretanto, apesar da manifestação expressa do STF, a 3ª Seção do STJ reiterou a sua jurisprudência contrária, no sentido de ser cabível a revisão do auxílio-acidente de 30% ou 40% do salário de contribuição do dia do acidente para o percentual de 50% do salário de benefício, no julgamento do REsp 1.096.244, em 10.02.2010. Contudo, no dia 20 de outubro de 2011, ao julgar o recurso especial 868.025, a 5ª Turma do STJ passou a aderir ao posicionamento do STF, o que indica uma futura mudança de posicionamento da 3ª Seção.

▶ **Qual o entendimento da TNU sobre o assunto?**

No dia 02.12.2010, ao julgar o incidente no processo 2008.70.51.00.0495-8, a TNU seguiu o posicionamento do STF no sentido de que não é cabível a revisão do auxílio-acidente para 50% do salário de benefício.

▶ **Importante:**

Desde o advento da Medida Provisória 1.596-14, convertida na Lei 9.528/97, **o auxílio-acidente não mais será acumulado com a aposentadoria do segurado**, passando a integrar o salário de contribuição para fins do cálculo do salário de benefício da aposentadoria, na forma do artigo 31, da Lei 8.213/91, salvo direito adquirido.

▸ **Como esse assunto foi cobrado em concurso?**

No concurso do CESPE para Advogado da CEF em 2010, foi considerado errado o seguinte enunciado: Considere que Jonas recebia auxílio-acidente quando requereu sua aposentadoria por idade, já que os requisitos legais haviam sido preenchidos. Nessa situação, ante a permanência do estado mórbido que culminou na concessão do auxílio-doença, Jonas faz jus ao recebimento dos dois benefícios previdenciários cumulativamente. Outrossim, no concurso do CESPE para Juiz Federal da 5ª Região em 2013, foi considerado errado o seguinte enunciado: Veda-se a acumulação de auxílio-acidente com proventos de aposentadoria, mesmo nos casos em que a manifestação da lesão incapacitante, ensejadora da concessão do auxílio, e o início da aposentadoria sejam **anteriores ao ano de 1997**.

Essa inovação prejudica os segurados que tenham o salário de benefício atingido o teto, após a soma do valor do auxílio-acidente com os salários de contribuição do segurado, pois antes eles podiam receber a aposentadoria até o teto e o auxílio-acidente separadamente.

Contudo, conforme o entendimento administrativo da Previdência Social, em respeito ao direito adquirido e ao Princípio do *Tempus Regit Actum*, para a acumulação do auxílio-acidente com proventos de aposentadoria, a consolidação das lesões decorrentes de acidentes de qualquer natureza, que resulte sequelas definitivas, nos termos do art. 86 da Lei nº 8.213/91, e a concessão da aposentadoria devem ser anteriores às alterações inseridas no art. 86, § 2º da Lei nº 8.213/91, pela Medida Provisória nº 1.596-14, convertida na Lei nº 9.528/97, nos termos da Súmula 75 da AGU.

▸ **Qual o entendimento do STJ sobre o assunto?**

"A jurisprudência do STJ firmou-se no sentido de que a possibilidade de acumulação do auxílio-acidente com proventos de aposentadoria requer que a lesão incapacitante e a concessão da aposentadoria sejam anteriores às alterações promovidas pela Lei n. 9.528/97" (Recurso Especial 1.244.257, de 13.03.2012). Posteriormente, foi editada a **Súmula 507: "A acumulação de auxílio-acidente com aposentadoria pressupõe que a lesão incapacitante e a aposentadoria sejam anteriores a 11/11/1997, observado o critério do artigo 23 da Lei 8.213/91 para definição do momento da lesão nos casos de doença profissional ou do trabalho".**

O anexo III, do RPS, traz um rol de hipóteses aptas a ensejar o pagamento do auxílio-acidente, entendendo-se ser uma listagem exemplificativa.

Deverá ser pago o auxílio-acidente durante o período de graça, haja vista que o segurado mantém todos os direitos previdenciários. Para se adaptar a essa determinação legal, o §7º, do artigo 104, do RPS, foi corretamente modificado por intermédio do Decreto 6.722/2008.

É comum que os alunos confundam o auxílio-acidente com o auxílio-doença. No entanto, existem diversas diferenças entre os citados benefícios, sendo as principais apontadas no quadro abaixo:

AUXÍLIO-ACIDENTE	AUXÍLIO-DOENÇA
- É indenizatório	- Substitui o salário de contribuição ou a remuneração do segurado
- É recebido junto com a remuneração pelo labor do segurado (não exige afastamento do trabalho)	- Exige incapacidade laboral para o trabalho habitual por mais de 15 dias seguidos (afastamento do trabalho)
- É de 50% do salário de benefício	- É de 91% do salário de benefício
- Pode ser inferior a um salário mínimo	- Não pode ser inferior a um salário mínimo, salvo no caso de atividades concomitantes
- Dispensa sempre a carência	- Exige, em regra, carência de 12 contribuições mensais
- Apenas é devido ao empregado, empregado doméstico, trabalhador avulso e segurado especial (benefício restrito)	- É devido a todos os segurados (benefício irrestrito)
- É um benefício permanente	- É precário pela própria natureza

QUADRO SINTÉTICO – AUXÍLIO-ACIDENTE	
Cabimento	será devido, como indenização, ao segurado quando, após consolidação das lesões decorrentes de acidente de qualquer natureza, resultarem sequelas que impliquem redução da capacidade para o trabalho que habitualmente exercia **ou** impossibilidade de desempenho da atividade que exercia a época do acidente, porém permita o desempenho de outra, após processo de reabilitação profissional.
Beneficiários	apenas o segurado empregado, empregado doméstico (LC 150/2015), o trabalhador avulso e o segurado especial (art. 18, §1º, da Lei 8.213/91).
Carência	não há.
Valor	50% do salário de benefício.
Outras informações	**A)** É o único benefício previdenciário exclusivamente indenizatório. **B)** O auxílio-acidente será devido a partir do dia seguinte ao da cessação do auxílio-doença, independentemente de qualquer remuneração ou rendimento auferido pelo acidentado, vedada sua acumulação com qualquer aposentadoria. **C)** A perda da audição, em qualquer grau, somente proporcionará a concessão do auxílio-acidente, quando, além do reconhecimento de causalidade entre o trabalho e a doença, resultar, comprovadamente, na redução ou perda da capacidade para o trabalho que habitualmente exercia. **D)** O STJ entende que não é imprescindível que a moléstia seja irreversível para a concessão deste benefício (REsp 1.112.866, de 25.11.09).

11. PENSÃO POR MORTE

Regulamentação básica: Art. 23/24 da Emenda 103/2019; artigos 74/79, da Lei 8.213/91; artigos 105/115, do RPS (Decreto 3.048/99).

Códigos de concessão: 93 – Pensão por morte por acidente do trabalho e 21 – Pensão por morte previdenciária.

A pensão por morte é um benefício previdenciário dos dependentes dos segurados, assim consideradas as pessoas listadas no artigo 16, da Lei 8.213/91, devendo a condição de dependente ser aferida no momento do óbito do instituidor, e não em outro marco, pois é com o falecimento que nasce o direito.

> **Importante:**
>
> Todos os segurados poderão instituir pensão por morte se deixarem dependentes, sendo que o benefício **independe sempre de carência**. Frise-se que a MP 664/2014 chegou a inserir carência de 24 recolhimentos mensais, mas a Lei 13.135/2015 restabeleceu a dispensa de carência para a pensão por morte (art. 26, I, da Lei 8.213/91).

Vale relembrar que os dependentes da **classe I** (artigo 16 da Lei 8.213/91) são preferenciais e possuem presunção absoluta de dependência econômica: o cônjuge, a companheira, o companheiro e o filho não emancipado, de qualquer condição, menor de 21 (vinte e um) anos ou inválido ou que tenha deficiência intelectual ou mental ou deficiência grave.

> **Qual o entendimento do STJ sobre o assunto?**
>
> Consoante densamente comentado anteriormente entende o STJ que **"a mulher que renunciou aos alimentos na separação judicial tem direito à pensão previdenciária por morte do ex-marido, comprovada a necessidade econômica superveniente"** (Súmula 336).

> **Como esse assunto foi cobrado em concurso?**
>
> No concurso do CESPE para Procurador do Município de Natal em 2008, foi considerado correto o seguinte enunciado: A mulher que renunciou aos alimentos na separação judicial tem direito a pensão previdenciária por morte do ex-marido, desde que comprovada a necessidade econômica superveniente. Por outro lado, no concurso para Procurador do Estado de Alagoas em 2008, foi considerado errado o seguinte enunciado: A mulher que renunciou aos alimentos na separação judicial não tem direito à pensão por morte do ex-marido, ainda que comprove a necessidade econômica superveniente.

Para que se configure a situação da Súmula 336, do STJ, é necessário que haja a prova de dependência econômica no momento do óbito do segurado, sendo ônus do ex-cônjuge ou ex-companheiro fazê-lo, pois inexiste presunção de dependência econômica em seu favor.

Também serão dependentes preferenciais o parceiro homoafetivo e o ex-cônjuge ou companheiro(a) que perceba alimentos, assim como os equiparados a filho (enteado e tutelado), estes dois sem presunção de dependência econômica.

O cônjuge separado de fato apenas fará jus à pensão por morte se demonstrar a dependência econômica, inclusive em concorrência com eventual companheiro(a).

A Lei 8.213/91 não exigia que a comprovação da união estável se desse através do início de prova material, podendo ser comprovada antigamente apenas por testemunhos, vigorando o Princípio do Livre Convencimento Motivado, razão pela qual a previsão do artigo 143 do Regulamento da Previdência Social era ilegal neste ponto.

▸ **Qual o entendimento da TNU sobre o assunto?**

Súmula 63 – A comprovação de união estável para efeito de concessão de pensão por morte prescinde de início de prova material. (JURISPRUDÊNCIA SUPERADA)

Isto foi modificado com o advento da **Lei 13.846/2019**, tornando a posição Regulamentar (Decreto 3.048/99) válida e **afastando a jurisprudência citada**. Isso porque restou inserido no artigo 16 da Lei 8.213/91 um quinto parágrafo **com tarifação de prova com marca de temporariedade de 24 meses** antes do fato gerador da pensão por morte ou do auxílio-reclusão.

De efeito, dispõe o novel §5º do artigo 16 da Lei 8.213/91 que "as provas de **união estável** e de **dependência econômica** exigem **início de prova material contemporânea dos fatos, produzido em período não superior a 24 (vinte e quatro) meses anterior à data do óbito ou do recolhimento à prisão do segurado**, não admitida a prova exclusivamente testemunhal, exceto na ocorrência de motivo de força maior ou caso fortuito, conforme disposto no regulamento".

Dessa forma, se o segurado morreu em 8 de setembro de 2019, a sua companheira não poderá provar a união estável apenas com testemunhos, devendo apresentar ao menos um documento que indique a união estável produzido entre 8 de setembro de 2017 e 8 de setembro de 2019, exceto fortuito e força maior ainda não regulamentados.

Assim, resta afastando o Princípio do Livre Convencimento Motivado e adotada a tarifação de prova para dar mais segurança jurídica, considerando a existência de casos habituais de falsos testemunhos e para preservar o Erário contra algumas situações de fraude.

No entanto, acredito que a exigência temporal do documento foi excessiva nos últimos 24 meses antes do fato gerador do benefício, a exemplo da certidão de nascimento de dois filhos em comum de 3 e 4 anos de idade no dia da morte do segurado, pois a certidões foram emitidas há mais de 24 meses do dia do óbito.

Vale registrar que se cuida de regra processual inerente à prova da condição de dependente, de modo que possui aplicação imediata a todos os processos pendentes de decisão para óbitos anteriores à vigência da alteração normativa, pois somente regras de direito material não possuem retroação.

A pensão por morte somente será devida ao filho e ao irmão cuja invalidez tenha ocorrido antes da emancipação ou de completar a idade de vinte e um anos, nos termos do Regulamento da Previdência Social, desde que reconhecida ou comprovada, pela perícia médica do INSS, a continuidade da invalidez até a data do óbito do segurado. Mas essa previsão do Decreto 3.048/99 é repelida pela jurisprudência. Essa posição se conservou mesmo com o Decreto 10.410/2020.

> **▸ Qual o entendimento do STJ sobre o assunto?**
>
> "É irrelevante o fato de a invalidez ter sido após a maioridade do postulante, uma vez que, nos termos do artigo 16, III c/c parágrafo 4º, da Lei 8.213/91, é devida a pensão por morte, comprovada a dependência econômica, ao irmão inválido ou que tenha deficiência intelectual ou mental que o torne absoluta ou relativamente incapaz, assim declarado judicialmente. Alinhado a esse entendimento, há precedentes do STJ no sentido de que, em se tratando de dependente maior inválido, basta a comprovação de que a invalidez é anterior ao óbito do segurado. Nesse sentido: AgRg no AREsp 551.951/SP, Rel. Ministra Assusete Magalhães, Segunda Turma, DJe 24/4/2015, e AgRg no Ag 1.427.186/PE, Rel. Ministro Napoleão Nunes Maia Filho, Primeira Turma, DJe 14/9/2012".

É obrigatório que o pensionista inválido se submeta a exame médico a cargo da previdência social, processo de reabilitação profissional por ela prescrito e custeado e tratamento dispensado gratuitamente, exceto o cirúrgico e a transfusão de sangue, que são facultativos, independentemente de sua idade, sob pena de suspensão do benefício.

No entanto, desde o advento da Lei 13.063, de 30 de dezembro de 2014, que alterou o artigo 101 da Lei 8.213/91, o pensionista inválido estará isento do exame pericial após completar 60 (sessenta) anos de idade, salvo se o próprio pensionista solicitar a realização do exame para verificar a recuperação da sua capacidade de trabalho, caso se julgue apto.

No entanto, a isenção de perícia do pensionista inválido após este ter completado 60 anos de idade presume o não retorno ao trabalho, pois a percepção deste benefício com remuneração é incompatível.

Embora seja óbvio, coube à Lei 13.457/2017 expressar isto ao modificar o §1º do artigo 101 da Lei 8.213/91, passando a gozar de previsão normativa expressa que a mencionada isenção de perícia do sexagenário pensionista inválido é condicionada ao não retorno ao trabalho.

Destaque-se que o posicionamento do STF e do STJ é pela ausência da condição de dependente de segurado do(a) concubino(a), pois se cuida de relação paralela ao matrimônio, conforme visto anteriormente.

▸ **Qual o entendimento do STF sobre o assunto?**

Em 18/12/2020, ao julgar o RE 1.045.273 em **Repercussão Geral**, por 6 votos a 5, o STF reafirmou a sua tradicional jurisprudência no sentido de **negar a concessão de pensão por morte ao(a) concubino(a)**, fixando a seguinte tese: ***A preexistência de casamento ou de união estável de um dos conviventes, ressalvada a exceção do artigo 1723, §1º do Código Civil, impede o reconhecimento de novo vínculo referente ao mesmo período, inclusive para fins previdenciários, em virtude da consagração do dever de fidelidade e da monogamia pelo ordenamento jurídico-constitucional brasileiro".***

Conforme já estudado anteriormente, a pendência em curso universitário após os 21 anos de idade não é causa de prorrogação da pensão por morte no RGPS, sendo esta a posição do STJ e da TNU.

▸ **Qual o entendimento da TNU sobre o assunto?**

Súmula 37: "A pensão por morte, devida ao filho até os 21 anos de idade, não se prorroga pela pendência do curso universitário".

▸ **Como esse assunto foi cobrado em concurso?**

No concurso do CESPE para Procurador do TCU em 2015, foi considerado ERRADO o seguinte enunciado: A pensão por morte, devida ao filho até os vinte e um anos de idade, prorroga-se pela pendência do curso universitário até os vinte e quatro anos de idade, conforme entendimento do STJ.

Já na **classe II** figuram os pais, ao passo que na **classe III** estão os irmãos do segurado, conforme detidamente explicado no Capítulo 8: II - os pais; III - o irmão não emancipado, de qualquer condição, menor de 21 (vinte e um) anos ou inválido ou que tenha deficiência intelectual ou mental ou deficiência grave.

Caso haja mais de um dependente dentro da mesma classe, haverá o rateio em partes iguais da pensão por morte e, na medida em que cesse a dependência de algum, os remanescentes irão acrescendo proporcionalmente as suas cotas (após a Emenda 103/2019, a cota individual de 10% não mais será revertida).

Outrossim, não haverá transferência de benefício entre as classes, de modo que um filho menor de 21 anos que alcance a maioridade previdenciária não fará com que os dependentes da classe II ou III sejam beneficiários da prestação.

Por força do §6º do artigo 77 da Lei 8.213/91, inserido pela Lei 13.183/2015, o exercício de atividade remunerada, inclusive na condição de microempreendedor individual, não impede a concessão ou manutenção da parte individual da pensão do dependente com deficiência intelectual ou mental ou com deficiência grave.

No caso de pensão por morte paga a mais de um dependente, cada cota poderá ser inferior a um salário mínimo, mas o benefício, no valor total, será de um salário mínimo ao menos, pois substitui o salário de contribuição.

> **Importante:**
>
> A pensão por morte ERA paga no **mesmo valor da aposentadoria que o segurado recebia ou daquela a que teria direito se estivesse aposentado por invalidez na data de seu falecimento** (100% do salário de benefício), **inexistindo carência.** A MP 664/2014 chegou a reduzi-la, mas a Lei 13.135/2015 restabeleceu a redação do artigo 75, da Lei 8.213/91, voltando a pensão por morte a ser integral. **MAS TUDO RESTOU MODIFICADO PELA EMENDA 103/2019.**

De acordo com o ***artigo 23 da Emenda 103/2019***, a **pensão por morte concedida a dependente de segurado do Regime Geral de Previdência Social** será equivalente a uma cota familiar de **cinquenta por cento** do valor da aposentadoria recebida pelo segurado ou servidor ou daquela a que teriam direito se fossem aposentados por incapacidade permanente na data do óbito, acrescida de **cotas de dez pontos** percentuais por dependente, **até o máximo de cem por cento.**

Trata-se de regra que veio reger a pensão por morte dos segurados do RGPS para **óbitos a partir do dia seguinte à data de publicação da Emenda** 103/2019. Isso porque as mortes até o dia da publicação da Emenda serão regidas pela legislação anterior prevista na Lei 8.213/91, nos termos do artigo 3º da Emenda.[25]

Por sua vez, a renda mensal da pensão por morte do segurado do RGPS cujo óbito foi posterior ao advento da Emenda 103/2019 será calculada com arrimo no artigo 23, observada a renda se ao menos um salário mínimo.

Em regra, haverá um valor básico de 50% da aposentadoria recebida pelo inativo ou 50% da aposentadoria por incapacidade que teria direito na data do óbito, acrescido de 10% por dependente até o limite de 100%:

COEFICIENTE	DEPENDENTES
60%	1 dependente
70%	2 dependentes

25. Art. 3º A concessão de aposentadoria ao servidor público federal vinculado a regime próprio de previdência social e ao segurado do Regime Geral de Previdência Social e de pensão por morte aos respectivos dependentes será assegurada, a qualquer tempo, desde que tenham sido cumpridos os requisitos para obtenção destes benefícios até a data de entrada em vigor desta Emenda Constitucional, observados os critérios da legislação vigente na data em que foram atendidos os requisitos para a concessão da aposentadoria ou da pensão por morte.

§ 1º Os proventos de aposentadoria a serem concedidos ao servidor público a que se refere o *caput* e as pensões por morte devidas aos seus dependentes serão calculados e reajustados de acordo com a legislação em vigor à época em que foram atendidos os requisitos nela estabelecidos para a concessão destes benefícios.

80%	3 dependentes
90%	4 dependentes
100%	5 ou mais dependentes

Dessa forma, para o segurado ativo que vem a óbito, será necessário calcular os proventos da aposentadoria por incapacidade permanente para em seguida calcular o valor da pensão por morte.

Nos termos do Decreto 10.410/2020, o valor da pensão por morte, no caso de morte de segurado recluso que tenha contribuído para a previdência social durante o período de reclusão, será calculado de modo a considerar o tempo de contribuição adicional e os correspondentes salários de contribuição.

Considerando que a pensão por morte é um benefício não programado e que não exige tempo de contribuição mínimo para a sua concessão, **não será aplicada a regra de descarte de contribuições** de que trata o artigo 26, §6º[26], da EC 103/2019. No mesmo sentido o artigo 32 do Regulamento.

Para os **homens**, a teor do artigo 26[27] da Emenda 103/2019, o valor do benefício de aposentadoria por incapacidade permanente corresponderá a **sessenta por cento da média aritmética das 100% das remunerações/salários de contribuição, com acréscimo de 2% para cada ano que ultrapassar os 20 anos de contribuição:**

HOMENS TEMPO DE CONTRIBUIÇÃO	COEFICIENTE
Até 20 Anos	60%

26. § 6º Poderão ser excluídas da média as contribuições que resultem em redução do valor do benefício, desde que mantido o tempo mínimo de contribuição exigido, vedada a utilização do tempo excluído para qualquer finalidade, inclusive para o acréscimo a que se referem os §§ 2º e 5º, para a averbação em outro regime previdenciário ou para a obtenção dos proventos de inatividade das atividades de que tratam os arts. 42 e 142 da Constituição Federal.

27. Art. 26. Até que lei discipline o cálculo dos benefícios do regime próprio de previdência social da União e do Regime Geral de Previdência Social, será utilizada a média aritmética simples dos salários de contribuição e das remunerações adotados como base para contribuições a regime próprio de previdência social e ao Regime Geral de Previdência Social, ou como base para contribuições decorrentes das atividades militares de que tratam os arts. 42 e 142 da Constituição Federal, atualizados monetariamente, correspondentes a cem por cento do período contributivo desde a competência julho de 1994 ou desde o início da contribuição, se posterior àquela competência.

§ 1º A média a que se refere o *caput* será limitada ao valor máximo do salário de contribuição do Regime Geral de Previdência Social para os segurados deste regime e para o servidor que ingressou no serviço público em cargo efetivo após a implantação do regime de previdência complementar ou que tenha exercido a opção correspondente, nos termos do disposto nos §§ 14 a 16 do art. 40 da Constituição Federal.

HOMENS TEMPO DE CONTRIBUIÇÃO	COEFICIENTE
21 Anos	62%
22 Anos	64%
23 Anos	66%
24 Anos	68%
25 Anos	70%
26 Anos	72%
27 Anos	74%
28 Anos	76%
29 Anos	78%
30 Anos	80%
31 Anos	82%
32 Anos	84%
33 Anos	86%
34 Anos	88%
35 Anos	90%
36 Anos	92%
37 Anos	94%
38 Anos	96%
39 Anos	98%
40 Anos	100%

Assim, se um segurado (homem) do RGPS morrer com 30 anos de tempo de contribuição, o valor da aposentadoria por incapacidade permanente será de 80% (vide tabela acima) da média de todas as remunerações desde Julho de 1994, sendo este o valor base para o cálculo da pensão por morte que será incidirá à razão de 60, 70, 80, 90 ou 100% sobre 80% de toda a média contributiva do segurado.

Suponha-se que um segurado do RGPS tenha morrido com 30 anos de tempo de contribuição, de modo que os proventos de aposentadoria por incapacidade que ele teria direito seriam de 80% da média das remunerações.

Se ele possuir dois dependentes habilitados, o valor da pensão por morte será de 70% multiplicado por 80% da média dos salários de contribuição a partir de 7/1994 (7 x 8 = 56) chegando a apenas 56% da média de todos os salários de contribuição desde o Plano Real (Julho/1994).

A renda mensal da pensão por morte não poderá ser inferior a um salário mínimo no RGPS, nos termos do artigo 201, §2º, da Constituição.

Curioso notar que, **intencionalmente**, o artigo 26 da Emenda 103/2019 não limita a média de todos os salários de contribuição do segurado a 100%, de modo que o segurado falecido que possuir mais de 40 anos de tempo de contribuição poderá gerar pensão por morte com base de cálculo que ultrapasse a 100% da média de salários de contribuição desde o Plano Real (competência 7/1994), a exemplo:

41 Anos	102%
42 Anos	104%
43 Anos	106%
44 Anos	108%
45 Anos	110%
E assim sucessivamente	**E assim sucessivamente**

No entanto, para **a aposentadoria por incapacidade da mulher** existe uma regra especial de cálculo da renda mensal no artigo 26, §5º[28], da Emenda 103/2019, que prevê a **progressão a contar de 15 anos**, e não de 20 anos de contribuição, que vai melhorar a renda da pensão por morte em comparação aos homens:

MULHERES TEMPO DE CONTRIBUIÇÃO	COEFICIENTE
15 Anos	60%
16 Anos	62%
17 Anos	64%
18 Anos	66%
19 Anos	68%
20 Anos	70%

28. § 5º O acréscimo a que se refere o caput do § 2º será aplicado para cada ano que **exceder quinze anos** de tempo de contribuição para os segurados de que tratam a alínea "a" do inciso I do art. 19 e do inciso I do art. 21 **e para as mulheres filiadas ao Regime Geral de Previdência Social.**

MULHERES TEMPO DE CONTRIBUIÇÃO	COEFICIENTE
21 Anos	72%
22 Anos	74%
23 Anos	76%
24 Anos	78%
25 Anos	80%
26 Anos	82%
27 Anos	84%
28 Anos	86%
29 Anos	88%
30 Anos	90%
31 Anos	92%
32 Anos	94%
33 Anos	96%
34 Anos	98%
35 Anos	100%
E assim sucessivamente	**E assim sucessivamente**

Suponha-se que uma mulher segurada no RGPS faleceu sem estar aposentada após a vigência da Emenda 103/2019. Ela possuía 22 anos de tempo de contribuição no dia do óbito.

Neste caso, a base de cálculo da sua pensão por morte será de 74% da média de todos os salários de contribuição desde o Plano Real, multiplicado pelo coeficiente do número de dependentes habilitados:

COEFICIENTE	DEPENDENTES
60%	1 dependente
70%	2 dependentes
80%	3 dependentes
90%	4 dependentes
100%	5 ou mais dependentes

Se ela possuir apenas um dependente (74 x 60 = 44,4%), a renda da pensão por morte que vier a instituir será de 44,4% da média de todos os salários de contribuição desde o Plano Real, não podendo ser inferior a um salário mínimo.

> **Importante!**
>
> Por outro lado, existe uma regra especial muito justa em favor do dependente inválido ou com deficiência intelectual, mental ou grave (filhos, cônjuges/companheiros, pais e irmãos), pois neste caso a renda da pensão por morte será equivalente a:
>
> I – 100% da aposentadoria recebida pelo segurado ou daquela a que teriam direito se fossem aposentados por incapacidade permanente na data do óbito, **até o limite máximo de benefícios do Regime Geral de Previdência Social.**

Quando não houver mais dependente inválido ou com deficiência intelectual, mental ou grave, o valor da pensão será recalculado na forma da regra geral. Para o dependente inválido ou com deficiência intelectual, mental ou grave, a condição de deficiente pode ser reconhecida previamente ao óbito do segurado, por meio de avaliação biopsicossocial realizada por equipe multiprofissional e interdisciplinar, observada revisão periódica na forma da legislação.

Com efeito, à luz do Princípio Constitucional da **Separação dos Poderes**, que integra o núcleo intangível da Constituição Federal de 1988, somente deve o Poder Judiciário afastar regras que **manifestamente afrontem o texto constitucional (AUTOCONTENÇÃO JUDICIAL)**, máxime quando editado pelo Poder Constituinte Reformador, **sob pena de invasão do espaço de conformação do poder constituinte reformador.**

Nesse sentido, no julgamento da **ADI 7.051, de 26.06.2023**, com o placar de 8 x 2, o STF pronunciou a **validade da regra do artigo 23 da EC 103/2019**, que fixou a renda mensal da pensão por morte no RGPS e no RPPS dos servidores federais.

> **Qual o entendimento do STF sobre o assunto?**
>
> *"O Tribunal, por maioria, julgou improcedente o pedido formulado na ação direta e fixou a seguinte tese de julgamento: **'É constitucional o art. 23, caput, da Emenda Constitucional nº 103/2019, que fixa novos critérios de cálculo para a pensão por morte no Regime Geral e nos Regimes Próprios de Previdência Social'**, nos termos do voto do Relator, vencidos parcialmente os Ministros Edson Fachin e Rosa Weber (Presidente). Plenário, Sessão Virtual de 16.6.2023 a 23.6.2023".*

> **Importante!**
>
> Excepcionalmente, no caso de morte por acidente de trabalho do empregado, trabalhador avulso, empregado doméstico e segurado especial, se o segurado falecido não estava aposentado, o salário de benefício deve ser 100% da média, pois esse seria o salário de benefício da aposentadoria por incapacidade permanente decorrente de acidente de trabalho.

Essa regra não se aplica aos contribuintes individuais e segurados facultativos, pois não fazem jus a benefício decorrente do acidente de trabalho.

De sua vez, **o artigo 75 da Lei 8.213/91** (que cuida da renda da pensão por morte) **não foi recebido pela Emenda 103/2019** para novos óbitos:

> ~~*"Art. 75. O valor mensal da pensão por morte será de cem por cento do valor da aposentadoria que o segurado recebia ou daquela a que teria direito se estivesse aposentado por invalidez na data de seu falecimento, observado o disposto no art. 33 desta lei. (Redação dada pela Lei nº 9.528, de 1997)"*~~

A sua aplicação será limitada no tempo, incidindo apenas para as mortes ocorridas até o dia da publicação da Emenda.

Ademais, **é vedada a reversão de cotas individuais de 10% de pensão entre dependentes**. Dessa forma, o §1º do artigo 77 da Lei 8.213/91 não foi recebido pela Emenda 103/2019 para os novos óbitos:

> ~~*"§ 1º Reverterá em favor dos demais a parte daquele cujo direito à pensão cessar. (Redação dada pela Lei nº 9.032, de 1995)"*~~

Para óbitos a contar de 14/11/2019, por força do artigo 23 da Emenda 103/2019, a cota individual de 10% será extinta após a cessação de qualidade de dependente, revertendo-se apenas a cota familiar fixa de 50%.

Regra de grande impacto na Emenda 103/2019 é a que prevê que se equiparam a filho, para fins de recebimento da pensão por morte, exclusivamente o enteado e o menor tutelado, desde que comprovada a dependência econômica.

O objetivo desta regra foi reverter a posição repetitiva do STJ (tema 732) que equipara ao filho o menor sob guarda, nos termos do artigo 33, §3º, do ECA.

▸ Qual o entendimento do STF sobre o assunto?

Em 8 de junho de 2021, por 6 x 5, no julgamento das **ADI's 4.878 e 5.083** o Tribunal, por maioria, julgou procedente a ação, de modo a **conferir interpretação conforme ao § 2º do art. 16 da Lei nº 8.213/1991, para contemplar, em seu âmbito de proteção, o "menor sob guarda"**, nos termos do voto do Ministro Edson Fachin, Redator para o acórdão, vencidos os Ministros Gilmar Mendes (Relator), Alexandre de Moraes, Marco Aurélio, Nunes Marques e Luiz Fux (Presidente), que julgavam improcedente a ação. Falaram: pelo interessado Presidente da República, a Dra. Izabel Vinchon Nogueira de Andrade, Secretária-Geral de Contencioso da Advocacia-Geral da União; pelo amicus curiae Associação Nacional de Entidades de Previdência dos Estados e Municípios – ANEPREM, o Dr. Bruno Sá Freire Martins; pelo amicus curiae Defensoria Pública da União – DPU, o Dr. Antonio Ezequiel Inácio Barbosa, Defensor Público Federal; e, pelo amicus curiae Instituto Nacional do Seguro Social – INSS, a Dra. Bruna Maria Palhano Medeiros, Procuradora Federal. Plenário, Sessão Virtual de 28.5.2021 a 7.6.2021.

Dessa forma, **para os óbitos até a vigência da Emenda 103 (13/11/2019)** a decisão do STF vincula o INSS (controle abstrato de constitucionalidade com eficácia vinculante perante a Administração Pública), garantindo a inserção do menor sob guarda como equiparado a filho, desde que provada a dependência econômica, prevalecendo o ECA sobre a exclusão perpetrada pela Lei 9.528/97.

Por outro lado, considerando que o STF rejeitou a aferição de constitucionalidade do artigo 23, §6º, da EC 103/2019, conquanto em *obiter dictum* o Ministro Fachin aduziu que os mesmos argumentos seriam válidos para a extensão da tese, **a decisão não vincula o INSS para os óbitos a contar de 14/11/2019.**

Considerando a amplitude da regra do artigo 33, §3º, do ECA, a decisão da Suprema Corte também se aplica aos Regimes Próprios de Previdência Social, sendo que no RPPS federal se limita às mortes até 13/11/2019, considerando que o artigo 23 da EC 103/2019 não se aplica ao RPPS dos estados, Distrito Federal e municípios, sendo que nestes regimes locais a aplicação da decisão do STF é temporalmente irrestrita.

▸ Importante:

Em regra, a pensão por morte será paga a partir do óbito do segurado. Contudo, se postulada administrativamente **após 90 (noventa) dias do falecimento**, será devida apenas a partir da data de entrada do requerimento administrativo, nos termos do artigo 74 da Lei 8.213/91, modificado pela Lei 13.183/2015. Antes, para os efeitos financeiros retroagirem ao óbito, o prazo era de 30 dias.

▸ **Como esse assunto foi cobrado em concurso?**

(2018/FCC/TRT - 2ª REGIÃO/Analista Judiciário) Fábia, segurada aposentada da Previdência Social, faleceu há 38 dias. Exatamente no 36o dia após o seu óbito, Breno, seu dependente, requereu o benefício previdenciário da pensão por morte. Giselda, segurada da Previdência Social, ainda não aposentada, faleceu há 120 dias. Exatamente no 97o dia após o seu falecimento, Cleide, sua dependente, requereu o benefício previdenciário da pensão por morte. Neste caso, nos termos da Lei no 8.213/1991, o benefício previdenciário da pensão por morte será devido.

a) para Breno e Cleide, a contar da data do óbito e da data do requerimento, respectivamente.

b) para Breno e Cleide, a contar da data do óbito.

c) para Breno e Cleide, a contar da data do requerimento e da data do óbito, respectivamente.

d) para Breno e Cleide, a contar da data do requerimento.

e) apenas para Breno, a contar da data do requerimento.

Letra A, certa.

Vale ressaltar que, mesmo nos casos em que o requerimento do benefício é protocolizado após 90 (noventa) dias do óbito, a data de início do benefício (no sentido de dia do nascimento do direito) será o dia do falecimento, mas apenas serão devidas as parcelas a contar da data do requerimento.

É que no dia da morte é que nasce o direito, independentemente de quando foi requerido o benefício. Nesse sentido, dispõe o artigo 105, inciso I, do RPS, que no caso de requerimento após noventa dias do falecimento do segurado, a data de início do benefício (no sentido de dia do direito adquirido) será a data do óbito, aplicados os devidos reajustamentos até a data de início do pagamento, não sendo devida qualquer importância relativa ao período anterior à data de entrada do requerimento.

No caso dos **absolutamente incapazes**, pois contra eles não correrá a prescrição, a jurisprudência e o próprio INSS vinham entendendo que o benefício será devido desde a data do falecimento, mesmo que o requerimento fosse seja protocolizado após 30 dias (atuais 90 dias) do óbito, equiparando-se ao menor de 16 anos os incapazes de exercer pessoalmente os atos da vida civil, conforme o artigo 3º, do Código Civil.

▸ **Como esse assunto foi cobrado em concurso?**

No concurso do CESPE para Advogado da CEF em 2010, foi considerado correto o seguinte enunciado: Túlio, menor impúbere com 15 anos de idade, foi reconhecido judicialmente como filho e único herdeiro de Adalberto, que havia falecido quando Túlio tinha três anos de idade. Nessa situação, uma vez reconhecida a paternidade, se Adalberto for segurado obrigatório da previdência social, Túlio terá direito à percepção do benefício previdenciário denominado pensão por morte, podendo pleitear as prestações vencidas devidas pela previdência social desde a data do falecimento de seu genitor.

No entanto, não havia retroação se algum dependente já havia se habilitado, pois o INSS não poderá pagar em duplicidade se não sabia da existência do menor que não se habilitou a bom tempo.

▸ **Qual o entendimento do STJ sobre o assunto?**

Informativo 566 – DIREITO PREVIDENCIÁRIO. HABILITAÇÃO TARDIA DE PENSIONISTA MENOR. Ainda que o beneficiário seja "pensionista menor", a pensão por morte terá como termo inicial a data do requerimento administrativo – e não a do óbito – na hipótese em que, postulado após trinta dias do óbito do segurado, o benefício já vinha sendo pago integralmente a outro dependente previamente habilitado. A jurisprudência prevalente do STJ é no sentido de que, comprovada a absoluta incapacidade do requerente, faz ele jus ao pagamento das parcelas de pensão por morte desde a data do óbito do segurado, ainda que não haja postulação administrativa no prazo de trinta dias (REsp 1.405.909-AL, Primeira Turma, DJe 9/9/2014; REsp 1.354.689-PB, Segunda Turma, DJe 11/3/2014). Isso porque, nos termos do art. 79 da Lei 8.213/1991, está claro que tanto o prazo de decadência quanto o prazo de prescrição previstos no art. 103 da referida Lei são inaplicáveis ao pensionista menor, situação esta que só desaparece com a maioridade, nos termos do art. 5º do Código Civil. Contudo, o dependente menor que não pleiteia a pensão por morte no prazo de trinta dias a contar da data do óbito do segurado (art. 74 da Lei 8.213/1991) não tem direito ao recebimento do referido benefício a partir da data do falecimento do instituidor, na hipótese em que a pensão houver sido integralmente paga a outros dependentes que já estavam previamente habilitados perante o INSS. Com efeito, a habilitação posterior do dependente menor somente deverá produzir efeitos a contar desse episódio, de modo que não há que falar em efeitos financeiros para momento anterior à sua inclusão (art. 76 da Lei 8.213/1991). Ressalta-se, inclusive, que admitir o contrário implicaria em inevitável prejuízo à autarquia previdenciária, que seria condenada a pagar duplamente o valor da pensão. Precedente citado: REsp 1.377.720-SC, Segunda Turma, DJe 5/8/2013. **REsp 1.513.977-CE, Rel. Min. Herman Benjamin, julgado em 23/6/2015, DJe 5/8/2015.**

▸ **Importante:**

Mas o tema foi alvo de alteração normativa promovida no artigo 74, inciso I, da Lei 8.213/91 promovida pela Lei 13.846/2019: A pensão por morte será devida ao conjunto dos dependentes do segurado que falecer, aposentado ou não, a contar da data: I - do óbito, **quando requerida em até 180 (cento e oitenta) dias após o óbito, para os filhos menores de dezesseis anos**, ou em até noventa dias após o óbito, para os demais dependentes.

Dessa forma, para os óbitos ocorridos a partir da vigência da MP 871 (18/1/2019), convertida na Lei 13.846/2019, no caso de beneficiário absolutamente incapaz (menor de 16 anos de idade), acaso o seu representante legal não ofereça requerimento administrativo em até 180 dias do óbito, o INSS não pagará os atrasados, gerando efeitos financeiros somente a partir da data de entrada do requerimento administrativo.

Na hipótese de morte presumida, a pensão por morte será devida desde a prolação da respectiva decisão judicial, valendo ressaltar que "o reconhecimento da morte presumida, com o fito de concessão de pensão previdenciária, não se confunde com a declaração de ausência regida pelos diplomas cível e processual. *In casu*, obedece-se ao disposto no artigo 78, da Lei 8.213/91" (STJ, REsp 232.893, de 23.05.2000).

▸ **Como esse assunto foi cobrado em concurso?**

No concurso do CESPE para Juiz Federal da 5ª Região em 2009, foi considerado errado o seguinte enunciado: A pensão por morte será devida ao conjunto dos dependentes do segurado que falecer, aposentado ou não, a contar da data do requerimento do benefício, no caso de morte presumida.

▸ **Como esse assunto foi cobrado em concurso?**

No concurso da FCC para Analista do TRF da 3ª Região em 2014, foi considerada correta a letra D: Considere as seguintes hipóteses: I. Pensão por morte requerida no vigésimo dia após o óbito. II. Pensão por morte requerida no trigésimo quinto dia após o óbito. III. Pensão por morte requerida no décimo quinto dia do óbito. IV. Pensão por morte requerida após sessenta dias do óbito. De acordo com a Lei nº 8.213/91, a pensão por morte será devida a partir da data do requerimento APENAS nas hipóteses: a) I, II e IV. b) II e III. c) I. d) II e IV. e) I e III.

▸ **Qual o entendimento do STJ sobre o assunto?**

O art. 78 da Lei 8.213/91 dispõe que a concessão da pensão provisória pela morte presumida do segurado decorre tão somente da declaração emanada da autoridade judicial, depois do transcurso de 6 meses da ausência. **Dispensa-se pedido administrativo para recebimento do benefício.** (AgRg no REsp 1309733, de 2/8/2012).

Por outro lado, se comprovado o desaparecimento do segurado em consequência de acidente, desastre ou catástrofe, seus dependentes farão jus à pensão provisória independentemente da declaração de ausência, pois se presume a morte do segurado, sendo devido o benefício desde a data da ocorrência do evento, se requerida em até noventa dias.

Vale ressaltar que a ação judicial para reconhecer a morte presumida para fins de percepção da pensão será de competência da Justiça Federal.

> ▸ **Qual o entendimento do STJ sobre o assunto?**
>
> Esse posicionamento foi adotado pela Corte Superior no julgamento do conflito de competência 20.120, de 14.10.1998.

A morte presumida será declarada pela autoridade judicial competente, depois de 06 meses de ausência, sendo concedida pensão provisória e pago o benefício a contar da data de prolação da sentença declaratória.

Contudo, se o desaparecimento do segurado decorrer de acidente, desastre ou catástrofe, seus dependentes farão jus à pensão provisória independentemente da declaração, a partir da data do desaparecimento.

Caso o segurado reapareça, o pagamento da pensão cessará imediatamente, desobrigados os dependentes da reposição dos valores recebidos, salvo comprovada má-fé.

> ▸ **Como esse assunto foi cobrado em concurso?**
>
> No concurso do CESPE para Advogado da CEF em 2010, foi considerado errado o seguinte enunciado: Renato desapareceu após sofrer trágico acidente automobilístico e, em virtude desse fato, seus dependentes requereram, observados os preceitos legais pertinentes, pensão provisória por morte presumida. Após dois anos, Renato reapareceu, depois de ter-se recuperado de perda de memória decorrente do referido acidente. Nessa situação, verificado o reaparecimento do segurado, o pagamento da pensão cessará imediatamente, sendo obrigados os dependentes a repor os valores recebidos a título provisório.

Ademais, **a concessão da pensão por morte não será protelada pela falta de habilitação de outro possível dependente**, e qualquer inscrição ou habilitação posterior que importe em exclusão ou inclusão de dependente só produzirá efeito a contar da data da inscrição ou habilitação.

Isso quer dizer que o INSS não poderá aguardar a habilitação de todos os dependentes para conceder o benefício, devendo, de logo, deferir ao primeiro que se habilitar, promovendo a inserção posterior de outros eventuais dependentes que requerem o benefício.

▸ **Como esse assunto foi cobrado em concurso?**

No concurso do CESPE para Advogado da CEF em 2010, foi considerado errado o seguinte enunciado: Considere que, quando faleceu, Alberto estava impugnando ação de reconhecimento de paternidade que tramitava contra ele e que, à época de seu falecimento, sua mãe era sua única dependente declarada. Nessa situação, havendo a possibilidade de posterior habilitação de possível dependente, que importaria na exclusão da mãe de Alberto dessa condição, a concessão da pensão por morte poderá ser protelada, a critério da autoridade competente.

▸ **Importante:**

Outra novidade da **Lei 13.846/19** (inseriu os §§ 3º e 4º no artigo 74 da Lei 8.213/91,) é que, acaso ajuizada a ação judicial para reconhecimento da condição de dependente, este poderá requerer a sua habilitação provisória ao benefício de pensão por morte, exclusivamente para fins de rateio dos valores com outros dependentes, **vedado o pagamento da respectiva cota até o trânsito em julgado da decisão judicial que reconhecer a qualidade de dependente do autor da ação,** ressalvada a existência de decisão judicial em contrário.

Ademais, ainda à luz da Lei 13.846/2019, nas ações em que o INSS for parte, este poderá **proceder de ofício à habilitação excepcional da referida pensão**, apenas para efeitos de rateio, descontando-se os valores referentes a esta habilitação das demais cotas, vedado o pagamento da respectiva cota até o trânsito em julgado da respectiva ação, ressalvada a existência de decisão judicial em contrário, assegurando-se, em qualquer caso, a **cobrança pelo INSS dos valores indevidamente pagos em função de nova habilitação**.

Se julgada improcedente a ação citada, o valor retido será corrigido pelos índices legais de reajustamento e será pago de forma proporcional aos demais dependentes, de acordo com as suas cotas e o tempo de duração de seus benefícios.

Suponha-se que um segurado tenha falecido na pendência de ação estadual de investigação de paternidade no Juízo de Família ajuizada por um suposto filho menor. Neste caso, o infante poderá requerer a habilitação provisória no benefício de pensão, sendo reservada a sua cota-parte pelo INSS, evitando prejuízos ao Erário de pagamento em duplicidade acaso haja o reconhecimento da qualidade de dependente.

Acaso a dependência seja negada, serão liberados os valores reservados aos demais dependentes, com a incidência da correção monetária.

O mesmo se aplica na hipótese de ajuizamento de ação judicial para o reconhecimento de união estável perante o INSS como incidente processual, na hipótese em que o pedido principal da ação seja a concessão da pensão por morte.

De acordo com o artigo 77, §2º, da Lei 8.213/91, modificado pela Lei 13.135/2015, a pensão por morte cessará:

> I – pela morte do pensionista;
>
> ~~II – para o filho, a pessoa a ele equiparada ou o irmão, de ambos os sexos, pela emancipação ou ao completar 21 (vinte e um) anos de idade, salvo se for inválido ou tiver deficiência intelectual ou mental ou deficiência grave (*redação dada pela Lei 13.146/2015*);~~
>
> III – para filho ou irmão inválido, pela cessação da invalidez;
>
> IV – para filho ou irmão que tenha deficiência intelectual ou mental ou deficiência grave, pelo afastamento da deficiência, nos termos do regulamento.

▶ **Importante:**

No entanto, o inciso II foi modificado pela Lei 13.183/2015, que passou a seguinte redação: *"para o filho, a pessoa a ele equiparada ou o irmão, de ambos os sexos, ao completar vinte e um anos de idade, salvo se for inválido ou tiver deficiência intelectual ou mental ou deficiência grave"*. Logo, embora a emancipação seja considerada na concessão do benefício (a mudança no artigo 16 foi vetada), pela última alteração normativa a emancipação não será considerada para o seu cancelamento, o que acaba sendo uma antinomia e incongruência.

▶ **Importante:**

Após a publicação da Medida Provisória 664/2014, convertida na Lei 13.135/2015, a pensão por morte no Regime Geral de Previdência Social para **cônjuges, companheiros e companheiras** passou a ser **temporária ou vitalícia**, a depender da idade do pensionista no dia do óbito do segurado.

Anteriormente, para os citados dependentes, a pensão por morte era vitalícia, vedada a acumulação de mais de uma pensão deixada por cônjuge ou companheiro, ressalvada a opção pela mais vantajosa.

A Lei 13.135/2015 em muito modificou a MP 664/2014, tendo as novas regras entrado em vigor em 18 de junho de 2015. As alterações sobre o prazo para percepção da pensão por morte alcançaram os cônjuges, companheiros e companheiras, e não os demais dependentes, nada mudando para o filho, os pais e os irmãos.

No entanto, a criação da pensão temporária de deu para os óbitos a contar de 1/3/2015 (MP 664) e a exigência dos 2 anos de casamento ou de união estável para os óbitos a partir de 14/1/2015 (MP 664).

> **Importante:**
>
> Em regra, se o óbito ocorrer sem que o segurado tenha vertido **18 (dezoito) contribuições mensais** ou se o casamento ou a união estável tiverem sido iniciados em **menos de 2 (dois) anos** antes do óbito do segurado, a pensão por morte será paga por apenas **4 (quatro) meses** ao cônjuge, companheiro ou companheira, salvo se o óbito do segurado decorrer de acidente de qualquer natureza ou de doença profissional ou do trabalho.

> **Como esse assunto foi cobrado em concurso?**
>
> No concurso do CESPE em 2017 para Juiz Federal da 5ª Região, foi considerada correta a letra D: Assinale a opção que apresenta requisito(s) para
>
> o pagamento vitalício de pensão por morte à companheira de segurado do regime geral de previdência social falecido.
>
> A) não exercício, pela companheira, na data do óbito, de atividade remunerada e comprovação de sua dependência econômica do segurado falecido;
>
> B) convivência sob o mesmo teto por mais de dois anos e existência de filhos em comum
>
> C) invalidez da companheira e comprovação de sua dependência do segurado, independentemente do tempo de contribuição do segurado e da união estável
>
> D) mais de dezoito contribuições mensais, pelo segurado, na data do óbito, pelo menos dois anos de união estável, e idade mínima de quarenta e quatro anos para a companheira
>
> E) falecimento do segurado em decorrência de acidente de trabalho, independentemente do tempo de contribuição e do tempo de união estável.

Logo, se o segurado morreu com apenas 5 contribuições vertidas ou com menos de 2 anos de casamento ou união estável, a pensão por morte durará por apenas 4 meses, a não ser que a morte decorra de acidente de qualquer natureza ou de doença profissional ou do trabalho, hipótese na qual serão aplicados os prazos a seguir vistos.

> **Como esse assunto foi cobrado em concurso?**
>
> No concurso do CESPE em 2017 para Defensor Público da União, foi considerada errada a seguinte questão: Carlos, contribuinte da previdência social por quatorze meses na condição de segurado empregado, faleceu vítima de latrocínio, deixando viúva a sua companheira de vinte e três anos de idade. Nessa situação, a companheira terá direito a receber o benefício da pensão por morte por um período de quatro meses.

A Lei 13.135/2015 admitiu expressamente que o tempo de contribuição a Regime Próprio de Previdência Social (RPPS) será considerado na contagem das 18 (dezoito) contribuições mensais, acaso o segurado não possua 18 recolhimentos no Regime Geral de Previdência Social.

Por sua vez, transcorridos os seguintes períodos, estabelecidos de acordo com a idade do beneficiário na data de óbito do segurado, **se o óbito ocorrer depois de vertidas 18 (dezoito) contribuições mensais e pelo menos 2 (dois) anos após o início do casamento ou da união estável, ou se então o óbito do segurado decorrer de acidente de qualquer natureza ou de doença profissional ou do trabalho,** a pensão terá a seguinte duração, sendo vitalícia apenas se o pensionista tiver 44 anos de idade no dia da morte (ÓBITOS ATÉ 31/12/2020):

1) **3 (três) anos**, com menos de 21 (vinte e um) anos de idade;
2) **6 (seis) anos**, entre 21 (vinte e um) e 26 (vinte e seis) anos de idade;
3) **10 (dez) anos**, entre 27 (vinte e sete) e 29 (vinte e nove) anos de idade;
4) **15 (quinze) anos**, entre 30 (trinta) e 40 (quarenta) anos de idade;
5) **20 (vinte) anos**, entre 41 (quarenta e um) e 43 (quarenta e três) anos de idade;
6) **vitalícia**, com 44 (quarenta e quatro) ou mais anos de idade.

> **Importante:**
>
> No entanto, há uma regra especial para o pensionista inválido ou com deficiência cônjuge ou companheiro(a), pois neste caso a pensão por morte apenas será cancelada pela cessação da invalidez ou pelo afastamento da deficiência. Se não houver recuperação do pensionista, portanto, será vitalícia, mesmo que **o segurado não tenha vertido 18 (dezoito) contribuições mensais ou se o casamento ou a união estável tiverem menos de 2 (dois) anos antes do óbito do segurado.** Caso o pensionista inválido ou deficiente se recupere, serão respeitados, ao menos, os prazos anteriores apresentados.

▸ Como esse assunto foi cobrado em concurso?

Na prova do CESPE para Técnico do INSS em 2016, foi considerado errado o seguinte enunciado: Com referência à CF e às políticas de seguridade, julgue o item subsecutivo. O direito à pensão por morte é assegurado ao cônjuge ou companheiro(a) somente se, no momento do óbito, houver casamento ou união estável por, no mínimo, cinco anos.

(2018/CESPE/STJ/Analista Judiciário) A respeito do regime geral da previdência social (RGPS), julgue o item que se segue, considerando a jurisprudência dos tribunais superiores. Situação hipotética: Lúcia, que por doze meses foi contribuinte da previdência social e que era casada, há quatro anos, com Mário, de quarenta e cinco anos idade, faleceu após complicações de saúde decorrentes de uma cirurgia estética. Assertiva: Nessa situação, Mário terá direito ao benefício de pensão por morte em caráter vitalício.

Questão falsa.

Vale frisar que a partir de junho de 2018 já existia a possibilidade de mudanças nas faixas da pensão temporária e vitalícia, por ato do Ministro da Economia, desde que haja o incremento mínimo de um ano inteiro na média nacional única, para ambos os sexos, correspondente à expectativa de sobrevida da população brasileira ao nascer, limitado o acréscimo na comparação com as idades anteriores ao referido incremento.

Tivemos entre 2015 e 2020 uma elevação na expectativa de sobrevida ao nascer que atingiu 1,7 ano:

- Tábua do IBGE publicada em 01/12/2014 (referente ao de 2013) que vigorava quando do advento da Lei 13.135/2015: expectativa de sobrevida do brasileiro ao nascer em 74,9 ANOS.

- Tábua do IBGE publicada em 01/12/2020 (referente ao ano de 2019) quando do advento da Portaria ME 424/2020: expectativa de sobrevida do brasileiro ao nascer em 76,6 ANOS.

Nesse sentido, PARA ÓBITOS OCORRIDOS A PARTIR DE 1/1/2021, as faixas etárias foram elevadas em 1 ano pela Portaria ME 424, de 29/12/2020:

> "PORTARIA ME Nº 424, DE 29 DE DEZEMBRO DE 2020
>
> Fixa as novas idades de que tratam a alínea "b" do inciso VII do art. 222 da Lei nº 8.112, de 11 de dezembro de 1990, e a alínea "c" do inciso V do § 2º do art. 77 da Lei nº 8.213, de 24 de julho de 1991.
>
> O MINISTRO DE ESTADO DA ECONOMIA, SUBSTITUTO, no uso da atribuição que lhe foi conferida pelo § 3º do art. 222 da Lei nº 8.112, de 11 de dezembro de 1990, e pelo § 2º-B do art. 77 da Lei nº 8.213, de 24 de julho de 1991, resolve:

Art. 1º O direito à percepção de cada cota individual da pensão por morte, nas hipóteses de que tratam a alínea "b" do inciso VII do art. 222 da Lei nº 8.112, de 11 de dezembro de 1990, e a alínea "c" do inciso V do § 2º do art. 77 da Lei nº 8.213, de 24 de julho de 1991, cessará, para o cônjuge ou companheiro, com o transcurso dos seguintes períodos, estabelecidos de acordo com a idade do beneficiário na data de óbito do segurado, se o óbito ocorrer depois de vertidas dezoito contribuições mensais e pelo menos dois anos após o início do casamento ou da união estável:

I - três anos, com menos de vinte e dois anos de idade;

II - seis anos, entre vinte e dois e vinte e sete anos de idade;

III - dez anos, entre vinte e oito e trinta anos de idade;

IV - quinze anos, entre trinta e um e quarenta e um anos de idade;

V - vinte anos, entre quarenta e dois e quarenta e quatro anos de idade;

VI - vitalícia, com quarenta e cinco ou mais anos de idade.

Art. 2º Esta Portaria entra em vigor em 1º de janeiro de 2021".

Logo, para fins de cumprimento da regra do **artigo 77, §2º-B, da Lei 8.213/91**, houve uma elevação de 1,7 ano na expectativa de sobrevida do brasileiro ao nascer comparado as tábuas do IBGE em vigor na data de publicação da Lei 13.135/2018 e da Portaria ME 424/2020.

Dessa forma, a concessão de pensão por morte vitalícia aos cônjuges e companheiros para a exigir deste a idade mínima de 45 anos de idade do dia do óbito do segurado, para as mortes ocorridas as partir do ano de 2021, conservando a idade de 44 anos apenas para os óbitos até 31/12/2020.

Notem, queridos alunos, que o assunto ficou bem mais complexo do que antes e que o texto do artigo 77, da Lei 8.213/91 não ajuda muito, pois é bastante confuso. Por tudo isto, vamos sintetizar as novas regras na tabela abaixo **(TABELA VÁLIDA PARA ÓBITOS A PARTIR DE 1/1/2021)**:

Regra 1	Se o óbito ocorrer sem que o segurado tenha vertido 18 (dezoito) contribuições mensais ou se o casamento ou a união estável tiverem sido iniciados em menos de 2 (dois) anos antes do óbito do segurado, a pensão por morte será paga por apenas 4 (quatro) meses **(regra geral)**.
Regra 2	Se o óbito ocorrer depois de vertidas 18 (dezoito) contribuições mensais e pelo menos 2 (dois) anos após o início do casamento ou da união estável, a pensão terá a seguinte duração, sendo vitalícia apenas se o pensionista tiver 44 anos de idade no dia da morte: 1) 3 (três) anos, com menos de 22 (vinte e dois) anos de idade; 2) 6 (seis) anos, entre 22 (vinte e dois) anos e 27 (vinte e sete) anos de idade; 3) 10 (dez) anos, entre 28 (vinte e oito) e 30 (trinta) anos de idade; 4) 15 (quinze) anos, entre 31 (trinta e um) e 41 (quarenta e um) anos de idade; 5) 20 (vinte) anos, entre 42 (quarenta e dois) e 44 (quarenta e quatro) anos de idade; 6) vitalícia, com 45 (quarenta e cinco) ou mais anos de idade **(regra geral)**.

Regra 3	Se o óbito decorrer de acidente de qualquer natureza ou de doença profissional ou do trabalho, mesmo que não haja 2 anos de casamento ou união estável ou não tenham sido recolhidas 18 (dezoito) contribuições mensais pelo segurado até o dia da morte, a pensão terá a seguinte duração, sendo vitalícia apenas se o pensionista tiver 45 anos de idade no dia da morte: 1) 3 (três) anos, com menos de 22 (vinte e dois) anos de idade; 2) 6 (seis) anos, entre 22 (vinte e dois) anos e 27 (vinte e sete) anos de idade; 3) 10 (dez) anos, entre 28 (vinte e oito) e 30 (trinta) anos de idade; 4) 15 (quinze) anos, entre 31 (trinta e um) e 41 (quarenta e um) anos de idade; 5) 20 (vinte) anos, entre 42 (quarenta e dois) e 44 (quarenta e quatro) anos de idade; 6) vitalícia, com 45 (quarenta e cinco) ou mais anos de idade. Logo, neste caso especial, a pensão não durará apenas 4 meses **(regra especial)**.
Regra 4	Para o pensionista inválido ou com deficiência, a pensão por morte apenas será cancelada pela cessação da invalidez ou pelo afastamento da deficiência. Se não houver recuperação do pensionista, portanto, será vitalícia, mesmo que o segurado não tenha vertido 18 (dezoito) contribuições mensais ou se o casamento ou a união estável tiverem menos de 2 (dois) anos antes do óbito do segurado. Caso o pensionista inválido ou deficiente se recupere, serão respeitados, ao menos, os prazos anteriores apresentados **(regra especial)**.

▸ Como esse assunto foi cobrado em concurso?

(Ano: 2019 Banca: CESPE / CEBRASPE Órgão: Prefeitura de Boa Vista – RR) João, casado com Ana desde 10/1/2018, é segurado do regime geral de previdência social desde 1.º/7/1989, na qualidade de contribuinte individual. Ele pretende solicitar ao INSS, em 1.º/7/2019, dia do seu aniversário de cinquenta anos, sua aposentadoria por tempo de contribuição.

Considerando essa situação hipotética e as disposições legais vigentes acerca de direito previdenciário, julgue o item que segue.

Considerando-se o tempo de casados de João e Ana, caso ele venha a falecer por qualquer motivo em junho de 2019, ela não terá direito à pensão por morte.

Gabarito: Errado

▸ Importante:

Uma importante novidade surgiu com o advento da Lei 13.846/2019 (art. 76, §3º, da Lei 8.213/91). **É que, na hipótese de o segurado falecido estar, na data de seu falecimento, obrigado por determinação judicial a pagar alimentos temporários a ex-cônjuge, ex-companheiro ou ex-companheira, a pensão por morte será devida pelo prazo remanescente na data do óbito, caso não incida outra hipótese de cancelamento anterior do benefício"** (para óbitos a partir de 18/1/2019).

Dessa forma, na hipótese de sentença do juiz estadual que fixou alimentos de família com caráter temporário para cônjuges e companheiros, o período de pagamento da pensão por morte não ultrapassará o lapso final fixado na aludida decisão judicial.

> ▸ **Importante:**
>
> É sabido que no Brasil existem simulações e fraudes envolvendo casamentos e uniões estáveis apenas com o objetivo de instituir a pensão por morte. Por força da Lei 13.135/2015, **perde o direito à pensão por morte o cônjuge, o companheiro ou a companheira se comprovada, a qualquer tempo, simulação ou fraude no casamento ou na união estável, ou a formalização desses com o fim exclusivo de constituir benefício previdenciário, apuradas em processo judicial no qual será assegurado o direito ao contraditório e à ampla defesa.**

É de se notar que esta hipótese de cancelamento da pensão por morte está sob o crivo exclusivo do Poder Judiciário, não podendo ser exercitada na via administrativa pelo INSS no juízo de autotutela, sendo imprescindível a propositura de ação judicial, sendo possível, inclusive, a antecipação de tutela na sentença em favor do INSS, pois a lei não exige a coisa julgada.

Trata-se de importante novidade para desconstituir concessões ilícitas de pensão por morte com casamentos sob encomenda para fins exclusivamente previdenciários ou mesmo se situações de fraude ou simulação, a exemplo do reconhecimento indevido de união estável com cuidador de pessoas idosas.

> ▸ **Como esse assunto foi cobrado em concurso?**
>
> Na prova do CESPE para Procurador do Estado do Amazonas em 2016, foi considerado correto o seguinte enunciado: No tocante às recentes alterações impostas aos benefícios previdenciários, julgue o item seguinte.
>
> Constatada – em processo judicial em que tenham sido assegurados o contraditório e a ampla defesa – simulação ou fraude no casamento ou na união estável com a finalidade de obter benefício previdenciário, o cônjuge, ou o(a) companheiro(a) supérstite, perderá o direito à pensão por morte.

Vale registrar que o dependente que perde o direito à pensão por morte nesta hipótese não poderá representar outro dependente para fins de recebimento e percepção do benefício (art. 110, Lei 8213/91, com redação dada pela Lei 13.846/19).

De acordo com a atual legislação, **o novo casamento do pensionista não fará cessar a pensão por morte,** como ocorria no regramento pretérito, em que o casamento do pensionista do sexo feminino extinguia a pensão. Aliás, antigamente apenas o marido inválido tinha direito à pensão por morte, o que foi alterado com a nova legislação.

Em obediência ao Princípio do *Tempus Regit Actum*, tendo em vista que é no momento do óbito que nasce o direito ao benefício, a lei em vigor na data da morte definirá o regime jurídico da pensão por morte, pouco importando a data de entrada do requerimento administrativo ou outro marco qualquer.

> ▸ **Qual o entendimento do STJ sobre o assunto?**
>
> **Súmula 340** – A lei aplicável à concessão de pensão previdenciária por morte é aquela vigente na data do óbito do segurado.

> ▸ **Como esse assunto foi cobrado em concurso?**
>
> No concurso do CESPE para Defensor Público da União em 2010, foi considerado correto o seguinte enunciado: A jurisprudência consolidou o entendimento de que a concessão da pensão por morte é regida pela norma vigente ao tempo da implementação da condição fática necessária à concessão do benefício, qual seja, a data do óbito do segurado. Outrossim, no concurso para Procurador do Município de Natal em 2008, foi considerado correto o seguinte enunciado: A lei aplicável à concessão de pensão previdenciária por morte é aquela vigente na data de óbito do segurado. Por outro lado, no concurso para Juiz Federal da 1ª Região em 2009, foi considerado errado o seguinte enunciado: A lei aplicável à concessão de pensão previdenciária por morte é a que esteja vigente na data do requerimento administrativo formulado pelos beneficiários, e não a vigente à data do óbito do segurado.

Ademais, considerando que a concessão da aposentadoria por idade/tempo de contribuição e especial (aplicável à aposentadoria programada) independente da manutenção da condição de segurado, a teor do artigo 3º, da Lei 10.666/2003, desde que o segurado já preenchesse os requisitos para se aposentar, os seus dependentes terão direito à pensão por morte.

> ▸ **Qual o entendimento do STJ sobre o assunto?**
>
> **Súmula 416**- É devida a pensão por morte aos dependentes do segurado que, apesar de ter perdido essa qualidade, preencheu os requisitos legais para a obtenção de aposentadoria até a data do seu óbito.

> ▸ **Como esse assunto foi cobrado em concurso?**
>
> No concurso do CESPE para Defensor Público da União em 2007, foi considerado correto o seguinte enunciado: Atualmente, é possível a concessão de pensão por morte aos dependentes, mesmo que o segurado tenha falecido após perder a qualidade de segurado. Para isso, é indispensável que os requisitos para obtenção da aposentadoria tenham sido preenchidos de acordo com a legislação em vigor à época em que os requisitos foram atendidos.

Para exemplificar o caso, suponha-se que Alex tenha completado 65 anos de idade e já tenha a carência e o tempo de contribuição para se aposentar de modo programado. Contudo, como não estava mais trabalhando há muitos anos e por desconhecimento da legislação previdenciária, ele faleceu sem sequer sonhar que tinha direito ao benefício.

Neste caso, se tiver deixado dependentes, estes terão direito à pensão por morte, pois passou a ser irrelevante o fato de Alex não mais ser segurado do RGPS, bastando o preenchimento dos pressupostos para a aposentação, como ocorreu na hipótese.

Também nesse sentido o artigo 102, §2º, da Lei 8.213/91:

> "Art. 102. *A perda da qualidade de segurado importa em caducidade dos direitos inerentes a essa qualidade.* (Redação dada pela Lei nº 9.528, de 1997)
>
> § 1º *A perda da qualidade de segurado não prejudica o direito à aposentadoria para cuja concessão tenham sido preenchidos todos os requisitos, segundo a legislação em vigor à época em que estes requisitos foram atendidos.* (Incluído pela Lei nº 9.528, de 1997)
>
> ***§ 2º Não será concedida pensão por morte aos dependentes do segurado que falecer após a perda desta qualidade, nos termos do art. 15 desta Lei, salvo se preenchidos os requisitos para obtenção da aposentadoria na forma do parágrafo anterior.*** (Incluído pela Lei nº 9.528, de 1997)".

▸ Como esse assunto foi cobrado em concurso?

No concurso para Juiz Federal da 2ª Região em 2011, foi cobrada a seguinte questão dissertativa: Asdrúbal vive com Cleopatra, com quem é casado desde 1970. Desde 1998, Asdrúbal, à margem do casamento, mantém um relacionamento amoroso com Juanita. Esta é sustentada por Asdrúbal, que lhe alugou um apartamento e arca com praticamente a totalidade de suas despesas. Em janeiro de 2012, Asdrúbal, que tinha 67 anos, e Cleopatra morrem em um acidente de carro. Juanita ajuíza ação ordinária em face do Instituto Nacional do Seguro Social – INSS, na qual postula a condenação da autarquia federal a conceder-lhe pensão pela morte de Asdrúbal em razão da sua qualidade de companheira. Citado, o INSS pleiteia, na contestação, a improcedência do pedido, sustentando que: (i) Juanita não se insere no rol de dependentes previsto na legislação previdenciária; (ii) ao tempo do óbito, Asdrúbal não ostentava mais a qualidade de segurado, visto que, conforme as alegações contidas na petição inicial, os documentos apresentados pela autora e as informações constantes do Cadastro Nacional de Informações Sociais – CNIS, o falecido somente teve, em toda sua vida, um único vínculo empregatício, com a respectivas contribuições, no período compreendido entre janeiro de 1989 e dezembro de 2005, não havendo a comprovação de qualquer outra das hipóteses previstas nos artigos 11 e 13 da Lei n. 8.213/91. Presumindo-se a veracidade dos fatos narrados na questão, analise a pertinência dos argumentos de defesa da autarquia para o indeferimento da concessão do benefício previdenciário pretendido, com a indicação dos dispositivos legais ou constitucionais pertinentes.

Este, inclusive, é o atual posicionamento administrativo do INSS, sendo concedida pensão aos dependentes mesmo que o óbito tenha ocorrido após a perda da qualidade de segurado, desde que o instituidor do benefício tenha implementado todos os requisitos para obtenção de uma aposentadoria até a data do óbito ou fique reconhecido o direito, dentro do período de graça, à aposentadoria por invalidez, a qual deverá ser verificada por meio de parecer médico-pericial do INSS com base em atestados ou relatórios médicos, exames complementares, prontuários ou outros documentos equivalentes, referentes ao ex-segurado, que confirmem a existência de incapacidade permanente até a data do óbito.

▸ Como esse assunto foi cobrado em concurso?

No concurso do CESPE para Juiz Federal da 1ª Região em 2009, foi considerado errado o seguinte enunciado: Maria, segurada obrigatória do RGPS, preenchia todos os requisitos para a obtenção da aposentadoria por tempo de serviço, de acordo com as exigências previstas na Lei n.º 8.213/1991. Entretanto, no momento de requerer a aposentadoria, ela desistiu. Pouco tempo depois, por não concordar mais com as ordens emitidas por seu empregador, Maria resolveu deixar o emprego. Após 38 meses sem contribuir para a previdência social, Maria sofreu um ataque cardíaco e faleceu, sem haver requerido aposentadoria. Nessa situação hipotética, com relação ao benefício da pensão por morte, os dependentes de Maria não terão direito de recebê-lo, nos termos da Lei n.º 8.213/1991, uma vez que Maria não havia requerido aposentadoria à previdência social. Por outro lado, foi considerado correto o seguinte enunciado: Nessa situação hipotética, com relação ao benefício da pensão por morte, os dependentes de Maria terão direito de recebê-lo, pois Maria havia preenchido todos os requisitos para requerer a aposentadoria por tempo de serviço.

No que concerne ao contribuinte individual que trabalha por conta própria, a sua filiação não ocorre tão somente com o exercício de atividade laborativa remunerada, sendo condicionada ao recolhimento da contribuição previdenciária, não sendo válidos recolhimentos integrais após a morte para a regularização da sua condição de segurado para fins de deferimento da pensão por morte aos seus dependentes (vedação à inscrição *post mortem* do contribuinte individual que trabalha por conta própria).

▸ Qual o entendimento da TNU sobre o assunto?

Súmula 52 – Para fins de concessão de pensão por morte, é incabível a regularização do recolhimento de contribuições de segurado contribuinte individual posteriormente a seu óbito, exceto quando as contribuições devam ser arrecadadas por empresa tomadora de serviços.

Qual o entendimento do STJ sobre o assunto?

"Em relação ao recolhimento *post mortem* das contribuições previdenciária, esta Corte vem firmando orientação no sentido de que é imprescindível o recolhimento das contribuições respectivas pelo próprio segurado quando em vida para que seus dependentes possam receber o benefício de pensão por morte. Desta forma, não há base legal para uma inscrição *post mortem* ou para que sejam regularizadas as contribuições pretéritas, não recolhidas em vida pelo de cujus." (REsp1.346.852, de 21/05/2013).

REsp Repetitivo nº 1.110.565/SE, no sentido de que: **"é devida a pensão por morte aos dependentes do segurado que, apesar de ter perdido essa qualidade, preencheu os requisitos legais para a obtenção de aposentadoria antes de seu falecimento, mas não se admite, para o preenchimento dos respectivos requisitos legais, o recolhimento *post mortem* de contribuições previdenciárias".**

Para espancar qualquer dúvida, coube à Lei 13.846/2019 inserir o §7º no 17 artigo da Lei 8.213/91: **"não será admitida a inscrição *post mortem* de segurado contribuinte individual e de segurado facultativo".**

O dispositivo, no entanto, somente se aplica ao contribuinte individual autônomo, não possuindo aplicabilidade ao contribuinte individual que labora para pessoa jurídica a contar de abril de 2003 (Lei 10.666/03, art. 4º), pois este passou a ter presunção normativa de dependência econômica.

No entanto, Regulamento da Previdência Social alterado pelo Decreto 10.410/2020 no artigo 19-E, §7º, **permitiu a complementação post mortem até o dia 15 de janeiro do ano subsequente ao óbito:**

> "§ 7º Na hipótese de falecimento do segurado, os ajustes previstos no § 1º poderão ser solicitados por seus dependentes para fins de reconhecimento de direito para benefício a eles devidos até o dia quinze do mês de janeiro subsequente ao do ano civil correspondente, observado o disposto no § 4º (Incluído pelo Decreto nº 10.410, de 2020)".

Questão que trazia polêmica era saber se o segurado em gozo de auxílio-acidente, benefício exclusivamente indenizatório, que não mais desenvolve atividade laborativa remunerada, poderá ou não instituir pensão por morte pelo seu falecimento.

O INSS, na via administrativa, vinha concedendo a pensão por morte. A Lei 8.213/91 não trazia qualquer restrição, pois o segurado em gozo de auxílio-acidente mantinha a qualidade de segurado, mesmo sem verter contribuições previdenciárias, a teor do artigo 15, I, da Lei 8.213/91.

No entanto, isto foi alterado. Por força da Lei 13.846/2019, que modificou a redação do artigo 15, inciso I, da Lei 8.213/91, desde 18/6/2019, a percepção do **auxílio-acidente** por si só **não mais conservará a qualidade de segurado da Previdência Social**, tendo em vista se tratar de benefício de natureza indenizatória que não impede o exercício de labor remunerado com o respectivo recolhimento de contribuição como segurado obrigatório ou facultativo do RGPS.

Foi dito anteriormente que a renda mensal inicial da pensão por morte era no mesmo valor da aposentadoria percebida pelo segurado ou, se ativo, no montante da aposentadoria por invalidez que teria direito (100% do salário de benefício), até o advento da Emenda 103/2019.

Mas nem sempre a pensão por morte era paga no valor integral no RGPS, sendo inovação da Lei 9.032/95, que alterou a redação do artigo 75, da Lei 8.213/91.

Na vigência da Lei 3.807/60 (Lei Orgânica da Previdência Social), o valor básico era 50% do valor da aposentadoria que o segurado percebia ou daquela a que teria direito se na data do seu falecimento fosse aposentado, e mais tantas parcelas iguais, cada uma, a 10% do valor da mesma aposentadoria quantos forem os dependentes do segurado, até o máximo de cinco.

Posteriormente, o originário artigo 75, da Lei 8.213/91, previu o valor da pensão por morte em 80% do valor da aposentadoria que o segurado recebia ou teria direito, mais 10% por dependente, até o máximo de 100%, exceto no que concerne ao falecimento decorrente de acidente de trabalho, cujo pagamento era integral.

Por conseguinte, os pensionistas que não recebiam a pensão por morte integral, pois com data de início anterior à vigência da Lei 9.032/95, começaram a propor as respectivas ações judiciais revisionais, tendo em conta o indeferimento administrativo perpetrado pelo INSS.

A jurisprudência se posicionava pacificamente pela possibilidade de revisão, inclusive o STJ. Mas o tratamento do tema mudou drasticamente com o posicionamento do STF.

▸ Qual o entendimento do STF sobre o assunto?

A Suprema Corte acolheu os argumentos do INSS, que sustentava a impossibilidade jurídica da revisão da pensão por morte para 100% do salário de benefício, pois inexistente prévia fonte de custeio para a majoração, devendo também prevalecer o Princípio do *Tempus Regit Actum*, posicionamento tomado no julgamento do RE 415.454.

▸ Como esse assunto foi cobrado em concurso?

No concurso do CESPE para Procurador do Tribunal de Contas da Bahia em 2010, foi considerado correto o seguinte enunciado: Segundo entendimento do STF, lei nova mais benéfica que altere a forma de cálculo da renda mensal inicial da pensão por morte, aumentando seu percentual, não se aplicará aos benefícios previdenciários concedidos antes de sua vigência.

Há uma regra especial de sucessão na legislação previdenciária que afasta os dispositivos do Código Civil por sua especialidade. Deveras, de acordo com o artigo 112, da Lei 8.213/91, o valor não recebido em vida pelo segurado só será pago aos seus dependentes habilitados à pensão por morte ou, na falta deles, aos seus sucessores na forma da lei civil, independentemente de inventário ou arrolamento.

▸ **Qual o entendimento do STJ sobre o assunto?**

Registre-se, ainda, que na visão do STJ, observada a decadência decenal e a prescrição quinquenal, o pensionista pode pedir a revisão da aposentadoria do segurado *post mortem* para reflexão no seu benefício, com o recebimento de atrasados que seriam de direito do segurado. Veja-se o Tema Repetitivo 1.057, de 23/06/2021: (i) O disposto no art. 112 da Lei n. 8.213/1991, segundo o qual "o valor não recebido em vida pelo segurado só será pago aos seus dependentes habilitados à pensão por morte ou, na falta deles, aos seus sucessores na forma da lei civil, independentemente de inventário ou arrolamento", é aplicável aos âmbitos judicial e administrativo; **(ii) Os pensionistas detêm legitimidade ativa para pleitear, por direito próprio, a revisão do benefício derivado (pensão por morte) – caso não alcançada pela decadência –, fazendo jus a diferenças pecuniárias pretéritas não prescritas, decorrentes da pensão recalculada; (iii) Caso não decaído o direito de revisar a renda mensal inicial do benefício originário do segurado instituidor, os pensionistas poderão postular a revisão da aposentadoria, a fim de auferirem eventuais parcelas não prescritas resultantes da readequação do benefício original, bem como os reflexos na graduação econômica da pensão por morte; e** (iv) À falta de dependentes legais habilitados à pensão por morte, os sucessores (herdeiros) do segurado instituidor, definidos na lei civil, são partes legítimas para pleitear, por ação e em nome próprios, a revisão do benefício original – salvo se decaído o direito ao instituidor – e, por conseguinte, de haverem eventuais diferenças pecuniárias não prescritas, oriundas do recálculo da aposentadoria do *de cujus*.

Hipótese comum no foro é a pensão por morte apenas deferida ao filho do(a) falecido(a), mas não em favor do(a) companheiro(a) pela não comprovação de união estável, sendo questionado judicialmente quando o filho completa 21 anos de idade e o benefício é naturalmente cessado.

Neste caso, uma vez comprovada à união estável, o(a) companheiro(a) terá direito à percepção da pensão por morte, mas sem direito à percepção das parcelas no período que o filho recebeu.

É que o benefício foi revertido em favor do lar, sacado pelo(a) companheiro(a) do instituidor na condição de representante legal do menor previdenciário, conforme a melhor jurisprudência (TRF da 4ª Região, AC 2008.71.99.001312-4, de 25.08.2008).

Questão curiosa e que desperta a atenção dos alunos em sala de aula é a possibilidade do deferimento de pensão por morte a dependente que praticou delito de homicídio contra o instituidor.

Talvez o caso mais comum seja o da popular "**viúva negra**". Vale registrar que expressamente a Lei 8.213/91 não vedava o pagamento de pensão por morte nesta hipótese, pois é omissa a respeito.

Contudo, entendia-se que em se tratando de homicídio doloso há fundamento no ordenamento jurídico para impedir a concessão do benefício, pois ninguém poderá se locupletar da própria torpeza, expressão consagrada como princípio geral do Direito.

De efeito, era possível tomar de empréstimo o artigo 220, da Lei 8.112/90, que prevê que "não faz jus à pensão o beneficiário condenado pela prática de crime doloso de que tenha resultado a morte do servidor".

> **Importante:**
>
> Posteriormente, aduziu a Lei 13.135/2015 que perde o direito à pensão por morte, **após o trânsito em julgado**, o condenado pela prática de crime de que tenha **dolosamente** resultado a morte do segurado.
>
> **No entanto, esta regra que consta do artigo 74, §1º, da Lei 8.213/91 restou alterada pela Lei 13.846/2019:** "§ 1º Perde o direito à pensão por morte o condenado criminalmente por sentença com trânsito em julgado, como autor, coautor ou partícipe de homicídio doloso, **ou de tentativa desse crime**, cometido contra a pessoa do segurado, ressalvados os absolutamente incapazes e os inimputáveis".

Vale registrar que o dependente que perde o direito à pensão por morte nesta hipótese não poderá representar outro dependente para fins de recebimento e percepção do benefício (art. 110, Lei 8213/91, com redação dada pela Lei 13.846/19).

A **Lei 13.846/2019** ainda inseriu uma regra no **artigo 77 da Lei 8.213 (§7º)**, prevendo que se houver fundados indícios de autoria, coautoria ou participação de dependente, ressalvados os absolutamente incapazes e os inimputáveis, em **homicídio**, ou em **tentativa** desse crime, cometido contra a pessoa do segurado, **será possível a suspensão provisória de sua parte no benefício de pensão por morte**, mediante processo administrativo próprio, respeitados a ampla defesa e o contraditório, e serão devidas, em caso de absolvição, todas as parcelas corrigidas desde a data da suspensão, bem como a reativação imediata do benefício.

Trata-se de caso excepcional com manifestos indícios de autoria e materialidade delitiva, a exemplo da confissão espontânea do agente do crime que possui imputabilidade criminal (maior de 18 anos com vontade livre e consciente), pois é uma cautelar administrativa que desde já permite a suspensão do pagamento da pensão por morte antes da condenação criminal transitada em julgado em homicídio ou tentativa deste contra o segurado.

Entende-se que é curial se tratar de homicídio doloso ou tentativa deste contra o segurado, não se aplicando ao homicídio culposo, em que não há a intenção de matar, devendo a Lei 8.213/91 ser interpretada como um todo normativo, já que existem outras regras similares de cancelamento da pensão por morte que mencionam por expresso o homicídio doloso (intencional).

QUADRO SINTÉTICO – PENSÃO POR MORTE	
Cabimento	óbito do segurado da Previdência Social que deixar dependentes.
Beneficiários	os dependentes, observada a ordem preferencial das classes do artigo 16, da Lei 8.213/91.
Carência	dispensada.
Valor	Em regra, 60%, 70%, 80%, 90% ou 100% da aposentadoria recebida pelo falecido ou da aposentadoria por incapacidade que o falecido teria direito, se morreu sem estar aposentado. No caso de morte por acidente de trabalho do empregado, trabalhador avulso, empregado doméstico e segurado especial, se o segurado falecido não estava aposentado, o salário de benefício deve ser 100% da média.
Outras informações	**A)** A condição de dependente será aferida no momento do óbito, e não posteriormente. **B)** Será devida desde o falecimento ou do requerimento, se postulada após noventa dias; no caso de morte presumida, após a decisão judicial. Será paga desde o óbito, quando requerida em até cento e oitenta dias após o óbito, para os filhos menores de dezesseis anos. **C)** Havendo mais de um dependente da mesma classe, será dividida em partes iguais, excluídos os da classe inferior. **D)** Com a morte, a cessação da invalidez, a maioridade, a cota da pensão não mais será revertida para o outro dependente, não se transmitindo para os dependentes de classe inferior.
Outras informações	**E)** *Súmula 340, STJ*: A lei aplicável à concessão de pensão previdenciária por morte é aquela vigente na data do óbito do segurado. **F)** *Súmula 336, STJ*: A mulher que renunciou aos alimentos na separação judicial tem direito à pensão previdenciária por morte do ex-marido, comprovada a necessidade econômica superveniente. **G)** *Súmula 416, STJ*- É devida a pensão por morte aos dependentes do segurado que, apesar de ter perdido essa qualidade, preencheu os requisitos legais para a obtenção de aposentadoria até a data do seu óbito.

12. AUXÍLIO-RECLUSÃO

Regulamentação básica: Artigo 27 da EC 103/2019; artigo 80, da Lei 8.213/91; artigos 116/119, do RPS (Decreto 3.048/99).

Código de concessão: 25 – Auxílio-reclusão.

▸ **Importante:**

Trata-se de benefício previdenciário devido aos dependentes de segurado recolhido à prisão, **desde que o segregado não esteja recebendo remuneração da empresa, aposentadoria de qualquer espécie, salário-maternidade, pensão por morte e abono de permanência em serviço ou auxílio-doença.**

Com o advento da Emenda 20/98, houve uma restrição da proteção social do auxílio-reclusão, passando a ser exigido que **o segurado preso seja enquadrado como baixa renda,** conforme nova redação do artigo 201, inciso IV, da Constituição Federal.

As novidades inseridas pela **MP 871/2019**, convertida na **Lei 13.846/2019,** válidas para as prisões a partir de 18/1/2019 (a lei do tempo rege o ato jurídico), é que se o segurado preso estiver em gozo de **salário-maternidade** ou de **pensão por morte,** o auxílio-reclusão não poderá ser instituído em favor dos seus dependentes.

▸ **Como esse assunto foi cobrado em concurso?**

No concurso do CESPE para Advogado da CEF em 2010, foi considerado errado o seguinte enunciado: Considere que Murilo estivesse em **gozo de auxílio-doença** quando foi condenado a três anos de reclusão pela prática de crime e que, por causa disso, tenha sido recolhido a instituição carcerária em dezembro de 2009, onde permanece até os dias atuais. Nessa situação hipotética, os dependentes de Murilo têm direito à percepção de auxílio-reclusão, o qual é concedido nas mesmas condições da pensão por morte. Outrossim, no concurso do CESPE para Analista da SEGER/ES em 2013, foi considerado errado o seguinte enunciado: Os dependentes de segurado de baixa renda **aposentado** que for recolhido à prisão terão direito a auxílio-reclusão, nas mesmas condições da pensão por morte.

▸ **Qual o entendimento do STF sobre o assunto?**

Vale ressaltar que o STF ratificou que para a instituição deste benefício, **o baixa renda deverá ser o segurado, e não os seus dependentes,** no julgamento do recurso extraordinário RE 587.365, de 25.03.2009.

▸ Como esse assunto foi cobrado em concurso?

No concurso do CESPE para Promotor de Justiça do Espírito Santo em 2010, foi considerado errado o seguinte enunciado: Conforme a jurisprudência do STF, em se tratando de auxílio-reclusão, benefício previdenciário concedido para os dependentes dos segurados de baixa renda, nos termos da CF, a renda a ser observada para a concessão é a dos dependentes e não a do segurado recolhido à prisão. Por outro lado, no concurso para Defensor Público da Bahia em 2010, foi considerado correto o seguinte enunciado: Segundo a jurisprudência do STF, deve-se utilizar, como parâmetro para a concessão do benefício de auxílio-reclusão, a renda do segurado preso, e não, a de seus dependentes. Outrossim, no concurso do CESPE para Defensor Público do Tocantins em 2013, foi considerado errado o seguinte enunciado: Suponha que um segurado, em virtude de condenação pelo cometimento de crime, tenha sido recolhido à prisão para início do cumprimento de pena em regime fechado e solicitado auxílio-reclusão. Nessa situação, segundo a jurisprudência do STF, é necessária a comprovação de situação de necessidade, devendo-se utilizar como parâmetro a renda dos dependentes, sendo irrelevante a renda auferida pelo segurado preso.

Conforme atualização feita para o ano de **2022** pela Portaria Interministerial do Ministério da Economia, será instituidor do auxílio-reclusão o segurado que receber remuneração mensal de até **R$ 1.819,26**, na forma do artigo 27, da Emenda 103/201913, sendo considerado o seu último salário de contribuição antes do encarceramento **antes do advento da MP 871/2019, convertida na Lei 13.846/2019.**

▸ Qual o entendimento do STJ sobre o assunto?

No entanto, o **STJ já flexibilizou o limite constitucional de baixa renda** no julgamento do Recurso Especial 1479564 pela 1ª Turma, julgado em 06/11/2014. No caso concreto, a segurada reclusa teve como último salário de contribuição uma remuneração de **R$ 10, 82** acima do limite da baixa renda. Argumentou o STJ que a semelhança do caso com a jurisprudência firmada pelo STJ em relação ao Benefício de Prestação Continuada permite ao julgador flexibilizar também o critério econômico para deferimento do auxílio-reclusão, ainda que o salário de contribuição do segurado supere o valor legalmente fixado para configurar baixa renda.

Na hipótese de inexistir salário de contribuição na data do recolhimento à prisão, era considerado o último salário de contribuição do segurado de acordo com o texto do Regulamento da Previdência Social.

▸ **Qual o entendimento do STJ sobre o assunto?**

No entanto, o STJ entende que "na análise de concessão do auxílio-reclusão a que se refere o art. 80 da Lei 8.213/1991, o fato de o recluso que mantenha a condição de segurado pelo RGPS (art. 15 da Lei 8.213/1991) estar desempregado ou sem renda no momento do recolhimento à prisão indica o atendimento ao requisito econômico da baixa renda, independentemente do valor do último salário de contribuição" (Informativo 550 – REsp 1.480.461-SP, Rel. Min. Herman Benjamin, julgado em 23/9/2014.

TESE REPETITIVA – REsp 1.485.417-MS, Rel. Min. Herman Benjamin, Primeira Seção, por unanimidade, julgado em 22/11/2017, DJe 02/02/2018 - Para a concessão de auxílio-reclusão (art. 80 da Lei n. 8.213/1991), o critério de aferição de renda do segurado que não exerce atividade laboral remunerada no momento do recolhimento à prisão é a ausência de renda, e não o último salário de contribuição.

Daí notava-se uma divergência entre o INSS e o STJ. A autarquia considerada o último salário de contribuição antes da prisão, se o segurado estivesse no período de graça sem recolher. Já o STJ o considerava sem renda, pois sem exercer labor remunerado no momento da prisão, determinado a concessão do auxílio-reclusão aos seus dependentes.

▸ **Importante:**

Mas tudo isso foi modificado pela **MP 871/2019 (convertida na Lei 13.846/2019)**, regramento que deve ser aplicado às prisões a contar de 18/1/2019. A regulamentação da caracterização da baixa renda do segurado preso passou a constar do artigo 80 da Lei 8.213/91, modificando a sistemática do Decreto 3.048/99, restando abandonado o critério do último salário de contribuição antes da prisão e **adotando a média dos 12 últimos salários de contribuição antes do recolhimento prisional.**

Eis os dispositivos inseridos no artigo 8º da Lei 8.213/91:

> "§ 3º Para fins do disposto nesta Lei, **considera-se segurado de baixa renda** aquele que, na competência de recolhimento à prisão tenha renda, apurada nos termos do disposto no § 4º, de valor igual ou inferior àquela prevista no art. 13 da Emenda Constitucional nº 20, de 15 de dezembro de 1998, corrigido pelos índices aplicados aos benefícios do RGPS.
>
> § 4º A aferição da renda mensal bruta para enquadramento do segurado como de baixa renda ocorrerá pela **média dos salários de contribuição apurados no período de doze meses anteriores ao mês do recolhimento à prisão**".

Embora o critério de aferição de baixa renda seja mais justo, pois reflete a média dos salários de contribuição dos últimos 12 meses antes da prisão, ainda existem brechas que permitem manter a citada jurisprudência do STJ, pois não restou regulada a situação do segurado que não possui 12 salários de contribuição antes da prisão.

Isso porque é possível que o segurado esteja no período de graça de 24 ou 36 meses no momento da prisão ou mesmo esteja em gozo de auxílio-doença por mais de 12 meses (com a segregação prisional, o auxílio-doença será suspenso) ou mesmo se auxílio-acidente e não tenha salário de contribuição registrado no último ano antes da prisão.

Daí que, acaso o STJ mantenha a linha jurisprudencial, em inexistindo salário de contribuição nos últimos 12 meses antes da segregação prisional, certamente vai considerar o segurado sem renda e determinará a concessão do benefício do auxílio-reclusão aos seus dependentes. Não vai gerar judicialização porque o INSS está concedendo neste caso.

Se o segurado tiver recebido benefícios por incapacidade no período citado de 12 meses (auxílio-doença ou aposentadoria por invalidez), sua duração será contada considerando-se como salário de contribuição no período o salário de benefício que serviu de base para o cálculo da renda mensal, reajustado na mesma época e com a mesma base dos benefícios em geral, não podendo ser inferior ao valor de um salário mínimo.

▸ Qual o entendimento do STJ sobre o assunto?

Nesse sentido, **o STJ limitou a tese repetitiva firmada no Tema 896, de 24.02.2021, aos fatores geradores anteriores à 18/01/2019, data de vigência da MP 871/2019**: "Conforme os fundamentos antes elencados, reafirma-se, em conclusão sobre a Questão de Ordem instaurada pela Primeira Seção, a tese repetitiva definida pelo STJ no Tema 896/STJ, com a especificação do regime jurídico objeto da controvérsia: Para a concessão de auxílio-reclusão (art. 80 da Lei 8.213/1991) no regime anterior à vigência da MP 871/2019, o critério de aferição de renda do segurado que não exerce atividade laboral remunerada no momento do recolhimento à prisão é a ausência de renda, e não o último salário de contribuição".

▸ Importante:

Vale ressaltar que o auxílio-reclusão apenas será pago nas condenações impostas sob **regime fechado**, pouco importando a natureza do delito, **não sendo devido o benefício na hipótese de regime aberto**, na forma do artigo 116, §5º, do RPS, haja vista a determinação do detento trabalhar fora do estabelecimento prisional, consoante o artigo 36, do Código Penal, apenas sendo recolhido no período noturno e durante os dias de folga. Por força da MP 871/2019, convertida na Lei 13.846/2019, regramento que deve ser aplicado às prisões a contar de 18/1/2019, **o regime prisional semiaberto não mais enseja a concessão do auxílio-reclusão**.

> **Como esse assunto foi cobrado em concurso?**
>
> No concurso do CESPE para Defensor Público da União em 2007, foi considerado errado o seguinte enunciado: O auxílio-reclusão será devido, nas mesmas condições da pensão por morte, aos dependentes do segurado recolhido à prisão, exceto se esta se deu em decorrência do cometimento de crime hediondo.

> **Importante:**
>
> Por força da MP 871/2019, convertida na Lei 13.846/2019, regramento que deve ser aplicado às prisões a contar de 18/1/2019, **o regime prisional semiaberto não enseja a concessão do auxílio-reclusão** (regime aberto NUNCA gerou auxílio-reclusão).

Apesar da omissão regulamentar, **será cabível o benefício nos casos de prisão cautelar** (temporária, em flagrante e preventiva), **que adotam um regime fechado de segregação prisional**, pois o segurado baixa renda não poderá exercer atividade laborativa para sustentar os seus dependentes, conforme se pronuncia a jurisprudência (TRF 3ª Região, APELREE 1.262.920, de 09.06.2008). O INSS defere na via administrativa.

Também **deverá ser pago** o benefício na hipótese de **medida socioeducativa de internação do adolescente** enquadrado como segurado de baixa renda **em regime fechado**, conforme entendimento administrativo do INSS, previsto no artigo 112, inciso VI, da Lei 8.069/90, pois se equipara à situação de recolhimento à prisão.

Por outro lado, na hipótese de prisão civil por dívida decorrente de prestação alimentícia, não será pago o auxílio-reclusão, pois esta segregação é um meio de coerção para o pagamento dos alimentos, não sendo punitiva, embora a normatização do INSS seja omissa a respeito e exista certa controvérsia doutrinária.

Por sua vez, o cumprimento de pena em **prisão domiciliar** não impede o recebimento do benefício de auxílio-reclusão pelo(s) dependente(s), **se o regime previsto for o fechado**, assim como a monitoração eletrônica do instituidor do benefício de auxílio-reclusão não interfere no direito do dependente ao recebimento do benefício, uma vez que tem a função de fiscalizar o preso, desde que mantido o regime fechado (IN INSS 128/2022, art. 382, §3º).

> **Qual o entendimento do STJ sobre o assunto?**
>
> Auxílio-reclusão. Prisão domiciliar. Reconhecimento administrativo. Instrução normativa n. 85/2016: Os dependentes de segurado preso em regime fechado ou semiaberto (DESATUALIZADO) fazem jus ao auxílio-reclusão ainda que o condenado passe a cumprir a pena em prisão domiciliar. 1ª Turma, REsp 1.672.295-RS, Rel. Min. Gurgel de Faria, por unanimidade, julgado em 17/10/2017, DJe 26/10/2017.

> **Importante:**
>
> A mudança do termo inicial dos efeitos financeiros da pensão por morte promovida pela Lei 13.183/2015 repercutiu por derivação do auxílio-reclusão, que é pago nas mesmas condições da pensão por morte. Assim, se o requerimento for promovido em até noventa dias da prisão, o INSS pagará o benefício de maneira retroativa, não se aplicando mais o prazo de 30 dias.

> **Importante:**
>
> Mas o tema foi alvo de alteração normativa promovida no artigo 74, inciso I, da Lei 8.213/91 por intermédio da Lei 13.846/2019: A pensão por morte será devida ao conjunto dos dependentes do segurado que falecer, aposentado ou não, a contar da data: I - do óbito, **quando requerida em até cento e oitenta dias após o óbito, para os filhos menores de dezesseis anos**, ou em até noventa dias após o óbito, para os demais dependentes. Essa regra se aplica ao auxílio-reclusão, que é pago nas mesmas condições da pensão por morte.

Dessa forma, para as prisões ocorridas a partir da vigência da MP 871 (18/1/2019), convertida na Lei 13.846/2019, no caso de beneficiário **absolutamente incapaz** (menor de 16 anos de idade), acaso o seu representante legal não ofereça requerimento administrativo do auxílio-reclusão em até **180 dias do óbito**, o INSS não pagará os atrasados, gerando efeitos financeiros somente a partir da data de entrada do requerimento administrativo.

Nesse sentido, o artigo 116, §4º, do RPS, atualizado pelo Decreto 10.410/2020:

> "§ 4º A data de início do benefício será: (Redação dada pelo Decreto nº 10.410, de 2020)
>
> I - a do efetivo recolhimento do segurado à prisão, se o benefício for requerido no prazo de cento e oitenta dias, para os filhos menores de dezesseis anos, ou de noventa dias, para os demais dependentes; ou (Incluído pelo Decreto nº 10.410, de 2020)
>
> II - a do requerimento, se o benefício for requerido após os prazos a que se refere o inciso I. (Incluído pelo Decreto nº 10.410, de 2020)".

> **Importante:**
>
> Outra novidade da **Lei 13.846/19** (inseriu os §§ 3º e 4º no artigo 74 da Lei 8.213/91, acaso ajuizada a ação judicial para reconhecimento da condição de dependente, este poderá requerer a sua habilitação provisória ao benefício de auxílio-reclusão, exclusivamente para fins de rateio dos valores com outros dependentes, **vedado o pagamento da respectiva cota até o trânsito em julgado da decisão judicial que reconhecer a qualidade de dependente do autor da ação,** ressalvada a existência de decisão judicial em contrário.

Ademais, ainda à luz da Lei 13.846/2019, nas ações em que o INSS for parte, este poderá **proceder de ofício à habilitação excepcional do referido auxílio-reclusão**, apenas para efeitos de rateio, descontando-se os valores referentes a esta habilitação das demais cotas, vedado o pagamento da respectiva cota até o trânsito em julgado da respectiva ação, ressalvada a existência de decisão judicial em contrário, assegurando-se, em qualquer caso, a **cobrança pelo INSS dos valores indevidamente pagos em função de nova habilitação**.

Se julgada improcedente a ação citada, o valor retido será corrigido pelos índices legais de reajustamento e será pago de forma proporcional aos demais dependentes, de acordo com as suas cotas e o tempo de duração de seus benefícios.

Suponha-se que um segurado tenha sido preso na pendência de ação estadual de investigação de paternidade no Juízo de Família ajuizada por um suposto filho menor. Neste caso, o infante poderá requerer a habilitação provisória no benefício de auxílio-reclusão, sendo reservada a sua cota-parte pelo INSS, evitando prejuízos ao Erário de pagamento em duplicidade acaso haja o reconhecimento da qualidade de dependente.

Acaso a dependência seja negada, serão liberados os valores reservados aos demais dependentes, com a incidência da correção monetária.

O mesmo se aplica na hipótese de ajuizamento de ação judicial para o reconhecimento de união estável perante o INSS como incidente processual, na hipótese em que o pedido principal da ação seja a concessão do auxílio-reclusão.

Ademais, ainda à luz da Lei 13.846/2019, nas ações em que o INSS for parte, este poderá **proceder de ofício à habilitação excepcional do auxílio-reclusão**, apenas para efeitos de rateio, descontando-se os valores referentes a esta habilitação das demais cotas, vedado o pagamento da respectiva cota até o trânsito em julgado da respectiva ação, ressalvada a existência de decisão judicial em contrário, assegurando-se, em qualquer caso, a **cobrança pelo INSS dos valores indevidamente pagos em função de nova habilitação**.

Preceitua o artigo 119, do RPS, ser vedada a concessão do auxílio-reclusão após a soltura do segurado. Contudo, esse dispositivo regulamentar aparentemente carece de base legal, pois o que importa é a data de entrada do requerimento administrativo ou judicial do benefício. Nessa trilha, o correto entendimento da jurisprudência (TRF da 3ª Região, AC 282.942, de 28.08.2001 – TRF da 4ª Região, AC 2003.04.01.027618-0, de 28.02.2007).

> **Importante:**
>
> **A renda mensal inicial do auxílio-reclusão ERA a mesma da pensão por morte.** Isso porque as regras da pensão por morte aplicam-se ao auxílio-reclusão, no que couber, vez que o artigo 80 da Lei 8.213/91 dispõe que o auxílio-reclusão será pago nas mesmas condições da pensão por morte.

Logo, o auxílio-reclusão era sempre de 100% do salário de benefício, mesmo valor da aposentadoria por invalidez, tendo em vista que a redução instituída pela MP 664/2014 foi rejeitada pela Lei 13.135/2015. MAS ISSO MUDOU COM A EMENDA 103/2019.

▸ **Como esse assunto foi cobrado em concurso?**

No concurso do CESPE para Defensor Público da União em 2007, foi considerado correto o seguinte enunciado: Considere que Silvano seja segurado não aposentado da previdência social e tenha sido condenado pela prática de crime que determinou o início do cumprimento da pena em regime fechado. Nessa situação, a renda mensal inicial do auxílio-reclusão devida aos dependentes é calculada de acordo com o modelo de cálculo a ser utilizado em caso de aposentadoria por invalidez.

Isso porque, se o segurado preso estiver aposentado, o auxílio-reclusão não será concedido, de modo que sempre a renda mensal do auxílio-reclusão tomará como base a renda de potencial aposentadoria por invalidez devida ao segurado do dia da segregação prisional.

▸ **Importante:**

No entanto, o artigo 27, §1º, da Emenda 103/2019 acabou **limitando a um salário mínimo** (não pode ser menor que este valor) o valor do auxílio-reclusão: "Até que lei discipline o valor do auxílio-reclusão de que trata o inciso IV do art. 201 da Constituição Federal, seu cálculo se dará na forma da pensão por morte, **não podendo exceder o valor de um salário mínimo"**. Como este benefício também não pode ser inferior a um salário mínimo por força do artigo 201, §2º, da Constituição, acabou sendo fixado em **um salário mínimo** pela EC 103/2019.

▸ **Importante:**

O auxílio-reclusão dispensava sempre a carência, a teor do artigo 26, I, da Lei 8.213/91, tendo sido frustrada a tentativa da MP 664/2014 de inserir carência, pois não aprovada na Lei 13.135/2015. **No entanto, a inserção de período de carência de 24 contribuições mensais para o auxílio-reclusão é fruto da MP 871/2019, convertida na Lei 13.846/19** (essa tentativa já foi feita pela MP 664/2014 e foi derrubada no Congresso Nacional no ano de 2015 na lei de conversão 13.135)**, operando-se somente para prisões a contar de 18/1/2019 (lei do tempo rege o ato jurídico).**

▸ **Importante:**

Considerando que o auxílio-reclusão é pago nas mesmas condições da pensão por morte, conclui-se que, **no que couber**, as mudanças promovidas pela Lei 13.135/2015 na pensão por morte se estenderam ao auxílio-reclusão.

A Lei 13.135/2015 em muito modificou a MP 664/2014, tendo as novas regras entrado em vigor em 18 de junho de 2015. As alterações sobre o prazo para percepção da pensão por morte alcançaram os cônjuges, companheiros e companheiras, e não os demais dependentes, nada mudando para o filho, os pais e os irmãos. **Estas mudanças são aplicáveis ao auxílio-reclusão, devendo ser devidamente adaptadas.**

> ▸ **Importante:**
>
> Em regra, se a prisão ocorrer sem que o segurado tenha vertido 18 (dezoito) contribuições mensais ou se o casamento ou a união estável tiverem sido iniciados em menos de 2 (dois) anos antes do óbito do segurado, o auxílio-reclusão será pago por apenas 4 (quatro) meses ao cônjuge, companheiro ou companheira.

Logo, se o segurado foi preso com apenas 5 contribuições vertidas ou com menos de 2 anos de casamento ou união estável, o auxílio-reclusão durará, no máximo, por apenas 4 meses, podendo ser cessado antes pela soltura do preso.

A Lei 13.135/2015 admitiu expressamente que o tempo de contribuição a Regime Próprio de Previdência Social (RPPS) será considerado na contagem das 18 (dezoito) contribuições mensais, acaso o segurado não possua 18 recolhimentos no Regime Geral de Previdência Social no dia da prisão.

Por sua vez, transcorridos os seguintes períodos, estabelecidos de acordo com a idade do dependente na data da prisão do segurado, **se a segregação prisional ocorrer depois de vertidas 18 (dezoito) contribuições mensais e pelo menos 2 (dois) anos após o início do casamento ou da união estável,** o auxílio-reclusão terá a seguinte duração máxima (pode ser menor se o segurado for solto antes, obviamente), sendo de prazo indefinido apenas se o dependente tiver 44 anos de idade ou mais no dia da prisão do segurado (PRISÕES ATÉ 31/12/2020):

1) até **3 (três) anos**, com menos de 21 (vinte e um) anos de idade;
2) até **6 (seis) anos**, entre 21 (vinte e um) e 26 (vinte e seis) anos de idade;
3) até **10 (dez) anos**, entre 27 (vinte e sete) e 29 (vinte e nove) anos de idade;
4) até **15 (quinze) anos**, entre 30 (trinta) e 40 (quarenta) anos de idade;
5) até **20 (vinte) anos**, entre 41 (quarenta e um) e 43 (quarenta e três) anos de idade;
6) **prazo indefinido**, com 44 (quarenta e quatro) ou mais anos de idade.

> ▸ **Importante:**
>
> No entanto, há uma regra especial para o dependente cônjuge ou companheiro(a) inválido ou com deficiência, pois neste caso o auxílio-reclusão apenas será cancelado pela cessação da invalidez ou pelo

afastamento da deficiência, salvo se houver soltura anterior. Se não houver recuperação do dependente, portanto, será de prazo indefinido o auxílio-reclusão enquanto perdurar a prisão, mesmo que **o segurado não tenha vertido 18 (dezoito) contribuições mensais ou se o casamento ou a união estável tiverem menos de 2 (dois) anos antes da prisão do segurado.** Caso o dependente inválido ou deficiente se recupere, serão respeitados, ao menos, os prazos anteriores apresentados, salvo se a soltura ocorrer primeiro.

Tivemos entre 2015 e 2020 uma elevação na expectativa de sobrevida ao nascer que atingiu 1,7 ano:

- Tábua do IBGE publicada em 01/12/2014 (referente ao de 2013) que vigorava quando do advento da Lei 13.135/2015: expectativa de sobrevida do brasileiro ao nascer em 74,9 ANOS.
- Tábua do IBGE publicada em 01/12/2020 (referente ao ano de 2019) quando do advento da Portaria ME 424/2020: expectativa de sobrevida do brasileiro ao nascer em 76,6 ANOS.

PARA AS PRISÕES EM REGIME FECHADO OCORRIDAS A PARTIR DE 1/1/2021, as faixas etárias foram elevadas em 1 ano pela Portaria ME 424, de 29/12/2020:

> **"PORTARIA ME Nº 424, DE 29 DE DEZEMBRO DE 2020**
>
> Fixa as novas idades de que tratam a alínea "b" do inciso VII do art. 222 da Lei nº 8.112, de 11 de dezembro de 1990, e a alínea "c" do inciso V do § 2º do art. 77 da Lei nº 8.213, de 24 de julho de 1991.
>
> O MINISTRO DE ESTADO DA ECONOMIA, SUBSTITUTO, no uso da atribuição que lhe foi conferida pelo § 3º do art. 222 da Lei nº 8.112, de 11 de dezembro de 1990, e pelo § 2º-B do art. 77 da Lei nº 8.213, de 24 de julho de 1991, resolve:
>
> Art. 1º O direito à percepção de cada cota individual da pensão por morte, nas hipóteses de que tratam a alínea "b" do inciso VII do art. 222 da Lei nº 8.112, de 11 de dezembro de 1990, e a alínea "c" do inciso V do § 2º do art. 77 da Lei nº 8.213, de 24 de julho de 1991, cessará, para o cônjuge ou companheiro, com o transcurso dos seguintes períodos, estabelecidos de acordo com a idade do beneficiário na data de óbito do segurado, se o óbito ocorrer depois de vertidas dezoito contribuições mensais e pelo menos dois anos após o início do casamento ou da união estável:
>
> **I - três anos, com menos de vinte e dois anos de idade;**
>
> **II - seis anos, entre vinte e dois e vinte e sete anos de idade;**
>
> **III - dez anos, entre vinte e oito e trinta anos de idade;**
>
> **IV - quinze anos, entre trinta e um e quarenta e um anos de idade;**
>
> **V - vinte anos, entre quarenta e dois e quarenta e quatro anos de idade;**
>
> **VI - vitalícia, com quarenta e cinco ou mais anos de idade.**
>
> **Art. 2º Esta Portaria entra em vigor em 1º de janeiro de 2021".**

Considerando que o auxílio-reclusão possui carência de 24 recolhimentos mensais para ser deferido (MP 871/2019 – prisões a partir de 18/1/2019, convertida na Lei 13.846/2019), nota-se que sempre será realizado o requisito das 18 contribuições mensais, pois, por óbvio, todo segurado que cumpriu a carência de 24 recolhimentos mensais terá antes realizado o pressuposto do cumprimento das 18 contribuições.

> **Importante:**
> Uma importante novidade surgiu com o advento da MP 871/2019 (art. 76, §3º, da Lei 8.213/91), aplicável ao auxílio-reclusão, que é pago nas mesmas condições da pensão por morte. **É que, na hipótese de o segurado preso estar, na data de seu falecimento, obrigado por determinação judicial a pagar alimentos temporários a ex-cônjuge, ex-companheiro ou ex-companheira, o auxílio-reclusão será devido pelo prazo remanescente na data do óbito, caso não incida outra hipótese de cancelamento anterior do benefício"** (para prisões a partir de 18/1/2019).

O requerimento do auxílio-reclusão deverá ser instruído com a **certidão do efetivo recolhimento à prisão**, sendo obrigatória, para a manutenção do pagamento do benefício, a apresentação de declaração de permanência na condição de presidiário (**atestado trimestral**), sob pena de suspensão.

A certidão judicial e a prova de permanência na condição de presidiário poderão ser substituídas pelo acesso à base de dados, por meio eletrônico, a ser disponibilizada pelo Conselho Nacional de Justiça, com dados cadastrais que assegurem a identificação plena do segurado e da sua condição de presidiário (novidade da Lei 13.846/2019).

Para que os dependentes do segurado façam jus ao benefício, será naturalmente preciso que o preso seja segurado, ou seja, esteja contribuindo ao fundo do RGPS ou, ao menos, se encontre durante o período de graça.

Vale salientar que o exercício de atividade remunerada do segurado recluso em cumprimento de pena em regime fechado, não acarreta a perda do direito ao recebimento do auxílio-reclusão para seus dependentes.

Entretanto, neste caso, o segurado recluso não terá direito ao benefício de aposentadoria durante a percepção, pelos dependentes, do auxílio-reclusão, ainda que, nessa condição, contribua como facultativo, permitida a opção, desde que manifestada, também, pelos dependentes, ao benefício mais vantajoso.

> **Importante:**
> Com razoabilidade, a **Lei 13.846/2019** previu que **não será devido o auxílio-doença para o segurado recluso em regime FECHADO** (esta regra não engloba regime aberto ou semiaberto), tendo em vista que o preso estará sob a proteção do Estado, que deverá atender às suas necessidades básicas e tem custos que a sociedade já arca.

Se o detento tiver recolhido contribuições previdenciárias na condição de segurado facultativo ou contribuinte individual, na hipótese de sua morte, o valor da pensão devida a seus dependentes será obtido mediante a realização de cálculo, com base nos novos tempos de contribuição e salários de contribuição correspondentes, nele incluídas as contribuições recolhidas enquanto recluso, facultada a opção pelo valor do auxílio-reclusão.

Em caso de morte de segurado recluso que tenha contribuído para a previdência social durante o período de reclusão, o valor da pensão por morte será calculado levando-se em consideração o tempo de contribuição adicional e os correspondentes salários de contribuição, facultada a opção pelo valor do auxílio-reclusão.

Destaque-se que a atual redação do RPS prevê que o preso apenas poderá se filiar ao RGPS como segurado facultativo, mesmo que exerça atividade remunerada, o que aparentemente violava o artigo 2º, da Lei 10.666/03, conforme anteriormente estudado no capítulo que versou sobre os segurados da Previdência Social. No entanto, coube à Lei 13.846/2019 revogar expressamente o artigo 2º da Lei 10.666/2003.

> **Importante:**
>
> Na hipótese de fuga, o benefício será suspenso e, se houver a recaptura do segurado, será restabelecido a contar da data em que esta ocorrer, desde que esteja ainda mantida a qualidade de segurado.

Ou seja, com a fuga será iniciado o período de graça e se a recaptura se efetivar após a perda da condição de segurado, não mais será devido o auxílio-reclusão aos dependentes, lembrando que o período de graça será de 12 meses após o livramento, a teor do artigo 15, IV, da Lei 8.213/91.

De acordo com o entendimento administrativo do INSS, que se afigura tecnicamente correto, se for realizado casamento durante o recolhimento do segurado à prisão, o auxílio-reclusão não será devido ao cônjuge que não está preso, pois a dependência foi superveniente ao fato gerador do benefício, sendo este o posicionamento atual do TRF da 3ª Região (AC 1.330.685, de 13.10.2008).

Com efeito, é comum que o casamento ocorra com detentos apenas para o pagamento do auxílio-reclusão, o que atenta contra o Princípio do Equilíbrio Financeiro e Atuarial da Previdência Social, prejudicando os demais segurados, dependentes e toda a sociedade, pois caberá à União arcar supletivamente com a insuficiência de recursos do fundo do RGPS.

Vale frisar que o filho nascido durante o recolhimento do segurado à prisão terá direito ao benefício de auxílio-reclusão a partir da data do seu nascimento, sendo esta a posição do INSS.

Destaque-se que na hipótese de falecimento do preso, **deverá o INSS converter automaticamente o auxílio-reclusão em pensão por morte**, assim que for apresentada a respectiva certidão de óbito.

QUADRO SINTÉTICO – AUXÍLIO-RECLUSÃO	
Cabimento	será devido aos dependentes do segurado baixa renda recolhido à prisão em regime fechado, que não receber remuneração da empresa nem estiver em gozo de auxílio-doença, salário-maternidade, pensão por morte, abono de permanência em serviço ou aposentadoria.
Beneficiários	os dependentes do segurado baixa renda.
Carência	24 recolhimentos mensais.
Valor	um salário mínimo (Emenda 103/2019).
Outras informações	**A)** A DIB será a data do recolhimento, salvo de requerido após 90 (noventa) dias. Será paga desde a prisão, quando requerida em até cento e oitenta dias após a segregação prisional, para os filhos menores de dezesseis anos. **B)** O requerimento do auxílio-reclusão deverá ser instruído com certidão do efetivo recolhimento à prisão, sendo obrigatória, para a manutenção do benefício, a apresentação de declaração de permanência na condição de presidiário (atestado trimestral). **C)** Só será cabível para o regime fechado, medida socioeducativa de internação e nas prisões cautelares (exclui o regime aberto, semiaberto e a prisão civil). **D)** Art. 117, § 2º do RPS – no caso de fuga, o benefício será suspenso e, se houver recaptura do segurado, será restabelecido a contar da data em que esta ocorrer, desde que esteja ainda mantida a qualidade de segurado. **E)** Art. 117, § 3º do RPS – se houver exercício de atividade dentro do período de fuga, o mesmo será considerado para a verificação da perda ou não da qualidade de segurado. **F)** Art. 118, do RPS – falecendo o segurado detido ou recluso, o auxílio-reclusão que estiver sendo pago será automaticamente convertido em pensão por morte. **G)** O baixa renda deverá ser o segurado, e não o dependente, conforme ratificado pelo STF, no RE 587.365, de 25.03.2009 (Informativo 540).

TABELA DOS BENEFÍCIOS – BENEFICIÁRIOS, RENDA MENSAL E CARÊNCIA

BENEFÍCIOS	BENEFICIÁRIOS	RENDA MENSAL	CARÊNCIA
Aposentadoria por incapacidade permanente	Todos os segurados	de 60% a 100% da média dos salários de contribuição, podendo ser superior a 100% . No caso de acidente de trabalho, 100% do salário de benefício.	12 contribuições mensais (regra)

BENEFÍCIOS	BENEFICIÁRIOS	RENDA MENSAL	CARÊNCIA
Aposentadoria Programada	Todos os segurados	A partir de 60% da média de todos os salários de contribuição a partir de 7/1994 (Plano Real).	180 contribuições mensais
Aposentadoria por idade rural	Empregados rurais Trabalhadores Avulsos Rurais Contribuintes individuais rurais e garimpeiros Segurados especiais	1 salário mínimo para o segurado especial, salvo pagamento sobre salário de contribuição. Demais segurados, 70% do salário de benefício, com acréscimo de 1% por ano de contribuição, limitado a 100%.	180 contribuições mensais
Aposentadoria especial por agentes nocivos	Empregado, trabalhador avulso e contribuinte individual filiado à cooperativa de trabalho ou de produção	de 60% a 100% da média dos salários de contribuição, podendo ser superior a 100%	180 contribuições mensais
Aposentadoria especial do deficiente por tempo de contribuição	Todos os segurados com deficiência, exceto o segurado especial (em regra) e o contribuinte individual/facultativo que optaram pelo recolhimento simplificado	**100% do SB com fator previdenciário facultativo**	180 contribuições mensais
Aposentadoria por idade da pessoa com deficiência	Todos os segurados com deficiência	70% do salário de benefício, com acréscimo de 1% por ano de contribuição, limitado a 100%, com fator previdenciário facultativo	180 contribuições mensais
Auxílio-doença (auxílio por incapacidade temporária)	Todos os segurados	91% do SB, limitada à média das 12 últimas contribuições	12 contribuições mensais (regra)

BENEFÍCIOS	BENEFICIÁRIOS	RENDA MENSAL	CARÊNCIA
Salário-família	Apenas os seguintes segurados de baixa renda: empregado, empregado doméstico, avulso, aposentado por invalidez, idade e demais aposentados com idade mínima de 65 anos (homens) ou 60 anos de idade (mulheres)	R$ 62,04 por filho ou equiparado menor de 14 anos ou inválido de qualquer idade	Não há
Salário-maternidade	Todos os segurados	Empregada e avulsa: última remuneração mensal. Empregado doméstico: último salário de contribuição. Segurado especial: um salário mínimo. Demais: um doze avos da soma dos doze últimos salários de contribuição.	Dispensada
Auxílio-acidente	Empregado, empregado doméstico, trabalhador avulso e segurado especial	50% do salário de benefício	Não há
Pensão por morte	Dependentes	Em regra, 60%, 70%, 80%, 90% ou 100% da aposentadoria recebida pelo falecido ou da aposentadoria por incapacidade que o falecido teria direito, se morreu sem estar aposentado. No caso de dependente inválido, com deficiência mental, intelectual ou grave, 100% da aposentadoria recebida pelo segurado ou daquela a que teria direito se fossem aposentados por incapacidade permanente na data do óbito, até o limite máximo de benefícios do Regime Geral	Não há

BENEFÍCIOS	BENEFICIÁRIOS	RENDA MENSAL	CARÊNCIA
Pensão por morte	Dependentes	de Previdência Social. No caso de morte por acidente de trabalho do empregado, trabalhador avulso, empregado doméstico e segurado especial, se o segurado falecido não estava aposentado, o salário de benefício deve ser 100% da média.	Não há
Auxílio-reclusão	Dependentes dos segurados de baixa renda preso em regime fechado	1 salário mínimo	24 recolhimentos mensais

13. ABONO ANUAL

Regulamentação básica: artigo 40, da Lei 8.213/91; artigo 120, do RPS (Decreto 3.048/99).

Conquanto a Lei de Benefícios não o faça expressamente, o Regulamento da Previdência Social colocou o abono anual no rol dos benefícios previdenciários (Seção VI – Dos Benefícios – Subseção XI).

Trata-se do **direito anual** dos beneficiários da Previdência Social de perceber uma **quantia correspondente ao respectivo benefício previdenciário, tomando por base o valor pago no mês de dezembro**, sendo calculado, no que couber, da mesma forma que a gratificação natalina dos trabalhadores.

Todos os segurados e dependentes farão jus ao abono anual, **exceto no que concerne ao salário-família, que não gera o seu pagamento**, sendo o pagamento proporcional ao número de meses de percepção da aposentadoria, auxílio-acidente, auxílio-doença, auxílio-reclusão ou pensão por morte.

No caso do salário-maternidade, o abono anual será pago, em cada exercício, juntamente com a última parcela do benefício nele devida.

Assim, embora o artigo 40, da Lei 8.213/91, equivocadamente não tenha previsto o pagamento do abono anual para o salário-maternidade, o lapso foi corrigido pelo artigo 120, do RPS.

Caso a aposentadoria por invalidez sofra o acréscimo de 25%, se o segurado necessitar da assistência permanente de outra pessoa, o abono anual será calculado considerando o valor do auxílio-acompanhante.

Por fim, o período igual ou superior a quinze dias, dentro do mês, será considerado como mês integral para efeito de cálculo do abono anual.

14. SERVIÇO SOCIAL

Regulamentação básica: artigo 88, da Lei 8.213/91; artigo 161, do RPS (Decreto 3.048/99).

É um serviço previdenciário devido aos segurados e seus dependentes, **não se exigindo carência para o seu gozo**, constituindo-se como atividade auxiliar do seguro social.

Tem por **objetivo** esclarecer junto aos beneficiários seus direitos sociais e os meios de exercê-los e estabelecer conjuntamente com eles o processo de solução dos problemas que emergirem da sua relação com a Previdência Social, tanto no âmbito interno da instituição como na dinâmica da sociedade.

Terá prioridade neste serviço os segurados em benefício por incapacidade temporária e atenção especial os aposentados e pensionistas, tendo como diretriz a participação do beneficiário na implementação e fortalecimento da política previdenciária, em articulação com associações e entidades de classes.

São colocados como instrumentos de operacionalização do serviço social a intervenção técnica, a assistência de natureza jurídica, a ajuda material, os recursos sociais, o intercâmbio com empresas e a pesquisa social, inclusive mediante a celebração de convênios, acordos ou contratos.

Os recursos técnicos utilizados pelo Assistente Social são, entre outros, o parecer social, a pesquisa social, o cadastro das organizações da sociedade e a avaliação social da pessoa com deficiência aos requerentes do Benefício de Prestação Continuada – BPC/LOAS, estabelecida pelo Decreto 6.214, de 26 de dezembro de 2007.

QUADRO SINTÉTICO – SERVIÇO SOCIAL	
Objetivo	esclarecer junto aos beneficiários seus direitos sociais e os meios de exercê-los e estabelecer conjuntamente com eles o processo de solução dos problemas que emergirem da sua relação com a Previdência Social, tanto no âmbito interno da instituição como na dinâmica da sociedade.
Beneficiários	todos os segurados e dependentes.
Carência	inexiste.
Outras informações	Será dada prioridade aos segurados em benefício por incapacidade temporária e atenção especial aos aposentados e pensionistas.

15. HABILITAÇÃO E REABILITAÇÃO PROFISSIONAL

Regulamentação básica: artigo 89/93, da Lei 8.213/91; artigos 136/141, do RPS (Decreto 3.048/99).

> ▸ **Importante:**
>
> É um serviço previdenciário devido aos **segurados e seus dependentes** de maneira **obrigatória, independentemente de carência**, desde que incapacitados parcial ou totalmente para o trabalho.

De acordo com o artigo 101 da Lei 8.213/91, alterado pela Lei 14.441/2022, o segurado em gozo de **auxílio por incapacidade temporária, auxílio-acidente ou aposentadoria por incapacidade permanente e o pensionista inválido**, cujos benefícios tenham sido concedidos judicial ou administrativamente, estão obrigados, sob pena de suspensão do benefício, a submeter-se a:

> I – exame médico a cargo da Previdência Social para avaliação das condições que ensejaram sua concessão ou manutenção;
>
> II – **processo de reabilitação profissional por ela prescrito e custeado**; e
>
> III – tratamento dispensado gratuitamente, exceto o cirúrgico e a transfusão de sangue, que são facultativos.

Logo, ante a compulsoriedade deste serviço previdenciário, um segurado em gozo do auxílio-doença que se recuse a se submeter aos processos de habilitação ou reabilitação profissional, terá o pagamento do benefício suspenso.

Ademais, não sendo possível a recuperação do segurado em gozo do auxílio-doença para desenvolver a sua atividade laborativa habitual, não cessará o benefício enquanto não reabilitado o segurado.

Serão encaminhados para o Programa de Reabilitação Profissional, por ordem de prioridade:

> I – o segurado em gozo de auxílio-doença, acidentário ou previdenciário;
>
> II – o segurado sem carência para a concessão de auxílio-doença previdenciário, incapaz para o trabalho;
>
> III – o segurado em gozo de aposentadoria por invalidez;
>
> IV – o segurado em gozo de aposentadoria especial, por tempo de contribuição ou idade que, em atividade laborativa, tenha reduzida sua capacidade funcional em decorrência de doença ou acidente de qualquer natureza ou causa;
>
> V – o dependente do segurado; e
>
> VI – as Pessoas com Deficiência – PcD.

Será obrigatório o atendimento pela Reabilitação Profissional aos beneficiários descritos nos incisos I, II, III e IV, ficando condicionado às possibilidades administrativas, técnicas, financeiras e às características locais, o atendimento aos beneficiários relacionados aos incisos V, VI e VII acima arrolados.

> ▸ **Importante:**
>
> Consiste o serviço em assistência (re)educativa e de (re)adaptação profissional aos beneficiários do RGPS incapazes, objetivando fornecer os meios indicados para proporcionar o reingresso no mercado de trabalho e no contexto em que vivem, a exemplo da participação de cursos e treinamentos.

Compete ao INSS promover a sua prestação aos segurados, inclusive aposentados, e, de acordo com as possibilidades administrativas, técnicas, financeiras e as condições locais do órgão, aos seus dependentes, preferencialmente mediante a contratação de serviços especializados.

Quando indispensáveis ao desenvolvimento do processo de reabilitação profissional, o INSS fornecerá aos segurados, inclusive aposentados, em caráter obrigatório, **prótese e órtese**, seu reparo ou substituição, instrumentos de auxílio para locomoção, bem como equipamentos necessários à habilitação e à reabilitação profissional, transporte urbano e alimentação e, na medida das possibilidades da autarquia, aos seus dependentes.

> ▸ **Qual o entendimento do STJ sobre o assunto?**
>
> Informativo 566- "**O INSS é parte legítima para figurar no polo passivo de demanda cujo escopo seja o fornecimento de órteses e próteses a segurado incapacitado parcial ou totalmente para o trabalho, não apenas quando esses aparelhos médicos sejam necessários à sua habilitação ou reabilitação profissional, mas, também, quando sejam essenciais à habilitação social.** Isso porque, em conformidade com o Princípio Fundamental da Dignidade da Pessoa Humana e com os valores sociais buscados pela República Federativa do Brasil, a norma jurídica que exsurge do texto legal (art. 89, parágrafo único, "a", da Lei 8.213/1991) exige que a habilitação e a reabilitação não se resumam ao mercado de trabalho, mas que também abarquem a vida em sociedade com dignidade. **REsp 1.528.410-PR, Rel. Min. Herman Benjamin, julgado em 2/6/2015, DJe 12/8/2015".**

Após a conclusão do processo de habilitação ou reabilitação social e profissional, o INSS emitirá **certificado individual,** indicando as atividades que poderão ser exercidas pelo beneficiário, nada impedindo que este exerça outra atividade para a qual se capacitar.

> ▸ **Importante:**
>
> Vale salientar que **não constitui obrigação do INSS a manutenção do segurado no mesmo emprego ou a sua colocação em outro para o qual foi reabilitado**, cessando o processo de reabilitação profissional com a emissão do certificado.

Frise-se que este serviço, além de ter natureza previdenciária, possui forte carga assistencialista, pois também é devido aos portadores de deficiência física, mesmo que não sejam beneficiários do RGPS.

O artigo 91 da Lei 8.213/91 garante, no caso de habilitação e reabilitação profissional, auxílio para tratamento ou exame fora do domicílio do beneficiário (diária).

Por fim, **a empresa com 100 ou mais empregados está obrigada a preencher de 2% a 5% dos seus cargos com beneficiários reabilitados ou pessoas portadoras de deficiência, habilitadas**, na seguinte proporção:

	2%	3%	4%	5%
Empregados	até 200	de 201 a 500	de 501 a 1.000	de 1.001 em diante

▸ Como esse assunto foi cobrado em concurso?

No concurso do CESPE para Juiz Federal da 5ª Região em 2009, foi considerado correto o seguinte enunciado: A dispensa de trabalhador reabilitado ou de deficiente habilitado ao final de contrato por prazo determinado de mais de noventa dias, e a imotivada, no contrato por prazo indeterminado, só poderá ocorrer após a contratação de substituto de condição semelhante. Outrossim, na prova de 2006 do mesmo concurso, foi considerado correto o seguinte enunciado: A pessoa jurídica Beta possui mais de 200 empregados. Renato, após ter concluído processo de reabilitação profissional, realizado pelo INSS, foi contratado pela pessoa jurídica Beta, por prazo indeterminado, para exercer a função de ascensorista. Após 6 meses de trabalho, Renato foi demitido, sem justa causa. Nessa situação, a demissão de Renato somente será considerada válida se precedida da contratação de um substituto que também tenha concluído processo de reabilitação profissional.

Por força da Lei 13.146, publicada em 7 de julho de 2015, que aprovou o Estatuto da Pessoa com Deficiência e entrou em vigor em 180 dias após a sua publicação (**3 de janeiro de 2016**), o artigo 93 da Lei 8.213/91 teve a sua redação modificada, passando a prever que a dispensa de **pessoa com deficiência ou de beneficiário reabilitado** da Previdência Social ao final de contrato por prazo determinado de mais de 90 (noventa) dias e a dispensa imotivada em contrato por prazo indeterminado somente poderão ocorrer após a contratação de outro **trabalhador com deficiência ou beneficiário reabilitado da Previdência Social, assim como incumbirá ao** Ministério do Trabalho (com a extinção do Ministério do Trabalho, desde 2019 o Ministério da Economia assumiu a área trabalhista, tendo sido criada uma Secretaria Especial de Previdência e Trabalho) estabelecer a sistemática de fiscalização, bem como gerar dados e estatísticas sobre o total de empregados e as vagas preenchidas por pessoas com deficiência e por beneficiários reabilitados da Previdência Social, fornecendo-os, quando solicitados, aos sindicatos, às entidades representativas dos empregados ou aos cidadãos interessados, sedo que, para a reserva de cargos será considerada somente a contratação direta de pessoa com deficiência, excluído o aprendiz com deficiência de que trata a Consolidação das Leis do Trabalho (CLT), aprovada pelo Decreto-Lei nº 5.452, de 1º de maio de 1943.

QUADRO SINTÉTICO – HABILITAÇÃO E REABILITAÇÃO PROFISSIONAL	
Objetivo	proporcionar ao beneficiário incapacitado parcial ou totalmente para o trabalho, e às pessoas portadoras de deficiência, os meios para a (re)educação e de (re) adaptação profissional e social indicados para participar do mercado de trabalho e do contexto em que vivem.
Beneficiários	todos os segurados e dependentes, assim como as pessoas portadoras de deficiência.
Carência	inexiste.
Outras informações	**A)** A reabilitação profissional compreende: I) o fornecimento de aparelho de prótese, órtese e instrumentos de auxílio para locomoção quando a perda ou redução da capacidade funcional puder ser atenuada por seu uso e dos equipamentos necessários à habilitação e reabilitação social e profissional; II) a reparação ou a substituição dos aparelhos mencionados no inciso anterior, desgastados pelo uso normal ou por ocorrência estranha à vontade do beneficiário; III) o transporte do acidentado do trabalho, quando necessário. **B)** A prestação de que trata o artigo anterior é devida em caráter obrigatório aos segurados, inclusive aposentados e, na medida das possibilidades do órgão da Previdência Social, aos seus dependentes. **C)** Concluído o processo de habilitação ou reabilitação social e profissional, a Previdência Social emitirá certificado individual, indicando as atividades que poderão ser exercidas pelo beneficiário, nada impedindo que este exerça outra atividade para a qual se capacitar. **D)** Na forma do artigo 140, §1º, do RPS, não constitui obrigação da previdência social a manutenção do segurado no mesmo emprego ou a sua colocação em outro para o qual foi reabilitado, cessando o processo de reabilitação profissional com a emissão do certificado.

16. ACUMULAÇÃO DE BENEFÍCIOS

A Emenda 103/2019 inseriu o §15 no artigo 201 da Constituição, rezando que "**lei complementar** estabelecerá vedações, regras e condições para a acumulação de benefícios previdenciários".

A meu ver, os dispositivos da Lei 8.213/91 que tratam sobre acumulação de benefícios previdenciários foram recebidos pela **Emenda 103/2019** com o ***status* de lei complementar.**

O tema é tratado de maneira não exauriente pelo artigo 124, da Lei 8.213/91, pois existem outros dispositivos legais que precisam ser analisados.

> ▸ **Importante:**
>
> Em regra, é possível a acumulação de benefícios previdenciários pelo mesmo segurado ou dependente, salvo nas hipóteses proibidas pela legislação previdenciária de maneira expressa ou implícita.

Todavia, **deverá ser respeitado o direito adquirido à acumulação**, na hipótese de o segurado ou dependente ter acumulado benefícios que, posteriormente, passaram a não mais poder ser acumulados.

Logo, a possibilidade ou não de acumulação de benefícios deverá ser aferida à luz da lei em vigor no momento da sua ocorrência, em respeito ao Princípio do *Tempus Regit Actum*.

Conforme expressa proibição do referido dispositivo, **não poderão ser acumulados no âmbito do RGPS**:

A) **aposentadoria e auxílio-doença;**

B) **mais de uma aposentadoria** (exceto com data de início anterior a janeiro de 1967, de acordo com o Decreto-Lei nº 72, de 21 de novembro de 1966, pois respeitado o direito adquirido);

C) **salário-maternidade e auxílio-doença;**

D) **mais de um auxílio-acidente;**

> **Como esse assunto foi cobrado em concurso?**
>
> No concurso do CESPE para Defensor Público da União em 2007, foi considerado correto o seguinte enunciado: De acordo com a legislação previdenciária, salvo no caso de direito adquirido, não é permitido o recebimento conjunto, pelo RGPS, dos seguintes benefícios: mais de uma aposentadoria; salário-maternidade e auxílio-doença; assim como mais de um auxílio-acidente.

E) **mais de uma pensão deixada por cônjuge ou companheiro**, ressalvado o direito de opção pela mais vantajosa (exceto se o óbito tenha ocorrido até 28 de abril de 1995, véspera da publicação da Lei nº 9.032, de 1995, período em que era permitida a acumulação), proibição reforçada pelo caput do artigo 24 da Emenda 103/2019;

F) **o recebimento conjunto do seguro-desemprego com qualquer benefício de prestação continuada da Previdência Social**, exceto pensão por morte ou auxílio-acidente;

> **Como esse assunto foi cobrado em concurso?**
>
> No concurso do CESPE para Procurador do Estado de Roraima em 2010, foi considerado correto o seguinte enunciado: É vedado o recebimento conjunto do seguro-desemprego com qualquer benefício de prestação continuada da previdência social, exceto pensão por morte ou auxílio-acidente. Outrossim, no concurso para Procurador do BACEN em 2009, foi considerado correto o seguinte enunciado: É vedado o recebimento conjunto do seguro-desemprego com qualquer benefício de prestação continuada da previdência social, exceto pensão por morte ou auxílio-acidente, ressalvadas, ainda, as situações de direito adquirido.

> ▸ **Qual o entendimento do STJ sobre o assunto?**
>
> Para atender ao disposto no parágrafo único do art. 124 da Lei n. 8.213/1991, basta que o valor recebido a título de seguro-desemprego, nos períodos coincidentes, seja abatido do montante devido nos casos
>
> em que o benefício previdenciário foi equivocadamente indeferido pela autarquia federal. REsp 1.982.937-SP, Rel. Min. Manoel Erhardt (Desembargador convocado do TRF5), Primeira Turma, por unanimidade, julgado em 05/04/2022, DJe 08/04/2022.

G) **Aposentadoria com abono de permanência em serviço.**

Vale ressaltar a inovação do artigo 167, §2º, do RPS, que permite a acumulação do seguro-desemprego com o auxílio-reclusão.

Apenas é proibida a acumulação de mais de uma pensão deixada por cônjuge ou companheiro. Logo, nada impede a acumulação de mais de uma pensão em outros casos, a exemplo da instituída por cônjuge e por filho do segurado.

Caso a segurada esteja em gozo de auxílio-doença, este deverá ser suspenso durante a percepção do salário-maternidade, pois os benefícios são inacumuláveis, devendo ser reativado ulteriormente, caso a segurada ainda se encontre incapaz para o trabalho por causas alheias à gravidez.

Outrossim, **ainda não poderão ser acumulados:**

A) **Auxílio-acidente com aposentadoria** (após a Lei 9.528/97);

> ▸ **Qual o entendimento do STJ sobre o assunto?**
>
> **Súmula 507: "A acumulação de auxílio-acidente com aposentadoria pressupõe que a lesão incapacitante e a aposentadoria sejam anteriores a 11/11/1997, observado o critério do artigo 23 da Lei 8.213/91 para definição do momento da lesão nos casos de doença profissional ou do trabalho".**

B) **Amparo assistencial do idoso ou deficiente com benefício previdenciário** (artigo 20, §4º, da Lei 8.742/93), exceto com as pensões especiais indenizatórias (artigo 5º, do Decreto 6.214/2007);

C) **Auxílio-doença com auxílio-acidente, se a causa for a mesma,** vez que a percepção do auxílio-acidente pressupõe a cessação do auxílio-doença (artigo 86, §2º, da Lei 8.213/91);

D) **Aposentadoria, pensão por morte, salário-maternidade, abono de permanência em serviço ou auxílio-doença do segurado baixa renda recluso com o auxílio-reclusão dos seus dependentes** (artigo 80, da Lei 8.213/91);

E) **Mais de um auxílio-doença**, mesmo que o segurado mantenha vínculos concomitantes, devendo haver a soma dos salários de contribuição para o cálculo da renda mensal inicial;

F) **Renda mensal vitalícia com qualquer outra espécie de benefício da Previdência Social;**

G) **Mais de um auxílio-reclusão de instituidor cônjuge ou companheiro**, para evento ocorrido a partir de 29 de abril de 1995, data da publicação da Lei nº 9.032, de 1995, facultado o direito de opção pelo mais vantajoso;

H) **Benefício assistencial (BPC/LOAS) com benefício da Previdência Social ou de qualquer outro regime previdenciário**, exceto pensões especiais com natureza indenizatória;

I) **Auxílio-suplementar com aposentadoria ou auxílio-doença;**

J) **Auxilio-inclusão com BPC/LOAS;**

K) **Auxílio-inclusão com seguro-desemprego;**

L) **Auxílio-inclusão com prestações a título de aposentadoria,** de pensões ou de benefícios por incapacidade pagos por qualquer regime de previdência social.

Vale ressaltar que **não há mais proibição de acumulação de aposentadoria rural e pensão por morte de trabalhador rural**, como ocorria quando vigorava o artigo 6º, §2º, da Lei Complementar 16/1973, que proibia a acumulação de benefícios do FUNRURAL, devendo se aplicar o Princípio do *Tempus Regit Actum*, conforme correta compreensão do TRF da 1ª Região (AR 5.525, de 11.02.2010).

▸ Qual o entendimento da TNU sobre o assunto?

Súmula 36- "Não há vedação legal à cumulação da pensão por morte de trabalhador rural com o benefício da aposentadoria por invalidez, por apresentarem pressupostos fáticos e fatos geradores distintos".

Aliás, no âmbito do RGPS, não há nenhum impedimento legal de acumulação de qualquer espécie de aposentadoria com a pensão por morte.

▸ Como esse assunto foi cobrado em concurso?

No concurso do CESPE para Procurador Federal em 2010, foi considerado correto o seguinte enunciado: Por apresentarem pressupostos fáticos e fatos geradores distintos, não há vedação legal à cumulação da pensão por morte de trabalhador rural com o benefício da aposentadoria por invalidez. Ao revés, no concurso para Juiz Federal da 5ª Região em 2009, foi considerado errado o seguinte enunciado: É vedada a cumulação do recebimento de pensão por morte de trabalhador rural com o de benefício de aposentadoria por invalidez.

No concurso do CESPE para Juiz Federal da 5ª Região em 2011, foi considerado correto o seguinte enunciado: É juridicamente aceitável a acumulação de pensão por morte com aposentadoria por invalidez, pois esses benefícios têm naturezas distintas e fatos geradores diferentes.

Também é plenamente possível a acumulação de salários-maternidade, no caso de empregos concomitantes, fazendo jus a segurada ao salário-maternidade relativo a cada emprego, a teor do artigo 98 do RPS.

É permitida a acumulação dos benefícios previstos no RGPS com o benefício de que trata a Lei nº 7.070, de 20 de dezembro de 1982, concedido aos portadores da deficiência física conhecida como «Síndrome da Talidomida», não sendo possível a acumulação com o amparo assistencial da pessoa idosa ou deficiente físico e com a renda mensal vitalícia, pois pagos com recursos da União.

Por fim, vale frisar que a jurisprudência do STJ admite a acumulação de benefício previdenciário com a pensão civil ex *delicto*. Isso porque possuem naturezas distintas, sendo o benefício previdenciário contributivo e substitutivo da remuneração do segurado, ao passo que a aludida pensão civil é reparatória:

> **▸ Qual o entendimento do STJ sobre o assunto?**
>
> **Informativo 542- DIREITO CIVIL E PREVIDENCIÁRIO. ACUMULAÇÃO DE PENSÃO DECORRENTE DE ATO ILÍCITO COM O BENEFÍCIO PREVIDENCIÁRIO DE PENSÃO POR MORTE. É possível a cumulação do benefício previdenciário de pensão por morte com pensão civil ex delicto.** A jurisprudência do STJ é pacífica no sentido de que "o benefício previdenciário é diverso e independente da indenização por danos materiais ou morais, porquanto, ambos têm origens distintas. Este, pelo direito comum; aquele, assegurado pela Previdência. A indenização por ato ilícito é autônoma em relação a qualquer benefício previdenciário que a vítima receba" (AgRg no AgRg no REsp 1.292.983-AL, Segunda Turma, DJe 7/3/2012). Precedentes citados: AgRg no REsp 1.295.001-SC, Terceira Turma, DJe 1º/7/2013; e AgRg no AREsp 104.823-SP, Quarta Turma, DJe 17/9/2012. REsp 776.338-SC**, Rel. Min. Raul Araújo, julgado em 6/5/2014.**

> **▸ Como esse assunto foi cobrado em concurso?**
>
> No concurso do CESPE para Procurador do TCU em 2015, foi considerado ERRADO o seguinte enunciado: Não é possível a acumulação do benefício previdenciário de pensão por morte com a pensão civil *ex delicto*, nos termos do STJ.

Ademais, o **artigo 24 da Emenda 103/2019** traz regras de vedação ou com restrição de acumulação entre pensões e aposentadoria com pensão, se aplicando de imediato a todos os regimes público de previdência, inclusive dos **estados, Distrito Federal e municípios**, determinado a **redução em faixas do menor benefício**.

Restou **vedada a acumulação de mais de uma pensão por morte deixada por cônjuge ou companheiro**, no âmbito do mesmo regime de previdência social, **ressalvadas** as pensões do mesmo instituidor decorrentes do exercício de **cargos acumuláveis** na forma do art. 37 da Constituição Federal, o que já existia no RGPS e

RPPS federal, mas não existia em alguns estados e municípios por falta de previsão da lei local.

Admitiu-se a acumulação com a redução em faixas do menor benefício nos seguintes casos:

a) **pensão por morte** deixada por cônjuge ou companheiro de um regime de previdência social com **pensão por morte** concedida por outro regime de previdência social ou com pensões decorrentes das atividades militares;

b) **pensão por morte** deixada por cônjuge ou companheiro de um regime de previdência social com **aposentadoria** concedida no âmbito do Regime Geral de Previdência Social ou de regime próprio de previdência social ou com proventos de inatividade decorrentes das atividades militares;

c) de **aposentadoria** concedida no âmbito do Regime Geral de Previdência Social ou de regime próprio de previdência social com **pensões decorrentes das atividades militares.**

Neste caso, é assegurada a percepção do valor integral do benefício mais vantajoso e de uma parte de cada um dos demais benefícios, apurada cumulativamente de acordo com as **seguintes faixas**:

PERCENTUAL PAGO	FAIXA DO BENEFÍCIO	REDUTOR
100%	Até 1 salário-mínimo	–
60%	Acima de 1 até 2 salários mínimos	40%
40%	Acima de 2 até 3 salários mínimos	60%
20%	Acima de 3 até 4 salários mínimos	80%
10%	Acima de 4 salários mínimos	90%

Cabe pedido de revisão a qualquer tempo, caso o melhor benefício se torne o pior benefício, a exemplo do fracionamento ulterior de pensão por morte.

Vamos simular uma situação considerando o salário mínimo de **R$ 998,00** em 2019 e uma pensão por morte no valor de **R$ 5.000,00** que será reduzida por ser o menor benefício.

PERCENTUAL PAGO	FAIXA DO BENEFÍCIO	VALOR DEVIDO
100%	Até R$ 998,00	R$ 998,00
60%	Acima de R$ 998,00 até R$ 1.996,00	R$ 598,80

PERCENTUAL PAGO	FAIXA DO BENEFÍCIO	VALOR DEVIDO
40%	R$ 1.996,00 até R$ 2.994,00	R$ 399,20
20%	Acima de R$ 2.994,00 até R$ 3.992,00	R$ 199,60
10%	Acima de R$ 3.992,00 até R$ 5.000,00	R$ 100,80
-	-	**Total de R$ 2.296,40**

Destarte, no caso simulado, a pensão por morte será reduzida de **R$ 5.000,00** para **R$ 2.296,40.**

Um ponto que não é tratado é se essas faixas deverão ou não ser modificadas anualmente, pois o salário mínimo sofre atualização monetária todo ano e, se a correção monetária do salário mínimo forma acima da variação do INPC (índice dos benefícios previdenciários), o recálculo irá majorar a renda do benefício.

Não há restrição para a acumulação de aposentadorias em mais de um regime público de previdência, de modo que é possível **acumular sem redução**, por exemplo, duas aposentadorias do RPPS (cargos legitimamente permitidos na Constituição) e uma aposentadoria no RGPS.

Vale registrar que o novo regramento preserva o **direito adquirido**, quando o fato gerador da aposentadoria ou pensão por morte ocorreu **até a data da publicação da Emenda 103/2019** (morte e requisitos para aposentar), mesmo que o requerimento seja ofertado ulteriormente.

A grande novidade foi a inserção do §3º no artigo 181-B do RPS:

> ***"§ 3º O disposto no caput não impede a cessação dos benefícios não acumuláveis por força de disposição legal ou constitucional. (Incluído pelo Decreto nº 10.410, de 2020)".***

A regra inserida no §3º do artigo 181-B do RPS pelo Decreto 10.410/2020 não trata de uma hipótese de renúncia de aposentadoria voluntária, e sim de cessação (suspensão) de aposentadoria por inacumulabilidade legal.

Considerando o direito adquirido à aposentadoria voluntária no RGPS, uma vez extinto o benefício ou renda de cofre público inacumulável com a aposentadoria voluntária do RGPS, o segurado pode solicitar a reativação do benefício, com efeitos financeiros a contar da data do pedido administrativo de reativação.

A regra inserida no §3º do artigo 181-B do RPS pelo Decreto 10.410/2020 possui natureza declaratória, devendo ser aplicada a fatos geradores anteriores à 1/7/2020.

Em muitos cruzamentos de dados do TCU e de outros órgãos de controle há a constatação de acumulação ilegal, o que somente terá segurança jurídica quando for implementado o sistema integrado de dados relativos às remunerações, proventos e pensões dos segurados dos regimes de previdência de que tratam os arts. 40, 201 e 202 da Constituição Federal, aos benefícios dos programas de assistência social de que trata o art. 203 da Constituição Federal e às remunerações, proventos de inatividade e pensão por morte decorrentes das atividades militares de que tratam os arts. 42 e 142 da Constituição Federal de que trata o artigo 12 da Emenda 103/2019.

Os casos que vêm aparecendo em sua maioria para o INSS decorrem de vedações de acumulação da legislação de previdência militar. Veja-se, por exemplo, o artigo 29 da Lei 3.765/1960, que rege as pensões militares (**exemplo externo entre regimes de previdência pública**):

> "Art. 29. É permitida a acumulação: (Redação dada peça Medida provisória nº 2.215-10, de 31.8.2001)
>
> I - de uma pensão militar com proventos de disponibilidade, reforma, vencimentos ou aposentadoria; (Redação dada peça Medida provisória nº 2.215-10, de 31.8.2001)
>
> II - de uma pensão militar com a de outro regime, observado o disposto no art. 37, inciso XI, da Constituição Federal. (Redação dada peça Medida provisória nº 2.215-10, de 31.8.2001)".

Dessa forma, para cumprir o artigo 29 da Lei 3.765/1960, na situação de acumulação de três rendas citadas decorrentes de cofres públicos, pode ser necessário solicitar a cessação (suspensão) da aposentadoria programada do RGPS a critério do beneficiário, especialmente se for a menor renda.

Capítulo 10

Temas finais sobre benefícios do Regime Geral de Previdência Social

1. PROCESSO ADMINISTRATIVO PREVIDENCIÁRIO

De acordo com o INSS, considera-se **processo administrativo previdenciário** o conjunto de atos administrativos praticados através dos Canais de Atendimento da Previdência Social, iniciado em razão de requerimento formulado pelo interessado, de ofício pela Administração ou por terceiro legitimado, e concluído com a decisão definitiva no âmbito administrativo.

Ainda com base na normatização da autarquia previdenciária, o processo administrativo previdenciário será dividido nas seguintes fases:

A) Fase inicial;

B) Fase instrutória;

C) Fase decisória;

D) Fase recursal;

E) Fase de cumprimento das decisões administrativas.

Em regra, caberá ao segurado ou ao seu dependente requerer ao INSS a concessão da prestação previdenciária que entenda fazer jus, juntando a respectiva documentação pertinente, bem como prestando todos os esclarecimentos solicitados pela Previdência Social.

O requerimento administrativo poderá ser feito diretamente em umas das agências do INSS, pela internet (www.previdencia.gov.br) ou por telefone (135), quando será feito um agendamento para o atendimento, sendo considerada como data de entrada do requerimento a data do agendamento.

Nos termos do artigo 18, §4º, da Lei 8.213/91, introduzido pela Lei 13.846/19, os benefícios previdenciários poderão ser solicitados, pelos interessados, aos **Oficiais de Registro Civil das Pessoas Naturais,** que encaminharão, eletronicamente, requerimento e respectiva documentação comprobatória de seu direito para deliberação e análise do INSS, nos termos do regulamento.

Em caráter excepcional, o artigo 76 do RPS determina que **o INSS processe de ofício o auxílio-doença**, na hipótese de a autarquia federal tomar conhecimento da incapacidade laboral de segurado sem que este tenha requerido.

Outrossim, o artigo 118, do RPS, **obriga o INSS a converter automaticamente o auxílio-reclusão em pensão por morte**, na hipótese de falecimento do segurado segregado.

> ▸ **Importante:**
>
> Com efeito, **não poderá o INSS se recusar a receber requerimento de benefício previdenciário, caso a documentação oferecida se revele incompleta**, na forma do artigo 105 da Lei 8.213/91.

Caso se trate de benefício por incapacidade, deverá o postulante se sujeitar ao exame pericial a ser promovido por médico habilitado, que deverá ser servidor público integrante dos quadros da Perícia Médica Federal.

Deveras, todos os meios de prova lícitos são admitidos no processo administrativo previdenciário, exceto nas hipóteses em que a legislação previdenciária exigir forma especial, a exemplo da comprovação do tempo de serviço e de contribuição, que demanda início de prova material, com espeque no artigo 55, §3º, da Lei 8.213/91.

Para o cálculo do salário de benefício, da comprovação de filiação ao Regime Geral de Previdência Social, do tempo de contribuição e da relação de emprego, o INSS utilizará as informações constantes no **Cadastro Nacional de Informações Sociais – CNIS** sobre os vínculos e as remunerações dos segurados.

Caso não apresentada toda a documentação indispensável ao processamento do benefício ou do serviço, o servidor deverá emitir uma **carta de exigências**, com prazo mínimo de trinta dias para cumprimento, com o registro da exigência no sistema corporativo de benefícios, devendo ser proferida a decisão pela autoridade administrativa com ou sem o atendimento.

> ▸ **Importante:**
>
> De acordo com o Enunciado 01, do Conselho de Recursos da Previdência, publicado em 12/11/2019, "a Previdência Social deve conceder o melhor benefício a que o segurado fizer jus, cabendo ao servidor orientá-lo nesse sentido," entendimento repetido pela normatização do INSS.

Logo, se um segurado requereu a aposentadoria por idade, mas também tinha direito à aposentadoria por tempo de contribuição com melhor renda mensal, o INSS deverá deferir este último benefício.

A decisão administrativa deverá ser fundamentada, sob pena de nulidade, com indicação dos documentos e dos elementos que levaram à concessão ou ao indeferimento do benefício ou serviço.

Por força da Lei 13.846/2019 , que inseriu quatro artigos na Lei 8.213/91 (124, de A até D), o INSS implementará processo administrativo eletrônico para requerimento de benefícios e serviços e disponibilizará canais eletrônicos de atendimento (INSS "digital"), facilitando o atendimento, o requerimento, a concessão, a manutenção e a revisão de benefícios por meio eletrônico e implementará procedimentos automatizados, de atendimento e prestação de serviços por meio de atendimento telefônico ou de canais remotos, podendo ainda ser celebrados acordos de cooperação, na modalidade de adesão, com órgãos e entidades da União, dos Estados, do Distrito Federal e dos Municípios para a recepção de documentos e apoio administrativo às atividades do INSS que demandem serviços presenciais.

Ademais, para o exercício de suas competências, o INSS terá acesso a todos os dados de interesse para a recepção, a análise, a concessão, a revisão e a manutenção de benefícios por ele administrados, em especial: I - vetado; II - os dados dos registros e dos prontuários eletrônicos do Sistema Único de Saúde - SUS, administrados pelo Ministério da Saúde; III - os dados dos documentos médicos mantidos por entidades públicas e privadas, sendo necessário, no caso destas últimas, a celebração de convênio para garantir o acesso; e IV - os dados de movimentação das contas do Fundo de Garantia por Tempo de Serviço - FGTS, instituído pela Lei nº 5.107, de 13 de setembro de 1966, mantidas pela Caixa Econômica Federal.

A administração pública federal desenvolverá ações de segurança da informação e comunicações, incluídas as de segurança cibernética, de segurança das infraestruturas, da qualidade dos dados e da segurança de interoperabilidade de bases governamentais, e efetuará a sua integração, inclusive com as bases de dados e informações dos Estados, dos Municípios e do Distrito Federal, com o objetivo de atenuar riscos e inconformidades em pagamentos de benefícios sociais.

A Lei 13.846/2019 trouxe uma proteção ao servidor de boa-fé do INSS. É que o servidor responsável pela análise dos pedidos dos benefícios Lei motivará suas decisões ou opiniões técnicas **e responderá pessoalmente apenas na hipótese de dolo ou erro grosseiro**.

Da decisão tomada pelo INSS nos processos de interesse dos beneficiários, caberá **recurso ordinário** no prazo de 30 dias ao Conselho de Recursos da Previdência Social – CRPS, órgão colegiado integrante da estrutura do Ministério da

Economia, na forma do artigo 126, da Lei 8.213/91, que o julgará através de uma das suas **Juntas de Recursos**, com eficácia suspensiva e devolutiva, se tempestivo.

Também competirá às Juntas de Recursos do CRPS apreciar recurso contra decisão do INSS acerca da configuração do Nexo Técnico Epidemiológico Previdenciário – NTEP. Após a interposição do recurso pelo segurado ou seu dependente, o INSS apresentará razões de contrariedade, também no prazo de 30 dias.

Eis uma competência atribuída ao CRPS pela Lei 13.846/2019: **julgar as contestações e recursos relativos à atribuição, pelo Ministério da Economia, do Fator Acidentário de Prevenção aos estabelecimentos das empresas.**

Outrossim, por força da Lei 13.876/2019, também competirá ao **CRPS** julgar os **recursos** de processos relacionados à **compensação financeira** de que trata a Lei nº 9.796, de 5 de maio de 1999, e à supervisão e à fiscalização dos regimes próprios de previdência social de que trata a Lei nº 9.717, de 27 de novembro de 1998.

Todavia, após a análise das razões recursais, caso o INSS se convença de que assiste razão ao recorrente, deverá exercer o **juízo de retratação**, revendo o seu ato administrativo e deixando de encaminhar o recurso a uma das Juntas do CRPS.

Frise-se que o não conhecimento do recurso pela intempestividade não impede a revisão de ofício pelo INSS, quando verificada a incorreção da decisão administrativa.

Ademais, em determinadas hipóteses, as decisões tomadas pelas Juntas de Recursos poderão ser impugnadas através de **recurso especial** dirigido a umas das **Câmaras de Julgamento do CRPS**, que funcionará como órgão de 3ª instância.

As Juntas e as Câmaras, presididas por representante do Governo, são compostas por quatro membros, denominados conselheiros, nomeados pelo Ministro da Economia, sendo dois representantes do Governo, um das empresas e um dos trabalhadores, com mandato de 02 anos, permitida a recondução.

Entende-se que deveria também existir um representante dos aposentados, em aplicação ao Princípio da Gestão Quadripartite da Seguridade Social, devendo futuramente ser modificada a legislação previdenciária para se adaptar a essa importante norma constitucional.

Das decisões proferidas no julgamento do Recurso Ordinário caberá Recurso Especial dirigido às Câmaras de Julgamento quando:

> I – violarem disposição de lei, decreto ou de portaria ministerial;
>
> II - divergirem de parecer do Advogado-Geral da União - AGU, aprovado pelo Presidente da República, na forma do art. 40 da Lei Complementar nº 73/93;
>
> III - divergirem de pareceres da consultoria jurídica do Ministério do Trabalho e Previdência, dos extintos MPAS e MPS, aprovados pelo Ministro de Estado;

> IV - divergirem de enunciados editados pelo Conselho Pleno do CRPS;
>
> V - divergirem de Súmula Vinculante do Ministro do Trabalho e Previdência;
>
> VI - quando contrariarem laudos ou pareceres médicos emitidos pela Perícia Médica Federal, referentes à benefícios de matéria exclusivamente médica; e
>
> VII - impetrado por ente federativo ou pela SPREV, na hipótese do inciso V do art. 1º (os recursos relacionados aos processos sobre irregularidades ou responsabilidade por infração às disposições da Lei nº 9.717, de 27 de novembro de 1998, verificadas pela Secretaria de Previdência em suas atividades de supervisão realizadas por meio de fiscalização nos regimes próprios de previdência social).

Essas restrições de cabimento somente existiam para o INSS, tendo sido estendidas as demais recorrentes por força do Regimento de 2022. Ademais, as matérias de alçada exclusiva das Juntas, as quais não caberá recurso especial, foram deveras ampliadas, conforme artigo 30, §1º.

A interposição tempestiva do Recurso Especial suspende os efeitos da decisão de primeira instância e devolve à instância superior o conhecimento integral da causa.

De efeito, constituem **alçada exclusiva das Juntas de Recursos**, não comportando recurso às Câmaras de Julgamento, as decisões proferidas sobre revisão de reajustamento de benefício em manutenção, exceto quando a diferença na Mensalidade Reajustada - MR decorrer de alteração da Renda Mensal Inicial - RMI, e as fundamentadas exclusivamente em matéria médica, assim definidas:

> I - as relativas aos benefícios por incapacidade temporária e permanente, parcial ou total, ao auxílio-acidente, à aposentadoria da pessoa com deficiência e ao benefício assistencial da pessoa com deficiência;
>
> II - os casos em que a manifestação médico-pericial em sede recursal corrobora a decisão do INSS que indeferiu o benefício por incapacidade;
>
> III - sobre a existência, permanência ou redução da (in)capacidade laborativa ou para atividade habitual, inclusive para fins de pagamento do adicional previsto no art. 45 da Lei nº 8.213/91;
>
> IV - sobre o reconhecimento de Nexo Técnico Profissional ou do Trabalho, Nexo Técnico Individual e Nexo Técnico Epidemiológico;
>
> V - sobre a fixação das datas relativas ao início da doença(DID), da incapacidade (DII) e cessação do benefício (DCB), momento em que estará cessada a incapacidade, averiguada no mesmo processo ou diverso, na forma de prova emprestada;
>
> VI - sobre a progressão ou agravamento de doença existente anteriormente ao ingresso ou reingresso no RGPS, salvo nos casos de mesmo segurado e doença, a data de início da incapacidade (DII) é posterior a data de início

da doença (DID), averiguada no mesmo processo ou diverso, na forma de prova emprestada;

VII - sobre a existência e o grau (leve, médio, grave) de deficiência para fins de benefícios previdenciários e assistenciais;

VIII - sobre a análise de capacidade laborativa residual para fins de encaminhamento do beneficiário ao Programa de Reabilitação Profissional do INSS;

IX - sobre o enquadramento das doenças e critérios de gravidade nas hipóteses que dispensam a carência previdenciária; e

X - sobre a matéria a que se refere o inciso IV do artigo 1º deste Regimento (os recursos de processos relacionados à compensação financeira de que trata a Lei n.º 9.796, de 5 de maio de 1999).

Desta forma, para todos os recorrentes o recurso especial possui causa de pedir tarifada, embora se reconheça que as hipóteses são deveras abertas.

> ▸ **Importante:**
>
> Na forma do artigo 126, §3º, da Lei 8.213/91, a propositura, pelo beneficiário, de ação que tenha por objeto idêntico pedido sobre o qual versa o processo administrativo, importa em renúncia ao direito de recorrer na esfera administrativa e desistência do recurso interposto.

Considera-se idêntica a ação judicial que tenha as mesmas partes, a mesma causa de pedir e o mesmo pedido do processo administrativo, devendo o INSS dar ciência ao interessado ou seu representante legal para que se manifeste no prazo de trinta dias.

Se houver decisão judicial transitada em julgado com o mesmo objeto do processo administrativo, conforme orientação da Procuradoria Federal Especializada, a coisa julgada prevalecerá sobre a decisão administrativa.

As inexatidões materiais constantes de decisões proferidas pelos órgãos "jurisdicionais" do CRPS, decorrentes de erros de grafia, numéricos, de cálculos ou, ainda, de outros equívocos semelhantes, serão saneadas pelo respectivo Presidente da unidade julgadora ou pelo Presidente do CRPS, de ofício ou a requerimento das partes.

Caberá ao INSS efetuar o **primeiro pagamento** do benefício até **45 dias** após a data da apresentação, pelo segurado, da documentação necessária à sua concessão, podendo ser creditado diretamente na conta corrente do beneficiário.

Ademais, **as decisões do CRPS vinculam o INSS**, sendo vedado à autarquia federal escusar-se de cumprir as diligências solicitadas pelo CRPS, bem como deixar de dar cumprimento às decisões definitivas daquele colegiado, reduzir ou ampliar o seu alcance ou executá-las de modo que contrarie ou prejudique seu evidente sentido, na forma do artigo 308, §2º, do RPS, **sob pena de reclamação**.

A decisão do CRPS deverá ser cumprida pelo INSS em até 30 dias, contados do recebimento do processo, sob pena de responsabilização funcional do servidor que der causa ao retardamento.

Contudo, a decisão da instância recursal excepcionalmente poderá deixar de ser cumprida no prazo estipulado, se após o julgamento pela Junta ou Câmara, for demonstrado pelo INSS que ao beneficiário foi deferido outro benefício mais vantajoso, desde que haja opção expressa do interessado, dando-se ciência ao órgão julgador.

O INSS poderá suscitar junto ao Conselho Pleno do CRPS a uniformização em tese da jurisprudência administrativa previdenciária, mediante a prévia apresentação de estudo fundamentado sobre a matéria a ser uniformizada, no qual deverá ser demonstrada a existência de relevante divergência jurisprudencial ou de jurisprudência convergente reiterada, nos termos do Regimento Interno do CRPS.

Em decorrência do Princípio da Segurança Jurídica, não será efetuada a cobrança administrativa referente ao período em que o beneficiário recebeu valores correspondentes a benefício que foi concedido ou reativado em grau de recurso, mas que, por força de revisão de acórdão foi cessado, exceto se a decisão de revogação do acórdão de primeira instância se der em decorrência de fraude, dolo ou má-fé por parte do segurado, com conivência ou não do servidor, ou se, depois de notificado sobre a revogação da decisão de última e definitiva instância, o beneficiário continuar recebendo valores referentes ao benefício (artigo 57, Portaria INSS/DIRBEN 996/2022).

Por fim, conclui-se o processo administrativo com a decisão administrativa não mais passível de recurso, ressalvado o direito de o requerente pedir a revisão da decisão no prazo decadencial previsto na lei de benefícios.

1.1. Programa permanente de revisão da concessão e da manutenção dos benefícios geridos pelo INSS

Coube à Lei 13.846/2019 instituir um **programa permanente** de revisão da concessão e da manutenção dos benefícios geridos pelo INSS, a fim de apurar **irregularidades ou erros materiais**, em decorrência do dever-poder de autotutela, modificando o artigo 69 da Lei 8.212/91.

O objetivo é identificar erros e fraudes passíveis de revisão administrativa em respeito ao Princípio da Legalidade, respeitado o prazo decadencial de 10 anos (art. 103-A da Lei 8.213/91), salvo comprovada má-fé do beneficiário.

Eis o procedimento a ser observados pelos agentes do INSS:

a) Na hipótese de haver indícios de irregularidade ou erros materiais na concessão, na manutenção ou na revisão do benefício, o INSS notificará o beneficiário, o seu representante legal ou o seu procurador para, no prazo de **30 dias se for trabalhador urbano ou 60 de dias se for trabalhador rural** , apresentar defesa, provas ou documentos dos quais dispuser, preferencialmente por rede bancária ou notificação por meio eletrônico ou por via postal, por carta simples, considerado o endereço constante do cadastro do benefício, hipótese em que o aviso de recebimento será considerado prova suficiente da notificação;

b) A defesa poderá ser apresentada por canais de atendimento eletrônico definidos pelo INSS, podendo o benefício ser suspenso na hipótese de não apresentação da defesa nos prazos acima citados;

c) O benefício será suspenso na hipótese de a defesa ser considerada insuficiente ou improcedente pelo INSS, que deverá notificar o beneficiário quanto à suspensão do benefício e lhe conceder prazo de trinta dias para interposição de recurso ordinário perante a Junta do CRPS, que não terá efeito suspensivo;

d) Decorrido o prazo de trinta dias após a suspensão do benefício sem que o beneficiário, o seu representante legal ou o seu procurador apresente recurso administrativo junto aos canais de atendimento do INSS ou a outros canais autorizados, o benefício será cessado.

De efeito, apurada irregularidade recorrente ou fragilidade nos procedimentos reconhecidas pelo INSS ou pelos órgãos de controle (a exemplo do TCU), os procedimentos de análise e concessão de benefícios serão revistos, de modo a reduzir o risco de fraude e concessão irregular.

A Lei 14.199/2021 alterou o procedimento da prova de vida, que passa a ser **no mês de aniversário do titular do benefício nas instituições financeiras, com tratamento diferenciado em favor dos maiores de 80 anos de idade e pessoas com dificuldade de locomoção**, nos termos do artigo 69 da Lei 8.212/91:

> *"§ 8º Aquele que receber benefício realizará* ***anualmente, no mês de aniversário do titular do benefício, a comprovação de vida****, preferencialmente por meio de atendimento eletrônico com uso de biometria, ou outro meio definido pelo INSS que assegure a identificação inequívoca do beneficiário, implementado pelas instituições financeiras pagadoras dos benefícios, observadas as seguintes disposições: (Redação dada pela Lei nº 14.199, de 2021)*
>
> *I - a prova de vida e a renovação de senha serão efetuadas pelo beneficiário, preferencialmente no mesmo ato, mediante identificação* ***por funcionário da instituição financeira responsável pelo pagamento****, quando não realizadas por atendimento eletrônico com uso de biometria; (Redação dada pela Lei nº 14.199, de 2021)*
>
> *II - a prova de vida poderá ser realizada por representante legal ou por procurador do beneficiário, legalmente cadastrado no INSS; (Redação dada pela Lei nº 14.199, de 2021)*
>
> *III - (revogado); (Redação dada pela Lei nº 14.199, de 2021)*
>
> *IV - os órgãos competentes deverão dispor de meios alternativos que garantam a realização da prova de vida do beneficiário com idade igual ou superior a* ***80 (oitenta) anos ou com dificuldade de locomoção****, inclusive por meio de*

atendimento domiciliar quando necessário; (Redação dada pela Lei nº 14.199, de 2021)

IV-A - as instituições financeiras deverão, obrigatoriamente, envidar esforços a fim de facilitar e auxiliar o beneficiário com idade igual ou superior a 80 (oitenta) anos ou com dificuldade de locomoção, de forma a evitar ao máximo o seu deslocamento até a agência bancária e, caso isso ocorra, dar-lhe preferência máxima de atendimento, para diminuir o tempo de permanência do idoso no recinto e evitar sua exposição a aglomeração; (Incluído pela Lei nº 14.199, de 2021)

IV-B - a instituição financeira, quando a prova de vida for nela realizada, deverá enviar as informações ao INSS, bem como divulgar aos beneficiários, de forma ampla, todos os meios existentes para efetuar o procedimento, especialmente os remotos, a fim de evitar o deslocamento dos beneficiários; e (Incluído pela Lei nº 14.199, de 2021)

V - o INSS poderá bloquear o ***pagamento do benefício*** *encaminhado às instituições financeiras até que o beneficiário realize a prova de vida, permitida a liberação do pagamento automaticamente pela instituição financeira". (Redação dada pela Lei nº 14.199, de 2021)*

Outrossim, foi criada uma **nova ação regressiva previdenciária contra a instituição financeira** na hipótese de pagamento indevido de benefício previdenciário para ressarcir o Fundo do RGPS pela Lei 14.199/2021.

Nesse sentido, **na hipótese de pagamento indevido de benefício a pessoa não autorizada, ou após o óbito do titular do benefício, a instituição financeira é responsável pela devolução dos valores ao INSS, em razão do descumprimento das obrigações a ela impostas por lei ou por força contratual.**

2. JUSTIFICAÇÃO ADMINISTRATIVA

Mediante justificação processada perante a Previdência Social, poderá ser suprida a falta de documento ou provado ato do interesse de beneficiário ou empresa, salvo no que se refere a registro público.

Com propriedade, deverá o interessado protocolar requerimento expondo clara e minuciosamente os pontos que pretende justificar, indicando testemunhas[1] idôneas, em número não inferior a três nem superior a seis, cujos depoimentos possam levar à convicção da veracidade do que se pretende comprovar.

Entrementes, **em regra, não será cabível a justificação para a comprovação de tempo de serviço ou de contribuição**, pois o artigo 55, §3º, da Lei 8.213/91, exige

1. Na hipótese de a testemunha residir em localidade distante ou em localidade de abrangência de outra APS, o processo será encaminhado para essa Agência, a fim de convocar a testemunha e realizar a oitiva, devendo ser observada a competência para efetuar o relatório.

início de prova material (documentos), apenas dispensável em hipóteses comprovadas de caso fortuito ou de força maior.

Embora já se entendesse que a prova material precisava ser contemporânea ao período probando, a Lei 13.846/2019 inseriu a expressão em negrito: "§ 3º A comprovação do tempo de serviço para fins do disposto nesta Lei, inclusive mediante justificativa administrativa ou judicial, observado o disposto no art. 108, só produzirá efeito quando for baseada em início de prova material **contemporânea dos fatos**, não admitida a prova exclusivamente testemunhal, exceto na ocorrência de motivo de força maior ou caso fortuito, na forma prevista no Regulamento".

Da mesma forma, **não será admitida a justificação** nas demais hipóteses em que houver qualquer exigência de **forma especial probatória** pela legislação previdenciária, a exemplo do casamento, que se comprova com a certidão cartorial.

> **▸ Como esse assunto foi cobrado em concurso?**
>
> No concurso do CESPE para Juiz Federal da 2ª Região em 2009, foi considerado errado o seguinte enunciado: A justificação administrativa deve ser admitida ainda que o fato a comprovar dependa de registro público de casamento, de idade ou de óbito. Outrossim, no concurso para Juiz Federal da 5ª Região em 2006, foi considerado errado o seguinte enunciado: Aloísio, segurado obrigatório da previdência social, faleceu em Brasília, em 14/5/2006. Ana, alegando ser esposa de Aloísio, requereu perante o INSS do local do falecimento a concessão do benefício previdenciário denominado pensão por morte. Ana afirmou que não pôde juntar ao requerimento a certidão de casamento, comprobatória de sua condição de viúva de Aloísio, por tê-la perdido e em virtude de o registro público ter sido efetivado no cartório de registro civil de pessoas naturais do município de Rio Branco – AC, local do casamento, o que dificultaria sobremaneira a obtenção de uma segunda via. Nessa situação, Ana poderá requerer a realização de audiência de justificação administrativa para produzir prova de sua condição de dependente do *de cujus*.

Caracteriza motivo de força maior ou caso fortuito a verificação de ocorrência notória, tais como incêndio, inundação ou desmoronamento, que tenha atingido a empresa na qual o segurado alegue ter trabalhado, devendo ser comprovada mediante registro da ocorrência policial feito em época própria ou apresentação de documentos contemporâneos dos fatos, verificada a correlação entre a atividade da empresa e a profissão do segurado.

Somente será admitido o processamento de justificação administrativa na hipótese de ficar evidenciada a inexistência de outro meio capaz de configurar a verdade do fato alegado, e o início de prova material apresentado levar à convicção do que se pretende comprovar.

Nesse sentido, nos termos do artigo 151 do RPS, alterado pelo Decreto 10.410/2020, somente será admitido o processamento de justificação administrativa quando necessário para corroborar o início de prova material apto a demonstrar a plausibilidade do que se pretende comprovar.

Ressalte-se que o artigo 143, do RPS, determina que a justificação administrativa ou judicial, no caso de dependência econômica, identidade e de relação de parentesco, somente produzirá efeito quando baseada em início de prova material contemporânea, não sendo admitida prova exclusivamente testemunhal.

Sucede que esta previsão regulamentar era desprovida de base legal, pois apenas se exigia início de prova material para a comprovação de tempo de serviço ou de contribuição, razão pela qual a dependência, a identidade ou relação de parentesco poderiam ser comprovadas por todos os meios de prova não proibidos em Direito, em aplicação ao Princípio do Livre Convencimento Motivado.

▸ Qual o entendimento do STJ sobre o assunto?

"A Terceira Seção deste Superior Tribunal, no âmbito da Quinta e da Sexta Turma, já consolidou entendimento no sentido de que não se exige início de prova material para comprovação da dependência econômica de mãe para com o filho, para fins de obtenção do benefício de pensão por morte" (AGREsp 886.069, de 25.09.2008).

Isto foi modificado com o advento da **Lei 13.846/2019**, tornando a posição Regulamentar (Decreto 3.048/99) válida e **afastando a jurisprudência citada**. Isso porque restou inserido no artigo 16 da Lei 8.213/91 um quinto parágrafo com tarifação de prova com marca de temporariedade de 24 meses antes do fato gerador da pensão por morte ou do auxílio-reclusão.

De efeito, dispõe o novel §5º do artigo 16 da Lei 8.213/91 que "as provas de **união estável** e de **dependência econômica** exigem **início de prova material contemporânea dos fatos, produzido em período não superior a 24 (vinte e quatro) meses anterior à data do óbito ou do recolhimento à prisão do segurado**, não admitida a prova exclusivamente testemunhal, exceto na ocorrência de motivo de força maior ou caso fortuito, conforme disposto no regulamento".

Dessa forma, se o segurado morreu em 8 de setembro de 2019, a sua companheira não poderá provar a união estável apenas com testemunhos, devendo apresentar ao menos um documento que indique a união estável produzido entre 8 de setembro de 2017 e 8 de setembro de 2019, exceto fortuito e força maior ainda não regulamentados.

Assim, resta afastado o Princípio do Livre Convencimento Motivado e adotada a tarifação de prova para dar mais segurança jurídica, considerando a existência de casos habituais de falsos testemunhos e para preservar o Erário contra algumas situações de fraude.

Vale registrar que se cuida de regra processual inerente à prova da condição de dependente, de modo que possui aplicação imediata a todos os processos pendentes de decisão para óbitos anteriores à vigência da alteração normativa, pois somente regras de direito material não possuem retroação.

De acordo com o Regulamento da Previdência Social, modificado pelo Decreto 10.410/2020, para comprovação do vínculo e da dependência econômica (quando couber), conforme o caso, deverão ser apresentados, **no mínimo, dois documentos**, e poderão ser aceitos, **dentre outros**:

> I - certidão de nascimento de filho havido em comum;
>
> II - certidão de casamento religioso;
>
> III - declaração do imposto de renda do segurado, em que conste o interessado como seu dependente;
>
> IV - disposições testamentárias;
>
> V - (Revogado pelo Decreto nº 5.699, de 2006)
>
> VI - declaração especial feita perante tabelião;
>
> VII - prova de mesmo domicílio;
>
> VIII - prova de encargos domésticos evidentes e existência de sociedade ou comunhão nos atos da vida civil;
>
> IX - procuração ou fiança reciprocamente outorgada;
>
> X - conta bancária conjunta;
>
> XI - registro em associação de qualquer natureza, onde conste o interessado como dependente do segurado;
>
> XII - anotação constante de ficha ou livro de registro de empregados;
>
> XIII - apólice de seguro da qual conste o segurado como instituidor do seguro e a pessoa interessada como sua beneficiária;
>
> XIV - ficha de tratamento em instituição de assistência médica, da qual conste o segurado como responsável;
>
> XV - escritura de compra e venda de imóvel pelo segurado em nome de dependente;
>
> XVI - declaração de não emancipação do dependente menor de vinte e um anos; ou
>
> XVII - quaisquer outros que possam levar à convicção do fato a comprovar.

Caso o dependente só possua um dos documentos produzido em período não superior a vinte e quatro meses anteriores à data do óbito ou do recolhimento à prisão, a comprovação de vínculo ou de dependência econômica para esse período poderá ser suprida por justificação administrativa.

De acordo com o artigo 142, do RPS, o processo de justificação administrativa é parte de processo antecedente, **vedada sua tramitação na condição de processo autônomo**. Contudo, deve-se admitir o processamento da justificação administrativa, sem ônus para o interessado, de forma autônoma para efeito de inclusão ou retificação de vínculos no CNIS.

Justamente por isso o Decreto 10.410/2020 alterou o artigo 142, §2º, do RPS, passando a prever que a justificação administrativa é parte do processo de atualização de dados do CNIS ou de reconhecimento de direitos, vedada a sua tramitação na condição de processo autônomo.

Quando a concessão do benefício depender de documento ou de prova de ato ao qual o segurado não tenha acesso, exceto quanto a registro público ou início de prova material, a justificação administrativa será oportunizada.

Com propriedade, deverá o interessado protocolar requerimento expondo clara e minuciosamente os pontos que pretende justificar, indicando testemunhas idôneas, em número não inferior a duas nem superior a seis, cujos depoimentos possam levar à convicção da veracidade do que se pretende comprovar.

O rol mínimo de testemunhas era composto por três, tendo sido **reduzido para duas testemunhas** por intermédio do Decreto 10.410/2020.

Saliente-se que a homologação da justificação judicial processada com base em prova exclusivamente testemunhal dispensa a justificação administrativa, **se complementada com início razoável de prova material.**

> **Como esse assunto foi cobrado em concurso?**
>
> No concurso do CESPE para Juiz Federal da 2ª Região em 2009, foi considerado errado o seguinte enunciado: A homologação da justificação judicial processada com base em prova exclusivamente testemunhal dispensa a justificação administrativa, em vista da autoridade da coisa julgada constituída.

Vale ressaltar que **não caberá recurso** da decisão da autoridade competente do INSS que considerar eficaz ou ineficaz a justificação administrativa.

> **Como esse assunto foi cobrado em concurso?**
>
> No concurso do CESPE para Juiz Federal da 2ª Região em 2009, foi considerado correto o seguinte enunciado: Contra a decisão da autoridade competente do INSS que opinar pela eficácia ou pela ineficácia da justificação administrativa não caberá recurso.

Por fim, é possível que o processo de justificação contra o INSS corra na Justiça Estadual, investida de jurisdição federal, se na localidade não funcionar Vara Federal, conforme autoriza o artigo 15, II, da Lei 5.010/66.

> **Como esse assunto foi cobrado em concurso?**
>
> No concurso do CESPE para Juiz Federal da 5ª Região em 2009, foi considerado errado o seguinte enunciado: A justificação judicial destinada a instruir pedido perante órgãos da União deve ser processada e julgada

perante juizado especial federal da capital do estado quando a comarca não for sede de vara federal. De seu turno, no concurso do CESPE para Juiz Federal da 5ª Região em 2011, foi considerado errado o seguinte enunciado: A justiça comum estadual não tem competência para processar e julgar ação de justificação judicial para habilitação de benefício previdenciário, mesmo na hipótese de o domicílio do justificante não ser sede de vara federal, uma vez que se trata de competência indelegável dos juízes federais.

Restará encerrado o processo administrativo com a decisão administrativa não mais passível de recurso, ressalvado o direito de o requerente pedir a revisão da decisão no prazo decadencial previsto na Lei de Benefícios (10 anos).

3. CANCELAMENTO E SUSPENSÃO DE BENEFÍCIOS

A legislação previdenciária prevê hipóteses específicas que autorizam o INSS a suspender ou mesmo cancelar benefícios previdenciários, uma vez observado o devido processo legal administrativo, em especial o Princípio do Contraditório.

De efeito, o segurado em gozo de auxílio-doença, auxílio-acidente (Lei 14.441/2022) aposentadoria por invalidez e o pensionista inválido estão obrigados, **sob pena de suspensão do benefício**, a submeter-se a exame médico a cargo da Previdência Social, processo de reabilitação profissional por ela prescrito e custeado e tratamento dispensado gratuitamente, **exceto o cirúrgico e a transfusão de sangue, que são facultativos**, na forma do artigo 101, da Lei 8.213/91, exceto nas situações de isenção de perícia já estudadas.

Outrossim, o aposentado especial que retornar à atividade especial deverá ter o seu benefício suspenso, assim como o aposentado por incapacidade que volte a desempenhar trabalho remunerado, a teor do artigo 57, §8º, da Lei 8.213/91, sendo neste caso cancelado.

Demais disso, deverá o auxílio-reclusão ter o seu pagamento suspenso na hipótese de não apresentação do atestado trimestral de encarceramento, ou no caso de fuga do detento, voltando a ser pago na hipótese de recaptura, se ainda houver a manutenção da condição de segurado (artigo 117 do RPS).

Entretanto, o exercício de atividade remunerada do segurado recluso em cumprimento de pena em regime fechado não acarreta a perda do direito ao recebimento do auxílio-reclusão para seus dependentes.

Também será suspenso o pagamento do salário-família se o segurado não apresentar o atesto de vacinação (anual) ou de frequência escolar (semestral) do filho ou menor equiparado de 14 anos ou inválido de qualquer idade (salvo empregado doméstico).

Da mesma forma, deverá ser cessado o pagamento da pensão por morte na hipótese de reaparecimento do segurado presumidamente morto, na forma do artigo 78, §2º, da Lei 8.213/91.

Ademais, após a Lei 13.846/2019, a prisão em regime fechado do segurado é causa de suspensão do auxílio por incapacidade temporária, que será convertida em cancelamento se não posto em liberdade em até sessenta dias.

Por sua vez, o exercício de atividade laboral remunerada durante o recebimento do salário-maternidade implica na suspensão do benefício, tanto na gestação, na adoção de criança ou o salário-maternidade derivado, nos termos do artigo 71-C da Lei 8.213/1991.

Isso porque o benefício substituiu a remuneração do(a) segurado(a), em razão de ficção legal de incapacidade laboral temporária para cuidar da criança recém nascida ou adotada durante o prazo do benefício por 120 dias.

Outrossim, a pensão por morte será cessada pelo decurso do prazo após a Lei 13.135/2015, acaso o cônjuge ou companheiro não possua 44 anos de idade no dia da morte do segurado, sendo temporária (45 anos de idade, para óbitos a partir de 1/1/2021).

Salvo direito adquirido formado antes do advento da Lei 9.528/97, o auxílio-acidente deverá ser cancelado quando da concessão de aposentadoria ao segurado, independentemente de sua espécie, nos moldes do artigo 86, §2º, da Lei 8.213/91.

> **▸ Como esse assunto foi cobrado em concurso?**
>
> No concurso da FCC para Técnico do INSS em 2012, foi considerada correta a alternativa E – Segundo a legislação previdenciária NÃO é considerado caso de suspensão ou de cancelamento automático do benefício previdenciário: (A) o retorno voluntário ao trabalho de segurado aposentado por invalidez. (B) a não apresentação do segurado beneficiário de aposentadoria por invalidez para a realização de exame médico-pericial periódico a cargo do INSS. (C) o reaparecimento do segurado considerado falecido por decisão judicial que havia declarado morte presumida que originou o pagamento de pensão provisória aos dependentes. (D) a continuidade do exercício de trabalho ou atividade que sujeite o segurado beneficiário de aposentadoria especial a condições nocivas à saúde ou à integridade física que foram considerados para fins da concessão da aposentadoria especial. (E) o exercício de atividade remunerada pelo segurado recluso em cumprimento de pena em regime fechado ou semi-aberto que contribuir na condição de segurado contribuinte individual ou facultativo, em relação ao recebimento do auxílio-reclusão pelos seus dependentes.

4. AUTOTUTELA DA PREVIDÊNCIA SOCIAL

É certo que a Administração Pública tem o dever de anular os seus próprios atos quando eivados de vícios legais não passíveis de convalidação, em atenção ao interesse público primário, independentemente de provocação, aplicando de ofício o Princípio da Legalidade, na forma da Súmula 473 do STF.

Entrementes, caso a retirada do ato administrativo do mundo jurídico interfira na esfera patrimonial de terceiros, é curial o exercício prévio do contraditório antes da autotutela pelo Poder Público.

Atualmente há regra especial de prazo para o exercício da autotutela pela Previdência Social, esculpida no artigo 103-A, da Lei 8.213/91, inserido pela Lei 10.839/2004, fruto da conversão da Medida Provisória 138/2003:

> **"Art. 103-A. O direito da Previdência Social de anular os atos administrativos de que decorram efeitos favoráveis para os seus beneficiários decai em dez anos, contados da data em que foram praticados, salvo comprovada má-fé.**
>
> §1º No caso de efeitos patrimoniais contínuos, o prazo decadencial **contar-se-á da percepção do primeiro pagamento.**
>
> §2º Considera-se exercício do direito de anular qualquer medida de autoridade administrativa que importe impugnação à validade do ato".

> **▸ Como esse assunto foi cobrado em concurso?**
>
> No concurso da FCC para Procurador de Recife em 2014, foi considerada correta a letra B: Considerando os prazos decadenciais e prescricionais relacionados aos benefícios previdenciários, é correto afirmar: A) As ações referentes à prestação por acidente do trabalho prescrevem em 10 anos, contados da data do acidente, quando dele resultar a morte ou a incapacidade temporária, verificada esta em perícia médica a cargo da Previdência Social. B) No caso de efeitos patrimoniais contínuos, o prazo decadencial contar-se-á da percepção do primeiro pagamento. C) Prescreve em dez anos, a contar da data em que deveriam ter sido pagas, toda e qualquer ação para haver prestações vencidas ou quaisquer restituições ou diferenças devidas pela Previdência Social, salvo o direito dos menores, incapazes e ausentes, na forma do Código Civil. D) O direito da Previdência Social de anular os atos administrativos de que decorram efeitos favoráveis para os seus beneficiários decai em cinco anos, contados da data em que foram praticados, salvo comprovada má-fé. E) É de cinco anos o prazo de decadência de todo e qualquer direito ou ação do segurado ou beneficiário para a revisão do ato de concessão de benefício, a contar do dia primeiro do mês seguinte ao do recebimento da primeira prestação ou, quando for o caso, do dia em que tomar conhecimento da decisão indeferitória definitiva no âmbito administrativo.

Destarte, o INSS terá o prazo decadencial de 10 anos, a partir do primeiro pagamento, para anular atos administrativos ilegais (a exemplo da concessão de benefícios previdenciários indevidos ou com renda a maior) com efeitos continuados com eficácia favorável aos administrados, salvo comprovada má-fé dos beneficiários, hipótese em que a ilegalidade poderá ser pronunciada a qualquer tempo.

> **▸ Como esse assunto foi cobrado em concurso?**
>
> No concurso do CESPE para Advogado da CEF em 2010, foi considerado errado o seguinte enunciado: Após analisar procedimento administrativo

apresentado por Maria, na condição de representante de Humberto, menor impúbere, a autoridade competente da previdência social deferiu o pedido de pagamento, em benefício de Humberto, de pensão por morte do seu genitor. Nessa situação, o prazo decadencial para a previdência social anular o referido ato administrativo será de cinco anos, a contar da data de sua publicação.

A instituição de um prazo legal decorre do Princípio da Segurança Jurídica, haja vista que o administrado não poderá ficar sujeito indefinidamente à anulação do ato ilegítimo, desde que não concorra maliciosamente para a sua prática.

5. DECADÊNCIA DECENAL PARA A REVISÃO OU IMPUGNAÇÃO DE ATO DE INDEFERIMENTO DE BENEFÍCIO PREVIDENCIÁRIO E PRESCRIÇÃO QUINQUENAL

A legislação previdenciária instituiu um prazo supostamente decadencial para a revisão de ato de concessão de benefício previdenciário ou impugnação de decisão de indeferimento definitivo administrativo, a teor do texto anterior artigo 103, da Lei 8.213/91 antes do advento da Lei 13.846/2019:

> "Art. 103. É de **dez anos** o prazo de **decadência** de todo e qualquer direito ou ação do segurado ou beneficiário para a **revisão do ato de concessão de benefício**, a contar do dia primeiro do mês seguinte ao do recebimento da primeira prestação ou, quando for o caso, do dia em que tomar conhecimento da **decisão indeferitória definitiva no âmbito administrativo"**.

Logo, o prazo decadencial de 10 anos aplicar-se-á nas seguintes hipóteses:

A) **Decadência decenal para a revisão de benefício concedido**, *a contar do dia primeiro do mês seguinte ao do recebimento da primeira parcela*. Esta hipótese foi inserida no artigo 103, da Lei 8.213/91, através da Medida Provisória 1.523-9, de 27.06.1997, convertida na Lei 9.528/97. Posteriormente, a Lei 9.711/98 reduziu o prazo para 05 anos, que novamente foi fixado em 10 anos, através da Lei 10.839/2004;

▸ Qual o entendimento do STJ sobre o assunto?

O Superior Tribunal de Justiça possuía uma interpretação ampliativa do artigo 103, da Lei 8.213/91. No julgamento do AgRg no REsp 1.298.511, de 07/08/2012, decidiu a 2ª Turma da Corte Superior que "o comando legal estipula como suporte fático-jurídico de incidência do prazo decadencial todo e qualquer direito ou ação para a revisão do ato de concessão. O alcance é amplo e não abrange apenas revisão de cálculo do benefício, mas atinge o próprio ato de concessão e, sob a imposição da expressão 'qualquer direito', envolve o direito à renúncia do benefício". **No entanto, este entendimento não prevaleceu na 1ª Seção. No dia 28 de novembro de 2013, julgando caso sob o rito do recurso repetitivo, decidiu a Seção que a interpretação a ser dada ao instituto da decadência previsto no artigo 103 da Lei 8.213 deve ser restritiva, pois as hipóteses de decadência decorrem de lei ou de ato convencional – o que não é o caso do processo julgado que versava sobre a desaposentação, que não é revisão, e sim renúncia de benefício, não se sujeitando a prazo decadencial.**

▸ Como esse assunto foi cobrado em concurso?

No concurso do CESPE para Procurador do TCU em 2015, foi considerado ERRADO o seguinte enunciado: Conforme entendimento do STJ, o prazo de decadência decenal para a revisão de benefícios previdenciários se aplica aos casos em que o segurado postula a declaração do direito de renúncia e o consequente desfazimento de sua aposentadoria por tempo de contribuição, com a averbação do tempo de serviço prestado após a inativação, para aferir aposentadoria mais vantajosa no mesmo regime de previdência.

▸ Qual o entendimento do STJ sobre o assunto?

"Na hipótese de existir reclamação trabalhista em que se reconhece parcelas remuneratórias, como a do presente caso, o STJ vem sedimentando entendimento no sentido de que o prazo de decadência do direito à revisão do ato de concessão do benefício flui a partir do trânsito da sentença trabalhista" (Recurso Especial 1.440.868, de 24/04/2014).

Tese aprovada (Tema 1117): "O marco inicial da fluência do prazo decadencial previsto no art. 103, caput, da lei 8213/91, quando houver pedido da revisão da renda mensal inicial para incluir verbas remuneratórias, recebidas em ação trabalhista, nos salários de contribuição que integraram o período básico de cálculos do benefício, deve ser o trânsito em julgado da sentença na respectiva reclamatória".

Tema 966 - Incide o prazo decadencial previsto no **caput** do artigo 103 da Lei n. 8.213/1991 para reconhecimento do direito adquirido ao benefício previdenciário mais vantajoso. REsp 1.612.818-PR, Rel. Min. Mauro Campbell Marques, por maioria, julgado em 13/02/2019, DJe 13/03/2019.

▸ Como esse assunto foi cobrado em concurso?

No concurso do CESPE para Procurador do TCU em 2015, foi considerado CORRETO o seguinte enunciado: Na hipótese em que a ação revisional de benefício previdenciário se fundar em decisão da justiça do trabalho, o termo inicial da decadência decenal será a data da coisa julgada na seara trabalhista, de acordo com o STJ.

▸ **Qual o entendimento do STF sobre o assunto?**

O Supremo Tribunal Federal (STF) decidiu no dia 16/10/2013 (RE 626.489) que o prazo de dez anos para a revisão de benefícios previdenciários é aplicável aos benefícios concedidos antes da Medida Provisória (MP) 1.523-9/1997, que o instituiu. Por unanimidade, o Plenário deu provimento ao Recurso Extraordinário (RE) 626489, interposto pelo Instituto Nacional do Seguro Social (INSS), para reformar acórdão de Turma Recursal dos Juizados Especiais Federais da Seção Judiciária do Estado de Sergipe que entendeu inaplicável o prazo decadencial para benefícios anteriores à vigência da MP. A decisão estabeleceu também que, no caso, o prazo de dez anos para pedidos de revisão passa a contar a partir da vigência da MP, e não da data da concessão do benefício. "A jurisprudência do Supremo Tribunal Federal assentou entendimento, com repercussão geral, no sentido de que o prazo decadencial de dez anos, instituído pela Medida Provisória nº 1.523, de 28.06.1997, incide, inclusive, sobre benefícios concedidos anteriormente, sem que isso importe em retroatividade vedada pela Constituição (RE 626.489 – Tema 313). Agravo regimental a que se nega provimento" (ARE 794713 AgR, de 13/5/2014).

No caso de revisão de pensão por morte oriunda de aposentadoria, o STJ possui entendimento de que o prazo revisional conta a partir da concessão da aposentadoria, e não da pensão por morte, revertendo anterior posicionamento.

▸ **Qual o entendimento do STJ sobre o assunto?**

Em 27/2/2019, no julgamento do **EREsp 1605554, a 1ª Seção do STJ pacificou o tema, definindo que a decadência deverá ser computada a partir da aposentadoria, e não da pensão por morte precedida de aposentadoria.**

De acordo com o Decreto 10.410/2020, nas hipóteses de requerimento de revisão de benefício em manutenção ou de recurso de decisão do INSS com apresentação de novos elementos extemporaneamente ao ato concessório, os efeitos financeiros serão fixados na data do pedido de revisão ou do recurso.

Registre-se que o direito de pedir a revisão da renda mensal de benefício concedido é que decairá em 10 anos, se não exercido, **mas o direito em se requerer pela primeira vez um benefício previdenciário poderá ser exercido a qualquer tempo**, pois não sujeito a prazo prescricional ou decadencial.

▸ **Como esse assunto foi cobrado em concurso?**

(2018/CESPE/PGM – Manaus/Procurador do Município) Márcio, com cinquenta e cinco anos de idade e trinta e cinco anos de contribuição como empresário, compareceu a uma agência da previdência social para requerer sua aposentadoria. Após análise, o INSS indeferiu a concessão do benefício sob os fundamentos de que ele já era beneficiário de pensão por morte e que não tinha atingido a idade mínima para a aposentadoria por tempo de contribuição. A respeito da situação hipotética apresentada e de aspectos legais a ela relacionados, julgue o item subsequente.

O direito de Márcio não está sujeito ao prazo decadencial decenal, pois este é aplicável somente nas hipóteses de pedido revisional de benefício previamente concedido.

Questão certa.

No caso de pensão por morte precedida de aposentadoria, a renda da pensão é a mesma da aposentadoria, devendo a decadência decenal ser contar a partir da aposentadoria, que é o fato originário do cálculo da renda mensal.

▸ Qual o entendimento do STJ sobre o assunto?

A Primeira Seção do Superior Tribunal de Justiça (STJ) definiu que a concessão da pensão por morte, embora legitime o pensionista a pedir a revisão da aposentadoria do falecido, não tem como efeito reabrir o prazo decadencial para essa discussão. Assim, caso já tenha decorrido o prazo de dez anos para a revisão do benefício originário, a contagem não pode ser reaberta para a parte dependente, beneficiária da pensão. **EREsp 1.605.554, de 19/3/2019.**

B) **Decadência decenal para impugnar ato administrativo que indeferiu requerimento de benefício**, *a contar do dia da cientificação*. Esta hipótese também foi inserida no artigo 103, da Lei 8.213/91, através da Medida Provisória 1.523-9, de 27.06.1997, convertida na Lei 9.528/97. Posteriormente, a Lei 9.711/98 reduziu o prazo para 05 anos, que novamente foi fixado em 10 anos, através da Lei 10.839/2004.

Logo, se o INSS indeferiu um benefício previdenciário, tinha o requerente o prazo de dez anos para solicitar a revisão judicial desse ato, a contar do dia da notificação do indeferimento, caso permaneça a mesma situação fática original.

▸ Como esse assunto foi cobrado em concurso?

No concurso do CESPE para Advogado da CEF em 2010, foi considerado errado o seguinte enunciado: Em 10/4/2004, o requerimento administrativo apresentado por Marcos, no qual pleiteava a revisão do ato de concessão do benefício previdenciário de aposentadoria por invalidez, foi indeferido, em decisão definitiva. Nessa situação, o direito de ação de Marcos para pleitear a referida revisão decaiu em 10/4/2009.

▸ Qual o entendimento da TNU sobre o assunto?

A TNU entendia que a decadência de 10 anos também se aplicava ao caso de ato de indeferimento de benefício previdenciário, a teor do revogada

Súmula 64. No entanto, em 2015, foi alterado o entendimento, tendo se afastado a decadência para ato de indeferimento de benefício: Súmula 81 – "Não incide o prazo decadencial previsto no art. 103, caput, da Lei nº 8.213/91, nos casos de indeferimento e cessação de benefícios, bem como em relação às questões não apreciadas pela Administração no ato da concessão".

Esta Súmula 81 da TNU também afastou a decadência na revisão de benefícios nos casos em que as questões de fato ou de direito objeto de revisão não foram enfrentadas pelo INSS na concessão do benefício na via administrativa, tendo o STJ firmado posição pela incidência da decadência.

▸ Qual o entendimento do STJ sobre o assunto?

"Haja vista a reflexão acima exposta, proponho, para fins dos arts. 1.036 e seguintes do CPC/2015, que a controvérsia fique assim resolvida (Tema 975/STJ): "*Aplica-se o prazo decadencial de dez anos estabelecido no art. 103, caput, da Lei 8.213/1991 às hipóteses em que a questão controvertida não foi apreciada no ato administrativo de análise de concessão de benefício previdenciário.*"

▸ Importante:

Por força da Lei 13.846/2019, o artigo 103 da Lei 8.213/91 foi reformulado, passando a contar com a seguinte redação: "Art. 103. O prazo de decadência do direito ou da ação do segurado ou beneficiário para a revisão do ato de concessão, **indeferimento, cancelamento ou cessação de benefício**, do ato de deferimento, indeferimento ou não concessão de revisão de benefício é de dez anos, contado: I - do dia primeiro do mês subsequente ao do recebimento da primeira prestação **ou da data em que a prestação deveria ter sido paga com o valor revisto**; ou II - do dia em que o segurado tomar conhecimento da decisão de indeferimento, cancelamento ou cessação do seu pedido de benefício ou da decisão de deferimento ou indeferimento de revisão de benefício, no âmbito administrativo".

O texto é bem confuso. Mas é possível apontar as **seguintes novidades**, observada a regra intertemporal:

a) Agora está claro que o ato de indeferimento de benefício previdenciário também está sujeito ao prazo de decadência de 10 anos, afastando a Súmula 81 da TNU;
b) A pretensão de restabelecimento de benefício previdenciário também se sujeita à decadência de 10 anos;

c) Caso o pedido revisional se dê por fato superveniente, a exemplo de ulterior modificação normativa, o termo inicial da decadência será a data em que a prestação deveria ter sido paga com o valor revisto.

É certo que os pontos de inovação serão aplicados aos benefícios anteriores, conforma anterior decisão do STF em caso análogo, mas o termo inicial da decadência revisional será o dia 1º de março de 2019 (primeiro dia do mês seguinte à competência fevereiro).

▸ **Qual o entendimento do STF sobre o assunto?**

No entanto, o STF rejeitou as alterações feitas no artigo 103 da Lei 8.213/91 pelo artigo 24 da Lei 13.846/2019 em sede de controle abstrato de constitucionalidade, ao argumento de que não há base constitucional para a incidência de decadência sobre o ato de indeferimento, cancelamento e cessação do benefício previdenciário.

Cuida-se de ADI 6.096 **com votação concluída em 05/10/2020 em que prevaleceu por 6 x 5 o voto do Ministro Fachin com a seguinte conclusão:**

"Do exposto, voto no sentido de conhecer parcialmente a ação direta e, na parte remanescente, pela procedência em parte do pedido, declarando a inconstitucionalidade do art. 24 da Lei 13.846/2019 no que deu nova redação ao art. 103 da Lei 8.213/1991".

Eis os principais fundamentos do voto vencedor:

> "Entendo que este Supremo Tribunal Federal admitiu a instituição de prazo decadencial para a revisão do ato concessório porque atingida tão somente a pretensão de rediscutir a graduação pecuniária do benefício, isto é, a forma de cálculo ou o valor final da prestação, já que, concedida a pretensão que visa ao recebimento do benefício, encontra-se preservado o próprio fundo do direito.
>
> No caso dos autos, ao contrário, admitir a incidência do instituto para o caso de indeferimento, cancelamento ou cessação importa ofensa à Constituição da República e ao que assentou esta Corte em momento anterior, porquanto, não preservado o fundo de direito na hipótese em que negado o benefício, caso inviabilizada pelo decurso do tempo a rediscussão da negativa, é comprometido o exercício do direito material à sua obtenção.
>
> Em outras palavras: na medida em que modificadas as condições fáticas que constituem requisito legal quando da entrada de um novo requerimento administrativo para a concessão do benefício negado ou de novo benefício que possa depender da reconsideração fática da negativa, a revisão do ato administrativo que indeferiu, cancelou ou cessou o benefício é mecanismo de acesso ao direito à sua obtenção, motivo pelo qual o prazo decadencial, ao fulminar a pretensão de revisar a negativa, compromete o núcleo essencial do próprio fundo do direito".

Desta forma, resta repristinada a anterior redação do artigo 103 da Lei 8.213/91, prevendo a decadência decenal somente para a revisão do ato de concessão de benefício previdenciário.

Posteriormente, **a TNU alterou o conteúdo da sua Súmula 81 em 09/12/2020**, afastando prazos extintivos contra o indeferimento, cessação e cancelamento de benefício previdenciário (prescrição e decadência), ao tempo em que se alinhou ao STJ para não mais afastar a decadência decenal em temas não apreciados pela Administração Pública:

A prescrição alcança a pretensão que nasce do direito subjetivo não realizado, após transcorrido *in albis* o lapso temporal legal. Em termos de Regime Geral de Previdência Social, o INSS tem o dever de deferir os benefícios previdenciários requeridos por seus segurados e dependentes, desde que tenha se realizado a hipótese legal de concessão.

Tradicionalmente, no Brasil, a prescrição das parcelas devidas pelo Poder Público ocorre em cinco anos. O lustro prescricional já era previsto desde o vetusto e vigente Decreto 20.910/1932, sendo esse prazo mantido para a Previdência Social, nos termos do artigo 103, parágrafo único, da Lei 8.213/91:

> "Parágrafo único. Prescreve em cinco anos, a contar da data em que deveriam ter sido pagas, toda e qualquer ação para haver prestações vencidas ou quaisquer restituições ou diferenças devidas pela Previdência Social, salvo o direito dos menores, incapazes e ausentes, na forma do Código Civil".

Tradicionalmente, o STJ reconhece que as demandas previdenciárias no RGPS se submetem ao regime da prescrição quinquenal de trato sucessivo, não prescrevendo o fundo do direito.

> **▸ Qual o entendimento do STJ sobre o assunto?**
>
> "1. A interpretação contextual do caput e do parágrafo único do art. 103 da Lei 8.213/1991 conduz à conclusão de que o prazo que fulmina o direito de revisão do ato de concessão ou indeferimento de benefício previdenciário é o decadencial de dez anos (caput), e não o lapso prescricional quinquenal (parágrafo único) que incide apenas sobre as parcelas sucessivas anteriores ao ajuizamento da ação.2. Não fosse assim, a aplicação do entendimento de que a prescrição quinquenal prevista no parágrafo único do art. 103 da Lei 8.213/1991 pode atingir o fundo de direito tornaria inócuo o instituto da decadência previsto no caput do mesmo artigo, que prevê prazo de dez anos para o exercício do direito de revisão de ato de indeferimento ou de concessão de benefício previdenciário" (REsp 1483177, de 17/3/2015).

No entanto, no caso de **benefícios por incapacidade laboral**, existem uma corrente forte no STJ aplicando a **prescrição quinquenal de fundo de direito**:

▸ **Qual o entendimento do STJ sobre o assunto?**

REsp 1764665 / SC, de 21/2/2019: PREVIDENCIÁRIO. **AUXÍLIO-DOENÇA.** DIREITO NEGADO PELA ADMINISTRAÇÃO. **INTERPOSIÇÃO DE AÇÃO APÓS CINCO ANOS. PRESCRIÇÃO DO FUNDO DE DIREITO.** SÚMULA N. 85/STJ. I - Na origem, cuida-se de ação ajuizada em desfavor do Instituto Nacional do Seguro Social - INSS objetivando a concessão de auxílio-doença e aposentadoria por invalidez. II - A parte recorrente objetiva, no recurso especial, que o benefício retroaja aos requerimentos administrativos anteriores cessados pela autarquia previdenciária em 38.2.2002, 11.7.2005, 15.11.2006 e em 30.4.2007, o que não é possível. III - Isso porque, conforme entendimento jurisprudencial desta Corte, entende-se que a revisão do ato administrativo que indeferiu o auxílio-doença está sujeita à prescrição quinquenal prevista no art. 1º do Decreto n. 20.910/32. No caso dos autos, a presente ação foi ajuizada, em 14.5.2013, após o decurso do prazo prescricional de cinco anos a contar do quarto requerimento administrativo, formulado em 30.4.2007, o que torna inviável a retroação do benefício a essa data e aos requerimentos anteriores. Precedentes: REsp n. 1.756.827/PB, Rel. Ministro Francisco Falcão, Segunda Turma, julgado em 11/12/2018, DJe 17/12/2018; e AgInt no REsp n. 1.744.640/PB, Rel. Ministro Herman Benjamin, Segunda Turma, julgado em 6/12/2018, DJe 19/12/2018.

▸ **Qual o entendimento do STJ sobre o assunto?**

Em 17 de maio de 2022, houve um *overruling* no STJ que, em razão dos fundamentos adotados pelo STF no julgamento da ADI 6.096, passou a adotar a **prescrição quinquenal de trato sucessivo no RGPS**: AgInt no REsp 1805428 / PB - 7. Diante da decisão do STF na ADI 6.096/DF, não é possível inviabilizar o próprio pedido de concessão do benefício (ou de restabelecimento) em razão do transcurso de quaisquer lapsos temporais - seja decadencial ou prescricional -, de modo que a prescrição se limita apenas às parcelas pretéritas vencidas no quinquênio que precedeu à propositura da ação, nos termos da Súmula 85/STJ.

8. Fica superado o entendimento firmado por esta Corte Superior nos EDcl nos EREsp 1.269.726/MG, tendo em vista que o art. 102, §2º, da CF/1988 confere efeito vinculante às decisões definitivas em ADI em relação aos demais órgãos do Poder Judiciário e à administração pública direta e indireta nos âmbitos federal, estadual e municipal.

Entende-se que o requerimento administrativo de benefício previdenciário tem o condão de suspender o curso prescricional, caso já iniciado, pois sinaliza a perseguição do direito prestacional violado, afastando a suposta contumácia do segurado ou do seu dependente.

▸ **Qual o entendimento da TNU sobre o assunto?**

Súmula 74- O prazo de prescrição fica suspenso pela formulação de requerimento administrativo e volta a correr pelo saldo remanescente após a ciência da decisão administrativa final.

▸ **Qual o entendimento do STJ sobre o assunto?**

De acordo com o STJ, a propositura de ação coletiva pelo Ministério Público tem o condão de interromper a prescrição em relação às demandas privadas com o mesmo objeto: "De acordo com a jurisprudência do STJ, a Ação Civil Pública ajuizada pelo Ministério Público objetivando a nulidade dos atos normativos expedidos no sentido de não admitir prova de tempo de serviço rural em nome de terceiros interrompeu a prescrição quinquenal das ações individuais propostas com a mesma finalidade (art. 219, caput e § 1º do CPC e art. 203 do CCB)" (STJ, REsp 1449964/RS, Rel. Ministro HERMAN BENJAMIN, SEGUNDA TURMA, julgado em 05/08/2014, DJe 13/10/2014).

▸ **Como esse assunto foi cobrado em concurso?**

No concurso do CESPE para Procurador do TCU em 2015, foi considerado ERRADO o seguinte enunciado: Segundo o STJ, a propositura de ação coletiva pelo MP com vistas, por exemplo, à nulidade dos atos normativos expedidos no sentido de não admitir prova do tempo de serviço rural em nome de terceiros não interrompe a prescrição quinquenal em relação às demandas individuais propostas com a mesma finalidade.

A propositura de ação coletiva antes de ação individual com o mesmo tema não gerará efeitos na interrupção de prescrição das parcelas vencidas, que terá como marco interruptivo a data de propositura da ação individual.

▸ **Qual o entendimento do STJ sobre o assunto?**

De acordo com o STJ, "a citação válida no processo coletivo interrompe o prazo prescricional para propositura da Ação individual. Ademais, a presente Ação Individual é autônoma e independente da Ação Coletiva, sobretudo porque, in casu, não se tem notícia de que houve o pedido de suspensão no prazo de trinta dias, a contar da ciência nos autos do ajuizamento da Ação Coletiva, conforme dispõe o artigo 104 do CDC. Assim, a prescrição atinge as prestações vencidas antes do quinquênio anterior à propositura da presente Ação Individual, nos termos da Súmula 85/STJ. Nesse sentido: AgRg no REsp 1.559.883/RJ, Rel. Ministro Herman Benjamin, Segunda Turma, DJe 23/5/2016. 12. Recurso Especial parcialmente provido." **(REsp 1656512/RJ, Rel. Ministro HERMAN BENJAMIN, SEGUNDA TURMA, julgado em 18/04/2017, DJe 02/05/2017).** "No que se refere à interrupção da prescrição por força de Ação Civil Pública, o STJ tem entendido que a propositura de ação coletiva interrompe a prescrição apenas para a propositura da ação individual. Em relação ao pagamento de parcelas vencidas, a prescrição quinquenal tem como marco inicial o ajuizamento da ação individual. A propósito: REsp 1.740.410/RS, Rel. Ministra Assusete Magalhães, Segunda Turma, julgado em 5/6/2018; EDcl no REsp 1.669.542/ES, Rel. Ministro Herman Benjamin, Segunda Turma, julgado em 3/10/2017; AgInt no REsp 1.645.952/RJ, Rel. Ministro Sérgio Kukina, Primeira Turma, julgado em 8/5/2018".

6. REAJUSTAMENTO DA RENDA MENSAL DOS BENEFÍCIOS

De acordo com o regramento atual, contido no artigo 41-A, da Lei 8.213/91, o valor dos benefícios em manutenção será reajustado, anualmente, na mesma data do reajuste do salário mínimo, ***pro rata***, de acordo com suas respectivas datas de início ou do último reajustamento, **com base no Índice Nacional de Preços ao Consumidor – INPC**, apurado pela Fundação Instituto Brasileiro de Geografia e Estatística – IBGE, que toma por base o rendimento de famílias com renda de um a oito salários mínimos, nas regiões metropolitanas do país, sendo o índice legal utilizado desde 2003.

Assim, se uma pessoa se aposentou no meio do ano, apenas terá direito ao primeiro reajuste subsequente **proporcionalmente** ao INPC acumulado a partir da sua aposentação, e não integralmente.

> **Como esse assunto foi cobrado em concurso?**
>
> No concurso do CESPE para Promotor do Espírito santo em 2010, foi considerado errado o seguinte enunciado: No primeiro reajuste da renda mensal inicial da aposentadoria concedida na vigência da Lei nº 8.213/1991, deve-se aplicar integralmente o índice oficial de correção, independentemente do mês de concessão do benefício previdenciário.

Logo, na atualidade, este é o reajuste mínimo garantido por lei aos aposentados, pensionistas e demais segurados do RGPS, consistente na variação do INPC. Todavia, considerando que nenhum benefício que objetive substituir a remuneração do trabalhador ou o salário de contribuição poderá ser inferior a um salário mínimo, muitos segurados vêm se beneficiando de reajustes acima do INPC.

Insta salientar que **desde a promulgação da Lei 8.213/91 a renda mensal inicial dos benefícios previdenciários foi desvinculada do salário mínimo**, à exceção dos benefícios substitutivos da remuneração do segurado no valor mínimo.

> **Como esse assunto foi cobrado em concurso?**
>
> No concurso do CESPE para Juiz Federal da 5ª Região em 2006, foi considerado errado o seguinte enunciado: Luciano, aposentado por tempo de contribuição, tem sua renda mensal no valor de um salário mínimo.
>
> Em maio de 2006, o governo federal reajustou o salário mínimo em 20% e, por intermédio de decreto do Poder Executivo, reajustou os benefícios mantidos pela previdência social em 7,93%. Nessa situação, o valor do benefício de Luciano será reajustado em 27,93%.

7. DESCONTOS LEGALMENTE AUTORIZADOS NOS BENEFÍCIOS

Apenas poderão ser abatidos dos benefícios previdenciários os débitos do segurado ou dependentes autorizados pela legislação previdenciária.

De acordo com o artigo 115, da Lei 8.213/91, poderão ser descontados: I – **contribuições devidas pelo segurado à Previdência Social; II – pagamento administrativo ou judicial de benefício previdenciário ou assistencial indevido**, ou além do devido, inclusive na hipótese de cessação do benefício pela revogação de **decisão judicial**, em valor que não exceda **30%** da sua importância, nos termos do regulamento; (*redação dada pela Lei 13.846/2019*); III – **Imposto de Renda** retido na fonte; IV – **pensão de alimentos** decretada em sentença judicial; V – **mensalidades de associações** e demais entidades de aposentados legalmente reconhecidas, desde que autorizadas por seus filiados (a autorização do desconto deverá ser revalidada a cada 3 (três) anos, a partir de 31 de dezembro de 2021); VI - pagamento de empréstimos, financiamentos e operações de arrendamento mercantil concedidos por instituições financeiras e sociedades de arrendamento mercantil, ou por entidades fechadas ou abertas de previdência complementar, públicas e privadas, quando expressamente autorizado pelo beneficiário, até o limite de 45% (quarenta e cinco por cento) do valor do benefício, sendo 35% (trinta e cinco por cento) destinados exclusivamente a empréstimos, financiamentos e arrendamentos mercantis, 5% (cinco por cento) destinados exclusivamente à amortização de despesas contraídas por meio de cartão de crédito consignado ou à utilização com a finalidade de saque por meio de cartão de crédito consignado e 5% (cinco por cento) destinados exclusivamente à amortização de despesas contraídas por meio de cartão consignado de benefício ou à utilização com a finalidade de saque por meio de cartão consignado de benefício.

Com o advento da **Lei 14.601, de 19 de junho de 2023**, que alterou artigo 6º da Lei 10.820/2003, **foi restabelecido o empréstimo consignado sobre o BPC/LOAS, mas como limite global de desconto de 35%:**

> *§ 5º Para os titulares de benefícios de aposentadoria e pensão do Regime Geral de Previdência Social, os descontos e as retenções referidos no* **caput** *deste artigo não poderão ultrapassar o limite de 45% (quarenta e cinco por cento) do valor dos benefícios, dos quais 35% (trinta e cinco por cento) destinados exclusivamente a empréstimos, a financiamentos e a arrendamentos mercantis, 5% (cinco por cento) destinados exclusivamente à amortização de despesas contraídas por meio de cartão de crédito consignado ou à utilização com a finalidade de saque por meio de cartão de crédito consignado e 5% (cinco por cento) destinados exclusivamente à amortização de despesas contraídas por meio de cartão consignado de benefício ou à utilização com a finalidade de saque por meio de cartão consignado de benefício.*
>
> ***§ 5º-A Para os titulares do benefício de prestação continuada de que trata o art. 20 da Lei nº 8.742, de 7 de dezembro de 1993 (Lei Orgânica da Assistência Social), os descontos e as retenções referidos no caput deste artigo não poderão ultrapassar o limite de 35% (trinta e cinco por cento) do valor dos benefícios, dos quais 30% (trinta por cento) destinados exclusivamente a empréstimos, a financiamentos e a arrendamentos mercantis e 5% (cinco por cento) destinados exclusivamente à amortização de despesas contraídas por meio de cartão de crédito consignado ou cartão consignado de benefício***

ou à utilização com a finalidade de saque por meio de cartão de crédito consignado ou cartão consignado de benefício.

§ 6º A instituição financeira que proceder à retenção de valor superior ao limite estabelecido nos §§ 5º e 5º-A deste artigo perderá todas as garantias que lhe são conferidas nesta Lei.

§ 7º Aplica-se o previsto no caput e no § 5º deste artigo aos titulares da renda mensal vitalícia prevista na Lei nº 6.179, de 11 de dezembro de 1974.

§ 8º Para os benefícios que tenham como requisito para sua concessão a preexistência do benefício de prestação continuada de que trata o art. 20 da Lei nº 8.742, de 7 de dezembro de 1993 (Lei Orgânica da Assistência Social), aplica-se o previsto no caput e no § 5º-A deste artigo.

§ 9º As operações de empréstimos, de financiamentos e de arrendamentos mercantis de que trata o § 5º-A deste artigo deverão ser realizadas em 2 (dois) momentos, separados entre si pelo intervalo mínimo de 5 (cinco) dias úteis entre a proposta da instituição financeira e a celebração do contrato." (NR)

Note-se que o empréstimo consignado foi estendido à **renda mensal vitalícia**, bem como aos benefícios assistenciais que tenham o BPC/LOAS como pressuposto, a exemplo do **auxílio-inclusão e da pensão especial da Zika.**

▸ **Qual o entendimento do STF sobre o assunto?**

No julgamento da **ADI 7.223, em 12.09.2023**, o STF, por unanimidade, julgou improcedente o pedido formulado, **reconhecendo constitucionais os arts. 1º e 2º da Lei federal n. 14.431, de 3 de agosto de 2022**, que autorizaram originalmente o empréstimo com consignação sobre o BPC/LOAS.

Em caso de concorrência, vale ressaltar que os débitos do beneficiário em decorrência do pagamento de benefício além do devido terão preferência sobre os créditos consignados em favor de instituições financeiras em razão de empréstimos contratados pelo aposentado ou pensionista.

Caso o pagamento do benefício além do devido tenha decorrido de erro da Previdência Social, será feito o parcelamento em favor do beneficiário, não podendo cada parcela ultrapassar 30% do valor do benefício, no número de meses necessário ao pagamento do débito.

Outrossim, antes de efetuar o referido desconto, deverá o INSS instaurar processo administrativo em que seja assegurada ampla defesa do titular do benefício, sob pena de ilegalidade dos descontos.

Havia uma divergência entre a 1ª e a 3ª Seção do STJ. O tema foi apreciado pela Corte Especial do STJ em 20 de novembro de 2013, tendo se adotado uma posição intermediária entre os entendimentos da 1ª e da 3ª Seção do Superior Tribunal de Justiça.

Nesse diapasão, se a reversão da antecipação de tutela se der nas instâncias ordinárias (em se de sentença ou acórdão proferido em sede de julgamento de recurso de apelação ou recurso inominado do JEF pelo Tribunal ou Turma Recursal), dever-se-á devolver à Previdência Social as parcelas já percebidas.

Por outro lado, se a revogação da tutela antecipada se operar nas instâncias extraordinárias (STF e STJ, em sede de recurso extraordinário ou especial) não haverá a restituição ao INSS, ao argumento de que já havia se criado a legítima expectativa de vitória ao segurado ou dependente (havia dupla conformidade entre sentença e acórdão do Tribunal ordinário), em razão de se tratar de recurso julgado em via não ordinária.

▸ **Qual o entendimento do STJ sobre o assunto?**

"PROCESSO CIVIL. EMBARGOS DE DIVERGÊNCIA EM RECURSO ESPECIAL. SENTENÇA QUE DETERMINA O RESTABELECIMENTO DE PENSÃO POR MORTE. CONFIRMAÇÃO PELO TRIBUNAL DE ORIGEM. DECISÃO REFORMADA NO JULGAMENTO DO RECURSO ESPECIAL. DEVOLUÇÃO DOS VALORES RECEBIDOS DE BOA-FÉ. IMPOSSIBILIDADE. PRECEDENTES DO STJ.

1. A dupla conformidade entre a sentença e o acórdão gera a estabilização da decisão de primeira instância, de sorte que, de um lado, limita a possibilidade de recurso do vencido, tornando estável a relação jurídica submetida a julgamento; e, de outro, cria no vencedor a legítima expectativa de que é titular do direito reconhecido na sentença e confirmado pelo Tribunal de segunda instância.

2. Essa expectativa legítima de titularidade do direito, advinda de ordem judicial com força definitiva, é suficiente para caracterizar a boa-fé exigida de quem recebe a verba de natureza alimentar posteriormente cassada, porque, no mínimo, confia – e, de fato, deve confiar – no acerto do duplo julgamento.

3. Por meio da edição da súm. 34/AGU, a própria União reconhece a irrepetibilidade da verba recebida de boa-fé, por servidor público, em virtude de interpretação errônea ou inadequada da Lei pela Administração.

Desse modo, e com maior razão, assim também deve ser entendido na hipótese em que o restabelecimento do benefício previdenciário dá-se por ordem judicial posteriormente reformada.

4. Na hipótese, impor ao embargado a obrigação de devolver a verba que por anos recebeu de boa-fé, em virtude de ordem judicial com força definitiva, não se mostra razoável, na medida em que, justamente pela natureza alimentar do benefício então restabelecido, pressupõe-se que os valores correspondentes foram por ele utilizados para a manutenção da própria subsistência e de sua família. Assim, a ordem de restituição de tudo o que foi recebido, seguida à perda do respectivo benefício, fere a dignidade da pessoa humana e abala a confiança que se espera haver dos jurisdicionados nas decisões judiciais.

5. Embargos de divergência no recurso especial conhecidos e desprovidos" (EREsp 1086154, Corte Especial, de 20/11/2013).

▸ **Como esse assunto foi cobrado em concurso?**

No concurso do CESPE para Procurador do Estado do Amazonas em 2016, foi considerado correto o seguinte enunciado: De acordo com a jurisprudência do STJ, a posterior reforma de decisão judicial que, tendo antecipado a tutela pleiteada, tiver possibilitado o imediato gozo do benefício previdenciário obrigará o autor da ação a devolver os valores indevidamente recebidos.

Mas o tema 692 foi admitido para fins de revisão pelo STJ, que deverá reapreciar a sua tese repetitiva em breve.

▸ **Qual o entendimento do STJ sobre o assunto?**

Proposta de Revisão de Entendimento firmado em tese repetitiva firmada pela Primeira Seção relativa ao Tema 692/STJ, quanto à devolução dos valores recebidos pelo litigante beneficiário do Regime Geral da Previdência Social - RGPS em virtude de decisão judicial precária, que venha a ser posteriormente revogada. Há determinação de **suspensão do processamento de todos os processos ainda sem trânsito em julgado**, individuais ou coletivos, que versem acerca da questão submetida à revisão pertinente ao Tema n. 692/STJ e tramitem no território nacional, com a ressalva de incidentes, questões e tutelas, que sejam inter postas a título geral de provimentos de urgência nos processos objeto do sobrestamento (acórdão publicado no **DJe de 3/12/2018**, questão de ordem nos REsps n. 1.734.627/SP, 1.734.641/SP, 1.734.647/SP, 1.734.656/SP, 1.734.685/SP e 1.734.698/SP).

▸ **Como esse assunto foi cobrado em concurso?**

No concurso do CESPE em 2017 para Defensor Público da União, foi considerada correta a seguinte questão: Julgado procedente o pedido de benefício previdenciário, em primeira e em segunda instância, caso ocorra reforma em instância especial, não poderá ser determinada a devolução de valores recebidos, tendo em vista a legítima expectativa de titularidade do direito, a possibilidade de execução da sentença após a confirmação da tese por acórdão e o fato de se tratar de recebimento de boa-fé.

▸ **Qual o entendimento da TNU sobre o assunto?**

Vale registrar que no julgamento do PEDILEF 0004955-39.2011.4.03.6315, em 30/08/2017, a TNU promoveu o cancelamento da Súmula 51 a fim de se adequar ao posicionamento do STJ:

"A Turma Nacional de Uniformização dos Juizados Especiais Federais (TNU), por maioria, nos termos do voto do juiz federal Frederico Augusto Leopoldino Koehler, cancelou o enunciado da Súmula nº 51, que dispõe que "Os valores recebidos por força de antecipação dos efeitos de tutela, posteriormente revogada em demanda previdenciária, são irrepetíveis em razão da natureza alimentar e da boa-fé no seu recebimento". A decisão foi tomada na sessão do dia 30 de agosto, realizada na sede do Tribunal Regional Federal da 4ª Região (TRF4), em Porto Alegre.

De acordo com os autos, ao realizar a superação de seu entendimento anterior, a TNU entendeu que o tema objeto do incidente foi uniformizado no âmbito do Superior Tribunal de Justiça (STJ) – Tema 692 – por ocasião do julgamento do REsp nº 1.401.560 (Relator p/ Acórdão Ministro ARI PARGENDLER, PRIMEIRA SEÇÃO, julgado em 12/02/2014, DJe 13/10/2015).

Nesse contexto, o Colegiado considerou que o Supremo Tribunal Federal (STF), no julgamento do ARE-RG 722421, de relatoria do ministro Ricardo Lewandowski, já se pronunciou no sentido de que não existe repercussão geral quando a matéria versar sobre a possibilidade de devolução de valores recebidos em virtude de tutela antecipada posteriormente revogada (Tema n. 799), considerando-se que a solução da controvérsia envolve o exame de legislação infraconstitucional, a configurar apenas ofensa indireta ou reflexa ao texto constitucional.

Koehler destacou que, "cumpre registrar que, no âmbito do STJ, em recente decisão (Pet nº 10.996, DJe 26/06/2017), da lavra do eminente ministro Mauro Campbell Marques, presidente desta Turma Nacional de Uniformização, acolheu-se incidente de uniformização da jurisprudência interposto pelo INSS, concluindo que o entendimento deste Colegiado Nacional, assentado no enunciado de sua Súmula 51 contraria frontalmente o entendimento firmado por aquela Corte Superior no julgamento do TEMA 692 dos recursos repetitivos". Processo nº 0004955-39.2011.4.03.6315 – *Fonte: Imprensa CJF*".

▸ **Importante:**

A novidade sobre o tema foi a alteração normativa promovida pela Lei 13.846/2019, pois agora a Lei 8.213/91 prevê expressamente que é devido o desconto administrativo no benefício previdenciário ou assistencial decorrente de recebimento de parcela indevida, inclusive na hipótese de cessação do benefício pela revogação de decisão judicial.

▸ **Qual o entendimento do STJ sobre o assunto?**

Em 11 de maio de 2022, foi julgada a **revisão de tese no Tema 692** pela 1ª Seção do STJ. Podemos assim sintetizar o seu teor: A) Foi mantido o posicionamento de que a revogação da tutela provisória gera a obrigação de restituição pelo beneficiário da previdência social; B) Foi estendido o posicionamento para benefícios assistenciais; C) Com base na alteração legal da Lei 13.846/2019, o limite de desconto se o benefício estiver ativo será de 30%; D) Foi superado o posicionamento da não devolução da situação de dupla conformidade entre sentença e acórdão de 2º grau, na situação de vitória do INSS apenas nas instâncias extraordinárias (itens 17 e 18); E) A não devolução dar-se-á apenas na situação de alteração de jurisprudência (*overruling*) (item 19). Um ponto não tratado é o modus operandi do ressarcimento ao INSS na situação de benefício cessado, pois neste caso não há possibilidade de desconto. Especificamente falando, se será possível a reversão da tutela provisória com a inversão da execução nos próprios autos judiciais ou se requer inscrição em Dívida Ativa com cobrança em novo processo judicial.

Na hipótese de desconto de contribuições previdenciárias devidas pelo titular do benefício à União, será preciso que tenham sido regularmente constituídas através do lançamento, bem como ainda não prescritas.

> ▸ **Qual o entendimento do STJ sobre o assunto?**
>
> O STJ já decidiu que a restituição de benefícios previdenciários não constitui dívida ativa não tributária, não podendo ser inscrita em Dívida Ativa, sendo necessária uma ação específica para constituir o título executivo (REsp 1.172.126, de 21.09.2010). Este entendimento foi confirmado pela 1ª Seção em 12/06/2013, no julgamento do REsp 1350804 sob o rito dos recursos repetitivos.

Por força da Lei 13.494/2017, que inseriu o parágrafo terceiro no artigo 115, da Lei 8.213/91, a legislação previdenciária passou a prever expressamente que serão inscritos em dívida ativa pela Procuradoria-Geral Federal os créditos constituídos pelo INSS em razão de benefício previdenciário ou assistencial pago indevidamente ou além do devido, hipótese em que se aplica o disposto na Lei no 6.830, de 22 de setembro de 1980, para a execução judicial. Logo, o fundamento da transcrita decisão do STJ encontra-se superado, pois agora há base legal para a aludida inscrição em Dívida Ativa.

Em seguida, a Lei 13.846/2019 estendeu esse regramento à hipótese de revogação de tutela judicial: "§ 3º Serão inscritos em dívida ativa pela Procuradoria-Geral Federal os créditos constituídos pelo INSS em decorrência de benefício previdenciário ou assistencial pago indevidamente ou além do devido, **inclusive na hipótese de cessação do benefício pela revogação de decisão judicial**, nos termos do disposto na Lei nº 6.830, de 22 de setembro de 1980, para a execução judicial".

Outrossim, será objeto de inscrição em dívida ativa, em conjunto ou separadamente, o terceiro beneficiado que sabia ou deveria saber da origem do benefício pago indevidamente em razão de fraude, dolo ou coação, desde que devidamente identificado em procedimento administrativo de responsabilização.

> ▸ **Qual o entendimento do STJ sobre o assunto?**
>
> **Tema Repetitivo 1.064 STJ 23/06/2021:** 1. "As inscrições em dívida ativa dos créditos referentes a benefícios previdenciários ou assistenciais pagos indevidamente ou além do devido constituídos por processos administrativos que tenham sido iniciados antes da vigência da Medida Provisória nº 780, de 2017, convertida na Lei n. 13.494/2017 (antes de 22.05.2017) são nulas, devendo a constituição desses créditos ser reiniciada através de notificações/intimações administrativas a fim de permitir-se o contraditório administrativo e a ampla defesa aos devedores e, ao final, a inscrição em dívida ativa, obedecendo-se os prazos prescricionais aplicáveis"; e 2. "As inscrições em dívida ativa dos créditos referentes a benefícios previdenciários ou assistenciais pagos indevidamente ou além do devido contra os terceiros beneficiados que sabiam ou deveriam saber da origem dos benefícios pagos indevidamente em razão de fraude, dolo ou coação, constituídos por processos administrativos que

> tenham sido iniciados antes da vigência da Medida Provisória nº 871, de 2019, convertida na Lei nº 13.846/2019 (antes de 18.01.2019) são nulas, devendo a constituição desses créditos ser reiniciada através de notificações/intimações administrativas a fim de permitir-se o contraditório administrativo e a ampla defesa aos devedores e, ao final, a inscrição em dívida ativa, obedecendo-se os prazos prescricionais aplicáveis".

Dessa forma, o Superior Tribunal decretou a **nulidade das inscrições em Dívida Ativa do INSS** inerentes aos créditos referentes a benefícios previdenciários ou assistenciais pagos indevidamente ou além do devido constituídos por **processos administrativos que tenham sido iniciados antes da vigência da MP 780/2017**, considerando que antes do citado diploma inexistia expressa previsão legal para a citada inscrição, ou antes da **MP 871/2019** na situação de terceiros beneficiados que sabiam ou deveriam saber da origem dos benefícios pagos indevidamente em razão de fraude, dolo ou coação.

Todavia, há jurisprudência firme no sentido de que o INSS não poderá descontar do benefício as parcelas pagas a maior ao segurado ou dependente por **erro administrativo (não se trata de revogação de decisão judicial, e sim de erro do INSS na via administrativa),** se recebidas de boa-fé.

▸ Qual o entendimento do STJ sobre o assunto?

"PROCESSUAL CIVIL E PREVIDENCIÁRIO. BENEFÍCIO PREVIDENCIÁRIO. PAGAMENTO INDEVIDO. BOA-FÉ. DEVOLUÇÃO. IMPOSSIBILIDADE. PRECEDENTES. SÚMULA 83/STJ. 1. Cumpre asseverar que não há nos autos informação da existência de tutela antecipada para recebimento do benefício previdenciário, conforme alegado pelo agravante. **2. A jurisprudência desta Corte é no sentido da impossibilidade dos descontos, em razão do caráter alimentar dos proventos percebidos a título de benefício previdenciário, aplicando ao caso o princípio da irrepetibilidade dos alimentos.** Precedentes. Súmula 83/STJ. 3. A decisão agravada, ao julgar a questão que decidiu de acordo com a interpretação sistemática da legislação, especialmente nos termos do art. 115 da Lei n. 8.112/91, apenas interpretou as normas, ou seja, de forma sistemática, não se subsumindo o caso à hipótese de declaração de inconstitucionalidade sem que a questão tenha sido decidida pelo Plenário. Agravo regimental improvido" (STJ, AgRg no AREsp 432511, de 17/12/2013).

▸ Como esse assunto foi cobrado em concurso?

No concurso do CESPE para Defensor Público da Bahia em 2010, foi considerado correto o seguinte enunciado: O julgamento pela ilegalidade do pagamento de benefício previdenciário previsto na legislação não implica a obrigatoriedade da devolução das importâncias recebidas, de boa-fé, pelo segurado.

▸ **Qual o entendimento do STJ sobre o assunto?**

O tema foi apreciado pelo **STJ** no **Repetitivo nº 979**, tendo sido firmada a seguinte tese: ***Tema 979*** – *"Com relação aos pagamentos indevidos aos segurados, decorrentes de erro administrativo (material ou operacional) não embasado em interpretação errônea ou equivocada da lei pela administração, são repetíveis, sendo legítimo o desconto no percentual de até 30% do valor do benefício pago ao segurado/beneficiário, ressalvada a hipótese em que o segurado, diante do caso concreto, comprove sua boa-fé objetiva, sobretudo com demonstração de que não lhe era possível constatar o pagamento indevido."*

Definiu o STJ que o INSS **não poderá cobrar** as parcelas pagas aos beneficiários da previdência social na situação de interpretação equivocada da legislação (Princípio da Segurança Jurídica), haja vista que a Lei 9.784/99 pontifica que no processo administrativo deve ser observado o preceito da *"interpretação da norma administrativa da forma que melhor garanta o atendimento do fim público a que se dirige,* ***vedada aplicação retroativa de nova interpretação"*** (art. 2º, parágrafo único, inciso XIII).

Por outro lado, o INSS **poderá cobrar** parcelas indevidas pagas aos beneficiários da previdência social na hipótese de erro administrativo que não importe em revisão de interpretação, e sim de natureza material ou operacional, a exemplo da acumulação indevida de benefícios previdenciários por erro do sistema operacional.

Excepcionalmente, mesmo na situação de erro administrativo que não importe em revisão de interpretação, **não caberá a restituição** se o segurado provar a sua boa-fé objetiva demonstrando que não tinha elementos no caso concreto para ter conhecimento do pagamento indevido.

Ainda foi promovida uma **modulação** pela 1ª Seção do STJ, de modo que o **novo posicionamento** somente deve ser aplicado aos processos que tenham sido distribuídos, na primeira instância, **a partir da publicação do acórdão em 23/04/2021**.

Desse modo, **para os ajuizamentos até 22/04/2021**, deve ser aplicado o antigo posicionamento do STJ pela irrepetibilidade dos valores pagos indevidamente ao segurado ou dependente, salvo prova de má-fé a cargo do INSS.

▸ **Qual o entendimento do STF sobre o assunto?**

O STJ firmou tese em 20.06.2024 no **tema 1207** no sentido de que *"a compensação de prestações previdenciárias, recebidas na via administrativa, quando da elaboração de cálculos em cumprimento de sentença concessiva de outro benefício, com elas não acumulável,* ***deve ser feita mês a mês,*** *no limite, para cada competência, do valor correspondente ao título judicial,* ***não devendo ser apurado valor mensal ou final negativo ao beneficiário, de modo a evitar a execução invertida ou a restituição indevida".***

Dessa forma, se o segurado tem a receber parcelas judiciais de auxílio por incapacidade temporária das competências janeiro até dezembro de 2023 no valor total de R$ 25.000,00, mas já recebeu parcelas nas mesmas competências na via administrativa no INSS com a concessão administrativa de aposentadoria no valor total de R$ 30.000,00, deve ser promovida a compensação total das parcelas, **sem a possibilidade de o INSS cobrar a diferença de R$ 5.000,00.**

O cálculo, no entanto, nos termos do tema 1207/STJ **deve ser feito mês a mês**, na mesma linha do quanto definido pelo TRF da 4ª Região no julgamento do IRDR 14, o que diverge do tema 195 da TNU, que prevê que o cálculo deve ser global, e não por competência mensal.

8. DÉBITO DE CONTRIBUIÇÕES PREVIDENCIÁRIAS E A CONCESSÃO DE BENEFÍCIOS

De efeito, conquanto eventualmente exista a dívida, se o segurado ou dependente já preencheu todos os requisitos para a concessão do benefício, deverá o INSS deferi-lo.

É que a legislação previdenciária não prevê a inexistência de débitos previdenciários como condição para a concessão de benefícios.

Assim, deverá o INSS pagar o benefício e, se regularmente constituído e não prescrito o débito, descontar mensalmente da sua renda os valores devidos à guisa de contribuições previdenciárias inadimplidas.

9. DIREITO ADQUIRIDO

O direito adquirido é um dos temas mais relevantes em termos de legislação previdenciária, tendo em conta as inúmeras alterações feitas nas normas ao longo das últimas décadas.

Considera-se como direito adquirido o que se incorpora de maneira lícita ao patrimônio do seu titular, uma vez preenchidos todos os pressupostos legais para a sua concessão.

Com efeito, em termos de benefícios previdenciários, **caso preenchidos todos os requisitos para a sua concessão**, restará assegurado ao beneficiário a aplicação do regime jurídico do dia do nascimento do direito, mesmo que o segurado ou dependente não tenha requerido a prestação, não sendo aplicável o novo regramento, salvo por expressa possibilidade legal e por opção do beneficiário.

Destarte, cuida-se de instituto que tem nexo direto com o Princípio do *Tempus Regit Actum*. É dessa forma que tem sido traçado os contornos do direito adquirido no Brasil em termos de Regime Geral de Previdência Social, em especial à luz da Emenda 20/1998, que o previu no seu artigo 3º:

> "Art. 3º – É assegurada a concessão de aposentadoria e pensão, a qualquer tempo, aos servidores públicos e aos segurados do regime geral de

previdência social, bem como aos seus dependentes, que, até a data da publicação desta Emenda, tenham cumprido os requisitos para a obtenção destes benefícios, com base nos critérios da legislação então vigente".

Logo, em que pese as importantes alterações perpetradas pela primeira reforma da previdência social, todos os segurados e dependentes do RGPS que tenham preenchido todos os requisitos legais para a concessão dos benefícios até 16.12.1998, terão direito adquirido à sua concessão, inclusive a fórmula de cálculo, ficando imunes à aplicação das novas regras.

Vale ressaltar que enquanto não completados os requisitos legais não há de se falar em direito adquirido, mas apenas em mera expectativa de direito. Apesar disso, as reformas costumam aprovar regras de transição para atenuar o novo regramento, em decorrência do Princípio da Segurança Jurídica, para aqueles já filiados ao RGPS na data da vigência das alterações.

Em termos de benefícios previdenciários, é comum que os segurados queiram adotar as regras que lhe são mais benéficas em mais de um regime jurídico, o que não é devido, pois importaria em cisão de normas.

> **▸ Qual o entendimento do STF sobre o assunto?**
>
> De acordo com a Suprema Corte, "inexiste direito adquirido a determinado regime jurídico, razão pela qual não é lícito ao segurado conjugar as vantagens do novo sistema com aquelas aplicáveis ao anterior. A superposição de vantagens caracteriza sistema híbrido, incompatível com a sistemática de cálculo dos benefícios previdenciários" (RE 575.089, de 10.09.2008).

> **▸ Qual o entendimento do STJ sobre o assunto?**
>
> Prevalece nesta Corte o entendimento de que inexiste "direito adquirido à preservação de regime jurídico previdenciário já revogado, devendo ser aplicada a lei vigente à época em que foram implementados os requisitos para a obtenção do benefício" (AGREsp 1.107.647, de 20.10.2009).

Na mesma linha seguiu a **Emenda 103/2019**, que assegurou no artigo 3º a concessão de **aposentadoria** ao segurado do Regime Geral de Previdência Social e de **pensão por morte** aos respectivos dependentes, **a qualquer tempo, desde que tenham sido cumpridos os** requisitos **para obtenção destes benefícios** até a data de entrada em vigor da Emenda Constitucional, observados os critérios da legislação vigente na data em que foram atendidos os requisitos para a concessão da aposentadoria ou da pensão por morte (publicada 13/11/2019, com vigência imediata, exceto os artigos 11, 28 e 32 que vigorarão a partir de 1/3/2020 e a ressalva do artigo 36, inciso II).

Ademais, o valor da aposentadoria e da pensão concedida desta forma para o segurado do Regime Geral de Previdência Social ou para seus dependentes será apurado de acordo com a legislação em vigor à época em que foram atendidos os requisitos nela estabelecidos para a concessão do benefício.

Desta forma, mesmo quem não requereu benefício antes do advento da reforma implementada pela EC 103/2019 tem assegurado o direito adquirido, se cumpridos integralmente os requisitos para aposentar ou o óbito do segurado tenha ocorrido até o dia da sua publicação.

10. RENÚNCIA DA APOSENTADORIA (DESAPOSENTAÇÃO)

A desaposentação é a **renúncia da aposentadoria** por requerimento do segurado, com o intuito de **obter alguma vantagem previdenciária**.

Com efeito, de acordo com o artigo 11, §3º, da Lei 8.213/91, o aposentado que desenvolver atividade remunerada será filiado obrigatório no que concerne a essa atividade, devendo pagar as respectivas contribuições previdenciárias.

Essa disposição foi incluída pela Lei 9.032/95, em decorrência do Princípio da Solidariedade, em que pese ser proibida a acumulação de duas aposentadorias dentro do Regime Geral de Previdência Social.

Há uma série de hipóteses em que a desaposentação será útil ao segurado. É possível que o pagamento de novas contribuições previdenciárias após a aposentadoria eleve a renda mensal inicial do benefício, a depender do seu valor, com a incidência mais tênue do fator previdenciário, havendo interesse em renunciar a aposentadoria e requerer uma nova.

Outrossim, poderá o segurado pedir a renúncia de uma aposentadoria por tempo de contribuição proporcional para, posteriormente, requerer uma integral, utilizando novos salários de contribuição após a primeira aposentadoria.

É também possível que um aposentado do RGPS queira aproveitar esse tempo de contribuição para ter direito a uma aposentadoria no RPPS, caso tenha sido aprovado em concurso público de provimento de cargo efetivo, pois sem esse período não preencheria os requisitos para se aposentar no regime dos servidores públicos.

Embora não seja comum, o servidor público de RPPS poderá renunciar ao seu benefício de aposentadoria para computar o tempo de contribuição no RGPS, através da contagem recíproca.

Todavia, é preciso salientar que **a desaposentação carece de previsão legal expressa, sendo indeferida administrativamente pelo INSS**, vez que a Administração Pública apenas poderá agir quando exista autorização legal, à luz do Princípio da Legalidade Administrativa.

▸ **Qual o entendimento do STF sobre o assunto?**

No dia 26 de outubro de 2016, ao julgar os Recursos Extraordinários 381.367, 661.256 e 827.833, o Supremo Tribunal Federal rejeitou a tese da desaposentação. Para a maioria dos ministros (7 votos), a desaposentação não possui previsão legal, cabendo ao Poder Legislativo a tarefa de instituí-la, se for o caso. Ademais, a concessão judicial da desaposentação sem previsão normativa viola a regra constitucional da contrapartida, pois aumenta as despesas previdenciárias sem a correspondente fonte de custeio. A tese foi firmada em repercussão geral no dia 27/10/2016.

O Plenário, em conclusão e por maioria, deu parcial provimento a embargos declaratórios em recursos extraordinários para assentar a irrepetibilidade dos valores alimentares recebidos de boa-fé, até a proclamação do resultado deste julgamento. Garantiu, também, o direito daqueles que usufruem de "desaposentação" ou de "reaposentação" em decorrência de decisão transitada em julgado, até a proclamação do resultado deste julgamento. Ademais, alterou a tese de repercussão geral (Tema 503), que ficou assim redigida: **"No âmbito do Regime Geral de Previdência Social - RGPS, somente lei pode criar benefícios e vantagens previdenciárias, não havendo, por ora, previsão legal do direito à 'desaposentação' ou à 'reaposentação', sendo constitucional a regra do art. 18, § 2º, da Lei 8.213/1991"**. RE 381367 ED/RS, rel. orig. Min. Dias Toffoli, red. p/ o ac. Min. Alexandre de Moraes, julgamento em 6.2.2020.

Após a decisão do STF, o STJ reviu o seu posicionamento.

▸ **Qual o entendimento do STJ sobre o assunto?**

"2. A Primeira Seção do STJ, no julgamento do Recurso Especial Repetitivo 1.334.488/SC, processado nos moldes do art. 543-C do CPC, de relatoria do Ministro Herman Benjamin, havia consolidado o entendimento de que os benefícios previdenciários são direitos patrimoniais disponíveis, razão pela qual admitem desistência por seus titulares, destacando-se a desnecessidade de devolução dos valores recebidos para a concessão de nova aposentadoria. 3. Ocorre que o Supremo Tribunal Federal, no julgamento do RE 661.256/SC, fixou a tese de repercussão geral de que, "No âmbito do Regime Geral de Previdência Social - RGPS, somente lei pode criar benefícios e vantagens previdenciárias, não havendo, por ora, previsão legal do direito à 'desaposentação', sendo constitucional a regra do art. 18, § 2º, da Lei nº 8.213/91". 4. **Deve ser seguida a novel orientação firmada pelo Supremo Tribunal Federal em que se reconheceu a impossibilidade de o segurado já aposentado fazer jus a novo benefício em decorrência das contribuições vertidas após a concessão da aposentadoria**" (REsp 1662992, de 19/9/2017).

A única hipótese em que o INSS defere a desaposentação é na situação do artigo 181-B do Decreto 3.048/99, que pontifica que o segurado poderá desistir do seu pedido de aposentadoria desde que manifeste esta intenção e requeira o arquivamento definitivo do pedido antes da ocorrência do primeiro de um dos seguintes atos:

I - recebimento do primeiro pagamento do benefício; ou

II - saque do respectivo Fundo de Garantia do Tempo de Serviço ou do Programa de Integração Social.

11. O PRÉVIO REQUERIMENTO ADMINISTRATIVO COMO PRESSUPOSTO PARA A PROPOSITURA DE AÇÃO JUDICIAL CONTRA O INSS

Será preciso que o segurado ou seu dependente promova o requerimento administrativo de benefício previdenciário perante o INSS antes de ingressar com ação judicial em postulação à prestação previdenciária, sob pena de falta de interesse-necessidade de agir?

Cuida-se de uma indagação que poderá inibir a instauração de milhões de processos judiciais contra a Previdência Social. Se é certo que não se afastará lesão ou ameaça a direito do crivo do Poder Judiciário, também existe a premissa de que é curial que a Previdência Social se manifeste previamente sobre o deferimento ou não de um benefício previdenciário, a fim de configurar uma lide.

É um tema que desafia até o Princípio da Separação dos Poderes, núcleo intangível da Constituição Federal de 1988, apesar de se saber que a separação de funções é relativa, havendo um sistema de freios e contrapesos, vez que o poder só é limitado pelo próprio poder.

Com efeito, compete ao Poder Judiciário controlar a legalidade dos atos comissivos e omissivos da Administração Pública, excluída a margem discricionária, nos atos não vinculados, em que existe conveniência e oportunidade na valoração do melhor caminho e momento da prática do ato administrativo.

Logo, a partir do momento que os beneficiários da previdência social passam a requerer diretamente os benefícios ao Poder Judiciário, de mero controlador de legitimidade dos atos administrativos, os juízes passam a exercer diretamente a função administrativa, o que não se coaduna com o Princípio da Separação dos Poderes.

De efeito, o caráter substitutivo da jurisdição apenas deverá se operar quando houver litígio, ou seja, pretensão dos beneficiários do RGPS resistida pelo INSS, a fim de que os atos da Administração Pública sejam validados ou revistos pelo Poder Judiciário.

Apenas nos casos em que inexista dilação probatória, no qual o segurado ou dependente é previamente sabedor do indeferimento do pedido pelo INSS, é que o requerimento administrativo deverá ser dispensado para a propositura da ação judicial, a exemplo da desaposentação.

Em termos de políticas públicas, os números falam por si. De acordo com o SUIB – Sistema Único de Informações de Benefícios, a esmagadora maioria dos benefícios previdenciários ativos é paga administrativamente pelo INSS, independentemente de ordem judicial.

Dos benefícios ativos, pouco mais de 90% foram implantados administrativamente, ao passo que menos de 10% foram instituídos por determinação judicial, o que demonstra que uma pequena parcela dos segurados e dependentes precisam recorrer ao Poder Judiciário.

Neste tema andou muito bem o FONAJEF. De acordo com o seu enunciado 77, o ajuizamento da ação de concessão de benefício da seguridade social reclama prévio requerimento administrativo.

Corretamente, o FONAJEF concluiu que apenas o ajuizamento da ação revisional de benefício da seguridade social que não envolva matéria de fato dispensa o prévio requerimento administrativo, nos termos do enunciado 78, exigência que também foi flexibilizada para os juizados itinerantes (enunciado 80).

Assim sendo, caberá ao INSS apenas arguir em contestação a ausência de interesse-necessidade de agir, devendo o juiz extinguir o processo sem o julgamento do mérito.

Ademais, em caráter excepcional, não deverá o presentante judicial da autarquia previdenciária aplicar o Princípio da Eventualidade, não devendo entrar no mérito da causa, vez que resistir à pretensão do autor derrubará a tese da carência de ação.

▸ Qual o entendimento do STF sobre o assunto?

Tema 350 STF - Finalmente a questão foi decidida pelo Supremo Tribunal Federal no dia 27 de abril de 2014, quando o Plenário julgou o Recurso Extraordinário 631.240. Adotou-se a mesma linha de raciocínio sustentada nesta obra a fim de exigir, em regra, o prévio requerimento administrativo como condição de procedibilidade da ação judicial, sob pena de carência de interesse de agir e extinção do processo sem o julgamento do mérito. De efeito, excluiu-se da exigência do prévio requerimento administrativo pedidos em que seja notório o indeferimento pelo INSS (tese jurídica), pois nestes casos é certo que a autarquia previdenciária vai indeferir o pedido.

Outrossim, as ações de revisão de benefício previdenciário também dispensam o prévio requerimento, pois cabe ao INSS promover a revisão de ofício no exercício do dever-poder de autotutela, salvo quando haja a necessidade de alguma apreciação fática que seja ônus do segurado ou do seu dependente, a exemplo de revisão com base em decisão da Justiça do Trabalho. Por sua vez, na sessão do dia 03 de setembro de 2014, definiu-se uma regra de transição para as ações judiciais já ajuizadas sem o prévio requerimento administrativo até o dia deste julgamento, fruto de acordo entre a Defensoria Pública da União e a Procuradoria Geral Federal.

Deveras, dispensou-se o prévio requerimento nas ações intentadas em Juizados Itinerantes, justamente porque buscam segurados e dependentes em localidades mais distantes e que não possuem agência do INSS. Ademais, nas hipóteses em que o INSS apresentou contestação resistindo à pretensão posta em juízo, negando o direito do autor, dispensou-se o prévio requerimento administrativo, devendo as ações judiciais tramitar normalmente.

Nos demais casos, à exceção de teses notoriamente negadas pelo INSS e ações revisionais, o processo judicial será suspenso, sendo intimado o segurado (ou dependente) para requerer na via administrativa no prazo de 30 dias, sob pena de extinção do processo judicial sem julgamento do mérito. Uma vez formulado o pedido administrativo em 30 dias, o INSS terá 90 dias para julgá-lo, devendo este prazo ser suspenso se o segurado for notificado para juntar documentação (carta de exigências). Se negado o pleito pela autarquia previdenciária, a ação judicial voltará a correr. Caso concedido o benefício, a ação judicial será extinta sem a análise do mérito.

Na hipótese de o INSS, administrativamente, conceder parcialmente a prestação previdenciária, a ação judicial voltará a correr apenas no que concerne ao pedido controverso, devendo ser extinta sem o julgamento do mérito da parte incontroversa. Vale frisar que será considerada como data de início do benefício à data do processo judicial, existindo controvérsia não apreciada pelo STF se será a data do ajuizamento da ação ou a data da citação.

▸ Qual o entendimento do STJ sobre o assunto?

Com a pacificação do tema pelo STF, o STJ unificou o seu entendimento para se alinhar à Suprema Corte (1ª Turma, AgRg no AREsp 299351, de 18/11/2014 – 2ª Turma, REsp 1488940, de 18/11/2014).

▸ Como esse assunto foi cobrado em concurso?

No concurso do CESPE em 2016 para Auditor do TCE PR, foi considerado errado o seguinte enunciado: Em abril de 2013, Jeane sofreu um acidente de trabalho, e o médico da empresa na qual ela trabalhava considerou-a incapaz para retornar a suas atividades e aconselhou-a a solicitar sua aposentadoria por invalidez. Representada por um advogado, Jeane ingressou diretamente em juízo com ação previdenciária, pleiteando a aposentadoria por invalidez. Nessa situação hipotética, segundo o STJ, o prévio requerimento administrativo é prescindível para a admissibilidade da ação previdenciária interposta por Jeane.

Deveras, dispensou-se o prévio requerimento nas ações intentadas em Juizados Itinerantes, justamente porque buscam segurados e dependentes em localidades mais distantes e que não possuem agência do INSS.

Ademais, nas hipóteses em que o INSS apresentou contestação resistindo à pretensão posta em juízo, negando o direito do autor, dispensou-se o prévio requerimento administrativo, devendo as ações judiciais tramitar normalmente.

Nos demais casos, à exceção de teses notoriamente negadas pelo INSS e ações revisionais, o processo judicial será suspenso, sendo intimado o segurado (ou dependente) para requerer na via administrativa no prazo de 30 dias, sob pena de extinção do processo judicial sem julgamento do mérito.

Uma vez formulado o pedido administrativo em 30 dias, o INSS terá 90 dias para julgá-lo, devendo este prazo ser suspenso se o segurado for notificado para juntar documentação (carta de exigências). Se negado o pleito pela autarquia previdenciária, a ação judicial voltará a correr. Caso concedido o benefício, a ação judicial será extinta sem a análise do mérito.

Na hipótese de o INSS, administrativamente, conceder parcialmente a prestação previdenciária, a ação judicial voltará a correr apenas no que concerne ao pedido controverso, devendo ser extinta sem o julgamento do mérito da parte incontroversa.

Vale frisar que será considerada como data de início do benefício à data do processo judicial, existindo controvérsia não apreciada pelo STF se será a data do ajuizamento da ação ou a data da citação.

Por todo o exposto, pacificou-se o tema no sentido de exigir, em regra, o prévio requerimento administrativo como condição para a propositura da ação judicial contra o INSS, sob pena de extinção do processo sem o julgamento do mérito por carência de interesse-necessidade de agir.

De outro giro, **dispensou-se o prévio requerimento administrativo nas seguintes hipóteses**:

a) Tese jurídica notoriamente rejeitada pelo INSS;

b) Negativa comprovada de protocolo do pedido administrativo;

c) Nas ações de revisão de benefício previdenciário, salvo se depender de dilação probatória a cargo do segurado ou de seu dependente;

d) Apresentação de contestação de mérito pelo INSS resistindo à pretensão deduzida em Juízo (regra de transição);

e) Extrapolação do prazo para tomada da decisão administrativa na Agência do INSS;

f) Ações judiciais propostas nos Juizados Itinerantes (regra de transição).

▸ **Como esse assunto foi cobrado em concurso?**

No concurso do CESPE em 2017 para Juiz Federal da 5ª Região, foi considerada correta a letra E: A respeito do processo administrativo e da ação previdenciária, assinale a opção correta.

A) A falta de pleito administrativo com o objetivo de manter benefício previdenciário já concedido e cujos fatos já foram analisados pelo órgão administrativo inviabiliza o processamento da ação previdenciária por falta de interesse de agir.

B) Decisão judicial que extingue ação previdenciária sem resolução de mérito por falta de prévio pedido administrativo ofende o princípio da inafastabilidade da jurisdição.

C) A existência de requerimento administrativo pleiteando benefício previdenciário junto ao órgão administrativo impede o processamento de ação judicial que tenha por objeto o mesmo pleito administrativo, até que o requerimento seja decidido na primeira instância da via administrativa.

D) A interposição de recurso administrativo contra decisão do órgão previdenciário que indeferiu pedido de benefício inviabiliza a propositura de ação judicial com o mesmo objeto do pleito denegatório, enquanto não ficar decidido o referido recurso.

E) A existência de tese firmada administrativamente pelo órgão previdenciário contrário ao pleito do segurado não inviabiliza a propositura de ação judicial sem prévio requerimento administrativo.

Na visão do STJ, não viola o Tema 350 STF a reafirmação judicial da data de entrada do requerimento, quando o segurado adquire o direito ao benefício somente no curso do processo judicial.

▸ **Qual o entendimento do STJ sobre o assunto?**

Tema 995: É possível a reafirmação da DER (Data de Entrada do Requerimento) para o momento em que implementados os requisitos para a concessão do benefício, mesmo que isso se dê no interstício entre o ajuizamento da ação e a entrega da prestação jurisdicional nas instâncias ordinárias, nos termos dos arts. 493 e 933 do CPC/2015, observada a causa de pedir.

12. IMPENHORABILIDADE, INALIENABILIDADE E INDISPONIBILIDADE DOS BENEFÍCIOS PREVIDENCIÁRIOS

De acordo com o artigo 114, da Lei 8.213/91, tendo em vista o seu caráter alimentar, salvo quanto a valor devido à Previdência Social e a desconto autorizado por esta Lei, ou derivado da obrigação de prestar alimentos reconhecida em sentença judicial, o benefício não pode ser objeto de penhora, arresto ou sequestro, sendo nula de pleno direito a sua venda ou cessão, ou a constituição de qualquer ônus sobre ele, bem como a outorga de poderes irrevogáveis ou em causa própria para o seu recebimento.

13. COMPETÊNCIA JURISDICIONAL

O INSS tem a natureza jurídica de autarquia federal, com a função principal de gerenciar o Plano de Benefícios do RGPS. Dessa forma, em regra, as ações propostas contra o INSS serão de competência da Justiça Federal, por força do artigo 109, inciso I, da Constituição Federal.

Por se tratar de uma autarquia federal, o INSS se enquadra como entidade integrante do Poder Público, possuindo prerrogativas em Juízo, a exemplo da dispensa do depósito prévio.

> ▸ **Qual o entendimento do STJ sobre o assunto?**
>
> **Súmula 483** – O INSS não está obrigado a efetuar depósito prévio do preparo por gozar das prerrogativas e privilégios da Fazenda Pública.

Vale ressaltar que a ação poderá ser proposta contra a autarquia na Vara Federal do domicílio do beneficiário (Subseção Judiciária) ou na Vara da Capital do Estado (Seção Judiciária), cabendo ao segurado ou ao seu dependente a escolha.

> ▸ **Qual o entendimento do STF sobre o assunto?**
>
> **Súmula 689** – O segurado pode ajuizar ação contra a instituição previdenciária perante o juízo federal do seu domicílio ou nas varas federais da Capital do Estado-Membro.

> ▸ **Importante:**
>
> Entretanto, as **ações acidentárias** propostas contra o INSS, ou seja, com causa de pedir consistente em acidente de trabalho, moléstia ocupacional ou evento equiparado, serão de **competência originária da Justiça Estadual.**

Isso porque a parte final do inciso I, do artigo 109, da Constituição Federal, excluiu expressamente as ações decorrentes de acidente de trabalho da competência da Justiça Federal, inclusive as ações revisionais de benefícios acidentários.

> ▸ **Qual o entendimento do STF sobre o assunto?**
>
> Súmula 501 – "Compete à justiça ordinária estadual o processo e o julgamento, em ambas as instâncias, das causas de acidente do trabalho, ainda que promovidas contra a União, suas autarquias, empresas públicas ou sociedades de economia mista".

> **Como esse assunto foi cobrado em concurso?**
>
> No concurso do CESPE para Defensor Público da Bahia em 2010, foi considerado correto o seguinte enunciado: Compete à justiça comum dos estados processar e julgar as ações acidentárias, as propostas, pelo segurado, contra o INSS, visando a benefício e aos serviços previdenciários correspondentes a acidente do trabalho. Por outro lado, no concurso para Procurador do Município de Natal em 2008, foi considerado errado o seguinte enunciado: Compete à justiça federal processar e julgar os litígios decorrentes de acidente do trabalho.

As demandas envolvendo o INSS na competência especial por acidente de trabalho devem tramitar no rito comum, sendo incompetentes os Juizados Estaduais da Fazenda Pública mesmo que a demanda tenha valor da causa de baixo montante, pois a Lei 12.153/2009 não prevê uma autarquia federal como ré.

> **Qual o entendimento do STJ sobre o assunto?**
>
> Nesse sentido o Tema Repetitivo STJ 1053: **REsp 1.866.015-SP, Rel. Min. Herman Benjamin, por unanimidade, julgado em 10/03/2021. (Tema 1053)** – **Tema:** Ações previdenciárias decorrentes de acidente de trabalho. Presença do INSS. Incompetência dos Juizados Especiais da Fazenda Pública. Tema 1053. **Destaque:** Os Juizados Especiais da Fazenda Pública não têm competência para o julgamento de ações decorrentes de acidente de trabalho em que o Instituto Nacional do Seguro Social figure como parte.

Todavia, na hipótese de mandado de segurança contra autoridade do INSS, mesmo que a causa de pedir seja decorrente de acidente de trabalho, a competência para o seu julgamento permanecerá na Justiça Federal, pois prevalece a competência funcional para o julgamento do *writ*.

> **Qual o entendimento do STJ sobre o assunto?**
>
> "CONFLITO NEGATIVO DE COMPETÊNCIA. PREVIDENCIÁRIO. MANDADO DE SEGURANÇA. RESTABELECIMENTO DE BENEFÍCIO ACIDENTÁRIO. **OBSERVÂNCIA DA QUALIFICAÇÃO DA AUTORIDADE IMPETRADA.** ATOS DE MÉDICO PERITO E DO SUPERINTENDENTE DO INSS. **COMPETÊNCIA DO JUÍZO DA JUSTIÇA FEDERAL"** (Conflito de Competência 123.518, julgado pela 1ª Seção e publicado em 19.09.2012).

Por sua vez, entendia a 3ª Seção do STJ (CC 86.797, de 22/08/2007).que as demandas envolvendo benefícios previdenciários por acidente de trabalho dos segurados especiais deveriam tramitar na Justiça Federal. O argumento manejado pela 3ª Seção do STJ era impertinente. Isso porque o reconhecimento da qualidade de segurado especial é questão prejudicial à concessão do benefício por acidente de trabalho, tendo a Justiça Estadual plena competência para tanto.

> ▸ **Qual o entendimento ATUAL do STJ sobre o assunto?**
>
> No entanto, **tal posicionamento foi revisto pela 1ª Seção do STJ**, firmando tese de que os benefícios por acidente de trabalho postulados por segurados especiais e seus dependentes devem ser postulados na Justiça Estadual: AgInt no CC 152187 / MT - S1 - PRIMEIRA SEÇÃO - 13/12/2017 - 1. A Terceira Seção, à época em que detinha competência para matéria previdenciária, firmou entendimento de que, no caso de segurado especial, a concessão de benefícios acidentários seria de competência da Justiça Federal. 3. Considerando que a qualidade de segurado é condição sine qua non para a concessão de qualquer benefício, seja acidentário ou previdenciário, tem-se, consequentemente, que ela não serviria de critério para definir a competência, restando analisar, apenas, a causa de pedir e o pedido. 4. Diante das razões acima expostas e do teor das Súmulas 15/STJ e 501/STF, chega-se à conclusão de que deve ser alterado o entendimento anteriormente firmado pela Terceira Seção, a fim de se reconhecer a competência da Justiça estadual para a concessão de benefícios derivados de acidente de trabalho aos segurados especiais.

A 1ª Seção do STJ (CC 166.107, de 28/08/2019) restabeleceu a antiga jurisprudência (a nosso ver equivocada) pronunciando a competência da Justiça Federal para julgar as ações previdenciárias decorrentes de pensão por morte por acidente de trabalho.

> ▸ **Qual o entendimento do STJ sobre o assunto?**
>
> **Conforme entendimento jurisprudencial consagrado pelo Superior Tribunal de Justiça, compete à Justiça Federal processar e julgar as ações objetivando a concessão ou revisão dos benefícios de pensão por morte, ainda que decorrentes de acidente de trabalho.** A propósito: AgRg no CC 113.675/SP, Rel. Ministra Assusete Magalhães, Terceira Seção, DJe 18/12/2012; CC 119.921/AM, Rel. Ministra Marilza Maynard (Desembargadora Convocada do TJ/SE), Terceira Seção, DJe de 19/10/2012;
>
> AgRg no CC 108.477/MS, Rel. Min. Maria Thereza de Assis Moura, DJe de 10/12/2010; AgRg no CC 107.796/SP, Rel. Min. Arnaldo Esteves Lima, DJe de 7/5/2010; CC 89.282/RS, Rel. Min. Jane Silva (Desembargadora Convocada do TJ/MG, DJ de 18/10/2007; AgRg no CC 139.399/RJ, Rel. Ministro Olindo Menezes (Desembargador convocado do TRF 1ª Região), Primeira Seção, DJe 2/3/2016; AgRg no CC 112.710/MS, Rel. Min. Og Fernandes, DJe de 7/10/2011.

Por sua vez, a Justiça Estadual também poderá julgar causas previdenciárias não acidentárias por **delegação de competência**, sendo investida de jurisdição federal, quando for conveniente ao segurado ou ao seu dependente.

▸ **Importante:**

De acordo com o artigo 109, §3º, da Constituição Federal, em sua **redação original**, serão processadas e julgadas na Justiça Estadual, no foro do domicílio dos segurados ou beneficiários, as causas em que forem parte instituição de previdência social e segurado, sempre que a comarca não seja sede de vara do juízo federal, e, se verificada essa condição, a lei poderá permitir que outras causas sejam também processadas e julgadas pela Justiça Estadual.

Evidente que se o segurado reside em localidade cuja sede possui Vara da Justiça Federal, inexistirá a competência delegada, pois esta pressupõe a inexistência de Vara Federal.

▸ **Qual o entendimento do STF sobre o assunto?**

Nesse sentido, o acertado posicionamento do STF no **Tema 820 em Repercussão Geral**: Decisão: *O Tribunal, por maioria, apreciando o tema 820 da repercussão geral, deu provimento ao recurso extraordinário para, reformado o acórdão, declarar competente, para julgar ação movida por segurado, o Juizado Especial Federal de Botucatu, da 31ª Subseção da Seção Judiciária do Estado de São Paulo, nos termos do voto do Relator, vencido parcialmente o Ministro Alexandre de Moraes. Foi fixada a seguinte tese:* ***"A competência prevista no § 3º do artigo 109 da Constituição Federal, da Justiça comum, pressupõe inexistência de Vara Federal na Comarca do domicílio do segurado".*** *Plenário, Sessão Virtual de 26.2.2021 a 5.3.2021.*

Esta hipótese de delegação de competência obviamente abarcava não só as ações propostas pelos segurados contra o INSS, mas também as intentadas por seus dependentes, que se enquadram como beneficiários, se na sede da comarca inexistir vara federal.

Como não se trata de competência originária, mas de mera delegação, os **recursos** não serão direcionados ao Tribunal de Justiça, e sim ao **Tribunal Regional Federal** da respectiva Região.

▸ **Importante:**

No entanto, o dispositivo foi modificado pela Emenda 103/2019, passando a dispor da seguinte forma: "§3º **Lei poderá autorizar** que as causas de competência da Justiça Federal, em que forem parte instituição de previdência social e segurado, possam ser processadas e julgadas na justiça estadual, quando a comarca do domicílio do segurado não for sede de vara federal".

Antes da reforma, a competência delegada era automática. Agora depende de lei federal de regulamentação, que já existia (Lei 5.010/66):

> *"Art. 15. Nas Comarcas do interior onde não funcionar Vara da Justiça Federal (artigo 12), os Juízes Estaduais são competentes para processar e julgar:*
>
> *III - os feitos ajuizados contra instituições previdenciárias por segurados ou beneficiários residentes na Comarca, que se referirem a benefícios de natureza pecuniária".*

Entende-se que essa regra da Lei 5.010/66 foi recebida tanto pela CF/1988 quanto pela atual reforma, de modo que nada será modificado em um primeiro momento.

No entanto, já tramitava no Congresso Nacional em fase avançada o PL 2.999/2019, que promoveu alteração na Lei 5.010/66 através da Lei 13.876, de 20 de setembro de 2019:

> "Art. 15. Quando a Comarca não for sede de Vara Federal, poderão ser processadas e julgadas na Justiça Estadual:
>
> ....
>
> **III – as causas em que forem parte instituição de previdência social e segurado e que se referirem a benefícios de natureza pecuniária, quando a Comarca de domicílio do segurado estiver localizada a mais de 70 km (setenta quilômetros) de Município sede de Vara Federal;**
>
> ....
>
> § 1º Sem prejuízo do disposto no art. 42 desta Lei e no parágrafo único do art. 237 da Lei nº 13.105, de 16 de março de 2015 (Código de Processo Civil), poderão os Juízes e os auxiliares da Justiça Federal praticar atos e diligências processuais no território de qualquer Município abrangido pela seção, subseção ou circunscrição da respectiva Vara Federal.
>
> § 2º Caberá ao respectivo Tribunal Regional Federal indicar as Comarcas que se enquadram no critério de distância previsto no inciso III do **caput** deste artigo."

Dessa forma, pela Lei 13.876/2019, a **competência federal delegada será extinta quando a Comarca de domicílio do beneficiário da previdência social distar até 70 km de alguma Vara da Justiça Federal**, cabendo ao TRF editar uma lista de comarcas.

A intenção é reduzir custos administrativos do Poder Executivo e do Judiciário, mantendo a delegação de competência apenas para distâncias maiores (acima de 70 km) em que não é razoável exigir viagens do beneficiário da previdência social.

Essa norma não entrou em vigor na data da sua publicação em 23/9/2019. Sua vigência é prevista apenas para 1/1/2020. Entende-se que a nova Lei 13.876/2019 foi precoce. Isso porque deveria ter sido editada após a publicação da reforma constitucional.

Avaliando o texto constitucional originário (23/9/2019) no dia da publicação da Lei 13.876/2019 e antes da reforma constitucional, nota-se que houve uma indevida restrição à competência jurisdicional delegada, não existindo no Brasil o fenômeno da constitucionalidade superveniente.

▸ **Qual o entendimento do STJ sobre o assunto?**

Não obstante isto, ao julgar o **IAC no CC 170051 em 21/10/2021 (IAC 6)**, a Corte Especial do STJ achou um jeito de conservar a Lei 13.876/2019, mesmo com a sua publicação sendo anterior à vigência da Emenda 103/2019: **Tese a ser fixada no incidente de assunção de competência:** "Os efeitos da Lei nº 13.876/2019 na modificação de competência para o processamento e julgamento dos processos que tramitam na Justiça Estadual no exercício da competência federal delegada insculpido no art. 109, § 3º, da Constituição Federal, após as alterações promovidas pela Emenda Constitucional 103, de 12 de novembro de 2019, aplicar-se-ão aos feitos ajuizados após 1º de janeiro de 2020. As ações, em fase de conhecimento ou de execução, ajuizadas anteriormente a essa data, continuarão a ser processadas e julgadas no juízo estadual, nos termos em que previsto pelo § 3º do art. 109 da Constituição Federal, pelo inciso III do art. 15 da Lei n. 5.010, de 30 de maio de 1965, em sua redação original."

Importante destacar que **a Justiça Estadual não poderá adotar o rito dos Juizados Especiais Federais,** nem poderá delegar os processos aos Juizados Estaduais, na forma do artigo 20 da Lei 10.259/01.

▸ **Como esse assunto foi cobrado em concurso?**

No concurso do CESPE para Juiz Federal da 5ª Região em 2009, foi considerado errado o seguinte enunciado: À causa previdenciária de pequeno valor que tramita perante a justiça estadual, por delegação de competência, aplicam-se as disposições da lei que trata dos juizados especiais federais.

Outrossim, a criação de Juizado Especial Federal em localidade que não era dotada de Vara Federal não gera a remessa dos processos em curso, que continuarão a tramitar na Justiça Estadual, por força de determinação contida no artigo 25 da Lei 10.259/2001.

Por fim, vale frisar que a Justiça do Trabalho não tem competência para analisar pedido de concessão ou revisão de benefício previdenciário de qualquer natureza, mesmo que decorrente de acidente de trabalho, mas apenas de executar, de ofício, as contribuições previdenciárias e seus acréscimos legais, decorrentes das sentenças que proferir, na forma do artigo 114, inciso VIII, da Constituição Federal.

> **Como esse assunto foi cobrado em concurso?**
>
> No concurso do CESPE para Procurador do Estado de Alagoas em 2008, foi considerado errado o seguinte enunciado: Com o advento da EC n.º 45/2004, a competência para o processo e julgamento de ações judiciais em que se pleiteie a concessão do benefício previdenciário denominado auxílio-acidente passou a ser da justiça do trabalho. Por outro lado, no concurso para Juiz Federal da 5ª Região em 2009, foi considerado errado o seguinte enunciado: Compete à justiça federal, e não à justiça do trabalho, a execução das contribuições previdenciárias relativas ao objeto da condenação constantes das sentenças proferidas pela justiça trabalhista.

14. QUESTÕES PROCESSUAIS DOS JUIZADOS FEDERAIS

A esmagadora maioria das ações que tramitam contra o INSS na Justiça Federal é de competência dos Juizados Especiais Federais, que possui regramento específico dado pela Lei 10.259/2001, aplicando-se supletivamente, no que for compatível, a Lei 9.099/95.

O seu **principal critério de competência** é o **valor da causa**, fixado em até **60 salários mínimos, *que tem natureza absoluta***, assim considerado o valor do salário mínimo em vigor na data da propositura da ação, nos termos do enunciado 15, do FONAJEF – Fórum Nacional dos Juizados Federais.

Logo, quando o valor da causa for superior a 60 salários mínimos, os Juizados Federais serão absolutamente incompetentes para o julgamento do feito. Se pretender ver o seu processo tramitando nesse rito, deverá o autor renunciar expressamente ao excedente ao valor da alçada, sob pena de extinção do processo, sem o julgamento do mérito, a teor do artigo 51, III, da Lei 9.099/95.

> **Qual o entendimento da TNU sobre o assunto?**
>
> De acordo com **a Súmula 17, da TNU, "não há renúncia tácita no Juizado Especial Federal, para fins de competência"**, bem como "não cabe renúncia sobre parcelas vincendas para fins de fixação de competência nos Juizados Especiais Federais", nos moldes do enunciado 17, do FONAJEF.

> **Como esse assunto foi cobrado em concurso?**
>
> No concurso do CESPE para Juiz Federal da 5ª Região em 2009, foi considerado errado o seguinte enunciado: Para fins de competência, o simples fato de a demanda ter sido ajuizada no juizado especial federal presume a renúncia tácita dos valores excedentes à quantia de sessenta salários mínimos.

▸ **Qual o entendimento do STJ sobre o assunto?**

Por unanimidade, no rito dos recursos repetitivos (**Tema 1.030**, de 28/10/2020), os ministros da 1ª Seção do STJ firmaram a seguinte tese: "Ao autor que deseje litigar no âmbito de juizado especial federal cível, **é lícito renunciar**, de modo expresso e para fins de atribuição de valor à causa, ao montante que exceda os 60 salários mínimos previstos no artigo 3º, *caput*, da Lei 10.259/2001, **aí incluídas, sendo o caso, as prestações vincendas**". A novidade, a meu ver, foi a admissão da renúncia das parcelas vincendas, até então não admitida no rito do JEF.

Na hipótese de benefícios previdenciários, em que normalmente são postuladas parcelas vencidas e vincendas por tempo indeterminado, o valor da causa deverá ser calculado de acordo com o artigo 292, do CPC, sendo somadas as parcelas vencidas com doze vincendas.

▸ **Qual o entendimento do STJ sobre o assunto?**

De acordo com o Superior Tribunal de Justiça, no julgamento do AgRg no REsp 1.209.914, de 03/02/2011, "nos casos de litisconsórcio ativo, o valor da causa para fixação da competência é calculado dividindo-se o valor total pelo número de litisconsorte".

Independentemente do valor, também não terão os Juizados Federais competência para julgar as causas arroladas no artigo 3º, §1º, da Lei 10.259/2001.

No rito dos Juizados Federais, em favor do **Poder Público, não haverá prazos diferenciados nem reexame necessário** das decisões proferidas contra as pessoas jurídicas de direito público.

▸ **Como esse assunto foi cobrado em concurso?**

No concurso do CESPE para Juiz Federal da 1ª Região em 2009, foi considerado errado o seguinte enunciado: Nas causas de competência do juizado especial federal cível, não haverá reexame necessário, salvo quando envolverem matéria previdenciária. Outrossim, nesse certame foi considerado errado o seguinte enunciado: Nos processos que tramitem perante o juizado especial federal cível, a lei ordinária fixa prazo diferenciado para a prática de atos processuais pelo INSS, inclusive quanto à interposição de recursos, sendo que a citação para audiência de conciliação deverá ser efetuada com antecedência mínima de trinta dias.

Da mesma forma, majoritariamente, vem se entendendo não ser cabível recurso adesivo e ação rescisória no rito dos Juizados Federais, conforme os enunciados 59 e 44, do FONAJEF.

O Juiz poderá, de ofício ou a requerimento das partes, deferir **medidas cautelares** no curso do processo, para evitar dano de difícil reparação, impugnáveis via **recurso inominado**. Na prática, normalmente não são concedidas liminares cautelares, e sim satisfativas, inclusive de ofício.

> **▸ Como esse assunto foi cobrado em concurso?**
>
> No concurso do CESPE para Juiz Federal da 1ª Região em 2009, foi considerado errado o seguinte enunciado: Para evitar dano de difícil reparação, o juiz poderá, de ofício ou a requerimento das partes, deferir medidas cautelares no curso do processo, salvo quando estiver diante de questão previdenciária, como o cancelamento ou a suspensão indevida de benefício promovido pela autarquia previdenciária.

Quando as decisões não são impugnáveis via recurso, a exemplo da decisão de incidente processual na execução do julgado, deverá a parte prejudicada interpor mandado de segurança para a respectiva Turma Recursal (órgão *ad quem*), conforme entendimento consolidado do STJ (EDROMS 200501035527, de 09.02.2010).

As restrições de liminares contra o Poder Público, previstas na Lei 8.437/92, validadas pelo STF no julgamento de ação declaratória de constitucionalidade nº 04, não são aplicáveis em demandas previdenciárias.

> **▸ Qual o entendimento do STF sobre o assunto?**
>
> **Súmula 729**- A decisão na ADC-4 não se aplica à antecipação de tutela em causa de natureza previdenciária.

Vale ressaltar que os representantes judiciais da União, autarquias, fundações e empresas públicas federais, ficam autorizados a **conciliar, transigir ou desistir**, nos processos da competência dos Juizados Especiais Federais, com base no artigo 10, da Lei 10.259/2001.

Logo, quando o Procurador Federal presentante do INSS verificar, de maneira indubitável, após a análise processual, a falha administrativa da autarquia federal, poderá propor conciliação ou não interpor recurso contra a decisão.

Vale salientar que a apresentação de proposta de acordo pelo réu não induz em confissão, nos moldes do enunciado 76 do FONAJEF.

A sentença proferida nos Juizados Especiais poderá ser impugnada por recurso inominado, quando antes não for cabível os embargos de declaração, nas hipóteses de omissão, contradição ou obscuridade, cuja interposição **interrompe** o prazo de interposição do recurso inominado, a teor do artigo 50 da Lei 9.099/95.

Ademais, **as sentenças serão necessariamente líquidas**, conforme exige o artigo 52, inciso I, da Lei 9.099/95, sob pena de nulidade.

Qual o entendimento da TNU sobre o assunto?

"Não basta que a sentença seja exeqüível, uma vez que o procedimento aqui adotado exige que a sentença já consigne o valor da condenação, no que se refere ao valor do benefício concedido e das parcelas vencidas e vincendas, se for o caso, pois não haverá a fase de liquidação do julgado. 2 - Recurso do INSS provido. 3 - Sentença anulada"(PEDILEF 2003.38.00.702046-2, de 05.04.2003).

Admitir a prolação de sentenças ilíquidas nos Juizados Federais é atentar contra texto expresso de lei, bem como violar o Princípio da Celeridade. Demais disso, muitas vezes apenas na liquidação se descobre que a causa era, de fato, superior a 60 salários mínimos, não devendo tramitar sob o rito "sumaríssimo".

Em razão da celeridade do procedimento, não será cabível a intervenção de terceiros ou a assistência, a teor do enunciado 14, do FONAJEF.

Os recursos contra a sentença serão julgados pela Turma Recursal respectiva, formada por três juízes federais, que poderão manter a sentença, reformá-la ou anulá-la, total ou parcialmente.

De acordo com o enunciado 29, do FONAJEF, "cabe ao Relator, monocraticamente, atribuir efeito suspensivo a recurso, não o conhecer, bem assim lhe negar ou dar provimento nas hipóteses tratadas no artigo 932, IV, 'c', do CPC, e quando a matéria estiver pacificada em súmula da Turma Nacional de Uniformização, enunciado de Turma Regional ou da própria Turma Recursal" (Revisado no XIII FONAJEF).

Caso a decisão tomada pelo colegiado referente ao **direito material** divirja de outra Turma Recursal, poderá a parte prejudicada oferecer **pedido de uniformização de jurisprudência.**

De acordo com a TNU, "os Juizados Especiais orientam-se pela simplicidade e celeridade processual nas vertentes da lógica e da política judiciária de abreviar os procedimentos e reduzir os custos. Diante da divergência entre decisões de Turma Recursais de regiões diferentes, o pedido de uniformização tem a natureza jurídica de recurso, cujo julgado, portanto, modificando ou reformando, substitui a decisão ensejadora do pedido. A decisão constituída pela Turma de Uniformização servirá para fundamentar o juízo de retratação das ações com o processamento sobrestado ou para ser declarada a prejudicialidade dos recursos interpostos" **(Questão de Ordem 01, de 12.11.2002).**

Caso o acórdão paradigma seja oriundo de Turma Recursal da mesma Região, competirá à Turma Regional de Uniformização unificar a jurisprudência. Caso contrário, o pedido de uniformização será julgado pela Turma Nacional de Uniformização.

Também competirá à TNU o julgamento de divergência de entendimento sobre questão de direito material entre Turmas Recursais da mesma região, caso se trate de decisão proferida em contrariedade a súmula ou jurisprudência dominante do STJ.

> **▸ Importante:**
>
> Por tudo isso, **questões meramente processuais não serão objeto de pedido de uniformização.**

> **▸ Como esse assunto foi cobrado em concurso?**
>
> No concurso do CESPE para Juiz Federal da 1ª Região em 2009, foi considerado errado o seguinte enunciado: Quando a orientação acolhida pela turma de uniformização, em questões de direito material **ou processual**, incluídas as matérias previdenciárias, contrariar súmula ou jurisprudência dominante no STJ, a parte interessada poderá provocar a manifestação do STJ, que dirimirá a divergência.

> **▸ Qual o entendimento da TNU sobre o assunto?**
>
> **Súmula 07** – Descabe incidente de uniformização versando sobre honorários advocatícios por se tratar de questão de direito processual.

Ademais, quando a orientação acolhida pela Turma Nacional de Uniformização, em questões de direito material, contrariar súmula ou jurisprudência dominante no Superior Tribunal de Justiça, a parte interessada poderá provocar a manifestação deste, que dirimirá a divergência.

Há uma grande dificuldade de um incidente de uniformização ser conhecido, quando se trata de questões concretas peculiares. É que será preciso demonstrar a divergência entre Turmas Recursais apontando um julgado paradigma, que muitas vezes considera questões específicas do caso.

De efeito, a TNU vem sendo muito rígida na admissão dos incidentes de uniformização, exigindo identidade de situações fáticas, o que em alguns casos é impossível, a exemplo da aposentadoria por idade rural e dos benefícios por incapacidade, nas hipóteses em que é preciso verificar os documentos comprobatórios do início de prova material e as peculiaridades da suposta incapacidade, respectivamente.

De acordo com a TNU, "é possível o não conhecimento do pedido de uniformização por decisão monocrática quando o acórdão recorrido não guarda similitude fática e jurídica com o acórdão paradigma" (questão de Ordem 22, de 26.10.2006).

Ressalte-se que as decisões tomadas pelas Turmas Recursais também poderão ser vergastadas através do recurso extraordinário, uma vez demonstrada a sua repercussão geral e umas das hipóteses de conhecimento contidas no artigo 102, incido III, da Constituição, não sendo cabível recurso especial por carência de previsão constitucional.

15. HONORÁRIOS ADVOCATÍCIOS NAS AÇÕES PREVIDENCIÁRIAS

▸ Qual o entendimento do STJ sobre o assunto?

De acordo com a **Súmula 111, do STJ, "os honorários advocatícios, nas ações previdenciárias, não incidem sobre prestações vincendas após a sentença".**

No julgamento do **Tema Repetitivo 1.105**, em 08.03.2023, a Primeira Seção, por maioria, vencido o Sr. Ministro Humberto Martins, deu provimento ao recurso especial do INSS, nos termos do voto do Sr. Ministro Relator, aprovando a seguinte tese no tema 1105: ***"Continua eficaz e aplicável o conteúdo da Súmula 111/STJ (com a redação modificada em 2006), mesmo após a vigência do CPC/2015, no que tange à fixação de honorários advocatícios".***

Assim, a base de cálculo sobre a qual incidirá o percentual fixado pelo julgador a título de honorários advocatícios, deverá se limitar às parcelas devidas até a data de prolação da decisão, com exclusão das posteriores.

▸ Como esse assunto foi cobrado em concurso?

No concurso do CESPE para Juiz Federal da 1ª Região em 2011, foi considerado correto o seguinte enunciado: O cálculo da verba de honorários advocatícios nas ações previdenciárias incide apenas sobre as prestações vencidas até a prolação da sentença que julgar total ou parcialmente procedente o pedido, excluindo-se, assim, as vincendas.

É bom lembrar que as condenações perpetradas em 1º grau nos Juizados Federais não abarcarão os honorários advocatícios, mas apenas as de 2º grau, por força do artigo 55, da Lei 9.099/05.

Suponha-se que o INSS tenha negado uma aposentadoria por idade de segurado especial na via administrativa e que tenha havido judicialização. Acaso haja concessão administrativa posterior, a exemplo de novo requerimento administrativo acolhido ou mesmo de provimento de recurso pelo CRPS, o abatimento não irá prejudicar a base de cálculo dos honorários advocatícios.

Por outro lado, se o deferimento pela autarquia ocorrer antes da citação válida da ação judicial, dar-se-á o abatimento na base de cálculo dos honorários advocatícios.

▸ Qual o entendimento do STJ sobre o assunto?

De acordo com o **Tema Repetitivo STJ 1050**, *"o eventual pagamento de benefício previdenciário na via administrativa, seja ele total ou parcial,* ***após a citação válida****, não tem o condão de alterar a base de cálculo para os honorários advocatícios fixados na ação de conhecimento, que será composta pela totalidade dos valores devidos".*

16. AÇÃO CIVIL PÚBLICA PREVIDENCIÁRIA

Tema dos mais controversos é definir se é possível a propositura de ação civil pública contra o INSS veiculando objeto ligado aos benefícios previdenciários, especialmente a sua concessão e revisão, tendo em vista o constante ajuizamento de ações dessa natureza pelo Ministério Público Federal.

Por força do artigo 127, da Constituição Federal de 1988, o Ministério Público apenas poderá veicular ação civil pública com o desiderato de proteger direitos individuais homogêneos indisponíveis.

Daí o correto entendimento sustentado por parte da jurisprudência no sentido de que não é possível a propositura de ação civil pública contra o INSS pelo Ministério Público, por veicular direitos individuais homogêneos disponíveis, inexistindo relação de consumo.

Todavia, uma ação civil pública poderá gerar grande economia processual e evitar a propositura de milhares ou milhões de ações contra o INSS, sendo este o objetivo da norma, que busca a tutela molecular do direito e não atômica.

▸ **Qual o entendimento do STJ sobre o assunto?**

Não há entendimento uniformizado no STJ a respeito. Em 01.12.2009, entendeu a 5ª Turma do STJ pela ilegitimidade ativa do órgão ministerial para propor ação civil pública previdenciária, no julgamento do recurso especial 766.541. Entretanto, no dia 07.12.2010, a 5ª Turma do STJ mudou inteiramente de posicionamento, no julgamento do recurso especial 1.142.630, passando a admitir a ação civil pública previdenciária. Sucede que a 6ª Turma não a vem admitindo, a exemplo do julgamento do AgRg no recurso especial 901.572, de 22.09.2009.

▸ **Qual o entendimento do STF sobre o assunto?**

Certamente o que motivou a mudança de entendimento da 5ª Turma do STJ foi a decisão tomada pela 2ª Turma do STF, ao julgar o agravo regimental no agravo de instrumento 516.419, em 16.11.2010, de relatoria do Ministro Gilmar Mendes, em que a Suprema Corte reconheceu a legitimidade ativa do Ministério Público para propor ação para concessão/revisão de benefício previdenciário contra o INSS, por se tratar de interesse individual homogêneo com evidente relevo social, **sendo esta a posição de prova objetiva.** O mesmo posicionamento foi tomado pela 1ª Turma do STF, no julgamento do RE 475.010 AGR, de 02.08.2011, que admitiu uma ação civil pública proposta pelo Ministério Público Federal para a concessão de aposentadorias em favor de rurícolas.

▸ **Como esse assunto foi cobrado em concurso?**

No concurso do CESPE para Juiz Federal da 1ª Região em 2011, foi considerado errado o seguinte enunciado: O MP não tem legitimidade para propor ação civil pública que veicule pretensões relativas a benefícios previdenciários.

Capítulo 11

Regras gerais dos Regimes Próprios de Previdência Social

1. DISPOSIÇÕES INICIAIS E INOVAÇÕES DA EMENDA 103/2019

Este Capítulo objetiva apenas analisar as normas gerais dos regimes de previdência social dos servidores públicos efetivos da União, dos estados, do Distrito Federal e dos municípios, intitulados de **Regimes Próprios de Previdência Social**, cuja base normativa fundamental se encontra no **artigo 40, da Constituição Federal.**

O Regime Próprio de Previdência Social – RPPS é o regime de previdência, estabelecido no âmbito da União, dos Estados, do Distrito Federal e dos Municípios que assegura, por lei, aos servidores titulares de cargos efetivos, pelo menos, os benefícios de aposentadoria e pensão por morte previstos no art. 40 da Constituição Federal.

O tema ganhou extrema complexidade com a publicação da **Emenda 103/2019**. A fim de já ir familiarizando o leitor com a **nova previdência do servidor público**, vamos listar de modo superficial as **principais mudanças** realizadas pela Reforma Constitucional:

- A competência para legislar sobre regras gerais de **inatividade remunerada** de policiais militares e bombeiros dos estados e Distrito Federal passou a ser **privativa da União**;
- Restou inserido o instituto da **readaptação**, permitindo que o servidor público titular de cargo efetivo possa ser readaptado para exercício de cargo cujas atribuições e responsabilidades sejam compatíveis com a limitação que tenha sofrido em sua capacidade física ou mental, enquanto permanecer nesta condição, desde que possua a habilitação e o nível de escolaridade exigidos para o cargo de destino, mantida a remuneração do cargo de origem;
- A concessão de **aposentadoria no RGPS** passa a gerar a **extinção da relação de trabalho com a Administração Pública**, quer celetista ou mesmo estatutária, o que atinge servidores efetivos de municípios que não criaram RPPS;

- **Vedou-se que o complemento de aposentadorias e pensões por morte** do RPPS seja feito pelos entes políticos, salvo no caso de regime de previdência complementar e de lei de extinção de RPPS que poderão prever os complementos;
- Afastou-se uma garantia do titular de mandato eletivo que possui cargo efetivo no serviço público, de modo que a Constituição não mais garante que os valores das remunerações para fins previdenciários sejam conservados como se o servidor estivesse no exercício do cargo efetivo, podendo agora ser considerados os valores das remunerações do mandato eletivo;
- **Vedou-se a incorporação de vantagens** de caráter temporário ou vinculadas ao exercício de função de confiança ou de cargo em comissão à remuneração do cargo efetivo;
- Não mais são citados no *caput* do artigo 40 da Constituição todos os entes políticos, de modo que não há mais imposição constitucional para que todos os entes políticos constituam RPPS, sendo o grande foco os municípios brasileiros;
- A aposentadoria por invalidez do servidor efetivo passa a se chamar de **aposentadoria por incapacidade permanente**, sendo necessário para a sua concessão um requisito adicional: não cabimento da readaptação;
- A renda mensal da aposentadoria por incapacidade permanente e das demais aposentações foi desconstitucionalizada, cabendo a aplicação da regra de transição do artigo 26 da Emenda;
- A aposentadoria por incapacidade por doenças graves, contagiosas ou incuráveis **não mais possui garantia de proventos integrais**;
- Fixou-se como regra permanente para os **servidores federais efetivos** a seguinte idade mínima para o deferimento de aposentadoria voluntária: **a) 65 anos, homens; b) 62 anos, mulheres;**
- O teto da aposentadoria passa a ser o teto do RGPS para os novos servidores públicos empossados no novo regime, respeitado o valor mínimo de um salário mínimo;
- Caberá ao ente federativo aprovar lei ordinária para regular o valor dos proventos de aposentadoria do seu servidor efetivo, quebrando a uniformidade nacional, o que será uma lástima e com enorme insegurança jurídica;
- As **aposentadorias especiais** no RPPS eram uma determinação constitucional. Agora passaram a ser um **ato discricionário do legislador**, ao inserir expressamente no texto constitucional a expressão "poderão", via lei complementar da entidade política;

- Os **professores** do ensino infantil, fundamental e média conservaram o direito de **reduzir 5 anos na idade** no benefício de aposentadoria por idade em relação às regras ordinárias, que no serviço público federal são de 65 anos para os homens e 62 para as mulheres, reduzindo na área federal para 60 anos para os professores e 57 anos de idade para as professoras;
- Possibilita que a **pensão por morte do servidor público possa ter renda inferior a um salário mínimo**, desde que o dependente seja beneficiário de **renda formal**, a exemplo de salário ou de aposentadoria;
- A regra permanente não mais trata da renda da pensão por morte, fazendo remissão à lei do respectivo ente federativo, que necessariamente terá que tratar de modo diferenciado a morte dos policiais, agentes penitenciários e agentes socioeducativos por agressão em decorrência da sua função de risco;
- Passa a ser **obrigatória** a criação do regime de **previdência complementar** pelas entidades federativas que possuam RPPS (era facultativo);
- Abriu-se em favor das entidades abertas de previdência complementar (EAPC's) a possibilidade de gerir planos de previdência complementar dos servidores públicos;
- O **abono de permanência** em serviço passa a ser de pagamento **facultativo**;
- O valor do abono não mais é fixado no valor da contribuição previdenciária devida pelo servidor público, podendo ser inferior a esse valor, não tendo sido previsto sequer um limite mínimo;
- Exige que a **União** edite uma **lei complementar** estabelecendo normas gerais sobre os Regimes Próprios de Previdência Social.

No âmbito dos **estados, do Distrito Federal e dos municípios**, a aposentadoria voluntária com modificação de na idade mínima, dependerá de emenda às respectivas Constituições e Leis Orgânicas, sendo conservado o antigo regime constitucional provisoriamente. O mesmo se aplica ao benefício de pensão por morte.

Dessa forma, existem regras da Emenda 103/2019 que se aplicam aos servidores de todas as esferas de governo. Por outro lado, existem regras que somente serão aplicáveis aos servidores dos estados, Distrito Federal e municípios se a legislação local for ulteriormente modificada, como os requisitos/renda para as aposentadorias e valor da pensão por morte.

Foram preservados sem alteração somente os seguintes parágrafos do artigo 40 da Constituição:

> **§ 1º, inciso II** – compulsoriamente, com proventos proporcionais ao tempo de contribuição, aos 70 (setenta) anos de idade, ou aos 75 (setenta e cinco)

anos de idade, na forma de lei complementar; *(Inciso com redação dada pela Emenda Constitucional nº 88, de 2015)*

§ 8º – É assegurado o reajustamento dos benefícios para preservar-lhes, em caráter permanente, o valor real, conforme critérios estabelecidos em lei. *(Parágrafo com redação dada pela Emenda Constitucional nº 41, de 2003)*

§ 10 - A lei não poderá estabelecer qualquer forma de contagem de tempo de contribuição fictício. *(Parágrafo com redação dada pela Emenda Constitucional nº 20, de 1998)*

§ 11 – Aplica-se o limite fixado no art. 37, XI, à soma total dos proventos de inatividade, inclusive quando decorrentes da acumulação de cargos ou empregos públicos, bem como de outras atividades sujeitas a contribuição para o regime geral de previdência social, e ao montante resultante da adição de proventos de inatividade com remuneração de cargo acumulável na forma desta Constituição, cargo em comissão declarado em lei de livre nomeação e exoneração, e de cargo eletivo. *(Parágrafo com redação dada pela Emenda Constitucional nº 20, de 1998)*

§ 16 – Somente mediante sua prévia e expressa opção, o disposto nos §§ 14 e 15 poderá ser aplicado ao servidor que tiver ingressado no serviço público até a data da publicação do ato de instituição do correspondente regime de previdência complementar. *(Parágrafo com redação dada pela Emenda Constitucional nº 20, de 1998)*

§ 17 – Todos os valores de remuneração considerados para o cálculo do benefício previsto no § 3° serão devidamente atualizados, na forma da lei. *(Parágrafo acrescido pela Emenda Constitucional nº 41, de 2003)*

§ 18[1] – Incidirá contribuição sobre os proventos de aposentadorias e pensões concedidas pelo regime de que trata este artigo que superem o limite máximo estabelecido para os benefícios do regime geral de previdência social de que trata o art. 201, com percentual igual ao estabelecido para os servidores titulares de cargos efetivos. *(Parágrafo acrescido pela Emenda Constitucional nº 41, de 2003)*

Algumas regras se aplicam aos servidores públicos de todos os entes federativos. Outras normas são aplicáveis, de início, apenas aos servidores federais, cabendo a edição de emenda às respectivas Constituições e Leis Orgânicas para a sua aplicação no âmbito dos Estados, do Distrito Federal e dos Municípios.

Dessa forma, de modo não isonômico, os servidores federais passaram a ter novas regras previdenciárias quase todas mais restritivas de direitos, que somente serão aplicáveis aos servidores dos demais entes políticos por alteração na legislação local.

---

1. Este parágrafo seria revogado, mas o Senado barrou.

Entende-se que há uma inconstitucionalidade neste discrímen, pois as regras gerais de aposentadorias e pensões por morte no serviço público devem ser as mesmas para todos os servidores públicos, não sendo razoável o tratamento diferenciado, pois ofensivo ao Princípio da Isonomia.

Nitidamente houve o endurecimento das regras de custeio e de benefícios para os servidores públicos e seus dependentes, o que sempre é indesejável, pois não há felicidade na restrição de direitos sociais.

Caso tenha havido a mencionada incorporação, prevalecerão as regras da EC 103/2019 ou as regras específicas do RPPS local, respeitado o Princípio do *Tempus Regit Actum*.

Como exemplo, já existem ao menos vinte estados da federação que alteraram a sua legislação de RPPS em algum ponto após a EC 103/2019, muitos inclusive não incorporando integralmente as regras da EC 103/2019, a exemplo dos Estados da Bahia e de Sergipe que modificaram a idade mínima de modo diferenciado.

Enquanto para a União a idade mínima para a aposentadoria programada é em regra permanente de 65 anos para os homens, na Bahia foi fixada em 64 anos de idade.

Já a idade mínima da servidora federal para a aposentadoria programada em regra permanente é de 62 anos. Na Bahia é de 61 anos e em Sergipe de 60 anos de idade.

Acre, Alagoas, Amazonas, Bahia, Ceará, DF, Espírito Santo, Goiás, Maranhão, Mato Grosso, Mato Grosso do Sul, Pará, Paraíba, Pernambuco, Piauí, Paraná, Rio de Janeiro, Rio Grande do Sul, Santa Catarina, Sergipe e São Paulo são entes que já reformaram a legislação local em alguma passagem após 13/11/2019.

Em termos municipais, destacamos Salvador que reformou o seu RPPS pela LC 75/2020 incorporando a Emenda 103/2019 com diversas modificações nas regras de aposentadorias e cálculo de benefícios.

Como exemplo, a idade mínima para a aposentadoria programada em regra permanente no RPPS do Município de Salvador é de 64 anos para os homens e de 61 anos para as mulheres (1 ano a menos que a União).

Ademais, o cálculo da renda mensal em Salvador considera a média das 90% maiores remunerações desde 7/1994, ao passo que no modelo federal a média é de 100%.

Desta forma, são quatro as situações jurídicas dos estados, DF e municípios em termos de RPPS:

A) Os entes que não alteraram a legislação de RPPS após 13/11/2019, sendo aplicáveis as antigas regras constitucionais sobre aposentadorias e pensões por morte;

B) Os entes que alteraram a legislação local de RPPS que ratificaram integralmente a EC 103/2019;

C) Os entes que alteraram a legislação local de RPPS que ratificaram parcialmente a EC 103/2019 perpetrando modificações e criando um regramento peculiar;

D) Os entes que alteraram a legislação local de RPPS não adotando a EC 103/2019 e criando um regramento integralmente peculiar.

De acordo com o novel caput do artigo 40 da Constituição, "o regime próprio de previdência social dos servidores titulares de **cargos efetivos** terá caráter **contributivo** e **solidário**, mediante contribuição do respectivo **ente federativo, de servidores ativos, de aposentados e de pensionistas**, observados critérios que preservem o **equilíbrio financeiro e atuarial**.

Com a alteração do caput do artigo 40 da Constituição, agora o dispositivo nomina o regime previdenciário básico dos servidores públicos efetivos de RPPS – Regime Próprio de Previdência Social.

Mas a grande modificação, que certamente passará despercebida por muitos, é que **não são citados todos os entes políticos**, de modo que não há mais imposição constitucional para que todos os entes políticos constituam RPPS, sendo o grande foco os municípios brasileiros.

Considera-se **equilíbrio financeiro** a garantia de equivalência entre as receitas auferidas e as obrigações do RPPS em cada exercício financeiro, ao passo que **equilíbrio atuarial** a garantia de equivalência, a valor presente, entre o fluxo das receitas estimadas e das obrigações projetadas, apuradas atuarialmente, a longo prazo, devendo os RPPS passar por avaliações e reavaliações atuariais com o objetivo de dimensionar os compromissos do Plano de Benefícios e estabelecer o Plano de Custeio para a observância do equilíbrio financeiro e atuarial.

É vedado o pagamento de benefícios, mediante convênios ou consórcios entre Estados, entre Estados e Municípios e entre Municípios, por força do artigo 1º, inciso V, da Lei 9.717/98.

▸ **Importante:**

Por força da Emenda Constitucional 20/98, ao servidor ocupante, exclusivamente, de cargo em comissão declarado em lei de livre nomeação e exoneração, bem como de outro cargo temporário ou de emprego público, aplicar-se-á o Regime Geral de Previdência Social.

Por força da Emenda 103/2019, aplica-se ao **agente público** ocupante, exclusivamente, de cargo em comissão declarado em lei de livre nomeação e exoneração, de outro cargo temporário, inclusive aos detentores de **mandato eletivo**, ou de emprego público, o Regime Geral de Previdência Social.

Houve uma ampliação do conteúdo desde parágrafo. A expressão "servidor" foi substituída por "agente público", de maior abrangência, assim como foi inserido o detentor de mandato eletivo.

Dessa forma, apesar de já previsto pelas Leis 9.506/97 e 10.887/2004, agora consta expressamente do texto constitucional que o titular de mandato eletivo será segurado do Regime Geral de Previdência Social.

Por outro lado, registre-se que o titular de mandado eletivo que é servidor efetivo amparado por RPPS permanecerá vinculado ao RPPS, conforme expressamente consignado no texto constitucional[2] e na Lei 8.213/91[3].

> **Qual o entendimento do STF sobre o assunto?**
>
> "O sistema previdenciário dos ocupantes de cargos comissionados foi regulado pela Lei 8.647/1993. Posteriormente, com a EC 20/1998, o art. 40, § 13, da CF determinou a filiação obrigatória dos servidores sem vínculo efetivo ao regime geral de previdência. Como os detentores de cargos comissionados desempenham função pública a título precário, sua situação é incompatível com o gozo de quaisquer benefícios que lhes confira vínculo de caráter permanente, como é o caso da aposentadoria. Inadmissível, ainda, o entendimento segundo o qual, à míngua de previsão legal, não se deva exigir o preenchimento de requisito algum para a fruição da aposentadoria por parte daqueles que desempenham a função pública a título precário, ao passo que, para os que mantêm vínculo efetivo com a administração, exige-se o efetivo exercício no cargo por cinco anos ininterruptos ou dez intercalados (art. 193 da Lei 8.112/1990)." (RMS 25.039, Rel. Min. Joaquim Barbosa, julgamento em 14-2-2006, Segunda Turma, *DJE* de 18-4-2008.)

> **Como esse assunto foi cobrado em concurso?**
>
> No concurso do CESPE para Analista Executivo da SEGER-ES em 2013, foi considerado errado o seguinte enunciado: A CF faculta a filiação ao RGPS ou ao respectivo RPPS aos servidores da União, de estado, do Distrito Federal ou de município que ocupem, exclusivamente, cargo em comissão, cargo temporário ou emprego público.

De efeito, em termos de RPPS, a competência legislativa é concorrente, competindo a União editar normas gerais, cabendo aos demais entes políticos instituir os seus respectivos regimes de previdência para os servidores públicos efetivos e militares.

---

2. Art. 38. Ao servidor público da administração direta, autárquica e fundacional, no exercício de mandato eletivo, aplicam-se as seguintes disposições: IV - em qualquer caso que exija o afastamento para o exercício de mandato eletivo, seu tempo de serviço será contado para todos os efeitos legais, exceto para promoção por merecimento.
3. Art. 11. São segurados obrigatórios da Previdência Social as seguintes pessoas físicas: I - como empregado: j) o exercente de mandato eletivo federal, estadual ou municipal, desde que não vinculado a regime próprio de previdência social; (Incluído pela Lei nº 10.887, de 2004)

> **▸ Importante:**
> Na hipótese de municípios que não instituíram o seu RPPS, os seus servidores efetivos vinculam-se obrigatoriamente ao RGPS, na condição de segurados empregados, sendo a entidade política enquadrada como empresa para fins previdenciários.

Por força da Emenda 103/2019, restou mantida a vedação de criação de mais de um RPPS em cada entidade federativa e de mais de um órgão ou unidade gestora de Regime Próprio, restando inserido que este regramento se aplica a todos os Poderes dos entes federativos.

Entende-se por *unidade gestora* a entidade ou órgão integrante da estrutura da Administração Pública de cada ente federativo, que tenha por finalidade a administração, o gerenciamento e a operacionalização do RPPS, incluindo a arrecadação e gestão de recursos e fundos previdenciários, a concessão, o pagamento e a manutenção dos benefícios, facultada aos entes federativos a constituição de fundos integrados de bens, direitos e ativos com finalidade previdenciária.

O artigo 12 da EC 103/2019 previu que a União instituirá **sistema integrado de dados** relativos às remunerações, proventos e pensões dos segurados dos regimes de previdência de que tratam os arts. 40, 201 e 202 da Constituição Federal, aos benefícios dos programas de assistência social de que trata o art. 203 da Constituição Federal e às remunerações, proventos de inatividade e pensão por morte decorrentes das atividades militares de que tratam os arts. 42 e 142 da Constituição Federal, em interação com outras bases de dados, ferramentas e plataformas, para o fortalecimento de sua gestão, governança e transparência e o cumprimento das disposições estabelecidas nos incisos XI e XVI do art. 37 da Constituição Federal.

Por sua vez, atribuiu-se a cada Poder o custeio das suas despesas com RPPS, cabendo a uma lei complementar nacional fixar os parâmetros.

Ademais, retirou-se a ressalva de que o dispositivo não se aplica na situação do disposto no art. 142, § 3º, X[4], pois caberá a uma lei complementar da União reger o tema.

---

4. § 3º Os membros das Forças Armadas são denominados militares, aplicando-se-lhes, além das que vierem a ser fixadas em lei, as seguintes disposições: X - a lei disporá sobre o ingresso nas Forças Armadas, os limites de idade, a estabilidade e outras condições de transferência do militar para a inatividade, os direitos, os deveres, a remuneração, as prerrogativas e outras situações especiais dos militares, consideradas as peculiaridades de suas atividades, inclusive aquelas cumpridas por força de compromissos internacionais e de guerra. (Incluído pela Emenda Constitucional nº 18, de 1998)

Na esfera federal, essa unidade gestora será composta por um colegiado, com participação paritária de representantes e servidores dos Poderes da União, cabendo-lhes acompanhar e fiscalizar a sua administração.

> ▸ **Importante:**
> Há uma tendência política de aproximar as normas dos Regimes Próprios às do Regime Geral de Previdência Social, sendo esse movimento visível na redação do §12, do artigo 40, da CRFB, ao prever que **o regime de previdência dos servidores públicos titulares de cargo efetivo observará, no que couber, os requisitos e critérios fixados para o regime geral de previdência social.** Logo, em caso de omissão, se houver compatibilidade, foi autorizada pela Constituição a utilização das normas das Leis 8.212/91 e 8.213/91 ao RPPS.

Por força do artigo 8º da Lei 9.717/98, com redação dada pela **Lei 13.846/2019**, os responsáveis pelos poderes, órgãos ou entidades do ente estatal, os dirigentes da unidade gestora do respectivo regime próprio de previdência social e os membros dos seus conselhos e comitês **respondem diretamente por infração ao disposto nesta legislação**, sujeitando-se, no que couber, ao regime disciplinar estabelecido na Lei Complementar nº 109, de 29 de maio de 2001, e seu regulamento, e conforme diretrizes gerais.

Ademais, os dirigentes do ente federativo instituidor do regime próprio de previdência social e da unidade gestora do regime e os demais responsáveis pelas ações de investimento e aplicação dos recursos previdenciários, inclusive os consultores, os distribuidores, a instituição financeira administradora da carteira, o fundo de investimentos que tenha recebido os recursos e seus gestores e administradores serão **solidariamente responsáveis**, na medida de sua participação, pelo ressarcimento dos prejuízos decorrentes de aplicação em desacordo com a legislação vigente a que tiverem dado causa.

Ainda de acordo com as mudanças perpetradas pela Lei 13.846/19, os **dirigentes da unidade gestora do regime próprio de previdência social** deverão atender aos seguintes **requisitos mínimos**:

I - não ter sofrido condenação criminal ou incidido em alguma das demais situações de inelegilidade previstas no inciso I do **caput** do art. 1º da Lei Complementar nº 64, de 18 de maio de 1990, observados os critérios e prazos previstos na referida Lei Complementar;

II - possuir certificação e habilitação comprovadas, nos termos definidos em parâmetros gerais;

III - possuir comprovada experiência no exercício de atividade nas áreas financeira, administrativa, contábil, jurídica, de fiscalização, atuarial ou de auditoria;

IV - ter formação superior.

> **▸ Como esse assunto foi cobrado em concurso?**
>
> No concurso CEBRASPE – 2023 – TCE-RJ – Procurador do Ministério Público, foi considerado CORRETO o seguinte enunciado: Os dirigentes de unidade gestora do regime próprio de previdência social (RPPS) devem ter formação superior e possuir comprovada experiência no exercício de atividades nas áreas financeira, administrativa, contábil, jurídica, de fiscalização, atuarial ou de auditoria.

O artigo 94, da Lei 8.213/91, assegura a contagem ao RPPS do tempo de contribuição prestado no RGPS e vice-versa (contagem recíproca). Contudo, não será considerado no RPPS o tempo de contribuição do contribuinte individual que trabalhe por conta própria e do segurado facultativo que recolham 11% ou 5% sobre o salário mínimo, salvo se houver a complementação com os encargos legais, bem como o período prestado pelo trabalhador rural antes da Lei 8.213/91, salvo se indenizado, nos termos nos termos do artigo 127, V, do RPS.

> **▸ Qual o entendimento do STJ sobre o assunto?**
>
> A jurisprudência da Terceira Seção do Superior Tribunal de Justiça é firme no sentido de que ser imperiosa a indenização ao Regime Geral de Previdência Social do período exercido na atividade rural, anterior à filiação obrigatória, para cômputo em regime próprio de servidor público (AGREsp 958.190, de 04.08.2008).

> **▸ Como esse assunto foi cobrado em concurso?**
>
> No concurso do CESPE para Procurador do Estado de Pernambuco em 2009, foi considerado errado o seguinte enunciado: O STJ firmou a compreensão de que não é exigível a indenização, ao regime geral de previdência social, do período exercido na atividade rural, anterior à filiação obrigatória, para cômputo em regime estatutário.

> **▸ Importante:**
>
> O tempo de contribuição federal, estadual ou municipal será contado para efeito de aposentadoria e o tempo de serviço correspondente para efeito de disponibilidade, sendo **vedada qualquer contagem de tempo de contribuição fictício**.

> **▸ Como esse assunto foi cobrado em concurso?**
>
> No concurso do CESPE para Técnico do TRT do Rio Grande do Norte em 2010, foi considerado correto o seguinte enunciado: No que se refere ao regime de previdência de caráter contributivo e solidário assegurado aos servidores públicos, o tempo de contribuição federal, estadual ou municipal será contado para efeito de aposentadoria, e o tempo de serviço correspondente, para efeito de disponibilidade.

> **▸ Qual o entendimento do STF sobre o assunto?**
>
> A vedação à contagem do tempo de contribuição ficto foi instituída pela Emenda 20/1998, não tendo eficácia retroativa de acordo com o STF: "De acordo com a orientação firmada neste Tribunal, o servidor que completou o tempo de serviço para usufruir da licença-prêmio em momento anterior à vigência da EC 20/1998, e não o fez, tem direito a computar em dobro o tempo correspondente à licença para fins de aposentadoria." (AI 725.444-AgR, Rel. Min. Joaquim Barbosa, julgamento em 7-2-2012, Segunda Turma, *DJE* de 23-2-2012.)

Por sua vez, caso o servidor busque a averbação de tempo de serviço prestado em empresas públicas e sociedades de economia mista, este período será apenas considerado para fins de aposentadoria e disponibilidade, haja vista se tratar de tempo prestado à pessoa jurídica de direito privado, conquanto integrante da Administração Pública Indireta.

> **▸ Qual o entendimento da TNU sobre o assunto?**
>
> "Súmula 69 – O tempo de serviço prestado em empresa pública ou em sociedade de economia mista por servidor público federal somente pode ser contado para efeitos de aposentadoria e disponibilidade".

> **▸ Qual o entendimento do STJ sobre o assunto?**
>
> Este também é o posicionamento do STJ, a afirmar que "não deve ser computado, para fins de percepção de gratificações ou adicionais, o tempo de serviço prestado anteriormente em sociedade de economia mista, dada a natureza privada dessa atividade" (ROMS 10.717, de 16/03/2000).

Na forma do artigo 123, parágrafo único, combinado com o artigo 127, V, ambos do RPS, para fins de *contagem recíproca*, ou seja, de consideração em RPPS, **o tempo de serviço prestado pelo trabalhador rural anteriormente à competência novembro de 1991 será reconhecido apenas de houver indenização ao INSS.**

A União, os Estados, o Distrito Federal e os Municípios publicarão, até 30 dias após o encerramento de cada bimestre, demonstrativo financeiro e orçamentário da receita e despesa previdenciárias acumuladas no exercício financeiro em curso.

> **▸ Como esse assunto foi cobrado em concurso?**
>
> No concurso do CESPE para Procurador do Estado de Pernambuco em 2009, foi considerado errado o seguinte enunciado: A União, os estados, o DF e os municípios publicarão, até sessenta dias após o encerramento de cada trimestre, demonstrativo financeiro e orçamentário da receita e despesa previdenciárias acumuladas no exercício financeiro em curso.

2. SEGURADOS

São segurados do RPPS os servidores titulares de **cargo de provimento efetivo,** bem como os militares estaduais e distritais, sendo que a cessão de servidor ou militar dos Estados e do Distrito Federal (com ou sem ônus) não o retira do seu RPPS.

> **▸ Importante:**
>
> Ou seja, desde a Emenda 20/1998, foram excluídos do RPPS os ocupantes de cargo em comissão sem vínculo efetivo, os titulares de mandato eletivo, os contratados por regime especial por excepcional interesse público e os empregados públicos.

> **▸ Como esse assunto foi cobrado em concurso?**
>
> No concurso do CESPE para Juiz Federal da 1ª Região em 2009, foi considerado correto o seguinte enunciado: O RGPS será aplicado aos servidores que, de forma exclusiva, ocupem cargo em comissão, declarado em lei de livre nomeação e exoneração, bem como emprego público ou outro cargo temporário.

> **▸ Qual o entendimento do STF sobre o assunto?**
>
> A posição foi reafirmada pelo STF em 12.06.2023 no julgamento do tema 1.254 em repercussão geral: ***"São admitidos no regime próprio de previdência social exclusivamente os servidores públicos civis detentores de cargo efetivo (art. 40, CF, na redação dada pela EC nº 20/98), o que exclui os estáveis na forma do art. 19 do ADCT e demais servidores admitidos sem concurso público".***

O INSS interpôs embargos de declaração no Tema 1254, a fim de suprir omissão. O INSS interpôs embargos de declaração no Tema 1254, a fim de suprir omissão. Como se trata de tema em repercussão geral, **com base em parecer da lavra do autor desta obra no exercício do cargo de Procurador Federal**, foi buscada uma tese abstrata para lastrear todos os entes federativos que possuem servidor públicos não concursados filiados ao RPPS, não apenas os estabilizados do artigo 19 do ADCT da Constituição Federal.

> **▸ Qual o entendimento do STF sobre o assunto?**
>
> Em 10 de junho de 2024 os embargos foram providos, fixando-se a seguinte tese: *"Decisão: (RG-ED-segundos) O Tribunal, por unanimidade, (i) indeferiu os pedidos de admissão de amici curiae do Município de São Paulo e da Confederação Nacional dos Trabalhadores em Educação CNTE, não conhecendo, por consequência, dos embargos declaração opostos pela CNTE; (ii) rejeitou os embargos de declaração da parte recorrida (beneficiário da aposentadoria); e (iii) acolheu parcialmente os embargos de*

> *declaração do INSS para modular os efeitos da decisão, com o acréscimo de esclarecimentos à tese de julgamento, nos seguintes termos:* ***'Somente os servidores públicos civis detentores de cargo efetivo (art. 40, CF, na redação dada pela EC 20/98) são vinculados ao regime próprio de previdência social, a excluir os estáveis nos termos do art. 19 do ADCT e os demais servidores admitidos sem concurso público, ressalvadas as aposentadorias e pensões já concedidas ou com requisitos já satisfeitos até a data da publicação da ata de julgamento destes embargos declaratórios'****. Tudo nos termos do voto do Relator, Ministro Luís Roberto Barroso (Presidente). Plenário, Sessão Virtual de 31.5.2024 a 10.6.2024".*

Considerando que a ata do julgamento foi publicada em **17 de junho de 2024**, esta a data do recorte da modulação, devendo permanecer no RPPS todos os servidores sem concurso público que preencheram os requisitos para aposentar até 11/06/2024.

Outrossim, considerando que o fato gerador da pensão por morte é a data do óbito, os referidos servidores que faleceram até 17/06/2024 instituirão pensão por morte no RPPS, **inclusive os que não possuíam requisitos para se aposentar no RPPS,** pois para a concessão deste benefício não programado basta a condição de segurado no RPPS.

Por outro lado, os servidores não concursados que não cumpriram os requisitos para a aposentação no RPPS até 17.06.2024 ou que morreram a partir de 18.06.2024 deverão buscar o RGPS.

Ressalva-se que no caso de existência de ADI ou ADPF específica para determinado ente federativo, devem prevalecer as disposições da decisão vinculante específica.

É necessário que a entidade federativa tenha aprovado lei constituindo o RPPS, como ocorre com a União, todos os estados e o Distrito Federal. No que tange aos **municípios**, uma parcela significativa não possui RPPS criado, razão pela qual o servidor efetivo municipal será segurado empregado do RGPS até que o ente local crie o seu RPPS. Na esfera federal, os titulares de cargo em comissão já eram vinculados ao RGPS desde o advento da Lei 8.647/93, o que foi estendido aos demais entes políticos pela referida reforma constitucional.

No caso dos militares da União, serão aplicáveis as disposições da Lei 6.880/80, que aprovou o Estatuto dos Militares, e não da Lei 9.717/98.

De acordo com o novel §22 do artigo 40 da Constituição Federal, vedada a instituição de novos regimes próprios de previdência social, **lei complementar federal** estabelecerá, para os que já existam, normas gerais de organização, de funcionamento e de responsabilidade em sua gestão, dispondo, entre outros aspectos, sobre:

I – requisitos para sua extinção e consequente migração para o Regime Geral de Previdência Social;

II – modelo de arrecadação, de aplicação e de utilização dos recursos;

III – fiscalização pela União e controle externo e social;

IV – definição de equilíbrio financeiro e atuarial;

V – condições para instituição do fundo com finalidade previdenciária de que trata o art. 249 e para vinculação a ele dos recursos provenientes de contribuições e dos bens, direitos e ativos de qualquer natureza;

VI – mecanismos de equacionamento do déficit atuarial;

VII – estruturação do órgão ou entidade gestora do regime, observados os princípios relacionados com governança, controle interno e transparência;

VIII – condições e hipóteses para responsabilização daqueles que desempenhem atribuições relacionadas, direta ou indiretamente, com a gestão do regime;

IX – condições para adesão a consórcio público;

X – parâmetros para apuração da base de cálculo e definição de alíquota de contribuições ordinárias e extraordinárias"

Trata-se de um novo parágrafo inserido no artigo 40 da Constituição, que exige que a **União** edite uma **lei complementar** estabelecendo normas gerais sobre os Regimes Próprios de Previdência Social.

Atualmente, cabe a Lei 9.717/98 fazer a função de lei geral da União a respeito dos Regimes Próprios de Previdência Social.

Curioso que há **expressa vedação de criação de novos RPPS's**, de modo que os municípios não poderão criar Regimes Próprios de Previdência Social a partir da data da publicação da **Emenda 103/2019**, considerando que a União, todos os estados federados e o Distrito Federal já possuem RPPS constituídos.

O dispositivo já fixa os temas mínimos que deverão constar da futura LC nacional de RPPS's, chamando a atenção que **agora há previsão constitucional para a Fiscalização e controle externo pela União** sobre RPPS's de estados, Distrito federal e municípios.

Embora a Lei 9.717/98[5] já preveja esse controle externo, este vinha sendo repelido pelo STF por afrontar a autonomia dos demais entes federativos.

---

5. Art. 9º Compete à União, por intermédio da Secretaria Especial de Previdência e Trabalho do Ministério da Economia, em relação aos regimes próprios de previdência social e aos seus fundos previdenciários: (Redação dada pela Lei nº 13.846, de 2019)

I – a orientação, a supervisão, a fiscalização e o acompanhamento; (Redação dada pela Lei nº 13.846, de 2019)

II – o estabelecimento e a publicação de parâmetros, diretrizes e critérios de responsabilidade previdenciária na sua instituição, organização e funcionamento, relativos a custeio, benefícios, atuária, contabilidade, aplicação e utilização de recursos e constituição e manutenção dos fundos

Nesse sentido, o STF analisou a inconstitucionalidade do artigo 9º, da Lei 9.717/98, entendendo que houve quebra de autonomia dos estados, Distrito Federal e municípios, pois os subordinou ao Ministério da Previdência Social (competência atual do Ministério da Economia), havendo clara ingerência administrativa indevida, afastando o dispositivo liminarmente no caso concreto, em ação proposta pelo Estado do Paraná e pela Paranaprevidência.

Com propriedade, liminarmente, entendeu a Suprema Corte que a União ultrapassou a sua competência para editar normas gerais sobre a previdência dos servidores públicos, determinando a expedição do Certificado de Regularidade Previdenciário pelo MPS e dos respectivos repasses a título de compensação previdenciária[6].

Agora que é regra constitucional, resta saber se o STF irá rever a sua jurisprudência ou reafirmá-la, pronunciado (ou não) inconstitucional esta passagem da Emenda que pode afrontar a autonomia federativa.

Por força do **artigo 9º da Emenda 103/2019**, eis as **regras da transição** até a edição da LC nacional sobre RPPS's:

a) Prova de equilíbrio financeiro e atuarial mediante garantia de equivalência;
b) Restrição aos benefícios de aposentadorias e pensões por morte, devendo a maternidade e a incapacidade temporária serem tuteladas por licenças remuneradas;
c) Alíquota dos servidores estaduais, distritais e municipais não inferiores à alíquota dos servidores federais (artigo 11[7] da Emenda), salvo se o RPPS

---

previdenciários, para preservação do caráter contributivo e solidário e do equilíbrio financeiro e atuarial; (Redação dada pela Lei nº 13.846, de 2019)

III – a apuração de infrações, por servidor credenciado, e a aplicação de penalidades, por órgão próprio, nos casos previstos no art. 8º desta Lei; (Redação dada pela Lei nº 13.846, de 2019)

IV – a emissão do Certificado de Regularidade Previdenciária (CRP), que atestará, para os fins do disposto no art. 7º desta Lei, o cumprimento, pelos Estados, Distrito Federal e Municípios, dos critérios e exigências aplicáveis aos regimes próprios de previdência social e aos seus fundos previdenciários. (Incluído pela Lei nº 13.846, de 2019)

Parágrafo único. A União, os Estados, o Distrito Federal e os Municípios encaminharão à Secretaria Especial de Previdência e Trabalho do Ministério da Economia, na forma, na periodicidade e nos critérios por ela definidos, dados e informações sobre o regime próprio de previdência social e seus segurados. (Redação dada pela Lei nº 13.846, de 2019)

6. ACO-TAR 830, de 29.10.2007, Relator Ministro Marco Aurélio.

7. **Art. 11.** Até que entre em vigor lei que altere a alíquota da contribuição previdenciária de que tratam os arts. 4º, 5º e 6º da Lei nº 10.887, de 18 de junho de 2004, esta será de quatorze por cento.
§ 1º A alíquota prevista no *caput* será reduzida ou majorada, considerado o valor da base de contribuição ou do benefício recebido, de acordo com os seguintes parâmetros:
I – até 1 (um) salário-mínimo, redução de seis inteiros e cinco décimos pontos percentuais;
II – acima de 1 (um) salário-mínimo até R$ 2.089,60 (dois mil, oitenta e nove reais e sessenta centavos), redução de cinco pontos percentuais;
III – de R$ 2.089,61 (dois mil, oitenta e nove reais e sessenta e um centavos) até R$ 3.134,40 (três mil, cento e trinta e quatro reais e quarenta centavos), redução de dois pontos percentuais;
IV – de R$ 3.134,41 (três mil, cento e trinta e quatro reais e quarenta e um centavos) até R$ 6.101,06 (seis mil, cento e um reais e seis centavos), sem redução ou acréscimo;

não possuir déficit atuarial[8], aplicando neste caso como piso as alíquotas do RGPS (artigo 28[9] da Emenda);

d) Prazo de 2 anos para a criação do regime de previdência complementar nos casos dos entes que ainda não o constituíram;
e) Possibilidade de celebrar empréstimos consignados com os segurados;
f) Possibilidade de aprovar lei para a criação de contribuição extraordinária por até 20 anos, na hipótese de déficit atuarial;
g) Parcelamento de dívidas por até 60 meses;
h) O rol de benefícios dos regimes próprios de previdência social fica limitado às aposentadorias e à pensão por morte.

▸ Como esse assunto foi cobrado em concurso?

(Ano: 2021 Banca: CESPE/CEBRASPE Órgão: TC-DF Prova: CESPE/CEBRASPE – 2021 – TC-DF – Procurador) Acerca de prestações previdenciárias e de princípios da seguridade social e de seu custeio, julgue o item que se segue. De acordo com a Constituição Federal de 1988, é vedada a instituição de benefício previdenciário em regimes próprios de previdência social diverso da aposentadoria e da pensão.

Gabarito: Certo.

V – de R$ 6.101,07 (seis mil, cento e um reais e sete centavos) até R$ 10.448,00 (dez mil, quatrocentos e quarenta e oito reais), acréscimo de meio ponto percentual;

VI – de R$ 10.448,01 (dez mil, quatrocentos e quarenta e oito reais e um centavo) até R$ 20.896,00 (vinte mil, oitocentos e noventa e seis reais), acréscimo de dois inteiros e cinco décimos pontos percentuais;

VII – de R$ 20.896,01 (vinte mil, oitocentos e noventa e seis reais e um centavo) até R$ 40.747,20 (quarenta mil, setecentos e quarenta e sete reais e vinte centavos), acréscimo de cinco pontos percentuais; e

VIII – acima de R$ 40.747,20 (quarenta mil, setecentos e quarenta e sete reais e vinte centavos), acréscimo de oito pontos percentuais.

8. Não será considerada como ausência de déficit a implementação de segregação da massa de segurados ou a previsão em lei de plano de equacionamento de déficit. Na hipótese da avaliação apontar déficit atuarial, deverá ser apresentado no Parecer Atuarial **plano de amortização** para o seu equacionamento, ou então o ente federativo poderá optar pelo equacionamento do déficit atuarial do seu RPPS por intermédio de **segregação da massa de seus segurados**, assim considerada a separação dos segurados vinculados ao RPPS em grupos distintos que integrarão o Plano Financeiro e o Plano Previdenciário, o que foi feito no RPPS do Estado do Rio Grande do Norte (2005) e da Bahia (2009).

9. **Art. 28.** Até que lei altere a alíquota da contribuição de que trata a Lei n° 8.212, de 24 de julho de 1991, devida pelo segurado empregado, inclusive o doméstico, e pelo trabalhador avulso, esta será de:

SALÁRIO-DE-CONTRIBUIÇÃO (R$)	ALÍQUOTA PROGRESSIVA PARA FINS DE RECOLHIMENTO AO INSS
até 1.045,00	7,5%
de 1.045,01 até 2.089,60	9%
de 2.089,61 até 3.134,40	12%
de 3.134,41 até 6.101,06	14%

3. CONTRIBUIÇÕES PREVIDENCIÁRIAS

O custeio dos Regimes Próprios é feito por contribuições previdenciárias dos servidores públicos efetivos e dos militares, assim como dos recursos das respectivas entidades políticas, devendo ser observados critérios que preservem o equilíbrio financeiro e atuarial do sistema.

Com o advento da Emenda Constitucional 41/2003, o artigo 40 da Constituição Federal foi alterado a fim de permitir a incidência de contribuições previdenciárias a serem pagas pelos aposentados e pensionistas do RPPS, tendo em vista que apenas com o advento da Emenda 03/1993 todos os servidores (ativos) passaram a contribuir ao sistema.

> **Importante:**
>
> De efeito, há autorização constitucional para que os aposentados e pensionistas do RPPS paguem contribuições previdenciárias sobre os seus proventos e pensões, mas apenas sobre a parcela que exceda ao teto do RGPS, com a mesma alíquota dos ativos.

> **Como esse assunto foi cobrado em concurso?**
>
> No concurso CEBRASPE – 2023 – TCE-RJ – Procurador do Ministério Público, foi considerado FALSO o seguinte enunciado: O regime próprio de previdência social (RPPS) dos servidores titulares de cargos efetivos é custeado mediante contribuição do respectivo ente federativo e dos servidores ativos, estando os aposentados e pensionistas dispensados do seu custeio.

Assim sendo, os beneficiários de aposentadorias e pensões em RPPS cuja renda não ultrapasse o teto do salário de contribuição do RGPS têm **imunidade** ao pagamento dos referidos tributos (§18, art. 40, CF).

Na hipótese de aposentado ou pensionista **portador de doença incapacitante**, apenas incidia a contribuição previdenciária sobre o seu benefício se ele ultrapassasse o **dobro** do teto do RGPS (imunidade dobrada), nos termos do artigo 40, §21, da Constituição. **No entanto, essa regra foi revogada pela Emenda 103/2019.**

Restou modificado e adicionado o regramento do **artigo 149 da Constituição**, que disciplina as contribuições para a seguridade social, dentre outras contribuições sociais.

Retirou-se do regramento permanente constitucional que a alíquota dos servidores estaduais, distritais e municipais não poderão ser inferiores à alíquota dos servidores federais, ressalvando o regramento de transição do artigo 9º, §4º[10], da

10. § 4º Os Estados, o Distrito Federal e os Municípios **não poderão estabelecer alíquota inferior à da contribuição dos servidores da União**, exceto se demonstrado que o respectivo regime próprio de

Emenda 103/2019, até a edição da lei complementar nacional com regras gerais sobre RPPS.

Ademais, restou inserida previsão expressa no texto constitucional para a **progressividade das contribuições previdenciárias** de ativos, inativos e pensionistas de todas as esferas de governo, de acordo com o valor da base de contribuição ou do benefício recebido.

No entanto, por força do artigo 36, inciso II, letra A, da **Emenda 103/2019**, a alteração promovida pelo art. 1º no art. 149 da Constituição Federal somente será aplicável ao RPPS dos Estados, do Distrito Federal e dos Municípios na data de publicação de lei de iniciativa privativa do respectivo Poder Executivo, que referende integralmente.

Pelo texto transcrito, é possível no caso de **déficit atuarial** incidir contribuição previdenciária sobre os proventos de aposentadoria e de pensões por morte que **superem a um salário mínimo**.

> **Como esse assunto foi cobrado em concurso?**
>
> No concurso CEBRASPE – 2023 – TCE-RJ – Procurador do Ministério Público, foi considerado CERTO o seguinte enunciado: Para o custeio do regime de previdência social, o estado do Rio de Janeiro pode cobrar contribuição de aposentados e pensionistas sobre o valor dos proventos de aposentadoria e de pensões que supere o salário-mínimo.

Essa regra se aplica a todas as esferas de governo e não há uma limitação expressa do percentual dessa alíquota extra.

Especificamente para o servidor ativo, inativo e pensionista do **serviço público federal**, acaso a medida de tributação *suso* referida não restar suficiente para equilibrar o déficit atuarial, será possível a criação de **contribuição extraordinária por prazo determinado**, que o artigo 149 da Constituição **não fixa o limite máximo temporal**, devendo ser adotadas medidas paralelas de combate ao déficit atuarial que o texto constitucional também não enumera.

Esse regramento em aberto poderá ser deveras gravoso especialmente ao ativo, inativo e pensionista do RPPS federal, que poderá ser compelido a arcar com uma alíquota de contribuição previdenciária extraordinária por prazo não limitado e alíquota também não limitada pelo novel texto constitucional.

Não incidirá contribuição previdenciária sobre as seguintes parcelas recebidas pelo servidor federal, nos termos do artigo 4º da Lei 10.887/2004:

> I – as diárias para viagens;
>
> II – a ajuda de custo em razão de mudança de sede;

---

previdência social não possui déficit atuarial a ser equacionado, hipótese em que a alíquota não poderá ser inferior às alíquotas aplicáveis ao Regime Geral de Previdência Social.

III – a indenização de transporte;

IV – o salário-família;

V – o auxílio-alimentação;

VI – o auxílio pré-escolar;

VII – as parcelas remuneratórias pagas em decorrência de local de trabalho;

VIII – a parcela percebida em decorrência do exercício de cargo em comissão ou de função comissionada ou gratificada;

IX – o abono de permanência de que tratam o § 19 do art. 40 da Constituição Federal, o § 5º do art. 2º e o § 1º do art. 3º da Emenda Constitucional nº 41, de 19 de dezembro de 2003;

X – o adicional de férias;

XI – o adicional noturno;

XII – o adicional por serviço extraordinário;

XIII – a parcela paga a título de assistência à saúde suplementar;

XIV – a parcela paga a título de assistência pré-escolar;

XV – a parcela paga a servidor público indicado para integrar conselho ou órgão deliberativo, na condição de representante do governo, de órgão ou de entidade da administração pública do qual é servidor;

XVI – o auxílio-moradia;

XVII – a Gratificação por Encargo de Curso ou Concurso, de que trata o art. 76-A da Lei no 8.112, de 11 de dezembro de 1990;

XVIII – a Gratificação Temporária das Unidades dos Sistemas Estruturadores da Administração Pública Federal (GSISTE), instituída pela Lei no 11.356, de 19 de outubro de 2006;

XIX – a Gratificação Temporária do Sistema de Administração dos Recursos de Informação e Informática (GSISP), instituída pela Lei no 11.907, de 2 de fevereiro de 2009;

XX – a Gratificação Temporária de Atividade em Escola de Governo (GAEG), instituída pela Lei nº 11.907, de 2 de fevereiro de 2009;

XXI – a Gratificação Específica de Produção de Radioisótopos e Radiofármacos (GEPR), instituída pela Lei nº 11.907, de 2 de fevereiro de 2009;

XXII – a Gratificação de Raio X;

XXIII – a parcela relativa ao Bônus de Eficiência e Produtividade na Atividade Tributária e Aduaneira, recebida pelos servidores da carreira Tributária e Aduaneira da Receita Federal do Brasil;

XXIV – a parcela relativa ao Bônus de Eficiência e Produtividade na Atividade de Auditoria-Fiscal do Trabalho, recebida pelos servidores da carreira de Auditoria-Fiscal do Trabalho;

XXV – (Incluído Medida Provisória nº 805, de 2017) (Vigência encerrada)

XXVI – o Bônus de Desempenho Institucional por Perícia Médica em Benefícios por Incapacidade (BPMBI); e (Incluído pela Lei nº 13.846, de 2019)

XXVII – o Bônus de Desempenho Institucional por Análise de Benefícios com Indícios de Irregularidade do Monitoramento Operacional de Benefícios (BMOB). (Incluído pela Lei nº 13.846, de 2019)

Por outro lado, o servidor federal ocupante de cargo efetivo poderá optar pela inclusão, na base de cálculo da contribuição, de parcelas remuneratórias percebidas em decorrência de local de trabalho e do exercício de cargo em comissão ou de função comissionada ou gratificada, da Gratificação Temporária das Unidades dos Sistemas Estruturadores da Administração Pública Federal (GSISTE), da Gratificação Temporária do Sistema de Administração dos Recursos de Informação e Informática (GSISP), da Gratificação Temporária de Atividade em Escola de Governo (GAEG), da Gratificação Específica de Produção de Radioisótopos e Radiofármacos (GEPR), da Gratificação de Raio X e daquelas recebidas a título de adicional noturno ou de adicional por serviço extraordinário, para efeito de cálculo do benefício a ser concedido com fundamento no art. 40 da Constituição Federal e no art. 2º da Emenda Constitucional nº 41, de 19 de dezembro de 2003, respeitada, em qualquer hipótese, a limitação estabelecida no § 2º do art. 40 da Constituição Federal.

▸ **Importante:**

No entanto, a jurisprudência se consolidou que **não incide contribuição previdenciária sobre o adicional de férias percebido pelo servidor**, por se tratar de parcela não incorporável à aposentadoria.

▸ **Qual o entendimento do STF sobre o assunto?**

No julgamento do AI 603.537/AgR, em 27.02.2007, aduziu a 2ª Turma do STF que "somente as parcelas incorporáveis ao salário do servidor sofrem a incidência da contribuição previdenciária", razão pela qual declarou a inexigibilidade da contribuição previdenciária sobre o adicional de férias.

Não incide contribuição previdenciária sobre verba não incorporável aos proventos de aposentadoria do servidor público, tais como terço de férias, serviços extraordinários, adicional noturno e adicional de insalubridade. Com base nesse entendimento, o Plenário, por maioria e em conclusão de julgamento, ao apreciar o **Tema 163 da repercussão geral**, deu parcial provimento ao recurso extraordinário no qual servidora pública federal postulou o afastamento dos descontos previdenciários sobre aquelas verbas e quaisquer outras de caráter transitório que viesse a receber, diante da impossibilidade de incorporá-las aos proventos de aposentadoria. **RE 593068/SC, rel. Min. Roberto Barroso, julgamento em 11.10.2018.**

> ▸ **Como esse assunto foi cobrado em concurso?**
>
> No concurso do CESPE para Técnico do TRT do Rio Grande do Norte em 2010, foi considerado errado o seguinte enunciado: No regime de seguridade social do servidor público, o terço constitucional de férias pode sofrer a incidência da contribuição previdenciária. Já no concurso do CESPE para Procurador do BACEN em 2009, foi considerado correto o seguinte enunciado: Somente as parcelas incorporáveis ao salário do servidor sofrem a incidência de contribuição previdenciária, conforme entendimento do STF.

O **artigo 11 da Emenda 103/2019** constituiu regra de transição para regular a contribuição previdenciária do servidor federal, até que sejam alterados os artigos 4º, 5º e 6º da Lei nº 10.887/2004, que fixavam em 11% a alíquota de contribuição do servidor federal, respeitado o Princípio da Anterioridade Nonagesimal, na hipótese de elevação tributária.

De efeito, **a alíquota é elevada para 14%,** mas com faixas de redução e elevação (progressividade extrafiscal), a depender do valor da remuneração, aposentadoria ou pensão por morte.

> ▸ **Qual o entendimento do STF sobre o assunto?**
>
> Julgando o **Tema 933 em Repercussão Geral em 18/10/2021**, oriundo do Estado de Goiás, entendeu o STF que *"a* ***ausência de estudo atuarial*** *específico e prévio à edição de lei que aumente a contribuição previdenciária dos servidores públicos* ***não implica vício de inconstitucionalidade****, mas mera irregularidade que pode ser sanada pela demonstração do déficit financeiro ou atuarial que justificava a medida"*, assim como *"a majoração da alíquota da contribuição previdenciária do servidor público para* ***13,25%*** *não afronta os princípios da razoabilidade e da vedação ao confisco"*.

Essa regra **poderá refletir nas demais entidades políticas,** pois o artigo 9º, §4º, da Emenda prevê que *"até que entre em vigor lei complementar que discipline o § 22 do art. 40 da Constituição Federal, aplicam-se aos regimes próprios de previdência social o disposto na Lei nº 9.717, de 27 de novembro de 1998 e o disposto neste artigo"*, estatuindo que *"os Estados, o Distrito Federal e os Municípios* ***não poderão estabelecer alíquota inferior à da contribuição dos servidores da União****, exceto se demonstrado que o respectivo regime próprio de previdência social não possui déficit atuarial a ser equacionado, hipótese em que a alíquota não poderá ser inferior às alíquotas aplicáveis ao Regime Geral de Previdência Social"*.

Desta forma, **as faixas de contribuição de que trata este artigo 11 da Emenda passam a constituir o piso para as contribuições de servidores estaduais, distritais e municipais,** exceto se o RPPS não possuir déficit atuarial a ser equacionado.

Entende-se que se trata de regra com efeitos imediatos para estados, Distrito Federal e municípios, pois não exige regulamentação "na forma da lei" e já possui elementos suficientes de autoaplicabilidade, conquanto se presuma que muitos estados e municípios irão advogar a tese da não aplicação imediata, o que pode gerar descumprimento constitucional indesejado por omissão, pois bastaria que o ente estadual ou municipal nunca editasse lei de regulamentação.

Com esta nova regra, os servidores federais passam a ter alíquotas progressivas por faixas de remuneração, respeitada a noventena nos casos de elevação do valor do tributo, tomando por base progressiva e regressiva a alíquota de 14%, e não mais a incidência da alíquota de 11% linear para todos os servidores da União, autarquias e fundações.

Haverá redução de contribuição previdenciária para os servidores federais que ganham pouco, e, do outro lado, elevação para os que recebem as maiores remunerações, como membros da AGU, DPU, MPF, juízes federais, delegados federais e Auditores da Receita Federal.

Eis as faixas que vão incidir sobre remunerações, aposentadorias e pensões por morte no texto originário da EC 103/2019:

ALÍQUOTA	FAIXA DE RENDA
7,5%	Até 1 salário mínimo
9%	Acima de 1 salário até R$ 2.000,00
12%	De R$ 2.001,00 até R$ 3.000,00
14%	De 3.00,01 até R$ 5.839,45
14,5%	De R$ 5.839,46 até R$ 10.000,00
16,5%	De R$ 10.00,01 até R$ 20.000,00
19%	De R$ 20.000,01 até R$ 39.000,00
22%	Acima de R$ 39.000,00

CENÁRIO 1 – 2019

O servidor federal que ganha R$ 998,00 terá redução de alíquota de 11% para 7,5% (pagava uma contribuição de R$ 109,78 passando para R$ 74,85).

CENÁRIO 2 – 2019

Um servidor federal que ganha R$ 30.000,00 pagava uma contribuição de 11% linear (R$ 3.300,00). Agora, com a aplicação das faixas, passará a pagar uma alíquota efetiva de 16,11% (R$ 4.835,83), o que importa em um aumento de R$ 1.535,83, respeitada a anterioridade nonagesimal.

Eis as faixas já atualizadas para o exercício de 2024

TABELA DE CONTRIBUIÇÃO DOS SEGURADOS E BENEFICIÁRIOS DO REGIME PRÓPRIO DE PREVIDÊNCIA SOCIAL DA UNIÃO A PARTIR DE 1º DE JANEIRO DE 2024

BASE DE CONTRIBUIÇÃO (R$)	ALÍQUOTA PROGRESSIVA INCIDINDO SOBRE A FAIXA DE VALORES
até 1.412,00	7,5%
de 1.412,01 até 2.666,68	9%
de 2.666,69 até 4.000,03	12%
de 4.000,04 até 7.786,02	14%
de 7.786,03 até 13.333,48	14,5%
de 13.333,49 até 26.666,94	16,5%
de 26.666,95 até 52.000,54	19%
acima de 52.000,54	22%

Ademais, caberá à respectiva entidade política cobrir a insuficiência de recursos para o pagamento de benefícios previdenciários, sendo que as contribuições previdenciárias irão para um Fundo Previdenciário, afetado ao pagamento dos benefícios, exceto despesas administrativas (taxa de administração).

▸ **Como esse assunto foi cobrado em concurso?**

No concurso do CESPE para Procurador do Estado de Pernambuco em 2009, foi considerado errado o seguinte enunciado: A União, os estados e o DF são responsáveis pela cobertura de eventuais insuficiências financeiras do respectivo regime próprio, decorrentes do pagamento de benefícios previdenciários, sendo certo que, em relação aos municípios, a responsabilidade cabe ao estado-membro em que estejam localizados.

Vale registrar que a contribuição previdenciária do servidor público em decorrência de determinação judicial não incidirá sobre os juros de mora, pois esta parcela possui natureza indenizatória em razão da mora da Administração Pública.

▸ **Qual o entendimento do STJ sobre o assunto?**

INFORMATIVO 513 – A contribuição para o PSS não incide sobre o valor correspondente aos juros de mora, ainda que estes sejam relativos a quantias pagas em cumprimento de decisão judicial. Os juros de mora não constituem remuneração pelo trabalho prestado ou pelo capital investido, possuindo sim natureza indenizatória, pois se destinam a reparar o prejuízo suportado pelo credor em razão da mora do devedor que não efetuou o pagamento nas condições estabelecidas pela lei ou pelo contrato. Além disso, o fato de incidir contribuição para o Plano de Seguridade Social (PSS) sobre os valores pagos em cumprimento de decisão judicial não justifica, por si só, a cobrança de contribuição sobre os juros de mora a eles referentes. Com efeito, ainda que se admita a integração da legislação tributária pelo princípio do direito privado segundo o qual, salvo disposição em contrário, o bem acessório segue o principal, tal integração não pode acarretar a exigência de tributo não previsto em lei, nem dispensa do pagamento de tributo devido. Ademais, mesmo que seja possível a incidência de contribuição social sobre quaisquer vantagens pagas aos servidores públicos federais (art. 4º, § 1º, da Lei n. 10.887/2004), não se admite sua incidência sobre as parcelas pagas a título de indenização, como é o caso dos juros de mora, haja vista que, conforme expressa previsão legal (art. 49, I e § 1º, da Lei n. 8.112/1990), tais parcelas não se incorporam ao vencimento ou provento. REsp 1.239.203-PR, Rel. Min. Mauro Campbell Marques, julgado em 12/12/2012".

4. CÁLCULO DOS BENEFÍCIOS

Com o advento da Emenda 41/2003, que alterou o §3º, do artigo 40, da CRFB, foi **extinta a integralidade remuneratória entre ativos e inativos**, ou seja, os novos servidores públicos perderam o direito de se aposentar com a mesma remuneração percebida no cargo efetivo que ocupavam, salvo os beneficiados pela regra de transição da Emenda 47/2005.

Assim, a renda das aposentadorias e consequentemente das pensões por morte considerarão as remunerações utilizadas como base para as contribuições previdenciárias do servidor, similarmente como ocorre no RGPS.

▸ Importante:

Determina o artigo 1º, da Lei 10.887/04, que seja promovida a **média aritmética simples das maiores remunerações, utilizadas como base para as contribuições do servidor aos regimes de previdência a que esteve vinculado, correspondentes a 80% de todo o período contributivo desde a competência julho de 1994 ou desde a do início da contribuição,** se posterior àquela competência, atualizadas pelo índice do RGPS, que atualmente é o INPC.

Essas regras não mais se aplicam aos servidores federais, pois o artigo 26 da Emenda 103/2019 trouxe nova fórmula de cálculo das aposentadorias dos servidores federais (100% da média desde julho/1994). No âmbito dos **estados, do Distrito Federal e dos municípios** continua sendo aplicável o artigo 1º, da Lei 10.887/04, pois dependerá de emenda às respectivas Constituições e Leis Orgânicas a extensão da fórmula de cálculo da Emenda 103/2019, sendo conservado o antigo regime constitucional provisoriamente.

Vale ressaltar que a base de cálculo não poderá ser inferior a um salário mínimo nem superior ao teto do RGPS, se houver período fora do serviço público, garantindo-se a aposentadoria em, pelo menos, um salário mínimo.

Por outro lado, os proventos de aposentadorias e pensões, por ocasião de sua concessão, não podiam exceder a remuneração do respectivo servidor, no cargo efetivo em que se deu a aposentadoria ou que serviu de referência para a concessão da pensão. **Mas isso mudou com a Emenda 103/2019.**

Considerando que a **Emenda 103/2019** determina a criação obrigatória do regime de previdência complementar (§ 14 do artigo 40 da Constituição, alterado pela reforma em comento), **o teto da aposentadoria passa a ser o teto do RGPS para os novos servidores públicos empossados no novo regime**, respeitado o valor mínimo de um salário mínimo.

No entanto, não vejo como aplicar esse dispositivo enquanto estados e municípios, que ainda não possuem, não constituírem um regime de previdência complementar, de modo que somente pode ser aplicado de modo compulsório aos servidores que ingressarem após o funcionamento da previdência complementar nesses entes políticos.

O reajuste dos benefícios será anual e pelo índice utilizado no RGPS, que é o INPC, salvo os servidores que tiverem paridade assegurada, na forma do artigo 15, da Lei 10.887/2004, com redação da Lei 11.784/2008.

> **Qual o entendimento do STF sobre o assunto?**
>
> Contudo, no dia 28 de setembro de 2011, no julgamento da ADI 4.582, a Suprema Corte decidiu cautelarmente que o artigo 15, da Lei 10.887/2004, não se aplica aos estados, ao Distrito Federal e aos municípios, mas apenas à União, conferindo-lhe interpretação de acordo com a Constituição de 1988. Isso porque é concorrente a competência para legislar sobre os RPPS's, tendo a União invadido a competência dos demais entes políticos ao dispor sobre critério de reajuste dos benefícios previdenciários.

Registre-se que a regra de reajuste pelo INPC (índice do RGPS, nos termos do artigo 41-A da Lei 8.213/91) inserida pela Lei 11.784/2008 é meramente declaratória e deve ser aplicada de modo retroativo aos benefícios sem reajuste paritário concedidos a partir de 2004, pois as regras do RGPS se aplicam ao RPPS supletivamente, nos termos do artigo 40, §12, da Constituição Federal.

Inclusive, na época, essa foi a orientação do Ministério da Previdência Social, que expediu a **Orientação Normativa nº 3/2004 e nº 01/2007 nesse sentido**. Curiosamente, contra a posição administrativa ministerial, a União moveu recurso extraordinário ao STF contestando essa tese, tendo o recurso sido corretamente rejeitado pelo STF em sede de repercussão geral, no julgamento do **tema 1224:**

> **▸ Qual o entendimento do STF sobre o assunto?**
> "É constitucional o reajuste de proventos e pensões concedidos a servidores públicos federais e seus dependentes não beneficiados pela garantia de paridade de revisão, pelo mesmo índice de reajuste do regime geral de previdência social (RGPS), previsto em normativo do Ministério da Previdência Social, no período anterior à Lei 11.784 /2008".

É de se estranhar esse recurso do ente central, pois não há base jurídica de o ente público deduzir judicialmente tese contrária à sua própria normatização administrativa, sendo o STF demonstrado essa postura contraditória do recorrente.

Registre-se que a tese é compatível com o RPPS dos estados e municípios, dada a aplicação nacional do artigo 15 da Lei 10.887/2004 na redação dada pela Lei 11.784/2008, **ressalvada a autonomia estadual e municipal da edição de outro índice de correção monetária pela lei local,** sendo inconstitucional não aplicar nenhum índice de reajustamento, pois a Constituição garante o direito ao reajuste periódico.

5. BENEFÍCIOS

Alguns benefícios dos RPPS's já gozam de previsão constitucional, conquanto os respectivos Planos de Benefícios possam instituir novas prestações, o que se verifica com as aposentadorias e pensões por morte.

> **▸ Como esse assunto foi cobrado em concurso?**
> No concurso do CESPE para Advogado do IPAJM-ES em 2010, foi considerado errado o seguinte enunciado: A CF trata de aposentadoria e pensão de servidor submetido a RPPS, o que impede a instituição de outros benefícios pelos entes da Federação.

Todavia, de acordo com o artigo 5º, da Lei 9.717/98, "os **regimes próprios** de previdência social dos servidores públicos da União, dos Estados, do Distrito Federal e dos Municípios, dos militares dos Estados e do Distrito Federal **não poderão conceder benefícios distintos dos previstos no Regime Geral de Previdência Social**, de que trata a Lei nº 8.213, de 24 de julho de 1991, salvo disposição em contrário da Constituição Federal".

> **▸ Como esse assunto foi cobrado em concurso?**
> No concurso do CESPE para Procurador do TC do DF em 2012, foi considerado errado o seguinte enunciado: Em respeito ao princípio da autonomia dos entes federados, em regra, o regime próprio de previdência social dos servidores públicos do DF poderá conceder aos seus filiados benefícios distintos dos previstos no RGPS, de que trata a Lei n.º 8.213/1991.

Trata-se de mais um dispositivo que visa aproximar (ou igualar) o RPPS ao RGPS, desconsiderando que as relações públicas têm peculiaridades que podem, em alguns casos, gerar benefícios diferenciados.

No caso de extinção do RPPS, a União, o Estado, o Distrito Federal e os Municípios assumirão integralmente a responsabilidade pelo pagamento dos benefícios concedidos durante a sua vigência, bem como daqueles benefícios cujos requisitos necessários à sua concessão foram implementados anteriormente à extinção do regime próprio de previdência social.

Como esse assunto foi cobrado em concurso?

(2018/CESPE/TCM-BA/Auditor Estadual de Controle Externo) Determinado município do estado da Bahia aprovou e instituiu o regime próprio de previdência social (RPPS) para os seus servidores. Após diversos anos de déficit provenientes da má gestão, esse município pretende extinguir o seu regime de previdência. Nesse caso,

a) será vedado ao município extinguir o regime de previdência por ele implementado.

b) será admitida a extinção do regime instituído, desde que haja a anuência dos beneficiários do sistema, sendo transferidos para o RGPS os benefícios até então concedidos pelo regime extinto.

c) será admitida a extinção do regime previdenciário, sendo do município que o instituiu a responsabilidade pelo pagamento dos benefícios concedidos durante a vigência do regime extinto, bem como daqueles benefícios cujos requisitos necessários à sua concessão tenham sido implementados anteriormente à sua extinção.

d) a extinção do regime só poderá ser admitida mediante aprovação dos membros dos conselhos administrativo e fiscal da entidade gestora, após estudo de viabilidade econômica, e ainda assim a extinção fica limitada para efeito de concessão de novos benefícios, pois permanecerão sob sua responsabilidade todos os benefícios ativos até então concedidos.

e) será admitida a extinção do regime previdenciário, independentemente da anuência dos seus beneficiários, desde que outro regime de previdência público ou particular aceite incorporar os direitos e as obrigações do regime em extinção.

Letra C, certa.

De acordo com o **artigo 34 da Emenda 103/2019**, na hipótese de **extinção por lei de regime previdenciário** e migração dos respectivos segurados para o Regime Geral de Previdência Social, serão observados, até que lei federal disponha sobre a matéria, os seguintes requisitos pelo ente federativo:

> I – assunção integral da responsabilidade pelo pagamento dos benefícios concedidos durante a vigência do regime extinto, bem como daqueles cujos requisitos já tenham sido implementados antes da sua extinção;

> II – previsão de mecanismo de ressarcimento ou de complementação de benefícios aos que tenham contribuído acima do limite máximo do Regime Geral de Previdência Social;
>
> III – vinculação das reservas existentes no momento da extinção, exclusivamente:
>
> a) ao pagamento dos benefícios concedidos e a conceder, ao ressarcimento de contribuições ou à complementação de benefícios, na forma dos incisos I e II; e
>
> b) à compensação financeira com o Regime Geral de Previdência Social.

Ademais, a existência de superávit atuarial não constitui óbice à extinção de regime próprio de previdência social e consequente migração para o Regime Geral de Previdência Social.

No âmbito do serviço público, entende-se que o ato de concessão de aposentadoria ou mesmo de pensão por morte classifica-se como **ato jurídico complexo,** pois formado pela junção da manifestação de vontade da autoridade administrativa e do respectivo Tribunal de Contas.

Com propriedade, compete ao Tribunal de Contas da União "apreciar, para fins de registro, a legalidade dos atos de admissão de pessoal, a qualquer título, na administração direta e indireta, incluídas as fundações instituídas e mantidas pelo Poder Público, excetuadas as nomeações para cargo de provimento em comissão, **bem como a das concessões de aposentadorias, reformas e pensões**, ressalvadas as melhorias posteriores que não alterem o fundamento legal do ato concessório", a teor do artigo 71, inciso III, da Constituição Federal, sendo uma norma de repetição obrigatórias para os demais entes políticos.

▸ Qual o entendimento do STF sobre o assunto?

O Supremo Tribunal Federal pacificou entendimento de que, sendo a aposentadoria ato complexo, que só se aperfeiçoa com o registro no Tribunal de Contas da União, o prazo decadencial da Lei n. 9.784/99 tem início a partir de sua publicação, a exemplo do julgamento do MS 25.552, de 007.04.2008.

▸ Qual o entendimento do STJ sobre o assunto?

De acordo com o STJ, "o prazo prescricional para revisão do ato de aposentadoria começa a transcorrer na data de sua publicação e não do seu registro no Tribunal de Contas, pois este possui natureza jurídica meramente declaratória" (REsp 1.032.428, de 29.09.2009). Entretanto, em 15 de agosto de 2012, **a Corte Especial do STJ adotou entendimento diverso.** Ao julgar o Mandado de Segurança 17.406, decidiu o órgão especial que, "sendo o ato de aposentadoria um ato complexo do qual se origina o direito à conversão em pecúnia da licença-prêmio, a prescrição somente se inicia com a integração de vontades da Administração, que se perfaz com a manifestação do órgão concedente em conjunto com a aprovação do Tribunal de Contas acerca de sua legalidade", conforme narrado no Informativo 502.

Apesar dessa decisão da Corte Especial, **o STJ vem computando a prescrição em RPPS a contar do ato da autoridade administrativa**, e não do registro no Tribunal de Contas, sendo contraditório.

> ▸ **Qual o entendimento do STJ sobre o assunto?**
>
> De acordo com a jurisprudência do STJ, entende-se que o termo inicial do prazo prescricional da pretensão de revisão do ato de aposentadoria se inicia na data da concessão do ato de aposentadoria e não após o seu registro perante a Corte de Contas. Precedentes: AgRg no AREsp n. 43.863/RS, Rel. Min. Castro Meira, Segunda Turma, julgado em 18/9/2012, Dje 25/9/2012; AgRg no AREsp n. 567.783/MG, Rel. Ministro Mauro Campbell Marques, Segunda Turma, julgado em 21/10/2014, DJe 28/10/2014; AgInt no AgInt no REsp n. 1.645.143/DF, Rel. Ministro Og Fernandes, Segunda Turma, julgado em 21/6/2018, DJe 27/6/2018; e EDcl no REsp n. 1.634.035/RS, Rel. Ministro Og Fernandes, Segunda Turma, julgado em 20/3/2018, DJe 23/3/2018".

Inclusive, partindo da premissa que o ato não se perfaz com o registro na Corte de Contas, sequer há necessidade de concessão do contraditório e da ampla defesa do servidor ou do pensionista se o registro do benefício for negado.

> ▸ **Qual o entendimento do STF sobre o assunto?**
>
> **"Súmula vinculante 03** – Nos processos perante o Tribunal de Contas da União asseguram-se o contraditório e a ampla defesa quando da decisão puder resultar anulação ou revogação de ato administrativo que beneficie o interessado, **excetuada a apreciação da legalidade do ato de concessão inicial de aposentadoria, reforma e pensão"**.

De acordo com a **Súmula 106, do TCU**, "o julgamento, pela ilegalidade, das concessões de reforma, aposentadoria e pensão, não implica por si só a obrigatoriedade da reposição das importâncias já recebidas de boa-fé, até a data do conhecimento da decisão pelo órgão competente". Entretanto, o Tribunal de Contas não poderá demorar muitos anos para registrar a aposentadoria concedida pela autoridade, pois tal mora atenta contra o Princípio da Segurança Jurídica.

> ▸ **Qual o entendimento do STF sobre o assunto?**
>
> No mesmo sentido é o entendimento do **STF**, que entende que **"o julgamento pela ilegalidade do pagamento do benefício previdenciário não importa na obrigatoriedade da devolução das importâncias recebidas de boa-fé."** (AI 746.442-AgR, Min. Cármen Lúcia, julgamento em 25-8-2009, Primeira Turma, *DJE* de 23-10-2009).

▸ Como esse assunto foi cobrado em concurso?

No concurso do CESPE para Procurador do BACEN em 2009, foi considerado errado o seguinte enunciado: O princípio da autotutela confere à administração pública o poder-dever de rever a aposentadoria de servidor concedida sem observância dos requisitos legais, antes do prazo decadencial fixado em lei, devendo ser exigida do servidor, mesmo diante de sua boa-fé, a reposição dos valores recebidos em decorrência de inadequada interpretação da lei.

▸ Qual o entendimento do STF sobre o assunto?

O STF já flexibilizou a súmula vinculante 03, em um caso que o registro da aposentadoria levou mais de 05 anos para se realizar, concedendo direito de contraditório ao aposentado. Logo, caso a negativa de registro ultrapasse o prazo de 05 anos, deverá ser concedido direito de defesa ao aposentado ou pensionista (MS 26053/DF, rel. Min. Ricardo Lewandowski, 18.11.2010 – MS 25116/DF, rel. Min. Ayres Britto, 8.9.2010). Ainda entende a Suprema Corte que o termo *a quo* do prazo de cinco anos para que o Tribunal de Contas da União examine a legalidade dos atos concessivos de aposentadorias, reformas e pensões, conta-se a partir da data de chegada do processo administrativo na própria Corte de Contas (MS 24.781, de 02/03/2011).

▸ Como esse assunto foi cobrado em concurso?

No concurso do CESPE para Procurador do TCE da Bahia em 2010, foi considerado correto o seguinte enunciado: Antônio, filho de agricultores, trabalhou na atividade rural em regime de economia familiar e foi para a cidade, onde se tornou servidor público do MAPA, vindo a se aposentar em 2000. O TCU, analisando sua aposentadoria para fins de registro em 2009, considerou ilegal sua concessão, visto ter constatado que não houve o recolhimento das contribuições previdenciárias referentes ao período de atividade rural. Diante disso, o TCU determinou ao MAPA que providenciasse o cancelamento da aposentadoria de Antônio e o seu retorno ao serviço público. Com referência a essa situação hipotética e considerando a jurisprudência do STF acerca dessa questão, julgue os itens que se seguem. Como transcorreram mais de cinco anos, contados do ato concessório de aposentadoria até a análise de sua legalidade, a intimação de Antônio para participar do processo, assegurando-lhe o contraditório e a ampla defesa, é pressuposto de legitimidade da decisão do TCU.

O exercício do dever-poder de autotutela em 05 anos será contado do registro do Tribunal de Contas, haja vista a aposentadoria no RPPS se tratar de ato jurídico-administrativo complexo.

▸ Qual o entendimento do STJ sobre o assunto?

Demais disso, de acordo com o Corte Especial do STJ, "o termo inicial do prazo decadencial de cinco anos para que a Administração Pública anule ato administrativo referente à concessão de aposentadoria, previsto no art. 54 da Lei n. 9.784/1999, é a data da homologação da concessão pelo Tribunal de Contas. A concessão de aposentadoria tem natureza jurídica de ato administrativo complexo que somente se perfaz com a manifestação do Tribunal de Contas acerca da legalidade do ato. Precedentes citados: AgRg no REsp 1.284.915-SC, DJe 10/4/2012; REsp 1.264.053-RS, DJe 16/3/2012; AgRg no REsp 1.259.775-SC, DJe 16/2/2012, e AgRg no REsp 1.257.666-PR, DJe 5/9/2011. EREsp 1.240.168-SC, Rel. Min. João Otávio de Noronha, julgados em 7/11/2012.

▸ Qual o entendimento do STF sobre o assunto?

"MANDADO DE SEGURANÇA – AUTORIDADE COATORA – MODIFICAÇÃO. Mostra-se válido o redirecionamento subjetivo do mandado de segurança quando a inicial é aditada dentro do prazo de 120 dias da prática do ato impugnado. DECADÊNCIA – REVISÃO DE ATO ADMINISTRATIVO – APOSENTADORIA – ARTIGO 54 DA LEI Nº 9.784/99. **Enquanto não for aperfeiçoada a aposentadoria, a pressupor atos sequenciais, não incide a decadência quinquenal. APOSENTADORIA – SERVIÇO PÚBLICO – TEMPO DE ATIVIDADE RURAL – CÔMPUTO – SISTEMA CONTRIBUTIVO. O cômputo de tempo de atividade rural na aposentadoria em cargo público submete-se ao sistema contributivo"** (MS 26.391, de 13/04/2011).

▸ Importante:

Mas tivemos uma grande inovação de jurisprudência do STF a respeito do tema no sentido de que o Tribunal de Contas não poderá negar registro de aposentadoria, pensão por morte e reforma militar após o prazo de 5 anos, a contar da chegada do processo na Corte de Contas.

▸ Qual o entendimento do STF sobre o assunto?

Trata-se do julgamento do Tema 445 (RE 636553 / RS, de 19/2/2020, publicado em 26/5/2020): **"Recurso extraordinário. Repercussão geral. 2. Aposentadoria. Ato complexo. Necessária a conjugação das vontades do órgão de origem e do Tribunal de Contas. Inaplicabilidade do art. 54 da Lei 9.784/1999 antes da perfectibilização do ato de aposentadoria, reforma ou pensão. Manutenção da jurisprudência quanto a este ponto. 3. Princípios da segurança jurídica e da confiança legítima. Necessidade da estabilização das relações jurídicas. Fixação do prazo de 5 anos para que o TCU proceda ao registro dos atos de concessão inicial de aposentadoria, reforma ou pensão**, após o qual se considerarão definitivamente registrados. **4. Termo inicial do prazo. Chegada do processo ao Tribunal de Contas. 5. Discussão acerca do contraditório e da ampla defesa prejudicada.** 6. TESE: "Em atenção aos princípios da segurança jurídica e da confiança legítima, os Tribunais de Contas estão sujeitos ao prazo de 5 anos para o julgamento da legalidade do ato de concessão inicial de aposentadoria, reforma ou pensão, a contar da chegada do processo à respectiva Corte de Contas". 7. **Caso concreto. Ato inicial da concessão de aposentadoria ocorrido em 1995. Chegada do processo ao TCU em 1996. Negativa do registro pela Corte de Contas em 2003. Transcurso de mais de 5 anos. 8. Negado provimento ao recurso".**

O artigo 25, §3º, da EC 103/2019 considera-se **nula a aposentadoria** que tenha sido concedida ou que venha a ser concedida por regime próprio de previdência social com contagem recíproca do Regime Geral de Previdência Social mediante o **cômputo de tempo de serviço sem o recolhimento da respectiva contribuição ou da correspondente indenização pelo segurado obrigatório responsável,** à época do exercício da atividade, pelo recolhimento de suas próprias contribuições previdenciárias.

▸ **Importante:**

De acordo com o artigo 40, §6º, da CRFB, com redação dada pela Emenda 103/2019, ressalvadas as aposentadorias decorrentes dos cargos acumuláveis na forma desta Constituição, é vedada a percepção de mais de uma aposentadoria à conta de regime próprio de previdência social, **aplicando-se outras vedações, regras e condições para a acumulação de benefícios previdenciários estabelecidas no Regime Geral de Previdência Social.**

Restou ampliada a regra proibitiva do §6º, que vedava a acumulação de mais de uma aposentadoria de RPPS, salvo cargos acumuláveis previstos no artigo 37, XVI, da Constituição.

A inovação é a **extensão ao RPPS de outras vedações, regras e condições para a acumulação de benefícios previdenciários estabelecidas no Regime Geral de Previdência Social,** de modo que os impedimentos de acumulação do RGPS passam a ser aplicação ao RPPS, no que couber, a exemplo do artigo 124 da Lei 8.213/91.

Ademais, o **artigo 24 da Emenda 103/2019** traz regras de vedação ou com restrição de acumulação entre pensões e aposentadoria com pensão, se aplicando de imediato a todos os regimes público de previdência, inclusive dos **estados, Distrito Federal e municípios,** determinado a **redução em faixas do menor benefício.**

Restou **vedada a acumulação de mais de uma pensão por morte deixada por cônjuge ou companheiro,** no âmbito do mesmo regime de previdência social, **ressalvadas** as pensões do mesmo instituidor decorrentes do exercício de **cargos acumuláveis** na forma do art. 37 da Constituição Federal, o que já existia no RGPS e RPPS federal, mas não existia em alguns estados e municípios por falta de previsão da lei local.

Admitiu-se a acumulação com a redução em faixas do menor benefício nos seguintes casos:

a) **pensão por morte** deixada por cônjuge ou companheiro de um regime de previdência social com **pensão por morte** concedida por outro regime de previdência social ou com pensões decorrentes das atividades militares;

b) **pensão por morte** deixada por cônjuge ou companheiro de um regime de previdência social com **aposentadoria** concedida no âmbito do Regime Geral de Previdência Social ou de regime próprio de previdência social ou com proventos de inatividade decorrentes das atividades militares;

c) de **aposentadoria** concedida no âmbito do Regime Geral de Previdência Social ou de regime próprio de previdência social com **pensões decorrentes das atividades militares.**

Neste caso, é assegurada a percepção do valor integral do benefício mais vantajoso e de uma parte de cada um dos demais benefícios, apurada cumulativamente de acordo com as **seguintes faixas:**

PERCENTUAL PAGO	FAIXA DO BENEFÍCIO	REDUTOR
100%	Até 1 salário mínimo	–
60%	Acima de 1 até 2 salários mínimos	40%
40%	Acima de 2 até 3 salários mínimos	60%
20%	Acima de 3 até 4 salários mínimos	80%
10%	Acima de 4 salários mínimos	90%

Vamos simular uma situação considerando o salário mínimo de **R$ 998,00** em 2019 e uma pensão por morte no valor de **R$ 5.000,00** que será reduzida por ser o menor benefício.

PERCENTUAL PAGO	FAIXA DO BENEFÍCIO	VALOR DEVIDO
100%	Até R$ 998,00	R$ 998,00
60%	Acima de R$ 998,00 até R$ 1.996,00	R$ 598,80
40%	R$ 1.996,00 até R$ 2.994,00	R$ 399,20
20%	Acima de R$ 2.994,00 até R$ 3.992,00	R$ 199,60
10%	Acima de R$ 3.992,00 até R$ 5.000,00	R$ 100,80
–	–	**Total de R$ 2.296,40**

Destarte, no caso simulado, a pensão por morte será reduzida de **R$ 5.000,00** para **R$ 2.296,40.**

Essas faixas deverão ser modificadas anualmente, pois o salário mínimo sofre atualização monetária todo ano.

Se o salário mínimo for reajustado acima do INPC (índice legal de reajuste dos benefícios, salvo beneficiários pela integralidade), o recálculo das faixas irá beneficiar o beneficiário da previdência social, pois irá elevar as faixas e a renda mensal.

No entanto, o artigo 24 é omisso a respeito, silenciando a respeito da revisão anual das faixas e consequentemente do redutor acaso o salário mínimo tenha reajuste real acima da inflação nos anos seguintes ao ano da concessão.

Não há restrição para a acumulação de aposentadorias em mais de um regime público de previdência, de modo que é possível **acumular sem redução**, por exemplo, duas aposentadorias do RPPS (cargos legitimamente permitidos na Constituição) e uma aposentadoria no RGPS.

Vale registrar que as regras do RPPS sobre a pensão por morte devem ser isonômicas entre homens e mulheres, sob pena de inconstitucionalidade material.

> ▸ **Qual o entendimento do STF sobre o assunto?**
> Tema 457 - "É inconstitucional, por transgressão ao princípio da isonomia entre homens e mulheres (CF, art. 5º, I), a exigência de requisitos legais diferenciados para efeito de outorga de pensão por morte de ex-servidores públicos em relação a seus respectivos cônjuges ou companheiros/companheiras (CF, art. 201, V)" - Sessão Virtual de 2.10.2020 a 9.10.2020.

Vale registrar que o novo regramento preserva o **direito adquirido**, quando o fato gerador da aposentadoria ou pensão por morte ocorreu até a data da publicação da Emenda 103/2019 (morte e requisitos para aposentar), mesmo que o requerimento seja ofertado ulteriormente.

> ▸ **Qual o entendimento do STF sobre o assunto?**
> Por derivação, se não for possível a acumulação de duas aposentadorias, também não poderão ser instituídas duas pensões por morte em favor dos dependentes do servidor falecido (RE 584388/SC, rel. Min. Ricardo Lewandowski, 31.8.2011). Ademais, "a Constituição veda apenas o recebimento cumulativo de aposentadoria do regime próprio de previdência e de remuneração de cargo, emprego ou função pública, ressalvados os cargos acumuláveis da forma da própria Constituição, os cargos eletivos e os cargos em comissão. Em nenhum momento, na vedação, é feita referência à aposentadoria paga pelo RGPS. Ao ser necessário optar por um dos fundamentos, deveria prevalecer aquele em sintonia com a jurisprudência do STF sobre a matéria, ou seja, o acolhido pelo ato reclamado" (Informativo 808 - Rcl 8168/SC, rel. orig. Min. Ellen Gracie, red. p/ o acórdão Min. Edson Fachin, 19.11.2015).

Como a referida vedação surgiu apenas com a Emenda 20/1998, deve ser respeitado o direito adquirido dos servidores que até 16.12.1998 possuíam mais de uma aposentadoria não decorrentes de cargos acumuláveis.

▸ Qual o entendimento do STJ sobre o assunto?

"Segundo a Seção, entre outras questões, o servidor que se tornou inativo e retornou ao serviço público no período de vigência da CF/1988 (art. 99, § 4º), tendo-se aposentado novamente, agora sob a vigência da redação originária do art. 37 da CF/1988, ou seja, antes da EC n. 20/1998, tem direito à acumulação dos proventos" (MS 14.220-DF, Rel. Min. Jorge Mussi, julgado em 10/11/2010).

▸ Qual o entendimento do STF sobre o assunto?

O servidor que se tornou inativo e retornou ao serviço público no período em que o Direito Constitucional de 1969 permitia, havendo-se aposentado novamente sob a vigência do regime constitucional de 1988, em sua redação original, tem direito à acumulação dos proventos. Mandado de segurança concedido" (MS 24.952, de 07.04.2005).

A Emenda 77/2014 assegurou aos militares das Forças Armadas o direito de acumular cargos ou empregos privativos de profissionais de saúde, com profissões regulamentadas, sem ser mandado à reserva não remunerada, desde que haja compatibilidade de horários.

Afora esta exceção, no caso de acumulação não autorizada de cargos ou empregos públicos, deverá o militar ser transferido à reserva não remunerada de imediato. Isso porque determina o artigo 117 do Estatuto dos Militares que o oficial da ativa que passar a exercer cargo ou emprego público permanente, estranho à sua carreira, será imediatamente demitido ex *officio* e transferido para a **reserva não remunerada**, onde ingressará com o posto que possuía na ativa e com as obrigações estabelecidas na legislação do serviço militar.

Por outro lado, no caso de militar inativo, o TCU vem aceitando o exercício cumulativo do magistério, embora inexista autorização constitucional expressa, sendo um posicionamento bem razoável (ACÓRDÃO 1151/2013 Plenário).

A garantia da irredutibilidade do valor dos proventos de aposentadoria apenas protege as concessões legítimas, não tutelando o deferimento de benefício com valor acima do que a legislação permite.

▸ Qual o entendimento do STF sobre o assunto?

"A redução de proventos de aposentadoria, quando concedida em desacordo com a lei, não ofende o princípio da irredutibilidade de vencimentos. Precedentes." (MS 25.552, Rel. Min. Cármen Lúcia, julgamento em 7-4-2008, Plenário, *DJE* de 30-5-2008.)

As parcelas de cunho indenizatório que não sofrem desconto de contribuição previdenciária não se incorporam nos proventos da aposentadoria, como o transporte e a alimentação. Ademais, o reposicionamento de servidores ativos não beneficiará os inativos.

> **▸ Qual o entendimento do STF sobre o assunto?**
>
> "Súmula 680- O direito ao auxílio-alimentação não se estende aos servidores inativos". "O benefício do vale-alimentação, dada a sua natureza indenizatória, não integra a remuneração dos servidores públicos, não sendo devido, portanto, aos inativos." (AI 345.898-AgR, Rel. Min. Maurício Corrêa, julgamento em 26-2-2002, Segunda turma, *DJE* de 22-3-2002.) No mesmo sentido: AI 738.881, Rel. Min. Luiz Fux, decisão monocrática, julgamento em 29-2-2012, *DJE* de 6-3-2012.) "A jurisprudência da Corte é no sentido de que é inviável estender a servidores inativos as vantagens pecuniárias decorrentes de reposicionamento, na carreira, de servidores ativos, com fundamento no art. 40, § 8º, da Constituição." (STF, RE 522.570-AgR, Rel. Min. Ricardo Lewandowski, julgamento em 5-5-2009, Primeira Turma, *DJE* de 5-6-2009.)

> **▸ Importante:**
>
> Frise-se que não será possível a aposentadoria voluntária do servidor se ainda não aprovado no estágio probatório, pois ainda não há investidura definitiva no cargo.

> **▸ Qual o entendimento do STF sobre o assunto?**
>
> Constituindo o estágio probatório complemento do processo seletivo, etapa final deste, não pode o servidor, no curso do mesmo, aposentar-se, voluntariamente (MS 24.744, de 19.05.2004).

> **▸ Como esse assunto foi cobrado em concurso?**
>
> No concurso do CESPE da ABIN para Oficial Técnico de Inteligência-formação Direito em 2010, foi considerado correto o seguinte enunciado: O servidor público concursado que preencha, antes de completar o estágio probatório, os requisitos legais para a aposentadoria voluntária, deverá aguardar o término do referido estágio para obter o citado benefício.

Com efeito, se houver compatibilidade de horários, será possível a acumulação de dois cargos de professor, um de professor com um cargo técnico ou científico, assim como de dois cargos na área da saúde, com profissões regulamentadas, a teor do artigo 37, XVI, da Constituição Federal.

Na hipótese de cargos que poderão ser acumulados, a soma dos proventos não poderá ultrapassar o teto do funcionalismo público, que é o subsídio dos Ministros do STF, assim como a soma de remuneração com proventos de inatividade.

No entanto, existe posicionamento do STJ aduzindo que o teto deve ser avaliado de maneira separada em cada cargo acumulável:

> **Qual o entendimento do STJ sobre o assunto?**
>
> "RECURSO ORDINÁRIO EM MANDADO DE SEGURANÇA. QUESTÃO DE ORDEM. MATÉRIA SUBMETIDA AO CRIVO DA PRIMEIRA SEÇÃO DESTE SUPERIOR TRIBUNAL. CONSTITUCIONAL E ADMINISTRATIVO. SERVIDOR PÚBLICO. CUMULAÇÃO DE CARGOS PERMITIDA CONSTITUCIONALMENTE. CARGOS CONSIDERADOS, ISOLADAMENTE, PARA APLICAÇÃO DO TETO REMUNERATÓRIO. 1. **"Tratando-se de cumulação legítima de cargos, a remuneração do servidor público não se submete ao teto constitucional, devendo os cargos, para este fim, ser considerados isoladamente".** (Precedentes: AgRg no RMS 33.100/DF, Rel. Ministra ELIANA CALMON, DJe 15/05/2013 e RMS 38.682/ES, Rel. Ministro HERMAN BENJAMIN, DJe 05/11/2012). 2. Recurso Ordinário em Mandado de Segurança provido" (1ª Seção, ROMS 201001999461, de 26/06/2013).

O Supremo Tribunal Federal seguiu o mesmo posicionamento do STJ, determinando a observância do teto em separado para cada cargo na situação de acumulação.

> **Qual o entendimento do STF sobre o assunto?**
>
> Nos casos autorizados constitucionalmente de acumulação de cargos, empregos e funções, a incidência do art. 37, XI (1), da Constituição Federal (CF) pressupõe consideração de cada um dos vínculos formalizados, afastada a observância do teto remuneratório quanto ao somatório dos ganhos do agente público. RE 612975/MT, rel. Min. Marco Aurélio, julgamento em 26 e 27.4.2017. (RE-612975) – RE 602043/MT, rel. Min. Marco Aurélio, julgamento em 26 e 27.4.2017. (RE-602043).

Curiosamente, aparentemente adotando dois pesos e duas medidas, na hipótese de acumulação de remuneração ou aposentadoria com pensão por morte, o STF entendeu de modo oposto, considerando o teto com a soma da remuneração/aposentadoria com a pensão por morte.

> **Qual o entendimento do STF sobre o assunto?**
>
> Trata-se da decisão tomada em 6 de agosto de 2020 no tema 359 no julgamento do RE 602.584: "Julgado mérito de tema com repercussão geral - Decisão: O Tribunal, por maioria, apreciando o tema 359 da repercussão geral, deu provimento ao recurso extraordinário para indeferir a ordem, nos termos do voto do Relator, vencidos os Ministros Celso de Mello, Ricardo Lewandowski e Dias Toffoli (Presidente). Em seguida, foi fixada a seguinte tese: **"Ocorrida a morte do instituidor da pensão**

em momento posterior ao da Emenda Constitucional nº 19/1998, o teto constitucional previsto no inciso XI do artigo 37 da Constituição Federal incide sobre o somatório de remuneração ou provento e pensão percebida por servidor". Falou, pelo amicus curiae Estado do Rio Grande do Sul, a Dra. Márcia dos Anjos Manoel, Procuradora do Estado. Afirmou suspeição o Ministro Alexandre de Moraes. Plenário, 06.08.2020 (Sessão realizada inteiramente por videoconferência - Resolução 672/2020/STF)".

5.1. Novas regras de aposentadorias com o advento da Emenda 103/2019

A aposentadoria por invalidez do servidor efetivo passa a se chamar de **aposentadoria por incapacidade permanente**, sendo necessário para a sua concessão um requisito adicional: **não cabimento da readaptação.**

Ademais, a **revisão periódica da incapacidade permanente** passou a ter previsão constitucional, cabendo a cada esfera de governo edital norma sobre o procedimento das perícias de revisão.

Outrossim, a regra constitucional permanente não mais dispõe sobre os proventos da aposentadoria por incapacidade permanente, cabendo a lei do ente federativo a regulação (parágrafo 3º, a ser estudado).

Assim, a renda mensal da aposentadoria por incapacidade permanente e das demais aposentações foi desconstitucionalizada, cabendo a aplicação da regra de transição do **artigo 26 da Emenda 103/2019**, conforme será estudado abaixo, até que cada ente federativo regule o tema.

Registre-se que não era cabível a concessão do auxílio-acompanhante de 25% ao aposentado por invalidez no RPPS na situação de necessidade de cuidador permanente, considerando que até a Emenda 103/2019 a renda mensal desse benefício era diretamente regulamentada pelo texto constitucional que não o previa, não existindo até então autonomia aos entes federados na sua constituição.

Por sua vez, salvo os novos servidores ingressos pós criação de regime de previdência complementar e aos antigos que fizeram a opção pelo novo regime, as aposentadorias por incapacidade permanente no RPPS não estão sujeitas ao teto do RGPS.

Ademais, a aplicação analógica do artigo 45 da Lei 8.213/91 ao RPPS ainda seria violadora da regra de contrapartida. Veja-se o STJ que negou a sua extensão no RPPS do servidor federal.

> IX. A pretendida extensão implicaria na criação de um novo benefício, híbrido – em substituição à atividade legislativa –, na medida em que combinaria as características e os requisitos de regimes previdenciários diversos (RGPS e RPPS). Prevalência dos princípios da legalidade e da contrapartida. X. Acórdão recorrido em harmonia com a jurisprudência desta Corte, de vez que "o STJ tem entendimento firme no sentido de ser inadmissível a conjugação

de regulamentos previdenciários diversos, a formar um regime híbrido, ou seja, um terceiro regulamento" (STJ, AgInt no REsp 1.726.590/RS, Rel. Ministro MAURO CAMPBELL MARQUES, SEGUNDA TURMA, DJe de 21/08/2018). De fato, como bem pontuado pelo Ministro HERMAN BENJAMIN, em voto-revisor proferido na AR 5.072/RJ, de relatoria do Ministro FRANCISCO FALCÃO (STJ, PRIMEIRA SEÇÃO, DJe de 02/09/2019), em situação análoga, "o ordenamento jurídico não compactua com regime híbrido de remuneração em que se aproveita apenas o melhor dos dois regimes". XI. Ademais, o STF, sob o rito de repercussão geral (Tema 1.095), deu provimento ao RE 1.221.446/RJ (TRIBUNAL PLENO, DJe de 04/08/2021), interposto pelo INSS, para declarar a impossibilidade de concessão e extensão do "auxílio-acompanhante", previsto no art. 45 da Lei 8.213/91, no RGPS, para todas as espécies de aposentadoria, com a fixação da seguinte tese: "No âmbito do Regime Geral de Previdência Social (RGPS), somente lei pode criar ou ampliar benefícios e vantagens previdenciárias, não havendo, por ora, previsão de extensão do auxílio da grande invalidez a todas às espécies de aposentadoria" (REsp 1861390 / SC, de 19/10/2021).

Por outro lado, registre-se que após a Emenda 103/2019 passou a ser possível que as entidades federativas criem por lei local expressa o auxílio-acompanhante em favor dos aposentados por incapacidade permanente, respeitada a regra de contrapartida, posto que o atual texto constitucional lhes deu autonomia legiferante sobre o tema, nos termos do atual artigo 40 da Constituição:

> "§ 3º As regras para cálculo de proventos de aposentadoria serão disciplinadas em lei do respectivo ente federativo". HYPERLINK "http://www.planalto.gov.br/ccivil_03/constituicao/Emendas/Emc/emc103.htm#art1"(Redação dada pela Emenda Constitucional nº 103, de 2019)

Restou mantido o inciso II, que prevê a aposentadoria compulsoriamente, com proventos proporcionais ao tempo de contribuição, aos 70 (setenta) anos de idade, ou aos 75 (setenta e cinco) anos de idade, na forma de lei complementar, conforme Emenda 88/2015.

Dessa forma, os requisitos da LC 152/2015[11] foram recebidos pela Emenda da reforma previdenciária, ao fixar a idade de 75 anos, salvo regra de transição em favor dos servidores do Serviço Exterior Brasileiro.

---

11. Art. 2º Serão aposentados compulsoriamente, com proventos proporcionais ao tempo de contribuição, aos 75 (setenta e cinco) anos de idade:

    I – os servidores titulares de cargos efetivos da União, dos Estados, do Distrito Federal e dos Municípios, incluídas suas autarquias e fundações;

    II – os membros do Poder Judiciário;

    III – os membros do Ministério Público;

    IV – os membros das Defensorias Públicas;

    V – os membros dos Tribunais e dos Conselhos de Contas.

    Parágrafo único. Aos servidores do Serviço Exterior Brasileiro, regidos pela Lei nº 11.440, de 29 de dezembro de 2006, o disposto neste artigo será aplicado progressivamente à razão de 1 (um)

O inciso III também foi modificado, fixando como regra permanente para os **servidores federais efetivos** a seguinte idade mínima para o deferimento de aposentadoria voluntária:

a) 65 anos, homens;

b) 62 anos, mulheres.

> **Qual o entendimento do STF sobre o assunto?**
>
> Conforme fixado acertadamente pelo STF no julgamento da **ADI 5.378, em 16.12.2022**, "é inconstitucional lei estadual que, editada no período entre a promulgação da EC 88/2015 (7.5.2015) e a publicação da Lei Complementar 152/2015 (03.12.2015), estende a idade de aposentadoria compulsória para cargos que não estejam expressamente indicados na Constituição Federal de 1988.

No âmbito dos **Estados, do Distrito Federal e dos Municípios,** na idade mínima estabelecida mediante emenda às respectivas **Constituições e Leis Orgânicas,** razão pela qual estes entes passaram a possuir autonomia para a fixação da idade mínima, quebrando a isonomia dos servidores públicos, que poderão ter idades diferentes para a aposentação, o que é um verdadeiro absurdo constitucional, pois injustificável.

Assim, *a priori*, salvo incorporação por norma local, as regras constitucionais anteriores à EC 103/2019 a respeito das aposentadorias voluntárias constantes do artigo 40[12] da Constituição serão aplicáveis aos servidores dos estados, Distrito Federal e municípios.

Ademais, o inciso III não mais trata do tempo mínimo de serviço público e de ocupação do cargo, cabendo a **lei complementar do respectivo ente federativo** dispor sobre o tempo de contribuição e os demais requisitos.

No âmbito do RPPS dos **servidores federais,** até que haja lei ordinária federal sobre o tema, será aplicado o artigo 10 da Emenda 103/2019 aos novos servidores.

---

ano adicional de limite para aposentadoria compulsória ao fim de cada 2 (dois) anos, a partir da vigência desta Lei Complementar, até o limite de 75 (setenta e cinco) anos previsto no *caput*.

12. III – voluntariamente, desde que cumprido tempo mínimo de dez anos de efetivo exercício no serviço público e cinco anos no cargo efetivo em que se dará a aposentadoria, observadas as seguintes condições: (Redação dada pela Emenda Constitucional nº 20, de 15/12/98)

a) sessenta anos de idade e trinta e cinco de contribuição, se homem, e cinqüenta e cinco anos de idade e trinta de contribuição, se mulher; (Redação dada pela Emenda Constitucional nº 20, de 15/12/98)

b) sessenta e cinco anos de idade, se homem, e sessenta anos de idade, se mulher, com proventos proporcionais ao tempo de contribuição. (Redação dada pela Emenda Constitucional nº 20, de 15/12/98)

Dessa forma, para os **servidores federais efetivos**, até que haja lei federal sobre o tema, as regras permanentes de aposentadorias deverão observar o artigo 10 da Emenda 103/2019 com requisitos cumulativos:

A) HOMENS, 65 anos de idade;

B) MULHERES, 62 anos de idade;

C) 25 anos de tempo de contribuição;

D) 10 anos de efetivo exercício no serviço público;

E) 5 anos no cargo efetivo de concessão da aposentadoria.

Por outro lado, o §4º do artigo 10 da Emenda 103/2019 não chegou a fixar o valor dos proventos de aposentadorias, devendo ser feito para os novos servidores por intermédio de lei federal ulterior.

Enquanto não editada a lei complementar federal, os proventos de aposentadoria dos servidores federais observarão a regra de transição do **artigo 26** da Emenda, que será em breve estudada (item 5.4.1).

Ademais, para os servidores do **Distrito Federal, estados e municípios**, o **regramento constitucional anterior permanecerá em vigor**, enquanto não promovidas alterações na legislação interna relacionada ao respectivo regime próprio de previdência social (art. 10, §7º).

Trata-se de um tremendo absurdo, pois as regras gerais de aposentação deveriam ser fixadas para todos os servidores públicos, independentemente da esfera de governo a que pertença.

Vale registrar que, por questões didáticas, os §§ 2º, 3º, 5º e 6º serão estados no momento oportuno quando formos tratar das regras especiais de aposentadorias voluntárias.

As regras para cálculo de proventos de aposentadoria serão disciplinadas em **lei do respectivo ente federativo.**

Até que haja uma lei ordinária para os servidores federais, o cálculo dos benefícios do RPPS irá observar as regras do artigo 26 da Emenda 103/2019:

Desta forma, para os servidores federais, será feita média aritmética simples de **100% do período contributivo** desde a competência **julho de 1994** ou desde o início da contribuição, se posterior àquela competência, não se aplicando mais a média aritmética simples dos 80% maiores, prevista no artigo 1º da Lei 10.887/2004[13].

---

13. Art. 1º No cálculo dos proventos de aposentadoria dos servidores titulares de cargo efetivo de qualquer dos Poderes da União, dos Estados, do Distrito Federal e dos Municípios, incluídas suas autarquias e fundações, previsto no § 3º do art. 40 da Constituição Federa l e no art. 2º da Emenda Constitucional nº 41, de 19 de dezembro de 2003, será considerada a média aritmética simples das

O valor do benefício de aposentadoria corresponderá a **sessenta por cento da média aritmética das 100% das remunerações/salários de contribuição desde julho de 1994, com acréscimo de 2% para cada ano que ultrapassar os 20 anos de contribuição para homens e mulheres:**

TEMPO DE CONTRIBUIÇÃO	COEFICIENTE
Até 20 Anos	60%
21 Anos	62%
22 Anos	64%
23 Anos	66%
24 Anos	68%
25 Anos	70%
26 Anos	72%
27 Anos	74%
28 Anos	76%
29 Anos	78%
30 Anos	80%
31 Anos	82%
32 Anos	84%
33 Anos	86%
34 Anos	88%
35 Anos	90%
36 Anos	92%
37 Anos	94%
38 Anos	96%
39 Anos	98%
40 Anos	100%
E assim sucessivamente	**E assim sucessivamente**

maiores remunerações, utilizadas como base para as contribuições do servidor aos regimes de previdência a que esteve vinculado, correspondentes a 80% (oitenta por cento) de todo o período contributivo desde a competência julho de 1994 ou desde a do início da contribuição, se posterior àquela competência.

Desta forma, conforme tabela supra, em regra, a aposentadoria do servidor federal variará de 60% a 100% (ou mais de 100%) da média de todas as remunerações desde 7/1994, somente atingindo a 100% da média quando o servidor federal possuir 40 anos de tempo de contribuição.

Curioso notar que, **intencionalmente**, o artigo 26 da Emenda 103/2019 não limita a média de todas as remunerações do servidor a 100%, de modo que o servidor federal que possuir mais de 40 anos de tempo de contribuição poderá ter proventos que ultrapassem a 100% (**proventos *ultra* integrais**), a exemplo:

41 Anos	102%
42 Anos	104%
43 Anos	106%
44 Anos	108%
45 Anos	110%
E assim sucessivamente	**E assim sucessivamente**

Ademais, **poderão ser excluídas da média as contribuições que resultem em redução do valor do benefício**, desde que mantido o tempo mínimo de contribuição exigido, vedada a utilização do tempo excluído para qualquer finalidade, para a averbação em outro regime previdenciário ou para a obtenção dos proventos de inatividade dos militares.

Por força da remissão feita no §2º, inciso II, este artigo 26 da Emenda 103/2019 será aplicável às aposentadorias do servidor federal disciplinadas no artigo 10 da Emenda.

Por exceção, no caso de **aposentadoria por incapacidade permanente**, quando decorrer de **acidente de trabalho, de doença profissional e de doença do trabalho**, os proventos corresponderão a 100% da média de todas as remunerações.

Nota-se que a aposentadoria por invalidez do servidor federal quando decorrente de **doença grave, contagiosa ou incurável**, na forma da lei, lastimavelmente não mais tem a garantia dos proventos integrais, devendo ser feita a média supra.

No que concerne à **aposentadoria compulsória do servidor federal**, esta corresponderá ao resultado do tempo de contribuição dividido por vinte anos, limitado a um inteiro, multiplicado pelo valor apurado na forma do *caput* do § 2º do artigo 10 da Emenda 103/2019, ressalvado o caso de cumprimento de critérios de acesso para aposentadoria voluntária que resulte em situação mais favorável.

Assim, um servidor federal que for se aposentar de modo compulsório aos 75 anos de idade, sem ainda preencher os requisitos da aposentadoria idade voluntária, e que tenha 10 anos de tempo de contribuição, necessário dividir 10 por 20, chegando a ½ de 60%, com proventos à razão de 30% da média de todas as remunerações desde Julho de 1994, assegurado ao menos um salário mínimo de renda mensal.

Vale registrar que se o servidor federal possuir remunerações muito baixas, quer do RGPS ou do próprio RPPS, estas poderão ser excluídas da média as contribuições que resultem em redução do valor do benefício, desde que mantido o tempo mínimo de contribuição exigido, vedada a utilização do tempo excluído para qualquer finalidade.

Os benefícios serão reajustados pelo índice legal de correção monetária do Regime Geral, que atualmente é o INPC, nos termos do artigo 41-A da Lei 8.213/91[14].

Os professores do ensino infantil, fundamental e médio conservaram o direito de **reduzir 5 anos na idade** no benefício de aposentadoria por idade em relação às regras ordinárias, que no serviço público federal são de 65 anos para os homens e 62 para as mulheres, reduzindo na área federal para **60 anos para os professores e 57 anos de idade para as professoras.**

Em relação aos estados, Distrito Federal e municípios, após as Constituições e Leis Orgânicas fixarem a idade mínima para os servidores comuns, deverá ser editada lei complementar reduzindo em 5 anos para os professores.

Nos termos do artigo 10, §7º, da Emenda 103/2019, aplicável a este dispositivo, **"aplicam-se às aposentadorias dos servidores dos Estados, do Distrito Federal e dos Municípios as normas constitucionais e infraconstitucionais anteriores à data de entrada em vigor desta Emenda Constitucional, enquanto não promovidas alterações na legislação interna relacionada ao respectivo regime próprio de previdência social".**

Deste modo, a redação revogada continuará em vigor em favor de professores do ensino básico dos estados, Distrito Federal e municípios até que o tema seja regulamentado pela legislação local.

Por outro lado, **não mais há garantia de redução em 5 anos no tempo de contribuição.** Ademais, cada ente federativo deverá aprovar **lei complementar** de regulamentação fixando o tempo de efetivo exercício das funções de magistério na educação infantil e no ensino fundamental e médio que dará direito a esta regra especial.

A regra especial do professor trata-se de **norma impositiva** e não discricionária, pois o dispositivo utilizou a expressão "terão", diferentemente do §4º anteriormente estudado.

---

14. Art. 41-A. O valor dos benefícios em manutenção será reajustado, anualmente, na mesma data do reajuste do salário mínimo, pro rata, de acordo com suas respectivas datas de início ou do último reajustamento, com base no Índice Nacional de Preços ao Consumidor – INPC, apurado pela Fundação Instituto Brasileiro de Geografia e Estatística – IBGE. (Incluído pela Lei nº 11.430, de 2006)

O artigo 10 da Emenda 103/2019 constituiu regras de transição até que entre em vigor lei federal que discipline os benefícios do regime próprio de previdência social dos servidores da União.

Dessa forma, os servidores federais ocupantes de cargo de professor do ensino básico poderão se aposentar com os seguintes requisitos:

a) sessenta anos de idade, homens e cinquenta e sete anos, mulheres;

b) vinte e cinco anos de tempo de contribuição em cargo com efetivo exercício de funções no ensino básico;

c) dez anos de efetivo exercício no serviço público;

d) cinco anos no cargo em que irá se dar a aposentadoria.

Até que haja uma lei ordinária para os servidores federais, o cálculo dos benefícios do RPPS irá observar as regras do artigo 26 da Emenda 103/2019.

Desta forma, para os professores federais, será feita média aritmética simples de **100% do período contributivo** desde a competência julho de 1994 ou desde o início da contribuição, se posterior àquela competência, não se aplicando mais a média aritmética simples dos 80% maiores, prevista no artigo 1º da Lei 10.887/2004[15].

O valor do benefício de aposentadoria corresponderá a **sessenta por cento da média aritmética das 100% das remunerações/salários de contribuição desde Julho de 1994, com acréscimo de 2% para cada ano que ultrapassar os 20 anos de contribuição**, para homens e mulheres:

TEMPO DE CONTRIBUIÇÃO	COEFICIENTE
Até 20 Anos	60%
21 Anos	62%
22 Anos	64%
23 Anos	66%
24 Anos	68%
25 Anos	70%
26 Anos	72%

15. Art. anos 1º No cálculo dos proventos de aposentadoria dos servidores titulares de cargo efetivo de qualquer dos Poderes da União, dos Estados, do Distrito Federal e dos Municípios, incluídas suas autarquias e fundações, previsto no § 3º do art. 40 da Constituição Federal e no art. 2º da Emenda Constitucional nº 41, de 19 de dezembro de 2003, será considerada a média aritmética simples das maiores remunerações, utilizadas como base para as contribuições do servidor aos regimes de previdência a que esteve vinculado, correspondentes a 80% (oitenta por cento) de todo o período contributivo desde a competência julho de 1994 ou desde a do início da contribuição, se posterior àquela competência.

TEMPO DE CONTRIBUIÇÃO	COEFICIENTE
27 Anos	74%
28 Anos	76%
29 Anos	78%
30 Anos	80%
31 Anos	82%
32 Anos	84%
33 Anos	86%
34 Anos	88%
35 Anos	90%
36 Anos	92%
37 Anos	94%
38 Anos	96%
39 Anos	98%
40 Anos	100%

Desta forma, somente chegará a 100% da citada média quando o professor atingir a 40 anos de tempo de contribuição.

Curioso notar que, **intencionalmente**, o artigo 26 da Emenda 103/2019 não limita a média de todas as remunerações do servidor a 100%, de modo que o servidor federal que possuir mais de 40 anos de tempo de contribuição poderá ter proventos que ultrapassem a 100% (**proventos *ultra* integrais**), a exemplo:

41 Anos	102%
42 Anos	104%
43 Anos	106%
44 Anos	108%
45 Anos	110%
E assim sucessivamente	**E assim sucessivamente**

Ademais, **poderão ser excluídas da média as contribuições que resultem em redução do valor do benefício**, desde que mantido o tempo mínimo de contribuição exigido, vedada a utilização do tempo excluído para qualquer finalidade, para a averbação em outro regime previdenciário ou para a obtenção dos proventos de inatividade dos militares.

O reajuste da aposentadoria observará a variação anual do INPC, índice utilizado para o reajuste anual dos benefícios do RGPS, nos termos do artigo 41-A[16] da Lei 8.213/91.

As **aposentadorias especiais no RPPS** eram uma determinação constitucional. Agora passaram a ser um **ato discricionário do legislador**, ao inserir expressamente no texto constitucional a expressão **"poderão"**, o que é um lamentável retrocesso.

E agora cabe a **cada ente federativo** aprovar uma **lei complementar** com as regras especiais, **discricionariamente**, não sendo mais necessário que haja uma lei complementar nacional, quebrando a isonomia entre servidores das esferas de governo.

Em relação aos servidores que laboram expostos a agentes nocivos à saúde, nunca foi editada lei complementar em RPPS, razão pela qual o STF determinava a aplicação da legislação do RGPS, no que couber:

▸ Qual o entendimento do STF sobre o assunto?

Súmula Vinculante 33

Aplicam-se ao servidor público, no que couber, as regras do regime geral da previdência social sobre aposentadoria especial de que trata o artigo 40, § 4º, inciso III da Constituição Federal, até a edição de lei complementar específica.

Precedentes Representativos

A aposentadoria especial de servidor público portador de deficiência é assegurada mediante o preenchimento dos requisitos previstos na legislação aplicável à aposentadoria especial dos segurados do Regime Geral de Previdência Social, até que seja editada a lei complementar exigida pelo art. 40, § 4º, II, da CF/1988. (...) 2. A eficácia do direito à aposentadoria especial objeto do art. 40, § 4º, da CF/1988 exige regulamentação mediante lei complementar de iniciativa privativa do presidente da República, de modo que cabe ao Supremo Tribunal Federal, **ex vi** do art. 102, I, **q**, da Lei Maior, o julgamento do mandado de injunção impetrado com o objetivo de viabilizar o seu exercício. [**MI 4.158 AgR-segundo**, rel. min. **Luiz Fux**, P, j. 18-12-2013, **DJE** 34 de 19-2-2014.]

MANDADO DE INJUNÇÃO. APOSENTADORIA ESPECIAL DO SERVIDOR PÚBLICO. ART. 40, § 4º, DA CF/1988. AUSÊNCIA DE LEI COMPLEMENTAR A DISCIPLINAR A MATÉRIA. NECESSIDADE DE INTEGRAÇÃO LEGISLATIVA. 1. Servidor público. Investigador da polícia civil do Estado de São Paulo. Alegado exercício de atividade sob condições de periculosidade e insalubridade. 2. Reconhecida a omissão legislativa em razão da ausência de lei complementar

16. Art. 41-A. O valor dos benefícios em manutenção será reajustado, anualmente, na mesma data do reajuste do salário mínimo, pro rata, de acordo com suas respectivas datas de início ou do último reajustamento, com base no Índice Nacional de Preços ao Consumidor – INPC, apurado pela Fundação Instituto Brasileiro de Geografia e Estatística – IBGE. (Incluído pela Lei nº 11.430, de 2006)

> a definir as condições para o implemento da aposentadoria especial. 3. Mandado de injunção conhecido e concedido para comunicar a mora à autoridade competente e determinar a aplicação, no que couber, do art. 57 da Lei 8.213/1991. **MI 795**, rel. min. **Cármen Lúcia**, P, j. 15-4-2009, **DJE** 94 de 22-5-2009.]

O tema é regulamentado pela Instrução Normativa MPS/SPS 01, de 22.07.2010, que estabelece instruções para o reconhecimento do tempo de serviço público exercido sob condições especiais que prejudiquem a saúde ou a integridade física pelos regimes próprios de previdência social para fins de concessão de aposentadoria especial aos servidores públicos amparados por Mandado de Injunção.

Como agora inexiste uma determinação constitucional de regulamentação, entende-se que não mais caberá ao STF determinar a aplicação das regras do RGPS para os **novos servidores**.

Vale registrar que dentro do RPPS (não em contagem recíproca) o Supremo Tribunal Federal passou a admitir a conversão do tempo especial em comum até o advento da EC 103/2019, ao julgar o RE 1014286, em 31/08/2020, Tema 942 em Repercussão Geral:

> **▸ Qual o entendimento do STF sobre o assunto?**
>
> Tese firmada: "Até a edição da Emenda Constitucional nº 103/2019, o direito à conversão, em tempo comum, do prestado sob condições especiais que prejudiquem a saúde ou a integridade física de servidor público decorre da previsão de adoção de requisitos e critérios diferenciados para a jubilação daquele enquadrado na hipótese prevista no então vigente inciso III do § 4º do art. 40 da Constituição da República, devendo ser aplicadas as normas do regime geral de previdência social relativas à aposentadoria especial contidas na Lei 8.213/1991 para viabilizar sua concretização enquanto não sobrevier lei complementar disciplinadora da matéria. Após a vigência da EC n.º 103/2019, o direito à conversão em tempo comum, do prestado sob condições especiais pelos servidores obedecerá à legislação complementar dos entes federados, nos termos da competência conferida pelo art. 40, § 4º-C, da Constituição da República".

Ademais, havia vedação expressa à caracterização por categoria profissional ou ocupação e o enquadramento por periculosidade**, a exemplo de *vigilantes* e *eletricitários*, buscando barrar a jurisprudência do STJ no RGPS que se aplicava ao RPPS em razão da súmula vinculante 33.**

Após um acordo no Senado na votação em segundo turno, a vedação de enquadramento de tempo especial por periculosidade foi retirada do texto da

Emenda 103/2019, o que, em tese, conserva a jurisprudência do STJ pelo enquadramento.

Ficou acordado que haverá uma lei complementar para regulamentar o tema, a fim de beneficiar os vigilantes que laboram com o uso de arma de fogo. Não se sabe, por hora, se outras categorias que laboram com atividades de risco serão inseridas no texto final da citada lei complementar, a exemplo dos eletricitários com labor em altas tensões.

Restou mantida a previsão de aposentadoria especial para a **pessoa com deficiência**, previamente submetidos à avaliação biopsicossocial realizada por equipe multiprofissional e interdisciplinar, mas agora passa a ser um **ato discricionário do legislador** de cada esfera de governo, mediante lei complementar, o que é lamentável, pois julgamos que a pessoa com deficiência deveria sempre ter o direito à regras especiais de aposentação.

Por sua vez, a Constituição deixa de se referir a atividades de risco, agora elencando as carreiras que **poderão ter direito a uma aposentadoria especial**, se aprovada lei complementar no âmbito da respectiva esfera de governo:

A) **agente penitenciário;**

B) **agente socioeducativo;**

C) **policial civil dos estados e do Distrito Federal;**

D) **policiais federais, policiais rodoviários federais e policiais ferroviários federais;**

E) **policiais da Câmara dos Deputados e do Senado.**

Dessa forma, ao listar as carreiras do serviço público que possuirão direito à aposentadoria especial, a Emenda 103/2019 enterra pleitos de outras categorias que buscavam a especialidade de aposentação, a exemplo dos oficiais de justiça e guardas municipais.

Essas são as regras permanentes sobre as aposentadorias especiais aplicáveis aos **novos servidores**, ressalvada a existência de regra de transição nos artigos 5º e 10 da Emenda para os antigos servidores ,que serão estudadas.

No entanto, o artigo 10 da Emenda constituiu regras de transição até que entre em vigor **lei federal** que discipline os benefícios do regime próprio de previdência social dos servidores da União.

Até que a União edite uma lei para disciplinar as regras especiais de aposentadorias dos servidores federais, deverá ser observado o regramento de transição do artigo 10 da Emenda 103/2019 **(regra de transição a uma regra permanente).**

De efeito, para os **policiais civis do Distrito Federal, policiais da Câmara dos Deputados, policiais do Senado, policiais federais, policiais rodoviários federais e policiais ferroviários federais, agentes penitenciários federais e agentes federais socioeducativos**, assegurou-se a concessão de aposentadoria observados os seguintes requisitos para ambos os sexos:

a) cinquenta e cinco anos de idade;

b) trinta anos de contribuição;

c) vinte e cinco anos de efetivo exercício em cargo destas carreiras.

Para o **servidor federal** efetivamente exposto a **agentes nocivos à saúde, vedada a concessão por profissão**, assegurou-se a concessão de aposentadoria observados os seguintes requisitos para ambos os sexos:

a) sessenta anos de idade;

b) vinte e cinco anos de efetiva exposição;

c) dez anos de efetivo exercício no serviço público;

d) cinco anos no cargo em que for concedida a aposentadoria.

Ademais, a aferição deve observar (no que couber) as complexas regras dos artigos 57 e 58 da Lei 8.213/91, tendo sido vedada a **conversão de tempo especial em comum.**

No âmbito da Administração Pública federal, o extinto Ministério do Planejamento, Orçamento e Gestão (MPOG), através da sua Secretaria de Gestão Pública, publicou a Orientação Normativa 16, de 23 de dezembro de 2013, que estabelece orientações aos órgãos e entidades integrantes do Sistema de Pessoal Civil da Administração Federal – SIPEC quanto aos procedimentos necessários à análise dos processos de aposentadoria especial com fundamento no art. 57 da Lei nº 8.213, de 24 de julho de 1991, dos servidores públicos federais amparados por decisão judicial em mandado de injunção julgado pelo Supremo Tribunal Federal.

Caberá à Administração Pública federal produzir laudo técnico de condições ambientais (LTCAT) elaborado por médico ou engenheiro do trabalho para, em seguida, preencher o formulário denominado perfil profissiográfico previdenciário (PPP), observado o regime de presunção por categoria profissional até 28/4/1995 (Lei 9.032/95).

Este regramento é **exclusivo para os servidores federais.** Nos termos do artigo 10, §7º, da Emenda, "aplicam-se às aposentadorias dos servidores dos Estados, do Distrito Federal e dos Municípios as normas constitucionais e infraconstitucionais anteriores à data de entrada em vigor desta Emenda Constitucional, enquanto não promovidas alterações na legislação interna relacionada ao respectivo regime próprio de previdência social".

Dessa forma, para policiais civis dos estados da federação ainda devem ser aplicadas as regras de aposentação constantes da Lei Complementar 51/1985:

SÍNTESE DAS REGRAS DOS POLICIAIS CIVIS – LC 51/1985

Os policiais possuem um regramento especial para a sua aposentação ditado na Lei Complementar 51/1985, garantindo-se no seu texto originário aposentadoria voluntária com proventos integrais, após 30 anos de serviço, desde que conte, pelo menos 20 anos de exercício em cargo de natureza estritamente policial.

No entanto, coube à Lei Complementar 144/2014 alterar essas regras em benefício das mulheres policiais, que passaram a se aposentar com 25 anos de tempo de contribuição. Em síntese, garante-se a aposentadoria voluntária aos policiais, com proventos integrais, independentemente da idade, nas seguintes condições:

> a) após 30 (trinta) anos de contribuição, desde que conte, pelo menos, 20 (vinte) anos de exercício em cargo de natureza estritamente policial, se homem;
>
> b) após 25 (vinte e cinco) anos de contribuição, desde que conte, pelo menos, 15 (quinze) anos de exercício em cargo de natureza estritamente policial, se mulher.

Tivemos um *overruling* no julgamento do **tema 1019 em repercussão geral**, com superação da posição firmada na ADI 5039. Por unanimidade, o STF fixou tese para garantir a **integralidade** (proventos equivalentes à Última remuneração) de proventos de aposentadoria para os policiais que adquiriram direito com lastro na LC 51, antes da reforma da previdência do ente federativo, **mesmo aqueles que ingressaram no serviço público após a vigência da Emenda 41/2003.**

No que tange ao reajuste paritário, por outro lado, o STF somente o garantiu se a lei do ente federativo a previr expressamente. Registre-se que no caso da Polícia Federal, a Lei 4.878/1965 expressamente garante o reajuste paritário:

> *"Art. 38. O provento do policial inativo será revisto sempre que ocorrer:*
>
> *a) modificação geral dos vencimentos dos funcionários policiais civis em atividade; ou*
>
> *b) reclassificação do cargo que o funcionário policial inativo ocupava ao aposentar-se".*

▸ Qual o entendimento do STF sobre o assunto?

TEMA 1019 - "Decisão: O Tribunal, por unanimidade, apreciando o tema 1.019 da repercussão geral, negou provimento a ambos os recursos extraordinários e fixou a seguinte tese: "O servidor público policial civil que preencheu os requisitos para a aposentadoria especial voluntária prevista na LC nº 51/85 tem direito ao cálculo de seus proventos com base na regra da integralidade e, quando também previsto em lei complementar, na regra da paridade, independentemente do cumprimento das regras de transição especificadas nos arts. 2º e 3º da EC 47/05, por enquadrar-se na exceção prevista no art. 40, § 4º, inciso II, da Constituição Federal, na redação anterior à EC 103/19, atinente ao exercício de atividade de risco". Tudo nos termos do voto do Relator. Plenário, Sessão Virtual de 25.8.2023 a 1.9.2023".

PESSOAS COM DEFICIÊNCIA

Por outro lado, até que lei discipline o § 4º-A do art. 40 e o inciso I do § 1° do art. 201 da Constituição Federal, a aposentadoria da pessoa com deficiência segurada do Regime Geral de Previdência Social ou do **servidor público federal com deficiência** vinculado a regime próprio de previdência social, desde que cumpridos, no caso do servidor, o tempo mínimo de **10 (dez) anos de efetivo exercício no serviço público e de 5 (cinco) anos no cargo efetivo** em que for concedida a aposentadoria, será concedida na forma da **Lei Complementar nº 142, de 8 de maio de 2013**, inclusive quanto aos critérios de cálculo dos benefícios.

Serão aplicáveis aos servidores federais as regras citadas da LC 142/2013, acrescidas dos seguintes requisitos:

A) **tempo mínimo de 10 anos de efetivo exercício no serviço público;**

B) **5 anos no cargo efetivo em que for concedida a aposentadoria.**

5.2. Aposentadoria compulsória por idade

Esta foi a única espécie de aposentadoria não modificada pela Emenda 103/2019. A aposentadoria compulsória do servidor público efetivo teve o seu regramento modificado pela Emenda Constitucional 88, de 7 de maio de 2015. Passou a ser prevista obrigatoriamente ao servidor efetivo, homem ou mulher, com proventos proporcionais ao tempo de contribuição, **aos 70 (setenta) anos de idade, ou aos 75 (setenta e cinco) anos de idade, na forma de lei complementar.**

Por sua vez, a Emenda 88/2015 criou regra de transição até a edição da mencionada lei complementar, prevendo que os Ministros do Supremo Tribunal Federal, dos Tribunais Superiores e do Tribunal de Contas da União aposentar-se-ão, compulsoriamente, aos 75 (setenta e cinco) anos de idade, nas condições do art. 52 da Constituição Federal.

A aposentadoria será compulsória quando o servidor completar setenta anos de idade, homem ou mulher, salvo Ministros do Supremo Tribunal Federal, dos Tribunais Superiores e do Tribunal de Contas da União, que será aos 75 anos de idade, com **proventos proporcionais** ao tempo de contribuição, garantindo-se o benefício ao menos no valor de um salário mínimo, devendo a Administração Pública aposentar o servidor, independentemente da sua vontade.

Logo, para os servidores em geral, até a edição da lei complementar específica, a aposentadoria compulsória continua se dando aos 70 anos de idade, à exceção dos Ministros dos mencionados Tribunais Superiores e do TCU.

▸ **Qual o entendimento do STF sobre o assunto?**

Informativo 786 - STF - "O Plenário, por maioria, deferiu pedido de medida cautelar em ação direta de inconstitucionalidade para: a) suspender a aplicação da expressão "nas condições do art. 52 da Constituição Federal" contida no art. 100 do ADCT, introduzido pela EC 88/2015, por vulnerar as condições materiais necessárias ao exercício imparcial e independente da função jurisdicional, ultrajando a separação dos Poderes, cláusula pétrea inscrita no art. 60, § 4º, III, da CF; b) fixar a interpretação, quanto à parte remanescente da EC 88/2015, de que o art. 100 do ADCT não pudesse ser estendido a outros agentes públicos até que fosse editada a lei complementar a que alude o art. 40, § 1º, II, da CF, a qual, quanto à magistratura, é a lei complementar de iniciativa do STF, nos termos do art. 93 da CF; c) suspender a tramitação de todos os processos que envolvessem a aplicação a magistrados do art. 40, § 1º, II, da CF e do art. 100 do ADCT, até o julgamento definitivo da ação direta em comento; e d) declarar sem efeito todo e qualquer pronunciamento judicial ou administrativo que afastasse, ampliasse ou reduzisse a literalidade do comando previsto no art. 100 do ADCT e, com base neste fundamento, assegurasse a qualquer outro agente público o exercício das funções relativas a cargo efetivo após ter completado 70 anos de idade. A norma impugnada — introduzida no ADCT pela EC 88/2015 — dispõe que, "até que entre em vigor a lei complementar de que trata o inciso II do § 1º do art. 40 da Constituição Federal, os Ministros do Supremo Tribunal Federal, dos Tribunais Superiores e do Tribunal de Contas da União aposentar-se-ão, compulsoriamente, aos 75 (setenta e cinco) anos de idade, nas condições do art. 52 da Constituição Federal". Alegava-se, na espécie, que a expressão "nas condições do art. 52 da Constituição Federal" incorreria em vício material por ofensa à garantia da vitaliciedade (CF, art. 93, "caput") e à separação dos Poderes (CF, art. 2º), exorbitando dos limites substantivos ao poder de reforma da Constituição" (CF, art. 60, §4º, III e IV). ADI 5316 MC/DF, rel. Min. Luiz Fux, 21.5.2015. (ADI-5316).

Na ADI 5316 o STF afastou a remissão ao artigo 52, da Constituição, por não se tratar de regra referente à aposentadoria dos Ministros dos Tribunais Superiores e do TCU. Ademais, aduziu que somente com a edição da lei complementar os demais agentes públicos poderão se aposentar compulsoriamente aos 75 anos de idade, visto que vários Desembargadores de Tribunais de Justiça estavam conseguindo liminares para permanecer no cargo após os 70 anos de idade.

▸ **Importante:**

Com o advento da Lei Complementar 152, que iniciou vigência em 4 de dezembro de 2015, a aposentadoria compulsória aos 75 anos de idade foi estendida aos demais servidores efetivos e agentes políticos, inclusive os policiais civis (para estes a idade era de 65 anos de idade).

De efeito, serão aposentados compulsoriamente, com proventos proporcionais ao tempo de contribuição, aos 75 (setenta e cinco) anos de idade: **I** – os servidores titulares de cargos efetivos da União, dos Estados, do Distrito Federal e dos Municípios, incluídas suas autarquias e fundações; **II** – os membros do Poder Judiciário; **III** – os membros do Ministério Público; **IV** – os membros das Defensorias Públicas; **V** – os membros dos Tribunais e dos Conselhos de Contas.

Somente no caso dos servidores do Serviço Exterior Brasileiro foi criada uma espécie de regra de transição, pois será aplicado progressivamente à razão de 1 (um) ano adicional de limite para aposentadoria compulsória ao fim de cada 2 (dois) anos, a partir de 4 de dezembro de 2015, até o limite de 75 (setenta e cinco) anos.

O Serviço Exterior Brasileiro, essencial à execução da política exterior do Brasil, constitui-se do corpo de servidores, ocupantes de cargos de provimento efetivo, capacitados profissionalmente como agentes do Ministério das Relações Exteriores, no Brasil e no exterior, organizados em carreiras definidas e hierarquizadas. É composto da Carreira de Diplomata, da Carreira de Oficial de Chancelaria e da Carreira de Assistente de Chancelaria.

> **▸ Qual o entendimento do STJ sobre o assunto?**
>
> Não viola o princípio da isonomia o implemento de regra de transição de aposentadoria dos servidores integrantes do Serviço Exterior Brasileiro – Lei 11.440/2006 – como está previsto no parágrafo único do art. 2º da Lei Complementar 152/2015, considerando-se as peculiaridades da carreira, as necessidades do Estado e a ordem constitucional vigente. 1ª Seção, MS 22.394-DF, **Rel. Min. Humberto Martins, por maioria, julgado em 9/11/2016, DJe 2/2/2017.**

> **▸ Importante:**
>
> Para a aposentadoria compulsória não se exige 10 anos da carreira e 05 anos no cargo público efetivo em que se der a aposentação.

> **▸ Como esse assunto foi cobrado em concurso?**
>
> No concurso do CESPE da ABIN para Oficial Técnico de Inteligência-formação Direito em 2010, foi considerado errado o seguinte enunciado: Aplica-se à aposentadoria compulsória o requisito de tempo mínimo de dez anos de efetivo exercício no serviço público.

Vale ressaltar que neste caso, por existir proibição de permanência no cargo público após os setenta e cinco anos de idade, a aposentadoria deverá ser declarada por ato da autoridade competente, retroagindo seus efeitos ao dia seguinte imediato ao que o servidor atingir a idade limite de permanência no serviço público, inclusive quanto à aquisição de vantagens e direitos.

Ademais, **as entidades políticas não possuíam margem legiferante para alterar o limite de idade da aposentadoria compulsória para além dos 70 anos de**

idade, como o fez o Estado do Piauí (elevou a idade para 75 anos), o que sói ocorrer com uma reforma na Constituição Federal de 1988, o que foi feito através da Emenda 88.

> ▸ **Qual o entendimento do STF sobre o assunto?**
>
> Consoante noticiado no Informativo 649 (ADI 4696 MC/DF, rel. Min. Ricardo Lewandowski, 1º.12.2011), "apontou-se que a matéria encontrar-se-ia disposta no art. 40, § 1º, II, da CF, que disciplinaria, de forma global, o regime de previdência dos servidores públicos vinculados aos entes da Federação.
>
> Entendeu-se que a Carta da República não deixara qualquer margem para a atuação inovadora do legislador constituinte estadual, porquanto estabeleceria norma central categórica, de observância compulsória por parte dos Estados-membros e municípios".

> ▸ **Como esse assunto foi cobrado em concurso?**
>
> No concurso do CESPE para Procurador do TCU em 2015, foi considerado ERRADO o seguinte enunciado: De acordo com o STF, as entidades políticas que integram a Federação brasileira podem alterar livremente o limite de idade máximo da aposentadoria compulsória.

No entanto, a Lei Complementar 144/2014, que disciplina a aposentadoria dos **policiais**, aduzia que estes seriam compulsoriamente aposentados com proventos proporcionais ao tempo de contribuição, aos **65 anos de idade**, qualquer que seja a natureza dos serviços prestados.

Entende-se que a LC 144/2014, nesta passagem, era **inconstitucional**. Isso porque não compete ao legislador alterar a idade da aposentadoria compulsória mesmo que seja para os policiais, sendo que somente uma emenda constitucional poderia fazê-lo. Nesse sentido, já foi ajuizada no STF a ADI 5.129, ainda pendente de julgamento.

> ▸ **Qual o entendimento do STF sobre o assunto?**
>
> No entanto, em 27 de Agosto de 2021, curiosamente à unanimidade, ao julgar a **ADI 5.241**, o STF pronunciou a **constitucionalidade da LC 144/2014**, que fixou temporariamente em 65 anos a aposentadoria por idade compulsória do policial no RPPS até o advento da LC 152/2015.

A questão foi solucionada com o advento da LC 152/2015, tendo sido revogada expressamente a aposentadoria compulsória aos 65 anos de idade para o servidor policial, sendo aplicável desde então a idade de 75 anos.

É evidente que a aposentadoria compulsória somente de aplica aos servidores públicos efetivos, que são participantes de RPPS, e não aos que ocupam exclusivamente cargo comissionais, segurados do RGPS.

▸ **Qual o entendimento do STJ sobre o assunto?**

Informativo 523 –"Não é aplicável a regra da aposentadoria compulsória por idade na hipótese de servidor público que ocupe exclusivamente cargo em comissão. Com efeito, a regra prevista no art. 40, § 1º, II, da CF, cujo teor prevê a aposentadoria compulsória do septuagenário, destina-se a disciplinar o regime jurídico dos servidores efetivos, não se aplicando aos servidores em geral. Assim, ao que ocupa exclusivamente cargo em comissão, aplica-se, conforme determina o § 13 do art. 40 da CF, o regime geral de previdência social, no qual não é prevista a aposentadoria compulsória por idade. RMS 36.950-RO, Rel. Min. Castro Meira, DJe 26/4/2013".

▸ **Qual o entendimento do STF sobre o assunto?**

Os servidores ocupantes de cargo exclusivamente em comissão não se submetem à regra da aposentadoria compulsória prevista no art. 40, § 1º, II, da CF, a qual atinge apenas os ocupantes de cargo de provimento efetivo, inexistindo, também, qualquer idade limite para fins de nomeação a cargo em comissão. RE 786540/DF, rel. Min. Dias Toffoli, julgamento em 15.12.2016.

5.3. Pensão por morte

Por força da Emenda 103/2019, observado o disposto no § 2º do art. 201[17] **quando se tratar da única fonte de renda formal auferida pelo dependente**, o benefício de **pensão por morte** será concedido nos termos de **lei do respectivo ente federativo**, a qual tratará de **forma diferenciada** a hipótese de morte dos servidores de que trata o **§ 4º-B** decorrente de agressão sofrida no exercício ou em razão da função.

Este parágrafo foi reformulado, possibilitando que a pensão por morte do servidor público possa ter **renda inferior a um salário mínimo**, desde que o dependente seja beneficiário de **renda formal**, a exemplo de salário ou de aposentadoria.

Foi retirado do RGPS e mantido no RPPS com evidente quebra de isonomia. Não há razão para essa diferenciação de dois pensionistas, um podendo ter pensão abaixo de um salário mínimo (RRPS) e o outro não (RGPS).

Ademais, o critério é injusto. Se a renda do dependente for informal, a exemplo do labor autônomo de R$ 5.000,00 por mês, a pensão por morte não poderá ser inferior a um salário mínimo.

Mas se o dependente tiver emprego ou renda de outro benefício previdenciário a sua pensão por morte poderá ser inferior a um salário mínimo. Esdrúxulo o fator de discrímen.

---

17. § 2º Nenhum benefício que substitua o salário de contribuição ou o rendimento do trabalho do segurado terá valor mensal inferior ao salário mínimo. (Redação dada pela Emenda Constitucional nº 20, de 1998)

Ademais, a regra permanente não mais trata da renda da pensão por morte, fazendo remissão à **lei do respectivo ente federativo**, que necessariamente terá que tratar de modo diferenciado a morte dos **policiais, agentes penitenciários e agentes socioeducativos** por agressão em decorrência da sua função de risco.

Essa regra deveria ser estendida por isonomia a todos os servidores públicos que são agredidos e morrem no exercício da função, a exemplo do assassinato de um perito médico previdenciário durante atendimento na agência do INSS.

Por força do artigo 23, §8º, da Emenda 103/2019, "aplicam-se às pensões concedidas aos dependentes de **servidores dos Estados, do Distrito Federal e dos Municípios** as normas constitucionais e infraconstitucionais **anteriores à data de entrada em vigor desta Emenda Constitucional**, enquanto não promovidas alterações na legislação interna relacionada ao respectivo regime próprio de previdência social"[18].

A renda mensal da pensão por morte do **servidor federal** cujo óbito foi posterior ao advento da Emenda 103/2019 será calculada com arrimo no artigo 23, exceto a regra especial anteriormente a ser estudada no artigo 10, §6º, da Emenda.

Em regra, haverá um valor básico de 50% da aposentadoria recebida pelo inativo ou 50% da aposentadoria por incapacidade que teria direito na data do óbito, acrescido de 10% por dependente até o limite de 100%:

COEFICIENTE	DEPENDENTES
60%	1 dependente
70%	2 dependentes
80%	3 dependentes
90%	4 dependentes
100%	5 ou mais dependentes

18. § 7º Lei disporá sobre a concessão do benefício de pensão por morte, que será igual: (Redação dada pela Emenda Constitucional nº 41, 19.12.2003)

I – ao valor da totalidade dos proventos do servidor falecido, até o limite máximo estabelecido para os benefícios do regime geral de previdência social de que trata o art. 201, acrescido de setenta por cento da parcela excedente a este limite, caso aposentado à data do óbito; ou (Incluído pela Emenda Constitucional nº 41, 19.12.2003)

II – ao valor da totalidade da remuneração do servidor no cargo efetivo em que se deu o falecimento, até o limite máximo estabelecido para os benefícios do regime geral de previdência social de que trata o art. 201, acrescido de setenta por cento da parcela excedente a este limite, caso em atividade na data do óbito. (Incluído pela Emenda Constitucional nº 41, 19.12.2003)

Dessa forma, para o servidor ativo que vem a óbito, será necessário calcular os proventos da aposentadoria por incapacidade permanente para em seguida calcular o valor da pensão por morte.

Por força do artigo 26 da Emenda 103/2019, o valor do benefício de aposentadoria por incapacidade permanente corresponderá a **sessenta por cento da média aritmética das 100% das remunerações/salários de contribuição, com acréscimo de 2% para cada ano que ultrapassar os 20 anos de contribuição:**

TEMPO DE CONTRIBUIÇÃO	COEFICIENTE
Até 20 Anos	60%
21 Anos	62%
22 Anos	64%
23 Anos	66%
24 Anos	68%
25 Anos	70%
26 Anos	72%
27 Anos	74%
28 Anos	76%
29 Anos	78%
30 Anos	80%
31 Anos	82%
32 Anos	84%
33 Anos	86%
34 Anos	88%
35 Anos	90%
36 Anos	92%
37 Anos	94%
38 Anos	96%
39 Anos	98%
40 Anos	100%

Assim, se um servidor federal morrer com até 20 anos de tempo de contribuição, o valor da aposentadoria por incapacidade permanente será de 60% da média de todas as remunerações desde Julho de 1994, sendo este o valor base para o cálculo da pensão por morte que será incidirá à razão de 60, 70, 80, 90 ou 100% sobre 60% de toda a média contributiva do servidor federal.

Suponha-se um servidor federal tenha morrido com 10 anos de tempo de contribuição, de modo que os proventos de aposentadoria por incapacidade que ele teria direito seriam de 60% da média das remunerações.

Se ele possuir dois dependentes habilitados à pensão, o valor da pensão por morte será de 70% multiplicado por 60% da média das remunerações do servidor federal a partir de 7/1994 (7 x 6 = 42) chegando a apenas 42% da média das remunerações desde o Plano Real (não é 42% do último salário).

Curioso notar que, **intencionalmente**, o artigo 26 da Emenda 103/2019 não limita a média de todas as remunerações do servidor a 100%, de modo que o servidor federal que possuir mais de 40 anos de tempo de contribuição poderá gerar pensão que ultrapassem a 100%, a exemplo:

41 Anos	102%
42 Anos	104%
43 Anos	106%
44 Anos	108%
45 Anos	110%
E assim sucessivamente	**E assim sucessivamente**

Por outro lado, existe uma regra especial muito justa em favor do **dependente inválido ou com deficiência intelectual, mental ou grave (filhos, cônjuges/companheiros, pais e irmãos),** pois neste caso a renda da pensão por morte será equivalente a:

I – **100%** da aposentadoria recebida pelo segurado ou servidor ou daquela a que teriam direito se fossem aposentados por incapacidade permanente na data do óbito, **até o limite máximo de benefícios do Regime Geral de Previdência Social**; e

II – a uma cota familiar de **50%** acrescida de **cotas de dez pontos percentuais por dependente**, até o máximo de cem por cento, **para o valor que supere o limite máximo de benefícios do Regime Geral de Previdência Social.**

Neste caso, o cálculo será feito em duas etapas, exceto se a aposentadoria recebida ou a aposentadoria por incapacidade permanente que o servidor teria direito não superarem ao teto do teto do RGPS em vigor no ano do óbito.

> ▸ **Importante!**
> Excepcionalmente, no caso de morte por acidente de trabalho do servidor federal, se o segurado falecido não estava aposentado, a base de cálculo da pensão por morte deve ser 100% da média, pois essa seria a base da aposentadoria por incapacidade permanente decorrente de acidente de trabalho.

Com efeito, à luz do Princípio Constitucional da **Separação dos Poderes**, que integra o núcleo intangível da Constituição Federal de 1988, somente deve o Poder Judiciário afastar regras que manifestamente **afrontem o texto constitucional (AUTOCONTENÇÃO JUDICIAL)**, máxime quando editado pelo Poder Constituinte Reformador, **sob pena de invasão do espaço de conformação do poder constituinte reformador.**

Nesse sentido, no julgamento da **ADI 7.051, de 26.06.2023**, com o placar de 8 x 2, o STF pronunciou a **validade da regra do artigo 23 da EC 103/2019**, que fixou a renda mensal da pensão por morte no RGPS e no RPPS dos servidores federais.

> ▸ **Qual o entendimento do STF sobre o assunto?**
> *"O Tribunal, por maioria, julgou improcedente o pedido formulado na ação direta e fixou a seguinte tese de julgamento:* ***'É constitucional o art. 23, caput, da Emenda Constitucional nº 103/2019, que fixa novos critérios de cálculo para a pensão por morte no Regime Geral e nos Regimes Próprios de Previdência Social'****, nos termos do voto do Relator, vencidos parcialmente os Ministros Edson Fachin e Rosa Weber (Presidente). Plenário, Sessão Virtual de 16.6.2023 a 23.6.2023".*

Ademais, **é vedada a reversão de cotas de pensão entre dependentes.** Dessa forma, para os novos óbitos após a vigência da Emenda 103/2019, o artigo 223 da Lei 8.212/90 não foi recebido pelo novel regramento constitucional:

> ~~*"Art. 223. Por morte ou perda da qualidade de beneficiário, a respectiva cota reverterá para os cobeneficiários. (Redação dada pela Lei nº 13.135, de 2015)"*~~

Por sua vez, o tempo de duração da pensão por morte e das cotas individuais por dependente até a perda desta qualidade, o rol de dependentes, a sua qualificação e as condições necessárias para enquadramento serão aqueles estabelecidos na Lei n° 8.213, de 24 de julho de 1991.

Considerando que as regras da pensão por morte do servidor federal foram aproximadas ao regramento do RGPS pelas Leis 13.135/2015 e 13.846/2019 não se trata propriamente de uma novidade.

Da mesma forma que ocorre no RGPS (Lei 8.213/91), no RPPU (Lei 8.112/90) a normatização não exige que a invalidez do filho se dê antes da maioridade previdenciária. É necessário apenas que se opere antes do óbito do servidor federal.

> ▶ **Qual o entendimento do STJ sobre o assunto?**
> "Súmula 663 – A pensão por morte de servidor público federal pode ser concedida ao filho inválido de qualquer idade, desde que a invalidez seja anterior ao óbito. (PRIMEIRA SEÇÃO, julgado em 8/11/2023, DJe de 13/11/2023)".

Em regra, se o óbito ocorrer sem que o servidor federal tenha vertido 18 (dezoito) contribuições mensais ou se o casamento ou a união estável tiverem sido iniciados em menos de 2 (dois) anos antes do óbito do segurado, a pensão por morte será paga por apenas 4 (quatro) meses ao cônjuge, companheiro ou companheira, salvo se o óbito do segurado decorrer de acidente de qualquer natureza ou de doença profissional ou do trabalho.

A Lei 13.135/2015 admitiu expressamente que o tempo de contribuição a Regime Próprio de Previdência Social (RPPS) ou RGPS será considerado na contagem das 18 (dezoito) contribuições mensais, acaso o servidor não possua 18 recolhimentos no RPPS federal.

Por sua vez, transcorridos os seguintes períodos, estabelecidos de acordo com a idade do beneficiário na data de óbito do segurado, se o óbito ocorrer depois de vertidas 18 (dezoito) contribuições mensais e pelo menos 2 (dois) anos após o início do casamento ou da união estável, ou se então o óbito do segurado decorrer de acidente de qualquer natureza ou de doença profissional ou do trabalho, a pensão terá a seguinte duração, sendo vitalícia apenas se o pensionista tiver 44 anos de idade no dia da morte (ÓBITOS ATÉ 31/12/2020):

1) 3 (três) anos, com menos de 21 (vinte e um) anos de idade;
2) 6 (seis) anos, entre 21 (vinte e um) e 26 (vinte e seis) anos de idade;
3) 10 (dez) anos, entre 27 (vinte e sete) e 29 (vinte e nove) anos de idade;
4) 15 (quinze) anos, entre 30 (trinta) e 40 (quarenta) anos de idade;
5) 20 (vinte) anos, entre 41 (quarenta e um) e 43 (quarenta e três) anos de idade;
6) vitalícia, com 44 (quarenta e quatro) ou mais anos de idade.

No entanto, há uma regra especial para o pensionista inválido ou com deficiência cônjuge ou companheiro(a), pois neste caso a pensão por morte apenas será cancelada pela cessação da invalidez ou pelo afastamento da deficiência. Se não houver recuperação do pensionista, portanto, será vitalícia, mesmo que o segurado não tenha vertido 18 (dezoito) contribuições mensais ou se o casamento ou a união estável tiverem menos de 2 (dois) anos antes do óbito do segurado. Caso o pensionista inválido ou deficiente se recupere, serão respeitados, ao menos, os prazos anteriores apresentados.

Tivemos entre 2015 e 2020 uma elevação na expectativa de sobrevida ao nascer que atingiu 1,7 ano:

- Tábua do IBGE publicada em 01/12/2014 (referente ao de 2013) que vigorava quando do advento da Lei 13.135/2015: expectativa de sobrevida do brasileiro ao nascer em 74,9 ANOS.
- Tábua do IBGE publicada em 01/12/2020 (referente ao ano de 2019) quando do advento da Portaria ME 424/2020: expectativa de sobrevida do brasileiro ao nascer em 76,6 ANOS.

Nesse sentido, PARA ÓBITOS OCORRIDOS A PARTIR DE 1/1/2021, as faixas etárias foram elevadas em 1 ano pela Portaria ME 424, de 29/12/2020:

> "PORTARIA ME Nº 424, DE 29 DE DEZEMBRO DE 2020
>
> Fixa as novas idades de que tratam a alínea "b" do inciso VII do art. 222 da Lei nº 8.112, de 11 de dezembro de 1990, e a alínea "c" do inciso V do § 2º do art. 77 da Lei nº 8.213, de 24 de julho de 1991.
>
> O MINISTRO DE ESTADO DA ECONOMIA, SUBSTITUTO, no uso da atribuição que lhe foi conferida pelo § 3º do art. 222 da Lei nº 8.112, de 11 de dezembro de 1990, e pelo § 2º-B do art. 77 da Lei nº 8.213, de 24 de julho de 1991, resolve:
>
> Art. 1º O direito à percepção de cada cota individual da pensão por morte, nas hipóteses de que tratam a alínea "b" do inciso VII do art. 222 da Lei nº 8.112, de 11 de dezembro de 1990, e a alínea "c" do inciso V do § 2º do art. 77 da Lei nº 8.213, de 24 de julho de 1991, cessará, para o cônjuge ou companheiro, com o transcurso dos seguintes períodos, estabelecidos de acordo com a idade do beneficiário na data de óbito do segurado, se o óbito ocorrer depois de vertidas dezoito contribuições mensais e pelo menos dois anos após o início do casamento ou da união estável:
>
> **I - três anos, com menos de vinte e dois anos de idade;**
>
> **II - seis anos, entre vinte e dois e vinte e sete anos de idade;**
>
> **III - dez anos, entre vinte e oito e trinta anos de idade;**
>
> **IV - quinze anos, entre trinta e um e quarenta e um anos de idade;**
>
> **V - vinte anos, entre quarenta e dois e quarenta e quatro anos de idade;**
>
> **VI - vitalícia, com quarenta e cinco ou mais anos de idade.**
>
> **Art. 2º Esta Portaria entra em vigor em 1º de janeiro de 2021".**

Logo, para fins de cumprimento da regra do **artigo 222, §3º, da Lei 8.112/90**, houve uma elevação de 1,7 ano na expectativa de sobrevida do brasileiro ao nascer comparado as tábuas do IBGE em vigor na data de publicação da Lei 13.135/2018 e da Portaria ME 424/2020.

Dessa forma, a concessão de pensão por morte vitalícia aos cônjuges e companheiros para a exigir deste a idade mínima de 45 anos de idade do dia do óbito do segurado, para as mortes ocorridas as partir do ano de 2021, conservando a idade de 44 anos apenas para os óbitos até 31/12/2020.

Regra de grande impacto é a que prevê que se equiparam a filho, para fins de recebimento da pensão por morte, exclusivamente o enteado e o menor tutelado, desde que comprovada a dependência econômica.

O objetivo desta regra foi reverter a posição repetitiva do STJ que equipara ao filho o menor sob guarda, inclusive no RPPS, nos termos do artigo 33, §3º, do ECA – REsp 1.411.258-RS, Rel. Min. Napoleão Nunes Maia Filho, Primeira Seção, por unanimidade, julgado em 11/10/2017, DJe 21/02/2018. (Tema 732).

▸ Qual o entendimento do STF sobre o assunto?

Em 8 de junho de 2021, por 6 x 5, no julgamento das **ADI's 4.878 e 5.083** o Tribunal, por maioria, julgou procedente a ação, de modo a **conferir interpretação conforme ao § 2º do art. 16 da Lei nº 8.213/1991, para contemplar, em seu âmbito de proteção, o "menor sob guarda",** nos termos do voto do Ministro Edson Fachin, Redator para o acórdão, vencidos os Ministros Gilmar Mendes (Relator), Alexandre de Moraes, Marco Aurélio, Nunes Marques e Luiz Fux (Presidente), que julgavam improcedente a ação. Falaram: pelo interessado Presidente da República, a Dra. Izabel Vinchon Nogueira de Andrade, Secretária-Geral de Contencioso da Advocacia-Geral da União; pelo *amicus curiae* Associação Nacional de Entidades de Previdência dos Estados e Municípios – ANEPREM, o Dr. Bruno Sá Freire Martins; pelo *amicus curiae* Defensoria Pública da União – DPU, o Dr. Antonio Ezequiel Inácio Barbosa, Defensor Público Federal; e, pelo *amicus curiae* Instituto Nacional do Seguro Social – INSS, a Dra. Bruna Maria Palhano Medeiros, Procuradora Federal. Plenário, Sessão Virtual de 28.5.2021 a 7.6.2021.

Dessa forma, **para os óbitos até a vigência da Emenda 103 (13/11/2019)** a decisão do STF vincula o INSS (controle abstrato de constitucionalidade com eficácia vinculante perante a Administração Pública), garantindo a inserção do menor sob guarda como equiparado a filho, desde que provada a dependência econômica, prevalecendo o ECA sobre a exclusão perpetrada pela Lei 9.528/97.

Por outro lado, considerando que o STF rejeitou a aferição de constitucionalidade do artigo 23, §6º, da EC 103/2019, conquanto em *obiter dictum* o Ministro Fachin aduziu que os mesmos argumentos seriam válidos para a extensão da tese, **a decisão não vincula o INSS para os óbitos a contar de 14/11/2019.**

Considerando a amplitude da regra do artigo 33, §3º, do ECA, a decisão da Suprema Corte também se aplica aos Regimes Próprios de Previdência Social, sendo que no RPPS federal se limita às mortes até 13/11/2019, considerando que o artigo 23 da EC 103/2019 não se aplica ao RPPS dos estados, Distrito Federal e municípios, sendo que nestes regimes locais a aplicação da decisão do STF é temporalmente irrestrita.

Este artigo, de início, não será aplicável à pensão por morte dos servidores estaduais, distritais e municipais, enquanto não promovidas alterações na legislação interna relacionada ao respectivo regime próprio de previdência social.

Excepcionalmente, até a aprovação da lei federal sobre benefícios do RPPS, deve ser observado o artigo 10, §6º, da Emenda 103/2019.

Deste modo, a pensão por morte decorrente de agressão no exercício ou em razão da função dos seguintes cargos irá gerar **pensão por morte vitalícia** para cônjuge ou companheiro (independentemente da idade do pensionista, tempo de casamento e período de ocupação do cargo até a data do óbito) e equivalerá à remuneração total do cargo (pensão com integralidade):

A) agente penitenciário federal;

B) agente socioeducativo federal;

C) policial civil do Distrito Federal;

D) policiais federais, policiais rodoviários federais e policiais ferroviários federais;

E) policiais da Câmara dos Deputados e do Senado.

Essa regra também deveria ser estendida por isonomia a todos os servidores públicos federais que são agredidos e morrem no exercício da função.

Vale registrar que as regras do RPPS sobre a pensão por morte devem ser isonômicas entre homens e mulheres, sob pena de inconstitucionalidade material.

▸ **Qual o entendimento do STF sobre o assunto?**

Nesse sentido, o Tema em Repercussão Geral 457 do STF: – "É inconstitucional, por transgressão ao princípio da isonomia entre homens e mulheres (CF, art. 5º, I), a exigência de requisitos legais diferenciados para efeito de outorga de pensão por morte de ex-servidores públicos em relação a seus respectivos cônjuges ou companheiros/companheiras (CF, art. 201, V)" - Sessão Virtual de 2.10.2020 a 9.10.2020.

De acordo com o entendimento do STF, **o(a) concubino(a) não é dependente previdenciária,** não tendo direito à pensão por morte.

▸ **Qual o entendimento do STF sobre o assunto?**

Em 18/12/2020, ao julgar o RE 1.045.273 em **Repercussão Geral**, por 6 votos a 5, o STF reafirmou a sua tradicional jurisprudência no sentido de **negar a concessão de pensão por morte ao(a) concubino(a),** fixando a seguinte tese: ***"A preexistência de casamento ou de união estável de um dos conviventes, ressalvada a exceção do artigo 1723, §1º do Código Civil, impede o reconhecimento de novo vínculo referente ao mesmo período, inclusive para fins previdenciários, em virtude da consagração do dever de fidelidade e da monogamia pelo ordenamento jurídico-constitucional brasileiro".***

5.4. Abono de permanência

Por força do §19 do artigo 40 da Constituição, modificado pela Emenda 103/2019, observados critérios a serem estabelecidos em **lei do respectivo ente federativo**, o servidor titular de cargo efetivo que tenha completado as exigências para a aposentadoria voluntária e que opte por permanecer em atividade poderá fazer jus a um **abono de permanência** equivalente, no máximo, ao valor da sua contribuição previdenciária, até completar a idade para aposentadoria compulsória.

Trata-se do **regramento permanente** do **abono de permanência em serviço**. Eis as modificações:

A) O abono de permanência em serviço passa a ser de pagamento facultativo;

B) O valor do abono não mais é fixado no valor da contribuição previdenciária devida pelo servidor público, podendo ser inferior a esse valor, não tendo sido previsto sequer um limite mínimo.

Logo, de obrigatório e de valor fixo para a ser facultativo e com valor aberto, limitado ao valor da contribuição previdenciária descontada do servidor, cabendo a sua **regulação de acordo com cada lei local do ente político**.

Para os **servidores federais** existem na Emenda 103/2019 três regras de transição para o abono de permanência em serviço:

a) artigo 3º, §3º;

b) artigo 8º;

c) artigo 10, §5º.

Por outro lado, **não há regra de transição na Emenda no que concerne ao abono de permanência para servidores estaduais, distritais e municipais**, sendo razoável, por integração constitucional, manter a aplicação da regra anterior até ulterior deliberação por lei local das citadas entidades políticas.

5.5. Regras de transição da EC 103/2019

A Emenda 103/2019 apresentou duas regras de transição concomitantes em favor dos **servidores federais que já estavam empossados no serviço público até a data da vigência da Emenda**.

Isso se aplica a servidores federais empossados após a Emenda, desde que tenham vindo sem interrupção do serviço público estadual ou municipal com posse em data anterior à publicação da Emenda.

Analisaremos primeiro a regra de transição do **artigo 4º da Emenda**. Eis os requisitos cumulativos para os antigos servidores federais que implementarem todos os requisitos até **31/12/2021**:

a) **61 anos de idade para os homens e 56 anos de idade para as mulheres;**

b) 35 anos de contribuição para os homens e 30 anos de contribuição para as mulheres;

c) 20 anos de efetivo exercício no serviço público;

d) 5 anos no cargo em que se dará a aposentadoria;

e) pontuação com soma de idade e tempo de contribuição.

Por sua vez, a idade mínima será elevada em 1 ano para os antigos servidores federais que implementarem todos os requisitos a partir de **1/1/2022**:

a) **62 anos de idade para os homens e 57 anos de idade para as mulheres;**

b) 35 anos de contribuição para os homens e 30 anos de contribuição para as mulheres;

c) 20 anos de efetivo exercício no serviço público;

d) 5 anos no cargo em que se dará a aposentadoria;

e) pontuação com soma de idade e tempo de contribuição.

Para os servidores federais que implementarem os requisitos **até 31/12/2019**, será adotada a seguinte pontuação mínima na soma da idade com o tempo de contribuição, incluídas as frações:

a) **96 pontos para os homens;**

b) **86 pontos para as mulheres.**

Sucede que, para quem implementar os requisitos *a* **partir de 1/1/2020**, essa pontuação será **progressiva**, acrescida a cada ano de um ponto, até atingir o limite de 100 pontos, se mulher (2033), e de 105, se homem (2028):

ANO	HOMENS	MULHERES
Até 31/12/2019	**96**	**86**
1/1/2020	97	87
1/1/2021	98	88
1/1/2022	99	89
1/1/2023	100	90
1/1/2024	101	91
1/1/2025	102	92
1/1/2026	103	93

ANO	HOMENS	MULHERES
1/1/2027	104	94
1/1/2028	**105**	95
1/1/2029	105	96
1/1/2030	105	97
1/1/2031	105	98
1/1/2032	105	99
1/1/2033	105	**100**

Dessa forma, os **homens** atingirão o ápice do escore em **105 pontos** em **1/1/2028** e as **mulheres** com **100 pontos** em **1/1/2033**.

De seu turno, para os **professores federais do ensino básico** com tempo de contribuição nessa condição, que ingressaram até a data da publicação da Emenda, serão observados os seguintes requisitos cumulativos se implementarem todos os requisitos até **31/12/2021**:

a) **56 anos de idade para os homens e 51 anos de idade para as mulheres;**

b) 30 anos de contribuição para os homens e 25 anos de contribuição para as mulheres;

c) 20 anos de efetivo exercício no serviço público;

d) 5 anos no cargo em que se dará a aposentadoria;

e) pontuação com soma de idade e tempo de contribuição.

Por sua vez, a idade mínima será elevada em 1 ano para os servidores federais professores do ensino básico que implementarem todos os requisitos a partir de **1/1/2022**:

a) **57 anos de idade para os homens e 52 anos de idade para as mulheres;**

b) 30 anos de contribuição para os homens e 25 anos de contribuição para as mulheres;

c) 20 anos de efetivo exercício no serviço público;

d) 5 anos no cargo em que se dará a aposentadoria;

e) pontuação com soma de idade e tempo de contribuição.

Para os servidores federais que implementarem os requisitos **até 31/12/2019**, será adotada a seguinte pontuação mínima na soma da idade com o tempo de contribuição:

a) **91 pontos para os homens;**

b) **81 pontos para as mulheres.**

Sucede que, para quem implementar os requisitos *a* **partir de 1/1/2020**, essa pontuação será **progressiva**, acrescida a cada ano de um ponto, até atingir o limite de noventa e dois pontos, se mulher (2030), e de cem pontos, se homem (2028):

ANO	HOMENS	MULHERES
Até 31/12/2019	**91**	**81**
1/1/2020	92	82
1/1/2021	93	83
1/1/2022	94	84
1/1/2023	95	85
1/1/2024	96	86
1/1/2025	97	87
1/1/2026	98	88
1/1/2027	99	89
1/1/2028	**100**	90
1/1/2029	100	91
1/1/2030	100	**92**

Dessa forma, os homens atingirão o ápice do escore em 100 pontos em 1/1/2028 e as mulheres com 92 pontos em 1/1/2030.

Ao que parece, há um **erro material** na regra dos professores federais. Isso porque somando a idade com o tempo de contribuição chegamos a 86 pontos para os homens e 76 pontos para as mulheres. No entanto, a tabela parte de 91 pontos para os homens e 81 pontos para as mulheres, tendo um excedente de 5 pontos.

No que concerne ao servidor federal comum, a tabela está certa, pois somando idade com tempo de contribuição partirmos de 96 pontos para os homens e 86 pontos para as mulheres.

O reajuste da aposentadoria observará a variação anual do INPC, índice utilizado para o reajuste anual dos benefícios do RGPS, nos termos do artigo 41-A[19] da Lei 8.213/91.

---

19. Art. 41-A. O valor dos benefícios em manutenção será reajustado, anualmente, na mesma data do reajuste do salário mínimo, pro rata, de acordo com suas respectivas datas de início ou do último reajustamento, com base no Índice Nacional de Preços ao Consumidor - INPC, apurado

Vale registrar ainda que esta regra de transição poderá gerar **proventos com integralidade** à totalidade da remuneração do servidor público no cargo efetivo em que se der a aposentadoria, desde que seja um servidor federal que ingressou no serviço público até 31/12/2003 e não tenha optado pelo novo regime previdenciário com limitação ao teto do RGPS.

No entanto, para se beneficiar da integralidade, é necessário cumprir ainda um requisito adicional com idade mais elevada:

A) Homens 65 anos de idade e mulheres 62 anos de idade;

B) Para os professores do ensino básico, homens 60 anos de idade e mulheres 57 anos de idade.

Neste caso, restou garantido **reajuste paritário**, aplicando-se a regra do artigo 7º da Emenda 41/2003:

> *"Art. 7º Observado o disposto no art. 37, XI, da Constituição Federal, os proventos de aposentadoria dos servidores públicos titulares de cargo efetivo e as pensões dos seus dependentes pagos pela União, Estados, Distrito Federal e Municípios, incluídas suas autarquias e fundações, em fruição na data de publicação desta Emenda, bem como os proventos de aposentadoria dos servidores e as pensões dos dependentes abrangidos pelo art. 3º desta Emenda, serão revistos na mesma proporção e na mesma data, sempre que se modificar a remuneração dos servidores em atividade, sendo também estendidos aos aposentados e pensionistas quaisquer benefícios ou vantagens posteriormente concedidos aos servidores em atividade, inclusive quando decorrentes da transformação ou reclassificação do cargo ou função em que se deu a aposentadoria ou que serviu de referência para a concessão da pensão, na forma da lei".*

Essa regra de integralidade para os servidores com histórico de vencimentos fixos é bastante segura, a exemplo das carreiras de Estado da União que recebem por subsídios, como membros da AGU, DPU, MPF e magistratura federal.

Mas nas situações de remunerações variáveis ou de mudanças de remuneração por carga horária, deve ser observado o seguinte regramento:

A) **se o cargo estiver sujeito a variações na carga horária**, o valor das rubricas que refletem essa variação integrarão o cálculo do valor da remuneração do servidor público no cargo efetivo em que se deu a aposentadoria e considerará a **média aritmética simples dessa carga horária proporcional ao número de anos completos de recebimento e contribuição,** contínuos ou intercalados, em relação ao tempo total exigido para a aposentadoria;

---

pela Fundação Instituto Brasileiro de Geografia e Estatística – IBGE. (Incluído pela Lei nº 11.430, de 2006)

B) **Se as vantagens pecuniárias permanentes forem variáveis** por estarem vinculadas a indicadores de desempenho, produtividade ou situação similar, o valor dessas vantagens integrará o cálculo da remuneração do servidor público no cargo efetivo mediante a aplicação, sobre o valor atual de referência das vantagens pecuniárias permanentes variáveis, da média aritmética simples do indicador, proporcional ao número de anos completos de recebimento e de respectiva contribuição, contínuos ou intercalados, em relação ao tempo total exigido para a aposentadoria ou, se inferior, ao tempo total de percepção da vantagem.

Por força do artigo 26, §2º, inciso I da Emenda 103/2019, **para os servidores federais que se aposentarem por esta regra de transição SEM INTEGRALIDADE**, até que lei discipline o cálculo dos benefícios do regime próprio de previdência social da União e do Regime Geral de Previdência Social, será utilizada a média aritmética simples dos salários de contribuição e das remunerações adotados como base para contribuições a regime próprio de previdência social e ao Regime Geral de Previdência Social, ou como base para contribuições decorrentes das atividades militares de que tratam os arts. 42 e 142 da Constituição Federal, atualizados monetariamente, correspondentes a cem por cento do período contributivo desde a competência julho de 1994 ou desde o início da contribuição, se posterior àquela competência.

Desta forma, para os **servidores federais sem integralidade, a exemplo de quem ingressou a partir de 1/1/2004 e até a vigência da atual Emenda de reforma previdenciária**, será feita média aritmética simples de **100% do período contributivo** desde a competência julho de 1994 ou desde o início da contribuição, se posterior àquela competência, não se aplicando mais a média aritmética simples dos 80% maiores, prevista no artigo 1º da Lei 10.887/2004[20].

O valor do benefício de aposentadoria corresponderá a **sessenta por cento da média aritmética das 100% das remunerações/salários de contribuição desde julho de 1994, com acréscimo de 2% para cada ano que ultrapassar os 20 anos de contribuição.**

Considerando que o menor tempo de contribuição será da mulher/professora do ensino básico, com ao menos 25 anos de tempo de contribuição, conclui-se que para esta regra de transição a tabela partirá dos 25 anos (70% da média):

20. Art. anos 1º No cálculo dos proventos de aposentadoria dos servidores titulares de cargo efetivo de qualquer dos Poderes da União, dos Estados, do Distrito Federal e dos Municípios, incluídas suas autarquias e fundações, previsto no § 3º do art. 40 da Constituição Federal e no art. 2º da Emenda Constitucional nº 41, de 19 de dezembro de 2003, será considerada a média aritmética simples das maiores remunerações, utilizadas como base para as contribuições do servidor aos regimes de previdência a que esteve vinculado, correspondentes a 80% (oitenta por cento) de todo o período contributivo desde a competência julho de 1994 ou desde a do início da contribuição, se posterior àquela competência.

TEMPO DE CONTRIBUIÇÃO	COEFICIENTE
~~Até 20 Anos~~	~~60%~~
~~21 Anos~~	~~62%~~
~~22 Anos~~	~~64%~~
~~23 Anos~~	~~66%~~
~~24 Anos~~	~~68%~~[1]
25 Anos	70%
26 Anos	72%
27 Anos	74%
28 Anos	76%
29 Anos	78%
30 Anos	80%
31 Anos	82%
32 Anos	84%
33 Anos	86%
34 Anos	88%
35 Anos	90%
36 Anos	92%
37 Anos	94%
38 Anos	96%
39 Anos	98%
40 Anos	100%

Desta forma, conforme tabela supra, para esta regra de transição, a aposentadoria do servidor federal variará de 70% a 100% da média de todas as remunerações desde 7/1994, somente atingindo a 100% da média quando o servidor federal possuir 40 anos de tempo de contribuição.

Curioso notar que, **intencionalmente**, o artigo 26 da Emenda 103/2019 não limita a média de todas as remunerações do servidor a 100%, de modo que o servidor federal que possuir mais de 40 anos de tempo de contribuição poderá ter proventos que ultrapassem a 100% (**proventos *ultra* integrais**), a exemplo:

1. As faixas riscadas não se aplicam a esta transitória, cujo tempo mínimo de contribuição é de 25 anos para professoras do ensino básico.

41 Anos	102%
42 Anos	104%
43 Anos	106%
44 Anos	108%
45 Anos	110%
E assim sucessivamente	**E assim sucessivamente**

Ademais, **poderão ser excluídas da média as contribuições que resultem em redução do valor do benefício**, desde que mantido o tempo mínimo de contribuição exigido, vedada a utilização do tempo excluído para qualquer finalidade, para a averbação em outro regime previdenciário ou para a obtenção dos proventos de inatividade dos militares.

Estas regras são **exclusivas para os servidores federais**, pois a sua aplicação aos servidores dos estados, Distrito Federal e municípios depende de alterações na legislação interna relacionada ao respectivo regime próprio de previdência social, mantendo-se até lá as normas constitucionais e infraconstitucionais anteriores à data de entrada em vigor desta Emenda Constitucional 103/2019.

Curioso que o parágrafo 10 do artigo 4º da Emenda **estendeu essa regra de manutenção das regras revogadas aos de servidores públicos com regras especiais** ditadas nos §§ 4º, § 4º-A, § 4º-B e § 4º-C do art. 40 da Constituição Federal e que são incompatíveis.

Além da regra de transição do artigo 4º da Emenda 103/2019, os servidores federais compartilham com os segurados do RGPS uma regra de transição paralela e coexistente no **artigo 20.**

Para o servidor federal que tenha ingressado no serviço público até a data da publicação da Emenda, é assegurada a concessão de aposentadoria voluntária mediante o preenchimento dos seguintes requisitos cumulativos:

a) 60 anos de idade, se homem e 57 anos de idade, se mulher;

b) 35 anos de tempo de contribuição, se homem e 30 anos de contribuição, se mulher;

c) 20 anos de efetivo exercício no serviço público;

d) 5 anos no cargo em que se dará a aposentadoria;

e) "Pedágio" (tempo de contribuição adicional) equivalente ao tempo em que faltava para atingir 35 anos de contribuição, se homem, e 30 anos se mulher, considerando o dia da promulgação da Emenda.

Assim, se no dia da promulgação da Emenda um homem possuía 34 anos de tempo de contribuição, terá que cumprir o 1 ano faltante mais um "pedágio" de 1 ano, totalizando 36 anos de tempo de contribuição.

No caso de servidor federal professor do ensino básico, devem ser observados os seguintes requisitos:

a) 55 anos de idade, se homem e 52 anos de idade, se mulher;

b) 30 anos de tempo de contribuição, se homem e 25 anos de contribuição, se mulher;

c) 20 anos de efetivo exercício no serviço público;

d) 5 anos no cargo em que se dará a aposentadoria;

e) "Pedágio" (tempo de contribuição adicional) equivalente ao tempo em que faltava para atingir 30 anos de contribuição, se homem, e 25 anos se mulher, considerando o dia da publicação da Emenda 103/2019.

Vale registrar ainda que esta regra de transição poderá gerar **proventos com integralidade** à totalidade da remuneração do servidor público no cargo efetivo em que se der a aposentadoria, desde que seja um servidor federal que ingressou no serviço público até 31/12/2003 e não tenha optado pelo novo regime previdenciário com limitação ao teto do RGPS.

Neste caso, também restou garantido o **reajuste paritário**, aplicando-se a regra do artigo 7º da Emenda 41/2003:

> *"Art. 7º Observado o disposto no art. 37, XI, da Constituição Federal, os proventos de aposentadoria dos servidores públicos titulares de cargo efetivo e as pensões dos seus dependentes pagos pela União, Estados, Distrito Federal e Municípios, incluídas suas autarquias e fundações, em fruição na data de publicação desta Emenda, bem como os proventos de aposentadoria dos servidores e as pensões dos dependentes abrangidos pelo art. 3º desta Emenda, serão revistos na mesma proporção e na mesma data, sempre que se modificar a remuneração dos servidores em atividade, sendo também estendidos aos aposentados e pensionistas quaisquer benefícios ou vantagens posteriormente concedidos aos servidores em atividade, inclusive quando decorrentes da transformação ou reclassificação do cargo ou função em que se deu a aposentadoria ou que serviu de referência para a concessão da pensão, na forma da lei".*

Estas regras são **exclusivas para os servidores federais**, pois a sua aplicação aos servidores dos estados, Distrito Federal e municípios depende de alterações na legislação interna relacionada ao respectivo regime próprio de previdência social, mantendo-se até lá as normas constitucionais e infraconstitucionais anteriores à data de entrada em vigor desta Emenda Constitucional.

Para quem se aposentar por esta regra de transição **sem integralidade**, a exemplo dos servidores antigos federais que ingressaram no serviço público a partir de 1/1/2004, os proventos de aposentadoria corresponderão **cem por cento da média** aritmética simples dos salários de contribuição e das remunerações adotados como base para contribuições a regime próprio de previdência social e ao Regime Geral de Previdência Social, ou como base para contribuições decorrentes das atividades militares de que tratam os arts. 42 e 142 da Constituição Federal, atualizados monetariamente, correspondentes a cem por cento do período contributivo desde a competência julho de 1994 ou desde o início da contribuição, se posterior àquela competência, nos termos do artigo 26, §3º, inciso I da Emenda, com reajuste anual pelo INPC que é o índice do RGPS, nos termos do artigo 41-A da Lei 8.213/91.

Destarte, **será aplicado o coeficiente de 100% sobre a referida média de todas as remunerações/salários de contribuição** desde a competência Julho de 1994 (proventos integrais), conforme determina o artigo 26, §3º, inciso I[2] da Emenda.

Desta forma, os antigos servidores federais possuem duas regras de transição paralelas no artigo 4º (sistema de pontuação) e no artigo 20 (sistema de "pedágio"), ambas com previsão de integralidade e reajuste paritário para servidores ingressos até 31/12/2003.

Por sua vez, o artigo 5º da EC 103/2019 trouxe regra de transição que veio a beneficiar os seguintes servidores federais que exercem atividade de risco e que ingressaram nas respectivas carreiras até a vigência da Emenda 103/2019:

A) agente penitenciário federal;

B) agente socioeducativo federal;

C) policial civil do Distrito Federal;

D) policiais federais, policiais rodoviários federais e policiais ferroviários federais;

E) policiais da Câmara dos Deputados e do Senado.

Nesta situação, estes antigos servidores federais poderão aposentar-se, na forma da Lei Complementar nº 51, de 20 de dezembro de 1985, mas com inserção de um novo requisito: **idade mínima de cinquenta e cinco anos para ambos os sexos.**

Por sua vez, houve um elastecimento do enquadramento do que se considera como cargo de **natureza estritamente policial**, passando a ser considerado o tempo de atividade militar nas Forças Armadas, nas polícias militares e nos corpos

---

2. § 3º O valor do benefício de aposentadoria corresponderá a **cem por cento da média** aritmética definida na forma prevista no *caput* e no § 1º:
I – no caso do inciso II do § 2º do art. 20.

de bombeiros militares e o tempo de atividade como agente penitenciário ou socioeducativo.

Paralelamente a esta regra de aplicação da LC 51 para os citados servidores que exercem atividade de risco e que ingressaram nas respectivas carreiras até a publicação da Emenda 103/2019, observada a idade mínima de 55 anos para homens e mulheres, construiu-se uma regra de transição paralela:

a) 53 anos de idade, **homens**, e 52 anos de idade, **mulheres**;

b) 30 anos de contribuição, desde que conte, pelo menos, 20 anos de exercício em cargo de natureza estritamente policial, **se homem**; 25 anos de contribuição, desde que conte, pelo menos, 15 anos de exercício em cargo de natureza estritamente policial, **se mulher**;

c) Tempo adicional ("pedágio") correspondente ao tempo em que faltava para atingir aos períodos de tempo de contribuição acima citados, na data da publicação da Emenda.

Por outro dado, para o agente penitenciário, agente socioeducativo ou policial civil dos **estados** federados foram conservadas as normas constitucionais e infraconstitucionais anteriores à data da publicação da Emenda Constitucional reformadora, enquanto não promovidas alterações na legislação interna relacionada ao respectivo regime próprio de previdência social.

Deste modo, conserva-se a aplicação da LC 51 aos policiais civis dos estados, até que haja modificação da legislação estadual, se houver.

O artigo 2ª da EC 103/2019 trouxe regra de transição em favor do servidor federal empossado até a publicação da reforma previdenciária que labore exposto de modo permanente a agentes nocivos à saúde, físicos, químicos ou biológicos.

Agora esta regra de transição regula o tema, substituindo as regras da Lei 8.213/91, exceto na hipótese de enquadramento dos agentes nocivos, o que a nosso ver afasta a jurisprudência do STF para o servidor federal que não integralizou os requisitos da aposentadoria especial até a publicação da Emenda 103/2019, pois há fixação de idade mínima e pontuação.

A regra de transição possui dois pressupostos: 20 anos de efetivo exercício no serviço público e 5 anos no cargo efetivo em que for concedida a aposentadoria.

Ademais, é necessária uma pontuação mínima na soma da idade, tempo de contribuição e tempo de exposição:

a) 15 anos de efetiva exposição: 66 pontos;

b) 20 anos de efetiva exposição: 76 pontos;

c) 25 anos de efetiva exposição: 86 pontos.

O texto constitucional contém uma má redação, pois afirma prevê "**o total da soma** resultante da sua **idade** e do **tempo de contribuição e o tempo de efetiva exposição**".

O tempo de exposição também é tempo de contribuição, o que permitiria uma contagem em duplicidade, o que certamente não é a intenção da reforma, pois a pontuação seria extremamente elevada.

A ideia do legislador, na verdade, pois permitir a soma de tempo especial com tempo comum para fins de atingir a pontuação citada.

Imagine que Allan é servidor federal e possui 25 anos de exposição permanente a agente nocivo à saúde previsto na legislação do RGPS. Neste caso, para atingir a pontuação 86, ele deve contar com 61 anos de idade, sendo uma idade elevada para quem labora com agentes nocivos à saúde, de modo que a pontuação constituída pela regra de transição foi bem dura.

A partir de **1/1/2020**, **as pontuações citadas seriam acrescidas de um ponto** a cada **ano** para o homem e para a mulher, até atingir, respectivamente, **81, 91 e 96 pontos**, respectivamente, para ambos os sexos. No entanto, o Senado barrou esta alteração que **não foi promulgada**.

Ademais, **há vedação expressa à caracterização por categoria profissional ou ocupação.**

Os proventos de aposentadoria especial serão calculados com base no artigo 26, §4º, inciso IV da Emenda 103/2019.

Por sua vez, em todos os entes federativos, **o artigo 14 da Emenda 103/2019 veda a criação de novos regimes de previdência para parlamentares**, e, nos existentes, proíbe a filiação de novos parlamentares, assegurando um direito de retirada em até 180 dias da vigência da reforma previdenciária, com permissão à contagem recíproca do tempo de contribuição.

Capítulo 12

Previdência Complementar

1. REGIME DOS SERVIDORES PÚBLICOS EFETIVOS

Com o advento da Emenda Constitucional 20/98, nasceu a autorização constitucional para a instituição do regime previdência complementar dos servidores públicos detentores de cargos de provimento efetivo, antes restrito ao campo privado.

A aprovação dessa reforma na previdência dos servidores públicos decorre de um movimento político que busca aproximar cada vez mais o regime previdenciário dos servidores públicos efetivos ao regime dos trabalhadores em geral, ignorando as peculiaridades inerentes à relação de trabalho no âmbito das pessoas jurídicas de direito público.

Nesse sentido, a Emenda 20/98 inseriu os §§ 14, 15 e 16 no artigo 40 da Constituição Federal, tendo ainda o §15 sua redação alterada pela Emenda 41/03. Ao regime previdenciário público complementar será aplicável, no que couber, as disposições do artigo 202, da Constituição Federal, que trata do regime de previdência complementar privada.

Posteriormente as regras constitucionais da previdência complementar foram modificadas pela Emenda 103/2019 em alguns pontos específicos.

De efeito, a União, os Estados, o Distrito Federal e os Municípios PODIAM instituir regime de previdência complementar para os seus servidores efetivos, mediante **lei de iniciativa de o respectivo Poder Executivo**. Antes do advento da Emenda 41/2003, exigia-se que aprovação se desse por lei complementar, podendo agora ser uma mera lei ordinária, que não exige o quórum qualificado.

> **Como esse assunto foi cobrado em concurso?**
>
> No concurso do CESPE para Juiz Federal da 1ª Região em 2009, foi considerado errado o seguinte enunciado: O regime de previdência complementar dos servidores titulares de cargo efetivo da União, dos estados e do DF poderá ser instituído por lei de iniciativa dos respectivos Poderes Executivo, Legislativo e Judiciário.

Sucede que a faculdade se tornou determinação com o advento da **Emenda 103/2019**, passando o §14 do artigo 40 da Constituição a prever que "a União, os Estados, o Distrito Federal e os Municípios **instituirão**, por lei de iniciativa do respectivo Poder Executivo, regime de previdência complementar para servidores públicos ocupantes de cargo efetivo, **observado o limite máximo dos benefícios do Regime Geral de Previdência Social** para o valor das aposentadorias e das pensões em regime próprio de previdência social, ressalvado o disposto no § 16".

Há uma enorme modificação constitucional neste dispositivo, a saber:

A) Passa a ser obrigatória a criação do regime de previdência complementar pelas entidades federativas que possuam RPPS (era facultativo);

B) Passa a ser obrigatória a adoção do teto do RGPS no RPPS após a criação da previdência complementar (era facultativo), respeitado o regime dos antigos servidores, na forma do §16, salvo opção expressa.

Nos termos da art. 9º, §6º, da Emenda 103/2019, a instituição do regime de previdência complementar na forma dos §§ 14 a 16[1] do art. 40 da Constituição Federal e a adequação do órgão ou entidade gestora do regime próprio de previdência social ao § 20 do art. 40 da Constituição Federal **deverão ocorrer no prazo máximo de** dois anos **da data de entrada em vigor da Emenda Constitucional**.

O que a Emenda não diz são os efeitos jurídicos previdenciários da mora do Poder Executivo e/ou Legislativo, na hipótese de não criação do regime complementar no aludido biênio.

De acordo com a nova redação do §15 do artigo 40 da Constituição Federal, dada pela reforma constitucional de 2019, "o regime de previdência complementar de que trata o § 14 oferecerá plano de benefícios somente na modalidade contribuição definida, observará o disposto no art. 202 e será efetivado por intermédio de entidade fechada de previdência complementar **ou de entidade aberta de previdência complementar**".

Desde a Emenda 103/2019, retirou-se a necessidade de que as entidades fechadas de previdência complementar possuam natureza pública, que no caso do modelo federal (Lei 12.612/2012, art. 4º) adotaram a posição de fundações de direito privado, mas integrantes da Administração Pública Indireta.

Abriu-se em favor das **entidades abertas de previdência complementar (EAPC's)** a possibilidade de gerir planos de previdência complementar dos servidores públicos, atendendo a um antigo desejo do mercado financeiro, cuja atividade visa ao lucro que deverá ser suportado pelos participantes e assistidos, ao passo em que o regime fechado não possui finalidade lucrativa.

---

1. § 16 – Somente mediante sua prévia e expressa opção, o disposto nos §§ 14 e 15 poderá ser aplicado ao servidor que tiver ingressado no serviço público até a data da publicação do ato de instituição do correspondente regime de previdência complementar. (Incluído pela Emenda Constitucional nº 20, de 15/12/98)

Mas é necessário que saia a regulamentação do setor. Isso porque dispõe o **artigo 33 da Emenda** 103/2019 que, "até que seja disciplinada a relação entre a União, os Estados, o Distrito Federal e os Municípios e entidades abertas de previdência complementar na forma do disposto nos §§ 4º e 5º do art. 202 da Constituição Federal, somente entidades fechadas de previdência complementar estão autorizadas a administrar planos de benefícios patrocinados pela União, Estados, Distrito Federal ou Municípios, inclusive suas autarquias, fundações, sociedades de economia mista e empresas controladas direta ou indiretamente".

Logo, este dispositivo nesta parte possui eficácia limitada, dependendo previamente da regulamentação de que tratam os §§ 4º e 5º do artigo 202 da Constituição.

▸ Qual o entendimento do STJ sobre o assunto?

É certo que a competência para legislar sobre a previdência social é concorrente (art. 24, XII, da CF/1988), porém cabe à União editar as normas gerais (§ 1º desse mesmo artigo). Dessarte, se há normas gerais editadas pela União, elas deverão ser respeitadas pela legislação estadual, sob pena de usurpação da competência constitucional. **Diante disso, conclui-se que, se o art. 1º da LC n. 109/2001 dispôs que é facultativa a adesão ao regime de previdência privada complementar, essa norma há de ser observada pelos estados e municípios, daí o recorrente não poder ser compelido a filiar-se em carteira de previdência complementar de escrivães, notários e registradores, quanto mais arcar com a contribuição, se nem sequer a isso anuiu.** Precedente citado do STF: AgRg no RE 482.207-PR, DJe 28/5/2009; do STJ: REsp 615.088-PR, DJ 4/9/2006. **REsp 920.702-PR, Rel. Min. Aldir Passarinho Junior, julgado em 18/3/2010".** No entanto, ainda de acordo com o STJ, no julgamento do REsp 861.830, de 5/4/2016, **"é possível impor ao consumidor sua prévia filiação à entidade aberta de previdência complementar como condição para contratar com ela empréstimo financeiro".**

▸ Como esse assunto foi cobrado em concurso?

(2018/CESPE/PGM – Manaus/Procurador do Município) Em relação aos regimes próprios de previdência dos servidores públicos e à previdência complementar, julgue o item seguinte. Os entes federados possuem autorização constitucional para instituir regime de previdência complementar para seus respectivos servidores efetivos, por intermédio de entidades fechadas, de natureza pública, e mediante adesão facultativa.

Questão certa.

Em seguida, a **MP 1.119/2022 convertida na Lei 14.463/2022 alterou o artigo 4º da Lei 12.618/2012 prevendo que a** Funpresp-Exe, a Funpresp-Leg e a Funpresp-Jud **serão estruturadas na forma de fundação, com personalidade jurídica de direito privado, excluindo a expressão "natureza pública".**

De acordo com a Resolução 16, de 22.11.2005, do Conselho de Gestão da Previdência Complementar, os planos de benefícios na modalidade **contribuição definida** são aqueles cujos benefícios programados têm seu valor permanentemente ajustado ao saldo de conta mantido em favor do participante, inclusive na fase de percepção de benefícios, considerando o resultado líquido de sua aplicação, os valores aportados e os benefícios pagos.

Ou seja, no plano de contribuição definida os benefícios programados não têm o seu valor ou nível previamente estabelecidos, o que aparentemente poderá gerar insegurança jurídica futura aos novos servidores públicos efetivos.

> **Importante:**
>
> Após a instituição da previdência pública complementar, as respectivas entidades políticas DEVERÃO fixar, para o valor das aposentadorias e pensões dos Regimes Próprios de Previdência Social, o limite máximo estabelecido para os benefícios do Regime Geral de Previdência Social. **Todavia, os dispositivos constitucionais que preveem a previdência pública complementar apenas serão aplicáveis aos servidores públicos que tiverem ingressado no serviço público após a data da publicação do ato de instituição do correspondente regime de previdência complementar.**

> **Como esse assunto foi cobrado em concurso?**
>
> No concurso do CESPE para Técnico Judiciário do TRT RN em 2010, foi considerado correto o seguinte enunciado: A União, os estados, o DF e os municípios podem instituir regime de previdência complementar para seus respectivos servidores titulares de cargo efetivo, mediante a criação, por lei de iniciativa do respectivo Poder Executivo, de entidades fechadas de previdência complementar de natureza pública. Outrossim, no concurso para Juiz Federal da 1ª Região em 2009, foi considerado correto o seguinte enunciado: Desde que seja instituído regime de previdência complementar para os respectivos servidores titulares de cargo efetivo, a União, os estados, o DF e os municípios poderão fixar, para o valor das aposentadorias e pensões a serem concedidas pelo regime próprio de previdência, o limite máximo estabelecido para os benefícios do RGPS.
>
> Por outro lado, no concurso para Juiz Federal da 5ª Região em 2009, foi considerado errado o seguinte enunciado: A União, os estados, o DF e os municípios, independentemente de instituírem regime de previdência complementar para os seus servidores titulares de cargo efetivo, poderão fixar, para o valor das aposentadorias e pensões a serem concedidas pelos próprios regimes de previdência, o limite máximo estabelecido para os benefícios do RGPS.

De acordo com a correta jurisprudência, o ingresso no serviço público efetivo garante a manutenção do regime previdenciário anterior, mesmo que tenha havido mudança de carreira sem interrupção entre diferentes esferas de governo.

Assim, o servidor efetivo estadual com regime previdenciário antigo que migrou para o serviço público federal após o funcionamento da previdência complementar federal, tem assegurada a manutenção do regime jurídico anterior, conforme será estudado no item 3 deste Capítulo.

Como esse assunto foi cobrado em concurso?

(2018/CESPE/ABIN/Oficial Técnico de Inteligência) A respeito dos regimes próprios de previdência social, bem como da previdência complementar, julgue o próximo item. O servidor público que constava do quadro de servidores da administração pública federal em data anterior à publicação do ato de instituição do regime de previdência complementar no âmbito da União somente pode ser submetido ao novo regime mediante prévia e expressa opção.

Questão certa.

O regime de previdência complementar dos servidores públicos federais ocupantes de cargos efetivos foi instituído pela Lei 12.618/2012, que será estudado no item 3 deste capítulo.

Vale registrar que a Emenda 103/2019 introduziu no artigo 201 da Constituição o parágrafo quinze, dispondo que "é **vedada a complementação de aposentadorias** de servidores públicos e de pensões por morte a seus dependentes que não seja decorrente do disposto nos §§ 14 a 16 do art. 40 ou que não seja prevista em lei que extinga regime próprio de previdência social".

Vedou-se que o complemento de aposentadorias e pensões por morte do RPPS seja feito pelos entes políticos, salvo no caso de regime de previdência complementar e de lei de extinção de RPPS que poderão prever os complementos.

Dessa forma, barra-se também a edição de leis municipais que complementam aposentadorias no RGPS de servidores efetivos municipais em que inexiste RPPS constituído.

Veja um exemplo que ocorreu no Município de Ipatinga quando ainda não possuía RGPS[2]:

> *"Art. 10. Aos servidores, que se aposentarem pelo Instituto Nacional de Seguridade Social - INSS, será assegurada, desde a data desta lei, a complementação da aposentadoria, paga pelos cofres municipais de Ipatinga.*

2. Município de Ipatinga. Lei municipal n. 1.311, de 1994.

> *Parágrafo único. A complementação, de que trata o artigo, corresponderá à diferença entre o valor da aposentadoria paga pelo INSS e os vencimentos previstos para o nível e grau do cargo em que o servidor se aposentou, acrescida dos respectivos quinquênios".*

O problema jurídico desse complemento é a inexistência de contribuição previdenciária do servidor municipal, pois a sua contribuição foi limitada ao teto do salário de contribuição.

No entanto, existe regra de transição no artigo 7º:

> *Art. 7º O disposto no § 15 do art. 37 da Constituição Federal não se aplica a complementações de aposentadorias e pensões* ***concedidas*** *até a data de entrada em vigor desta Emenda Constitucional.*

Trata-se de regra infeliz, que utilizou como recorte intertemporal a data da concessão da aposentadoria ou pensão por morte, e não a data do implemento dos requisitos.

Daí que, se aplicável na literalidade, os segurados que requereram o benefício ou morreram antes da promulgação da reforma constitucional serão prejudicados, acaso o INSS ou o órgão gestor do RPPS demorem na concessão administrativa e só o faça após vigente o novo regime jurídico.

Entende-se que o dispositivo deve ser interpretado conforme a Constituição, que deve ser uma unidade normativa, de modo que o direito adquirido se forma pela implementação dos requisitos a uma aposentadoria ou pela lei em vigor no dia do óbito, e não no momento da concessão administrativa.

2. REGIME PRIVADO

2.1. Introdução

A previdência complementar privada goza de previsão no **artigo 202 da Constituição Federal**, sendo regulamentada pelas **Leis Complementares 108 e 109**, ambas promulgadas em 2001, pois se cuida de tema afeto apenas à lei complementar.

> **▸ Como esse assunto foi cobrado em concurso?**
>
> No concurso do CESPE para Juiz Federal da 5ª Região em 2009, foi considerado errado o seguinte enunciado: A CF não exige que o regime de previdência complementar seja regulado por lei complementar.

A Lei Complementar 109 traz as regras gerais sobre a previdência complementar privada, tendo revogado expressamente as Leis 6.435/77 e 6.462/77, ao passo que a Lei Complementar 108 regula a relação jurídica entre as entidades componentes da Administração Pública com as suas respectivas entidades fechadas de previdência complementar (fundos de pensão).

É de competência da Justiça Estadual o julgamento das causas que versem sobre a previdência privada, a exemplo de ação que objetive a complementação de benefício de aposentadoria movida contra segurado do regime complementar privado, haja vista não se tratar de tema que verse sobre o contrato de trabalho, não despertando a competência da Justiça do Trabalho.

▸ **Qual o entendimento do STF sobre o assunto?**

No dia 20 de fevereiro de 2013, ao julgar o Recurso Extraordinário 586.453, o Plenário do STF pronunciou a competência da Justiça Estadual para conhecer de causas que envolvam o regime de previdência complementar privado visando a complementação de aposentadoria, afastando a competência da Justiça do Trabalho.

Por outro lado, operou-se a modulação da decisão da Suprema Corte, a fim de se determinar a manutenção na Justiça do Trabalho dos processos desta natureza em que já tenha sido proferida sentença de mérito até o dia da conclusão do julgamento do recurso (20/02/2013).

Em decorrência deste entendimento da Suprema Corte, o STJ editou a Súmula 505, que pontifica a competência estadual para conhecer de demanda envolvendo instituição de previdência privada dos ferroviários em decorrência da relação jurídico-previdenciária complementar.

Não obstante isto, se a entidade de previdência complementar não for parte na ação judicial, existindo pedido contra o empregador/patrocinador com pagamento de verba trabalhista que reflita em pagamento de contribuição para previdência privada, a Justiça do Trabalho será competente.

▸ **Qual o entendimento do STF sobre o assunto?**

Nesse sentido, foi firmada tese em setembro de 2021 no **Tema 1.166 em Repercussão Geral:** ***"Compete à Justiça do Trabalho processar e julgar causas ajuizadas contra o empregador nas quais se pretenda o reconhecimento de verbas de natureza trabalhista e os reflexos nas respectivas contribuições para a entidade de previdência privada a ele vinculada".***

▸ **Qual o entendimento do STJ sobre o assunto?**

Compete à Justiça do Trabalho processar e julgar causas ajuizadas contra o empregador nas quais se pretenda o reconhecimento de verbas de natureza trabalhista e os reflexos nas respectivas contribuições para a entidade de previdência privada a ele vinculada. EDcl no AgInt no AREsp 1.547.767-SP, Rel. Min. Marco Buzzi, Quarta Turma, por unanimidade, julgado em 22/03/2022, DJe 07/04/2022.

> ▸ **Qual o entendimento do STJ sobre o assunto?**
>
> **Súmula 505** – "A competência para processar e julgar as demandas que têm por objeto obrigações decorrentes dos contratos de planos de previdência privada firmados com a Fundação Rede Ferroviária de Seguridade Social – REFER é da Justiça estadual".

Em discutível decisão, **ressalvada a modulação estabelecida**, restou definido pelo **STJ em tese repetitiva** que a Inclusão nos cálculos de proventos de complementação de aposentadoria de horas extraordinárias habituais em decorrência de decisão da Justiça do Trabalho não é possível, pois afetaria o equilíbrio atuarial do plano de previdência complementar, cabendo ao participante acionar o patrocinador (ex-empregador) na Justiça Laboral pelos danos sofridos.

> ▸ **Qual o entendimento do STJ sobre o assunto?**
>
> **"Teses definidas para os fins do art. 1.036 do CPC/2015:**
>
> **a)** a concessão do benefício de previdência complementar tem como pressuposto a prévia formação de reserva matemática, de forma a evitar o desequilíbrio atuarial dos planos. Em tais condições, quando já concedido o benefício de complementação de aposentadoria por entidade fechada de previdência privada, é inviável a inclusão dos reflexos das verbas remuneratórias (horas extras) reconhecidas pela Justiça do Trabalho nos cálculos da renda mensal inicial dos benefícios de complementação de aposentadoria;
>
> **b)** os eventuais prejuízos causados ao participante ou ao assistido que não puderam contribuir ao fundo na época apropriada ante o ato ilícito do empregador poderão ser reparados por meio de ação judicial a ser proposta contra a empresa ex-empregadora na Justiça do Trabalho;
>
> **c)** modulação dos efeitos da decisão (art. 927, § 3º, do CPC/2015): nas demandas ajuizadas na Justiça comum até a data do presente julgamento – se ainda for útil ao participante ou assistido, conforme as peculiaridades da causa –, admite-se a inclusão dos reflexos de verbas remuneratórias (horas extras), reconhecidas pela Justiça do Trabalho, nos cálculos da renda mensal inicial dos benefícios de complementação de aposentadoria, condicionada à previsão regulamentar (expressa ou implícita) e à recomposição prévia e integral das reservas matemáticas com o aporte de valor a ser apurado por estudo técnico atuarial em cada caso;
>
> **d)** nas reclamações trabalhistas em que o ex-empregador tiver sido condenado a recompor a reserva matemática, e sendo inviável a revisão da renda mensal inicial da aposentadoria complementar, os valores correspondentes a tal recomposição devem ser entregues ao participante ou assistido a título de reparação, evitando-se, igualmente, o enriquecimento sem causa da entidade fechada de previdência complementar". **REsp 1.312.736-RS, Rel. Min. Antonio Carlos Ferreira, Segunda Seção, por unanimidade, julgado em 08/08/2018, DJe 16/08/2018 (Tema 955).**

Por determinação legal, os benefícios previdenciários são impenhoráveis, sendo que esta proteção não abarca apenas os decorrentes dos planos públicos de previdência (RGPS e RPPS), mas também os benefícios oriundos de plano de previdência complementar.

▸ **Qual o entendimento do STJ sobre o assunto?**

Informativo 535 – O saldo de depósito em fundo de previdência privada complementar na modalidade Plano Gerador de Benefícios Livres (PGBL) é impenhorável, a menos que sua natureza previdenciária seja desvirtuada pelo participante. O regime de previdência privada complementar é, nos termos do art. 1º da LC 109/2001, "baseado na constituição de reservas que garantam o benefício, nos termos do caput do art. 202 da Constituição Federal", que, por sua vez, está inserido na seção que dispõe sobre a Previdência Social. Na aplicação em PGBL, o participante realiza depósitos periódicos, os quais são aplicados e transformam-se em uma reserva financeira, que poderá ser por ele antecipadamente resgatada ou recebida em data definida, seja em uma única parcela, seja por meio de depósitos mensais.

Em qualquer hipótese, não se pode perder de vista que, em geral, o participante adere a esse tipo de contrato com o intuito de resguardar o próprio futuro ou de seus beneficiários, garantindo o recebimento de certa quantia, que julga suficiente para a manutenção futura do atual padrão de vida. A faculdade de "resgate da totalidade das contribuições vertidas ao plano pelo participante" (art. 14, III, da LC 109/2001) não tem o condão de afastar, de forma absoluta, a natureza essencialmente previdenciária e, portanto, alimentar, do saldo existente naquele fundo.

Veja-se que a mesma razão que protege os proventos advindos da aposentadoria privada deve valer para a reserva financeira que visa justamente a assegurá-los, sob pena de se tornar inócua a própria garantia da impenhorabilidade daqueles proventos.

Outrossim, se é da essência do regime de previdência complementar a inscrição em um plano de benefícios de caráter previdenciário, não é lógico afirmar que os valores depositados pelo participante possam, originalmente, ter natureza alimentar e, com o decorrer do tempo, justamente porque não foram utilizados para a manutenção do empregado e de sua família no período em que auferidos, passem a se constituir em investimento ou poupança". **EREsp 1.121.719-SP, Rel. Min. Nancy Andrighi, julgado em 12/2/2014.**

Mesmo se as **mulheres** possuírem regras no plano de previdência complementar com aposentadoria em menor tempo de contribuição que os homens, por Isonomia, **o Plano de Benefícios não poderá prever fórmula de renda mensal inferior aos homens.**

> **Qual o entendimento do STF sobre o assunto?**
>
> Conforme julgado pelo STF no **Tema 452** em sede de repercussão geral, se revela ***"inconstitucional, por violação ao princípio da isonomia (art. 5º, I, da Constituição da República), cláusula de contrato de previdência complementar que, ao prever regras distintas entre homens e mulheres para cálculo e concessão de complementação de aposentadoria, estabelece valor inferior do benefício para as mulheres, tendo em conta o seu menor tempo de contribuição"***.

2.2. Características gerais

O regime de previdência privada é **complementar** e organizado de maneira **autônoma** ao Regime Geral de Previdência Social, sendo a sua **filiação de natureza facultativa**, obrigatoriamente regulamentado por lei complementar por determinação constitucional.

> **Como esse assunto foi cobrado em concurso?**
>
> **(2018/CESPE/EMAP/Analista Portuário/Financeira e Auditoria Interna)** Acerca de previdência complementar, julgue o item a seguir. A previdência privada, ou previdência complementar, é um sistema de caráter compulsório em que se acumulam recursos para a garantia de renda mensal futura.
>
> Questão falsa.

Similarmente ao que ocorre no âmbito do regime de previdência complementar dos servidores federais por determinação da Lei 12.618/2012, que prevê a inscrição automática de servidores federais ao regime, a **Resolução CNPC/MPS 60, de 7 de fevereiro de 2024**, adotou o mesmo modelo com condicionantes para as demais entidades fechadas de previdência complementar, em que pese a ausência de previsão na LC 108 ou 109/2001, o que aparentemente deixa exposto vício de legalidade estrita.

De efeito, por força da Resolução CNPC/MPS 60, de 7 de fevereiro de 2024, a inscrição de participante em plano de benefícios, pela entidade fechada de previdência complementar, pode ocorrer nas seguintes modalidades:

> I - convencional, aquela realizada por iniciativa do participante, a partir da oferta pela entidade ou pelo patrocinador ou instituidor, formalizada por meio de documento impresso, transação remota ou pagamento voluntário da primeira contribuição; ou
>
> **II - automática, aquela realizada por iniciativa do patrocinador, no momento do estabelecimento da relação de trabalho.**

No entanto, a inscrição automática somente pode ser realizada nos casos em que o plano de benefícios:

> I - assegure que o valor da contrapartida do patrocinador seja no mínimo equivalente a vinte por cento do montante para o custeio do plano, ou seja, em proporção não inferior a um para quatro da contribuição normal do participante; ou
>
> II - seja custeado exclusivamente pelo patrocinador, sem exigência de contribuição do participante.

A situação do inciso II é rara, pois na maioria dos casos há contribuição do patrocinador, do participante e do assistido.

Ademais, quando se tratar de servidor público sujeito ao limite máximo dos benefícios do Regime Geral de Previdência Social, na forma do § 14 do art. 40 da Constituição, a inscrição automática pode ocorrer em momento posterior ao estabelecimento da relação de trabalho por meio do ingresso no serviço público, sempre que o referido limite for ultrapassado ou quando exercida a opção de que trata o § 16 do art. 40 da Constituição.

Na hipótese de inscrição na modalidade automática, o regulamento do plano de benefícios deve dispor expressamente sobre suas condições, procedimentos, prazos e forma de desistência ou cancelamento.

A entidade fechada de previdência complementar deve:

> I - na inscrição, quando se tratar da modalidade convencional, disponibilizar ao participante, em meio físico ou digital, certificado de inscrição, estatuto da entidade, regulamento do plano de benefícios e material explicativo; e
>
> II - no prazo de até sessenta dias, a contar da data da inscrição por iniciativa do patrocinador, quando se tratar de inscrição na modalidade automática:
>
> a) cumprir a obrigação de disponibilizar o certificado de inscrição, estatuto da entidade, regulamento do plano de benefícios e material explicativo; e
>
> b) comunicar ao participante, por qualquer meio, inclusive digital, que assegure sua ciência que a inscrição no plano de benefícios implica autorização para o desconto periódico da contribuição devida pelo participante e aporte da contrapartida do patrocinador, a contar da data da inscrição por iniciativa do patrocinador, nos termos do regulamento e do plano de custeio do plano de benefícios; e que poderá manifestar em até cento e vinte dias, a contar da data da inscrição por iniciativa do patrocinador, o desejo de que esta seja tornada sem efeito, implicando seu silêncio ou inércia nesse período a anuência à inscrição no plano de benefícios.

A **inscrição automática do participante será tornada sem efeito caso o participante manifeste sua desistência no prazo de até cento e vinte dias, a contar da data da inscrição por iniciativa do patrocinador,** ficando assegurado o direito:

> I - ao participante, à restituição integral das contribuições por ele aportadas, a ser paga em até sessenta dias de sua desistência, atualizadas na forma do regulamento; e

II - ao patrocinador, à restituição das contribuições por ele aportadas, a ser paga em até sessenta dias da desistência do participante.

A restituição não constitui resgate do participante. É assegurado ao participante o direito de requerer a qualquer tempo, antes de entrar em gozo de benefício, o cancelamento de sua inscrição convencional ou automática no plano de benefícios, nos termos do regulamento.

Fica autorizado que os regulamentos dos planos de benefícios relativos ao regime de previdência complementar do servidor público, de que trata o § 14 do art. 40 da Constituição que mantenham prazos diferenciados em relação aos referidos anteriormente, desde que já estabelecidos em lei do ente federativo publicada antes da vigência da Resolução CNPC 60/2024, bem como em três anos cumpram a exigência de o regulamento do plano de benefícios deve dispor expressamente sobre suas condições (da inscrição automática), procedimentos, prazos e forma de desistência ou cancelamento.

Por sua autonomia, vale ressaltar que **a relação previdenciária privada não integra o contrato de trabalho dos participantes**, pois não se confunde ou depende da relação laborativa.

Dessa forma, a ação proposta contra entidade de previdência complementar adstrita ao seu plano de benefícios não tramitará na Justiça do Trabalho, por não se confundir com relação laboral, e sim na **Justiça Estadual**, a exemplo de ação em que se visa o reajuste da complementação da aposentadoria (STJ, REsp 328.401, de 28.08.2001).

> **Qual o entendimento do STJ sobre o assunto?**
>
> De acordo com a 2ª Seção do STJ, "compete à Justiça Estadual processar e julgar litígios instaurados entre entidade de previdência privada e participante de seu plano de benefícios" (REsp 1.207.071, de 27.06.2012).

> **Como esse assunto foi cobrado em concurso?**
>
> No concurso do CESPE para Juiz Federal da 1ª Região em 2011, foi considerado errado o seguinte enunciado: Compete à justiça federal julgar ação de complementação de aposentadoria em que se objetive a complementação de benefício previdenciário, caso o pedido e a causa de pedir decorram de pacto firmado com instituição de previdência privada.

Conquanto a previdência privada integre a previdência social, lhe sendo aplicável, no que couber, os princípios informadores da seguridade social, lamentavelmente o STF vem negando a incidência do Princípio da Precedência da Fonte de Custeio ao regime previdenciário privado.

▸ **Qual o entendimento do STF sobre o assunto?**

O frágil argumento é que o referido princípio "somente diz respeito à seguridade social financiada por toda a sociedade, sendo alheio às entidades de previdência privada" (RE 583687 AgR, de 29.03.2011, 2ª Turma).

Diante da sua facultatividade, entende-se que **a natureza jurídica da relação previdenciária privada é contratual *sui generis*,** haja vista existir forte controle estatal que mitigou a autonomia da vontade no que concerne ao regime dos planos ofertados, que deverão observar os parâmetros legais e ainda ser previamente aprovados pelos agentes normativos e reguladores do Poder Público. Dessa forma, **há a incidência do Código de Defesa do Consumidor,** que na atualidade o STJ aplica somente à previdência privada aberta (possui fim lucrativo), não incidindo o CDC na relação de previdência privada fechada, que não possui finalidade lucrativa.

▸ **Qual o entendimento do STJ sobre o assunto?**

Súmula 563: O Código de Defesa do Consumidor é aplicável às entidades abertas de previdência complementar, não incidindo nos contratos previdenciários celebrados com entidades fechadas. Segunda Seção, aprovada em 24/2/2016, DJe 29/2/2016.

"O Código de Defesa do Consumidor não é aplicável à relação jurídica entre participantes ou assistidos de plano de benefício e entidade de previdência complementar fechada, mesmo em situações que não sejam regulamentadas pela legislação especial" (REsp 1.536.786-MG, Rel. Min. Luis Felipe Salomão, julgado em 26/8/2015, DJe 20/10/2015".

O ônus do desatendimento das normas a que a recorrente se submete pelo desempenho da atividade previdenciária complementar não pode ser simplesmente transferido para a esfera patrimonial do consumidor ou da beneficiária, devendo a promessa, reiterada periodicamente, ser honrada perante o consumidor que não foi comprovada e oportunamente avisado do alegado erro de cálculo.

▸ **Qual o entendimento do STJ sobre o assunto?**

A promessa, reiterada periodicamente, acerca do valor da prestação previdenciária deve ser honrada perante o consumidor que não foi comprovada e oportunamente avisado do alegado erro de cálculo. REsp 1.966.034-MG, Rel. Min. Luis Felipe Salomão, Rel. Acd. Min. Raul Araújo, Quarta Turma, por maioria, julgado em 24/05/2022.

Logo, o objetivo primordial do legislador foi oferecer aos segurados do RGPS que recebem acima do teto daquele regime uma opção previdenciária facultativa a fim de manter o seu padrão de vida na inatividade, caso manifestem a sua vontade e se disponham a contribuir paralelamente ao custeio do RGPS.

Em razão do seu caráter autônomo, o gozo dos benefícios ofertados pelo regime privado independe do público, sendo **baseado na constituição de reservas que garantam o pagamento dos benefícios contratados.**

> **▸ Como esse assunto foi cobrado em concurso?**
>
> No concurso da FCC para Analista do TRT de São Paulo em 2014, foi considerada correta a letra B: Por previsão constitucional, o regime de previdência privada, além de facultativo, é baseado: a) na capacidade econômica das empresas patrocinadoras dos planos de benefícios. b) na constituição de reservas que garantam o benefício contratado. c) no pacto de gerações, de modo que os trabalhadores hoje em atividade financiam os benefícios dos inativos e pensionistas atuais. d) na capitalização ou repartição, segundo a livre vontade das partes contratantes, diante da autonomia privada que marca o setor. e) por paralelismo, na mesma estrutura e organização dadas por lei ao regime geral de previdência social, do qual é complementar.

> **▸ Importante:**
>
> A previdência privada divide-se em **dois regimes**: *ABERTO*, em que é admitida a filiação de qualquer pessoa; *FECHADO*, pois apenas poderão ingressar no regime os empregados do patrocinador ou os membros/associados do instituidor.

O **regime aberto** será composto por entidades abertas de previdência complementar, sendo necessariamente administrado por pessoas jurídicas organizadas sob a forma de ***sociedades anônimas***, a exemplo da BRASILPREV, do Banco do Brasil, que conta com mais de 1,19 milhões de segurados.

Por outro lado, o **regime fechado** será integrado por ***entidades sem fins lucrativos*** (associações e fundações), a exemplo da PREVI – Caixa de Previdência dos Funcionários do Banco do Brasil, ressaltando que a legislação previdenciária de maneira atécnica se referiu a sociedade sem fins lucrativos, conquanto se saiba que as sociedades pressupõem finalidade econômica, na forma do artigo 981, do Código Civil.

> **▸ Como esse assunto foi cobrado em concurso?**
>
> No concurso do CESPE para Procurador do Estado do Amapá em 2006, foi considerado correto o seguinte enunciado: As entidades de previdência complementar podem ser abertas ou fechadas, sendo possível distingui-las pelo modo como são constituídas juridicamente. As fechadas são organizadas sob a forma de fundação ou sociedade civil, sem fins lucrativos, enquanto as abertas são constituídas unicamente sob a forma de sociedades anônimas.

> ▸ **Importante:**
>
> A Constituição Federal proíbe que a Administração Pública aporte recursos nas entidades de previdência privada. Contudo, é possível a transferência de recursos para entidade fechada de previdência privada, caso alguma entidade da Administração Pública seja patrocinadora, quando em hipótese alguma a sua contribuição normal poderá exceder a do segurado.

> ▸ **Como esse assunto foi cobrado em concurso?**
>
> No concurso do CESPE para Procurador do Município de Natal em 2008, foi considerado errado o seguinte enunciado: É vedado o aporte de recursos a entidade de previdência privada pela União, pelos estados, pelo DF e pelos municípios, bem como a autarquias, fundações, empresas públicas, sociedades de economia mista e outras entidades públicas, salvo na qualidade de patrocinador, situação na qual, em hipótese alguma, sua contribuição normal poderá ser **inferior à do segurado.**

Logo, o Banco do Brasil S/A, sociedade de economia mista integrante da Administração Pública Indireta federal, poderá efetuar aportes de recursos em favor da PREVI, na condição de patrocinadora, mas a sua contribuição ordinária não poderá ser maior que a vertida pelo funcionário da estatal que optou em aderir ao plano privado.

Ademais, objetivando uma administração democrática, a Constituição Federal garante a participação dos segurados nos órgãos colegiados diretores das entidades de previdência fechada.

Por tudo isso, é possível listar as seguintes **características gerais da previdência privada**:

A) Complementar;

B) Facultativa;

C) Autônoma ao RGPS;

D) Contratual *sui generis*;

E) Baseada na constituição de reservas;

F) Regulamentada por lei complementar;

G) Dividida em regime aberto e fechado;

H) Inconfundível com o contrato de trabalho.

> ▸ **Como esse assunto foi cobrado em concurso?**
>
> No concurso do CESPE para Técnico Judiciário do TRT RN em 2010, foi considerado correto o seguinte enunciado: O regime de previdência privada tem como características ser facultativo e de natureza complementar.

Por outro lado, no concurso do CESPE para Procurador do Município de Natal em 2008, foi considerado errado o seguinte enunciado: O regime de previdência privada, de caráter complementar e organizado de forma autônoma em relação ao RGPS, é de **filiação obrigatória**, embasado na constituição de reservas que garantam o benefício contratado e regulado por LC.

2.3. Disposições comuns aos planos de benefícios dos entes abertos e fechados

Há um considerável controle estatal sobre os planos privados de previdência complementar oferecidos no mercado, sendo necessária a prévia autorização do órgão gestor para a sua instituição e operação, a fim de se observar os padrões mínimos para se garantir a transparência, solvência, liquidez e equilíbrio econômico-financeiro e atuarial.

A legislação prevê que poderão ser aprovados os seguintes *planos de benefícios*:

A) **Benefício definido** - aquele cujos benefícios programados têm seu valor ou nível previamente estabelecidos, sendo o custeio determinado atuarialmente, de forma a assegurar sua concessão e manutenção;

B) **Contribuição definida** - aquele cujos benefícios programados têm seu valor permanentemente ajustado ao saldo de conta mantido em favor do participante, inclusive na fase de percepção de benefícios, considerando o resultado líquido de sua aplicação, os valores aportados e os benefícios pagos;

C) **Contribuição variável** - aquele cujos benefícios programados apresentem a conjugação das características das modalidades de contribuição definida e benefício definido.

Contudo, **o referido rol é exemplificativo,** pois poderão ser aprovadas outras formas de planos de benefícios que reflitam a evolução técnica e possibilitem flexibilidade ao regime de previdência complementar.

▸ **Importante:**

Prevê o artigo 68, §2º, da Lei Complementar 109/2001, que **a concessão de benefício pela previdência complementar não depende da concessão de benefício pelo regime geral de previdência social, ante a sua natureza autônoma.** Será considerado como *PARTICIPANTE* **a pessoa física que aderir aos planos de benefícios, quando ainda não gozar de benefício.** Por sua vez, *ASSISTIDO* é o participante ou seu beneficiário em gozo de benefício de prestação continuada.

A Lei Complementar 109/2001 não definiu o rol de beneficiários que farão jus ao benefício, cabendo aos respectivos planos a indicação dos dependentes dos segurados.

▶ **Qual o entendimento do STJ sobre o assunto?**

Contudo, o STJ já se pronunciou expressamente no sentido de que **o parceiro homoafetivo deverá ser considerado como beneficiário em plano de previdência privada**, por também ser a relação apta a instituir entidade familiar (REsp 1026981, de 04.02.2010).

A entidade previdenciária deverá fornecer a todos os participantes: certificado onde estarão indicados os requisitos que regulam a admissão e a manutenção da qualidade de participante, bem como os requisitos de elegibilidade e forma de cálculo dos benefícios; cópia do regulamento atualizado do plano de benefícios e material explicativo que descreva, em linguagem simples e precisa, as características do plano; cópia do contrato, se o plano for coletivo aberto.

As entidades de previdência privada são **obrigadas a constituir reservas técnicas, provisões e fundos**, de conformidade com os critérios e normas fixados pelo órgão regulador e fiscalizador, que se destinarão ao pagamento dos benefícios previdenciários presentes e futuros, a serem aplicados conforme as diretrizes do Conselho Monetário Nacional, vedado o estabelecimento de aplicações compulsórias ou limites mínimos de aplicação.

▶ **Como esse assunto foi cobrado em concurso?**

(2018/FCC/TRT - 15ª Região/Analista Judiciário) De acordo com a Lei Complementar n° 109/2001, as entidades de previdência complementar constituirão reservas técnicas, provisões e fundos, de conformidade com os critérios e normas fixados pelo órgão regulador e fiscalizador, sendo que a aplicação desses recursos será feita conforme diretrizes estabelecidas pelo Conselho Monetário Nacional, sendo

a) vedado o estabelecimento de aplicações compulsórias, mas são permitidos limites mínimos de aplicação.

b) vedado o estabelecimento de aplicações compulsórias ou limites mínimos de aplicação.

c) permitido o estabelecimento de aplicações compulsórias ou limites mínimos de aplicação.

d) permitido o estabelecimento de aplicações compulsórias, mas vedada a estipulação de quaisquer limites mínimos de aplicação.

e) permitido o estabelecimento de aplicações compulsórias, mas vedada a estipulação de limites mínimos de aplicação que ultrapassem 30% do valor total desses recursos.

Letra B, certa.

Admite-se a contratação de **resseguro** para assegurar compromissos juntos aos participantes e assistidos, por iniciativa própria ou por determinação do órgão regulador e fiscalizador.

Pontifica a legislação que, **no desempenho das atividades de fiscalização das entidades de previdência complementar, os servidores do órgão regulador e fiscalizador terão livre acesso às respectivas entidades, delas podendo requisitar e apreender livros, notas técnicas e quaisquer documentos**, caracterizando-se embaraço a fiscalização, sujeito às penalidades previstas em lei, qualquer dificuldade oposta à consecução desse objetivo.

▸ Como esse assunto foi cobrado em concurso?

No concurso do CESPE para Procurador do Estado de Alagoas em 2008, foi considerado correto o seguinte enunciado: No desempenho das atividades de fiscalização das entidades de previdência complementar, os servidores do órgão regulador e fiscalizador terão livre acesso às respectivas entidades, delas podendo requisitar e apreender livros, notas técnicas e quaisquer documentos.

▸ Importante:

O artigo 75 da Lei Complementar 109 instituiu **o prazo prescricional de 05 anos** sobre a pretensão das prestações não pagas nem reclamadas na época própria, ressaltando que não correrá a prescrição contra os absolutamente incapazes.

▸ Qual o entendimento do STJ sobre o assunto?

Deveras, a prescrição quinquenal incide sobre quaisquer prestações cobradas de entidades de previdência complementar (REsp 707.056, de 02.02.2010), mesmo anterior à vigência da referida norma complementar (AgRg no REsp 858.978, de 14.04.2009). No que concerne especificamente à complementação de aposentadoria, prevê a **Súmula 427** que **"a ação de cobrança de diferenças de valores de complementação de aposentadoria prescreve em cinco anos contados da data do pagamento"**.

▸ Como esse assunto foi cobrado em concurso?

No concurso do CESPE para Procurador do Estado de Alagoas em 2008, foi considerado errado o seguinte enunciado: A ação de cobrança de parcelas de complementação de aposentadoria pela previdência privada prescreve em dez anos.

▸ Qual o entendimento do STJ sobre o assunto?

No entanto, a pretensão do ente previdenciário de ser ressarcido perante o terceiro que percebeu indevidamente parcelas de benefício de previdência complementar não se sujeitará ao prazo quinquenal, pois se trata de relação que não se estabelece entre beneficiário e instituição de previdência complementar, e sim com terceira pessoa, não se aplicando, destarte, o artigo 75 da LC 109/2001: REsp 1.334.442-RS, **Rel. Min. Luis Felipe Salomão, Rel. para acórdão Min. Raul Araújo, julgado em 7/6/2016, DJe 22/8/2016".**

Assim como acontece no RGPS (tema 692), a 2ª Seção do STJ entende que a tutela judicial posteriormente revogada deverá ensejar a restituição dos valores ao ente de previdência complementar.

> ▸ **Qual o entendimento do STJ sobre o assunto?**
>
> No julgamento do Recurso Especial **1.939.455, de 26.04.2023**, definiu a **2ª Seção do STJ** para os benefícios da previdência complementar que: **A)** os valores de benefícios previdenciários complementares recebidos por força de tutela antecipada posteriormente revogada devem ser devolvidos, ante a reversibilidade da medida antecipatória, a ausência de boa-fé objetiva do beneficiário e a vedação do enriquecimento sem causa; **B)** é possível proceder à execução, nos próprios autos, objetivando o ressarcimento de valores despendidos a título de tutela provisória, posteriormente revogada, sendo desnecessário, portanto, o ajuizamento de ação autônoma para pleitear a devolução do numerário; **C)** é de 10 anos o prazo prescricional aplicável à pretensão de restituição de valores de benefícios previdenciários complementares recebidos por força de decisão liminar posteriormente revogada, tendo em vista não se tratar de hipótese de enriquecimento sem causa, de prescrição intercorrente ou de responsabilidade civil, cujo termo inicial é o trânsito em julgado.

Outrossim, as contribuições vertidas para as entidades de previdência complementar, destinadas ao custeio dos planos de benefícios de natureza previdenciária, são dedutíveis para fins de incidência de imposto sobre a renda, nos limites e nas condições fixadas em lei, **não incidindo tributação e contribuições de qualquer natureza sobre as contribuições pagas pelos segurados**, sendo uma hipótese de *isenção* ao pagamento de qualquer exação fiscal.

2.4. As entidades fechadas e os seus planos de benefícios

Os planos de previdência fechada são socialmente e economicamente relevantes para o país, tendo a função de manter o padrão de vida dos beneficiários, ante a limitação do RGPS, contando atualmente com cerca de 2,7 milhões de participantes e assistidos e administrando 442 bilhões de reais de ativos totais, ao tempo em que pagam cerca de 700 mil aposentadorias e pensões, conforme informado em publicação do extinto Ministério da Previdência Social (2009, p. 166).

> ▸ **Importante:**
>
> As entidades fechadas ou fundos de pensão organizar-se-ão sob a forma de **fundação ou sociedade** (*rectius* associação) **civil, sem fins lucrativos,** devendo manter estrutura mínima composta por conselho deliberativo, conselho fiscal e diretoria-executiva.

> ▸ **Como esse assunto foi cobrado em concurso?**
>
> **(2018/CESPE/EMAP/Analista Portuário/Financeira e Auditoria Interna)** Acerca de previdência complementar, julgue o item a seguir. Existem duas modalidades de plano de previdência privada: a entidade aberta de previdência complementar (EAPC), **também chamada de fundo de pensão**, que pode ser contratada por qualquer pessoa; e a entidade fechada de previdência complementar (EFPC), destinada a grupos específicos, tais como empregados de uma empresa.
>
> Questão falsa.

Deverá o estatuto do ente fechado prever, ao menos, a composição do conselho fiscal e do deliberativo com 1/3 de participantes e assistidos.

Tem como **objeto a administração e execução de planos de benefícios de natureza previdenciária, vedada às entidades fechadas a prestação de quaisquer serviços que não estejam no âmbito de seu objeto**, salvo o disposto no artigo 76, da LC 109/2001.

Apenas as entidades fechadas que não exijam contribuição dos beneficiários serão alcançadas pela *imunidade tributária* **(impostos)** que favorece as entidades de assistência social.

> ▸ **Qual o entendimento do STF sobre o assunto?**
>
> **Súmula 730**- A imunidade tributária conferida a instituições de assistência social sem fins lucrativos pelo art. 150, VI, c, da Constituição, somente alcança as entidades fechadas de previdência social privada se não houver contribuição dos beneficiários.

> ▸ **Importante:**
>
> Serão *PATROCINADORES* a empresa ou grupo de empresas, assim como a União, os Estados, o Distrito Federal e os Municípios que instituam para seus empregados e servidores planos de previdência privada por intermédio de entidade fechada. Já os *INSTITUIDORES* são as pessoas jurídicas de caráter profissional, classista ou setorial, que instituam para os seus associados ou membros planos de benefícios previdenciários privados através de entidade fechada.

Os planos previdenciários fechados apenas serão acessíveis aos empregados e servidores dos patrocinadores, bem como aos associados ou membros dos instituidores. A legislação *equiparou* aos empregados ou associados os gerentes, diretores, conselheiros ocupantes de cargo eletivos e outros dirigentes de patrocinadores e instituidores.

No caso das entidades fechadas constituídas por instituidores é obrigatória a terceirização da gestão dos recursos garantidores das reservas técnicas e provisões mediante a contratação de instituição especializada autorizada e a adoção de planos na modalidade de contribuição definida.

Existem duas relações jurídicas previdenciárias independentes, embora conexas:

A) A relação entre a entidade de previdência privada fechada e o seu patrocinador ou instituidor;

B) A relação entre a entidade de previdência privada fechada e os participantes e assistidos.

Daí o patrocinador ser parte ilegítima para figurar no polo passivo de ação movida pelo assistido para rever benefício previdenciário do plano complementar, devendo a ação ser intentada contra a entidade fechada de previdência complementar, exceto se demonstrada a prática de ato ilícito pelo patrocinador, situação excepcional que poderá despertar a sua legitimidade passiva *ad causam*.

> **Qual o entendimento do STJ sobre o assunto?**
>
> O patrocinador não possui legitimidade passiva para litígios que envolvam participante/assistido e entidade fechada de previdência complementar, ligados estritamente ao plano previdenciário, como a concessão e a revisão de benefício ou o resgate da reserva de poupança, em virtude de sua personalidade jurídica autônoma. Não se incluem, no âmbito da matéria afetada, as causas originadas de eventual ato ilícito, contratual ou extracontratual, praticado pelo patrocinador. **REsp 1.370.191-RJ, Rel. Min. Luis Felipe Salomão, Segunda Seção, por unanimidade, julgado em 13/06/2018, DJe 01/08/2018 (Tema 936).**

Demais disso, ainda existe uma relação jurídica de cunho trabalhista entre o empregador (patrocinador) e o empregado e outra de natureza associativo entre o participante e a entidade instituidora (entidade profissional, associação ou sindicato).

Caso haja rompimento da relação contratual entre a empresa patrocinadora e a entidade de previdência privada patrocinada, não haverá rescisão do contrato entre o participante/assistido e a entidade previdenciária, pois se cuida de outra relação jurídica, muito embora esta relação possa ser afetada e precise ser reajustada em razão da cessação das contribuições do patrocinador.

> **Qual o entendimento do STJ sobre o assunto?**
>
> **Informativo 510 – "DIREITO CIVIL. COMPLEMENTAÇÃO DE APOSENTADORIA POR ENTIDADE FECHADA DE PREVIDÊNCIA PRIVADA. INADIMPLÊNCIA DA PATROCINADORA. IMPOSSIBILIDADE DE SUPRESSÃO DO PAGAMENTO DO BENEFÍCIO AO ASSISTIDO. Não é possível a supressão do pagamento de complementação de aposentadoria de empregado já aposentado, que cumpriu**

devidamente as condições pactuadas com a entidade fechada de previdência privada para a obtenção do benefício, quando o motivo ensejador do corte é a denúncia do convênio firmado entre a referida entidade e a patrocinadora, em face do inadimplemento desta. O empregado, ao aderir ao plano de benefícios oferecido pela entidade de previdência complementar patrocinada por seu empregador, passa a contribuir para ter direito ao recebimento dos benefícios quando do preenchimento das condições previstas no regulamento do respectivo plano. Nesse contexto, pode-se reconhecer a existência de duas relações jurídicas distintas firmadas pela entidade de previdência complementar: uma com a instituição patrocinadora do fundo, outra com o empregado. Assim, não pode este, já na condição de assistido, assumir o ônus de não mais receber os benefícios de complementação de aposentadoria a que tem direito na relação jurídica estabelecida com a entidade previdenciária, quando o inadimplemento ocorreu por parte da ex-empregadora e patrocinadora, que não repassou à referida entidade as contribuições devidamente pagas pelo empregado e, dessa forma, descumpriu o acordo firmado no convênio de adesão. Ademais, a entidade de previdência privada deve constituir reservas para garantir o adimplemento dos benefícios contratados, conforme dispõe o art. 202, **caput**, da CF e a LC n. 109/2001. Há, inclusive, previsão neste diploma legal de, em caso de insuficiência de recursos para pagamento dos benefícios, ser autorizada a intervenção ou liquidação extrajudicial da entidade previdenciária com a finalidade de se resguardar os direitos dos participantes e assistidos. **REsp 1.242.267-ES, Rel. Min. Raul Araújo, julgado em 4/12/2012".**

De acordo com os planos oferecidos, as entidades fechadas poderão ser qualificadas em:

A) **De plano comum**, quando administram planos ou conjunto de planos acessíveis ao universo de participantes;

B) **Com multiplano**, quando administram planos ou conjunto de planos de benefícios para diversos grupos de participantes, com independência patrimonial.

Conforme os patrocinadores ou instituidores, os entes fechados ainda poderão ser qualificados:

A) **Singulares**, quando estiverem vinculados a apenas um patrocinador ou instituidor;

B) **Multipatrocinados**, quando congregarem mais de um patrocinador ou instituidor.

Compete à **PREVIC – Superintendência Nacional de Previdência Complementar** a fiscalização e supervisão das atividades das entidades fechadas de previdência complementar e execução das políticas para o regime de previdência complementar operado pelas entidades fechadas de previdência complementar, sendo uma autarquia federal vinculada ao Ministério da Fazenda, criada pela Lei 12.154/2009. Após a reforma ministerial de 2019, a vinculação passou para o **Ministério da Economia**.

Anteriormente, essa função era atribuída à Secretaria de Previdência Complementar (fiscalização) e ao Conselho de Gestão da Previdência Complementar (regulamentação), observada a regra de transição do artigo 58, da Lei 12.154/2009.

Com o advento da Lei 12.154/09, o Conselho de Gestão da Previdência Complementar passou a se chamar Conselho Nacional de Previdência Complementar.

Com o advento da Lei 13.341/2016, a pasta previdenciária restou transferida para o Ministério da Fazenda, sendo a PREVIC vinculada a este órgão, tendo sido o Ministério do Trabalho e Previdência Social transformado em Ministério do Trabalho.

Como bem sintetizado em publicação do extinto Ministério da Previdência Social (2009, pgs. 182/183), com o novo regramento, a regulamentação dos entes fechados de previdência pode ser sintetizado da seguinte maneira:

- **Conselho Nacional de Previdência Complementar – CNPC**: órgão responsável pela regulação das atividades de previdência complementar;
- **Superintendência Nacional de Previdência Complementar – PREVIC**: autarquia responsável pelas: fiscalização; autorização para constituição e funcionamento de planos de benefícios e de entidades fechadas de previdência; apuração e julgamento das infrações, bem como aplicação das penalidades; promoção da mediação e conciliação dos interesses dos fundos de pensão, dos patrocinadores e dos participantes e assistidos;
- **Câmara de Recursos da Previdência Complementar – CRPC**: funcionará como instância recursal e de julgamento das decisões relativas às penalidades aplicadas pela PREVIC;
- **Secretaria de Política de Previdência Complementar – SPPC/MPS**: o órgão responsável pela formulação da política de previdência complementar, vinculado ao Ministério da Fazenda.

Posteriormente, em **2019**, com a reforma ministerial, os órgãos da previdência complementar passaram a compor a estrutura do **Ministério da Economia**.

Com propriedade, os planos de benefícios das entidades fechadas poderão ser instituídos por patrocinadores e instituidores, sendo **obrigatório o regime financeiro de capitalização** para os benefícios de pagamento em prestações que sejam **programadas e continuadas**.

> **Importante:**
> Vale ressaltar que os planos de benefícios devem ser, obrigatoriamente, oferecidos a **todos** os empregados dos patrocinadores ou associados dos instituidores.

> **Como esse assunto foi cobrado em concurso?**
> No concurso do CESPE para Advogado da União em 2008, foi considerado errado o seguinte enunciado: Os planos de benefícios das entidades fechadas podem, como regra geral, ser oferecidos **a alguns** ou a todos os empregados dos patrocinadores e, em qualquer hipótese, o valor da contribuição efetivamente pago pelo patrocinador, destinado ao programa de previdência complementar, não integrará o salário-de-contribuição do empregado, para efeito de incidência de contribuição para a seguridade social.

As alterações processadas nos regulamentos dos planos aplicam-se a todos os participantes das entidades fechadas, a partir de sua aprovação pelo órgão regulador e fiscalizador, observado o direito acumulado de cada participante.

> **Qual o entendimento do STJ sobre o assunto?**
> **Tema 907** - O regulamento aplicável ao participante de plano fechado de previdência privada para fins de cálculo da renda mensal inicial do benefício complementar é aquele vigente no momento da implementação das condições de elegibilidade, haja vista a natureza civil e estatutária, e não o da data da adesão, assegurado o direito acumulado. Esse entendimento se aplica a quaisquer das modalidades de planos de benefícios, como os Planos de Benefício Definido (BD), os Planos de Contribuição Definida (CD) e os Planos de Contribuição Variável (CV). REsp 1.435.837-RS, Rel. Min. Paulo de Tarso Sanseverino, Rel. Acd. Min. Ricardo Villas Bôas Cueva, Segunda Seção, por maioria, julgado em 27/02/2019.

A formalização da condição de patrocinador ou instituidor de um plano de benefício dar-se-á mediante **convênio de adesão** a ser celebrado entre o patrocinador ou instituidor e a entidade fechada, em relação a cada plano de benefícios por esta administrado e executado, mediante prévia autorização do órgão regulador e fiscalizador.

Admitir-se-á **solidariedade** entre patrocinadores ou entre instituidores, com relação aos respectivos planos, **desde que expressamente prevista no convênio de adesão**.

Os planos de benefícios **deverão prever** os seguintes institutos:

A) **Benefício proporcional diferido**, em razão da cessação do vínculo empregatício com o patrocinador ou associativo com o instituidor antes da aquisição do direito ao benefício pleno, a ser concedido quando cumpridos os requisitos de elegibilidade.

> **Como esse assunto foi cobrado em concurso?**
>
> No concurso do CESPE para Procurador do Estado do Amapá em 2006, foi considerado errado o seguinte enunciado: O benefício proporcional diferido é concedido em razão da cessação do vínculo empregatício com o patrocinador ou associativo com o instituidor antes da aquisição do direito ao benefício pleno, a ser concedido quando cumpridos os requisitos de elegibilidade. Esse instituto é **facultativo**, podendo ser inserido ou não nos planos de benefícios das entidades de previdência complementar.

Outrossim, para fazer jus ao benefício proporcional diferido, será necessário cumprimento da carência de até três anos de vinculação do participante ao plano de benefícios.

Este instituto é regulado pela Resolução 06/2003 do Conselho de Gestão da Previdência Complementar, que revogou a Resolução 09/2002.

De acordo com o artigo 2º, I, da Resolução 06/2003, do Conselho de Gestão da Previdência Complementar, é o instituto que faculta ao participante, em razão da cessação do vínculo empregatício com o patrocinador ou associativo com o instituidor e antes da aquisição do direito ao benefício pleno, optar por receber, em tempo futuro, o benefício decorrente dessa opção.

Vale registrar que a opção do participante pelo benefício proporcional diferido não impede posterior opção pela portabilidade ou resgate.

O benefício decorrente da opção pelo benefício proporcional diferido será atuarialmente equivalente à totalidade da reserva matemática do benefício pleno programado na data da opção, observado como mínimo o valor equivalente ao resgate.

> **Como esse assunto foi cobrado em concurso?**
>
> No concurso do CESPE em 2016 para Analista em Direito da FUNPRESP-JUD, foi considerado correto o seguinte enunciado: O empregado participante de plano de benefícios de entidade de previdência complementar fechada que ainda não tenha adquirido o direito ao benefício pleno quando da extinção do vínculo de emprego com o patrocinador poderá optar pelo recebimento de benefício proporcional diferido.

B) **Portabilidade do direito acumulado pelo participante para outro plano**, *apenas devida na hipótese de cessação de vínculo empregatício com o empregador*, observada a carência fixada pelo órgão regulador.

> **Como esse assunto foi cobrado em concurso?**
>
> No concurso do CESPE para Advogado da União em 2008, foi considerado errado o seguinte enunciado: A portabilidade abrange o direito de o participante mudar de um plano para outro no interior de uma mesma entidade fechada de previdência privada, **sem necessariamente haver ruptura do vínculo empregatício com o patrocinador.**
>
> **(2018/CESPE/STJ/Analista Judiciário/Oficial de Justiça Avaliador Federal)** Acerca dos regimes próprios e complementares de previdência social, julgue o item subsequente. Na previdência complementar fechada, mediante o exercício da portabilidade, é possível ao participante, transferir, de uma entidade a outra, o direito acumulado, ainda que no curso do vínculo de emprego com o patrocinador.
>
> Questão falsa.

Cuida-se do instituto que faculta ao participante, nos termos da lei, portar os recursos financeiros correspondentes ao seu direito acumulado para outro plano de benefícios operado por entidade de previdência complementar ou sociedade seguradora autorizada a operar planos de benefícios de previdência complementar.

Poderá se operar a portabilidade para outra entidade fechada ou mesmo aberta, mas neste último caso apenas para contratação de renda mensal vitalícia ou por prazo determinado, que não poderá ser inferior ao período em que a reserva foi constituída, no mínimo de 15 anos, utilizando-se a integralidade dos recursos financeiros correspondentes ao direito acumulado do participante.

A portabilidade não caracteriza resgate, não podendo o participante receber os recursos diretamente, sendo correspondente às reservas constituídas pelo participante ou à reserva matemática, o que lhe for mais favorável.

É um direito do participante, **vedada a sua cessão sob qualquer forma, exercível de maneira irrevogável e irretratável.**

C) **Resgate da totalidade das contribuições vertidas ao plano pelo participante, descontadas as parcelas do custeio administrativo**, na forma regulamentada.

> **Qual o entendimento do STJ sobre o assunto?**
>
> De acordo com a **Súmula 289 do STJ**, "a restituição das parcelas pagas a plano de previdência privada deve ser objeto de correção plena, por índice que recomponha a efetiva desvalorização da moeda". Conforme já decidiu o STJ, "o beneficiário do plano de previdência complementar tem direito à devolução da totalidade das contribuições vertidas pessoalmente quando de seu **desligamento**, corrigidas monetariamente por índice que recomponha a efetiva desvalorização da moeda, **mesmo que o estatuto assim não preveja**, sob pena de configurar enriquecimento

ilícito da entidade de previdência privada" (AgRg no REsp 262.675, de 26.03.2009). "A atualização monetária das contribuições devolvidas pela entidade de previdência privada ao associado deve ser calculada pelo **IPC**, por ser o índice que melhor traduz a perda do poder aquisitivo da moeda" (REsp1177973, de 14/11/2012, 2ª Seção).

▸ **Qual o entendimento do STJ sobre o assunto?**

Tema 675 - O prazo prescricional aplicável à pretensão de restituição de contribuições descontadas indevidamente dos beneficiários de contrato de previdência complementar é de dez anos.

Contudo, **o resgate apenas se refere às contribuições pagas de segurado, e não pelo patrocinador.**

▸ **Qual o entendimento do STJ sobre o assunto?**

Súmula: 290- Nos planos de previdência privada, não cabe ao beneficiário a devolução da contribuição efetuada pelo patrocinador.

▸ **Como esse assunto foi cobrado em concurso?**

No concurso do CESPE para Procurador do Estado de Alagoas em 2008, foi considerado errado o seguinte enunciado: Nos planos de previdência privada, em caso de desligamento, cabe ao beneficiário a devolução da contribuição efetuada pelo patrocinador.

D) **Faculdade de o participante manter o valor de sua contribuição e a do patrocinador, no caso de perda parcial ou total da remuneração recebida (autopatrocínio)**, para assegurar a percepção dos benefícios nos níveis correspondentes àquela remuneração ou em outros definidos em normas regulamentares.

Questão interessante é saber se o participante terá direito ao resgate das contribuições pagas em substituição ao patrocinador (autopatrocínio).

▸ **Qual o entendimento do STJ sobre o assunto?**

No julgamento do recurso especial 1.053.644, em 20.05.2010, noticiado pelo Informativo 435, do STJ entendeu que não há direito ao referido resgate.

Portabilidade	instituto que faculta ao participante, nos termos da lei, portar os recursos financeiros correspondentes ao seu direito acumulado para outro plano de benefícios operado por entidade de previdência complementar ou sociedade seguradora autorizada a operar planos de benefícios de previdência complementar.
Resgate	instituto que dá o direito ao participante de restituir a totalidade das contribuições vertidas ao plano pelo participante, descontadas as parcelas do custeio administrativo.

Benefício proporcional diferido	instituto que faculta ao participante, em razão da cessação do vínculo empregatício com o patrocinador ou associativo com o instituidor e antes da aquisição do direito ao benefício pleno programado, optar por receber, em tempo futuro, benefício de renda programada, calculado de acordo com as normas do plano de benefícios.
Autopatrocínio	Instituto que faculta ao participante manter o valor de sua contribuição e a do patrocinador, no caso de perda parcial ou total da remuneração recebida.

▸ Como esse assunto foi cobrado em concurso?

(2018/CESPE/EMAP/Analista Portuário/Financeira e Auditoria Interna) Julgue o item seguinte, relativo ao regime complementar da previdência social. Tanto patrocinadores quanto instituidores poderão criar planos de benefícios de entidades fechadas, **sendo facultada**, em ambos os casos, a previsão dos institutos do resgate e da portabilidade nesses planos.

Questão falsa.

(2018/CESPE/STJ/Analista Judiciário/Judiciária) Acerca dos regimes próprios e complementares de previdência social, julgue o item seguinte. Os planos de benefícios de entidades fechadas de previdência complementar devem prever os institutos do benefício proporcional diferido, da portabilidade, do resgate e do autopatrocínio.

Questão certa.

O plano de custeio terá periodicidade mínima anual, sendo composto por **contribuições normais** (para pagamento dos benefícios) **ou extraordinárias** (para o custeio de déficits, serviços passados e outras finalidades não incluídas na contribuição normal).

O **resultado deficitário** nos planos ou nas entidades fechadas será equacionado por patrocinadores, participantes e assistidos, na proporção existente entre as suas contribuições, sem prejuízo de ação regressiva contra dirigentes ou terceiros que deram causa a dano ou prejuízo à entidade de previdência complementar.

O **equacionamento** referido poderá ser feito, dentre outras formas, por meio do aumento do valor das contribuições, instituição de contribuição adicional ou redução do valor dos benefícios a conceder, observadas as normas estabelecidas pelo órgão regulador e fiscalizador, **não se aplicando a redução dos valores dos benefícios aos assistidos.**

Assim, **os benefícios em manutenção gozam da garantia de irredutibilidade do seu valor**, mesmo em situação de desequilíbrio do plano fechado.

Vale destacar que os contratos de previdência privada deverão prever um índice real de correção monetária dos valores aportados quando do pagamento dos benefícios aos assistidos, sendo abusiva cláusula contratual que preveja apenas a correção pela TR (taxa referencial de juros), índice bem abaixo da inflação.

▸ Qual o entendimento do STJ sobre o assunto?

"A mensalidade de aposentadoria ou renda vitalícia, tem características alimentares (verba destinada ao sustento do contratante e de seus dependentes) e se for corrigida unicamente pela T.R., ou seja, sem qualquer outro acréscimo de juros como ocorre em contratos imobiliários ou cédulas de crédito, proporciona reajuste anual acumulado em percentual bem inferior aos índices que medem a corrosão da moeda e a remuneração da poupança, na qual, além da T.R., há juros mensais de 0,50% (meio por cento)" (recurso especial 1.201.737, de 04.08.2011). Entende o STJ que inexiste direito adquirido à manutenção do índice de correção monetária, sendo que a alteração do índice pelo Regulamento alcança até os benefícios já concedidos: REsp 1.463.803-RJ, **Rel. Min. Ricardo Villas Bôas Cueva, julgado em 24/11/2015, DJe 2/12/2015.**

▸ Qual o entendimento do STJ sobre o assunto?

Tema 941 – Nos planos de benefícios de previdência complementar administrados por entidade fechada, a previsão regulamentar de reajuste, com base nos mesmos índices adotados pelo Regime Geral de Previdência Social, não inclui a parte correspondente a aumentos reais. REsp 1.564.070-MG, **Rel. Min. Luis Felipe Salomão, Segunda Seção, por unanimidade, julgado em 22/3/2017, DJe 18/4/2017.**

▸ Qual o entendimento do STJ sobre o assunto?

Ainda de acordo com o STJ, "a partir da vigência da Circular/SUSEP n. 11/1996, é possível ser pactuado que os reajustes dos benefícios dos planos administrados pelas entidades abertas de previdência complementar passem a ser feitos com utilização de um Índice Geral de Preços de Ampla Publicidade (INPC/IBGE, IPCA/IBGE, IGPM/FGV, IGP-DI/FGV, IPC/FGV ou IPC/FIPE). Na falta de repactuação, deve incidir o IPCA-E" (REsp 1.656.161-RS, Rel. Min. Luis Felipe Salomão, Segunda Seção, por unanimidade, julgado em 16/09/2021. (Tema 977)".

O resultado superavitário dos planos de benefícios das entidades fechadas, ao final do exercício, satisfeitas as exigências regulamentares relativas aos mencionados planos, será destinado à constituição de **reserva de contingência**, para garantia de benefícios, até o limite de 25% do valor das reservas matemáticas. Os valores excedentes serão destinados à constituição da reserva especial para revisão do plano de benefícios.

> **Como esse assunto foi cobrado em concurso?**
>
> No concurso do CESPE para Procurador do Tribunal de Contas da Bahia em 2010, foi considerado errado o seguinte enunciado: O resultado superavitário dos planos de benefícios das entidades fechadas de previdência complementar, ao final do exercício, deve ser destinado, em partes iguais, ao aumento do valor dos benefícios e à formação de reserva de contingência para garantia de benefícios.

É importante destacar que a Lei Complementar 109/2001 apenas contempla regras gerais sobre os planos de benefícios a serem ofertados, cabendo a cada plano especificar os benefícios a serem pagos, assim como os beneficiários (dependentes) dos participantes (segurados).

2.5. As entidades abertas e os seus planos de benefícios

Conforme já afirmado, as entidades de previdência privada abertas são constituídas **unicamente** sob a forma de **sociedades anônimas** e têm por objetivo instituir e operar planos de benefícios de caráter previdenciário concedido em forma de **renda continuada ou pagamento único, acessíveis a quaisquer pessoas físicas,** sendo reguladas, no que couber, pela legislação aplicável às sociedades seguradoras.

> **Como esse assunto foi cobrado em concurso?**
>
> No concurso do CESPE para Procurador do BACEN em 2009, foi considerado errado o seguinte enunciado: As entidades abertas de previdência complementar podem ser constituídas sob qualquer forma societária. Outrossim, no concurso de Procurador do Estado de Alagoas em 2008, foi considerado errado o seguinte enunciado: Entidade aberta de previdência privada é aquela que explora economicamente o ramo de infortúnios do trabalho, cujo objetivo é a instituição e operação de planos de benefícios de caráter previdenciário em forma de renda continuada ou pagamento único, constituídas sob a forma de fundação ou sociedade civil.

Aliás, as **sociedades seguradoras** que operam exclusivamente no **ramo vida** poderão ser autorizadas a operar esses planos de benefícios.

Os planos oferecidos poderão ser **individuais**, quando acessíveis a quaisquer pessoas físicas, ou **coletivos**, quando tenham por objetivo garantir benefícios previdenciários a pessoas físicas vinculadas, direta ou indiretamente, a uma pessoa jurídica contratante.

É vedada à entidade aberta a contratação de plano coletivo com pessoa jurídica cujo objetivo principal seja estipular, em nome de terceiros, planos de benefícios coletivos, sendo que a utilização de corretores na venda dos planos de benefícios das entidades abertas é facultativa.

As entidades abertas serão reguladas e fiscalizadas pelo Ministério da Economia, por intermédio do Conselho Nacional de Seguros Privados - CNSP e da Superintendência de Seguros Privados - SUSEP, até que seja constituída uma entidade específica.

> **Importante:**
>
> É assegurado aos participantes o **direito à portabilidade**, inclusive para plano de benefício de entidade fechada, assim como o **resgate de recursos das reservas técnicas, provisões e fundos, total ou parcialmente,** observados os critérios fixados pelo órgão regulador.
>
> Com propriedade, apenas haverá direito a resgate caso o plano tenha sido estruturado no regime financeiro de capitalização, devido nos planos de renda por sobrevivência, se houver previsão.

2.6. Intervenção e liquidação extrajudicial dos entes previdenciários privados

A PREVIC poderá, em relação às entidades fechadas, nomear **administrador especial**, a ser custado pela entidade, com poderes próprios de intervenção e de liquidação extrajudicial, com o objetivo de sanear plano de benefícios específico, caso seja constatada na sua administração e execução alguma das hipóteses previstas para a intervenção ou liquidação extrajudicial.

> **Qual o entendimento do STJ sobre o assunto?**
>
> A intervenção da Superintendência Nacional de Previdência Complementar (PREVIC) nas entidades fechadas de previdência privada **deve perdurar pelo tempo necessário** ao saneamento da entidade, podendo o prazo inicial de duração ser prorrogado mais de uma vez. REsp 1.734.410-SP, Rel. Min. Ricardo Villas Bôas Cueva, por unanimidade, julgado em 14/08/2018, DJe 24/08/2018.

No caso de entidade aberta, uma vez realizada uma das hipóteses de intervenção extrajudicial, a SUSEP poderá nomear, por prazo determinado, prorrogável a seu critério e a expensas da respectiva entidade, um **diretor-fiscal**, sem poderes de gestão, que, se reconhecer a inviabilidade de recuperação da entidade aberta ou a ausência de qualquer condição para o seu funcionamento, proporá a decretação da intervenção ou da liquidação extrajudicial.

Destaque-se que **as entidades de previdência complementas abertas e fechadas não estarão sujeitas à recuperação judicial ou falência**, por força do artigo 2º, inciso II, da Lei 11.101/2005, conquanto o artigo 47, da Lei Complementar 109/2001, só tenha excluído as entidades fechadas.

De acordo com o artigo 44, da Lei Complementar 109/2001, para resguardar os direitos dos participantes e assistidos, poderá ser decretada a **intervenção na**

entidade de previdência complementar, desde que se verifique, isolada ou cumulativamente, uma das seguintes hipóteses:

- **I.** irregularidade ou insuficiência na constituição das reservas técnicas, provisões e fundos, ou na sua cobertura por ativos garantidores;
- **II.** aplicação dos recursos das reservas técnicas, provisões e fundos de forma inadequada ou em desacordo com as normas expedidas pelos órgãos competentes;
- **III.** descumprimento de disposições estatutárias ou de obrigações previstas nos regulamentos dos planos de benefícios, convênios de adesão ou contratos dos planos coletivos de que trata o inciso II do art. 26 desta Lei Complementar;
- **IV.** situação econômico-financeira insuficiente à preservação da liquidez e solvência de cada um dos planos de benefícios e da entidade no conjunto de suas atividades;
- **V.** situação atuarial desequilibrada;
- **VI.** outras anormalidades definidas em regulamento.

A intervenção durará o prazo necessário ao exame da situação da entidade, cessando quando aprovado o plano de recuperação da entidade pelo órgão competente ou se decretada a sua liquidação extrajudicial.

Caso reconhecida a inviabilidade de recuperação da entidade de previdência complementar ou pela ausência de condição para seu funcionamento, será decretada a sua liquidação extrajudicial.

Exceto no que concerne às ações e aos débitos de natureza tributária, a decretação da liquidação extrajudicial produzirá, de imediato, os seguintes efeitos:

- **I.** suspensão das ações e execuções iniciadas sobre direitos e interesses relativos ao acervo da entidade liquidanda;
- **II.** vencimento antecipado das obrigações da liquidanda;
- **III.** não incidência de penalidades contratuais contra a entidade por obrigações vencidas em decorrência da decretação da liquidação extrajudicial;
- **IV.** não fluência de juros contra a liquidanda enquanto não integralmente pago o passivo;
- **V.** interrupção da prescrição em relação às obrigações da entidade em liquidação;
- **VI.** suspensão de multa e juros em relação às dívidas da entidade;
- **VII.** inexigibilidade de penas pecuniárias por infrações de natureza administrativa;

VIII. interrupção do pagamento à liquidanda das contribuições dos participantes e dos patrocinadores, relativas aos planos de benefícios.

É possível o levantamento da liquidação a qualquer tempo, desde que constatados fatos supervenientes que viabilizem a recuperação da entidade de previdência complementar.

Ressalte-se que o interventor terá amplos poderes de administração e representação e o liquidante plenos poderes de administração, representação e liquidação.

Os administradores, controladores e membros de conselhos estatutários das entidades de previdência complementar sob intervenção ou em liquidação extrajudicial ficarão com todos os seus *bens indisponíveis*, não podendo, por qualquer forma, direta ou indireta, aliená-los ou onerá-los, até a apuração e liquidação final de suas responsabilidades.

A indisponibilidade decorre do ato que decretar a intervenção ou liquidação extrajudicial e atinge todos aqueles que tenham estado no *exercício das funções nos doze meses anteriores*, podendo ser estendida aos bens de pessoas que, nos últimos doze meses, os tenham adquirido, a qualquer título, das pessoas acima referidas, desde que haja seguros elementos de convicção de que se trata de simulada transferência com o fim de evitar os efeitos da Lei Complementar 109/2001.

Deverá o liquidante organizar um *quadro geral de credores*, visando realizar o ativo e liquidar o passivo, sendo dispensados os **participantes e os assistidos** da habilitação dos seus créditos, que possuem **privilégio especial** sobre os ativos garantidores das reservas técnicas e, caso estes não sejam suficientes para a cobertura dos direitos respectivos, privilégio geral sobre as demais partes não vinculadas ao ativo.

Dentro da classe dos participantes, terão preferência aqueles que já estiverem recebendo benefícios, ou que já tiverem adquirido este direito antes de decretada a liquidação extrajudicial.

Todavia, **os créditos dos participantes e assistidos não têm preferência sobre os créditos de natureza trabalhista ou tributária, que são prioritários.**

O desligamento de participante de plano de previdência complementar faz cessar o direito ao rateio de eventual **superávit** de ativos apurados em posterior liquidação extrajudicial da entidade.

> **▸ Qual o entendimento do STJ sobre o assunto?**
>
> A questão central devolvida ao conhecimento desta Corte diz respeito à possibilidade de os ex-participantes de plano de previdência complementar serem beneficiados pelo rateio de ativos da entidade da qual eram filiados. Inicialmente, é importante pontuar que a condição de participante de um plano de previdência complementar traz consigo ônus e

bônus. Exemplo de bônus é o rateio de **superávit**, que é a hipótese dos autos. Exemplo de ônus é ter de contribuir para a satisfação de eventual **déficit** da entidade de previdência, conforme previsto no art. 21 da Lei Complementar n. 109/2001. Esse enunciado normativo prevê que o **déficit** da entidade de previdência deve ser suportado conjuntamente pelos patrocinadores, participantes e assistidos, tendo apenas direito de regresso contra os eventuais responsáveis pelo prejuízo do plano. Os ex-participantes, portanto, não são chamados a arcar com o **déficit** da entidade de previdência. Deveras, o resgate das contribuições faz cessar o vínculo do participante com a entidade de previdência. Ora, se os ex-participantes não são chamados a arcar com o **déficit** da entidade, também não podem se beneficiar de eventual **superávit**, pois isso equivaleria ao que se diz, em linguagem popular, desfrutar do "melhor dos dois mundos". **REsp 1.441.411-AM, Rel. Min. Paulo de Tarso Sanseverino, por unanimidade, julgado em 10/04/2018, DJe 19/04/2018.**

No mais, aplicar-se-ão à intervenção e à liquidação das entidades de previdência complementar, no que couber, os dispositivos da legislação sobre a intervenção e liquidação extrajudicial das instituições financeiras, cabendo ao órgão regulador e fiscalizador as funções atribuídas ao Banco Central do Brasil.

2.7. A relação da administração pública com as suas entidades fechadas de previdência complementar

A Lei Complementar 108/2001 regula a relação entre as entidades políticas, suas autarquias, fundações, empresas públicas e sociedades de economia mista e controladas enquanto **patrocinadoras de entes fechados de previdência complementar.**

Lembre-se que as entidades de previdência privada fechada organizar-se-ão sob a forma de **fundação ou "sociedade" civil sem fins lucrativos**, constituídas por conselho deliberativo, conselho fiscal e diretoria-executiva.

▸ Importante!

Vale registrar que a **Emenda 103/2019** modificou os §§ 4º, 5º e 6º do artigo 202 da Constituição Federal. A modificação no *parágrafo quarto, quinto* e *sexto* veio a atender aos anseios do mercado financeiro, pois **passou a admitir que o patrocínio da Administração Pública a entidade de previdência complementar possa abarcar entidades abertas de previdência complementar** (sociedades por ações, com fins lucrativos), ao passo que a redação anterior restringia o patrocínio às entidades fechadas de previdência complementar (fundações e associações sem fins lucrativos).

Isso vai permitir que as entidades federativas insiram as entidades abertas de previdência complementar com gestoras dos planos de benefícios de previdência complementar.

No entanto, a sua aplicação demanda a aprovação de uma **lei complementar**, pois determina o **artigo 33 da Emenda 103/2019** que, *"até que seja disciplinada a relação entre a União, os Estados, o Distrito Federal e os Municípios e entidades abertas de previdência complementar na forma do disposto nos §§ 4º e 5º do art. 202 da Constituição Federal,* ***somente entidades fechadas*** *de previdência complementar estão autorizadas a administrar planos de benefícios patrocinados pela União, Estados, Distrito Federal ou Municípios, inclusive suas autarquias, fundações, sociedades de economia mista e empresas controladas direta ou indiretamente".*

O seu plano de benefícios deverá observar:

A) **Carência mínima de 60 contribuições mensais a plano de benefícios e cessação do vínculo com o patrocinador**, para se tornar elegível a um benefício de prestação que seja programada e continuada;

> **▸ Qual o entendimento do STJ sobre o assunto?**
>
> **Tema 944** - Nos planos de benefícios de previdência privada patrocinados pelos entes federados - inclusive suas autarquias, fundações, sociedades de economia mista e empresas controladas direta ou indiretamente -, para se tornar elegível a um benefício de prestação que seja programada e continuada, é necessário que o participante previamente cesse o vínculo laboral com o patrocinador, sobretudo a partir da vigência da Lei Complementar n. 108/2001, independentemente das disposições estatutárias e regulamentares. 2ª Seção, REsp 1.433.544-SE, **Rel. Min. Luis Felipe Salomão, Segunda Seção, por unanimidade, julgado em 9/11/2016, DJe 1/12/2016.**

B) **Concessão de benefício pelo regime de previdência ao qual o participante esteja filiado por intermédio de seu patrocinador**, quando se tratar de plano na modalidade **benefício definido**, instituído depois da publicação da Lei Complementar 108/2001.

Os **reajustes** dos benefícios em manutenção serão efetuados de acordo com critérios estabelecidos nos **regulamentos** dos planos de benefícios, **vedado o repasse de ganhos de produtividade, abono e vantagens de qualquer natureza para tais benefícios.**

> **▸ Qual o entendimento do STJ sobre o assunto?**
>
> **Informativo 541- "DIREITO PREVIDENCIÁRIO. PLANOS DE BENEFÍCIOS DE PREVIDÊNCIA PRIVADA FECHADA PATROCINADOS PELA ADMINISTRAÇÃO DIRETA E INDIRETA. RECURSO REPETITIVO (ART. 543-C DO CPC E RES. 8/2008-STJ). Nos planos de benefícios de previdência privada fechada, patrocinados pelos entes federados - inclusive suas autarquias, fundações, sociedades de economia mista e empresas controladas direta ou indiretamente -, é vedado**

o repasse de abono e vantagens de qualquer natureza para os benefícios em manutenção, sobretudo a partir da vigência da LC 108/2001, independentemente das disposições estatutárias e regulamentares; e não é possível a concessão de verba não prevista no regulamento do plano de benefícios de previdência privada, pois a previdência complementar tem por pilar o sistema de capitalização, que pressupõe a acumulação de reservas para assegurar o custeio dos benefícios contratados, em um período de longo prazo. REsp 1.425.326-RS, **Rel. Min. Luis Felipe Salomão, julgado em 28/5/2014".**

É vedado à União, aos Estados, ao Distrito Federal e aos Municípios, suas autarquias, fundações, empresas públicas, sociedades de economia mista e outras entidades públicas o aporte de recursos a entidades de previdência privada de caráter complementar, **salvo na condição de patrocinador**.

Ademais, a responsabilidade pelo custeio dos benefícios será do patrocinador e dos participantes, inclusive dos assistidos.

▸ **Importante:**

A contribuição normal do patrocinador para plano de benefícios, em hipótese alguma, excederá a do participante, observada a regra de transição do artigo 5º da Emenda Constitucional no 20/98 e as regras específicas emanadas pela PREVIC.

▸ **Como esse assunto foi cobrado em concurso?**

No concurso do CESPE para Procurador do Tribunal de Contas da Bahia em 2010, foi considerado correto o seguinte enunciado: Embora a Previ seja a entidade fechada de previdência privada dos empregados do Banco do Brasil S.A., o fato de este ser uma sociedade de economia mista o impede de aportar recursos àquela entidade, salvo na condição de patrocinador.

▸ **Como esse assunto foi cobrado em concurso?**

No concurso do CESPE para Advogado da União em 2015, foi considerado ERRADO o seguinte enunciado: Na relação de previdência complementar administrada por uma EFPC, incide o princípio da paridade contributiva. Nesse sentido, a contribuição de empresa patrocinadora deve ser idêntica à contribuição dos participantes – regra do meio a meio.

Além das contribuições normais, os planos poderão prever o aporte de recursos pelos participantes, a título de **contribuição facultativa, sem contrapartida do patrocinador**.

É vedado ao patrocinador assumir encargos adicionais para o financiamento dos planos de benefícios, além daqueles previstos nos respectivos planos de custeio, cabendo ao patrocinador, participantes e assistidos o custeio da despesa administrativa da entidade de previdência complementar.

É facultada aos patrocinadores a **cessão de pessoal** às entidades de previdência complementar que patrocinam, desde que ressarcidos os custos correspondentes.

Por fim, destaque-se que as entidades fechadas de previdência complementar patrocinadas por **empresas privadas permissionárias ou concessionárias** de prestação de serviços públicos subordinam-se, **no que couber**, às disposições da Lei Complementar 108/2001, na forma estabelecida pela PREVIC e pelo Conselho Nacional da Previdência Complementar.

3. REGIME DE PREVIDÊNCIA COMPLEMENTAR DOS SERVIDORES PÚBLICOS EFETIVOS FEDERAIS

3.1. Introdução

Com a justificativa de equacionar os débitos do Regime Próprio de Previdência Social dos servidores públicos federais, a União aprovou a **Lei 12.618, de 30 de abril de 2012**, publicada em 02 de maio de 2012, que instituiu o regime de previdência complementar para os servidores públicos federais titulares de cargos efetivos.

A Lei 12.618/2012 apenas definiu a normatização básica do citado regime complementar, haja vista existirem inúmeros temas que demandam de regulamentação a ser estatuída nos planos de benefícios.

Registre-se que o citado regime de previdência complementar também se aplica aos servidores efetivos das autarquias e fundações públicas federais e aos membros do Ministério Público, do Poder Judiciário e do Tribunal de Contas da União.

Portanto, apenas os servidores ocupantes de **cargo de provimento efetivo** poderão aderir aos planos da previdência complementar no serviço público federal, não podendo figurar como participantes os servidores que exclusivamente ocupam cargo em comissão (não são efetivos), os empregados públicos (são celetistas) ou qualquer outro cargo temporário.

> **▸ Como esse assunto foi cobrado em concurso?**
>
> No concurso do CESPE para Advogado da União em 2015, foi considerado CORRETO o seguinte enunciado: A Lei n.º 12.618/2012, que instituiu o regime de previdência complementar dos servidores públicos federais, prevê como beneficiários apenas os servidores públicos de cargo efetivo, excluindo do seu alcance, por conseguinte, os servidores ocupantes de cargos comissionados.

> **▸ Importante:**
>
> Por sua vez, também foi limitado ao teto do salário de contribuição no Regime Geral de Previdência Social o valor das pensões e aposentadorias para os servidores públicos federais que ingressarem após o ato de criação da previdência complementar.

Vale relembrar que, por força do artigo 40, §16, da Constituição, somente mediante sua prévia e expressa opção, o regime de previdência complementar poderá ser aplicado ao servidor que tiver ingressado no serviço público até a data da publicação do ato de instituição do correspondente regime de previdência complementar.

> **Como esse assunto foi cobrado em concurso?**
>
> No concurso da FCC para Analista Judiciário do TST em 2012, foi considerado correto o seguinte enunciado: Os servidores públicos titulares de cargo efetivo da União, suas autarquias e fundações, inclusive para os membros do Poder Judiciário, do Ministério Público da União e do Tribunal de Contas da União que tenham ingressado no serviço público até a data anterior ao início da vigência do regime de previdência complementar poderão, mediante prévia e expressa opção, aderir ao regime de previdência complementar.

Logo, somente os servidores públicos efetivos federais que ingressarem após a publicação do ato de instituição do correspondente regime de previdência complementar terão aposentadorias e instituirão pensões limitadas ao teto do RGPS, **salvo se algum antigo servidor fizer uma expressa opção pelo regime complementar**, o que será improvável.

> **Como esse assunto foi cobrado em concurso?**
>
> No concurso do CESPE para Advogado da União em 2012, foi considerado errado o seguinte enunciado: Os servidores públicos aposentados devem ser automaticamente inseridos no novo regime de previdência complementar.

Será necessário verificar a data da posse do novo servidor público federal, se até o dia da publicação do ato de instituição do correspondente regime de previdência complementar, ou posterior, para identificar o regime jurídico previdenciário que se sujeitará o servidor.

Na visão da Advocacia-Geral da União (AGU) e do extinto Ministério do Planejamento, Orçamento e Gestão (MPOG), entende-se que a mudança de cargo público entre entidades políticas diversas não conserva o regime jurídico previdenciário anterior, mesmo que não haja solução de continuidade.

Nesse sentido, a AGU editou o Parecer nº 009/2013/JCBM/CGU/AGU, de 30 de outubro de 2013, aprovado pelo Despacho do Advogado-Geral da União, em 31 de outubro de 2013, que ensejou a Orientação Normativa 17, de 23 de dezembro de 2013, da lavra da Secretaria de Gestão Pública do Ministério do Orçamento, Planejamento e Gestão.

Considerando que o regime de previdência complementar dos servidores efetivos do Poder Executivo da União iniciou o seu funcionamento em 04 de fevereiro de 2013, a posição oficial é que os novos servidores federais empossados a partir desta data devem ingressar no novo regime jurídico, mesmo que egressos do serviço público estadual ou municipal sem interrupção.

Ao menos neste ato do MPOG restou conservado o regime jurídico anterior aos servidores do Poder Legislativo e Judiciário da União que migraram sem interrupção ao serviço do Poder Executivo da União a partir do dia 04 de fevereiro de 2013.

Entretanto, é indispensável frisar que a Constituição Federal não é clara a respeito. Isso porque o seu artigo 40, §16, aduz que "o disposto nos §§ 14 e 15 poderá ser aplicado ao servidor que tiver ingressado no serviço público até a data da publicação do ato de instituição do correspondente regime de previdência complementar".

Destarte, a Constituição se refere genericamente ao ingresso no "serviço público", não exigindo literalmente a entrada no serviço público da respectiva entidade federativa até a data da publicação do ato de instituição do correspondente regime de previdência complementar.

Ao longo dos anos será necessário acompanhar o entendimento da Administração Pública a respeito, e especialmente do Supremo Tribunal Federal, pois é possível extrair mais de uma interpretação da plurissignificativa normatização constitucional.

Aliás, neste momento, acredita-se que a melhor interpretação do §16 do artigo 40 da Constituição Federal seja garantir o antigo regime jurídico para os servidores estaduais e municipais que ingressarem no serviço público federal do Poder Executivo a partir de 04 de fevereiro de 2013, vez que é regra de hermenêutica jurídica que, se a Lei Maior não distinguiu a espécie de serviço público, não caberá ao intérprete fazê-lo, máxime em prejuízo do novo servidor público federal.

No final do ano de 2017, em sessão administrativa, o STF se posicionou pela mesma linha de raciocínio desta obra, conforme publicado no site oficial.

▸ **Qual o entendimento do STF sobre o assunto?**

Quarta-feira, 29 de novembro de 2017

Funpresp: servidores do STF oriundos de estados e municípios têm direito ao regime próprio de previdência

O Supremo Tribunal Federal (STF) decidiu, na sessão administrativa realizada nesta quarta-feira (29), que os servidores oriundos de estados, do Distrito Federal e dos municípios que ingressaram no STF depois da criação do regime complementar de previdência dos servidores públicos e da instituição do Fundo de Previdência dos Servidores do Judiciário da União (Funpresp-Jud) têm direito ao regime previdenciário próprio anterior, sem limitação ao teto do Regime Geral de Previdência Social. A exigência é que tenham sido ocupantes titulares de cargos efetivos nos entes federativos e que não tenha havido descontinuidade no serviço público – ou seja, desde que o servidor tenha saído do poder público local e entrado imediatamente no STF.

O relator do processo administrativo, ministro Dias Toffoli, explicou que o artigo 40 da Constituição da República, ao instituir, para os servidores titulares de cargos efetivos, um regime de previdência de caráter contributivo e solidário mediante contribuição do ente público, dos servidores ativos e inativos e dos pensionistas, o faz, de maneira indistinta, para os integrantes da União, dos estados, do Distrito Federal e dos municípios. "Em nenhum de seus vinte e um parágrafos, se indica, de forma veemente, que esses servidores deverão ser tratados diferenciadamente a depender do ente federativo a que se encontrem vinculados", afirmou. "Pelo contrário: após indicar, na cabeça do artigo 40, que estava a se referir aos servidores da União, dos estados, do Distrito Federal e dos municípios, o texto constitucional somente volta a se referir aos indivíduos atingidos pela norma como 'servidores públicos', o que permite compreender que em momento algum o legislador pretendeu fazer distinção entre entes da Federação para esse fim".

O ministro observou ainda que, conforme o STF já reconheceu em precedente no qual declarou a inconstitucionalidade de lei que exigia tempo mínimo de serviço público para admissão da compensação entre regimes previdenciários distintos, a contagem recíproca do tempo de contribuição entre entes da Federação não pode ser afastada. "O tempo de contribuição federal, estadual, distrital ou municipal será contabilizado indistintamente para fins de aposentadoria e tempo de serviço correspondente para efeito de disponibilidade", assinalou.

Outro ponto destacado foi o prejuízo à segurança jurídica, à previsibilidade, à certeza e à legítima confiança na Administração. "Não se afigura nada razoável que, após diversos recolhimentos em porcentagem sobre seu vencimento para o regime próprio do ente de origem, o servidor dos estados, do Distrito Federal ou dos municípios que venha a tomar posse em cargo público no Supremo Tribunal Federal, em que pese o regramento previsto na Constituição, veja seus proventos de aposentadoria limitados ao teto do regime geral", explicou.

A decisão foi por maioria. O ministro Marco Aurélio ficou vencido, por considerar que há, de qualquer forma, uma descontinuidade, uma vez que houve o desligamento do servidor do poder local antes de seu exercício no STF.

Desta forma, servidores estaduais, distritais e municipais que ingressaram sem interrupção no serviço público federal após o início da vigência do novo regime de previdência complementar, terão conservado o regime anterior (sem limitação de aposentadoria e pensão por morte ao teto do Regime Geral), desde que, no ente federativo anterior, já estivessem no regime jurídico antigo, situação que deve ser investigada pela Administração Pública Federal.

O **prazo para a opção** que os antigos servidores federais poderão fazer pelo regime complementar será de **24 meses**, contados a partir do início da vigência do regime de previdência complementar, tendo cunho **irrevogável e irretratável**, não sendo devida pela União, suas autarquias e fundações públicas federais qualquer contrapartida referente ao valor dos descontos já efetuados sobre a base de contribuição acima do limite do salário de contribuição do RGPS.

▸ Como esse assunto foi cobrado em concurso?

No concurso da FCC para Analista Judiciário do TST em 2012, foi considerado errado o seguinte enunciado: O prazo para a opção do servidor pelo regime da previdência complementar será de 12 meses, contados a partir do início da vigência do regime de previdência complementar instituído na Lei. Neste mesmo concurso, foi considerado correto o seguinte enunciado: O exercício da opção do servidor pelo regime da previdência complementar é irrevogável e irretratável, não sendo devida pela União e suas autarquias e fundações públicas qualquer contrapartida referente ao valor dos descontos já efetuados sobre a base de contribuição acima do limite previsto na Lei.

▸ Importante:

A Lei 13.183/2015 modificou o artigo 1º da Lei 12.618/2012 para prever a filiação automática ao regime de previdência complementar pelos novos servidores federais efetivos que receberam remuneração acima do teto do salário de contribuição do RGPS.

Esse prazo de opção para os antigos servidores efetivos federais aderirem ao novo regime foi reaberto por 24 meses, expirando em 29 de julho de 2018, a teor do artigo 92 da Lei 13.328/2016:

> CAPÍTULO XIV
>
> DA REABERTURA DE PRAZO PARA ADESÃO AO REGIME DE PREVIDÊNCIA COMPLEMENTAR
>
> Art. 92. É reaberto o prazo para opção pelo regime de previdência complementar de que trata o § 7º do art. 3º da Lei no 12.618, de 30 de abril de 2012, por 24 (vinte e quatro) meses, contados a partir da data de entrada em vigor desta Lei.
>
> Parágrafo único. O exercício da opção a que se refere o caput deste artigo é irrevogável e irretratável, não sendo devida pela União e por suas autarquias e fundações públicas qualquer contrapartida referente ao valor dos descontos já efetuados sobre a base de contribuição acima do limite máximo estabelecido para os benefícios do Regime Geral de Previdência Social (RGPS).

Posteriormente, foi reaberto até 29/3/2018 pela Medida Provisória 853, de 25 de setembro de 2018, de irrevogável e irretratável e não sendo devida pela União e por suas autarquias e suas fundações públicas qualquer contrapartida referente ao valor dos descontos já efetuados sobre a base de contribuição acima do limite máximo estabelecido para os benefícios do Regime Geral de Previdência Social – RGPS, assegurado o direito ao benefício especial.

Posteriormente, uma terceira janela de migração foi aberta pela MP 1.119/2022 convertida na Lei 14.463/2022:

> ***"Art. 1º Fica reaberto, até 30 de novembro de 2022, o prazo para opção pelo regime de previdência complementar de que trata o § 7º do art. 3º da Lei nº 12.618, de 30 de abril de 2012.***
>
> *Parágrafo único. O exercício da opção de que trata o caput é irrevogável e irretratável, e não será devida pela União, nem por suas autarquias e fundações públicas, qualquer contrapartida referente ao valor dos descontos já efetuados sobre a base de contribuição acima do limite máximo estabelecido para os benefícios do Regime Geral de Previdência Social".*

De efeito, os servidores efetivos e os membros de Poder no âmbito federal com remuneração superior ao limite máximo estabelecido para os benefícios do Regime Geral de Previdência Social, que venham a ingressar no serviço público a partir do início da vigência do regime de previdência complementar federal, serão automaticamente inscritos no respectivo plano de previdência complementar desde a data de entrada em exercício.

No entanto, assegurou-se o **cancelamento da inscrição a qualquer tempo**, nos termos do regulamento do plano de benefícios. Por outro lado, para que o cancelamento da inscrição tenha eficácia retroativa, é necessário que seja feita em até noventa dias.

Isso porque na hipótese do cancelamento ser requerido no prazo de até **noventa dias** da data da inscrição, fica assegurado o direito à restituição integral das contribuições vertidas, a ser paga em até sessenta dias do pedido de cancelamento, corrigidas monetariamente, **não configurando resgate**.

Ademais, a contribuição aportada pelo patrocinador será devolvida à respectiva fonte pagadora no mesmo prazo da devolução da contribuição aportada pelo participante.

Este novel dispositivo que instituiu uma filiação automática à previdência complementar dos servidores federais, embora possa ser cancelada (com efeitos retroativos em até 90 dias), é aparentemente violadora da Constituição de 1988, que assegura a natureza facultativa da adesão à previdência complementar, decorrendo da ânsia da União de obter novos participantes atropelando a Lei Maior.

O modelo adotado para o regime público complementar dos servidores federais efetivos é fundamentado no regime de previdência privada, tanto que em vários momentos a Lei 12.618/2012 expressamente faz remissão às Leis Complementares 108 e 109/2001.

Nesse sentido, o seu artigo 27 da Lei 12.618/2012 pontifica que **"aplicam-se ao regime de previdência complementar a que se referem os §§ 14, 15 e 16 do art. 40 da Constituição Federal as disposições das Leis Complementares nos 108 e 109, de 29 de maio de 2001"**.

Por tudo isso, não é possível estudar o regime de previdência complementar dos servidores efetivos federais apenas com o manejo da Lei 12.618/2012, que deve ser interpretada conjuntamente com as Leis Complementares 108 e 109/2001. Apenas no que for incompatível, por aplicação do Princípio da Especialidade, é que não serão aplicados dispositivos contidos nas referidas Leis Complementares.

São adotadas as seguintes nomenclaturas:

Patrocinador	A União, suas autarquias e fundações.
Participante	O servidor público titular de cargo efetivo da União, inclusive o membro do Poder Judiciário, do Ministério Público e do Tribunal de Contas da União, que aderir aos planos de benefícios administrados pelas entidades de previdência fechada dos servidores públicos federais.
Assistido	O participante ou o seu beneficiário em gozo de benefício de prestação continuada.

Será aprovado **código de ética e de conduta**, inclusive com regras para prevenir conflito de interesses e proibir operações dos dirigentes com partes relacionadas, que terá ampla divulgação, especialmente entre os participantes e assistidos e as partes relacionadas, cabendo aos conselhos fiscais das entidades fechadas de previdência complementar assegurar o seu cumprimento, cabendo ao órgão regulador definir as partes relacionadas ao código.

3.2. Entidades fechadas – FUNPRESPs

De acordo com o artigo 40, §15, da Constituição, com redação dada pela EC 103/2019, o regime de previdência complementar dos servidores públicos será efetivado por intermédio de entidade fechada de previdência complementar ou de entidade aberta de previdência complementar.

Nessa linha, a Lei 12.618/2012 autorizou a União a instituir três entidades de previdência fechada de acordo com os Poderes da República para administrar e executar planos de benefícios de caráter previdenciário:

Fundação de Previdência Complementar do Servidor Público Federal do Poder Executivo (FUNPRESP-EXE)	para os servidores públicos titulares de cargo efetivo do Poder Executivo, por meio de ato do Presidente da República.
Fundação de Previdência Complementar do Servidor Público Federal do Poder Legislativo (FUNPRESP-LEG)	para os servidores públicos titulares de cargo efetivo do Poder Legislativo e do Tribunal de Contas da União e para os membros deste Tribunal, por meio de ato conjunto dos Presidentes da Câmara dos Deputados e do Senado Federal.
Fundação de Previdência Complementar do Servidor Público Federal do Poder Judiciário (FUNPRESP-JUD)	para os servidores públicos titulares de cargo efetivo e para os membros do Poder Judiciário, por meio de ato do Presidente do Supremo Tribunal Federal.

Em seguida, a MP 1.119/2022 convertida na Lei 14.463/2022 alterou o artigo 4º da Lei 12.618/2012, passando a prever que a Funpresp-Exe, a Funpresp-Leg e a Funpresp-Jud **serão estruturadas na forma de fundação, com personalidade jurídica de direito privado.**

Interessante notar que não há clareza sobre o enquadramento dos membros do Ministério Público da União, que expressamente não foram enquadrados em nenhuma das três fundações, mas que certamente ingressarão na FUNPRESP-JUD, em razão da equivalência institucional com os membros do Poder Judiciário.

Contudo, **será possível a criação de duas ou mesmo de apenas uma entidade de previdência**, se houver consenso entre o Presidente da República, os Presidentes da Câmara dos Deputados e do Senado Federal e o Presidente do Supremo Tribunal Federal.

> **Importante:**
> Serão estruturadas, nos termos do artigo 4º, §1º, da Lei 12.618/2012, "na forma de **fundação, com personalidade jurídica de direito privado,** gozarão de autonomia administrativa, financeira e gerencial e terão sede e foro no Distrito Federal". Assim, serão **entidades integrantes da Administração Indireta da União,** mas com **personalidade jurídica de direito privado.**

Por se tratar de um ente da Administração Pública Indireta, as fundações estarão sujeitas à **licitação** como condição para a contratação, se submetendo aos ditames da Lei 14.133/2021, devendo se curvar às sujeições decorrentes do Princípio da Indisponibilidade do Interesse Público e aos princípios informadores da atuação do Poder Público, com destaque aos Princípios da Economicidade e da Eficiência.

No entanto, como alteração, a MP 1.119/2022 convertida na Lei 14.463/2022 apenas determinou a aplicação do regime licitatório das estatais:

> "Art. 8º As entidades fechadas de que trata o art. 4º, observado o disposto na *Lei Complementar nº 108, de 29 de maio de 2001, na Lei Complementar nº 109, de 29 de maio de 2001*, e nesta Lei, submetem-se às demais normas de direito público exclusivamente no que se refere à:
>
> I - submissão à legislação federal sobre licitação e contratos administrativos ***aplicável às empresas públicas e sociedades de economia mista;***"

Demais disso, anualmente, deverão promover publicação na imprensa oficial ou em sítio oficial da administração pública certificado digitalmente por autoridade para esse fim credenciada no âmbito da Infraestrutura de Chaves Públicas Brasileira (ICP Brasil), de seus demonstrativos contábeis, atuariais, financeiros e de benefícios, sem prejuízo do fornecimento de informações aos participantes e assistidos dos planos de benefícios e ao órgão fiscalizador das entidades fechadas de previdência complementar, na forma das Leis Complementares 108 e 109/2001.

As FUNPRESP's contarão com os seguintes órgãos:

A) **CONSELHO DELIBERATIVO** – é o órgão máximo da estrutura organizacional, sendo responsável pela definição da política geral de administração da entidade e de seus planos de benefícios, tendo composição paritária e cada um será integrado por seis membros remunerados;

B) **CONSELHO FISCAL** – é órgão de controle interno da entidade, tendo a composição paritária e cada um deles será integrado por quatro membros remunerados;

C) **DIRETORIA EXECUTIVA** – é o órgão responsável pela administração da entidade, em conformidade com a política de administração traçada pelo conselho deliberativo, sendo composta, no máximo, por quatro membros, nomeados pelos conselhos deliberativos das entidades fechadas de previdência complementar.

A designação dos membros dos conselhos deliberativos e fiscais caberá ao Presidente da República (FUNPRESP-EXE), aos Presidentes da Câmara e do Senado (FUNPRESP-LEG) e do Supremo Tribunal Federal (FUNPRESP-JUD).

Os membros do Conselho Deliberativo, Fiscal e da Diretoria Executiva deverão possuir comprovada experiência no exercício de atividade na área financeira, administrativa, contábil, jurídica, de fiscalização, atuarial ou de auditoria; não ter sofrido condenação criminal transitada em julgado; não ter sofrido penalidade administrativa por infração da legislação da seguridade social, inclusive da previdência complementar ou como servidor público; e ter formação de nível superior.

As FUNPRESP's poderão instituir **comitês de assessoramento técnico**, de caráter consultivo, com as atribuições de apresentar propostas e sugestões quanto à gestão da entidade e sua política de investimentos e à situação financeira e atuarial dos respectivos planos de benefícios e de formular recomendações prudenciais a elas relacionadas, com representação paritária entre os patrocinadores e os participantes e assistidos.

Os funcionários das fundações serão contratados sob o **regime celetista**, após realização de **concurso público**, podendo ser feito processo simplificado para a contratação por tempo determinado para atender a necessidade temporária de excepcional interesse público.

A FUNPRESP-EXE foi instituída pelo Decreto 7.808, de 20 de setembro de 2012, sendo vinculada ao extinto Ministério do Planejamento, Orçamento e Gestão, com a finalidade de administrar e executar planos de benefícios de caráter previdenciário.

Com a reforma ministerial de 2019, foi extinto o Ministério de Planejamento e as suas funções foram transferidas para o Ministério da Economia.

O Decreto 7.808/2012 permitiu que o Ministério Público da União, o Conselho Nacional do Ministério Público, a Câmara dos Deputados, o Senado Federal e o Tribunal de Contas da União celebrem convênios de adesão com a FUNPRESP-EXE, na qualidade de patrocinadores de planos de benefícios próprios administrados pela entidade.

3.3. Plano de benefícios

Por determinação constitucional, os **planos de benefícios** ofertados no regime de previdência complementar dos servidores públicos efetivos serão estruturados na modalidade **contribuição definida**, assim considerados aquele cujos benefícios programados têm seu valor permanentemente ajustado ao saldo de conta mantido em favor do participante, inclusive na fase de percepção de benefícios, considerando o resultado líquido de sua aplicação, os valores aportados e os benefícios pagos.

Em uma linguagem mais simples e clara, o valor contribuição é previamente definido, mas a renda dos benefícios a conceder não, pois irá decorrer do rendimento líquido da sua aplicação, o que acaba trazendo uma insegurança previdenciária aos servidores que recebem muito acima do teto do salário de contribuição do RGPS e terão as suas aposentadorias pelo RPPS limitadas a esse valor, sem saber previamente qual será o *quantum* do benefício a ser pago pelo regime complementar.

De efeito, o valor do **benefício programado** será calculado de acordo com o montante do saldo da conta acumulado pelo participante, devendo **o valor do benefício estar permanentemente ajustado ao referido saldo**.

Caberá ao Regulamento prever os **benefícios não programados** decorrentes dos eventos **invalidez e morte** e, se for o caso, a cobertura de outros riscos atuariais, que deverão ter um custeio específico.

Os benefícios não programados poderão ser administrados nos planos de benefícios das FUNPRESP's ou serem contratados externamente. Portanto, existe autorização legal para a "terceirização" dos benefícios não programados em favor das seguradoras privadas.

Entrementes, para que haja a concessão de um benefício não programado pelo regime complementar, a exemplo de benefício decorrente da morte ou da invalidez do participante, é necessário que o RPPS previamente conceda a pensão por morte ou a aposentadoria por invalidez.

> **Importante:**
> Logo, a concessão do benefício não programado pelo RPPS é condição para a concessão do benefício não programado pelo regime de previdência complementar dos servidores públicos federais.

É possível que o servidor participante **permaneça filiado** ao regime complementar mesmo na hipótese de **cessão a outro órgão público**, mesmo que no âmbito estadual, do Distrito Federal ou dos municípios.

Neste caso, a União, suas autarquias ou fundações públicas apenas arcarão com as contribuições ao regime complementar se a cessão se deu com ônus para as referidas entidades federais. Caso a cessão se opere com ônus para o cessionário, este é que deverá arcar com as contribuições, em substituição temporária ao patrocinador.

Outrossim, o servidor participante **poderá permanecer filiado** ao regime complementar na hipótese de **afastamento ou licenciamento do cargo efetivo temporariamente**, com ou sem recebimento de remuneração, assim como quando optar pelo benefício proporcional diferido ou autopatrocínio, na forma do regulamento do plano de benefícios.

Os requisitos para aquisição, manutenção e perda da qualidade de participante, assim como os requisitos de elegibilidade e a forma de concessão, cálculo e pagamento dos benefícios, deverão constar dos regulamentos dos planos de benefícios, observadas as disposições das Leis Complementares 108 e 109/2001, e a regulamentação do órgão regulador das entidades fechadas de previdência complementar, pois a Lei 12.618/2012 apenas trouxe a normatização geral do regime de previdência complementar dos servidores públicos federais.

3.4. Benefício especial

Para os servidores efetivos federais que tenham ingressado no serviço público até a data anterior ao início da vigência do regime de previdência complementar e nele tenham permanecido sem perda do vínculo efetivo, e que tenham feito a opção pelo regime de previdência complementar dos servidores federais, assegurou-se o pagamento de um benefício especial a ser pago pela União no RPPS.

Isso porque esses antigos servidores promoveram o recolhimento da sua contribuição previdenciária ao RPPS sobre o valor total da sua remuneração, não limitado ao teto do salário de contribuição no RGPS.

Para os servidores que migraram até o ano de 2021, o benefício especial será equivalente à diferença entre a média aritmética simples das maiores remunerações anteriores à data de mudança do regime, utilizadas como base para as contribuições do servidor ao regime de previdência da União, dos Estados, do Distrito Federal ou dos Municípios, atualizadas pelo Índice Nacional de Preços ao Consumidor Amplo -IPCA, divulgado pela Fundação IBGE, ou outro índice que venha a substituí-lo, correspondentes a 80% de todo o período contributivo desde a competência julho de 1994 ou desde a do início da contribuição, se posterior àquela competência, e o limite máximo do salário de contribuição do RGPS, na forma regulamentada pelo Poder Executivo, multiplicada pelo fator de conversão.

O fator de conversão é calculado com base na seguinte equação:

$$FC = \frac{Tc}{Tt}$$

O "Tc – Tempo de contribuição" é a quantidade de contribuições mensais efetuadas para o regime de previdência da União de que trata o artigo 40 da Constituição Federal (RPPS), efetivamente pagas pelo servidor titular de cargo efetivo da União ou por membro do Poder Judiciário, do Tribunal de Contas e do Ministério Público da União até a data da opção.

O "Tt" é um divisor utilizado pelo legislador que variará de acordo com o sexo do servidor e também para os professores:

Tt 455	Servidor titular de cargo efetivo da União ou membro do Poder Judiciário, do Tribunal de Contas e do Ministério Público da União, se homem. (35 anos geram 455 contribuições, incluindo a gratificação de natal)
Tt 390	Servidor titular de cargo efetivo da União ou membro do Poder Judiciário, do Tribunal de Contas e do Ministério Público da União, se mulher, ou professor de educação infantil e do ensino fundamental. (30 anos geram 390 contribuições, incluindo a gratificação de natal)
Tt 325	Servidor titular de cargo efetivo da União de professor de educação infantil e do ensino fundamental. (25 anos geram 325 contribuições, incluindo a gratificação de natal)

Já para os termos de opção firmados a partir do ano de 2022, houve uma alteração do cálculo do BE que implicou em redução do seu valor, por força da MP 1.119/2022, tanto no que tange à média quanto ao Tt.

De efeito, passou a corresponder à diferença entre a média aritmética simples das remunerações do servidor federal correspondentes a 100% de todo o período contributivo desde o início da contribuição e o limite máximo do teto do RGPS, multiplicada pelo fator de conversão.

Já o Tt foi elevado para 520, não havendo mais distinção entre homens e mulheres e professores do ensino básico:

Tt 520	Para todos os servidores e servidoras federais. (40 anos geram 520 contribuições, incluindo a gratificação de natal)

Felizmente esse ponto da MP 1.119 foi alterado pelo Congresso Nacional na conversão para a Lei 14.463/2022, conservando-se para a janela de migração encerrada em 30.11.2022 a mesma fórmula do benefício especial das janelas anteriores:

> *"§ 2º O benefício especial terá como referência as remunerações anteriores à data de mudança do regime, utilizadas como base para as contribuições do servidor ao regime próprio de previdência da União, e, na hipótese de opção do servidor por averbação para fins de contagem recíproca, as contribuições decorrentes de regimes próprios de previdência dos Estados, do Distrito Federal*

e dos Municípios, atualizadas pelo Índice Nacional de Preços ao Consumidor Amplo (IPCA), divulgado pela Fundação Instituto Brasileiro de Geografia e Estatística (IBGE), ou pelo índice que vier a substituí-lo, e será equivalente a: (Redação dada pela Lei nº 14.463, de 2022)

***I - para os termos de opção firmados até 30 de novembro de 2022**, inclusive na vigência da Medida Provisória nº 1.119, de 25 de maio de 2022: a diferença entre a média aritmética simples das maiores remunerações referidas neste parágrafo correspondentes a 80% (oitenta por cento) de todo o período contributivo desde a competência de julho de 1994 ou desde a do início da contribuição, se posterior àquela competência, e o limite máximo a que se refere o **caput** deste artigo, multiplicada pelo fator de conversão; ou (Incluído pela Lei nº 14.463, de 2022)*

***II - para os termos de opção firmados a partir de 1º de dezembro de 2022**, em novas aberturas de prazo de migração, se houver: a diferença entre a média aritmética simples das remunerações referidas neste parágrafo correspondentes a 100% (cem por cento) de todo o período contributivo desde a competência de julho de 1994 ou desde a do início da contribuição, se posterior àquela competência, e o limite máximo a que se refere o **caput**, multiplicada pelo fator de conversão. (Incluído pela Lei nº 14.463, de 2022)*

§ 3º O fator de conversão a que se refere o § 2º deste artigo, cujo resultado é limitado ao máximo de 1 (um), será calculado pela fórmula FC = Tc/Tt, na qual: (Redação dada pela Lei nº 14.463, de 2022)

I - FC: fator de conversão; (Incluído pela Lei nº 14.463, de 2022)

II - Tc: quantidade de contribuições mensais efetuadas para o regime próprio de previdência social da União, dos Estados, do Distrito Federal e dos Municípios de que trata o art. 40 da Constituição Federal, efetivamente pagas pelo servidor titular de cargo efetivo da União ou por membro do Poder Judiciário da União, do Tribunal de Contas da União, do Ministério Público da União ou da Defensoria Pública da União até a data da opção; e (Incluído pela Lei nº 14.463, de 2022)

III - Tt: (Incluído pela Lei nº 14.463, de 2022)

a) para os termos de opção firmados até 30 de novembro de 2022, inclusive na vigência da Medida Provisória nº 1.119, de 25 de maio de 2022: (Incluído pela Lei nº 14.463, de 2022)

1. igual a 455 (quatrocentos e cinquenta e cinco), quando se tratar de servidor titular de cargo efetivo da União ou membro do Poder Judiciário da União, do Tribunal de Contas da União, do Ministério Público da União ou da Defensoria Pública da União, se homem; (Incluído pela Lei nº 14.463, de 2022)

2. igual a 390 (trezentos e noventa), quando se tratar de servidor titular de cargo efetivo da União ou membro do Poder Judiciário da União, do Tribunal de Contas da União, do Ministério Público da União ou da Defensoria Pública da União, se mulher, ou servidor da União titular de cargo efetivo de professor da educação infantil ou do ensino fundamental; ou (Incluído pela Lei nº 14.463, de 2022)

3. igual a 325 (trezentos e vinte e cinco), quando se tratar de servidor titular de cargo efetivo da União de professor da educação infantil ou do ensino fundamental, se mulher; e (Incluído pela Lei nº 14.463, de 2022)

b) para os termos de opção firmados a partir de 1º de dezembro de 2022, em novas aberturas de prazo de migração, se houver: igual a 520 (quinhentos e vinte). (Incluído pela Lei nº 14.463, de 2022)

§ 4º Para os termos de opção firmados até 30 de novembro de 2022, inclusive na vigência da Medida Provisória nº 1.119, de 25 de maio de 2022, o fator de conversão será ajustado pelo órgão competente para a concessão do benefício quando, na forma prevista nas respectivas leis complementares, o tempo de contribuição exigido para concessão da aposentadoria de servidor com deficiência, ou que exerça atividade de risco, ou cujas atividades sejam exercidas sob condições especiais que prejudiquem a saúde ou a integridade física, for inferior ao Tt de que trata a alínea "a" do inciso III do § 3º deste artigo. (Redação dada pela Lei nº 14.463, de 2022)".

Assim, somente se houver no futuro uma nova janela de migração, que dependerá de lei, para migrações a partir de dezembro de 2022 não haverá o descarte de 20% da média de remunerações e o TT será de 520 para todos os servidores federais, quer homens ou mulheres, quer professores e não professores.

Registre que para as migrações perpetradas até 30.11.2022, o TT precisará ser ajustado para servidores com deficiência, atividade de risco e tempo especial por agentes nocivos. Se, por exemplo, for uma aposentadoria de uma mulher com deficiência grave (20 anos de tempo de contribuição, na forma do artigo 22 da Emenda 103/2019 e LC 142/2013), o TT será inferior a 325, que equivale a uma mulher professora do ensino básico, devendo ser editado ato de regulamentação.

O benefício especial será concedido por ocasião do deferimento da aposentadoria do servidor pelo RPPS, inclusive no caso de aposentação por invalidez, sendo também devido no caso de concessão de pensão por morte do servidor que o recebia ou que teria direito de recebê-lo, e terá a mesma duração da aposentadoria ou pensão paga pelo RPPS, gerando, inclusive, uma gratificação natalina.

Também terá direito ao benefício especial o servidor público titular de cargo efetivo da União, inclusive ao membro do Poder Judiciário, do Ministério Público e do Tribunal de Contas da União, oriundo, sem quebra de continuidade, de cargo público estatutário de outro ente da federação que não tenha instituído o respectivo regime de previdência complementar e que ingresse em cargo público efetivo federal a partir da instituição do regime de previdência complementar dos servidores federais, considerando-se, para esse fim, o tempo de contribuição estadual, distrital ou municipal, assegurada a compensação financeira entre os Regimes Próprios.

É que esses servidores públicos federais oriundos de outros entes da federação em que também ocupavam cargos de provimento efetivo e que ainda não instituíram o seu regime de previdência complementar também fizeram o recolhimento das suas contribuições previdenciárias pelo valor total da sua remuneração, não tendo sido limitado ao teto do RGPS.

O benefício especial:

> I – é opção que importa ato jurídico perfeito;
>
> II – será calculado de acordo com as regras vigentes no momento do exercício da opção;
>
> III – será atualizado pelo mesmo índice aplicável ao benefício de aposentadoria ou pensão mantido pelo Regime Geral de Previdência Social;
>
> IV – não está sujeito à incidência de contribuição previdenciária; e
>
> V – está sujeito à incidência de imposto sobre a renda.

Por fim, o benefício especial será reajustado anualmente pelo mesmo índice de reajuste dos benefícios do RGPS, que é o INPC, a teor do artigo 41-A[3], da Lei 8.213/91.

3.5. Plano de custeio e contribuições previdenciárias

O regime de previdência complementar dos servidores públicos federais será mantido pelas contribuições do **patrocinador** (União, autarquias ou fundações públicas federais), dos **participantes** (servidores federais ocupantes de cargo efetivo) e dos **assistidos** (participante ou seu beneficiário em gozo de benefício).

Ademais, os resultados financeiros de suas aplicações e de doações e legados de qualquer natureza também são receitas do regime complementar, lembrando que **a transferência de recursos do Poder Público para a entidade fechada somente poderá ser dar na condição de patrocinador, situação na qual, em hipótese alguma, sua contribuição normal poderá exceder a do segurado,** nos termos do artigo 202, §3º, da Constituição Federal, dispositivo aplicável ao regime de previdência complementar dos servidores públicos federais.

> ▸ **Importante:**
>
> **A contribuição do patrocinador e do participante incidirá sobre a parcela da remuneração do servidor que exceder ao teto do salário de contribuição do Regime Geral de Previdência Social,** observado o teto do funcionalismo público federal, que é o subsídio dos Ministros do STF.

---

3. Art. 41-A. O valor dos benefícios em manutenção será reajustado, anualmente, na mesma data do reajuste do salário mínimo, pro rata, de acordo com suas respectivas datas de início ou do último reajustamento, com base no Índice Nacional de Preços ao Consumidor – INPC, apurado pela Fundação Instituto Brasileiro de Geografia e Estatística – IBGE.

Entende-se como base de contribuição o vencimento do cargo efetivo, acrescido das vantagens pecuniárias permanentes estabelecidas em lei, os adicionais de caráter individual ou quaisquer outras vantagens.

Contudo, se quiser, o participante poderá optar pela inclusão de parcelas remuneratórias percebidas em decorrência do local de trabalho e do exercício de cargo em comissão ou função de confiança.

> **Importante:**
>
> A Lei 12.618/2012 possibilitou ao participante escolher anualmente a alíquota da sua contribuição, observados os parâmetros previstos no regulamento. No caso do patrocinador, a sua alíquota será a mesma do participante, **mas não excederá a 8,5%.**

Ainda existe previsão legal para que o participante, além da contribuição normal, possa **contribuir facultativamente, sem contrapartida do patrocinador**, na forma do regulamento do plano, certamente através de aportes esporádicos para aumentar a renda do benefício a conceder.

Vale registrar que a remuneração do servidor, quando devida durante afastamentos considerados por lei como de efetivo exercício, será integralmente coberta pelo ente público, continuando a incidir a contribuição para o regime complementar.

> **Importante:**
>
> **Mesmo àqueles servidores que recebem remuneração abaixo do teto do salário de contribuição do RGPS poderão participar do regime complementar dos servidores federais.** Mas, neste caso, **inexistirá contrapartida do patrocinador**, se assemelhando neste ponto ao regime privado aberto.

A responsabilidade pelo repasse das contribuições às FUNPRESP's será da União, autarquias e fundações públicas federais, inclusive no que concerne às contribuições dos participantes que serão descontadas das suas remunerações e repassadas **até dia 10 do mês seguinte ao da competência**, sob pena de incidência dos acréscimos de mora para tributos federais e responsabilização penal e administrativa da autoridade competente.

> **Como esse assunto foi cobrado em concurso?**
>
> No concurso da FCC para Analista Judiciário do TST em 2012, foi considerado correto o seguinte enunciado: A União, suas autarquias e fundações são responsáveis, na qualidade de patrocinadores, pelo aporte de contribuições e pelas transferências às entidades fechadas de previdência complementar das contribuições descontadas dos seus servidores, observado o disposto na Lei e nos estatutos respectivos das entidades.

Com o objetivo de manter ou restabelecer o equilíbrio financeiro permanente, a distribuição das contribuições nos planos de benefícios e nos planos de custeio será revista sempre que necessário.

Demais disso, as entidades de previdência deverão manter controle das reservas constituídas em nome do participante, registrando contabilmente as contribuições deste e as dos patrocinadores.

Caberá ao plano de custeio discriminar o percentual da contribuição do participante e do patrocinador, conforme o caso, para cada um dos benefícios previstos no plano de benefícios, sendo vedado ao patrocinador assumir encargos adicionais para o financiamento dos planos de benefícios, além daqueles previstos nos respectivos planos de custeio.

> ▸ **Importante:**
>
> Existirá um **Fundo de Cobertura de Benefícios Extraordinários** formado por uma parcela da contribuição do patrocinador e do participante, bem como de **contribuições extraordinárias** que serão vertidas na conta do participante na hipótese de sua morte, invalidez, aposentadoria com critérios especiais, aposentadoria voluntária proporcional das mulheres aos 60 anos de idade e sobrevivência do assistido.

No caso das contribuições extraordinárias para a hipótese de concessão de aposentadoria com critérios especiais e de aposentadoria voluntária proporcional das mulheres aos 60 anos de idade, o montante do aporte extraordinário será equivalente à diferença entre a reserva acumulada pelo participante e o produto desta mesma reserva multiplicado pela razão entre 35 e o número de anos de contribuição exigido para a concessão do benefício pelo Regime Próprio de Previdência Social.

3.6. Recursos garantidores

A Lei 12.618/2012 foi muito cautelosa na administração e aplicação dos recursos garantidores do regime de previdência complementar dos servidores públicos federais, que deve seguir a regulamentação do Conselho Monetário Nacional, podendo se dar por intermédio de **carteira própria, carteira administrada ou fundos de investimento**.

As FUNPRESP's (Executivo, Legislativo e Judiciário) irão realizar **procedimento licitatório** para contratar por **até 05 anos** apenas instituições, administradores de carteiras ou fundos de investimento que estejam autorizados e registrados na Comissão de Valores Mobiliários.

Nessa licitação existirão regras especiais que obrigatoriamente deverão estar previstas no edital. É que serão estabelecidos os valores máximos que as fundações de previdência irão pagar de taxa de administração e de outros custos a serem imputados.

Ademais, será condição de habilitação a ser prevista no edital a solidez, o porte e a experiência em gestão de recursos da instituição contratada, não podendo a empresa participante de a licitação ter qualquer ligação societária com outra instituição que esteja concorrendo na mesma licitação ou que já administre reservas, provisões e fundos da mesma entidade fechada de previdência complementar.

Com o objetivo de socializar os riscos, cada instituição contratada poderá administrar, no máximo, 20% dos recursos garantidores correspondentes às reservas técnicas, aos fundos e às provisões.

3.7. Controle e fiscalização

A supervisão e a fiscalização das Fundações de Previdência Complementar do Servidor Público Federal dos Poderes da União será exercida pela **PREVIC – Superintendência Nacional de Previdência Complementar,** autarquia federal vinculada ao Ministério da Economia, criada pela Lei 12.154/2009.

No entanto, o poder de fiscalização e controle da PREVIC não exime os patrocinadores da responsabilidade pela supervisão e fiscalização sistemática das atividades das entidades fechadas de previdência complementar, que deverão encaminhar os resultados à referida autarquia federal.

É da competência da PREVIC autorizar a constituição, o funcionamento, os estatutos, os planos de benefícios, os convênios de adesão e as retiradas de patrocínio nas FUNPRESP's.

No caso da aprovação da proposta do estatuto, da adesão de novos patrocinadores e da instituição de planos ainda será necessária a manifestação favorável do extinto Ministério do Planejamento, Orçamento e Gestão e do extinto Ministério da Fazenda (FUNPRESP-EXE), funções agora pertencentes ao Ministério da Economia; das Mesas Diretoras da Câmara dos Deputados e do Senado Federal (FUNPRESP-LEG) e do Supremo Tribunal Federal (FUNPRESP-JUD).

Os administradores de entidade, os procuradores com poderes de gestão, os membros de conselhos estatutários, o interventor e o liquidante responderão civilmente pelos danos ou prejuízos que causarem, por ação ou omissão, às entidades de previdência complementar, assim como os administradores dos patrocinadores ou instituidores, os atuários, os auditores independentes, os avaliadores de gestão e outros profissionais que prestem serviços técnicos à entidade, diretamente ou por intermédio de pessoa jurídica contratada.

3.8. Vigência do regime previdenciário

A Lei 12.618/2012 foi publicada no dia 02 de maio de 2012. Contudo, por força do seu artigo 33, o Capítulo I (Do Regime de Previdência Complementar) não entrou em vigor na data da sua publicação, ao contrário dos demais Capítulos.

É que foi previsto o prazo de **180 dias**, a contar da sua publicação, para a Funpresp-Exe, a Funpresp-Leg e a Funpresp-Jud serem criadas pela União, só entrando em vigor o Capítulo I na data em que forem criadas quaisquer das entidades de previdência.

> **Como esse assunto foi cobrado em concurso?**
>
> No concurso da FCC para Analista Judiciário do TST em 2012, foi considerado correto o seguinte enunciado: A União é autorizada a criar, no prazo de 180 dias, contado da publicação da Lei, as entidades fechadas de previdência complementar, com a finalidade de administrar e executar planos de benefícios de caráter previdenciário, no âmbito dos poderes executivo, legislativo e judiciário.

Após a sua instituição, as fundações deverão entrar em funcionamento em até **240 dias** após a publicação da autorização de funcionamento concedida pela PREVIC.

Se extrapolado o prazo de 180 dias e de 240 dias sem que não tenham sido criadas as referidas fundações, por ficção jurídica do artigo 31, §1º, da Lei 12.618/2012, considera-se vigente, para todos os fins, o regime de previdência complementar dos servidores federais.

Ademais, ultrapassado o prazo de 180 dias sem o início do funcionamento de alguma das entidades de previdência, os servidores e membros do respectivo Poder poderão aderir ao plano de benefícios da entidade que primeiro entrou em funcionamento até a regularização da situação.

O regime de previdência complementar para os servidores do Poder Executivo da União teve como marco inaugural o dia 04 de fevereiro de 2013, estando os novos servidores empossados a partir desta data sujeitos ao novel regime previdenciário, nos termos da orientação normativa 12, de 23 de setembro de 2013, da lavra da Secretaria de Gestão Pública do extinto Ministério do Planejamento. O plano de benefícios dos servidores do Executivo federal se chama ExecPrev.

Por outro lado, o Poder Legislativo optou por não ter uma fundação própria delegando à Funpresp-Exe a administração do plano de previdência para os servidores da Câmara dos Deputados, do Senado Federal e do Tribunal de Contas da União. O plano de benefícios se chama LegisPrev, tendo sido aprovado pela Portaria PREVIC 239, publicada em 07 de maio de 2013.

Já o regime complementar dos servidores do Poder Judiciário se encontra em processo final de regulamentação, sendo a gestão feita pela Funpresp-Jud, cujo plano de benefícios foi aprovado pela Portaria PREVIC 559/2013, publicada em 14 de outubro de 2013, com prazo de 180 dias para início do funcionamento, tendo os servidores do Ministério Público da União aderido ao plano dos servidores do Judiciário.

Capítulo 13

Apêndice especial: Crimes contra a Previdência Social

Objetiva este Apêndice analisar o conteúdo dos principais crimes praticados contra a Previdência Social, sendo selecionados os delitos de apropriação indébita previdenciária, sonegação de contribuição previdenciária, falsificação de documento público contra a Previdência Social e estelionato previdenciário.

1. APROPRIAÇÃO INDÉBITA PREVIDENCIÁRIA

Art. 168-A. Deixar de repassar à previdência social as contribuições recolhidas dos contribuintes, no prazo e forma legal ou convencional:

Pena – reclusão, de 2 (dois) a 5 (cinco) anos, e multa.

§ 1º Nas mesmas penas incorre quem deixar de:

I – recolher, no prazo legal, contribuição ou outra importância destinada à previdência social que tenha sido descontada de pagamento efetuado a segurados, a terceiros ou arrecadada do público;

II – recolher contribuições devidas à previdência social que tenham integrado despesas contábeis ou custos relativos à venda de produtos ou à prestação de serviços;

III – pagar benefício devido a segurado, quando as respectivas cotas ou valores já tiverem sido reembolsados à empresa pela previdência social.

§ 2º É extinta a punibilidade se o agente, espontaneamente, declara, confessa e efetua o pagamento das contribuições, importâncias ou valores e presta as informações devidas à previdência social, na forma definida em lei ou regulamento, antes do início da ação fiscal.

§ 3º É facultado ao juiz deixar de aplicar a pena ou aplicar somente a de multa se o agente for primário e de bons antecedentes, desde que:

I – tenha promovido, após o início da ação fiscal e antes de oferecida a denúncia, o pagamento da contribuição social previdenciária, inclusive acessórios; ou

II – o valor das contribuições devidas, inclusive acessórios, seja igual ou inferior àquele estabelecido pela previdência social, administrativamente, como sendo o mínimo para o ajuizamento de suas execuções fiscais.

§ 4º A faculdade prevista no § 3º deste artigo não se aplica aos casos de parcelamento de contribuições cujo valor, inclusive dos acessórios, seja superior àquele estabelecido, administrativamente, como sendo o mínimo para o ajuizamento de suas execuções fiscais. *(Incluído pela Lei nº 13.606, de 2018)*

Trata-se de delito trasladado ao Código Penal por intermédio da Lei 9.983/2000, antes previsto no artigo 95, "d", da Lei 8.212/91, **sem qualquer descaracterização típica**, podendo ser classificado como de **ação múltipla alternativa**, pois existem vários núcleos do tipo, considerando a norma de equiparação do §1º, sendo realizada a tipicidade com qualquer um deles.

Deveras, com o advento do novo regramento, que atende ao Princípio da Reserva do Código, apenas houve uma redução da pena máxima de 06 para 05 anos, que deverá retroagir, pois favorável ao réu (*novatio legis in mellius*).

O tipo abarca as condutas dos responsáveis tributários que fazem o desconto das contribuições previdenciárias dos segurados que lhe são vinculados, mas não repassam os valores à Previdência Social ou o faz sem observar o prazo legal, a exemplo o empregador que desconta a contribuição previdenciária do seu empregado, mas não transfere a quantia à União, até o dia 20 do mês subsequente ao da competência, além de outras hipóteses similares previstas no artigo 30, I, da Lei 8.212/91.

Outrossim, o tipo engloba a conduta dos **agentes de instituições financeiras** que recebem as referidas contribuições previdenciárias e não fazem o citado repasse.

Também realiza o tipo a **pessoa física que não paga benefício devido a segurado, quando as respectivas cotas ou valores já tiverem sido reembolsados à empresa pela Previdência Social**, o que poderá ocorrer com o *salário-família* e o *salário-maternidade*, na forma do artigo 255, do RPS, pagos pelas empresas e reembolsados posteriormente pela União, através da compensação no pagamento das contribuições previdenciárias patronais devidas.

Fechando o tipo por equiparação, também cometerão este crime as pessoas físicas que deixarem de recolher contribuições devidas à previdência social e que tenham integrado nas despesas contábeis ou custos relativos à venda de produtos ou à prestação de serviços.

Conquanto se cuide de delito omissivo, a figura do *caput* necessariamente pressupõe conduta comissiva, consistente no desconto de contribuições previdenciárias por parte do responsável tributário sobre a remuneração do segurado contribuinte.

Assim sendo, caso a empresa não efetue o desconto da contribuição previdenciária do segurado empregado, avulso ou contribuinte individual que lhe preste serviço, não se consumará este delito.

Como as pessoas jurídicas não poderão ser responsabilizadas penalmente – exceto nos crimes ambientais – deverão responder as pessoas físicas que praticaram os atos configurados como apropriação indébita previdenciária, concorrendo para a sua prática, diretamente ou na condição de dominador do fato.

Logo, não basta ser sócio ou administrador do ente moral para ser autor deste crime. É imprescindível que haja a conduta omissiva dolosa, sob pena de inépcia da denúncia, que deverá descrever os fatos delituosos, não podendo apenas tentar responsabilizar uma pessoa por ser sócio ou gestor da pessoa jurídica.

Destaque-se que se cuida de **crime próprio**, pois apenas poderá ser cometido pelos representantes legais das empresas e entidades equiparadas, bem como pelos agentes das instituições financeiras responsáveis pelo repasse ao Erário das contribuições previdenciárias arrecadadas.

É doutrinariamente controverso se a apropriação indébita de contribuição previdenciária é crime permanente ou instantâneo de efeitos permanentes.

O crime será apurável via **ação penal pública incondicionada**, sendo de **competência da Justiça Federal**, por força do artigo 109, inciso IV, da Constituição Federal, pois atenta contra bens, serviços e interesses da União.

Há polêmica a respeito da natureza jurídica deste crime, se omissivo formal (não demanda resultado naturalístico para a sua consumação) ou material.

A consumação da apropriação indébita das contribuições previdenciárias não exige o dolo específico, bastando o dolo genérico do agente, consistente no *animus* de assenhoramento (*rem sibi habendi*), ao contrário do que ocorre com a apropriação indébita comum, que é um delito comissivo.

Ou seja, o STF o classifica como crime omissivo material, mas persiste afirmando que não se exige a intenção de assenhoramento dos recursos para a sua consumação, sendo possível haver prejuízos à Previdência Social sem a configuração do *animus rem sibi habendi*.

▸ Posição do STJ

Tema 1166 - "O crime de apropriação indébita previdenciária, previsto no art. 168-A, § 1.º, inciso I, do Código Penal, possui natureza de delito material, que só se consuma com a constituição definitiva, na via administrativa, do crédito tributário, consoante o disposto na Súmula Vinculante n. 24 do Supremo Tribunal Federal". 4. Recurso especial parcialmente provido.

O término do processo administrativo de lançamento em que se discute a legitimidade da cobrança do tributo figura condição objetiva de procedibilidade da ação penal, impedindo o início do curso prescricional, por se tratar de crime contra a ordem tributária.

O §2º prevê a **extinção da punibilidade**, na hipótese de o agente confessar e pagar as contribuições previdenciárias devidas, antes do início da ação fiscal. Sucede que há norma mais benéfica no artigo 9º, §2º, da Lei 10.684/2003, que não limita temporalmente a extinção da punibilidade, desde que se opere o pagamento integral do débito, mesmo depois do início da ação fiscal.

Frise-se que, durante o período do parcelamento do débito, restará suspenso o curso do prazo prescricional. Entretanto, vale lembrar que **não poderão ser objeto de parcelamento** as contribuições descontadas dos empregados, inclusive dos domésticos, dos trabalhadores avulsos, dos contribuintes individuais, as decorrentes da sub-rogação e as demais importâncias descontadas na forma da legislação previdenciária, a teor do artigo 7º da Lei 10.666/03.

Por sua vez, a Portaria 75/2012 do Ministério da Fazenda determina a não inscrição na Dívida Ativa da União de débito de um mesmo devedor com a Fazenda Nacional de valor consolidado igual ou inferior a R$ 1.000,00 (mil reais) e o **não ajuizamento de execuções fiscais de débitos com a Fazenda Nacional**, cujo valor consolidado seja igual ou inferior a **R$ 20.000,00 (vinte mil reais).**

No entanto, por força da Lei 13.606/2018, art. 17, a faculdade prevista no § 3º não se aplica aos casos de parcelamento de contribuições cujo valor, inclusive dos acessórios, seja superior àquele estabelecido, administrativamente, como sendo o mínimo para o ajuizamento de suas execuções fiscais (R$ 20.000,00).

O §3º prevê hipóteses de perdão judicial ou de mera aplicação de multa, se o réu for primário e gozar de bons antecedentes, desde que pague as contribuições previdenciárias após a ação fiscal e antes do oferecimento da denúncia.

Outrossim, poderá o juiz apenas aplicar apenas a pena de multa ou perdoar o réu se o valor das contribuições devidas, inclusive acessórios, for igual ou inferior àquele estabelecido pela Previdência Social, administrativamente, como sendo o mínimo para o ajuizamento de suas execuções fiscais, atualmente fixado em R$ 10.000,00 pelo artigo 20, da Lei 10.522/02.

Por sua vez, a Portaria 75/2012 do Ministério da Fazenda determina a não inscrição na Dívida Ativa da União de débito de um mesmo devedor com a Fazenda Nacional de valor consolidado igual ou inferior a R$ 1.000,00 (mil reais) e o **não ajuizamento de execuções fiscais de débitos com a Fazenda Nacional**, cujo valor consolidado seja igual ou inferior a **R$ 20.000,00 (vinte mil reais).**

No entanto, por força da Lei 13.606/2018, art. 17, a faculdade prevista no § 3º não se aplica aos casos de parcelamento de contribuições cujo valor, inclusive dos acessórios, seja superior àquele estabelecido, administrativamente, como sendo o mínimo para o ajuizamento de suas execuções fiscais (R$ 20.000,00).

Assim, no caso de dívidas previdenciárias com valor consolidado acima de R$ 20.000,00, somente o pagamento em parcela única irá possibilidade o perdão judicial, e não o pagamento parcelado.

Tipo principal	Deixar de repassar à previdência social as contribuições recolhidas dos contribuintes, no prazo e forma legal ou convencional.
Norma de equiparação	Deixar de recolher, no prazo legal, contribuição ou outra importância destinada à previdência social que tenha sido descontada de pagamento efetuado a segurados, a terceiros ou arrecadada do público.
	Deixar de recolher contribuições devidas à previdência social que tenham integrado despesas contábeis ou custos relativos à venda de produtos ou à prestação de serviços.
	Deixar de pagar benefício devido a segurado, quando as respectivas cotas ou valores já tiverem sido reembolsados à empresa pela previdência social.
Pena	Reclusão, de 2 (dois) a 5 (cinco) anos, e multa.
Causa de extinção da punibilidade	Se o agente, espontaneamente, declara, confessa e efetua o pagamento das contribuições, importâncias ou valores e presta as informações devidas à previdência social, na forma definida em lei ou regulamento, antes do início da ação fiscal.
Possibilidade de perdão judicial ou de aplicação apenas de multa	Se o agente for primário e de bons antecedentes, desde que tenha promovido, após o início da ação fiscal e antes de oferecida a denúncia, o pagamento da contribuição social previdenciária, inclusive acessórios.
	Se o agente for primário e de bons antecedentes, desde que tenha o valor das contribuições devidas, inclusive acessórios, seja igual ou inferior àquele estabelecido pela previdência social, administrativamente, como sendo o mínimo para o ajuizamento de suas execuções fiscais.

2. SONEGAÇÃO DE CONTRIBUIÇÃO PREVIDENCIÁRIA

Art. 337-A. Suprimir ou reduzir contribuição social previdenciária e qualquer acessório, mediante as seguintes condutas:

I – omitir de folha de pagamento da empresa ou de documento de informações previsto pela legislação previdenciária segurados empregado, empresário, trabalhador avulso ou trabalhador autônomo ou a este equiparado que lhe prestem serviços;

II – deixar de lançar mensalmente nos títulos próprios da contabilidade da empresa as quantias descontadas dos segurados ou as devidas pelo empregador ou pelo tomador de serviços;

III – omitir, total ou parcialmente, receitas ou lucros auferidos, remunerações pagas ou creditadas e demais fatos geradores de contribuições sociais previdenciárias:

Pena – reclusão, de 2 (dois) a 5 (cinco) anos, e multa.

§ 1º É extinta a punibilidade se o agente, espontaneamente, declara e confessa as contribuições, importâncias ou valores e presta as informações devidas à previdência social, na forma definida em lei ou regulamento, antes do início da ação fiscal.

§ 2º É facultado ao juiz deixar de aplicar a pena ou aplicar somente a de multa se o agente for primário e de bons antecedentes, desde que:

I – vetado

II – o valor das contribuições devidas, inclusive acessórios, seja igual ou inferior àquele estabelecido pela previdência social, administrativamente, como sendo o mínimo para o ajuizamento de suas execuções fiscais.

§ 3º Se o empregador não é pessoa jurídica e sua folha de pagamento mensal não ultrapassa R$ 1.510,00 (um mil, quinhentos e dez reais), o juiz poderá reduzir a pena de um terço até a metade ou aplicar apenas a de multa.

§ 4º O valor a que se refere o parágrafo anterior será reajustado nas mesmas datas e nos mesmos índices do reajuste dos benefícios da previdência social.

Trata-se de delito inserido no Código Penal por intermédio da Lei 9.983/2000. Anteriormente, as condutas eram enquadradas no tipo do artigo 1º, da Lei 8.137/90, que é genérico, aplicando-se aos tributos em geral.

Para que haja conduta que constitua este crime, é preciso que ocorra a **supressão ou redução no pagamento de contribuição previdenciária ou acessórios**, mediante as seguintes condutas alternativas:

A) Omitir em folha de pagamento ou em outro documento previdenciário (a exemplo da GFIP) a existência de segurados empregados, trabalhadores avulsos ou contribuintes individuais prestadores de serviço à empresa, vez que a classes dos autônomos, equiparados a autônomos e empresários foram fundidas pela Lei 9.876/99, nascendo os contribuintes individuais;

B) Deixar de lançar mensalmente nos títulos da empresa as contribuições previdenciárias descontadas dos empregados, avulsos e contribuintes individuais;

C) Omitir receita, faturamento ou remunerações pagas ou creditas aos segurados que prestam serviços à empresa, bem como qualquer outro fato gerador de contribuição previdenciária.

De acordo com a literalidade do §1º, para a extinção da punibilidade, não é necessário o pagamento, mas apenas a declaração e confissão de débito, desde que operada antes da ação fiscal.

Para a consumação da sonegação de contribuição previdenciária, não é necessário o dolo específico, bastando o dolo genérico:

Após o início da ação fiscal, incidirá o artigo 9º, §2º, da Lei 10.684/2003, que não limita temporalmente a extinção da punibilidade, desde que se opere o pagamento integral do débito, mesmo depois do início da ação fiscal ou proposta a denúncia.

É possível o perdão judicial ou se aplicar apenas a multa, se o agente for primário e tiver bons antecedentes, desde que o valor não supere R$ 10.000,00, conforme previsto no artigo 20, da Lei 10.522/2002.

No entanto, a Portaria 75/2012 do Ministério da Fazenda determina a não inscrição na Dívida Ativa da União de débito de um mesmo devedor com a Fazenda Nacional de valor consolidado igual ou inferior a R$ 1.000,00 (mil reais) e o **não ajuizamento de execuções fiscais de débitos com a Fazenda Nacional**, cujo valor consolidado seja igual ou inferior a **R$ 20.000,00 (vinte mil reais).**

Há uma hipótese de redução de pena de 1/3 a 1/2 ou aplicação só de multa se o empregador não for pessoa jurídica, desde que o valor de sua folha mensal seja de até R$ 6.873,82 (valor atualizado para 2024).

Por se tratar de crime material, o término do processo administrativo onde se discute a legitimidade da cobrança do tributo figura condição objetiva de procedibilidade da ação penal, impedindo o início do curso prescricional.

É possível sustentar a tese da existência de crime continuado entre a apropriação indébita e a sonegação de contribuição previdenciária, pois ambos objetivam proteger a Previdência Social.

▸ **Posição do STJ**

PROCESSO

AgRg no REsp 2030426 / PB

AGRAVO REGIMENTAL NO RECURSO ESPECIAL

2022/0312415-5

RELATOR

Ministro ROGERIO SCHIETTI CRUZ (1158)

ÓRGÃO JULGADOR

T6 - SEXTA TURMA

DATA DO JULGAMENTO

17/04/2023

DATA DA PUBLICAÇÃO/FONTE

DJe 19/04/2023

EMENTA

AGRAVO REGIMENTAL NO RECURSO ESPECIAL. **APROPRIAÇÃO INDÉBITA PREVIDENCIÁRIA. SONEGAÇÃO DE CONTRIBUIÇÃO PREVIDENCIÁRIA.** CONSTITUIÇÃO DEFINITIVA DO DÉBITO TRIBUTÁRIO. SÚMULA N. 7 DO STJ.COMPROVAÇÃO DO DOLO. SÚMULA N. 7 DO STJ. **CONTINUIDADE DELITIVA. INFRAÇÃO A CADA APURAÇÃO MENSAL. FRAÇÃO DE 2/3. CONCURSO MATERIAL. CONDUTAS AUTÔNOMAS.** REGIMENTAL NÃO PROVIDO.

O crime será apurável via **ação penal pública incondicionada**, sendo de **competência da Justiça Federal**, por força do artigo 109, inciso IV, da Constituição Federal, pois atenta contra bens, serviços e interesses da União.

Tipo principal	Suprimir ou reduzir contribuição social previdenciária e qualquer acessório, mediante as seguintes condutas: I – omitir de folha de pagamento da empresa ou de documento de informações previsto pela legislação previdenciária segurados empregado, empresário, trabalhador avulso ou trabalhador autônomo ou a este equiparado que lhe prestem serviços; II – deixar de lançar mensalmente nos títulos próprios da contabilidade da empresa as quantias descontadas dos segurados ou as devidas pelo empregador ou pelo tomador de serviços; III – omitir, total ou parcialmente, receitas ou lucros auferidos, remunerações pagas ou creditadas e demais fatos geradores de contribuições sociais previdenciárias.
Pena	Reclusão, de 2 (dois) a 5 (cinco) anos, e multa.
Causa de extinção da punibilidade	Se o agente, espontaneamente, declara e confessa as contribuições, importâncias ou valores e presta as informações devidas à previdência social, na forma definida em lei ou regulamento, antes do início da ação fiscal.
Possibilidade de perdão judicial ou de aplicação apenas de multa	Se o agente for primário e de bons antecedentes, desde que o valor das contribuições devidas, inclusive acessórios, seja igual ou inferior àquele estabelecido pela previdência social, administrativamente, como sendo o mínimo para o ajuizamento de suas execuções fiscais.
Redução da pena de 1/3 até 1/2 ou de aplicação apenas de multa	Se o empregador não é pessoa jurídica e sua folha de pagamento mensal não ultrapassa R$ 6.873,82 (valor 2024), o juiz poderá reduzir a pena de um terço até a metade ou aplicar apenas a de multa.

3. FALSIFICAÇÃO OU ALTERAÇÃO DE DOCUMENTO PÚBLICO CONTRA A PREVIDÊNCIA SOCIAL

Art. 297 – Falsificar, no todo ou em parte, documento público, ou alterar documento público verdadeiro:

Pena – reclusão, de dois a seis anos, e multa.

§ 1º – Se o agente é funcionário público, e comete o crime prevalecendo-se do cargo, aumenta-se a pena de sexta parte.

§ 2º – Para os efeitos penais, equiparam-se a documento público o emanado de entidade paraestatal, o título ao portador ou transmissível por endosso, as ações de sociedade comercial, os livros mercantis e o testamento particular.

§ 3º – Nas mesmas penas incorre quem insere ou faz inserir:

I – na folha de pagamento ou em documento de informações que seja destinado a fazer prova perante a previdência social, pessoa que não possua a qualidade de segurado obrigatório;

II – na Carteira de Trabalho e Previdência Social do empregado ou em documento que deva produzir efeito perante a previdência social, declaração falsa ou diversa da que deveria ter sido escrita;

III – em documento contábil ou em qualquer outro documento relacionado com as obrigações da empresa perante a previdência social, declaração falsa ou diversa da que deveria ter constado.

§ 4º – Nas mesmas penas incorre quem omite, nos documentos mencionados no § 3º, nome do segurado e seus dados pessoais, a remuneração, a vigência do contrato de trabalho ou de prestação de serviços.

A falsificação ou alteração de documento público é um delito originário do Código Penal. No ano de 2000, através da Lei 9.983, foram inseridos os §§ 3º e 4º no artigo 297, com o intuito de proteger a Previdência Social contra as falsificações e alterações de documentos públicos.

A norma de equiparação do §3º é comissiva e formal, se consumando mediante as seguintes condutas alternativas:

A) Incluir em folha de pagamento ou outro documento a ser apresentado à Previdência Social pessoa que não é segurado obrigatório do RGPS:

Lamentavelmente, não é raro que os representantes de empresas insiram ilegalmente em suas folhas de pagamentos pessoas que não eram prestadores de serviços, normalmente com o propósito de instituir benefícios previdenciários, em especial a aposentadoria por invalidez e a pensão por morte.

B) Inserir na Carteira de Trabalho do empregado ou outro documento para fins previdenciários, declaração falsa ou diversa da que deveria der aposta:

Também é comum esta ilegalidade, em que a CTPS é anotada com informações falsas visando conferir a cobertura previdenciária, cabendo ao INSS fazer as pesquisas, quando verificada que os registros não constam dos seus cadastros, em especial do CNIS.

C) For feita declaração falsa ou diversa da que deveria ser anotada em documento contábil ou qualquer outro a ser apresentado à Previdência.

Já a norma de equiparação do §4º é omissiva e formal, se consumando quando são omitidos nos citados documentos o nome do segurado, os seus dados pessoais, a sua remuneração, a vigência do contrato de trabalho ou de prestação de serviços.

Por exemplo, é comum que as empresas declarem uma remuneração inferior a real, com o propósito de reduzir o pagamento das contribuições previdenciárias patronais ou mesmo os direitos trabalhistas.

Insta destacar que este crime exige a intenção de fraudar. Como exemplo, a simples omissão em preenchimento na CTPS não realiza o tipo, caso inexista o dolo de lesar a Previdência Social ou os direitos trabalhistas.

É possível que este delito seja absorvido por outros, quando enquadrado como crime-meio, a exemplo da sua consunção pelo estelionato ou apropriação indébita previdenciária.

4. ESTELIONATO CONTRA A PREVIDÊNCIA SOCIAL

O estelionato é capitulado no artigo 171, do Código Penal, se consumando quando o agente obtém para si ou outrem vantagem ilícita, induzindo ou mantendo alguém em erro, através do manejo de algum meio fraudulento, **sendo necessariamente doloso**.

Nesta passagem da obra não se objetiva analisar detidamente este delito, mas apenas a sua repercussão contra os bens, serviços ou interesses da Administração Pública Previdenciária, abordagem que realmente interessa.

É possível que a Previdência Social seja vítima de estelionato por atos comissivos ou omissivos das pessoas, especialmente dos segurados e representantes de empresas.

Ocorrerá o crime, por exemplo, quando um segurado frauda documento que registra tempo de serviço, ampliando o período de trabalho, logrando êxito na concessão do benefício de aposentadoria, sendo o falso absorvido pelo estelionato, se não restar mais nenhuma potencialidade lesiva.

Neste caso, o delito será consumado no momento da percepção da primeira parcela do benefício previdenciário pago indevidamente. Obviamente, por carência de previsão legal, inexiste estelionato culposo, ao contrário do que ocorre com o peculato.

A apuração do estelionato previdenciário independe da instauração de processo administrativo, que não é condição de procedibilidade da ação penal.

Referências

ALENCAR, Hermes Arrais. Benefícios Previdenciários, 4ª edição, Ed. Leud, São Paulo, 2009.

ALEXANDRE, Ricardo. Direito Tributário Esquematizado. 2ª edição, Ed. Método, São Paulo.

AMADO, Frederico Augusto Di Trindade. Direito Ambiental Esquematizado. São Paulo: Método, 2011.

_______. Curso de Direito e Processo Previdenciário. Salvador: Juspodivm, 2021.

AMORIM FILHO, Agnelo. Critério científico para distinguir a prescrição da decadência e para identificar as ações imprescritíveis. Revista de Direito Processual Civil. São Paulo, v. 3º, p. 95-132, jan./jun. 1961.

BALERA, Wagner. Sistema de Seguridade Social, 5ª ed., São Paulo: LTR, 2009.

BARROSO, Luís Roberto. *Fundamentos Teóricos e Filosóficos do Novo Direito Constitucional Brasileiro (Pós-modernidade, Teoria Crítica e Pós-Positivismo).* In *A Nova Interpretação Constitucional: Ponderação, Direitos Fundamentais e Relações Privadas.* Luís Roberto Barroso (organizador). 2. ed. Rio de Janeiro: Renovar, 2006.

BERNANDO, Leandro Ferreira; FRACALOSSI, William. Direito Previdenciário na Visão dos Tribunais: doutrina e jurisprudência. 1ª edição, Ed. Método, São Paulo.

BOSCHETTI, Ivanete. Seguridade social na América Latina após o dilúvio neoliberal. Disponível em http://www.ibase.br/userimages/seguridade1.pdf. Acesso em 01 dez. de 2010.

BRASIL, Instituto de Pesquisa Econômica Aplicada – IPEA. Nota Técnica: AUXÍLIO-DOENÇA: CONTRIBUIÇÃO PARA UM DIAGNÓSTICO, 2007.

BRASIL, Ministério da Previdência Social. Panorama da Previdência Social brasileira, 3ª edição, Brasília: MPS, 2008.

BRASIL, Ministério da Previdência Social. Previdência Social: Reflexões e desafios. Brasília: MPS, 2009.

CARVALHO FILHO, José dos Santos. *Direito administrativo.* 17. ed. Rio de Janeiro: Lumen Iuris, 2007.

CASTRO, Carlos Alberto Pereira; LAZZARI, João Batista. Manual de Direito Previdenciário, 11ª edição, Florianópolis.

COSTA, Eliane Romeiro. Sistemas Previdenciários Estrangeiros. Análise das Reformas Estruturais de Previdência Complementar. Revista de Direito Previdenciário n. 299. LTR, 2005.

_______. Fundamentos do Sistema de Assistência Social. Estudos, Goiânia, v. 34, maio/junho de 2007. Disponível em http://seer.ucg.br/index.php/estudos/article/viewDownloadInterstitial/327/266. Acesso em 10 dez. de 2010.

DIAS, Eduardo Rocha; MACÊDO, José Leandro Monteiro de. Curso de Direito Previdenciário, 1ª edição, Ed. Método, São Paulo.

FERREIRA, Aurélio Buarque de Holanda. *Dicionário Aurélio básico da língua portuguesa.* Rio de Janeiro: Nova Fronteira, 1988.

FIGUEIRA, Adriano Almeida. Revisão judicial do valor dos benefícios previdenciários. Impetus, Rio de Janeiro, 2008.

GRANEMANN, Sara. Políticas Sociais e Financeirização dos Direitos do Trabalho. Disponível em http://www.e-publicacoes.uerj.br. Acesso em 06 fev. de 2010.

HERKENHOFF, João Batista. Justiça, Direito do povo. 2. edição. Rio de Janeiro: Thex.

IBRAHIM, Fábio Zambitte. Curso de Direito Previdenciário, 13ª edição, Impetus, Rio de Janeiro.

______. Curso de Direito Previdenciário, 15ª edição, Impetus, Rio de Janeiro.

INSS, Procuradoria Federal Especializada. Lei nº 8.213/91 Anotada pela PFE/INSS. Escola da AGU, Brasília, 2010.

KERTZMAN, Ivan. Curso Prático de Direito Previdenciário, 7ª edição, Juspodivm, Salvador.

LAZZARI, João Batista; KRAVCHYCHYN, Jefferson Luis; PEREIRA DE CASTRO, Carlos Alberto; KRAVCHYCHYN, Gisele Lemos. Prática Processual Previdenciária Administrativa e Judicial, 2ª edição, Ed. Conceito, Florianópolis, 2011.

LEAL, Antônio Luiz da Câmara. Da Prescrição e da Decadência, 3ª ed., RJ, Forense, 1978.

LEITÃO, André Studart; MEIRINHO, Augusto Grieco Sant'Anna (organizadores). Prática Previdenciária – A Defesa do INSS em Juízo. Quartier Latin, São Paulo, 2008.

MARTINEZ, Wladimir Novaes. Curso de Direito Previdenciário. 3ª edição, LTR, São Paulo.

MARTINS, Sergio Pinto. Direito da Seguridade Social, 29ª edição, Atlas, São Paulo.

MAXIMILIANO, Carlos. Hermenêutica e Aplicação do Direito. Rio de Janeiro: Forense, 2003.

MENDES, Gilmar Ferreira; COELHO, Inocêncio Mártires; BRANCO, Paulo Gustavo Gonet. Curso de Direito Constitucional, 4ª edição, Saraiva, São Paulo.

RIBEIRO, Maria Helena Carreira Alvim. Aposentadoria Especial, 3ª edição, Juruá, Curitiba.

SAVARIS, José Antonio. Direito Processual Previdenciário, 3ª edição, 2011, Juruá.

TAVARES, Marcelo Leonardo. Direito Previdenciário, 11ª edição, Impetus, Rio de Janeiro.

EDITORA
JusPODIVM
www.editorajuspodivm.com.br

COLOR
system
gráfica digital e offset

JUS3729